2019年度国家出版基金资助项目"中国农村调查（村庄类）·黄河区域"的成果之一

教育部人文社会科学重点研究基地华中师范大学中国农村研究院2016年基地重大项目"作为政策和理论依据的深度中国农村调查与研究"（16JJD810004）的成果之一

华中师范大学中国农村研究院"2015版中国农村调查"的成果之一

中国农村调查

徐勇 邓大才
主编

江苏人民出版社

- 总第 55 卷

- 村庄类第 24 卷

- 黄河区域第 5 卷

- 新绛县·万荣县

图书在版编目（CIP）数据

中国农村调查. 总第55卷，村庄类. 第24卷，黄河区域. 第5卷 / 徐勇，邓大才主编. — 南京：江苏人民出版社，2020.9

ISBN 978-7-214-16653-1

Ⅰ. ①中… Ⅱ. ①徐… ②邓… Ⅲ. ①农村调查—研究报告—中国 Ⅳ. ①F32

中国版本图书馆CIP数据核字（2019）第283939号

出 版 人　徐　海
出 版 统 筹　杨建平　鲁从阳
策 划 编 辑　汪意云　陈俊阳

书　　　名	中国农村调查（总第55卷·村庄类第24卷·黄河区域第5卷）
主　　编	徐　勇　邓大才
责 任 编 辑	汪意云
特 约 编 辑	陈俊阳
装 帧 设 计	姜　嵩
出 版 发 行	江苏人民出版社
出版社地址	南京市湖南路1号A楼，邮编：210009
出版社网址	http://www.jspph.com
照　　　排	南京紫藤制版印务中心
印 刷 者	苏州越洋印刷有限公司
开　　　本	787毫米×1092毫米　1/16
印　　　张	49
插　　　页	6
字　　　数	903千字
版　　　次	2020年11月第1版　2020年11月第1次印刷
标 准 书 号	ISBN 978-7-214-16653-1
定　　　价	765.00元（精装）

（江苏人民出版社图书凡印装错误可向承印厂调换）

《中国农村调查》编辑委员会

主　　编　徐　勇　邓大才

编辑委员会成员　（以姓氏笔画为序）

丁　文	马　华	万婷婷	邓大才	王　静
王　勇	王义保	石　挺	卢福营	冯春凤
刘义强	刘金海	刘筱红	李华胤	李海金
朱敏杰	任　路	汤晋苏	肖盼晴	何包钢
应小丽	吴晓燕	陆汉文	陈军亚	张大维
张向东	张利明	张晶晶	胡平江	郝亚光
姚锐敏	徐　勇	徐　剑	徐小青	徐增阳
董江爱	黄振华	詹成付	彭正德	熊彩云

本卷编辑整理　李华胤

总　序

2015年是华中师范大学中国农村研究院历史上的关键一年。在这一年，本院不仅成为完全独立建制的研究机构，更重要的是进一步明确了目标，特别是进行学术整合，构建了一个全新的调查研究计划。这一计划的内容包括多个方面，其中，中国农村调查是基础性工程。从2015年开始出版的《中国农村调查》便是其主要成果。

学术研究是一个代际接力、不断提升的过程。农村调查是本院的立院之本，兴院之基。本院的农村调查经历了三个阶段。

第一阶段主要是基于项目调查基础上的个案调查（1985—2005年）。

20世纪80年代开启的中国改革开放，起始于农村改革。延续20多年的人民公社体制废除后，农村的生产功能由家庭所承担，社会管理功能则成为一个新的问题。这一问题引起我院学者的关注。1928年出生的张厚安先生是中国政治学恢复以后较早从事政治学研究的学者之一。他与当时其他政治学者不同，比较早地关注农村政治问题，并承担了农村基层政权方面的国家研究课题。与此同时，本校其他学者也承担了有关农村政治研究的课题。1988年，这些学者建立起以张厚安先生为主任的农村基层政权研究中心，由此形成了一个自由结合的学术共同体。

作为一个学术共同体，农村基层政权研究中心有其研究宗旨和方法。在学术共同体建立之初，张厚安先生就提出了"三个面向，理论务农"的宗旨。"三个面向"是指面向社会、面向基层、面向农村。"理论务农"是指立足于农村改革实践，服务于农村改革实践。这一宗旨对于政治学者是一个全新的使命。政治学研究政治价值、政治制度与政治行为。传统政治学更多研究的是国家制度和国家统治，以文本研究为主要研究方法。"三个面向"的宗旨，必然要求方法的改变，这就是进行实地调查。自学术共同体形成开始，实地调查便成为我们的主要研究方法。

自20世纪80年代中期，以张厚安先生为领头人的学者就开始进行农村调查。最初是走向农村，进行全国性的广泛调查，主要是面上了解。1995年，在原农村基层政权研究中心的基础上，成立了农村问题研究中心，由张厚安先生担任主任，由1955年出生的中年学者徐勇教授担任常务副主任。新的中心的研究重点仍然是基层政权与村民自治，但领域有所扩大，并将研究方法概括为"实际、实证、实验"，更加强调"实"。这种务实的方法开始引起了学术界的关注，并注入国际学术界的一些研究理念和方法。我们的农村调查由面上的了解走向个案调查。年届七旬的张厚安先生亲自带领和参与个案村庄调查，其代表作是《中国农村村级治理——22个村的调查与比较》。这一项目在全国东、中、西三个地区选择了6个重点村和18个对照村进行个案调查，参与调查人员数十人，并形成了一个由全国相关人员参与的学术调查研究团队。

第二阶段主要是基于机构调查基础上的全面调查（2005—2015年）。

1999年，国家教育部为推动人文社会科学研究，启动了教育部人文社会科学重点研究基地建设。当年，华中师范大学农村问题研究中心更名为"华中师范大学中国农村问题研究中心"，由徐勇教授担任主任。2000年，中心成为首批教育部人文社会科学重点研究基地。在基地成立之前，以张厚安教授为首的研究人员是一个没有体制性资源保障，纯因个人兴趣而结合的学术共同体，有人坚持下来，也有人离开。成为教育部基地以后，中心仍然坚持调查这一基本方法，并试图体制化。其主要进展是在全国选择了20多家机构作为调研基地，以为全国性调查提供相应的保障，并建立相互合作关系。

作为教育部重点基地,中心是一个有一定资源保障的学术共同体,有固定的编制人员,也有固定的项目经费,条件大为改善,但也产生了新的问题。这就是农村调查根据各人承担的研究项目而开展。这不仅会造成研究人员过分关注项目资源分配,更重要的是造成调查研究的"碎片化"和"片断化",难以形成整体和持续性的调查。同时,研究人员也会因为理念和风格不同而产生分歧,造成体制性的学术共同体动荡。为了改变调查研究项目体制引起的"碎片化"倾向,2005年,徐勇教授重新规划了基地的发展,提出"百村观察计划",计划在全国选择100多个村进行为期10年、20年、30年以至更长时间的调查和跟踪观察。目标是如建立气象观测点一样,能够及时有效地长期观测农村的基本状况及变化走向。这一计划得到时任华中师范大学社会科学研究处处长的石挺先生的鼎力支持。2006年,计划得以试行,主要由刘金海副教授具体负责。最初的试点调查村只有6个,后有所扩展。2008年,在试点基础上,由邓大才教授主持,全面落实计划,调查团队根据严格的抽样,确定了200多个村和3000多个农户的调查样本。

"百村观察"是一项大规模和持续性的调查工程,需要更多人的参与。同时它又是一项公共性的基础工程,人们对其认识有所不同。因为它要求改变项目体制造成的调查"碎片化"和研究"个体化"的工作模式。为此,学术共同体再次发生了有人退出、有人坚持、有人加入的变化。

2009年正式启动的"百村观察计划",取得了超出预想的成绩:一是从2009年开始,我们每年都要对样本村和户进行调查,调查内容和形式逐步完善,并形成相对稳定的调查体系。除了暑假定点调查以外,还扩展到寒假专题调查。每年参与调查的人员达500人左右,并出版《中国农村调查》等系列著作。二是因为是大规模的调查,可以进行分析,并在此基础上形成调查报告,提供给决策部门,由此也形成了"顶天立地"的理念。"顶天"就是为决策部门服务,"立地"就是立足于实地调查。这一收获,使中心得以在教育部第二次基地评估中成为优秀基地,并于2010年更名为"华中师范大学中国农村研究院",由徐勇教授担任院长,邓大才教授担任执行院长。三是形成了一支专门的调查队伍并体制化。起初的调查者有相当部分是没有受到严格专业训练的志愿者。为了提高调查质量,自2012年起,研究院将原来分别归于导师名下指导的研究生进行整合,举办"重点基地班"。基地班以提高学生的调查研究能力为导向,实行开放式教学、阶梯性培养、自主性管理,形成社会大生产培养模式,改变了过往一个老师带三五个学生的小作坊培养方式。至此,农村调查完全由受到专门调查和学术训练的人员承担,走向了专业化道路。四是资料数据库得以建立并大大扩展。过往的调查因为是项目式调查,资料难以统一保管和使用。2006年,我们启动了中国农村数据库建设。随着"百村观察计划"的正式实施,大量数据需要录入,并收集到许多第一手资料,资料数据库得以迅速扩展。

第三阶段主要是基于历史使命基础上的深度调查(2015年至今)。

农村调查的深入和相应工作的扩展,势必与以行政方式组织科研的现行大学体制产生碰撞。但是,已经有一个良好开端的调查不可停止。适逢中国的智库建设时机,2015年,华中师范大学中国农村研究院成为完全独立建制的研究机构,由1970年出生的邓大才教授担任行政负责人。

中国农村研究院独立建制,并不简单是成为一个独立的研究机构,而是克服体制障碍,进一步改变学术"碎片化"倾向,加强整合,提升调查和研究水平,目标是在高等学校中建设适应国家需要的智库。实现这一目标有五大支撑点:一是大学术,以政治学为主,多学科参与,协同研究;二是大服务,继续坚持"顶天立地"的宗旨,全面提高服务决策的能力,争取成为有影响力的决策咨询机构;三是大调查,在原有"百村观察计划"基础上构建内容更加丰富的农村调查体系,争取成为世界农村调查重镇;四是大数据,收集和扩充农村资料和数据,争取成为最为丰富的农村资料数据库;五是大平台,将全校、全省、全国,乃至全球的农村研究学者吸引并参与到农村研究院的工作中来,争取成为世界性的调查研究平台。这显然是一个完全不同于以往的宏大计划,也标志着中国农村研究院的全新起步。

独立建制后的中国农村研究院仍然将农村调查作为自己的基础性工作,且成为体制性保障的工作。除了"百村观察计划"的持续推进以外,我们重新设计了2015版的农村调查体系。这一体系包括"一主三辅":"一主"即以长期延续并重新设计的"中国农村调查"为主体;"三辅"包括"满铁农村调查"翻译、"俄国农村调查"翻译和我们团队到海外农村进行实地调查的"海外农村调查",目的是完善农村调查体系,并为中国农村调查提供借鉴。

现代化是一个由传统农业社会向现代工业社会转变的过程，这一转变是从农村开始的。农村和农民成为现代化的起点，并规制着现代化的路径。19世纪后期，处于历史大转变时期的俄国，数千人参与对俄国农村的调查，持续时间长达40多年。20世纪上半叶，日本在对华扩张中，以南满洲铁道株式会社为依托开展对中国农村的大规模调查，持续时间长达40多年，形成著名的"满铁调查"。进入21世纪，中国作为一个世界农业文明最为发达的大国，正在以超出想象的速度向现代工业文明迈进。中国需要也应有能够超越前人的大规模农村调查。"2015版中国农村调查"正是基于这一历史背景设计的。

"2015版中国农村调查"超越过往的项目或者机构调查体制，而具有更为宏大的历史使命：一是政策目的。智库理所当然要出思想，但"思想"除了源自思考以外，更要源自可供分析的实地调查。过往的调查虽然也是实地调查，但难以对调查进行系统化的分析，并根据调查提出有预见性的结论。在这方面，19世纪的俄国农村调查有其长处。"2015版中国农村调查"将非常重视实地调查的可分析性和可预测性，以此提高决策服务成效。二是学术目的。调查主要在于知道"是什么"或者"发生了什么"，是事实的描述。但是，这些事实为什么发生？其中存在什么关联？这是过往调查关注比较少的。以致大量的调查难以进行深度的学术开发，学术研究主要依靠的还是规范方法，实地调查难以为学术研究提供必要的基础，由此会大大制约调查的影响力。"2015版中国农村调查"特别重视实地调查的深度学术开发性，调查包含着学术目的，并可以通过调查提炼学术思想。其作为一种有实地调查支撑的学术思想也可以间接影响决策。为此，"2015版中国农村调查"在设计时，除了关注"是什么"以外，也特别重视"为什么"，试图对中国农村社会的底色及其变迁进行类似于生物学"基因测序"的调查。三是历史传承目的。在现代化进程中，传统农村正在迅速消逝。"留得住乡愁"需要对"乡愁"的记录和保存。20世纪以来，中国农村发生了太多的变化，中国农民经历了太多的起伏，农民的历史构成了国家历史不可或缺的部分。"2015版中国农村调查"因此特别关注历史的传承。

基于以上三个目的，"2015版中国农村调查"由四个部分构成：

其一，口述史调查。主要是通过当事人的口述，记录20世纪上半期以来农村的变化及其对当事人命运的影响。其主体是农民个人。在历史上，他们是微不足道的，尽管是历史的创造者，但没有历史记载他们的状况与命运。进入20世纪以后，这些微不足道的人物成为"政治人物"，尽管是"小人物"，但他们是大历史的折射。通过他们自己的讲述，我们可以更加充分地了解历史的真实和细节，也可以更好地"以史为鉴"。口述史调查关注的是大历史下的个人行为。

其二，家户调查。主要是以家户为单位的调查，了解中国农村家户制度的基本特性及其变迁。中国在历史上创造了世界最为灿烂的农业文明，必然有其基本组织制度支撑。但长期以来，人们只知道世界上有成型的农村庄园制、部落制和村社制，而没有了解研究中国自己的农村基本组织制度。受20世纪以来的革命和现代化思维的影响，人们对传统一味否定，更忽视对中国农村传统制度的科学研究，以致我们在否定自己传统的同时引进和借鉴的体制并不一定更为高明，使得中国农村变迁还得在一定程度上向传统回归。实际上，中国有自己特有的农村基本组织制度，这就是延续上千年的家户制度。家户调查关注的是家户制度的原型及其变迁，目的是了解和寻求影响中国农业社会变迁的基因和特性。

其三，村庄调查。主要是以村庄为单位的调查，了解不同类型的村庄形态及其变迁、实态。农村社会是由一个个村庄构成的。与海洋文明、游牧文明相比，农业文明的社会联系更为丰富，"关系"在中国农村社会形成及演变中居于重要地位。中国在某种意义上说是一个"关系国家"，但是作为一个历史悠久、人口众多、地域辽阔、文明多样的大国，关系格局在不同的地方有不同的表现，由此形成不同类型的村庄。国家政策要"因地制宜"，必须了解各个"地"的属性和差异。村庄调查以"关系"为核心，注重分区域的类型调查。通过不同区域的村庄形态和变迁的调查，了解和回答在国家"无为而治"的传统条件下，一个超大的农业社会是如何通过自我治理实现持续运转的；了解和回答在国家深度介入的现代条件下，农业社会是如何反应和变化的。

其四，专题调查。主要是以特定的专题为单位的调查，了解选定的专题领域的状况及其变化。如果说前三类调查是基本调查的话，专题调查则是专门性调查，针对某一个专题领域，从不同角度进行广泛深入的调查，以期获得对某一个专门领域的全面认识和把握。

"2015版中国农村调查"是一项世纪性的大型工程，它是原有基础的延续，也是当下正在从事，更是未来需要长期接续的事业。这一事业已有数千人参与，特别是有若干人在其中发挥了关键性作用；当下和未来将有更多的人参与。历史将会记录下他们的功绩，他们的名字将与我们的事业同辉！

2016年6月，教育部公布了对人文社会科学重点研究基地的评审结果，我院排名全国第一，并再获优秀。这既是对过往的高度肯定，也是对进一步发展的有力鞭策。为此，本院再次明确自己的目标，这就是建设全球顶级农村调查机构、顶级农村资料数据机构，并在此基础上，形成自己的学术领域和学术风格，而达到这一目标，需要一代又一代人克难攻坚，不懈努力！

徐　勇

2015年7月15日初序

2016年7月15日补记

凡 例

作为教育部人文社会科学重点研究基地，华中师范大学中国农村研究院历来重视农村调查与研究，《中国农村调查·村庄类》是基地新版"中国农村调查"项目的重要成果，在付梓之际，特做以下说明。

1. 根据徐勇教授提出的"中国农村七大区域学说"，即华南区域、长江区域、黄河区域、西南区域、西北区域、东北区域、东南区域，本项目在借鉴日本满铁调查的基础上，按照七大区域的次序，进行村庄形态与实态的调查。这也是整个项目实施所遵循的技术路线。

2. 在村庄调查点的选取上，结合"中国农村七大区域学说"，依据每个区域所辐射的省、市、县，一是按照每个地级市两个县、每个县一个村的标准，二是按照典型点与普遍点结合的原则，三是按照中心与边缘结合的原则，随机抽样选点。每个村庄一位调查员，在调查之前均受过严格的学术培训，每个村的调查时间为60天以上。

3. 每一篇村庄调查报告的写作分为村庄由来与形成、自然、经济、社会、文化、治理六章，以"传统形态—变迁—当下实态"为主线，进行写作。在每篇报告的后面附有调查员的调查小记、调查日记等，以供读者了解整个调查的心路历程。

4. 在报告的写作中，县名、镇名、村名、人名、部门单位等均为实名。但是，报告中所出现的照片、人名、数据等信息，均得到了访谈对象或数据提供对象的口头授权或书面授权。另外，档案材料、政府部门提供的资料、历史材料等，在写作中均做了详细的引用说明。

5. 农村传统形态的调查，主要靠老人口述来获取信息、数据，因而报告中的数据可能不甚精确，仅供参考，也请各位读者、学者在引用、使用的过程中，酌情处理。

6. 农村变迁调查会涉及土地改革、"文化大革命"、"四清"等内容，但是，调查者均怀揣学术研究之心，从农村变迁与发展的历史视角去调查与写作，力求客观、真实地再现中国农村的历史变迁。

7. 在出版方面，项目组组建了审稿与编辑小组，严格审查、校审每一篇村庄调查报告，并从中挑选优秀报告，分七大区域，集结成卷出版。

8. 《中国农村调查村庄类》的重点在于传统形态的调查，是一项抢救历史的学术工程。由于时间仓促，其中不免有错漏，也希望海内外学术界、读书界提出批评、建议，帮助我们提高这套丛书的质量。

《中国农村调查》编辑组
2016年12月19日

目录

村庄类分序　质性研究视角下农村区域性村庄分类 ·································· 1

　　一、"因地"与"分类"：质性研究方法 ·· 1

　　二、"分"与"合"：维度与条件 ··· 3

　　三、作为农村研究对象的区域 ·· 6

　　四、作为农村研究对象的村庄 ·· 8

　　五、作为农村研究对象的区域性村庄分类 ·· 12

户族聚理：晋南平原麦作村的流与变
——黄河区域席村调查

第一章　席村的由来与演变 ·· 23

　第一节　村落的由来和形成 ··· 23

　　一、席姓源流与村落形成 ··· 23

　　二、姓氏由来与村落格局 ··· 25

　第二节　村落的建制沿革 ··· 27

　　一、1949年之前的村落建制 ··· 27

　　二、1949年之后的村落建制 ··· 29

　第三节　村庄当下概况 ··· 30

　　一、地理位置 ·· 30

　　二、席村行政村概况 ·· 30

第二章　席村的自然形态与实态 …… 33

第一节　自然形态 …… 33

一、地形地貌 …… 33

二、气候特征 …… 35

三、土壤特征 …… 38

四、交通状况 …… 39

第二节　干旱与水利 …… 41

一、干旱社会与自然底色 …… 42

二、水井社会与小水利 …… 45

三、水的治理与农业生产 …… 48

第三节　平原与麦作 …… 53

一、麦地与等级 …… 54

二、麦作及关系 …… 56

第四节　集居与空间 …… 58

一、民居：高度集聚，单元聚居 …… 58

二、神居：无矩可寻，神民相离 …… 66

三、祖居：因姓分布，祖民相依 …… 68

四、公共空间：闲聊之所，集会之处 …… 71

第五节　席村自然变迁与实态 …… 73

一、水利灌溉 …… 74

二、麦作情况 …… 74

三、交通状况 …… 75

四、居住格局 …… 76

第三章　席村的经济形态与实态 …… 77

第一节　人与土地及其生产能力 …… 77

一、人与土地的关系 ·· 77

　　二、人与生产能力的关系 ·· 82

第二节　产权与产权关系 ·· 90

　　一、土地性质与土地所有类型 ··································· 90

　　二、土地买卖关系 ··· 96

　　三、土地租佃关系 ··· 99

　　四、土地典押关系 ·· 106

　　五、土地置换关系 ·· 107

第三节　经营及经营关系 ··· 108

　　一、经营主体 ·· 108

　　二、经营分工 ·· 111

　　三、合作经营 ·· 113

　　四、市场雇佣与经营 ··· 116

第四节　交换与交换关系 ··· 122

　　一、市场概况 ·· 122

　　二、村内商业活动 ·· 123

　　三、村外逢集交易 ·· 127

　　四、交换关系 ·· 130

第五节　分配与分配关系 ··· 134

　　一、分配单元 ·· 134

　　二、分配权 ··· 135

　　三、分配内容 ·· 136

　　四、分配关系 ·· 138

第六节　消费与消费关系 ··· 140

　　一、消费主体与决策 ··· 141

二、消费内容 …………………………………………………………… 142

　　三、消费关系 …………………………………………………………… 143

第七节　继承与继承关系 ……………………………………………………… 150

　　一、继承权 ……………………………………………………………… 150

　　二、继承内容 …………………………………………………………… 151

　　三、继承程序 …………………………………………………………… 154

　　四、继承关系 …………………………………………………………… 155

第八节　席村经济变迁 ………………………………………………………… 157

　　一、1949年前的传统经济形态 ………………………………………… 157

　　二、1949年之后的经济变迁 …………………………………………… 158

第九节　席村经济实态 ………………………………………………………… 161

　　一、产权 ………………………………………………………………… 162

　　二、生产经营 …………………………………………………………… 162

　　三、市场与消费 ………………………………………………………… 164

　　四、分配与继承 ………………………………………………………… 165

第四章　席村的社会形态与实态 …………………………………………………… 167

第一节　血缘与血缘关系 ……………………………………………………… 167

　　一、血缘主体 …………………………………………………………… 167

　　二、血缘关系 …………………………………………………………… 173

第二节　地缘与地缘关系 ……………………………………………………… 178

　　一、地缘主体 …………………………………………………………… 178

　　二、地缘关系 …………………………………………………………… 181

第三节　业缘与业缘关系 ……………………………………………………… 184

　　一、业缘组织 …………………………………………………………… 184

　　二、业缘关系 …………………………………………………………… 187

第四节　信缘与信缘关系 …………………………………………… 190
一、神灵信仰及信缘关系 ……………………………………… 190
二、信缘组织及其关系 ………………………………………… 193

第五节　交往与交往关系 …………………………………………… 195
一、家户内部交往及其关系 …………………………………… 195
二、亲戚交往及其关系 ………………………………………… 198
三、村内交往及其关系 ………………………………………… 199
四、村外交往及其关系 ………………………………………… 201

第六节　流动与流动关系 …………………………………………… 201
一、土地与流动关系 …………………………………………… 201
二、做买卖与流动关系 ………………………………………… 202
三、灾害与流动关系 …………………………………………… 203
四、赋税与流动关系 …………………………………………… 204

第七节　分化与群体关系 …………………………………………… 206
一、职业分化及其关系 ………………………………………… 206
二、财富分化及其关系 ………………………………………… 208
三、血缘分化 …………………………………………………… 209

第八节　冲突与冲突关系 …………………………………………… 211
一、家庭内部冲突及其关系 …………………………………… 211
二、村落内部冲突及其关系 …………………………………… 213
三、村落之间冲突及关系 ……………………………………… 216

第九节　保护与保护关系 …………………………………………… 217
一、家庭保护及其关系 ………………………………………… 217
二、亲戚保护及其关系 ………………………………………… 219
三、村落保护及其关系 ………………………………………… 221

第十节 席村社会变迁 …… 224
　　一、1949年前传统社会形态概况 …… 224
　　二、1949年后传统社会形态变迁 …… 225

第十一节 席村社会实态 …… 227
　　一、血缘关系 …… 227
　　二、地缘关系 …… 227
　　三、社会分化 …… 228
　　四、社会保障 …… 228
　　五、社会流动 …… 229
　　六、社会冲突 …… 229

第五章 席村的文化形态与实态 …… 230
第一节 祖先崇拜与崇拜关系 …… 230
　　一、家庙及其关系 …… 230
　　二、祖宗堂及其关系 …… 232
　　三、祖坟及其关系 …… 233
　　四、家谱及其关系 …… 236
　　五、孝道及其关系 …… 237

第二节 信仰与信仰关系 …… 238
　　一、信缘对象 …… 238
　　二、信仰关系 …… 244

第三节 思维与思维关系 …… 246
　　一、经验思维与关系 …… 246
　　二、务实思维与关系 …… 250
　　三、循环思维与关系 …… 252
　　四、中庸思维与关系 …… 253

五、平均思维及关系 ··· 255

第四节　态度与态度关系 ··· 258

　　一、生育态度 ··· 258

　　二、生产态度 ··· 264

　　三、生活态度 ··· 266

　　四、社会态度 ··· 267

　　五、政治态度 ··· 268

第五节　习俗与习俗关系 ··· 269

　　一、婚丧习俗及关系 ··· 269

　　二、节庆习俗与关系 ··· 282

　　三、日常习俗与关系 ··· 289

第六节　规训与规训关系 ··· 291

　　一、家庭教育及其关系 ·· 291

　　二、家族教化及其关系 ·· 293

　　三、私塾教育及其关系 ·· 294

第七节　文娱与文娱关系 ··· 295

　　一、节庆娱乐及其关系 ·· 295

　　二、日常娱乐及其关系 ·· 297

第八节　席村文化变迁 ·· 298

　　一、崇拜与信仰的变迁 ·· 298

　　二、生育观念的变迁 ··· 299

　　三、教育的变迁 ··· 300

　　四、村落习俗的变迁 ··· 300

　　五、思维与态度的变迁 ·· 301

　　六、文化娱乐的变迁 ··· 301

第九节 村落文化实态 ·· 302

第六章 席村的治理形态与实态 ·· 303

第一节 政权治理与治理关系 ·· 303
一、政权治理概况 ·· 303
二、政权治理主体 ·· 304
三、政权治理事务 ·· 307
四、政权治理方式 ·· 310
五、政权治理关系 ·· 312

第二节 村落治理与治理关系 ·· 314
一、村落治理主体 ·· 314
二、村落治理事务 ·· 316
三、村落治理方式 ·· 319
四、村落治理关系 ·· 320

第三节 家户治理与家户关系 ·· 324
一、家户治理主体 ·· 324
二、家户治理事务 ·· 327
三、家户治理方式与原则 ·· 334
四、家户治理关系 ·· 335

第四节 亲族治理与治理关系 ·· 339
一、亲族治理主体 ·· 339
二、亲族治理的事务 ·· 342
三、亲族治理规则 ·· 346
四、亲族治理过程 ·· 346
五、亲族治理关系 ·· 347

第五节 信缘治理与治理关系 ·· 351

一、禹王庙与治理主体及关系···351

　　二、禹王庙与村庄治理及关系···352

　　三、禹王庙与家庭生活及关系···353

第六节　席村治理变迁··354

　　一、1949年前的传统治理形态···354

　　二、1949年后的传统治理形态变迁·····································355

第七节　席村治理实态··357

　　一、村落治理现状···357

　　二、村落治理困境···358

附录一：席村调查小记···359

附录二：席村调查日记（节选）···363

徙聚共生：台塬干旱麦作村庄的衍续之匙
——黄河区域乌苏村调查

第一章　村落的由来与演变··397

第一节　村落的由来与形成··397

　　一、落户村之说···397

　　二、姓氏与村落···398

　　三、村民与村落···400

第二节　村落的建制沿革··407

　　一、1949年前的乌苏村建制沿革·······································407

　　二、1949年后的乌苏村建制沿革·······································408

第三节　村落当下概况··409

一、农业生产概况 ·· 410

　　二、行政区划与运作概况 ··· 410

　　三、社会文化概况 ··· 410

第二章　乌苏村的自然形态与实态 ··· 412

第一节　自然地理 ·· 412

　　一、地形地貌 ·· 412

　　二、气候特征 ·· 414

　　三、土壤特征 ·· 417

　　四、交通状况 ·· 418

第二节　水资源与村落 ··· 420

　　一、水井 ·· 420

　　二、池塘 ·· 424

第三节　麦作体系 ·· 426

　　一、麦田形态 ·· 426

　　二、麦田耕作制度 ··· 428

第四节　集居与空间 ··· 434

　　一、村落空间格局概况 ··· 434

　　二、人田分离下的集居 ··· 434

　　三、内嵌外包的神居 ·· 440

　　四、人祖同居 ·· 441

　　五、公共空间与村庄 ·· 442

　　六、空间关系 ·· 443

第五节　乌苏村自然变迁与实态 ··· 444

　　一、农作变迁 ·· 444

　　二、交通状况 ·· 445

三、居住格局……445

第三章　乌苏村的经济形态与实态……447

第一节　人与土地及其生产能力……447
　　一、人与土地的关系……447
　　二、人与生产能力的关系……450

第二节　产权与产权关系……457
　　一、产权类型与边界关系……457
　　二、土地买卖关系……460
　　三、土地租佃关系……464
　　四、土地典当关系……467
　　五、土地置换关系……467

第三节　经营与经营关系……468
　　一、经营单位……468
　　二、经营分工……471
　　三、合作经营及其关系……472
　　四、雇佣经营及其关系……475

第四节　交换与交换关系……484
　　一、村内交换及其关系……484
　　二、村外交换及其关系……489
　　三、村落借贷……493

第五节　分配与分配关系……496
　　一、分配单元……496
　　二、分配权……498
　　三、分配内容……499
　　四、分配关系……503

第六节　消费与消费关系 …… 506
　　一、消费决策 …… 506
　　二、消费活动 …… 508
　　三、消费关系 …… 514

第七节　继承与继承关系 …… 516
　　一、财产继承权 …… 516
　　二、继承物及其关系 …… 517
　　三、分家及其关系 …… 519
　　四、遗产继承及其关系 …… 524

第八节　乌苏村经济变迁 …… 526
　　一、1949年之前的传统经济形态 …… 526
　　二、1949年后的传统经济形态变迁 …… 527

第九节　乌苏村经济实态 …… 528
　　一、村落经济概况 …… 529
　　二、村落经济实态 …… 529

第四章　乌苏村的社会形态与实态 …… 533

第一节　血缘与血缘关系 …… 533
　　一、血缘主体 …… 533
　　二、血缘关系 …… 538

第二节　地缘与地缘关系 …… 541
　　一、地缘主体 …… 541
　　二、地缘关系 …… 546

第三节　业缘与业缘关系 …… 550
　　一、牛市组织及其关系 …… 550
　　二、会子及其关系 …… 552

三、老人会及其关系 ·· 554

第四节　信缘与信缘关系 ·· 555
　　一、一贯道及其关系 ·· 556
　　二、庙会组织及其关系 ·· 557

第五节　交往与交往关系 ·· 558
　　一、家庭内部交往及其关系 ·· 558
　　二、家族内部交往及其关系 ·· 560
　　三、村落交往及其关系 ·· 561
　　四、村外交往及其关系 ·· 563

第六节　流动与流动关系 ·· 564
　　一、社会流动概况 ·· 564
　　二、土地流动及其关系 ·· 565
　　三、职业流动及其关系 ·· 567
　　三、做生意流动及其关系 ·· 569

第七节　分化与群体关系 ·· 572
　　一、职业分化及其关系 ·· 572
　　二、血缘分化及其关系 ·· 582
　　三、权力分化及其关系 ·· 583

第八节　冲突与冲突关系 ·· 584
　　一、家内冲突及其关系 ·· 584
　　二、村内冲突及其关系 ·· 586
　　三、村外冲突及其关系 ·· 588

第九节　保护与保护关系 ·· 589
　　一、家庭保护及其关系 ·· 589
　　二、亲人保护及其关系 ·· 590

三、村庄保护及其关系 ································· 591

第十节　村落社会变迁 ····································· 595
　　　一、1949 年之前的传统社会形态概况 ················· 595
　　　二、1949 年之后的社会形态变迁 ····················· 596

第十一节　村落社会实态 ··································· 598
　　　一、血缘关系 ····································· 598
　　　二、地缘关系 ····································· 599
　　　三、业缘关系 ····································· 599
　　　四、信缘关系 ····································· 600
　　　五、社会交往 ····································· 600
　　　六、社会流动 ····································· 601
　　　七、社会分化 ····································· 601
　　　八、社会冲突 ····································· 601
　　　九、社会保障 ····································· 601

第五章　乌苏村的文化形态与实态 ··························· 603

第一节　崇拜与崇拜关系 ··································· 603
　　　一、祠堂祭祖及其关系 ····························· 603
　　　二、家祭及其关系 ································· 605
　　　三、墓祭及其关系 ································· 607
　　　四、孝道及其关系 ································· 609

第二节　信仰与信仰关系 ··································· 610
　　　一、信仰对象 ····································· 610
　　　二、信仰关系 ····································· 618

第三节　思维与思维关系 ··································· 620
　　　一、经验思维与思维关系 ··························· 620

二、务实思维与思维关系 ··· 624

　　三、循环思维与思维关系 ··· 625

　　四、中庸思维与思维关系 ··· 626

　　五、平均思维与思维关系 ··· 628

第四节　态度与态度关系 ·· 629

　　一、生育态度 ·· 629

　　二、生产态度 ·· 637

　　三、生活态度 ·· 638

　　四、社会态度 ·· 639

　　五、政治态度 ·· 640

　　六、人生态度 ·· 640

第五节　习俗与习俗关系 ·· 641

　　一、婚丧习俗及关系 ··· 641

　　二、节庆习俗及关系 ··· 660

　　三、日常习俗及关系 ··· 665

第六节　规训与规训关系 ·· 667

　　一、家庭规训及其关系 ·· 667

　　二、学校规训及其关系 ·· 668

　　三、私塾规训及其关系 ·· 670

第七节　文娱与文娱关系 ·· 671

　　一、节庆娱乐及文娱关系 ··· 671

　　二、日常娱乐及文娱关系 ··· 675

第八节　村落文化变迁 ··· 679

　　一、1949年之前的传统文化形态 ·· 679

　　二、1949年之后的传统文化形态变迁 ······································ 681

第九节　村落文化实态 ··· 682
　　一、祖先崇拜 ··· 682
　　二、神灵信仰 ··· 683
　　三、文化习俗 ··· 683
　　四、生育观念 ··· 684
　　五、教育 ··· 684
　　六、文化娱乐 ··· 685

第六章　乌苏村的治理形态与实态 ·· 686
　第一节　政权治理与治理关系 ·· 686
　　一、政权治理单元 ·· 686
　　二、政权治理主体 ·· 688
　　三、政权治理内容 ·· 688
　　四、政权治理关系 ·· 691
　第二节　村落治理与治理关系 ·· 692
　　一、村落治理主体 ·· 692
　　二、村落治理内容 ·· 695
　　三、村落治理方式 ·· 699
　　四、村落治理关系 ·· 700
　第三节　家户治理与家户关系 ·· 701
　　一、家户治理主体 ·· 702
　　二、家户治理内容 ·· 706
　　三、家户治理方式 ·· 712
　第四节　亲族治理与治理关系 ·· 713
　　一、亲族治理主体 ·· 713
　　二、亲族治理内容 ·· 715

三、亲族治理方式 …………………………………………………………… 718

　　四、亲族治理关系 …………………………………………………………… 719

第五节　村落治理变迁 ……………………………………………………………… 722

　　一、1949 年之前的村落治理形态 ………………………………………… 722

　　二、1949 年之后的村落治理形态变迁 …………………………………… 723

第六节　村落治理实态 ……………………………………………………………… 724

　　一、村两委与村治 …………………………………………………………… 725

　　二、村民小组与村治 ………………………………………………………… 725

　　三、村庄社会组织与村治 …………………………………………………… 726

附录一：乌苏村调查小记 ……………………………………………………………… 727

附录二：乌苏村调查日记（节选） …………………………………………………… 730

本卷后记 ………………………………………………………………………………… 751

村庄类分序

质性研究视角下农村区域性村庄分类

徐 勇

在我国，经历了数十年的艰苦探索，且付出了沉重代价，才得以形成农村基本的经营制度及相应的基本政策和基本方法，即以家庭经营为基础，统分结合，双层经营，宜统则统，宜分则分，因地制宜，分类指导。但在实际进程中，为什么和怎么样才能做到"宜统则统、宜分则分"，"因地制宜"，进行"分类指导"，却还有待继续深入探讨。在实践中往往出现的是"统得过死，分得过多"，或者"一刀切"，很难因地制宜，分类指导做出决策。其重要原因之一就是对"地"的属性和"类"的区分缺乏深入调查和研究，对整个农村实际情况的认识更多的是片断的、零碎的、表层的。这就需要学界对中国农村进行深入调查和深度研究，以为因地制宜，分类指导的国家决策提供依据。而"区域性村庄"，则是农村研究的重要内容。自 2015 年，华中师范大学中国农村研究院开启大规模的"2015 年版中国农村调查"工程，其中包括对中国七大区域的村庄进行调查。为什么要进行区域性村庄调查，为什么要分为七大区域进行村庄调查？以下就此做出说明。

一、"因地"与"分类"：质性研究方法

社会科学是现代社会分工的产物。作为一种社会科学研究，重要的不是发表政策言论，而是为制定政策提供理论与实际依据，供决策者参考和选择。这是现代社会分

工的要求。学者只有寻找到最适合于自己的位置，才能发挥自己独特的优势。长期以来，从事农村研究的学者不少，发表的成果更是浩如烟海，但是能够对决策层产生直接或间接、短期或长期影响的成果却少之又少。作为学人，我们可以对政策发表意见，乃至评头论足，但最重要的是要反思，学者对政策的制定提供了什么有独特价值的贡献？

中国是一个历史悠久、地域辽阔的大国，地区发展不平衡。因此，"因地制宜与分类指导"成为制定农村政策的基本原则，也是农村研究的重要目标。所谓"因地制宜"，就是根据各地的实际情况，制定适宜的办法。这就意味着，此"地"与彼"地"不同。所谓"分类指导"，就是根据事物的类型状况进行有针对性的指导。这就意味着，此"类"与彼"类"不同。因此，"地"和"类"是在比较中界定的，具有一种区别于其他"地"和"类"的特质或特性。农村研究最重要的是准确把握"地"和"类"的属性和特质，政策制定者才有可能"因地"和"分类"做出决策。

社会科学研究不同一般的言论发表，特别需要方法论的自觉，并选择最为适合的方法达到自己的研究目的。农村研究要准确把握"地"和"类"的属性和特质，需要研究者在学术目标指导下，进行实地调查，收集资料，通过分析来完成，因此特别适合于"质性研究"（又被称为"质化研究""质的研究"）方法。这一方法被认为是"以研究者本人作为研究工具，在自然情境下采用多种资料收集方法对社会现象进行整体性探究，使用归纳法分析资料和形成理论，通过与研究对象互动对其行为和意义建构获得解释性理解的一种活动"[1]。质性研究方法为什么是最为适合的方法呢？

首先在于以实际调查为基础的多种资料的收集。农村研究要了解"地"和"类"的属性，需要直接面对"地"和"类"加以认识，而不能凭空想象。即使是文学作品特别强调想象力，也有必要的实体基础。正如鲁迅所说，"燕山雪花大如席"尚属正常的夸张，而说"广州雪花大如席"就太离谱了。正因为如此，做农村研究的，一开始就将实地调查作为首要方法。人类学、民族学、社会学等重视实地调查的学科成为农村研究的重要支撑。实地调查的目的是认识对象，收集资料，但收集资料不仅仅依靠实地调查，还需要其他方法加以补充，如历史文献资料的收集等。

其次在于整体性探究。农村研究要了解"地"和"类"的属性，需要在整体比较中发现。换言之，农村研究不能仅仅只是对某一个"地"和"类"进行了调查便可以得出结论，它需要对构成"地"和"类"的范围进行整体比较才能发现此"地"与彼"地"、此"类"与彼"类"的不同。在农村研究中，我们经常会看到对村庄的分类，

---

[1] 陈向明：《质的研究方法与社会科学研究》，教育科学出版社2000年版，第12页。

但这种分类大多属于研究者对某一个地方和类型进行调查后得出来的结论，而不是整体内相同维度中的差异比较，因此很容易产生一村一类型的轻率结论。所以，为了在普遍性中发现差异性，质化研究并不排斥量化研究。只是量化研究很容易采用他人资料和数据，往往会造成资料来源的同质性而无法发现"地"和"类"的差异性。

再次在于通过归纳产生理论。农村研究要了解"地"和"类"的属性，调查和比较是基础，最后要产生结论和理论，即通过调查和比较，我们能够做出什么判断，并提供给他人。从提供理论的角度看，质性研究与其他研究没有区别，区别在于如何得出理论。质性研究是通过归纳的方法产生理论的，这不同于理论演绎和量化假设。为了得出准确的判断，质性研究要求在自然情境下，而不是人为制造的场景下，通过客观中立的调查，获得完整准确的材料，然后对材料加以归纳，最后得出结论。只有这样，我们对"地"和"类"的界定才是可供参考和验证的。

第四在于与对象的互动。农村研究要了解"地"和"类"的属性，要在与对象互动中发现。因为，农村研究的"地"和"类"与一般自然界的"地"和"类"有所不同，它是自然—社会—历史交互作用的产物。研究者在进行调查时，不仅要把握自然环境，而且要掌握人文社会和历史，调查中要与人交往和互动，才能发现"地"和"类"的属性及其与他"地"和"类"的区别。如在调查中，我们可以通过方言发现某"地"和"类"的属性及其区别，但方言只有在与对象互动中才能意识到。

二、"分"与"合"：维度与条件

农村研究关注"因地"与"分类"，均涉及整体与部分的关系。"因地"通常是指在一个国家整体内，由于条件不同而形成不同地方的特点；"分类"通常是指对一个事物整体内的不同要素区分为不同类型。如何界定农村研究中的整体与部分的关系呢？这就需要寻找统一的维度。这一维度就是"分"与"合"。

"分"是由整体中分化或产生出部分，包括分开、分散、分化、分离等。"合"是指各个部分合为一个整体，包括合作、合成、整合、结合、联合等。"分"在于个别性、部分性，"合"在于一般性、整体性。

"分"与"合"是人类社会一般的表现形态。中国著名小说《三国演义》开篇就表达："话说天下大势，分久必合，合久必分。"现代社会科学通过不同的科学概念对"分"与"合"的状态进行概括，如经济学领域的"分工"与"合作"，社会学领域的"社会分化"与"社会整合"，政治学领域的"分权"与"集权"等。

人类是作为个体的"人"与作为整体的"类"共同构成的。从人类社会的发展看，"分"通常意味着变化，由一个整体向不同部分的变化过程。如在中国，由"天下为公"分裂为"天下为家"，由"天下为家"分裂为"天下为人"，整体社会不断裂变为一个一个独立的个体，先是家庭，后是个人。"合"通常意味着秩序，由不同的部分通过一定方式形成一个有序的整体。整体尽管会裂变为个体，但个体不可能脱离整体而存在，任何个体都是相对整体而言的。将不同的个体结合为整体就会形成一种秩序。有序，整体就会存在；无序，整体就会解体。"天下为公"尽管会裂变为"天下为家"，但是一个个"家"又会结合成为"国"和"天下"。如"齐家治国平天下"，"齐""治""平"就是结合的机制与手段。"分"与"合"是相对而言的，是部分与整体的关系。这一关系是农村研究中的"因地"和"分类"的基本维度。

人类社会的"分"与"合"不是无缘无故发生的，必然受条件的制约。马克思说："人们自己创造自己的历史，但是他们并不是随心所欲地创造，并不是在他们自己选定的条件下创造，而是在直接碰到的、既定的、从过去承继下来的条件下创造。"[1] 构成农村研究中的"地"与"类"的条件并影响农村社会"分"与"合"的条件主要有：

（一）自然条件

自然是指人所面对的宇宙万物，是宇宙生物界和非生物界的总和。对于农村来说，自然具有十分特殊的意义。这在于农村是农业产业为基础的，而农业与工业相比，对自然具有高度的依存度。自然条件为人们的生存设置前提条件，构成人们生存的自然环境。愈是人类早期，受自然条件的制约愈大；愈是农业社会，对自然条件的依赖愈大，甚至赋予其神圣价值，如"风水"。

自然条件是由各种自然因素（包括人化自然）构成的自然环境系统，主要包括：天（气候）、地（地形）、水、土、区位等，形成了所谓的"一方水土"，即"地"，并分为不同的类型。而"一方水土养育一方人"，不同地方会产生不同人的特性和行为。法国启蒙学者孟德斯鸠认为，气候是人的品性和行为的决定因素，"气候的权力强于一切权力"。酷热有害于力量和勇气，寒冷赋予人类头脑和身体以某种力量，使人们能够从事持久、艰巨、伟大而勇敢的行动，因此，"热带民族的懦弱往往使他们陷于奴隶地位，而寒带民族的强悍则使他们保持自由的地位。所有这些都是自然原因造成的"。[2] 孟德斯鸠可能言过其实，但自然条件对人类社会的影响无疑具有重大作用，并制约着"分"与"合"。一般来讲，在自然条件比较适宜的地方，"分"的可能性更大；而为了

---

[1]《马克思恩格斯选集》第1卷，人民出版社1995年版，第585页。
[2] 参见［法］孟德斯鸠《论法的精神》（上卷），许明龙译，商务印书馆2013版，第321页。

应对恶劣的条件，"合"的可能性更大。

（二）社会条件

社会是人们通过交往形成的社会关系的总和，是人类生活的共同体。社会是由各种要素构成的社会环境系统，主要包括：以物质生产为基础的经济要素、以人口生产为基础的社会因素、以观念生产为基础的文化因素和以治理生产为基础的政治因素。不同性质的要素，决定了社会分为不同的形态。而人类社会形态又是在一定的空间里存在的。法国学者列斐伏尔认为："社会生产关系仅就其在空间中存在而言才具有社会存在；社会生产关系在生产空间的同时将自身投射到空间中，将自身铭刻进空间。否则，社会生产关系就仍然停留在'纯粹的'的抽象中。"[1] 因此，不同的社会条件便造成不同的"地"和"类"，对人的行为产生直接的作用，并成为造成人类社会"分"与"合"的直接因素。如在自然经济条件下，"合"的可能性更大，最小的经济单位也是作为共同体的"家"；在商品经济条件下，"分"的可能性更大，最小的经济主体可以是作为个体的个人，商品经济伴随着社会分化，当然也意味着更高层次的社会整合。

（三）历史条件

人类社会是一个不断生长、发展、演化的漫长进程。无论是自然，还是社会，都是在历史进程中变化并构成人类存在条件的，由此构成由不同文明断层组合的历史形态。只有将自然和社会条件置于不同的历史形态中才能发现其动态演化的过程，也才能更准确理解"地"与"类"的特性和对人的行为的制约。如人类社会就是共同体裂变为个体，分化为不同个体的过程，同时也是一个由不同个体结合为新的共同体的历史演变过程。"分"与"合"贯穿于整个历史过程之中，但在不同的历史时空里表现形式则不一。德国社会学家滕尼斯在其《共同体与社会》一书中便表达了这一思想。马克思更是从自由的角度论述了个人与共同体（"类"）结合的演变及其不同类型，指出："从前各个人联合而成的虚假的共同体，总是相对于各个人而独立的；由于这种共同体是一个阶级反对另一个阶级的联合，因此对于被统治的阶级来说，它不仅是完全虚幻的共同体，而且是新的桎梏。在真正的共同体的条件下，各个人在自己的联合中并通过这种联合获得自己的自由。"[2] 人类社会是一个过程，形成不同的层面，有的进化时间长，层面多，有的反之。因此，对农村研究中的"地"与"类"及其"分"与"合"的考察，要十分注意历史条件。

---

[1] 转引自［英］德雷克·格利高里、［英］约翰·厄里编《社会关系与空间结构》，谢礼圣、吕增奎等译，北京师范大学出版社2011年版，第95页。
[2] 《马克思恩格斯选集》第1卷，人民出版社1995年版，第119页。

历史是一个过程。这一过程是由不同阶段与节点构成的。中国农村研究的历史维度主要有两个：一是传统与现代。一般来讲，人们将农业社会称为传统社会，将工业社会称为现代社会。由此，现代工业社会之前的社会都可以称之为农业社会。现代化就是由传统农业社会向现代工业社会转变的过程。传统性与现代性是了解作为农村研究对象的区域性的重要历史维度。二是形态与实态（1949年前后）。在传统农业社会，由于各种条件的制约，区域的异质性差别非常突出，并构成不同区域的传统形态。而现代国家则是一个由多样性向一致性、一体性变迁的过程。但是这一过程正在变化之中，尚未完全定型，因此构成当下的研究者着手研究时的实际状态。在中国，形态与实态的分界线可以1949年为界。尽管1949年前，中国的传统形态已有些许变化，但由"改朝换代"的高层变动到"改天换地"的全面变革则在1949年以后，且这一变革尚处于了而未了的过程之中。

只有在充分了解自然、社会和历史条件的基础上，我们才能有效地"因地"和"分类"，了解人为何而"分"，因何而"合"，其内在的机理如何。

三、作为农村研究对象的区域

"因地"着重于整体中不同部分，"分类"也在于对整体中不同类型加以区分。就整体和类型单位而言，国家是整体，"地"和"类"分别是国家整体之下的不同部分。换言之，国家是由不同的部分构成的。农村研究要通过调查和归纳方法，研究一个国家的"地"和"类"的特性，但我们不可能穷尽所有对象，而且也没有必要。如中国有数十万个村庄，数亿农村人口，我们不可能，也没有必要都进行调查，再归纳出"地"和"类"的属性。这就需要寻找合适的研究单位。而区域是重要的研究单位。

区域是一个地域空间概念。一定地域总是由不同的区域所构成的。农村研究要了解的"地"和"类"，总是存在于一定的区域空间内。在农村研究中，引进"区域"单位是非常必要的。

从农村研究传统看，主要有两种研究单位。一是整体国家的视角，即将全国整体作为研究对象，是一种宏大叙事式的宏观研究。这种研究的资料来源主要是档案文献，或者理论建构，其成果甚多。代表性著作有费孝通的《乡土中国》等。这种研究将国家作为一个整体研究，具有高度的概括性，但也存在相当的局限。例如，《乡土中国》一书就主要是基于中国核心区域的研究，而许多次生区域或边缘区域的现象就被忽视。

二是个案社区，即将某一个个案作为研究对象，是一种微小叙事式的微观研究。

目前，这种研究日益增多。可以费孝通的《江村经济》为代表。这种研究主要是基于实地调查，其优点是可以进行深入的挖掘。但其也有一定的限度：一是在社会多样化的条件下，一个案例很难解释一类现象；二是因为选取的案例不同，一个地区可以得出完全不同，甚至自相矛盾的结论。

因此，为了弥补现有研究的不足，需要借助于其他学科在研究方法上的进展。近些年来，历史学界开始注意寻找新的研究视角，也就是区域性研究。傅衣凌先生提出："由于生产方式、社会控制体系和思想文化的多元化，由于这种多元化又表现出明显的地域不平衡性和动态的变化趋势，中国传统社会产生了许多西欧社会发展模式所难以理解的现象。"[1] 而杨念群则从方法论的角度提出了"中观"理论。由于区域社会研究进展较快，产生了不少区域性研究成果，它们开始被视为某种"学派"。其中，山西大学和南开大学对华北农村的研究被视为一派，而基于对华南农村的研究也出现了所谓的"华南学派"等。

与中国学界的情况类似，国外对于中国问题的研究视角也经历了一个由整体到部分的变化过程。在早期，比较多的研究是国家整体研究，以美国学者费正清的《美国与中国》一书为代表。后来，随着美国学者柯文《在中国发现历史》一书的问世，区域社会研究开始迅速增多，其代表性著作有美国学者裴宜理（Elizabeth J. Perry）的《华北的叛乱者与革命者：1845—1945》、美国学者黄宗智的《长江三角洲的小农家庭与乡村发展》和《华北的小农经济与社会变迁》、美国学者濮德培（Peter C. Perdue）的《榨干土地：湖南的政府与农民，1500—1800》等。

现有的区域社会研究无疑大大弥补了原有学术传统的不足。但是，对于"地"和"类"的农村研究来说，它们仍然不够理想。其主要在于：相当多数的区域研究，只是对某一个地区的某一现象的研究，更多属于国家整体之下的地方性研究，如华南的宗族研究，华北的水利社会研究，湖南的土地、农民与政府研究，等等。有学者甚至将区域史与地方史加以等同，认为"区域史，又称地方史"[2]。

严格来说，区域研究不能等同于地方研究，区域社会研究的价值不仅仅在于对某一个地方的现象的研究，更重要的是寻求造成区域性特性的构成要素，从而形成区别于其他区域的特质。因此，区域研究至少有两个基本特征：一是同质性，即同一区域具有大体相同的特质，正因为这一特质而导致该区域相类似的现象较多，具有区域普遍性。当然这种同质性并不是区域现象的绝对同一性，主要在于其规定的现象多于其

---

[1] 傅衣凌：《集前题记》，收于《明清社会经济史论文集》，人民出版社1982年版。
[2] 李玉：《中国近代区域史研究综述》，《贵州师范大学学报（社会科学版）》2002年第6期。

他区域。二是异质性,即不同区域具有比较明显的差异性特征,正因为这一特质促成该区域同类现象不同于其他区域的同类现象。无论是同质性,还是异质性,都需要经过比较才能体现。而比较则需要有确定的标准。因此,区域研究与地方研究都属于国家整体的部分研究,但又有不同。地方研究可以不用比较,是某个地方就是某个地方,其研究限定于某个地方。而区域研究一定要发现该区域与其他区域所不同的特质,一定是在比较中才能发现其特质,且这种特质是内生的、内在的,而不只是外部性的现象。

作为农村研究对象的区域性,主要是指某类现象在某个区域内更为集中,并因此与其他区域不同。在中国,最大的区域差异是北方与南方。中国地理分布的分界线之一是秦岭—淮河一线,以北为北方区域,以南为南方区域。费正清曾描述道:"凡是飞过大陆中国那一望无际的灰色云天、薄雾和晴空的任何一位旅客,都会显眼地看到两幅典型的画面,一幅是华北的画面,一幅是华南的画面。"[1] 在世界上,很难找到有中国这样南北差异之大,并对经济社会政治产生巨大影响的国家。中国历史上就曾数度出现过南北分化、分裂、分治时期,如南朝、南宋。南北差异也给政治决策和走向带来影响,如开辟大运河,首都东移和北进,政治过程中的南巡和北伐等。这都表明中国北方和南方有着不同的自然—社会—历史土壤,会生长出不同的结果。如我国农村合作化起源于北方,而分田到户则发源于南方。因此,将区域性作为农村研究的对象,有利于根据区域性特质,"因地制宜"和"分类指导"。

四、作为农村研究对象的村庄

国家是由不同区域构成的空间单位。一般来讲,区域的范围比较大。要对区域内的所有对象进行调查研究,不可能也无必要。由此需要进行二次分类。村庄则是农村研究的基本单位,也是发现区域特性的重要基础。只有通过对村庄性的深刻把握才能深入把握区域性。

农村社会由一个个村庄构成。村庄是农村社会成员的地域聚落。农民的生产、生活和社会交往都是在村庄内完成的。对于传统社会的农民来说,村庄就是其世界,人的终生都可能在村庄内度过,因此有所谓"十里不同音,百里不同俗"的说法。愈是进入现代社会,村庄的地位愈是重要。1949年以后,伴随着集体化,村庄成为具有明确和固定边界的单位,集体经济以村庄为单位组织,即"村集体"。同时,村庄也成为

---

[1] [美]费正清:《美国与中国》,世界知识出版社1999年版,第4页。

国家治理的基本单位,即"行政村"。

更重要的是,村庄不仅仅是农业空间聚落,而且是人与人的结合,并形成人与人之间的关系及其相应的意识形态。透过村庄这一微观的社会组织,我们有可能发现整个农业社会及其区域性特质的构成要素。法国学者列斐伏尔认为:"社会生产关系仅就其在空间中存在而言才具有社会存在;社会生产关系在生产空间的同时将自身投射到空间中,将自身铭刻进空间。否则,社会生产关系就仍然停留在'纯粹的'的抽象中。"[1] 农业社会关系及其区域性特质都将通过一个个村落空间体现出来。换言之,没有村庄载体,农业社会及其区域性就无从充分展示出来。因此,村庄是农村社会一个完备的基本组织单位,亦成为农村研究的基本单位。

将村庄作为农村研究的基本单位,并通过村庄性把握区域性,对于运用质化研究方法把握农村研究中的"地"与"类"具有重要价值。

与量化研究强调普遍性相比,质性研究更强调深度性,即通过深度调查,"将一口井打深",来获得对对象特性的深入理解。因此,质性研究十分强调"扎根理论"和"深描"。

"扎根理论"是质性研究的一种重要方法。"扎根理论方法包括一些系统而又灵活的准则(guideline),让你搜集和分析质性数据,并扎根在数据中建构理论。"[2] 这一方法要求:第一,进入现场搜集和分析,这是前提;第二,数据是质性数据,得是最能反映对象本质特征的数据;第三,扎根于所搜集的数据之中建构理论,而不是在数据之外推导出来理论。因此,运用扎根理论方法,进入村庄现场调查,是了解村庄特性的有效方法。

"深描"作为质性研究方法,是相对"浅描"而言的,特别强调互动性、过程性、细节性和情境性。[3] "深描"最早用于人类学研究,是基于一种异文化的调查研究方法,用此方法可以更好地发现和比较不同对象的特质,也是发现村庄特性的有效方法。尽管"深描"注重细节,甚至微不足道的小事,但是决不是什么小事都要进行研究,恰恰相反,对对象必须有所取舍,以选择最能达到研究目的的对象。[4] 这种研究显然有助于在比较取舍中把握村庄的特性。

质性研究的"扎根理论"和"深描"都特别强调研究者的亲身调查与经验。但是,要

---

[1] 转引自[英]德雷克·格利高里、[英]约翰·厄里编《社会关系与空间结构》,谢礼圣、吕增奎等译,北京师范大学出版社2011年版,第95页。
[2] [英]凯西·卡麦兹:《建构扎根理论:质性研究实践指南》,重庆大学出版社2009年版,第3页。
[3] 参见陈向明《质的研究方法与社会科学研究》,教育科学出版社2000年版,第347页。
[4] 参见澜清《深描与人类学田野调查》,《苏州大学学报(哲学社会科学版)》2005年第1期。

让调查者对调查区域的所有村庄进行调查，然后产生结论，是不可能，也没有必要的。村庄在英文中为"village"。有一句西方谚语说，"Every village has its idiosyncrasy and its constitution"，就是说每一个村庄，都有自己的特性和脾气。但每一个村庄也有其同类型的共同性。我们可以通过寻找其共同性把握某区域的村庄性。这就需要寻找符合区域理想类型的村庄。

理想类型研究是德国社会学家韦伯所创立的研究方法。这种研究将事物的本质特性抽象出来，加以分类，如韦伯将统治合法性的类型分为三类。在农村研究中，可以借用这一研究思路和方法，选择最符合区域性特征的村庄进行深度调查。区域性特征就是研究者的目标和理想类型。只要选择若干最能体现区域性的村庄进行调查研究，就有可能从总体上把握该区域类似村庄的共同特征，而不必要对所在区域的所有村庄都进行调查研究。因此，村庄性与区域性是相联系的。只有从区域性整体特征出发，才能选择最能反映区域特征的村庄；只有深度把握村庄特性，才能充分说明区域特性。

相对区域而言，村庄的范围小得多，更容易做深度调查基础上的质化研究，将区域性具体化、实证化、动态化。"因地制宜"的"地"和"分类指导"的"类"最具体和最终体现在村庄属性上。由此要根据不同的标准对村庄加以分类。在对村庄性研究中，以下标准及其分类非常重要：

1. 以村庄名称为标准的分类。村庄名称是一种符号，通过这一符号，可以发现某类村庄的特质。在中国，村庄的"姓"以人的姓命名的非常多，反映了血缘关系与农耕社会同一体的特质。但在不同区域，村庄的"名"却有区别。如在黄河区域，村庄更多是以庄、寨、营、屯、卫等冠名，村庄的建构性、群体性强；在长江区域，村庄更多是以村、冲、湾、垸、岗、台等冠名，村庄的自然性、个体性强，与水相关。

2. 以居住状态为标准的分类。村庄是农村社会成员的居住聚落。村庄名称是一个村庄的标识和指称。这种标识和指称并不是随心所欲的想象，而有其内在的含义，反映了一种居住状态。根据居住状态，可以分为"集居村"和"散居村"。庄、寨、营、屯、卫、店等，更多的是一个人口居住相对集中的农村聚落，集居、群居、集聚度高，属于集居型村庄，即"由许多乡村住宅集聚在一起而形成的大型村落或乡村集市。其规模相差极大，从数千人的大村到几十人的小村不等，但各农户须密集居住，且以道路交叉点、溪流、池塘或庙宇、祠堂等公共设施作为标志，形成聚落的中心；农家集中于有限的范围，耕地则分布于所有房舍的周围，每一农家的耕地分散在几个地点"[1]。

---

[1] 鲁西奇：《散村与集村：传统中国的乡村聚落形态及其演变》，《华中师范大学学报（人文社会科学版）》2013年第4期。

村、冲、湾、垸、岗、台等，更多的是人口居住相对分散的农村聚落，主要是散居，甚至独居，分散度高，属于散漫型村庄，即"每个农户的住宅零星分布，尽可能地靠近农户生计依赖的田地、山林或河流湖泊；彼此之间的距离因地而异，但并无明显的隶属关系或阶层差别，所以聚落也就没有明显的中心"[1]。鲁西奇认为，传统中国的农村聚落状态，"从总体上看，北方地区的乡村聚落规模普遍较大，较大规模的集居村落占据主导地位"；而在南方地区，"大抵一直是散村状态占据主导地位；南方地区的乡村聚落，虽然也有部分发展成为集村，但集村在全部村落中所占的比例一直比较低，而散村无论是数量，还是居住的人口总数，则一直占据压倒性多数"[2]。

3. 以村庄形成为标准的分类。无论是集村，还是散村，都是历史进程中形成的。根据村庄形成的标准，可以分为自然村和行政村。自然村是由村民经过长时间聚居而自然形成的村落。其语音相对独立统一，风俗习惯约定俗成，以家族为中心。自然村数量大、分布广、规模大小不一，有仅个别住户的孤村（如在山区），也有数百人口的大村（如在人口稠密的平原地区）。自然村是农民日常生活和交往的单位，但不是一个社会管理单位。为便于国家管理，国家建构了农村社会管理单位，即行政村。行政村是为实现国家意志而设立的，是一种体制性组织，又称为"建制村"。在不同的时代，行政建制名称不一样。如秦汉时期的乡里、明清时期的保甲。自然村与行政村有可能相重合，也有可能不一致。在南方散村区域，自然村一般较小，通常是若干个自然村合为一个行政村。在北方集村区域，自然村较大，往往是一个自然村为一个行政村。显然，自然村与行政村的合一，有助于国家意志的贯彻实施，村与户的关系更为紧密。

4. 以血缘关系为标准的分类。无论是自然村，还是行政村，其基本组织单元都是由血缘关系构成的家庭。血缘关系是农村村庄存在的基本关系。在中国，血缘通常以姓氏加以表征。根据血缘关系，村庄可以分为"单姓村"和"多姓村"。单姓村指一个村一个姓氏。如宗族社会的村庄通常都是单姓村，自然村往往是单姓村。多姓村指一个村庄由多个姓氏的人构成，意味着村庄成员来自不同的血缘家庭，村庄的因地缘结合的特征突出。而"多姓村"又可以进一步分类："主姓村"和"杂姓村"。前者意味着以一个，或者若干个姓为主，后者看不出明显的主姓。

根据不同标准，村庄还可以进一步细化，如根据经济水平分为贫困村和富裕村；根据产业类型，可以分为农业村、牧业村、农工商合一村；根据村庄成长历史，可以

---

[1] 鲁西奇：《散村与集村：传统中国的乡村聚落形态及其演变》，《华中师范大学学报（人文社会科学版）》2013年第4期。

[2] 鲁西奇：《散村与集村：传统中国的乡村聚落形态及其演变》，《华中师范大学学报（人文社会科学版）》2013年第4期。

分为历史名村、移民新村；根据民族归属，可以分为汉族村、少数民族村，等等。但就作为农村研究对象的村庄性而言，村庄的分类不是随意和无限的，而要与区域性的理想类型关联起来，寻找村庄分类对于理解区域性和村庄性的价值与意义。比如，集聚和散居不仅仅是一种居住形态的差异，同时也蕴育着人与人之间的结合关系及其意识形态，从而建构起"村庄性"。鲁西奇就认为："采用怎样的居住方式，是集中居住（形成大村）还是分散居住（形成散村或独立农舍），对于乡村居民来说，至关重要，它不仅关系到他们从事农业生产的方式（来往田地、山林或湖泊间的距离，运送肥料、种子与收获物的方式等），还关系到乡村社会的社会关系与组织方式，甚至关系到他们对待官府（国家）、社会的态度与应对方式。"[1] 而在法国学者阿·德芒戎看来：每一居住形式，都为社会生活提供一个不同的背景；村庄就是靠近、接触，使思想感情一致；散居状态下，"一切都谈的是分离，一切都标志着分开住"。因此，也就产生了法国学者维达尔·德·拉·布拉什所精辟指出的村民和散居农民的差异："在聚居的教堂钟楼周围的农村人口中，发展成一种特有的生活，即具有古老法国的力量和组织的村庄生活。虽然村庄的天地很局限，从外面进来的声音很微弱，它却组成一个能接受普遍影响的小小社会。它的人口不是分散成分子，而是结合成一个核心；而且这种初步的组织就足以把握住它"。[2] 所以，村庄分类不是为了分类，更主要的是通过分类，更好地把握村庄性乃至区域性。

五、作为农村研究对象的区域性村庄分类

"分"与"合"是对人类社会的存在状态，也是农村研究的基本标准。由于自然—社会—历史的条件不同，"分"与"合"在一个国家内不同农村区域的表现形式不一样，使得某些村庄在一定区域存在多一些，某些村庄在一定区域存在少些，由此构成不同的区域性村庄。

根据"分"与"合"的维度与自然—社会—历史条件，执照典型化分类的标准，我们可以将中国农村分为以下七大区域性村庄：

1. "有分化更有整合"的华南宗族村庄

"聚族而居"是华南宗族村庄的存在状态。血缘关系是人类最原始、最基本、最古

---

[1] 鲁西奇：《散村与集村：传统中国的乡村聚落形态及其演变》，《华中师范大学学报（人文社会科学版）》2013年第4期。
[2] ［法］阿·德芒戎：《人文地理学问题》，葛以德译，商务印书馆1993年版，第192页。

老的关系。人类最初是以"群"("类")的方式生存,早期传统农村实行"聚族而居",通过一个个由血缘姓氏结合而成的宗族将农村社会成员组织起来,形成"家族同构、族高于家"的宗族村庄。宗族村庄普遍存在于早期中国农耕区域。在漫长的历史长河里,由于多种原因,"聚族而居"的宗族村庄社会四分五裂为一个个体家庭构成的分散型村庄。但在中国的南方,特别是赣南、闽西南、粤东北、浙南、皖南、湘南、鄂南、四川等区域尚存在比较完整的宗族村庄。这类宗族村庄因集中存在于赣南、闽西南、粤东北等地,所以以"华南宗族村庄"加以概括,其最典型的特征就是保留了完整的传统宗族社会,构成了中国传统农村的历史底色。

需要说明注意的是,华南是一个区域性概念,并不是所有的华南区域的农村都是以宗族村庄的形式加以体现,也不是只有华南才有宗族村庄,而是指宗族村庄在华南区域更为集中,保存得更为完整。我们通过对华南区域的宗族村庄的了解,则基本可以把握宗族村庄的整体状况。

华南宗族村庄的气候环境和水利条件适宜于农耕,属于水稻产区。许多村庄交通便利,有一定的商业,但总体来看,地理位置偏僻,处于国家地域中的边缘地带。与南方区域的散村形态不同,宗族村庄通常为集居形态。这与宗族村庄大多因战乱迁移,特别注重整体安全有关。

"有分化更有整合"是宗族村庄的鲜明特征。宗族与氏族不同,它是以个体家庭为基本单位的。如果说宗族是"大家",那么,个体家庭则是"小家",只是"小家"是由以共同的祖宗为纽带的宗族"大家"分化出来的。"小家"尽管有相对独立性,但是与宗族"大家"有紧密的联系,宗族村庄通过共同的血缘关系、财产关系、社会关系、文化关系和治理关系将各个小家和个人结合或者整合在一起,形成以血缘关系为基础的共同体。这类村庄有"分",但更有"合",或者更强调"合",并有促进"合"的机制。因此,宗族村庄以宗族整体性为最高标准,其内部存在差异性,但更有将差异性抑制在整体性框架内的机制,从而形成宗族村庄秩序。

宗族村庄在"因地"和"分类"的农村研究中具有重要价值。其核心是整体性与差异性、"分"与"合"的并存,特别是在如何"分"与"合"方面有诸多机制。如通过适度的"分"获得宗族竞争活力,通过公共财产形成维系宗族共同体的财产基础。中国农村改革权威杜润生就在论证"分田到户"的合理性时指出:"所有权和使用权的两权分离,过去在中国社会也曾经存在过,但不是很普遍,比如,村庄的祠堂地、村社土地一类。"[1] 当下,许多地方以行政村为基础的村民自治陷入困境,而在广东清远

---

1 杜润生:《杜润生:中国农村体制变革重大决策》,人民出版社 2005 年版,第 153 页。

市农村的村民自治却十分活跃,其重要原因是以宗族为基础的自然村作为自治载体,并以自然村的自治推动着土地的整合。

正因为宗族村庄存在久远,至今仍然有很大影响,且内在机理仍然有重要价值,所以成为农村研究中的重要对象,产出的成果也较多。只是对这类村庄为何存在,如何存续还有许多未解之谜,也还存在许多问题需要通过调查进一步探讨。如研究中国宗族村庄的权威专家弗里德曼将水稻种植作为宗族村庄存续的理由之一,但是我们如果进一步追问,同样是水稻区,为什么有的宗族村庄未能存续呢?显然,宗族村庄还有许多问题有在充分调查基础上进行研究的必要。

2. "有分化缺整合"的长江家户村庄

"随水而居"是长江家户村庄的存在形态。气候与水对于农业具有至关重要的影响。以秦岭—淮河为界,中国形成南北两大区域,分别有两大水系,即南方的长江与北方的黄河,由此构成南北两大农村核心区域,并具有各自的特质。在长江流域,特别是长江中上游,即四川、重庆、湖北、湖南、江西、安徽等地,主要为平原与丘陵,主产水稻,属于稻作区,人们随水而居。自然村和散居村多,村名大多与水相关,如冲、湾、垸、岗、台等。一个个家户星罗棋布,散落于平面形态的小块水田旁,形成最为典型的传统小农经济,即一家一户、农业与手工业结合、自给自足的自然经济。在自然经济形态占主导地位的传统社会,小农经济状态决定着国家的兴衰,所谓"湖广熟,天下足"。长江中上游区域最为典型的特征是家户小农经济基础上的家户社会。家户社会以血缘关系为基础,以裂变的个体家庭为中心和本位,不同于宗族社会。

"有分化缺整合"是长江家户村庄的鲜明特征。如果将"聚族而居"的宗族村庄视为大树的话,那么,"随水而居"的家户村庄则是大树的枝丫和树叶。只是与宗族村庄不同,家户村庄的个体家户与远祖缺乏内在的联系,犹如脱离了树干,散落在各地的枝叶。个体家户及其相近的亲族在日常生活中占主导地位,近亲愈近,远亲愈远,缺乏共同祖宗崇拜、共同地域、共同财产、共同社会关系、共同价值、共同治理等机制将一个个个体家户联结起来,形成具有整体性的共同体。家户本位的私人性、差异性、竞争性强,村庄联系和合作的整体性、共同性弱。

家户村庄是最为典型的中国农村底色。毛泽东在1940年代就指出:"在农民群众方面,几千年来都是个体经济,一家一户就是一个生产单位,这种分散的个体生产,就是封建统治的经济基础,而使农民自己陷于永远的穷苦。克服这种状况的唯一办法,就是逐步地集体化;而达到集体化的唯一道路,依据列宁所说,就是经过合作社"[1]。

---

[1]《毛泽东选集》第3卷,人民出版社1991年版,第931页。

由分散的个体家户生产走向农民合作的集体生产，是中国农业社会主义改造的基本前提。只是这种改造带有很强的国家整合的特点，换言之，农村的"合"主要是外部力量推动，由此形成的人民公社统一经营体制缺乏必要的农村社会基础。而对公社统一经营最不适应且率先对这一经营体制进行挑战，探索包产到户（民间习称"分田单干"）的则集中于长江中上游区域。民间一度流行"要吃粮，找紫阳；要吃米，找万里"[1]的说法。邓小平就表示：以包产到户为主要内容的农村改革"开始的时候，有两个省带头。一个是赵紫阳同志主持的四川省，那是我的家乡；一个是万里同志主持的安徽省"。[2]

当然，家户村庄也有其限度。一家一户为单位的家户村庄将个体家户的私人性激发出来，分化带来了活力，但由于缺乏必要的横向机制将一家一户联结起来，形成有机的整体，只能依靠政府的纵向整合，而这种整合往往会进一步弱化家户村庄的公共性。在当下的新农村建设中，人们会经常发现，由于一家一户分散的原因，造成道路难修、水管难通等。因此，对于"有分化缺整合"的长江家户村庄而言，在私人性基础上发育和形成公共性，还有大量问题需要研究。而这对于全国也具有普遍性价值。

3. "弱分化强整合"的黄河村户村庄

"集村而居"是黄河村户村庄的存在形态。黄河区域主要指黄河中下游区域，包括陕西、山西、河南、河北、山东等地。这一区域本是中华农业文明的主要发源地。农业文明最早就是以人们群居的村庄聚落形态表现出来的。同时，黄河区域紧邻北方游牧区域，长期是国家的政治中心地带，受战乱的影响深远。黄河区域农耕的自然条件与长江区域截然不同，属于干旱区，主产小麦等旱作物，地势平坦。一个个村庄聚集在一大块农田麦田旁边。村庄大多以庄、寨、营、屯、卫等命名，属于人口集居村庄。本来，宗族社会最早起源于黄河区域，后因为战乱、灾害等原因，南移到华南。黄河区域由宗族社会而裂变为个体家户社会。但因为自然—社会—历史原因，黄河区域村庄的存在形态在其集聚性、集体性，个体家户集聚、集中在一个空间领域，村庄群体与家户个体具有紧密的依赖关系，由此构成村户社会，与长江区域的分散性、个体性的家户村庄形成鲜明的差别。

"弱分化强整合"是黄河村户村庄的鲜明特征。自然条件、社会条件和历史境遇的同一性，使得黄河区域村庄内部的分化程度不高，或者分化比较简单。同时，黄河区

---

[1] 赵紫阳于1975—1979年间担任中共四川省委书记，万里于1977—1979年间担任安徽省主要领导。他们在任职期间都积极支持以家庭为生产经营单位的农村改革。
[2] 中共中央文献研究室：《十二大以来重要文献选编》（下），人民出版社1988年版，第1443页。

域的农村社会成员的集聚度高，人与人之间的联系紧密，村民之间的横向联系较强，特别是由于外部自然条件恶劣（如缺水）和社会条件严酷（如经常性战乱）而产生的强制性整合，导致村庄的集体依赖性和整体性强。如果说，在中国，少数民族进入中原地区后会"汉化"，那么，中原地区也会"胡化"。其游牧民族的部落群体对于中原，尤其是黄河区域有很大影响。这也是黄河区域村庄整体性强的重要原因。总体上看，黄河区域的村庄地域整体的地位高于血缘家户个体，集体意识和行动能力强。

黄河区域的村户村庄在中国农村社会变迁中有其特殊地位。在20世纪，中国共产党改造传统个体家户社会的依据是一家一户小农经济，通过集体合作的集体化，避免社会分化。但集体化最早起源于黄河区域。例如，山西的张庄早在1940年代后期土地改革刚结束时，就开始了集体互助。1950年代农业集体化进程中的模范典型也大多产生于黄河区域。例如，山东的厉家寨就被视为合作化的典范。人民公社最早发源于河南和河北。在人民公社化的进程中，最早实现人民公社化的9个省，有8个在黄河区域。[1] 到六七十年代，作为全国集体经营旗帜的大寨则位于山西。直到1980年代后，黄河区域还有一些村庄仍然在坚持集体统一经营。

当然，黄河区域的集体化在相当程度上是特定的自然—社会—历史条件造就的，具有强大外部整合的特点，村庄缺乏个体性和差异性，也缺乏竞争和活力。随着社会发展，家户在农村社会的地位愈益突出，社会分化、分离性增强。但是，其集体性、整体性、共同性的历史底色仍然存在，且还会发挥作用。如在黄河区域的山东、河南、山西、河北等地，以行政村为单位的农民股份合作、农村城镇化、农村社区建设、农村村民代表会议等发展较快。因此，对于"弱分化强整合"的黄河区域村庄来说，如何在社会分化日益突出的基础上，推进自愿基础上的社会联合、社会合作，具有重要价值，也具有普遍意义。

4. "小分化大整合"的西北部落村庄

"逐草而居"是西北部落村庄的存在形态。中华文明是在农业文明与游牧文明互动中形成的。游牧文明主要发生和存在于西北区域。游牧是一种不同于农耕的生产方式，具有很强的流动性和不可控性。以游牧为生的人通过一个个部落群体组织起来，共同应对外部挑战。一个个部落逐草而居，分布于茫茫草原上。在农业文明与游牧文明互动中，游牧部落会受到农耕家户的影响，农耕家户也会受到游牧部落的影响。如黄河区域的集体性既有古典的宗族社会影响，也有游牧部落的影响。西北区域主要包括新

---

[1] 参见《当代中国农业合作化》编辑室编《建国以来农业合作化史料汇编》，中共党史出版社1992年版，第501页。

疆、内蒙古、西藏、甘肃、青海、宁夏等牧区，其典型特征是部落村庄。

"小分化大整合"是西北部落村庄的鲜明特征。家庭是部落构成的微小单元，但家户寓于部落之中，部落的地位远高于家户，其内部的分化程度非常小。同时，为了应对恶劣的环境，部落之间还会形成联盟，由此形成大整合。这种整合不同于黄河区域以村庄为单位的整合，而经常会超越一个个部落单位，从而获得更为强大的整体性和集体行动能力。传统游牧部落以"十户长""百户长""千户长"作为组织建制，便反映了大整合的特点。这也是游牧民族得以经常战胜农业民族的重要组织原因。

西北部落村庄在中国农村社会变迁中有其独特地位，并形成鲜明特色。农村村庄本来是固定在一个地域上的农民聚落。而部落村庄的特点是流动性，并在流动中形成整体性和共同性。长江区域家户村庄因"随水而居"产生的是分散性、个体性，西北区域部落村庄则因"逐草而居"产生的是集聚性和整体性。同时，西北部落村庄位于国家边陲的浩瀚草原中，流动性强，其特点突出，治理难度大。如何针对这一特点，"因地制宜"进行"分类指导"，是国家治理的重大问题。如在流动性的西北区域，实行与内地"包产到户"类似的农业政策，其难度就较大。

5. "低分化自整合"的西南村寨村庄

"靠山而居"是西南村寨村庄的存在形态。中华文明是在由核心向边缘不断扩展中形成的。除了黄河、长江等核心区域以外，还有广阔的边缘区域。与茫茫草原和沙漠地带的西北边缘区域不同，处于崇山峻岭之中的西南边缘区域与核心区域的互动较少，相对封闭，主要包括广西、贵州、云南，以及四川、重庆、湖北与湖南部分被称为少数民族地区的区域。这些区域远离政治中心，自然条件恶劣、文明发育进程较缓，有自己独特的自然、社会、文化与政治形态。为了应对环境，人们大多"靠山而居"，以山区村寨的小集居、大散居的方式居住、生活，村庄大多以"寨""屯"之类的集居聚落命名。尽管家庭是基本单元，但村寨共同体的地位高于个体家户。因此，西南区域村庄组织形态是村寨社会。

"低分化自整合"是西南村寨村庄的鲜明特征。由于自然、社会和历史条件的同一性，西南村寨的社会分化程度很低，人们世世代代过着相同的生活，与外部交往很少。正是在封闭的生活空间里，形成了独特的习俗，人们根据世代传承的习俗进行自我调节，其自我整合的自治性强。与此同时，由于位置偏远，中央政府对于这些地区实行"因俗而治"的政策，使得村庄自我调节得以长期存续。

与黄河区域村户村庄的集体性主要是外力推动不同，西南村寨的合作与集体性主要源于内在的动力与机制，是人们长期共同生活中获得的一种自我认同。这种基于村民自我认同的集体性比较容易达成一致，进行有效的自我治理。人民公社体制废除以后，中国在村一级实行村民自治，其制度来源于广西自治区的合寨村。在西南区域，实行自治更多带来的是团结，而不像社会分化程度比较高的地方，实行自治往往带来的是进一步的分裂、分散。当然，西南区域村寨的"低分化自整合"与其地理位置和交通条件相关，随着交通和通信条件的改善，其对外开放程度提高，"低分化自整合"的形态也在悄然发生变化。

6. "高分化高整合"的东南农工村庄

"逐市而居"是东南农工村庄的存在形态。文明可以分为原生、次生、再生等不同层次。再生即在原生文明基础上再生出一种新的文明形态。中国的东南区域，包括江苏、浙江、福建、广东等地本属于南方农耕区域，具有农业社会底色，且属于农业文明非常发达的地区，如长江三角洲和珠江三角洲，曾经有"苏常熟，天下足"之说，江苏和浙江更号称"天下粮仓"。但这些地方属于沿海地带。随着文明的进步，人们除了以农业获得生存资料以外，还试图通过工业和商业获取生存和发展，而东南沿海赋予这一地带优越的条件，使得这一区域的人们率先挣脱土地和农业的束缚，形成农业与工业、商业相结合的村庄。工商业与市场和城市相关。人们"逐市而居"，尽管仍然是农村聚落，但与城市和市场联系非常紧密。这与"小村庄小集市"的长江家户村庄形成明显的差异。

"高分化高整合"是东南农工村庄的鲜明特征。农工村庄的商品经济较为发达，开放度高，与市场和城市联系紧密，社会分化程度高。这种分化不再限于农业村庄，而是跨越村庄，与城市和市场相关。如1949年前，东南区域出现许多城居地主和工商业地主，这与其他区域主要是在村的"土地主"有所不同。伴随高分化的是高整合，这种整合也不再只是局限于村庄内部，而是跨城乡，以市场为中心的整合。人们之间的横向联系不仅仅限于乡土人情，更重要的是市场理性网络。村庄只是整个市场社会之中的一个环节。

东南农工村庄在整个中国农村变迁中处于领先地位。除了领先于农业文明以外，也领先于工业文明。在中国由农业社会向工业社会转变中，率先崛起的就是东南农工村庄。费孝通先生在其著名的《江村经济》中提出了通过"草根工业"解决中国农村农民问题的超前思路，得益于他在其家乡——江苏吴江的调查。改革开放以来领先于中国的"苏南模式""温州模式"和"珠三角模式"都位于东南区域。只是随着工业化、城镇化，这一区域的农业底色逐渐消退，但其底色却规制着这一区域的工业化和城镇化道路，如"小城镇大市场"。

7."强分化弱整合"的东北大农村庄

"因垦而居"是东北大农村庄的存在形态。包括黑龙江、吉林、辽宁及部分内蒙古地方的东北区域,原属于非农耕区,且是满族圈禁的地带。只是在数百年前,这一地方因为地广人稀,土地肥沃,导致大量来自山海关内的农民迁移到那里开荒垦殖,将其变为农耕区,俗称"闯关东"。在金其铭看来,"东北的农村聚落实际上是华北聚落的一个分支"[1]。这一地带是狩猎、游牧、农耕的混合文明区域,又属于边疆地区,具有晚开发、跳跃性、移动性特性,农耕文明的历史短暂,但地域辽阔,人少地多,与核心地带的"人多地少"形成鲜明的区别。广阔的大平原、广袤的大草原、广大的大森林,使这里以"大"为特(当地称"大"为"海"),并为"大农业""大农村""大农民"提供了基础,与长江地带的小农有着明显的区别。农村社会成员"因垦而居",属于集居村庄,大多以"屯""堡"之类的集聚村落命名。

"强分化弱整合"是东北大农村庄的鲜明特征。开荒垦殖意味着原地荒无人烟,人们依靠强力获得土地而定居,并产生社会分化。这种分化不是经长期历史自然形成的,而具有很显著的突然性、人为性和强力性。同时,国家治理的缺失,也造成了社会的强力占有和争夺,"匪气"和"匪患"严重。正因为如此,尽管东北村庄以集居方式存在,但相互间的横向联系纽带缺失,村庄犹如一个"拼盘",人虽在一起,但缺乏共同财产和共同心理认同,村庄整合度弱。

由于优越的自然地理条件,东北可以在大农业发展方面发挥重要作用。如中华人民共和国建立以后,东北的"北大荒"成为"北大仓"。改革开放以来,东北成为村民自治"海选"的发源地。但是,"人心不齐"的弱整合也制约着东北大农村庄的发展。人们难以通过村庄提供大农业发展需要的社会服务。一家一户的生产经营方式仍然占主导地位。而东北的"海选"恰恰是因为缺乏村庄共同性而产生的不得已的行为,也正因为缺乏共同的心理基础,"海选"之后的治理仍然困难。

---

[1] 金其铭:《中国农村聚落地理》,江苏科学技术出版社1989年版,第137页。

户族聚理：
晋南平原麦作村的流与变
——黄河区域席村调查

杨 涛[*]

[*] 杨涛，男，山西大同市人，内蒙古大学马克思主义学院讲师，华中师范大学中国农村研究院（政治科学高等研究院）2015级博士研究生。

第一章 席村的由来与演变

新绛县古称绛州,山西省运城市下辖县,位于山西省运城的北部,山西省西南部,地处汾河下游临汾盆地西南边缘。在新绛县西北 15 公里处有一个普通的农耕型村庄,村庄名曰"席村"。席村的历史早于新绛县,最早始于"荀城",后因种种原因改名"席村"。名曰"席村",实则并非全村姓席,席、南、张、韩是构成席村的主要姓氏。传统时期席村呈现高度聚居的形态。本章将从村落的由来和形成、村落的建制沿革及当下席村行政村基本情况考察席村由"传统"向"现代"的演进。

第一节 村落的由来和形成

村落缘何而来以及村落的形成发展是深入认识一个村落的前提和基础。最初的席村因"荀城"而来,席村村名也因"荀城"而起,同时也不乏民间的传说。虽名为"席村",但并非单姓村落,席、南、张、韩四大姓氏分片居住又相互融合,共同构成了这个高度聚居的平原村落。

一、席姓源流与村落形成

关于席村的由来首先要了解席姓。席姓,百家姓中一个古老的姓氏。席,即席子,上古的坐具,席在筵上,席小筵大。根据《周礼·春官·司几筵》的记载,古时天子、诸侯所坐之席,具有用绣有黑白两色斧纹的帛所做的缘饰。所以,席是用来招待宾客的礼仪用具，宾客非一人，则席上坐人比较多，所以字从庶会意，庶为众。甲骨文中的席，是厂下象一席形。席后来泛指用芦苇、竹篾、蒲草等编织的坐、卧、垫用具。席人是善于制造早期席子的氏族，以席为氏族的原始图腾，并命名氏族，定以族徽，最终出现席姓。据相关研究记载，汉族席姓渊源有两支：席老翁和姬姓。借助各类史料及志书，关于席村村名的由来论证如下：

(一)"荀城"与"席村"

公元前678年，"晋武公灭荀以赐大夫原氏黯，是为荀叔"。《左传·僖公九年》中正有"荀息"亦称"荀叔"之文（荀息，荀子的祖先），所以原氏黯即为荀息无疑。晋武公封荀为其食邑之地，遂始建荀城。至于荀城的方位，《山西省考古四十年》载："荀国为西周时期封在山西的一个方国，姬姓，在今山西省新绛县。"《水经注·卷六》载：古水[1]"又西南径魏正平郡，又西径荀城东，古荀国也。《汲郡古文》'晋武公灭荀以赐大夫原氏也'。古水又西南入于汾"。正平郡即今新绛县，北魏太和十一年（487年）设置，荀城为古荀国之都邑。《山西省历史地名通检》载：古荀城"故治在新绛县西北十五里席村"。后荀城因"降国为邑"，故又称荀氏邑。春秋时晋国大夫荀林父之孙伯黡，为晋之典籍官，其后为籍氏。秦汉之际，晋大夫籍谈之一十三代孙籍环为避项羽名讳，改姓席氏。姬姓席氏的历史大约有2200年。上述史料表明，古荀城在席村之说，基本无须多辩，而"席村"顾名思义由其最早原住民的姓氏而来。

除此之外，姓氏源流中席老翁的阐述对于解释席村村名的由来也有一定的说服力。相传唐尧时，有击壤而歌之席老翁，以播种耕稼为事，尧闻而嘉之，尊为席老师，由此而产生席姓。席老翁居住之地恰好为今天山西省临汾市襄汾县古襄陵县区，而临汾和席村所在的新绛县紧邻，是不是席老翁这一支席姓迁居于此开枝散叶不断壮大，村落由此得名席村，还有待结合史料进一步考证。

(二)纪念哑婆的传说

关于席村村民的由来，村里老人还讲述了一个一代代人相传的哑婆救荀子的传说。荀子集诸子之大成，推行儒、法兼治，并提出"人性本恶""人定胜天"等观点，但这些政治主张遭到各国王公贵族们的极力反对。所以，在齐国曾三次被革职罢官。回乡后，荀子仍继续游说，并公开宣扬齐王昏庸无道等，故齐王立即以犯上作乱罪缉拿荀子。荀子闻讯后，急忙逃出荀城向西而去。那时正值盛夏，齐兵来到荀城门外，见一哑婆婆在城外一老槐树下坐苇席纺花，官兵上前便问："这是荀城么？"哑婆婆摇摇头

---

[1] 古水，又称鼓水，是新绛县境内最大的涌水泉，发源于该县境内九原山，全长22公里，流经包括荀城（今席村）在内的27个村庄。

半哑不哑地说："不，不。"官兵又问："这叫什么村子？"哑婆婆手拍座下之席含糊其词地说："席……席……"官兵见是一哑妇，急入城搜寻，然大失所望。出城后又问哑婆婆："见一人跑出城来没有？"哑婆婆明知荀子向西而去，却故意手指东方，令官兵追去。自那以后，荀家便销声匿迹。该村早先本姓荀，后来为了纪念哑婆婆坐席纺花救荀，便改称"席"村。[1]

二、姓氏由来与村落格局

如上文所说，席村原本姓荀，乃是荀子故里，后因避讳项羽之名讳才改姓席，因此得名为席村。由上述史料可以推测，秦汉时期的席村极其可能是一个单姓村，然而围绕本报告所呈现的席村却并不是个席姓单姓村，而是由包括席姓在内的四大主要姓氏及若干其他杂姓构成的村落。构成席村的四大主要姓氏分别为席、南、张、韩。除此之外借助席村留存的解放初期的户籍档案统计，席村还有柴、杨、李、朱、孟、王、任、侯、曹、郭等30个姓氏。其中席、南、张、韩四大姓氏在席村所占的比例最大。据粗略统计，1949年之前席村共有512户，其中四大家族占总户数的八成左右，在席村分别建立了家庙，姓氏发展颇具规模，村落主要的经济、社会、文化、治理主要受四大姓氏或直接或间接的影响，成为本报告研究的重点。报告关于姓氏与村落部分主要考察上述四大姓氏。

（一）因灾迁入，扎根落户

南姓也是一个古老的姓氏。司马迁《史记·夏本纪》里记载："太史公曰：禹为姒姓，其后分封，用国为姓，故有夏后氏，有扈氏，有男氏……"司马迁后裔司马贞的《史记索隐》引用先秦古籍《世本》注释"男"作"南"，即南姓来源于姒姓。禹的故乡就在山西运城的夏县，由此南姓是发源于山西运城的一个古老姓氏，南姓在运城一带分布也无须争辩。关于南姓如何落户席村，通过对席村多位南姓高龄老人的走访，可给出如下的阐述：此地最早并没有南姓，南姓并非此地的原住民，根据过去家庙里供奉的牌位可以推断，南姓是明朝时候落户席村的。据老人回忆其祖辈的讲述，南姓有三兄弟因受水患逃难到新绛，其中大哥落户到了现在古交乡的南李村，老二落户到了距南李村9公里的席村，老三最终并没有在新绛落户，迁至何处也不得而知。[2] 落户席村的南姓在此开枝散叶。发展壮大的南姓拥有南家家庙，也被称为南家户，后来又不断地分出东、南、西、北四支，每支都建起了各自的家庙，由此南姓成为席村的主

---

[1] 关于哑婆婆坐席纺花救荀的传说，为席村席姓后人席来全老人口述。
[2] 关于南姓老人的回忆，笔者通过查阅2015年最新版《新绛县志》第三卷人口中姓氏章节发现，在新绛县仅有南李村和席村有南姓的聚居，其中古交乡南李村南姓人口达1023人，是该村第一大姓，也是新绛县南姓分布最多的村庄。

要姓氏之一。

(二) 躲避战乱，迁徙绛州

韩姓是席村的另一大姓氏，也是起源于山西的一个古老姓氏。公元前 8 世纪，晋国当时分为两个国。曲沃的晋武公灭掉翼城的晋侯缗，他的小叔韩武子（史称韩武子，但并不姓韩，姓姬）为这次统一立下大功，被封于韩（今天的河津与万荣之间），到其三世孙韩厥的时候，正式改姓韩。自那时起迄今已历约 2800 年，又是一个起源于运城的古老姓氏。韩姓迁至绛州集中在西晋末年到南北朝时期，当时韩氏宗族为躲避战乱，四处迁徙。据席村韩天福老人[1]介绍，其祖辈曾说韩姓是明中叶来到绛州的，当时有个村子叫蔚村，因村居高地，曾名"蔚村圪垯"。明中叶分村，因位于东、西蔚村之间，故称中蔚村。清顺治年间，因韩姓户多人众，曾改为韩家庄。[2] 当时韩家庄人口众多，在绛州颇具实力，但人多带来人地矛盾等问题，于是其中一支携家眷大约在顺治后期迁入席村，购置土地房屋在此繁衍。经过上百年的发展，韩家在此也建有家庙，并且分出了四个支，分别是韩家东、西、南、西北支，每个支都建了属于各支的家庙（或称支祠）。

(三) 席村二张，各有各宗

席村的另一大姓氏为张姓，但是席村的张姓有二，其中一张在席村没有家庙，这一张虽也姓张，但并能不算作席村的大户。没有家庙的张姓是从现新绛三泉镇吉庄村迁入，在清咸丰时期就来到了席村，此张的家庙在吉庄。[3] 算起来也颇有历史，但因迁入席村人丁繁衍并不多，所以吉庄迁入的此张在席村并没有形成一定的规模。关于另一张姓，据其族人介绍，要早于吉庄迁入的张姓，但是何时由何地因何原因迁入，席村已经没有张姓后人能够说得清楚，笔者也无从做出考证。但是作为席村一大姓氏的张姓自然也建了家庙并分出了三支，分别是张家东、西、南支，各支均建有家庙（或支祠）。

除了上述的四大姓氏建有家庙以外，柴姓和杨姓在席村也建有家庙，而其他诸如李、朱、任、曹、侯等姓氏均为小姓，多数为外来的零散户，他们的家庙或支祠都建在其迁出的村落。这里主要就四大姓氏的由来进行梳理，其他姓氏暂不做考察。

(四) 各姓融合，分片居住

传统时期的席村是发展于古荀城基础之上的村落。谈及城，自然会有城墙、城门

---

[1] 韩天福，席村韩姓后人，1940 年生。
[2] 笔者查阅 2015 年版《新绛县志》第三卷发现：在新绛县横桥乡有一村名为韩家庄，明前属蔚村，因村居高地，曾名"蔚村圪垯"。明中叶分村，因位于东、西蔚村之间，故称中蔚村。清顺治年间，因韩姓户多人众，曾改为韩家庄。
[3] 关于从吉庄迁入的张姓的内容为席村张獒狗老人口述。张獒狗，席村人，1934 年生。

等防御性的配备，而村民则理所应当要在城内生活，所以席、南、张、韩等34个姓氏的村民集中分布于村落中的5个居住单元，这5个居住单元分别被村子里的老人们称为西甲（岸[1]）、南甲（岸）、北甲（岸）、石坡和八甲。四大姓氏以相对集聚的形态分布于村落之中，其中席姓主要居住于南甲，南姓多居住于石坡和八甲，张姓居住于西甲，而韩姓则主要居住在北甲。在南甲内又有名为"柴家疙瘩"[2]这样一个内部的小聚居单元，之所以叫柴家疙瘩主要是此处柴姓居多，另外除席村四大姓氏外的其他姓氏多居住在柴家疙瘩。图1-1民国时期席村村民居住分布示意图可以很好地呈现传统时期各居住单元在村落中的分布格局。

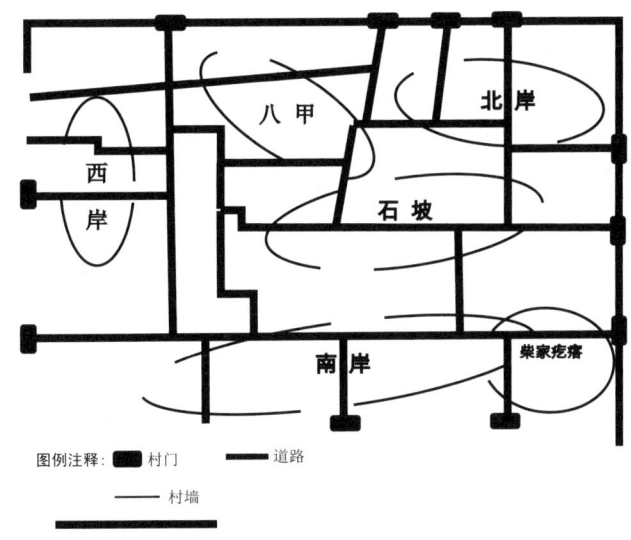

图1-1 民国时期席村村民聚居分布示意图

第二节 村落的建制沿革

考察传统时期席村村落的建制沿革，必须要考察村庄所属县域的建制与沿革。席村的建制源自西周的荀城，村庄的建制沿革受时局影响很大，变动性极强。本部分主要考察1949年前后村落的建制。

一、1949年之前的村落建制

历史上，席村一直以来是绛州（现新绛）所辖之地。在传统王朝时期，席村的建制沿革可以追溯到上文所提及的荀城。据《新绛县志》记载："献公八年，夏士蒍说献公曰：故晋之群公子多，不诛，乱且起。乃使尽杀之，而城聚都之，命曰绛。公元前668年晋献公迁都绛（今新绛县城东北13公里处）。史称'士蒍为城绛，以深其宫'。公元前647年，晋惠公时期，晋遭大旱，发生饥荒，向秦国借粮。从秦都雍（今陕西凤翔）到晋国都绛（今新绛县）千里之遥，输粟之舟从渭河转运黄河，逆水行舟汾河到达故绛（今新绛县），河道上舟船相继，岸上纤夫接踵，史称泛舟之役。公元前636

---

[1] 岸，为当地方言。笔者调查中发现有一部分老人称"甲"，有一部分老人称"岸"。二者均表示方位，与保甲无任何关系。

[2] 柴家疙瘩，南甲中的一个小地名。

年重耳返国，'十七年，晋城荀'，以荀城为晋都。荀，清康熙前称荀氏邑，今名席村，在新绛县城西北 7.5 公里处，晋文公、晋襄公在此处理国事。"基于上述记载不难发现，席村在西周时期就已经纳入了传统王朝的管辖，甚至一度成为处理国事的都城。下表 1-1 是 1949 年前席村的建制沿革。

表 1-1　1949 年前席村建制沿革

时　间	建制隶属情况
西周时期	荀城
战国时期	韩、赵、魏三家分晋后，地属魏，称汾城，隶属河东郡
秦	仍属河东郡，北部为临汾县，西部为长修县，席村属长修县
汉	隶属长修镇
南北朝	隶属东雍州
北周武帝二年（560 年）	改东雍州为绛州，席村隶属绛州
……	……
明万历年间（1573—1562 年）	隶属绛州宁国乡席村里[a]
清顺治年间（1638—1661 年）	隶属绛州岁丰乡陵泉里[b]
中华民国元年（1912 年）	改绛州为新绛县，席村隶属新绛县岁丰乡陵泉里
中华民国七年（1918 年）	隶属新绛县第三区[c]
中华民国三十六年（1947 年）	隶属汾北地区新绛县，政府驻地，归晋绥边区吕梁十专署

　　a. 据明代万历时期《绛州志》记载，明代万历年间，分州城为 5 坊，另设南关厢和北关厢，州城 5 坊及两关以外的农村划分为 5 乡 45 里 141 庄，其中席村属宁国乡席村里。见《新绛县志》，山西人民出版社 2015 版，第 61 页。
　　b.《新绛县志》记载：清代顺治年间，州守薛世望攒并明代区划为 4 坊 5 乡 75 里 189 庄，其中席村属岁丰乡陵泉里。见《新绛县志》，山西人民出版社 2015 版，第 62 页。
　　c. 民国七年（1918 年），山西省行政区划体制改变，统一为县、区、村。新绛县分为 4 个区。席村属第三区，第三区共 42 个村。见《新绛县志》，山西人民出版社 2015 版，第 63 页。

中华民国六年（1917 年）10 月山西发布了《各县村制简章》，在原有行政的最基层单位——村，设立村、闾、邻三级管理梯次。具体内容是："将 300 户左右定为一编村；每编村选一村长，超过 300 户的编村，则选一村副，并设村公所作为办事机构；每编村下设若干'闾'，以 25 户为一闾，闾设闾长。闾下设'邻'，以 5 户为一邻，邻设邻长。"[1] 席村共有 5 个大的居住单元，共计 513 户，因此按照规定，席村有村长和村副。但是在席村，并没有严格地按照"25 户为一闾"的标准来设置闾，当时席村共有 13 个闾，最多的闾有 57 户，最少的则有 24 户。对于这样的设置，父亲曾担任村长的席姓后人席立尔老人给出了这样的解释：

1　中共中央党校《阎锡山评传》编写组：《阎锡山评传》，中共中央党校出版社 1991 年版，第 101 页。

当时，席村没有按照25户一间的标准，主要是席村户数多。要是按照这个标准来，席村得有20多个间，那每年要纳粮要款的时候村长得跑断腿，席村13个间已经算是多的啦。另外席村这个间主要跟人们住的地方也有关系，基本上是按巷分出来的。两到三个间合起来又和席村大的居住块有所重合。比如1间、2间、3间基本上就都在西岸，石坡大部分都是7间、8间的。

表1-2　1949年之前席村各间所在居住单元分布情况

居住单元	间	户　数	总计（户）
西岸	1间	46	125
西岸	2间	44	125
西岸	3间	35	125
南岸	4间	34	122
南岸	5间	31	122
南岸	6间	57	122
石坡	7间	24	75
石坡	8间	51	75
八甲	9间	40	80
八甲	10间	40	80
北岸	11间	32	112
北岸	12间	42	112
北岸	13间	37	112

二、1949年之后的村落建制

1949年中华人民共和国成立之初，绛南县并入新绛县，全县分设5个区，席村属五区。1953年5月，新绛县撤销区建制，改建为38乡和一个城关区，席村归三泉乡管辖。1956年5月新绛农村原38乡合并为16乡，席村仍归三泉乡管辖。1958年8月，撤乡建社，全县建5个人民公社，分辖42个管理区，席村归战斗人民公社（后易名卫星人民公社）三泉管理区管辖。1958年11月取消新绛县建制，纳入侯马市，对原建5个人民公社重新命名，席村归新绛县人民公社（原战斗人民公社）三泉管理区管辖。1961年1月，侯马市将新绛6个人民公社调整为13个人民公社，席村归三泉人民公社管辖。1961年11月，新绛县恢复县建制，仍为13个人民公社，席村仍隶属三泉人民公社。1965年5月，新绛县全县设216个大队，席村归三泉公社席村大队管辖。1984

年9月，新绛县撤销公社，建立乡镇，全县共设5镇8乡，6个居民区，219个行政村，席村行政村归三泉镇管辖。从1984年起，席村作为行政村的建制一直延续至今。

表1-3 1949年之后席村的建制沿革

时　　间	建制隶属情况
1948年8月	属新绛县五区席村
1953年5月	属新绛县三泉乡席村
1958年8月	属新绛县战斗人民公社三泉管理区席村
1958年11月	属侯马市新绛人民公社三泉管理区席村
1961年11月	属新绛县三泉人民公社席村
1965年5月	属新绛县三泉公社席村大队
1984年9月至今	属新绛县三泉镇席村行政村

第三节　村庄当下概况

当下，席村是山西省运城市新绛县下辖的一个行政村，本部分从地理位置与席村行政村基本情况两个方面考察当下的席村。

一、地理位置

新绛县古称绛州，地处山西省西南运城市北部，东接侯马，西邻稷山县，南与闻喜县接壤，北与襄汾、乡宁两县毗连。汾河下游与浍河在此交汇。席村所在的三泉镇位于新绛县城的正北9公里处，东与龙兴镇为邻，北连北张镇、泽掌镇，西靠泉掌镇，南接古交镇，是新绛县少有的平原乡镇。

席村行政村位于三泉镇政府所在地三泉村的正南方向，距三泉镇仅3.6公里。东北与蒲城、北李村接壤，南邻水西村，西与泉掌镇永兴庄相邻。结合三泉镇在新绛县所处的地理位置以及席村行政村的位置可以看出，席村地处平原，土壤条件良好，是联通县城和镇政府所在地的必经之路，地理位置较为优越，交通便捷。

二、席村行政村概况

席村一直以来就是三泉镇下辖的一个行政村，所以在席村并不存在自然村一说。十一届三中全会召开后，伴随改革开放对农村的不断影响以及国家各项惠农政策的落实，席村在人口、经济、社会等方面发生了很大的变化。

从全国农村人居环境信息系统获取的山西省新绛县席村的基本信息显示，席村行政村村域面积为7.597平方公里。截止到2016年12月，全村共有1302户，共计5000人。其中男性人口2525人，占比50.5%；女性人口2475人，占比49.5%。耕地面积8451

亩，户均耕地占有量为 6.49 亩，人均占有耕地面积为 1.69 亩。全村劳动力 3932 人，其中男性劳动力 1872 人，占比 47.6%；女性劳动力 2060 人，占比 52.4%。村中常年（指连续 6 个月以上）外出务工人数为 125 人，占劳动力人口总数的 3.1%。具体统计数据见表 1-4。

表 1-4 2016 年席村行政村基本情况统计

项 目	数 据	占比（%）	人均占有	户均占有
村域面积	7.597 平方公里			
总户数	1302 户			
总人口	5000 人 其中：男性 2525 人 女性 2475 人	100 50.5 49.5		
劳动力	3932 人 其中：男性 1872 人 女性 2060 人	100 47.6 52.4		
常年外出劳动力	125 人	3.1		
耕地面积	8451 亩		1.69 亩	6.49 亩

具体到席村行政村内部，共设立了 10 个村民小组，这 10 个村民小组的前身是席村传统时期的 13 个间，村民小组的划定是在传统时期 13 个间原型上整合而来的。第 1 村民小组前身是西岸 2 间和 3 间，有 171 户 618 人。第 2 村民小组前身是南岸 4 间和 5 间，有 162 户 599 人。第 3 村民小组前身是柴家疙瘩 6 间，有 170 户 643 人。第 4 村民小组前身是东岸 7 间和 13 间，有 95 户 366 人。第 5 村民小组前身是八甲 10 间，有 86 户 324 人。第 6 村民小组前身是北岸 9 间和 12 间，有 138 户 536 人。第 7 村民小组前身是北岸 12 间，有 137 户 551 人。第 8 村民小组前身是西岸 1 间，有 156 户 644 人。第 9 村民小组前身是八甲 8 间，有 81 户 355 人。第 10 村民小组前身是石坡 11 间，有 106 户 364 人。具体数据见表 1-5。

表 1-5 2016 年席村行政村各村民小组及相关信息统计

村民小组	传统时期	户 数	人口数	主要姓氏分布
第 1 村民小组	2 间、3 间	171	618	张、周、刘、李、王
第 2 村民小组	4 间、5 间	162	599	席、曹、任、孟、郭
第 3 村民小组	6 间	170	643	柴、杨、南、侯、钟、亢、朱、姚、程、席
第 4 村民小组	7 间、13 间	95	366	张、南、韩
第 5 村民小组	10 间	86	324	南、侯、马、王、韩、李

续表

村民小组	传统时期	户　数	人口数	主要姓氏分布
第6村民小组	9间、12间	138	536	南、田、朱、陈、任、韩
第7村民小组	12间	137	551	韩、邢
第8村民小组	1间	156	644	席、南、韩、李、孙
第9村民小组	8间	81	355	张、杨
第10村民小组	11间	106	364	韩、南

第二章 席村的自然形态与实态

席村，作为晋南的一个平原村，干旱少雨的气候环境，平坦开阔的地形特点，配合特有的土壤及资源条件，共同造就了具有浓厚"晋南"特色的生产生活方式。本章将从自然形态、干旱与水利、平原与麦作、居住格局以及当下自然概况等方面去考察席村的自然形态与实态。

第一节 自然形态

本部分将从地形地貌、气候特征、土壤特征、自然资源、交通状况等五个方面考察传统时期席村的自然形态。

一、地形地貌

席村，典型的平原地形，地势平坦，视野开阔。平原地形不仅影响着村落的布局，而且影响着传统时期的农业生产。

（一）地形特征

要了解席村的地貌，首先要了解其所在的新绛县的地貌特征。据《新绛县志》记载：新绛县境内汾浍二河横穿，形成了以汾河为轴线，南北对称的两个阶梯状地形，北部为吕梁山区，南部为峨嵋岭丘陵区，中部为汾河高低阶地构成的冲积、湖积平原区。总的地形是南北两侧高、中间低，东部高、西部低。全县海拔一般为 400—600 米。依据上述

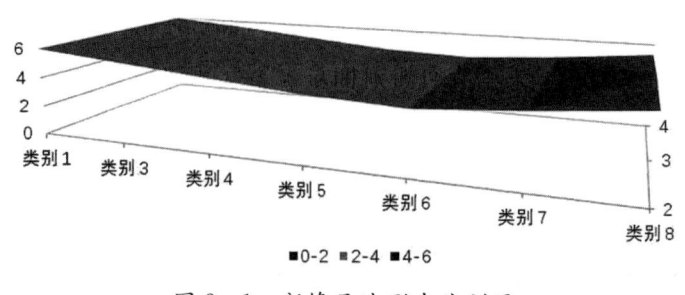

图 2-1 新绛县地形南北剖面

地形特点新绛县全境分为四大地貌单元：吕梁山基岩中低山区、峨嵋岭黄土丘陵区和九原山丘陵区、吕梁山前倾平原区、汾浍阶地区。席村位于吕梁山前洪冲积平原区与汾北三级阶地区，属典型的平原地形，平坦开阔，和缓少坡。图2-1是笔者结合县志记载所绘制的新绛县地形南北剖面图。

（二）地形地貌与生产、生活

平坦开阔的大平原地形对于席村生产以及村落的结构形态产生了长期且深远的影响，主要体现在以下几个方面：

其一，平坦和缓的平原地形，对于农业耕作是极为便利的，这对于早期搬迁至席村的村民而言是非常容易垦荒耕种的，也正是这种便于开荒的地形才留得住最早的原住民，为日后村落的形成奠定了基础。据村里的老人介绍，不论走到哪里，最先要满足的就是生存的问题，能吃饱饭才是关键，平坦的地方好开荒，而且粮食产量也能得到保障。

其二，平原地形下农户耕种的土地都以大地块的形式存在，不会因为地形的原因把耕种的土地分成若干，所以在席村很少能看到零散的小地块，都是连片集中的大地块，而且这种集中的土地在生产方面更加便于管理。据村里老人讲述："从过去到现在，我们这里没有两三亩一块的地，都是一大片一大片的地，后来有的人地少，那多是分家和买卖土地造成的，原先都是一大片的地块。"

其三，平原地形相较于丘陵山地而言，缺乏自然起伏的地势作为建筑的屏障，不同于长江稻作区将居住的房屋建于岗上或坡上，平原地形无法实现借助地势的起伏建房。少了自然的屏障，农户为了生存的安全选择集中建房，从而形成了相对聚居的村落。高空俯视的席村在地形的影响下同样呈现出高度聚合的村落形态。图2-2为平原地形下席村的村落航拍图。据村里任福成老人讲述：

> 过去人们都住在一起，早先年附近山里的狼、豹子经常往村子附近地里跑，人都住在一起，就算是有野兽，也能互相帮忙。另外我们村过去是荀城，这个村子是从荀城发展来的，那时候建城就都聚在一起，后来就沿用了过去荀城的传统。

图 2-2 席村村落布局航拍图

二、气候特征

席村地处温带，属暖温带大陆性气候，其主要特征可以概括为：春季干燥多风，夏季炎热多雨，秋季凉爽连阴，冬季干燥寒冷。一年中，夏季、冬季时间较长，春秋季时间短，属于转换期。

（一）日照与气温

1. 日照与气温基本概况

气候的变化是一个长期的过程，一个地区的气候差异并不是很大，特别是地势相对平坦开阔的平原地区，加之村一级气象资料的不足，对席村的气候描述主要参考新绛县的统计数据。据《新绛文史》（农业专辑）记载，新绛县全年平均日照时数为2464小时，年日照率为51%；平均每天有6.7小时，日照率为56%。全县年平均气温13.4℃，全年1月份最冷，月平均气温－1.7℃，年极端最低气温－21.3℃；7月份最热，月平均气温26.8℃，年极端最高气温41.5℃。日平均温度最大年较差47.5℃，气温最大日较差21.7℃。生长期年平均240天，平均无霜期215天。气温的季节分布差异明显：春季（3—5月）平均最低气温14.1℃，夏季（6—8月）为25.6℃，秋季（9—11月）为12.8℃，冬季（12月—翌年2月）为－6℃。7月为全年气温最高的月份，月平均气温为26.1℃；1—2月是最冷的月份，平均气温为－3——2℃。下表2-1为新绛县各月平均气温统计表。

表 2-1 新绛县各月平均气温统计表　　　（单位：摄氏度）

月　份	1	2	3	4	5	6	7	8	9	10	11	12	全年
平均气温	-2.2	1.1	7.1	14.4	19.9	24.9	26.1	25.1	19.6	13.5	5.5	-1.0	12.9

2. 日照、气温与生产生活的关系

据席村老一代人介绍，1949年之前，农户的日子过得可怜，对于时间没有太过准确的概念，"日出而作，日落而息"是农户生产生活作息的重要标准。早上屋子里泛了亮光村民便起床，男人们该下地干活就去干活，女人们则开始忙于各种家务；太阳到了当头顶，这就到了晌午；太阳傍了西边，地里忙着的村民便张罗回家。除此之外，日照条件也是村民从事农业生产的一个重要的标准。一年当中日照条件最好的时候也是村民最累的时候，农户要顶着烈日在地里耕作，因为这个时候正是地里麦子抽穗、灌浆的时候，庄稼长势好，地里的杂草也会长，农户要及时锄草以保证粮食产量。

结合表2-1及村里老人的回忆，1949年之前，天气远没有现在这么热，过去也没有气象预报，农户对于气温更多是靠自我的感觉和节气。"入秋风起天渐凉，老人孩子添衣裳"便是此类的生活经验总结。气温带来的季节更替也让村民们产生了四季更替，秋种麦、夏收粮的循环思维。

（二）降水

1. 降水概况

根据《新绛县志》（2015年）的记载，新绛县降水季节分配不均，从有气象记录以来，新绛县年际降水变化较大，全年降水日数为76天左右，年平均降水量为496毫米。夏季雨量最多，为255毫米，占全年的51%；秋季为124毫米，占25%；春季为97毫米，占20%；冬季为19毫米，占4%。下表为新绛县有气象记录以来各月降水量及日数分布统计。

表 2-2 新绛县降水量及日数分布

月　份	降水量（毫米）	降水天数	月　份	降水量（毫米）	降水天数
1	4.2	2.8	7	107.8	10.3
2	8.3	3.4	8	99.3	10.4
3	23.4	5.4	9	73.5	9.3
4	27.0	6.5	10	37.9	7.4
5	46.4	6.5	11	12.7	4.0
6	48.2	7.7	12	6.5	2.4

从上表不难看出，席村一带的降水主要集中于7—9月，夏秋季节降水集中。据村里老人介绍，夏秋季节的降水多以短时间的雷雨为主，通常很少会出现长时段的连续性降雨，

加之夏季气温相对比较高,雨水很快被蒸发,所以即便是倾盆大雨也很少会出现水患。

2. 降水与农业生产关系

有效的降水是农业生产的重要保障。总体而言,席村在1949年之前的降水呈现相对稀缺的状况,旱灾时有发生。每到有旱灾发生村里的寡妇们会去求雨,严重时村子出面请僧人求雨,因此形成了专门的求雨仪式和固定的规矩。降水的确重要,更重要的是要在合适的季节降水,那样才是村民口中的"好年景",在席村,除了利用三庄河灌溉的农地之外,其他土地全部"靠天收"。

(三)气候与生产

从季节变化、气温、降水来分析,席村所在地区的气候属华北典型的大陆性气候,受季风影响小,全年降水集中在夏季且降水量并不大,当地人对于这种气候下粮食产量的多少归功于老天,所以"望天收"[1]成为传统时期席村农户描述气候与生产的重要表述。也正是在这种自然降水不足的情况下,小麦、高粱、谷子、红薯以及黍子、荞麦、黑豆、绿豆这些相对耐旱的作物成为主要种植的粮食作物,棉花作为经济作物也被广泛地种植。在没有气象资料的传统时期,人们往往都是通过结合节气时令来进行农业生产。下表就是席村老人根据多年耕作经验所阐述的节气农事安排表。

表2-3 节气物候与农事安排

节 气	物候与农事安排
立春至雨水	地表土日消夜冻,柳树变青,农田开始耙糖保墒
惊蛰至春分	小麦返青,桃、杏开花
清明至谷雨	小麦拔节,棉花下种
立夏至小满	果树放花,小麦抽穗
芒种至夏至	棉花现蕾,麦进仓
小暑至大暑	复播开始,秋作物拔节
立秋至处暑	高粱、谷子抽穗齐
白露至秋分	棉花吐絮,秋收开始,冬小麦下种
寒露至霜降	燕子南飞,树叶变黄
立冬至小雪	冬小麦生根分蘖
大雪至冬至	大地土冻,小麦停长
小寒至大寒	冬闲期,广积粪

资料来源:表格内容为席村席来全老人口述整理。

---

[1] 望天收,席村当地村民用以描述传统时期农业产量严重受气候尤其是降雨量的影响:雨水到位收成好,赶上旱年可能颗粒无收。

除此之外在席村农民之间传唱的口歌（谚语）中反映气候与农业生产的也可以说是比比皆是。例如"正月十五雪打灯，打的麦子没处放""腊月有雪不嫌多，明年收麦吃馍馍"等，这些口歌都非常生动形象地反映了气候对农业生产的影响。

三、土壤特征

（一）土壤基本情况

褐土是新绛县分布最广的土壤类型，占全县总土地面积的85.3%。[1] 席村的土壤也以褐土为主。村民们根据农业生产经验将当地的土壤在褐土基础上分出了以下四种：黄土、绵土、垆土、沼泽土。黄土土壤贫瘠，保墒能力差，缺水干旱，耕作难度大，风调雨顺的好年景能够保证一定的产量，遇到干旱则会大大减产。这种土壤在席村的分布最广，席村超过80%的地都属于典型的黄土地。绵土，土壤质地适中，耕性好，宜耕期长，养分有高有低，附近一般有水井。在席村村南有一部分绵土地，绵土在席村占耕地面积10%左右。第三类垆土，耕性好，肥力较高，产量也高。这类土之所以肥力好，易耕作，主要是这种土壤地下水位较高。这类型土主要分布于席村村东三庄河附近，并因其靠近三庄河而成为村里为数不多的水浇地，占村里耕地总量的8%左右。最后一类是沼泽土，质地适中，耕性良好，水源充足，主要分布在村中的低洼地带，因常年或季节性积水，土壤经常水分饱和，所以有机质含量和养分含量高。村东头三庄河附近的低洼处会有这类土地。下表2-4是席村各种土壤类型情况统计。

表2-4 席村土壤类型统计

土壤类型	特　点	耕作难度与产量	宜种作物	占　比*
黄土	肥力差，不保墒，缺水干旱	土质厚实，耕作难度大，产量低	小麦、高粱、谷子、黍子等耐旱作物	80%
绵土	肥力较好，保墒，水分高低不均但优于黄土	耕性好，宜耕期长，产量中等	小麦、棉花	10%
垆土	肥力较高，水分有保证	耕性好，产量也高	棉、麻等能够保证产量的经济作物	8%
沼泽土	土壤有机质含量高，水分含量高，肥力好	耕性良好，产量好	莲菜和芦苇	2%

＊相关数字为约数。

（二）土壤与农业生产

土壤肥力的高低直接影响着粮食的产量。1949年之前，占比80%的土壤都是肥力

---

[1] 《新绛县志》，山西人民出版社2015版，第131页。

一般的黄土，黄土因其厚实的特点无形中增加了农户耕作的难度，正是如此，席村农户在种麦时会投入相对较多的人力和畜力。同时，耕种黄土地还需要农户拥有一整套较为专业的农业器具，如用于深耕的犁，用于整理黄土的耙和耱。而这些工具的使用都需要耕牛的配合，这对于没有耕牛的农户来说，耕种成本大为增加，所以传统时期农户伙养耕牛、借用工具、耕作时代耕的现象在村落中较为普遍。据村民讲述：地的好坏影响很大，过去没有化肥，旱地又厚又硬，耕得浅些庄稼长不好，耕得深一些就得要牲口，指望人力就得误了农时。

土壤的质量也决定着土地的价值。村东的水浇地是村子里最好的土地，村里的财主会拥有数量比较多的水浇地，普通农户多则一亩，少则几分，绝大多数没有水浇地。因为能够保证灌溉，水浇地是村里旱涝保收的土地。用村里人的话讲："水浇地种什么都长得很好，人们都不舍得在这水浇地里种麦子，农户都选择种麻，收了以后可以拿去集市换钱，要比粮食的价格高出很多。"除此之外，质量好的土地在土地买卖中也容易出手，而且也能卖上好价钱。村民在卖地时一般首先考虑卖出孬地，不到万不得已是不会卖好地的。

四、交通状况

（一）村内交通

传统时期，席村村内交通分为街与巷，街指的是村中的主要交通干道，而巷则是指连通农户家与村内主干道的小路。关于席村的街的宽度老人给出的答案是可以并行两辆大车[1]，巷的宽度仅仅是街的一半，即只能一次通过一辆大车。席村的街与巷均为沙石土路，下雨天比较泥泞，晴天有风灰尘比较大。街与巷之间都是相连的，每一条巷子都可以通向大街。下图2-3就是民国时期席村主要街巷的示意图。

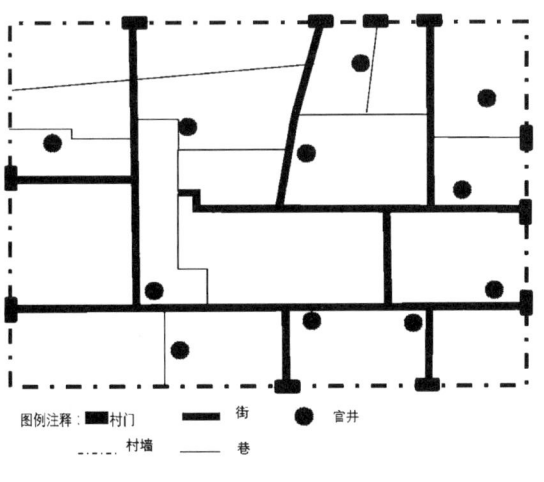

图2-3 民国时期村内街巷示意图

由于相较传统时期，现在街巷的布局已经发生了很大的变化，加之巷的数量比较多，很多巷子老人已经回忆不起来，所以示意图中不能完整呈现，但粗黑线条所示的街大致还原了传统时期的面貌。村中的每条街都与村门相连，仅有村北的一个村门不与街

---

1 大车，骡子或牛拉的木制平板车，是传统时期重要的运输工具，一般一辆大车宽1.5米左右。

相通，原因是此门为小门，只能供行人通行。

（二）村外交通

席村村外的路有两类，一类是通往县城以及其他村的路，另一类是通往田间地头的路。如图2-3所示，在席村一共有11个村门，每个村门都连通着一条通向邻村或县城的路。

村北编号为1的西北门、编号为2的韩家北门、编号为3的小北门、编号为4的东北门均与通往蒲城、李村、白村、三泉以及卢家庄的路相连通。村民要去这些地方一般会依据自己所在的位置就近选择道路。去三泉最近的路是从编号为1的西北门出，路程5里，是一条官道，宽且平坦。去往蒲城和白村走编号为2、3的韩家北门和小北门最近，出门一里多路就可以到蒲城，到白村则有6—7里，路是土路，是靠大车碾压和行人走出的一条路。编号为4的东北门是通往李村和卢家庄最近的门，到李村仅1里，到卢家庄5—6里路，这段路也是土路。

村东编号为5的门叫新东门，编号为6的门叫小东门，编号为7的门叫东门。新东门可以通往李村，出东门往北并入东北门通往李村的土路。小东门出去是三庄河和席村的耕地，没有连通其他村庄的道路。新东门出去可以通往新绛县城，15里左右，是官道，相对比较平坦好走。

村南编号为8、9的两个村门分别为柴家南门和南门。柴家南门和新东门一样可以通往县城，并且连通的是同一条官道，同时柴家南门可以去往水西村，大约3—4里土路就可以到。南门则连通着龙泉和苏村，到龙泉和苏村都是8里路左右，这段路也是土路，因为龙泉和苏村相邻，所以去龙泉和苏村走的是同一条路。

村西头编号为10的西门有一条路可以通往泉掌，通往泉掌的路是官道。另一个编号为11的是小西门，出了小西门就是席村的农地，但有一条土路可以通往5—6里外的永兴庄。席村11号村门出去后除了连通周边各村和县城的路以外，另一类就是席村田间地头的路。通往地头的路也有大路和小路之分，大路能走一辆大车，小路只能并排走两个人左右。这些通往地里的小路都是人们一天天踩出来的。

（三）道路的管护关系

关于村内道路最早的修建者，因年代过于久远已经无从考证，但街与巷的日常管护则有迹可循。因为都是沙石土路，时间久了会不平或者出现坑坑洼洼。街的维护由村长组织完成，村长责令席村13个闾出工来平整街道，一般各个闾采取各户轮流的方式出工。村里老人介绍，一般平整街道用不了多长工时，所以轮到谁家谁就主动去，出工修路不给任何报酬。巷是连接家户到街道的小路，巷子里的村民发现自己门前或附近的路有了坑洼，自行处理即可，不需要组织。也可以是巷子里的热心肠召集大家一起来修整巷子里的小路，这种情况比较少，"自扫门前雪"的情况比较普遍。

连接席村与其他村之间的路是没有人来管理和维护的，这些个路都是人踩、车压出来的，不会专门去管护。而从席村通往三泉和县城的官道是由县里和区里来管理的。官道也不会经常修，修官道一般是上面下任务，村里出工，出工的农民得不到工钱。对于村里到地头的路每年收麦前都要整修一番，通常会把不平的地方平整一下。地头的小路一般都是谁的地在附近，谁总是走这条路，收麦前就集合起来去整理，大家一般都比较自觉，只要知道了都会派个人参与一下。财主家会派出长工参与到道路的管护中。

（四）道路的产权及关系

1949年之前，在席村不管是村里称之为"街"的大路，还是连结家户与街的"巷"，以及席村耕地间的小道，都是村落公有共用的。村里的街有了坑洼村里的村民们轮流出工来修，巷道有了问题则由巷子里的家户来联合修

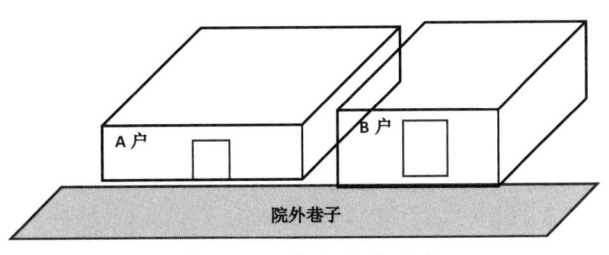

图 2-4 巷子院落示意

整。秋收以后没有场的农户会在街上晒麦子，一般都不会有人来管，但巷道上则绝对不允许别人侵占自家门前的地盘，尽管巷道也属公有共用。

在上图2-4中，假如农户B收割了麦子无处晒，把一部分放在了离家不远的街上，另一部分放在了自家院外的巷道上，巷道上的麦子不仅放在了自己门前，还放到了农户A的门前。对此，农户A就会表示强烈的不满。虽然传统时期，街巷属于公有共用，但农户不自觉地形成了一种属地心理，会认为门前这块地就属于农户。如果农户B在晒麦前告知A，一般不会出现不满和冲突。

第二节 干旱与水利

"十年九旱，靠天吃饭"是传统时期席村农户所面临的自然环境底色，生活用水完全依靠打井取水，靠担水灌溉不能有效解决农业灌溉问题，村内蓄水的泊池与村东头的三庄河并没有改变席村"水井社会"的根本情况。本节从村庄干旱的社会底色与水井社会下村民、村落联合治水两部分考察席村传统时期干旱环境下的水利形态。

一、干旱社会与自然底色

1949年之前，气候及地理位置，造就了缺水的环境。流经新绛县的汾河没有流经席村，这条山西的母亲河并没有恩泽于席村。重大旱灾时常发生，春寒、伏旱已经成为必然的天气现象，农户对于不同程度的旱灾也有了相应的应对策略。

（一）旱灾频发

新绛县降水偏少，分布不均匀，干旱年年都会发生。历史上大约平均每10年出现一次大旱，程度不严重的旱灾则几乎每年都会发生。在新绛旧县志中关于清代全县旱灾的记载有24次之多，这些被载入县志中的旱灾都是造成粮食绝收、人员死亡的重大旱灾，仅造成粮食歉收减产的旱灾并没有被记录其中。据县志记载，光绪三年（1877年）和光绪二十六年（1900年）的大旱，造成境内颗粒无收、人死过半的惨状。民国18年（1929年）又一次大旱灾，自春至夏无雨，小麦未下种，全县出现大饥荒。在本章第一节中已对新绛县的降水情况有过说明，新绛县的降水主要集中在7、8月份，而危害农业生产的干旱主要是春旱和伏旱。春季正值冬小麦返青、灌浆和春播作物苗期生长阶段，伏天各种农作物正处于旺盛生长阶段。短期无雨或少雨就会影响作物生长，造成"卡脖子旱"，影响土壤蓄水，进而影响小麦播种和秋作物生长。下表2-5是清代至1949年之前（1616—1949年）新绛县的干旱情况统计。

表2-5 新绛县清代至1949年之前干旱情况统计

发生旱灾时间	旱灾情况
康熙十六年（1677年）	春大旱，颗粒无收
康熙二十二年（1683年）	夏大雨，秋大旱
康熙三十年（1691年）	大旱
康熙四十三年（1704年）	秋旱
康熙六十年（1721年）	夏旱，减产
乾隆十七年（1752年）	秋旱，无法下种
乾隆二十一年（1756年）	旱
乾隆二十四年（1759年）	二月旱，至七月初九乃雨，民饥
嘉庆十年（1805年）	大旱，饥
嘉庆十一年（1806年）	大旱，夏麦枯死，米麦计价斗银十二两
道光十五年（1835年）	旱有蝗虫，发饥
道光二十六年（1846年）	夏歉收，秋旱，麦未种
咸丰六年（1856年）	天大旱，汾水几竭

续表

发生旱灾时间	旱灾情况
咸丰九年（1859年）	旱
光绪二年（1876年）	旱
光绪三至四年（1877—1878年）	岁大馑，人相食，甚有骨肉相食者。饿殍遍野，坑坎皆满，村中户绝半，人十毙六七，米麦市斗银三两六钱，四五月粟绝
光绪五年（1879年）	春旱。鼠甚多，食禾穗一夜尽数亩
光绪二十六年（1900年）	大旱，上年未下种，基本未收。除光绪三年外，为清末最为严重者，人相食，民饥死者甚多
光绪二十七年（1901年）	秋旱
民国八年（1919年）	3月旱
民国十二年（1923年）	旱，灾情较光绪二十六年为轻
民国十八年（1929年）	大旱，上年秋减产，麦未种，新绛县自春至夏无雨，因而赤地遍野，民有饥色
民国二十三年（1934年）	5、6、7月旱
民国二十九年（1940年）	旱灾

资料来源：此干旱情况统计来源于新绛县志。

从上表干旱信息统计不难看出，干旱灾害在席村发生的频率是很高的，同时基于上文所提到的席村所在区域的整体气候环境，很容易认定在传统时期干旱已然成为席村的常态，老人口中的"十年九旱，靠天吃饭"也不无道理了。

干旱对于席村最大的影响便是粮食的减产或绝收。春旱发生一般会导致当年的冬小麦减产，但如果发生伏旱那就不是减产的问题了。伏旱首先对当年秋作物产生直接的影响，秋作物正值籽粒形成期，干旱会直接影响作物灌浆、成熟，引起早衰。所以村里老人在谈到旱灾时会有"春旱不算旱，秋旱减一半"这样的说法。另外秋旱一旦发生，土地严重失水，当年的冬小麦就无法下种，来年没得收闹饥荒也就逃不过了。

（二）缺少水利

气候环境是造成席村缺水的重要原因，而水资源等地理环境也是造成干旱的一个重要因素。作为黄河第二大支流的汾河被称为山西的母亲河，流经新绛县，属于过境河，自县境东北南梁村入境，经店头、柳泉、城关、横桥、古交、万安等6乡镇39村，至县西周流村出境，境内长22.5公里。流经新绛县如此多的村落可偏偏绕过了席村，因此作为母亲河的汾河并没有给予席村任何的恩泽。没有大江大河过境的村落自然缺少水利，加之少雨气候的影响，干旱显然成为这里重要的自然底色。

（三）对"旱"的理解与应对

传统时期，对于时常出现的干旱，村民们已经习以为常，在村民心里，下不下雨是老天爷的事情。世代耕作的村民们会根据干旱的程度采取相应的应对方法。如果旱情不严重，旱情仅仅是影响到一部分地里的收成，村民们一般不会做出应对，谁家口粮不能满足会借粮来暂时渡过难关。如果旱情比较严重，村里绝大部分村民的庄稼生长受到了影响，村民最先会想到的便是求雨；求雨不成，旱情加剧影响到生存的时候，村民则会考虑乞讨或者逃荒。

1. 借粮

旱情不严重，仅仅是部分农户粮食减产并因此出现口粮紧张的话，受灾农户一般会考虑借粮来应急。借粮食这件事情一般由当家人出面完成。一般来说借粮食最先考虑向自家的亲戚开口。"跟亲戚张嘴不容易被碰，借亲戚的粮食也不会被催着要，另外找亲戚借粮食可以借多少还多少，不用多给。"[1] 如果问亲戚借不到，有往来交好的朋友，也可以和朋友张一嘴。但是除了亲戚和交往甚好的朋友外，村民会优先考虑问门下人[2]借粮，如果问门下人借不到就得去找村里的财主借粮了。问亲戚和交往甚好的朋友借粮只要粮食富余可以借些麦子，但是和门下人以及财主借粮一般只能借谷子。借亲戚和朋友的粮食尽量来年收了粮食还清，还粮食的时候可以多给一些表示感谢，也可以借多少还多少；向门下人或者财主借粮那是要提前说好的，借门下人的粮一般是借一斗[3]还一斗半，问财主借粮则要还得更多，村里老人顺口就能说出"一斗二斗半，四斗分一石，一年不还往上翻"这样的口歌，所以一般人很少跟财主借粮。不管是和谁借粮食，哪怕是财主，都不需要任何借据和抵押。过去在席村问财主借粮的少之又少，高额的还粮压力是最主要的原因。

2. 求雨

求雨是村民应对旱情最常用的办法。传统时期，对于气象的认识极为简单，村民们认为不下雨就是与负责下雨的神仙有关系，所以旱情严重的时候，村里就会举行求雨。在席村求雨分为两种，一种是村民自发的求雨，另一种则是由村里组织的求雨。

村民自发的求雨主要是村里的寡妇们共同完成的。寡妇求雨完全是自发行为。天旱不下雨，村里上了年纪的寡妇会组织起来到村东禹王庙求雨。这些寡妇们一般是由其中一两个召集起来的，没有人数限制，但招呼来的寡妇们都是丈夫去世多年未改嫁，在村里"名气好"的寡妇。所谓"名气好"指的是参与求雨的寡妇在村里没有坏名声，

---

[1] 任福成老人口述整理。任福成，87岁，席村第2村民小组村民。
[2] 门下人，当地方言，表示街坊四邻。
[3] 1949年之前，一斗约为26斤，10斗为一石，10升为一斗。

作风没有问题，人缘比较好。求雨当天参与求雨的寡妇们会在村里集结，头上都戴着用柳树枝扎的环，每个人手上都会拿着能敲打发出响声的物件，从村里敲敲打打一直到禹王庙。在禹王庙，负责召集的寡妇会烧香烧黄纸，之后会跪在禹王殿前念念有词，至于念叨的是什么，现在已无从考证。[1] 因为据说寡妇们求雨后不久真的降下甘霖，所以村里人对此也深信不疑。传统时期每当出现旱情的时候，村里人就会主动招呼着寡妇去求雨，寡妇求雨是没有任何报酬的。

除了寡妇求雨外，另一种是村里组织的求雨。村里组织求雨一般是发生在旱情非常严重的时候，由村长联系村里管庙的神头来组织庙里的僧人进行求雨。求雨地点同样设在禹王庙，僧人们会在求雨日当天集体诵经祈求降雨。由村里组织的求雨是不允许村民参与其各具体环节的，但村民在求雨当日可以前去围观。村里组织僧人所进行的求雨同样也是不会和百姓收取任何钱物。如果求雨后降下甘霖，村民们会带上几个馍馍自发前去答谢，家境不好的村民则会去庙里帮忙做事表示感谢。对于感谢村民们都比较主动，村民们认为如果不谢谢"大和尚"下回再旱就求不到雨了。

3. 逃荒

逃荒是村民们应对旱灾的另一个选择。求雨无结果的情况下，村民在面对生存危机的时候会选择离村逃荒。逃荒又分为不同的情况，一种是外出乞讨，另一种是外出投奔亲友扛活谋生。第一种乞讨的情况在席村是存在的，但是仅仅只有那么一两户。乞讨的都是没有劳动力的家庭，外出乞讨一般也走不远，都是往县城或者靠近汾河湾的地方去。

外出投亲靠友扛活的人，一般是去汾河湾一带。靠近汾河的地方即便是发生了旱灾也能保证收成，即使在汾河沿岸没有亲友一般也会到那一带找活干。外出逃荒投亲靠友最先是家里出一个人先去找活安排，这个人一定是家里的壮劳力。最先出去找活的壮劳力会找到同乡或亲人帮忙介绍给财主家扛活，找到活以后会在村里找下能够居住的房子，都安置好以后回到村里把家里的人接出来。村里人在旱灾年外出逃荒是不需要和任何人报告的。村里逃荒的人可以选择回来，也可以选择不回来。一般逃荒不回来的多是家里原本地就不多的农户或在席村以扛活为生的农户，而且这些逃荒不回来的农户多数是小姓。外出逃荒回村的人也是不需要和村长报告的，因为村里既有他们原本的房子也有土地，仅仅是因灾短暂逃离。

二、水井社会与小水利

不同于长江流域发达的水系下所形成的水网社会，旱灾频发、水资源相对稀缺的

---

[1] 寡妇求雨由席立尔老人口述内容整理而来。席立尔，83岁，席村第2村民小组村民。

晋南席村日常用水更多地来自地下水。村民们通过打井取水来满足用水需求，因此用"水井社会"来形容干旱环境下的席村或许更为合适。与此同时，村落内蓄水的泊池与村东鼓水形成的三庄河等小水利在村落的生产生活上也发挥着作用。

（一）水井与小水利概况

1. 水井

席村的水井主要分布于村落的内部，供村民日常生活使用。村外的地里只有南岸有几口井用来浇地，事实上南面地里的水井并没有用几年也就出不了水废弃掉了。传统时期，在席村水井大致可以分为两类，一类称之为官井，另一类为私井。官井，特指分布于席村街巷中的公共水井，这类水井也并非由官府所打，仅仅是相对于私井而言。私井，顾名思义为私人出资所打的水井，一般打在自家院子里或大门前用于自家用水。在席村拥有私井的农户并不多，一般土改时被划为富农以上的农户家里才有私井，所以分布于各街巷的官井占多数。据席村席立尔老人回忆，粗略统计席村在传统时期共有官井11眼，至于私井的数目则无法进行统计。图2-5为席村官井在各街巷的分布示意图。

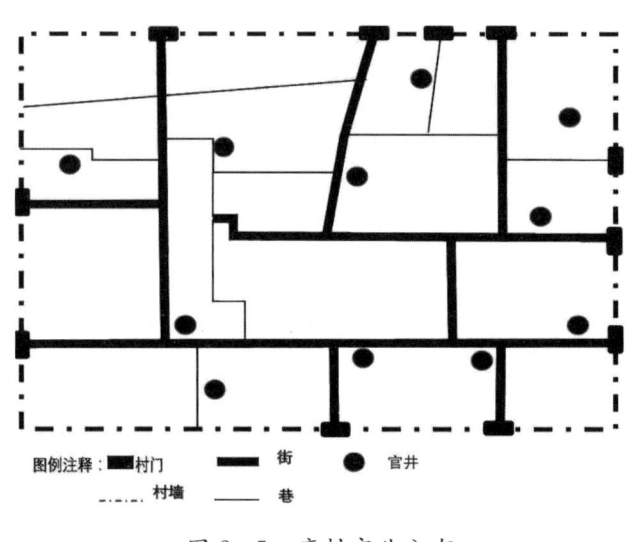

图 2-5 席村官井分布

2. 泊池

除了水井之外，调查中发现传统时期席村还有三个蓄水池，当地人称为泊池。其中两个泊池在村内，一个在西门外。村内的两个泊池分别是靠近南岸5间的娘娘庙泊池和北岸11间附近的韩家泊池。村外紧邻西门的泊池叫小泊池。三个泊池中最大的泊池是娘娘庙泊池，据村里多位老人回忆，娘娘庙泊池大约有四五亩地的面积；其次是韩家泊池，约两亩地大小；最小的小泊池仅有半亩地的样子。这几个泊池所处的位置都是村里地势比较低的地方，所以泊池中的水是下雨后蓄积的雨水，每个泊池大约有一米多深，泊池的水只进不出。

3. 三庄河

距新绛县城北20里的九原山下，有多个长年涌水的泉眼，泉眼涌出的水汇集形成水源发展为水域，当地人称之为鼓水。鼓水顺地势形成多个支流，其中有一支流经蒲城、李村、席村三个村庄,因此三个村庄的人们将此小流域河流叫作三庄河。三庄河长年流淌,河流宽3—5米,深1.5—2米。

(二)水井与小水利产权关系

传统时期席村水井分为两类,一类是官井,另一类是私井。两种不同的水井产权所属也大不相同。私井顾名思义即为家户私人所有,其产权归属于普通家户,因此拥有私井的家户有对井水的绝对使用权,并且有权决定谁可以在此取水。官井的产权归属也并非全村,而是最先参与打井并在此吃水的农户,所以官井的产权属多人所有。农户未参与打井而意图在此取水,需要征得初始户的同意,并参与到水井日常的维护中才可以,否则就是对其产权的侵犯,对此拥有官井使用权的农户可以进行阻止。至于农户私人打在农地里用于灌溉的水井,其产权毫无疑问为打井农户私人所有。

传统时期,流经席村的河流仅有村东的三庄河。在席村村民的思想观念中,三庄河为泉水涌流形成的河流,乃自然之馈赠,因此流经席村的河流的产权应属公有。但关于三庄河河水的产权性质并不能一概而论。三庄河最大的用途是对沿河农地的灌溉,流淌在河道中的河水其产权公有不假,但通过设闸截流把三庄河水通过灌溉渠引入农户地里后,河水产权则为农户私有,此刻如果你私自将别的农户地里的河水引入自家地里或放干,必然会产生纠纷或冲突。三庄河水的另一个重要用途便是干旱时为全村提供日常用水,而此时三庄河的产权更具公有性。

除了水井、三庄河之外,泊池成为席村另外一处有水的地方。泊池在村中地势相对较低的地方,下雨天雨水都汇集于此,后来村子将此低洼地挖成了相对规整的泊池。村里人都可以到泊池里清洗衣服,给牲口饮水。因此泊池的产权性质较为明确,属于席村公有。下表2-6为1949年之前席村水的产权概况统计表。

表2-6 1949年之前席村水的产权概况

水的类型	名 称	产权性质	管 理	用 途
水井	私井	打井农户私人所有	家户私人管理	家户日常用水
	官井	居住单元内参与打井的农户所有	打井及用水农户合作管理	家户日常用水
	灌溉井	打井农户私人所有	家户私人管理	灌溉用水
河流	三庄河	公有产权	三庄河水会*	沿河农地灌溉,干旱时期全村饮水
泊池	娘娘庙泊池、韩家泊池、小泊池	公有产权	全体村民	清洗、饮牲口等非生活用水

* 三庄河管理细节参看第二章第二节"水利社会与村庄特色"中关于三庄河管理的详细阐述。

三、水的治理与农业生产

官井与私井相结合所形成的水井社会是干旱底色下席村水利环境最显著的特点，农户日常生活用水完全依靠地下水来满足。除此之外，在席村还存在诸如泊池、泉水性河流这样的水源作为补充。水井的使用以及河水的治理成为生产生活的重要内容。

（一）水井的管理与使用

从上图2-5看，席村官井的分布相对来说较为均匀，各主要街巷都有分布，极大地方便了村民的用水，村民一般采取就近用水的原则取水。官井是占用村庄公共街道所打的水井，因此要打一眼官井自然也有一定的规矩。1949年之前生活在席村4间的任福成老人详细地讲述了他所在间打井及水井管理的具体细节。

1. 打井

过去4间这一带没有官井，人们吃水都得拿扁担过一条街到北面担水，很不方便。4间的人们就合计着在自己这一片打口井。对于打井的事情，可谓一呼百应，巷子里的人们都很欢喜[1]。决定之后巷子里说话有分量的几个人要去和村长报告此事，这些人不是能识文断字，就是一个姓氏里辈分高的人，再不然就是比较热心肠的人。一般间里打井的事情，村长不会反对，但是不和村长说又不合规矩，就是告诉村长要在哪打口井。征得村长同意后，就开始打井。只要不是什么寡妇带小孩、孤老之类的特殊家庭，或者家里劳力生病这种特殊情况，只要同意打井，以后要用水的农户都得出一个劳力。有负责挖土的，有负责拉绳倒土的，大伙轮流干，一般三五天就能打出水来。打井这几天干活在一起，吃饭回各家。

2. 管井

井打出水以后，大伙商量着找木匠做一个绞水的辘轳，还得找石匠弄一个放辘轳的井石，还要准备一根打水井绳，这些都是大家平摊攒钱置办的。那些打井时候因为特殊情况没有出工的农户只要是攒钱的时候出钱，用水是不受影响的。巷子里大家伙公认的可怜人出不起钱大家也不会计较。因为村里有丢井绳的事情，所以井绳不会一直缠在辘轳上，会有专人来管着，管井绳的人就是离水井最近的那一户，傍晚日头快落的时候就把绳子收回家，早起就绕在辘轳上。

除了这井绳有人看管以外，水井每年都得掏一次，有的时候水少了或者水不清亮了也会组织掏井。用水的农户一般都了解水质情况，所以但凡有人提出掏井这事，大家伙都会同意。掏井用不了多久，一天的工夫足够。这和打井出工一样，平日里谁用水，掏井的时候就出力。如果这周围有村里人打井的时候没出工，也想以后用这井里

---

[1] 欢喜，当地方言，指对某一事件表示认可和赞同。

的水，一般这个人在掏井的时候会主动来帮忙，大家对此心知肚明，一般也不会有什么意见。但是平日里怎么用都可以，一旦村里发生了旱灾，那这个后加进来不是这个巷子的人是不再被允许取水的，而且本巷子的人们也不能抢水，满足每户基本用水就好。天旱水少的时候大家伙都集中在早上提水，所以都打了水之后井绳也就撤了，管井绳的人还会专门给井盖上一小块木头板子。一般情况下不会偷偷地打水，因为每个人都相互监督着，很难有机会去偷水。[1]

3. 私人水井

以上是关于公共官井打井和使用的具体事宜，相对官井而言的私井则较为简单。私井为家户私有水井，在使用上也不存在过多的规矩和细节。席村虽有 10 多口官井，但据老人介绍，有不少官井的水吃一段时间后就会变得苦涩，对此，一种选择是再打井，另一种选择是各户自己另寻水吃。这样一来很多家户的私井也会给周围的门下人提供日常的用水。一般到邻居家的私井打水是不用给任何好处的，得知邻居要掏井去主动帮忙就好。很多财主家里都有私井，财主家的私井一样可以给居住在附近的村民打水吃，只是去打水的人相对少一些，用村里老人的话说："穷人们还是愿意和自己差不多的人打交道。"图 2-6 是传统时期家户门前私井用来放置辘轳的井石。

图 2-6 井石

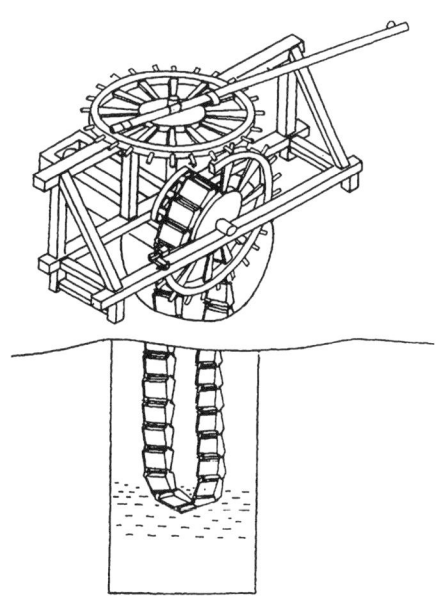

图 2-7 立井水车

私人水井中还有一类打在地里专门浇地的水井，在席村村南的地里有七八口。据村里老人介绍，在席村的地里基本上打不出水来，也只有南面有那么一片可以打出水，

---

[1] 根据任福成老人口述整理而来。

而且井还特别的深，水量还不是特别的多，这些个水井都是私人水井，能在地里打水井的多数是村里的富裕户。地里的水井取水不会用到辘轳和井绳，用的是立井水车（参见图2-7[1]）。该水车需要借助大牲口拉动最上面横着的木杆旋转，带动下面的轴旋转来提水，单靠人力基本是很难实现提水的，从这一点上其实不难看出在地里有井的农户家境绝非一般。

（二）泊池使用

席村三个泊池是村庄的公共水域，为全体村民所有。村民可以在任何一个泊池里洗衣服、饮牲口，从地里回来的农户也会在泊池里清洗农具上的泥巴。村外的小泊池路过的外村人也可以使用。只是村内泊池使用过程中会划分出洗衣服、饮牲口的具体位置，通常农户饮牲口在泊池的一个角完成，洗衣服的妇女则在对角位置的另一侧。本村的农户都懂这样的规矩，如果有人坏了规矩要被村里人指责。另据村里老人介绍，娘娘庙泊池还具有蓄水消防灭火的作用。泊池没有设置专门的管理人员，村民互相监督，也没有人去破坏泊池。

（三）三庄河治水

1. 水会组织

为了三庄河能够实现有序用水，三个村庄专门成立了三庄河水会，水会设立河长、渠长、看河人。其中河长各村各设立一名，均由村长担任，但由于三个村庄拥有的灌溉份额因土地数量而不同，席村的河长在三个河长中最有话语权和决策权。由于用三庄河水灌溉要修引水沟渠，所以在各村河长之下又设渠长一名，渠长之下设置看河人。其中席村设看河人三名，李村设一名，蒲城因土地较少不设看河人，看河人事务由渠长负责。

席村河长对全村的用水统筹管理，并做好与李村、蒲城的用水协调事宜，如在用水中所发生冲突的化解等。渠长由河长选定，一般都是本村闾长向河长推荐的"能干人"，这些"能干人"不仅事情做得好，而且说话还能服众，有一定的领导能力。各个闾都可以推荐，最后由河长来选定。渠长主要负责带领看河人和用水农户修渠管渠，调解村庄内部因用水而产生的各类纠纷。看河人由渠长向河长推荐，推荐的多是村里年轻力壮的人，最终由河长来决定。看河人承担河道、闸口、引水渠的巡查，对私自偷水、破坏闸口及引水渠的村民进行抓捕，交给渠长做出处理。下图2-8为三庄河水会的组织架构示意图。

---

[1] 图片摘自百度图库，与老人介绍的立井水车基本一致。

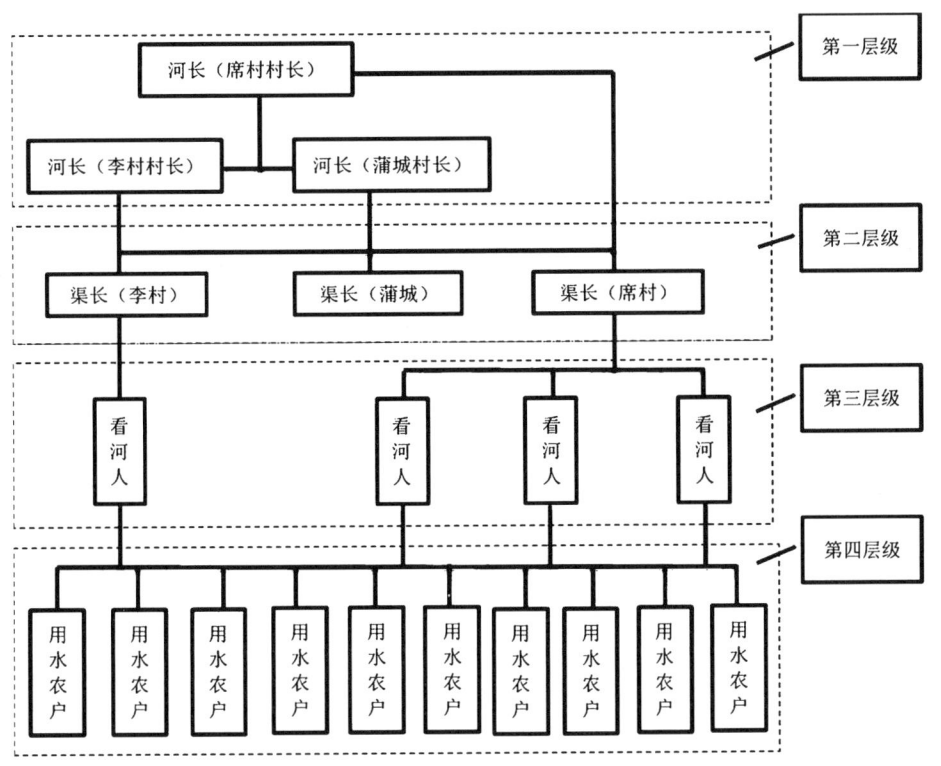

图 2-8 三庄河水会组织架构图

2. 联合治水

传统时期，席村除了村东三庄河沿岸的土地可以用水浇灌，村南有一部分井地用井水灌溉以外，剩余的耕地谈不上灌溉之说。上文已经对三庄河水会的架构层次和运作进行了较为详细的阐述，而围绕三庄河的灌溉在席村也形成了一套详细的规则。

三庄河与沿岸三个村庄要灌溉的耕地存在一定的高差，因此村庄在灌溉时需要设置闸口截流提水，将水引到干渠后依序灌溉。引水的干渠由渠长组织拥有用水份额的农户共同来修建。出工的标准按照水浇地的多少而定，不出工的农户可以交钱来抵工。既不出工又不出钱的农户渠长会报告给河长，河长有权取消其用水资格。在用水过程中体现着以下几条原则：

第一，依序用水，不得抢水。三庄河流经三个村庄的顺序依次为蒲城、李村、席村，因此三庄河的用水也遵循由上游到下游的顺序依次灌溉。由于三庄河与灌溉农地存在高差，所以实行的是设置闸口提水，通过水渠引水灌溉。每个村子都设有多个与灌溉沟渠连通的水口，到本村庄用水时，渠长会责令看河人设闸截水，水位提升后会自动从水口流入灌溉渠。本村遵循由近及远的原则依次引水浇地，不得争水抢水，更不能偷水。引水灌溉全程会有看河人负责轮班巡视，用水农户一般也会遵守用水规则，如果发现有农户违反规则偷水，看河人会将其交给渠长惩处。

第二，依地出钱，有偿用水。虽然三庄河的水是来自鼓水的自然水源，但村庄并不能无偿灌溉，而是依据用水农户的水浇地亩数缴纳相应的水费。席村会根据村庄《农户耕地登记册》中水浇地的亩数收取水费，水费由各间间长每年收粮后征收。征收的水费和区里所纳公粮不同，收到的水费仅用于支付渠长和看河人的工资。

第三，天灾共担，饮水优先。干旱是这一带显著的自然底色，十年九旱成为一种普遍现象。不遇大旱三庄河的水量基本上可以满足三个村庄靠河农地的灌溉，但遇到大旱之年三庄河同样面临流量减少或断流等问题，因此对于干旱这样的灾年，严格禁止设闸截流灌溉。这一特殊情况下所做出的决定一般由三个村的河长商量议决，但据席村曾经做过看河人的席立尔老人回忆，多数情况下另外两个村子是听从席村的命令，因为席村的水份最大，自然说话也最有分量。如果上游设置闸口截流，那下游的席村在干旱之年饮水都会受到影响。所以干旱之年三个村庄均不得用水灌溉，处在下游的席村、李村的看河人会专门沿河巡视，杜绝灾年偷水行为。干旱时期三庄河主要承担人畜饮水功能，村子中没有水浇地的农户同样可以在此取水。

第四，共享共修，破坏严惩。所谓"共享共修"指的是所有用水农户在缴纳相应水费的同时还承担着出工清理和修缮渠、闸口等事务。每年农历二月，开春天气回暖开始各项农事之前，河长会召集渠长以及看河人开会组织清理灌溉沟渠。接到任务后的渠长会通知各间间长告知拥有水份的农户按时出工清理，用水农户无特殊情况不得请假，如果有事请假需向河长说明，告假的农户需要出钱来抵工，对于无故不参与出工的农户渠长有权取消其当年的用水资格。清理任务是由渠长统一安排的，基本上做到了任务均摊，整个过程由看河人负责监督。

破坏水渠和闸口的事件也偶有发生。村庄内部破坏行为主要表现为不按规矩乱挖沟渠，村庄之间的破坏行为主要是村与村之间因争水发生的破坏闸口行为。对于村庄内部破坏行为一般会由河长（村长）进行处理，不严重的一般会说服教育，情节严重的会取消用水资格。对于村与村之间的破坏行为会由河长处理协调，能够和解的一般会各村赏罚分明，如果事件引发村庄之间的冲突与械斗，诉讼则在所难免。

3. 用水纠纷

三村共用三庄河水灌溉，免不了会产生些用水纠纷。民国三十三年（1944年）席村和李村因用水发生了一次村庄间的械斗。李村先于席村设闸浇地，对于引三庄河水灌溉，每个村子依据水浇地的多少规定了浇地的用水份额，一般按照几日几夜来计算。正常情况下所得的用水份额能够满足该村的水浇地灌溉之需，除非是干旱年（排除大旱不灌溉情况）。但即使是干旱年也要依据所拥有水的份额用水，浇不到的田地只能村落内部相互匀水或自认倒霉。据席立尔老先生回忆，1944年略显干旱，三庄河水量明显减少，李村截流浇地后，撤掉闸口供席村浇地，但李村农户在夜里再次偷偷设置了闸口偷水浇地，被席村看河人发现。席村用水农户获知此事后将李村的闸口砸坏，为此两个村子发生了械斗。械斗并没有造成村民伤亡，但也惊动了区里，区里派人进行了调解，此事得到了平息。但是事件发生后李村嫁到席村的媳妇儿很长一段时间受到了冷落和排挤。

发生在本村用水农户之间的纠纷也偶尔有之，最常见的一种就是因沟渠深浅所引发的纷争。如右图2-9农户引水灌溉简图所示，依序到席村灌溉时，村里会设置闸口截流，待河水上涨可以自行流入引水干渠时，农户便可以开始灌溉。灌溉遵循由近及远的原则，

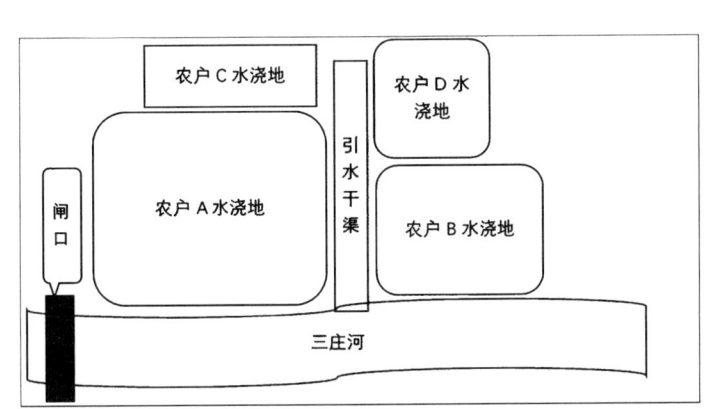

图2-9 三庄河农户引水灌溉简图

因此当水进入干渠以后最先用水的是农户A和农户B，他们需要从干渠开开口引水灌溉，而矛盾也正是在引水到地这个时候发生的。对于农户引水到地所开的口子是有严格规定的，一锹土的口子，不深不浅，水自流即可。可是这个时候如果农户B在开口子的时候偏偏多铲了一锹土，人为让引水口的流量比农户A的大，A与B就会发生纷争。对于问题不严重的看河人就说和处理了，如果问题严重则由渠长或河长来处理。农户B只要承认错误及时纠正了，一般渠长或河长说服教育也就解决了；如果B农户坚持不认错，渠长或河长会下令取消其用水资格。

第三节 平原与麦作

小麦是传统时期席村村民所种植的主要粮食作物，同时也是唯一能越冬的粮食作物。席村村民认为小麦才是好粮食。小麦十分珍贵，对于普通农户来讲，小麦在大多数传统时期可以直接当货币使用。本部分将从小麦的生长环节和耕种流程来考察传统时期夏侯村的麦作体系。

一、麦地与等级

传统时期,席村的麦地分为旱地和水浇地两类。因为水浇地的面积小,席村农户会把小麦种在不需要灌溉的旱地里,因此小麦产量高低的主要决定因素就是麦地的好坏与农户的耕作情况。

(一)麦地形状与等级

1949年之前,不同于南方将耕作的土地称为"田",在席村,农户把耕作的土地就叫作"地",因此在席村只有"麦地"之说。南方稻作区农户出了家门就是自己的稻田,而在席村得出了村门才能看到麦地,看到的麦地或许也不是自家的,要到自家的麦地也许还得走上一阵子。席村的麦地主要分布在村庄的南面、西面和东面,北面因为与多个村庄相邻,没有太多的麦地,有也是零散的,用村里老人的话叫"成不了气候"。

村民们对麦地的描述多用"块"来形容,"一块麦地"这样的表述脱口而出,由此不难看出,麦子地的形状相对而言较为规整,多以方方正正的形状存在,当然也会存在因地势的变化而产生的不规则麦地,但还是以长方形的麦地居多。村里最小块的麦地也有1亩左右,最大的麦地则是村里财主家的。给财主家扛过长工的朱发发[1]老人介绍说,村东头有一块麦地有17—18亩,那就是村里最大块的麦地了。在席村,不论麦地大小,打下麦子多的就是好地,地块再大,只能打下一点麦子那就是孬地。所以在席村,麦地也会有好赖之分,其主要评判的标准就是每亩地的粮食产量。传统时期村里把麦地分为三等九级。一等二等是好麦地,其中一等一级是最好的麦地,这种麦地一亩地可以打260斤麦,一等二级可以打230斤麦,一等三级可以打200斤左右;二等一级麦地一亩地能打170—180斤麦,二等二级可以打150斤麦,二等三级也有120多斤。三等麦地是最孬的地,三等一级每亩勉强可以打100斤左右,三等二级在70—80斤,三等三级天旱绝收,年景好也就50—60斤麦。下表2-7为麦地等级与产量情况。

表2-7 麦地等级与产量情况表 (单位:斤)

麦地等级		亩产量*
一等	一级	260
	二级	230
	三级	200

---

1 朱发发,男,86岁,新绛县席村人,1949年前在财主家扛长工多年。

续表

麦地等级		亩产量*
二等	一级	170—180
	二级	150
	三级	120
三等	一级	100
	二级	70—80
	三级	50—60

* 相关数字为约数，且是好年景的数据。

说明：表格内容根据席上子老人口述整理而来。席上子，男，81岁，新绛县席村人，1949年之前属8间。

席村农户的麦地相对比较集中，除了村北以外，出了村门就可以看到连片的麦地，这些麦地都是席村农户的。村里老人介绍，离席村最远的麦地出村大概有5里路，这样的麦地周围就有其他村的地了。席村北面，尤其是东北方向的麦地和李村有交叉，产生交叉的原因就是因为两个村挨得太近。虽说有交叉，但依然分得很清楚。

（二）麦地边界

传统时期，农户之间的麦地有着明确的边界。麦地的边界分为两种，一种是地上边界，一种是隐藏于地下的边界。地上边界主要可以归纳为两类：

其一，耕地间道路为界，即以耕地间的小道作为地块边界。为了方便耕作，村民按照产权归属的不同，以修筑小道的方式将地分割成大小不一的地块，这样一来，地头小道便具有了双重功能，一方面用以区分和宣示产权，另一方面为村民顺利进入自家地里开展耕作提供便利。这类小道比较结实，宽度以能够容纳一个人行走为最低限，以一头牛通行为最高限。这类小道属于村民公有共用，所以一旦筑好就不会随意变更。

其二，以地垄为界，地垄是对小道的补充，主要被用作相邻田块之间的边界。分家析产和耕地买卖会产生新的地垄：分家时分到的地是一整块，或买到的土地是一整块，则以原来的地垄为界；如果几人分得一整块或买到同一块地时，则需要重新设定地垄来明晰产权边界。地垄子是用土堆砌而成的高出地面的界线，稳固性差，不能走人。地垄子在每年耕地的时候都会修复一次，农户会培上一些新土，一来是修复地垄，二来是告诉对方不要过界。

除了地上明显的边界之外，村民还会在地下设置隐藏的边界。村民会在属于自己地块的边角的地下埋放界石，一般会埋在地下半米深的位置，在埋放界石之前会撒上一把石灰，然后将界石置于石灰之上埋好。界石一般会埋在地垄正下方。之所以埋放界石，主要是为发生边界纠纷时提供有力的证据做准备。下图2-10是几类地块边界的示意图。

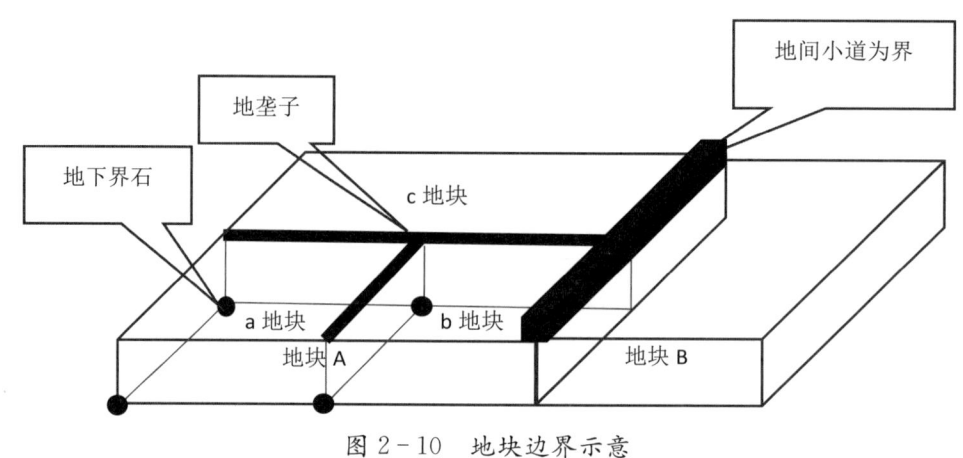

图2-10 地块边界示意

从图中可以清楚地看到，地块A和地块B是以图示的地间小道为界，这样的小道在地里很多。另一类情况是地块a、b、c之间以地垄子为界，地垄不可行走，仅为地界。除此之外，地块a、b、c在地下还埋放了界石。除了通过修地头小道、设置地垄子和埋放界石来明确边界外，地契也是明确地块边界的重要手段，地契上会对农户所有地块的具体位置做出明确的说明。传统时期土地归农户所有，因此即便是席村农户的土地与其他村子农户的土地紧邻，其土地边界的设定也与同村相邻土地间的边界设定方式相同。

土地的边界主要伴随着土地买卖、分家析产、土地置换等一系列的经济活动产生或发生变更，而农户间土地边界所引发的纠纷也时有发生，关于土地买卖、分家析产、土地置换等内容笔者将在第三章传统时期席村经济形态部分中集中阐述，因边界产生的纠纷将置于社会冲突的相关章节展开论述，在此不一一展开。

二、麦作及关系

麦地等级是决定小麦产量的一个至关重要的因素。在麦地等级相同、麦种一致、依靠降雨灌溉的传统时期，耕作方式则成为影响小麦产量的另一个因素。

（一）选种与借种

据席村席立尔老人回忆：过去种一亩地的小麦需要一斗左右的麦种。一般来讲，当年收麦之前当家人就会在麦地里选种子，看哪块地里麦子长得好、麦仁饱满，到了割麦子的时候会专门把打算做麦种的先收割，单独放在一边。选好的麦种不和普通的粮食放在一起，当家人会单独存放。如果当年自家麦地里的收成不好，打下的麦子不适合做种子，当家人则会去借种子。借麦种一般首先考虑去找最近的亲戚借，亲戚借不到则会问门下人借，借的种子第二年打了粮食后要及时还。借亲戚和门下人的一般不会额外地收利息，即借多少还多少。但是如果借其他人的种子，那需要额外给部分利息，借一斗起码要还一斗半到两斗。除了借种子外也可以换种子。有些农户自己的麦种不好，也可以用自己的麦种去和麦子产量高、品相好的农户进行交换，一般是一斗半可以换一斗。

（二）整地

秋分过后便要开始种麦了，种麦前重要的事情是整地，整地一般要整三遍。第一遍是犁地，将下层土壤用犁翻至上层，把厚实的土壤变松散。地处相对干旱环境的席村，土壤保水功能差，因此犁地的难度比较大，单凭人力很难完成，这个环节要用耕牛来协助完成。没有牛的农户可以通过借牛或伙养牛来完成，借牛与伙养的具体细节在后面的经济关系中展开论述。第二遍用耙来平整，用耙将第一遍翻出的大块的土变小变碎。这一遍人力也可以实现，但最好使用耕牛来完成，不然将加大劳动强度。第三遍用到的农具是耱，这个农具的作用和耙类似，也是用来碎土的，只是耱可以将耙不能弄碎的土进一步弄碎。这一遍如果有耕牛自然是使用耕牛，没有耕牛人力也可以完成。

整地是种麦前最耗费体力的一件事情，通常家里有耕牛的农户整地会独立完成，一头耕牛配合一个壮劳力一天至少可以整理出三亩的旱地。如果农户家中没有耕牛，通常会采取家户间合作的方式来完成，"亲帮亲，邻互帮"是最常见的合作方式，即同一个村子里的亲戚之间互相帮助，或是居住在一个巷子里的门下人之间互相帮助。亲戚之间相互帮助通常不需要给予报酬，而门下人之间的互助往往是通过骈工[1]的方式进行的，如果对方出了一个牛工，那要还上三个人工。

（三）下种

"秋分过后忙种麦。"地整理好，种子选好后，一过秋分农户开始种麦。家境好的农户可以用耧来种麦。耧是一种用牛牵引，一边开沟一边播种的工具，可以大幅提高播种的速度。如果没有耕牛或置办不起耧，农户也可以采取人工播种的方式来完成，相比牛拉耧要多耗费两到三倍的时间，但是下种这一工序通常情况下由农户独立完成，很少会存在家户之间协作完成的情况。播种后一般7—10天就会出芽。

（四）锄草

小麦播种到收获至少要锄两到三次草。一次是入冬前要锄草。入冬前是小麦分蘖的关键时期，这个时期除掉越冬性的杂草，可以避免和越冬小麦争夺养分，保证小麦

---

[1] 骈工，当地方言，表示换工。

形成壮苗。另一次锄草在立春到雨水这个节气期间。农民传唱的口歌讲"立春雨水二月间，小麦地里锄草完"，这时候锄掉春季天气回暖后的杂草，对于小麦的生长极为有利。到小麦生长的后期，勤快的农户还会去地里锄草。对于锄草这项工作，通常由家里的劳力用一到两个工就可以完成。据村里老人介绍，过去锄草时候家里干不了重体力的孩子也可以参与其中，一方面是当家人训练孩子做些农活，另一方面也算作半个劳动力。

（五）割麦

进入农历的六月底麦子基本成熟，农户便开始割麦。割麦是头等的大事，因为正值炎热的伏天，时常会下雨，有时候一场大雨就会打落已经成熟的麦子，从而影响当年的收成，所以割麦时节家里能干活的都要上。这个时候财主或家境比较好的人家会请麦客来帮忙割麦，普通农户也可以通过骈工来完成割麦。割麦后需要把麦子拉回村子，这就需要借助牲口和板车，没有板车和牲口的农户可以选择挑回来，也可以选择借牛车运回来。

从上述的从种到收的五个环节看，麦地的耕作单位是一家一户，但是小麦种植中的多个环节受自然环境的限制而对劳动强度要求高，不借助畜力或农户间的骈工合作，一家一户是很难完成的，因此租借及合作的关系存在于小麦种植的多个环节之中。这几种生产中的合作关系将在后面的章节详细论述。

第四节　集居与空间

传统时期，席村村民集中居住，不同姓氏集中居住于不同的单元，各居住单元间没有明确的界线，部分街巷成为不同居住单元的分界，民居院落高度集中，呈现出共用院墙、房子挨房子的居住特点。席村的祠堂散落于村落的各居住单元，没有呈现出特定的布局方式。在村内集中的民居空间中，又分布着三官庙、药王庙、土地庙等神居建筑。为了体现民居与神居的不同，神居周围通常很少会有村民建房，即便有民房院落也至少会隔上一条街的距离。本节将从民居、祖居、神居以及村落公共空间的布局来考察传统时期席村的村落空间形态。

一、民居：高度集聚，单元聚居

1949 年之前，席村的民居呈现高度集中的分布格局，在高度集聚的分布格局下，村落中又产生了因姓氏而形成的聚居单元。本部分将从民居的布局与建房惯习、家户院落结构与住房安排、宅基地与房屋的产权以及房屋院落边界四个方面考察传统时期民居的形态及相关的一系列关系。

（一）村内民居布局与建房惯习

传统时期，在居住形态高度集中的席村内部因姓氏分为了五个大的居住单元，分别为西岸、南岸、北岸、石坡和八甲，席、南、张、韩四大姓氏分别聚居在这五个居住单元中。这五大居住单元并没有设置明确的界线，但在村民的心中确形成了默认的区域。关于五大居住单元以及各姓氏分布的具体情况在前文已有详细的说明，在此不做过多的阐述。

集中居住是村落民居的整体分布形态，而集中于村落内各居住单元的民居多以院落形式存在。院落的布局并非杂乱无章，而是以街巷为基准一排排地整齐排列，民居在高度上也不约而同地做到了相对一致，更有趣的是院门开在同一街巷的农户的院墙均在同一平面上，额外的突出是绝对不被允许的事情，而且农户在修建院墙时也不会去那么做。长年累月下来村民们对此已达成了共识，这也成为村民建房、修院墙所默守的规矩。下图2-11从左往右、从上往下依次展示了村落居住单元、集中居住的民居布局及街巷院落布局。

从图2-11院落及违规布局示意图中可以看出，A、B、C三户处于同一个居住单元的同一巷子，三户院门均朝院前的巷子而开。在席村处于同一街巷的农户院门的朝向应保持一致，主要原因在于巷子开门方便进出，同时院门开门朝向一致也方便邻居间互相照应和日常的沟通与走动。按照村民建院应

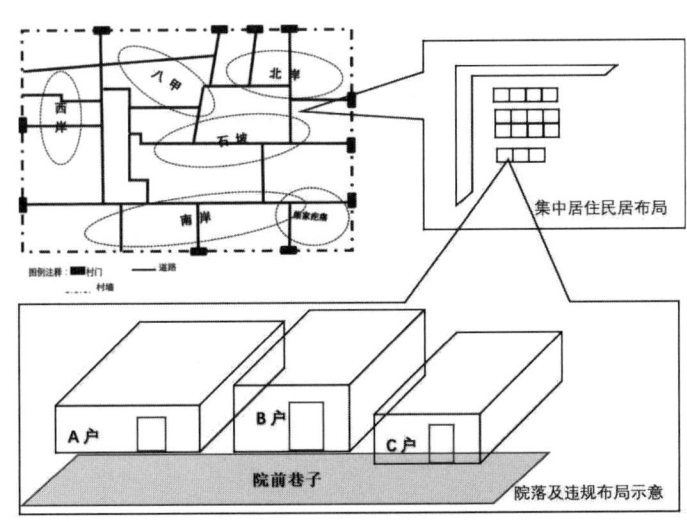

图2-11 民居集中分布格局及街巷院落布局示意

默守的规矩，各户的院墙应该保持在同一平面，图中C户大门所在的院墙已经明显超出了A、B两户，这显然已经不在同一平面上了，已经违背了默守的规定。对于C户这样违反规定的举动，一般在建院墙的时候就会被A、B两户及时地告知并制止，对于已经建好的院墙也不会要求其拆掉，但C户一定会被视为特殊户而遭A、B两户甚至附近的农户指指点点。另外，从图中可以看到，A、B、C三户的院墙高度也是不一样

的。在席村关于院墙的高度没有明确的规定，只要农户有能力，同时觉得有必要，修再高的院墙也不会被干涉。一般农户的院墙高度有一丈上下。村里高院墙的农户不是财主家也得是相对殷实的农户，一般这类农户家不仅院墙高，门脸也大，用村里人的话说就是"门槛高"，而这种门脸也是地位和身份的象征。在席村说某某财主很多人或许不清楚，但是说"铁门"[1]可谓尽人皆知。

（二）院落结构与房间安排

除了整体布局要默守一定的规矩外，院落内部的布局和房间的使用也有一定的规矩和讲究。以下图2-12席村一般农户居住院落的平面图为例，院门开在东侧，该侧（开院门一侧）不会建房，院子里坐北朝南的房子称为北房，北房也叫正房，是整个院子里最好的房子。与北房相对的房子是南房，正对院门的房子是西房，村里人又把西房叫厦房，厦房是整个院子里最不好的房子。

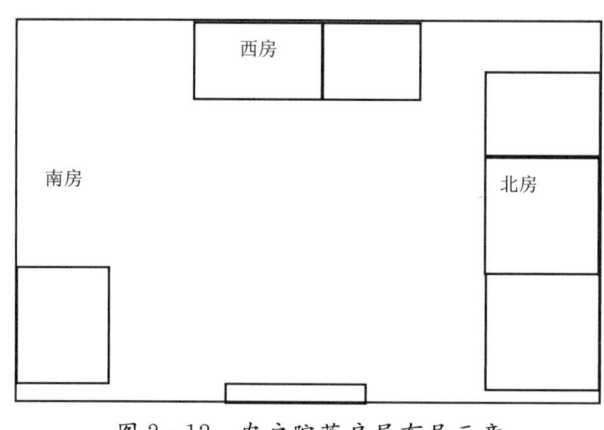

图2-12 农户院落房屋布局示意

传统时期，能有这样院子的农户算得上家境好的农户，家庭条件一般的农户进了院子只有几间南房。一个院子里住上好几户人家在席村也是比较常见的。如果一户拥有一个左图所示的院子，房间的具体安排如下：南房不住人，其中有一间必定是祖宗堂，那间房里供奉着祖宗的牌位。另外的房间则用来存放粮食和其他杂物。家中辈分最长的老人一般会住在北房中最靠东的一间，按照辈分依次从东到西在北房住，家中辈分最小或者新成家的人则会被安排住在西房。

如果院子里仅有南房，农户则会留出一间房作为祖宗堂，村里人也叫堂屋，堂屋里供奉着祖宗牌位，春节期间要在祖宗堂里请祖宗过年。家里辈分大的会住在靠东的南房，其他人住在靠西的南房里。对于几家共同居住在一个院子的情况，则无太多规矩可言，但即使如此村民也会再自己辟出一个地方来放置祖宗的牌位。

以上关于农户院落以及民房具体布置的描述能够反映传统时期席村多数村民的居住形态，但席村财主的院落相比上面提到的院落则要气派得多。一般来说财主的院落处于街口或街巷的交会处，其院墙一般在村里是最高的，门也是最大最好的，上文提

---

[1] 铁门，村里有名大财主的代号，因其院落上的大铁门而得名。

到的"铁门"就是最典型的例子。财主的院落最大的特点就是大，分为前院和后院，下图2-13是席村张姓财主家的院落平面简图。

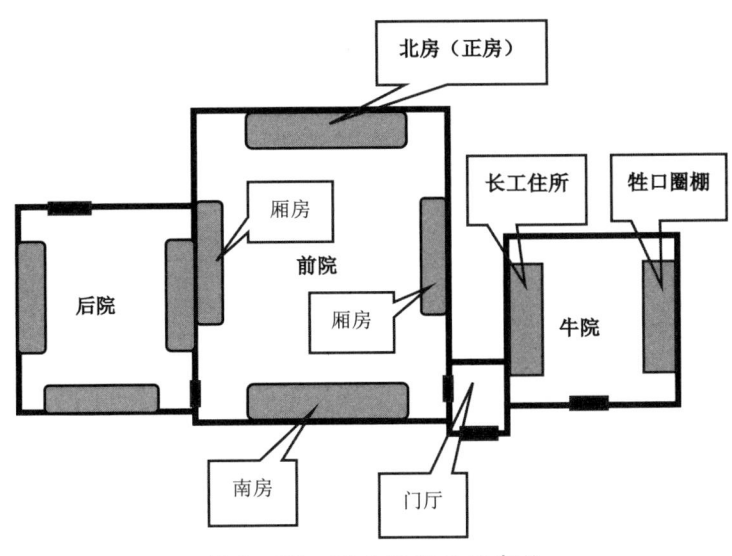

图 2-13 财主院落平面布局

席村财主家的门多朝南开，进门到前院有门厅。财主家的前院属于典型的四合院，四面都有房。坐北朝南的北房还是正房，两侧为厢房，南侧是南房。和普通村民一样，财主家的北房也是不住人的祖宗堂和仓房。南房居住的安排也和普通农户的安排一样，主要居住着家里的长辈和当家人。两侧的厢房和后院的房子则主要住着后代子女。

（三）宅基地、房屋产权关系

1949年之前，席村的房屋和农户耕种的土地一样，为家户私有。下表2-8为1949年之前席村各间房屋间数统计。

表 2-8 1949年之前席村各间房屋情况统计

	户　数	人口数	房屋间数
席村1间	46	206	321.5
席村2间	44	180	270.5
席村3间	35	147	233
席村4间	34	121	207
席村5间	31	143	270
席村6间	57	269	462.5
席村7间	24	123	242.5
席村8间	51	220	398

续表

	户 数	人口数	房屋间数
席村9间	39	166	230.5
席村10间	40	174	205.5
席村11间	32	165	208
席村12间	42	207	299.5
席村13间	37	213	348.5
总计	512	2334	3697
户均房间数	7.22		

资料来源：以上房屋间数统计来源于解放初期席村村民档案。

从上表可以看出，1949年之前，席村户均房间拥有量为7.2间，其中席村5间财主席吉元拥有的房屋数量在全村最多，共拥有房屋58间，仅有1间房的农户也不在少数。农户私有的院落或房屋有自建而来的，也有继承而来的，当然也有买来的。仅有1间房的农户出现了几户共院的情况，这和独门独院的农户在产权的归属上有所不同，独门独院的农户包括房间以及院落全部归农户私人所有，而几户共院的农户，除房间归属于农户私人所有外，院子一般是公有共用。分家和房屋卖出是房间私有、院落共有情况下产生的重要原因。

传统时期，不少农户会有专门用于建房的宅基地。农户的宅基地一般有两种来源：一是祖先留下的，二是从他人手里买来的。在席村能够购买宅基地的农户通常是中农以上的家庭。买宅基地时，宅基地的四界都要在宅基地地契上写清楚。1949年之前，房子、土地都是私人所有的，村民买到的宅基地也都在村子里，没有人会在村外单独建房。农户对于自己的宅基地有权做出出售的决定，包括村干部在内的任何人都无权干涉农户对宅基地的处置权。

（四）房屋院落产权边界及纠纷

1. 房屋产权边界的产生

（1）因分家产生边界

一般兄弟均已成家或相处不好产生矛盾后分家，也有因老人去世分家的情况。分家一般遵循诸子均分的原则，对房屋采取平均分配的方式处理。如果家庭条件不好，房子有限，需要生活在同一个院落，则采取分灶不分房的方式分家；如果房子足够多则会分房，只要不出院子，这样的分家基本不会产生新的房屋边界问题。如果是前院与后院，则以中间的过道为界，一般前后院之间会有门相隔，门就成为分家后房屋的边界。如果后院不设出院的门，则后院会与前院同用一个院门进出，分到前院的不得因此不满,但分到后院的不得占用前院的空间放置物品。

(2)因相邻产生边界

村落内的土地都是住房所用,村落外土地则是耕地。传统时期没有农户会在村落外建房,那样不仅安全得不到保障,连日常生活都极为不便。因村落面积有限,故而在村内建房一定会有四邻,只要获得了宅基地并具备建房条件,建房时无须征得邻居的同意。村落内不存在无主之地,要建房需要出钱购买土地或占用自家闲置的土地。相邻建房和已有房屋院落之间所遵循的原则是一致的,南北以落檐胡同滴水为界,东西以院墙为界。新建房屋时南北落檐范围要提前留出,不得占用前后邻居的落檐,如果没有留出落檐则将房顶建成单边坡形,使房顶雨水流入院内。同时院墙不能外扩,应与邻居院墙保持整齐。

2. 房屋产权边界类型

传统时期,地有地界,农户居住的房屋同样也有边界。席村的房屋多建于院墙围绕的院落之中,所以农户房屋边界的考察存在多种情况:一是独门独院农户间的院落边界,二是多户共院农户的房屋边界。

(1)独门独院

1949年之前,独门独院的农户数量在席村也并不少,这类农户房屋的边界实质上就是院落的边界。而农户院落边界也并非四面墙所圈定的范围那么简单。这其中就包括相邻农户共用一堵院墙、前后院农户院落边界的规定等问题。具体以右图2-14农户院墙的边界为例进行说明。

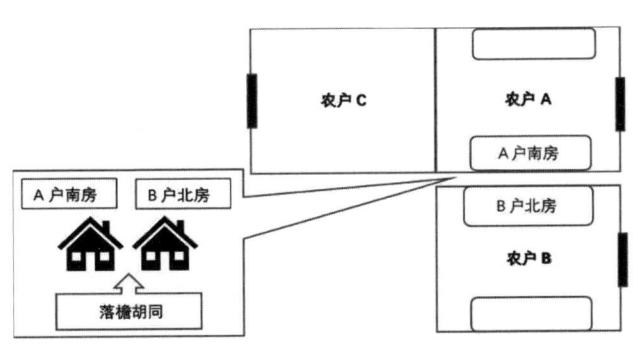

图2-14 农户院墙的边界

农户A和农户C是相邻两户,但农户A和农户C不在同一个巷子,A户的院门朝东开,C户的院门朝西开,看似两户没有太多的联系,实际上并非如此。从图2-14可以很清楚地看到,A农户和C农户共用了同一堵院墙,这堵墙是划分A农户和C农户院落的重要边界,而这堵共用院墙的归属成了一个重要的议题。一般而言这堵院墙的归属与谁先建房先砌墙有关。如果A农户先建房,则C农户在建好房子砌院墙时可以找A农户来商议,看能否共用一堵墙,如果A农户没意见,则两户共用一堵墙,但院墙归属A农户。相反，如果C农户先于A农户，院墙则归属C农户。因为过去院墙都是土墙，共用的院墙一旦倒了，由A和C两户共同来重砌。

但是，如果A农户不同意C农户与其共用一堵墙，则C农户只能选择砌新墙。需要指出的是，C农户在砌新墙时墙高绝不能超过A农户院墙的高度，同时C农户在砌墙时会尽量和A农户的院墙中间留有一定的空间，原因在于既然A农户不同意共用一堵墙，C农户砌墙时尽量不靠着A农户的墙，以免日后因为院墙与A农户发生不愉快。

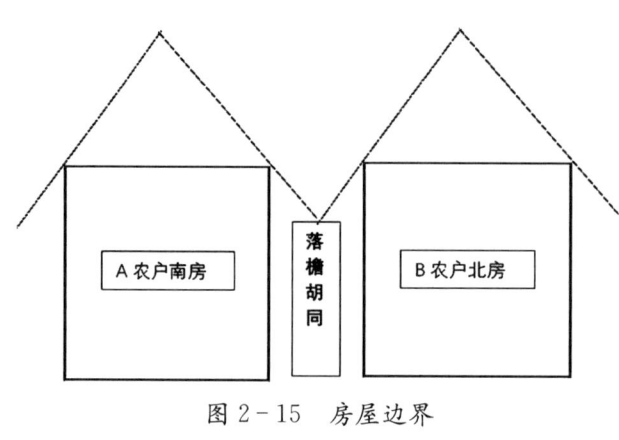

图 2-15 房屋边界

房屋边界中的另一类情况是图 2-14 中A农户与B农户的院落情况。很明显，A农户和B农户是居住在同一巷子的门下人，两户之间有一个相对比较窄的小胡同，这个胡同被村里人叫作"落檐胡同"。落檐胡同，是房屋与房屋之间所形成的一段狭长的窄路，一般来说可以供一人通行，落檐胡同这一名称的由来与房檐落下的雨水有关，具体参看图 2-15。

图 2-15 中雨水从农户A和农户B的房檐滑落，雨水从A农户房檐落下后打湿地面形成一条线，被打湿的线以内的部分归农户A所有。同样，B农户房檐落下的雨水所形成的那边区域归B农户所有。A与B落檐形成的狭长地带就是村民口中的落檐胡同。而这个落檐胡同也就是A农户和B农户院落的边界之一。

还有一种情况是农户房屋并没有向外的落檐。如图 2-16 所示，A农户的南房只有一边房檐，下雨天落在南房的雨水直接落到了自家院子里，农户B则是两侧房檐，这种情况下落檐胡同属于B农户所有。如果A农户拆掉南房要重新建房，要建两侧都有屋檐的新房，那么A农户在建房时绝不能占用B的落檐胡

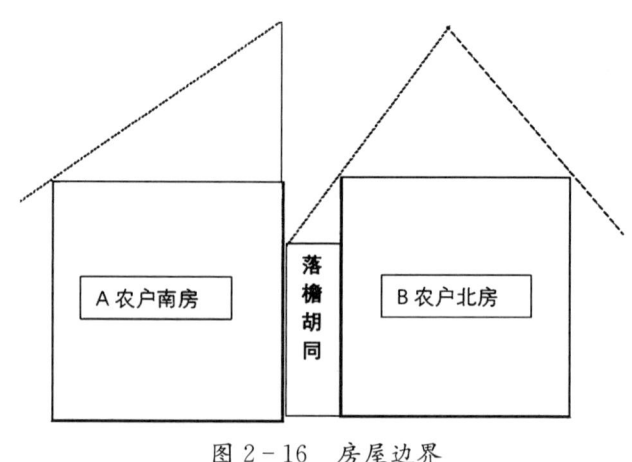

图 2-16 房屋边界

同，只能自己提前留出落檐胡同的地方。一旦 A 占了 B 的落檐胡同，一定会产生边界纠纷。

（2）多户共院

1949 年之前，除了部分独门独院农户以院落为房屋边界外，还有多农户共同生活在一个院子里的情况。相比独门独院，产生多户共院的情况主要有两种，一种是分家析产后多子女与父母共同生活在一个院落中，另一种则是房屋买卖后产生的多户共院。

在席村，1949 年之前，分家后兄弟几人共住一个院子的情况较为普遍。分家前父母和子女共同生活，房屋产权归属于整个家户，院墙和落檐胡同构成了房屋的边界，即便是有的儿子娶妻成家，有自己的房子，也不会分得那么清楚。分家后，共同生活的院落及房屋分成了若干户，新的房屋边界也随之产生，而这里所说的房屋边界主要指的是院内各家分得房子后形成的边界，原本院落的边界并不会因为分家发生变化。若分家后其中一子或多子将房子卖给他人，就产生了第二种共院的情况。分家和房屋买卖后房屋边界的划定基本上是相同的，具体如下：

第一，以墙为界。如图 2-17 所示，农户 A 与农户 B 是紧挨着的两户，两户拥有各自单独的入户门，两户拥有一堵共用墙，按照长期形成的规矩，这堵共用墙归两户共同所有，这堵墙就是两户的公墙，任何一户都不得在这堵墙上动土。A、B 农户其他三面墙则属其私有。

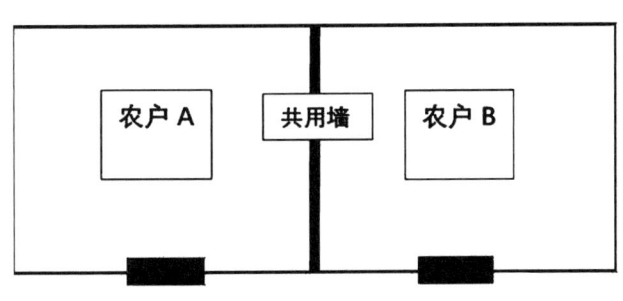

图 2-17 房屋边界

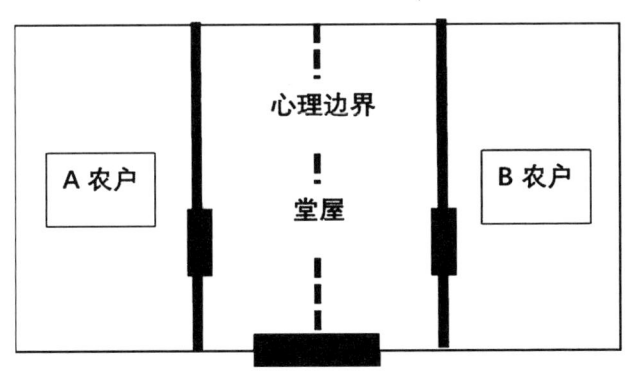

图 2-18 房屋边界

第二，心理边界。如图 2-18 所示，农户 A 和农户 B 也是紧邻的两户，不同于图 2-17 中农户各自有自己的家门，该图所示的农户要走同一个门进入堂屋后才可以回屋。这时如果居住在 A、B 两个屋的是分家的兄弟，堂屋基本上就是公有共用，不会形成太过明显的边界。如果是两个没有亲属关系的农户,两户之间则会形成如图所示的心理边界,换句话说就是始终要清楚,堂屋并非一人所有,虽然没有墙,但堂屋两家一人一半,A农户的杂物只能堆放在靠近A农户的一边,哪怕有一点放在了B农户的一侧就是过界了。B农户即使不明着说,也会旁敲侧击地提点A农户。

如果是分家产生的多户共院这种情况,一般父母和子女会共同使用一个院子,院子的使用不会分得过于清楚,也不会设定清楚的边界。但如果是通过房屋买卖而住在一个院子里,院子在使用时则会存在一定的规则。一般情况下院子会留下公共的走道,院子里的农户只能占用自家门前的一块空地。关于这块空地并没有如落檐胡同那样的规定,只是同一个院子里农户所默认的边界,所以据老人讲,1949年之前,经常会有一个院子里的农户因为豆腐块大的一点地方搞得不愉快。

3. 房屋边界纠纷

关于房屋边界的纠纷多数因落檐胡同而起,就是图2-16所示的那类情况,农户A在拆掉单边屋檐建新房时,没有预留落檐的空间,而是占用了B农户的落檐胡同,为此两家发生纠纷。发生这类纠纷以后,农户会请来门下人主持公道,也会找所在间的间长来解决,间长解决不了就去找村长。对于这类纠纷往往需要有人做证才可以解决,门下人为了谁都不得罪很少出面做证。没有人证,没有物证,各讲各的道理,即便最后一方把另一方告了也难以做出了断。村里这样的事情最后都以不了了之收场。

二、神居:无矩可寻,神民相离

1949年之前,席村是一个神灵信仰多样的村落,村民们信仰菩萨、土地、三官大帝等神灵。基于不同的神灵信仰,村里建起了供奉着不同神灵的庙宇。从传统时期庙宇神殿的布局看,并没有具体的规矩,但庙宇的布局明显和民居相离。

(一)神居的基本情况及布局

传统时期,席村村庄范围内除了坐落着家户的院落外,第二多的便是分布在村庄里的各类庙宇。根据席村席来全、任福成、席立尔等多位老人的回忆,1949年之前分布于村内的寺院庙宇共计11座,村外有庙宇4座。席村的庙宇分布无任何的规矩或是规则,散布在席村内外各处。神居布局的唯一原则体现在庙宇和村里的民居会有一定的距离,即便是建房用地非常紧张,村里农户也不会把房子建在庙宇的旁边,至少也会隔上一条路。

下图2-19是1949年前席村各寺院庙宇具体的分布示意图。从示意图中可以清楚地看到,在席村的几大居住单元中或多或少均有庙宇分布,村内外的这15座寺庙供奉着不同的神灵。下表2-9为图2-19各数字代表的庙宇名称及供奉神灵情况。

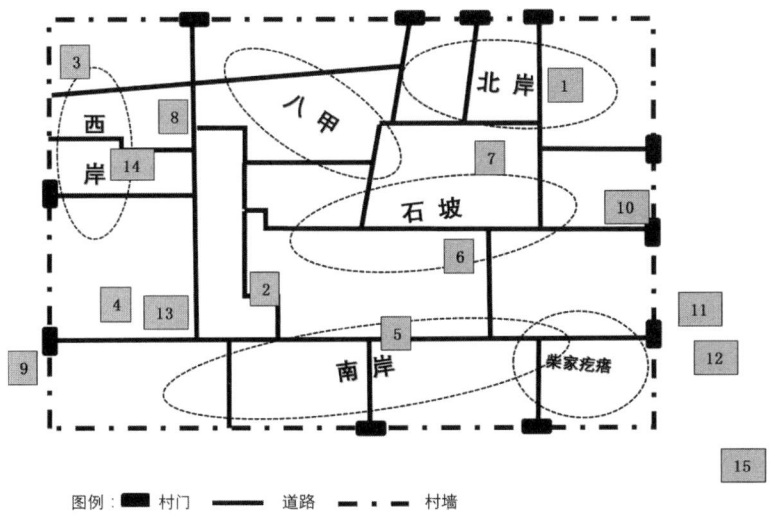

图 2-19　1949 年前席村寺庙分布

表 2-9　1949 年之前席村庙宇名称及供奉神灵

图 2-19 示例编号	庙宇名称	供奉神灵
1	三官庙	三元大帝
2	土地庙	土地爷
3	玉皇庙	玉皇大帝
4	药王庙	药王菩萨
5	新庙	不详
6	娘娘庙	孚惠圣母娘娘
7	国清寺（多个神殿）	佛、菩萨、火神
8	牛王庙	牛王爷
9	关帝庙	关老爷
10	神仙庙	不详
11	奶奶庙	三霄娘娘、九天圣母、送子观音
12	黑虎庙	赵公明
13	千手观音庙	观音
14	没爷庙	无
15	禹王庙	大禹

村中国清寺是可以追溯历史的庙宇，从席村近年来出土的重修国清寺碑碑文中发现，国清寺建于明代，重修于清代。村里土地庙、新庙是中华民国时期所建。虽然大多数庙宇都不知何时修建，但 1949 年前庙宇的维护和修缮则全部由席村来完成。

（二）庙宇产权及管理

1. 庙宇产权

1949年之前，席村庙宇和寺院的产权为席村公有。按照调查涉及的时间段来计算，席村绝大多数庙宇为老祖宗时所建的古庙，只是每个时期均会进行修整和加固，新建的土地庙、新庙也都是席村农户共同出资所建，因此席村的庙宇属于席村全体村民共同所有，在席村不存在私人庙宇。庙宇更不属于寺院的僧人，住在寺院的僧人是村落修建好庙宇后请来的修行僧人，目的是增加寺院的香火与灵气。

2. 庙宇管理

在席村专门设置了庙官，庙官由村长选出，一般由村里热心这类事情、"走得开"、能服众、会写字的人来担任。庙官负责管理全村的寺庙。传统时期，席村的每个寺庙都有数量不等的庙地，庙里有僧尼长期居住的，一部分庙地会由僧尼耕种，另一部分则会给村里的穷人去种。对于没有僧尼居住的庙，庙地则全部包出。庙官主要负责这些庙地的出包和收租，对于有僧尼居住的寺庙，庙地包给谁种，是否收租，收多少，全部由寺庙的"大和尚"说了算，庙官通常不会干涉。庙官不仅对不住僧尼庙宇的庙地出包收租进行管理，还承担着各个寺庙的修缮，以及席村每年两次盛大庙会的举办。寺庙修缮的经费主要来自庙地的收益，庙会的举办则不仅仅要靠庙地，还需要全村共同筹资。寺庙的维修要请村里的人来完成，村民参与寺庙的维修并不是免费的，庙官需要支付一定的报酬，报酬和农闲时打短工的报酬差不多，一天五六升粮食。村里的庙官并不是无偿管理，庙官的收入也从庙地的收益中支取，一般一年可以有收入两石麦。

从席村庙宇和民居院落的分布情况看，并没有发现二者存在较为明显的布局关系。除了布局在村外的几座庙宇外，村内的寺庙和民居的布局并没有体现任何的规矩和章法。庙宇布局和民居分布唯一一个显著的特点是建有庙宇的地方，附近民居相对会少一些，民居不会紧邻寺庙而建。虽然村民眼中的庙宇就是神灵的家，和普通村民的家没有太多的区别，但是对于庙宇又或多或少有一些敬畏，认为建房子离庙宇太近会冲撞到庙里的神灵，是对神灵的不敬，因此建有庙宇的地方很少会有民居的密集分布。

三、祖居：因姓分布，祖民相依

传统时期，席村村域内除了院落民居与寺庙神居之外，还有一类便是供奉着老祖宗的家庙祠堂。席村的席、南、张、韩四大姓氏，以及村东南的柴家疙瘩的柴、杨二姓均建立了供奉着祖宗牌位的家庙。从家庙分布的格局看，民居的分布受到了家庙的影响。

（一）祖居的基本情况及布局

1949年之前，席村的席、南、张、韩、柴、杨六个姓氏为了祭奠其各自的祖先，在村里都建有祠堂，老人们称之为"家户"，也是我们提到的供奉着祖宗牌位的祖居。伴随着各姓氏人口的不断增加，在家户的基础上，各姓氏又分出了若干的支，分出的支也都修建了属于本支的祠堂，村里老人称为"支"。具体参看图2-20席村家户与支在村落的分布示意图。

图2-20中数字所代表的家户与支的详细情况请参看下表2-10席村家户与支情况表。

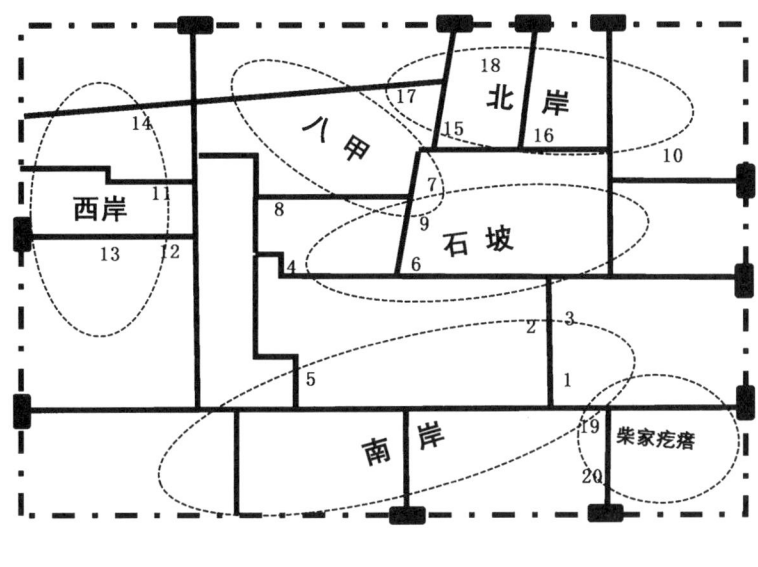

图2-20 席村各家户祠堂与支祠村落分布示意

表2-10 席村家户与支情况

图例编号	家户/支名称	所在居住单元名称
1	席家户	南岸
2	席家一支	南岸
3	席家二支	南岸与石坡交会地带
4	席家三支	石坡
5	席家四支	南岸
6	南家户	石坡
7	南家北支	石坡与八甲交会地带
8	南家西支	石坡
9	南家南支	石坡
10	南家东支	石坡东端

续表

图例编号	家户/支名称	所在居住单元名称
11	张家户	西岸
12	张家东支	西岸
13	张家西支	西岸
14	张家北支	西岸
15	韩家户	北岸
16	韩家东支	北岸
17	韩家西支	北岸
18	韩家西北支	北岸
19	杨家户	南岸柴家疙瘩
20	柴家户	南岸柴家疙瘩

从表中各家户与支在村落中的分布不难看出，各家户以及分出的支布局相对集中，基本上都处在同一居住单元内。席家户以及席家分出的四支除席家三支外均在席村的南岸，南家户以及南家各支集中分布于村中的石坡和八甲两个单元，张家户和张家三个支主要集中在席村的西岸，韩家户和韩家三个支集中于席村北岸，四大姓氏外人口相对较多的杨、柴家户则位于村中杂姓较多的柴家疙瘩。结合上文涉及席村几大姓氏的分布来看，家户和支的布局之处恰恰是各姓氏的主要聚居之处，也成为农户民居院落的主要布局之处。

（二）祖居的产权及管理

1949年之前，户里和支里供奉祖宗牌位用来祭祖的家庙以及各支所建的祠堂为户、支里的族人共同所有，属于户支的共同财产，神圣不得侵犯。

传统时期，席村各姓的家户和支均不住人，家户中供奉着这一姓氏老祖宗的牌位，分出各支立了各支的祠堂后，各支中供奉着这一支老祖的牌位。平日里家户和支的大门紧锁，只有在春节、清明祭祖磕头的时候，户里有人要入户的时候，户支有重大事情商议的时候才会开门。家庙由户长和支长负责管理，户支祠堂的钥匙也在户长、支长的手里。除了祭祀、入户时开祠堂门、主持这类事务之外，户长、支长还需要对家庙进行日常的维护，例如出现房屋漏雨这类事情，也由他们来负责协调成员完成修缮工作。修缮家庙过程中参与的家户成员不会获得报酬，但户里管饭。

（三）祖居、民居、神居布局关系

家户、支与民居院落都建在一起，家户从外观上能够和民居有所区分，而支的建筑多数和民居相似，甚至有些支仅仅是一个独立小院外加几间房而已，不知情的外村人完全可能将支误认为是民居院落。关于祖居与民居院落的分布通过图示和表格已经进行了说明，民居院落的布局受祖居的影响，民居一般分布于所属祖居的附近，据村里老人介绍，过去户里的家庙和普通农户家相邻的情况不多，但支所建的祠堂很多和普通农户共用院墙。通过图2-20与图2-19的对比发现，祖居和庙宇在布局上也没有呈现出特有的关系。但是据村里老人讲述，庙宇的布局沿袭了长期以来的传统，而家庙事实上过去就是老祖宗的居所，后来过世后留下成为祭奠先人的场所。

传统时期，在席村，家户和支对于其族人意味着一种血脉，家户祠堂和各支祠在村民看来是祖先灵魂的归宿，活着的时候要入户，死了以后要进祠，这样才算得上是这个姓的人。村民对于家户祠堂和支祠有一种与生俱来的尊敬，同时后者也让村民有一种归属，能够找到自己的根。在席村同姓的老人会指着家户或支所在的位置说出"我是哪个支的，你是哪个支的，我和谁是同一个老祖……"这样的话，而这些言语上的表达正是祖居（祠堂）这一外部性建筑所产生的效果。

四、公共空间：闲聊之所，集会之处

1949年之前，除了村民居住的民居、供奉神灵的庙宇、祭奠祖先的祖居之外，在席村还有一类空间，包括分布于村落居住单元的石碾子及官井所处的空间、村里庙宇前的空场地、村民巡夜的窝铺子、娘娘庙前的八卦亭。这类空间共同构成了席村的公共空间，成为农户日常闲暇聊天的场所，村里通知开会集结的重要场地。

（一）公共空间基本情况

传统时期，席村内存在各种形式的公共空间，主要包括石碾边、官井旁、古树下的空场、娘娘庙前的八卦亭、窝铺子等。这些并非固定在村落的中心，诸如水井、石碾、窝铺子均分布在村落的各居住单元，只有娘娘庙前的八卦亭处于村落的中心。公共空间的产权归属也不尽相同，例如石碾边和官井旁的产权所有者为居住单元内的农户，而古树下的空地、八卦亭、窝铺子则属席村全体村民所有。公共空间的形成主要基于日常生产上的合作和生活中的交往，而公共空间又为村民提供了交流、沟通的平台，他们能够在此交换生产信息，交流家长里短，增进和巩固已经建立的关系，同时在公共空间也可以解决矛盾、化解纠纷。以下是席村各种公共空间的具体情况。

1. 石碾边与官井旁

传统时期，席村一共有四五个石碾，村里老人说基本上每一片都有一个石碾。这里说的每一片指的就是席村主要的五个居住单元。这些石碾并非私人所有，而是居住于此的农户集体攒钱找石匠加工的，钱是由居住单元的间长收的，比如南岸122户的钱由4、5、6间的间长收齐汇总后统一交给石匠来打造石碾。石碾一般放置在居住单元内相对开阔的地带,离石碾最近的农户出门几步路,距离远的过几个巷子就到。

村里的石碾平日里没人看管,用老人的话说:"那么重的东西想偷也不好偷,偷走了也没什么用,不用人看着。"每个居住单元都有自己的石碾,所以农户一般不会使用其他居住单元的石碾。如果石碾坏了可以使用别的居住单元的,但是得等到那个居住区的农户用完后才可以用,一般要使用石碾的农户前一天太阳落山或当天一早便会去放个布口袋在石碾上,看到的人也就清楚是什么意思了。

石碾子所在空间成为居住单元的公共空间是自然而然形成的。平日里有人在此碾米,周围的人看到后就会上前闲聊,其间还会有其他人加入,久而久之形成了老人口中的"人攒儿"。闲下来的时候农户们还会在此闲聊,夏天住在石碾周围的几家还会端着饭碗来此吃饭。一般在此闲聊和吃饭的男人们居多,不过这要看是什么人多一些,如果是一群女人在此做手工活,那男人们一般不会过来,如果是一群男人们在说话,女人们则绝不参与。村里的财主很少会参与其中,大的财主家里就有石碾,小财主要碾米也会让家里的伙计来做。闾长通知重要事情也会在这里。和石碾边相似的公共空间还有水井旁,这和石碾边是一个性质的公共空间。相比石碾边而言,水井旁是街巷的公共空间,农户在官井提水时总会闲聊几句,久而久之成了一种习惯。

2. 古树下的空地

传统时期,席村国清寺前有一棵古槐树,据传这棵古树有近百年的历史。古树繁茂的树干枝叶下形成了很大的一片树荫空地,这片空地成了席村重要的公共空间。夏天的时候村里的人们特别钟爱此地,特别是上了年纪的老人都喜欢聚在这里。正因为这里老人多,而且很多老人都是各姓氏中辈分高、受人尊敬的人,所以村里人一旦有什么解不开的疙瘩,或者村民之间起了什么冲突都爱到这棵树下请老人来给辨是非、断道理,老人们也很热衷于这类事情。因为这些老人年长辈高,往往能够较为轻松地化解其中的纠葛与纷争。

3. 窝铺子

传统时期,为了村庄的安全,村门关闭后各个闾都要安排巡夜人来巡夜。巡夜由各闾农户轮流承担,夜里巡夜人每隔一段时间要巡查一次,巡查时还要敲锣。村里为了方便巡夜人休息,专门在全村的街巷中建了许多的小屋,这个小屋村里人叫窝铺子。据老人说,窝铺子不大,也就两三米宽,纵向也就三四米。窝铺子的主要作用体现在冬天,冬天各闾都会向农户征收一定数量的炭,主要是给窝铺子烧火取暖。除了夜里给巡夜人烤火外,白天也会生炉子给村里到此闲聊打发时间的人取暖。据村里席立尔老人介绍,冬天窝铺子里的人特别多,冬天人们没事做,早早就会来占地方,来得晚了就没地了,有的村民来的时候会带上个馍,饿了放在炉子上一烤,饭都不用回家吃,一待就是一天。村民们在这里主要就是闲聊,有时候也会打上几把纸牌图个热闹。据老人回忆,到窝铺子的都是男性,村里的穷苦人、普通人会到窝铺子热闹,财主是不会去的。下图2-15为传统时期席村窝铺子的分布示意图。

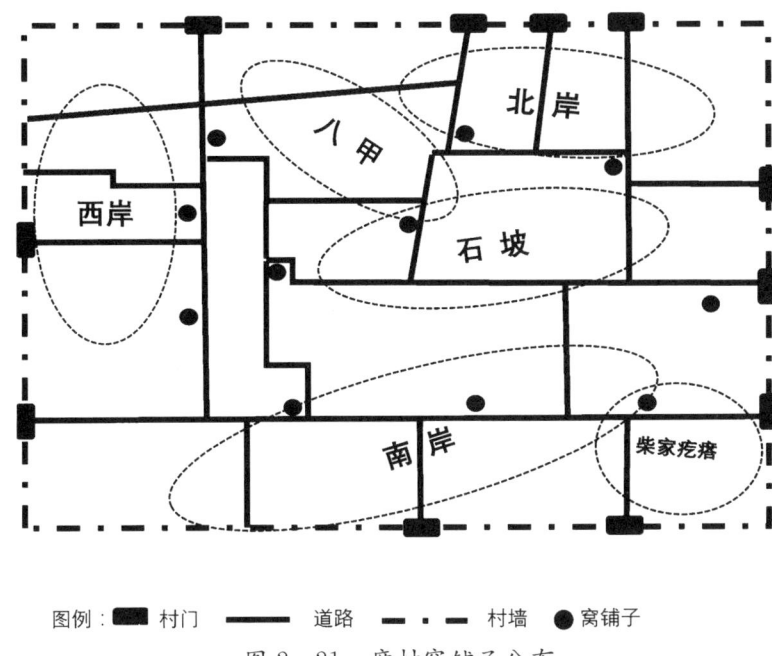

图例: ■ 村门　── 道路　─·─ 村墙　● 窝铺子

图2-21　席村窝铺子分布

（二）公共空间与民居

从公共空间的类型、分布情况可以发现,席村的公共空间和民居没有明确的界线,已经融入村民的民居环境之中了,公共空间事实上已经成为村民生产生活的一个重要部分。而公共空间多数都与农户的生活息息相关,例如水井空间、石碾空间、巡夜的窝铺子空间,这些都涉及村民生活。所以公共空间的产生和民居有着重要的因果联系,正是农户将民居建于此地才会塑造出生活的公共空间。对于村民而言,缺少了这些公共场所最直接的影响便是给他们的日常生活带来诸多的不便。共同的空间让村民之间有了交流和沟通的平台,石碾旁、水井边、古树下、窝铺里,村民们将信息传递,把矛盾化解,交流的基础上产生了生活上的互助和生产上的合作。

第五节　席村自然变迁与实态

1949年中华人民共和国成立后,国家政权直接深入到农村。集体化运动、农村土地承包到户、改革开放、农业税费改革以及新农村建设等政策在席村的落实推进,极大地改变了席村的面貌。在经济社会发展的过程中，人们也加速了对自然环境的改造。本节主要从水利灌溉、麦作情况、交通状况、居住格局四个方面考察席村的自然变迁与实态。

一、水利灌溉

1949年中华人民共和国成立后，合作化、集体化、包产到户等多次农村改革给席村的水利灌溉设施带来了巨大的变化。传统时期席村农户主要从村落中的官井取水来满足日常人畜饮水，旱地灌溉靠老天下雨，水浇地有村东的三庄河引水灌溉，解放后很长一段时间一直维持传统时期的用水状态。一直到1956年三泉乡实行了农业高级合作化，修建了一座占地800亩的水库，水库建成后村东的三庄河成了上游水库的输水渠，三庄河灌溉成为历史，席村村东的水浇地灌溉需要由三泉乡统一调配。据村里老人介绍，"大跃进"之后好多年，国家掀起了一股修水利的热潮，相比1949年之前人工掘井的落后，这个阶段席村利用机器在旱地里打出了不少的水井，有效地改善了旱地作物的灌溉，但农业生产主要还是依靠自然降水。一直到上世纪90年代，席村在水利灌溉方面一直都没有大的改进，农田灌溉方面修建了一些沟渠和水井，随着技术的进步，灌溉方式也发生了变化，由早先的人工提水到水泵抽水。村落中人畜饮水质量有所改善，多数村民都有了自家的水井，村落中干了的官井被填埋。到本世纪初，随着水利建设的不断推进，以及国家为改善农村饮水灌溉的大力度投入，席村农户都已使用了安全放心的自来水。

截止到2016年，席村投资几十万建设的引黄渠，由于没有配套，建成4年来都没有使用过，村民们戏称是村里的形象工程，有些村民嫌它碍事，甚至想毁了它。席村村长韩冬元购置水管水泵，配套引黄支渠，把附近的600亩旱地变成了水浇地，使得小麦亩产量超过了1000斤，当年夏收后，村民一算账，仅此一项村民增收50万元。近两年村里先后出资打了三眼深井，并全部进行了管网配套，使800亩土地成为高效农田。

二、麦作情况

1949年之前，席村农户主要种植小麦，时至今日小麦依然是席村村民种植的主要作物。关于席村的麦作情况的变化可以概括为以下几个方面：

其一，种植技术进步。传统时期农户种植一茬小麦不仅需要投入人力，还需要有牲口才能做到深耕细作，但解放后随着农机器具的推广和普及，在席村养牛的农户越来越少，村民从种到收都利用了机械化器具，既提高了效率又节省了人力。据村里的种粮大户讲述："像我这类种上百亩小麦的村里很少，如果全靠人工把人累死了都干不完，现在从翻地、整地、播种、打药除草、收割全部是机械化操作，每年麦子打两次药，都是雇农机站的小飞机喷洒，喷洒的速度既快又匀。收的时候全部是联合收割机，完全不需要人力。"

其二，土地得到改良，麦种实现优选。1949 年之前农户都是用肉眼去看，哪块地里打下的麦子好来年就选做种子，对于土地的改良也仅仅是施些农家肥。1949 年之后，培育出了一代又一代的小麦新品种，对于土地的改良也有了更多更为科学的方法，小麦的亩产量也相应得到了提高。

其三，农田水利灌溉设施得到改善。上文提到了水利灌溉的改进对于小麦产量的影响，传统时期，席村以旱地居多，一旦缺乏有效的降水，小麦产量难以得到保障，最好的麦地产量也就亩产 260 斤左右，而现如今的高产田小麦产量可以超过 1000 斤，这主要得益于良好的灌溉保障。

三、交通状况

相比 1949 年之前，不论是村内交通还是村外交通，席村的交通情况都发生了巨大的变迁。传统时期，不论是村外通往各地的道路还是村内的主干道和连接着各户的胡同小路都是土路，道路也并不宽敞，最宽的道路也仅能并行两辆大车。据村里老人介绍，村子里道路状况一直到 50 年代末都没有太大的改观，村外道路在中华人民共和国成立后的 1951 年，新绛县遵照"先求其通，再求其好"的方针，采取"发动以民工建勤为主，国家投资为辅"的办法，对原有的公路和大车道进行全面整修，村外公路在这一时期有了较大的改观，由新绛县通往三泉镇的大车道在这一时期也得到了整修，席村通往泉掌、古交、泽掌等集镇的大车道也都进行了修整，道路相比 1949 年之前变得更为平整，路面也变得更为夯实。到 1958 年，在"三书（县委书记、公社党委书记、大队支部书记）挂帅，四长（县长、社长、大队长、生产队长）亲征"的"全党全民大办交通"的运动中，公路交通部门对原有公路进行大规模整修，改造和将大车道扩修为机耕路，这一时期席村内外交通都进行了大规模的整修。一直到 80 年代末，席村村内村外道路又进行了多次规模不等的修整，村内的大街和村外通往集镇的道路这一时期都成了砂石路。从 1992 年开始，全民义务修路的战幕拉开，先后开展了"新潮杯""攻坚杯""决战杯""文明杯""质量杯"竞赛活动，全县的公路建设呈现出全方位、大跨度、超常规、跳跃式发展的喜人局面。这期间席村村内的道路也有了明显的改观，村内主要街道都是水泥路，村外通往主要乡镇的道路也都是四级以上的油路。时至今日，席村环村路已经修好，村巷道路基本完成硬化，"村村通"真正做到了通村通组通户。大运高速公路新绛县入口紧邻席村，交通设施及通达度已有了质的飞跃。

四、居住格局

1949 年之前，考虑到安全问题、亲族关系问题，农户选择集中居住，这样既可以保障家户的安全，同时又兼顾了村落中的亲族关系与交往，1949 年之后，虽然经历了农业生产合作化、集体化，但生产经营方式的变化并没有改变席村集中的居住格局。1949 年之前村落原有的街巷绝大多数得以保留，曾家财主家的几处老宅子被完整地保留，因为人口的增加，村域面积相比传统时期已有了明显的扩大，过去划分村内村外的村墙已经无迹可寻。据老人介绍，如今的席村和紧邻的李村因为建房已经没有了明确的界线，席村和李村如今更像是一个村子。席村集中居住的格局没有发生变化，村民居住的环境却有了翻天覆地的变化。通过走访发现，村落中已经几乎不存在共同居住在一个院落的情况，村落中村民现在居住的房屋仅有少部分是上世纪 80 年代末所建，有近六七成农户现在居住的房子是近几年所建的新房，房屋全部为混凝土浇筑而成，现在所建新房和过去最大的不同之处体现在院墙和门楼上，家家户户都把院墙建得有三四米高，院门也修得格外的气派。据村里老人介绍，之所以家家户户都这么建房，主要是和人们之间相互攀比的心态有关，此外还和村民对于风水的讲究有关，村民认为高院墙大门楼能给家里带来好的运气，院墙高也能聚福聚财。

第三章 席村的经济形态与实态

经济形态是理解席村传统形态的基础。因此,本章从人与土地及其生产能力、产权关系、经营关系、分配关系、消费关系、交换关系、继承关系等七个方面去考察席村的传统经济形态,并在此基础上进一步考察席村的经济变迁与当下实态。

第一节 人与土地及其生产能力

对于席村的村民来说,土地是其赖以生存的重要物质基础,是开展农业生产的要素基础,劳动力是生产的人力基础,生产能力是维系生产的基础,三者共同影响着农户的生产经营。本节将从人与土地的关系、人与生产能力的关系两个方面对传统时期席村的经济概况进行考察。

一、人与土地的关系

人与土地的关系是考察席村传统小农经济形态的出发点和突破口,主要包括土地类型、人地关系和生产规模三个方面。

(一)土地类型

1949年之前,地处相对干旱气候区的席村,土地以旱地为主,但是得益于三庄河流经席村村东,河水沿岸又形成了一定数量的水浇地。因此,传统时期,席村的土地大致可分为旱地、水浇地两个类型。村南仅有的部分井水灌溉的土地数量极为有限且水井时常干枯,加之水井提水费时费力,所以不将井地单独列为一种土地类型,而将其一并列入旱地进行统计。

1. 旱地

根据老人们的讲述，结合席村留存的并不完整的土地登记册，1949年前，席村共有旱地约9968亩，占总耕地面积的92.5%，户均旱19.4亩，人均4.2亩。村落中拥有旱地最多的为5间农户席占元，有旱地350亩；拥有耕地最少的是6间农户席国玺，没有旱地，主要靠给财主扛活为生。各间具体旱地数量参看下表3-1中华民国时期席村旱地数量统计表。

表3-1 中华民国时期席村旱地数量统计

	户 数	旱地亩数	占旱地面积百分比	户均亩数
席村1间	46	1037.5	10.5	22.5
席村2间	44	644.5	6.4	14.64
席村3间	35	728.2	7.3	20.8
席村4间	34	554.3	5.5	16.3
席村5间	31	1131.2	11.4	36.5
席村6间	57	1208.5	12.2	21.2
席村7间	24	374.7	3.7	15.6
席村8间	51	1058.6	10.7	20.7
席村9间	39	462.2	4.6	11.85
席村10间	40	451.5	4.5	11.3
席村11间	32	554.3	5.5	17.3
席村12间	42	701.2	7.1	16.7
席村13间	37	1061.4	10.6	28.7
总计	512	9968.1	100	

2. 水浇地

除了大片的旱地之外，在席村村东三庄河沿岸还有一定数量的水浇地。粗略统计，席村的水浇地约有807亩，占村庄总耕地面积的7.5%，户均1.57亩，人均0.35亩。村落中拥有水浇地最多的仍为5间农户席占元，有水浇地30亩。席村没有水浇地的农户不在少数，共有111户没有水浇地。

表3-2 中华民国时期席村水浇地数量统计

	户 数	水浇地亩数	占水浇地面积百分比	户均亩数
席村1间	46	78.3	9.7	1.70
席村2间	44	39.2	4.9	0.89

续表

	户　数	水浇地亩数	占水浇地面积百分比	户均亩数
席村3间	35	34.6	4.3	0.99
席村4间	34	25.4	3.1	0.75
席村5间	31	102.7	12.7	3.31
席村6间	57	96.1	11.9	1.69
席村7间	24	46.6	5.8	1.95
席村8间	51	83.9	10.4	1.64
席村9间	39	12.3	1.5	0.32
席村10间	40	28.8	3.6	0.72
席村11间	32	63.8	7.9	1.99
席村12间	42	56.8	7.0	1.35
席村13间	37	139.1	17.2	3.75
总计	512	807.7	100	

对比表3-1、3-2不难看出，传统时期，旱地在席村总耕地数量中占据绝对优势，而拥有水浇地的农户数量也并不少，近五分之四的农户拥有或多或少的水浇地。以上统计仅为农户耕地情况，不包括席村寺庙所拥有的庙地、各姓氏家庙和支所拥有的土地，以及村庄所拥有的公地。据村里老人介绍，家里的土地多数是一辈辈传下来的，至于祖上的土地从何而来老人们给出了两种回应：其一是开荒拓土所获，其二是在此落户后出钱购置所得。农户耕地的数量并非从祖上传下来后一直不变，土地买卖是传统时期土地数量改变的重要途径。中华民国时期在席村通过开垦荒地获得可耕种的土地已经没有可能了，如果离开席村到村北20多里外的山区或许可以辟出一块土地。

（二）人地关系

传统时期，席村的旱地和水浇地总面积约为10770亩，户均耕地21.01亩，人均耕地4.61亩。从上述的人均耕地数据看，传统时期席村的人地关系相对而言较为缓和，人地矛盾并不尖锐，事实上并非如此。下表3-3、3-4、3-5能够较为直观地反映1949年之前席村的人地关系情况。

表3-3　1949年前席村各间地主富农人数及土地占有情况统计

	地主富农户数	地主富农人口数	土地占有亩数
席村1间	3	19	101.2
席村2间	6	27	133
席村3间	0	0	0

续表

	地主富农户数	地主富农人口数	土地占有亩数
席村4闾	3	12	204.5
席村5闾	7	43	711
席村6闾	4	17	193.6
席村7闾	3	9	38.1
席村8闾	7	41	270.5
席村9闾	1	2	—
席村10闾	0	0	0
席村11闾	0	0	0
席村12闾	1	10	100
席村13闾	0	0	0
总计	35	180	1751.9
人均土地占有亩数	9.73		

表3-4　1949年前席村各闾自耕农人数及土地占有情况统计

	自耕农户数	自耕农人口数	土地占有亩数
席村1闾	27	121	715
席村2闾	15	68	291.5
席村3闾	21	88	571.8
席村4闾	8	28	168.7
席村5闾	16	69	422.4
席村6闾	19	100	612.9
席村7闾	8	48	180.2
席村8闾	19	89	411.7
席村9闾	4	20	100.4
席村10闾	9	41	186.5
席村11闾	9	53	322.4
席村12闾	18	93	360.8
席村13闾	18	130	862.5
总计	191	948	5206.8
人均土地占有亩数	5.49		

表 3-5 1949 年前席村各间贫雇农人数及土地占有情况统计

	贫农户数	贫农人口数	土地占有亩数
席村 1 间	16	66	299.6
席村 2 间	23	85	259.3
席村 3 间	14	59	191
席村 4 间	23	81	206.5
席村 5 间	8	31	100.5
席村 6 间	34	152	492.7
席村 7 间	13	66	203.1
席村 8 间	25	90	460.3
席村 9 间	34	144	374.1
席村 10 间	31	133	293.8
席村 11 间	23	112	295.7
席村 12 间	23	104	297.2
席村 13 间	19	83	338
总计	286	1206	3811.8
人均土地占有亩数	3.16		

从表 3-3、3-4、3-5 所呈现的数据可以清晰地看到，1949 年之前席村各阶级人口分布大致呈金字塔格局，而人均土地占有情况则呈倒金字塔格局。总体而言席村人地关系呈现出以下特点：

第一，人均土地占有不均。占全村人口近半数的贫雇农仅占有全村三分之一的土地，而占总人口 7.7%、共计 35 户 180 人的地主富农则把持着全村 16.2% 的土地，人均耕地面积高达 9.73 亩，是贫雇农人均耕地面积的 3 倍。占全村人口 40.6% 的自耕农（上中农、中农、下中农），占有着全村 48.3% 的土地。

第二，生产经营的小规模化。土地生产经营规模主要是指家户的耕种规模。在席村土地经营规模最大的是席村 5 间的财主席吉元，共经营土地 380 亩，其中包括水浇地 30 亩。此外，2 间张震华、4 间席国荣、5 间曹冬儿、12 间韩克温这四位财主的土地均超过 100 亩，村里其他财主经营的土地则均未超出 100 亩。加之自耕农掌握着大量的土地，且人数众多，平均到各户的土地更少，故而生产经营呈现小规模化的家户经营。

以上表格反映的是席村不同阶层对土地的占有情况，而席村是一个主要由四大姓氏构成的村落，以下表 3-6、3-7、3-8、3-9 是根据各姓氏在村落分布情况所进行的姓氏土地占有的粗略统计。

表 3-6　1949 年前席村张姓村民土地占有情况统计

西岸张姓	户　数	人　数	旱地亩数	水浇地亩数	总亩数
1 间	46	206	1037.5	78.3	1115.8
2 间	44	180	644.5	39.2	683.7
3 间	35	147	728.2	34.6	762.8
总计	125	533	2410.2	152.1	2562.3
人均亩数	4.81				

表 3-7　1949 年前席村席姓村民土地占有情况统计

南岸席姓	户　数	人　数	旱地亩数	水浇地亩数	总亩数
4 间	34	121	554.3	25.4	579.7
5 间	31	143	1131.2	102.7	1233.9
6 间	50	269	1208.5	96.1	1304.6
总计	115	533	2894	224.2	3118.2
人均亩数	5.85				

表 3-8　1949 年前席村南姓村民土地占有情况统计

石坡八甲南姓	户　数	人　数	旱地亩数	水浇地亩数	总亩数
7 间	24	123	374.7	46.7	421.4
8 间	51	220	1058.6	83.9	1142.5
9 间	39	166	462.2	12.3	474.5
10 间	40	174	451.5	28.8	480.3
总计	154	683	2347	171.7	2518.7
人均亩数	3.68				

表 3-9　1949 年前席村韩姓村民土地占有情况统计

北岸韩姓	户　数	人　数	旱地亩数	水浇地亩数	总亩数
11 间	32	165	554.3	63.8	618.1
12 间	42	207	701.2	56.8	758
13 间	37	213	1061.4	139.1	1200.5
总计	111	585	2316.9	259.7	2576.6
人均亩数	4.40				

从以上四个表中的信息不难看出，传统时期，席村各姓氏人均土地占有量差距并不是很大，席姓人均土地拥有量最多，南姓最少，张姓与韩姓人均拥有土地量相当。

二、人与生产能力的关系

生产能力直接影响着生产水平，而劳动力和劳动工具又是左右生产力水平的重要因素，本部分主要从劳动力、劳动工具、劳动分配三个方面考察传统时期席村的生产能力及其关系。

（一）劳动力

1. 劳动力标准

1949年之前，农业生产技术落后，农业生产主要依靠人力来完成。在席村，只要是能干得了活的都算劳动力，最大的区分就是一个劳动力和半个劳动力的区别，而这种区别主要是根据性别和长幼来划分的。

"肩挑背扛的活男人干，零零碎碎的女人干。"传统时期，成年女性在席村一般来讲算得上是半个劳动力，而成年男性则是主要劳力。能否算得上一个劳动力最直观地体现在农业生产方面。就拿种麦来讲，犁地、播种、锄草、收割这四个相对重要的环节中女性一般重点参与锄草这一个环节，而且锄草这一过程也并非由女性独立完成，其他的环节则主要由男劳力独立来完成。女性主要从事家庭生活的劳作，比如做饭、做家务、带孩子、纺棉花等耗费体力较少的事务。在农忙时期，相对较重的担水也由女性来完成。

在年龄方面，十一二岁的男孩子不算是劳动力，但父母会给其安排些能力范围内的活来做，捡柴火、放牛这些事情都可以很好地完成。等孩子到十四五的时候，就得下地干农活了，主要的生产环节均会被要求参与其中，这个年龄段的小伙子已经算得上大半个劳动力了。等到十八九岁，在当时就是成年男性了，自然就算是一个劳动力了。而家里的女孩子小时候就跟着妈，稍大些会跟母亲学习做家务，不参与任何的重体力劳动，没出嫁的女子不算是劳动力。除了孩子外，上了年纪的老人也是需要讨论的对象之一。1949年之前，老人吃"公粮"[1]以后基本上就不再从事农业重体力劳动了，即使身强力壮也算不上是劳动力了。但是，如果分家后留有养老地，有能力并且在从事农业生产，那这样的老人也算是劳动力，而且是完整的劳动力。所以上年纪的老人是否算作劳动力要视情况而论，没有绝对的标准。

从调查的结果来看，拥有劳动力数量相对较多的家户在村里属于那种日子过得去的家庭（虽然并不能称得上是富裕家庭）。因此，传统时期村里人都希望多生几个儿子，他们认为，儿子将来长大了能干活能出力，生几个儿子都不愁。

2. 劳动力概况

劳动力的数量与家庭规模及性别、年龄结构有直接的关系。1949年之前，席村以4—6人的小规模家庭为主。下表3-10是1949年前席村各间的人口与劳动力统计。

---

[1] 儿子成年结婚分家后，轮流每月给父母一定的粮食来赡养老人，老人不劳动而接受儿子赡养，这叫吃公粮。

表 3-10 1949 年前席村各闾人口及劳动力统计

	户 数	人口数	劳动力数
席村 1 闾	46	206	84
席村 2 闾	44	180	72.5
席村 3 闾	35	147	66.5
席村 4 闾	34	121	51
席村 5 闾	31	143	63
席村 6 闾	57	269	130.5
席村 7 闾	24	123	62.5
席村 8 闾	51	220	116
席村 9 闾	39	166	95
席村 10 闾	40	174	88
席村 11 闾	32	165	94.5
席村 12 闾	42	207	120.5
席村 13 闾	37	213	115
总计	512	2334	1159

从以上表格内容看，1949 年之前席村的劳动力基本上占总人口数的一半，整个村庄的劳动力资源相对较为均衡，家户劳动力与生产经营规模大体相当，户均劳动力达到了两个。

传统时期，土地的生产经营讲求精耕细作，对劳动力的要求比较高。换言之，劳动力在一定程度上决定着土地的产出，而在当时的条件下，劳动力的效率并不高，劳动力不足的家户并不能独立完成所有的农业生产环节，家户间劳动力调节时有发生。在农忙时节，农户多采取骈工和请短工的方式来解决劳动力不足的问题。骈工是一种农户间的互助行为，一般是无偿的，用老人的话"做到你来我往，谁不欠谁就好"。请短工来帮忙则属于一种市场行为，需要支付工钱。到了收秋罢农闲的时候，农户家中的劳动力则转移到榨油换油的事务中。农户通过这样的方式，让劳动力在整个农业生产周期内得到了较为合理的调节，最大限度地发挥了劳动力的价值。

3. 劳动力观念及其关系

1949 年之前，在席村，关于劳动力观念更多体现在席村农户对劳动力的认知上。在席村农户看来，劳动力指的是"壮劳力"，换言之就是"肩能挑，背能扛，种地有力气"的男性。传统时期五六十岁的男性都被看作壮劳力，因为过去女性都被裹脚，畸形的小脚让妇女在行动灵活性方面明显不及男性，而且女性相比男性要柔弱很多。但是，因为女性要承担繁重的家务，对于体力也是一种考验，所以女性会被看作半个劳动力，而且这一点也被广大农户所普遍接受。对于劳动力的观念不仅体现在性别差异上，还体现在年龄上，过了60岁的老人通常被认为是"丧失劳动力"的人，开始吃公粮或是轮食的年龄划定在60岁。过去因为年轻时体力繁重，村里高龄的老人并不多，因此过了60岁被界定为"不具备劳动力"是被村里人所普遍接受的劳动力观念。

（二）劳动工具

1949年之前，劳动工具主要分为两大类，一类是铁质和木制的生产工具，另一类则是能够替代人力的牲畜，例如最为普遍的耕牛和骡马。

1. 生产工具

（1）生产工具概况

如果说劳动力是农业生产的前提，那么劳动工作则是劳动力实现其价值的基础。在席村，传统时期的劳动工具大致上可以分为两大类：一类是物理性的劳动工具，例如锄头、镰刀、锹、犁、耧等；另一类是生物性的劳动工具，如耕牛、骡子等。

物理性的生产工具，在席村根据其个头的大小以及造价分为两种，一种属于基础性的生产工具，另一种属于大型生产工具。下表3-11是各类基础性工具的具体名称、用途及家户拥有情况。

表3-11 席村主要基础性农业生产工具一览

工具名称	主要用途	备注
锄头（中间部分是空的）	麦地锄草之用	家户必备，每家至少2把
木杈	割好的麦子会成捆，运输时用木杈挑起装入大车	家户必备，每家至少1把
三齿铁耙	用来挖取地下作物，例如挖红薯	家户必备，每家至少1把
锄头（中间是实体的）	锄棉花或其他作物地里的杂草	家户必备，每家至少1把
刨子	将土刨出并将土压碎	家户必备，每户有1把
九齿耙	耙地、耙杂草，用在土地整理上	农户必备，每户有1把
镰刀	割麦使用	家户必备，每户至少2—3把
锹	用来铲土的工具	家户必备，每户至少1把

除了表中所述的几样主要的基础工具外，还有诸如粪筐、箩筐、担杖[1]等工具。这些基础性的工具都很便宜，过去村里有木匠和铁匠，一般镰刀、锹、锄等这类需要用

---

[1] 担杖，当地方言，把挑的扁担称为担杖。

铁制的农具铁匠铺就有现成的出售，而木杈这类木制的农具，村里木匠就可以加工，甚至有些农户可以自己动手制作出来，所以以上这些基础性小型农具属于庄户人家必备并且是必有的农具。

除了相对较小且造价低廉的基础性农具外，另一种则是大型农具。在席村用于生产的主要大型农具有犁、耙、耱、耧四样，这四样在席村这样一个以种植小麦为主的村落是重要的农具。相对干旱的席村，土壤较为厚实，犁成为耕种前整理土地必不可少的工具，犁将土地翻松后用耙将大块的土弄碎，再用耱过一遍，这样整理好的土地才适合用耧去播种。一般情况下这四样大型农具需要耕牛的配合才可以完成，仅凭人力很难完成。传统时期，拥有牛的农户少之又少，加之这四样农具的价格相对比较高，大部分农户很难置办齐这四样农具，为此生产工具特别是大型生产工具的借用时常发生。

(2) 生产工具的性质

以家户为基本单元进行生产经营活动在席村有着悠久的历史，这也就使村落生产工具带有明显的私有性质，无论是基础性的农具还是造价相对较高的大型农具，基本上都为家户私有私用。村落范围内共用农具的情况很少，一般只出现在刚分家的家庭中。分家时当家人没有能力置办等份的大型农具，故分家后兄弟与父母共同使用，由父母来进行保管。

虽说父母和分家后子女共用生产工具，但在工具的使用方面还是有一定的规矩可循。如果分家后父母仍具备劳动能力，依然从事农业生产经营，在工具的使用上，父母作为长辈可以优先使用，兄弟间则互相商量按照自家生产进度使用。虽然是共有共用，但子女在使用前也要告知父母。然而这种共有共用的情况一般不会持续太久，分出的子女一旦有能力独自置办这些农具，就会率先置办齐全，从而实现完全意义上的独立生产。对于之前共有共用的那套农具一般不会计较其归属，多数情况下由父母支配。

(3) 生产工具与土地的关系

生产工具与土地的关系主要表现为耕作土地情况与生产工具具体使用情况之间的关系。传统时期，农户要在生产工具相对有限的情况下完成对土地的耕作，因此对生产工具的使用都会有一个较为清晰和准确的把握，对于每件生产工具在农业生产的某个环节如何使用，以及工具使用所产生的效果都比较清楚。过去种一亩的小麦需要犁、耙、耱这三样大型农具，基础性工具至少需要锄头和镰刀，锄头用来锄草，镰刀用来割麦，其他基础性工具可有可无。据村里的老人回忆：

过去我家是自耕农，自耕农基本的生产工具都比较齐全，犁、耙、耱这些大型农具都有，锹、锄、木杈、镰刀这类基础性的工具也都有，家里和门下人还伙养了一头牛。家里一共有十多亩地，种麦前我的父亲会和我的两个哥哥牵着牛去地里犁地。家里只有一架犁，通常是父亲赶牛，两个哥哥轮换着把犁，一头牛拉着一架犁一天三个劳力可以犁地四亩，我家的地要犁两天半到三天才可以全部搞好。相比犁地，锄草通常是我的哥哥两人完成，家里锄头有三把，我父亲通常只是把活安排给我的两个哥哥去做，一般两个人一天半到两天就可以锄完。割麦子的时候要抢时间，父亲和两个哥哥都要参与，人手一把镰刀，家里还会专门多备下一把，以防镰刀钝了刃，三人两天就可以把地里的麦子收完。

由此不难看出，生产工具在土地耕作中的使用主要取决于农户家境和劳动力情况。对于拥有大型农具的农户而言，种麦子会用到犁、耙、耱，对于没有大型农户的农户，一方面可以借，如果借不到则会用锹去翻地，只是那将投入大量的人力，而且效率极低。

（4）生产工具的借用

1949年之前，诸如犁、耙、耱、耧这样的大型农具只有中农以上的农户才能置办得齐，家境一般的农户没有财力置办，但是耕作过程中的诸多环节又不得不用，为此没有农具的农户借用大型农具完成必要的生产环节成为一种较为普遍的现象。

以农户席某为例。席某家里没有犁地用的犁，种麦前要翻地整地，如果用锹来完成，直接的后果是延误农时。借一把犁去完成土地翻整成为重要的事情。席某平日里走动接触最多的便是门下人，所以席某最先想到的是问门下人借用，席某在借用犁的前一天需要去邻居家事先问好，去的人必须是席某本人，这种事情只有家里当家主事的去才可以。席某去邻居家询问借犁的时候不需要带东西送给邻居，询问情况主要是看门下人是否近日要使用犁，如果对方要用，肯定不会外借，只能商定好出借的具体日子。如果席某急着整地，为了不耽误农时，也可以再找门下其他人去借，门下人借不到可以再考虑去找自家的亲戚。如果席某觉得时间来得及，那么等邻居用完以后会通知席某去家里取，邻居是不会亲自把要借的犁送到席某家的，即便两家一墙之隔。借农具一般不规定多长时间，大家彼此比较清楚需要多久可以用完，用完了自然会还回来，如果拖延不还只会坏了自己的名声，"好借好还，再借不难"这样的口歌大家都清楚。席某和门下人借用犁不需要给对方任何的好处。如果席某使用过程中将犁损坏，会主动告诉借出犁的门下人，席某自己先去修，修不好的话会找村里的铁匠或木匠进行修理，如果匠人认定没有修的必要，只能再置一把新的犁赔给门下人。如果借出犁的门下人提出不需要赔偿，也可以视情况不赔或给予一定的物质补偿，这主要由双方日常交往的关系决定。

2. 耕牛

"牛是农家宝，种地少不了。"这是席村老人们关于耕牛张口道来的口歌。对于旱地气候区以小麦种植为主的席村村民来说，耕牛成为必要的生产工具。1949年之前，平均耕地面积为4亩左右，村里有仅一半的农户土地经营面积在8—10亩，且主要是旱地，如果单凭人力去翻地，基本上无效率可言，更不用提什么生产和产量。因此，整个席村共有耕牛216头，其中有近七成属于一家一户单独饲养，三成为农户伙养。

（1）伙养耕牛

1949年之前，在席村，家里有一定数量的耕地，但日子过得比较"惜活"[1]，独自买不起一头牛的农户，合伙共养耕牛成了他们的选择。在席村，既有本村范围内农户之间伙养耕牛，也有本村和周边村落（如李村、蒲城、水西等）农户之间伙养耕牛。"距离近、关系好、人实在"是合作伙养耕牛的重要原则。同一个村子里伙养是最好的，距离近些方便耕牛的使用；关系好则彼此间协商起来更容易；彼此都是实在人能够避免伙养中出现各类矛盾。总的来说，在寻找伙养对象过程中彼此关系好、人实在是首要的条件。当然在选定伙养伙伴时还会考虑对方种地多少，一般会选择彼此耕种土地不相上下的农户，这样做主要是为了保证公平。

在席村，一般都是两家农户伙养一头耕牛的占多数，也有四家伙养的情况，基本上没有三家农户一起伙养耕牛的情况。用村里老人的话说"三家思考，倒了锅灶"，两家伙养耕牛，买牛、养牛、用牛都比较平均，关系好的两家人在用牛的问题上都好协商，三家人伙养在购买和养牛上是可以做到平均，但在使用环节最容易出现问题、产生矛盾。同样四家人养牛虽然买牛、养牛会比较平均，但是因为伙养户过多，到集中使用的时候就会比较紧张，最直接的影响就是耽误农时。所以，在席村，两户伙养耕牛的情况更为普遍，具体伙养的细节如下：

农户A和农户B是相处比较好的两家，并且A与B两户耕种的土地差不了多少，于是A、B中的一方提出共同养一头牛的想法，另一方觉得可以的话，双方伙养的意向就此达成。之后双方会一同前往三泉或者泉掌的牛市去买牛，买牛的钱两家平摊。伙养户通常情况下不买母牛，原因在于母牛的力气不如公牛大，另外母牛不生牛犊可惜

---

[1] 方言，表示不富裕。

了，生牛犊的话有很长一段时间就不能干活，对于伙养农户来说划不来。至于如何喂养，一般在提出伙养意向后双方就已定好，没有具体的规定，全由协商而定。一般采取十天一轮换的方式进行喂养。当然，伙养户中也有养母牛的农户，这类农户之所以养母牛，一方面是地都比较少，另一方面是双方协商同意，并且都有通过小牛犊获得额外受益的意向。如果有了小牛犊子，伙养户往往会把牛犊卖掉平分收益。

伙养耕牛在使用的时候，遵循"牛在谁家，谁先使用"的原则。如果这个月的初一到初十，牛在 A 农户家轮其饲养，A 农户在这十天里可以自由使用耕牛，不需要告诉 B 农户。如果在此期间 B 农户恰好要使用耕牛，B 农户必须要提前一天告诉 A，如果 A 不用，则会让 B 把牛牵走去用，但耕牛不能在 B 家过夜。如果正好 A 也要用，B 只能等 A 用完再去牵牛。赶上种麦和收粮的时候，双方可以商量缩短轮换的周期。

伙养双方在耕牛的喂养方面一定要做到尽心尽力，农忙时候彼此都会提醒对方给牛加些炒熟的黄豆作为细料，对于一方在饲养方面的不足另一方可以提出。如果伙养的耕牛生病，恰好牛在农户 A 家喂养，农户 A 需告知农户 B，双方一起去寻找医生给牛看病，看病的费用由双方均摊。如果医生认为伙养的耕牛治不好或治好需要花大价钱，伙养双方会找三泉的牛经纪及时把牛卖掉，得到的钱平分。如果耕牛在 A 户中莫名死亡或被盗，B 户如果硬要追究，A 户需要给 B 户相应的赔偿，B 户如果不追究，A 户是否补偿全凭自愿。因为伙养户关系甚好，而且都是实在人，谁都不希望牛出现意外，所以绝大多数是双方自认倒霉不了了之。

(2) 借用耕牛

对于自家没有耕牛，同时又没有伙养耕牛的农户，为了解决无牛带来的繁重劳动，借用耕牛成了唯一的解决办法。传统时期，席村借用耕牛可以概括为两种类型，一类是不附带任何条件的耕牛借用，另一类则是借牛工还人工。

第一类不附带任何条件的借用耕牛，指的是借牛农户不需要给对方任何的报酬。这类借牛事件一般仅发生于本村的亲戚之间，这类亲戚必须是平日里走动频繁的亲戚，平日无太多交往的亲戚，借牛者一般也不会去，即便去了多数情况也会被拒绝。用村里老人的话说"不用给任何报酬就能借到牛的亲戚那都是实在亲戚"。只要是有牛的这家亲戚不用，一般找上门就能借到。当然，如果临近村庄有老人口中的"实在"亲戚，在外村借牛也不是不可以，只是农户在选择时会先考虑本村的亲戚，在亲疏程度相同时，距离成为重要的决定因素。

第二类是借牛工还人工的情况，准确地说，这类情况同样多发生于本村农户间。这种通过用人工来抵牛工的借牛方式多发生在门下人之间，比较熟悉或关系不错的本村人之间也会通过这样的方式来借用耕牛。这种方式借耕牛一般是一天的牛工要用三天的人工来还。多数农户会按照借一个牛工还三个人工的规矩来办，但如果双方关系的确不一般，也可以不计较这些，回头牛主家有什么事情，借牛户来帮忙便是，可能帮一天就还了人情，可能帮忙的天数远不止三天，用村里老人的话讲"规矩是那么个规矩，实际上么哈数[1]"。

不管是哪种类型，在借牛的具体规则上基本是一致的。借牛农户得提前一天去问，而且必须得是家里主事的人去借。只要牛主家不用牛，情分关系到了都会给借，借牛农户说好后第二天一早去牵牛，借牛方要负责喂养耕牛，借到的耕牛当天必须得还回去，哪怕当天的活没干完也得还回去，主要是避免牛留在借牛农户家过夜时被盗或出现意外。还牛时借牛农户一般会带上一小碗炒熟的黄豆给牛主，表示这是给牛加的细料。如果当天活没干完，归还耕牛时什么都不需要带，只需要在最后还牛时带黄豆即可。对于上述规矩，两种借耕牛的类型是相同的。而第二类需要用人工抵牛工的情况，农户在还牛时会叮嘱牛主需要做事情的时候告诉他，牛主自然会明白借方的意思。

以上两类情况中出现耕牛死掉的情况并不多，借牛的农户在借牛时也会看牛的情况，如果牛情况不好一来牛主也不会外借，即使牛主外借，借牛的农户根据判断也不会再借。发生丢牛的情况在这两类借牛方式中比较常见，耕牛丢失找不回来借牛农户只能赔偿。

第二节 产权与产权关系

产权及产权关系是理解传统农村经济形态的基础。本章将从土地性质与土地所有类型、土地买卖关系、土地租佃关系、土地典押及置换关系等四个方面考察1949年之前席村的产权及产权关系。

一、土地性质与土地所有类型

1949年之前，席村的土地按照其性质可以分为私有和公有两大类型，村落范围内的土地、道路、房屋、河流、水井等都有着明确的产权归属。

（一）土地的产权所属

1. 家户私有土地

家户经营是传统时期席村生产经营的基本方式，因此每家每户或多或少都拥有一

---

[1] 么哈数，当地方言，表示没有确定的量，难以用准确的数字来衡量或计算。

定份额的土地，在本章第一节中已经对传统时期席村的土地占有情况进行了阐述，排除村庄公有土地、各姓氏家庙及支祠共有土地、村中庙宇所拥有的土地之外，席村有近95％以上的土地都归家户个体私有。家户私有土地的来源主要有以下几种渠道：

第一，开荒。开荒获取家户私有土地要追溯到最早来此居住的村民。第一章中史料记载席村此地曾为古荀城，由此推断最早在此开荒获得土地的为古荀城之人，具体是席村哪个姓氏的村民已无从查证。但世代繁衍生息，开荒获得的土地随着代际更替得以保留和延续。只是可以肯定的是，到明清时期，在席村已经无法通过开荒来获得土地。

第二，继承。土地的世代继承是获取家户私有土地的重要方式，也是席村大多数农户获得土地的重要途径。

第三，购买。通过从别人手中购买土地也是获得私有土地的一种渠道。世代种地的农户最大的心愿就是能够拥有足够多的土地，"庄稼汉，庄稼汉，没有土地咋吃饭？"这样的口歌最能反映农户对土地的迫切需求。所以农户们一旦手头有多余的资本，最先想到的便是购置土地。

2. 户与支的共有土地

除了家户私有土地之外，席村四大家族席、南、张、韩所设立的家户（庙）及支（祠）均有数量不等的共有土地。当地人把这种地直接叫"户里的地"或"支里的地"，没有关于这类土地的专门名称。各姓氏拥有的这类共有土地并不多，一般"户里的地"比"支里的地"要多一些。户里和支里的地都是立户或设支的时候专门辟的，这些地最初都是户里人捐的，之后一代代传下来。户里的地一般在10亩左右，当时最多的席家户土地有14亩。家户下面各支的土地多数在6—7亩。席村人数相对较少的柴、杨两姓因没有家户，故也拥有不同数量的户地。

"户里的地"和"支里的地"主要用于出租，租给谁由户长和支长决定，一般情况下会优先租种给同姓成员或同属一支的成员。土地收取的地租（粮食）由户长和支长进行保管，但地租的支配则需要户里或支里多数人同意。这些地租主要用于家庙和支祠（庙）的修缮、清明祭祖、正月里上供，此外户里或支里的农户家里遇到难事也可以向户长或支长提出借粮借款，核对情况属实后方可借出，从户里或支里借到的钱粮只要按时归还就不收利息。户里有规定，户地和支地绝不可以卖出。

3. 村庄公有土地

1949年之前，在席村，村庄的公有土地主要有两类，一类是庙地，另一类则是村公所地。

庙地是村里建庙之处专门开辟的土地，庙地的规模因庙而定，席村国清寺和禹王庙的规模比较大，因此其拥有的庙地也比较多，而黑虎庙、三官庙规模比较小，辟出的庙地也比较少，辟出的地一般就在寺庙跟前。庙地多的禹王庙有6—7亩，除了禹王庙之外的其他庙宇一般也就1—2亩的庙地，像村里的三官庙仅有半亩庙地，而村里的土地庙没有庙地。村里专门设立了庙官来负责各庙宇的事务，庙地也由庙官负责管理。像国清寺和禹王庙住着僧人的寺庙庙地有一部分由庙里的僧尼来耕种，剩下的部分和其他不住僧尼寺庙的庙地一样全部出租。庙地租给谁，如何收租，全部由庙官说了算，但对于有僧尼居住的寺庙，庙官一般会听取庙里"大和尚"的意思来决定租给谁。庙地一般会租给村里的可怜人，外村人不得租种席村的庙地。对于收来的租金也由庙官来保管，全部用于整修寺庙、兴办庙会等各项与寺庙有关的事务，真正做到了专款专用。

村公所地是村庄公有土地的另一种。村公所的土地由村里的财粮来管理，村里这部分土地主要是村里规整的无主土地，这些土地原本归农户私人所有，后来出于各种原因，土地变为无主之地，村公所规整后成为村庄公有土地，因此村公所地具体数目不详。这部分土地同样以出租为主，租给谁由村长说了算，收来的租金由财粮保管，租金主要用作村公所里日常的用度，其中财粮的报酬就从中支取。下表3-12为1949年之前席村土地产权概况统计表。

表3-12　1949年之前席村土地产权概况

土地产权性质	土地取得方式	土地经营方式及获益用途	管　理	面　积
家户私有土地	开荒、继承、购买	多数由家户独自经营，财主则会出租。所获收益用于家户日常饮食用度	家长	旱地与水浇地共计10775亩
支、户共有土地	捐赠、继承	优先出租给同姓人，支地优先考虑同支人。所获收益用于家庙和支祠的修缮、祭祖开销以及对户、支内村民的帮扶	户长、支长	粗略统计约50亩
村庄公有土地——寺庙地	建庙时紧邻庙宇开辟耕地	僧尼自种，部分由村里穷人种。所获收益用于寺庙的修缮及与庙宇有关的活动开支	庙官、寺院的"大和尚"	粗略统计约有10—12亩
村庄公有土地——村公所地	无主耕地规整而来	出租给村里人。所获收益用于村公所成员报酬的支付	村长与财粮	不详

（二）产权认定

1949年之前，席村公有产权的认定比较简单，长期以来所形成的一种习惯法则抑或是代际更替进程中的默许成为公有产权的主要认定方式。相比之下，私有产权，诸如私有土地、房屋产权的认定则要复杂许多，契约与法定文书成为认定的主要方式，但长期以来约定俗成的习惯法则在其中同样发挥着作用。

1. 观念认定

长期形成的观念或村落中生活的村民所形成的心照不宣的默契，在对公有产权认定方面产生了很大的影响。换言之就是一种约定俗成的规矩，长期生活在这个村落，不自觉地就接受了这种规矩，认可了一些财产的产权属性。这种彼此认可的产权以公有性质的财产居多，这类财产以代际间的传承为主，产权的属性一般不会发生太多的变化，比如村落中各户与支所拥有的土地与房屋，各姓氏的村民都会自觉地清楚那是祖上传下的家当，房子就是用来供奉祖先牌位的地方，祖宗留下的土地就要用在对祖先的祭奠上。没有任何一个人会想着将其占为己有，一方面是害怕产生这样的想法会受到祖先的惩罚，另外最主要的原因是长期以来对这样一种观念的默许和接受，认为祖宗留下的东西就是不能动，一辈辈都这么传了下来，到了他这一辈要坚守和认可。

同时，观念上的认定还体现为村民对他人私有产权的认可。最明显的体现是对于长期没人耕种的土地产权的认可。上文提到过，村里对于无主土地会收回成为村落土地，但对于土地所有农户长期不耕种的土地，村里没有权力也不会去收回，如果有村民想要耕种也会事先找耕地农户商量，村民人内心自觉不自觉地会认可了这片耕地的所有者，即便土地是被抛荒的。

2. 官府认定

传统时期，产权认定的另一种形式便是来自官府的认定，官府认定的方式是通过向土地所有农户发放地契来认定土地所有权的归属。村民手持的官方地契上明确注明了土地所有者是谁，土地的面积，土地具体的方位和边界，以及地契核发的具体年份，并盖有官方的印章。土地官契是农户完税纳粮的重要凭据，同时也是农户土地产权认定的重要证明，往往当农户间发生土地产权纠纷时，官府核发的地契成为非常有力的证明。中华民国时期农户手中所持的土地官契是村里财粮通过席村土地登记册记录并与农户核对后在区里办理核发的，农户获得官方核发的地契并不是免费的，需要缴纳一定的税（手续费）。

3. 民间契约

传统时期，除了通过官府契约来对产权进行认定外，普通村民之间也可以通过订立民间契约来认定产权的归属。这类民间契约的订立主要涉及以下几个方面财产归属的认定：第一，分家析产。农户家庭内部分家时要订立"分书"（也叫作"分单"），分书上会详细地说明分家后财产的具体归属。第二，农地买卖。农地在买卖过程中也会订立契约，上文提到的土地官契是买卖双方在交易完成后自行去更换的官契，主要是为了更改完税主体，进一步认定土地归属。以上契约订立过程中具体的细节及相关的关系在后文中详细展开，此处不做进一步论述。

（三）产权边界

传统时期，不管是官府契约的认定还是民间契约的认定，其内容当中都会注明认定产权明确的位置或相关的细节，恰恰是这一相对具体的标识与说明，使产权的边界变得更加的清晰。

1. 土地产权边界的产生

（1）因分家产生的边界

分家析产，原有的土地被重新分割后自然会形成新的土地边界。席村分家一般按照平均的原则，分地方面采用好地和孬地、旱地和水地合理搭配平均分配的原则。分地时不会留长子地，但地多富裕的家庭如果有长孙，在分家时会留有长孙田。分家分地时会请门下的长辈和娘家舅舅，门下的长辈主要是扮演见证人，娘家舅舅则是主持公道，对于分家不公可以发言。对于请来的四邻长辈和舅舅不需要给钱或给任何东西，但要在分家后请一顿饭以示感谢。同一块田地分割后如果兄弟关系好一般不会确定边界，如果兄弟一方提出要确定边界则会设定土地边界，边界一般分为两种，地上设置地垄，地下会埋界石，界石一般埋在地垄两头地下3尺（1米）深的位置，事先会撒上石灰，然后将界石埋在石灰之上。分家分地重新确定边界后到村公所报备，再去区里办理地契。地垄上不允许种树，种树树根扎入地里会影响农作物的生长。如果分得的土地与邻居搭界，只要不涉及邻地则以原来的边界为准不做更改。

（2）因土地买卖产生边界

一般情况下席村农户卖地有两种情况：第一种是家中缺少劳动力无能力经营；另一种情况则是家中遇到难事急需用钱将地卖出。卖地农户一般先将土地出售的消息告知给邻近土地的农户，如果邻近土地的农户有购买意向则会出售给地邻，如果邻近土地农户不买，则会询问四邻门下的人，如果门下的人和四邻都不买地则会让地邻、门下人和四邻将卖地消息扩散出去，以便及时找到买家。田地买卖要请中人，一般卖家的当家人请门下信得过的、有威望的、能写会说的人当中人，中人有时候会充当执笔人，有时候会专门请执笔人代写土地交易契约。不论是中人还是代笔人均不需支付报酬，只需交易完成后请上一顿饭即可。如果出售的土地不是整块分割，整个地块出售，交易后的土地不存在边界问题。土地交易后需告知相邻土地的农户，买家要请相邻土地的农户吃饭以确认今后土地的权属。如果一个大地块被分为多个小地块出售，出售后大地块与周边地块原有的边界不变，大地块内根据购买的地块生成新的边界，边界依据交易情况划定。同样是通过设置地垄和埋放界石来确定。通常情况下出售的地块已经与周围土地有边界，重新设定边界的情况很少，如买方对边界存在疑问可以依据地契重新勘界。

2. 土地边界类型：明暗结合

无论是农户私有土地、户支的共有土地，还是村公所的公有土地，都会设定相应的土地边界。这一土地边界整体上分为两大类：明界与暗界。何为明界？用"显而易见"概括再恰当不过，就是裸露在地表可以直观看得到的边界。而暗界主要指藏于地下，不能一眼看到的土地边界。

（1）明界

土地边界中的明界主要是耕地之间清晰可见的地垄，这是在席村划定土地边界最为普遍又是最为重要的物理边界。传统时期，在席村，地垄主要分为两类：第一，公共地垄，也可称为田间小道；第二，共用地垄，这类地垄是相邻农户间设定的地垄边界。

第一，公共地垄。公共地垄主要指多个农户耕地之间的地垄，这类地垄比较宽，而且也比较结实，可以满足两人并排行走，耕牛也可以在上面行走。这类公共地垄的产权归行走于此的全体农户共同所有。就近拥有耕地的农户不许破坏公共地垄，比如为了扩大自家耕地面积故意将地垄变窄，或者在地垄上种植作物等。一旦被使用公共地垄的农户发现，可以要求其恢复原样，并对其提出指责，对于在公共地垄上种植的作物，其他途经的农户可以随便踩踏或移除，并且不需要对此负责。公共地垄大家用，所以一般但凡有农户发现公共地垄有被踩坏的情况，路过就会顺手给拍实，路过的农户不修整则由就近耕地的农户来负责修整。用农户的话讲，"就是几锹土的事情，谁弄都一样，不需要计较"，因此公共地垄但凡有破损就会被及时地修整好。

第二，共用地垄。共用地垄是指两家共同使用一道地垄。这种类型的地垄一人走刚刚合适，不能两人并行，耕牛更不能在此行走。共用地垄隆起的中间为界线，中线左侧归左侧耕地农户所有，中线右侧归右侧耕地农户所有，一般农户不会在地垄上种东西，也有少数人会在地垄上点豆子，但只能将豆子点在属于自家那一侧，否则就是占了邻地农户的地，会引起一些不愉快。共用地垄的维护和整修基本上秉承"各家自扫门前雪，莫管他人瓦上霜"的态度，谁家一边有了问题谁来修，如果说行走的位置垮掉或者坏掉，两家谁看到了谁处理便是，也不会去彼此计较。需要特别说明的是，地垄上不允许种树，哪怕是你种在地垄边的自家地里，相邻土地的农户也会来阻止，因为树虽长在别人地里，但是根是会蔓延的，会影响到庄稼的生长。长在地垄上的杂草也是各自做好各自那边的清理，如果相邻耕地两家农户处得好，随手的事情会一并完成。

对于农户间设置的地垄没有专门的公证，这类地垄长期存在，特别是公共地垄一般不会发生变化，因此在农户心中形成了一种默认的产权边界。而只要是没有土地易主或相邻两户中一户将另一户的耕地买下，共用的地垄就不会发生变化。如果是土地易主或土地被拆分卖掉，在丈地后会设置新的地垄，这样的情况会有专门见证这次土地买卖的中人来见证。

（2）暗界

相对地面上可以看得到的界线，农户为了因土地边界而产生各类纠纷时能有证据证明耕地的具体边界，会专门在自家耕地几个角落的地下埋放界石作为隐藏的边界。界石埋得不深，埋界石的时候会撒一把石灰，之所以这样是因为村里发生过偷挪界石侵占土地的事情，后来人们在埋放界石之前先撒上些石灰，即便挪动了界石，还会留下些许石灰的印记，哪怕是真的打官司也能找到证据。

上述都是家户私有土地设定边界的方式方法，而户与支里共有的土地，村公所负责管理的村公有土地，其产权边界的确定和家户私有耕地边界的设定并无太多的差异。

二、土地买卖关系

1949年之前，农户间的土地买卖时常发生，土地买卖成为土地产权发生变更的主要途径。关于席村土地买卖的关系主要从土地买卖概况、土地买卖过程及关系两个方面进行考察。

（一）土地买卖概况

1949年之前，不像耕牛的买卖有专门的牛市和牛经纪做介绍人，在席村以及周边的三泉乃至新绛县，没有专门的土地买卖市场和从事土地买卖的经纪，土地买卖完全属于农户彼此之间的私人行为。在席村，农户私有的土地可以实现自由买卖，农户买卖土地不会受到来自任何方面的影响和干涉，更不需要向村里的任何人请示和报告。农户买卖土地属于农户家庭内的重大事情，要由家里当家主事的家长做出决定，家里的其他成员没有权利变卖家里的私有土地。传统时期，土地是农民的命，一般家里遇到了过不去的坎时才会想到变卖土地，比如输了官司、家里至亲患了重病、抽大烟、赌博欠下债等,当然也有举家迁移搬离村庄不再回来的农户选择卖掉土地。自耕农在买卖土地的农户中占据多数,村里的财主很少会卖地,往往财主会不断地买进土地以扩充自己的实力。对于急需用钱的农户,价格是左右土地卖给谁的决定性因素,用农民的话说,"好好的人家谁会卖地?卖地就是需要钱应急,自然是谁给的钱高卖谁啦"。对于离开村庄卖地的农户,价钱因素可能降至第二位,人情关系则成为重要的影响因素。一般首先会考虑卖给自家的亲戚或是门下人,其次才是本村人。

(二)土地买卖程序及关系

1. 放出消息

土地买卖过程的第一步是将买卖的消息放出去寻找买家或卖家。这是整个土地买卖过程中比较重要的一步,只有把消息散播出去,才能找到合适的交易对象,买家或卖家绝不会自家找上门来。而村里的自耕农和财主放出消息的方式也不尽相同。

自耕农不管是卖地还是买地,消息一般多数会通过邻居和自家亲戚放出去,邻居和亲戚往往也是再将这个消息转给自己的亲朋和门下人,这样一来很容易就可以找到一个合适的交易对象。用村民的话说,"门下人和亲戚介绍的都是知根知底的人,出不了错"。另外亲戚和门下人介绍的交易对象在价格方面能够比较合理。对于选择找亲戚和门下人来寻找交易对象的农户,一般都不是那类急需用钱应急的用户。对于那些抓紧将土地出售急需用钱的农户,会直接去找村里的财主询问是否有购买意向以及具体的价钱,自耕农最先去找的财主一定是和自己同姓的财主,为的就是有这层自认为的亲戚关系,事实也的确如此。当有人找上门要卖地时财主一般很清楚对方一定是遇到了难事,通常情况下不会故意把价格压得很低,如果那样做,即便是买到了土地也会在村里落个乘人之危的坏名声,况且还有那层同族的关系。当然,如果价格不合适,卖地的农户也会选择去找其他的财主问价,如果有财主给出了合适的价格,双方很快便进入到具体的交易环节。如果所找的财主给的价一个不如一个,卖地农户要不选择继续找买主,要不不卖,但绝不会找之前出价相对较高的财主,因为一旦找上门,那个财主一定会再次压价。所以一般找到的买家出价差不多就是市场行情,农户一定会抓紧出手。

以上是自耕农在土地买卖中如何放出消息,对于村里的财主,也会有土地买卖的情况,财主如果要卖地的话,一般会把这个消息告诉村里的财粮、村长、闾长这类人,这些人路子宽,找个买主也容易,而且还能卖个好价钱。如果财主想买地的话,消息不仅会告诉村里的村长、闾长、财粮,财主还会把消息告诉给在他家里扛活的伙计,扛活的伙计们会通过亲戚或门下人把消息传出去。财主一旦以比较低的价格买到了土地，帮忙介绍的伙计还能拿到好处，所以对于这样的事情伙计们都很热衷。

2. 交易环节

在寻找到交易对象双方达成交易意向之后，买卖双方便正式地进入土地交易环节。在交易环节又包括多个流程和步骤：

第一，买地一方在确认要购买卖地方的土地后，首先会私下里打听这块地是否存在产权纠纷以及产量情况，并在双方一起去看地之前私下去查看耕地的情况，确认无误后会向土地卖出的一方提出查看地契，确认地契无误后双方口头上基本达成了交易的意向。如果交易土地有产权纠纷，土地交易会就此中断。

第二，找中人。在土地交易过程中，买卖双方都要找中人，中人一般是村里能写会算，路子宽，说话有分量，有一定的威望的人。请的中人可以是村里的村长、闾长，也可以不是这类人，只要符合上面说的条件就可以。请中人一般不需要支付报酬，交易结束后请吃一餐饭就行。中人主要就是对土地交易的整个环节进行见证，日后如果发生纠纷，中人就是最直接的证人。

第三，丈地谈价钱。传统时期，农民卖出土地一般情况下按块来卖，农民在表述上会说"有一块地要卖，这块地有多少亩"，很少说成有几亩地要卖，但土地交易的总价仍以每亩地价来计算。如果买卖双方彼此了解，同时卖出的土地恰好是地契上所呈现的完整的一块耕地，可以省去丈地的环节，如果买地方所买土地是卖地农户出售土地的一部分，并且对地亩数表示有疑虑，可以提出丈地。土地丈量要请村里的财粮来完成。财粮丈地是要收费的，费用由双方均摊。丈地过程中要有中人在场见证，丈地时要通知到相邻土地的农户，以免日后发生纠纷。在丈地过程中，买卖双方会就事先商议的价钱再次当着中人的面进行敲定和协商。据席村87岁任福成老人介绍，1949年之前，席村一亩水浇地的地价在150—200块银圆，是旱地价钱的4倍左右。由此可以粗略估计一亩旱地的价钱为30—50块银圆。交易双方会依据丈量结果商定最后价钱，确认没有问题后，买卖双方当日便可签订交易契约，如果不在当日签订交易契约，土地卖出一方会要求买方支付一定数额的定金，比如交易土地为5亩，至少要交1亩地的地价作为定金，对方如果反悔定金则不会退还。

第四，订立契约。土地丈量及价格商定后，土地买卖双方便正式订立土地买卖契约，订立契约的日子一般是买地农户找村里能掐会算的先生给定下的好日子。卖地农户会专门找一个写契约的先生，一般会把村里的教书先生请来写约，和中人一样，不需要给付任何报酬，一顿茶饭便是感谢。负责写约的先生一般手头上都有各式契约的范本，只要将本次土地交易的具体内容按空填上即可。契约的内容包括土地具体的位置、四方边界、面积、交易价格等。交易契约写好买卖双方、中人确认无误后，写约人会重新抄写一份（契约一式两份），写好后交由买卖双方、两位中人、写约先生签字、按手印。契约订立完成后，买地农户要请两位中人、写约先生、介绍人、卖地农户在家吃一顿饭，表示感谢。

第五，换新契，交地钱。双方签订了土地买卖契约后并不代表着土地买卖完成，一般在订立契约的第二日买卖双方会一道向村里财粮报告土地交易的情况，村里财粮会出一个字条，交易双方拿着字条去区里办理新的地契，办理新地契时，农户需要携带旧契。换新契的原因主要是为了将交税交粮的责任进行变更。在区里，办理新的地契要交费，叫作"契纸费"，费用由卖地方来承担，同时区里会将原来的旧契收回。如果卖地农户出售的土地是原地契中土地的一部分，区里则会为其重新发新契，新契不收任何费用。新契换好后，土地的产权得到了确认，买地一方需要将买地钱付给对方，全部交易就此完成。

3. 土地买卖频率及其他

1949年之前，在席村土地买卖的发生频率很高，按照老人的话说，过去卖地的人很多，买地的人不多，谁卖地能找到买主那是很幸运的事情。中华民国时期，此地实行兵农合一，很多农户家里的壮劳力都被抓去当了兵，以致不少土地荒掉，村里老人们流传着几句颇有讽刺意味的口歌："兵农合一好，地里长满草。"

一般卖地的农户会选择在收秋后种麦前将土地卖出，这个时期卖地也好出手，土地买入以后就可以整理好土地开始当年的耕作。传统时期，在卖出土地的农户中也有将地里的农作物一并卖出的情况，这类卖地农户通常是遇到了急需用钱的难事，但凡能够等到收了庄稼，农民绝不会选择将地里的庄稼一并卖出去。附带作物一起将土地卖出的地价自然要比光卖出土地要高，具体如何支付也是由买卖双方来商定的，通常情况下是以地价加粮食的方式进行核算，就是地价还按照地价来进行核算，地里的粮食采取固定额度的分成来计算，一般是对半分，具体取决于买卖双方具体的商定。

三、土地租佃关系

在本章第一节中已经对1949年之前席村土地的占有情况做了详细的分析和说明，数据显示，近85%的土地掌握在自耕农及贫雇农手中，其中自耕农占有近一半的全村的土地。村里的财主（地主及富农）所拥有的土地数量并不很多，在席村财主很少将家里的地租出去，席村的财主家一般都会请长工来扛活，到收秋割麦的时候，会另请麦客。一般将地出租的是庙里的庙地和村里劳动力不足的自耕农，但相对于席村这样的大村而言，出租土地的农户并不很多，因此，1949年之前席村的土地租佃相对并不普遍。主要的租佃关系分为三类，其一是家户私有土地租佃，其二种是户支共有土地租佃，其三是村庄庙地及村公所土地租佃。

（一）家户私有土地租佃关系

上文提到，1949年之前，席村私有土地出租的农户多数是家中缺乏劳动力的自耕农，当然也存在为数不多的财主出租土地。在席村，财主和自耕农虽然都出租土地，但其二者的出租方式却截然不同。从财主手中租地当地称之为"包地"，而从自耕农手中租地被称为"半分"。

1. 包地

1949年之前，席村把从村里财主那租地称为"包地"。在席村一般包地都是找本村的财主，包不到地的农户宁愿去外村财主家扛活，也不会选择包外村财主的地。原因在于外村财主的地一般离农户家很远，穷人又没有牛，打理起来费时费力，有时候辛苦劳动一年打的粮食还不够给财主，所以一旦选择包地，肯定是从本村财主那里包。当然找财主包地也有一定的程序与细节。

第一，找介绍人。包财主的地的农户，一定要在村里找一个介绍人去和财主沟通，这个介绍人一般是能办得了事、能说会道的人。如果农户能和村长或村里的财粮说上话，这些人去帮忙和财主说是最好的，如果不是这些人也无妨，只要是村里大家都认为能办得了事的人就行。一般村里的穷人当不了介绍人，穷人很难和财主搭得上话，即便是能说得上话，更多的时候也仅仅是见面的寒暄问候。还需要说明的是，席村没有从事土地买卖的经纪人，同样这些介绍土地包地的中间人也不是专门的经纪人，包地农户请的介绍人不会拿农户的好处，仅仅是事成后吃一餐饭而已。能够去充当介绍人一方面是他们热衷于这类事情，另外受村落中长期存续的人情关系的影响，找上门请帮忙也不会驳了面子。

如果财主家里有管家，介绍人一般先去找管家说，如果没有管家就直接和财主说。大致就是告诉财主几间的谁想从他那里包些地去种，找到了他的门上让他来给说个话。一般情况下，财主不会不给介绍人面子，只要想包地的农户在村里没啥坏名声，这地一定能包上。按照村里老人的说法，如果财主不想包地，但是又不想驳了介绍人的面子，就会告诉介绍人有地，但是地不好，产量不高，要是乐意包就包下去种。介绍人自然会如实转达财主的话，但不会把财主的言外之意告知，除非介绍人和想包地的农户是亲属关系。

第二，见财主，谈条件，订租约。财主同意包地给农户后，介绍人会将消息告知农户，陪着农户一起去见财主就包地的相关事宜进行定夺。农户去财主家谈包地事宜的时候带不带东西作为礼物都可以,一般不会带东西,包地农户的日子本来就过得不怎么样,根本没有多余的钱来买东西。到了财主家农户会再次说明想包地的意愿,如果家里有管家,财主会安排管家来和农户谈,没有管家就和财主来商定。商谈的内容不会太多,大概就是说明想包多少地,财主能给提供多少地,地的具体位置在哪里,如果包下了一亩地一年交多少租、什么时候交等相关的事宜。

1949年之前,在席村,包地的期限一般是一年,一年一包。有介绍人的包地农户一般不会写契约,真的出了什么问题,财主可以找当初的介绍人来协调解决。包地农户和财主谈条件的时候可以就包地的时间长短进行协商,在席村,包地最长的期限为三年,但数量很少,同时这类时间比较长的包地往往要"写字",即签订包地契约。契约既可以由财主的管家来写,也可以介绍人来写,内容比较简单,写明包地方和出包土地方、所包土地的亩数、具体位置、包地期限、租金多少以及何时交租等。契约一式两份,财主、包地农户、介绍人都要签字。这个订约的过程介绍人在就行,不需要请其他人见证。包地农户不承担缴纳公粮的义务,公粮由财主负责,这一点是不成文的规矩,不会写在租约里。

第三,交租、减租与续包。收秋以后包地的农户要向财主交租,租金在包地时已经事先定好,一般采取固定地租,财主不管你当年产量如何,包一亩地要交三斗的麦。收秋后包地的农户一般会主动去财主家交粮食,农户事先用斗量好的粮食在财主家还要重新过一次。一般交粮的时候双方就会把来年是否续包的事情说好,除了签订三年那样长期契约的农户,一年一包的农户有权决定来年是否继续包地,财主也有权决定要不要继续把地包给该农户。如果签订了超过一年的租约,财主是不可以中途解约或提前收回土地的,如果财主提前收回土地,农户可以拿着租约把财主告到村长那里让村长主持公道。对于没按时交粮食的包地农户,财主会派管家或由本人上门去催要。如果是旱灾导致粮食减产,农户提出,财主可以适当减免。如果是农户经营不妥导致歉收,财主一方面会停止续包,另一方面会找到介绍人说明农户欠租的情况,同时会在介绍人在场的情况下让农户签下欠租(粮)的字据,并按照欠一斗还二斗半的方式一年之内还上。

2. 半分

1949年之前,从财主那里租地叫"包地",从自耕农那里租地叫作"半分"。半分一说主要是和租地的地租有关,即租地农户将当年的收成的一半付给出租土地的自耕农。半分种地多出现于劳动力少的自耕农家庭,这类家庭拥有一定数量的土地,但家庭劳动力数量却严重不足,又没有足够的能力雇工种地,往往选择将一部分地以半分的形式租出去获取一定的地租。半分种地和包财主的地在很多方面都不一样，具体的程序和细节如下：

第一，双向寻找，无须介绍。半分种地不需要找介绍人介绍。多数情况是少地农户自己找。一个村里生活的农户彼此都比较清楚各家各户的具体情况，一般想半分种地的农户主动选择家里劳动力少且有土地闲置的自耕农去询问。有些时候这类自耕农也会把寻找半分种地的消息散布出去，或者找那些人多地少的农户去问。所以这种租地多数是不经介绍人的双向寻找，双向选择。通常情况下，达成半分种地意向的农户都是相互熟悉、认识的农户，对于寻上门来的不熟悉的农户，自耕农往往会私下里对其进行了解，确保其品行没有问题才会考虑将地租出。

第二，对半分成，不立契约。半分种地的地租和包地地租不同，半分种地的地租是分成地租，即土地出租户和租地农户实行五五分成。因为半分种地的农户多数都是一个巷子或一个闾里的农户，彼此都认识，所以并不会订立书面上的契约，仅仅是口头上的约定。要特别说明一点，对半分成只分一季的主要作物，农民割了麦子后在地里再种豆类或者红薯是不参与分成的，参与分成的只有一季小麦。另外，如果自耕农家里有耕牛和完备的大型农具，半分种地的农户但凡提出借用，自耕农一般会借出，只要遵循村里关于耕牛以及农具的借用规矩就好。对于包财主地的农户，这一点是很难实现的。在交公粮方面，半分种地和包地是一样的，公粮同样由土地所有农户去交，半分种地的农户没有为租种土地纳粮的义务。

第三，收租与续租。半分租地和包地有所不同，包地是农户主动将应交的租金交给财主，而半分则是出租土地农户自己收租。因为是对半分成，为了避免种地农户说假话来隐瞒收成，半分种地收租一般麦场"打麦"后进行分成，这样一来可避免种地农户隐瞒实际收成，做到了真正意义上的对半分成。刚打下的麦子还没晒干，收回后各自完成晒麦工作。如果赶上当年大旱颗粒无收，出租土地一方没有权利问种地农户收租，双方只能自认倒霉。

一般在麦场收粮的时候，只要两户都不提来年是否继续半分种地，就等同于双方将继续保持这样的租种关系。如果作为土地出租方的自耕农提出来年土地要自己种或者租给别人种，收租的时候就会告诉对方，对方只需在种麦前将土地让出即可。相反，如果租地户来年不再半分种地，也要在对方收租时告知，以方便对方寻找新的半分租地农户，同样是当年秋季种麦前让出土地。

3. 私有土地租佃中的日常关系

在日常生活中，不管是包地农户和财主，还是半分种地的农户，他们之间的交往并没有因为彼此间所建立的土地租佃关系而有所不同。如果平日里承租户和土地出租户就因为住在一个巷子里有交往，即使种了财主的土地这种交往也不会变得更为密切，包地农户和财主之间更不存在依附关系。用村里老人的话说，"种他的地又不是白种，少交一斗粮也会追着问你要，干吗要怕他？他不给种，可以种别人的"。半分种地的农户关系同样如此。

日常生活中，对于财主家里的农活、杂事，包地的农户不会去帮忙，因为财主家里都有长工，再忙不过来财主会雇短工，只有财主请包地农户去帮忙才会去，但绝对不是白干活，除了要按照短工标准支付相应的报酬外，还得一天管三顿饭。财主家如果是办红白喜事（如老人过世、娶妻生子、过寿等），而包地的农户和财主是居住在同一个巷子的门下人，或者是一个户里的同姓族人，财主不请也会前去询问是否需要人手帮忙，这种红白喜事的帮忙是没有任何报酬的。如果既不是门下人，又不同姓，财主不通知，包地农户绝对不会自己主动去。相反如果是包地农户家里有了事情，根本就不会告知财主，如果是住在一个巷子里的财主知道了，也会派家里长工或自己去上个礼，仅此而已。

半分种地则有所不同，自耕农和半分种地的农户一般是一个巷子里的人，种地归种地，交粮归交粮，平日里缺劳动力的自耕农家里有个事情，种自己土地的农户知道了一定会来帮忙，通常是不计报酬的。如果是出租土地的自耕农家里办红白喜事，半分种地的农户不仅来帮忙，还会上礼，当然也会被安排就座用席。如果半分种地的并不是门下人，因为距离问题可能并不能第一时间知道自耕农家里有事，所以也就不会主动去帮忙。如果是接到了通知则一定会去，同样是帮忙不计报酬。相反，如果是半分种地农户家里有事，即便是劳动力不足的自耕农也会前去询问尽量帮忙，红白喜事的上礼自然也必不可少。

（二）户支共有土地租佃

上文提到过，席村各家户和分出的各支都有数量不等的土地，这些土地有祖上传下来的，有设立支的时候农户捐的，粗略统计在席村这类型的土地大约有近200亩。这部分土地各个家户和支并没有设置专人来耕种，而是租出去通过收租来获得土地收益。具体来说，户、支共有土地的租佃关系表现在以下几个方面：

1. 户（支）内部优先，户（支）长说了算

户里和支里的地是由各户的户长和各支的支长负责管理的，所以要租种户里或者支里的地，必须得是户长或支长同意才可以。户里或支里的农户都清楚这是祖宗留下来的土地，所以这部分地往出租的话也得优先租给户里或支里的农户，本户里或支里

的农户不租的情况下，才可以考虑租给其他农户，这是长久以来形成的规矩，户长和支长也得照着规矩来。

户里和支里的地都是上等的好地，其中有很大一部分是村东头的水浇地，除非旱到三庄河的水停止灌溉，一般年份可以说是旱涝保收。按照户里和支里的规定，户支土地只能是户支里的可怜人来租种，其他农户没有权利租种户支的土地。据村里老人回忆，过去户里和支里没地的穷苦人想种户支的地那得走关系才有机会。想种户支地的农户一般都会找和户长支长关系好、说得上话的人当介绍人，去和户长或者支长求情说好话，一般还不能空着手去说，至少得带两瓶烧酒。能不能说成要看农户所找的介绍人和户支长关系好不好。当然，农户也可以自己去找户支长去说，但如果关系不到，自己去说往往无济于事。老人们说，后来可能是为了尽量满足穷人租地的要求，户里和支里的地都分成1—2亩的小块地来租。

2. 口头租约，固定地租

一般情况下，户里和支里的地都由本户支里的农户租种了，所以户长和支长通常不和租户订立书面上的租约，仅仅是口头约定即可。这主要在于都是一个户里或支里的同姓族人，彼此相互了解，订立书面租约一方面会显得生分，另一方面把简单事情变得复杂，只要口头上说清楚就可以。户支的公共土地的地租和租种财主土地一样也是固定地租，农户如果租到的是户支的旱地，需要交的地租是三斗麦子，如果租种的是水浇地，比旱地要多交一斗。而在产量方面，好年景财主一亩地最多也就收七八斗麦子，户支里的土地可以达到一石，同样交三斗麦子，租到户支里的地自然就是得了大便宜。

3. 交租、续租与减租

租种户支土地的农户也是交一茬粮食的地租，每年收秋以后，农户将晒好的粮食用量具称量好以后主动交到户支里。各户的户长和支长为了统一时间完成收租，每年收秋前都会定两天作为收租的日子，租种户支土地的农户集中在通知的日子里去交租，如果有延误，取消来年的租种资格。交给户里和支里的粮食必须是晒干的粮食，因为户支长收到粮食后就直接就放入了户支的仓库里了，如果没有晒好，很容易发霉变质。所以农户交租时户支长会对粮食严格地查验，但凡发现还未晾晒到位的粮食，绝对不会收。交租的同时会将来年租种的事宜定下来。农户如果来年不再租种，交租时会告知户支长，对于没有在规定日子交租的农户，直接取消其继续租种的资格。遇到灾年收成不好，农户可以请求户支长适当减少租金，户支长了解情况后会酌情定夺，通常情况下会给予减租照顾。

（三）寺庙、村公所公有土地的租佃

寺庙土地、村公所土地是席村的公有土地，这类土地和家户私有土地、家户共有土地一样存在租佃关系。

1. 寺庙土地租佃

寺庙土地是席村公有土地中的一种，这类土地数量并不多，其中有一部分由居住在寺庙中的僧尼来耕种，另一部分则出租给村里的穷人来实现土地收益，寺庙土地出租和私人土地及共有的祖宗土地有所不同，具体体现在以下几个方面：

第一，庙官和"大和尚"说了算。租种庙里的土地不需要找介绍人，农户自己去找村里的庙官去说，只要是庙官同意就可以租种。如果是常住和尚或者姑子的寺庙，农户直接去找庙里管事的"大和尚"去说，只要是"大和尚"同意，庙官对此也无权干涉。需要特别说明一点，租种寺庙土地的农户一定得是村里公认的可怜人。

第二，口头租约，地租多样。租种庙地不需要写书面的租约，只要和庙官或"大和尚"口头上定好了就行。和家户私有土地以及祖宗共有土地出租的地租有所不同，庙地出租的地租形式较为多样，主要由租到的土地的质量来决定。一般从庙官手里租到的地的质量都比较好，对于这类土地，农户要付的地租和租种户支土地的地租相同，每年收秋后要交三斗麦。而从"大和尚"手里租到的地一般都是僧人不种的差地，属于边边角角产量不高的地。租到这类地的农户是不需要付地租的，但是也不是免费地种，而是通过协助寺庙里的僧人种地来抵掉地租，甚至在农忙的时期，农户还可以获取额外的劳动报酬，用现在的话讲就是"以工代租"。当然从庙官手里租到的地也不全都是好地，如果从庙官手里租到的地也是老人口中的"烂地"的话，农户同样可以不支付地租，而是在修庙的时候出工来抵。

第三，续租与减租。租种庙地的农户如果有交租的任务，在交租的时候就要和庙官或庙里的"大和尚"来商定续租的事情，如果农户按时交租，并且不提退租的事情，默认为农户来年继续租种。如果租种的土地本不需要交租，而是通过帮助种地来抵租的话，只要是"大和尚"不提出农户默认来年续租。交租的农户可以向庙官在灾年时提出减租的申请，庙官会根据收成来决定是否给予减免。而不需交租的农户，遇到灾年只能自认倒霉，遇到揭不开锅的时候还需要向庙里的"大和尚"借粮渡过难关。

2. 村公所土地租佃

村公所土地主要是村公所收回的无主土地，这类土地由村里的村长和财粮管理，想要租种村公所土地的农户直接找村长或财粮去说就行，不用找介绍人，如果和村长或财粮关系很好，去找的时候不用带东西，如果关系一般，去的时候最好要带点东西去。租种村公所的公地和租种户支土地基本上相同，不需要写租约，只是口头协定，租金也是固定地租，一亩地交三斗麦子，收秋后农户主动将晒好的麦子用量具量好后送到村公所，财粮确认无误后收入村公所仓库。同时在交租的时候就会定好是否接着租种，农户可以自由决定是否续租，财粮或村长也可以决定是否继续把地租给该农户。遇到天旱收成不好的情况可以提出减租的申请，财粮视情况会考虑减少地租。

四、土地典押关系

1949年之前，在席村，农户一旦急需用钱应急，借钱又有困难，除了上文提到的卖地以外，农户还可以通过将土地典押的方式来解燃眉之急。相比卖地来说，典地的好处还体现在土地仅是暂时的让渡，赎回来以后土地还归农户所有。

在席村，典地的一般以自耕农居多，财主的家境比较好，贫雇农那样的穷人家里压根就没多少地，更谈不上典地。农户一般遇到急需用现钱的事情时才会典地，典地只是短期内将土地让渡给别人，只要典期一满便可赎回。

农户将地典出，必须是由家里当家做主的家长来决定的，典地的时候要看地契，家里的地契往往由主事的家长保管，所以其他人即便是想把地典出也没有人会承典。遇到急需用钱的事情后，农户通常将部分土地出典换得现钱应急。承典对象是农户自己找，村里的财主是农户最先考虑的承典对象，因为在那个时代，也只有村里的财主能够一下子拿出足够多的现钱，另外财主往往也很热衷于此事。据村里老人回忆，财主之所以热衷于承典农户的地，一是典地的价格低于卖地，二是典地农户一旦到期没钱赎回土地，财主就等于低价得到了一块土地，即便是赎回去财主也不亏。

在席村，典地的期限至少都得三年，据老人讲，典五年、十年的也不在少数。土地能典出多少钱也和农户典出土地的好坏有关。地的好坏不由农户说了算，一般由承典方的财主来看，财主往往会故意压低一个级别。比如原本农户要典出的土地属于二等一级可以打180斤麦子的地，财主在定的时候往往会定为二等二级或二等三级。事实上这样的定价农户也心里清楚，一般也就不会提出质疑或是反驳。

双方协商妥当后，要写典契。虽然农户在寻典时没有找介绍人，但在订立典契时双方都要请中间人来做见证。财主一般会请所在间的间长来当中间人，而典出土地的农户会请巷子里为人热情，经常会主持公道，受人尊敬的人来做中间人。典出土地的农户还会请村里的教书先生来书写典契。典契内容包括典出土地方的姓名、土地地块的大小、位置、四方边界、典期、典地款等。确认无误后双方要签字画押，中间人以及代笔人要签字画押。请来的中人和代笔先生都不给钱，农户以及财主可在以后补偿答谢。

典契订立后，典出土地的农户和财主要向村里的财粮报告，财粮会给农户一个字条，农户和财主带着字条去区里公证登记，并核发一个盖了红章的典契，有了这张典契，典期内典出土地需要缴纳的公粮及赋税全部由承典方承担。农户在办理公证换取正规典契时要缴纳相应的费用，这个费用叫"契纸费"，典契一式两份，费用双方各自承担。右图

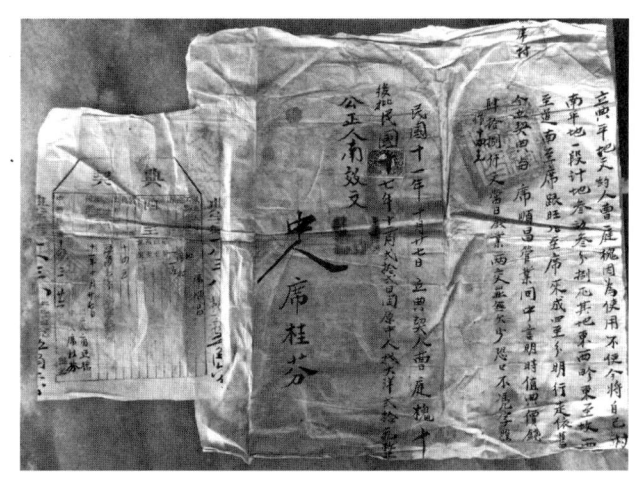

图 3-1　土地典契

3-1 为中华民国十一年（1922 年）席村曹庭槐典地的一份典契。

在区里公证典契后，承典方就要一次性地将典地款付给出典农户。据村里老人讲，典款也可以分几次付清，这要看当初双方怎么定，一般在典契上都会写清楚，例如上图 3-1 典契中就是一次付清。

典期满了农户便可以将土地赎回，农户赎土地时要请当时典地时的中人到场，用典地款赎回土地，由中人将典契当面销毁。按照规矩，如果典地期满农户没有能力赎回土地，土地则归承典方所有，承典方可以凭典契找村里的财粮拿字条去到区里办理地契。如果典出土地的农户只是短期内无法赎回，一般会在快要期满的时候找当时的中人去向承典方说情，希望可以通融个一年半载，同时答应之后土地要交的粮食由典地农户来承担，通常情况下承典方会同意延长一段时间。但如果延长时间内还不能赎回，那就等于放弃了土地所有权。

五、土地置换关系

1949 年之前，在席村，土地置换的情况也时有发生。农户置换土地最主要的原因是为了方便日常的耕种。置换土地多发生于自耕农之间，在席村，自耕农拥有一定数量的土地，但能够集中在一起的土地并不多，基本上是南边 2—3 亩，西边 3—5 亩这样的零散分布。到了农忙时候，跑完了一边再去另一边，前前后后会浪费不少的时间，于是就出现了农户间置换土地的现象。当然土地置换也要遵循一定的原则：

第一，置换土地等级要相当。农户置换土地时会对彼此的土地进行查看，想用烂地换好地是绝对不可能的事情，常年种地的农户对于土地质量的好坏心里很清楚，到地里攥一把土就知道这地好不好，所以一般来说农户互换土地都是不相上下。

第二，方便耕种是土地置换的目的。土地置换的重要目的是方便耕种，所谓的方便是双方的方便，土地置换后其中一方方便了，另一方并没有得到改观，这样的土地置换基本上很难最终实现。

第三，置换地块大小基本要一致，不足用钱来补缺。通常情况下，农户置换土地在等级不相上下的情况下，地块的大小最好也要一致，这样置换对于双方都比较公平。但如果置换的土地大小有些差别，双方可以协商出钱来进行补偿。也存在以下这类情况：A农户大部分土地在西五里外的地方，但在村南一出村有八九分地，B农户的地在村南二里路的地方，但是在A农户去村西土地的半道上B农户有一亩多的地，A农户和B农户通过商议成功地置换了那两块面积较小的土地。一方面是双方彼此不计较几分地，另外最主要的原因是离村近的地相对来说占有优势，所以少了两分地也可以很顺利地置换。

土地置换一般是农户自行寻找置换对象，也有亲戚邻居互相介绍的情况。最终是否置换是家里的家长说了算，不主事的其他家庭成员没有决定权。土地置换也是要写约的，双方农户协商好以后，会找村里会写字的先生来写置换的约，内容包括双方自愿互换土地，两块土地的具体位置，面积大小和四方边界。订立换地合约时可以找中人，也可以不找，找中人一般两家各找一个，就是村里受人尊敬的人，巷子里的热心人，不一定是闾长或村长。如果不找中人代笔的先生就充当中人。双方确认无误后签字，如果一方需要给另一方一定的补偿也会同时完成，交换后其中任何一方会请土地交换的另一方、代笔先生及中人吃饭。土地置换以后要告诉村里的财粮，不需要到区里去公证。置换后农户所拥有的土地总面积基本上没有变化，所以应缴纳的公粮和赋税不会有变化，留存好换地合约即可，不必去换新的地契。

第三节　经营及经营关系

传统时期，"一家一户"独立经营是席村以土地为主要生产资料家庭的重要经营方式。在"一家一户"独立经营，家庭内部简单分工的基础之上，对外的简单合作成为生产经营的重要补充，并由此构成了华北小农村落特有的经营关系。

一、经营主体

传统时期，除了户支共有土地、村落的公有土地之外的土地都归家户私有，故其经营主体主要呈现以家户为单位的家庭独立经营形态。本部分从传统时期席村家户经营情况、独立经营权及共有和公有土地经营三个方面进行考察。

(一)家户经营情况

村落范围内,"一家一户"是土地经营最基本的单位。但是"一家一户"又有"核心家庭"和"扩大家庭"之分。从下表3-13席村家庭规模情况统计看,席村以人口在4—6口以及小于4口的核心小家庭居多,4—6口的家庭占总户数的47.5%。基本上每个核心小家庭至少有1—2个劳动力。

表 3-13 席村家庭规模情况

	户 数	人口数	小于 4 人户数	4—6 人户数	大于 6 人户数
1 间	46	206	19	17	10
2 间	44	180	19	21	4
3 间	35	147	11	20	4
4 间	34	121	19	14	1
5 间	31	143	12	15	4
6 间	57	269	21	19	17
7 间	24	123	6	11	7
8 间	51	220	19	26	6
9 间	39	166	17	17	5
10 间	40	174	12	23	5
11 间	32	165	7	17	8
12 间	42	207	12	21	9
13 间	37	213	8	22	7
总计	512	2334	182	243	87

从劳动效率上来讲,仅仅依靠这1—2个劳动力,完成干旱环境下的麦作生产劳动强度是很大的,好在相比南方稻作区的精耕细作小麦的种植略显粗放,主要的劳动投入集中在播种前的土地整理,以及成熟后的小麦收割,并不像水稻种植过程那么烦琐。按照村里老人所说,旱地耕作难度大,种麦前要翻地,家里一个能干的壮劳力外加一头牛,一天也就整四五亩左右,如果说家里没有耕牛,单靠人力一天最多可以整理一亩多地。按照席村人均耕地面积4.61亩来计算,一个四口家庭,种麦前整理土地至少要花上3—4天。而播种的速度相对更快些,基本上四五亩的土地一天就可以完成。种下之后,入冬前锄一遍,开春天气暖和了锄一遍,锄草这两遍算下来也就一个人三四天就可以完成。以上耕地、播种以及锄草环节只要是在劳动工具具备的前提下,基本

上是由一家一户独立完成的。

在小麦收割阶段，因为要在特定的时间内完成这项特定的环节，一旦耽误了时间，很有可能会影响收成，所以在小麦的收割阶段一家一户是很难独立完成的，多数情况下会通过换工的家户联合方式来完成，也有部分家庭通过请工的方式协助完成收割环节。在席村，麦作收割环节的联合较为普遍，村民选择联合的对象优先考虑巷子里的门下人，这些人平日里接触频繁，关系都相处得比较好。如果门下人忙不过来，农户会考虑唤本村里自家的亲戚来帮忙。不管是门下人还是自家亲戚来帮忙割麦，这都是相互的，即便当时只是对方人多已经完成了自家的生产，日后对方家里做其他事情也得还回去。

（二）独立经营权

家庭作为基本的生产经营单位，在农业生产中拥有绝对的独立经营权，主要体现在对耕作土地的自主处置权，包括劳动力的投入与分配，具体种什么，如何去种，以及对劳动收获的使用与分配。不管是村里的财主、自耕农还是靠包地或半分种地的农户，在生产经营方面任何不具经营权的人都无权干涉。以下分别来对这三类群体的生产经营进行说明。

第一，财主的经营。多数财主在土地经营方面也是由自己来决定，但对于村里的大财主而言，家里有管家或者伙计中有"头把伙计"，往往财主会将土地经营方面的具体决定权授予他们，对于当年种什么，何时播种，什么时候出工，如何安排劳动力，何时收割等，全部由财主的管家或头把伙计来安排。但需要说明的是，管家或头把伙计在重要事情的安排方面依然会向财主报告请示，最终由财主来定夺。

第二，自耕农的经营。自耕农的土地经营完全由当家人来做决定，什么时候种，种什么，对家里劳动力的安排等全部由当家人来安排，即便是门下人对于当年的耕种给出了好的意见，但最终是否采纳也由当家人来决定。哪怕当年选择将地抛荒，村里的其他人也没有权利干涉。但是如果自耕农自主经营的方式或决定影响到其他农户的正常生产，一定会被干涉或制止。

据席村张全顺老人回忆，他家旁边地里的农户在自家地里种了三棵果树，种的位置正好靠近两家地垄。按道理人家把树种在自家地里，张全顺老人一家是没权利干涉的，但当时当家的是张全顺老人的父亲，就出面找了邻地的农户，让其把树移走。树虽然长在他家地里，但是树根会四处长，会影响到张全顺一家地里的庄稼。对方坚决不同意，最后这个事情闹到了村长那里，村长认为张家所说有理，最终对方还是将树移走了。由此不难看出，在席村家户的独立经营是在不损害他人的前提之下实现的。

第三，包地、半分种地农户的经营。这类农户无地或少地，主要依靠租种土地来实现生产经营。虽然这类农户的土地是租种而来，但在土地的经营方面不受财主和土地出租户的左右。"只要按时交了租，财主也管不了我种什么"，这是1949年之前靠包地和半分种地农户们所信奉的一句话。

(三) 共有及公有土地经营

传统时期，席村户支土地为全体族人的共有土地，寺庙及村公所土地为席村全体村民的公有土地，前文已经对这两类土地的产权所属进行梳理。这两类土地的产权属性虽不是农户私人所有，但土地的经营则通过租佃的形式转移到了席村普通农户身上。换言之，户支的共有土地虽为户支族人所共有，但是土地的经营则由租种户支土地的农户来实现，租种了户支土地的农户拥有独立的经营权，只要租种户支土地的农户每年可以按时缴纳地租，户长和支长也无权干涉农户以何种方式去经营土地。同样，席村寺庙土地、村公所土地的经营也是如此，庙官、"大和尚"以及村长都无权干涉租种土地农户的经营，他们有权决定来年公有土地租给谁，但无权对经营方式进行干涉。

关于户支土地的租种，需要农户主动同户长和支长进行商议，提出租种户支土地的请求。关于租种户支土地的具体细节在本章第二节已有较为细致的梳理。土地虽然是户里和支里所有，但户支土地种植何种作物由租种土地家户的当家人来决定，户长和支长对于经营不会过问，只要一年到头可以按时交上相应的租金即可。村公所和寺庙的土地也是一样的道理，家户选择租种土地，土地的经营就是家户独立经营，不受任何权威的干涉。但是需要指出的是，共有及公有土地经营过程中，农户如果做出破坏土地的行为，户支长、村长以及庙里的"大和尚"可以做出不租给农户土地的决定。

二、经营分工

传统时期，席村的家庭经营主要体现为"当家人说了算"，根据家庭成员的性别、年龄合理安排家户经营，同时不同家庭背景的农户在经营分工上也存在不同的特点。

(一) 当家人说了算

1949年前，在席村，家庭在农业生产的经营方面有独立权，而能够做主的独立经营权者在当时是每家每户的当家人。当年地里种什么，什么时候种，需要几个劳动力参与，劳动力不够去和哪家商量驸工，什么时候收，收回粮食怎么分配等，这些全部由当家人来独立决定。那么，谁才是这个家户独立经营的当家人呢？

第一，在没有分家前提下，如果家里爷爷还健在，身体硬朗，而且或多或少地还可以参与家庭的生产活动，通常情况下这个当家人就是爷爷。如果爷爷健在，但年事已高不再从事生产活动，当家人就是父亲辈的人（其中一个有能力的儿子），但多数情况当家的在经营方面还会征求爷爷的看法和意见，并且对于爷爷提出的意见会全部采纳。

第二，在没有分家的前提下，如果爷爷不在，即便是奶奶身体康健，也还参与家庭中的各项事务，一般也不会接替爷爷来主持家事，而是由比较有能力的父辈当家。一般这个当家人是爷爷活着的时候就定好的，父辈之间彼此认可和同意的。如果其中有人不认可，往往会采取分家的方式来处理，分出去后各自当家，互不干涉。

第三，对于分家后的小家庭来说，通常情况下是由家中的男人即丈夫来当家的。如果家中的男人身体不好或者早逝，孩子还小不能主事，则由家中的妻子来当家做主。如果孩子已经成年，丈夫去世，家里的妻子不会像孩子年幼时那样当家主事，而是在背后给儿子做指点，由儿子去当家。

（二）劳动分工

1949年之前，在席村，劳动力人数占总人数的一半左右，这其中不乏将成年女性作为半个劳动力的统计。如果剔除对成年女性的统计，仅以青壮年男性作为劳动力统计对象，席村的劳动力约占总人口的四成左右。但如果论劳动参与者的话，上至年过半百的老人，下到追逐打闹的孩童，在席村都可以说是劳动的参与者，抵得上半个劳动力的妇女自然也不排除在外。

1. 性别分工

1949年之前，在席村，农业生产主要依靠男性劳动力，换言之，地里的活男人们全程参与。主要包括麦作所有环节、种收棉花、种收红薯、种收麻等。除了地里的活，家里的很多活也由男性承担，比如说担水、盘炕、修房砌墙等。除此之外一些技术性的事情也需要男性来完成，修理家中损坏的劳动工具就是一项技术活。传统时期，女性不去赶集，所以家里的男性还需要负责出去卖家里多余的东西，冬天里去换油这样的事情也是由男性完成的。

"男主外，女主内"，农业生产的繁重体力活、家庭生活中的重活和技术活、外出做买卖这些主要交给了男性来承担，作为半个劳动力的女性主要承担家务劳动。除重体力家务之外，女性可以说承担了所有的家务，包括洗衣、做饭、养育小孩、饲养家畜等。同时女性还要肩负发展家庭手工的任务，纺纱织布这些活计全部由家中的女人来做。在农业生产方面女性会在锄草和收割的时候参与其中。

2. 年龄分工

上文提到，在席村，只要是能独立完成农业生产的老人都算是劳动力，这里说的老人主要是指不作为劳动力的老年男性。老人们不从事繁重的农业体力劳动，主要做些其力所能及的事情，例如放牛、种菜、晒麦子等。和老人类似，孩子一样做一些边缘性的事务，家庭条件好的可以送到村里的学校读书，家里条件不好的孩子就在家里做事，年纪小的捡柴火、割草喂牛，年纪大一点的跟着家里的男劳力到地里学做农活帮忙。

经营分工中的男女分工与老幼分工看似一种分工，其实质上是家户经营过程中的一种劳动力资源的合理配置。换言之，这种分工实质上是一种良好的合作关系，能够承担重体力劳动的青壮年男性承担着繁重的种植任务，而女性和老人则负责家户相对不耗费体力的事务，这样的分配是传统时期家户经营的最合理选择。

3. 财主家庭分工

上述两种经营分工的方式体现的是席村普通农户家庭分工的基本情况，对于财主家庭而言，经营分工略有差异。首先，财主家的经营虽也由当家人说了算，但财主家会根据家庭成员的具体情况来合理安排。据曾家家境殷实的韩景明老人介绍，过去他家里的当家人在农业生产经营的分工上，就不会让他的父亲过多地参与其中，究其原因，韩景明的父亲是个读书人，地里的活计并不擅长。家里过去雇着两个长工，地里的事情交给三叔来打理，在农忙的时候其父亲也会被要求去地里帮忙干活。所以，财主家的生产经营通常是由当家人做主，家里的雇工来实现，家庭成员是否参与要根据其是否擅长而决定。

三、合作经营

1949 年之前，虽然家户是席村最基本的经营单位，家庭享有独立的经营权，但是现实的生产经营中，很多环节单靠一家一户很难独立完成，合作成为农户的必然选择。"换工""帮工""水利合作"成为传统时期席村合作经营的几种主要方式。

（一）骈工

1949 年之前，在席村，换工是一种非常普遍的合作经营方式，当地方言将换工称为"骈工"。在席村，自耕农和贫雇农多采取骈工的经营方式。这里主要从骈工主体、骈工方式与细节等方面去考察这一经营关系。

1. 骈工主体

据老人讲述，1949 年之前，席村农户要骈工一般都是找门下人，即同一个巷子里相处比较好的邻居。一来是因为邻居住得近，一来一往比较方便。二来是平日里农户和门下人来往得比较多，关系都处得很好。如果和自家亲戚住在一个巷子里，农户一般先去考虑和亲戚骈工，即使是亲戚不愿意也要先去征询亲戚，如果抛开亲戚去找其他门下人，被亲戚知道了一定会计较，同时也会被巷子里的人说三道四，认为是亲戚不和。如果是和亲戚骈工不成，农户则会考虑其他的门下人。居住相对较远的亲戚，一般是不在骈工对象之列的。

2. 骈工方式与细节

在席村，骈工的方式有两种，一种是人工互换，一种是牛工与人工互换。这两种方式在1949年之前都比较常见。人工互换，通常是一对一的互换。而牛工与人工的互换则与人工互换不同，在席村通常情况下是一个牛工换三个人工。

以人工互换为例。农户A要干农活人手不够需要帮忙，必须提前一两天就得告诉与自家骈工的亲戚或者门下人，通常是前一天的傍晚A农户会去互相骈工的B农户家告知。前提是A农户必须是家里主事的当家人，如果不是则要由A农户请家里的当家人去告知。A农户会根据具体劳动强度来提出需要几个人来换工。只要是B农户没事通常都会同意，并在第二天一早主动到A农户家吃早饭。要补充说明一点，B农户一般不需要A农户特意叮嘱，前去干活时会主动带上劳动工具，这类劳动工具主要是各家各户都具备的小型农具，这主要看是去做什么农活，一般的割麦都会带上镰。但凡涉及大型农具则归为借用农具，需要A农户另外提出借用。骈工中小型的农具如果损坏，主家可以主动提出赔偿，来骈工的农户也可以接受也可以谢绝主家的赔偿，相对而言比较灵活，一般也都不会太过计较。但对于大型农具而言，骈工时主家如果同时提出对大型农具的使用需求，一旦农具在骈工期间损坏，一般主家需要赔偿。如果是骈工的农户在劳作过程中将主家的农具损坏，若主家不提出赔偿，干活的农户可以赔也可以不赔，通常情况下不需要赔偿，因为用坏农具也非帮忙人本意。关于牛工与人工的互换只需要遵循一个牛工换三个人工的规则即可，具体的细节和农户借用耕牛相同，在席村借用耕牛就等于是用人工换牛工。

女人不可以骈工，原因在于骈工的活都是相对重体力的农活，女人在席村一直都被认为是半个劳动力，主要负责的也都是些家务方面的事情，农业生产方面仅仅是参与些比较轻松的事务，即便是很有力气的女人也不会参与到骈工当中。骈工期间，女人一般负责做饭，主家要负责一日三餐。这期间茶饭不能太过简单，按照任福成老人的说法，饭菜一定要有荤腥，要是能有点烧酒那更好，没有也不挑理。骈工期间做的饭是给做工的人专门做的，家里其他人不能吃，女人会额外准备其他人的饭。如果干活的地方离家比较远，主家会把饭菜送到地里吃，不远的话就回家来吃。

骈工的时候，主家必须至少得有一个劳力和骈工的亲戚或门下人一起在地里干活，否则骈工的性质就发生了改变，成为"雇工"或"请工"，而不是骈工。"雇工"或"请工"可不是以人工换人工的方式，而是要支付工钱的一种雇佣关系，如果骈工期间主家不出劳动力一起干活，来帮忙的农户可以停止帮忙或主动提出要求支付工钱的事宜，商量妥后决定是否继续做工。

因为农户间的骈工较为普遍，除了生产方面的骈工外，在日常生活的其他方面也会骈工，为此农户们都会有一个记录骈工的账本，本上记着与谁骈工的具体回数，农户心里就比较清楚和谁骈了工，是不是还欠谁的工没有还完。如果到了一年的年末，农户还有没还完的工，对方又没有提，欠工的农户一定要到对方家里问一下有没有事情要做等等。欠下的工是会累计到下一年的，如果不想累计也可以由欠工一方出钱来结清。举个例子：A农户和B农户两户骈工，年底A农户看自家记的骈工账发现，这一年间B农户接了两个牛工，自己帮A农户割麦出了四个工，A农户还差两个工没有还清。A农户到年末会主动去B农户家里讲清欠工的情况，主要是不想让B农户觉得A农户有意想赖掉。A农户可以提出出钱抵工，只要B农户同意则采取出钱抵工的办法，一般一个工按1—2升麦子来算。结清后来年骈工再记。B农户也可以提出来年再说，那么骈工账就继续累计。

(二) 帮工

帮工是席村另一种合作经营的形式，与骈工不同的是，帮工是一种完全基于人情关系、不计得失、不计报酬的合作形式。1949年之前，席村农户之间的相互帮工主要体现在以下几个方面：

1. 帮工对象

1949年之前，寻求帮工对象不会像骈工有先后的顺序。帮工要处理的事情多是一些小事，不投入过于繁重的劳力便可完成，用村里人的话讲就是"顺带手的事情"。因此互相帮工多发生于巷子里的门下人之间，即便是亲戚同住一个巷子，也不会有亲戚和邻居的先后顺序。从相互帮工的频次而言，紧邻的邻居是主要的相互帮工对象。

2. 帮工内容

骈工主要体现在土地经营方面，而帮工所涉及的范围则更为广泛，同时帮工涉及的事情一般是小事，或者更加准确地讲帮工就是日常里的"帮忙"。涉及的内容较为琐碎，在此不一一列举，简单地举几个例子来说明：农户A和农户B是邻居，收秋后两户在各自的场晒麦，农户A请农户B帮忙照看下晒场的麦子，并叮嘱农户B帮忙用木耙翻动麦子；假如晒麦时天气突变，农户B请农户A帮忙一起收一下麦子；再比如农户B亲戚家里做事，全家都要去亲戚家，农户B会请农户A帮忙喂牲口……诸如此类不需要骈工的小事情，一旦对方提出通常不会拒绝，农户都会相互帮忙来妥善地解决。

（三）水利合作

1949年之前，席村的水利合作主要是指拥有三庄河灌溉份额的农户间所进行的水利合作，而农户间这样的水利合作主要依托于三个村庄所搭建的三庄河管水组织来实现。涉及的合作内容主要体现在对三庄河引水主渠的共同维护方面。参与主渠维护的农户是拥有灌溉"水份"的农户，主渠的维护由本村的渠长来组织开展，每年农历二月渠长会召集拥有"水份"的农户集体清理主渠。清理工作比较简单，只需农户将主渠内的杂物清除，对有破损的地方加以修缮即可。维护引水主渠采取的是平均分配任务的办法，并不会根据农户拥有水浇地的亩数来安排任务。对于主渠外引入自家地里的支渠则由农户独自维护。对于没有正当理由不出工"掏渠"的农户，渠长可以取消其当年的用水资格，如果农户因各种原因未能出工掏渠，一般会采取出钱抵工的方式来处理。

除了合作"掏渠"之外，农户间在用水方面的合作还有井灌地的共同提水。在第二章讲到，在席村的村南有很少的井灌地，并通过图2-8立井水车介绍了井灌提水的难度。席村用于灌溉的水井均为私人所有，但在提水灌溉时往往采取两到三户合作的方式来提水灌溉。采取合作的往往是相邻土地的农户。例如：地里的水井为A农户所有，水井就打在A农户的地里，A农户一侧相邻的土地为B农户所有，B农户并没有在地里打井。用水时期，B农户会主动找到A农户来商谈用水事宜，因为水井提水费时费力，所以只要是井水足量的情况下，A农户会接受B农户的提议，两户合作提水，但B农户必须接受优先完成A农户的灌溉这一条件。取水当天B农户吃过早饭就会主动前往A农户家里，和A农户一起将提水的水车用牲口拉到地里，架好水车，套好牲口以后便开始提水。因为水井所处的地势相对较低，提出的水不能直接流入地里，挖引水渠的话会比较深，会影响到地里的庄稼，所以提出的水汇聚在农户事先挖的一个水坑里，农户再用水桶将水浇到地里。据村里老人讲，井水浇地速度很慢，一天下来最多也就能浇上两亩地。这样看来，合作提水也成为井水灌溉农户的一种必然选择。

四、市场雇佣与经营

在席村，除了上文提到的"一家一户"的家户独立经营与合作经营之外，传统时期的席村，在农业生产中还引入了市场的因素，主要表现为请工、长工、月工与短工等几种形式。

（一）请工

传统时期，在席村，请工现象比较普遍，一般都是家里劳动力不足，土地比较多的自耕农在农忙的时候会请工。在席村请工与雇工略有不同，请工并非纯粹的市场关系，其中夹杂着血缘、地缘以及人情关系。其具体的关系形态表现为以下几个方面：

1. "能干"与"关系"皆看重

据席村多位老人介绍，1949年之前，家里劳动力不足，种地比较多的农户在农忙的时候往往会请工。请工通常是由家里的当家人出面去请，妇女不能出面去请工，除非妇女是当家的。农户请工时一方面看重要请的人是否能干，另一方面还比较在意彼此间的关系。请来的人一般是本村关系比较近，相互熟识，又能干得了活的人。请来的工人只能是男性，即便村里哪家的女人很能干，也不会被请来做工。往往农户在请工之前会找经常请工的农户打听，了解村里谁做事比较好，用工农户会结合打听到的情况最终定夺请谁来做工。在干活能力相当的情况下，农户会选择关系比较近的门下人。请工来做事是不会考虑自家亲戚的，自家亲戚之间干活时候也不好指示，活干得不好也不方便说。

2. 工具与工钱

请工时如果农户家里干活的工具不够，一般会在请工时提前告知对方，对方会自带工具，如果农户家里有干活的工具，则不需要所请的工人自带工具。工人如自带工具，不需要支付额外的工钱。但是如果使用了干活工人的耕牛，则会按照一牛工等于三人工的标准来支付牛工的报酬。如果在干活中所请工人将主家的工具用坏，若损坏不严重主家可以自行修好，则不会要求干活工人赔偿，另外也要看两家之间的关系，如果关系比较好，也不需要赔偿。但是，如果农具损坏严重，请来的工人自会主动赔偿。如果损坏的是工人自带的工具，损坏不严重工人及时修好便是，如果损坏的农具延误干活，主家则会出钱赔偿，尽量不延误工时。

在工钱方面，请工所支付的工钱由所干的营生来决定。干的营生比较复杂繁重工钱适当会多一些，如果干的营生相对来说比较轻，工钱自然会少些。但多与少一般是干活前定下的，双方定好以后通常不会改变，除非用工期间增加了额外的内容，双方商定后会追加工钱。除割麦给4升粮食外，其他的营生一般都给2—3升粮食。

3. 伙食与住宿

1949年之前，在席村，请工是需要管饭的。请工的主家要承担工人一天三顿饭，并且中午那顿饭一定要有荤菜，条件稍好的家庭还要备上些烧酒。如果请工的主家在伙食方面做得比较差，一方面所请的工人会说三道四，另一方面传出去以后就很难再请到工人了。

请工主家是不会提供住宿的，即便所请的工人不是本村人，也会在吃过晚饭后回家，第二天一早来主家吃过早饭继续做工。会让工人留宿的时候一般是在赶着割麦的时候，到了割麦的时候生怕变天，所以会赶工，通常主家会让工人住在家里，赶工时候一般会吃四顿饭。

（二）长工

1. "劳力少的财主家雇长工"

传统时期，在席村，一般只有财主家才会有长工，自耕农和贫农没有能力雇得起长工。通常雇长工的财主都是家里土地比较多劳动力比较少，抑或是家里人口也比较多，但家中的劳力从事不同的事务，从事农业生产的人力不足。例如席村韩景明老人一家过去就是雇有长工的财主，据老人讲述，当时家里人口比较多，但是其父辈们各自都有不同的事情要做，大伯在外做买卖，其父亲是教书先生，所以从事农业生产的只有其三叔，家里地又比较多，不雇长工根本忙不过来。

2. "惜活[1]的可怜人扛长工"

据受访对象任福成老人讲述，1949年之前，在席村，家里地少，人口多，主要是儿子多的人家，儿子成年后（15—16岁），为了谋求生计，通常会选择去财主家里扛长工，任福成家过去就属于这种情况。另一种情况是家道中落，失去了维持生计的土地后给财主去扛活，这种情况在村里并不多。总而言之，用当地的方言讲，但凡能过得去的人一般不会去扛长工，只有"惜活"的人才去财主家里扛长工。任福成有两个哥哥，一个哥哥经人介绍在外村扛长工，另一个哥哥在本村财主家扛长工。

3. "本村自己寻，外村靠介绍"

一般来说，到财主家扛长工有两种渠道，一种是经人介绍，一种是自己上门去找，一般在本村财主家里扛活都是自己上门去寻，去外村扛长工则多数是经人介绍。本村惜活的可怜人通常是自己寻到财主家去某个营生，财主对于这家人的品行或者基本情况比较了解，要不要用决定起来也相对容易些，只要是没啥坏名声，身强体壮能干得了活都会留下来。而去外村主要通过亲戚或者朋友介绍，财主选伙计一方面看重长工的体格，另一方面还要看长工的品行，这些都是介绍人需要向财主说明的情况。介绍人也得是财主认可的人，对于财主不认可的介绍人，即便是能干品行好也不会用。如果扛活的长工在财主家里犯了事，财主定会找到介绍人给些难堪。亲戚朋友当介绍人

---

[1] 惜活，当地方言，表示姑且过活，生活困难勉强度日。

通常是出于关系的帮助，不会索要任何的好处。

不管是在本村扛长工还是在外村扛长工，都是不需要订立做工契约的，只是口头上相互商定即可。扛活的人通常清楚具体要做些什么，所以口头约定也不会就工作内容进行说明，但长工的报酬是会提到的。其次，财主和长工都遵循着一个用工的周期，一年一个周期，在席村，秋粮进仓意味着一个周期的结束，财主是否继续用长工基本上会在收秋后决定。当然，这种选择也是双向的，扛活的长工也可以决定是否继续在财主家干。

4. 长工待遇

这里长工的待遇主要包括长工获得的工钱以及长工在一年的扛活期间吃住等方面的待遇。

首先，长工获得的工钱。在财主家扛活的长工所获得的工钱与长工的能力有密切的关系。在席村，财主又把长工称为"伙计"，伙计按照年龄和在财主家扛活的时长以及做活的能力分出了"头把伙计"和"二把伙计"。往往雇有多个长工的财主家里才会有头把伙计，头把伙计在财主家扛活的时间比较久，在众多伙计中年纪偏大些，对财主家的各类农事相对熟悉，并且深得财主的信任。头把伙计会接受财主的的安排来对不同时期的农活进行布置和安排，同时可以吩咐和指派其他伙计来做活。二把伙计则就是普通的长工，听从财主或头把伙计的吩咐做事便是。正是长工的等级不同，其获得的报酬也不相同，头把伙计通常可以拿到三石粮食，其中至少有一石麦子、两石谷子，如果头把伙计干得好，财主家收成好，也会给麦子和谷子各一石半。普通的长工通常一年的工钱是两石粮食，即麦子谷子各一石。

其次，长工的居住。长工在受雇期间住在财主家里，长工居住的地方叫作"牛院"，具体可参看第二章图2-14财主院落平面图中牛院的分布。牛院是财主圈养牲口的地方，长工通常就居住于牛院当中，之所以这样安排，据村里老人讲主要是长工要负责喂牲口，到了农忙的时候半夜里都得起来喂牛，把长工安排在牛院住主要就是为了方便照看牲口，头把伙计也不例外，只不过头把伙计会在牛院中单独有一间房，而且不用夜里起来喂牲口。对于家里没有牛院的"土财主"或"小财主"，长工一般住在离耕牛最近的耳房里，主要的目的也是方便喂牛。

再次，长工的伙食。在席村，长工和财主不在同一个桌上吃饭，即便是能干的头把伙计也不会和财主同桌吃饭。在饭食方面，长工吃的饭食和财主并无太大的差异。过节财主家改善伙食的时候，长工的饭食同样会改善，通常情况下财主还会为长工们备上一壶烧酒。

最后，其他待遇。如果长工在财主家生病，财主会出钱请大夫给长工看病抓药。前提是长工所患病是比较容易治疗的病，如果大夫认定长工所患病医治比较困难，或医治需要花费大量的钱财，财主通常会支付一定的报酬后将长工辞退。如果生病的长工向财主告假回去治病，财主一定会同意长工的请假要求，三五天的时间财主不会介意，也不会在收秋算工钱的时候扣工钱，但如果告假在农忙的时候，财主是会扣工钱的。同样，如果长工因其家里有事需要告假，财主通常情况下会同意长工的请假请求，但请假时日一般不能过长，否则财主会扣工钱。

5. 财主与长工关系

在席村，财主和长工除了雇佣关系之外，往往还会涉及其他方面的关系。长工是通年住在财主家里的，过年的时候本村的长工通常会回家过年，对此财主也不会干涉，通常会在腊月二十三那天让长工回家。正月初一长工通常会去给财主拜年，拜年的长工不会给财主带任何的礼品，而且仅仅是长工一人前去拜年。对于拜年的长工财主会赏顶帽子或者给一双袜子，有时候也会给条手巾[1]。拜年的长工是否会被财主留下来吃饭主要取决于双方的关系，如果是家里的头把伙计来拜年，财主一定会留下一同吃饭。如果是普通的长工，留不留吃饭全由财主说了算。不回家过年的长工更要给财主拜年，同样会得到财主的赏赐。

财主家遇到红白喜事的时候，长工往往会被要求参与其中做事，参与做事的长工是不需要备礼的。如果长工没有被要求参与其中做事，通常情况下长工会准备薄礼主动参加，上礼的长工也会被安排吃席。对于参与这类红白喜事做事的长工，财主会在红白喜事结束后请长工吃席表示感谢。财主家亲戚有事需要帮忙，财主提出需要自家长工去时，长工一般不会拒绝，但报酬会另外算，通常按天来算。如果财主和长工关系很好，长工也可以无偿去帮忙一两天，财主亲戚只要管好长工的饭食即可。

相反，遇到长工家里办红白喜事时，长工在告假的时候会说给财主，但并不会特意邀请财主，办喜事的话会告诉财主到时候去吃席，如果是办白事一般不会邀请。如果是财主家的头把伙计或者和财主关系比较好的伙计，财主一般会派人去上礼，财主不会亲自去，即便长工不是本村人财主也会派人去上礼。

对于雇外村的长工来家里做事，财主无须跟村里的村长或闾长报告。过去村里的青壮年经常会被抓兵的抓走，对于外村来席村以及席村到外村扛活的长工也不例外，

---

[1] 手巾，和现在的毛巾相同。

在抓兵时不会考虑是不是本村人。其中受访者任福成老人的二哥在外扛长工时就被抓去当了兵,两年后才跑了回来。对于做活的长工被抓走当兵财主也无可奈何,即便是长工的家人找上门,财主也只能是结了部分工钱,再无其他额外的补偿。

6. 长工与长工关系

长工与财主除了雇佣关系外还涉及其他方面的关系,同样长工与长工之间也会产生或多或少的关系。如上文所述,长工会根据其能力、年龄分为头把伙计和普通伙计,因此在长工之间也存在着领导与被领导的关系。普通伙计日常主要听从头把伙计的安排来完成各种农活并受其监督。长工之间除了这种领导关系之外,日常生活中也会相互地帮扶。例如财主家长工A家里的老人过世,A要回去料理丧事,在征得财主的同意的情况下,财主家的长工B、C都会去A家帮忙,即便这些长工不是一个村里的,遇到需要帮忙的事情也都会帮上一把,这些帮忙都是不计报酬的。另外长工之间还会共同联合来对抗财主。据村里老人讲,过去村里"铁门"[1]的长工就跟财主闹过事:"铁门"的长工听说其他村里的长工那年都涨了工钱,于是提出让财主加工钱的请求,财主对于长工的要求没有理会。在收秋的时候长工集体怠工,"铁门"眼看情况不对,只好同意每个长工多给半石粮,这场风波才得以平息。不过收秋后"铁门"把长工都辞退了。

(三)月工与短工

1. 月工

在席村,除了长工外还有月工。月工主要是根据其工钱的结算周期以及做工时长而来。一般村里缺少劳动力的自耕农家庭,家里长工忙不过来的财主会在忙月的时候请月工。忙月通常指的就是一种一收这两个阶段,而这里的月工也不局限于整一个月,只是相对于按天结算工钱的短工而言的月工,但月工一般情况下至少也有半个月的工时。

农户找月工可以自己找,也可以找亲戚朋友帮忙找,月工多以本村人为主。做月工的农户一部分和做长工的情况差不多,日子比较难过,也有是日子凑合过得去,自家地里的事情赶着已经完成,去做月工挣些额外的收入。不同于长工住在雇主家里,月工是每天一早上工,收工后回去。种地时候月工去雇主家做事不需要带农具,收秋的时候,雇主通常会告诉月工带上镰,即便是雇主不说,干活的月工也会带上收割的工具。月工做事期间,雇主要负责月工的一日三餐。月工的工钱通常是按月结,或者

---

[1] 铁门,村里最大财主的代号,因其家门是一扇大铁门而得名。

是按照工时一次性结清,据村里老人回忆,按照整月来算,月工一个月的工钱换成粮食约有3—5斗粮,一般情况这个粮食指的是麦子。

2. 短工

在席村,雇短工相对而言比较随意,家里遇到急需人力的事情,就可以雇短工来应急。雇短工也不局限于家境比较好的农户,在不能换工和请工的情况下,雇短工成为一种选择。家里建房人员不够,可以雇个短工,地里割麦比较赶,农户也可以选择雇短工。因此在席村每到割麦的时候都有周边附近的人来做麦客,当地人叫"赶麦场",麦客就是典型的短工。

雇短工,不需要找人介绍,都是雇主自己去找。如果是雇麦客更容易,割麦时候都会聚在村里的八卦亭下,直接去选就可以。短工的工钱是按天结算,通常一天赚不到一块钱,折算成粮食大约2—3升[1],干得好的雇主最多给到4升。割麦时候能干的麦客,雇主会根据割麦的数量来付工钱,最多一天可以赚一斗粮。和月工相同,短工也不会住在雇主的家里,对于比较远的麦客雇主可以给提供住的地方。短工劳动时要自带工具,特别是割麦时的短工,如果不带工具,基本上没人雇。如果是做其他事情,有工具的话也会带上工具,一方面用雇主的工具不一定称手,另外如果用坏了还得搭钱赔。短工受雇期间,雇主要负责短工的一日三餐。

第四节 交换与交换关系

市场交换是传统时期席村村民日常生产生活中最为基本的经济活动之一。由于单个家户的生产经营能力有限,为了满足日常的生产、生活需求,交换变得越来越普遍。席村的市场交换主要由小规模的村内商业活动和村外逢集所构成,农户绝大多数的商品交换都是借助于村外逢集实现的。

一、市场概况

1949年之前,席村村内的商业活动也曾比较发达,在1937年日本发动全面侵华之前,席村每逢三、九都会有固定的集市,村内及周边村落的农户都可以在席村买卖农副产品。然而,伴随日本发动全面侵华,很多村落的集市都难以维持,席村的集市在此期间也停办。在此之后,席村村内的商业活动规模开始不断缩小,商品交换的农户流向集镇的集市,席村也仅限于活禽买卖、收豆换油、挑货郎及村落借贷这些小规模

---

[1] 升,计量单位,据老人介绍,一升约3斤左右。

的商业活动，传统时期集市形式的商品交易只能选择诸如三泉、泉掌、北苏、县城这样大的集镇的集市。这四大集市共同构成了1937年之后席村村外逢集的交易地点。图3-2为席村村外逢集的四大集市相对于席村的分布示意。

二、村内商业活动

1949年之前，席村内部的商业交换活动相对来说比较的简单，1937年日本发动全面侵华之前，席村的主要商业交换活动包括固定的

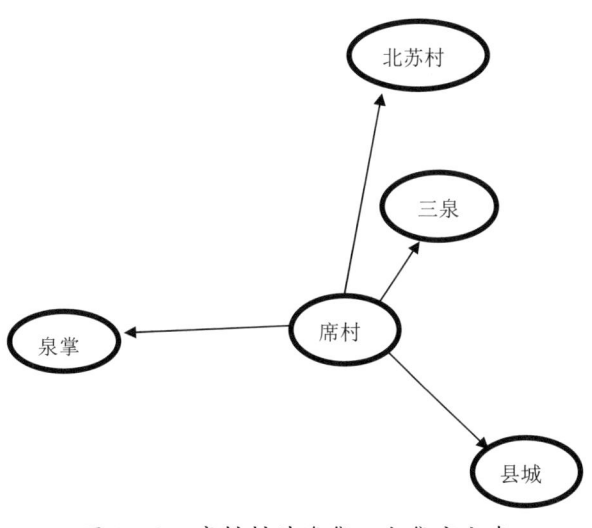

图3-2 席村村外逢集四大集市分布

集市交易、日常农户之间的商品交换、铺子及进村货郎的小型商业活动以及村落中的借贷行为。伴随着日本全面侵华的开始，席村昔日里繁华的集市日渐萧条直至停市，大规模的商业交换转至村外。

（一）1937年前的席村集市

据村里老人介绍，在1937年之前，席村有自己村里的集市，席村在每个月的逢三和逢九开集，也就是每个月农历的初三、初九、十三、十九、二十三、二十九六天开集。席村集市的规模并不是很大，在席村的集市上可以买到村民生活所需的一系列用品，农户也可以卖出自己多余的物品。作为村级的集市，在席村的集市上买不到牛和骡子这样的大牲口，但是专门从事牲口买卖的经纪来招揽生意，这些经纪都是周边规模稍大的集市里牲口市的经纪。席村的集市辐射五里范围内的村庄，包括李村、蒲城、卢家庄、水西、孝陵等。

席村的集市主要集中在席村娘娘庙前的街道上，可以说是在村庄的中心位置。村长会指派村里的财粮来专门管理集市。外村的农户可以来村里摆摊，来到席村不会受到任何的排挤，但外村来摆摊的商贩要缴纳一定数额的费用，这笔费用叫作"地皮费"，收取地皮费的是村里的财粮。这笔费用只向外来摆摊的收取，本村的农户不收任何费用，对于来席村招揽生意的牛经纪，因为村里没有专门的牛市，也没有实在的摊点，因此财粮收地皮费也收到不到经纪的头上来。财粮不仅要收地皮费，还要维护集市秩序。在集市交易中时常会发生纠纷，这些纠纷多因一些鸡毛蒜皮的小事而起，比如摆摊人会因为争抢好的摊位发生争吵，买卖双方会因为分量发生争吵，基本上是些

磨嘴皮子的纠纷，很少会出现肢体上的冲突，一般这类问题由财粮来协调解决，财粮很难摆平的问题则会请村长来调解。

村庄内的集市对于席村村民而言意义深远，一方面村民每月有六天可以不用出村就进行商品的买卖，这给村民提供了极大的便利；另外一方面，村里的集市还为村与村之间的沟通与联系提供了便利，最常见的便是伴随集市而结成的婚姻关系，很多姻缘都是在赶集上由村里的媒人促成的。此外集市也成了席村村民的骄傲之处，因为在传统时期，除了县城，能立得起集市的村在当地都是有名气的村子。

（二）日常村内商品交换

1. 活禽买卖

1949年之前，在席村很大一部分农户都有养鸡的习惯。据2015年版《新绛县志》记载，民国二十四年（1935年），全县存栏鸡8672只，席村所属的第三区的鸡存栏量为全县最多。传统时期，与牛、马、骡等大型牲畜交易需要到专门的市场有所不同，活鸡交易是允许农户私下完成的，为此农户一旦有卖出或购买活鸡的需求通常会在本村内来进行，当然也会在固定的集市上来实现。

1949年之前，在席村养鸡的农户通常以地主、富农、自耕农居多，对于地主和富农而言，养鸡的主要目的是下蛋供自家食用，对于自耕农而言，养鸡主要是为了攒下鸡蛋去集上换钱。所以通常情况下自耕农会从事活鸡的买卖。买卖过程中通常都是买家自己找家里养鸡的农户去问，如果对方恰好有卖出的意愿，则交易有可能实现。也有农户家中遇到了困难会将养的鸡卖出，这类情况是农户会先找到门下人询问是否有意愿购买，如果门下人没有买鸡的意愿也会让其帮忙将消息传出去。在门下人不买的情况下，农户通常会以价格来决定卖给谁，如果买家出价相同，则会卖给最先提出购买意向的人。

本村内活鸡的买卖主要是用钱来完成结算，也有以物品来代替钱款的结算。据村里老人回忆，过去人手上有钱的不多，在门下人家里抓了鸡，给不上钱的还不少，这些人一般会拿粮换，一只下蛋鸡要出近斗半的粮，至少也不能少于一斗粮。

2. 收豆换油

收豆子换棉籽油是传统时期席村内部交易的另一个方面。因为豆子耐旱，村里人会掺杂着种一些豆子，本村除了磨豆腐的会用豆子外，农户日常很少消耗，收了的豆子一方面拿去豆腐铺子换豆腐，另外村里会有人专门收豆子。据村里老人回忆，过去村里张姓有好几户就是做收豆子买卖的，他们在村里低价收了豆子，收到一定数量就跑一趟侯马，去那边能高价卖了，赚些差价。普通农户因为自己的豆子数量有限，跑一趟侯马根本没得赚，所以就让村里收豆的人收去。农户卖豆子换来的是钱，一般村里豆贩子把收到的豆子卖出后才会给农户结钱。

上文提到席村村东的三庄河，这条河除了灌溉农田外，村民还入股在河流拐弯的地方建起了磨坊，冬天的时候三庄河不设置闸口，河拐弯的地方水流比较急，村民利用三庄河建起了三个依靠河水冲击产生动力的磨坊，分别是张家磨、北磨、南磨。村里人把这三个磨坊称为"水打磨"，磨坊是村民筹资入股建成的，据席村"四清"档案及老人回忆，水打磨的股份是按照入股农户的份额来分配的，通常一股就等于一天一夜的使用权。这三个磨坊都只能磨棉籽油，村民们利用水打磨做起了低价收棉籽磨油的营生。由此村里专门有人做换油的买卖，换油和收豆有些相似，农户通常手里都有第一茬的棉籽，磨成油以后便开始交换，村里有人在外面搞到棉籽，拿着棉籽来换农户磨好的油，农户往往用很少的油可以换到数量可观的棉籽，之后再去磨油再换，由此来获得差额的利润。这种交换在村里存在，有能力的农户自然会走出村子自己去换以获取更大的利润。

（三）铺子与货郎

虽然1949年之前席村没有形成稳定的集市，但在席村也可以找到几个做小买卖的铺面以及不定期出现在村里的挑货郎。其中位于中大街的馍铺是老人们印象最深刻的铺子。1949年之前，人们走亲戚、去参加红白喜事的时候基本上会带上几个馍作为礼物，为此周边人口比较多的村里都有馍铺。席村的馍铺是本村人经营的，馍铺主要售卖现成的蒸馍，按照村里老人介绍，馍铺里平日里能卖出的馍并不是特别的多，一方面主要是接受预订，这包括村里有老人过世后在馍铺里定的"祭"[1]，上年纪的人过寿定的寿桃，家里生孩子喝满月酒时定的花馍等。另一方面则是来走亲戚、参与红白喜事的人买馍。通常在馍铺定馍和买馍的都是家庭条件比较好的农户，普通农户一般是在自家蒸，而且据老人回忆，家庭条件一般的农户送人蒸的白馍都是外边是白面里面是"二混面"[2]的馍。村里除了馍铺外还有一个烧酒铺子，铺子同样是本村人开的，出售的酒是自家酿的，村里不少人会去买酒。

馍铺和烧酒铺都是用钱来结算的，可以赊账的，但是据村里老人回忆，在铺子里赊账的人在村里肯定不是一般人。用老人的话说，"赊账看人呢，不是谁想赊就能赊得到"。老人们流传着一句"兵锁赊白馍——么事[3]！"兵锁是村里的一个匠人，这人经常

---

[1] 祭，当地人在老人过世后献上的大馍或面食类供品。
[2] 二混面，带着麸皮的白面和玉米面的混合面粉，以玉米面居多。
[3] 么事，方言，指没有问题。

到馍铺去赊馍,但是他在村里人气好[1],讲信誉,赊下馍以后会很快把钱还给馍铺店主,所以兵锁去赊馍是没有问题的。馍铺和烧酒铺对于几类人是绝对不会赊账的,一类是村里的赖皮,一类是没偿还能力的可怜人。

除了村里这两家店铺之外,再有就是进村挑担子的货郎。据村里的老人回忆,进村做挑货郎的买卖人大多数是河南人,在席村没有从事挑货郎的农户。这些人进村一般会卖些针线碗筷等家用的小物件。挑货郎进村并没有固定的时间,村里每年庙会的时候来村里的货郎相对多一些。挑货郎进村不需要向村里任何人报告,村里也不会向进村的挑货郎收任何费用。席村农户与挑货郎购买小物件既可以用钱,也可以用物去换物。一般挑货郎乐意用粮食或是豆子来进行交换,当然主要是看挑货郎的需求。席村的农户很难在挑货郎那里赊账,一方面是挑货郎兜售的东西也不值钱,另一方面挑货郎作为流动商贩,下一次进村的时间也不固定,宁愿不卖也不愿意赊账。挑货郎走街串巷吆喝着卖东西,也有的会摇着拨浪鼓,这些人身上都带着干粮,在村里兜售东西时不会在农户家里吃饭,偶尔口渴会向村里的农户讨碗水喝。

(四)村落借贷

1. 村落借贷基本情况

传统时期,在席村,通常农户家里周转不开,但是这笔钱又不得不花的时候会考虑借钱,大致可以分为三种情况:家里办红白喜事缺钱的时候,特别是办丧事缺钱的时候会借钱;其次就是家里有人患了重病,急需用钱治病的时候也会想办法借钱来治病;再有就是借钱购置牲口或大型农具等。

农户借钱最先会去向比较近的门下人开口,其次是家里的走动频繁的近亲,远房亲戚一般是不会考虑的。如果前两者都借不到,但又急需这笔钱,农户则会找村落中专门放贷的财主借钱。在席村专门可以借钱的地方被称为"钱铺",是席村张姓财主在自家宅子里开设的借款铺子。通常情况下借款的人一定是家里主事的当家人。

2. 借贷程序

农户向门下人、亲戚借款一般是不需要提供抵押物的。只要是借款不多,并且约定好还款的时日,而门下人判断其具有偿还能力且借钱的事由属实,只要是手头宽裕一般或多或少都会借的,亲戚也是同样的道理。但村里老人讲,通常是"救急不救穷",如果是指望借钱过活,那肯定是借不来钱的。找门下人或亲戚借钱通常因为平日里交往密切不会提及利息的问题,也不会要求借方用房或地来做抵押,但如果借钱时借方许诺还钱时要给利息,借出方也不会拒绝,在这一点上全凭借钱一方的个人心意。

---

[1] 人气好,当地方言,表示人缘好、人品好。

找门下人或亲戚借钱相对简单，但是一旦去钱铺或者找村里财主借钱，程序就相对有些烦琐了。首先是去找财主借钱，通常要找个中间人带着去，这个人一定是可以和财主说得上话的人。通常这个带着农户去借钱的人还会充当保人，所以这个人得和借钱农户非常熟悉，而且关系还比较近，了解借钱农户家庭情况及为人，如果一点都不了解，绝对不会冒险去当保人。有保人的借款，通常不需要抵押，但要立借据，借据上会写明借款原因、借款的数额与何时还款。因为和财主借款是有利息的，所以借据上还会写明利息以及到期应还的款数。同时还会写明不能按时还款时保人要承担的责任。借据一式三份，双方及保人各持一份。关于借款的利息问题，由双方来商定，利息高低也和保人有重要的关系，保人和财主关系越好，利息可能越低，按照村里老人回忆折算，通常的利息是50%左右。

钱铺里借款和找保人去财主家借钱又有所不同，这种借款和现如今的银行抵押贷款比较相似，农户不需要找保人，可以直接去钱铺里找财主或者掌柜的谈，这种借贷通常需要农户以房或者地来作为抵押，钱铺会根据你抵押的房或地来定夺借出钱款的多少，通常情况下是不成正比的。钱铺借款的利息高达本金的一倍，打个比方说就是借100到期要还200。所以过去很少有农户去钱铺借钱，去的都是实在没有办法的农户。去钱铺借钱的农户要将地契或者房契抵押在钱铺，按时还钱后将其赎回，如若未能按时还钱，一般会通融个把月的时间，一旦逾期，钱铺的财主就会收地或者收房来抵债。

三、村外逢集交易

相比村落商业交换活动而言，村外相对固定且具有一定规模的集市成为村民商品交换的重要渠道，也是传统时期席村农户进行商品交易的主要选择。在席村人们将这种在村外的交易称为"逢集"。

（一）村外集市概况

1949年之前，席村村民逢集的地点主要集中在席村周边的几个地方，分别是三泉、泉掌、北苏村、新绛县城。四个集市中三泉距离席村5里路，泉掌距离席村15里路，北苏村距离席村25里路，新绛县城集市距席村15里路。

四个集市中三泉的集离席村最近，是席村农户最常去的一个集市。北苏村的集市离席村最远，这个集市靠近山区，席村农户会经常前往此集出售闲置的物品给山里的村民。新绛县城的集市规模最大，经营范围最广。上述的四个集市中都有因交易专门产品所形成的"市"，例如交易牲口的牛市、猪市，交易麻的麻市等。以上的四个集市都有固定的逢集时间，下表为席村农户所逢四个集市的具体日期。

表 3－14　席村农户所逢集市开市日期

集　市	逢集日期（开集时间）
三泉集市	每月农历初一逢集，每隔六天逢一集，即每月初一、初七、十三、二十、二十七逢集，每月共 5 个集
泉掌集市	每月农历逢五与十开集，即每月初五、初十、十五、二十、二十五、三十逢集，每月共 6 个集
北苏村集市	每月农历逢三、六、九开集，即每月初三、初六、初九、十三、十六、十九、二十三、二十六、二十九，每月共 9 个集
新绛县城集市	每月农历逢二、五、八开集，即每月初二、初五、初八、十二、十五、十八、二十二、二十五、二十八，每月共 9 个集

（二）逢集

1949 年之前，席村村民在四个集市开集的日子里都可以去逢集，并没有规定的特殊日子，只要农户有商品交易的需求便可以去逢集。依村里老人的介绍，农户也不一定每个集都要去，按照四个集市逢集的日期，几乎算得上每天有集可去，所以如果农户天天去逢集那基本上什么事情都不用干了。村民逢集一般一大早就会出发，不过还是会根据路程的远近来决定。北苏村路程比较远，所以农户一般早上四五点就起身出发了，如果是逢三泉的集，通常吃了早饭去逢集。路远的集一般走得早，回来得也比较晚，而近一些的集则由农户自行安排。

传统时期，通常情况下家里男人逢集的次数要多一些，一般是当家人去逢集。家里的女人很少去逢集，村里老人给出了两个原因：一是过去女人都是小脚，逢集要走远路，小脚女人走得慢；另一个重要的原因，过去女人不能随便出门，尤其是家里年纪比较小的女人，更不能抛头露面，招摇过市。结了婚生了孩子的女人可以跟自己的丈夫一同去逢集，而且只能跟自己的丈夫去，门下的女人吆喝着一起去逢集也是不可以的。去逢集的男人们多数情况下也是家里的当家人，男人们去逢集通常也不是一个人，往往逢集前一天就会招呼门下人一同前往，也有家长与家中的儿子一同去逢集的。

农户们去逢集一般做两件事：一是把自己家里多余的东西处理一下，另外置办些自家需要的日常用品。卖出的东西主要有布匹、麻、蔬菜等，买到的东西多为日用品，诸如针头线脑、锅碗瓢盆、大牲口、粮食等。除了做些买卖之外，村民还会借着逢集去走亲戚。在新绛县城的集市除了买卖东西外，集市上还有茶馆、饭馆和戏园子，逢集的农户可以到茶馆喝碗茶，可以去戏园子听戏，有钱的财主逢集时还可以在饭馆吃上一顿饭，没钱人出门时早已备好了干粮。

（三）交易内容

集市上商品的交易并非杂乱无序，上述的四个集市都有专门的管理人员，对摆摊做买卖的农户会收取一定数量的地皮费。同时，农户不可以随意摆摊，集市上因经营不同商品而形成了不同的行市与交易地点。四个集市中基本上都设有麻市、油市、牛市、猪市。卖菜的虽然没有菜市，通常也会相对集中。但卖杂物等一些小物件的可以自行选择地方。四个集市中北苏村集市靠近山区，席村的农户经常会去那里逢集做买卖。据村里老人介绍，席村的农户通常是为了卖旧衣服，山区相对偏远，村里人们穿过的旧衣服在那里都很好卖，所以去北苏村逢集的席村人一般会去卖旧衣服或者卖布，去那里买一些山货。

结伴而行的农户一同去集上卖东西，要卖什么东西是会让同行人知道的。往往去的时候一起去，如果卖的东西一样，通常两个人不会相邻摆摊。回来的时候不一定一起，完成交易后就可以自行回来，当然也可以等结伴的人一起。农户去集市买东西，如果有熟人摆摊，价格相同的情况下农户通常会先跟熟人去买，如果熟人出售物品的价格比较高，而农户抹不开面子，宁愿不买也不会多花钱去买熟人的东西。去赶集的农户一般不会过夜，即便是东西没有卖出去也会回家，在外面住店要花一大笔的钱，所以赶夜路也会回家。

集市的交易除了有专门的管理，有固定的地点并形成专门的行市之外，集市中还有专门的经纪，这类经纪主要是大牲口买卖过程中的经纪，也专门指"牛经纪"。农户要在集市上买卖牛、骡子这样的大牲口，必须找专门的经纪来实现交易，买卖双方若不经经纪私下交易，一旦被市场管理人员发现会被处罚。举个简单的例子，席村农户去三泉集市的牛市买牛，农户可以直接找牛经纪提出购买耕牛的基本需求请经纪帮忙选，也可以看中合适的牛以后找牛市的牛经纪去找卖方谈价钱。牛经纪对于牛市中当天要卖出的牛都比较清楚，对牛市中每头牛都已经有过估价，进入牛市后的卖牛人都会第一时间从牛经纪那里获知自己牛的价格，如果觉得合适就将牛拴好等待买家，如果觉得不合适就牵走改到其他集市再卖。牛经纪一般会给出一个双方都不吃亏的价钱，双方在牛经纪给的价格基础上可以委托其进行讨价还价，但基本上价格浮动不会很大。大牲口交易要收税，老人说这个税名叫"牲口交易税"，由牛经纪代收，由卖牛农户来出这部分牲口交易税，买卖双方钱货两清后交易正式完成。

集市交易中不仅有各类农副产品的交易和牛骡各类牲畜的交易，而且还有一种较为独特的交易，即出售青苗。一般卖青苗的农户都是家里遇到了某些事情，当年的地没法料理，或者是家里遇到事情需要用钱，典地或者卖地又不是时候或者不至于卖出，就将已经种下的青苗售出。卖青苗的农户通常选择比较近的集市，席村的农户卖青苗肯定是在三泉集市。卖青苗一般是在下半年麦子出苗分蘖时候，等到来年返青、拔节的时候就很少再卖了。卖青苗的农户找到买家后双方会去地里看青苗的具体情况来定价,价格会结合地的好坏和青苗的长势来定,双方商定好价钱后会立下字据,不需要中间人来见证。买方付款后当季的庄稼则归买主,后续不管是遇到天灾还是买家种植技术等问题导致减产或者绝收均和卖方无关。

（四）逢集中的其他活动

1949 年之前,农户逢集时除了买卖农产品之外,还会从事其他活动,这主要包括走亲戚、赶会或是去区里办事。逢集中走亲戚是最常有的事情,据席来全等老人讲述,通常情况下去相对较远的地方逢集时农户才会考虑走亲戚。这里提到的走亲戚一般会在亲戚家里过夜,逢集的农户如果要一并走亲戚的话,通常会逢集的前一天就到亲戚家,第二天去逢集,去的时候通常会带上些礼物,可以是几个馍,也可以是一些家里的农产品。

赶会是逢集中的另一重要活动。赶庙会的时候,通常会吸引周边的商贩来做买卖,赶会的日子并不一定是逢集的日子,所以赶庙会对于席村农户来说是逢集之外的另一种从事买卖活动的形式。农户们除了在庙会上拜谒神灵之外,更重要的是在庙会上购买想要买的农产品或卖出多余的东西。

其他借着逢集去做的事情就是去区里办事,这主要是逢三泉的集的时候去区里办事。农户去区里办事主要是土地交易后旧契换新契,以及典地后到区里进行公证。农户一般会借着去区里办事一道逢集,或者去逢集的时候去区里办事。

四、交换关系

传统时期,不管是村内小规模的商业活动,还是村外逢集的市场交易行为,从本质上讲都体现着商品交易中买卖双方之间的关系。加之受传统时期血缘、地缘等各种关系的影响、国家对于商业活动的干预,商业活动中还存在着卖方之间竞争与合作的关系,以及国家与卖方的关系。

（一）买卖双方关系

1. 买卖中的双方地位

买卖双方主要秉承各得其利,在交易环节中买卖双方的地位基本上是平等的。对于席村的农户而言,四个集市中,农户在新绛县城的集市逢集时,尤其是去新绛县城卖东西时,会很明显地处于弱势地位,这种弱势主要表现在兜售物品时会受到常在此集摆摊县城农户的欺压,即便农户一早赶到集市占据了好的位置,开市后也会被当地的商贩赶到不好的边缘地带。到县城逢集买东西的农户一般很少会有弱势感,用老人的话说,拿钱买东西,不合适不买,买不到东西钱又不会少。相反,农户在三泉逢集卖东西则不会有处于弱势的体验，村里老人介绍，在三泉逢集，都是席村、李村、蒲城、卢家庄、白村等三泉周边村子的老乡，都是抬头不见低头见的熟人，在三泉集做买卖不会被欺负，反倒是外边来的小贩子多少会被这周边几个村子里的人排斥。

2. 买卖中的人情关系

买卖双方，有来有往。大部分买卖双方只建立了相对纯粹的买卖关系，但也有少数人因生意结缘，产生人情往来。据席村韩喜来老人回忆，过去在集市上做买卖，很容易就认识其他村的人，并成为朋友。韩喜来老人过去总是在三泉集上卖菜，三泉的集基本上不会落下，韩喜来为人实在，总是要比别人卖出得快。家住水西的白姓老人也经常逢集，就觉得韩喜来人不错，就找到席村打听韩喜来的家境，之后找媒人来说媒，两家都觉得合适，就这样韩喜来娶了水西的媳妇。就这么因为逢集做买卖成就了一段姻缘。诸如此类的事情屡见不鲜，有买卖双方结下姻缘成婚的，也有买卖双方因为脾气性格合得来成为好朋友的，还有认干亲的。当然集市上也少不了专门保媒的媒婆来牵线搭桥的情况。

3. 买卖中的赊账与欺诈

上文提到本村的交易中有赊账的出现，而且赊账并非都可以赊得到，要看这个人的"人气"。在逢集过程中也有赊账这类情况，但是相较于村庄内部的交易而言要少很多，主要和逢集的流动性有关。在集市上能赊账的一般是同村的熟人，并且都知根知底，再或者不在一个村子，但是也是邻村，而且也比较了解对方。另外，集市上赊账一定不是数额巨大的账目，如果赊的数额比较大，即便是同村或者关系很好的朋友也是很难达成的。

集市上的欺诈行为时有发生。据村里老人回忆，过去逢集最普遍的欺诈行为和现在差不多，一种是缺斤短两，另一种是以次充好。缺斤短两这种事情一般出现在生人身上，常去逢集的人一般不会碰到，换句话说就是欺生。这类情况基本上很难当场发现，即便是当场发现对方补了缺的分量也就解决了，市场上的管理者不会介入其中。对于以次充好，村里席立尔老人讲述了一个病牛充好牛，牛经纪联合卖家欺骗买主的事情：

> 席立尔老人门下人席三上在三泉的牛市上看中了一头牛，是一头刚成年的公牛，找到牛经纪去找卖家询价，牛经纪给出的价钱很低，按照当时的牛价，起码要低上两成。牛经纪还告诉三上之所以价钱这么低，是因为卖家家里打官司急着用钱。席三上看着牛也很精神，不像是病牛，价钱也合适，就

决定买下这头牛，交了钱，完了税，牵着牛回到家里。回村后还和门下人一番的炫耀。可是不承想买回来没三四天牛就不行了，席三上找了给牲口看病的大夫，大夫一看就说他图便宜被骗了，这牛买的时候就病了，只不过牛经纪懂行，给牛喂了一种草药，吃了药的牛看不出有病。没过一两天牛就死了。席三上去三泉找牛经纪，牛经纪根本不承认牛有病。后来告了官，因为没有证据也没啥结果，席三上也就只能自认倒霉了。

4. 买卖中的定价及讨价

买卖中出售农产品的农户一般在对出售产品定价时会"随行就市"，在兜售商品时农户们会根据出售商品的种类集聚在同一个区域，商品的价格往往是由上一个集市的价格而来，上下浮动不会太大，出售商品的农户们也会相互商量定价。前来出售农产品比较晚的农户，则会事先打听商品的价格后再定价。要说明的是，逢集日"前晌"商品的价格一般不会有太大的波动，出售相同农副产品的农户在定价上基本保持一致，出售产品品相比较差的农户会把价格定得稍低一些，但绝不可以恶意用低价搞乱市场，一旦发现被其他农户告知"管集先生"会受到惩罚。到集市的后半段或者是"后晌"的时候，如何定价则全部交由农户决定，农户可以低价处理农产品，也可以维持价格，卖不出去拿回家下一个集市再售卖。

定价"随行就市"，但买农产品的农户可以通过讨价还价的方式来获取相应的实惠。农户讨价还价的方式有以下几种：（1）靠自己。农户全凭自己的能力来讨价还价，简单地说就是靠农户与卖家之间"磨嘴皮子"来争得些许优惠。（2）靠关系。靠关系主要是依靠亲属、朋友等关系所获取的优惠。例如农户A与B是同村的门下人，二人一同去逢集，农户C在集市上出售农产品，农户A与C是亲戚，这样农户B凭借着与农户A的关系就可以在农户C那里获取一定的优惠，之后的集市上农户B同样可以以此来和农户C讨价还价。（3）靠经纪。依靠经纪讨价还价主要是大牲口交易中，这类讨价还价中买方能得到的便宜并不多，基本上都进了经纪的口袋里。

（二）卖方之间的关系

1949年之前，集市上同为卖东西的商贩和今天做买卖的商贩之间的关系几乎是一致的，简单说就是竞争与合作。

1. 竞争关系

村里老人说"同行是冤家"，集市上做买卖的人更多的时候是一种彼此竞争的关系，有些时候彼此的竞争甚至可以达到"不是你死就是我亡"的地步。据过去常在集上摆摊的老人介绍，竞争行为多发生在不同村的商贩之间，一般本村的做买卖的农户之间较为明显的竞争不多，针锋相对的一定不是一个村子里的人。一般竞争的方式就是互相说坏话。例如卖筐农户A和同样卖筐的农户B，其中A农户是席村人，B农户是县城周边村子的，在新绛县城逢集时，农户A带着做好的筐子去县城逢集出售，当然B农户也会在这一天去卖筐子。A与B的摊位并不远，但没有挨着。恰好席村的农户C这天也去逢集，路过B的摊位拿起看看筐子并询价，B告诉价钱后还顺道说那边摆摊的A的筐子是用枯条编的不经用，一碰水干了以后就得断，千万不要买A的筐子。卖筐的B农户压根不知道逢集的C与摆摊的A是席村的同乡。按照老人的介绍，其实席村在集市上摆摊的A同样也会说B的坏话。另外一种竞争就是价格竞争，这类情况一般出现在行市或出售物品相同且相对集中的市场中。据村里老人讲，一般卖菜的农民容易搞这种价格竞争，往往开集的时候价格都差不多，没过多久相对集中的卖菜的都开始降价，互相竞争。牛骡等牲口市也有这种蓄意降价的竞争行为，但通常这种降价会触及经纪的利益，所以对于降价搞竞争的行为经纪会制止。如果真的是急着变现低价出手，牲畜通常不会落到买家手里，聪明的经纪会找自己人搞到手，下一个集转手再卖。

2. 合作关系

除了竞争关系外，赶集摆摊做买卖的农户之间还会有一定的合作，这种合作主要表现在同一个村子农户之间、亲戚朋友之间的代卖行为。代卖主要是自己没时间逢集，请同村的门下人或者亲戚朋友代为卖出自己要卖出的农副产品。农户A平日里在家用柳条和藤条编些筐子篓子，逢集的时候拿出去卖，近些日子没时间去逢集，但又要把这些东西卖出去，农户A就会请其他农户代卖这些筐子。通常情况下，农户A最先会请关系好的门下人去代卖。因为要把筐子带到集市上去，所以关系一般的农户可能不太愿意帮忙代卖。如果门下人答应代卖，A农户会告诉代卖的门下人筐子的具体价钱，代卖农户通常按照A农户给出的价格出售，而且代卖的农户可以适当帮A农户提高价格出售。具体的买卖由代卖农户说了算，农户A不能有意见。逢集后回村将卖筐所获的钱和没有卖出的筐子交给A农户。A农户可以选择让代卖农户留下吃一顿饭，也可以给对方一个筐子表示感谢。

（三）卖方与国家的关系

卖方与国家之间的关系主要指逢集期间接受专门的管理以及缴纳相应的税费。席村农户逢集做买卖，不管是哪个集市，只要是去摆摊，都会有当地专门负责的人来收取地皮费，收地皮费的都是村里的财粮或村副，县城的集市比较特殊，会有专门的管集先生来收地皮费。三泉、泉掌、北苏村、新绛县城四个集市的地皮费是不一样的，靠近山区的北苏村集市地皮费最低，三泉和泉掌的集市的地皮费一样，新绛县城集市的地皮费是最高的。但是据老人介绍，这个地皮费也不是谁都会被收取，负责收地皮费的财粮或管集先生如果和摆摊的是亲戚或是特别要好的朋友，一般来说地皮费是能免除的。

除了接受管理缴纳地皮费之外，集市上做买卖还要交税，这个税主要是大牲口交易税，主要指牛、骡交易的税费，猪、羊以及禽类交易则不需要缴纳交易税。上文也提到，税费由交易中的牛经纪来代为收取，收取后的交易税会交给从事集市管理的财粮或管集先生。与地皮费有所不同，即便卖牲口的农户和牛经纪是亲戚或者好朋友，但凡在集市上交易，也一定要交牲口交易税。所以和牛经纪有关系或者是熟悉的农户往往会找牛经纪私下去卖牛，这样可以省下一笔税费，但牛经纪一旦被告发私下里从事牲口买卖，就会很难在集市落脚了。

第五节 分配与分配关系

传统时期，家户的经营成果主要用于维持其家户的日常运转，结余甚少。在生产、经营获得产品及现金收入后，分配则决定了各项收入的具体去向。在席村，家户是分配的中心单元，当家人做主的分配方式及由此形成的分配关系是本节考察的主要内容。

一、分配单元

1949年之前，席村村民对国家的赋税劳役等内容的分配，主要是以村庄为单位进行。各拥有户支的姓氏的集体祭祀活动及户支收益分配事务是以宗族为单位进行。农户家庭收入及财务的分配主要是以家户为单位进行。

（一）以村庄为单元的分配

1949年之前，国家各种名目的赋税和徭役都是以村庄为单位进行分配。纳粮纳款都是村民将粮款按时交给村里的财粮，财粮登记后统一由村长交给上级，完成征税纳粮任务。据席村农户回忆，过去（1949年之前）国家收什么名目的税，要多少粮食，一般人都不清楚，都是上头派人跟村长说，村长接到任务以后告诉村副、财粮、闾长，再通知到各家各户，通常要通知到各户的当家人。据村里老人介绍，在日本发动全面侵华战争之前，村里出现收不齐粮的时候，通常村子里会先用村公所土地收益来帮忙交了，村长绝不会去找村民所在户或支的户长、支长去要求帮忙交粮，因为纳粮之事是村庄为单位的分配行为。

（二）以宗族为单元的分配

1949年之前，在席村，以宗族为单位的分配主要指席村四大姓氏以族为单位的共有财产收益的分配。据村里老人介绍，进一步向前追溯，以族为单位的分配还包括各姓氏坟地的分配。只因年代过于久远，其具体的分配细节已经无从获知。宗族共有财产的分配，主要指各姓氏户、支拥有的共有土地收益的分配。传统时期，席村四大姓氏每年都会举行清明祭祀，清明祭祀时候就是收益分配的时候，每年清明族人要给祖先磕头，磕头之后会分得1—2个白馍，这白馍就是宗族共有土地收益的分配。当然，宗族的共同土地收益的分配还包括对于家庙的修缮。

（三）以家户为单元的分配

传统时期，以家户为单位的分配是最为主要的分配形式，家户是生产经营的主体，因此也是分配的主体。以家户为单位进行的分配其分配单位既有像韩景明老人家那种20多口人的扩大家庭，也有父子两代的小家庭。而以家户为单位的分配主要取决于家庭是否分家，分家以后的家庭因各自生产经营，所获收益也由小家庭自行支配，也就不存在分配一说。

二、分配权

1949年之前，分配权的获得主要由不同的分配单元所决定，针对上文所划定的传统时期席村的三种不同分配单元，以村庄为单元的分配中，村长拥有绝对的权威；以宗族为单元的分配环节中，户长、支长以及户里辈高年长的族人掌握着分配的话语权；对于普通农户而言，则是当家人掌握着绝对的分配权。但是无论是宗族分配还是村落分配，最终都是由各家各户的家长来实施，本部分重点考察家庭内部分配权及其关系。

1949年之前，在席村，农户家庭中收获的农产品的分配主要由当家人来决定。按照村里老人所言"家有万贯，主事一人"，即便是家庭殷实，在家庭收益的分配问题上仍由主事的当家人一人说了算。在没有分家的扩大家庭中，当家人通常由父亲或儿子中的长子来担任，对于分家后的核心家庭，当家人则是家中的丈夫。村中也不乏女人当家主事的，这主要出现在核心家庭中丈夫过世的家庭。家中其他成员如果要使用或处置农产品，必须先征得当家人的同意才可以，这种情况主要常发生于扩大家庭中的小家庭。

农产品的分配主要表现在日常生活中粮食的使用，每顿做什么饭，用多少粮食，家里做饭的媳妇都要询问婆婆。家里收了新粮会由当家人专门保管，过去日子穷，不可能总吃小麦面，都是小麦面和小米面、小麦面和高粱面，甚至有些不富裕的家庭只吃高粱面。家里什么时候吃小麦面由当家人决定。如果家里要去参加个红白喜事，上礼送馍时通常送白馍，也有送外面是白面的混合面馍馍，具体送哪种馍、送几个馍，全部由当家人说了算。

三、分配内容

1949年之前，席村农户的收入主要通过粮食来衡量，除了村子里的财主外，普通农户很少会有现金收入。农户如果需要现金通常都是通过售卖粮食来换取。因此，在传统时期席村各家各户财务的分配主要体现在粮食的分配上。对席村农户而言，分配的主要内容有口粮、赋税与摊派等。

（一）口粮分配

1949年之前，农户家中所收获的农产品主要用于满足农户家庭的口粮，仅有一小部分的农产品农户会选择在集市上用于交易。传统时期，席村共有旱地9968.1亩，共计512户，户均土地19.4亩，二三等级麦地居多。按照二三等麦地产麦情况估算，好年景的情况下户均可收获小麦2000斤左右（约7石），据村里老人讲，过去种一亩地要交一斗的公粮，这样折算户均收获的麦子其中有近600斤（约2石）作为公粮上交，各类摊派还至少要交500—600斤，再将下年的麦种除去，仅剩800—900斤左右作为每户全年的口粮。除此之外农户还会种植一定数量的谷子或高粱，主要是掺着小麦面来作为日常的口粮。有些农户家里土地质量不好，会选择全部种谷子或高粱作为主要的口粮作物。

用村里老人的话讲："过去（1949年之前）很少有吃饱肚子的时候，能做到不饿肚子那就是好日子了。每年到了青黄不接的时候，大多数家庭都要饿肚子。"按照上文的统计，户均800—900斤的口粮要供养一家人一年的生计，家中人口少或许可以勉强度日，对于人口多的家庭来说，饿肚子是必然的事情了。所以口粮的分配是家户分配的重要内容，如何合理分配使用口粮对于当家人来说绝对是一件技术活。据席立尔老人介绍：

> 过去（1949年之前）打下粮食以后，当家人先要把种子留出去，然后把一大部分粮食拿去集上的粮行卖了。卖了钱再买些绿豆、高粱、小米，回来磨成面当口粮。过去没分家，家里的口粮要先紧着卖力气的男人吃，不干活的老人和妇女口粮少些，孩子会尽可能地吃饱。过去吃面要放些辣子，浇上些烧热的油，做饭的女人辣子放多了、油浇多了都要被当家人数落，责备不懂得节约，不会过日子。

从老人的回忆不难看出,在传统时期,口粮的分配对一个家庭来说至关重要,也是分配中最为重要的一项内容。

(二)赋税与摊派

赋税与摊派是产品支配的另一方面,属于国家分配。1949年之前,农户种地就要交公粮,农户种自家的地公粮由自己交,租种财主或户里的共有土地公粮则由财主或户长来交,村里的庙地不需要交公粮。公粮的征收标准是依据土地数量而定。即便是农户土地当年没有种也要交公粮,所要交的公粮数量也不会因此而减少。如若当年遭灾粮食减产或绝收,农户可以集体向村长申请少收或免收公粮,但具体是否减免由村长报告区里来决定。收公粮由村里的村长、闾长、地方、财粮来完成,交不上公粮的农户晚上会被地方叫去质问,实在没有粮食的农户可以选择当年分几次缴纳,"抗粮不交"的农户还会遭到拷打。那些交不上公粮逃跑的农户,村里称之为"避粮(户)","避粮"通常是全家出逃。据村里的老人回忆,过去村里有交不上公粮,又没能力"避粮"而被逼自杀的,其中有一个席姓农户就因交不上粮被逼上吊,另一个张姓农户同样因为多次被绑去拷打选择投井。交公粮是全村都得交,负责收公粮的村长、闾长也不例外,而且他们也无权决定哪家可以少收或不收。如果某一个农户交不起公粮,其同村的亲戚愿意帮其缴纳,这也是被允许的,但这类情况在当时少之又少。对于交不起公粮的农户,其所属的家户也是无能为力。

除了要交的公粮之外,还有另外一笔便是各种名目的摊派。"摊购、赊购带附加,三石麦子五斤花",这是农户用口歌对农户要承担的各种摊派的最好形容。公粮是区里指派村里的村长来收取的,而摊派则是由"老阎"[1]设置的编村来专门负责征收,村长及闾长协助完成。公粮按地收,而摊购赊购则是按户收取。对于名目繁多的摊派做何用途村民大概可以从收费时的各种由头略知一二。交不上摊派款的农户会被编村吊起来打,收不上摊派的村长或者闾长也会被编村拷打。据村里老人回忆,过去摊派通常是收了秋以后开始征收,所以村民往往这个时候会想尽一切办法把粮食藏起来,这样收摊派的来了找不到东西也没办法,但是交公粮农户即使是分几次交也不会欠下。

(三)其他分配

1949年之前,家户分配除了口粮、税赋之外,还有一些村落方面的分配。每年席村会举办两次大型的庙会,每次庙会的举办都会由庙会组织向村落中的每家每户征收经费。对于村民的出资没有做出具体数额的规定,农户可以根据自家的情况来定,但因为庙会出资情况最终会在庙会当天张榜公布,所以每家每户都会出资,村里的财主

---

[1] 老阎,当地人对阎锡山的称呼。

和富农通常会高居榜首,以此来显示其在村落中的地位和身份。当然,村子里实在是过不下去的农户不出资也不会被人笑话。

据席村农户回忆:过去(1949年之前)分家之后,如果家里老人还健在,分家时都会给老人留养老地,老人无劳动能力,则会采取交"公粮"的方式养老。如果没有分家,大家一起吃饭,有老人一口饭吃就行。由此,养老分配对于分家农户而言成为农户收入分配的其中一项。老人单过要给老人留养老地,没有能力种地则要每年供养老人,如果老人常年在一个儿子家中居住,给老人提供居住的儿子不需要负责老人口粮,其他儿子要按时交粮食,通常情况下,一年至少要给一石麦作为老人的口粮。

四、分配关系

传统时期,从上述分配的内容和单位看,席村的分配层级包括国家分配、村庄分配、宗族分配和家庭分配,每个层级都有着不同的分配规则和分配内容,但最终都会通过家庭分配来予以体现。

(一)"纳了粮,自在王"

在分配自家产品的时候,农户将缴纳公粮放在第一位。当地的口歌"早纳粮,自在王",就是指每年按时缴纳公粮,免得招惹麻烦,交了公粮剩下的就可以完全由自己自行支配。"不按时交公粮做了'避粮(户)'就会招来数不尽的麻烦,被地方绑了去质问拷打,除非有办法跑了,再不然一死了之,都做不到最后也得交,所以早交早了事,何必惹得皮肉之苦。"[1] 租种的土地不需要考虑纳粮一事,由土地所有者来缴纳公粮。对于租种土地的农户,上交地租则放在第一位,一旦交不上地租,来年则无地可种,就意味着将没有生活来源。如果是因年景不好影响到了收成,农户可以提出减租,情况属实财主是会同意的。农户在完成纳粮或缴纳地租后,要考虑的是一家的糊口问题,所以满足家庭的日常生活则是第二位的。至于上文提到的摊派,农户会将其置于最后一位。虽然不能交上摊派的粮款可能也要面临被绑去吊打,但是农户认为名目繁多的摊派并非天经地义。"种地纳粮是祖祖辈辈都这么做的,老阎来要粮要款就是无中生有不讲道理。摊派的粮款实在交不出也拿你没办法,编村带人来要,家里的粮食也没有,搜也搜不出来,全村大部分人都不交,编村也没办法。"[2]

(二)家庭内部分配次序

1."保证口粮最要紧"

传统时期,农户在完成分配的公粮任务之后,收获的粮食有时候仅剩下一半多一

---

1 席村任福成老人访谈摘录。
2 席村张熬狗老人访谈摘录。

点，保证家庭成员的口粮分配成为家庭分配中要紧的问题。虽说农户认为"交了粮，自在王"，只要年景没有问题都会按时交粮，但是一旦出现粮食短缺，农户还是会事先尽可能地留下些口粮再完成交粮的任务。据村里老人讲述："过去但凡是遇到了灾荒，交粮完税成了最大的问题，粮食交不上当家的要被抓到村公所里挨打，交了粮食没了口粮一家人就要挨饿，所以一旦收成不好，人们就会想尽办法藏粮食，尽量多地藏一部分作为口粮，装在水缸封好口埋在地里，留上一点粮食来应付上面，即便是来屋里搜，搜不到也没办法。"上述是农户在应对纳粮和保证口粮时采取的手段。在口粮不足的情况下，席村农户也不会给子女举办婚礼，甚至家里有人过世也不会举办太多烦琐的葬礼，简单下葬，很可能还需要举债来举办葬礼。

2."先紧着干活的吃"

传统时期，家里口粮能满足的条件下，在分配时还会遵循一个重要的原则，就是"先紧着干活的吃"。据村里老人讲述："庄稼地里的活是体力活，过去家里的粮食要紧着干活的劳力先吃，干农活的劳力只有吃饱了才有力气干活。家里的妇女和老人一方面吃得少，另一方面因为不干重体力活消耗也少，妇女、老人和孩子只要保证不饿肚子就可以。"在粮食不足的情况下，家里会把细粮卖了换些粗粮，即便如此也要紧着家里干活的劳动力先吃。正是因为这样的情况，过去村子里很多劳力多土地少的家庭会让一部分劳力去财主家里扛活，这不仅带出去一张嘴，解决了口粮问题，扛一年的活还能赚到些粮食。

3."面子很重要"

传统时期，席村农户很讲究"面子"，这最显著地体现在村里每年办庙会时的资金筹集上。村里举办庙会的经费都来自普通农户，村里也没有对农户出资多少做出规定，但是庙会当日会将农户赞助庙会的情况张榜公布，碍于面子的农户或多或少都会拿出一些粮食来支持庙会的举办。据村里老人介绍："办庙会，各家都要拿粮食，不拿事实上也没有人会强制来要，完全是自觉自愿的行为。但是庙会那天会张榜，谁家出了多少粮写得清清楚楚，只要是日子过得去就要出，不然会被村里人笑话。村里的财主更是要多出，如果财主没排在前面，那就是一件丢面子的事情。"

上述关于庙会中农户出资的情况其实也体现着不同家户的分配差异性。村里纳粮的分配主要根据农户土地多少而决定，地多收成多自然交的公粮也不会少。但是在日本发动全面侵华之后，村里时常会有各种名目的摊派，按照摊派的原则来讲，各类摊派均按户收取，但据村里老人介绍："过去村里一旦下达了摊派的任务，村里的财主一定要'扛大头'，村长会主动要求财主做表率，帮着村里多分担一些，而且还会答应财主抓兵时候尽量不抓财主家的儿子，财主为了不惹事，只要是合理也会应下。"

（三）宗族共有分配关系

1. 敬祖当先

传统时期，席村四大姓氏共有财产收益的分配首先就是用来敬祖。敬祖主要表现为每年清明的祭祖活动。各姓氏每年清明期间都要举行盛大的祭祀活动，每年祭祖都会有一笔开销，开销主要用来置办祭祀所用祭品，香烛、纸表、供品等。祭祀祖先的开销全部来自宗族共同财产的收益。据村里老人讲述："过去，即便是年景不好，收成不多，户里也会用仅有的收益来组织家族成员开展祭祖活动。"

用宗族共同财产收益进行祭祖仅仅是共有分配在敬祖方面的一个表现，维修家庙是敬祖的另一个方面。家庙并非每年都会进行维修，但是每次家庙的修缮支出均来自共同收益。在各姓氏的后人看来，修缮家庙就是在修缮老祖宗的居所，也是一种敬祖的体现。

2. 福泽族人

宗族共有财产分配的第二个方面主要是供全体族人来共享共同财产的收益，这主要表现在传统时期。各姓氏族人在祭祀以后都会得到分发的馍馍，这些馍馍就是共有土地收益的分配。据村里老人介绍，过去各姓氏分馍馍的数量都不一样，地多的收获的粮食也多，清明磕头祭祖之后分到的馍馍也多，过去最多可以分到三个馍馍，最少也能分到一个，所有入了户的男丁都可以分得馍馍。如果赶上了好年景，有些姓氏户里还会给族人分发油馍。

3. 帮扶贫弱

传统时期，户里的共同财产除了祭祀、分发馍馍给全体族人之外，还会有一部分剩余，剩余的收益由户长保管，全部存放在家庙的仓库里。这部分剩余通常用来帮助户里贫弱的农户。各姓氏都有一些存在生计问题的农户，对于这些农户，族里会以不计利息的方式借给粮食。需要注意的是，族里只是借粮给族人，并不是无偿地施粮给族人。据村里老人介绍，过去有些无儿无女的鳏寡孤独者族里会给予照料，但是对于有生活能力的只是借粮来暂时地给予帮助。

第六节 消费与消费关系

1949年之前，在席村，家户是最基本的消费单元，农户日常生活遵循着"量入为出"的原则。用于吃饭、穿衣方面的消费所占比重较低，人情往来、婚丧嫁娶、养老以及生产方面的消费占了较大的比重,甚至有些时候需要花掉农户几年的积蓄。在家户消费行为的背后,家户内部成员间、家户与外部之间产生了丰富的消费关系。

一、消费主体与决策

1949年之前,在席村,以产权所属的主体为依据划定席村消费主体主要有三类:村落、宗族以及家户。村落和宗族作为消费主体,最终的消费行为要通过家户的消费来实现,因此普通家庭作为消费单位是本部分考察的重点。

(一)村庄、宗族消费与决策

村庄和宗族是传统时期席村消费的主体之一。村庄的消费集中表现为村庄举办大型公共活动时的支出,主要表现为每年席村举办的两次大型庙会。虽然席村农户会给庙会提供一定的经费支持,但举办庙会的大部分支出还是来自寺庙庙地的收益,以及村公所公有土地的收益。传统时期,席村会有一定数量的收入,这都由村长授权村里的财粮来统一管理。除了每年举办大型庙会的花销之外,干旱年份村落请禹王庙的和尚诵经求雨也会是一笔消费。而宗族的消费则主要是宗族祭祀的花销以及家庙、祠堂修缮的支出,所有支出均来自宗族共有土地的收益。

村庄消费的决策通常由村长来做出,席村庙会都有固定的日期,村长会在庙会开始的前20天至一个月召集村副、闾长、村里的"热心肠"讨论庙会筹备的事宜,并批准财粮支出庙会举办的经费。村落发起求雨也是同样的道理,庙官接到村长的命令后会张罗求雨之事,求雨中即便是很少的支出也需要由村里承担。宗族每年举行的祭祖仪式,是宗族作为消费单元进行消费的最主要的体现,宗族消费的决策通常由户长来做出。户长决定每一笔的消费,通常也会和户里辈高年长的族人共同商议。

(二)家庭消费与决策

1949年之前,相比村庄消费和宗族消费,家户消费才是最为主要的消费行为。在核心家庭中,消费单位包括所有的家庭成员,消费权则由家中的当家人掌握,核心家庭的当家人通常是家中的丈夫,不排除丈夫因病或残疾由其妻子当家的情况。在扩大家庭中,消费的单位则分为"大家"和"小家"。所谓"大家"包括整个扩大家庭的所有成员,而"小家"则指的是扩大家庭中的若干小家庭。在扩大家庭的"大家"中,消费权同样由当家人来把控,而在"小家"里,夫妻双方都有一定的消费权。另外在扩大家庭中往往把当家人又分为"外当家"和"内当家"。外当家通常是对外一致认可的当家人,以家庭男性成员居多,主要负责家庭的对外事务,比如人情往来的消费通常由外当家来决定。而内当家则负责家里日常饮食起居,一般由婆婆或祖母来担此重任。

核心家庭中,家庭成员要用钱时,直接向当家人提出,当家人会根据自己的认知和判断决定是否给钱。在扩大家庭中,用于家庭生活的消费已经由当家人实行统一的安排,所以用于家庭成员个人的消费款项也不会问当家人去要,"小家"可以承担的消费则自行承担,承担不起的消费也就不会去完成。

二、消费内容

1949年之前,席村村庄和宗族消费的内容相对比较单一,而作为消费主要单元的席村家庭消费则体现在多个方面。农户的家庭消费大致可以分为以下几个方面的内容:

第一,日常生活。传统时期,村里绝大多数是自耕农,生活相对都比较困难,家庭收入多数用于必要的日常生活消费。家庭的日常消费品主要是去集市上购买。席村的农户多去三泉和泉掌的集市逢集,村内各户土地占有量并不多,很多农户仅靠农业生产很难满足生活消费需求,所以他们会通过做买卖来赚钱。农户日常消费购买的食物有盐、调味料以及肉。粮食基本上可以满足日常生活所需,村中没有种地的手艺人则会通过到集市上购买粮食的方式来解决口粮问题。农户家中都有一块菜地种菜,很少有农户会去买菜,对于肉类的消费也不是很多,只有年节时候会买肉,而且购买的数量也不会很大。此地食用棉籽油,因农户种棉花,故而食用油也不需要购买,农户可以拿自家的棉籽去油坊换油,有些不种棉花的农户则需要去油坊买油,不过在席村这样的农户数量很少。

第二,生产投入。生产投入方面的消费主要包括生产工具方面的投入以及必要时请工所产生的消费。旱地种植小麦需要很多大型的生产工具,包括犁、耧、耙、耩,还有诸如镰刀、锄头、木杈、排叉等小型的农具,这类农具置办齐全需要不少的开销,而且这类农具并非一次置办就不会磨损,一旦坏掉农户还需要找专门的师傅去修,这也是一笔用于生产工具方面的支出。有了这些生产工具,没有耕牛也很难进行有序的农业生产,所以购买耕牛更是一笔生产方面的投入,即使是伙养耕牛也需要支付相应的费用。

生产投入的另一个方面是必要的请工。对于家庭人口少土地比较多的农户,麦子成熟收割时候是最缺劳力的时候,为了赶节气抢收,必须要请麦客来帮忙割麦,麦客一天的工钱是一斗麦子,同时要管四餐饭。这笔生产环节的投入对于劳力相对短缺的农户来说成为必要的支出。对于村里财主而言,家中有长年扛活的伙计,给伙计的工钱也成为其家庭消费中生产投入的一部分。

第三,养老花费。在席村,扩大家庭因当家人多数是家里的老人,所以并不存在养老花费的情况,即便是父母年老由儿子当家,在不分家的情况下,用于养老的花费也可纳入家庭日常消费中。养老花费主要体现在分家后的核心家庭中。在席村，老人一般60岁左右就开始吃"公粮"，不再从事农业耕作。养老费用由儿子平摊，一般每年老人会从儿子那里获得400斤的麦子，20斤的棉籽油，5斤棉花。也有采取"轮食"的方式，老人在每个儿子家轮流吃饭。如果老人生病，找大夫看病的花费由儿子们均摊，老人过世后举行葬礼的花费也由儿子共同承担。

第四，人情消费。人情消费主要指农户受邀参加各类婚丧嫁娶、庆生祝寿等红白喜事所产生的消费。在扩大家庭中，人情消费可以细分为"大家"和"小家"的人情消费。"大家"的人情消费代表整个家庭，由当家人出面即可。如果是"小家"的人情消费，则由"小家"自行承担。通常"小家"会得到当家人每年给的一些小钱，而且"小家"中的丈夫出去做工有了收入也会留下些私房钱给妻子。

第五，教育消费。在扩大家庭中，子女的教育由当家人做主，费用由"大家"来承担。

第六，节庆及庙会开销。节庆开销主要是几个大的节日的开销，包括春节、清明节、端午节、中秋节。其中清明节会有一笔祭祖的开销，其他都是因过节而额外增加的饮食方面的支出。席村的村民每年至少会参加两次本村的庙会，如果要去周边参加庙会则更多，参加庙会也会产生一定的开销，主要包括香火钱花销及逛庙会时在吃食方面的花销。

第七，看病花费。1949年之前，村里有两个大夫，也叫先生。村里人有个小病小灾会找这两位先生瞧病，先生看病开方子，如果开的方子家中可以抓齐，就会在先生的家里抓药，如果抓不齐全，则会让村民到县里抓来缺少的几味药，先生的方子不给村民，即便是让村民去县城抓缺少的药也只是写那几味药。农户患了大病多数是放弃治疗，小病找村里先生治花费不了多少钱。

上述的七项消费内容基本上包括了农户生活的方方面面，总体而言，日常生活消费、生产性消费、养老及人情消费占了较大的比重，而教育花费、节庆开销与看病的花费比例较小。因为农户手中持有的货币数量有限，所以在这七类消费中，农户逢集消费、购置生产工具的消费、教育支出、节庆开销、看病花费是以货币的形式实现的，而生产支出中的请工、养老花费、人情消费都是以粮食的形式实现。日常生活消费中除了在逢集时使用到货币，在村内的消费也可以通过物物交换的方式实现。

三、消费关系

（一）家户内部消费关系

1. 家庭消费中的消费关系

1949年之前，农户家庭日常饮食起居大都可以实现自给自足。粮食及食用的油料都来自自家的土地，夏秋季节自家菜地有蔬菜供应，到了冬春季节靠咸菜及入冬前存下的土豆和少有的白菜来过冬，穷人则可能一冬不吃蔬菜。农户穿衣用的布也是自家纺织而成。日常消费仅仅是当家人逢集时买些针头线脑的日用品和做菜用的调料，支出占总收入的比例最多仅为一成。自耕农的家庭基本上实现了自给自足，贫雇农因收入相对不足，可能存在入不敷出的情况。

家里当家人逢集买东西，遇到熟悉的本村人或关系较好且相互知道彼此住所的外村人是可以赊账的，一般赊的账在下一个集的时候就要还上，如果赊账的农户不能在下一个集还账，则需要在赊账时提前告知，对方则根据情况来决定是否同意赊账。如果是同本村农户赊账，一般回村后就要还上。村里老人说，赊账跟借钱是一个道理，好借好还，再借不难。不过也并不是所有的人都能赊得到，一方面是看关系，另一方面要看谁去赊以及要赊账这个人的人品。

据席村韩立青老人回忆，过去席村有一张姓农户，这个人在村里名声还不错，是个有手艺的老实人。此人有两个儿子，大儿子跟他父亲学了手艺，在村里也没有坏名声。可是他那小儿子则游手好闲，整天就在这附近的村子里游荡，村里人都说那是个"赖皮货"。就是这个赖皮货一日在三泉的集上打着他爹的名号找本村做买卖的人赊账，那个摆摊的原本不同意，因为一般赊账的都是家里的当家人，可是这赖皮货撒谎说他爹和他哥有事来不了，他把买东西的洋钱落在家里了。那做买卖的农户信了他的瞎话，同意了他的赊账请求。做买卖的农户本以为逢集次日张姓农户会还上赊账的钱，不料并没有还上，一直到下一个集也没有动静。做买卖的同村农户觉得不对，主动找上门去问个明白。这让张姓农户一头雾水，好在在其父亲的严厉逼问下他的小儿子承认了赊账一事。张姓农户也在第一时间还上了赊账的欠款，并且向同村的买卖人赔了不是，此事就此得到了解决。

对于贫雇农来说，遇到年景不好的时候通常会面临青黄不接的情况，这时就得靠借粮来度过这一时的困难。通常农户借粮来度过困难时期最先找的是门下人，其次是本村平日里走动频繁的亲戚。因为跟他们借一般是不用给利息的。实在借不到才会去找财主借，那就需要按照"一斗二斗半"的标准来还了，前文已经有过说明，此处不再重复。

2. 生产消费中的消费关系

生产方面的消费主要是指农业生产方面的消费，传统时期生产方面的投入也不是很多，主要花费在劳动工具的修理和更新方面，以及独自或伙养耕牛时用于购买耕牛的支出。而用于生产的种子则是上一年度自己收获后提前留下的，也有少量的农户会去集上购买一定数量的麦种。购买能力差的农户也会去借麦种，这类农户一般先去找门下人借，借不到的话则会考虑自家亲戚。借麦种和借粮有所不同，麦种都是农户收了麦子后专门挑出的好麦子，而且留存的数量并不很多，所以借麦种并不一定会很顺利，往往借的都是品质次优用来食用的粮食。

农户收获的小麦不会出售，留下麦种后，会留一部分用于自家食用，还会拿出一部分去换更多的粗粮。留下的麦子一般会连同麦麸一起磨成面，村里有专门的磨坊，农户去磨坊磨面需要交钱。除了磨坊外，有些农户家里还有私人的石磨，没有石磨的农户也可以借用其他农户的磨来磨面。通常情况下到借用石磨磨面的情况在席村较为普遍。农户借用石磨磨面同样遵循着先找门下人，不行再去找近亲的顺序原则。借用石磨需要提前去询问，得到对方同意后约定好时间便可前去磨面。农户在借用石磨时一般同时会用磨主家的牲口来拉磨，所以在去磨面的时候会带上一捧炒熟的黑豆，这主要是给磨主用来给牲口加的料。磨完了面，农户会刻意在磨盘上留些面渣不去清理。村里老人说，这就是一种规矩，留些面粉在磨盘上，其实就是故意给磨主留下的，磨主看到磨盘上留下的面渣也不会让借磨的农户去清理，农户走后磨主会去清扫干净。如果借磨的农户把磨盘上的面清理得干干净净，走的时候又没给磨主留上一碗面，那这个农户就是最后一次用这个石磨磨面了。

3. 家户养老与丧葬中的消费关系

1949年之前，在席村，"嫁出的女儿是外姓人，养老送终还得靠儿"，养老一直以来都是儿子的事情，出嫁的女儿不需要承担养老责任。在席村，家中老人如何养老都是在分家的时候定下的。如果分家时家中男丁都已各自成家，家中老人如果依然能够独自完成饮食起居，并且老人的意愿是独自生活，则会采取"吃公粮"的方式单独生活。另外在男丁都成家的这种情况下，老人也会采取"轮食"的方式来实现养老，在儿子家"轮食"的时长由老人与儿子们来商定。以上情况分家时老人不会留有自己应得的份额，所有家产给儿子平分。另一种情况是家中仍有小儿子未娶，分家时老人则会和未婚儿子共同生活，老人和未婚儿子均会分得一份家产，老人以后不能耕作了那份家产则由小儿子拥有，养老也由小儿子来负责。

家户养老的消费并不多，主要是供养老人的饮食部分，以及老人生病看大夫抓药的支出。老人独居"吃公粮"或"轮食"期间如果生病需要看大夫抓药，花销的钱由兄弟几人来平摊。老人如果是和未婚的儿子共同生活，生病看大夫抓药的花销则由老人自己承担，分出的儿子是否前来探望或承担开销则全凭个人意愿。除了看病外，老人上了年纪有的家庭还要给老人过寿，过寿都是家里的长子来给老人操办，多个儿子成家的话，花销则由儿子们均摊，出嫁的姑娘在给老人过寿时是否出钱完全出于自愿。

除此之外，老人去世后的送终事宜也会是一笔支出。按照村里老人的话讲，"没钱的人家是埋人，有钱的人家是埋钱，这个事情么哈数"，所以丧葬方面的花销并没有固定的额度。老人过世后，如果老人生前是"吃公粮"或"轮食"，老人丧葬的花销由儿子们来平摊，外嫁的女儿只需携夫婿和孩子前来奔丧，基本上不需要承担任何丧葬的花销。日子过得去并且想尽尽孝心的闺女也可以为老人请唢呐班子吹吹打打一通。如果老人是和未婚子共同生活，这个儿子还未成婚老人就过世，则由分出去的儿子与未婚子来共同承担丧事的花销，如果老人过世时共同生活的小儿已经成家，因其将获得老人所占有的那份家产，所以丧事由其来操办，费用也由其一人承担，分出去的儿子只需前来参加丧礼献祭便是。如果小儿子没钱来料理丧事，可以找其哥哥商量来共同处理老人的丧事，哥哥们同意则花销平摊，哥哥如果不同意，小儿子可以通过变卖老人所留的土地来筹钱办理丧事。在席村这种变卖老人所留家产办丧事的事情是少之又少的。

通过对席村多位高龄老人的走访了解，1949年之前，席村娶得起多个老婆的人并不多，只有村里的财主才有能力纳妾，也就是席姓和张姓财主过去娶了"二老婆"。对于妾的养老问题，老人说，"既然娶进了门，就得管人家"。如果家里娶有妻妾的当家人先过世，同时妾育有自己的亲生儿子，且已成家并且单过，妾的养老问题一般由其亲生之子来负责。如果妾所育子女并未婚嫁，妾及所生之子可以分得相应的家产后单独生活，待其儿子成家后由其儿子养老。如果妾无子女，其养老问题由妻子所生之子解决。1949年之前，这类有能力纳妾的大户人家分家单过的不多，所以妾的养老可以得到解决，丧葬问题同样可以妥善处理。

4. 子女婚嫁中的消费关系

1949年之前，对于普通农户而言，子女婚嫁的消费支出是一笔数额相对比较大的开支，有些家庭子女婚嫁可能要花掉多年的积蓄。一般来说，儿子结婚的花费要远多于女儿出嫁的花销。女儿出嫁，娘家只需要为其置办些嫁妆，嫁妆置办的花销多数来自男方所给的彩礼钱。而且娘家给置办怎样的嫁妆也还取决于家庭经济条件，村里财主嫁女儿时，甚至可以拿出一块土地陪嫁给女儿，而普通农户则主要置办些女儿的衣物和日常生活用品，包括铺盖、箱子、盆子等。据席村高龄妇女席毛毛介绍，她出嫁时候娘家就给做了两条被子，给了个箱子。置办这些嫁妆根本花不了多少钱，被子是家里种的棉花自己弄的，箱子是她爹爹自己做的。

与姑娘出嫁相比，儿子娶媳妇的花费就要多上好几倍了。主要花销由彩礼和办酒构成。1949年之前，农户基本上靠种地为生，很少有货币性的收益，靠逢集卖些东西攒下的钱也是微乎其微，但是儿子娶媳妇的彩礼是必不可少的。据村里老人介绍，过去彩礼一般是粮食加钱。最少也得1—2石麦子外加至少50—60块洋钱。这对于一个普通家庭来说是一笔巨额的开销。当然彩礼中现钱这一项会根据家庭情况有所浮动，老人口述中最多有200多块的彩礼钱。如果家庭富裕彩礼中还会给丈人置办烟酒，给新媳妇置办衣服等。上文提到的麦子加现钱是较为普遍的彩礼标准。婚礼举行时，男方家庭还要摆酒席宴请亲戚、朋友、门下人等。酒席并没有固定的标准，至少得有酒有肉，摆上五六个盘子才说得过去。为了置办酒席，男方家里要购买食材，如果宴请的宾客比较多，还要请能做饭的厨子或门下人来帮忙。一般门下人帮忙不需要给工钱，但请厨子的话则要给工钱才行。村里农户家娶媳妇办喜事，不被邀请的农户是不会主动上门道贺吃酒的，只有被邀请的农户才会前去祝贺，并送上贺礼，贺礼一般是专门在馍铺买的花馍，也可以是一块料子，当然也可以是现钱。相处得好的门下人是不需要特意邀请的，知道办喜事一般提前几天就会来帮忙，酒席当天也会被安排入席吃酒。门下人送上的贺礼农户一般不会收，即便是当时收了也会送回去，主要是表达对门下人期间帮忙的感谢之情。

5. 家庭债务中的消费关系

1949年之前，家庭举债多数是因家里婚丧嫁娶或者生病欠下的。这类债务一般是当家人出面所借，多数是问门下人和走动频繁的近亲借的。欠下的债务没分家的话由当家人带领这全家一起还债，分家的话债务也会相应地分摊给分出的儿子。据老人介绍，一般家里欠债是不会分家的。如果在债务偿还期间借债的当家人去世，则遵循"父债子还"的办法由家中的儿子来偿还债务，有多个儿子则共同承担，其中未成家的儿子无须承担债务。兄弟分家则债务相应平分给各个小家。还债也要讲求顺序，通常情况下是先还门下人，再还走动频繁的近亲，但还债中如果有债主急着催要，则不遵循上述顺序，先考虑还催要的债务。如果借债的当家人去世，其子孙无偿还能力，债主通常会选择告官来解决，官府会依据债务情况用借款农户家的土地、房屋来抵债。

（二）家户外部消费关系

1. 人情消费中的消费关系

1949年前，家庭日常的人情消费主要是村民办红白喜事、孩子满月、老人过寿等大事时，亲朋好友之间相互走动的花销。这类人情消费给多给少完全由彼此关系的亲疏远近来决定。在亲戚中，姑舅、姨表这是实实在在的亲戚，除了姑舅姨表这些，本家不出五服的亲戚属于近亲，在席村属于同一个户或支但出了五服那就是远亲了。总体上来说，农户通常和姑舅姨表往来最为频繁，其次就是上文提到的近亲，出了五服的远亲来往较少，当然也不排除和远亲关系比较近且走动频繁的情况。在人情消费中，支出的"人情费"基本上按照上述的远近来决定，通常姑舅姨表这样的亲戚都会备一份厚礼，本家亲戚相较少一些，而远亲则备薄礼聊表心意。

对于朋友而言，首先要提及的便是门下人，尤其是共同使用一个巷子的门下人，其次是家里当家人在本村或外村甚或在逢集时结交的好友。门下人的人情花费大致与不出五服的近亲等同。同时门下人不需要专门去邀请或者通知，获知要办事情就会主动来家里帮忙。至于结交的朋友则会视交往情况而定，如果交往不深关系一般，也有可能就不去参加，另外如果朋友离得比较远，也有可能不会来参加，不过远近并不是决定是否参加的重要因素，彼此交往关系的亲疏才是最主要的原因。

据席村多位高龄老人介绍，过去人都好面子，讲人情。一年下来人情花费是一笔不小的支出，送馍馍都得送出去好多。通常参与实在亲戚和近亲的红白喜事送馍馍肯定是不足以表达心意的，必须得给洋钱才行。来或不来，拿多拿少，都是礼尚往来，喜事丧事谁家都会操办个几场，所以一来一往谁家都吃不了亏，也占不了便宜。

2. 节日宴请中的消费关系

1949年之前，唯有春节是过得比较隆重的节日。之所以比较隆重，主要是冬天农户相对闲暇，有更多的空闲时间去为节日进行张罗和筹备，人们之间也会频繁地走动。另外一年一度的闹社火也是在春节期间开展，整个村子都沉浸在节日的喜悦氛围中。

农户在过节时的花销一定比平日里要多，主要是在饮食方面的花费比较多，平日里吃不起肉的农户过节时也要去买上一些肉，同时还要准备些炒货，炸些油馃子。走亲访友是这期间的一项重要活动，亲戚上门拜年留下吃顿饭也必不可少。这期间宴请的通常都是上文提到的姑舅姨表至亲，门下人以及朋友都不会专门设宴来招待，但朋友来拜年自然也会留下吃饭。正月里走亲戚访朋友决不能空手，一般会带上几个花馍作为礼物，家庭富裕的农户也会带上一包点心，并不拘泥于带什么，只要不空着手就行。

3. 共同消费中的关系

1949年之前，在席村，每年共有两项共同消费，其中一项是每年村里禹王庙会的筹资。禹王庙会是全村共同出钱筹办，对于出资多少并没有设置明确的标准，每户是否出资、出多少全凭自觉自愿，没钱的农户可以选择出粮食的方式来支持。农户拿出的钱粮都统一交给了负责庙会筹备的庙官或村长，由其登记并将各户出资多少在庙会当日张榜公布，为此碍于面子的农户都会或多或少地出资来筹办庙会，鳏寡孤独者可以排除在外。

另一项是农户用于祭祀的消费。上文指出席村的四大姓氏以及柴、杨两姓都有户和支,每年清明前各户和支都要举行祭祖活动,所属户和支的男丁都要去所在户和支的家庙里烧香磕头,并领取户或支里分发的祭祀馍馍。农户磕头领馍都不需要出钱,但祭祖后如若选择留下吃饭则要出钱,户长通常在祭祀前便会统计吃饭的人数并按照人数来确定要交多少钱。这项内容完全是自愿选择,不会强制参加,多数情况下每家的当家人会选择参加,宴席上同一户支的人可以就当年的生产情况彼此沟通,由此获得很多有用的消息。

(三)消费次序及消费差异

传统时期消费关系不仅体现在家户内外的消费及其关系上,在消费次序方面也体现着一定的关系。据村里老人讲述:

> 过去,每年收的粮食基本上就是一家的收入,人们先要纳粮完税,之后才会考虑自己家庭的消费。自己家户的消费也是先管饱肚子,满足生产,至于其他方面例如人情消费、养老消费都排在基本生活消费之后。过去村里很多人都被人说不懂得人情往来,其实并不是这样,这些少人情往来的农户,自己家里吃饭都成问题,红白喜事不能空着手去,所以只有自家的至亲迫不得已才会去,很多亲戚朋友直接就不参与其中。这其实也是没有办法的,满足一家的温饱才是关键。

由此不难看出,传统时期,从消费的次序上看,农户首先要考虑的是完成税赋,其次是保证家户的基本生活,在这两项都满足的前提下,农户才会考虑养老、人情以及子女的婚嫁。因此,生产生活的消费是占据首位的消费内容。

除了消费的次序之外,日常的消费还因家户家境情况的不同而产生差异。最主要的体现在财主和普通农户在人情往来以及红白喜事的消费方面。过去财主家里举办红白喜事可以隆重到整个三泉的农户都知晓。财主会请戏班子搭台唱戏,一方面是彰显自己的实力,另一方面也是一种符合身份的消费方式。而对于普通农户来说,红白喜事会根据家庭的情况来操办,家境稍好一些的农户可能也会请些鼓乐班子来助兴,家境一般的农户则会一切从简,而家境更差的农户在办丧事时可能都买不起一口棺材而用席子卷着埋了。所以,传统时期,不同类型家户在消费方面的差异是显著的。

第七节 继承与继承关系

1949年之前,在席村,家户是分家与继承的基本单位。儿子抑或男丁是拥有继承权的重要主体,为了保证分家的公平,娘舅与门下人会被邀请参与见证。在继承事务中,家户不同,其继承行为与关系也不同,但是,在继承权的确定、继承物的分配、继承方式与程序等诸多方面有着相同的惯习需要遵循。

一、继承权

1949年之前,在席村,家庭财产的继承通常发生在家长去世之后或者是分家之时。财产的继承多是基于父母子女关系或者是因为为他人履行了养老送终的义务,作为回报继承了他人的财产。基于父母子女关系的财产继承在席村占绝大多数。在席村家产的继承即分家,一般发生在家中儿子均完成婚配之后。其原因常是儿子结婚后家中人口增加,当家人年迈没有过多的精力来管理;婆媳、妯娌之间相处不融洽;儿子与父母常发生矛盾,儿子急于经营自己的小家满足小家庭的积累等。此外长子结婚但其他儿子未结婚时,家庭内部出现摩擦也可以分家。也有并未分家的扩大家庭当家人生前确定好财产分配事宜,过世后分配财产的情况,这类情况主要是家中财产相对殷实,但儿子能力有强有弱,为此当家人生前在娘舅及门下人见证下不通过儿子订立财产分配的文书,过世后遵照执行。

(一)有儿有女,儿子继承

家庭内部既有儿子又有女儿的,仅儿子可以拥有财产的继承权,女儿不具有继承权。在当地人的思想观念里,"妮子是给别人养的,生下来就是外姓人",要靠儿子来养老送终,所以,农户自己家的财产只能由儿子来继承,儿子继承家庭财产在席村已经成为一件"天经地义"的事情。如果家中有多个儿子,分家继承时,各个儿子均享有平等的继承权,财产也按照儿子的数量平均分配,当然如果其中有儿子愿意放弃或让渡其分得的财产父母也不会干涉。如果家中仅有一子,通常情况下不会分家,父母去世后全部财产由这个儿子继承。如果父母与这唯一的儿子发生矛盾,也可以选择分家,但对年迈父母的赡养义务依然要履行,父母过世后留下的财产也由其继承。家中有儿有女,但分家时女儿未嫁,对于未出嫁的女儿父母在分家时可以为其留一部分作为嫁妆。

虽说儿子继承是"天经地义"的事情,但是以下几种情况儿子的继承权会被父母所剥夺。第一，与父母断绝关系的儿子不享有家庭财产的继承权。父母生前或是分家之前儿子因与父母产生矛盾而断绝关系，分家或是父母过世后断绝关系的儿子没有继承权。如果家中仅有一子，并与父母断绝关系，父母过世后其财产可由死者的兄弟进行分割继承。第二，父母生前过继出的儿子，即使是过继给了本家亲戚，与亲生父母还保持往来，也不再具有继承权。当然，如果父母生前或是分家时特别指出要给过继出的儿子一份家产，家中其他儿子也无权干涉。第三，父母活着不尽赡养义务，过世不尽送终义务，这样的儿子不具有继承权。

(二) 过继、抱养的儿子同样继承

家中没有儿子，但从亲戚家过继了儿子，过继之子同样具有继承权。按照当地人的说法，过继的儿子是要为父母养老送终的，自然要让其继承家产。另外没有儿子的，还会选择抱养。在席村一般不会抱养本村的孩子，多数是抱养比较远的地方的孩子，而且都是几个月的婴儿。即便是抱养本村的孩子，孩子的养父母和亲生父母也要达成一个协议，即给出的孩子决不能相认，有的还要写下字据才可以。抱养的孩子要改名，要入户，要让家里的亲戚都知晓。这样这个儿子就和亲生的没有区别了，父母要抚养其长大成人，并为其张罗娶妻，抱养的儿子要为其养父母养老送终，拥有继承家产的权利自然也无可厚非。

(三) 仅有女儿，留家的继承

家中仅有女儿，并且也没有从亲戚家过继儿子的，有多个女儿的话一定会留一个女儿在家，其他的选择嫁出去，留在家的女儿通常当家人会选择招个上门女婿来顶门户。招来的上门女婿不强制其改姓女方姓，但所生孩子要随女方姓。招来的上门女婿是顶门户的人，换句话说等于"半个儿"，要为老丈人、老丈母娘养老送终，所以招入门的女婿有绝对的继承权。如果当家人没招女婿上门，女儿出嫁，也无过继子，有兄弟或侄儿的则由兄弟或侄儿来养老送终，财产也由兄弟或侄儿来继承。

二、继承内容

1949年之前，继承物囊括的内容很多，主要包括农户自家所拥有的耕地、房屋、场、现金、粮食、牲畜、农具、家具、没有偿还的外债或没有讨要回来的债务，老人健在的话在分家继承时还要就老人的养老事宜一并讲好。对于自耕农和财主而言，耕地以及房产的分配是重点，而对于贫雇农来说，明确父母的养老问题成为重点，当然也会涉及少量财产的分配。据村里老人回忆，过去分家的都是日子好过的，日子"惜活"的贫雇农分了家只会更穷困。

（一）耕地的继承

1949 年之前，农户在分配耕地时主要考虑两个因素，一是耕地的面积，二是耕地的好坏。在席村有旱地和水浇地之分，农户在分配土地时会尽量做到平均，同时会将旱地和水浇地搭配平分。另外土地面积较大的农户，分配土地时会给长孙留一块土地，以此来彰显其在传承家族血脉中的重要贡献，长孙地的面积由当家人来决定，一并划在长子分得的耕地中。农户的耕地在一处时，分配时没有太大的问题，只要平均分配即可，分好后兄弟共同设置地垄界即可。但很多时候，农户的地是多个地块零散分布，遇到这种情况时，如果地块的亩数相同还好分，如果地块的亩数不相同，农户也不会为了平均分配将大的地块进行分割，而是在分割其他财产时进行补偿，或以多的一方给少的一方补差价的方式解决。

> 席村南姓农户分家，有两个儿子 A 和 B，一共有 13 亩的旱地，2 亩的水浇地，而且这 13 亩旱地并不是一整块，分别在村南有两块，村东有一块，村南的两块有 7 亩 3 分，村东的地不到 6 亩。南姓农户没有设置长孙地，分配土地时告知兄弟二人土地分两份，一份村南的 7 亩 3 分，一块村东不到 6 亩，不把村南的地再分是为了两人日后种地方便，由兄弟二人商量着选。选村南土地的要给选村东土地的补偿 50 块洋钱，不愿补偿洋钱的话分房时少分半间房。[1]

当家人在分配时既要保证公平，还要尽量考虑以后的生产是否便利，把整块土地分割开的确可以实现平均分配，但在以后的耕种上难免不会发生问题。对于不能平分的情况，两个儿子是上述事例的解决方案，三个或更多儿子也会按照多给少补找平衡的方法来解决。分地时如果有未成家的儿子，父母会和未婚儿子共同生活，这种情况父母也会相应地分得一份土地，以后这份土地成为父母的养老地，小儿子成家后谁来养老谁获得养老地。

（二）房屋的继承

1949 年之前，在席村，农户多以院落形式居住，家境好些的农户自家拥有一个院子，家境一般的农户则是几家共用一个院子。首先说明的是，在席村，不管是一家独院还是几家共院，分家是不分院落的。房屋分配时当家人基本上遵循目前住哪间屋子，

---

[1] 以上实例依据席村南炎炎老人口述整理。

分房就分得哪间屋子的原则，对于家中多出的空闲屋子则采取平分的办法来处理，只有一间就一家半间。坐北朝南的正房有一间是堂屋，里面供奉着祖宗的牌位，有的农户堂屋里还会存放粮食。正房还有一间是当家人的房子。正房分家时不分，儿子们住东西两边的房子，长子住在东房靠北一间。如果是两个儿子，则小儿子住西房，如果是多个儿子，则长子东北房，次子东南房，三儿子西北房，依次类推。通常分家之前孩子们就会按照这个次序来住。如果家里有南房，当家人会平均分配南房的空间。分家前全家共用一个厨房，一口锅灶，分房时厨房不分，留给父母使用，分出后的小家庭会另起炉灶。院子作为公共空间分房时也不分割。

上述情况是自家拥有一个院落的情况，如果是住房相对紧张的农户则分家时就不存在分房一说，用村里老人的话就是"分家分灶不分房"。原本就进出同一个门，居住条件紧张的家庭，分家中分房的显著特征就是"分灶"。分家后各自在门前盘灶，灶台盘好后，第一次生火要从原来的灶里取火，这在席村算作分家的一个小的仪式，由当家人来完成，表示新的小家另起炉灶，独自生活。分地时若有儿子吃亏，多拿地的并未给现金补偿，分房时会多分半间。

（三）现金、粮食的继承

家中现金积蓄和粮食的分配相比耕地和房屋而言要简单得多。当家人在分家时会把家中积攒的现钱和粮食——告知，并在分配之前留出一些粮食和现钱作为养老之用，如果家中有未出嫁的妮子，老人还会根据家庭情况适当留出些来为妮子准备嫁妆。剩余的现钱和粮食则按照儿子的数量进行平分。如果在耕地或房屋分配中有继承人吃亏，当家人在分现钱和粮食时会提出补偿。欠下的外债和没收回的债务也属于继承物中的重要一项，儿子们愿意分家，就要愿意承担过去大家庭欠下的债务，所以分家时如果有外债，老人会把债务平分给继承人。如果子女均成家，老人不再承担债务，如果老人与未成家儿子共同生活，则老人承担分得的债务。如果分家时有未收回的债务，依上述方式来分割处理。

（四）牲口、农具的继承

分家中除了土地、房屋、现钱和粮食要分割外，家中的牲口和生产工具也要进行分配。在席村，拥有耕牛的农户并不多，那些个独自拥有耕牛的农户通常采取继承人伙养的方式来解决。耕牛对于旱地的耕作必不可少，分家时很少有农户会选择将牛卖掉后平分现钱的方式，更多的是将耕牛按照继承人数量分为等额的股份共同饲养，这和前文介绍的"伙养耕牛"完全相同。如果有继承人不愿意参与伙养，则采取股份折现的方式给予一次性的补偿。

在农具的分配方面，犁、耧、耙、耱等大型农具会留下父母手里，需要时问父母借用即可。镰刀、锄头、锹等一系列小型农具在分家前当家人会特意为继承人都置办齐全，保证做到分出后每家都有一份。如果家庭殷实，并且继承人数量不多，当家人会选择将大型农具也置办齐全来平分。

（五）其他物品的继承

这里的其他物品主要包括锅碗瓢盆、凳子桌子、箱子柜子等日常生活用品。锅碗瓢盆这类餐厨用品，当家人在分配前会按照继承人数量置办齐全，保证每家得到相同的一份。而对于凳子桌子、箱子柜子这样的家具来说，普通农户家中都并不多，有条件的家庭当家人会给置办个箱子，条件一般的农户这些家具就不分了，分家后由各个小家庭自己去置办。

三、继承程序

1949 年之前，分家继承是农户家庭的一件大事，在决定分家后大致有以下几个方面的程序：

（一）明晰家产

当家人和儿子们确定要分家后，第一件事情就是要对家庭财产进行清点。没分家之前，家庭的收支以及家庭财产情况只有当家人最为清楚，继承人并不明确知晓。所以在分割家产前，当家人要将家庭财产分类并逐一列出，如土地有多少亩以及具体的位置、现金积蓄有多少、房屋间数、牲口数量、农具数量、债务情况等。同时要注明哪些是老人生前不分割的财产，哪些是分家时要分割的财产。

（二）择日并请见证人

分家对于农户是大事，村里农户讲究办大事要选吉日，所以会专门选一个好日子来分家，选日子一般找村里的先生来帮忙挑。日子定好后当家人会提前去通知娘家的舅舅，告知其某日要分家，请舅舅来见证主持。同时还会邀请门下人届时去见证，邀请一位村里的先生来书写分家时的分单。这些人必须是当家人亲自去告知并邀请。

（三）协商平均分配

到分家的日子，娘家舅舅、门下人以及村里的先生到场后，当家人会向继承人交代清楚家中的财产情况，并把平均分配的方案告知。兄弟之间对于老人提出的分家方案也可以提出不同的看法，比如上文土地亩数不对等的情况中，谁拿多的土地、谁拿补偿的问题等。如果当家人提出的分家方案不公平或有问题，或者兄弟因为方案发生争执，娘家舅舅会出面来主持公道并调解矛盾，直到继承人及当家人达成一致，并请先生来书写分家文书亦即分单。

（四）写分单

分单就是详细写明各继承人所分财产的分家文书。如果家里的娘舅识文断字，可以由舅舅代笔，也可以是村里的先生来写，通常是专门邀请村子里有文化的先生来代笔。分单上明确书写着财产分配结果，同时对老人的养老问题以及未尽事宜一并说明，写完后父母儿子和在场的见证人都要签字或按手印。分单每个继承人都有一份，父母也会有一份，各自保管。分单既是分家的凭证，又是以后土地房屋买卖和边界确认的重要证明。

（五）吃分家饭

分家最后一步就是吃"分家饭"，这顿饭由当家人张罗，一方面是对前来给分家做见证的娘舅、门下人以及代笔先生表示感谢，另一方面是各自过小日子前全家再吃一顿团圆饭。通常分家时没有出现矛盾的家庭才有机会吃分家饭，如果分家过程中有纠纷，分家饭很难吃成。如果大家坐在一起吃分家饭，请来的娘舅一定是坐在上座，席间舅舅一定会对分出去单过的外甥们叮嘱上几句。讲话的内容据老人回忆，大致就是当家人把他们抚养成人不容易，分了家以后还要孝顺当家人，要争取把自己的小日子过好，兄弟们虽说分开了，能帮还是要互相帮助，搞好团结才不会被村里人瞧不起之类的话。吃过分家饭之后，分家就算是正式完成了。

四、继承关系

传统时期，分家继承看似只是家庭财产的重新分割和新家庭的诞生，实则包含着多方面的关系，既包括家户内部诸如父母和继承人之间的关系、多个继承人彼此之间的关系，还涉及家户外部例如外嫁女与父母兄弟的关系等。

（一）家户内部继承关系

在席村，通常是孩子们成家有了孩子以后分家。分家既可以是父母提出，也可以是儿子提出。父母提出分家多数是因年迈无足够的精力来操持，儿子提出分家多数是希望能够单过，凭自己的力量来过更好的日子。只要是父母提出的分家，这个家一定会分，即便儿子不乐意也会分，这主要在于当家人的权威。如果是儿子提出分家，父母不同意，分家会暂时搁置，但最终还得分。村里老人给出的解释是："他要分家，当家人不乐意，他不给你好好干活，整天跟你闹别扭，最后惹得你生一肚子气，你最后还不得分了？"[1] 所以，在席村，不管是父母提出分家，还是儿子们提出分家，只要有人提出分家的想法，这个家一定会分。

---

[1] 席村席伍儿老人访谈摘录。席伍儿，81岁，新绛县席村第四村民小组。

未成年或未成家的儿子，分家时通常和父母一起生活，但会分得相应的家产。出嫁的女儿不参与分家，对于未出嫁的女儿父母会根据情况留出一份用来置办嫁妆，家庭不富裕的则不会留置办嫁妆的钱，给未出嫁的女儿置办嫁妆全靠婆家的彩礼。居住在外面的儿子通常不参与分家，如果几个弟兄中有一人死亡，但亡弟的妻子并未改嫁并育有孩子，则其孩子可以以其弟弟的名义参与分家。如果没有孩子，但其妻子并无改嫁的打算，与当家人共同生活，分家时当家人会考虑为其留一份家产。

分家时当家人会按照"诸子均分"的原则来分配家产，但同时也要保护弱者，例如家中如有残疾或智障的儿子，分家时当家人会适当多留一些给他。这些父母相对偏袒的弱者身体多得的那部分由父母来保管。除此之外，分家时还会就父母的养老问题进行商议。有未成年或未婚儿子的父母会先和其共同生活，待儿子全部成家后，父母是"吃公粮"还是"轮食"，抑或由当时分家时还未成家或未成年的儿子来赡养都会商议定夺。如果是"吃公粮"或"轮食"，过世后父母的房产由兄弟平分。如果是一人赡养，则全部归赡养之人所有。

分家时请娘舅以及门下人都无须支付任何报酬，分家后也不需要向村里的村长、闾长报告。按照村里老人讲，分家属于自己家庭内部的事情，没必要向村里的村长报告，即使是分家时出现了矛盾，也是娘家舅舅来调解，绝对不会因此打官司。分家后头一年要纳粮交款时，当家人要告知村里的财粮，财粮修改村里纳粮的登记册即可。

分家时如果比较和气，分家后兄弟间都还会来往，遇到困难还会相互帮助，逢年过节还会彼此走动。如果分家时兄弟间发生了吵闹，日后就各过各的日子，基本上很少再打交道。据村里老人讲述：

> 过去分家，吵吵闹闹是常有的事情。当家的都会偏心家里"垫窝"的老小，哪怕老小已经成了家。按道理是平分，其实当家人背地里提前就会给小的安排一些。我就是家里最小的，当时我家分家是我哥提出的，提出分家我达（爸）只能应了。分家前我爸叫我妈叮嘱我就说不想分，不愿意分家，分家时候我爸就不把我分出去，那样我就和我爸妈一起生活。我就按我妈叮嘱的说了，分家时我们兄弟三个一人分了一份，我爸和我妈分了一份。后来我爸妈过世，他们的地和房都给了我。就因为这么分，我大哥很长时间都不和我来往，到处说我爸不公道。我二哥人忠厚，当家人咋安排就咋办。

（二）家户外部继承关系

本家户之外的其他人，如娘家人、外嫁女儿，没有继承权，但娘家的舅舅作为主持公道的见证人会参与其中。一是作为见证人，二是主持公道，三是对分家时的矛盾给予调解。

如果农户家中女儿还未出嫁，父母就已经过世，未出嫁的女儿一定是和家中的长子一起生活，女儿的嫁妆由其大哥来承担，如果有多个兄弟，并且兄弟关系很好，嫁妆也可以由兄弟几人平摊。如果是分家后父母过世，还有未婚的弟弟，通常父母的财产由其继承，分出的儿子帮忙张罗未婚兄弟的婚事与否均可。按照老人的话，家都分了，父母过世留下的家产娶个媳妇不是问题，这个事情得靠自己，哥哥帮不帮都不会有人笑话。

如果农户无儿无女，家庭财产出现无人继承的情况，一般遵照"谁养老送终，谁继承财产"的规矩办。如果老人家中有亲戚，哪怕是姑舅姨表的至亲，老人的养老及过世后埋葬都是本村的外人做的，则老人的家产也全部由给老人养老送终的外人继承。即便是这些至亲为此来闹事，只要村里有人证明是外人给老人养老送终的，至亲也不会得到任何财产。

第八节　席村经济变迁

1949年之前，商品经济不发达的席村是一个典型的农耕型村庄，一家一户、自给自足成为席村主要的经营模式。1949年之后，伴随着土地改革、合作化运动及家庭联产承包责任制的实行，席村的经济形态发生了巨大的变化。村域面积不断扩大，传统时期的生产、管理、分配方式都发生了显著的变迁。

一、1949年前的传统经济形态

1949年之前，席村是一个传统的农业型村落，结合本章前七节的内容，传统时期席村的经济形态可以概括为以下几个方面：

第一，农业生产经营以家户为基本单位。席村是一个家户本位色彩浓厚的村庄，1949年之前，家户成为农业生产经营的基本单位，家户经营完全独立，当家人掌握着家户经营的话语权和决定权。地里种什么、何时种，劳动力的安排，是否请工等生产中的各个环节全部由当家人来安排。农业生产所获成果的分配和处置也全部由当家人遵循一定的分配原则与秩序来完成。除此之外，在市场交易、国家赋税、徭役摊派等事务中，家户也是参与的基本单元。

第二，自耕农居多，贫雇农宁愿扛活也不愿租地，租佃经济不发达。席村的人地关系相对缓和，人地矛盾并不尖锐，依据解放后土地改革时的统计信息，村落以自耕农居多，村中仅有四个财主，其土地占有量也并不很大。人均土地占有量不均，生产经营规模较小是一个显著的特点。因为财主占有的土地数量有限，自耕农居多，所以席村的租佃经济并不发达，无地或少地农户多采取扛活的方式来谋得生存，为此形成了较为发达的雇工关系。

第三，农业为主，辅之以手工业。家户的家庭经济收入主要来自农业生产，但是，农户也会从事一些简单的手工劳动。在家庭成员的劳动分工中，农业生产主要由男性劳动力来完成，女性则主要承担日常的家务及手工业生产，如编筐、纺织等。这类手工制品会拿去集市出售，换取一定数量的钱物来贴补家用，并不能成为家户生存之根本。对于村落中少有的手艺人或买卖人而言，掌握的手工技能或经营技术成了他们的生存之道。

第四，量入为出，注重积累。在席村农户的日常生活中，农户长期以来遵循着勤俭节约、量入为出的生活及消费观念，即便是村里相对富裕的财主在过日子方面也同样精于算计。农户勤俭过活的最终目的在于谋求财富的积累。不同于今时今日农户能够得到来自国家及社会多方面的保障及救助，传统时期，农户在应对生老病死等问题时会花费大量的钱财，所以农户特别注重财富的积累。在当时，土地就是财富的象征，因此，当农户财富积累到一定程度后便会用来置办一定数量的土地，土地越多，自然农户的经济实力也就越强。不过，农户的家庭经济相对脆弱，一旦遭遇天灾或者人祸，可能就会倾家荡产。

二、1949年之后的经济变迁

1949年之后，传统经济形态先后经历了土地改革运动、合作化运动以及家庭联产承包责任制三个时期的变迁，发生了巨大的变化。

（一）土地改革运动

1947年4月新绛县解放，在中共新绛县委领导下，由县武装委员会、农会联合组成翻身大队，各区分别建立区队、联防区，各土改工作组进驻村庄开始土地改革运动。1947年9月席村作为试点开始土地改革，1948年10月土地改革运动结束。据席立尔、任福成、朱发发等多位老人讲述：

> 1947年刚入冬，村里就来了共产党，还领了7个农会委员，任福成是当时席村农会的副主任，主任是县里派来的。任福成家就是席村的，了解席村

的具体情况，所以安排任福成帮助农会开展工作。村里还组建了贫农团，至少50多人加入。按照县里的统一部署，进村后没多久就先划出了15户地主，其中包括5间席吉元、2间张震华、4间席国荣、5间曹冬儿、12间韩克温等。划定地主以后就开始分地主的东西。第一个被分财产的财主是铁门的财主，当时是农会的人和贫农团一起去的，等于是拿"铁门"先开刀，把地主家的东西分给乡亲们，并且开始动员村里人清算阶级账。不过村里人也没怎么斗地主，农会把地主家的地分给了村里的农民，很多乡亲都不敢要，地主家里的东西都放在了娘娘庙前面的八卦亭里，村里人都不敢拿，贫农团里有些胆子大的敢拿，多数人都不敢拿。第二年过了年，县里又派来了外面的共产党干部，来了以后又重新划了一次，包括之前划定的15户，又划出了20户，新划出的财主里有不少土财主。外面来的工作组是比本地的要有能力，对上面的政策讲得到位，很快就把收来的地重新分到了农户，当年种麦的时候村里乡亲就开始种上了分到的土地。

土改运动结束后全县发放了土地房屋窑使用证，从此地主阶级的封建土地私有制被废除，农民分得土地，自给自足。在单家独户的生产中，有的自发组织临时性或季节性的互助和变工，彼此相帮，以工换工。根据席村留存的档案及席村多位老人的口述整理，土地改革运动时席村的旱地和水浇地总面积约为10770亩左右，户均耕地面积21.01亩，人均耕地4.61亩。根据当时标准划出地主富农共计35户，180人，共占有土地1751.9亩，人均9.73亩；中农191户，948人，占有耕地5206.8亩，人均5.49亩；贫农286户，1206人，占有耕地3811.8亩，人均3.16亩。具体请参看下表3-15。

表3-15 土地改革运动时席村各阶级土地占有情况统计

阶级成分	户　数	人口数	土地占有亩数	人均土地占有亩数
地主富农	35	180	1751.9	9.73
中农（自耕农）	191	948	5206.8	5.49
贫农	286	1206	3811.8	3.16

土地改革将地主、富农的土地收回后做了重新分配，席村四大姓氏家庙的土地也被收回进行了分配，据村里老人介绍，分配后人均可以分得近5亩的土地，而且都分得了不等的水浇地。从此，土地归农民个体所有，结束了几千年来的封建土地所有制。

(二) 合作化时期

1952年新绛县建立了第一个初级农业生产合作社，初级社实行按比例受益制，以劳力为主，兼顾土地、生产资料等。入社时对土地进行评产，以合理确定土地报酬。1953年贯彻执行党在过渡时期的总路线，1954年初全县即出现了第一次农业合作化高潮，当地开始成立人民公社。1956年初，本县农业合作化向完全社会主义的高级农业生产合作社过渡。高级农业社实行土地、生产资料公有制，实行按劳分配的社会主义分配原则，取消土地分红。社员分工协作，由社统一使用劳力，便于进行较大规模的农田基本建设。农业生产迅速发展，粮食总产量增加792.8万公斤，社员平均收入增加42.75元。1958年秋，全县掀起人民公社化高潮。是年底，全县并乡合社，48个乡的184个高级社组成5个人民公社，即东方红、红旗、灯塔、"大跃进"、战斗人民公社，当时的席村就属于战斗人民公社。人民公社在管理体制上追求"一大二公"，实行政社合一。土地、生产资料均归集体所有，平调土地、房屋、劳力、资金、粮食等，在生产组织上实行团、营、连等军事化建制，分配上实行以政治表现为主的工分制，同时实施生活集体化，大办食堂770余个。在这种大前提下，虽然便于集中劳力进行大规模的农业基础建设，如1958年兴建了三泉水库，但同时也使社员的个人利益受到损害。据村里老人回忆讲述：

> 分到土地以后没几年，就开始搞合作社，从最开始的初级社，一直干到了高级社。人们都成了社员，村里搞起了大食堂。白天去出工干活，到了吃饭时间就去吃集体食堂。1958年的时候大炼钢铁，把家里柜子上的铜片都撬下来拿去炼了。那时候地是集体的，牛也是集体的，村里人们说自己也是集体的。队里都有专门的记分员，下地劳动挣工分，大人小孩都要下地劳动，还没到十来岁的小妮子都要去地里割草。起先人们积极性挺高的，后来发现，只要是上工就给记工分，到吃饭的时候一样也有的吃，这样就有人开始偷懒，一个看一个，大家都跟着学，磨洋工的就越来越多。

据村里老人介绍，当时村里的自留地、自留树被当作资本主义成分全部划归公社所有，之前存在的市场交换在这一阶段完全停止，农户从最初的积极生产变为之后的消极怠工。村民们认为，只要去地里刨一刨，中午大食堂就有饭吃，干得好也是三顿饭，干得差也能吃上三顿饭。1962年调整为生产小队为核算单位，实行三级所有，队为基础。到1963年，全县调整为214个生产大队，337个生产队，687个核算单位。

核算单位的下放,纠正了平均主义,调动了社员的生产积极性。虽然核算单位的下放纠正了平均主义,也调动了社员的生产积极性,但村民生产的劲头已远不如解放初期分得土地之时。

(三)家庭联产承包责任制

1980年下半年,新绛县开始推广农业生产责任制。建立各种形式的作业组是农业生产责任制的最初尝试。1981年6月本县开始实行包工到组、联产到劳、专业承包、包产到户或包干到户等四种农业生产责任制。1982年进一步完善农业生产责任制,在形式上由作业组逐步过渡到联产到劳、包产到户、包干到户等生产责任制。1982年,全县农村基本实现了家庭联产承包责任制。据村里老人讲述:

> 1982年开始包产到户的,其实在国家政策出来之前,有些生产队已经在开始这样的经营方式。家庭联产承包责任制让乡亲又有了土地,获得了土地的农民心里是高兴的,人们一改往日的经营方式,开始用心耕作属于自家的土地,村民们都说:"交了国家的,剩下都是自己的。"生产积极性和粮食产量有了明显的提升。

1984年3月农村原一年一包、三年一包延长到2000年的17年不变(之后又定为30年不变)。土地生产经营单位重新回归到"一家一户"之后,村民的生产积极性再次被激活,村民根据家庭和市场的需求合理安排农业生产。除了缴纳公粮之外,其他劳动成果全部归农民自家所有和支配,农业产量伴随着包产到户也有了很大的提升。农村市场相应地也被重新激活,1980年代的席村又办起了集市,每个月共有6个集,农户可以在集市上购买各类商品,本村的农户可以在不交地皮费的情况下摆摊做买卖。

到了21世纪,席村农户的收入越来越多样化,一部分有技术有能力的农户将土地流转出去,自己外出务工经商赚钱,有的农户则是农忙种地、农闲务工。据村里农户讲述:"现在和过去不一样了,种地全部是机械化,犁地有专门的机器,下种子也有专门的播种机。除了需要背着打药的箱子去喷洒除草剂,收割都有了联合收割机,过去有麦客,现在到了收麦的时候,打个电话机器很快就收完了。"

第九节 席村经济实态

时至今日,席村依然是新绛县较为典型的农业型村落,以家庭为单位的农业生产延续至今。但随着生产技术的不断改进，各类新兴市场经营主体参与到农村经济生活中，包括农业生产经营、消费、分配、市场交换等在内的农村经济呈现出新的特点。

一、产权

从1980年代实施土地"包产到户"以来，席村的土地产权一直归村集体所有。1994年，新绛县委、县政府认真贯彻执行中央农村工作会议精神，先后出台了延长土地承包期，允许土地使用权有偿转让，推行股份合同制，大力调整产业结构等改革措施，进一步深化农村改革。截止到2016年底，席村已基本完成了新一轮的土地确权。2017年10月18日，中国共产党第十九次全国代表大会开幕会提出，保持土地承包关系稳定并长久不变，第二轮土地承包到期后再延长30年，这着实给农户吃了一颗定心丸。虽然村民奉行土地所有权归村集体的原则，但在实际生活中，村民宅基地的交易逐渐由私下走向公开。

随着农业现代化的推进，新型农业经营主体的成长，越来越多的农户参与到土地流转当中，截止到2016年底，村民参与土地流转的土地已达4000多亩。一方面是流转给本村的种粮大户，更多是流转给新型农业经营主体。例如席村现代农业示范园，是一个集新品种示范、新技术转化、新农民培训和蔬菜销售于一体的现代农业基地，建设初期就转入了大量的土地，流转价格在每亩800元左右。转出土地的村民选择外出务工，或在土地转入企业打工。

村落中存在宅基地私下交易的情况，但也是将多余的宅基地转让，而且这类交易的情况并不多。虽然村子里很多农户在新绛县城购置了商品房，村子里的房屋早已闲置，但在传统乡土观念的影响下，多数村民宁愿宅基地闲置或是房屋破败也不会选择出让。宅基地的转让也都是村落内部熟人交易，很少有外村人在席村购买宅基地的情况。

二、生产经营

1949年中华人民共和国建立到现在，席村一样经历了几次大的农村改革，当下形成了相对较为稳定的生产经营形式及关系，主要可以概括为以下几种：

第一，传统家庭独立经营。家庭独立经营是由传统时期延续至今的生产经营方式，也是当下席村农户生产经营的主要方式。农户获得土地承包和经营权以后，在不破坏和违反基本耕地保护等相关政策法规的前提下，可以自主决定所承包土地如何经营。换言之，和传统时期相同，农户在自己承包的土地里种植何种作物不受其他人的干涉，农户是依靠种地获得收益还是将承包地流转给他人通过土地地租获得收益也不应被他人干涉，简单概括就是生产经营独立自主，自负盈亏。独立经营的方式虽延续了传统，但经营的分工已经发生了改变,即便是小规模的家庭经营也已经实现了高度的机械化,从种到收投入的人力劳动微乎其微,再也没有传统时期的男女分工之说。

第二,新型农业经营。新型农业经营模式是近几年在席村流行的一种经营模式,主要是指在完善家庭联产承包经营制度的基础上,有文化、懂技术、会经营的职业农民和大规模经营、较高的集约化程度和有市场竞争力的农业经营组织成为经营主体。在当下席村,主要包括专业大户、农民合作社和龙头企业。

在席村,专业大户主要是从事小麦种植的种粮大户,其"新"主要体现在规模和专业化上,其规模要大于分散经营户,而且专业程度高。在席村这样的专业种粮大户有三个,其中规模最大的种植有近千亩小麦。据村里干部介绍,每年小麦打药都动用专门的小飞机来完成,相比普通农户传统的经营效率要高出很多倍。

农业合作社是席村第二类新型农业经营类型,是农户之间通过土地、劳动力、资金、技术或其他生产资料以一定方式进行合作的经营联合体。这是一种自愿组织起来的互助性质的农业生产经营组织,也就是所谓的"抱团取暖"。其规模更大,专业化水平更高,与市场的结合程度也更高。在席村有专门的果树种植合作社。新绛县一带有着苹果种植的悠久历史,席村不少农户都种有苹果树,果农们自发成立合作社,实现了合作经营,有效地保证了收益。

龙头企业所经营的内容,可以涵盖整个产业链条,从农产品的种植与加工、仓储、物流运输到销售甚至科研,其组织化和专业化程度都比较高。通常与农户合作的模式主要有"企业+基地+农户""企业+专业合作社+基地+农户"等,在实现自身发展的同时也能带动农户的发展。美霞种业是新绛县的知名企业,是一家大型育苗公司,企业2016年在席村投资700万元开建一个大型育苗基地,届时可以安排席村200余名剩余劳动力,一年可以为村民增加工资性收入400万元,还可以带动村里蔬菜产业发展,辐射面积可达千余亩,有望使蔬菜成为席村未来的主导产业。

第三,就经营关系而言,市场的影响更加显著。经营上实行市场化运作,传统时期生产合作中的换工、帮工已经被当前的劳务雇佣所取代,农户种地请人帮忙都按天或按照工作量来计算,例如一个工人附带机器种一亩麦子要支付80元的费用。即便是相好的门下人也不会再有换工一说。传统时期经营关系中的水利合作当下也已不存在,席村的土地基本实现了机灌,农户只要缴纳灌溉的费用即可完成灌溉工作。

随着生产经营情况的变化,当下席村农户的收入也呈现逐年增加的趋势,收入构成也越发多样化。下表是当前席村部分农户的收入构成情况。

表 3-16 席村部分家庭收入构成情况

姓　名	家庭收入构成
韩春明	（1）12 亩果园收入；（2）外出务工收入
南保龙	（1）经营饭馆收入；（2）村内干部工资性收入；（3）村外投资土建工程
张学民	（1）务农收入；（2）收废品
杨勇	（1）村里开办超市，妻子负责；（2）村外合伙做买卖

三、市场与消费

伴随着商品经济的发展，席村的市场交易和消费也变得更加多样和繁荣。席村村内现在有各类商铺十多家，包括超市、食杂店、杂货店、馍铺、菜铺、粮油店、大小规模不等的饭店、理发店、服装店、修理铺等，经营范围涉及村民生活的方方面面，真正做到足不出村可以满足农户日常生活所需。村里的妇女们在村里就可以做专业的皮肤美容及护理。除了固定的商铺，席村每个月还有 6 个固定的集市，集市在每个月农历逢三和逢九开集，也就是每个月的初三、初九、十三、十九、二十三、二十九。集市持续一天，有很多外来的商贩在席村的中大街摆摊，兜售的商品少说也有上百种，本村做买卖的农户可以免费在集市上摆摊经营，外来商贩则需要向村里缴纳一定的管理费。传统时期席村村外的几个集市还按照固定的时间开集，农户可以自由选择。同时，方便的交通环境可以让席村农户前往新绛县进行商品交易。县城建有各类大型综合购物商场，提供给农户吃喝玩乐一站式服务。席村绝大多数农户手头都拥有农村信用社发放的小额信用卡，过去的赊账消费变为现在的刷卡消费。村里的超市有专门提供银行金融服务的合作网点，农户可以在村里的超市刷卡存取款。

当下席村农户的消费更加多元化。随着家庭收入的不断增加，村民消费观念也逐渐改变。家庭中的消费权已不再仅仅是当家人一人所拥有的权力，对于核心家庭来说，夫妻双方都有消费的权力。村民很在意财富的积累，家里有儿子的农户要承担一大笔娶媳妇的支出，据席村农户讲述："家里如果有儿子，娶媳妇至少要花 20 万，仅仅给女方的彩礼就要 10 万，而且结婚时必须要有一辆轿车。家里如果没有房子，建房还要花费一笔，这样就远远超过 20 万元。"所以婚娶方面的消费已经成为席村多数农户巨大的包袱。红白喜事方面的人情消费现如今也成为席村农户消费的另一个大负担，村民们形象地将这类消费称为"不能抱怨的罚款单"。除了上述两方面之外，农户在子女教育方面的投入也大幅增加，越来越多农户将自家孩子送到县城读书，低年级的学生家长还投资给孩子报各类艺术特长班，这笔消费成为家庭消费的主要组成部分。当然在传统消费类型的基础上，越来越多的年轻村民每年在节假日会选择出游度假，享受型消费逐年增加。

表 3-17 席村农户全年消费构成情况

消费内容	平均费用	村民态度
饮食	约 1.2 万—1.8 万元每年	不愁吃喝
子女教育	幼儿园：2000—2500 元每年 九年义务教育：3000—5000 元每年 高中：8000—10000 元每年 大学：1 万—1.5 万每年	供孩子读书的钱不白花，学到什么程度供到什么程度
随礼	婚嫁喜事：普通人 100—200 元 　　　　　亲朋好友 500—1000 元 丧葬白事：普通人 100—200 元 　　　　　亲朋好友 500—1000 元	每年随礼的钱是一大块，压力很大
婚丧	结婚娶媳妇：15 万—20 万元 埋人：5 万—8 万元	压力很大
娱乐	因家庭收入而定，喜欢打牌的村民每年至少 0.8 万—1 万元，不喜欢打牌的村民一年 0.2 万—0.3 万元。部分年轻农户选择外出旅行	压力不大
走亲访友	逢年过节走亲访友 500—1000 元每年	压力不大，人情往来

四、分配与继承

席村当下的分配包括家庭分配和村集体分配两类。家庭分配主要包括经营性收入分配和工资性收入分配，其中经营性收入包括村民的土地经营和商业经营收入，工资性收入指村民务工所获收入。家庭分配由家里的当家人决定，以务农为主的家庭，收获的粮食自家留多少作为口粮，多少卖出去全部由家里的当家人来决定。农户如果有工资性收入和商业经营性收入，例如农户除了种地还会做些小生意或外出务工，最终如何分配也由当家人来决定，大事情一般妇女不会拿主意。村集体分配是分配的另一种形式，当前席村加大力度发展村集体经济，为村民创造集体性收入。对于人口比较多的席村，村集体收益分配到各户显得微乎其微，于是村落中的村集体收益用作村落基础设施建设以及村落服务方面。据村干部介绍，席村近两年凭借村集体收益建起了老年日间照料中心，凡是 70 岁以上的独居老人每日都可以在席村的老年日间照料中心免费吃午饭，这得到了农户的普遍认可。除此之外，村里还利用村集体收益建起了幼儿园，为学龄前儿童提供良好的托管和教育。

关于财产继承，当下席村的家庭财产继承与传统时期已经有了很大的不同，主要表现在以下几个方面：第一，女儿不是泼出去的水，一样具有继承权。传统时期，女儿一直都以外姓人的角色存在，嫁出去的女儿泼出去的水，女儿不参与家庭财产的继承。而当下，女儿和家里的儿子一样承担着对父母的赡养义务，父母过世后女儿享有财产的继承权。当然，如果当家人生前已就死后财产做出安排，安排时没有给女儿留下什么，女儿则会遵照其生前意愿执行。第二，结过婚就分家。传统时期，小家庭更希望能够在大家庭的庇护下过日子。如今则大不相同，结婚后就分家，因此村子里现在以核心家庭为主。

第四章 席村的社会形态与实态

人作为家户与村落的核心要素，是形成村落一系列社会关系的基础。席村作为一个由四大主要姓氏构成的村庄，因血缘、地缘、业缘、信缘必然会形成诸如交往、流动、分化、冲突及保护等多种关系。这些关系使村落实现了有序的运转。本章将从上述多种关系入手来全面考察1949年之前席村的社会形态、变迁与时态。

第一节 血缘与血缘关系

村落是一个由血缘关系构成的社会，血缘关系维系的载体便是村落中的家庭、亲属、姻亲及其在此基础上所形成的一系列关系。在席村，血缘及血缘关系在村民的日常生产生活中发挥着重要的作用。

一、血缘主体

血缘关系是一种天然而成的关系，但血缘关系也存在着亲疏远近，所以处于不同血缘层次的人们形成了不同的血缘主体，从1949年之前的席村来看，家户（家族）、家庭、亲属成为三大基本的血缘主体。

（一）家

1. 家户（族）

报告第一章就已对1949年之前席村的家族情况进行了阐述，在席村拥有席、南、张、韩四个大的家户（族），柴、杨两姓虽人数不多，但也在席村建有家庙，故而也可认定是两个家族，但远不及四大家族的知名度与声势。在席村，四大家族的户数占到总户数的73.8%，包括柴、杨在内的其余30个姓氏的农户仅占26.2%。因为村庄中的各个姓氏相处融洽，所以"家户（族）"这一带有血缘性质的提法在席村的日常生活中体现得并不显著。但在村外，凡是席村四大家族的人可以很骄傲地向外人介绍说"我叫×××，我是席村××家户的×××"，而剩下的28个姓氏的农户则不能以上述的方式向外村人介绍自己，他们的介绍方式更多是"我叫×××，我是席村的×××"。

据老人回忆及席村土地改革时期档案整理，1949年之前，席村共有512户，2334人，户均人口4.55人。四大家族中，席姓67户，占村落总户数的13.1%，南姓109户，占村落总户数的21.3%，张姓113户，占村落总户数的22.1%，韩姓89户，占村落总户数的17.3%。1949年各姓氏在席村13个间分布情况参看表4-1。据村里老人介绍，席村这四大姓氏每个姓氏都有自己的家庙，四大家族都各自有自己的祖宗，只是后来一代代人多了后分出了不同的支，但各支归拢还是同一个祖宗，所以每个姓氏都是一种血脉的传承。关于各姓氏的由来在第一章中已有阐述，在此不再重复。

表4-1　四大姓氏农户在席村13个间的分布

居住单元 \ 家族姓氏	席姓（户）	南姓（户）	张姓（户）	韩姓（户）
1间	0	1	36	0
2间	0	1	39	0
3间	1	0	32	0
4间	20	0	2	0
5间	16	2	0	0
6间	5	7	0	1
7间	1	14	3	0
8间	23	17	1	1
9间	0	26	0	1
10间	1	24	0	7
11间	0	3	0	26
12间	0	0	0	39
13间	0	14	0	14
总计	67	109	113	89
占比（%）	13.1	21.3	22.1	17.3

2. 家庭

(1) 家庭规模

在席村，农户们通常以家庭结构和家庭人口数量来区分一个家庭是大家庭还是小家庭。从家庭人口结构上来看，由多个核心小家庭组成的家庭便是农户们所认定的大家庭。具体来说，家中有两个或以上儿子，并且至少有一个儿子已经结婚，父母兄弟共同生活，这类家庭属于大家庭，用专业的术语讲，这类家庭称之为扩大家庭。这类扩大家庭以拥有相对富足的财主家居多。例如1949年之前，席村2间张振汉、张振华、张表东、张怀茂、张怀旺五兄弟共同生活的家庭就是很典型的大家庭，父辈去世后，兄弟五人一起生活，由长兄张震华来主持家事，这一大家子加起来一共有24口人。

从人口数量来看，4口人以下的家庭属于核心家庭，这类家庭在席村共有182户；家庭人口数4—6口的家庭属于主干家庭，这类家庭在席村共有243户；人口数超过6口的家庭，在席村共有87户，这类家庭称之为扩大家庭。从统计的数据上看，1949年之前，席村主要以小家庭以及介于小家庭和大家庭之间的由父母和一个已婚子女或未婚兄弟姐妹生活在一起所组成的主干家庭为主。4口人以下的核心家庭也相对较多，而6口人以上的扩大家庭在三个类型中数量最少。

家庭人口数量是农户判断这个家庭是否是大家庭的重要因素，除此之外，家中男丁的数量也左右着村民的判断。如果一家子父亲两人生了四个孩子，这四个孩子全部都是妮子，按照人口数量也算是大家庭了，但村民眼中这样的家庭不属于大家庭，甚至都没有夫妻两人外加两个儿子的四口之家在村里被认可的程度高。

(2) 家庭成员及其资格

"不是一家人，不进一家门"，对于农户而言，只有生活于同一屋檐下，同进一家门的人才是农户心目中所认定的家人。前提条件是这个家庭是扩大家庭，换言之，这个家庭至少得是三代同堂，即两位老人、几个儿子、孙子们住在一起，家里的这些人都可以认定为这个家庭的成员，如果有未出嫁的女儿，也同样属于家庭成员。但是，如果是分家后，老人单过，儿子们拥有各自的家庭单独生活，已分灶做饭，即便是还住在同一屋檐下，已经成了多个家庭，此时对于家庭成员的认定只能是在每个小家庭中，而"一家人"这样的说法在出了家门之外依然存在。下面的例子是最好的说明：

> A和B是亲兄弟，兄弟俩成家后父母将其兄弟二人分出去单过，分家后兄弟俩仍住在一个院子里，各自经营着自己的小家庭，双方互不干涉。有一

天B与邻村的村民因琐事发生争执,与B发生争执的村民并不知道其有一个兄长。此人在发生争执后的某天来席村,在娘娘庙前和席村在此乘凉的一群人正说B的不是,这个时候A朝着人群走来。外村那人并不知道A是B的哥哥,在此乘凉聊天的席村农户见状赶紧提醒邻村农户,告诉他走过来的这个人与他发生争执的B是"一家人",那邻村人便赶紧转过身不说了。

此外,即便是已经分家,"隔辈亲"并不会因此而发生变化,祖辈对孙辈疼爱和关心依旧,在爷爷奶奶的心中,孙子永远都是"一家人"。另外分家后父母也不会将儿子视为外人,同样看作"一家人",儿子过得好,爹妈不会去过问,儿子过得不好,父母但凡有能力也会给予帮扶。

对于出嫁的女儿来说,一旦嫁了出去,便不再是"一家人",用村里老人的话讲,嫁出去的妮子,就是别家的人了。相反,娶进门的媳妇则是"一家人"。招赘上门的女婿,即便是不改姓也会被认定是"一家人"。在席村,四大家族农户抱养的男丁,只要是入了"户",认了家里的亲,那就是"一家人",而在村中没有家庙的农户,抱养的孩子只要是认了亲,家人周知后便是"一家人"。用村里老人最朴素的话来说:"死了以后会不会埋在一个坑里就知道是不是一家人了。"[1]

(二)亲属

"一代亲,二代表,三代四代全拉倒"是席村老人反映亲属因血缘形态及关系而产生的亲疏程度常说的一句口歌。也恰恰因为这样的亲疏关系让亲属又分出了至亲、远亲以及干亲。

1. 至亲

在席村,至亲特指血缘关系最亲近的亲戚。按照村里老人的话讲,三代以内的亲属称得上是至亲,例如手足兄弟、叔叔伯伯、堂兄堂弟等。至亲包括本家、嫡亲、姻亲等。至亲之间的交往比较频繁,一般农户家里有红白喜事等大事小情都会邀请至亲来参加,逢年过节至亲也会走动拜访。

(1)嫡亲

嫡亲是血缘关系中最亲近的亲属。在席村,根据老人介绍,嫡亲大概有这么几种情况:第一,亲兄弟姐妹;第二,同父亲不同母亲的兄弟姐妹,或者同母亲不同父亲的兄弟姐妹;第三,叔伯兄弟姐妹;第四,同一个爷爷的孙辈的亲堂兄弟;第五,父

---

[1] 席村席立尔老人访谈摘录。在席村,家人过世后都会葬在一片坟地中,夫妻要合葬,父母子女讲究一定的规矩,但如果是没有出嫁的女儿死在了娘家要埋入村里的义地。这些仅在此处做简要说明,后文有关村落丧葬文化方面将具体展开。

母是亲兄妹亲姐弟的表兄弟姐妹。

（2）姻亲

所谓姻亲关系是指因婚姻关系产生的亲属关系。这里包括三类：第一，血亲的配偶，指自己直系、旁系血亲的配偶，如儿媳、姐夫等。第二，配偶的血亲，指自己配偶的血亲，如岳父母、夫之妹等。第三，配偶的血亲的配偶，指自己的配偶的血亲的夫或妻，如妯娌、连襟等。下表4-2是基于席村席来全老人口述整理的姻亲关系表。

表4-2 姻亲关系

长辈		平辈		后辈
丈夫	妻子	丈夫	妻子	儿媳妇
祖（外）父母	祖（外）父母	大伯子（妇）[1]	大（小）舅子（妇）[2]	女婿
父母（公婆）	父母（岳父母）	小叔子（妇）[3]	大（小）姨子（夫）[4]	侄媳妇
叔父（母）	叔父（母）	大（小）姑子（夫）[5]	舅、姨	侄女婿
姑父（母）	姑父（母）	姑、伯、叔	挑担[6]	外甥媳妇
舅父（母）	舅父（母）	妯娌	连襟[7]	外甥女婿
姨父（母）	姨父（母）			

说明：1. 大伯子（妇），丈夫的大哥、大嫂。2. 妻子的哥哥、弟弟及媳妇。3. 小叔子（妇），丈夫的弟弟、弟妹。妻子的姊姊（兄）、妹妹（弟）。5. 大（小）姑子，丈夫的姊姊、妹妹及配偶。6. 妻子的姐妹的丈夫。7. 姐妹的丈夫间互相的称呼。

据老人介绍，在姻亲关系的建立上有多个问题需要注意，首先是本村同姓的农户绝对不可以结为姻亲。老人说同姓的结为姻亲户里的户长知道了都会干涉，即便是出了五服也不允许结亲。进一步追问原因时，老人说这不符合规矩，说同姓结亲的生下孩子容易落下残疾。虽然这么说，但在席村仍有同姓结亲现象的存在。

（3）本家

本家至亲即与父亲有血缘关系的亲戚，包括叔伯、堂兄弟等。这些本家亲戚通常都生活在一个村子里，通常本家亲戚同属于一个支。本家至亲在日常的生产生活中交往频繁，红白喜事都要参与帮忙，并且也要上礼。

2. 远亲

传统时期，在席村，三代之外五代之内的亲戚就可以称得上是远亲了。之所以称之为远亲主要是彼此之间往来较少。远亲通常都不住在一个村子里，一年都见不了几回。一般家里有个红白喜事也会视情况决定是否告知，如果是过去参加过对方家里的红白喜事，一般会告知；如果对方家里办事情在先，并没有告知的话，则也不会告知对方。逢年过节的时候远亲也会视情况决定是否彼此走动拜年。如果远亲居住在同一个村落，则会在生产生活方面产生频繁的交往与互动。

3. 干亲

所谓的干亲，用更为学术的话语来讲叫拟血缘关系。干亲是一种以家户或个人为单元，且不需要家户、村落或其他个人认可的拟血缘关系。所以传统时期的席村，认干爹、干妈，结拜为兄弟姐妹是非常普遍的事情。

拟血缘关系多建立在本村的农户之间，也有本村同外村建立的拟血缘关系。不管是本村农户间还是与外村农户建立的拟血缘关系均是建立在彼此熟悉且往来频繁的基础之上。未成年的子女认干亲由其父辈来做主，同辈人认干亲则是相互认可决定的。干子女与干爹妈之间不可差了辈分，不可同辈人之间认干爹妈，干爹妈必须与孩子的父母是同一辈分，同辈分的人只能结为干兄弟或姐妹。至于外村认干亲的，因无法论辈分，只要是孩子父母与干爹妈年龄上不相上下就没有太多的问题。

据席村老人讲，过去认干亲有几种情况：一种是家里的孩子都是儿子的，看到相处比较好的农户家里的妮子很喜欢，自家又不生了，就提出认作干闺女。或者是家里都是妮子，没打算再生，也没过继男丁，相处好的农户家的儿子招人喜欢，就认作干儿子。另一种情况是家里有儿子，但儿子早逝，门下人或平日里相处好的农户家里有儿子，并且这家的儿子还常常来儿子亡故家里帮着做点事情，这样就会认下做干儿子。上述的第一类情况在席村非常普遍，第二类情况在席村也有。

> 南姓农户家中本有一儿一女，女儿出嫁，小儿子生病早亡。其邻居任姓农户家里有三个儿子，老二平日里就和南姓农户的儿子交好，两家平日里走动也比较频繁。南家儿子过世后，任姓农户经常会带着老二去南家帮忙做点事情，时间久了南姓农户向任姓农户提出想认老二做干儿子，任姓农户觉得合适便应允了这件事情。后来南姓两口过世还是这干儿子给料理的后事，而且老人还把自己的家产全部交给了任家老二。

此外，成年同辈人之间认干亲，结拜个兄弟，认个干姐妹相对来说更加随意和普遍。也许农户在逢集时和外村的某个农户结识，彼此聊得投缘就结下了干亲，日后便以兄弟相称，并频繁往来。

在席村这一带，认干亲并没有过于复杂的程序和仪式，认下干儿子或闺女的父母要给孩子准备点儿东西，比如说干妈可以给姑娘一对耳环或者是扯块花布，可以给干儿子做双鞋子或买顶帽子作为个礼物来表示诚意。而结拜兄弟则可以一起去关帝庙磕个头或者是在其中一个人家喝上一顿酒。结干姐妹的也有，但村里老人介绍并没有什么过多的流程，表现得更为简单。认下干爹干妈后两家走动会更加频繁，过年过节干儿子或闺女要去给干爹妈拜年。像上面提到的事例中的干儿还要帮着干爹妈做些日常生产生活中的事情，养老送终继承家业也不是没有可能。而认了干弟兄或是干姊妹的农户，平日里家里有个红白喜事都会互相帮忙，农忙的时候也会互相帮个工，农闲的时候可以互相走动。

从上述老人介绍的事例不难看出，村民建立拟血缘关系主要有两个方面的原因：第一，纯粹的个人喜好，家里缺子少女的农户，看到别人的孩子后会产生一种与生俱来的喜欢，这种喜好就会促使农户去认干亲；第二，通过认干亲来扩大交往，并在后续的生产生活中产生互助合作。村里老人有句口歌讲"隔三的，不如认干的"，这恰恰反映了农户对于认干亲的态度。

二、血缘关系

血缘关系不仅仅是生物学意义上的血脉与基因的传承，血缘关系还表现在血缘亲属在重大节日里的互动、红白喜事中的迎来送往，当然还有日常生活中血缘亲属之间的合作、帮扶以及彼此间的矛盾纠葛及其化解上。

（一）春节探亲与亲戚关系

1949年之前，农户逢年过节都要走走亲戚。平日里都忙于生计，特别是春节的时候，恰巧处于相对农闲的阶段，这期间农户便要走走亲戚，增进下彼此的联系。

传统时期，席村的农户比较看重的节日大致有清明、端午、中秋、春节这四大节日，但前三个节日多数农户都忙着地里的事情，所以不会大范围地走亲戚，以至亲中的嫡亲、姻亲走动居多。多数都是出嫁的女儿带着丈夫和孩子节前回娘家看望父母，通常是路程近的当日去当日回，路程远的当日去次日回，绝不会在娘家过此四大节日。还有就是在外单过的儿子携妻带子回村或看望父母或陪父母过节。本报告主要以席村农户最为看重的春节为例来考察血缘关系中走亲戚这一行动。

春节走亲戚主要集中在正月里拜年，当然在临近过年的腊月里也会走亲戚。这期间走亲戚的多是至亲，就如上文所说的女儿节前回娘家，还有同村的至亲年前也会走亲戚，这种走亲戚一般是送些年货给自己的至亲。例如A农户的小舅子家里年前杀了猪，通常这个小舅子会在年前到其姐姐家走走，一并送些猪肉和猪下水，并了解下年节的准备情况，即便是一个村里，姐夫也要留下小舅子在家吃饭。

正月里拜年则成为走亲戚的一种重要形式。在席村，从正月初一便开始走亲戚了。

一般辈高年长的老人在年初一会去家户里给祖宗磕头上香，之后就在家里等着后辈们登门拜年。前来登门拜年的晚辈都是本村的，外村路远的通常不会在大年初一登门拜年，女儿女婿大年初一更是不能登门。年初一在本村走亲戚去给拜年的一定是至亲，儿孙给爷爷奶奶拜年，给父母拜年，侄子给叔叔拜年，弟弟给哥哥拜年。同辈或辈分不高的则一路顺着拜，给爷爷辈的拜年要磕头，同辈分之间作揖即可。年初一登门拜年不需要带礼物，也不会留在别人家里吃饭，但是年初一走亲戚拜年还不能不去，不去的话对方是会计较的。初一给至亲拜年，家里的女人们是可以跟着一起去的，但给其他人拜年则不会带家里的女人。

正月初一的拜年停留在本村的至亲，不带礼物，不吃饭，或许并不能称之为走亲戚。但是到了正月初二，就是要走出去拜年了。在席村，正月初二是出嫁姑娘回娘家的日子，如果出嫁的女儿父母过世，那年初二就是到哥嫂家即外甥到舅舅家拜年的日子。即便家中老大是姐姐，也不去大姐家，大哥会事先请姐姐那天一起去他的家里，为此家中的长嫂年初二是不能回娘家的。如果是没有分家，扩大家庭中的小家庭年初二就是给妻子娘家亲戚拜年，其他亲戚则由当家人来安排，或是亲自走亲戚拜年，或是安排家里的儿子去拜年；但分家之后，两边的亲戚都要自己去走，而且要兼顾好。

正月初二去娘家或舅舅家拜年是不能空手去的，家庭条件好的农户可以事先准备些点心和酒，家庭条件一般的农户则带上自家蒸的花馍或是做的油炸馃子。在娘舅家走亲戚拜年是家庭成员都去的，根据路途远近以及行程的安排来决定是否过夜，但拜年饭是一定会吃的，同时娘家的爹妈或者舅舅还会给拜年的外孙或外甥准备压岁钱。

年初二之后走亲戚则由农户根据亲戚间的关系来自行决定，也有的农户会留在家里等亲戚上门来拜年，即便是走亲戚拜年也是当家的一个人去，当天去当天回，去的时候也不会空手去，但农户所送礼物的好坏主要由亲戚间的亲属关系及交往程度来决定。之后走亲戚拜年基本上限于三代之内，据村里老人介绍，过去七大姑、八大姨，亲戚特别的多，正月里走亲戚从初二能走到十五，花钱多还累人，后来为了减少这人情往来的花销和避免不必要的麻烦，就会主动断掉一些关系疏远的、平日里很少来往的亲戚。

（二）婚丧嫁娶中的亲戚关系

1949年之前，在席村，农户家里有个红白喜事、满月过寿都要摆上几桌酒来宴请亲朋好友。至于办酒席的规模和级别则根据农户的家庭情况来决定，基本上遵循"有钱大办，没钱小办，最差也要请亲戚吃顿饭"的原则。

1. 邀请

在传统时期的席村，红白喜事办酒主要邀请的是至亲、平日里走动相对频繁的其他亲戚、朋友以及门下人。在席村红白喜事办酒所要邀请的亲戚都需要去邀请告知，最大的区别在于婚嫁摆酒是由家里主事的当家人去邀请，诸如叔叔、姑姑、舅舅、姨姨这样的至亲，路远也必须要登门邀请，绝对不能委托别人去请，即便是家中的长子去也不行，除非当家人行动不便，长子可代为邀请。如果去邀请的不是当家人，亲戚可以挑理，会认为没有诚意，如果被邀请的亲戚家不富裕，还会觉得是他们人穷不被瞧得起。去请亲戚的时候不能空手，带上一包用红纸包着的糖或者花生即可。如果是家里有人过世办白事要办酒，请亲戚其实也叫报丧。白事办酒在席村通常不会由家里当家人去邀请亲戚，而是由门下人来帮忙完成的。这种情况亲戚也不会计较，而且过去人过世后就有很多礼俗性的仪式需要当家人参与，很多事情需要当家人来拍板，下葬的日子定好后也不能改动，即便是当家人想去登门请也没有时间。另外过去讲究戴孝的人不随便进别人的门，会给人家带来霉运。所以委托门下人去帮忙邀请也无可厚非。办满月酒邀请至亲，一般是孩子的父亲去，请人时要带喜糖。给家里老人过寿邀请至亲通常是由家中的长子去，请人时可不带东西。家中给老人过寿摆酒通常由家中的长子去邀请。

2. 送礼与回礼

办酒时，所有受邀的至亲都要前来参加，而且都要上礼，与办酒主家的关系越好，所上的礼约厚重，相反则只需备份薄礼，表达下心意即可。上礼的多少其实也遵循"一来一往，互不亏钱"的原则。没有分家的兄弟和没有出嫁的姐妹不需要上礼。1949年之前，上礼有多种形式，可以送洋钱儿、粮食、花馍、布料子等。红白喜事上的礼也不尽相同，婚嫁这类喜事，受邀者上礼多是洋钱儿、粮食。据村里老人介绍，过去最好的亲戚家里办喜事，比如说亲侄子娶媳妇，那最少得给五块钱，手头没钱的也得给挑半石麦过去。丧事上礼通常不需要洋钱儿，受邀的至亲可以带三个或者五个白馍馍，也可以送上一块深色的布料。至亲如果是来喝满月酒，通常是为孩子准备一份礼物，可以是给孩子扯的布料，也可以是专门给孩子做的衣服、鞋子，也可以送花馍但很少会给钱。喝寿酒通常是送寿桃或者送花馍，也可以给老人扯块布料，也不会送钱作为礼物。过寿办酒女儿的花费比较大，女儿要专门给过寿的老人订寿桃，还要为过寿的父母做一身衣服。

据村里老人介绍，过去是否必须要给上礼的亲朋回礼没有专门的礼数，办酒的主家条件好的可以回礼，即便是回礼也是喜事，婚嫁回礼不过是红纸包的糖或者花生，寿宴和满月酒回礼的话就是寿桃或者花馍。如果办酒主家条件一般，不回礼也没人会为此挑理。

3. 迎接

传统时期,办酒时迎接宾客是不可略去的环节,除了本村内的叔伯兄弟,来往频繁的门下人和邻居、出嫁的女儿女婿不需要主家迎接之外,其他邀请的客人都要主家迎接。办白事时,迎接前来吊唁的地点在灵棚或是灵堂,孝子贤孙们跪于灵前迎接宾客。通常受邀的亲朋会在灵前磕头或鞠躬行礼,跪在灵前的孝子贤孙要磕头回礼表示谢意。办婚嫁的喜宴则由当家人和新郎官在自家门前迎接宾客,办满月酒则由孩子的父亲在门前迎接,办寿宴则由家中的长子于门前迎接客人。如果邀请的宾客进门没人迎接,会让客人觉得受到冷落,有些客人可能会迟迟不进门等着主家来迎接,有的或上礼后回去,不留下吃席。

4. 坐席

办酒中坐席也是反映血缘关系亲疏远近的一个重要的环节。通常来讲,娘家亲戚、表亲以及长辈都是座上宾,按照辈分和亲近程度安排。而自家的兄弟、姐妹都是农户口中的"家里人",多数情况下不会坐席,更多的是帮忙招呼各桌的客人,或者主家会特意把"家里"的哥哥们安排在各桌做主陪,来帮着主家接待好客人。据村里老人讲,越是娘家亲戚也得招呼好了,不仅是个脸面的问题,主要是一旦怠慢了人家,以后关系就不好相处了。办白事中宴请中坐席和办喜事相同。寿宴上过寿的老人是被安排在上席的,虽然女儿在父母过寿时花费比较多,但并不会被安排在上座,女婿通常会被安排在相对比较好的位置。

(三) 日常生活与亲戚关系

1949年之前,血缘关系除了体现在春节这类重大节日里走亲戚的互动、红白喜事中的迎来送往之外,具备血缘关系的亲属在日常生活中也会有着较为频繁的互动与往来。主要表现在以下几个方面:

1. 生产上的互助合作

传统时期,血缘亲属之间日常互动最多的就是生产方面的互助合作。在生产方面亲戚之间的帮助主要是农业生产中生产工具及耕牛的互相借用,以及农忙期间互相帮工。农户如果需要找本村的亲戚帮忙,最先找的一定是至亲,需要帮忙前农户会提前找上门去商量,如果对方时间等各方面都充裕,通常不会拒绝,如果亲戚一方也在忙于农事则会互相商量约定好日期。据村里老人讲述:"上门找亲戚帮忙不需要带礼物,亲戚之间帮忙也是你来我往的事情,今年我找叔叔家的儿子帮忙割麦子,当年他家犁地可能我就要去把犁赶牛。找亲戚借用耕牛和问村里非亲戚关系的门下人借耕牛也是一样的程序,只不过借亲戚的耕牛不必严格地按照一个牛工等于三个人工这样的方式进行补偿。"

2. 生活上的互相帮扶

除了生产方面的互助之外，在日常生活中的相互帮扶也普遍存在。最常见的就是家里红白喜事本村的至亲上门来帮忙。农户家里做事情一般会邀请本村的至亲来参加，接到邀请消息后的亲戚一般会主动询问要不要提前去帮忙做点事情，如果主家需要就会接受亲戚提出的帮忙建议，如果办事的主家不需要帮忙则会告知亲戚，亲戚也就不会提前去了。在生活上互助的另一个方面是经济上的帮助，其中借钱借粮是最常见的情况。农户家里遇到急事需要借钱，通常最先会问门下人挪兑，问门下人借不到的时候则会问亲戚去借，找亲戚也是找本村的至亲，日常走动比较多的亲戚。找亲戚借钱同门下人借钱是一样的，只要亲戚答应，不需要写借条，也不需要给利息，只要按时还上即可。分家后兄弟姐妹之间可以借钱，问父母借钱的也有，兄弟姐妹的钱不还不行，即使还不起欠债人的下一代也得还上，而借父母的钱不还父母也不会追着儿子去讨债。

帮忙、借钱这都是生活上最为普遍的情况，除此之外，当血缘亲戚遇到了灾祸时，通常是血缘亲戚冲在最前面提供帮助。据村里老人讲述："有血缘关系的亲戚只有在出现大灾大难的时候才能体现出来。我母亲跟我讲，还没我的时候哥哥在家玩火点着了房子，家里东西全被烧没了，房子烧得就剩下泥土坯子，住的地方也没有了。就算是要建房子一方面是没有钱，另一方面一下子也建不起来，那时候正赶着收秋，天气也快凉了，必须要找个住的地方，等开春了才能张罗盖房。我妈说最后是我爸爸的二叔给提供了住的地方，其他亲戚给送了些生活用品。好在收秋粮食有保证，第二年开春亲戚们凑了些钱盖了房。"

除了遇到灾祸时候血缘亲戚挺身而出的帮助，在和别人发生冲突纠纷时，也会看到血缘亲属的身影。村里老人讲："过去村子里兄弟多的家庭一般都没人敢惹，你惹到一个人，兄弟几个人跟你打架。记得村里姓张一户，家里兄弟五个，有一天老三因为一点小事和村里的一个村民拌了几句嘴，老二知道了以后喊着大哥和四弟就去找人家的麻烦，给老三讨说法，把那个和老三起冲突的人吓坏了，说了不知道多少好话才被原谅，村里谁一提起这四个兄弟都不敢惹。"

3. 亲戚间的纠纷与调解

亲戚之间也会发生纠纷，也会因为日常的琐事产生矛盾，亲戚间发生纠纷一般都在自家内部解决。清官难断家务事，亲戚之间出些了纠纷不会找外人来介入调解。过去在席村最为常见的纠纷和矛盾无非就是婆媳矛盾、妯娌矛盾和兄弟不和。出现了婆媳矛盾通常由儿子和父亲来调解，有时候也会请娘家舅舅出面来调解；出现了妯娌之间的矛盾则由当家人和两兄弟来调解；兄弟不和则由当家人出面来调解，也可请兄弟的叔叔、姑姑来化解兄弟间的矛盾。如果上述的矛盾尖锐到无法调解的地步，一般当家人会选择分家来处理纠纷。

在席村，家庭矛盾最好是不出门，在家庭内能够化解是最好不过的。如果矛盾激化需要请人来调解的话，往往是请亲戚中说话有分量、辈分高、年纪大的老人出面。本着家丑不可外扬的想法，亲戚纠纷一般不会惊动外人。本村的亲戚间因为日常交往发生纠纷或矛盾需要找和两家关系都比较好的亲戚来调解，一般是理亏的一方会主动找人前去说和调解，调解成功理亏的一方会主动示好并请对方和参与调解的亲戚吃饭。调解不成功这门亲戚也就算是断了。

第二节　地缘与地缘关系

村落是一个地缘关系构成的社会。1949年之前，集聚型的村落格局、特定的自然形态及经济关系使得村落内的农户流动性较差，形成了较为稳定的地缘社会和地缘关系。本节将考察席村的地缘和地缘关系。

一、地缘主体

1949年之前，在席村，同一巷子里的门下人、村子里的熟人和乡亲共同构成了丰富多样的地缘关系，成为地缘关系的重要主体。

（一）门下人

1949年之前，在席村，农户把邻居称之为门下人，这样的称呼同农户的居住形态有直接的关系。传统时期"巷"是席村农户较为集中的居住单元，"巷"类似于现在的胡同，按照村里老人介绍，在他们记事之前，每个巷子都有一道门，这也是农户把居住在一个巷子里的农户称为门下人的由来。

门下人院门都是朝着一个方向开，如果院门正对着的是另一个巷子农户家北房的后墙，这样的巷子中至少得有四五个院子，如果巷子中的院落是门对门的形式，则一个巷子里可以有八到十户。先不论院子里住着多少户人家，就拿院子来算，一户至少有四户门下人，最多有七八户门下人。在这些门下人当中有亲戚关系也有非亲戚关系，即便是非亲戚关系多数也是同一姓氏、同一支的"本家"。这种情况只是多出现在四大姓氏分布的居住单元中，在柴家疙瘩杂姓分布的居住单元体现得并不显著，那里巷子里的门下人姓氏比较杂，所以既是门下人又是本家的相对较少。

与前后左右的"四邻"不同，门下人专指一个巷子进出的农户，所以门下人与自家居住地可能仅是一堵相邻或共用院墙的距离，也有可能是门对门的距离，最远的也仅仅隔着一处或两处院子的距离。

传统时期，巷子里的门下人多数从事农业生产，职业种类较为单一，村落中的手艺人并不会因为从事的职业而集中于某一个巷子中，主要是与其祖辈在某一巷子居住有关。门下人彼此所从事的职业对于相互之间影响并不大。总的来说住在一个巷子里的门下人家庭条件基本相当，能独自拥有一个院子的农户家境可能略好些，几家共住一个院子的非亲属农户家境可能稍微差些，贫下中农阶层并没有因为家境的好坏而产生居住上的分区。但这里要特别说明一点，过去村里的有名的大财主张丑虎、韩火子并没有住在巷子里，财主因为财力雄厚会在村里专门辟地建大的院落，所以财主家的门下人很难来界定。

关于门下人居住院落和房屋的边界问题，在第三章产权边界中已有较为详细的图文介绍，在此仅做简要说明。院落的院墙是门下人界定自家和别家的重要边界，如果两户共用院墙，院墙的所有者为先砌院墙的农户。而共同进出的巷子是门下人共同拥有的公共空间，农户平日里可以在自家院门外的空地上晒东西，也可以在自家院墙外的院墙下搁置物品，但不可以将大量物品堆放于此影响门下人的正常行走，短时间晾晒农作物没有问题，如果要占用巷子内其他农户的院外的空地，需要提前告知并获得许可。对于同一院落居住的非亲属关系的门下人则是以家为界，而关于共用墙体或共用堂屋的情况在第二章房屋边界部分已说明，具体可参看图 2-17、2-18，在此不做重复阐述。

（二）熟人

传统时期，关于熟人的界定要比门下人宽泛得多，村里老人可以回答说整个村子都是熟人，也有老人说相互了解对方以及其家庭的基本情况的就是熟人，还有老人说必须是一起共过事的才是熟人。具体怎样才称得上是熟人，依据老人的解释可以理解为：在生产或生活方面有过联系和交往，或者是因为职业，或者是因为某项活动而相互熟悉并了解彼此情况并有进一步的交往，这些都算是熟人。熟人可以在同一个村落，也可以不在同一个村落，在农户流动性较小的传统时期，农户认识的熟人以本村落为主。

以受访者席立尔老人为例，他可以清楚地回忆起 1949 年之前席村近三分之二的农户家庭的基本情况和信息，老人说这些人都是熟人，而比其年龄稍大一些的张熬狗老人却仅了解一半不到。所以农户认识熟人的数量和农户的交往能力以及活动范围有关。

席立尔老人的父亲曾经担任过席村的村长，席立尔老人本人1949年之前又较为活跃，所以他所认识的熟人多些。而张熬狗老人，虽然姓张，但并不是席村张姓的后人，而是外来的张姓，加之1949年之前老人多数时间在务农，接触人也不多，所以他所认识的熟人就少些。

农户认识的熟人的职业和自己所从事的职业有较大的关系，同时和自己日常的生活也有密切的联系。村里在外经常摆摊的户，认识的熟人更多是本村以及邻村的小商小贩，每到逢集的时候便会邀着这些认识的熟人一道去逢集做买卖。而平日里务农种地的农户所认识的熟人中，更多都是以务农为主的庄稼户，他们日常见面谈论的多是庄稼的长势与收成。而村里地少靠扛活为生农户的熟人更多是村里常去扛活的人，以及财主家里扛活的工人，他们在一起更多的是获得扛活的消息。而家里的妇女也有熟人，她们认识的熟人则是村里其他居住单元的妇女，女人们在一起谈论的多是些家长里短。整天去庙里上香拜药的农户更多的熟人是一起去庙上的香客或信徒。所以每个农户都会认识一定数量的熟人，所认识的熟人的途径与其日常的活动、职业有着密切的关系。

在农户认识的熟人中，并不一定全部与自家同姓。这些认识的熟人很大一部分在村落范围内的社会地位与自己相当。按照村里老人的话讲，一个扛活的长工非要和财主攀亲戚，这都是不实际的事情。所以农户所认识的熟人通常情况下都是彼此社会地位相当的人，家庭条件方面也不会有太大的悬殊，主要靠务农来养家糊口。当然也不排除有些农户本身社会地位一般，但却结实了比较有实力或有能力的人与其成为熟人。

农户自己与熟人家的麦地有相邻的情况存在，而且也有可能正是因为麦地相邻才使得两家成为熟人。但是即便是与熟人土地相邻，关于土地边界的设定也依然遵循第三章关于产权边界设定中所提到的方法和原则来明确边界，并不会因为彼此是熟人而乱了这些最基本的规矩。按照村里老人所说，熟人归熟人，亲兄弟还得明算账呢，熟人更要分得清清楚楚，不能因为边界问题熟人变仇人。

（三）乡亲

何为乡亲，席村的老人说本乡本土的人都是乡亲，对于乡亲不仅仅局限在席村，上文中提到席立尔老人在村落中的熟人有近三分之二，那么剩下的三分之一就可以认定为是乡亲。所以关于乡亲可以理解为，除了交往频繁，接触密切的门下人，以及比较了解，相互还有一定信任程度的熟人外，同操一口乡音，生活在同一地区，并相互有认同感和亲近感的都是乡亲。

乡亲对于农户而言，更多地体现在本村所在的区域之外，例如席来全老人所举的例子：席村的农户去侯马逢集或是赶会，在一个小摊子前碰到了一个农户在跟别人说自己是新绛李村的，那席村的农户就可以上前去认乡亲。如果是遇到席村某个认识的农户，那算不上是乡亲，而应该说是熟人。所以乡亲更多时候要通过地域来反映，是一种情感上的认同，与身份地位没有太多的关系。要是在本地域内生活，不管贫穷富贵都是乡亲。

乡亲很多时候是通过不在本区域的某项活动而认识的，如去侯马逢大集或者赶会，在集上相遇交流而认识。认识乡亲多的农户在席村多是些经常外出做买卖的农户，而且多是走远路做买卖的农户，本乡本土做买卖结识的人准确意义上讲算不上乡亲。所以认识的乡亲的社会地位不等，相比自己而言可好可坏，可高可低。总体上来说，乡亲多是在外做买卖的人，或者曾经在那里生活过，现如今搬离的农户。所以基本上不存在农户和乡亲有菜地或麦地紧邻的情况，对于其边界也更无从谈起。

二、地缘关系

1949年之前，席村因居住单元、村落单元所形成的地缘主体在生产生活方面势必会产生各式各样的关系，在这些地缘关系的影响下形成了稳定的社会关系结构。这里需要特别指出地缘关系是将血缘关系排除在外的，本部分主要从借用关系、人情往来、日常互动三个方面考察传统时期席村的地缘关系形态。

（一）"借门下人的更方便"

因地缘而形成的借用关系在传统时期的席村普遍存在。农户所借的东西比较广泛，钱、粮以及生产工具包括耕牛是最主要的几种。关于农户借用生产工具、粮食在第三章已经有过阐述，这里主要以借钱为例来反映地缘关系中的借用关系。日常生活中可能除了有一定积蓄的财主外普通农户都会去借钱以解决燃眉之急，农户借钱一方面可以找有血缘关系的亲戚借，也可以找朝夕相处有地缘关系的门下人、熟人借。事实上，在1949年之前，农户家里遇到急需用钱的事情，手头上又很紧的时候，往往最先想到的是去找门下人借。据村里老人讲述："过去，谁家的日子都不好过，手里没有那么多的现钱，谁家也不能保证不会遇到些事情，遇到了大麻烦一般找亲人，遇到些急需用钱的小事情寻门下人就行，一般门下人只要能挪兑开，多多少少都得给挪兑点，抬头不见低头见，碰[1]了对方日后怎么处，家里只要有就会帮。"

老人们常说"在席村和门下人处得比亲戚还好"，所以遇到难事最先去问门下人开口借，有些时候一些农户看到门下人家里有事周转不开会主动提出借钱以解燃眉之急。此外如果借钱的数额比较大，一般不会向门下人开口，因为住在周围的门下人都彼此

---

[1] 碰，当地方言，拒绝的意思。

清楚各自家庭的情况，通常都是数额较小，应急之用。找熟人借钱的情况并不多，主要是彼此间的关系并不及门下人相处得好，即便借钱给熟人也是经过一番考虑才做出的决定，找乡亲借钱更是没有的情况。

找门下人或是熟人借钱一般是家里的当家人去，家里成年的儿子去是不管用的，借钱时要向对方详细地说出因何事借钱，借多少，预计什么时候能还得上，如果还不上的话会用什么来抵债等。和门下人借钱因为彼此已经建立了深厚的互信关系，数额不大短期可以还上的话一般不会写借据，而且也不会要利息。但是，借款的数额如果门下人认为超出了预期，并且借钱的时间比较久，会要求写个借据并按个手印，一般来说，借钱的农户会主动提出打欠条。按照村里老人所言，谁家都会遇到个难事，况且这类事情也不会总是发生，所以能帮到的话都会帮。如果是找熟人借钱，不管是钱多钱少，都要写借据，向熟人所借的额度比较大的话，对方可以找出各种理由拒绝，并且熟人借钱有时还会收取利息，但熟人借钱的利息要比找财主借钱低一些。

（二）"婚丧嫁娶，一来一往"

婚丧嫁娶、满月过寿不仅具有血缘关系的亲属会来参与，具有地缘关系的门下人、熟人朋友也是重要的参与者。作为相邻而居的门下人往往最先获得农户家里婚丧嫁娶办事情的消息，所以在传统时期只要是两家没矛盾，获得消息的门下人一定会主动去帮忙，即便没到用人的正日也会提前去询问是否需要帮手。门下人来帮忙主要是协助主家来完成伙食方面的事务，对于招待客人的事情通常由主家或主家的亲戚来协助，帮忙的门下人和朋友不会参与其中。如果居住的门下人有能写会算且懂得各种礼俗的先生，通常会被邀请来做总管。有一类总管主要负责记礼单，有一类则是帮着主家招呼宾客，具体做什么事情由主家邀请时来安排。

对于大众而言可能会认为婚嫁是喜事，门下人主动上门帮忙可以沾沾喜气，即便是主动来帮忙并无不妥，如果是遇到丧葬这样的白事，人们会尽量避免参与其中，免得沾上晦气。然而事实并非如此，对于白事门下人帮忙的程度可能会更高一些，而且丧葬中很多重要的环节如报丧、抬棺出殡全都是门下人和朋友来帮忙完成的。据村里老人讲述："过去家里死了人有很多的讲究，很多环节孝子贤孙还不能都参与。就比如说抬棺，至少也得16个人来抬，过去不像现在有专门抬棺材的班子，那时候都得靠门下人和乡亲熟人来帮忙，如果没有这些人来帮忙，死人连门都出不去。"

门下人、熟人朋友在各类红白喜事中帮忙都是不计报酬的，不仅不计报酬还会给主家上礼，通常主家在事情办完后会专门请帮忙的门下人以及熟人和朋友吃一顿饭表示感谢。按照村里老人的话讲，帮忙是主动去的，这种事情谁家都会有，谁家都不能保证没有个红白喜事，做事情的时候对方帮回来也就不存在谁欠谁了。

（三）串门、聊天、看娃照门

因地缘关系而形成的互动除了上述借用关系和人情往来的关系之外，农户日常还有诸如串门、聊天、看娃照门等不同形式的互动，也是地缘关系构成的重要内容。

1. 串门

1949年之前，男人们没事情很少会串门，在村里一般女人们会串门。传统时期，并不是所有的女人都能去串门，刚结婚的女人是不能随便串门的，串门的女人都是已经生儿育女，儿女长大成人的妇女。女人们串门一般不出巷子，几户共院的农户甚至都不会出院子。走出自己所在巷子去串门的很少，除非是因为什么事情需要去比较远的熟人或朋友家里去串门。只有走远路去朋友家串门会带些东西，去门下人的家里串门不用带东西。

男人也有去串门的时候，男人去串门通常是有事情去和对方商谈，可以是商量骈工，也可以是商量着一起去逢集等。而妇女串门更多的是聚在一起边做事情边闲聊。门下人之间相互串门到了吃饭的时候各回各家，如果是去相对较远的朋友家串门主人通常会留下吃一餐饭，关系好或者路途比较的情况还会留下过夜。

2. 聊天

传统时期，农户闲下来的时候也喜欢聚在一起聊聊天，前文曾介绍了关于席村的公共空间，这些公共空间恰恰就是村民聚在一起聊天的重要场所。据村里老人讲述：

> 过去，村子里的人也爱聚在一起，东家长、西家短地聊上几句，比如早起去官井打水，碰到了同去打水的门下人，见面少不了打个招呼聊上几句，聊天的内容不会固定，如果男人们聚在一起，多半聊的是地里庄稼的事情。如果女人们聚在一起，聊的都是些家长里短。村里的老人们夏天常常聚集在树荫下，也会聊上几句，聊的多是些过去的事情。女人们在一起聊天的时候，男人不会过去聊，男人们在一起聊天的时候，女人也不会过去参与，男女凑在一起聊天只出现在生活在同一个院子里的两家人，公共空间里男女一起聊天那是要被别人讲闲话的。

村里人聊天除了说些诸如谁家婆媳不和、村里哪个女的作风不好、谁家儿子被抓兵的抓去了等一些个家长里短的闲话外，还会互相传递一些有效的信息。比如我知道哪里换油给的价钱高，跟门下人聊天时候就会把这个消息告诉他们，并约着到时候一起去换油；再比如谁家有人生病去哪个庙里拜了药，用过之后觉得特别的灵；门下人知道哪个集上的东西便宜也会互相传递。反正这些消息里有些是有用的，有些没什么用，各占一半吧。

基于以上讲述不难发现，村民之间闲聊是地缘关系中比较常见的日常互动，聊天不仅可以加深彼此间的互动与交流，也实现了信息的共享。当然，聊天这一日常的互动也时不时会引起一些门下人之间的矛盾，这类冲突通常会自行解决。

3. 看娃照门[1]

看娃和照门也是农户常常借助地缘关系做的事情。过去农户家里孩子都比较多，但凡父母有事要出去不带孩子的时候，出去的时间比较短的话，就会把孩子托付给门下人帮忙照看。如果是父母出门时间比较久且不方便带孩子，通常会把孩子托付给本村的亲戚。门下人帮忙照看孩子不需要给任何的好处。除了看孩子外，如果是全家外出走亲戚，有时候还会拜托门下人来给照门。过去村里时不时也会有贼，白天看到某家农户都走了，晚上就会去偷。让门下人照门通常会把家门的钥匙交给门下人，到傍晚的时候门下人会去家里生个火，踩点的贼看到烟囱冒烟便认为家里回了人便不再去偷了。

第三节　业缘与业缘关系

基于以上对席村集会的考察得知，传统时期席村一家一户很难实现自给自足，村里农户仅靠种地无法满足日常生活时，会通过换油、做买卖等方式来解决生计问题。也正是农户基于生计做出的各类选择，促成了一定的社会分工，并形成了传统时期的业缘组织。

一、业缘组织

1949 年之前，基于商品的交换和村落中的手艺行业形成了颇具规模的市场组织和相对松散的行业组织，本部分将围绕市场组织和行业组织进行考察。

（一）集市组织：三泉集

报告前文已经就席村及周边集市的布局和市场交易情况进行了详细的介绍。在 1937 年之后，席村传统的集市因战乱等各种因素就停止了正常的经营。席村农户在这之后开始在三泉、泉掌、北苏、新绛县去逢集。距离席村最近的是三泉，大约有 5 里

---

[1] 照门，当地方言，意为看门。

路，泉掌和新绛县约有 15 里路，北苏最远，有 25 里路。据席村多位老人介绍，三泉、泉掌以及新绛县的集市都有上百年的历史。本报告以离席村最近且席村农户去逢集频率最高的三泉集市所形成的市场组织展开论述。

1. 市场组织概况

三泉集位于三泉的大街上，名为大街，实则也就只有五六米宽，摆摊的买卖人都分布在街道两侧，每到逢集之日大街都拥挤不堪。据村里老人介绍，三泉集主要出售日常生活用品，到中华民国时期，三泉集专门设置有牛骡等牲口市、粮食市、油市等，同时还有聚集在此卖菜、卖柴火、卖布匹、卖衣服鞋子的买卖人，这些生意并没有形成类似于牲口市那样专门的市场。三泉集市并非每天都开集，而是在每个月农历的逢一、七开集，即农历初一、初七、十一、十七、二十一、二十七开集，一个月有六个集，基本上可以满足周边村落的商品买卖需求。据村里老人回忆讲述："过去每到逢集的日子，三泉大街里人那叫一个多，周边村子里的人都到三泉集上买卖东西。粮食市、牲口市都不需要抢摊位，但是卖菜、卖柴以及其他没有专门行市的地方开市时需要抢地盘，经常有因为抢地盘打架的情况出现。"

2. 集市管理

据村里老人介绍，三泉集是一个有着百年历史的老集，集市最早为村民集中于此自发形成的商品交易聚集地，后来则成为一个有人管理的集市组织。席村任福成老人介绍说："过去三泉是新绛县第三区公所的所在地，跟早年间席村集市由席村来管理有所不同，三泉集并不是交给三泉村来进行管理，而是由区里专门派人进行管理。"

三泉区公所专门设置了三泉集的管集人，管集的人员也均为区公所人员，管集人员开集时负责维持集市正常秩序，还会有专门的人员负责收取地皮费。管理集市所获得的经费也全部归区里所有，村庄不能获得任何的分成。来三泉集市摆摊设点的商贩并不固定，有三泉本地的农户，也有周边村落的农户，更有较远地区的农户，在管理费的收取方面并不会对三泉本地的农户做出任何的优惠，只是本村落的农户能够占据较好的位置。

集市管理还体现在对集市交易环节各类称量工具的控制方面。粮食市上粮食买卖要用公升测量，油市也设有专门的器具。每年出了正月开集的时候要用公升以及量油器具的买卖人去专门负责的管集人那里交钱，交钱会给发个牌，用这个牌可以量一年。对于没有交钱需要称量的临时买卖人，通常是按次收费，使用一次交一次的手续费，费用由卖家承担。

集市除了设置有专门的称量器具之外，买卖牲口有专门的经纪。集市中的牲口经纪也都是在管集人那里登记的人员，这些经纪每完成一笔交易需要向专门负责牲口市的管理人报告并上交牙税，牲口市专门有巡视的管理人员，一旦发现牲口经纪有存在私下交易的行为，不仅会罚款，还会将其赶出市场。对于其他摆摊的买卖人，会有专门的巡逻管集人收取地皮费，这些人的交易不会缴纳牙税。也正是如此，很多卖粮食和油的农户为了不交使用量具的费用而隐蔽在其他摊点中，一旦被巡逻的管集人发现会将所有的东西查收。

3. 集市规则

传统时期，已成规模的三泉集有以下几条规则：第一，不能占道经营，各归各市，路边摆摊。第二，集市不能强买强卖。第三，不能欺行霸市。第四，接受管集人管理，缴纳相应的地皮费。

(二) 行业组织：鲁班会

1. 组织概况

1949年之前，相比管理严格的市场组织而言，行业组织则相对较为松散些，但也是构成业缘组织的一个方面。据席村木匠的后人介绍，传统时期在新绛县有一个专门的木匠行业协会，该协会以木匠敬拜的祖师鲁班为名号，称之为"鲁班会"。鲁班会的总集会地点设在新绛县城，设置会首一名，常设会员十多名，会员无固定数额限制。全县木匠均可申请加入鲁班会，入会没有严格的资质认定，只需缴纳定额的会费即可。鲁班会每年农历六月十三在县城举行集会，一方面是祭拜祖师爷鲁班，另一方面是会员聚会交流技术方面的心得。据席村木匠后人讲述："县城里的鲁班会到解放后还一直存在，过去县城里专门建了鲁班殿，供奉着祖师爷的塑像，每年的六月十三是祖师爷鲁班仙师圣诞，也是鲁班会召集各村木匠聚会的日子。我父亲年轻那会儿都是他去，后来我跟着学了手艺，我父亲就让我去。去了就是磕头拜祖师爷、交会费、聚在一起吃一餐饭，木匠们彼此认识一下，也可以彼此学学技术。"

2. 组织运营与管理

传统时期，鲁班会是一个自我管理的民间组织。行会的管理主要由会首及常设会员来共同完成。会首三年一选，由全体会员选举产生，可以连任。据席村木匠的后人讲述："并不是谁想当会首就能当得了，会首都是县城里有名的木匠，谁提起来都要竖大拇指的老师傅。会首一般都在五六十岁，手艺好，人品好，在县城里都比较有地位和声望，和县里当官的都能搭上话，所以鲁班会的会首都是县城里的'大木匠'来担任，县城外的木匠也就能做个常设会员。"

名义上鲁班会采取的是自我管理，但政府对于鲁班会也会采取一定的管控。据席村木匠后人介绍:"过去鲁班会都是在县政府登记的,鲁班会三年就要选一次会首,每次选出的会首都要到县里去报告登记,鲁班会会员也都要登记造册,而且也要向县政府报告鲁班会会员的人数情况,据说县政府还会限制鲁班会的规模,总人数不能超过 100 人,而且每年会缴纳的会费也要抽两成交到县政府,至于是什么名头就不知道了。"

木匠是否加入鲁班会完全自愿,加入鲁班会的木匠如果中途退出就不允许再次加入。据席村木匠后代讲述:"过去加入鲁班会就好比现在司机有驾驶证一样,加入鲁班会的木匠等于说是获得了认可,鲁班会会员都有一把刻着组织特殊标志的斧头,这斧头叫'鲁班斧'。农户如果请木匠做诸如建房的大活时,一定会选择加入鲁班会的木匠,农户认为鲁班会的木匠是有能力的木匠,手艺肯定有保证。那些不加入组织的木匠也不会影响揽活,但通常都是些小活计。此外鲁班会还给全县木匠搭建了一个沟通的平台,木匠聚会时会彼此沟通交流,了解行业的基本情况,彼此认识后还会合作完成建房这样的大工程。鲁班会上木匠们还会就过去一年木匠行业的一些问题在集会上提出,例如县城逢集时有些木匠故意压低价格招揽生意的恶性竞争行为,会员会就这样的问题达成定价方面的共识。在自己所在的村子里私下揽生意,哪怕是免费也不会有人干涉,但是在同行集中的集市里揽生意一定要遵守行规,坏了规矩的木匠会被开除出鲁班会。"

3. 行会规则

传统时期,集市有集市的规矩,鲁班会虽然相对松散,但也有相应的规矩,主要有以下几条:其一,按时缴纳会费,参与行会活动。其二,遵守行规,同行之间不能恶性竞争。其三,成员做活不得偷工减料,坏了行会的名声。

二、业缘关系

传统时期,三泉集、鲁班会这样的业缘组织在市场经营和行业发展方面的作用是不可忽略的,集市组织和行业组织在其管理和运营的过程中不免会有诸多关系,本部分主要围绕业缘关系进行考察。

(一)市场组织中的关系

三泉集这样的市场组织在运营的过程中主要包括以下几方面的关系:

其一,摊贩与国家的关系。摊贩与国家的关系集中表现为三泉集市摆摊的商贩与区公所管集人之间的关系。集市中所有摆摊的商贩一旦进入三泉集市从事商品售卖就要严格遵守管集人的管理。据过去村里常去摆摊的老人讲述:"过去三泉集上有很多的管集人,这些人和普通人的穿着都不一样,在市场上吆五喝六很厉害,卖东西的人都要听管集人安排，不能随便摆摊。管集人还负责收地皮费，交了地皮费会给你一个纸片，逢集的时候会不定时的检查，查到没有纸片片，就会让你交地皮费。这些管集人还负责维持秩序，比如有摆摊的因为争抢地方吵嘴，买的和卖的吵嘴，都由他们来管。管不了的事情会把闹事的带到区公所处理。"

其二，经纪人与组织的关系。三泉集上经纪是一类最为重要的角色，只有在牲口行市才能看到经纪的身影。这些经纪都能说会道懂行情，他们谙熟牲口市场的行情，能够根据牲口的体型、牙口、蹄印、步伐判断牲口的情况，并对要出售的牲口做出估价。据村里老人讲述："过去三泉集上的牛经纪神得很，看牛的粪便就知道这牛有没有病，把牛拉出来走上一圈就知道这牛走得快与慢。说是牛的后脚能踩到前脚印，说明这牛走得快，踩不上就走得慢些。"牛经纪在牲口行市扮演中间人的角色，一方面发布交易信息，另一方面为买卖双方协商价格并见证交易。经济从中获得一定的利润。三泉集上的经纪都要在管集人那里登记，牲口市有专门管集人看守，经纪不允许私下里促成交易，每完成一笔交易都要向管集人交相应的税款，在当时这叫牙税。如果发现经纪私下联络牲口买卖双方进行交易，经纪会被赶出集市再不得在此从事牲口交易的中介工作。

其三，买方同组织的关系。逢集购买商品的农户通常不会受到太多的限制，农户可以自由进出集市，三泉集上的管集人也没有权力阻拦任何农户前来逢集买东西。农户在集市上购买物品被骗或是和商贩发生不愉快时，随时可以喊巡视的管集人来主持公道。此外，逢集农户如果发现自己财产被盗，并确认小偷是谁，也可以向管集人报告，逢集日一般会有区公所的巡警，管集人会协同巡警将盗贼抓获。

其四，摊贩之间的关系。三泉集最主要的构成全体是前来摆摊的商贩，没有商贩也就无集市可言，因此三泉集这个集市中商贩之间的关系也是一对重要的关系。商贩之间最为显著的关系就是竞争。虽说集市是开放的，农户只要遵守规矩可以自由在集市相应的区域买卖物品，但在逢集时依然会受到来自当地农户的排挤和欺压。据村里老人讲述：

> 过去在三泉逢集，三泉当地摆摊的农户会欺生，尤其是欺压山里来的商贩。外来的商贩和口音不对的外地商贩，哪怕去得再早也很难抢到好地点，三泉当地的摊贩都互相帮着占位置。对附近席村摆摊的农户还比较好。过去和父亲去三泉集上卖筐子，按照集市的规定，卖筐子的基本上都聚在一个地方，有个外乡人也会在此卖些藤条编的篓子，三泉当地卖筐子篓子的就会想

各种办法挤兑这个外乡人，那人跟管集人说了也无济于事，再后来就很少再见那个人来摆摊了。

其五，集市上的定价关系。集市上的价格并不固定，据老人讲，三泉的集是半天，进了腊月是一天，半天的集通常早上的价格会高些，到了中午快散集的时候，价格会低很多。一天的集也是同样的道理，到了下午价格就会稍低一些。尤其是不能长期存放的东西，散集前就要售完的东西，例如绿叶的蔬菜，农户散集前一定会处理完，不然就会烂掉。此外，买卖人遇到熟人时也会给予一定的优惠，优惠的程度因其关系的远近而定，关系密切的血亲，如果东西并不是很金贵可以直接送给对方，关系稍远一些则以优惠的价钱卖给对方。

（二）行业组织中的关系

鲁班会是一个相对松散的行业组织，是一个提供行业交流、祭奠行业祖师爷的组织。虽然组织相对松散，但也体现着多样的关系：

其一，行业组织与国家的关系。关于二者之间的关系上文在介绍其管理运营中已有阐述，虽然行业组织为自我管理的松散组织，但县政府依然会对鲁班会进行必要的管控。例如对鲁班会人员数量的限制，鲁班会新任会首都要去县里报到，鲁班会收取的会费要交县政府两成。每年六月十三鲁班会集会都要向政府报告，县政府会视情况派人进行监管。

其二，组织与会员之间的关系。鲁班会会员是来自新绛县个村落中的木匠，其中设置常设会员十人左右，这十位常设会员是新绛县里有名气的"大木匠"，有来自县城的，也有来自下面乡镇的。因鲁班会并没有成文的会员管理规则，所以组织对成员的管理并不严格，会员默认的例如会员在同一集市揽活时不得恶性竞争、入会交费等规矩并不具有强制约束力。据席村木匠后代讲述："过去想加入鲁班会很容易，没有加入的资格要求和限制，但也不能自己申请，需要一个老会员推荐才可以。每年去祭拜祖师爷，按时缴纳会费，不做出破坏鲁班会名声的事情，鲁班会就不会除名。"

其三，会员之间的关系。鲁班会会员之间并没有太过复杂的关系，鲁班会为新绛县的木匠提供了相互了解和认识的平台。通过每年一次的集会和祭拜祖师爷，一方面让木匠在组织中对自己的职业产生认同，另一方面，为木匠提供一个交流学习的平台。这也是最为重要的一个原因。加入鲁班会的木匠能够在集会时了解行情，制定行业的标准，认识同行以方便寻找今后合作的机会。

第四节 信缘与信缘关系

1949年之前，席村大小庙宇共有15座，每个庙宇都供奉着不同的神灵，农户因共同的信仰形成了信仰圈层并建立了丰富的信仰关系，而由信仰所形成的组织恰恰成为反映信缘及信缘关系的最好载体。本节将围绕传统时期席村的信仰圈层和信缘组织考察席村的信缘及信缘关系形态。

一、神灵信仰及信缘关系

1949年之前，席村共有大小庙宇15座，因其所供奉的神灵不尽相同，所以农户会根据其具体的需求前去拜神。有着相同信仰的农户通常会因为拜神等一系列的信仰行为而建立丰富的信缘关系。

（一）神灵信仰概况

神灵是席村信仰体系中最为重要的组成部分，分布在席村内外的15座庙宇就足以显示席村农户丰富的信仰体系。农户信仰的神灵主要有：土地爷、玉皇大帝、三元大帝、药王菩萨、孚惠圣母、火神、牛王爷、关老爷、禹王、奶奶庙中的牵线送子菩萨、财神、观音菩萨等。下表是传统时期席村村民的神灵信仰情况。

表4-3 传统时期席村村民神灵信仰情况

神灵	供奉地点	拜神时间	供品情况	拜神原因
玉皇大帝	玉皇庙	正月初九（重点）、平日	焚香，燃表，花馍	求保平安
三元大帝	三官庙	十月十五（重点）、平日	焚香，燃表，馍馍	求消灾减难
土地爷	土地庙	每月初二、十六及平日	焚香，燃表，馍馍	动土求顺利，求家庭平安
药王菩萨	药王庙	平日	焚香	生病磕头拜药
孚惠圣母	娘娘庙	平日	焚香	求平安
火神	火神殿（国清寺）	正月二十	焚香	保佑不失火
牛王爷	牛王庙	平日	焚香	求家里耕牛不得病
关老爷	关帝庙	正月初五（重点）、平日	焚香，燃表，馍馍	在此结拜，求平安
禹王	禹王庙	三月二十二、平日	焚香，燃表，花馍，水果	求雨，求平安

续表

神灵	供奉地点	拜神时间	供品情况	拜神原因
送子奶奶	奶奶庙	平日	焚香，红斗篷	求子，求姻缘
财神爷	黑虎庙	正月初五	焚香，燃表	求财
观音菩萨	菩萨殿（国清寺）	平日（初一、十五居多）	焚香，花馍，水果	许愿，祈福，求平安
如来佛祖	大雄宝殿（国清寺）	平日（初一、十五居多）	焚香，花馍，水果	许愿，祈福，求平安
无神像	没爷庙	平日	焚香	不详

从上述表格中不难看出，村民拜神的主要原因在于求平安，祈福，许愿。对于具有特殊保佑范围的神灵，则有一定的针对性，例如为求家中耕牛不得病，农户会去拜牛王庙；为了家中不失火，农户选择拜火神；为了求子、求姻缘，农户则主要去奶奶庙；为了求财，农户则选择拜关爷。而拜其他庙宇的神灵，例如玉皇大帝、三元大帝、土地爷、观音菩萨、如来佛祖则都是求平安，以及消灾减难。从村民拜神的时间上来看，相对来说自由度比较大，在神灵的圣诞等一些特定的时间会集中去拜神。据村里老人讲，过去除了信佛的女人们按时上庙念经磕头，大部分村民都是遇到了事情才去庙里，比如家里有亲人出了远门，老娘或者妻子头天晚上做了个不好的梦，第二天就要去庙里拜菩萨求平安。再有就是家里要建房了，去土地庙烧香磕头求开工动土都顺顺当当的。从表中农户拜神献供品的情况看，所献供品种类越多，代表着神灵越是灵验，农户前往此处庙宇拜神的次数也越多，那些具有针对性的庙宇农户前往时则主要以焚香为主，很少再献其他的供品。据村里老人介绍，过去村里有几个庙大家都乐意去，其中当属禹王庙香火最旺，禹王庙里的禹王最灵验，有求必应。就是因为村里农户传言新庙的神不灵，所以很少会有人去，自然也没什么香火。

从以上拜神时间、供品情况、拜神原因不难看出，传统时期，席村农户拜神有着很强的功利心，越是灵验的神灵，拜神的次数越多，献上的供品也越多。此外，拜神以女性为主，仅有少数男性会去拜神。农户拜神讲求有用性和针对性，换言之，遇到了不顺的事情时农户才会去拜神，平日里除了有宗教信仰的农户按时上庙外，其他农户并不一定会去庙里。

（二）神灵信缘关系

传统时期，相同信仰的农户或是信徒在诸如神灵信仰和日常生活等方面都会产生各式各样的关系，信仰不同神灵的农户彼此之间也会建立各样的关系，其主要表现在以下几个方面：

第一,单独行动与结伴而行。1949年之前,平日里农户上庙烧香磕头通常都是单独行动,不会喊着门下人或者亲戚,因为农户平日去庙里烧香很大一部分是遇到了事情,磕头拜神的目的是求得神灵的保佑和帮助,农户选择自己去也是不想让别人知道这些自己家里的事情。通常情况去庙里拜神以家中的女性居多,家里未成年的孩子不允许到庙里去,老人说孩子太小,去庙里对孩子不好。也有农户结伴而行的时候,结伴去庙里拜神一个原因是要去的庙不在本村,路途比较远,结伴而去免得路上孤孤单单。另一种情况就是有着相同的境遇,例如农户都去拜药,家中都有人患同样的病或表现出同样的症状,这样农户会打听哪里的庙宇求来的药会有效,农户就会一同去磕头拜药。再有一类是去赶庙会,赶庙会一方面是去拜神,另一方面借着赶庙会去赶热闹。但是这三种结伴同行的行动所唤同伴并不相同,第一类去外村的寺庙拜神,通常农户不局限于喊门下人同去,更多时候会邀请具有相同信仰的本村农户一同前往,如果平日里每逢农历初一、十五就会和门下人一道去拜神烧香,要去村外参加宗家活动时也会喊上门下人,如果平日里在拜神方面并没有结伴而行过,那多数情况不会喊门下人,对于本村的亲戚也是一样的道理。第二类是相同境遇的农户,这类主要是看是否有同样的遭遇,他们结伴而行有着同样的目标,拜药治病,如果期间有一人病愈,这种结伴则宣告终止。第三种结伴而行的情况通常会喊着门下人或是亲戚一同去,这类赶庙会的信仰活动更多会伴着赶集和娱乐,并非纯粹的信仰活动。但如若农户仅仅是参与庙会中的某个重要环节,而且这个环节还会关乎家户的利益,农户则会自己去。

第二,相同神灵信仰的交往。对于具有相同信仰的村民,平日里的关系相对而言会更密切些,这种密切程度远不及同门下人的关系。这种密切的交往主要体现在信仰及生活方面。平日里附近村落的庙宇建成或神像开光时这些农户会相互告知并一同前往。另外具有相同信仰的农户之间还会产生互助,据村里老人讲述:"过去在一个庙里拜菩萨的人关系都很好,一个农户家里有老人过世,只要有一个知道了,就会告知其他人一起去帮忙。另一种情况是平日里约定好去庙里一起念经,突然有一日某个农户没有到,其他农户则会去该农户家里了解情况。"有相同信仰农户之间的交往是一种没有形成组织的群体交往,他们相对固定的活动场所就是常去的庙宇。这种交往开始于相同的神灵信仰,但会扩展到日常生活的诸多方面。

第三,不同神灵信仰间的关系。传统时期,村庄并不会干涉农户的神灵信仰,多数庙宇均为村庄出资所建,修建庙宇的初衷也是保一方平安。调查发现,村落中并不是全部的农户都有神灵的信仰,对于有信仰和无信仰的农户之间的交往,并没有太大的区别。农户之间不会因为其有无信仰而选择是否和其交往,按照村里老人的话讲:

"不管是信神还是信鬼，只要是不害到我家，那就不影响我跟他交往，更何况对方信这些都是庙里的事情，生活上并不会怎样，因为对方信神你不信就选择不打交道，说出去都让人笑话。但如果他信这些东西危害到我，那肯定是没法打交道，不仅没法打交道，可能还得打一架。"[1]

1949年之前，虽然在新绛县有天主教的教堂，但席村并没有信仰天主教这类西方宗教的农户。对于农户信仰不同的神灵，调查发现这并不会影响农户之间的交往，村里老人举了一个非常例子："张姓农户和韩姓农户是住在一个巷子的门下人，张姓农户平日里去三官庙里拜三官，韩姓农户平日里去国清寺里拜菩萨。张姓农户所拜的三官是道教的神灵，而韩姓农户所拜的菩萨属于佛教，完全不同的信仰，但这并不会影响两家之间日常的交往与联系。"村里老人对此给出了这样的解释："不管是拜哪个神，还是进哪个庙，这都是农民自己的事情，都是为了自己家里好，这些庙里的神也都是帮人的，不会因为你不信我拜的神就不理你，不和你打交道，平常该咋样还是咋样。"

二、信缘组织及其关系

传统时期，除了农户个体的神灵信仰及其因信仰形成的关系外，席村还有专门的信缘组织，即传统时期席村的庙会组织。庙会组织作为信缘组织，在整合村民进行集体拜神、加强家户横向联系方面起着重要的作用。

（一）庙会组织概况

1949年之前，在席村，因村庄庙宇众多，长期祭拜的习俗形成了每年两次规模较大的庙会活动，故而在席村有专门的庙会组织。席村的庙会组织由村长、庙官及各间间长来共同组成。庙会组织并非长期组织，而是庙会组织筹办期间的一个暂时性的组织。席村每年会举办两次大型的庙会，一次是农历正月二十的火神庙会，另一次是农历三月二十二的禹王庙会。庙会组织会在庙会开始前的一个月成立并开始筹备，也就是说腊月里就开始组织正月的庙会，在农历三月就开始筹备禹王庙会。

庙会的组织和筹备由席村的村长来统筹安排，具体的实施由庙官来完成，村长赋予庙官在庙会筹备中很高的权力，席村各间的间长协助完成。筹集庙会经费是一件重要的工作，经费一方面来自庙地所获收益，另一部分来自农户的自愿出资。排除孤寡农户，一般农户都会或多或少地资助些钱粮，村中的财主出资通常会多些，因为庙会当天会将农户出资情况张榜公布，财主也会借此机会来展示自己在村中的地位。筹集到的经费由村里的财粮统一管理，经费的支出主要用于庙会当日请戏班子唱戏、庙宇布置以及筹备庙会人员的酬劳等。

---

[1] 村席席丑儿老人访谈摘录。

席村两次庙会在新绛县都很有名气,其规模都比较大,可以辐射新绛县全境,甚至新绛县以外的万荣、侯马也会有人来此赶庙会。庙会当天各地的人们会来此看戏拜神,席村会专门设置人员来负责管理庙宇周边的秩序。庙会当天不仅有来拜神看戏的人,附近做买卖的人也会借此机会来摆摊设点,来摆摊的多是卖吃食的摊贩,还有便是卖生活日用品的摊贩,也会有木匠、铁匠在此兜售木器、铁器或是在此揽活。很少有卖牲口的人来庙会摆摊,但会有牲口经纪私下在此招揽生意。对于外来摆摊的买卖人,村长会责人专门来进行管理,本村的农户不收地皮费,外面来摆摊的则会收取一定的地皮费。庙会一般会请戏班子在庙会前一天开唱,一直连着唱三天,所以来摆摊的买卖人也会在此摆摊三天,所收地皮费也是一次性收取,即便是摆摊一天也会收取同样的钱。

庙会组织只是在庙会筹备和举办期间存在并发挥作用,庙会结束后便解散,庙会组织中的人员也仅仅是其运作期间拥有一定的权责。庙会组织由村长领导,如何运行也全部由村长决定,并没有成文的运行规章制度和细节,参与其中的成员全由村长领导。

(二)庙会组织关系

筹办庙会过程中主要体现着庙会筹备组织与参与庙会农户之间的关系。庙会筹备过程中,最为重要的环节是筹集钱款,庙会筹备中筹款是自觉自愿的行为,农户是否出钱全凭个人意愿。但是这个筹集的过程并不难,基本上能够过活的家庭都或多或少地出些钱粮来支持庙会。席村老人道出了其中的缘由,因为庙会组织会在庙会正日将村中各户支援庙会的钱粮登记公布,外村来此赶会的人也能看到,日子还能过得去的农户如果没有出钱是要被笑话的,而且农户觉得出钱用来办庙会等于是给了村里的神灵,也是会保平安的。

赶会中也有着丰富的关系。通常外嫁的姑娘会趁着赶会同丈夫和孩子回娘家住上几日,其他村子的远房亲戚也会借着赶会来走亲戚,有熟人或朋友也会借着来席村赶会顺道串个门,这其中的交往关系会借助庙会得以呈现。与此同时,有着相同信仰的农户在赶会这一日也会相约聚在一起举行些宗教活动。这是席村赶会,如果是外村的庙会,席村的农户同样也会去参与,卖东西,走亲戚,会朋友等。

传统时期,庙会是村落一项重要的活动,村落举办庙会其盛大的程度如同过节,政府对于村落举办庙会并不会进行干涉,但是庙会组织筹备过程中的任何事物也不需要向政府报告。因此席村的庙会组织同国家并无太多的关系可言,更多体现的还是庙会组织同村落农户之间的关系与互动。

第五节　交往与交往关系

同一村落的农户，除了一家一户独立的生产经营外，日常的交往活动是家户存续发展的重要外部条件。以家户为活动单元的村民在日常生产和生活中不断合作、联系与交往，并在特定血缘、地缘、业缘、信缘及其关系下形成了不同的交往关系。本节重点考察家户内部交往、亲族内部交往、村内交往、村外交往的基本形态及其关系。

一、家户内部交往及其关系

传统时期，席村村民家户内交往主要指扩大家庭的交往，这种交往主要指扩大家庭内部各成员之间、扩大家庭中的小家庭之间、小家庭与大家庭之间的交往互动。而在家户内部交往中，家长处于交往的核心位置，扩大家庭长期形成的家规家法，或者家庭成员普遍接受和认可的规矩，成为指导和规制交往的重要准则和规范。本部分主要围绕扩大家庭中父母与子女的交往、兄弟之间的交往、夫妻之间的交往、婆媳及妯娌之间的交往四个方面来考察扩大家庭的家户内部交往形态及其关系。

（一）父母子女交往

对于扩大家庭而言，父母与子女的交往是最为重要的交往关系，是影响和决定着扩大家庭能否长期存续的一个重要的因素。用村里老人的话讲："儿子跟老子天天打得鸡犬不宁，这个家迟早都得散，如果当家人有当家人的样子，树立当家人应有的威信，子女儿孙自然也差不了。人们都说'上梁不正下梁歪''有啥老子，就有啥儿子'，老子能把儿子教育好，彼此关系融洽，家庭关系一定不会差。"所以这就要求父母作为家长一定要在扩大家庭中树立家长的权威和威信。如果父母所作所为都得不到子女的认可，扩大家庭也就难以维系。

另外，扩大家庭的父母在同子女交往中最重要的是做到公平，用村里老人的话讲，父母要"一碗水端平"，对待家里的子女要尽量做到不偏不倚。村子里过去因为当家人不能做到公平，使得兄弟之间产生矛盾的事情不在少数。一旦出现因当家人不公而产生了矛盾，父母与子女的矛盾自然不可避免，分家也成为必然。据席立尔老人讲述：

> 过去村里有一席姓农户，算作中农家庭，家里兄弟三人。老大忠厚老实，任劳任怨，承担了家里大部分的农活。老二人比较灵活，能言善辩，农忙时候种地，农闲跑出去做点小买卖，主要是出去换油。老三是家里最小的一个，论身体不及老大，论本事比不上老二，就在家里跟父亲和大哥种地。家里老

大和老二都娶了媳妇，一家人没有分家，家里老父亲当家，种地换油日子也都过得去。在家里老三娶媳妇的时候，父母给老三媳妇的彩礼以及置办的东西都要比另外两个儿子要好。面对这些老二觉得不服气开口说了话，认为做爹妈的不公，自己该干的活一样没少，还出去跑买卖，娶媳妇只和老三差两年半，可是待遇却差很多，老二希望爹妈都一样地对待。老二的不满没有得到父母的回应，最后在老二的要求下分了家，老二和父母因此也有了矛盾。

（二）兄弟交往

兄弟间的交往是扩大家庭内部交往的另一个重要方面。兄弟之间要讲求和睦相处，俗话说"兄弟齐心，其利断金"，手足兄弟是有着血缘关系的至亲，是家庭生产、生活的主要力量。一旦兄弟之间出现了嫌隙或是矛盾，势必会影响到家户的生产经营和安稳生活。村里老人讲述了过去发生在居住在一个巷子里兄弟二人的事情，足以来体现兄弟交往对于家户内部交往的重要意义。

> 席姓兄弟二人和父母一起生活，兄弟二人都已成家并且都有了孩子，家里老父亲当家，一家子以种地为生，水浇地旱地都有，好年景满足温饱不成问题。父亲年迈，对于当家之事已深感力不从心，决定把当家人的位置交给儿子。没有经过商量，老人把当家之权交给了家里的老大。在那个时候，父亲老了，家里老大当家都不需要质疑。对于这样的安排，老二也没有意见。可是老大人是能干，种地也是一把好手，就是做事情少了些魄力，换句话说老大就不是当家那块料，所以习惯于忍让的老大当家以后，家里很多事情上总是受人欺负。比如水浇地浇水这件事情，村里人浇地时候就知道老大比较的软弱，就故意跟老大商量在老大之前先引水浇地，家里的老大也不会拒绝。老二总是看不惯老大这样做，多次提出也没有效果，慢慢就开始不服老大的管教，兄弟之间产生了隔阂，在种地的事情上也开始怠工，老二觉得老大可以让着外人，为什么不能让着自己的弟弟。老大拿老二也没有办法，找父亲帮忙，父亲给出的办法是分家单过，于是兄弟二人分了家，分家后兄弟二人基本上很少往来，父母跟着老大一起生活。

村里不少老人都了解这两个兄弟，村里老人认为，假如当初选当家人的时候让老二当家，也就不会有兄弟的不和。而且老二也有问题，家里大哥是好说话，但如果他在外人欺负大哥的时候及时站出来,也就不会产生那么多的问题了。所以兄弟间的交往是家户内部交往中非常重要的一个方面。兄弟和睦会成为村里人学习和称赞的榜样,兄弟不和也会成为村里人茶余饭后的谈资。

(三)夫妻交往

传统时期,席村农户普遍接受一个观点:那个时候夫妻之间的结合并没有过多的感情可言,更多的是为了传宗接代和延续香火,生活中夫妻之间并没有太多的互动,各自将属于自己分内的事情做好即可。

夫妻交往一般讲究内外分工,"男主外,女主内"是传统时期席村夫妻间关系的一大准则。家里的丈夫通常担负着和外面打交道、出去干活、逢集做买卖等一些"抛头露脸"的事情,而妻子则主要负责生儿育女、操持家务这些家里的事情。夫妻双方妻子通常是相对弱势的一方,而丈夫则相对要强势些。但传统时期也存在"妻强夫弱"的情况,如果是家里丈夫因为身体或是某方面的缺陷导致处于弱势,村里人不会说三道四。但是,如果并不是因为某些原因出现"妻强夫弱",那个丈夫会被人私下里认为是"窝囊废",而强势的妻子会被认为是"女当家"。

(四)婆媳、妯娌交往

传统时期,婆媳、妯娌关系是最难处理的一对关系,是最容易产生矛盾的一对关系。按照席辛心老人所述,婆婆、媳妇、妯娌是扩大家庭中实实在在的外姓人,她们之间不像父母与子女、兄与弟那样有着血缘关系,可以相互包容忍让。她们都是嫁进门的外姓人,有了分歧和矛盾很容易演变和升级为婆媳、妯娌间的冲突。婆媳之间能否融洽地交往影响最大的是丈夫和其父母的关系,而妯娌之间的关系则会直接影响到兄弟之间的交往,往大了说影响的是扩大家庭中小家庭之间的关系,过去村里有不少家庭都因婆媳矛盾或是妯娌间相处不当而发家的情况。按照席辛心老人讲述:

> 过去媳妇是家里最没地位的人,娶进门的媳妇跟有钱人家的使唤丫头差不多。"多年的媳妇熬成婆。"只要是新媳妇进了门,家里的婆婆就像师傅带徒弟,指导上一阵子就把家里的家务事交接到媳妇的手里,媳妇每天就是洗衣做饭,等有了孩子还要带孩子。时不时因为哪里做得不好被婆婆骂。挨了骂的媳妇又没处去说,跟自己丈夫说了也没用,所以只能从心里对婆婆充满了不满。到有一天媳妇实在受不了婆婆的气就会顶撞婆婆,顶撞了婆婆的儿媳因此可能会和丈夫发生矛盾,丈夫如果是给妻子做主,那就要得罪自己的妈。看着是件小事,婆媳关系那能影响全家的关系。

两个本没有关系的女人嫁入了同一家成为妯娌。对于核心家庭而言，妯娌之间几乎很少会产生过多的交往和联系，但扩大家庭则完全不同。在扩大家庭中，妯娌是日常接触最多的人，往往家里的婆婆会将各类家务事安排给媳妇们去做，会做事、会说话的媳妇多数时候能讨得婆婆的欢心和喜爱，相比之下一定有一个会受到冷落。按照席毛毛老人所述，妯娌之间的矛盾就是因为婆婆以不同的态度对待儿媳引发的。另外妯娌间的交往还受孩子和各自丈夫之间的关系影响。过去常常因为孩子不懂事打架而波及大人，生活在一起的两个小孩打架，受欺负孩子的妈妈出于对孩子的怜爱会做出一些过激的行为，这样就演变为两个孩子妈妈，也就是妯娌之间的矛盾了。

二、亲戚交往及其关系

传统时期，席村农户在亲戚交往主要指的是同本家亲戚的交往和同姻亲的交往，至于平日里见上一面都难的远房亲戚基本上谈不上交往，甚至都不及农户平日里相处的门下人。亲戚之间的交往包括人情往来、节庆互动、生产生活上的互助等。

（一）亲戚间的人情交往

1949年之前，亲戚之间的人情往来是最为频繁的交往内容，这种人情往来主要是婚丧嫁娶、满月过寿摆酒时的互动。农户家里办酒，兄弟、叔伯、堂兄弟等父系至亲会在获邀后第一时间来帮忙，或帮忙招待宾客，或安排酒席。母亲系的亲戚通常作为受邀的客人不需要提前来帮忙，但如果平日里走动频繁，也不会拘于这样的礼俗，舅舅、姨娘、表兄弟也会提前来帮忙张罗。亲戚间这样的人情往来是双向的，用村里老人的话讲："谁家都会娶妻嫁女，谁都会有入土的一天，红白喜事亲戚走动这是避免不了的事情，要是办事情家里一个亲戚都没有，那也要被人笑话的。过去，家里亲戚上门来邀请，一定要很高兴，而且要询问是不是要提前去帮忙。"在这类红白喜事中亲戚都是要上礼的，通常至亲所上的礼都是大礼，如果是略表心意，一定会影响到亲戚今后的交往。当然也要趁着自家的经济条件来定夺。

（二）亲戚间的节庆交往

1949年之前，亲戚之间在节庆期间的交往主要表现便是"走亲戚"，传统时期，与亲戚的交往是节庆活动中最为普遍的交往活动。清明、端午、中秋、重阳这几个节日亲戚间走动比较少，一般都是女儿会看望父母，女儿和女婿会带些节日里的吃食去看望父母。重阳节的时候，嫁出去的妮子会给父亲或买或做一顶帽子或一双鞋，条件好的会给父母扯布做衣服。兄弟、叔伯、堂兄这些至亲很少会走动，但是春节期间的交往则要频繁得多。首先，春节期间恰好处于农闲的时候，村民有空闲的时间来回走动。其次，春节是当地人非常在意的一个重大节日，借着节日的氛围互相走动更有利于巩固良好关系。正月期间亲戚相互拜年，晚辈给长辈拜年，走亲戚都要带礼物。具体如走亲戚拜年的次序、拜年的规矩等在前文及第五章进一步阐述，这里只对交往进行梳理。

（三）亲戚间的生产生活互助

传统时期，亲戚间在生产方面的交往远不及在生活上的互助。亲戚之间在生产方面存在着一定程度的交往，例如亲戚之间互相借用生产工具、耕牛，帮着收麦子等。但是在传统时期，席村村民在生产方面同亲戚的交往远不及同居住在一个单元的门下人频繁，更侧重于生活方面的互相帮扶。例如村民在家里遇到急需用钱，自己手头的钱不够的时候，最先想到的是和自己的亲戚开口，其次才是居住在一起的门下人。遇到灾荒的时候家里粮食不够，家里的女人很多时候会去问自己娘家的哥哥、姐姐或是自己的父母借粮食来应对。当问及为什么家里生活方面遇到麻烦最先想到找亲戚时，村里老人给出了如下的解释："家里遇到事情多数不是好事，过去人们都好面子，家丑不外扬嘛。就好比家里儿子和他爹闹矛盾一定找舅舅来调解，而不是找门下人来调解。找舅舅调解是关起门来处理自己家的事情，找门下人调解保不准就是家家都知道的事情了，又不是多么光彩的事情，非得弄得众人皆知不成？"

三、村内交往及其关系

村内交往是农户交往跳出家户和亲戚的第三个层级。传统时期，席村的村内交往主要指的是农户同居住在一个单元的邻居，即农户口中的门下人之间的交往，此外还有少量本村的熟人之间的交往。本部分主要围绕村民同门下人的交往展开，考察人情交往、生产互助和日常生活三个方面的交往形态及关系。

（一）门下人间的人情往来

1949年之前，门下人是仅次于亲戚的交往对象，就人情往来而言，门下人有些时候发挥的作用甚至超过了至亲。上文曾提到，婚嫁中门下人通常会主动帮忙做饭打杂，在遇到家中有老人故去时，报丧这样的重要事情也通常由门下人来完成。门下人通常在获知农户家里做事情办酒时会主动上门来询问是否要帮忙，办酒的农户也可以提前请门下人来帮忙，只要是提出希望帮忙的请求通常门下人不会拒绝。人情往来中帮忙的门下人即便是上了礼农户也会给退回，或者用另外的方式回礼表示感谢。

生老病死，婚丧嫁娶，是每个农户家庭都要经历的几件大事，村里的财主也不例外。人们可能会觉得财主家大业大不和门下人往来都可以，事实并非如此。财主家办喜事也会请临近的农户去帮忙并安排门下人吃席，特别是财主家办白事的时候，即便是家里雇了长工也少不了门下人的帮助，如过去埋人抬杠子都是门下人，所以即便是财主也会和门下人存在必要的人情交往。用村里老人的话说:"财主要是不和门下人来往,死了人估计都抬不出家门。"

(二)门下人间的生产互助

上文也曾提及,传统时期,在生产互助方面,门下人之间的频率明显要高于亲戚。农业生产方面的骈工、伙养、借用耕牛及大型生产工具多数情况下是和门下人完成的。据村里老人介绍:"之所以找门下人来骈工,问门下人借农具,最主要的原因就是因为住得近,过去不一定是和亲戚住在一起,问亲戚借也行,但是费工夫,门下人就在跟前,我看到他家今天没有用犁,我就可以去借一下。收麦的时候也可以提前跟门下人商量好怎么来互相帮着割麦子,跟亲戚哪会这么方便。"

关于如何同门下人借用耕牛、工具,以及如何去骈工在前面的章节已经有过较为详细的阐述,这里不再重复梳理。

(三)门下人间的日常生活交往

传统时期,门下人之间在日常生活方面的交往主要表现在平日里门下人之间相互串门、聊天,节日里互致问候以及相互馈赠,农闲时候打牌消遣,以及农户外出是帮忙照看孩子或是家里的牲口等。传统时期,农户串门最多的是在门下人的家里,男人女人都可以去串门,男人串门多数是商量些挣钱或是农业生产的事情,女人串门则是聊些家长里短,在一起一边做事情一边聊天。过去每逢春节,门下人见面还要互致问候,晚辈见到长辈要行礼拜年,其他诸如端午、中秋这样重要的节日,门下人做了老虎馍或是月饼还会互相馈赠。用老人的话讲:"你给我两个月饼尝一尝,我做好了也会送你两个,一来一往的事情,相处得好,就会想到这些。"

除了这些节日的问候和互相馈赠之外,村民如果遇到事情需要出远门也可以拜托门下人帮忙照看家中的牲口,如果临时出去一会儿,也可以把家里的孩子托付给门下人帮忙看管。

(四)不同类型农户间的交往及关系

门下人之间的交往是村落内部交往的主要交往形式;但不得不提的是,交往过程中,不同类型农户之间也会存在交往与互动,最鲜明的便是村里富裕农户和普通农户之间的交往。据村里老人讲述:"过去,人们交往会很看重家境,有钱人不去攀,没钱人也不会去沾。不攀有钱人主要是攀不上,不一样的家庭,有钱的财主都不乐意跟你接触。没钱人少沾的原因是,没钱人接触太多了会惹来很多的事情,三天两头不是跟你借粮,就是问你借钱。所以,大部分都差不多的人接触比较多。假如有亲戚是财主,我是个普通的农户,因为是亲戚,自然也会有交往。如果不存在这层关系,村里人还是同类找同类人,这些人在一起也有话说,有得聊,就是财主跟你主动接触,你跟人家也说不到一起。过去人们闲下来喜欢在大街口聚起来聊天,大老远看到来了一个富裕户,一群人就很可能散了,即使不散,等富裕户过来也就打个招呼,然后就找理由走了。"

四、村外交往及其关系

传统时期的村外交往相比家户、亲戚、村内门下人交往要简单得多,主要指的是村民同外村熟人及本乡本土的乡亲之间的交往,具体主要表现在日常生活方面。

农户人情往来中与乡亲、熟人的交往是相对较少的一个群体。不排除平日里交往甚好的乡亲和熟人。之所以大多数交往比较少,一方面是因为乡亲和熟人关系都比较疏远,绝大多数的熟人和乡亲都是逢集或是赶庙会时候认识的。多数情况下农户和乡亲或是熟人仅仅是见面寒暄,合得来的人成了朋友日后会彼此走动。另一方面过去农户家庭条件都并不是很好,这种红白喜事要上礼的事情,农户也不会邀请一个平日里仅仅是比较熟络的乡亲熟人,对于农户办酒主动来上礼的乡亲或是熟人农户则会热情地接待,并在以后找机会去还礼。据村里老人讲述:

> 过去熟人和乡亲绝大多数都是一面之缘,有逢集的时候一起摆摊认识的,也有赶庙会时候认识的,甚至有看戏时候聊得投缘成为熟人的。过去认识的熟人基本上都是这附近村子的,下次逢集的时候指定还能碰到,一来二去就更熟了,熟到一定程度会喊着去家里串门。关系基本上也就到这里了,也不会再进一步发展。熟人之间有时候会给家里的孩子说媒,我弟就是我爸在三泉集上摆摊认识的熟人给介绍的媳妇。当时娶媳妇摆酒的时候那个大伯还来喝酒了。

第六节 流动与流动关系

1949年之前,在席村,农户"安土重迁"的观念比较重,抛家舍业搬离故土的情况并不多,村落整体上相对较为稳定,所以村庄的流动性并不强。总体而言,传统时期席村农户流动呈现出规模小、发生频率低、造成流动的原因也比较单一的特点。本节主要就小农经济基础上的社会流动及其在流动中形成的关系展开论述。

一、土地与流动关系

土地是传统时期席村农户赖以生存的重要生产资料,没有土地不管是在哪里都难以维持生计，因土地导致的人口流动，是传统时期人口流动的一个重要方面。

1949年之前，居住在席村的财主和自耕农相对来说较为稳定，流动性不强。财主都有大面积的土地和房屋院落，自耕农虽然拥有的土地不多，但所拥有的"一亩三分地"也能够实现自给自足，同时自耕农虽不像财主拥有院落，但至少也有属于自己的房屋。"安土重迁"的思想通常会根植于这两类农户的思想意识中，因此富裕的财主和自耕农很少会选择迁出席村。另外，四大姓氏的农户因其祖先在此择居，并世代在此繁衍，对于他们来说席村有祖宗留下的根，一旦迁居别处等同于"忘本"，所以席村的大姓通常也不会随意流动。恰恰流动性最强的是没有土地的农户，而涉及土地的流动在席村分为两类，一类是流出，另一类是流入。

（一）土地与人口流出

传统时期在席村有数量不多的无地农户，这部分农户一般是村里的杂姓，流动性比较大。据老人讲述："村里没有地的农户并不多，这些农户主要靠给财主扛活为生，一旦财主不再让扛活了，没有了生计来源，就会去汾河湾或者其他地方找活，找到扛活的地方落下脚就会把家人也带走。"

此外，席村做小买卖的无地农户，也会随时流出。据老人回忆讲述："席村过去住着好几个做小买卖的人，在县城和周边的集市里做买卖，也不知道什么时候这些人就走了，再也没有回来。"

（二）土地与人口流入

传统时期因为土地导致人口流入的情况在席村也有存在。据村里老人介绍："过去只要是在村里有地，就能在村子里落脚。没有地扛活的农户都能在席村生活，有自己土地的农户更是没有问题，过去席村只有一户是买了土地以后在席村落脚的。那个人是古交的，在席村买了五亩地，买了两间房，来席村落了脚。这人在席村有亲戚，后来村里传言说是在古交和人打架把人打残了，赔了对方钱，为了以后安静过日子就找席村亲戚帮忙买了房和地在席村落脚。解放以后那人就去世了，后代也搬离了席村。"这种人口的流入只要有了房和地，就可以搬来居住，但是要和村里的村长间长报告一下，村里要对在村的人口进行基本的登记，以方便每年的纳粮。

二、做买卖与流动关系

传统时期，席村有不少农户在兰州做买卖，跑买卖的人最初都是只身一人，后来买卖做到一定程度以后会选择在当地安家，一旦农户在当地安家以后，就会回到席村将家人一并接走，离开村庄去兰州生活。据村里老人讲述："席村南五宝的儿子就在兰州跑买卖，还在兰州娶了媳妇。当初娶了媳妇把家安在了席村，那个兰州的媳妇也在席村，南五宝的儿子继续在外面做买卖，后来说是买卖做得好，挣了钱在兰州安了家，回来要把他爹娘、媳妇接到兰州去，南五宝听说兰州风沙大没跟着去，他儿子和媳妇就去了。"

据老人介绍，过去要迁出村子家里要是有当家的，必须先跟当家人商量，当家人同意以后才能张罗着往外迁，即便是分家单过的人要往外迁也要告诉爹妈。如果爹妈都已经亡故，本家亲戚起码要打声招呼。其次决定外迁不回来的农户还要对家产进行处置，包括土地、房屋的处置，是卖了还是托付给村里的亲人代为耕种。不管是卖了还是托付给村里的亲人打理，在迁出村子之前还要跟村长报告，要告知村长迁去何处，迁走以后土地如果卖出是卖给了谁，土地如果托付别人照管，托付给了谁。因为迁出以后土地还要交粮，村里的财粮对此都要记录。一切都打理妥当之后，就可以迁出村落。过去村民因为做买卖发财迁出村落之前要请村里的亲戚们吃一餐饭，还要邀请门下人一起参加，毕竟迁出后去了很远的地方，再见面都是很难的事情了，吃一餐饭就算是和亲人告别。

传统时期席村做买卖迁走的农户并不多，迁走的一两户一般也就断了和原有亲戚之间的联系，因为距离比较远，逢年过节通常都不会再回来，婚丧嫁娶这样的大事通常也都通知不到，自然也不会再参与。换言之，这种跨省流动等于自觉断绝了一切亲戚间的往来，迁走的农户会在当地重新建立新的人情关系。

三、灾害与流动关系

1949年之前，为了躲避自然灾害产生的流动是比较常见的情形。传统时期旱灾和蝗灾发生的频率很高，席村附近没有大江大河，一旦发生严重的旱灾庄稼绝收都是不可避免的事情。其次就是蝗灾，村里老人讲述，蝗灾比旱灾还可怕，蝗虫飞过的地方庄稼连叶子都不剩多少。面对这样影响生计的灾害，农户会选择外出逃荒来应对。为应对灾害做出的逃荒，是农户被动的逃荒，而且这类型逃荒是一种暂时性的逃荒，在灾情缓解或是结束之后，外逃的农户会根据情况适时选择回村。据村里老人介绍，过去村子里至少有三分之一，甚至一半的农户都外出逃荒过，只是有的农户逃荒时间长短不等，时间久的两三年，时间短的三五个月。一般逃荒避灾以核心家庭居多，过去很少有拖家带口一大家子外出逃荒的情况。一方面人口比较多的扩大家庭一般家境都比较好，有一定应对自然灾害的能力。另一方面众多人口同时迁移成本太高，而且人多嘴杂更容易产生分歧。

传统时期农户应对灾害的流动通常有两个选择：

其一，投靠亲戚。传统时期在应对灾害时，最先考虑是投奔没有受灾的亲友，如果娘家亲戚没有受灾，多数情况是去投奔娘家亲戚，去娘家亲戚家里逃荒避灾一般不是几天的事情，少说也要住上小半年。所以决定去之前女婿要前去了解情况，如果娘家亲戚也受灾，或者提出想暂时来逃荒的意思并没有得到热情的回应，通常会选择放弃娘家亲戚。一般只要是娘家亲戚，尤其是丈人家里没有受灾，都会顾及女婿和女儿的安危，况且去了之后女婿也不能吃闲饭，要尽量多地干活。如果娘家亲戚家里也不富裕，农户要在娘家亲戚的村庄里做工挣钱，并且把挣来的钱至少一半交给娘家亲戚。如果娘家亲戚也受灾，农户可以选择不出五服，平日里有往来的远房亲戚，在远房亲戚那里找个营生，例如扛活的营生去挣钱应对灾害。这也就是农户应对灾害的第二类选择。

其二，外出扛活。上文提到寻求远房亲戚去找活干，这既属于投靠亲戚的一种情况，实则又属于扛活做工谋生。传统时期靠外出扛活逃荒应对灾害的农户一般都往汾河湾跑。据老人回忆讲述：

> 过去汾河湾是个好地方，过去席村遭了旱灾那里都没问题，只要汾河不断流，就有浇地的水，那里的财主也多，到那里寻个扛活的营生不难。过去我们村平常就有几个在汾河湾那一带的财主家里扛活，村里人往汾河湾逃荒一般都会去找村里人，让熟悉那里的乡亲帮忙找营生。等到落下脚以后就把家里的人接出来。过去逃荒的女人也要干活挣饭，女人就是给有钱人家看孩子，以及一些做饭洗衣的粗活。过去汾河湾的财主很精明，只要是逃荒来找活的，财主故意压低工钱，逃荒的农户为了活命只能是勉强地接受。

这里需要指出的是，传统时期农户应对灾害的逃荒不需要和村里的村干部打招呼，用村里老人的话讲："都闹饥荒了，谁也顾不上谁了，能找到营生就走，等灾害过去了再回来。又不是走了不回来，房子和地都还在村里，肯定还要再回来。"

四、赋税与流动关系

传统时期，席村农户每年要向政府缴纳公粮。据村里老人介绍，在1937年日本发动全面侵华之前，村里农户基本上是可以按时向政府缴纳公粮的。但是在1937年之后，随着战势的发展，摊购、赊购、统购等越来越多各种名目的摊派和赋税强加在普通的村民身上，加之当时时局动荡，动不动就有人在地里被抓去当兵或是做苦力，村里的农户根本不敢去种地，这直接导致的结果就是政府在进村要粮时农户拿不出来。农户交不上相应的粮款，村里的村长就要被上面的人找麻烦，上面的人找麻烦村长只能再找村民要,到后来干脆演变为村长带着要粮的直接上家征要,交不上来会被绑到村公所毒打。

面对上述情形,交不上各类摊派的农户有两种选择:一类走向了极端,不堪被拷打跳井上吊自杀;另一类则选择做"避粮户"举家出逃。为了逃避赋税和摊派,农户选择出逃也形成了传统时期的人口流动。据老人讲述:"过去村子里有一个农户,家里人多地少,村里三天两头就来要粮食,这个队伍来要完,又换另一个队伍来要,这家当家人交不上,嘴头还很硬,就被要粮的抓到了村公所,说是在村公所被人拿鞋底子抽嘴。放出来以后一气之下投井死了。"

传统时期,避粮户通常会选择逃到北面的山里,再有就是逃到侯马去,一般都是当家人做出出逃的决定。村里出去的避粮户很多在解放后才回来。据席村家里曾经做过避粮户的柴姓老人讲述:

> 过去我家孩子多,自家打的粮食都不够吃,二战区成天来要粮,最后没办法,我爹就决定带着我妈、我和我两个弟弟离开村子。把家里的粮食、铺盖都拾掇好,跑到了北面靠山的地方,那地方二战区的人不去,在那里找了个小房落了脚。我爹会做点木工,自己打些农具逢集的时候卖了。我妈会纺花织布,我爹每次逢集就买些棉花回来,我妈纺花织布,我爹再拿去卖了。靠山的人不会织布,过去旧衣服都能卖了,所以我妈织的布很好卖。虽然没有地,也少有人来收粮收款,日子过得比较紧,但也过得去。就这么在那里住了有八九年,中间我爹每年都回席村,还带着我回来过。逃出去头一年我爹回村把家里的地托付给本家一个叔叔种了。一直到打完日本人,新绛快解放我们全家才回到席村。

与做生意外迁后断绝了亲友往来不同,避粮迁出的农户并不会断了和村里亲戚的联系与往来,正如上述案例中老人讲述的那样,即便是逃到了山区,仍然会回到席村。据老人讲述,家里的至亲都知道具体在哪里安了家,亲戚家里的婚丧嫁娶会尽可能地参与其中。只要没有迁出新绛县,每年正月,只要是条件允许外迁农户要回村给亲朋好友拜年。在农户看来,因迁出村外居住,平日里生产生活中很少交往,回村就像做客一样,至亲好友相见要比过去在村居住时略显生疏,相互之间也会变得客气许多。同时清明时到户里给祖宗磕头,外迁的农户如果获知具体的时间也是可以回来参加的,户里并不会因其迁出而不允许参与户里的祭祖活动。

第七节 分化与群体关系

社会分化是村落的常态，1949年之前，村落社会因血缘、财富、职业、阶级及社会地位等分化成不同的群体，各群体内部及之间在日常生产生活中产生不同性质的群体关系，进而影响各群体及其成员的行为选择。

一、职业分化及其关系

1949年之前，在席村，因职业产生的社会分化事实上并不显著，即便是有手艺的各类匠人多数也会从事农业生产，只是职业带给农户在村子里的社会地位存在着一定的差异。

（一）职业分化概况

根据席村多位老人介绍，1949年之前，席村职业的分类情况如下表4-4。

表4-4　1949年之前席村农户职业情况统计

职业类型	从业人数
木匠（包括小木匠）	8
铁匠	3
馍铺蒸馍人	1
教书先生	2
吹鼓唱戏	1
管家	2

（二）地位分化

传统时期，在席村，匠人的社会地位普遍比较高，掌握技术的匠人不仅凭借手艺获得相应的收入，还因掌握手艺获得他人的尊重。教书先生更是因为识文断字、明辨是非成为村里人们最高看的人。只有吹鼓唱戏的这一种职业不同，不仅社会地位十分低下，而且被人看不起。具体的地位表现在以下几个方面：

其一，靠手艺吃饭，人称"师傅"。1949年之前，在席村，上表中的木匠和铁匠在村里被称为"匠人"或是"手艺人"，在席村没有专门的石匠，过去村里石磨、碾子要凿都是在外面请石匠。村里的木匠根据其手艺分为"大木匠"和"小木匠"，其中会泥瓦活能给人盖房的木匠是"大木匠"，只会做些木工的则是"小木匠"。铁匠没有具体的区分。匠人们靠自己掌握的手艺来获取收入。据村里老人回忆，席村的铁匠和木匠一年到头都不闲着，有做不完的事情，有些匠人家里有地都顾不上种。匠人因为其掌握着一门手艺，所以在村里是比较受人尊重的，人们见到村里的匠人一般都称呼其为

"师傅",过去家里要建房需要木匠都要专门上门去"请师傅",只有接不到活的"小木匠"才会去集市上揽活。

其二,识文断字辨是非,谁见了都喊"先生"。教书先生算得上是村里有学问的人,是过去村里学堂里的老师,这些人都有文化,识文断字。过去席村的先生家世比较好,1949年之前席村有两个先生,都是财主家的后代。村里的先生是比较受村民尊敬的人,村里能写会算的人并不多,村里农户分家、土地买卖等需要找人写字时都会请先生来帮忙。因为先生读书多,村里遇到纠纷时还会请先生来主持公道。在职业分类中,先生是地位最高、最受人尊敬的一类。

其三,吹鼓唱戏显卑贱,受人歧视地位低。据村里老人介绍,唱戏、吹鼓人过去是最不受人尊重的职业,过去席村里有专门唱戏的人,这类职业被村民认为是很卑贱的职业,所以唱戏、吹鼓的农户在村里会比较受人排斥和歧视,村里人把唱戏的人称为"戏子",这类人平时不会种地,平日里会跟着戏班子到处跑,闲下来则待在家里。这是传统时期席村最不受人尊重的职业,村里人都不会和这些人打交道。

其四,财主家里的"二当家"。管家过去可以说是财主家的"二当家",村里只有张姓财主和铁门财主家里有管家。村里老人讲,财主家里的管家都是跟随财主多年的人,那都是和财主非常"贴心"的人,财主家里的事情基本上都会交给管家来打理,家里伙计都由管家负责支配,像有钱铺生意的张姓财主,家里钱铺的事情也都会由管家负责经营,财主只需要按时查看账目了解收支。管家在财主家里的地位很高,平日里都是和财主在同一个桌子吃饭。在村里的地位也很高,过去想去财主家里借钱、借粮或是想去扛活,都可以直接去找管家商量。所以在村里见到财主家里的管家也是要问好的。

(三)职业分化关系

传统时期,虽然在席村有以上几类不同的职业,各种职业在村中的受尊重程度也不尽相同,但在席村并没有因职业不同而产生不同的群体,只是农户日常交往中会因为职业不同产生一定的交往偏好。例如农户们会更倾向于和能够识文断字的先生交往,不喜欢和唱戏的村民交往,同为木匠的村民平日里走动会频繁些。即便如此,因为匠人较少,村落中并没有形成专门的匠人组织。

职业所带来的地位和交往关系最为显著地体现在日常礼俗中座次的安排上。传统时期农户家里红白喜事也会邀请不同职业的人来参加,在安排座次时其职业所带来的地位就有着显著的体现。据村里老人介绍,如果红白喜事中既有教书先生又有木匠来参加,而且都不是做事主家的亲戚,通常教书先生一定会被安排在上座,而匠人则会被安排落座于次席。如果没有教书先生参加，匠人则会被安排在一桌的上座。但如果前来吃席的既有木匠也有铁匠，二人被安排在同一桌，则会按照二人的年龄和辈分安排主位和次位。

二、财富分化及其关系

基于报告第三章传统时期席村"人地关系"情况的考察发现，传统时期席村的社会阶层分化比较严重，全村35户财主和富裕农户把持着全村16.2%的土地资源，人均耕地面积达到了9.73亩，是贫雇农人均耕地面积的3倍。而在传统时期，土地是家庭财富的重要组成部分，拥有土地多的农户在村里一定是富户，没有土地的农户日子则一定过得比较的清贫。由此可以看出，传统时期席村农户间存在着一定程度的财富分化，而财富分化最直观的表现就是村落因财富不均而形成的不同类型的群体及其关系。

（一）财富分化

1949年之前，在席村，家户拥有的土地数量、房屋数量以及现金存量大小是衡量农户财富多少的主要标准。依据上述的标准村落财富分化产生了以下几类阶层：

一是自耕农及贫雇农。在席村，绝大多数农户属自耕农及贫雇农，自耕农拥有一定数量的土地，勉强做到自给自足，贫雇农则依靠租地或给财主扛活来过活。报告第二章中对席村自耕农及贫雇农的人均土地持有量做出过说明，在席村，自耕农人均土地为5.49亩，而贫雇农的人均土地仅为3.16亩。一旦发生灾害性的天气仅靠这些土地农户根本没法解决生计问题。这个群体中，贫雇农常被称为"可怜人"，农户常用"惜活"一词来形容这些可怜人。

二是财主。1949年之前，在席村共有财主35户，按照解放后的成分划分，这35户包括地主和富农两类。他们拥有大量的土地和房产，同时他们手上还掌握着相对充裕的现金，他们能够有效地应对天灾所产生的不良影响。这个群体中有一部分也参与土地的耕种，有一部分则主要依靠雇工来完成土地耕种，很少一部分则通过土地出租获取租金的方式来获得收益。这个群体中有一些家中会有长期扛活的劳力，席村有两个财主家里还有管家来全面负责家中的各项事宜。他们在普通的农户口中被称为"老爷"或是"财主"，甚至有些因其居住场所气派被冠以特殊的称号，例如席村村民口中的"铁门"。

（二）财富分化关系

财富分化在席村表现为贫富的差距，财富分化表面上看是产生了不同的家庭类型，实质上也影响着村落中的关系。最直接的表现就是村民交往中所产生的自觉回避。换言之，满足于自给自足的自耕农更多时候愿意同自耕农接触，日子过得可怜的无地少地农户多数会走得比较近，而村里的财主因其拥有的财富和占据的社会资源及关系，其更多的交往则会扩展至村外。村子里的自耕农和可怜农户会自觉地同村里财主划出一条界线，这种划界最主要的表现就是会尽可能少和财主打交道。据村里老人讲述："过去，村里人很少和财主打交道，财主进出都有大车，很少到人堆里和普通人闲聊。即便是财主来和村里一般的农户聊几句，也聊不到一起，农户们看到财主来了一般就散了。其实就是谁都看不上谁。"

尽管因财富分化导致两个群体之间并无太多的往来，但传统时期的席村富裕农户和普通或贫穷农户之间关系还是较为平和的。也正是如此，在土地改革时期，席村并没有出现太过激烈的斗争情况。

三、血缘分化

传统时期，席村一直都以席、南、张、韩四大姓氏为主，一姓一家族，也就是村里老人口中的席村四大家族，血缘分化最为显著的体现便是各姓氏的分支。除此之外，血缘分化还表现在家庭的分家上。

（一）血缘分化

1."树大分支"

传统时期，席村四大姓氏中南姓最多，韩姓最少，席、张两姓人数相当。各姓氏分布于村落的不同居住单元，随着世代的繁衍，各姓氏的人口不断增多，同一血缘农户逐渐分化，形成若干的分支。下表4-5是席村四大姓氏的分化及居住情况。

表4-5 席村四大姓氏血缘分化情况统计

姓 氏	分化情况	居住单元
席姓	席家一支	南岸
	席家二支	南岸与石坡交会地带
	席家三支	石坡
	席家四支	南岸
南姓	南家北支	石坡与八甲交会地带
	南家西支	石坡
	南家南支	石坡
	南家东支	石坡东端
张姓	张家东支	西岸
	张家西支	西岸
	张家北支	西岸

续表

姓　氏	分化情况	居住单元
韩姓	韩家东支	北岸
	韩家西支	北岸
	韩家西北支	北岸

从上表不难看出四大姓氏在血缘的分化方面最主要的体现是分出了不同的支并建立相应的支祠，每年的清明农户都要到自己所属的支祠给祖宗磕头。设立支仅仅是血缘分化外在层面的体现，这种分化在农户思想观念及行动方面的表现则更为显著。调查中发现，都是姓席的农户，但他们会有明确的分支观念，但凡上年纪的席姓农户都可以清楚地讲出自己属于哪个分支，自己和哪个农户属于同一分支，和哪个农户不属于一个分支。同一姓氏血缘分化并没有在交往方面产生较大的影响，农户并不会刻意和同属一个分支的农户交往密切，而刻意疏远和自己不属一个分支的同姓农户。不仅相同姓氏的农户之间不会出现这样的情况，四大姓氏之间世代都和谐相处，并没有出现矛盾和冲突。

2."儿成分家"

传统时期，姓氏方面血缘分化表现为由户扩展到支的分化，对于普通农户而言，分家则成为血缘分化的方式。用村里老人的话讲："妮子大了要出嫁，儿子成了要分家。"在席村儿子成家后分家是一种极其普遍的现象。关于分家析产已经在前文有过详细的论述，这里不再重复。而分家所导致的结果就是家庭血缘关系的分化，由过去的大家庭分成若干小家庭，小家庭开始独立的生产经营，而且要独立地承担生产及生活方面的种种风险。家庭层面的血缘分化和由户扩展为支的分化是一致的，分化并没有导致血缘关系的割裂与中断，分家后的家庭依然对原有的血脉进行着传承。

（二）血缘分化关系

家族姓氏所产生的血缘分化所产生的关系是户（族）与支的关系，人口不断地增加是产生分化的诱因，由户到支的分化在一定程度上有利于进行管理。例如席姓分出了四支，每一支设置了支长，各支的事务均由支长进行管理，各个支长又接受户长的统一管理，当遇到重大事件时，分出的各支均要听从户长的命令。这种看似分化实则是有效实现治理的方式其实恰如其分地反映了这种分化后的关系。

相比由户到支的分化，农户家庭分家后血缘关系分化所体现的关系则有着明显的不同。分家后新成立的小家庭彻底从原有的家庭中脱离出来，要进行独立的生产经营，并且要建立属于自己家庭的生活关系。分出的儿子成为新家庭的当家人，旧有家庭的当家人已经无权再对小家庭的生产生活进行干涉。当分家后单过的新家庭遇到问题或是困难时，父母或是其他单过的兄弟可以给予帮助，而这种帮助恰恰是基于血缘亲情的帮助。

第八节 冲突与冲突关系

1949年之前，在席村，农户日常生产和生活主要依靠各种惯习来维持相应的秩序。尽管如此，冲突和纠纷依然会时常地出现，这些冲突主要包括家庭内部冲突、村庄内部冲突以及村落之间的冲突。从以上三类冲突发生的频率看，前两种出现的次数要远高于第三种。本节将从上述三种冲突考察传统时期席村的冲突及其关系形态。

一、家庭内部冲突及其关系

席村老人形象地说："勺子总会碰锅沿。"家庭内部出现冲突和分歧是最常见和最普遍的情况。家庭内部的冲突既可以是在扩大家庭中，也可以在核心家庭中，只是扩大家庭因为人口多，发生冲突的频率自然也高一些。家庭冲突的产生与家庭内部的交往有着密切的联系，具体有以下几种情况：

（一）父母不公引发冲突

传统时期，父母不公是引起家庭内部冲突的重要原因之一。据村里老人讲述，"十个手指都不一样齐整"，对待家里的子女自然也不尽相同。换句话说就是"当家人一碗水很难端平"。而父母的不公往往容易引发一系列的家庭冲突，例如父母和子女产生冲突、兄弟不和、婆媳冲突以及妯娌间的冲突。

> 席村张姓农户有两个儿子，老大叫"锁娃"，老二叫"月娃"。兄弟二人成家以后当家的父亲决定分家让兄弟二人各自单过。老大锁娃娶媳妇比较早，而且已经有了孩子，老二月娃在分家前才刚娶媳妇没多久。分家的时候父亲列出了家里财产的分单，老大发现分单里少列了半亩的水浇地，当时就问他父亲。当家的父亲说要留出养老，老大也就没再问。可是分家之后老大发现那半亩水地是月娃在种，而且月娃跟村里人说那地是他爹分家时留给他的。知道了这事的锁娃觉得非常生气，就去父亲那里讨说法，父子二人因为这半亩水地吵得面红耳赤。锁娃认为当家的父亲做事不公，当家的父亲认为地是他的，想给谁就给谁，父子二人吵了好久。锁娃因为这件事情断绝了和他爹的来往，连孩子都不让去爷爷家里。

除此之外，父母不公还是导致妯娌矛盾的重要原因。据席村席毛毛老人讲述："过去儿子多的家庭里老婆婆对待儿媳肯定有差别。比如一个媳妇进门生了个儿子，另一个进门一直生不出孩子，或者生了个丫头，那这个媳妇肯定不被婆婆喜欢。女人都心眼小，一旦婆婆对一个媳妇好，对另一个不好，那个吃了白眼的媳妇肯定心里头不舒服，婆婆处处找碴，婆媳冲突也就在所难免。那个受了气的媳妇不免会对那个被婆婆宠爱的媳妇心生嫉妒，遇到些鸡毛蒜皮的小事就会起冲突，比如两家孩子打架引发妯娌之间'红脸'不愉快。"

（二）传闲话引发冲突

据村里老人介绍，过去引发家庭内部冲突的另一个重要原因是"嚼舌根"，也就是互传闲话，互传闲话不仅是外人互相传闲话，家庭内部也会出现这种事情。据村里老人讲述："传闲话这事情在一般的小家庭里很少会出现，都是在大家庭里，一般传闲话的都是女人。女人嘴皮子碎，总是东家长西家短地嚼舌根，要再碰到个耳朵根软的，保准就得出事。过去村里经常有老婆给丈夫传闲话引起兄弟不和、儿子和父母闹事的情况。过去张姓农户两个儿子，爹妈对两个儿子都很好，可是老大媳妇就觉得当家人偏心眼老二，还给自己丈夫传闲话，说公婆私下里给老二两口子钱。恰好这家老大是个一点就响的炮，听了媳妇传闲话就去找父母对质，老二知道了以后和他哥也起了冲突，儿子和他父母也起了冲突，最后好好一家人只能分家。"

过去传闲话还有一种情形，就是农户家里人传亲戚的闲话，导致亲戚之间产生了冲突。据席村席毛毛老人讲述："过去家庭里亲戚之间产生矛盾的一个根源就是传闲话，很多时候还是故意地添油加醋地传。过去我妈妈就因为传闲话跟我姨起了冲突。我姨家里办喜事，姐妹们都去坐席，回来以后我妈跟我二姨随口说了句大姐忙得都没怎么跟我们说话。结果二姨就传闲话说是我妈挑理了，说大姨怠慢了，说大姨不懂礼数。因为这个大姨专门上门来和我妈说和，我妈知道以后跟我二姨起了冲突，很长时间都不来往。"

（三）冲突的化解

父母和儿子发生冲突，家中的儿媳会先行拉架，避免让事件失控。但儿媳和儿子是一条心的，所以在这类冲突发生时儿媳很少会去调解。通常会请本家叔伯或是娘家舅舅来调解。娘家舅舅登门调解父子矛盾是比较常见的一种，而且也是双方比较能接受的。一般来说，有人调解，双方都会做出让步，当家的父母不退让会直接影响儿子对自己的终养，儿子不退让则会被别人视为不孝。父子直接的冲突不会请非亲属的外人介入调解，一方面农户认为这是家丑，另一方面外人也不会介入，认为这些事情是对方的家务事，一个外人介入搞不好会里外不是人。

兄弟之间发生冲突，父母自然会最先出面调解，双方的妻子也会适时拉架相劝。父母不在或调解无果时，会请叔伯至亲或请来舅舅帮忙调解。舅舅来解决外甥的冲突最在行，舅舅会站在公正的角度去解决冲突，不仅会调解兄弟双方的冲突，如果发现是父母的原因引起双方的冲突，舅舅还会一并地指出。兄弟不和这样的事情绝对不会让外人插手调解，这传出去会被人笑话不说，还会笑话这是当家人的无能。

对于婆媳之间发生的冲突，通常由公公和儿子来协调。婆媳冲突中往往受气的是家里的媳妇，所以冲突调解中，一般是公公呵斥婆婆并劝说儿媳，儿子来安抚儿媳并兼顾母亲。家中的妯娌、大小姑子或大小叔子也会介入，妯娌劝妯娌，大小姑子或大小叔子劝自己的母亲。这类婆媳之间的矛盾通常也是家庭内部来解决，外人也不好介入，说不好会惹得双方嫌弃。在扩大家庭中，如果受了气的儿媳没有获得公正的回应，往往会赌气回娘家，家里有人的儿媳还会让娘家哥哥登门来质问。一旦娘家人上门，只要是公婆觉得理亏，一定会示弱并以礼相待。如果此事公婆不理亏，是儿媳胡搅蛮缠，不仅不会示弱，还会借着儿媳妇娘家人登门大做文章。

妯娌之间发生冲突，各自的丈夫和公婆会主动来调和，丈夫一般会劝说或呵斥自己的妻子，公婆则要兼顾两边。通常来说，公婆作为家里的当家人，只要发话，双方便会停止吵闹，并听从公婆的主持和发落。往往儿子会成为众矢之的，遭到父母的斥责。妯娌本就都是外人，只要是吵闹平息了，包括婆婆在内的家人都不会刻意去将这对关系理顺和修复，通常会听之任之，只要不再发生冲突便是。妯娌之间发生冲突时，若是被门下人看到，关系好的会上前劝阻拉架，关系一般的绝对不会参与其中，因为他们清楚这样的事情搞不好会两边都不讨好，不如躲远落个清净。

总而言之，家庭内部冲突要在家庭内部得到解决。本着"家丑不可外扬"的心态，农户一般不会求助于外人来解决，外人通常本着"清官难断家务事"的原则也不会去参与他人家庭内部冲突的化解，只有至亲才会被请来协助化解冲突。

二、村落内部冲突及其关系

相比家庭内部冲突，村落内部的冲突则显得更为尖锐和激烈，往往是因利益受损而爆发。主要的冲突类型大致有以下几种：

（一）边界冲突

因边界纠纷而产生的冲突是家户与外部冲突中最为常见的冲突。引发冲突的边界纠纷在席村大致有两种，一种是土地边界纠纷所引发的冲突，一种是房屋边界纠纷所引发的冲突。农户之间的麦地都有明确的边界，一种是明界，村里称之为"地垄"，另一种是暗界,即撒生石灰并埋放界石。关于两类边界的详细论述可以参看报告第二章,此处不再重复梳理。本部分主要就边界引发的冲突进行阐述。

1. 耕地边界冲突

农户因为地垄发生的纠纷多产生于相邻耕地农户之间越界的行为。时常会有农户在耕地时一方悄悄地将原有地垄破坏掉,私占相邻农户土地并重设地垄,相邻耕地农户如果没有察觉,那就算得逞,一旦察觉纠纷在所难免。对于这类争执解决的办法一般是找村长。如果农户埋了界石相对来说就比较容易来判定,如果此处没有埋放界石,村长会找财粮依据村里的土地登记簿丈量土地,一旦丈量发现的确存在侵占,占地的一方不仅要将地恢复原样,而且由其缴纳土地丈量的费用。如果丈量发现并没有土地侵占情况,丈量土地的钱由最先提出事件的农户来出。多数情况下这类问题在村里就可以解决,但认为土地被侵占的农户如果得不到合理解决的话还可以到区里提出诉讼。

2. 房屋边界冲突

关于房屋边界的纠纷多数因落檐胡同而起,就是图2-15所示的那类情况,农户A在拆掉单边屋檐建新房时,没有预留落檐的空间,而是占用了B农户的落檐胡同,为此两家发生纠纷。发生这类纠纷以后,农户会请来门下人主持公道,也会找来所在间的间长来解决,间长解决不了就去找村长。对于这类纠纷往往需要有人做证才可以解决,门下人为了谁都不得罪很少出面做证。没有人证,没有物证,各讲各的道理,即便最后一方把另一方告了也难以做出了断。村里这样的事情最后都以不了了之收场。

以上两种边界冲突很少会发生在亲戚之间,多数发生在同村的村民之间。用村里老人的话讲,这类边界冲突在村里算得上是家常便饭,每年都会发生很多起,以土地边界纠纷居多。冲突发生多数情况是互相争吵,各说各的理,最为严重的情况是争吵过程中出现肢体上的冲撞和打斗。在席村没有出现过因边界纠纷冲突死人的情况,一般肢体冲突发生时,围观的村民会上前及时地拉架劝阻。老人说村子里有两家因为房屋边界问题打官司,一打就是好几年,A说B建房占了他家的落檐胡同,B不承认,A又没有足够的证据,告到区里的法院,区里也不能做出判决,两家的冲突长期延续,整天因为这点事情打打闹闹,以至于两家人因为这个事情后代人都不来往。

(二)日常生活冲突

除了因边界而引发的冲突之外,日常生活中也会不可避免地因为鸡毛蒜皮的小事起冲突。这类冲突多发生在一个巷子的门下人之间和本村其他农户之间。例如,农户A和农户B是生活在一个巷子里的两家,某一天农户A和B两家的孩子在巷子里一起玩,农户A发现自己家的孩子正在被农户B的孩子当马骑车,看到后就很生气,过去一把将农户 B 的孩子拽起，也可能是没有掌握好力度，也有可能农户 B 的孩子没有防备，拽起后一撒手重重地摔在了地上，起来哭着就回了家。没过多久农户 B 带着孩子就找到了农户 A 的家里，指责农户 A 打小孩子。话这么一出，农户 A 也很生气地和农户 B 理论说他的孩子欺负人，就这样你一言我一语两人吵了起来，争吵中还两人还说了很多个无关此时的闲话。后来巷子里的其他人出来将两个人都拉回家。但农户 A 心里越想越生气，接下来正好赶着要收秋了，农户 B 往年都是用农户 A 家里的半个场，因为这个事情农户 A 肯定是不会让他继续再用了。考虑到这些，农户 B 找同一个巷子里辈分最高的农户去给调解说和，据老人回忆说还带了东西去给 A 赔不是。农户 A 可能也觉得自己当时有些冲动，也就原谅了农户 B，事情至此得到了解决。

诸如孩子打闹引发大人之间冲突的事情也是屡见不鲜，以上仅仅是老人讲述的一个个案。除此之外还有因为晒粮食占了对方门前道发生的冲突。据老人回忆：有个农户没有和对方打招呼就把粮食晾在了对方门前的路上。虽然村落公共道路属于村集体所有，但农户心里会默许不影响通行的情况下，谁家门前的道路谁就有权作为晒场晾晒粮食，别人要使用时需要告知对方并获得许可。偏偏那个晒粮的农户没有告知对方，对方看到后心里有点不舒服，从家里舀了一瓢水泼了上去。就因为这么个事情，晒粮的农户和泼水的农户打了一架，也因为这件事情两家很长一段时间都不说话不来往。

（三）冲突的化解

外部冲突的化解方式主要有三种：调解、对抗、告官。采取何种方式主要取决于冲突因何而起以及冲突的激烈程度。

1. 调解

调解是化解冲突最为重要的手段，外部冲突不激烈时，调解手段通常可以产生较好的效果。采取调解方式来解决冲突的事件，一般来说都是生活中鸡毛蒜皮的小事，一方占理，一方理亏，但理亏的没理还要抢三分，这样便产生了冲突。这类事件要看双方的态度，如果冲突产生后双方都不愿意解决，那从此便结下了"梁子"。如果双方本就关系不错，冲突双方中任何一方不想为此结下恩怨，特别是理亏那方意识到了错误，会主动找和双方都熟悉的门下人来说和调解。一般调解的时候冲突双方都已经冷静，理亏的一方主动赔不是，这些鸡毛蒜皮的小事也就不会再斤斤计较。

2. 从对抗到告官

采取对抗方式往往涉及较大的利益问题，如土地、房屋边界发生侵占时，双方均据理力争，被占一方也无充分的证据，占地一方又据理力争，这样便造成冲突双方的对抗。一旦对抗发生，很多时候会伴随一定的肢体冲突。这种情况出现，调解这样的方式基本上已经无济于事，只能惊动村里的村长来介入。如果村长出面，会通过某些技术手段来化解冲突，如土地纠纷时让财粮通过丈量土地的方式来解决冲突。但对于无法使用技术手段解决的问题，村长也只能表示无能为力。这样冲突双方只能将冲突诉诸告官诉讼。通常利益受损的一方会成为原告，另一方则是被告。席村农户打官司在三泉，区里有专门的法庭。打官司要承担其相应的成本，一方面是要给法庭交钱，另一方面要请人来写状子。写状子要专门的人来写，村里的先生不会代笔写状子，过去写一张状子要2—3块钱，给法庭要交5块钱的起诉费，所以没有十足的把握农户是不愿意诉诸法庭来解决冲突的。法庭也要冲突双方提供证据，在证据充足情况下法庭会做出判决，判决结果一出冲突就此化解，但如果法庭一时难以做出判决，这种因冲突产生的僵持则会一直存在，以至于影响到后代人的交往。

三、村落之间冲突及关系

1949年之前，村落之间的冲突较为罕见。据村里老人介绍，唯一一次村落间的冲突发生在席村和李村之间，冲突因村东三庄河用水而起。关于席村村东三庄河及其用水规则在报告的第二章已经有过论述，这里仅对因用水而产生的纠纷进行呈现。据村里曾经的用水农户席立尔老人讲述：

> 那次冲突由一起偷水事件而起。过去到了用水灌溉的时候，要蒲城、李村、席村三个村庄依次设闸截水灌溉。在席村用水灌溉期间，李村的农户夜间偷偷设置了闸口引水到自家地里。这一违规的行为被席村看河的村民发现，不料偷水之人拒不承认还很粗暴，席村看河人同偷水农户发生了肢体冲突。整个过程偷水的李村农户吃了亏，回到村里就召集村里人来找席村看河人的麻烦，得知此事的席村用水农户也及时赶来，两村农户因此发生了械斗，用铁锹拍伤了好几个。后来是两个村子的村长出面才将此事控制，报到了官府才解决了此事。

传统时期的冲突也就这么一次，再没有村落之间发生过纠纷。那次冲突虽然得到了妥善的处理，官府认定是李村农户有错在先，但席村和李村的冲突给嫁到席村的李村媳妇带来了不小的麻烦。据村里席辛心老人讲述：

> 打了那场架以后，村里就传言说李村没一个好人，嫁女不嫁李村人，娶媳妇也不能娶李村的媳妇。已经嫁到席村的李村女子有一两年都很受村里人挤兑，村里人都不和李村嫁来的媳妇说话，就等于彻底把她们孤立了。

第九节 保护与保护关系

1949年之前,在席村,以家户为生产和生活单元的,在遭遇天灾人祸或是社会冲突时,很难每次都做到自我保全,这就需要来自家庭、亲戚和村落等内力和外力的保护。同时,村民会根据所遇困难的危急程度向不同主体寻求不同程度的保护。本节将从家庭保护、亲属保护、村落保护等方面考察传统时期席村的保护及保护关系。

一、家庭保护及其关系

传统时期,在席村,家庭是每个农户赖以生存和发展的重要空间,是人们生产、生活、交往的基本单元。当村民遇到危险或困难需要寻求保护时,家庭通常是农户的第一选择。本部分介绍的家庭保护主要指来自父母、子女、亲兄弟等具有血缘关系的至亲的保护。

(一)家庭保护

家庭保护涉及一个人生产生活的各个方面,这里以农户所能遭遇到的危难或困难来对来自家庭的保护进行分类,大致可以分为以下几个方面:

第一,重大疾病。传统时期医疗条件并不健全,多数农户家庭条件在应对严重的疾病时都会显得捉襟见肘。当农户面对疾病这类危及生命的困难时,首先会寻求来自家庭的保护。据村里老人回忆讲述:"过去村里有两兄弟,都各自成家单独生活,有一个老母亲跟弟弟一起生活,兄弟俩虽说分家但关系很好。不幸的是哥哥突患重病,治病已经把哥哥家拖垮了,家里亲戚能帮的都或多或少提供了帮助。最后弟弟为了救哥哥的命,决定将自己的房子卖掉,哥嫂两家一起生活。"虽然他的哥哥最后也没救活,但这个弟弟的做法受到了村里人的称赞。

第二,不可测的外来祸患。天有不测风云,很多不可预测的祸患随时会降临,传统时期比较多见的就是发生火灾烧毁房屋。据村里老人回忆:"过去人的防火意识比较差,村里每年都有人家里着火,过去一旦着火根本没有办法,只能看着火烧到没得烧自己灭了。过去村民家里没什么值钱的东西,一把火通常都烧个精光。一般失了火以后,家里人肯定是最先赶来,能帮着灭火就先灭火,灭不了就帮着渡过难关。哪怕是分了家,兄弟之间也会帮忙,收留住下,或是给些粮食应急。"

第三,来自外部的危险。重大疾病、火灾这些都属于不可测的情况。而来自外部的危险很多时候是农户事先可以了解的。例如二战区抓兵这件事情,家里有儿子的农户都会担心哪一天儿子被抓去当兵,所以家庭经济尚可的农户会通过买兵的方式来保护其免受兵役之苦。另外当家庭成员在外同他人发生冲突受到欺负时，首先会回家告诉自己的家人至亲。如果是对方不讲理还把自家的亲人打了，家主等其他至亲会第一时间出面讨个说法，有些人可能咽不下这口气还会找对方打一架。此外父母如果在外受到了别人欺负，儿子也会替父母讨回公道。父母去世，家中长子要承担起保护弟弟妹妹的重任。村里老人说：

> 家里儿子多，在过去有好处。过去有三类人不受人欺负，一类是村里有权的，比方说村里的村长、闾长；另一类是村里的财主，财主有钱有势；最后一类是儿子多的人，哪怕这个人家里并不富裕，儿子多了也没人敢欺负。过去村里有姓张的一家，生了六个儿子。这个张姓村民人有点窝囊。有一次就在八卦亭有个农户开玩笑羞臊了一下他，当时他也没有计较，第二天也不知是谁告诉了他的儿子，六个儿子知道自己父亲被羞臊，直接就去对方家里讨说法，六个壮汉没把那人吓死掉，又是赔不是，又是说好话，最后还是他父亲赶来才把这六个儿子给镇住。这以后村里再没人敢惹他了。

家庭给予成员的保护涉及生活的方方面面。家中有人做了些有损家庭声誉或是道德败坏的事情，即便别人找不到他，也会找到家里来问责他的父母、兄弟等至亲。面对这样的情况，家人也没有办法，只能接受并出面解决。例如，家中儿子不学无术，在外面偷盗被抓，对方将其绑了要家里拿钱赎人，家人即便是没钱也得想办法去凑钱将人赎回来。总结村里老人介绍的个案和集中体现，不难发现，传统时期家庭给予至亲的保护基本上是无私、不计报酬的保护，即便是会被牵连也不会回避。用老人的话讲："都是爹妈的亲骨肉，爹妈不能看儿子遇到难处见死不救。虽说分家的兄弟各顾各，但是遇到了事情还是一家人，毕竟是手足情。"[1]

(二) 家庭保护关系

并不是每次遇到危难、困难都会找家人保护，只有遇到些危及家庭成员生命的、突发重大的困难时才会寻求家庭的保护，当然也有上述家人在外遭遇别人的欺负被至亲获知后，家庭成员出面保护的情况。家庭保护中没有明确说父母保护子女多些还是子女保护父母多些这样的界定，这是一种基于血缘关系的保护，是不计代价和报酬的本能性的选择。如果上述事例中兄弟二人中一人家里失火，父母和另一个兄弟没有伸出援手来帮着渡过难关，遇到难处的那个儿子一定会对父母和兄弟心存看法，而且没

---

[1] 席来全老人访谈摘录。

有给予提供保护的父母和兄弟也一定会被村里的人所讥讽和嘲笑。不过村里老人说，不保护的情况基本上是不会出现的，除非出事之前，父母兄弟早已因为某些原因互不相认，老死不相往来；即便是那样，看到儿子家里出事，父母碍于面子不亲自帮忙也会让其他的亲戚来给予保护和帮助。

二、亲戚保护及其关系

亲戚保护指的是来自家庭外部的亲戚给予的帮助和保护，这包括农户的叔伯、堂兄弟、娘家舅、姨、表兄弟等亲戚，主要以本家至亲和娘家至亲保护为主。综合村里老人的介绍，亲戚保护大致包括以下几个方面：

（一）亲戚保护

其一，对外嫁女的保护。"嫁出去的妮子，泼出去的水""儿媳妇终究是外姓人"，这样在村民口中传唱的口歌都反映着外嫁女在娘家和婆家的身份与地位。1949年前，在席村，事实上并不像口歌中所说的那样，嫁出去的女儿可能在婆家作为外姓人没有很高的地位，但绝不是娘家"泼出去的水"，娘家人是外嫁女儿最强大的后盾，对于已婚的女子起着重要的保护作用。但这种保护力的大小与娘家的势力直接相关。准确地说，如果外嫁的女子有多个哥哥弟弟，而且家庭经济实力不比婆家差，保护力自然要大一些，如果女子没有或仅有一个哥哥或弟弟，而且家庭条件又很一般，保护力自然会小些。一般出现以下情况时，出嫁女儿需要娘家人的保护，娘家人也会站出来保护嫁出去的女儿。

一是媳妇受到婆婆或丈夫欺负。嫁出去的女儿受了丈夫或婆婆的气，觉得受了委屈跑回娘家，娘家人通常了解事情的来龙去脉后决定是否出面给姑娘做主及采取何种行动来保护姑娘。如果是两口子小吵小闹两口子都有责任，娘家人以开导女儿为主。如果是理在女儿这边，而且是大吵大闹，甚至女儿还被丈夫殴打，娘家人一定会出面去给女儿主持公道。一般来说，如果女儿有哥哥的话，父母会让女子的哥哥去为妹妹讨个说法，如果没有哥哥，女儿的父亲会亲自去问个究竟。即使是娘家人实力不强，也会去给女儿讨个说法，哪怕最后女儿被丈夫休了也要为女儿做主。

二是女儿家中出现重大变故。例如女儿家中遭遇天灾人祸等，急需用钱渡难关时，除了会寻求家人的帮扶和保护外，其次就是向娘家人求得帮助。只要嫁出去的姑娘没有和父母以及娘家的亲人因为某些事情搞僵了关系，娘家人一般会在第一时间或多或少地给予帮助。还用上文家中失火的例子，失火以后最先是家里人站出来提供各种帮助，娘家人获得消息后也会第一时间赶来了解情况，并送来些棉被、粮食及日常用品以解当下之困局。在之后修房或建房时，娘家人会提供免费的劳力和必要的财力支持。

此外，如果嫁过去的女儿在婆家去世，并且女儿去世前娘家人并不知道女儿是生病还是发生了何种情况，只是在女儿去世后才得到消息，通常娘家人不会轻易地接受这样的死讯，会给死去的女儿讨回公道。娘家人首先让女儿的丈夫讲清楚女儿的死因，如果夫妻二人原本和睦，丈夫所说的也合乎情理，娘家人也不会无理取闹，顺利将女儿安葬便是。娘家人还会向女儿的门下人来打听，如果是夫妻或者婆媳近期有过矛盾冲突，那娘家人对于女儿的死定会深究，必要时会选择报官，控诉女儿是丈夫或婆家其他人杀害而死。

传统时期没有离婚一说，丈夫可以以各种理由选择休妻，女儿被丈夫休妻时，也要向娘家人寻求保护。1949年之前，女子被丈夫一纸休书休掉后是很难再嫁人的，所以获知女儿要被丈夫休掉的消息后，娘家的父母一定会第一时间赶到女儿家里了解情况进行协商。女儿的父母会尽量地劝说夫妻二人继续在一起，如果协调无果，丈夫执意要休妻，娘家人则会将女儿带回。如果娘家的势力比较大，并且姑娘并没有过错，一定会给女子的丈夫一些难堪，同时会索要一定的赔偿。如果是女子不能生养被休妻，娘家人只能领着女儿回去。

其二，其他亲属间的保护。上文娘家对出嫁女儿的保护仅是亲戚保护的一个重要的层面，来自亲戚的保护相对来说很宽泛，还包括来自叔伯、堂兄弟间的保护。这些保护更多停留在生活层面，和家庭方面的保护存在着一定的差距，这类保护只有找上门才会给予保护和帮扶。当然也不排除平日里关系密切、走动频繁的亲戚会在一方遇到危难时主动提供保护和帮助的情况。

再有一种保护是来自远亲的保护。虽然远亲平日里接触和交往并不频繁，但也会得到来自远亲的保护。席村韩景明老人回忆说：

> 小的时候和父亲去侯马赶集，那时候家里比较富裕，去的时候是赶着骡子车去的。可是侯马逢集的时候我们父子俩遇到了当地的强盗，把骡子和车都抢走了，把身上的钱财也抢走了。眼看遇到了麻烦，天也快黑了，我父亲也不能带我赶夜路，况且也不安全。于是我爸就带我去了离赶集不远的侯马小韩村，找到了自己的一个远房亲戚。那个亲戚是我爷爷堂弟的儿子，因为那个时候我爷爷过世得早，所以这门亲戚已经很少来往，也只有我父亲清楚有这门亲戚。找到这个远亲后我父亲说了当天遇到的事情，那晚我们俩就住在了亲戚家，亲戚还专门做了好饭招待了我们，第二天还专门借了个骡子，拴着自家的大车把我们送回了席村。

这件事情就是农户接受远房亲戚保护的一个事例。用韩景明老人自己的话说："好歹这也是没出五服的亲戚，远虽远，上了门那就是亲戚。"[1]

（二）亲戚保护关系

基于上述几种亲戚保护的类型，不难发现，亲戚保护实质上反映着一种亲戚关系的亲疏远近。娘家人对于女儿的保护更多是基于女儿和娘家父母的血缘亲情，而村民获得叔伯或是堂兄弟之间的保护，以及从远房亲戚那里获得的保护，都是基于平日里彼此建立的关系，以及亲戚间的远近程度。

从农户遇到危难时寻求保护的次序也不难看出，农户首先会获得来自家庭的主动无偿的保护，这种保护不需要农户提出便可以获得，"儿子倒了霉，你还能有好日子过吗？"这其实反映了农户的家庭荣辱观，即家庭成员往往是一荣俱荣，一损俱损的。其次农户会寻求至亲好友的保护，这包括叔伯、堂兄弟等平日里就有人情往来、节庆往来，生产生活有合作的亲戚。而远房亲戚则是某种特定情况下才会寻求保护的一类。

亲戚是否每次都会出面保护主要取决于往日间的来往情况，而且亲戚间的保护也是相互的，用老人的话说，"我遇到困难寻求帮助时，亲戚帮了我，待到亲戚寻求帮助时我自然也会给予帮助，这样一来一往，下次再要互相需要帮助或保护时就还会出手帮忙，不然就没有下次了"[2]。而亲戚给予何种程度的保护要取决于农户需要获得保护的具体要求以及亲戚本身的能力和判断。家庭内部给予的保护往往是不计代价的，上文的事例可以看出，弟弟为了救治重病的哥哥可以卖掉房子。而其他的亲戚则不会给予不计代价的保护，所能提供的保护一定是在不损害自身利益前提下的保护和帮助。

对于保护自己的亲人，是不需要回报的，特别是家庭内部的保护，更是无私的付出。其他亲戚所提供的保护也不需要回报，但受助农户自己在走出困境或危难后要对提供保护或帮助的亲人表示感谢。例如 A 农户家里失火，他不仅受到了来自家庭中父母、兄弟的帮助，还受到了叔伯及堂兄弟的扶持，他们共同帮助 A 重建了房子。对此 A 农户要表示感谢，他可以选择农忙时节给对方提供劳动上的帮助以感谢当初危难时的帮扶，当然也可以在亲戚遇到困境时主动给予帮助表示对当初帮助的感谢。

三、村落保护及其关系

传统时期，特别是在日本发动全面侵华以后，村落中的农户承担着较为沉重的赋税和徭役，特别是会不定期地抓兵，用农户的话讲，"每日都过得提心吊胆"。面对这样的社会环境，村落也会给予村民一定程度的保护，这种保护主要包括村长等人给予

---

[1] 韩景明老人访谈摘录，上述真实案例为韩景明老人口述整理。
[2] 席来全老人访谈摘录。

的保护和村民自发形成的保护。

（一）村落保护

1. 村长、闾长等给予的保护

1949年之前，村长、闾长等人对席村村民的保护主要体现在抓兵、交款纳粮等方面。这种保护可以分为主动保护和被动保护两种，主动保护是村长会主动去保护村民，而被动保护则是农民主动寻求村长等人的保护。

据席立尔、任福成、南炎炎等老人介绍，传统时期，村长、闾长主动保护村民换句话讲就是替农民"求情，说好话"。"摊购、赊购带附加，三石麦子五斤花"，这是农户每年所要承担的各类摊派赋税，对于普通农户而言，很难完成这些摊派税款的缴纳，但村长和闾长又必须执行二战区安排的征收任务，完成不了二战区就会派人亲自来要。于是，对于村里非常可怜的农户，村长或是闾长有时候会主动站出来为其说情，向二战区的人说明农户的真实情况，以求得暂缓或少收的机会。还有一种主动寻求村长保护的大多是村里的财主。因为财主家大业大，征税时二战区的人极有可能在无法完成任务时找财主来补缺，财主找到村长，到时候让村长出面来协调，就会化解这样的危机。

另外，在抓兵的时候，村长等人同样可以主动提供保护，对象一般是村里的可怜人，家中条件不好，全靠家里的儿子扛活做事来挣钱，一旦被抓了兵对于这个家就是雪上加霜。二战区为了完成抓兵任务不会考虑"三抓一，五抓二，独子不抓"的规矩，所以这个时候村长就会为这种独子被抓的农户来说情。财主属于主动寻求保护一类，因为财主家里雇了很多的长工，很多长工都会被抓兵的抓走。财主会带着东西找村长等人寻求帮助，请他们在长工被抓走时跟抓兵的说个情，告诉抓兵的，长工不是本村人，请他们不要抓去。据任福成老人讲述：

> 过去二哥在村里财主家扛活，在地里干活时候被二战区抓兵的抓走了，我爸爸就去找铁门的财主。去了以后财主不在，扛活的头把伙计说财主找村长到区里要人了，二战区抓了人没有进村，直接带到三泉了。好在有村长出面，财主花了好处费，当天就带了回来。不过我家大哥在外村扛活就没这好命了，他也是被抓兵的抓去了，抓走第二天财主才派个长工来家里告知，走了二年才回来。

2. 村民自我保护体系

在村落保护中农户除了或主动或被动地接受来自村长、闾长等人的保护外，农户们还形成了重要的自我保护制度，即席村的巡夜制度。在本报告的第二章公共空间中曾介绍过一个被农户称之为"窝铺子"的公共空间，用现在的话说，窝铺子就是巡逻执勤的岗亭或哨所，具体分布可参看图2-15。1949年之前，为了村庄的安全，各间都要安排农户来巡夜，巡夜人由每家每户轮流派男人担任，巡夜人的主要职责是夜间巡查，查看村落中是否有异样情况，例如是否有农户家发生火情，村落夜间是否有陌生人出现等。一旦出现异常情况，巡夜人会敲锣示警。据席立尔老人介绍，过去每个间都有巡夜人，一旦有一个间出现了密集的锣声，那一定是出了问题，其他的巡夜人会顺着声音赶过去。过去村里不少人家都会养狗，一旦有了打的响动，村里的狗都会叫起来，这样一来即便真的有明火贼也会被吓跑了。巡夜制度完全是一种村落内的自我保护制度，夜间巡夜的农户没有任何的报酬，各户只需要冬天拿出一些炭用于窝铺子的取暖。

除了巡夜之外，农户们自我保护的另一个组织是村庄的看青会。为了防止庄稼被盗，村庄内专门成立了看青组织。1949年之前，财主家的地通常由家里的长工去看守，普通自耕农则由村副领导组织看青。看青组织通常以间为单位，在粮食快要成熟收获之前组建，每个间起码要选3—5人，农户自愿向间长报名，全村组成40—50人的看青队伍，看青人多是村里的青壮年，大约是20—45岁的男性。看青是有偿的服务，结束后农户们都要拿出粮食以示感谢，每户拿出的粮食依土地而定，土地多的农户拿出的粮食相对多些，租种财主土地的农户也要拿出粮食表示感谢。因为报名的农户比较踊跃，一般会采取各户按年轮流参与的方式来组织看青。因为农户要出粮食，所以一旦地里的粮食发生丢失，村民会找村副要求赔偿，村里会用公共土地收益来给予一定的补偿。看青由村里的村副来领导，夜里全部值守，白天轮流休息。一旦发现有人偷割粮食，抓到了会交给村副处理。

农户自我保护除了巡夜和看青这样有组织、有规模的保护外，还存在与同一巷子的门下人彼此的保护和帮扶。门下人之间的保护体现在日常生活的各个方面，相对更为琐碎。当家中遇到重大变故时，除了家庭内部和亲戚会伸出援手之外，绝对不可以忽略了来自门下人的保护和帮扶。同样以火灾为例，门下人一定是第一时间赶来，他们会亲自到场来宽慰，还会几家凑些粮食，送些碗筷给遭遇火灾的门下人。再比如门下人中的一户家中有人生病，门下人也会带些礼物来探望病人，并帮忙打听哪里有好的医生可以医治。在那个家庭生活普遍拮据的年代，门下人所能提供的保护也仅局限于所述内容，很少会提供钱财方面的帮助，总体来讲，门下人之间对彼此生活所能提供的经济保护较为有限。

（二）村落保护关系

村落给予农户的保护中主要体现两个方面的关系，第一是农户与村落中村长、闾长等人的关系，第二是村落中农户之间的关系。村长、闾长并非一味压榨农户，为了获得村落农户的认可，必要时村长、闾长等也会对农户给予一定的保护，与此同时，农户在面对赋税和抓兵时会主动寻求村长、闾长等人的保护，在农户看来村落中只有村长这样的人才能和二战区说上话，处理和解决这样的问题只能寻求村干部的帮助。而在巡夜、看青以及门下人之间的保护中更多地体现着农户之间的互助与合作关系，地缘关系在其中发挥着重要的作用。换言之，农户之间的互助与合作不仅体现在生产经营方面，在保护生命财产免于被侵害方面，同样可以形成互助。

第十节　席村社会变迁

1949年之后，伴随着土地改革、合作化运动、家庭联产承包责任制等一系列政治经济改革的推行，席村的经济基础和政治结构发生了巨大的变化。村落的社会形态也在发生着不断的变迁，由传统向现代不断转变。

一、1949年前传统社会形态概况

基于上文九节对1949年之前席村血缘、地缘、业缘、信缘、交往、流动、分化、冲突、保护等各种社会关系形态的呈现，可以将1949年之前席村的社会形态及其关系状况概括为以下几个方面：

首先，家户是席村基本的社会关系单元。1949年之前席村以家户为基本单元，形成了血缘、地缘、业缘、交往、流动、分化、冲突、保护等各种社会关系。席村农户常说"本家""一家人"这样的词，十分注重血缘关系的联结。在交往、流动、冲突中家户也是基本的单位。传统时期的交往多为家户之间的交往，即便是农户之间有着比较深的交情，最终也会表现为家户之间的交情，村里人和某个人发生了冲突或是不和之后，经常会顺口说出"这家人真不好打交道"之类的表述。而村民个体之间起了冲突，往往会上升为两家之间的冲突。再比如，过去遇到了旱灾、虫灾等需要逃难或是躲避赋税时，通常都是以家户为单位进行迁移或流动，从来没有当家人丢下妻儿独自迁走的情况。当农户遇到难处时，最先想到的还是自家人，需要外部力量给予保护时，家户也是最先考虑的选择。

其次，席村社会分化相对明显。1949年之前，席村社会分化较为明显，有因姓氏繁衍而带来的血缘分化，有因财富占有不同带来的贫富分化，有因职业不同带来的职

业分化，也有因掌握权力和被管理所带来的阶级分化。总体而言，同一职业或是家庭水平相当的农户的生产、生活以及人情交往会较为频繁。日常生活中，穷人很少和富人来往，穷人家里办红白喜事，不会主动邀请富人参加。

再次，村落社会关系相对封闭。传统时期，席村农户之间的血缘、地缘、业缘、信缘、冲突、分化、保护、交往等一系列关系大多集中在村落内部，与村外交往也仅借助于村落庙会、村落匠人外出做工以及婚姻关系。村民社会交往的圈层比较封闭，据村里老人介绍，很多女性嫁到席村以后一直到去世都没有出村去过县城。

再次，个人权威影响并维系各个圈层的运转。1949年之前，席村如此丰富的社会关系能够有序地维系和运转离不开个人权威的作用。四大姓氏血缘关系的维系依靠户长和支长的权威，地缘关系的维护依靠不同家户的家长权威，业缘关系依靠业缘组织的会首来维系，家户内部事务由当家人管理，涉及村庄的各类关系则由村长等村落中各类传统权威来共同维护。总而言之，个人权威是影响和维系村落社会关系有序运转的重要因素。

二、1949年后传统社会形态变迁

1949年之后，经过土地改革运动、合作化、家庭联产承包责任制的实施，国家对于村庄的治理内容更为宽泛，席村的社会结构和社会形态发生了很大的变化。

（一）土地改革运动中村落社会状况

1947年9月席村开始了土地改革运动，到1948年10月土地改革运动结束，地主阶级的封建土地私有制被废除，席村的贫雇农分得了土地。经历了土地改革运动，席村传统的乡村社会建构被彻底推翻，户长、支长、绅士等权威被彻底摧毁，不再是村里的治理主体。自耕农、贫雇农翻身获得了应有的地位，成为村庄的主人。由此传统时期农户之间的交往关系也受到了强烈的冲击。血缘、地缘等关系不再是村落社会关系中主要的关系，取而代之的是国家权力干涉下所形成的阶级关系。据村里老人讲述：村里土改的时候家庙和家庙的地都分给了农户，祖宗的牌位也都被丢出了祠堂，户长、支长还有过去村里的绅士、先生绝大多数被划成了地主，虽然村里没怎么斗地主，但终究落了个"坏分子"的名声。农会和工作队做宣传，村里人都清楚自己解放了，打倒的户长已经没有权力再问事了。因为土地改革运动，村子里很多亲戚关系变成了阶级关系，阶级成分决定并影响着农户的交往行为，"好成分"和"坏成分"成为这一时期村民判断社会关系的重要标准。

（二）合作化时期村落社会状况

从互助组到合作社，从初级社到人民公社，1956年初，本县农业合作化向完全社会主义的高级农业生产合作社过渡。高级农业社实行土地、生产资料公有制，实行按劳分配的社会主义分配原则，取消土地分红。社员分工协作，由社统一使用劳力，便于进行较大规模的农田基本建设。国家权力深入到乡村社会，并达到了前所未有的强度。"三级所有，队为基础"，生产队成为生产、分配、核算的单位。合作化时期，农户逐步失去了生产经营的自主决定权，农业活动全部听从生产队的安排，农户只需要按照生产队的安排进行劳作即可。根据人民公社"政社合一"的原则，生产大队既管行政，又管生产。生产队由队长、副队长、会计、保管员、社员代表组成队委会，自主种植土地和经营副业生产，并负责收益分配。因为这样的生产格局，村落的社会关系被压缩为生产队内的关系，村民的生产生活完全围绕生产队展开，所有的交往联系也都被严格地限制在生产队中，村落社会交往等一系列社会活动在这一时期用"滞后"或是"停滞"形容最为恰当。据村里老人回忆："生产队里没有那么多的关系，刚分土地的时候村民之间还有小规模的互助帮工，但是在合作化时期，人与人之间的关系全部集中在生产队中，要是谁在私下里搞关系被发现，那是要受处分的。每个人的关系只能在自己的生产队里，要是关系搞得别的生产队，被自己队里的人发现了也是不行的。"

（三）家庭联产承包责任制后村落社会状况

1980年下半年，新绛县开始推广农业生产责任制。建立各种形式的作业组是农业生产责任制的最初尝试。1981年6月本县开始实行包工到组、联产到劳、专业承包、包产到户或包干到户等四种农业生产责任制。1982年进一步完善农业生产责任制，从形式上有作业组逐步过渡到联产到劳、包产到户、包干到户等生产责任制。1982年，全县农村基本实现了家庭联产承包责任制。农户承包土地在完成税收、征购任务和统筹管理费之后，剩余收获全部归自己。农户彻底从生产队中解放，能够更加自主灵活地安排农业生产。正是这一生产经营方式的重大调整，却将村落的社会再次激活。村民跳出了生产队的束缚，重新回归村落社会，昔日里门下人、亲戚间生产上的互助合作再一次出现，伴随生产上的互动往来，生活各个方面的关系也被重新激活。过去因为"成分"不敢交往的亲戚有了走动，村落中的庙会也在1980年代后半期重新被组织。随着市场经济的发展，农业生产日益规模化，越来越多的村民走出席村，在外做生意务工，这也促进了席村的社会流动。合作化时期家户之间没有出现显著的贫富分化，但土地承包到户之后，因生产经营和能力的不同，农户的经济收入多元化，农户之间的贫富差距也逐渐显现出来。

第十一节　席村社会实态

伴随着农村改革的加速进行,新型城镇化的不断推进,当下席村的社会关系也呈现出了新的特点。基于血缘的亲戚、姻亲关系依然存在,基于地缘而形成的地缘关系同样存在,但交往的形式与内容都不同以往。而信缘、业缘及其所体现的社会关系已伴随市场经济的发展淡出了人们的视线。随着新一轮农村改革的推进、新型农村经营主体的兴起,越来越多的农民从土地中解放出来,走向城市寻求更多的机会,从而加速了村落的人口流动,村民之间的贫富差距也被逐渐拉大,村民之间的交往也越来越看重金钱与眼前利益。

一、血缘关系

血缘关系一直是席村社会关系中最为重要的一个方面。血缘关系是天然的关系,村里的村民常说"麻绳草绳能割断,唯有肉绳割不断",这句话背后反映的就是血缘关系的意义。血缘关系包括多个方面,土地改革时期,家户因其占有一定数量的土地被认定为"不会说话的地主"被打倒,象征着血缘的家庙也被作为房屋重新分割,这样家户这一血缘关系一度销声匿迹,但家庭结成的血缘关系并没有因为一系列的运动而破坏。因血缘关系而形成的嫡亲、姻亲关系在当下也是村落农户重要的社会关系。当下血缘关系主要表现在婚丧嫁娶上的帮忙和迎来送往,以及日常生活中彼此的互动往来。只是随着时代的发展,传统时期血缘关系中的诸多细节和规矩只是被老一辈的席村人所沿用和遵循,新一代的席村人已经不会太多讲究那些礼数,只要是不失了长幼尊卑的规矩就好。当然,随着村民流动性的不断增强,生活空间不断扩大,亲戚之间的空间距离也在不断拉大,特别是常年外出务工的村民,血缘亲戚平日里的走动会少很多。

血缘关系中的另一个关系是席村四大姓氏所具有的宗亲关系。几次政治运动已经将席村的宗亲关系彻底粉碎,当下各姓氏的村民对于宗亲关系仅停留在观念之中,四大姓氏上了年纪的老人还能说出自己是属于哪个支,四五十岁的中年人对此已经没有了概念。当然,目前在席村也有韩姓农户正致力于重修韩姓族谱,调研中该村民讲,他希望将席村的韩姓族谱修起来,以后集资将韩家家庙建起来,目的是希望以这样的方式让席村韩姓村民知道自己的根,让大家认识到席村韩姓是一家。

二、地缘关系

时至今日,席村农户仍保留着门下人、熟人、乡亲的观念,不过地缘关系背后的互助与合作相比以前已经比较少了,邻里、熟人及乡亲之间的关系,大多是一种情感观念上的联系。当前，机械化的种植已经取代了传统时期的人力耕作，所以传统时期门下人在农业生产中的各种互助均已不存在。随着市场经济的发展，红白喜事已经很少会再请门下人来帮忙，就连传统时期门下人报丧、抬材打墓这样的事情也被专业化的队伍所替代。门下人家里婚丧嫁娶办酒，没有接到邀请不会主动去道贺或吊唁，即便是平日里往来比较频繁的门下人也是如此。当下，村庄全部家庭都安装了卫星电视，很大一部分家庭都接入了宽带互联网，村里大人小孩都会使用智能手机。也正是当前互联网的发展，改变了村民的交往方式，过去最常见的门下人串门在新一代的席村人看来成了稀罕事儿，现在村子里串门的多是没事可做的老人，中青年即便是没事可做也不会去串门。

三、社会分化

当前，席村在新绛县仍然是一个典型的农业村，村民的家庭经济收入来源基本相似，务农收入是家庭收入的主要来源，其次每家每户都会有一到两人在外务工，或多或少地会有一部分工资性收入。席村在上世纪90年代，村子里有一部分人干起了废品收购的工作，七八年的工夫席村收废品在新绛县出了名，县里人都称席村为"破烂村"，只要是干了废品收购的农户都有了大笔的存款，其中村长韩冬元就是靠废品收购发的家。也正是村里一部分人从事废品收购，使得村里农户的贫富差距被不断拉大。贫富差距的不断扩大也改变了村民的生活观念和交往方式，村民之间的交往有些时候会愈发地看重金钱和利益。例如在办红白喜事上礼方面，礼金越来越多。村里娶媳妇要支付的彩礼也是水涨船高，甚至出现了关于彩礼的各种说法，诸如"万紫千红一片绿""三斤三两""十全十美"等。[1] 在村民的观念里，金钱已然成为评价一个人社会地位和能力的决定性因素。

四、社会保障

当前，村民的社会保障主要依靠家庭，随着国家社会保障体系的不断完善，国家在改善农村社会保障方面投入了大量的资金，村民的社会保障格局正在逐步发生着转变。养老是农村社会保障的一大重要问题，当前村民的养老主要由子女负担，家里的儿子担负着养老的重任，女儿更多是辅助性的照顾。当然，如果没有儿子，女儿则要承担起养老的责任，无儿招婿上门的情况在席村依然存在。除了家庭养老之外，政府在养老方面也做了不少的工作。例如，席村专门建立了老年人日间照料中心，建起了老年食堂，村里配偶去世且年满70的老人每天可以免费在食堂吃午餐。国家每个月还

---

[1] "万紫千红一片绿"，表示5元人民币1万张，100元人民币1千张，50元人民币100张，共计15.5万元。"三斤三两"则表示新版100元人民币要重三斤三两，据村里人介绍，预计在14—15万元。"十全十美"是最少的彩礼，表示10万元。

向年满 60 的村民发放一定数额的养老金。这在一定程度上减轻了子女养老的经济压力。在看病就医方面，小病不出村、大病不出市，看病花费由家庭和国家共同承担，村民通过新型农村合作医疗就可以报销看病的花销，"救护车一响，一头猪白养"的情况有了极大的改善。在社会帮扶和救助方面，国家每年对村落中的五保户、遭病遭灾的困难户给予不同等级的最低生活保障，精准扶贫项目还对村里的贫困户给予专项的帮扶，对考取了大学没钱读书的学生给予资助。

五、社会流动

当下，城镇化的步伐不断加快，经济发展对农村社会有着不小的冲击和影响，在国家农村农业各项政策的影响下，越来越多的农户将农地流转出，从土地中解放出来，选择外出务工、做生意，最直接的影响便是村落人口流动显著。与传统时期不同，今时今日的流动很大一部分是家中的青壮年劳动力流出，将老人和儿童留在了村庄，由此村庄空巢老人、留守儿童现象越来越普遍。这也给村落的治理带来了比较多的问题。为此村落专门成立了关心下一代工作组，对村落中父母外出的留守儿童实行一对一的帮扶。村里老年协会还专门对子女外出务工的空巢老人给予更多的照顾。尽管如此，主动外出务工所产生的一系列问题在席村尚很难得到改观。

六、社会冲突

不论是传统时期还是当下，社会冲突是一个历久弥新的问题，只是随着时代的发展，产生冲突的原因有所变化。当下，席村的社会冲突依然表现为家庭内部的冲突以及家庭和外部的冲突两大类。随着家庭规模越来越小，过去大家庭中存在的妯娌间的冲突、婆媳冲突、父母子女冲突已经不常见，家庭内部的冲突主要表现为夫妻之间的冲突。通常因为生活琐事而发生冲突，冲突发生可以双方自行缓和化解，也可以由夫妻双方的父母来调解。家庭同外部的冲突同样有所变化，过去最常见的边界纠纷引发的冲突已经很少发生，村民心里清楚，现在土地的四界都是用高科技定位而来，谁占了谁的地都没理，过去打官司说不清的事情，现在却是闹笑话的事情。当下村民之间的矛盾突出表现在日常因为某件事情或观点意见不合拌嘴导致的冲突，这类冲突通常由熟人、乡亲出面调解一番便可化解。

第五章 席村的文化形态与实态

祖先的崇拜、神灵的信仰、特定环境下形成的思维和态度，以及农户日常所遵循的风俗习惯、礼仪教化共同构成了席村农户的文化生活。而在这丰富的文化背后又形成了农户与所在家庭、宗族、村落以及家户与家户、宗族、村落之间错综复杂的关系网。

第一节 祖先崇拜与崇拜关系

1949年之前，在席村，四大姓氏都有属于自己的家庙和支祠，农户在从事生产的同时，也有着浓厚的"祖先崇拜"思想。农户对于祖先的崇拜一方面是表达对祖先的思念和敬仰，另一方面也寄托着对未来生活的美好憧憬以及希望祖先能够赐福后人。本节将从家庙、祖坟、祖宗堂、家谱、孝道等方面考察1949年之前席村村民的崇拜与崇拜关系。

一、家庙及其关系

传统时期，家庙是安放祖先牌位的重要场所，也是家族祭拜祖先、商议事情的重要场所，是祖先崇拜的重要空间载体和物质基础。

（一）家庙概况

前文中已经多次提到，传统时期的席村是一个由席、南、张、韩四大家族构成的村落，报告第一章结合村落中老人的口述将四大姓氏的由来进行了梳理。在席村席、南、张、韩四大姓氏以及柴、杨两姓都建有自己的家庙。后期四大姓氏随着人口的不断增加又分出了不同的支，每个支又分别建立了各自的支祠（庙）。如果将四大姓氏的支祠囊括其中，1949年之前，席村共有家庙20座。传统时期家庙的名称以及在村落中的具体位置分布在本报告第二章祖居与村庄部分已详细说明，并附有详细的图片，具体可参看图2-20及表2-10，在此不做重复梳理。

关于每座家庙何时修建、是哪一代祖先修建，因没有史料记载已经无从考证，但从老人口述粗略推测，到解放后拆除时，村里最早的几座家庙至少有近百年的历史。据席村四大姓氏中年长老人回忆，席村的家庙占地面积均不大，占地最大的家庙不过四亩地左右，平均占地大概在两亩，很多支祠的占地面积甚至不到一亩，仅仅是一个小院子里建了一间房。家庙的面积一定大过支祠，家庙坐北朝南而建，至少有三间，最中间的一间供奉着祖宗的牌位，左右两边分别是存放粮食的仓库和放置着家谱和桌椅的房间，有的还有偏屋。上图是席村现存唯一的一座家庙韩家家庙的平面图，以供参考。

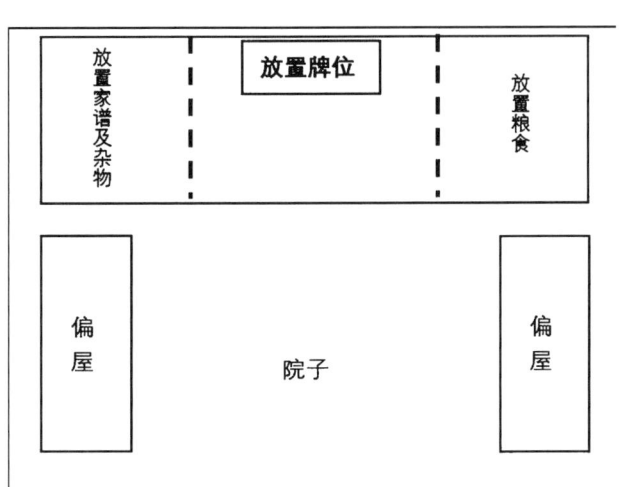

图 5-1 韩家家庙平面

（二）家庙管护及关系

家庙的管理主要由各家户的户长和支长来负责，平日里家庙不会住人，即便家庙中存放着家庙土地收获的粮食也不会设专人来看守。村里老人说："家庙里供着祖宗的牌位不能住人，放着粮食也不用去看守，没人敢去家庙里偷盗，人们还是比较信祖宗的，偷祖宗的粮那不得遭报应啊。"[1] 家庙只有清明拜祖、正月初一给祖宗磕头拜年、新丁入户、户长召集支长和家户里年长辈高的人商议事情的时候才会打开，平日里都是锁着的，钥匙在户长和支长手里。

家庙和支祠和普通的农户家庭一样，定期进行修缮维护，没有固定的维护周期，至于何时维护视情况由户长和支长来决定。通常家庙维修工作由村里会建房的大木匠

---

[1] 席立尔老人访谈摘录。

来做，维护的费用来自家庙土地收获的粮食，对于没有土地的支祠，则由支长组织筹集，由支祠所属农户来均摊，支长设有专门的账簿记录维修筹集的经费与花销。也有的支因为支祠不大，没有必要花钱请木匠来修缮，自己简单维护即可。这种情况由支长通知，支里的农户主动报名。据老人介绍，人们对于这样的事情都还是很踊跃的，大家认为这是在给祖宗修房子，也是一件积功德的事情。

（三）家庙祭祖及关系

先人崇拜最为直观的表现是对祖先的祭拜。1949年之前，在席村，四大姓氏农户每年都集中在清明前开展祭祖活动，具体的时间由户长和支长以及户里年长辈高的族人共同商议而定，再由支长通知各家各户按时参加。四大姓氏的祭祀规矩基本上是一样的，报告不逐一阐述，具体的流程概括如下：

席村的祭祖同典型的宗族型村庄的祭祖相比要简单很多，家庙祭祖前一两日户长和支长会准备好祭祖当日供奉祖先的祭品、香烛、黄表等，祭品包括馍铺里专门定做的花馍，集市上买来的生鱼、生鸡，张姓老人说他印象中还供过猪头。购买这些祭品的钱全部来自家庙土地所获收益，供奉的祭品各姓氏大同小异，当然，土地多收益多的家户祭品或许会好些，而且这也和上一年的年景有关。准备祭品同时，户长会根据上一年的统计以及入户登记人数去馍铺定馍，这些馍是祭祀后分发给前来祭祖农户的，按照户里的规定，只有男丁可以来家庙祭祖，只要是入了户的男丁都可以来，即便是不会行走的婴儿也可以由家中的父亲抱来祭祖，同时也会获得分发的馍馍。女性是不被允许进入家庙的，即便是不祭祖的时候。

祭祖由户长负责主持，祭祖当日农户按照提前告知的时间前往家庙准备磕头，年长辈高的族人会站在最前排，站在后面的人没有过于严苛的讲究，来得较晚的农户则可能站在院子里。祭祖开始户长和前排年长辈高的族人先给祖宗焚香，之后户长会读一段祭祖的祭文，祭文具体的内容因年代久远已无从考证。念完那段文后就从前到后轮流磕头，小孩子也要磕头，由家里人抱来不会走的由家人抱着一起磕头。磕了头的农户在外面领馍馍，上一年收成好的话会发两个馍，如果收成不好就发一个。张姓老人说，过去张家户祭祖后还发过油餜子。磕完头，领了分发的馍馍后农户就可以回家了，祭祖仪式就此结束。当天各支的祠堂也会开门，设置较为简单的祭品，农户参与完家庙的祭祖后会去自己所在支的祠堂里磕头。当天户长和支长还会去祖坟烧香磕头，主要是带着几个户里的年轻人去给祖坟添土。供奉给祖先的生鱼、生鸡、猪头等祭品中午时候会在户长、支长、年长辈高族人以及负责添土的年轻人聚餐时吃掉。

二、祖宗堂及其关系

传统时期，农户对于祖先的崇拜不仅通过家庙来实现，绝大多数农户家里都会设置祖宗堂，相比家庙中对远祖的祭奠和崇拜，农户家里的祖宗堂是农户祭奠近祖的重要空间。

（一）祖宗堂概况

可能是年代久远，关于席村的传统调查中没有祖屋一说，而存在祖宗堂这一事物。祖宗堂设置在农户自己的家中，通常家中正房的堂屋就是祖宗堂。上文提到的家庙和支祠通常摆放着远祖的牌位，而农户认知范围内了解的祖宗的牌位则会放在家中的祖宗堂里，一般是放置往上数3—5代的祖宗牌位。作为祖宗堂的堂屋是不住人的，祖宗牌位长年放置于此，每年正月里请祖宗回家过年会有专门的祭拜，平日里只在清明、七月十五、十月初一这几个农户认为的鬼节给祖宗焚香、烧纸祭奠。对于房屋较少没有堂屋的农户，家中不设祖宗堂，这类农户只有在过年的时候找出一个相对清净的地方将祖宗的牌位请出供奉祭拜，有的过了正月十五便收起来，传统时期的几大鬼节也不会焚香祭奠。

（二）祖宗堂祭祖及关系

祖宗堂祭拜祖先，有的农户叫堂祭。堂祭在每年的大年三十和初一举行，农户在腊月二十三四的时候就会把祖宗堂打扫一番，将墙壁上的灰尘、蜘蛛网全部扫干净，把摆放祭品的案子和祖宗牌位都擦干净，到除夕那一日的下午农户要去大街上请祖宗回家过年，扩大家庭中是由当家人去请，也可以委托长子去请，核心家庭则由家中当家人去请，家中的女性是不可以去请祖宗的。家庭条件好的农户请祖宗时会点个爆竹，条件不好的就免去这一程序，农户点上三炷香，喊上一嗓子"回家过年"就可以回家了，到家后将香插入香炉，案子上早已摆放了专门蒸的花馍，有条件的农户还会摆上点心，但花馍是必备的。插好香后再倒上出门前准备的水，之后当家人就带领家里的所有成员给祖宗磕头，家中的女人也要磕头，只是女人会排在最后面。老人说，除夕请回祖宗磕头并不是堂祭，只是表示对祖宗回家过年的欢迎。除夕晚上吃团圆饭，要把饭桌上的所有食物给祖宗先供一些家人才可以动筷。上述这些并不算是真正意义上的堂祭，真正的堂祭要在大年初一的早上，当家人只带领家中的男丁给祖宗磕头，家里的女性这次是不允许参加的。如果当年家里添丁，当年初一堂祭则会更加隆重些，孩子的父亲会抱着孩子给祖宗磕头，当家人更要找人写一道喜联在堂祭当天烧掉。当家人之所以举行这样的仪式，实则是以这样的方式来告诉祖宗家庭的香火得到了延续，告慰祖先的在天之灵。

三、祖坟及其关系

传统时期，除了家庙、祖宗堂之外，祖坟是祖先崇拜的另一种外在表现。传统时期在席村只有四大姓氏有祖坟,这些祖坟里都埋着姓氏的老祖,每年都会添土修整,并通过上坟的方式表达对祖宗的崇拜。

(一)祖坟概况

1949年之前,席村四大姓氏共有六处祖坟,席、张两姓各有两处,南、韩各有一处。据四大姓氏中席姓后人席丑儿老人介绍,席姓的两处祖坟其中一处就在村东,那片祖坟大约有4—5亩,另一片祖坟在泽掌镇北面的山上,据说有很大的一片,那片坟地埋的祖先应该更为久远。席村张姓后人张全顺介绍,张姓两处祖坟都离席村很远,一处在北张村以西的山上,另一处据说是在闻喜县,具体的位置和面积不详,老人说他们老祖宗过去有钱,都在外面买了山做坟地,靠山的坟地风水都好,席村这地方太平了,没有合适的地方来做祖坟。南姓后人南炎炎老人说,南家的祖坟也不在席村附近,也是在外面,老人也是听老一辈说是在侯马,也有人说是在曲沃,具体在哪里并没有确切的定论。韩姓后人韩官仁老人介绍说,韩家的祖坟也在泽掌的山里,面积和位置都不清楚。

以上说的祖坟均为四大姓氏老祖宗的坟地,对于席村四大姓氏的后人而言,在席村附近均还有一片埋着祖爷爷辈往上数五六代先人的坟地,他们把这样的坟地也称为祖坟。村东那片4—5亩的坟地就是席姓的坟地。东南位置有一片4亩左右的坟地是南姓的祖坟。韩姓的坟地在北面,离席村稍微远一些,靠近三泉村,大约有4—5亩。张姓的坟地在村西,面积大约有4亩。

据村里老人讲,每年的清明在户里和支里磕头以后,户长和支长会喊上几个年轻人去祖坟上焚香磕头,最主要的是去给祖坟添土。据老人介绍,过去的坟地都是土堆,外面没有砌石头,一年到头刮风下雨,地里的老鼠还会打洞,以致会产生不小的破坏,所以几乎每年的清明都要去添土整理。参与的年轻人都是不计报酬自愿被调遣的。据老人讲,他们的父辈过去都希望可以去给祖坟添土,一方面参与添土等于是在为祖宗服务,是一件光荣的事情,另外去添土的年轻人回来后还可以和长辈们一起聚餐,这也是一件在他们看来很荣耀的事情。

(二)清明上坟及关系

传统时期,清明上坟是祖宗崇拜的一种重要方式。据村里老人讲述:"早年间上坟都要先去祖坟,后来祖坟都没地方埋了,而且祖坟也远,上坟要走上大半天,村里人就选择在村子附近埋了,后来上坟也就不去祖坟了。"

农户家庭上坟也是选在清明之前,具体的时间由家中的当家人来决定。上坟是家中男人的事情,女人不允许去上坟。扩大家庭由当家人带领子孙去上坟,分家后的家庭如果平日里兄弟们还来往频繁，可由父亲出面约定儿子们一同去上坟。如果分家时候闹得比较僵，则是分出的小家庭由家中的男人领着孩子去单独上坟，即便上坟时兄弟遇到，也是各烧各的纸、各磕各的头，但拜的都是同一个老祖宗。清明上坟，在外的儿子也要尽量赶回来参加，如果赶不回来也不会有什么惩罚。

在自家坟地上坟时，农户给哪个坟头摆放供品并烧纸，哪个坟头不摆供品只烧纸很明确地将血缘关系表现了出来。笔者结合下图及老人所述来对上述情况予以说明。

图5-2是席村席姓农户（后文以××代指）清明上坟祭祖的坟地示意图，其祖坟是单独的一个坟堆，占地面积比较大，祖坟外围是其祖辈父辈的坟堆，数字1这个坟堆里埋着××的爷爷和奶奶，2是××爷爷的叔伯兄弟及弟媳妇。1-2埋着××的父亲和母亲，1-1是××的大伯和其婶婶的坟墓。2-1、2-2、

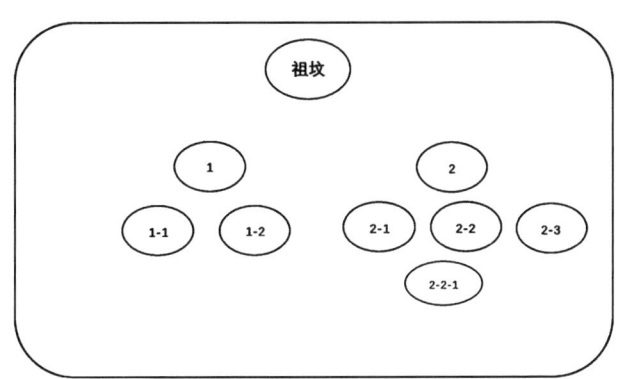

图5-2 祭祀中的血缘关系说明

2-3是其爷爷兄弟的三个儿子的坟地，而2-2-1是和××同辈的一个亲戚的坟墓。××清明上坟时最主要的是祭拜其父母，也就是1-2这个坟墓，所以在1-2这个坟堆上××会供上自家蒸的馍馍，还有炒好的菜，还会带上烧酒，自然也会准备烧的香和纸。在其大伯和婶婶的坟地即1-1以及其爷爷的坟地上，××会供和其父母同样的东西，但在数量上会减少，其父母供五个馍，在1-1和1的坟头只供三个馍，又有可能不供菜，但同样会烧香，所烧的纸钱比父母坟头也要少。而最外围的祖坟，××只会焚香烧纸，所烧纸的量也仅是其父母的一半。对于旁边的2、2-1、2-2、2-3以及与其同辈的2-2-1，××只会选择在其坟头上三炷香，不会烧纸钱。据席姓农户回忆，其父亲活着的时候，每年清明带他上坟都会给2至2-3摆放供品，焚香烧纸，其父母去世以后，起初上坟他还会像其父亲一样给2那一支的坟头上供烧纸，2-1、2-2、2-3的子女们每年上坟也会给他的父亲及祖辈烧些纸。直到有一年上坟正好碰到，××看到那年上坟的2-1的儿子并没有给其父亲上香烧纸，从那以后他也就省去了这些，也因为此事两家也减少了交往。

上述内容中关于祭祀中上供和烧纸的数量可以看出农户一代代彼此血缘关系发生的变化。除此之外，过年时候农户还要请祖宗回家过年，这也算得上是一种祭奠，请

哪个祖宗回家过年，牌位如何摆放，也体现着一种血缘关系。通常摆放往上数三代的牌位，父亲、爷爷、祖爷爷，再往上的祖宗即便有牌位也不会请了，最中间是祖爷爷，左边是爷爷，右边是父亲。分家后只有家中的长子有权再请祖宗回家过年。无论上坟还是请祖宗女性都不参加，请回祖宗女性也不可以去堂屋给祖宗烧香上供。年初一给祖宗磕头拜年女士是要求参加的，但女性会排在后面的位置。

此外，清明上坟还会给坟添土，这件事情对于扩大家庭来说由当家人来做，如果当家人年事已高，则由其指派长子来代为完成。对于分家的扩大家庭而言，添土这件事情父亲健在由父亲来完成，父亲如果过世，则由长子来做。村里老人介绍，坟头动土的事情很有讲究，不能随便地在坟头动土，只有在清明的时候，当家人才能添土，当家人不在得由长子来做，哪怕当年长子没去上坟，老二看到坟地有个大窟窿只能告知其哥哥，绝对不能自己去添土，不出事情还好说，添土后一旦家里出了事就说不清了。

四、家谱及其关系

传统时期，席村的四大姓氏均编有家谱，家谱记录了姓氏的传承与更替，也是具有相同姓氏的村民获得族人身份的重要标志，修谱、上谱等一系列的活动是农户祖宗崇拜的重要体现。

（一）家谱概况

1949年之前，在席村，四大姓氏均有家谱，但是在解放后的政治运动中家谱没有得以保存。关于家谱的版本以及最近一次家谱是什么时候所修，村里四大姓氏年长的老人均不了解，但据老人们介绍，过去的家谱都在家庙里放着，由户长负责保管。一位见过家谱的张姓老人介绍说，家谱上记的都是一代代老祖宗的字号，以及他们后代人的字号，并没有记载其他的内容。但是一位解放初期看到过家谱的席姓老人介绍，家谱上记着家中老祖宗的名号，还记录着哪位先人何年考取了什么功名，做了什么职位的官，还有不少的内容老人识字不多，也并不知晓。从两位老人的介绍不难发现，席村四大姓氏的家谱以记录先人代际传承为主，有些姓氏的家谱中还设有功名录等内容。

（二）上谱及关系

上谱在席村被称为"入户"，即将具有姓氏资格的农户登记在册，在修谱时写入家谱，供后人知晓并铭记。1949年之前，并不是所有的人都可以入户，首先女性不能入户，这里的女性特指具有所在家庙姓氏的女性后人。例如，席姓农户席某共生了三个孩子，其中有一个是女孩，那么这个女儿是不能入户的。席某娶过门的妻子在过门后就必须入户，其子将来所娶妻子也要入户。之所以不让其女入户，主要是女子将来要出嫁，嫁过去就不再是这个姓氏的人了，而娶进门的媳妇登记入户也就无可厚非了。此外，倒插门改了姓的女婿、抱养的孩子都是要入户的。之所以如此，是因为改了姓的女婿就是自己的儿子，抱养的孩子入了户才算是自己的儿子，将来要养老送终继承家产的，只有入了户才会被家族的人认可。

在拥有家谱的四大姓氏的村民看来，入户是一个相对神圣的过程，农户们都比较重视。上谱入户中新丁入户更是一件大事，农户家中添了新丁，农户除了报喜之外，就是去给新丁入户。通常新丁入户在孩子出生的第三天，通常由孩子的父亲和家里的当家人一起去给孩子入户，会在孩子出生报喜的时候事先告诉户长，并约定好第三天到家庙入户。入户那天他们会带着香、黄表以及馍馍找户长前往家庙，到了家庙献供、焚香、磕头、烧黄表之后，如果已经取了名字农户会将事先写好名字的红纸递给户长，如果没有取名，则会请户长给取名，之后户长将孩子的名字、出生日期登记在入户的簿子上，待日后修谱时写入家谱。娶进门的媳妇入户是婚后的第三天，由当家人带着一对新人一起去家庙，同样是新丁入户的程序，之后户长将媳妇的名号同新郎登记在一起，同时还会嘱咐新人好好过日子并孝顺当家人。招进门的女婿、抱养的孩子也都要入户，只是程序相较新丁和新媳妇入户简单些而已，在此不做过多的赘述。这里要对过继子入户做一说明，过继包括同姓的过继和异姓的过继。在席村，同姓过继孩子多来自自己的叔伯兄弟，这种情况过继的孩子如果是刚出生没有入户，则由其养父直接去入户，如果已经入户，则由孩子的生父和养父找户长将之前入户的信息进行修改。如果过继的孩子是异姓，入户的程序和抱养孩子并无太大的差异。在此需要说明的是，所有人入户都是要交钱的，席姓老人席立尔介绍，过去席家户入户至少要给一块钱，没钱的农户可以给粮食，给粮食的话是一升半的谷子或是一升的麦子。倒插门的女婿、抱养的孩子、过继的孩子，入户时户长都会做专门的标记。

五、孝道及其关系

1949年之前，在席村，农户对于"孝"都很重视，孝道更多体现为对父母长辈的尊重、赡养和顺从，父子、兄弟之间的关系和睦与否也被村民认为是否遵守孝道的重要方面。

在席村，父母身体不好子女不管不顾，不给父母养老送终，忤逆长辈等都被视为是最大的不孝行为。当某一村民做出不孝行为时，旁人通常以这是别人的家务事为由选择回避，但会在茶余饭后将其作为谈资来议论，并在心里暗暗地对这种行为给予嘲讽，日后也会和那样的不孝之人尽量减少来往；与之关系好的门下人、朋友或亲戚则会好言相劝。如果不孝行为情节恶劣，如将生病老人遗弃、对老人疾言厉色等，家中的叔伯兄弟或舅舅会出面干涉，甚至实在看不下去的门下人也会干涉，同姓的村民会将不孝之事告诉户长由姓氏中有威望的人介入。上述这些至亲、门下人、户长或是辈高之人介入也仅限于言语上的教育和劝导，并没有实质性的惩罚。总体上来讲，传统时期，席村各姓氏的农户能够践行孝道，不孝顺的比较少，用老人的话讲："过去家里孩子多，这个不孝还有另外的，总有个孝敬的。"[1]

1949年之前，在村民的观念里，祖先是一种位居庙堂带有神秘色彩的存在，不祭拜祖先，亵渎祖先，不敬祖先会遭到祖先的降罪惩罚，更多时候敬祖又是各姓氏的流传下来的一种传统和习俗。而对于活着的老人的孝，则跟多是一种后代人对于养育之恩的回馈，一种基于血缘关系上的义务，所以孝敬老人与崇拜先人并不存在必然的联系。崇拜先人却不孝顺父母的农户也并不少见。正如老人所说："给祖宗磕头一年也就那么一回，孝敬爹娘可不是一回的事情。"[2]

第二节 信仰与信仰关系

1949年之前，席村农户在土地庙里拜土地、药王庙中拜药求健康、禹王庙求雨办庙会、四大姓氏农户对祖先的信仰以及席村部分农户对于狐仙鬼怪的信仰等，反映出席村是一个有着极其丰富信仰的村庄。在这些信仰行为背后通常伴随着一系列的关系。本节将从农户信仰本身出发，从文化的角度考察传统时期席村的信仰及信仰关系。

一、信缘对象

1949年之前，席村共有大小庙宇15座，因其所供奉的神灵不尽相同，所以农户会根据其具体的需求前去拜神。其中农户常去的庙宇主要有村内的土地庙、药王庙、国清寺与村外的禹王庙。而村落中的其他庙宇并不是普通农户经常去的庙宇，比如三官庙，农户每年的农历十月十五会集中拜神，这是三官大帝的圣诞，农户拜三官大帝求平安；玉皇庙农户集中于每年的正月初九去，庙里有戏台子、演皮影的时候农户会来，其余时候很少有农户来此磕头；村中的娘娘庙也少有农户来烧香磕头，原因在于此庙是因村中用三庄河水浇地纪念孚惠圣母娘娘而建，每年掏渠的时候村长会来此焚香；村外的奶奶庙只是有想求姻缘和拴孩子[3]的才会去；而关爷庙也仅是在有纪念性的日子才会有信众前去祭拜。关于村庄各庙宇的分布在本报告的第二章中已有呈现。除神灵

---

[1] 席立尔老人访谈摘录。
[2] 席来全老人访谈摘录。
[3] 拴孩子，当地方言，意为求子。

信仰之外，对于祖宗的信仰也是构成农户信仰体系的一个重要方面。四大姓氏都设置了祠堂，在农户家中的堂屋专门设立祖先堂，清明在家庙磕头，春节请祖宗过年等都体现着农户对祖宗的信仰与祭拜。除此之外，村里还有一部分信仰鬼怪的农户。

（一）庙神信仰

席村寺庙数量众多，寺庙神灵的信仰是构成传统时期席村农户信仰的主要部分。这里重点考察席村农户平日里常去的几座寺庙，通过庙宇的基本情况、农户祭拜的时间来展现席村农户的信仰行为。

1. 土地庙

（1）土地庙概况

土地庙是席村农户前往比较频繁的一座庙宇。按照老人的回忆，席村村内仅有一座土地庙，规模并不很大，供全村的村民前来磕头拜谒。土地庙位于席村的南岸，属于村庄中心的边缘。庙宇何时修建、由谁所建已经无从考证，村中的多位席姓老人讲此土地庙是由席姓所建，原因在于此庙建于席姓聚居区，但这一说法因无证可考不做赘述。不过据席村多位老人了解，该土地庙从其祖辈起就已经存在，至少也有超过百年的历史，1949 年之前村里还专门对其进行了修缮。因土地庙规模较小，所以并没有开辟庙地设立庙产，民国时期该土地庙由村里的庙官专门管理。

（2）庇佑范围

据村中老人介绍，过去土地庙不会建在村外，村里有土地庙，家里还都有个小龛，里面供奉的也是土地爷。平日里只去庙里拜，过年的时候要把土地爷请回家里供奉。"土地公是神仙里最小的官，又是管普通老百姓最多的官，这就跟九品芝麻官一样，官不大但管得宽，有了事情就得找他。"席村席立尔老人解释道。村里的土地庙主要是保佑本村农户的安定太平。通常来讲，只有本村内部的农户去土地庙拜谒和祈福，外村人不去，原因在于，土地庙建于哪个村，接受哪个村的香火和拜谒，就只保哪个村子的平安，外村人超出了土地的庇佑范围。当然，也有例外的时候。过去嫁出去的姑娘带着孩子回娘家，返回自家孩子如果生病了，通常要回席村的土地庙来烧香磕头。过去人们说走亲戚的小孩子回家后生了病就是不小心触犯了当地的土地爷，家里的父母要去那个地方的土地庙里祷告一番才行。

（3）祭拜时间

1949 年之前，在席村，拜土地公的时机既有固定的也有相对不固定的。农户说农历二月初二是土地公的生日，这一天农户会集中前往土地庙去烧香、磕头、献供。另一个日子是农历每个月的初二和十六，这也是农户相对固定且集中去土地庙的日子。

还有就是农历的除夕当天一早,农户也会前往土地庙,主要是请土地公回家过年。以上三个是相对固定的时间点。此外农户前往土地庙的时间则相对灵活,如果农户家里有人生病,做事情不顺利,遇到些麻烦事,农户会拿着香烛黄表前往土地庙祷告祈福,祈求土地公能够保佑家人,并协助化解危机。通常来说,农户前往土地庙烧香磕头都是在上午,下午是不会去土地庙的,村里人都说下午去土地庙不灵。

2. 国清寺

(1) 国清寺概况

国清寺是位于席村中心的一座规模比较大的寺院,寺内有多个殿,供奉着佛祖、菩萨以及火神。关于国清寺何时修建已无从考究,但村中有关于重修国清寺的碑记,显示在清朝时期国清寺因大火毁坏后重新修建,由此可见其年代久远。因其规模比较大,所以寺内有长期居住的僧人,并且国清寺有一定数量的寺庙土地。国清寺归席村所有,因此村里的庙官同样对寺院有管理之权,但因国清寺中有一名主持寺院日常事务的"大和尚",所以在就国清寺所有的寺庙土地如何安排这一问题上庙官都要和寺院的"大和尚"商量,并遵循"大和尚"的意思做出决定。

(2) 庇佑范围

国清寺是席村乃至周边小有名气的寺院,所以附近村落的农户均会前来祭拜,并不像土地庙那样有着严格的庇佑范围。每年的正月二十会举办国清寺火神庙会,村里要举行隆重的社火活动,附近十里八村的农户都可以来此拜神。据村里老人说,过去庙里的香火越旺,供奉在庙里的菩萨就越灵,相对应地,菩萨越是灵验,人来得就越多。对于本村农户而言,寺庙里的神灵越是灵验则越能保佑自己及家人,因此,对于外村来的香客,席村的农户绝对不会排斥,更多的是欢迎,并且还会竭尽全力地对外宣传席村的国清寺。

(3) 祭拜时间

从祭拜时间来看,除了每年农历正月二十的火神庙会,以及每个月的农历初一和十五比较虔诚的信徒会集中来焚香祷告之外,平日里也会有各处的人们前来祈求祝祷,有的人还会来此许愿,待愿望实现后再来还愿。在一天当中,农户一般选择上午去寺院,本村的农户通常不吃早饭就先去焚香祭拜,外村的农户也会在拜神这日改为食素。

3. 药王庙

1949年之前,村西有一座庙叫药王庙,老人说药王庙里供奉着药王菩萨。药王庙也是席村所建,但具体修建年代已经无从考证。药王庙规模很小,没有僧侣居住,也没有庙地,庙宇由村里的庙官负责管理。

从庇佑的范围来看，无论是村内还是村外的人都可以前往祭拜。传统时期，医疗技术不发达，农户们很多时候将疾病的治疗寄希望于神灵，所以传统时期席村的药王庙香火不断，本村农户家里有人生病会来此拜药，附近村子的农户若听闻此处所求神药比较灵验，也会慕名前来拜药。一般磕头拜药以女性居多。

从拜药的时间上看，农户会选择上午去拜药，农历每月的初一和十五相对来说比较多一些。来拜药的农户来时会带香烛和黄纸，还有的农户会带上自家做的馍馍，拜药时候将馍馍供奉于案子上，焚香烧纸后跪于神灵塑像前祷告，结束后会将馍馍带走，同时会将烧掉的纸灰带走。老人介绍说拜药的人们相信那个馍馍和纸灰就能治病，纸灰用水冲了喝，那个馍馍因为供奉已经有神灵给施了药。

4. 席村禹王庙

（1）禹王庙概况

禹王庙是席村村外香火最旺的庙宇，也可以说是新绛县较为知名的庙宇之一。禹王庙因纪念大禹治水而建，具体的建造时间已无从考证。禹王庙因供奉禹王大帝而得名，由多个庙殿构成。各殿中供奉着不同的神灵，但以禹王殿为主。同国清寺相同，禹王庙中也有僧人居住，所以也有一定数量的庙地。在庙宇的管理方面，庙官对禹王庙的管理也要同居住于此的"大和尚"商议来定夺。

（2）庇护范围

席村的禹王庙知名度比较高，每年的农历三月二十二会举办大型的禹王庙庙会，来禹王庙焚香祭拜的农户不仅局限于席村，外村的也会来此拜神，主要集中于附近的李村、蒲城、白村、卢家庄等。相对更远一些的农户通常是有大型的宗教活动时才会赶来，而席村及周边的农户不会拘泥于时间。农户来此祈福许愿，愿望实现后来此还愿。禹王庙对于前来拜神的香客信徒没有任何的限制。禹王庙的另一项重要的功能是求雨。对于求雨来说，只有席村的农户可以在此求雨，附近其他村落的农户即便是出钱也不被允许在禹王庙中求雨。据村里老人讲，过去求雨得找专门的神灵，龙王爷管下雨，但他们这一带的村子里没龙王庙，大禹因治水有功被老百姓看作民间的龙王爷，所以拜禹王求雨也顺理成章。因附近只有席村这一处禹王庙，遇到大旱求雨自然也成了席村农户造福周边的一桩好事，所以席村绝对不允许其他村在此求雨。

（3）祭拜时间

农户到禹王庙拜神最重要的一个时间是每年农历三月二十二，这一天席村及外村的农户会赶着在禹王庙烧香上供。老人说这一天是禹王的生日，禹王会在这天显灵，农户许愿祈福会很灵验，所以这天新绛县各处的民众都会赶来拜禹王。除了庙会的时间外，平日里席村及附近村落的信众和香客也会前来祈福祝祷，农历的初一和十五相对集中些，平日里则比较零散。农户拜神时通常会带香烛黄表，条件好的农户会带供品。

5. 不属席村的外村寺庙

席村的农户也会前往周边村落的寺庙拜神祈福、祝祷许愿、磕头拜药，农户们会去位于泽掌的福胜寺、新绛县城的龙兴寺以及位于三泉的关帝庙。泽掌的福胜寺相对比较远，但据村里老人回忆说该寺院有个老和尚很厉害，不仅能掐会算，还能帮着信徒化解危难，席村过去有个人病危，家人去福胜寺向老和尚求药，老和尚赐给几粒药丸便将其治好，后来这家人全部成了信徒改为吃素。也正是这么一件事情让席村的农户走远路去福胜寺拜神。此外农户也会借着外村办庙会的契机去外村拜神。农户去外村拜神通常与在本村拜神无太多的差别，也会带上香烛黄表，有条件或是有重大事件求助于神灵的会带上些供品。

（二）家神信仰

1949年之前，在席村，全体农户家中都供奉的神灵就是土地公。农户家中正房外的墙上有一个小龛，土地公一般就供在那里。家中的土地公平日里就那么供着，家里的土地公在年初一拜祖后会拜，平日里也可以拜。除夕当天还会在土地公的神龛两边贴"红联"，上面写着"上天言好事，下界保平安"，每年都会换新的。除了土地公之外，有的农户家中还供灶神。每年的腊月二十三是拜灶神的日子，传说这一天灶神要上天去跟玉皇大帝述职，农户会在傍晚灶神走之前在灶台供糖瓜，说是吃了糖瓜就会把灶神的嘴给糊上，这样即便是上天述职想说坏话也说不出了。以上拜土地、祭灶神家里除孩子外，男女都可以操作，没有明确的性别规定和禁忌。

除了这两个农户都供奉的神灵外，村里大多数农户家中再无其他神灵供奉。当然，有宗教信仰的农户排除在外，例如某农户信仰佛教，家中会供奉菩萨，每日都会磕头焚香，甚至礼佛的农户还会诵经。不过按照村里老人的说法，穷苦人家很少在家里供菩萨，通常在财主家里才有专门的佛堂，普通的农户都是去庙里磕头拜佛。

（三）祖先信仰

对于祖宗的信仰也是构成传统时期农户信仰的一个重要方面，对于祖宗的信仰主要体现在同姓的族人和家户方面，而家庙祠堂和堂屋中设置的祖宗堂成为祖宗信仰的重要载体。在席村，每年的清明四大姓氏以及柴杨两姓都要举行较为隆重的祖宗祭祀仪式，本族男丁都要前往家庙去给祖宗磕头，然后再去所属的支里磕头。老人说之所以去磕头一方面是祖祖辈辈传下来的规矩，另一方面他们认为这样做能够得到祖宗的保佑。据席立尔老人讲,他很小的时候就被父亲带着去磕头,虽然他都不知道那牌位上写的是哪个人的名字,但是他的父亲告诉他给祖宗磕头有好处,而他所理解的好处就是磕头后分发给每个人的馍馍。

家户对于祖先的信仰主要是在堂屋设置祖宗堂,在祖宗堂里农户一般会摆放往上数三代血亲的牌位,更为久远的祖先的牌位不会放置于此。家户对于祖宗的信仰主要体现在节日中的祭拜,特别是在春节,农户会专门请祖宗回家过年,会点烛焚香、放置供品,有的农户腊月二十三就请祖宗,有的是除夕当天傍晚请祖宗。春节请回祖宗还要上供饭菜,农户吃什么就供什么,一直要过了正月十五才能送。除了春节外的其他节日,农户通常也会烧香来祭奠祖宗。除了节日外,农户遇到难以解决或处理的事情时也会来到祖宗堂向祖宗诉说遇到的难处,因为农户认为如果祖宗在天有灵一定会帮助他的后人。

(四)鬼怪信仰

1949年之前,在席村,村民也信鬼怪之类的东西。传统时期技术落后,很多问题都不能做出合理科学的解释,于是村民认为这些是鬼怪在作祟。由此也产生了能够驱走鬼怪的"大仙爷",也就是所谓的神汉和巫婆。

据村里老人讲述,听说过去村里有个人十月初一去烧寒衣,烧完寒衣当天晚上这个人就出现不间断的打摆子以及胡言乱语的情况。家里人以为他得了病,找村里医生诊治却并没有发现异常。门下人得知消息以后说估计这个人是在十月一那晚被鬼怪缠上了,得去找村里的"大仙爷"给诊治,这个大仙给出了夜里在灶台烧纸钱和寒衣的办法,村民照做,次日便好了。对于这样的事情,老人也深信不疑,这或许真的是很难给出合理的解释。

也正是这类事件的存在,给村里的"大仙爷"提供了生存的空间,也让村里的农户在求庙宇神灵无果的情况下,在面对"鬼怪作祟"以及不能解释的事件时,开始寻找"大仙爷"的帮助。据多位老人介绍,过去在席村有两个"大仙爷",都是女的,其中一位被称为"姜仙",说她是姜子牙附身;另一位自称"何仙姑",说她是八仙中何仙姑转世。这两位"大仙爷"都是嫁到席村的女人,至于怎么就能驱鬼降妖,老人们也没有给出解释,只是知道这两个人很是厉害,谁家家宅不安,接二连三地出事或是有人生病,就会请"大仙爷"来给"拨撩拨撩"[1]。家里有小孩生病一直不好,"大仙爷"会说是孩子魂儿丢了,会指导孩子的爹妈给孩子叫魂。据任福成老人讲述:

1　当地方言,表示大仙去施展法术。

> 我弟弟身体不好，动不动就生病，一生病还爱发烧，有一回烧得吃了村里大夫的药也不见效，身体打摆子。住一个院的邻居说找村里的"姜仙"来给看看，我记得特别清楚，是我爸去请的。那个女人很瘦，来家以后看了看，给她报了生辰八字，她来的时候带了黄表，在我家烧了，说我弟弟是魂儿丢了，让我爸从那天晚上开始去巷子里的水井边对着井口去叫魂，叫魂的时候要用三尺红布扎着我弟弟常穿的一件衣裳，叫完了把衣服放在我弟弟头边，连续叫三天就好了。说来也是奇怪，我父亲连续叫了三天，我弟弟真的是退了烧。当时家里没钱，我记得"姜仙"走的时候我爸给她带了些粮食。

总而言之，村民遇到些拜神求佛、寻医问药解决不了的问题时，就会寻求"大仙爷"的帮助，而这些"大仙爷"也不会提供无偿的帮助，她们会以施法请神附体耗费生命等理由来向求助的村民收取一定的报酬，因为当时村民很少有货币，通常以给粮食的形式来支付。也正是农户相信鬼怪存在，以及诸多难以解释的现象存在，才催生了巫婆神汉市场。

二、信仰关系

传统时期，不同类型的信仰构成了丰富多样的信仰圈层，不同的信仰又反映了农户的信仰次序，而一系列的圈层与次序背后又体现了传统时期席村的信仰关系。

（一）信仰圈

1949 年之前，农户家中除了摆放祖宗牌位设置祖宗堂，正屋外墙设土地龛之外，一般不会供奉神灵，农户有需要烧香祈福的时候就去庙里。农户的日常生活中，信仰和生活，特别是和生产完全是分开的，村落中并没有形成具有宗教色彩的组织，包括村长、村副、闾长在内的村干部也不会干涉村民的信仰行为。

村落中农户信仰的神灵比较多，有菩萨、关老爷、禹王、玉皇、土地等，对于这些神灵的信仰因种类多且存在变化很难形成所谓的圈层。但农户对于祖先的信仰则形成了"家庙—支祠—家"的祖先信仰圈层。这个圈层中，家庙是供奉祖先的核心庙殿，而支祠则附属于家庙，供奉着三代祖先的祖宗堂则是信仰的最小圈层。从信仰圈的范围来看，家庙所覆盖的范围最大，凡属该姓氏的农户均在家庙所覆盖的范围之内，支祠仅覆盖属于该支的姓氏成员，而家中的祖宗堂则仅对家中的成员产生效果。拥有最大影响范围的家庙也仅对本村落该姓氏的农户产生信仰效果，对于其他村落的同姓农户不会有任何的影响，即使是从席村搬到李村的席姓农户，当然其家中的祖宗堂所陈列的祖宗牌位还是会影响着该农户对祖先的信仰。

传统时期，这种对祖先的信仰的圈层得以长期维系有几个重要的因素：第一，家庙、支祠、祖宗堂这一系列外在的物化的存在，使同姓族人、同支族人、家庭成员形成一种不自觉的祖宗信仰意识。第二，清明祭祀、过年请祖宗回家、新丁入户等一系列的仪式性活动让族人及家人有了明确的灵魂归属。第三，每年给男丁分发馍馍，家庙田地可租给穷苦族人等方式让族人感受到祖宗信仰所获得的好处与恩泽。第四，这个信仰圈层中，有户长、支长、家长这三个层级的领袖型的人物在管理和领导，让这个圈层产生一定的内聚力。

（二）信仰次序

基于上文的分析不难看出，传统时期的席村农户有着较为丰富的信仰对象，神灵信仰、鬼怪与"大仙"的信仰并没有呈现出固定的次序，对于信仰的选择，表现了农民对美好生活的期许与渴望。例如，无子女想要孩子的信仰奶奶庙里的菩萨，村里做买卖的生意人则信仰关老爷，遇到旱灾是要去禹王庙求雨。而在所有的神灵中，农户最为相信的神灵当属禹王。每年农历三月二十二名声在外的禹王庙会是席村一年当中最为重要的拜神活动。即便是不信神的农户这天也要去禹王庙拜禹王，因为在村民看来，这一日村里人都去拜了，谁不去那就是瞧不起禹王，被降罪是在所难免的事情。

村内农户信仰丰富，但信仰的虔诚程度不同。村民对信仰对象的选择更多是基于自身利益所做出的。面对突如其来的天灾人祸，农户会寄希望于神灵或者"大仙"能够伸出援手给予帮扶。农户拜神大多时候是专程拜神，往往是农户遇到事情寄希望于神灵助力成功或化解危机时特意去拜。还有便是信徒在每月初一和十五，以及相关宗教的特殊纪念日，如农历六月十九观音菩萨成道之日、农历十月十五三官大帝圣诞之日等，都会专程前往庙宇焚香祝祷。当然也存在农户外出走亲访友路过某座寺庙或恰逢某地举办庙会顺路拜神的情况。

围绕神灵的祭拜，席村每年有两次大型的庙会，一次是农历正月二十火神庙会，一次是农历三月二十二禹王庙会。庙会均由村里组织筹办，经费来自庙产所得与村民筹集。庙会隆重，特别是三月二十二的庙会，甚至可以吸引到新绛县以外的人们赶来参加。正月二十火神庙会主要是拜火神，这个庙会和春节的节庆活动共同举行，村里不仅要拜神，还要闹社火。三月二十二的庙会拜禹王，祈求风调雨顺。庙会期间通常会唱戏三天，所以两次庙会除了拜神外，还会招来不少生意人在席村摆摊做买卖。其间外嫁的姑娘也会回来赶庙会，住在外村的亲戚也会借着庙会来到席村，拜神的同时会到亲戚家串门。关于庙会组织以及庙会筹备的诸多细节在报告第四章已有介绍，这里不做重复。

（三）信仰关系

传统时期，席村内村民的信仰是自由的，村民信仰哪个神灵均由村民自己决定，不受任何人的干涉和影响。村民日常的交往也不会因信仰不同的神灵而受到过多的影响，这里的影响主要是指，农户并不会因为某个村民信仰了某一神灵而拒绝与之来往，或是因为信仰的不同而拒绝来往。但是，有一点不得不承认，有相同神灵信仰的确会增进农户的日常交往。例如总是去药王庙磕头拜药的农户他们可能会因为面临相同的疾病而共同商量去寻医问药；总是去奶奶庙中求子的妇女们也会因为求子心切而彼此建立联系；常去拜三官大帝的农户熟识后会建立良好的友谊，进而将这种关系扩展到生产领域的互助合作。

1949年之前，对于一些没有庙宇等场所的信仰，信教的村民一般是聚集在某一位村民家中，进行相关的宗教仪式。一般是去积极热心，对所信仰的宗教有比较深入领会的信徒家中。从访谈来看，在席村符合这样信仰的只有一贯道。在席村一贯道成员大概有4—6人，其中张姓农户当时是席村一贯道堂主。调查期间有幸访谈到他的儿子，老人回忆说，那个时候他也不知父亲是一贯道，只是知道他们每个月都会有固定的几天在他家聚会，他们并不像去庙里拜菩萨那样磕头，通常都是盘腿而坐，会念一些东西，因为那时候他还小也不懂，他们隔一段时间还会一起去新绛县。当问及他们除了这种聚会，在日常生产方面有无帮助时，老人说这些人都很听他父亲的话，农忙的时候，只要是他父亲招呼，都会来他家帮忙。

至于灾害与信仰的合作关系，主要体现在农户应对旱灾时的求雨行动上，而关于村里名气好的寡妇出面在禹王庙求雨应对旱灾的具体阐述已经在本报告第二章第二节"对旱的理解与应对"中呈现，这里不做重复梳理。

第三节 思维与思维关系

基于日常生产生活的经验，席村的农户形成了一定的思维模式与思维关系。主要表现为经验思维、务实思维、循环思维、中庸思维、平等思维等。这些思维影响着农户的行为和关系。本节将考察传统时期席村农户普遍所具有的上述思维模式和据此所产生的思维关系。

一、经验思维与关系

1949年之前，席村相对而言较为封闭，村民的文化水平普遍偏低，日常的生活生产很少会受新技术、新思想的影响，长期以来积累的经验成为农户生活生产的主要依据。

（一）生活经验

1949年之前，在日常生活中，席村村民总结了一系列的生活经验，并有意无意地按经验行事，主要表现在以下几个方面：

1. 与气候有关的生活经验

传统时期，天气对于农民的生产生活影响很大。农户有关气候及天气的经验会对农户的生活产生巨大的影响。这些经验多数以朗朗上口的口歌形式存在，如"云往东，一场空，云往西，淋死鸡，云往南，水推船""头九有雪，九九有雪""腰酸疮疤痒，有雨在半晌""扑地烟，雨连天""东绛[1]轰隆西绛雨""朝霞有雨晚霞晴""雷声雨，三后响""不怕初一阴，就怕初二下""久晴大雾必阴，久雨大雾必晴""打春雨淋淋，阴阴湿湿到清明"等。村民根据上述有关天气方面的经验，来安排家中的生产和生活，以避免为天气所累。据席立尔老人讲述：

> 过去懂这些门道的都是上了年纪的庄稼户，年轻人一般都不懂这些，即便是当家人教了后也要吃几次亏才慢慢能总结出来。过去我就不听话，头一天吃了晌午饭以后打雷下雨，我爸说"雷声雨，三后响"。第二天吃了晌午饭，当头顶的太阳，邻居家的小子叫我去三泉看戏，我爸说后晌下雨别去了，我俩人都不信，当头顶的太阳怎么会下雨？万万没有想到，我们才到三泉一阵就起了风，没多久又打雷又下雨，把我俩从头浇到脚。可是中了我爹的话，回家可把我笑话了一顿。

2. 与日常禁忌有关的生活经验

传统时期，村民会有不少的讲究和章法，不少的禁忌通过一代代传承了下来。例如："家里来客不扫地"，"初五、十四、二十三，家宅六神都不安"（这几个日子要忌出门远行，不可在外留宿），"药渣不留屋，得倒在路头"（送病出门），"大年初一后晌不睡觉，睡觉一年没精神"，"居丧不拜客，不入他人居"（家中有人过世，不出百天不能去别人家）等。这些个禁忌规制着人们日常的行为和处事方式，不管其是否真如口歌所言，村民们都彼此接受并遵照执行。

上述这些禁忌类的生活经验，农户一旦不当回事或是缺乏相关的经验就容易把人

---

[1] 绛，当地方言，意为彩虹。

得罪了。据村里老人介绍：

> 我家亲戚刚娶过门的媳妇不懂规矩，正月里串门走亲戚去了那个亲戚家，家里刚过门没多久的儿媳妇想在亲戚们面前讨好婆婆表现得勤快些，家里一家人的时候这个儿媳妇就去扫地。家里婆婆当着众人面也不好责备，只能是说别扫了，可是这个儿媳妇不明白婆婆的意思，继续接着扫。亲戚看到家里儿媳妇扫地后就张罗着要走，家里婆婆脸上一下就挂不住了，当即批评儿媳妇不懂规矩，家里有人扫地就是在撵人。被婆婆说了的儿媳妇也是一脸的委屈，她根本就不懂这些规矩，当时那些来家里的亲戚脸上都很挂不住。

类似这样的事情还很多，村里老人讲："过去有的农户家里没有熬药的药壶，熬药的时候就去问门下人借。过去借了药壶是不能还的，要等着对方来要。可是偏偏借了药壶的那家人把药壶还了回去。对方拿到药壶后就翻了脸，还药壶的那个人都没搞明白是怎么回事。后来也是别人跟他说了才清楚是什么原因。"

3. 与日常交往有关的生活经验

在日常交往中，农户也总结了很多口歌来反映农户在日常交往中的态度和价值判断。例如"你敬我一尺，我还你一丈""远亲不如门下人""善恶终有报，只是时候还没到""人心换人心，四两换半斤""人心隔肚皮""吃人的嘴软，拿人的手短""跟着好人学好人，跟着王八下泥坑""好借好还，再借不难""骂人不揭短，打人不打脸"，等等。

传统时期，这些与农户日常交往有关的经验时刻都指导着农户之间的交往，农户在日常交往时也很在意这些经验。例如村里人总爱说"你敬我一尺，我还你一丈，你对我不敬，休怪我无理"，这也是告诉人们要心怀感念，但是如果对方不客气则也不能轻易受人欺负。再比如在提到"好借好还，再借不难"这句话时，村里老人讲了个例子：

> 过去门下人之间互相借用东西都是常有的事情，按照规矩来讲，借东西的时候就要告诉东西的主家什么时候还。偏偏有这么一户人借了东西每次都不能按时去还，就得等着主家上门去要。这么一来二去几回门下人都不给这家借东西了，而且这家人的名声在村里都很不好。

（二）生产经验

据席村多位老人介绍，在过去没有技术指导和化肥农药的传统时期，农民开展农业生产经营全以日积月累的经验为基本依据，人们依据和顺应节气、气候等自然条件来进行生产，并总结了丰富的生产经验，以口歌的方式相传。

节气是重要的生产决定因素，过去农民全靠节气来开展农业生产。如"清明麻，谷雨花，立夏点稻（江米）种芝麻，秋分寒露种小麦"，即村民完全根据节气来安排农业种植，清明前后种麻，到了谷雨种棉花，立夏的时候可以种江米或是种芝麻，秋分和寒露这一段种小麦。一旦延误了农时，必然会影响产量，其中"入伏不种秋，种秋也不收"就是一个很好的说明。再比如"有钱难买五月旱，六月连阴吃饱饭"，农户可以根据这两个月的天气情况来对当年的收成做出判断，并及时做出应对。在寻求农业增产方面村民们也积累了丰富的经验，比如"棉花锄七遍，棉桃赛蒜瓣""碱地施层沙，强似把肥加""粮食冒尖棉堆山，寒露不忘把地翻"等。

（三）经验的习得

传统时期，席村农户关于上述生活生产方面的经验的获得主要有以下几种途径：

第一，祖祖辈辈的言传身教。据席村任福成、席立尔、南炎炎等老人介绍，谁都不是天生的种庄稼的好手，这些个种地的经验大多来自自己的父辈，都是跟着父辈们干活中言传身教获取的，而且这些经验并非一朝一夕便可通晓掌握，还要自己屡次实践，出现了错误，父辈纠正自己琢磨才成为自己今后生产中的经验。生活方面经验同样也是这样通过代际的传承而获得，不过不同于生产方面的言传身教多数由父辈们完成，家庭中的长辈都在潜移默化中传递着生活方面的经验。当然这其中也包括长辈们刻意去给晚辈传授待人接物、为人处世的原则与技巧，如要懂得长幼有序，见到长辈要学会问好等。

第二，自我总结与积累。长辈即使是再强大也无法将所有的生活经验教授，而且生产生活并不能完全复制，还会有很多未知的新情况、新问题出现，这就要求农户在获得长辈言传身教的经验的同时，还要结合自己日常生产生活中遇到的实际情况，去总结和积累，以形成新的经验，并将此经验传授给自己的子孙后代。当然农户还可以从村落其他农户那里学习好的经验并用于自己的生产生活实践中。

（四）经验思维关系

1949年之前，在席村，传统经验是村民们生产与生活的主要依据，村民们凭借祖辈传授、自我学习与积累的经验进行生产生活，安然稳定地生存繁衍。但也恰恰是在这些固有经验的左右下，村民对于新的观点或想法通常持怀疑或否定的看法。特别是农业生产，村民们始终认为种地的目的就是填饱肚子不挨饿，一年到头有余粮那更是再好不过了，所以多数的村民坚持老祖宗传下的经验和道理，按时种、勤快锄，到了节气就去收，认为收成好坏全靠老天。他们很难去改变长期形成的经验思维，即便是有农户开始尝试改变，绝大多数也会选择静观其变。用老人的话说，"新东西不能试，如果成了那是好，如果不成那连原来的都保不住了"[1]。由此不难看出，村民担心摒弃固有经验的改变会危及满足温饱的现状。

日常生活中，村民们虽然对于固有的经验会坚持，不敢轻易更换和尝试新的耕作方式，但农户在面对利益时，还体现了很强的趋利性。当市场上某种原本有种植经验的作物价格较理想时，村民是敢于更换种植作物而谋求更多利润的。要特别说明，村民所体现的趋利依然是在掌握相关经验基础上的趋利，并不是接受新事物新方法前提下的趋利。任福成老人举了一个很恰当的例子：

> 村里的农户都懂如何种麦子、怎样种棉花会收成比较好。可是村里有人获得了消息，说是西北的商贩明年要来大规模收豆子，农户明知种豆子会获利，但并没有种豆经验的农户宁愿不赚钱也不会去冒险尝试。又有人说南方的商贩来年要收棉花，农户获知后则会大规模地改种棉花以求获得更多的利润。

此外，村民在获得生产生活经验时还崇尚权威，尤其是村里的先生、年长辈高的同姓族人、能够断道理的人等。村民对于这些人给出的生产性的建议，通常都会欣然接受，并将其奉为新的经验来加以积累。很少会有农户对长辈给出的建议提出质疑，即使在实际的操作中出现了问题，农户也会将其归咎在自己经验不足上，而不去质疑这个建议是否可行。但是，如果这些被农户奉为权威的人给出的建议是干涉农户生产或生活的建议，农户则可以选择不接受，但出于对权威的尊重和日后交往的考虑，并不会就其所提的建议提出质疑。

二、务实思维与关系

务实的思维是传统时期席村农户长期以来形成的一种思维模式，村民们普遍对勤劳持肯定的态度，认为勤劳能致富，勤劳饿不死。此外务实的思维还表现在对于眼前利益看得比较重，因为时局动乱，农户对未来并不确定，因此更加注重眼前利益和个人利益。

1　任福成老人访谈摘录。

(一) 重视勤劳

1949年之前,席村农户多数信奉"勤劳致富"之类的格言。当地有"命薄一张纸,勤谨[1]饿不死"这样的口歌,村民认为即便是命运如同纸一样薄,但是只要勤快能干就不会没饭吃,更不会被饿死。那些日子过得不好的农户,大都是不勤快。村里还流传着"人哄地皮,地皮哄肚皮",也就是说,在耕种的时候偷了懒,没有精耕细作,到了收获的时候肯定没有好收成,自然要面临饥饿的问题了。这类瞧不起懒人、体现村民勤劳务实的口歌在席村还有很多,绝大多数是反映只要勤劳肯干,就会获得好的成果,好吃懒做注定受冻挨饿,在此不再一一列举。

村民重视勤劳的务实思维不仅仅体现在传唱的口歌方面,还体现在日常生活中对勤快人和懒汉的态度上。据村里老人讲述:

> 过去在村里有个杨姓的农户,这个人特别的勤快,家里的地不多,但日子过得比一般地多的农户都好些。收麦子的时候他比谁都能干,别的人家白天收收,他白天夜里连着转,收完自家的麦子还跑出去做麦客。到了冬天还出去换油,一年基本上都闲不住。日子过得村里很多人都羡慕,谁家有人犯懒了,都会拿他来举例子。一说就是你看看柴家疙瘩那个杨某某,那可是个勤快人,要向人家学着才有好日子过。

(二) 重视眼前利益

传统时期,村民不仅务实,还重视眼前实实在在的利益而忽视长远利益。在村民看来,长远利益大都存在不确定性,有太大的变数,最终能不能得到都不好说,远不及眼前利益来得实在且具吸引力。也正因这样的利益观,在村里流传着"只顾眼前享荣华,管他死后变骡马"的口歌。

据任福成老人讲述,过去村里人都是"小眼薄皮",眼界不大,眼前的利益看得比较重,更在乎一些蝇头小利,往往还会因小失大。据老人讲述:

> 过去村里冬天的时候男人们要出去换油,自家的棉籽榨油,拿出去卖掉低价再买棉籽,再榨油,再去换,从中获得利润。县城来了个外地人专门大量收棉籽油,村里张姓农户比较有生意头脑,他获知县城有人收油,自己去和对方谈价钱,由张姓村民一次提供一定数量的棉籽油,以形成一个稳定的

---

[1] 勤谨 (jin,轻声),当地方言,意为勤快。

供需关系。事情谈妥后，张姓农户回村收油，定好了供油的农户，给的价钱就是他们平日里卖油的价钱，并且也说好了送油的时间。可就在送油那日，有一个农户就没来，张姓农户没能按照之前约定供货，日后的合作也不能再进行。那个农户之所以没有按时供油，原因是那个农户在榨好油之后，听说在泽掌能卖到更高的价，就跑去泽掌把油卖了。

上文说农民因为对长远利益不确定，所以重视眼前利益，但有看得见的、很明晰的长远利益时，农户同样呈现出相对保守的态度，敢于尝试的农户仍然是少数。即便是农户所崇拜的权威站出来给予指导，也难以改变农户在眼前利益和长远利益之间选择时只顾眼前利益的固有思维。

（三）"你有，他有，不如己有"

在席村，农户间还流传着这样一句话，"你有、他有、不如己有"，即农户认为，即便是父母有的，子女有的，兄弟有的，只要自己手里没有还是没有任何意义，只有自己掌握了财产或者物品的支配权才是实实在在的拥有，这样的东西才真正属于自己。也正是有这样的思维，传统时期多数村民即便年过七旬也依然在地里从事农业生产，他们认为，自己劳动收获的粮食是握在自己手里的，吃多少、怎么吃都由自己说了算，如果不干活，靠儿子供养，那要受制于人，活得不硬气。所以只要还能做得动，就会一直干下去。

三、循环思维与关系

传统时期，因为生活地域的限制、生产活动的周期性重复，席村的农户形成了周而复始的循环思维。这种循环思维主要体现在季节循环与生产的周期循环，节日、生命循环与生活的循环两个方面。

（一）季节循环与生产

传统时期，村落中的村民几乎全都从事农业生产，而季节的周期循环是影响和左右农业生产的重要因素，也正是春夏秋冬四季的更替循环让从事农业生产的村民形成了季节性生产的周期性循环思维。访谈中，老人用两句话将这种循环思维进行了概括，"日出而作，日落而息""春种秋收，冬季换油"。一年四季，生活在席村以种粮为生的农户周而复始地劳作在田间地头，他们谙熟每个节气里要从事的每项农事活动，周而复始地进行着"耕地、犁地、平整土地—播种—锄地—收割—耕地、犁地、平整土地"，任何一个环节都不落下，并没有表现出对这样的循环往复的厌恶。对于这样的循环，南炎炎老人说："农民不种地吃什么？种地就是这样的过程，种一茬儿收一茬儿，早起下地,黑了回家,跟上班一样。一年四季都在忙,冬天地里不忙就去换油,要不然日子没法过。"从老人关于这种四季循环的认识不难看出,季节的周而复始让农户产生了这样循环的思维,而养家糊口的生计压力则让村民普遍接受了这样周而复始的循环。

(二)节日、生命循环与生活

传统时期,农户的循环思维不仅体现在季节循环所带来的生产循环方面,还体现在节日、生命循环所带来的生活循环方面。本次调查是在2016年的12月份进行的,谈及这个问题时,老人说:"这一年又要过完了,过了阳历年,没多久就是春节了。"其实从老人随口的话语中不难去感受农户因节日所表现出的对于平常日子循环往复的理解与认识。在农户看来,一年就那么几个节日,春节、清明、端午、中秋、重阳,用村里老人的话讲:"到什么时候干什么事。春节就要扫屋子,请祖宗,吃绛州的锅子;清明就要去户里磕头,给祖宗上坟;到了端午就包粽子;中秋时候就得'供月儿爷';重阳时候姑娘就得来看爹娘。"一年又一年,一个节又一个节,村民没有觉得有什么不同,不同的是在某一年家里做事情会摆酒,不管是娶妻生子添丁进口,还是举行埋人的丧事,都不会改变节日的循环和生活原有的进程。访谈中老人认为:

> 种地是跟着季节重复,过日子跟着节日重复,其实生命也是在循环。人出生后要慢慢长大,长大以后男的要娶妻生子,女的要嫁人生娃。如果到了成家的年龄不成家,村里人就会议论。成了家就要生娃,哪家娶了媳妇生不出娃村里人也会议论,生不出孩子的女人还要被休掉,因为没有孩子人生就不圆满。生下的娃娃慢慢也要长大,继承了他父辈的血脉,然后再娶妻生子,这不就是绕了一个圈吗?虽然到最后要死,但有后代人延续了香火和血脉。人这一辈子就是这样,就是在画圈,从出生到死去,这是自然规律,只要是后代延续了血脉那就够了。

四、中庸思维与关系

传统时期,席村的农户特别讲求不冒尖、不露富、做事做人居于中间的中庸思想。农户的这种中庸思想不仅体现在日常的生活与生产方面,还体现在农户对于权力的认识上。本部分主要就传统时期中庸的思维进行考察。

(一)生产生活中的中庸思维

1949年之前,席村农户的中庸思维比较突出,这种中庸的思维在生产方面通常与保守相联系,这种保守思维前文已有介绍,主要体现在农业生产上固守已有的经验,不能接受新事物等。所以在生产方面的中庸,就是规规矩矩种地,别人种什么自家就种什么,不做引起旁人注意的事情。据村里老人讲述:

> 过去村里有个在外面跑买卖的农户。这个人跑买卖的时候从关中搞回来一些小麦种子,说是在那边产量可高,而且这个种子还耐旱。可是万万没想到,带回来的种子不仅自己家不用,村里其他人也不用。主要是大家都不敢用,这个东西种下去万一长不出麦子怎么办,用老办法起码是稳妥的。

中庸思维在生活方面主要表现为与人相处不出头、不突出,讲求平平常常,用老人的话讲就是"不显山不露水",其中财不外露是最为显著的表现。在席村,除了财主的财富难以回避外,稍有财产的农户是很难看出的。这些个农户日常都很低调,吃穿用度和普通的农户没有两样,粗布衣服、粗茶淡饭,农忙时间一定在地里干活,农闲的时候不是在油坊就是在外面换油,居住条件和普通农户都差不多,甚至有的会更差些,所以不管从哪方面看都看不出这个农户家里很有钱。在为人处世方面,老人们认为所谓"中庸"实际上就是"会做人",这种人往往和谁交往都不会过于密切,和谁又都不会太过生疏,在需要表达态度的时候通常可以做到立场中立,既不得罪 A,也不会让 B 觉得站在了他的一边,在态度立场的表达上较为谨慎、委婉。当然一旦所表达的态度和立场会损害到自我及家户利益时,村民还是会据理力争或直接反抗。"会做人"用来解释这种交往中的中庸思维最为贴切和恰当。

生活中的中庸除了体现在做事方面,还体现在村民房屋建造方面。村里普普通通的农户在建房时都不会将自己房子建得高过门下人房子,一方面这是长久以来形成的建房规矩,村民认为你将房子建的高度超过了门下人,等于说是在高度上压制对方,这会引起门下人的不满。另外一个重要方面主要是农户不想因为自家房子比别人家高出一截而显得很突出,会给人"这家很有钱"的一种判断。席村"铁门"就是有钱财主家建筑的一个特殊代号,可能说财主的名字有些人并不清楚,但论及"铁门"则是众人皆知。这其实就反映了一种建筑上的中庸与招摇的对比。据村里老人讲述:"对于那些太过招摇、太过炫耀、太过冒尖的农户,村里人既羡慕又嫉妒,觉得自己比不上人家而心里不舒服,有些人就会在背后议论这些人。一旦自己嫉妒的冒尖户因为过于招摇而惹了事端,农户会拍手称快,心里窃喜。"

(二)中庸思维与权力

传统时期,在席村,村民的中庸思维主要表现在权力的获取和对权力的态度两个方面。

第一，权力获取中的中庸思维。据席村任福成、席来全、席立尔等多位老人讲述，传统时期，权力意味着地位和身份，在村里村长是最大的官，闾长可以管上二三十户。甭管大小，只要是个官，就能保护家人不受外人的欺负，可以避免自家男丁被抓去当兵，而且或多或少可以捞到一些油水。尽管如此，席村的村民对于当官并没有表现出极大的热情，村内没有农户会自荐做官，更没有人花钱去买官。村里的财主更不乐意当官，财主觉得当官会惹来很多的麻烦，对于他们来说，已经拥有了一定的财富，当官做不好容易倾家荡产。所以过去村里的村长大都由自耕农来担任，他们没有多余的钱财像财主一样可以摆平上面的决定，但本身又比贫雇农要好一些，所以本就中庸的自耕农阶层常常成为权力的被动获得者。

第二，对权力的中庸态度。无力成为权力所有者的普通农户对权力持中立态度。在日常生产生活中，除了收粮收款抓兵外，普通农户与作为国家政权代表的村长、闾长并不存在明显的对立关系，在无求于村长等人时，相互来往也十分少见，村民既不会给村长、闾长等送礼拜年，红白喜事特意邀请他们，也不会遇事时对其恶意中伤。对于户长、支长这样的传统权威亦是如此，但因其与农户之间受到家族血缘以及宗法礼教的影响，所以农户会在年节时候给户长、支长拜年问好，日常也会参与户支里的事务。

五、平均思维及关系

1949年之前，平均、平等、对等这样的思维几乎渗透农户生活的方方面面，无论是生产上的合作，还是生活中的用水，从分家析产，到人情往来，再到村庄公共事务的处理都体现着平均的思想。如果没有实现平均，往小了说会出现各种矛盾，往大了说会导致合作、交往的破裂与终结。

（一）生产与平均思维

1. 合作与平均

1949年之前，在席村，农业生产上的合作主要有换工（骈工）、帮工、耕牛的伙养以及水利合作。这些合作中都体现着农户的平均思维。

第一，骈工、帮工中的平均。报告第三章已经对合作经营的形式和内容有过详细的介绍，这里主要围绕其中的平均来谈。骈工和帮工虽然是两种略有差别的合作方式，但二者实际上都需要平均。骈工的平均体现为实实在在绝对的平均，即一个人工换一个人工，当然还有一个牛工换三个人工。而帮工则是基于人情上的平均，虽说不计报酬，但一方帮了另一方等于说在人情上欠了一笔债，找机会也要还上，不然不仅自己会心里觉得欠了对方些什么，帮忙的一方也会觉得这个农户不懂人情世故。

第二，伙养、借用耕牛中的平均。关于伙养、借用耕牛的具体细节在此不做过多的重复，这里主要就伙养和借用中体现的平均来进行说明。伙养中的平均体现在买牛、养牛、用牛以及耕牛死亡或丢失后结果的承担方面。首先在人数上，伙养农户以两户居多，这相比三户容易产生矛盾、四户人数较多用不开要好得多，同时还会考虑伙养双方所拥有的土地是否差不多。而这个"差不多"实际上就是一种平均的思维。在买牛上自然是平均分担，在喂养和使用上采取十天一轮换和平均使用的原则也体现了农户平均的思维方式。而在耕牛的借用方面，借一天牛工还三天人工的方式，就是一种相互既不得便宜也不吃亏的平均思维。

第三，水利合作中的平均。在水利合作方面，平均思维主要体现在三庄河用水上，其中一条"共享共修"的原则就是其最好的体现。三庄河用水组织规定，凡是用水的农户，进了二月都要参与水渠清理的事务，不能参与的农户需要出钱来抵工。这条规定就体现了村民在用水合作中的"平均主义"。

2. 雇工、租佃与平均

第一，请工与雇工中的平均。请工与雇工是农户生产中的一个重要内容，也体现着平均的思维。请工、雇工是劳动力与粮食或现金报酬之间的对等和平均，用现在的话讲，请工与雇工是一种劳资关系上的平均。技术好、劳动力好、人品好的伙计通常可以得到财主的赏识，拿到头把伙计的报酬，而相对差些的伙计则只拿普通伙计的报酬，这些都与其所具备的素质相符合。同时伙计们一旦请假误工，财主还会扣除相应的工资，这不应理解为财主的苛刻，实际上这也是对等与平均的体现。

第二，租佃中的平均。虽说传统时期席村的租佃情况并不多，租佃关系并不复杂，但其中也体现着平均的思维。雇工、请工如果说是劳资关系平均，租佃则是一种有偿租借合同关系的平等。农户不管是半分种地还是租种了财主、庙里或户支里的土地，其在收获的同时都要支付事先约定的租金，哪怕像任福成老人家里那样庙里的地不用交粮食，也要付出相应的劳动帮助僧人种地来作为补偿。而这种粮食地租的付给，或是劳动付出的抵偿，实际上就体现着土地所有者和租地者的对等关系。而遇到灾年租地农户申请减少地租，土地所有者同意这样的请求，其实也是一种对等或平均的思维。

（二）生活与平均思维

传统时期，在席村，生活中能够体现平均的地方更多，包括产品分配的平均、人情往来的平均等方面。

1. 产品分配的平均

在家庭内部的产品分配和消费方面，虽然由当家人来决定，但通常当家人还是秉持着平均的原则。以扩大家庭的分配为例，平时扩大家庭中的各小家庭采取的是合灶共食，过年过节的时候，经济条件允许的情况下，当家人会为每个小家庭的成员置办衣物等用品，在置办这些东西的时候往往采取平均的原则，几乎没有太大的差别。可能唯一的差别在于当家人会对家中的长孙有些优待，但这在传统时期也是被认可和默许的。

产品的分配还涉及家户财产的分割，通常也遵循平均的原则，土地、房屋、粮食、现金以及家中的其他财产在分家时会按照相应的份数平均分配。当然有些家庭会设置长孙地，但如上文所说，因其成为一种被默许的规矩并不会让家户成员感觉不公平而产生矛盾与不满。同时如果家中有债务，即便是分家前当家人欠下的债，也要平均分担，但如果是小家庭中儿子欠下的债，则由其个人自行承担。当然这其中还涉及父母赡养的问题，父母轮食是一种平均，父母由某一儿子赡养，父母死后所居处所归赡养之子，这也是一种平均。

2. 人情往来的平均

在人情往来方面，平均思维体现得更为突出，农户总爱说"有来有往，互不相欠"来形容交往中的对等与平均。这种人情往来的平均不仅体现在具有血缘关系的亲戚之间，同样体现在没有血缘关系的门下人之间。其实最简单的红白喜事摆酒就能说明一切。以办喜事为例，农户家里娶媳妇，通常要提前好多天就开始筹备，这期间门下人通常会主动到主家询问是否需要帮忙，是否缺少桌椅板凳、盘子碗之类的东西，如果主家有需要则会及时地给拿来。到了摆酒的正日，门下人会赶来帮忙，主要是帮厨，帮忙端茶倒水。帮忙的门下人通常不坐席，但是婚礼后主家要主动请帮忙的门下人吃饭表示感谢。基于农户人情往来的平均思维，等到曾经帮忙的门下人家里办喜事摆酒时，农户也要按照同样的方式去询问并提供帮助。一旦农户没有这样做，那此人或者这一户会被说"不懂人情世故，不会做人做事"。亲戚日常往来中的平均思维则是"送礼—回礼""请—回请"。

3. 其他方面的平均

在生活的其他方面，平均思维也影响着村民的行动。掘井的过程就是用水农户平均出力的过程，这个平均实际上并非指干一样的活，而是农户是否参与其中，参与全程的态度是否能够让彼此满意，所以这里的平均是农户内心的一种评判标准。而在用水中也体现着平均，一方面是谁参与掘井谁有权用水，另一方面是遇到干旱水少的时候限制用水户的取水量,即每户每日仅可以取水一次。农户对于那些既没参与掘井又没参与掏井而来此取水的农户,一定是不客气地排挤,究其原因是农户觉得没出力就来取水,让自己觉得这不公平。

(三)对不平均的反应

1949年之前,席村的农户在生产和生活的方方面面都被平均思维所影响,当农户遭遇不平均时,生产方面的合作将难以维系,亲戚之间的关系将变得疏远,门下人之间的交往也会因为不平均不对等而断绝。上述这些不合作、变疏远、断了交往都是农户比较冷静的反应。有些时候村民在面对不平均的情况发生时的反应会是激烈的矛盾冲突或过激的报复行径。例如,当家人在分家析产时做出了不平均的安排,让其中某个儿子觉得不公,向当家人提出并没有获得回应,那这个儿子可能会因此做出诸如和父母发生激烈的争吵、和被偏袒的兄弟发生打斗等过激的行为。又如村里老人所说,过去有时候财主会无故苛责长工或扣减其工资,如果长工觉得是财主无理取闹,故意而为之,那长工会以报复财主家牲口的方式来对这种不公平给予回击。

第四节 态度与态度关系

态度产生于农户日常生产生活中,同时又影响着农户在日常生产生活中的行为,以及行为背后所形成的关系。1949年之前,受地理环境、社会环境、文化思想等因素的影响,农户形成了独特的生育态度、生产态度、生活态度、社会态度、政治态度、人生态度。本节将围绕这些态度展开考察,并就其所形成的关系进行梳理。

一、生育态度

1949年之前,生育对于村民而言是头等大事,农户在生育方面依然坚守着"重男轻女"的观念,"多子多福""儿女双全"是传统时期农户的生育态度。本部分将从农户生育观念、生育关系及生育习俗三个方面考察传统社会的生育态度及其关系。

(一)生育观念

1949年之前,在席村,子女生育对于农户家庭来说是最大的喜事,特别是生了男孩的家庭,欢喜程度绝不亚于家里娶媳妇。子女生育意味着血脉得到了传承,家中的香火有了延续。村里没有儿女的人会被人瞧不起,在村子里的地位也不会高。用村里老人的话讲:"一个人没有儿女就和残疾人一样,这算是一个人的短处,别人当面不说,背后肯定会指指点点地议论。"[1] 没有儿女会被人瞧不起,没有儿子也会被人议论,

---

[1] 任福成老人访谈摘录。

农户们认为没有儿子就是断了香火，将来这个家没有了顶门立户的人，村里人一般会用"绝门"来形容这种没有儿子的农户。

在子女的生育上，村民更倾向于男孩。之所以倾向于要儿子其实还是延续香火的观念，没有儿子香火就断了，农户会认为自己对不起过世的祖先，会认为在自己这一代把家族的香火给断了，死了以后都没脸见祖宗。有了儿子在外说话都响亮，将来儿子可以给爹妈养老，还能干活，死了以后都有人给上坟烧纸，而且还不会被人背后说是"绝门户"。依据村里老人的介绍和粗略统计，1949年之前，农户家里平均下来得有4—5个孩子，最多可以有8—10个，没有子女的并不多，但也有一定的数量。男孩的受重视程度其实也决定了生男生女后的地位。据老人讲述："过去一家兄弟好几个，都娶了媳妇，结果只有一个媳妇头一胎生了小子，那这个媳妇儿在这个家里的地位保准低不了，即便不是长子的妻子。这小孩子的爹也会因为妻子生了儿子而得到父母的认可和称赞。"这种地位的差异通常只会表现在家户内部，在户、支不会有太多的不同，与在村庄的地位更不存在任何的关联。按照延续香火、传承血脉的传统思想农户都想要儿子，但生了女儿后虽然会失望，却也不会送人或溺婴。不排除家中已经有多个女儿，原本希望生儿子，却再次生下女儿，无力抚养所以送人的情况。

生男、生女在过满月上存在着一定的差异。据村里老人介绍，生了小子和妮子过不过满月主要还是看家庭经济情况，如果经济条件允许的话，生男、生女都会办满月，这里的生男、生女均指头一胎。如果头一胎生的是妮子办了满月，第二胎生的还是妮子，通常就不办满月了，如果第二胎生了小子，那一定还会办满月。如果头一胎是小子办了满月，第二胎不管是小子还是妮子，农户只要条件允许都会办满月。对于头一胎小子和妮子办满月，在规模上存在着一定的差别。生小子的话规模会大些，农户会将亲戚、朋友、门下人一一邀请来喝满月酒，而如果是妮子则可能仅仅是至亲好友和门下人小范围地摆几桌表示一下即可。过第一个生日和办满月的情况相似，这里不做重复，其他诸如上学、结婚、出嫁、过寿、丧葬等方面均取决于家庭经济情况。不过在上学方面，妮子一般是不会被送去学堂念书的。

农户在生育数量上倾向于多生，但并不是越多越好。老人介绍说："作为普通农户，四个孩子是最好不过了，如果是两儿两女，那更是美得很，超过两个儿子就会有些负担，但只要控制孩子的总量，即便是四个儿子也是可以接受的。"一方面儿子延续了家里的香火，另一方面儿子还补充了家里的劳动力，所以普通农户只要总量不超，3—4个儿子也可以接受。另外南宝全老人还给出了以下观点："过去儿子多了还有一个好处就是不会受人欺负，即便是有人寻衅滋事找麻烦，也会事先掂量下能不能应对得了这家的儿子，所以三四个儿子也有三四个儿子的好处。"而孩子尤其是儿子越多越好主要是针对村里财主而言的，事实上席村几个财主家都有3—4个儿子，这通过村庄留存的人口档案可以证实。例如张振汉、张震华、张表东、张怀茂、张怀旺兄弟五人就是席村2间张姓财主家的五个儿子。据老人介绍，财主家大业大，儿子多也养得起，自古都说多子多福，儿子多了对于财主来说是福气而不是负担。

传统时期，在席村也有无法生育的情况。如果婆家知道是自家儿子所致，通常会回避这个问题，到了一定时间通过抱养或领养的方式来解决此事。如果夫妻双方均不知晓是谁的问题，通常婆家会把生不出孩子归咎于媳妇的身上，如果家里的父母很是看重这个问题，则会给儿子施压，逼迫儿子休妻另娶。传统时期，没有离婚一说，现代汉语中的离婚实际上就是丈夫把妻子休掉。

（二）生育关系

1. 生育与生产

1949年之前，家中妇女刚知道怀孕时是不干活的，即便干活也仅做些不会耗费体力的手工活计。到过了头三个月，肚子稍微大起来，也会做一些事情，但也仅限于家中力所能及的家务活，绝不会去地里干农活。怀孕期间，妇女通常不会回娘家，即便是回娘家也要丈夫陪着，因为怀着孕的妇女自己回娘家，一旦出了问题，娘家人是说不清的。1949年之前，这样的事情在席村发生过。席村柴蛋儿（女）老人说，就是在柴家疙瘩，有个妇女怀孕回娘家，丈夫把她送去就返回家中做事，妇女在娘家住了一宿，第二天丈夫接回来不知是何原因就见了红，碰到个不讲理的婆婆，非说是在娘家出了事情，娘家爹妈百口莫辩。好在这个妇女最后保住了孩子，生下个小子，不过因为这个事情亲家在媳妇生下孩子之前一直都没有来往。

传统时期，席村没有职业产婆，给妇女接生的通常是上了年纪且生育过多个孩子的中老年女性。村里这样能接生的妇女有不少，但是村民们认为有经验的也就那么一两个。妇女生孩子都在自己家里，一旦有了临盆的迹象，丈夫或者婆婆去找有经验的老婆婆来帮忙接生。来给接生的婆婆不需要给报酬，但是要给些礼物表示感谢，一般给的都是馍馍。

2. 生育与过继

1949年之前，过继这种现象很普遍。在席村产生过继的原因主要有两类，一类是夫妻二人结了婚一直没有孩子，另一类是原本有孩子但半路夭折。还有一类是家中孩子智商有问题。农户为了延续自家的香火，避免家业后继无人及将来老了无人养老送终，通常选择过继孩子来顶门。

（1）过继子的选择

1949年之前，村落农户过继儿子要遵循一定的规矩，首先在选择过继子时要有一定的秩序性。这种秩序性主要体现为一种选择上的先后顺序，用老人的话说，"先紧内圈子，后考虑外圈子"[1]。老人口中的内圈子指的是拥有血缘关系的至亲，例如哥哥过继弟弟的儿子，叔伯兄弟之间过继儿子等。如果内圈子没有合适的孩子来过继，农户则考虑扩展到外圈子，这个外圈子主要是同姓氏的本村人，换言之就是一个家户里的人。除了秩序性之外，还要遵循长子不过继的原则，即家中的长子不可以过继给他人，即便是拥有血缘关系的亲兄弟也不可以。第三个原则是过继中的辈分原则，侄子可以过继给叔叔做儿子，但如果两人是同辈人，或者在辈分上被过继者要高于对方，这种乱了辈分的过继是绝对不被允许的。

（2）过继的程序

在符合以上三条规矩的前提下，过继双方都同意的情况下，才可以真正地过继，但凡任何一方不同意过继都不能继续。过继过程主要遵循双方父母的意见，老一辈的当家人或是亲戚中的长辈都不可以凭借本身的权威来进行干涉。双方父母均同意后，择一吉日便可过继。过继对于两家都是一件大事，要邀请家中的至亲、门下人来见证，不需要请户长、支长参与，但要请所在间的间长来做见证。过继不需要请专门的中人，受邀前来见证的门下人、间长、至亲就是见证人。过继中还要请村里的先生来代笔书写过继文书，立过继文书人由将儿子过继出的一方来请。调查发现的过继文书样式如下所示：

过继文约

立过继文约人席春槐因胞弟无子，今情愿将三子毛子过与胞弟席光荣门下继嗣承祧。同本家族人等言明，自过继之后，凡胞弟一应事俱系毛子照理，凡胞弟所遗房产地基产物等项俱系毛子为业。各出情愿，并无异说，恐后无凭，立过继文约永远存照。

民国24年　九月初三日
立过继文书：席春槐
凭中邻：席国荣　席永法
代笔：席天恩

---

[1] 任福成老人访谈摘录。

过继的文书一式两份，双方父母各持一份。以过继文书中的兄弟二人为例，过继后席光荣要摆酒招待请来的宾客。过继出生不久的孩子不存在改口一说，通常过继后就不会再与原来的父母相认了，但对于已经懂事的孩子摆酒当天要改口。据老人介绍，如果改口不热情会让新家的父母觉得不妥，孩子以后来了也不会处出感情，还存在被退回去的可能。

（3）过继的后续

过继之后，孩子还要去户里入户，入户时要带着孩子和过继文书一起去，户长会在入户登记簿上将孩子原有的信息划掉，将其写入新父亲的名下，同时会做出标记。要特别说明的是，过继本村不同姓氏的孩子是不准入户的，例如某农户一直没有孩子，兄弟子嗣并不多，于是决定过继大舅哥家的三小子来顶门户，这样的过继在当时是被允许的，但是过继后孩子因为跟父亲不是一个姓不能入户。对于已经懂事的孩子，过继后对原来的父母还称呼为爹妈，新爹妈不会阻拦孩子和原来父母来往，但如果来往过于频繁新家的父母还是会觉得不好，会和孩子原来的父母提出。过继以后，孩子对原来父母没有养老送终的义务，原来的父母生病了，过继出的儿子可以回去探望，如果已经成家并独自生活，愿意同原来的兄弟分担一部分医药费也是可以的，但原来父母过世后的葬礼虽然参加但不会分担任何的费用。在不履行养老送终义务的同时，过继出的孩子也不享有原来家庭的分家和继承权，但如果原来的父母特意给过继出的孩子留有一份家产，其他兄弟也无权干涉，至于被过继出的孩子是否接受由他自己决定。

3. 生育与买卖孩子

1949年之前，买卖孩子的现象并不多，但依然有少量存在。村里老人讲，过去卖儿卖女的人都是走投无路的人，但凡有一点办法也不会把自己的亲骨肉卖给别人。通常卖孩子的都是外面逃荒的人，一方面带着孩子是个累赘，另一方面不想让孩子跟着受苦，所以能找到合适的好人家就会把孩子卖掉。据老人回忆，过去席村只有一户卖孩子的，用当地方言说，那家日子过得很是"惜活"，家里孩子多不说，几个儿子还被抓去当了兵，当家的得了起不了身的重病，家里全靠女人撑着，后来没办法把家里最小的妮子卖了。

卖孩子不需要和任何人商量，只要孩子的父母做决定即可。过去卖妮子的比较多，卖小子的少一些，所以通常小子能卖出好价钱，妮子的价格则会低很多。家中没有孩子且不能生的农户，通常会买男孩来顶门户。其他情况则主要取决于自己的意愿，但在幼儿和记事的孩子选择上，农户更倾向于选择一个不懂事的幼儿。自己买卖孩子通常难度比较大，一般会找专门做这类事情的介绍人去买卖。过去附近村子里有专门做这类事情的人，这类人通常不会让双方见面，全部由介绍人来操作，买孩子的父母只是了解对方为何卖孩子，孩子有无残疾，具体的价钱是多少。卖出孩子的父母只能听介绍人说个大概情况，无非就是告诉他们孩子去了个好人家。买孩子的父母如果觉得可以，会让介绍人带来孩子看看，如果觉得合适就会把孩子留下，把钱交给介绍人。孩子一般会被卖到至少是十里八里外的村子里。通过对四大姓氏年长老人的访谈获知，在席村，即便是改了姓，买来的孩子只有张姓可以入户，席、韩、南三个姓氏均不给买来的孩子入户，老人说不给入户是因为户里认为这些孩子来路不明，入户会坏了祖宗的规矩。但在普通村民看来，即使买来的孩子不能入户，也会被视作自己的孩子来对待，因为这总比没人养老送终要强。若买来的孩子长大后不孝，村民也无处说理，只能归咎于自己命不好，自认倒霉罢了。

4. 生育与抱养

相比买卖孩子，1949年之前，村落中的抱养现象是比较常见的。只有不能生育的家庭，在没有合适过继对象的情况下选择抱养，抱养的孩子通常通过亲戚、门下人介绍，一般都是刚出生的孩子。过去抱养孩子不用给钱，要给孩子的生母送些鸡蛋、红糖表示感谢。这类把孩子送给别人的家庭一般也是因为某些原因养不起才送人。抱养这件事情只需介绍人来完成就好，不要写任何的文字，也不举行仪式，抱来的孩子就当亲生的孩子一样来养。这类孩子因为从小养大，感情会更好些，抱来的男孩要顶门立户，继承家业，并给父母养老送终。只要介绍人不说，抱养的孩子一般不会被亲生父母相认，这也是为什么农户在抱养孩子时要至亲或信得过的门下人去抱的原因。一旦孩子的父母找来要求相认，孩子成年并有家庭后是否相认由其自己决定，如果孩子还未成年，养父母会拒不承认有抱养一事拒绝他们和养子相见。抱养的孩子和买来的孩子一样，只有张姓可以入户，其他三个姓氏均不允许入户。

5. 生育仪式

1949年之前，生育孩子之后并没有太多的仪式。通常在孩子降生一切都安稳以后，生下的是男孩并且是第一胎，父亲要在巷子口放鞭炮来庆祝。如果当天来得及，孩子的父亲要去丈人家里报喜报平安，接到消息产妇的母亲要跟女婿第一时间赶去看望。娘家母亲会在产妇临近生产前就准备好坐月子的东西，提前攒些鸡蛋，逢集时候买些红糖、换些新谷子等。这些东西会一并让女婿拿去。娘家母亲只照顾女儿七天，剩下的日子由婆婆和丈夫来照顾，过了百天就可以干活了。

孩子出生后入户、何种情况下要摆满月酒前面已经有过详细的阐述，在此不做重复。下文主要就孩子出生后的探望、摆酒中的关系做一梳理。通常相处好的门下人听到放鞭炮便知道是孩子降生了,不过这个时候不会登门道贺,只是在巷子里见到孩子的父亲或者爷爷奶奶会恭喜,在孩子降生后的第七天,门下人会登门送鸡蛋和红糖表示祝贺,亲戚们也集中在第七天来看望产妇。届时当家人和孩子的父亲就会告知前来的亲朋办满月酒的日子,邀请他们到时来喝酒庆祝。有的农户还会专门发帖子邀请,以显得更为正式。满月酒的规模可大可小,通常邀请的宾客就是第七天来看望的亲友,当然孩子的父亲还会亲自去邀请并没有在第七天来看望的长辈。户长、支长以及村里的村长如果有亲戚关系会邀请,没有亲戚关系不会邀请,但农户所在间的间长会被农户邀请来喝满月酒。来喝满月酒的亲戚既要带伴手礼,还要上礼,门下人只需带东西即可。通常带的东西多是些给孩子做衣服的棉布或是已经做好的小帽子、小鞋,像产妇家的哥哥姐姐会带鸡蛋、谷子来给产妇补身体,孩子的姥姥和姥爷通常会送给孩子银手镯作为满月礼。在席村,办酒的农户接受亲朋好友的礼物,亲朋好友走的时候不回礼。农户只需要记住哪些人来了,送了些什么,日后在其他方面的人情往来中再还回这份人情。

(三) 生育习俗

生育对于席村每一个家户而言是头等的大事,在这个生育的过程中,农户奉行着很多习俗。结了婚想要孩子,有去奶奶庙里求子的习俗。怀孕时有"酸儿辣女"的讲究,因此有了为生男孩孕妇在整个怀孕阶段不能吃辛辣食物的习俗。因为兔子是三瓣嘴,所以孕妇怀孕期间绝对不能见到兔子,不然生的孩子也有可能是豁嘴。生了孩子有"坐月子"的习俗,坐月子期间有"忌门"的习俗,一来防止生人冲克,二来产房的血气于来人也极为不利,所以生了孩子要在门头挂红布。孩子满月时席村还有"撞喜"的习俗,即满月当天家人请一位儿女双全的长辈抱着孩子出门,如果见到的第一个人是上有父母、下有子女、本人有妻子或丈夫的"全还人",这个人就要接过孩子抱回家重新送给婴儿的母亲,主家则以红包相谢。人们以此习俗祝愿孩子也能像他碰见的"全还人"一样,在成年之后拥有一个幸福美满的家庭。孩子小的时候还有"吃百家饭,穿百家衣"的习俗,说是这样长大的孩子比较皮实,不容易有灾祸。

从产妇怀孕、生产再到孩子长大,这样的习俗还有很多,以上仅仅列举了具有典型性的几条。从其内容来看,主要是表达农户希望孩子平安无恙、健康成长的美好心愿,其次便是对孩子的美满未来的祝福。但由于时代的局限性,生育抚养中的习俗又反映了当时重男轻女的倾向及席村乡村生活中的迷信色彩。

二、生产态度

1949年之前,在席村,农业生产以家户的独立经营为主,而农户间的互助合作成为家户独立经营之外的辅助方式，长久以来农户本着"勤劳能过好日子"的观念从事生产。

（一）独立为主

1949年之前，席村的农业生产主要以家户个体作业为主。农户认为家户个体独立生产具有随意性、自主性和更强的灵活性。独立生产自主性主要体现在农户土地种什么作物由农户自己做主，具体什么时候种也由农户自主来定夺，不受外界的干扰，只有家户中的当家人有权来安排。如果在生产方面家户中出现分歧，通常以当家人做出的决定为准。农户对于旁人对自家生产方面的指指点点通常比较反感，认为这是"管闲事"。农户认为，每家每户都有自己的耕作方式和方法，在一家地里有效果的方法，用在另一家的地里可能并不一定有效，种好自己地，不操别人的心，这才是做庄稼人的本分。

（二）合作为辅

上文讲生产上的独立自主，主要是不被人干涉和左右，并不是指独自劳作。传统时期，农业生产的多个环节靠单个家户很难获得最大的收益，因此特定时间或环节的合作成为生产的重要辅助。在席村，这一点主要体现在收割的环节上。村里老人介绍，过去到了割麦子的时候家里的男人都不够用，所以流传着"秋忙夏忙，羞女儿下床"的口歌，即到了夏收、秋收的时候，家里的小妮子都要参与到劳动中。麦子成熟以后，可能一夜的大风或是一场大雨就会使收成减半，所以这个时期一种是选择家户合作，以群体作业的方式抢收快收，另一种则是花钱找麦客来帮忙收割，为减少支出农户通常会选择合作收割的方式。

（三）生产与税赋

1949年之前，在席村流传着"纳了粮，自在王"这样的口歌，农户认为抗粮抗税就是给自己找罪，等于和国家对着干。只要是收成过得去，农户都会选择按时纳粮交税，免得惹出事端，为避税而举家逃跑都是没有办法的无奈之举。农户心里都清楚，纳了粮、交了税，剩下都是自己的，怎么使用、如何处置都由自己来决定。过去村里做过避粮户的村民讲述："被人喊'避粮户'又不是什么好名声，谁都不乐意把家抛下到外面去逃荒，哪怕是出去有饭吃也不如在家，金窝银窝不如自己家的草窝。为了避粮跑到山里，和那里的人都不熟悉。这都是没办法的办法。"

（四）勤劳的认识与评判

"庄稼汉，全把式"是席村农户流传的一句老话，在村民的观念里，勤劳能干是种地农民的本分。据村里老人介绍："过去的人都很能干，天不亮就下地了，到天黑了还有人在地里干。一年到头都在忙，春、夏、秋忙地里的事情，冬天农闲还要去换油挣钱。家里的女人也不闲着，操持着家里的家务，还要纺纱织布做手工活，经常都是做到后半夜。就这样辛辛苦苦干上一年，才姑且保证一家子不会挨饿，如果不勤快，注定得挨饥荒。"87岁的任福成老人说："谁都不想那么辛苦，可不这么辛苦一家子人就得遭罪，所以一年一年这么下来也就变成了习惯，闲下来不去干活还会觉得不适应。"从老人的讲述中其实不难看出，农户所理解的勤劳最先是一种不得已，慢慢成了一种习惯。

也正是农户本身的勤劳肯干，所以对于懒汉村民更多持一种鄙视的态度。"懒人饿死也活该"是席村村民对懒汉最为真实的态度。那些自家地里杂草丛生，不喜欢干活，整天游手好闲，好吃懒做的人通常被村民称为"二流子"，这类人多数是光棍汉，除了父母、兄弟等至亲出于亲情会对其好言相劝或偶尔施以援手外，村里其他村民见到都会绕着走。老人说"死狗扶不上墙"指的就是这类人。

三、生活态度

"吃不穷，喝不穷，算计不到一定穷"是席村农户长久以来流传的一句口歌。传统时期，农户除了种地收获满足家庭一年的口粮外，很少能够有现金收入。即便是冬季出去换油，获得的收益也是微乎其微的。"量入为出"是村民消费的重要指导原则，算计过日子是村民们普遍秉持的生活态度。这里的"算计"一词，并不是对传统时期席村农户的贬低，词语在这里更趋于中性，体现的是农户对于生活的一种态度，"算计"并不等于"小气"。

按照老人的介绍，1949年之前，一个普通的家庭花销是很少的，穿的衣服都是自家棉花纺成线织成布缝制的，粮食、菜都是自己种的，吃的油也是自己种的棉花籽榨出的油。农户主要的开销在人情交往方面，婚丧嫁娶、满月、过寿都得上礼。也正是每年都会有这样的开销，农户更要算计着过日子，每年提早就要留出一些钱用于人情往来，轻易花钱去购买东西对于那个时候的农户是很难发生的事情。农户算计过日子的另一个重要体现是当家人的账本。过去的扩大家庭都有账本，账本上会将每日的花销用度记得清清楚楚，包括每天做饭用了多少粮食都会记着。所以扩大家庭中的媳妇很难做事，经常因为做多了饭被婆婆说不会过日子。席村85岁的杨竹竹（女）回忆了过去挨婆婆骂的情景：

刚嫁过去先是跟着婆婆一起做饭，每次用多少粮食和面都有婆婆拿捏，熬米汤放多少米也是婆婆来定，家里来了人婆婆知道加多少米，少了人也知道少放多少面。每顿饭基本上都不会剩。后来婆婆不做饭了，我熬米汤，不是米多水少，就是米少水多。担心做多了剩下饭被骂，每次做饭都不够吃，不够了就得自己挨饿，完了还得被婆婆数落说我不会过日子。[1]

村民不仅在生活上精于算计，而且还崇尚节俭。所谓的节俭就是不铺张浪费，能省则省。据过去当过长工的朱发发老人讲述："过去在财主家里扛活，外人眼里会觉得财主家大业大，吃穿各方面都比一般人家要好，其实并不是那样。财主家虽然有钱，但是过日子也是精打细算，一日三餐财主和长工们吃的都一样，财主家的小儿子穿的也是上面孩子替换下来的衣服。"从老人关于地主节俭过活的讲述不难发现，在传统时期，节俭体现的应该是村民在那种时代环境下所形成的一种习惯。所以村民对于浪费行为的态度与对待懒汉是一致的，村民认为浪费实则是败家，浪费的人就是所谓的"败家子"，这种不懂珍惜、不懂节俭的败家子通常也是村里人瞧不起的对象。

除了上述内容之外，重名声、好面子也是席村农户重要的生活态度之一。农户把名声称为"人气"，说某某人很有人气，意在表达这个人的人缘很好，很容易相处，愿意和这样的人相处。在传统时期，农户都很重视自己的人气或是名声，一旦因为某件事情而遭到村里人的非议，农户很容易被孤立，而且还会造成家庭面子丢尽，后辈人都可能跟着遭殃。面子也是农户比较在意的东西，村里老人讲："过去村里办庙会，村里要把每家每户出多少粮食赞助庙会张榜公布，村民爱面子，很多不富裕的农户多少都会拿出一点粮食，为的就是不在村里丢了面子。"

四、社会态度

1949年之前，席村就是一个小型社会，多数时候村民的活动都在村庄里进行。村民的社会态度主要从农户参与村落的活动中来体现，而农户持怎样的态度更多取决于农户对活动的认知和判断，主要有以下几类情况：

其一，摇摆不定，从众态度。在无法判断所要参加的活动对自己或家庭有好处还是坏处的时候，农户通常是摇摆不定的态度。这往往体现着一种极为矛盾和复杂的心理：一方面农户不清楚参加村落的活动是否会给自己或家庭带来利益上的增损，有好处的话无所谓，如果给家里带来的是坏处的话那就得不偿失。看到其他村民参与其中又会担心如果表现得不积极会遭到村民的排挤和冷落，被认为是不合群而坏了人气。因此最终农户体现的是一种从众的态度，换言之就是随大流。参与的人多就也参与其

---

[1] 杨竹竹老人访谈摘录。

中，如果没什么人参与就冷眼旁观。

其二，消极参与，应付了事。农户对于村落共同组织的活动很是了解，参与活动既不会造成个人或家庭利益的损失，也不会获得什么，但不参与又会被村落中的其他人视为不合群。此时农户通常表现出较为随意的态度，即活动也去参加，但更多的是一种应付的态度。

其三，积极加入，尽量表现。如果农户了解村落共同组织的活动，而且知道参与活动只会给个人或家庭带来好处，往往会积极地参与其中，还会尽量在这个活动中展露自己，以体现自己在村落中的存在感和人气。村里办庙会，因为要张榜公布农户的出资情况，所以绝大多数农户会积极出资，以及庙会正日去禹王庙烧头香这样的活动都是最好的例证。

其四，争取同盟，避免参与。农户了解村落共同组织的活动，并且分析出参与活动会给个人或家户带来诸多的不利或弊端，不参与肯定对家户有利，但不参与又可能会被参与的农户视为不合群的一个。遇到这种情况农户的态度通常是消极的，一种方式是保全利益而被别人说，另一种方式是把参与活动所带来的负面影响告诉门下人或者朋友，让他们也不参加，这样多个农户都不去，自然也就找到了心理平衡。

上述农户对于村落共同活动的反应体现了小农复杂的社会态度和心理，其中包含了传统时期席村农户从众的社会心理、追求个人利益或家庭利益的心理、谨小慎微的社会心理等，也正是这些社会心理塑造了农户摇摆不定、积极往前冲、随意敷衍的行动选择。

五、政治态度

1949 年之前，村民的政治态度实质上是村民对"官"和权威的态度。用村里老人的话讲，过去的人们"不怕官但怕管"。农户并不惧村里当官的，他们怕的是当官人手上的权力。对于区里和县里的官员，村民表现出的更是无所谓，"县官不如现管"是村民给出的有力解释。据老人们介绍，过去村里的村长是有实权的，可以动用私刑，区里或是县里来人了也得村长带路，只有村长让村副和地方去将某某人绑了，很少有区里或县里来绑人的。

在是否愿意自己或者儿子当官的问题上，老人给出了如下的解释："在日本人来以前，村里的人们对于权力的追求还是很热衷的，村民都希望能够当村长、闾长。之所以想当官是因为当时世道太平，当了个官好歹能干出点儿事情来，即便是得罪个别人，但是大多数人会说好。"换言之，普通村民想当官并不图权，更多的是图"名"，村民认为当官是件光宗耀祖有名气的事情。正是这种情况，日本人来了以后，村里就没人愿意当村长了。"主要是日本人来了以后世道乱了，当时白天是日本人，晚上是二战区还有警备队的来找麻烦。村里的官都得给他们干坏事，不是收款纳粮，就是帮着抓兵，动不动还要绑人拷打，把村里的人得罪个遍。"因为没人愿意当村长，席立尔老人的父亲被区里强行要求连续当了八年的村长。

上述是村民对村长、闾长等村干部的认识，在席村，除了和政府有关联的干部之外，还有一类人也算得上有一定的权威，这类人就是四大姓氏的户长和支长。他们是户支里辈分高、品行好且能够服众的人，据村里张怀茂老人介绍，户长和支长在日本人来以前讲话很有分量的，对于户里出现的一些违背礼法家规的行为，户长是有权处理和管教的。例如户里有后人忤逆当家人，户长可以将其带到家庙动用家法来进行惩戒。同样也是在日本人来了以后，村民个个都自顾不暇，户支长的地位也开始不保，仅剩的权威也只能体现在每年召集人们清明祭祖、支配和管理户里土地这些事务上。虽然人们还是很尊重户支长，但程度上已大不如从前。

第五节　习俗与习俗关系

1949 年之前，席村的农户在日常生产生活中形成了一系列的习俗，这些习俗作为村落文化的重要组成部分，在限制农户行为的同时也在影响着村落中人与人之间的关系。本节从婚丧习俗、节庆习俗与日常习俗三个方面考察传统时期席村的习俗与习俗关系。

一、婚丧习俗及关系

婚丧嫁娶是席村村落生活中的一项重要活动，婚丧活动表面看体现着村落的文化与习俗，实际上还与家户的繁衍绵延、代际更替，以及家户间的人情交往、村落与村落间的姻亲联系密切相关。

（一）婚姻习俗与关系

1. 婚姻概况

根据所掌握的席村人口基本情况以及调查了解，对 1949 年之前席村 512 户的婚姻情况进行了简单的统计，较为粗糙，所获得的信息来自多位高龄老人口述。统计根据席村 512 户中长子所娶媳妇的家庭地址，分为本村、外村、不详、倒插门、光棍五个变量。具体的统计结果如下表 5-1 所示。

表 5-1 席村农户婚姻状况粗略统计

	本 村	外 村	不 详	倒插门	光 棍
1 间	15	7	18	6	0
2 间	13	10	17	4	0
3 间	13	8	11	3	0
4 间	12	15	6	0	1
5 间	8	16	5	2	0
6 间	27	19	8	3	0
7 间	10	5	9	0	0
8 间	22	10	13	3	3
9 间	16	14	8	1	0
10 间	13	10	15	2	0
11 间	17	6	9	0	0
12 间	22	8	9	3	0
13 间	26	6	5	0	0
总计	214	134	133	27	4

基于以上粗略的统计信息，对来自外村的媳妇的情况又做了进一步的了解，得出如下的表格：

表 5-2 与村外建立婚姻关系的地点与人数统计

	迎娶地点距离席村 0—5 公里					
地 点	水西（3.6）	三泉（3.5）	李村（1.4）	蒲城（2.2）	白村（5.0）	王守庄（4.9）
人 数	22	19	11	7	5	5
地 点	卢家庄（2.6）	永丰庄（4.7）	刘建庄（3.2）	孝陵庄（2.4）	磨头（5.0）	
人 数	5	3	3	6	1	
总 计	87					
	迎娶地点距离席村 5.1—10 公里					
地 点	王马（5.4）	古交（6.5）	曙光村（7.5）	冯谷庄（7.4）	薛郭（7.0）	古堆（8.0）
人 数	7	5	2	2	2	2
地 点	双陀（8.0）	吉庄（5.9）	南社（7.0）			
人 数	2	1	1			
总 计	24					

续表

地 点	迎娶地点距离席村超过10公里					
地 点	南庄子（15.4）	王村（14）	李家庄（12.9）	汾南（25）	汾城县（28）	河南
人 数	4	3	1	2	2	10
地 点	兰州					
人 数	1					
总 计	23					

基于上述粗略统计，将不能纳入统计的不详信息排除后进行分析，传统时期席村农户的婚姻可以概括为以下几点：

其一，1949年之前，主要以本村内部联姻为主，有214户家庭中的当家人或长子娶了本村的姑娘作为妻子，排除无法统计的133户，本村内部建立婚姻关系的比例高达56.5%。有134户的婚姻是村外联姻，最近是李村，距离仅有1.4公里，最远则有河南和兰州的姑娘嫁到席村，而且有河南媳妇的农户多达10户。老人介绍这其中有来逃荒嫁到席村的，也有出去做买卖娶回来的。

其二，同外村建立的婚姻以0—5公里范围的村庄为主，以水西、三泉、蒲城、李村居多，有近60户娶了来自上述四个地方的姑娘。当然5公里以外的村庄也有不少。这和本村内部的联姻共同构成了席村的婚姻圈层。同时倒插门现象在席村较为普遍。

2. 结婚条件

婚姻讲求的是"门当户对"，这里的"门当户对"不仅仅指男女双方家庭情况或社会地位的情况，还包括其他的多个方面。

其一，年龄。1949年之前，关于结婚的年龄不像现在会有专门的法律做出规定，过去男子十七八岁就可以张罗着娶妻，女子则过了十六七岁家里就会找人帮其物色婆家。女子一旦过了22岁就不容易找婆家了。

其二，男女双方的家庭条件。在这一点上多数农户会在意门当户对，一般普通家庭的男子很难娶到财主家的千金，而穷人家的妮子也不会嫁入财主家做媳妇。有妮子的农户认为，自家家里条件一般，把妮子嫁到富人家容易被欺负，而如果自己家里条件不错，则不会乐意自家的妮子嫁给穷小子去受罪。

其三，男女的长相。1949年之前，在席村没有专门保媒拉纤的媒婆，男女找对象结婚都是靠亲戚、门下人、知根知底的人来介绍，所以在介绍时会把对方的相貌进行些简单的描述，如果同意了下一步还会双方见面。用村里老人的话说，过去人们对于长相并不是特别在意，只要五官端正、眼睛不瞎、耳朵不聋，不是满脸的疤或者身体有残疾那就没问题。通常男女一方如果有残疾是会提前告知对方的，不然过了门以后还是会产生不少的麻烦：男方发现女方隐瞒，可能会休妻；女方发现男方隐瞒，则可能会悔婚。到时候介绍人夹在中间也不落好。当然财主家里娶媳妇是会在意长相的。

除了讲求门当户对，传统时期结婚还得听从父母的安排。据老人介绍，1949年之前，村里也有自由恋爱的男女，但能否结成夫妻，并不是男女双方说了算，而需要当家人全面考量之后来做出决定。村里老人介绍说，过去按照户里的规矩同姓氏的农户不允许结婚，这被认为是有悖于伦理纲常。对于这样的规定，多数农户是严格遵守的，但也不排除有人会违背，不过即便是违背也是执行双方父母共同做出的决定。按照村里老人的说法，那些同姓结婚的一定不是同一支的，早就没了亲戚关系。此外，如果家里的儿子领回一个来路不明的女子要娶进门，也是不会被允许的。

3. 婚前仪式

正式的婚礼仪式之前会有不少的程序，大致说来有以下几点：

第一，见面相亲。对男女基本条件的描述获得两家当家人同意后，介绍人要带着男子和其当家人去女方家里相亲，同时也让对方相看下男方。通常男方去的时候要带礼物，点心、高粱酒等，男方如果疏忽了这一点，介绍人也会提醒。到了女方家里，男女以及两方的当家人抑或父母见面，介绍人会尽力地给两方说好话，目的是促成姻缘。女方在见面那天会准备饭菜来招待介绍人和男方。

第二，答谢介绍人。见面后介绍人会让男方回家商量考虑几日，同样女方也会有个考虑的过程。这期间双方不管是否满意对方，都会感谢介绍人，一般女方的当家人会带礼物去介绍人的家里感谢，同时会把相看的结果告诉介绍人。男方则是将介绍人请到家里吃饭，也可以是给介绍人送些东西以表示感谢，可以送肉，也可以送圆馍或点心。送礼要男方的当家人去送，可以带着儿子一起，但不能让家里相亲的儿子一个人自己去送。请吃饭或是送礼的时候另一项重要的事情就是要给介绍人反馈相亲的结果，男方如果满意会告知介绍人，并向介绍人索要女方的生辰八字。女方也对男方满意的话，介绍人会把女方的生辰八字交给男方，如果女方不满意，介绍人也会告知男方，并且答应以后再给物色。

第三，批八字。拿到女方八字后，男方当家人会连同男方的八字找村里会算命的先生批八字。男女双方生辰八字没有问题的话，男方告知介绍人，准备择日下聘。如果算命的先生说八字不合，一种结果是双方会就此不再考虑，另一种结果是请算命先生找个破解的办法破一破，但关于八字不合的实情要告知女方。农户比较在意八字不合这一条，多数情况下会选择就此不再考虑，以免日后对家庭及双方都有不好的影响落下一辈子的遗憾。

第四，下聘。如果八字没有问题，男方会请先生一并择了下聘的吉日，统一告诉介绍人，男方的当家人会和介绍人一起去女方家商谈聘礼的事宜。过去农户手里很少有现钱，聘礼都是给粮食。据村里老人介绍，聘礼双方商量着来，普遍是三五石麦子。像朱发发老人娶媳妇的聘礼是三石五斗麦，而韩景明老人则是五石麦子。若女方父母特别中意男方，通常不会提出让男方难以接受的彩礼要求，男方家里如果愿意，也可以给即将过门的媳妇些金银细软作为彩礼。谈妥后男方在定好的日子将聘礼送到女方家中，介绍人也会在场见证。

下了聘礼以后就算是订立了婚约，虽然并不会写字立约，但男女双方无故不能悔婚。若是男方提出悔婚，女方不会退回聘礼，若是女方提出悔婚，则需要向男方退还聘礼。如果在下聘后有一方去世，只要没有拜天地，都可以解除婚约。男方去世，女方是否退回聘礼视情况而定，主动退回聘礼也可以，如果男方家里并未索要，也可以选择不退回。如果女方去世，男方不去索要，女方也不会主动退回。

婚约订立后，男女双方会有频繁的走动往来，通常是男方去女方家里。起初男方每次去都会带些东西，之后走动频繁不带东西也不会被计较。男方去女方家里还会帮忙做些体力活，进一步获得女方父母的认可和信任。虽说会有走动，但女子到男方家的次数会少得多，当然要排除男女双方在一个村子的情况。一般如果正好赶上有庙会，男方会接女方到家里做客。虽说订立婚约后双方会有走动，但过节时双方都不需要到对方家里拜访问候。这些个节日的问候一般结婚后才会去做。

婚前女方的母亲就会为女儿准备出嫁的新衣，通常会准备两身衣服，一身是冬天的棉衣，一身是单衣。两身衣裳都是喜庆的大红色，如果出嫁的日子在冬天，出嫁时就穿棉衣，在其他的季节就穿单衣。女方母亲还会准备红盖头。家庭条件好的农户还会给姑娘和姑爷做两套被褥。传统时期，家里有妮子的家庭通常在孩子很小时就会为妮子准备嫁妆。

4. 婚庆仪式

1949年之前，男方下了聘礼后并不会紧接着操办婚礼。村里老人讲，如果下聘后没多久就结婚，家里根本负担不起，所以通常下聘后要等上大半年到一年的工夫才会操办婚礼。男方的当家人会找先生事先选好结婚的吉日并告知女方。日子定好后，结婚的消息由家中当家的父亲通知，包括娘舅家的亲戚也是当家的父亲去通知。结婚的通知都是亲自上门去通知，家里亲戚多，特别是远房亲戚比较多的农户，一般会在一个月前就张罗着通知亲戚了。过去亲戚一定要通知到，如果是托人带话，或者亲戚通过别人知道结婚的事情，是绝对不会不请自来的。当家人通知亲戚一般先从家中的长辈开始。据老人介绍，通知了孩子的大舅，大舅已经成家的子女就不需要挨个通知了，大舅会告诉他们。

一般通知的亲朋都会来参加，人到礼到，人不到礼到的情况也是存在的。礼到人没到的一般会给回礼，带点肘子肉和馍馍之类的食物。参加婚庆送礼都是送现钱，三块五块不等，亲戚朋友也不一样，通常亲戚拿的礼都比较重。结婚不会专门请村长和闾长，除非和村长或闾长有亲戚关系，要不就是门下人或平日里就有往来的朋友。如果村长或闾长受邀来参加婚礼，自然会被当作贵宾安排在上席，但即便是安排在上席，也不会是和家中的长辈在一桌。户长和支长同村长闾长是一样的道理，没有关系不会专门邀请。娘家除了送亲的弟弟妹妹参加婚礼外，再没有其他人参加。送亲的娘家人依数量而定，多的话会专门安排，少的话一般会和女子婆家的人安排在一起。

结婚当天，男方家里会请一位熟知婚庆礼俗、懂得人情世故，在村里受人尊敬的先生来担任总执事先生。还会设置一名管账的先生来记账，通常主家优先从主家信得过的家里人中选，如果亲戚中没有这样的合适人选，主家会拜托总执事先生去找。总执事先生在婚庆中除了负责迎来送往全程指挥外，还要安排亲戚的座位，同时还是婚庆的主持人。吉时拜天地这些程序也是由总执事来主持。婚庆中还会有专门帮忙的人，这些帮忙的都是门下人。门下人帮忙不会获得报酬，老人认为，谁家都要做事情，彼此帮忙都是一来一往，给报酬就见外生疏了，不过主家会在婚庆后专门请帮忙的门下人吃一餐饭表达谢意。如果门下人家里的女人帮忙打杂，男人则要坐席，这种情况下门下人会上礼，但事后主家会将礼金退回。农户认为，这个礼金一旦收了，往后相处起来就跟从前不一样了。

婚庆当天新郎官在叔伯兄弟的陪同下去迎娶新媳妇。过去村里根本没有轿子，财主出门都是坐着大车，只有县城里当官的财主老爷才会有轿子，所以娶媳妇都用大车去迎，男方家里没有大车就去问门下人借，也不用给任何的报酬，给拉车的牲口脖子上扎个红绸子花就是迎媳妇的喜车了。新媳妇通常由家里的弟弟妹妹作为送亲人送来。坐着新媳妇的大车到了门前，主家会提前找村里的"全还人"[1] 端着盛着五谷的盘子往车上抛撒，还边撒边唱："一打天门开，二打地门开，三打新人下车来，四打四季同春，五打五谷丰登，六打六时气顺，七打吉祥如意，八打恶神避路，九打煞气分离，十打万事如意。"说完这些新媳妇下车准备拜天地。[2]

1　全还人，指已婚并且儿女双全的人，这里主要指女性。
2　上述迎亲习俗根据杨竹竹、席辛心、席立尔老人口述整理。

婚庆最主要的仪式就是拜天地。过去没有领结婚证一说，拜了天地就等于领了结婚证，所以这项仪式很重要。上文提到，拜天地由总执事先生来主持，最先拜的是"天地爷"，之后按照"爷爷奶奶—父亲母亲—叔叔婶婶"这样的顺序依次拜过，如果家中还有更大辈分的至亲，则排在最前面便是。拜天地时，如果男子的姥姥姥爷在场，通常会在爷爷奶奶之后行礼，要说明的是不需要给娘家舅舅行礼。拜了天地后夫妻两人还要去敬酒，给至亲敬酒和拜天地的顺序没有差别。给亲人敬酒后就是给远亲、当家人请来的朋友敬酒，这时候如果村长、闾长在场，则要先给村长、闾长敬酒，以显示对他的尊重。这些个拜天地以及敬酒的先后顺序，即便农户不知道，总执事先生也会指导新人如何去做。对于家中有祖宗堂的农户，当家人在婚庆当天还要放炮请祖宗，新人还要去祖宗堂烧香磕头，婚礼第二天由当家人送走。

5. 婚后惯习

传统时期，婚后的仪式主要集中在第二天。在席村没有新媳妇早起做早饭的传统和习俗，但新媳妇要给公公婆婆请安敬茶。不需要给哥哥嫂子请安，也不需要专门去和家里的小叔子、小姑子打招呼。家中要是有爷爷奶奶，要在给公婆请安前先去给爷爷奶奶请安。请安后媳妇会带着丈夫回娘家。在当地，结婚第二天回娘家主要是带着新姑爷去娘家认亲，媳妇的爷爷奶奶、叔叔伯伯、姑姑婶婶、舅舅姨姨等亲戚都会聚在媳妇娘家等着见新女婿。媳妇家同样会摆酒招待亲朋。

新人回了娘家，家中的当家人要去邀请婚庆当天来帮忙的门下人、总执事先生以及管账的先生到家里吃饭。当家人去执事先生那里必须要带礼物，而且礼物不能太轻，通常会在逢集的时候提前买上一包烟丝，在婚庆第二天请先生时送上，同时还会准备些点心和酒一并送去。来帮忙的门下人以妇女居多，所以妇女们会坐一桌，由家里的女人来负责招待。而总执事先生、管账先生、门下人这些来帮忙的男人们会坐一桌，由家里的男人招待，总执事会被安排在上席，主家会给请来的每个人敬酒以表示感谢。

在席村，主要是有家庙的四大姓氏以及柴、杨两姓，新人婚后第二天要在当家人的带领下去户里入户。婚庆仪式的拜天地是正式确立二人的夫妻关系，给父母长辈磕头意味着媳妇正式成为家人，去户里入户则意味着娶进门的媳妇成为户里的人，或者换句话说成了真正的席村人。入户由户长负责，去找他的时候自然不能空手，要给户长带包炒货或者几个圆馍。到了祠堂当家人带领夫妻给祖宗焚香磕头，之后户长将新媳妇的名字写在入户登记簿她丈夫的名字后面。

刚过门的媳妇，未经婆婆和丈夫的许可不能随便抛头露面。据杨竹竹老人介绍，过去她刚嫁过去时基本上是不出门的，整天就在家里按婆婆的安排做事情，出门都是婆婆带着出去。过去家里事情多，女人也是半个劳力，她的婆婆经常要去巷口的水井提水，每次提水的时候都会带着她，出去遇到熟人就会说这是刚过门的媳妇，她就跟人家打招呼，该叫叔的就叫叔，该喊婶子的就喊婶子。后来婆婆告诉她，这么带着她出去就是让周围的人知道她是谁家的儿媳妇，免得以后自己出了门被人欺负。

上文曾提及，下聘后会走动但不看节，但结婚后头一年是要看节的。婚后的头一个春节，新过门的媳妇要给丈夫的至亲长辈拜年，因为是新婚夫妻头一年来拜年，所以家里的伯伯、叔叔、姑姑都很重视。新婚的夫妻拜年时不能空着手去，长辈也要准备压岁钱给夫妻俩，而且还要准备饭菜来招待夫妻二人，需要特别说明的是，男方叔伯姑姑准备的饭菜一定要比一般的拜年饭丰盛些。新婚夫妻先给丈夫家的至亲拜年，之后才会给妻子的至亲拜年，程序以及所受的礼遇基本上是相似的。到了第二年的春节，新婚夫妻同样要给长辈拜年，但至亲不会给压岁钱不说，拜年的饭菜也不像头一年那样丰盛。

6.其他婚姻形式

(1) 续弦与纳妾

1949 年之前，在席村，死了老婆的男人再娶叫作"续弦"。男人原配妻子去世后是可以再娶的。扩大家庭中小家庭的儿子续弦需要告知父母，并要征得父母的同意。要让父母知道准备娶进门的女子是哪里人，具体的家庭情况要告知父母，对于来路不清的女子，父母可以提出反对意见，对于儿子的续弦意愿，父母可以找可靠的亲友帮着物色介绍。儿子如果态度坚决，会和父母产生矛盾，僵持不下则会选择分家，分家后男子续弦全由自己做主，父母也不再干涉。如果要续弦的男子和原配妻子有了孩子，孩子已经成年，续弦的男子要告知成年的孩子，即使孩子提出不愿意接受后妈的想法，只要男子拿定主意，通常也不会因为孩子的想法做出改变。原配妻子的父母也无权干涉男子续弦。续弦同迎娶原配妻子的主要区别在于婚庆仪式的规模上，迎娶原配妻子属于人生的头等大事，至亲好友都会受邀前来道喜，而续弦则会比较简单。据村里老人介绍，男人续弦即便娶进门的是从未出嫁过的"黄花闺女"，也不会像迎娶原配时那样隆重，摆酒还是要摆，请人也要请，但请来的多是家里的至亲，平日里往来不多的亲戚都不会被列入其中，当然有钱的财主例外。要指出的是，续弦后男子还会继续维持过去的姻亲关系，同原配妻子的家里的亲戚保持来往，除非原配的至亲主动断了联系。原配所生的子女不会与续弦所结成的姻亲来往。

纳妾指的是在已有原配妻子的基础上再娶一房老婆。据村里老人介绍，过去村里只有财主才能娶得起两三个老婆，在席村只有一个张姓财主同时有三个老婆，普通人根本做不到。纳妾通常是有原因的，男人纳妾的主要原因有如下几个方面：其一，原配妻子生不出孩子，丈夫又不愿意休妻，通常会在妻子的同意下再娶一房来生儿育女延续香火。其二，通常财主等有钱人将娶妻纳妾作为一种炫耀。过去村里没有普通农户纳妾的情况，富人纳妾通常自己做主，用老人的话讲："财主有的是钱，娶几个都养得起，娶小老婆也不会有人管。"[1] 村里财主纳妾也会热闹一番，和娶头一个老婆没有太大的差别。

（2）倒插门（招女婿）

结合上文较为粗浅的统计看，传统时期，席村倒插门的情况并不少。在席村，儿子太多，家里条件不好，娶不起媳妇的农户会让儿子倒插门。与此相对，招女婿则是家里没有儿子只有闺女，如果有多个闺女父母会留最小的闺女在家，选择招女婿上门的方式来解决所有闺女嫁出后无人养老的问题。这里说的儿子倒插门和女儿招婿实则是同一件事情，下文以倒插门来具体阐述。据老人介绍，倒插门这件事情通常是男的自己找，或者儿子多的家户父亲托人去只有姑娘的家里问，当然妮子的父母也会托人去家里儿子多、家庭条件不怎么好的农户家里询问，如果恰好都有这样的想法，此事也就比较容易促成。

村里同姓的农户通常不会倒插门，即便是已经出了五服不是同一支的也会尽量避免。男方倒插门到了女方家里要不要改姓主要由双方提前商定，如果倒插门之前女方家当家人要求改姓，男方家里也表示同意，男方过去后则会随女方的姓。据村里老人介绍，过去倒插门做了上门女婿改姓的比较多，因为倒插门的女婿要成为"儿子"继承家产，不改姓总会被认为是外姓人，老人心里始终不会踏实。倒插门的"儿子"不可以入户，但生下的孩子可以入户，男方已经随女方姓，所以生下的孩子也自然随女方姓。倒插门的"儿子"在家里地位与亲儿几乎没有差别，用老人的话说："这家人原本就没有儿，倒插门的女婿就要当亲儿待，还要让他当家拿事，如果存有二心，日子肯定过不下去。"[2] 招来的"儿子"要参与家庭的重大决策，并承担起当家人的各项事务，要给妻子的父母养老送终，自然家产也由其继承。对于之前的父母可以来往，但不负责养老送终，生病了可以去看望，日子过得去可以分担些看病的花费。亲生父母去世以后要去参加葬礼，要行孝子之礼，是否承担丧葬的花销全凭自愿，对于父母去世后所留家产没有继承的权利，更不会参与原来家庭的分家与决策。

1　席立尔老人访谈摘录。
2　柴亥人老人口述摘录。

（3）童养媳

调查发现，传统时期席村存在的另一种婚姻形式是童养媳。童养媳一般从四五岁开始养起。据席村82岁江英英老人（女）介绍，过去做童养媳主要有以下几种情况：其一，妮子家里穷，爹妈养不起送人做童养媳；其二，小子家里没钱，担心到大了娶不起媳妇，收个妮子来做童养媳。其三，因存在债务关系，无钱还债，用家里的妮子去做童养媳抵债。童养媳两家如果离得近，又不是因为抵债让妮子去做童养媳，两家关系还不错的话，童养媳平时是可以回家的。但是回家要告知家里的父母，原来家里的父母不能把妮子留下来过夜。童养媳十六七岁的时候就会被安排和家里的儿子结婚了。通常家中儿子和童养媳结婚不会举办结婚庆典，当家人会找先生择一吉日，邀请至亲来吃饭，这样童养媳就从妮子变成了儿媳。

关于童养媳，席村杨竹竹老人给出了不同的表述。老人介绍说，过去给人家做了童养媳就等于送给人家做了妮子，是不能和原来爹妈来往的。童养媳小的时候不会被要求干活，到了十二三岁能干活的时候在婆婆家里也要干活。童养媳所有的吃穿全部由婆家负担，过年的时候还会给添新衣服。结了婚以后，只要是家里的公公婆婆活着，童养媳一般不会和原来的父母来往。公公婆婆过世或是分家单过，只要丈夫不干涉，童养媳就可以和娘家来往，娘家父母生病也可以回去照顾，过世以后也可以回去参加丧事。

（4）换亲

1949年之前，在席村还有一类婚姻形式，老人们称之为"换亲"。简单讲，"换亲"就是一家两个儿子，一家两个女儿，其中一个儿子娶了另一家的女儿，另一个儿子去做了上门女婿。换亲通常属于比较偶然的一种婚姻形式。换亲也要介绍人，而且通常也是介绍人促成这类偶然婚姻的发生。举个例子来对换亲做一说明：席姓农户家中有两个儿子，分别为A和B，张姓农户恰好有两个女儿，分别为C和D，介绍人给席姓农户儿子A介绍张姓农户女儿C，顺口向席姓农户提出可否换亲的想法，获得了席姓农户的同意，这样只要张姓农户没有意见，双方就会换亲。

席、张两姓农户换亲，席姓A迎娶张姓C到席家，席姓B到张家做儿子，成为D的丈夫。换亲的好处是席姓农户不需要给张姓农户聘礼，张姓农户也不会为女儿置办嫁妆。到张家的席姓小儿子B可以改姓也可以不改姓，这主要在于两家之前的商议结果。村里老人说，换亲等于"亲上亲"，B到了张家将来可以继承家产，并承担赡养张家老人的义务，张家通常也不会干涉B与席家的来往，但B不再尽赡养席家老人的义务。席姓老人过世后B要回去参加葬礼，但不需要承担各项支出。

(5) 配阴婚

1949年之前，在席村还有一种很特殊的婚姻形式，就是"配阴婚"，通俗地讲就是结冥婚。配阴婚主要是给家中未婚夭折的男丁找一个相同情况的女子结为"鬼夫妻"。按照过去的讲究，没有结过婚就去世的人要被埋在乱葬岗，村里人将这类过世早没进正坟的称为"孤魂野鬼"，家里略微有些条件的家庭为了不让儿子"孤了"，就会请家里的至亲好友来帮忙打听，看本村或是附近的村子里有没有未婚夭折的妮子，一旦有便会亲自上门提出配阴婚。一般而言，去世妮子家里也不想自己妮子"孤了"就会答应。

配阴婚和活人结婚在很多方面存在相似性，例如在聘礼方面。男女双方达成初步共识后，女方父母会提出聘礼的数量，配阴婚相比活人结婚聘礼要少一些，大概能少一石麦子。村里老人回忆说，过去配阴婚中妮子会比较稀罕，所以很多妮子的家里会借此提出很多的条件，那男方家为了孩子不成为村民口中的"孤魂野鬼"甚至举债答应对方的要求。男方下了聘礼后，阴阳先生会选好日子和时辰，先是将已经葬于乱葬岗的儿子的棺材挖出，然后将二人合葬在自家的坟地中。只有双方的父母和兄弟姊妹参与其中，家中至亲好友均不参加。挖坟抬棺这些事情也都是阴阳先生找来专门抬杠的人做，男方会在安葬后支付给包括阴阳先生在内的所有劳力相应的报酬。待坟地的事情结束后，两家人会在一起吃顿饭，日后是否作为亲家来往完全取决于双方的意愿。

(二) 丧葬的习俗与关系

1. 报丧

家中有老人去世，第一件事情就是通知家里的至亲，这被称为"报丧"。1949年前，家里老人过世，负责报丧的是门下人。这或许会让人觉得不解，为何报丧的是门下人？席村的阴阳先生张熬狗老人给出了如下解释：过去家里老人"一倒头"就有很多的事情要家里的儿子们去做，根本没有时间去报丧。加之村民认为家里有人过世，身上有晦气，不适合去别人家里报告这样的事情，而住在一个巷子甚至是一个院子的门下人通常是最先知道过世消息的人，所以他们会去做这件事情。

家里的掌事的儿子会请门下人到巷子里，请他们帮忙去报丧。村里老人介绍说，这种事情只要是找到了，没什么特殊的事情都不能拒绝。掌事的儿子会分别告诉门下人去哪里报丧，通知家里的至亲老人过世的消息。如果是家里母亲去世，通常先去告诉娘家的舅舅，之后告诉娘家的其他亲戚，以及父亲这边的至亲。如果是家里父亲去世，没有严格的顺序，通常是先通知本村，再通知外村。不需要去专门通知村里的村长、闾长以及户长和支长，如果之前有关系则除外。

2. 治丧

按照阴阳先生张熬狗老人所讲，过去人一过世就开始计算天数，操办丧事要按步骤进行。报丧的事情由门下人去做，主事的长子第一时间去请村里的阴阳先生，要将老人过世的时间报告给阴阳先生，阴阳先生会根据这些来算出何时入殓，以及具体的下葬日期。有时候因为过世的时间或者日子有讲究，要在家中放近半个月甚至一个月，一般情况下是七天或九天后入土安葬。

丧葬中也会安排一位执事先生，可以由阴阳先生来推荐，若主事的长子觉得没有问题，因为不方便亲自去请，会由阴阳先生代为邀请来做总执事。总执事在入土前一天才来，因为在那天才会举行正式的献祭和吊唁，之前的各类丧葬仪式会由阴阳先生来主持，主要包括入殓、封棺、守灵等。这些均为仪式性的事项，此处不做过多的细节描述，但是要说明的一点是，家中如果是老母亲去世，封棺之前一定要有舅舅在场，如果舅舅不来，即便是定了的日子也不能封棺。据村里老人讲，家里母亲去世，娘家舅舅被称为"人主"，如果之前了解自己的姐姐或妹妹因何去世，不会去追究死因，如果不清楚死因，则要在接到报丧后来家里问个明白，一方面是会问死者的丈夫，如果没了丈夫，主事的儿子难逃舅舅的责问。平日里如果外甥做得不是很到位，这个时候舅舅一定会让外甥难堪。不过最终会以死者安葬之事为重，不会过于去计较和刁难。

除此之外，治丧的程序还包括选定抬棺和打墓的人。过去抬棺至少要16人，因为抬棺属于力气活，全得依靠小伙来做。家里的亲戚是不能抬棺打墓的，必须要找外人才行。据老人介绍，过去抬棺打墓的都是关系好的门下人和朋友。过去在村里流传着"抬材打墓，来者不误"的口歌，意思就是一旦是门下人或村里平日比较熟识的人家里有人过世，需要帮忙抬棺，没有特殊的情况不能拒绝。按照老人所说的意思，如果通知了借故不去，那不去的这个人家里有了丧事没人会去帮忙，可能要面临死者抬不出家门的窘境。对于抬棺和打墓的帮忙人，主家都要答谢，每个人都会获得一块白洋布，家里条件好的通常还会送上一双鞋。这16人中有一个"材头"，材头负责喊号子，而且下葬的时候要下墓，所以材头通常要比其他抬棺的多拿到一块铭旌[1]。

3. 吊丧与献祭

至亲、门下人以及好友通常会在入土安葬的前一天集中来吊丧。主家要给前来吊丧的至亲"破孝"，儿子、媳妇及孙子都要穿麻纱，女婿只戴孝不披麻。至亲破孝送白布缠于腰间。在吊丧日孝子们都会在灵前长跪，女儿和儿媳还要不间断地哭丧。外人

---

[1] 旧时竖在灵柩前或覆在棺上，标记死者官衔和姓名的长幡。

到了以后总执事会引导其进行吊唁，至亲和亲戚通常要磕头，门下人及村里的朋友鞠躬行礼，执事先生会相应喊出"孝子谢了"，孝子贤孙要磕头回礼。来吊唁的门下人会带些纸钱交给主家以表达对逝者的哀悼。吊唁结束之后，儿子开始献祭，长子长媳为"主祭"，次子为"亚祭"，孙子辈为"第三祭"，儿孙献祭在灵堂里完成。在儿孙献祭后由女婿代表女儿来献祭，女婿献祭是在巷子外，在当地被称为"路祭"，长子会将女婿所献祭品拿回灵堂，这一过程被称为"接祭"。孝子及女婿献上的祭品通常是在村里馍铺定做的大白馍。吊唁当日主家要摆酒招待至亲、门下人以及朋友。

4. 出殡

吊丧次日就是出殡的日子，出殡日前一天晚上主家要专门招待次日来抬棺的村民及门下人，阴阳先生会交代好具体的时间，以防止有人耽搁而延误了时辰。出殡的时间通常会定在早上。起棺时，执事先生会喊道："主家长子，请盆子！"长子将带孔的瓦盆重重砸向地面，这个瓦盆在当地叫作"丧盆子"，也有村民称之为"吉祥盆"。摔盆是家中长子摔，长子不在则长孙摔，无长子长孙则次子，若无次子依其他各子长幼轮序。如果无子则由堂侄子摔，但条件是要其人未婚。女婿不可摔盆。据村里老人介绍，摔盆者是孝子，按照过去的规矩，摔盆者可以继承死者的一部分家产，但继承遗产的同时也要尽做别人"儿子"的义务。这就是为什么已婚堂侄子不可摔盆的主要原因。摔盆后由长子长孙扛起引魂幡正式起灵下葬。出殡的队伍的顺序是"引魂幡—纸扎—锣鼓—孝子—棺材"，孝子中长子抱着灵牌，骨肉亲有孝服的都要拿孝棍。到达墓地后，按照阴阳先生的安排添土下葬。葬礼结束，孝子携带灵牌回家，将灵牌供于祖宗堂。

5. 丧事后的感谢与仪式

丧事后主家要向执事先生、门下人、抬棺的小伙表示感谢。阴阳先生是要给钱的。执事先生通常以礼答谢，主家会给执事先生准备一块肉，还会送上一块料子或者铭旌以表达感谢。门下人在丧事操办期间也会帮忙做饭等，主家也要表示感谢，通常会将献祭的馍馍分给门下人。据老人介绍，拿到献祭白馍的农户会很感谢，村里讲究吃了这个白馍可以增福添寿。

丧事后，孝子还要守孝。灵牌放置于祖宗堂内，百日之内每天都要上香。逢七要祭拜，五七、六七都要在屋里烧纸，一百天的时候要去坟上烧纸。百日内孝子不可剃须、理发，也不能喝酒，通常一年的服孝期内不能去别人家，如果不注意去了别人家，要扯一块红布送给对方表示歉意。通常一年之内家中的孝子、孙子不可以结婚。当年的春节不可以贴对联，第二年要贴绿色的对联，第三年就可以贴红色春联了。

6. 丧事中的支出与借贷行为

1949年之前，村里老人过世葬礼的花销是农户开销中很大的一笔，这笔支出由过世老人的儿子来共同承担，出嫁的女儿不需要和儿子平摊。女儿通常会承担纸扎的费用，如果老人有多个女儿，女儿们还会一起来平摊请锣鼓的花费，但请锣鼓并非女儿必须做的事务。对于很多日子不富裕的农户而言，家里有老人过世是一件很犯难的事情。用老人的话讲："人倒了，不管咋样都得埋，总不能把人停在家里一直放着，更不能卷个席子埋了，除非无儿无女。只要有儿子，借钱也得把当家人好好安葬。"[1] 所以过去村子里很多农户在办丧事时因为缺钱就去借钱来操办。通常借钱会先考虑向叔伯、堂兄弟张口，在这些至亲那里借不到时会考虑向门下人张口。如果从至亲、门下人那都借不到，农户会到村里的钱铺去借钱，不会选择卖地，卖地一时找不到买主不说，因为急着用钱也会被故意压价。去钱铺借贷有利息的钱是农户面对这个问题做出的最后选择。关于在钱铺借钱的程序在报告的第三章已经有过详细的阐述，丧葬中的借贷也是同样的程序，故在此不做重复梳理。

7. 埋人的禁忌

上文所述是正常情况下的丧事操办过程，在传统时期农户家中丧葬还有很多的禁忌和秩序要遵循。据席辛心老人介绍，他过去有两个奶奶，他称为大奶奶和小奶奶，小奶奶是因为大奶奶生不出男孩才娶进门的，小奶奶死在了大奶奶前面，就是因为要遵循先后的顺序，小奶奶在院子里放了13年，在大奶奶去世后才入土。老人介绍说，当时并不是因为没钱埋不起，就是因为小奶奶作为后娶进门的老婆不能先入土这样的规矩。老人说类似这样的情况在过去还有很多，大都是因为顺序不能入土。除此之外，再有就是入正坟的问题。过去很多情况下过世后都不能入正坟，主要有以下几种：第一，自杀死亡的不能入正坟。村里过去有上吊、投井、抹脖子自杀的村民，这类村民因为自杀死亡不允许进正坟。第二，没有成家的男子死后不能进正坟，即便是寿终正寝。没有出嫁或是嫁人后被休的女子死后要被葬入乱葬岗。第三，夭折的孩子不可以入正坟。如果之后家里配了阴婚则可以移入正坟。

二、节庆习俗与关系

1949年之前，村里没有与土地、小麦、水相关的特殊节庆，主要是长期流传下来的几个传统节日。其中，席村农户对春节、清明节、端午节、中元节、中秋节等节日比较重视。

---

[1] 张熬狗老人访谈摘录。

(一) 春节

春节这个传统佳节一直以来都是席村农户重视的一个重要节日，在席村农户的观念中，春节开始于农历的除夕，到农历的二月初二才算是结束。村里流传的口歌说"不出正月都是年"，但从农户的实际情况来看，正月二十席村举办了火神庙会后春节就已算是落下了帷幕。

1. 年前准备

春节是农户比较看重的一个节日，通常进了腊月以后节日的氛围就会逐渐地体现出来，事实上农户在提到春节准备最先提到的是腊八节。老人介绍说，过去一到了腊八就快过年了，吃了腊八面，农户们就开始着手张罗过年，一直到腊月二十三，这期间农户都会陆陆续续做过节的准备。腊月二十三是小年，这天村里要敬灶神，对于祭灶神前文有过介绍。过了二十三以后，原来没有张罗的农户也会忙碌起来。从腊月二十四到除夕，每家都会开始扫尘，也叫扫房，意为"扫陈"，除旧迎新。打扫时农户会将祖宗堂一并清理干净，准备请祖宗回家过年。完成打扫的任务后，农户会张罗蒸花馍。对于农户而言，蒸花馍是过年必不可少的一道程序，过了腊月二十三家里的媳妇就开始蒸馍了。这种馍大致分为祭神祭祖的和走亲访友的两种类型，前者庄重，后者会有很多的花样。家里养猪的农户会在腊月二十五六的时候杀年猪，按照老人的介绍，过去普通的农户家里很少会养猪，也只有财主家里会杀猪。普通农户为了准备春节也会去集上"割肉"[1]，至于买多少的肉取决于农户的经济实力，但不论家庭条件如何，一顿饺子的肉还是要准备的。农户除了去集上"割肉"外，还会置办些其他年货，例如香烛、黄表、纸钱、鞭炮、点心等。相比普通农户，有钱人家的年货种类和数量都要充足些。1949年之前，一般过年很少会在集上买衣服，大人会自己动手给孩子缝制新衣服和新鞋，经济条件一般，孩子又比较多的农户一般不会做新衣。据老人介绍，过去很多惜活人家，孩子又多，做不起新衣服，当妈的就把孩子棉衣拆了洗干净，将原来的里面换到外面，这样看起来衣服就更新了，也可以糊弄孩子说这是新做的衣服。其间农户还会准备好红纸请村里的先生写对联，找先生写对联不用给任何的好处，有心的农户可以从自家带上捧炒货表示感谢。

春节准备期间，财主家里的长工一般到腊月二十三才会被允许回家。如果当年的收成比较好，财主会在腊月二十二这天请家里的长工吃饭，犒劳长工辛苦地做工，吃了饭以后长工就可以回家准备过年了。长期住在财主家里的伙计则会留在财主家里和

---

[1] 割肉，当地方言，意为买肉。

财主一起过年，并承担起春节期间喂牲口的工作。据朱发发老人介绍，过去给财主家里扛活当伙计，腊月二十三吃了饭，财主老爷还会给每个伙计发一双新鞋，长年住财主家的头把伙计过年时还会给做衣裳。

2. 过年

（1）贴对联、门神与窗花

腊月二十九或三十就是除夕。这天农户第一件事情就是打糨子贴对联、门神和窗花。贴对联这件事情一般由家里的当家人和成年的儿子共同来完成，当然当家人也可以嘱咐儿子独自去做，并没有过多的规矩和讲究。贴好对联还要将年前逢集请的门神贴于大门上，上一年的门神通常在腊月二十三祭灶神的时候就一并撕下来在灶中燃烧"送走了"。在席村，对联会贴在院门和从外面进入屋内的门上，屋内的门上不贴对联。门神则只贴在大门上，对于多个农户共住一个院子的情况，只要平日里相处比较好都不会计较，但这时候农户通常会把门神贴在入屋的门上，而不是院门上。手比较巧的妇女会剪窗花糊在窗户纸上，一般也是在除夕当天的上午糊上去。

（2）迎祖宗与堂祭

家中的妇女们通常会在除夕这天准备晚上的年饭，当家人在除夕当天的下午要准备去巷口大请祖宗回家过年，这件事情要当家人去完成，可以带着儿子一同去，但不能托付给儿子去做，除非当家人行动不便，那也只能是家中长子去代替。请祖宗要提前沏茶，到巷口放炮请祖宗到家后给祖宗烧香、敬茶，腊月里蒸好的馍馍早已作为供品摆好。

年饭都准备好后，当家人会将家人吃的年饭各样都夹出一些供于祖宗堂，并带领全家在年饭前给祖宗烧香磕头，家中的女人也要磕头。老人介绍说这并不是拜年，只是当家人带领全家磕头欢迎祖宗回家来过年。待到这些仪式结束后，全家人会去吃年饭。

（3）吃年夜饭

拜祖宗的仪式结束后，全家人一起吃年夜饭。家里辈分最高的老人要坐在上座，即便不是当家人也是这样安排。当家人坐于次席，年夜饭女性也是要上桌的。如果是扩大家庭一起过年的话，因为人多坐不下，通常女人和孩子由家里辈分高的女性（通常是婆婆）带领坐一桌，男人们坐一桌。据老人介绍，过去一年就等这么一顿年夜饭，会有新绛的火锅，还会吃上一顿饺子。年夜饭上晚辈要向长辈敬酒说吉祥话，村里人说，年夜饭上有再不开心的事情都不会提，这餐一定是其乐融融的氛围。

这里需要特别说明的是，已经出嫁的妮子是不会出现在年夜饭饭桌上的，分家后的兄弟也不会在一起过年。关于分家后父母如何过年，主要看分家时如何安排。如果父母和其中的一子生活，年饭就和共同生活的儿子一起吃。如果父母单过，平日里只是接受儿子们的供养，过年时通常长子会将父母接至家中共吃团年饭，如果几个儿子都请父母去家中过年，最终由父母决定。

过去村里财主家有住在家里的伙计，长年不回家。朱发发老人介绍说，这样住家的伙计过年时也会和财主一起过，这类伙计通常是伙计头，或者算得上是家里的管家，和财主都已经有了多年的交情，吃年饭时会让其和财主家人一个桌子吃饭，并没有过多的限制。

（4）娱乐与迎神

传统时期，在席村，除夕夜里并没有太多的娱乐活动。对于扩大家庭而言，吃过年饭以后，家里妇女们收拾餐具，男人们会在一起聊天，当家人会说说过了年以后的安排或者打算，听听家里其他人的意见和看法。有的也会在一起掷骰子图个乐，但女人不会参与其中，即便是一家人在一起图个热闹。如果多户人家一个院子，这样的活动可能是这个院子里的几家人家的男人们一起玩两把，女人则会串门闲聊。

年夜饭后的休息或娱乐会一直持续到深夜，到子初时[1]的时候，农户会在院子里隆起一堆篝火，当地称之为"旺火"，旺火燃到比较旺的时候，家里的男女老少都会出来准备迎神。上文提到在腊月二十三祭灶神，要送灶神上天述职，同时门神也要一同送走，除夕夜里子时迎神就是迎在腊月二十三送走的神灵归位。各户迎神时要放爆竹，院门和家里入户门都要开着。迎神后当家人要在灶台土地爷的神龛前焚香燃表。有些大户人家还会摆放天地君亲师之位，迎神后会先在天地君亲师那里焚香燃表。子时迎神通常已经是农历的正月初一了，迎神后家主去祖宗堂里去给祖宗上香。

3. 拜年与走亲戚

正月初一至十五，拜年是席村农户一项非常重要的活动。年初一的早上，家里的男人们要在老辈或当家人的带领下先去祖宗堂给祖宗拜年，有烧香、敬茶、磕头等一系列程序，家里的妇女不参与。拜过了家里的祖宗后，家里的晚辈要给长辈磕头拜年，儿子儿媳给父亲母亲、孙子给爷爷奶奶拜年，扩大家庭中侄子要给叔叔拜年，兄弟之间也会相互作揖互道祝福，总之要按照家庭的辈分顺序先后拜年。通常拜年的时候要磕三个头，平辈之间互相作揖也要作揖三次。孙辈拜年，老人还要给压岁钱。家里拜完后农户初一的前晌要去户里和支里给祖宗磕头，在户里、支里磕头后，会一并给户

---

[1] 子初时，深夜11点到12点区间。

长和支长拜年。核心家庭的农户还要在初一的上午去给同住一个村子的叔伯至亲拜年，给同村叔伯拜年是在户支里给祖宗磕头之后。年初一的下午农户不去亲戚家里拜年，这是席村的一个忌讳，老人说初一下午给人拜年对自己和对方都不好。农户春节里是不会给村长、闾长专程拜年的，一旦遇到了就像和门下人正月里见面一样相互拜年问好即可，如果和村长、闾长是亲戚则会遵循给亲戚拜年的原则来安排。

家里如果娶媳妇，新媳妇和丈夫正月里会比较忙碌，不仅要给夫家的至亲们去拜年，丈夫还要跟随妻子给娘家的亲戚拜年。用老人的话讲："如果两家门户都比较大，两个人拜年就得从初一拜到十五。"按照规矩，先给丈夫家的至亲拜年，通常先给丈夫的叔伯以及婶子拜年，之后是姑姑姑父，如果丈夫的亲爷爷辈还有兄弟姊妹，那么要先给家里更大辈分的拜年。拜年不能空着手去，腊月的花馍要带上。新人第一年拜年，长辈们不仅要安排拜年饭招待，还会给压岁钱表达祝福。丈夫家里的至亲拜过年之后，通常在年初三，丈夫要跟随妻子回娘家，给妻子的父母、叔伯以及婶子、姑姑等拜年，同样也会带礼物，并获得压岁钱和热情的招待。给夫妻两人的至亲拜年后，再去给丈夫娘家的舅舅舅妈、姨和姨夫去拜年，之后再去给妻子的舅舅、姨姨去拜年。

农户在拜年之余也会借着春节去走亲戚。平日里农户都在田间地头耕作忙碌，正月是个难得偷闲的时候，借着空闲农户会走走亲戚来增进彼此的联系。例如家里的媳妇会在正月里带着孩子回娘家住上几日，在娘家期间还会去自己已经成家的兄弟姊妹那里走一走，侄子可以到姑姑家里住上几日。另外正月里很多村子都会举办各种各样的庙会，农户也会借着赶庙会去外村的亲戚家里走一走。正月里走亲戚一般不会空着手，即便是侄子去叔叔或姑姑、舅舅家也通常是家里父母送去，去的时候都要带点礼物，这是一个起码的礼节，何况是在正月里走亲戚。要说明的是，通常村里上了年纪的老人不会走亲戚，怀着孕的妇女不会走亲戚。

春节期间如果扛活的伙计和财主在一个村里，伙计要去给财主拜年，拜年不需要带东西，财主也不会计较伙计来拜年有没有带东西，反而要准备东西给拜年的伙计。在本村扛活的伙计在年初一到初三都可以去给财主拜年，一直在村里张姓财主家扛活的朱发发老人介绍，通常是初三吃了早饭去给财主拜年，到了之后就给财主作揖问候，财主会赏给长工一条手巾或是一双袜子，再不然就让伙计捧上一捧花生回去，总之是不会空手回去的。对于在外村扛活的伙计，财主一般安排在正月初九复工，这样的伙计在正月初九给财主拜年，财主同样会给一些东西作为拜年的赏赐。

4. 春节的禁忌

1949年之前，在席村，春节期间有很多的禁忌，并成为这个节日里村民所遵守的一种惯习。这月初一忌说不吉利的话，父母不许打骂孩子。农户迎了神以后一直到正月初五都不可以倒垃圾，因为老辈人说如果在初五之前倒垃圾这一年都会很穷。还有正月初一后晌不能睡觉，不然这一年里都会没有精气神；下午不能去拜年，不仅自己不吉利，对对方也不好。还有正月里不能剃头，剃头要死舅舅等。正月初二农户要争着往自家的水缸里添水，以清晨第一个挑到水为吉利，认为可以增加财富，但忌到门下人家里去挑水。但总有一些农户为了赶早给水缸挑满水，就偷偷地去别人家门前的私人水井里挑水，为此还发生了很多的纠纷与矛盾。事实上关于以上各种春节期间的禁忌并没有任何的根据可言，却被一代代的农户奉为规矩一样遵守着。

（二）清明节

清明节也是传统时期席村农户比较重视的一个重要节日，这个节日背后的文化意涵主要是尊宗敬祖。传统时期的清明节并不像现在是相对固定的某一天，用"时间段"或"节气"这样的词来形容或许更为贴切。清明节对于席村的老人而言，会自觉不自觉地与家庙里磕头、坟头上烧纸、祭祀祖先联系在一起。事实上这一系列的祭祀活动的的确确是清明节的重要内容。

清明节期间，四大姓氏的男丁都要按照户里规定的日子去家庙给祖宗磕头，这是村落中席、南、张、韩四个家庙及支祠在清明节最为重要的活动，对于这件事情四大姓氏的农户都不敢轻易怠慢。用村里老人的话说，每年按时去磕头已经成为一种习惯，日本人来后有些姓氏户里不磕头了，每年的清明都觉得缺点什么。除了去家庙里磕头，农户在清明另一项重要的安排就是去给自家的祖先上坟，这件事情即便是日本人来了也没有中断。村里老人说，给老一辈上坟这件事情不需要别人通知，这是个自觉的事情，"想要富，敬祖宗"是村里流传的一句口歌，大概的意思是每年都去给祖宗上坟的人能够得到好的回报，祖宗也会保佑他发财。对于不去上坟的人，村里人时常会讲以下这么个故事来警示："某某人家爷爷在世的时候就不去上坟，到了父亲这代也不上坟，父亲过世后儿子也不去上坟，最后儿子被雷劈了，说是雷劈后用白酒擦洗后背会出现被劈的原因，这个儿子后背上洗出了'三代不敬祖'的字样。"[1]

清明上坟一般安排在去家庙磕头之前，农户事先准备好纸钱、供品、香烛等上坟的各类物品。在外村居住的农户条件允许也会赶回来上坟。通常家里的老辈健在由老辈带领着家里的男丁去上坟，如果老辈动弹不得，则由家里的当家人带领大家前往。家里的女人是不能去上坟的。到了坟头，摆放供品，上香，烧纸，磕头。去的时候会

---

[1] 上述故事由席村张熬狗老人讲述。

带把锹,如果发现有田鼠洞或缺损会添土修整。上完了坟全家会在一起吃一餐饭,因为清明后要有不少农事开展,所以家里人会在饭桌上就这些农事进行商量。

(三)端午节

农历的五月初五是端午节,在席村所在的新绛县有端午蒸老虎馍的民间习俗。老人说端午节蒸虎馍表达对先人的敬奉和祈福(平安、吉祥、和谐),还有借老虎的威严来驱走邪气的用意。据老人介绍,过去除了蒸虎馍迎端午之外,农户还会用江米来蒸晋糕,但没有包粽子的习俗。端午节男女都要佩戴艾叶,称之为"去疾",幼童则系白索于脖子上,据说这样在夏天就不会被毒虫叮咬。

除此之外,端午节还是出嫁女儿回家看父母的节日。外嫁的女儿和女婿端午节这天要回家看望父母和兄嫂,日子过得好的女儿会带肉、酒、老虎馍等,日子一般的也会带上些蒸馍或晋糕。父母不会在意女儿所带的物品,但回家看望父母是端午的一个风俗。父母不会留女儿和女婿在家里过夜,如果女儿嫁到了附近的村子,都不会留下吃午饭,父母会准备些回礼让其带回去和婆家一起过节,如果路远则吃过午饭便让女儿女婿回家。

(四)中元节

七月十五是继清明节之后席村农户认为的又一"鬼节",当地村民也称中元节。这个日子农户主要就是给祖宗烧纸,也可以称为烧七月半。这天农户不去坟地里,更不会在家中的祖宗堂里举行仪式,只是在自家的门前或巷子口烧纸。烧的鬼钱都是农户集市上买来的纸自己剪的,由家里的男人去烧。家中的妇女也可以给自己的祖辈准备些纸钱在七月十五烧掉,但得由自己的丈夫去烧,女人不能出去烧纸,老人说女人烧的纸收不到。为了区别所烧的纸钱是给丈夫的祖辈还是妻子的祖辈,通常会将鬼钱装在一个麻纸糊的纸袋中,纸袋上写着祖辈的名字,不会写字的农户会事前找巷子里会写字的农户写上。烧纸既不用烧香,也不需要供奉任何的供品。

(五)中秋节

中秋节,即八月十五,是一年中仅次于春节的一个重要节日。这一天农户要设桌祭月,农户在中秋节这天晚上准备一张桌子,摆上瓜果梨桃、西瓜石榴、蒸的面兔子、月饼等,并烧香磕头。磕头拜月由家里的老人来完成,拜月时还要念拜月歌,大体内容是"八月十五月儿圆,西瓜月饼敬神仙,有吃有喝还有穿,一家老小都平安"。拜月结束后,全家人围坐一起,共享祭品,同赏明月。农户还会将供月的大月饼按人头切块,每人都会有一份,即便是外出做买卖或其他原因不在家也会为其留下属于他的一份月饼。

在席村，和春节不允许女儿回娘家有所不同，中秋节有着"走娘家"的习俗。中秋节时岳父岳母要请女婿带着女儿及其子女上门一起过节，女婿要给岳父带上酒和月饼作为礼物。通常路程近的女儿女婿选择只过中午，晚上要回到自己家里和公婆一起团圆。即便是路远不能回去，供月的大月饼也不会有女儿女婿的那一份，对此女儿女婿也不能去争理。

春节、清明节、端午节、中元节、中秋节是传统时期席村农户相对比较重视的五大重要节日，除此之外还有七夕节、重阳节、寒衣节等传统节日。这些节日表面上看反映了席村当地长期以来所形成的文化，但在文化背后也包含着农户对祖先的崇拜、对神灵的信仰以及对家庭的热爱。与此同时还隐含着丰富的关系，节日中门下人会互赠食品，外嫁的女儿回家探望父母，春节闹社火中的竞争与对抗等都是文化背后关系的体现。

三、日常习俗与关系

（一）日常习俗内容

在日常生产、生活中，本村落依靠农户的"口口相传"形成了很多习俗。这些习俗指导着人们的生产生活，指引着人们的行为，多数村民对这些传承下来的习俗深信不疑，很多农户甚至将其奉为规则一样严格遵守。即便有人提出质疑，最终也会从"不怕一万，就怕万一""宁可信其有，不可信其无"的心态出发按照习俗去做。这些习俗大致可以分为生育习俗、敬老习俗、病患习俗等。

1. 敬老习俗

1949 年之前，席村的敬老习俗主要体现在两个方面。一方面是对老人的尊敬，即日常与老人的接触上要尊老敬老，不能顶撞老人，更不能虐待老人等。不仅对自家的老人要尊敬，对于别家的老人也要客气。用老人的话讲，从小父母就说过"拿起筷子有两头，一定要分得清大小"。敬老的另一个方面就是过寿的习俗。在席村，50 岁以上过生日便称为"做寿"，做寿时亲友要来祝贺，送寿桃、寿面、寿联。有钱大户人家还会专门设置寿堂，老人穿着新衣，端坐中堂，接受亲友的祝寿和晚辈的叩拜。过去家庭富裕的人家在老人做寿时还会给老人做"寿材"，一般讲究在有闰月的年份做，而且最好是在闰月里做，所谓"闰年闰月一百岁"。在立帮安底的那天，儿孙还要烧香献祭，鸣放鞭炮。同时把一段红布系在棺帮上，让一个不满 10 岁的小孩子从棺木框内钻过去，以此祝福老人长命百岁。80 岁时做寿要大办，有钱人家还会请吹鼓的来助兴。总而言之，上述关于敬老的习俗表面看是一种文化，实则是农户对长幼尊卑、尊老敬老这些惯习的遵守和执行。

2. 病患习俗

1949年之前，受家庭经济条件及医疗水平的限制，普通农户看不起病的情况很普遍，所以才有了农户集中去药王庙拜药的现象。很多的家庭一旦患了大病，很可能会倾家荡产，甚至会债台高筑。据老人介绍，过去村子里有两个大夫，是叔侄二人，叔叔叫韩宝叔，侄子叫韩德才，村里称呼韩宝叔为宝宝先生。时常会有游医来村里给村民看病。据老人讲述，村里大夫家药不太全，小问题大夫会抓药医治，问题严重会告知病患并婉言拒绝，治疗的费用也比较高，因此很多患了重病的农户往往寄希望于一些土法子或迷信的手段来治疗。例如家里孩子发热不退，农户会认为是有不干净的东西缠着孩子，家里人会找村里的"大仙"施法驱走，也有的是认为孩子丢了魂，孩子的母亲会在井边拿着孩子的衣服去"叫魂"。除了求助于"大仙"、磕头拜药、井边叫魂之外，治疗期间也有很多的习俗。例如药渣子要倒在大路上，村民说这是在"送病"；问别人借的药壶不能还，得等着对方来要，主动归还会让对方不高兴，认为是想将病传给对方；下午不能去看病人，否则不仅会加重病人的病情，对前去探望的人也会有影响等。

3. 其他习俗

除了上面提到的几种习俗之外，农户日常生活中还有很多的习俗。比如送人东西时数量不能是四个，村里讲究"人三鬼四"。传统时期农户办酒时的桌子都是八仙桌，座次的安排很有讲究，图5-3是座次示意图。

图中1、2为有靠背的椅子，3为方凳，4、5为坐两人的长条板凳。红白喜事坐席时都由执事先生来安排座位。图中1、2为上位，3—5依次安排。红白喜事中亲家、女婿、舅舅、姑姑、姑父都是上位，如果辈分相同，年长的则被安排在1的位置上。如果村长、闾长、户长、支长也来吃席，在上座有限的情况下，会优先安排亲戚，如果比较好安排，村长通常也会被安排在上席。

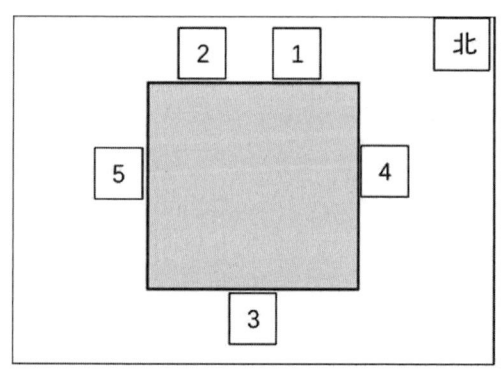

图5-3 办酒座次

此外村里的医生、教书的先生一般会坐在上席。

（二）日常习俗关系

1949年之前，大多数席村农户对于上面所提到的各类习俗是深信不疑并遵照执行的，即便有少数人持有怀疑的态度，最终也会抱着"宁可信其有，不可信其无"的心态去接受这些习俗对于生活的限制。据村里老人讲述，过去农户是否讲究这些习俗都是各家自己的事情，别人不会干涉。但是，如果因为对方不讲究习俗而危害到自己或家户的利益，农户会采取一定方式来应对。任福成老人举了一个借药壶的例子，就发生在老人所在的巷子里：一个农户家里有人生病，去问门下人借了个药壶煎药，用完后忽视了药壶借了不能主动还这一习俗，就把药壶还了回去。接到药壶的农户很是不高兴，还药壶的农户前脚一走，主家就把药壶摔到了门外，还药壶的农户都不清楚是什么原因。借出药壶那家的女人私下里和门下人说借药壶的不懂礼数，药壶借了主家不要不能还。后来这话传到了借药壶农户那里，他才意识到这个问题，第一时间上门赔了不是，事情才就此化解。

有些习俗起到了联结地方居民的作用，这些习俗形成约束乡村生活的规范，将村落的村民联系起来。在日常生活缺乏国家强制力干预的情况下，主要依靠舆论、道德、鬼神敬畏来维持各项习俗规范。在席村，围绕这些习俗并没有特定的人作为代表，也没有一定的组织。例如，干旱时，村民认为是老天不下雨，村里会组织求雨，这类求雨既有村子里组织的，也有村民自发的，村组织就是报告第二章提到的寡妇求雨，村民自发则是农户独自去禹王庙求神降雨。习俗产生和发挥作用的范围不仅仅局限于席村，其影响的范围或许可以辐射到整个新绛县，乃至整个山西南部。之所以能够有如此大的影响范围，依靠的是这些习俗背后所蕴含的诸如尊老敬老、邻里和睦、长幼秩序等农户们都可以接受的规矩以及农户对于美好生活的向往。

第六节　规训与规训关系

1949年之前，席村主要是通过家庭教育、学校教育、户支教化等方式对自己及家庭成员进行教化与规训。村民做人做事的准则、待人接物的方式、对于是非曲直的判断主要来自家庭、学校以及户支教育。本节将从上述三个规训主体入手来考察传统时期席村的规训及其关系。

一、家庭教育及其关系

1949年之前，家庭是给予村民教育的第一主体。传统时期的席村多数家庭并没有用于教育家庭成员的成文的规矩，仅有极少数的富裕农户家里会有祖上传下的家规与家训，家庭教育更多体现为当家人或是父母的言传身教。

（一）家训家规

传统时期，在席村，多数普通农户家庭并没有成文的家规、家训。据村里老人讲述，这些所谓的家规与家训，通常只有少数财主家才会有。席村也只有开钱铺的张姓财主家里有家规，主要原因是张姓财主家里过去有人做过官，家里有读书人，能够把这些条条框框写出来。其他后发家的财主即便家里有读书人也是近几代才有，缺乏类似张姓财主家里那样的传统，和村里普通农户的教化一样，主要靠日常的言传身教来实现。据张姓财主后人张怀茂老人回忆：

> 过去家里有家训，家训刻在祖宗堂木屏风上，每年祖宗堂磕头的时候都要念一遍家训，平时不懂事犯了错误也要在祖宗堂里罚跪，也要念家训。家训上面具体的内容记不清了，不过大概的内容就是让家里人和睦，后代晚辈要孝顺，要勤快节俭，就是教导家里人堂堂正正做人。记得我哥因为一块糕饼和我抢，那时候我还小，他不让着我，后来就让他在祖宗堂罚跪了有大半天。我现在都记得我老爹当时说的话，大概就是他作为兄长就应该让着下面的弟弟妹妹，必须要罚他才能长记性。

结合张怀茂老人的介绍，过去家训更多的是一种礼仪和规矩的说教，没有阐明具体惩罚的方式和内容，家训的执行者就是家里的当家人，换言之，一旦家里有人做了错事，只有当家人可以采用家训来惩戒和训导。就像张怀茂老人讲述的事例，那时候老爹当家，小孩子犯错要惩罚的时候老爹有权利要求他去祖宗堂跪着反省，其他人是没有资格的。

（二）言传身教

传统时期，与拥有家训家规的张家相比，更多农户家里并没有刻在模板或粉饰在墙壁上的成文的规矩。对于这些村民而言，言传身教是家庭教育的重要方式。当然，必要时还会施以一定的体罚。

所谓的言传身教式的家庭教育都表现在日常生活当中，涉及生活的方方面面，甚至包括生产方面的言传身教。例如家里的父亲在儿子十三四岁的时候就会带着他下地干农活，会将种庄稼的事情一点点灌输给孩子，让其逐步掌握农业生产的知识和能力。家里要有妮子，当妈的要教女儿针线活，并且从小就要教育妮子贤惠善良。除此之外，在孩子小的时候父母或当家人就会教其很多做人做事的规矩。据村里老人讲述："四五岁的时候不懂事，看到了喜欢的东西就想要，也不管是不是自己的，这个时候爹妈就会告诉你，不是你的东西再好都不能拿，拿了别人的东西就是偷，偷东西就要挨打。如果孩子在说教后还是会犯错，打一顿才会长记性。俗话说"从小偷针，长大了偷金",小的时候一旦有这样的行为就要管。"

以上仅仅是其中很小的一个方面。家庭言传身教不仅仅是孩童的教育,对于成年人也一样会言传身教。村里老人讲:"上梁不正下梁歪,村里过去有个人总爱喝酒,喝完酒耍酒疯就会打老婆,儿子娶了媳妇就跟他爹学,也是动不动就打老婆,村里人都笑话这父子俩。当家人一定要有当家人的样子,晚辈都在看着,家里和和气气,下面的后代子孙也都和和气气,整天家里乌烟瘴气,后代子孙也肯定是鸡犬不宁。"

二、家族教化及其关系

传统时期,席村有席、南、张、韩四大家族,每个家族均有户长,各姓氏分出的支又设有支长,户长和支长是家族的负责人,承担着教化家族成员的使命,而族规祖训则成为家族教化的重要工具。

据村里老人介绍,在日本人来之前四大姓氏每个户里都有族规,户长作为一个姓氏的最高领袖,担负着宣传、执行族规的重要使命。过去四大姓氏各户的族规通常记在族谱上,但由于年代久远以及1949年之后的几次政治运动,席村四大姓氏的族谱及族规均已无处可寻。目前席村的韩姓后人正在整理和搜集韩姓族谱,从其整理的内容中获得了韩姓的族规,具体内容如下:

> 家为人根,国乃家藩。家国一体,国泰民安。仁义礼智,诚信轨范。治国平天,齐家务念。教妇初来,育女闺间。贤良为本,百行孝先。勤俭如金,优言福添。积善成德,懿行播远。妇贤夫贵,子孝媳贤。姑嫂弟侄,如亲待见。睦邻善处,亲扶朋念。体恤礼让,雍容心宽。人初性近,习而相远。雕则成器,苟纵乃迁。稚蒙即教,引长励短。循循善诱,晓理笃践。静敬勤恒,心井达练。格物致知,慎独为然。检身在外,整齐肃严。持守于内,主一无兼。行必庄恭,慎言寡谈。见贤思齐,居上要宽。温恭俭让,与人为善。博施于民,救人危难。富而不骄,贫而不谄。敬事诚信,护法遵范。耿洁无疵,尘暮不染。厚德载物,若水上善。谏长委婉,恭不违怨。敬老竭力,常思安然。生养恩重,反哺涌泉。家业无争,开创纪元。曲全枉直,洼盈敝浅。存己化物,顺其自然。虚怀若谷,内方外圆。未雨绸缪,行近谋远。胸怀宏阔,视见开远。文治武功,特立卓然。唯品是竟,当知高寒。福至心灵,世代圣贤。

从上述的族规首句"家为人根,国乃家藩。家国一体,国泰民安"就看到了传统时期家族族规中的家国理念。后文则关注于族人的言行修养，包括教导家族成员"仁义礼智，诚信轨范"；也包括诸如"育女闺间"这样的指导规范。寥寥数言可谓涵盖了农户的言谈举止，以及生活的方方面面。而从族规的措辞来看，并不严厉，更多的是说教，一种带有规制性质的教育。族规中也并没有将违反族规的惩处方式写明，所以据老人介绍，过去违反了族规如何处罚由户长决定，那时候叫"开家户门"，开了家户门，户长就可以动用族规惩罚犯了错误的族人。据席姓老人听他的父辈讲述：

> 过去族内乱搞男女关系是违反族规的大事，一旦被户长知道要严厉惩处。可偏偏就有这么一个有丈夫的女人和族里的一个男人冒天下之大不韪勾搭在了一起。那个女人的丈夫常常出去跑买卖，两人趁着她丈夫不在就有了奸情，据说还是被村里巡夜人发现的，后来在村子里就传开了，这女人的丈夫回来后也听到了一些传言。被戴了绿帽子的男人气不过，要把这对狗男女宰了以解心头的怒气。没等他动手事情传到了户长那里。对于发生这样的丑事户长自然要过问，于是将三人带入家庙，在户里族人众目睽睽之下问清了事情，偷人的女子和与她有奸情的男人都承认了。户长动用了族规，对女子和那个男人用藤条各抽50次，然后从户里除名，赶出了村庄。

三、私塾教育及其关系

传统时期，私塾教育是家庭、宗族教育之外的又一种教育方式。与前两者不同之处在于，私塾教育针对的是学龄儿童，教育的方法和内容也相对更加规范，是家庭教育和宗族教育的有力补充。

（一）私塾教育概况

据席村村民回忆，1949年之前，在席村的玉皇庙里有一处私塾，私塾有两位教书的先生。一位先生姓韩，是席村韩景明老人的叔叔。另一位先生姓席，是席村席来全老人的父亲。两位先生都是在新绛县读过书的人，当时算是村子里最有学问的人。据韩景明老人介绍，过去席村私塾由村长管着，但是私塾具体的安排由他的叔叔韩先生来决定。席村的私塾规模比较小，村里读书的孩子也并不多，女孩子不能送到私塾读书。送来的小子至少都有七八岁，而且大部分是生活过得去的家庭。

1949年之前，席村的私塾不仅收本村的孩子，附近村的孩子也可以在此念书。进入私塾读书要缴纳一定的学费，学费可以给现钱也可以给粮食。据村里老人介绍，如果给粮食，通常给2—3升的麦子，给现钱要给4—5块。学费都是收了秋以后交，一般是孩子的父亲亲自交给先生。先生收来的粮食或现钱不必交给村长，两位先生每人一半平均分配。对于村里部分并不是很富裕的农户一时交不上学费，先生可以决定宽限时日或适当减免。私塾课程也由先生来安排，主要学《三字经》《百家姓》《千字文》等启蒙读物，也会教授简单的算术。教学活动主要有识字、背诵、计算等。

（二）私塾教育中的关系

其一，财富关系。据村里老人回忆：过去能读得起书的家庭都不差，起码也算得上中农家庭。村里农户对于送孩子去私塾读书普遍是支持的，只是受限于家庭经济条件，村里有不少的孩子念不起私塾。但是村里"铁门"家的后代子孙和开钱铺的张姓财主家的孩子都不去村里的私塾念书，都是请先生去家里教书。村里的小财主、土财主、富裕农户还是会把孩子送到村里的私塾接受教育。

其二，师生关系。据读过私塾的老人回忆：过去村里私塾教书的先生都很严厉，两个先生的手上都有一个戒尺。过去私塾里有不少调皮捣蛋的孩子，对于不听管教的学生先生可以直接给予体罚，体罚的方式就是戒尺打手心和罚站。进了私塾就必须听先生的话，先生说什么学生要照做，不能按照先生的要求完成学业也会受到严厉的惩罚。

其三，日常生活关系。传统时期，席村农户非常尊重私塾里的先生，尤其是私塾学生的爹妈和家人。平日里见到先生大老远都要上前打招呼问好，因为在村里人看来，有学问的人必须要尊重。上文讲过，先生是席村各种职业中地位最高的职业，平日里谁家有红白喜事了都会请私塾的先生到场，而且会将其安排在上座。哪个农户家里分家、买卖要草拟一个合同也会请先生帮忙，对于这些小事先生都是义务服务。

第七节　文娱与文娱关系

1949 年之前，一年四季都在忙碌的农户并不是没有娱乐活动，过年过节、农闲时也有一定的文娱互动。村落内不同的文娱活动体现了村民之间的联结和圈层关系。本节主要考察传统时期席村的文娱活动及其关系。

一、节庆娱乐及其关系

传统时期，节庆娱乐是农户文化娱乐的重要组成部分。春节是席村农户最为隆重的节日，也是农户们相对比较清闲的节日，因此传统时期席村节庆的文化娱乐活动主要集中在春节期间，最为典型的就是席村的社火活动，当地称为"闹热闹"。

（一）"闹热闹"基本情况

1949 年之前，在席村，"闹热闹"是春节期间一项重要的文化娱乐活动。每年正月里席村西岸、南岸、北岸、石坡、八甲这个五个居住单元，由各居住单元爱热闹的热心农户发起并组织，村民积极响应，自发筹集经费置办行头，进行传统的秧歌、旱船、高跷等形式的表演和比拼。据老人介绍，一般过了破五各巷子以及居住单元便开始行动起来，热衷于"闹热闹"的人将街巷的农户召集起来商议，一方面是讨论当年"闹热闹"演什么，怎么做可以压过其他的居住单元，另一方面开始着手筹集经费来准备操办。在新绛县每年的正月初八下午有一个专门的会，是一个专门的集市，当地人称之为"花儿会"，专门售卖闹社火时的行头以及锣鼓乐器。农户可以在花儿会买到彩色的绸布，匠人扎好的旱船、轿子等。通常席村各社火单元的农户会在初八的花儿会置办闹社火的东西，通常购置的东西并不多，因为闹社火的东西不一定要换新，上一年的东西当年都可以继续用。

据村里老人回忆：按照正常情况来说，过了正月初八席村的巷子就热闹起来了。如果有的队伍不需要置办东西，初八当天就会开始敲敲打打。只要有一个带头的，其他单元的农户也会开始行动。一般在正月十三之前，五个闹社火的队伍，都是在自己所在单元的街巷中排练，一到了正月十四，各队人马会纷纷聚集在娘娘庙前开始斗秧歌，用"你方唱罢我登场"形容最为贴切。"闹热闹"在正月二十迎来高潮，这天是席村一年一度的火神庙会。当天不仅有席村本村的农户，周边村子的农户也会聚在席村拜神赶会，村里还会请戏班子来唱戏，还有不少做买卖的人来摆摊。借着庙会的热闹劲，社火队伍也会在这天聚集在席村的中大街"闹"起来，各队伍都会使出看家本领一争高下，围观群众的欢呼就是对各队的评判，人们的呼喊声越高，证明表演得越好。

（二）"闹热闹"中的关系

1. "闹热闹"与性别关系

据村里老人介绍，过去"闹热闹"是不许女人参与的，过去讲究比较多，妇女很少会抛头露面，更何况是"闹热闹"这样的活动。划旱船、舞轿子中的女性角色也全部由村里的男性戴着发饰化装扮演。女性虽不能参与其中，但是可以围观。据村里老人讲述："过去村子里正月闹热闹，不仅是年轻的女性不能参与，中老年的女性也不能参与其中。一个女人如果跟着闹热闹，要被笑话的是她家里的当家人和家里的男人。等到闹热闹那天女人可以带着孩子去看。"

2. "闹热闹"与财富关系

传统时期"闹热闹"村里的财主也会参与。用老人的话讲："财主是有头有脸的人，不会跟普通的村民一起打脸去扭，但是村里财主会让管家或是家里的伙计送些钱来表示支持。"

"闹热闹"是在正月里,地里的农活并不多,财主家里的长工还没有正式开始干活,每天也就做些家里的事情,所以"闹热闹"的时候财主家里的长工也被允许参与其中,只要别耽误了财主家的营生就可以。

3. "闹热闹"与纠纷关系

传统时期"闹热闹"既是村民正月里的一项文化娱乐活动,又带有很强的竞争性。五个居住单元在此期间都互不服气,都私下里互相较劲,在正月二十那天都会放大招来吸引观众的叫好。据村里老人讲述:"村里南姓的叔伯兄弟俩,一个住在石坡,一个住在八甲,兄弟二人都是各自社火队伍中的重要队员。这兄弟两人就是因为正月闹热闹难分高下,住在石坡的认为他们好,住在八甲的认为他在的队伍更胜一筹,兄弟俩谁都不服气,每年闹热闹以后很长一段时间都不说话,村里人都知道这件事情。"

传统时期,农户节日的文化娱乐活动主要集中在春节,清明、端午、中秋这样的传统节日一方面是时间有限,另一方面村民更多是忙着地里的事情,所以没有太多的娱乐活动。

二、日常娱乐及其关系

传统时期,农户的日常娱乐也主要集中在农闲的时候,一年的忙季主要在农历的三月到九月之间,收秋种麦之后会相对清闲。不忙的时候村民会有各式各样的娱乐活动,其中农户参与比较多的有投骰子、打纸牌、逛庙会、看戏等。麻将在村子里并不流行,村里有专门赌博的地方,赌博的内容主要是投骰子。

(一)农闲打牌及其关系

1949年之前,村里人农闲时候打牌比较常见,打牌的都是各家各户的男人们,没有女人参与其中,即便是几个女人聚在一起也不会打牌,一旦传出去会被人说成"不正经"。据村里老人介绍,通常是在下午或者晚上打牌,打牌的地点并不固定,一般就在巷子里门下人的家里打,一般是四人或六人。打牌期间有人围观,也会不断轮换,也并不是每天都会打。

通常来说,打牌的发起者并不固定,巷子里比较好热闹的人会经常发起这样的娱乐活动。谁发起就在谁的屋里打,被喊着去打牌的农户没什么特殊的事情都不会拒绝,晚上吃了饭基本上也不会做什么事情,打牌消磨时间对于农户而言也是一件比较乐意的事情。农户打牌并不会赌钱,纯属娱乐消遣。正月里打牌有时候会有一点赌注,但赌注都很小,不会改变娱乐的目的。一般村里热衷于赌博的农户是不会参与门下人家里这类娱乐活动的。如果是下午打牌,到了晚饭的时候,通常各回各家去吃饭,如果大家意犹未尽,可以吃了饭以后再聚在一起接着打。

打牌中有时候也会发生争执，争执产生的原因主要有两个方面。一方面是因为打牌本身发生争执，一方会责备另一方牌技，另一方不服气，从而发生口角。另一种情况是打牌中会扯闲话，可能说到某个事情一言不合就发生争执。据村里老人讲，在牌场上这类事情是时常发生的，一旦出现了争执或是冲突，牌自然是没法继续打了，打牌的农户会转向调解矛盾，通常是不欢而散。有的农户隔一段时间会自动重归旧好，有的农户会在门下人说和后回到从前，很少会有因为打牌而积下恩怨不再往来的情况。

（二）逛庙会、看戏及其关系

逛庙会、看戏也是传统时期农户平日里的文化娱乐活动。在新绛县，每年有大大小小数不尽的庙会，不同地方的庙会有着不同的主题，席村的庙会是拜火神和禹王，古堆的庙会是拜孚惠圣母。庙会不仅有神灵的朝拜，还可以进行商品的买卖，还有很多杂耍艺人在庙会上卖艺，当然还会有农户喜欢的蒲剧上演。除了赶庙会可以看戏，1949年之前，财主家里红白喜事摆酒也会请戏班子唱戏，村民可以自行去观看。

据村里老人介绍，过去逛庙会或是看戏通常很少会独自前往，都是喊门下人、本村的亲戚一起去。上了年纪的老人看戏的比较多，家里的男人闲下来有人喊着也会去看戏。妇女们只可以在本村看戏，跟着门下人或亲戚到外村去看戏的极少。此外，一般只有嫁了人的妇女才可以去看戏，而且得是和自己的丈夫一起，独自一人也是不被允许的。过去村里唱戏男女都要分开了坐，看戏场子中间会放一个八仙桌，就以八仙桌为界，男女分别坐在左右两边，即便是两口子一起去看戏也要分开了坐。不管是在本村还是去外村，农户看戏都是免费的。

过去村里庙会唱戏时都会在戏台前留一排好位置。席村每年禹王庙会区里都会来人，这些位置是专门留给区里干部的，即使是区里的人不来，位置也会空下，村民已经熟悉了这样的规矩，不懂事的小孩子跑去也会被大人喊回来。财主家办事唱戏除了放置八仙桌的位置外，农户可以自由选择地点观看，没有太多的规矩。

第八节 席村文化变迁

1949年中华人民共和国成立之后，经过一系列的政治运动和改革，席村的文化形态几经变迁，发生了巨大的变化，村民的观念也发生了很大的变化。本节重点考察席村在1949年之后文化的变迁。

一、崇拜与信仰的变迁

1949年之前，席村农户的崇拜与信仰多是以家户为基本单元开展的，对祖宗的祭祀也以姓氏为单位进行。1949年之后，随着土地改革运动的进行，席村的家庙、寺庙地、户支地等悉数成为农户私有财产，支撑祖先崇拜、神灵信仰的物质基础被分解，家庙里磕头、每年举办的火神庙会和禹王庙会等传统时期的崇拜与信仰活动随即终止。加之后来的"大跃进""破四旧"等政治文化运动使席村的庙宇、家庙遭到了严重的破坏，神灵崇拜的空间被彻底摧毁，拜神灵、祭祖宗都被严令禁止，并冠以"牛鬼蛇神"的名号，这一时期村民们杜绝一切的神灵信仰活动。正如村里老人所说：

> 刚解放的时候，土改把村里的家庙和寺庙都分了，祖宗的牌位都找不到了，拜祖宗这些事情都没人提了。到了"文化大革命"，村里的庙都被砸了，庙里的神像也被砸了，有的庙直接就被拆了，这些东西都是牛鬼蛇神，封建迷信的东西，是破坏社会主义建设的东西。村里过去的两个"大仙"都被带了高帽游街。村民们把家里供的菩萨都藏了起来，有的甚至埋了起来，一旦被发现在家里拜菩萨，也是要治罪的。

20世纪80年代，我国开始实行农村土地家庭联产承包责任制，农户独立自主经营土地。随着农户经济状况的好转及国家对村民崇拜和信仰行为管控的不断减弱，席村村民的祖先崇拜与神灵信仰呈复兴之势，过年的时候农户又开始了请祖宗回家过年，村民们集体凑钱重新修建了三官庙。与此同时，天主教也开始传入席村，并在紧邻席村的李村建起了气派的教堂。在村集体的带领下，每年三月二十的庙会在逐渐恢复。祖先祭拜也开始作为一种传统的敬祖文化在席村重新兴起，韩姓后人开始续写家谱。总体而言，席村的崇拜与信仰活动和观念相较解放后的前30年有了很大的发展，但远远不及1949年之前的水平。

二、生育观念的变迁

1949年之前，传宗接代、延续香火、养儿防老、儿子多了没人欺、儿子多了能干活、重男轻女等生育观念在席村可谓根深蒂固，大多数席村农户都渴望有四个孩子，两儿两女是最理想的子女个数。没有孩子在当时被认为是不完整的人，因此抱养、过继、买卖孩子现象较为普遍。

1949年之后，土地改革时期，家户分到了土地，家庭中的女性开始大量参与土地生产经营环节。这一时期并没有改变多生多养、多子多福的观念，农户仍旧认为，多生孩子，尤其是多生儿子可以有效地促进家庭农业生产的发展。到集体化时期，实行按劳取酬和粮食供给制，不论男女，同工同酬，出工就能得工分，不管农户家中有多少劳动力,按人口数量平均分配口粮。为此这一阶段农户将多生多养作为获得口粮的途径。与此同时,重男轻女的现象依然盛行,收养、过继、买卖孩子的现象有所收敛。

到改革开放之后,随着计划生育政策的实施和现代农业技术手段的应用,多数农户已经意识到,人口已经不再是粮食增产的重要手段,加之当时国家对超生的重罚,很大一部分农户放弃了多生的念头。但重男轻女的观念依然根深蒂固,村里依然有不少的农户为了生育一子选择东躲西藏,有的农户甚至因为超生家里的东西被大队干部搬空。时至今日,席村农户的生育观念已经发生了重大的变化,新一代的席村农户已经不再重视孩子的性别,很多只有女儿的农户会说出"女儿不比儿子差,儿子女儿都一样"的话,他们更加在乎生育一个健康的孩子。

三、教育的变迁

1949年之前,席村只有一个设在庙里的学堂,而且在动乱年间学堂还时常停课,教书的先生也仅仅是村里读过书的村民。教授的内容多是些启蒙教育和简单的识字、算术。最为重要的一点是学堂里只有男孩子,女孩子不会被送去读书,即便是有钱有势的财主家,女儿也不会被送到学堂里去。1949年之后,农户家庭经济条件好转,妇女地位不断提升,女孩子也开始可以上学,但从男女入学比例及读书的年限来看,女孩仍不及男孩。1949年之后,不仅女孩可以入学,村里也建起了席村小学,以民办教师为主。

20世纪80年代之后,随着国家在农村地区推广九年义务教育,村落内的适龄儿童上学比例大幅度提升,女孩的入学比例也得到了改善。农户逐渐认识到送子女读书的好处,所以家里有孩子读书的村民通常会说诸如"只要能一直读下去,砸锅卖铁也会供下去"的话来告诉孩子用功读书,不要有后顾之忧。近年来,村里更加重视教育,不仅新建了幼儿园,为学龄前儿童提供良好的学前教育,还建起了新的小学教学楼,进一步改善了村里学生的就读环境。村里走出了很多名牌大学的学生,村里对于考取大学的学生给予经济上的奖励,这样村民越来越意识到读书的重要意义。

四、村落习俗的变迁

1949年之前,在席村,无论是有钱的财主还是扛活为生的可怜人,都会遵循婚丧嫁娶、过年过节和日常生活中的各种习俗和禁忌,只不过因为家庭经济状况的不同在规模或程度上会有所差异。如财主家过年的年饭丰盛些,扛活的长工则简单些,但不管怎样,一家子在一起年夜饭是一定要吃的,这就是大家都要遵循的习俗和讲究。

土地改革运动后,法律制度不断健全,长期存在的风俗被作为一种陋习遭到了摒弃。如婚姻法的颁布,让童养媳这样的旧俗被禁止,很多农户家里的童养媳被解放回家。天不下雨村民们知道是一种天气现象，也不会再召集村里的寡妇去求雨了。在摒弃一些旧俗的同时，诸如尊敬老人、孝顺父母这样的风俗依然被村民所接受和遵循着。20世纪80年代以来，席村的风俗习惯随着时代的变迁也在与时俱进。集体化时期被人们舍弃的很多习俗又被重新提了起来，例如被人们逐渐忘记的传统婚俗又逐渐被人们所看重。同时更多新鲜的事物融入到旧俗中，展现出不一样的特点。

五、思维与态度的变迁

1949年之前，席村村民重视经验的积累，生产生活方面积累了丰富的经验，并形成了朗朗上口的口歌在农户之间世代相传，影响着一代代的席村人。不仅如此，农户有着勤劳、重视眼前利益的务实思维，以及不冒尖、不惹事的中庸思维和主张公平的平均思维等。

1949年之后，土地改革运动之后，上述的这些思维依旧占据主要位置，其中"重私利"的务实思维最为突出。也正是受这一思维的影响，1949年初土改工作组入驻席村，划分阶级成分，将地主的土地等财产分给贫雇农之时，一些农户想获得最多的土地而狠斗地主，产生了很多误斗和错斗的事件。在人民公社时期，席村农户摒弃勤劳、务实、重经验的思维，对于集体土地的劳动，遵照上级口号执行，磨洋工成为村民普遍的态度。家庭联产承包责任制以后，农户掌握了土地的经营权，勤俭持家、重私利、务实的思维方式重回主要地位。近年来随着席村农户生活水平的不断提升，攀比之风开始盛行，吃饱穿暖的同时农户们开始追求额外的享受。

六、文化娱乐的变迁

1949年之前，席村农户的文娱内容要略显单调，打牌、看戏、"闹热闹"、逛庙会是农户一年到头仅有的几样文娱活动。土地改革运动后，随着村落内公有土地和房产的私有化，村民之间基于户支的联系变得日益松散，春节团拜、"闹热闹"这些活动突然销声匿迹，庙会、唱大戏这样的活动也逐渐淡出村民的视野。人民公社时期，"破四旧""文化大革命"等政治文化运动的开展，使传统的蒲剧一改往日的样貌成了样板戏，电影放映队进了村，播放革命经典电影。随着鼓乐班子被禁止，传统时期的婚丧嫁娶也变得简单朴素。

20世纪80年代之后，农户家庭生活水平不断提高，村民的思想得到了解放，庙会、唱大戏、正月闹热闹重新回到人们的视野，广播电视的兴起和普及让普通农户的文娱生活变得更加丰富。送戏下乡、送书下乡、文化书屋等一系列乡村文化建设也丰富了村民的精神文化生活，除了正月里扭秧歌，平日里村里的妇女也开始跳起了广场舞。节假日出游也成为农户放松休闲的一大选择。

第九节 村落文化实态

进入 21 世纪以来，随着市场经济的快速渗透，国家各项惠农政策与农村改革的推进，席村的传统文化形式不断消亡或演变为新的形态。

进入新世纪以来，席村的四大姓氏中韩姓开始重修族谱。对于其他几大姓氏，家庙、祖先、同宗同源这样的观念已经开始逐渐淡化并遗忘。而在神灵崇拜方面，村里唯一留存的一座三官庙已经年久失修，很多有着信仰的农户将佛祖菩萨请到了自家供奉，宗教信仰也从过去的神佛变得更加多元，天主教、基督教这样的外来宗教也成为农户的选择。目前席村正在围绕荀子文化开展各方面的宣传，村里的经济能人连同政府正努力打造荀子文化产业园区。席村在每年的 7 月份都要举办以"荀子文化月"为主题的各项文艺活动，村民们可以在这一个月里欣赏到不同形式的文艺表演。

进入新世纪以来，当地人的生育观念也有所转变，在计划生育政策的影响下，村内多数家庭不超过两个孩子，通常头胎生的是男孩，则很少会选择生二胎。重男轻女的观念逐渐淡化。同时，村民们更加注重对子女的教育和培养。有条件的农户都将孩子送到新绛县或运城、侯马读书，年纪比较小的孩子每周都会去县城接受各种兴趣培训。村民认为，孩子多了一方面会加重负担，另一方面男孩女孩只要是培养得优秀都一样。

随着人们生活水平的不断提升，当地很多文化也发生了重大的变化。最为突出和明显的要数婚嫁礼俗。在前文介绍了传统时期的婚嫁礼俗，在当时聘礼只要 3—5 石麦即可，六七十年代也只要 240 元左右，而如今彩礼至少 10 万元，这让很多养育儿子的农户都倍感压力。据席辛心老人介绍，她家里有两个孙子，都到了适婚年龄，但因为家庭条件的问题迟迟讨不到老婆，连相亲的机会都没有，原因在于当地相亲都设置了门槛，男方必须有一辆价值至少 10 万的轿车才具备相亲的资格。这样的婚嫁习俗让村中多了很多大龄未婚的光棍汉，势必将成为一个重大的问题。

第六章　席村的治理形态与实态

1949 年之前，国家权力很少渗透到席村，除税收、劳役、摊派等之外，席村主要依靠长久以来形成的惯行实现自我管理。本章从政权治理、村落治理、家户治理、亲族治理、信缘治理、业缘治理等方面对传统时期席村的治理形态进行考察。

第一节　政权治理与治理关系

1949 年之前，席村实行中华民国时期对村落的治理方式，由于阎锡山在山西实行"村治运动"，故而席村的政权治理略有不同，"区—村—闾"三级成为村落治理的重要结构，赋税劳役、村落治安、纠纷调解等成为传统时期政权治理的主要内容，国法与"村范"则成为治理的有效方式。本节将主要就以上内容及政权治理关系进行考察。

一、政权治理概况

1917 年（民国六年）阎锡山兼理山西省长的当年，山西开始"编定村制"。1917 年 10 月颁布了《各县村制简章》，1918 年 4 月颁布了《村编制现行条例》，同年 11 月颁布了《修正山西各县村制简章》。根据有关规章，"编行村制"就是在原有行政的最基层单位——村，设立村、闾、邻三级管理梯次。其具体内容是："将 300 户左右定为一编村，每编村选一村长，超过 300 户的编村，则选一村副，并设村公所作为办事机构;每编村下设若干'间',以25户为一间,间设间长。间下设'邻',以5户为一邻,邻设邻长。"[1] 村制实施后,鉴于"一县的区域相当辽阔,村的范围较小,数量较多,由县直接统辖所有的村不方便",作为行政机构的补充,1918年开始增设区一级行政机构,并逐步全面推行。因此村制又称"区村"制度。区制的具体做法是:"各县分为3—6区,置区公所,设区长1人,酌设雇员1—2人,区警4—12人。区长由省委任,直属县知事,由给职;主要掌理县署委办事件,督导村长办理行政事务。"[2]

伴随1918年山西省行政区划体制改变,统一为县、区、村。新绛县共设置4个区,席村隶属于第三区。据人口统计数据,席村共计512户,共设置了13个间,其中人数最多的6间有57户,最少的7间仅有24户,平均每个间有近40户。5户为一邻,有一邻长,邻长基本上没有事,只是一个名称而已。调查中也发现,虽然席村户数已远超300户,本来可以定为一编村,可事实上席村与李村、水西、蒲城为一个编村,编村办公地点设在席村。席村设置村公所,村公所的位置就在席村的娘娘庙。据村里老人介绍,过去村公所里很少有人,每年只有在收粮的时候村公所才会有人守着。

二、政权治理主体

政权治理主体直接反映乡村治理过程中的权力结构,在特定的权力体系下,形成与体现了政权治理主体及其与内部主体之间的关系。席村的治理主体自清末开始至中华人民共和国建立发生了几次较大的变化。席村1918年实行间邻制,1938年虽然实行了保甲制,但在称呼上未发生变化,村民仍习惯称呼保长为村长,甲长为间长。专门设立了村公所办公地点,在席村娘娘庙的一个偏屋里办公。办公地点平时没有人,只有在有事的时候才会在村公所聚集起来。平时娘娘庙里有专门看庙的人,这个人也就负责专门看守村公所。

(一)村长

1. 村长、村副当选资格

1917年阎锡山兼任山西省长后,积极推行"用民政治",设立"村政处",将乡村事务纳入政府行政范围。这一系列的措施中有就村落中村长的当选条件做出的明确的规定:"凡村民年满30岁以上,确无不良嗜好,具备下列条件,就可以参选村长:(1)朴实公正,能够识文断字;(2)有不动产价值1000元以上(村副500元)。"[3] 上述规定得到了席村92岁张怀茂老人的回应,老人介绍,席村过去户数多,村里除了村长还可以选两个村副,但并不是什么人都可以当村长,日本人来以前当村长的都是家庭

---

[1] 中共中央党校本书编写组:《阎锡山评传》,中共中央党校出版社1991年版,第101页。
[2] 钱实甫:《北洋政府时期的政治制度》(全二册),中华书局1984年版,第320页。
[3] 钱实甫:《北洋政府时期的政治制度》(全二册),中华书局1984年版,第322页。

条件说得过去的，至于是不是要看不动产的价值，老人也不得而知，但那个时候当村长的在村里"人气"都不差，而且这些人说话也是比较有分量的，相比普通的农户能写会算。在阎锡山当选省长实行"用民政治"规定村长当选条件之前，席村也有村长，关于之前村长当选的资格因年代久远已经无从考证。

日本人来以后村长、村副的当选资格发生了变化。当时时局不稳，各处混战，一天到晚不是要粮就是抓兵，日本人进村也要找村长，老阎的部队进村也是找村长，交粮、交款一旦交不上就要被村长绑到村公所里打，一时间村长成了帮着日本人、老阎欺压农户的恶人，和普通农户之间的关系变得分外的紧张。这一阶段村里有钱的财主都怕惹事而躲得远远的，村里的很多攀附老阎的无赖成了村长，或者村里没什么钱的农户被迫当上了村长。

2. 村长、村副的产生

1922年9月、10月两次在省召开有各县知事参加的"村政会议"，具体部署村治的实施。此后，村治在全省范围内展开。按照全省的部署和要求，各村均设立议决机关、执行机关、司法机关、监督机关。上述的四个村治机关中决议机关关系着村长的产生。决议机关当时又叫村民会议，由村落中年满20岁的男性村民组成。村民会议一项重要的职权是选举村长、村副。但实际的村落村长选举并不像规定的那样，据席村92岁高龄的张怀茂、87岁的任福成、88岁的朱发发等老人讲述，过去选村长都是家里的当家人参与，也就是一户出一个人，家里如果是女人当家，可以她自己去也可以派长子去，并不是满了20岁都能去。事实上不是所有的农户都会派出当家人去投票选村长，很多惜活的农户根本不关心谁当了村长，自然也就不会去参与村长的选举，不去投票的农户也不会因此受到任何的惩罚。参与投票不会写字的农户可以找信得过的人代写。到日本人来以后，村里就不再选村长了，都是上头任命的，要谁来当就谁当，主要原因是那个时候没人愿意当村长了。

候选人的本家及同村的至亲不用回避选举，每家每户都有投票的权利。如果候选人中有本家或本族人的话，只要是平日里没矛盾，村民会优先选本家、本支、本族的人。整个选举的过程区里不会派人监督和指导，选举先选出村长，再选村副。只需将最终的结果报送到区里，区里会报送到县，并最终送省政府备案，区、县均不会对选举的结果进行干预，收到通知后县里会颁发村长、村副的任命文书。

3. 村长的任期与待遇

日本人来之前，村里选出的村长、村副有严格的任期时限规定，村长、村副任期均为一年，可连选连任。但据村里老人介绍，村子里一年一选是在日本人没有来之前，日本人来了以后选举都停了，都是上面直接任命。席立尔老人的父亲就是在日本人来了以后连续当了近十年的村长。日本人来之前，村长只要工作上没有出现重大的纰漏通常不会被无故免职，村长如果因病或其他原因不能再任职，要向区里报告辞掉村长职务，由其中一个村副来代为行使村长的职权，待到下一年重新选出合适人选。村长和村副会获得相应的报酬，并不是无偿服务，报酬由区里统一发放。日本人来了以后，村长和村副没有任何报酬。据席立尔老人讲述，过去他父亲当村长，区里不给发钱，但是那时候村里有地，谁种了村里的地收些粮食，这些收上的粮食就作为村长和村副的工资。

（二）闾长

关于村长、村副当选的资格在文件中有阐述，但文件中并没有对闾长的当选资格进行规定。据村里老人介绍，闾长和村长差不多，日本人来以前，当选闾长的农户都是在村里有头有脸的人，在村里怎么也算得上是自耕农，而且还必须得是席村的老户。席村的闾长和划出的居住单元有关，当闾长没有财产方面的要求。闾长由根据巷子和户数划定的闾的农户推选而来，如果候选人比较多，则由村长和村副组织来完成闾长的选定。日本人来以后闾长就没人愿意当了，多数时候是村长或区里直接来任命，当选的人多数是早先年担任过闾长已经卸任的农户。

村里的闾长选定后会由村长报送到区里，经区报送到县里，县里也会颁发闾长的任命文书。闾长的任期也是一年，但是通常村长连任，闾长就会连任，除非是闾长年纪太大不能操心办事主动提出辞职，做事出现纰漏而不好意思再担任也会辞掉。闾长不干的话，首先要向村长提出，村长在选定新的闾长后同意上一任闾长请辞的要求。日本人来之前闾长和村长一样可以获得区里的报酬，闾长的报酬不及村长多。

（三）地方和财粮

除了村长、闾长之外，村里还有一个官职叫"地方"。地方和村长的关系比较好，做事深得村长的信任，而且比较善于和村里的农户打交道，属于能说会道做事靠谱的人。专业地讲地方就是村长的秘书，用老人的话讲，地方就是村长的跟班，给村长跑腿的人，地方就是联络员。通常村里只有一个地方，地方也是村长直接选出的，只要是村长在任，地方就会在任。地方也有一定的报酬，地方的报酬来自村庄，村庄公共土地收益会拿出一部分来支付地方的工资。

除了地方，村公所还有一个职位叫"财粮"，财粮和村长的关系就像地方和村长的关系一样。财粮通常都读过书，能写会算，主要管理村里的账目。专业地讲财粮就是现在村里的会计，用老人的话讲，财粮就是给村长管账的人。村里农户登记册、土地册都在财粮的手里。村庄的公共土地村长也都交给财粮来管理。财粮由村长选定，村长在任，财粮就在任。财粮的报酬也来自村公共土地收益。

（四）息讼会

上文提到在村政会议上提出要设立四大机关，其中司法机关就是息讼会。息讼会设会长一人，公断员五至七人。据张怀茂老人介绍，过去村里有息讼会，主要就是调解纠纷断道理。息讼会的会长就是村长，公断员就是村副、地方、财粮、四大主要姓氏的户长及部分闾长。只要不是涉及杀人的案件，例如邻里纠纷、边界纠纷、日常矛盾等都由息讼会来调解。日本人来了以后，名义上的息讼会就不存在了，但实际上息讼会还发挥着调解的作用。

三、政权治理事务

1949年之前，村和闾是山西乡村政权治理的基本单元，村长、村副、闾长是国家政权治理在乡村的主要施行者，成为联结国家与农村的重要桥梁。乡村政权治理的主要内容包括以下几个方面：

（一）赋税劳役

征收赋税、摊派劳役是村长、村副以及闾长村落治理中的一项最为重要的内容，是行政官厅委办的重要事项，完成赋税的征收、劳役的摊派也成为对村长考核的重要内容。因此村长、村副和闾长对此都非常重视。据村里老人回忆，日本人来之前，世道比较太平，没有天灾的情况下农户们都有相对比较好的收成，因此征粮纳税农户们都比较配合。每年收秋以后，村长令各个闾的闾长告知农户按时交粮，村民收了粮食后会主动将要缴纳的粮食送至娘娘庙的村公所，娘娘庙里专门有一个仓库存放粮食，财粮会将农户纳粮的情况登记造册，待全部收齐后区里会派人来一并收走。对于交不起粮的农户闾长会将原因告知村长，如情况属实，村里会暂缓一阵子，由村公所代其垫上，甚至村长可以对一些可怜的农户免予征收。如果是情况不属实，则会催缴，这个时期催缴仅仅是将其抓去关上一阵子，家里人害怕交了粮食就放出来了，其间是不会动用私刑威逼的。

但是到了"混乱年间"，也就是日本人来了以后，因为战乱，村里很多农户都不能安心种地，大量的土地抛荒，收获的粮食都不够糊口，而政府又不断增加各种名目的摊派，"摊购赊购带附加，三石麦子五斤花"是村民编成口歌对当时沉重赋税的真实表述。相比太平时期，这一阶段纳粮成了一件非常困难的事情，加之这一时期的村长、村副等村干部都是被直接任命的，完不成上面的任务村长都要被暴打，所以这一阶段常常是暴力征收，对于抗粮不交的农户不仅是要关到村公所，据老人回忆，还会吊起来拷打。这一时期出现了很多的避粮户，村里也流传着"老阎日本编村蝗虫，把我们一家逼到了台神[1]"的说法。很多没有办法的农户被逼上吊投井。这个时期，村长和间长已经无权决定哪家收哪家不收了，一旦收不上来区里的编村特派员会找村长的麻烦。

除了纳粮摊派之外，阎锡山还推出"六政三事"。"六政"指的是水利、种树、蚕桑、禁烟、剪发、天足等六项兴利除弊的举措，在"六政"实施的基础上，进而扩展到种棉、造林、畜牧"三事"。[2] 伴随着"六政三事"的开展，政府大规模摊派劳役，通常是区里将任务下达给村里，村长获得指令后会告知 13 个间的间长来安排。据村里老人回忆，过去被叫去挖河沟都是各家各户轮流着来，出苦力这样的事情，比交粮食要容易做，庄稼人有的就是一身的苦力。到了混乱年间，被抓去做苦力不减反增，老阎要抓人去修筑防卫工事，日本人也会抓人去挖壕沟，这一时期去服劳役很多已经不需要村长间长通知安排了，而是由老阎的兵和日本兵直接到村里抓人。

（二）抽丁

除了赋税劳役之外，在那个时局动荡的年代，抽丁是国家治理的另一重要内容。1923 年，阎锡山推行"军国民教育"和"兵农合一"制度，18 岁至 47 岁的男性农民一律为预备兵，平时居乡务农，战时可以随时征召入伍。同时 1917 年至 1923 年底晋军进行了第一次扩军，1925 年开始，进行了第二次扩军，这次扩军持续了两年之久。两次扩军加之推行的制度导致农村大规模抽丁入伍。农村实行每三人编为一组，其中一人为常备兵。从抗日战争爆发到国民党发动全面内战，县政府组织流工队、爱乡团等反动地方武装，抽丁逐渐演变为抓丁。

据任福成老人介绍，老阎实行三人编一组，村里为此还推出了宣传性质的口号"三人合一心，黄土变成金"。相反，席村农户对于"兵农合一"则表现出了极大的反感，编了诸如"兵农合一好，地里长满草"这样的口歌来进行挖苦和讽刺。日本发动侵华战争之前，就是村民口中的太平时期，上级下达抽丁任务后，村长、间长完成起来相对容易，有些家里日子惜活的农户会选择主动当兵，没有出现躲逃的现象，农业生产也可以顺利地开展。到日本人来了以后，再到之后的国民党发动全面内战这一时期，抽丁已经变味成了抓兵，村里老人称之为"拔兵"。由于时局混乱，这个时候村长、间长这些村干部成了抓兵的领路人，都是老阎的部队直接来村里抓壮丁，"三人编一组"在这个时候已经名存实亡，"三抓一，五抓二，独子不抓"是混乱时期抓兵的指导政策，然而实际的操作中并非如此。外村在席村扛活的长工都存在被抓走的可能，

---

1 台神，地名，曲沃。
2 参见山西地方志办公室编《民国山西史》，山西人民出版社 2011 版，第 104 页。

任福成老人的哥哥就是在别的村子里扛活被抓壮丁的抓走了。被抓走的长工多数是在地里干活时候被抓走的,如果在财主家里通常是安全的。那时候二战区老阎的部队抓兵都是晚上来,所以村里的壮劳力一到晚上就全部去离家很远的地里躲了起来,等第二天没事了再回来。白天也不敢去地里干活,一不注意就被抓兵的抓了去。所以那个时候很多妇女去地里,有的农户因此将土地撂荒。不过据老人讲述,即便那么疯狂地抓兵,村里财主家的儿子还是会平安无事,村长、村副以及其他间长家的儿子也不会被抓去。过去一旦被二战区抓兵的抓走,家里如果有一定的能力可以花钱赎回来。赎人要去找村长出面,村长要搞清楚是被哪一支队伍抓走了,打听好之后就去找抓兵的头联系花钱赎回来。据老人讲述,过去赎一个人要10块洋钱,能拿出的农户几乎没有,一旦被抓走绝大多数只能认倒霉,花钱赎人的多是家里的独子被抓去,考虑到因此而后继无人所以花钱赎回来。过去有些个机灵的壮丁被抓走以后能逃出来,逃出来以后是不敢回家的,二战区的人会派人来家里堵着,一旦回家被抓回去是要被枪毙的。

(三)村落治安

村落的公共治安也是国家政权治理的一项重要内容,维护村落治安稳定是保证有序治理的重要环节。关于公共治安,1949年之前,村里专门设置了"自卫团",村里有的老人称之为"村武力"。自卫团是当时每个村都必有的地方自卫组织,村长担任自卫团的团长,同时设置副团长一名,通常由村副来担任,自卫团的主要工作由副团长负责。自卫团由村中18岁以上,35岁以下的壮年男子组成,每个间选出一人,专司村中治安之责,他们可获得一定数量的报酬。自卫团的主要事务包括维护村落的秩序,处理村落的公共治安事件等,有土枪、刀、矛子等武器用以自我防卫。例如村落中出现了偷牛的贼,一旦被抓住就会交给自卫团处理;席村每年会举办两次大型的庙会,自卫团会在庙会期间维持好村落的秩序,一旦有偷盗、扰乱秩序的情况出现自卫团会采取行动来进行管制。每年在纳粮收款的时候,自卫团也会参与其中,以防出现突发事件,抗粮不交的农户也是被自卫团带到村公所的。自卫团不负责巡夜,村里巡夜有专门的巡夜人。本村的自卫团与外村自卫团没有联系。

据村里老人介绍,过去每个间都要抽一壮年男子加入自卫团,起初村民都不乐意去,认为自卫团就是给村长当打手,容易得罪人。后来农户发现加入自卫团不会被二战区抓兵的抓走去当兵,便有很多农户主动去找村里的间长要求加入自卫团,还有的去找村长,给村长送礼要把自家的孩子送到席村自卫团,以保平安。

(四)纠纷调解

纠纷调解是国家村落治理的一项内容,但这里要特别说明一点,村落中设置的息讼会调解的纠纷均是农户主动找上门来要求会长和公断员来调解的纠纷，对于没有主动请求调解的纠纷息讼会通常是不会主动干预和介入的。息讼会调解的纠纷多是些农户私下里解决不了的纠纷，这类纠纷在村公所的息讼会一旦也得不到解决，村长会建议纠纷双方去区里打官司以求公断。像本报告前文所提到的落檐胡同的纠纷，息讼会难以做出让双方都满意的调解，双方打官司最终也很难分出输赢。

四、政权治理方式

传统时期，政权治理的主要内容与国家政权有着密切的联系，因此，政权治理的方式更为严苛。国法是政权治理的首要方式，其次是"村政建设"运动提出的村范和村禁约，而上述诸方式都通过村长等人的惩罚与奖励得以实现。

（一）国法

"国有国法，家有家规"，政权的治理主要依靠国法以及村长、村副、闾长这些国家政权权威来合理实现。对于当时国家的法律法规村民们并非十分清楚，村民口中的国法就是"杀人偿命，偷盗坐牢"。再不然就是村长、闾长告诫村民哪些事情不能干，一旦做了就是犯法的，但事实上村民不知道具体犯了哪条国法。村民认知中的国法仅仅是村民已有的认知以及村干部口中的告诫。

虽然村民对于国法的具体内容并不知晓，但村民对于国法、家法、族规以及村里的乡约还是有比较深刻的认知的。"过去犯了法那是要被自卫团抓起来送到区警那里法办的，但是如果仅仅是顶撞了老人最多是被家里的长辈打一顿。"[1] 从以上村里老人的表述不难看出，村民很清楚国法和家规具体的适用范围。如果村民犯了罪一旦暴露是要接受法办的，但是据村里老人介绍，那个时候整天抓兵打仗，区里都很腐败，即便是犯了国法也可以花钱买个轻判或无罪。在世道还算安稳的时候，村里的农户对于官府还是信任的，对于息讼会调解无果的纠纷农户会寻求区里主持公道。但是到了混乱年间，平常百姓即便告官也告不赢，国法在有钱或是有关系的农户那里几乎没有存在的意义。

（二）村范与村禁约

阎锡山担任山西省省长之后，开展"村政建设"运动，山西各地普遍指定了大量的名为"村范""村禁约"之类的村规民约，用以规范村民行为，惩恶扬善。"村范"即村民的言行规范；"村禁约"即村中之宪法，其内容仍按各村习惯，自行规定，大致将消极方面事项例举禁止。阎锡山指出，村范与村禁约相辅而行，以村范开其先，以禁约善其后。

---

[1] 席立尔老人口述整理摘录。

村政建设中的席村自然也要订立相应的村范与村禁约。对于妨害公众安宁者,妨害公众秩序者,妨害公共事务者,妨害公众财产及身体者,妨害一村风俗者,妨害公共交通者,妨害公共卫生者,处罚手段有罚款、训诫和按照习惯处置等。处罚决定由村长、闾长共同商议做出,超出村禁约范围的交由区里处理。具体而言,违反村禁约的村民要受的处罚有:训诫,缴纳罚款一角以上十五块以下作为村费,在娘娘庙罚跪。例如村民不能砍树,不能破坏村里的水井、泊池、沟渠等,一旦破坏被抓,村长和闾长可根据村禁约的规定对其给予罚款或是训诫处理。

传统时期,村范与村禁约发挥了一定的作用。据席村老人讲述:

> 过去席村周边没有山,村里人烧柴要去很远的山里砍柴或者捡枯枝,再不然要去集市上买柴。村子的树不多,村里人心里都很规矩,就算家里没柴烧也不会去折村里的树枝。有一年的冬天,柴家疙瘩的一个农户家里没柴偷摸地砍了一枝村里的槐树。砍树时候没被发现,背着树枝回家的路上被村里人看到了,偷砍树的农户当时还说是在村外的路上捡的。可是第二天村里人就嚷嚷着说大槐树让人砍了一枝,恰好碰到砍树那人的农户就向村长打了报告。村长让村里的武力把砍树的农户抓到了村公所,砍树农户承认因为没有柴火砍了一枝,最后村长决定罚款一块钱。

(三)惩罚与奖励

村长、闾长主要负责催缴粮食和赋税,闾长仅仅是负责传个话、跑跑腿,如果有人交不上来,报告给村长,村长不容易当,特别是日本人来了以后,即1930年代末至1949年前,处于各路兵力拉锯战时期,老阎的部队、日本人、警备队交替来村里要粮,村长不得已又分配到各家各户,这期间村里农户会对村长、闾长产生抱怨。如果收不上来,村长要遭到二战区、警备队、日本人的训斥甚至是拷打。迫于无奈村长会下令自卫团将未能按时交上粮食的农户绑到村公所里予以惩罚,日本人来之前惩罚的办法就是在村公所里关上几天训斥一通。但到了后期,面对着各路"要债队伍"的施压,村长对于抗粮农户会将其绑到村公所吊起来抽打。据父亲做过村长的席立尔老人介绍,过去打抗粮户其实也只是做样子,不打抗粮户村长就要被"要债的"打,他的父亲好多次因为收不上粮被二战区的人打到起不来。所以村长、闾长这样的村干部实质上并没有具体惩罚的手段,即便是对抗粮农户的惩罚也是出于无奈,被惩罚的抗粮农户即便是心里不满意也只能受着。

1949年之前，除了对抗粮户迫于无奈的惩罚，村长对于村庄内的好事和善举还会有一定的奖励。这种奖励更多是一种称颂与赞扬，并没有实质性的物质奖赏。据村里老人介绍，过去村里一年要开一到两次大会，各家各户出一个当家人，开会的地点就在娘娘庙前，开这个会的时候村长就会提出对农户的表扬，主要表扬的事情无外乎某个闾的某某农户能够及时纳粮交税，对于农户私人所做的好事不会提出称赞。

五、政权治理关系

（一）政权评价与认同

1949年之前，国家政权对于村庄的治理事实上是非常有限的，仅仅局限于上文所述的赋税劳役、抽丁、调解纠纷，而诸如赋税劳役、抽丁抓丁这样的治理内容其主要目的是为国家政权服务。村落纠纷的调解也仅仅限于主动寻求息讼会调解的纠纷。国家政权对村落的治理中发挥作用相对而言最大的当属自卫团，对维护村落的秩序稳定有一定的作用。村里的老人对于村长、村副、闾长以及息讼会给出了如下的认识：

朱发发老人认为："过去没到混乱年间，村里很太平，村长、闾长这些也就是纳粮收税，村里其他的事情都是自己家里的事情，他们也管不到，都有当家人主事，纳了粮，自在王。到了混乱年间，村长更没啥用了，都是二战区说了算，老阎的人来了村长都得靠边站。"[1]

张熬狗老人认为："村里有没有村长、闾长都一样，没了村长、闾长村子也不会乱，农民们只要能种好地，能打下粮食就行。村长过去也管不了啥事，就是给二战区收粮收款，日本人没来之前，村里人都能及时交上粮食，村长也好当。日本人来以后，村里就乱了，日本人没来以前村长还能问个事，日本人来以后村长做不好都得被二战区的人打，都乱了……"[2]

任福成老人认为："过去没有村长也不行，没了村长村里肯定会乱。在村里打个井都要找村长申请，如果没有村长，那村子里就要乱。村长带领着自卫团保卫村子，要是没有自卫团白天明火贼也敢来抢了。村长收粮这件事是很正常的，祖祖辈辈种地都要纳粮交税，只是在混乱年间，村长收粮得罪了不少的人。"[3]

韩景明老人认为："过去村子里没有村长也不会乱，村里人都比较懂规矩，该种地种地，该收庄稼收庄稼，建房有建房的规矩，打交道也有打交道的规矩。除了规矩四大姓氏都还有户长和支长，再早些时候户长、支长都是管事的，其实村长就是通知大家交粮，按时交了就没啥事情了。即便是和村里人有了矛盾也是门下人调解，很少找

1　朱发发老人访谈摘录。
2　张熬狗老人访谈摘录。
3　席立尔老人访谈摘录。

村长，一般找到村长离到区里打官司就不远了。"[1]

基于村落多位老人对于村长、村副等国家政权代表在村落是否有作用的认识不难看出，1949年之前，尤其是30年代日本发动全面侵华之前，村长、闾长这些受国家任命的村干部在村落中的作用并不大，村庄的稳定有序主要依赖于村民长期形成和遵守的惯习，以及长久以来稳定的村落关系结构。村民普遍认为，村长、村副这些村干部都是"上头"的代表，给"上头"做事，而且他们都有报酬可以拿。对于村里的农户而言，只要按时交了粮完了税，一不杀人，二不放火，不偷不抢老老实实地种地，跟村长几乎扯不上关系，所以村民对于村长、闾长这样的村干部不存在惧怕一说，"怕管不怕官"是村民对于怕不怕官给出的回答。虽说村民不怕村长、闾长这样的村官，但村民常常还说"县官不如现管"，村里的官还不能惹到，对于这些村干部村民都比较尊重。

（二）财主与政权代表

这里专门把财主和村干部的关系拿出来单独讲一讲。1949年之前，财主是绝对不会当村长、闾长这类村干部的，虽然他们具备当村干部的条件。村里父亲做过闾长的韩天福老人介绍，财主不做村干部主要是怕惹麻烦，整天要和上面打交道，哪天做不好老阎的人就得收拾他。过去村里的财主在农户眼中都高高在上，不是谁想攀就能攀上的人，村里的人也都觉得身份地位不一样很少和财主打交道，而村里的财主如果当了村长，上面派下收粮的任务都不一定能够完成，收不上来二战区就要找麻烦，他们本着多一事不如少一事断不会去当这个村干部。而且财主心里也清楚，当村长、闾长这些村干部并没有过多的权力和油水。

虽然不当村干部，但是1949年之前财主和村干部之间却有着很密切的关系。上文谈到抓兵时指出，即使30年代末到1949年之前抓兵近乎疯狂，财主的儿子依然会安然无事，原因就在于村里的财主和村干部，尤其是村长之间有着紧密的联系。据父亲做过近十年村长的席立尔老人回忆讲述，过去村里铁门的财主和他父亲有着很深的交往，每年过年财主都会派家里的伙计送些东西过来，到了初二初三还会亲自上门来拜年，这么做为的就是抓壮丁的时候能够得到村长的保护。

（三）宗亲与政权

虽然村内有村长、村副、闾长等各种治理主体，但在席村内还有一个不可忽视的因素便是宗亲。四大姓氏在席村用"四足鼎立"形容都不为过。每个姓氏都有家庙和支祠，并且都设立户长和支长，以此建立了复杂的关系网络。据村里老人介绍，在日

---

[1] 韩景明老人访谈摘录。

本人来以前，户里是会问事的，户里有了矛盾，或是谁家出了不孝子都可以去户里找户长调解和教导。这样的事情村里不得干涉。村里下达交粮的任务后，四大姓氏中某个姓氏的农户如果遇到了困难交不上，可以向户长求助，户长可以从家庙的仓库中提粮先帮其垫上，待收了粮食后及时还上，当然也可以请户长或是支长去和村长求情。因为户长都是辈分高年龄大的人，但凡是找上门来村长都会应允了户长的请求，不敢轻易地驳了户长的面子。以上情况也都是在日本人来以前相对平静的时候，到了混乱时候，人人自危，户长也早就不再问事了。

第二节 村落治理与治理关系

作为一个地域共同体，村落存在地缘关系政治。1949年之前，席村既是自然村，也有行政村的设置。上一节主要介绍了行政村设置下国家政权对于村落的治理，本节主要就地缘关系下席村的治理展开论述。

一、村落治理主体

如前所述，席村的政权治理主体包括村长、村副、闾长、地方、财粮等。其中，村长是最主要的治理主体。抛开国家政权治理，席村是以自然村落为单位的村落自治，自然村的自治主要由村长和绅士负责。就考察的时间段而言，自然村落的村长和行政村建制下接受政府任命文书的村长是同一个人，但其负责管理的自然村事务是不同的。除此之外，还存在若干民间土生土长的治理主体。因为本报告考察的阶段主要集中于中华民国时期，此阶段自然村的村长和行政任命的村长的产生是一致的，上文已经详细说明，关于自然村落的村长在此不再单独列出进行重复梳理，这里主要就其他本土性的治理主体展开说明。

（一）"热心肠"

"热心肠"是村里老人们对于地缘治理主体中一类人的称呼。这类人在村子里有一定的数量，基本上每个居住单元都有这么一两个"热心肠"，从字面意思不难看出，村里的"热心肠"就是热衷于村庄公共事务的一类人。报告第五章提到每个居住单元都有发起农户们"闹热闹"的人，这类人就属于村落中的"热心肠"。村落中的"热心肠"均为男性村民，年龄至少都在40岁以上，这类村落治理主体不仅热衷于"闹热闹"这类村落公共活动，还会发起并组织些其他事情。牵头农户打官井就是最好的例证。据村里老人讲述："过去巷子里的人们吃水困难，要不就是巷子里原来的井干枯了，人们想在巷子里打口井，这样的事情一般会找'热心肠'去说，'热心肠'会作为挑头那个人去找村长说，村长同意以后'热心肠'会组织大家伙一起打井。'热心肠'管的事情很宽，巷子里东家长西家短没有他不清楚的，哪家人家家里闹矛盾也有可能找'热心肠'来调解。"

结合村里老人的讲述，过去村子里每个巷子里的"热心肠"有以下几个特点：

第一，村里的万事通。"热心肠"属于万事通，村里的大事小情，所在巷子里每家每户的情况他们掌握得都比较清楚，谁家有几个儿子，家里有几亩地，各户的家庭基本情况都比较了解。

第二，乐于助人。这也是"热心肠"这一称号的由来。这类人乐于助人，巷子里谁家遇到了难事，"热心肠"总是会出现，巷子里谁家办红白喜事总能看到"热心肠"的身影。

第三，人缘好。最为重要的一点是这类人在村落中，特别是在所居住的巷子里人缘比较好。用村里老人的话讲，这类人没有坏名气，谁家有个大事小情也愿意找巷子里的"热心肠"商量，而且还信得过"热心肠"给出的建议。

（二）绅士

传统时期，绅士在村里又被称为"先生"，通常冠以姓。例如张姓绅士被村民称为"张先生"。绅士是村子里没有被纳入政权的一类精英人士，席村的绅士最早可以追溯到明清年间。据村里老人介绍，过去村里的绅士主要是秀才和财主老爷。席村张怀茂老人介绍，他的爷爷过去就是村里的绅士先生。根据张怀茂老人的介绍，传统村落中的绅士先生通常具备以下几个特点：

第一，识文断字，有学问。绅士先生都是有学问的人，特别是对当地的地方性知识掌握得比较到位，深谙当地的人情世故和各类礼仪习俗，以及官方行政知识等。据张怀茂老人讲述："过去我爷爷就是席村的绅士，村里人都喊我爷爷'张先生'，谁见了都恭恭敬敬，村里谁家有个难办的事情或是有哪方面不懂或是不清楚，都会找我爷爷来问，我爷爷总是能给出个好的办法。有时候我爷爷给村里人写个纸条，那些人拿着纸条去区里办事，事成了村里人会带些点心烧酒来感谢我爷爷。"

第二，生活富裕，家境好。绅士先生的家境通常都不差，至少得是中农以上的家庭，按照席村老人所述，过去席村的绅士先生多数来自财主家庭。村里老人讲，过去家境不好的穷人在村里"说话没风"，哪有能力去给别人办事，即便是村里的"热心肠"也只能关注下村子里的事情，成为绅士帮着别人去解决更难的问题更是无稽之谈。

第三，家有背景，路子宽。在村里做绅士先生的人，往往都有一定的家庭背景，村里财主不少，唯独张怀茂老人的爷爷可以成为村民敬重、村干部都不敢怠慢的绅士先生，原因就是张家在上头有人，过去张家出过做官的。换言之，就是积攒了比较多的社会资源，能和上面说得上话，很多事情都可以很顺利地解决。

（三）中人与保人

中人与保人是村落治理中的另一类主体。1949年之前，村落中土地房屋买卖、分家、土地租种等需要双方商议的事务中都会请中人来做见证，而在村落借贷行为中还会请保人来做担保。中人和保人有时候会是同一个人，多数情况下中人和保人不是同一个人。中人与保人并不是一种职业，仅仅是一种村落治理中的行为主体。村落中的中人与保人有所不同，二者有着不同的特点。

首先，中人都有一定的文化，能够识文断字。在土地房屋买卖、土地租种及分家中要书写相应的文书，中人要能看得懂文书的内容。其次，中人要善言辞，能说会道，能够协调协议双方的争议。最后，中人在村里有一定的权威，为人公道。用村里老人的话讲，能去做中人的人在村里一定名气不错，村干部、闾长会经常被请去做中人。村落中的保人和村落中的中人差不多，但是保人得有一定的经济实力，而且要和作保的农户是非常要好的关系，毕竟作为保人有一定的风险性，一旦债务出现问题，作为保人要承担相应的后果。

二、村落治理事务

包括自然村落中村长以及上述"热心肠"、绅士、中人与保人在内的村落治理主体，其所治理的内容主要围绕村落的公共事务展开。

（一）村落日常公共事务

1. 兴办学堂

1949年之前，席村有自己村落的学堂，村落中的村长是兴办学堂的牵头人和负责人。对于传统时期席村自然村落而言，学堂由村落中的村长督办，到后期政权影响时也仅仅是对学堂所授内容进行指导和干预，具体办学仍保持着自然村时期的管理方式。而村长在兴办学堂时的职责主要包括学堂的选址和甄选学堂里教书的先生。传统时期席村没有设置用于兴办学堂的土地，因此学堂通过收取学费来支付先生的报酬。

传统时期席村并没有专门为学堂辟出地方，而是将学堂设置在村西南的玉皇庙中。学堂里的先生由村里读过书的村民来担任。据村里老人介绍，早先时候学堂只有一个先生，主要教授《三字经》《千字文》，后来才有了两个先生，另一个先生教学生算术。

2. 公共设施的管护

公共设施的设置、管理与维护也是村落公共事务的一项重要内容，同时也是构成村落治理的一项重要内容。它主要包括村落中公共水井即官井的设置与管理、村落道路的管理与修护，村落公共石碾的设置与管理等。

第一，官井。之所以称之为官井，顾名思义就是开掘于村落公共空间的水井，是相对于家户私有水井而言的。官井是村落公共事务治理的一项重要内容。首先官井位置的选定、向村里提出掘井的请求基本上都是村落治理主体来完成，街巷中的"热心肠"、说话有分量能够担任中人或是保人的农户会牵头发起开掘官井事宜，征得村长同意后农户掘井。关于掘井的具体细节前面章节已有论述，这里不做重复。官井的维护则主要由村落治理主体与用水农户共同来完成。

第二，道路。道路作为村落中的公共设施，供村民的大车通行。这里所提到的道路主要指村落中老人口中的"街"，以及村外通向各家地里的乡间道路，由大街通往农户巷子里的道路虽为村落所有，但其管理与维护多数情况下由居住于巷子中的农户来完成。道路的维护既在平日又在特殊时期。平日里维护多由居住在道路前的农户来完成，换言之就是"自扫门前雪"，村落没有专人负责清扫道路，道路出现坑洼也多由附近的农户用炉灰来填平，当然村落中的"热心肠"也会主动去填坑修路。特殊时期是每年收秋之前，村里的村长或是绅士会组织农户平整道路，特别是从村里通往地里的路。收秋时大多数的农户会赶着大车去收秋，路上有坑很容易翻车，而村里的绅士都有不少的地，所以收秋前修路通常由绅士老爷连同村长发起，绅士老爷家里一般会派长工参与修路，收秋时要从所修道路经过的农户也会参与其中。

第三，石碾。过去村里除了财主家里会有自家的石碾外，普通农户家里不会有私人的石碾，村里在每个居住单元的街巷设置了供农户使用的公共石碾，在席村一共有15—18个石碾子。据村里老人介绍，石碾子都是农户攒钱所置，和打官井差不多，由巷子里的热心人去和村长报告，因为置石碾要占地，需要村长的批准。石碾子设置好以后供农户使用，也不会设置专人来看守。石碾出了问题大家攒钱来修，也是由街巷中的"热心肠"来牵头，往往可以做到一呼百应。石碾使用中难免因为争抢占位发生争执，出现这类情况时通常也是由街巷中的"热心肠"出面来调解，一般很少会找到村长。

3. 村落巡夜

村落巡夜不同于上文提到的"村武力"即自卫团，是席村自然村落长期以来形成的村民自行管理的安保方式。为了村庄的安全，在夜晚村门关闭后，每个街巷都会安排成年男子轮流巡夜，后来设置了间，巡夜由街巷轮流改为以间为单位的轮流。村落为巡夜的农户专门建了歇脚休息的地方，村民称之为"窝铺子"。窝铺子不大，呈长条形，有2—3米宽，纵深也只有4米左右，主要为巡夜人冬天取暖用。冬季的炭也都是街巷里农户自己筹来的。巡夜人夜间巡逻一方面是查看有无生人偷偷进入村庄，另一方面是留心有没有发生火情。一旦出现异样，巡夜人会密集敲锣提醒村里的农户。

（二）村落文化活动

村落中开展的公共文化活动是村落治理的另一个重要内容。所谓的公共文化活动主要包括在席村每年举办的规模盛大的两次庙会、正月里各居住单元举行的社火活动等。

席村的庙会由来已久，每年的农历正月二十和三月二十二席村都要举办规模盛大的火神庙会和禹王庙会。关于这两次庙会在报告的第四、五章从社会组织以及文化的角度均有较为详细的阐述，这里主要就其村落治理层面的内容进行梳理。据村里老人介绍，席村的庙会约有上百年的历史，村里专门的庙会组织也是后来才逐渐形成的，早先时候的庙会就是村里的村长、"热心肠"、绅士老爷以及庙宇中的"大和尚"共同筹办，村落中的农户响应并参与的一项涉及宗教信仰的文化活动。上述这些村落治理主体在其中发挥着重要的作用，村长、绅士老爷运用其所具备的乡土权威和资源来组织庙会的筹备，而村落中的"热心肠"则在各个巷子中发挥其宣传和动员的能力，积极调动农户参与庙会。

除了庙会这样盛大的活动之外，村里每年正月还会举行社火活动，也就是前文讲到的闹热闹。这项文化活动在席村也有着悠久的历史，每年正月初七初八各居住单元便开始在自己所在的街巷中热闹起来，之后从小巷走到大街开始比拼，在正月十五元宵节、正月二十庙会当日掀起闹热闹的两个高潮。这项农户自发的社火活动的发起者就是各居住单元的"热心肠"，这类人好热闹，而且说话还有些许的分量，每年过了破五就开始张罗着召集各巷子的农户筹备社火事宜。这些巷子里的"热心肠"会联合农户组建起自己居住单元的社火队伍开始操练，并开展各个居住单元间的相互比拼，将正月的社火活动逐步推向高潮。

（三）与外村交往事务

席村与外村的交往事务主要是联合使用三庄河水进行灌溉。三庄河取水灌溉，顾名思义涉及包括席村在内的三个村庄，因此作为自然村落的席村与外村交往从调查看仅有李村和蒲城两个村庄。其中李村是席村的邻村，在用水环节又位于席村的上游，因此日常的接触相比蒲城而言更频繁和密切。

据村里过去做过看河人的席立尔老人回忆，与李村、蒲城因为河流用水的接触通常都是由各村选出的河长出面，普通农户很少参与其中，每个村的河长均由村长担任。每年用水之前，各个村的河长都会在一起碰面来商定具体的用水事宜。农户私下里用水也会产生冲突，在村落出土的石碑上记录了一次因用水引发的席村与李村的村落械斗。碑文记载，因为私自设闸口两村农户发生矛盾，以至于引发两个村子之间的村落械斗，后惊动官府才得以平息，后立碑将此水案记录以警示后人。械斗后的很长一段时间两村关系都比较紧张，以致嫁入席村的李村女子一度很受排挤。随着时间推移，相邻的两村再没有出现过纠纷与械斗。

当然，除了因共用三庄河水产生的村际交往及相关一系列事务之外，席村每年举办庙会也会吸引来自邻村的农户前来参与。他们也会来席村拜神、看戏、买卖东西，这些行为并不会受到席村的排挤。

三、村落治理方式

传统时期，作为自然村的席村其治理主要依靠村民长期以来形成的惯习，以及普通农户家庭对家庭成员的教育。席村没有成文的村规民约，对村民行为的约束主要依靠村长的批评与称赞。

（一）村规民约

前文在国家政权治理村落中提到了类似于村规民约的"村范"与"村禁约"，其来源主要与阎锡山的"村政建设"运动有关，而作为自然村的席村实际上并没有全村成文且统一的村规民约。换言之，在实施"村政建设"运动之前，席村并没有村规民约。村落中的韩姓后人整理了韩姓的族规，但仅仅是现今的韩姓后人四处搜罗整理而来，据韩姓老人介绍过去在日常生活中虽有族规却也并没有严格地监督执行。与祖训、族规相比，家法对村民的约束力显得更强些。具有成文家法的家庭在席村并不多，只有张姓财主家里有成文的家法书于屏风之上，其他农户的家法也多是不成文的家法。虽说家法并没有粉饰于墙壁或是书写在纸上，却与每个家庭成员息息相关，如果家庭成员犯了错误，做了让家庭蒙羞，让父母丢颜面的事情，家长有权力对其做出惩罚。

虽然席村没有所谓的村规民约，但是在村子里还是有很多村民们都默认的规矩与习惯。例如，"抬材打墓，两头不误"，换言之就是有村里人或是门下人家里办丧事需要帮忙，即便手头有事情也要放一放，抬材打墓这些事情要帮忙，不能有半点儿延误；"筷子有大头小头，人也要懂得长幼老少"告诫村民要懂得长幼有序，要尊敬老人，不做忤逆之事等，都是村落内不成文的规矩，有些被农户们编成了口歌代代传唱，有的则成为一种习惯法则深植于农户生活中。

以上这些不成文的规则多数属于教育型，并不具有惩罚功能。一旦有人不遵守，会遭到村里其他村民的笑话和议论。例如村里有个年轻人在村里不尊重年纪大的老人，在众人面前顶撞了老人。村民一定会议论并谴责这个年轻人没有教养，不懂得长幼秩序，也免不了会谴责年轻人的当家人或家长教子无方。但绝对不会采取暴力的方式去惩罚该青年，即便是惩罚也是其当家人听闻议论后施以家法惩戒。这种舆论上的谴责对于村内所有的农户是平等的。据老人介绍，即便顶撞老人的年轻人是村长的孩子，抑或是财主家的孩子，同样会受到村里农户的谴责和抨击。相反如果是老人做出为老不尊的事情，村里的农户同样会议论，会让老人的子女为此蒙羞。由此不难看出，村子里对于有悖于农户默认规矩的行为的谴责是平等的，不会因为其身份、辈分、年纪、财富而产生差异，一旦犯了错误都将成为村民街头巷尾、茶余饭后议论的焦点。

（二）惩罚与奖励

作为自然村落的席村，因没有具体成文的村规民约，故而也不存在明确的惩罚与奖励方式。不同于上文村范与村禁约中细数的种种条款一旦违反将受到处罚，有训诫、缴纳罚款等各种方式和手段，作为自然村的席村在村落治理方面所能进行的惩罚一方面是村民的舆论谴责，另一方面则是村长、绅士老爷凭借其权威出面进行的训诫与说教。

据村里老人介绍，过去"老阎"没有搞村政之前，村里谁家出了不孝的儿子，或者是有晚辈忤逆长辈，当家人一旦管教不了，就会主动请村里的村长或是比较有地位并且能帮忙做主的绅士老爷去训诫教导。能够使用的手段也仅此而已，村长、绅士绝不会使用暴力手段来施以惩罚。

既然有村民舆论上的声讨与谴责，自然也有口口相传的褒奖与赞赏。除了上文提到的行政村席村在村民开会时村长会对村落中的好人好事提出口头表扬外，在自然村席村褒奖的方式则显得更加非正式，多以农户之间口口相传的称赞来作为奖励。例如席村农户救了村里一个掉进井里的孩子，这个村民会被全村的人所称颂。在实行"村政建设"运动前，村民们会相互称赞，甚至会传到附近的村子中，村长也会亲自登门去表扬村民。"村政建设"后不仅会全村农户称赞，还会在村民大会上提出表扬。

四、村落治理关系

（一）村长权威

在席村，村长是村落内有权威受人尊敬的人，据老人介绍，相对太平的时候村长是村里农户选出来的，村民并不惧怕村长，在村民看来村长是村里说话有分量并且能干的人，村民对村长都很敬重，而这种敬重是基于其在村民中所树立的威望。但到了日本人全面侵华之后，村长是上面直接任命的，村民也不再选村长，这一时期村民对于村长或多或少有些惧怕，原因在于这一时期村落中的村长已经有别于时局相对稳定时期的村长，村民对村长的敬畏更多是受迫于权威，而不是村长在村民心目中的威信。

村长过去都要接受政府的任命文书，是实实在在的官，对于自然村席村而言，村长也是官，而且老人们都认为村长是村子里最大的官。

本节主要围绕村落治理背景下的主体展开，村长则主要是参与自然村各项公共事务治理的角色。席村主要是席、南、张、韩四大姓氏构成的村落，各姓氏均有户长。据村里老人介绍，村长和户长并没有重合。换言之，户长就是一个姓氏的"首领"，村长就是这个村子的"首领"。据92岁高龄的张怀茂老人讲述，在他的记忆里，席村各姓氏的户长都不是村长，日本人全面侵华之前村长来自张家，日本人全面侵华之后席村的村长姓席。担任村长的农户并不是所在姓氏的户支中辈分最高的人。户长和村长的权力没有明确的大小之分。一个姓氏的户长主要负责户里的事情，包括新丁入户、祭祀、户里公共土地的管理、户里的农户遇到困难求助时给予帮扶。而作为自然村，席村的村长所管辖的事务则是整个村落的事务，包括村落的文化活动、发展教育，当然还涉及其作为行政村村长所要做的诸如调解纠纷、传达上级指示、征收赋税等事务。二者所负责的领域与事务不同，因此二者哪个权力更大也不好做出判断。但村长作为家户中的成员，也要接受户长在家户各项事务中的领导。要说明的是，户长有权力将违反族规的族人革除族籍，但村长通常没有权力将席村的农户赶出村落。

绅士作为村落治理的另一个重要主体，其和村长的关系可以说也很微妙。据村里老人介绍，日本人发动全面侵华之前，村里的村长可以说就是绅士老爷，村里的绅士老爷在村里都算得上是富户，而且都有一定的学问，还有一定的社会资源。村里人愿意将这样的人选为村长，村里没有担任村长的绅士老爷通常和村长的关系也都非常要好。但是在日本人发动全面侵华之后，时局动荡，村里的绅士老爷都不愿意当村长，免得招惹是非，村长和绅士的关系远不及时局稳定时期。如果论权力大小的话，日本人全面侵华之前，村长和绅士老爷的权力相当，但村长作为村落中的最高领导，其在村庄内的权力是大过绅士的。而在时局动荡时期，村长更像是政权在村落扶持的一个傀儡，其权力远不及掌握一定社会资源的绅士老爷。因为二者在前后两个时期掌握的权力不同，所以村民更信服谁也因其掌握权力的大小发生相应的变化。

（二）村民对村落决策的参与

席村在当时是有名的大村，村中有事情的时候，不可能每家每户都参与，村民对于村长就村落公共事务所做的决定通常都表示赞同和认可。往往村长在就村落的某件事情做决定时会同各街巷中的"热心肠"、绅士老爷、各姓的户长以及村里的老一辈们一起商量，听取各方的意见后做出决定。这样商量决定的事情，村里人都会赞同。用老人的话讲:"去商量的人村里主要姓氏都有,户长都是每个姓氏做主的人,巷子里的'热心肠'也都是大家信得过的好人,这些人聚在一起商量的事情不会有问题,信得过。"

关于赋税这都是政府早已定好的事情,村长也仅仅是执行上级命令的人,容不得村长去和谁商量。征收各类税费都是闾长的事情,征收之前村长会召集各闾的闾长开会,传达上级的命令。各闾闾长接到命令后通知各户,开始征收。时局稳定时候很少有抗粮不交的农户,时局不好农户们无心种地,收不来粮食也就很难交得上各种粮款,从而导致村长、闾长同村民之间产生矛盾,村落的公共事务几乎全部停滞。上一级开始参与到粮食征收的各个环节,暴力收粮成为一种普遍的情况。除了征收赋税之外村落中还要征兵,关于征兵的各项事宜村长通常也是传达上级的各项命令,征兵时会有专门的人来,这类事情也不会和村里的农户商量。只要符合条件的都会被征召当兵,当然家境好的农户可以通过绅士老爷找关系去花钱赎。

(三)村落各治理主体与村民的关系

1. 村长与村民的关系

本节主要考察作为自然村落的席村的诸多治理情况,在这类情形下,村长和普通农户的关系较为和谐。村落治理的事务虽与农户息息相关,但多是些涉及公共领域的事情,诸如修路、打井、办庙会、闹热闹,即便是每年交粮纳款也并没有出现老人口里"混乱年间"的横征暴敛。村长会为交不上粮的农户先行垫付,还会为农户求情免于征兵,这一时期村长的定位是带领农户完成村落各项公共事务的"头人"。村长来自普通农户,因此和普通的村民关系比较和谐。普通农户对于村长更多是一种尊敬,而非畏惧和排斥。据村里老人介绍,日本人没有发动全面侵华之前,村长和村里人关系都很好,村里农户办红白喜事通常都会邀请村长。但是在日本人发动全面侵华之后,村里人不再愿意担任村长,村长被上级直接任命,这个时候村长与村民的关系逐渐变得紧张起来,村落的各项公共事务及活动停滞,在村民眼中村长已然成为上级收粮抓兵的帮凶,和村长没有亲戚关系的村民在办红白喜事时不会再主动邀请村长参加。

2. "热心肠"与村民的关系

热心肠是村落治理中的重要角色,这类人爱操心,乐意管闲事,和自己所在街巷的村民关系都很好,和村长也能说得上话。村里的"热心肠"热衷于村落的公共事务,常常代表村民们的意愿,充当普通农户和村长沟通的纽带。巷子里农户想要打口官井也是由"热心肠"去向村长报告,巷子里的农户家里遇到大事小情处理不了都会找巷子里的"热心肠"来帮忙。巷子里谁家办红白喜事一定能看到"热心肠"的身影,农户之间以及农户家庭成员间有了矛盾,也会找村里的"热心肠"前去调解说和。

3. 绅士与村民的关系

过去村里的绅士老爷也是自然村落治理的主要参与者之一。同农户选出的村长、住在巷子里的"热心肠"与村民的关系紧密和谐略有不同,绅士老爷和普通村民保持着一定的距离。上文也曾指出,村里的绅士老爷都是村里的富户,不是家里过去出过当官的,就是家里有做官的亲戚,而且绅士老爷各个都识文断字,掌握丰富的地方知识。正是上述特点,让村里的绅士老爷自然具有一种高高在上的优越感。虽说和普通农户有距离感,但农户有事相求找到绅士老爷门下,只要是能力范围内也会施以援手。绅士老爷通常和村长走得近,在参与村落治理中通常会提良策或是好的建议。普通的农户家里办红白喜事时候并不一定会邀请绅士老爷,即便是邀请也是之前求绅士老爷帮过忙。

(四)国家治理与村落治理的关系

本章第一节重点围绕政权治理展开论述,作为行政村的席村要接受国家的治理,而本节则主要探讨作为自然村落的席村所开展的村落治理,由此席村是双层的治理体系。村长、绅士、"热心肠"等负责自然村落公共事务的协调与管理,是传统乡土社会的村落治理。而国家治理主要表现在赋税、劳役、抓兵等方面,通过行政建制下的村长、村副与闾长来实现。

从国家治理以及村落治理的内容上看,村落治理事实上是国家治理的重要补充,主要补充了国家治理在村落公共事务治理方面的不足与缺失。从调查的事实不难看出,不管是日本发动全面侵华之前还是全面侵华之后,国家对于村落的治理,尤其是村落公共事务的治理是微乎其微的,虽然在村落中推行了"闾邻制"这样的治理方式,但这都是为其实现征税纳粮而服务的。即便是阎锡山推行"村政建设"运动,在村落推行诸如村范和村禁约等涉及村庄公共事务领域的诸多规定,也并不能改变长期以来形成的双层治理的格局。

国家治理和村落治理二者的关系不仅体现为村落治理补充国家治理的不足,而且还表现在作为村落治理和国家治理双重治理主体的村长和上级政府官员的关系上。对于村长而言,涉及国家治理的事务才可以寻求上级政权的支持或是帮助,通常来说村长不可以直接找县长,村长只能去区里找区长或是特派员来反映情况。相应地县里的官员也不会到村里来,征税抓兵等事务也都是逐级下达,由区里通知给村里的村长。

此外国家政权并不会过多地参与到村落治理中，只要村落治理不影响或是干预到国家政权，国家政权也不会就村落治理进行干涉。最为直接的体现就是，村落中每年举行的庙会区一级的官员并不会受邀来参加，村落也不会得到区级政权的任何支持。日本人没有发动全面侵华之前，虽说日常交往并不多，但政府官员通常对村长都比较客气，日本人发动全面侵华以后，时局动乱，政府征收各种名头的赋税，政府官员更多是来催要粮款，这个阶段政府官员对村长也不会客气，收不上粮食的村长时常会被呵斥，甚至是殴打。

第三节　家户治理与家户关系

村落是由血缘关系构成的一个地缘综合体，由血缘关系构成的权力是村落治理的基础。而家户又是基础的基础。1949年之前的席村，家户是生产经营和自我治理的基本单位，家户内部的治理主要依靠一家之主的家长来完成。家长制成为家户治理的重要制度，家长管理家庭的收入与支出，协调家庭成员之间的关系，并对家庭重大事情做出决策。

一、家户治理主体

国家在实现政权治理时设置了村长、闾长，自然村落治理也有其治理主体"热心肠"、绅士等，家户的治理同样需要能够主持大局的主体，当家做主的家长则成为家户治理的责任主体。

（一）家户类型与当家人的选择

1949年之前，在席村，村民将家户治理的主体称之当家人，也有农户称之为家长。家户里的当家人通常由男性担任，女性当家的很少。因为家庭类型的不同，家户中当家人也不尽相同。结合席村留存的档案及村落老人访谈，用现如今关于家庭分类的标准可以将传统时期席村农户家庭分为以下三类：核心家庭、主干家庭、扩大家庭。关于以上三种家庭的结构示意请参看下表6-1，这三类家庭因其家庭成员人数与构成不同，当家人的选择也都不一样。

1. 核心家庭

核心家庭用村里老人的话讲就是小家庭，这类家庭通常由一对夫妻及一到两个未婚子女组成（见表6-1）。这类家庭由家中的丈夫当家。这类家庭的产生和分家密切相关，通常是从扩大家庭中分家自立门户形成的。核心家庭中的家长是伴随着分家自然成为的当家人。

表 6-1 传统时期席村农户家庭类型

家庭类型	家庭结构示意图
核心家庭	丈夫、妻子 → 未婚子女
主干家庭	父、母 ⇒ 儿子、儿媳 → 未婚子女
扩大家庭	父、母 ⇒ 儿子A、儿媳A → 子女；儿子B、儿媳B → 子女；儿子…、儿媳… → 子女

2. 主干家庭

主干家庭相比核心家庭人数要多些，通常由父母和已婚子女及未婚的第三代组成（见表 6-1）。这类型家庭的当家人分两种情况，第一种情况是家中父亲身体尚好，能够打理和安排家中的各项事务，通常由家中的父亲当家。第二种情况是家中父亲年事已高，儿子可以肩负起家庭的重任，则会由儿子来当家；或者父亲去世后，家中唯一的儿子自然成为当家人。

3. 扩大家庭

扩大家庭是人口最多的家庭，如上文介绍的韩景明老人的家庭共有 25 口人，有的大户甚至更多，对于这样的家庭，当家人显得更为重要。扩大家庭的当家人一方面和主干家庭有所相似，通常情况下由家中的父辈来当家，父辈年迈由家中儿子辈接替。与主干家庭有所不同的是，扩大家庭的人口数比较多，在当家人的选择上又有更多的考量。最重要的考量标准就是有没有当家的能力。据村里老人讲述，过去选出一个合适的当家人对于一个家庭来说很重要，家当不好就得败家，要选一个综合能力比较强的人来当家。正是这样的选择标准决定了家中的当家人并不一定是家中的长子。如果兄弟有好几个，通常是能力最强的来当家，老一辈当家人在选择后代接替其当家人的位置时也会遵循上述原则。这里还用韩景明老人家的例子来予以说明：

> 1949年之前，韩景明老人家中共有25口人，韩景明老人的爷爷辈包括韩景明老人的爷爷一共是兄弟四人，他的爷爷是老四，上面有三个哥哥。二爷爷娶了个老婆早逝，没有留下一儿半女。大爷爷有两个孩子都没在村里，又不爱操心。三爷爷脑子不够用，也没讨到老婆。韩景明的爷爷是个读书人，农业生产方面的事情是外行。爷爷辈中兄弟四人，二爷爷最能干，又会说话，又会做事。韩景明老人的父亲兄弟四人，他的父亲是老二，老大过去当过村里的村长，后来出去做生意；韩景明的父亲老二人比较老实，在村里的学堂里教书；老三是种地的好手，农业生产方面的事情掌握得比较到位；老四是共产党的地下党员。韩景明老人记事起，就是二爷爷管家。三叔因为比较会种地，二爷爷就把地里的活儿都交给三叔。家里大爷爷的妻子大奶奶是个比较能干的女人，所以家里做饭、涮洗等家务由大奶奶带着家里的女眷完成。二爷爷与大奶奶间实现了明确的内外分工，总的来说，关于生产、收支、对外沟通交往全部由二爷爷说了算，家里孩子的婚配、家庭成员矛盾的调解、日常的家务全部是大奶奶说了算。等到二爷爷去世后，三叔接替二爷爷成为家里的当家人，一直到1970年才分家。

（二）外当家与内当家

从韩景明老人这个典型的扩大家庭当家人的设置上其实不难看出，扩大家庭对于当家人的选择更看重的是能力，而不是所谓的辈分。从韩家当家人的设置上体现了"内当家"和"外当家"的分工合作。

所谓的"外当家"实际上就是上文所说的当家人，而"内当家"则是家中的女性当家人。虽然有内外之分，但内当家仍然要听从外当家的统一安排。一个家中只能有一个内当家，内当家多数情况下是外当家的妻子，当然不一定必须是外当家的妻子，也可以是家中比较能"拿事"[1]、有能力协调家庭内部复杂关系、家务活干得好的女性家庭成员。关于内外当家，不仅在扩大家庭中有所体现，在主干家庭、核心家庭中也是同样的道理，只不过在扩大家庭中人口比较多，家庭事务相对核心家庭更多些，需要有内外之分。此外，传统时期，男女有别，当家人对于家庭中女性的管理很难拿捏，

---

[1] 拿事，当地的方言，表示处理事情比较果断，有主见，能够掌控局面。

家中有一位能干的女性来协助管理更加方便。扩大家庭中，如果父辈是当家人，几乎不会和儿媳妇有过多的接触，儿媳妇有哪里做得不妥，也都是通过家里的女性当家人去告知。

（三）当家人的更换

当家人可以更换。如果当家人因年龄偏大已无精力操心家中事务或者当家人没有能力管理家中事务的话，则由家中有能力的儿子来当家。如果并非年龄与能力的问题，仅是当家人不愿意再当家，可以将当家之权让给儿子或是自己的弟弟。据村里老人讲述，过去村子里有户人家兄弟四人，父亲年事已高让家中的长子做了当家人，但是长子当家后家中兄弟出现了矛盾，妯娌也总是拌嘴，导致家运不济，弟弟们对老大很是不满，分家的话又只会被村里人笑话。于是召开了家庭会议，请弟兄们的舅舅到场，将当家人的位置传给了家中的老三。从此之后，原来的老大就不再具有当家人的权力，家中一切大事小情全部由老三做主。不过据老人说，后来兄弟们还是因为当家之事分了家。

通过对多位高龄老人的深度访谈了解到，1949年之前，在席村，主干家庭通常是儿子接替父亲成为当家人，在扩大家庭中，当家人的接替人选主要由能力决定，和长幼辈分没有直接的关系。对于家中没有儿子招上门女婿的家庭，家里父亲没有精力主持家庭事务时，一般会将当家权力交给招上门的女婿，由女婿来当家。村里老人说："招来的女婿就当儿子一样看待，指着女婿养老送终，当家的权力都不给，说明就是没把女婿当家里人。"

对于家庭中家长有特殊情况暂时无法行使当家权的情况，可以由其他家庭成员代理行使当家人的权力。在核心家庭或是主干家庭，通常由当家人的妻子或者成年的儿子来代理。在扩大家庭，则由内当家来代为行使当家权，或是由当家人指定一位中意的人选来代为行使当家权。

二、家户治理事务

当家往往意味着做主。上文用事例介绍了不同类型家庭相应的当家人的选定。作为一家之主的当家人对于家户的治理主要包括农业生产与经营、家庭经济管理、家庭成员的管理、其他家庭内部事务的管理以及家庭外部事务的处理。

（一）农业生产与经营

1949年之前，家户是农业生产经营的基本单元，村民们以家户为单位组织开展农业生产活动。当家人是农业生产的组织者、管理者和决策者。其他家庭成员要服从当家人的安排和调遣。农业生产经营主要包括土地规划、农事安排、农副产品的分配。

1. 土地规划

农业生产中的土地的规划与使用是一个重要的环节,如何合理地规划土地和配置土地资源全部由当家人来决定。家户的家庭情况不同,拥有的土地数量不同,在土地规划与使用上也不相同。其中最突出的是土地的出租情况。1949年之前,在席村,极少有财主会出租土地,更多的是家庭土地数量比较多但劳动力比较少的农户。关于土地是否出租或者是否选择半分种地[1],完全由家里的当家人来决定,而且只有当家人能够代表家户签订关于土地出租的文书契约。当然,对于那些土地比较少的农户,是否要通过租种土地来扩大耕种规模也由当家人来决定,并由当家人去商谈具体的细节和签订租种契约。

耕作土地的规划与安排还表现在作物种植的安排上。当家人在进行土地规划时,首先要决定每块地的具体用处,简单地说就是哪块地里种麦子,哪块地里种点豆子。有水浇地的农户则会进行更为周全的规划和打算。而这些土地使用规划的决策都来自当家人对于农业生产的经验以及对家庭经济情况、劳动力情况的考虑。例如上一年收成比较好,家里粮食有了富余,当年就会考虑多种些经济作物,收获后可以多换些钱。相反如果上一年的年景不好,当年会青黄不接,当家人甚至会把水浇地规划去种粮食作物。总而言之,当家人的规划是尽量保证家庭农业生产获取最大的收益。

2. 农事安排

土地规划是农业生产的首要环节,而农事安排则贯穿农业生产的全过程。1949年之前,村民对于农事的安排主要是根据以往的经验做出具体的部署。作为一家之主的当家人要根据节气、气候等情况对农事活动做出细致的部署和安排,其他家庭成员以及雇工都要服从当家人的决定。以席村农户普遍种植的小麦为例,大致可以分为五个环节,每个环节都由当家人来组织完成。

第一,选种。1949年之前,在席村,种一亩地的小麦需要一斗至一斗半的麦种,当家人通常在上一季收麦后选好麦种,如果发现附近别家的麦子长得比较好,当家人在收了麦子后会出面去换麦种。不管是从自家收获的麦子中选种还是去换麦种全部由当家人来决定,选好的种子当家人会令家里的内当家或是自己的妻子单独存放。对于雇有长工的财主家,选种这件事情会交给头把伙计去做,但是头把伙计在选种完成后也要给财主家的当家人报告,获得认可后才可以使用,如果是多年的长工,作为东家的财主通常不会过问。

1949年之前,关于换麦种主要有以下几种方式。第一种是与相邻土地的本村农户

---

[1] 半分种地,一种土地租种的形式,报告第三章有详细的介绍。

换麦种。通常来讲，农户在收割麦子时会留意相邻土地麦子的长势，如果自家地里的麦子不及地邻的麦子，当家人在收麦后会主动去商量换麦种的事宜，通常等额地互换。第二种情况是与同住一个街巷的门下人换。这种情况需要当家人在收了麦子以后主动向门下人打听，只要是收回的麦子不错，一般不会吝啬，而且找门下人换种子多数情况下是对等的置换。第三种情况是与外村的人换种子，这类情况很少，遇到这类情况一般是邻近土地的长势也不理想，门下人收获的麦子和自家差不多，为了来年的产量，当家人会托外村的亲朋帮忙寻些好的种子去换。这种情况换麦种并不是等额地互换，而是二斗换一斗半。

第二，整地。一般秋分一过便要开始种麦了，种麦前除了选种更为重要的事情就是整地。地要整上三遍，第一遍是犁地，将下层土壤用犁翻至上层，把厚实的土壤变松。第二遍用耙来平整，将第一遍翻出的大块的土全部耙碎。第三遍用耱将还没有碎掉的土块彻底压碎。整个整地的过程不仅需要人力，更需要耕牛。当家人在其中会进行人力和畜力的安排。对于家中没有耕牛或是犁、耙这样大型农具的农户，当家人还需出面去问门下人或是本村的亲戚借。借用农具或是耕牛这件事情必须要当家人出面才可以实现，哪怕是当家人委托家中的长子去借都不一定能借到。

第三，下种。"秋分过后忙种麦"，选好种子，整好土地，一过秋分农户开始种麦。具体哪天下种子要当家人来决定，当家人要根据天气具体确定哪天下种，这些决定的做出全部来自日积月累的经验。下种可以仅靠人工，也可以用耧来播种。一般财主家会使用耧，可以大幅提高播种的速度。

第四，锄草。小麦播种到收获至少要锄草两次。一次是入冬前要锄草，入冬前是小麦分蘖的关键时期，这个时期锄草可以保证小麦形成壮苗，除掉越冬的杂草，可以避免和越冬小麦争夺养分。另一次锄草在立春到雨水期间，农民传唱的口歌讲"立春雨水二月间，小麦地里锄草完"，这时候锄掉春季天气回暖后的杂草，对于小麦生长极为有利。这个环节也由当家人来安排，包括具体锄草的时间以及劳动力的安排。

第五，割麦。农历五月底六月初麦子基本成熟，各家各户便开始收割小麦。这件事是整个种麦的最后一个环节。因为正值炎热的伏天，时常会下雨，有时候一场大雨就会打落已经成熟的麦子，从而影响当年的收成。所以割麦时节家里能干活的都要上，这个时候财主或是家境比较好的人家会请麦客帮忙割麦，普通农户也会通过骈工来完成收割任务。对于是否请麦客、找谁来骈工、家户劳动力如何安排全部由当家人决定。

3. 农副产品的分配与家户治理关系

当家人除了对农业生产的各个环节进行统筹安排之外，对于收获的农副产品同样拥有管理和支配的权力。1949年之前，以中等麦地为例，风调雨顺的年份，亩产量在150—180斤。租种土地的农户在交完地租后，已经所剩无几，到了第二年青黄不接是必然的事情。所以，对于租种土地的农户来说，收获的麦子基本上是用来食用的。对于自耕农而言，在满足了日常饮食后，多余的粮食如何经营由当家人来决定。粮食不够的情况下，也是由当家人将家中的麦子拿去集市卖掉换些谷子回来供日常食用。

过去除了种麦子外，农户为了弥补麦子数量的不足，还会种植一些谷子和杂粮，包括豆子、高粱等。这些粗粮主要用来作为麦子的补充，供农户食用。另外也可以拿去集市进行交易。在扩大家庭，收获的粮食一般不做分配。据村里老人介绍，一般当家人收了粮食后会额外地留出一些，以备家中有特殊情况时来应急。此外，如果上一年的年景比较好，粮食没有吃完，当家人一般会告知家里负责做饭的妇女，先吃上一年的旧粮，什么时候旧粮食吃完了报告给当家人才可以吃新粮食。

（二）家庭经济管理

家长拥有经济管理权，管理家庭的一切经济收支。1949年之前，对于普通农户而言，土地、房屋是一个家庭所拥有的最大的一笔财产，农户的房屋和土地所有权的凭证是在政府办理的地契和房契，这些契约全部由当家人保管。家庭富裕的农户家里还会有一定数量的现钱，这些现钱也都由当家人负责掌管。据村里老人介绍，过去家里当家的手上都有一个小木匣子，房契、地契、现钱以及一些值钱的东西都会放在匣子里，匣子都会上锁，钥匙都在当家人的手里。放置匣子的地方也只有当家人和其妻子清楚。而席村的富裕户家里除了现钱之外，还会有一定数量的金银细软或是祖上传下的宝贝，能放在匣子里的会放在匣子里，放不下的则会锁在柜子里。村里老人说，过去有钱的财主家里都有放钱的暗道，一般人根本找不到。当家人如果要出远门走上几日，一般会把钥匙交给自己的妻子。

上述是当家人家庭经济管理的一个方面。在扩大家庭，家庭成员所获得的收入也都需要交给当家人统一管理，扩大家庭中的每个小家庭不允许留有私房钱。据韩景明老人回忆，他的父亲过去在村里的学堂里当教书先生，会有一定的收入，即便当时已经成家，每个月的收入也都要如数交给二爷爷来保管。

家庭的所有收入交由当家人进行管理，那么家庭的支出同样由当家人来做主。这主要包括生产方面的支出和生活方面的支出。生产方面的支出在报告第三章消费中已有说明，主要包括生产工具的投入以及必要时请工的支出。换言之，农户家中的农具需要花钱请匠人维修、更换或是要置办新的农具、购置耕牛等，都需要当家人点头同意并支付相关的费用才行。传统时期，农户在生活方面的支出并不多，产生消费支出的无外乎针头线脑、调味料，这些东西可以在集市上置办，也会有货郎进村兜售。不管以何种方式购置，全都需要家里的当家人拿钱来购买。据韩景明老人回忆，过去家里赶集都是二爷爷和家里的其他男人们去，大奶奶会把需要置办的东西告诉二爷爷。过年的时候，各家的必要的一些年货都是二爷爷买回来以后每家等量分配，如果当年家里收入可观，二爷爷在临近过年的时候每家或多或少会给些零用钱。

当家人对经济的管理还包括钱款的借入和借出以及房屋、土地的买卖。对于家庭相对富裕的农户，尤其是村子里的财主，村里的其他农户或是朋友熟人急需用钱时会来借钱，是否出借完全由当家人来决定。同样，如果家里出现了急需用钱的情况，借钱抑或是卖地卖房也都由当家人来拿主意。

（三）家庭成员的管理

家长对家庭成员的管理，主要指的是对家庭成员言行的管理。在对家庭成员管理过程中，一般作为内当家的女性也会扮演比较重要的角色。一般来说外当家会管理家中儿孙等男性家庭成员，内当家则会管理家中的女性家庭成员。

1949年之前，但凡家庭成员出现不当的言行，通常被人们嘲笑和议论的是这家的当家人，村里人常用"上梁不正下梁歪""龙生龙，凤生凤，老鼠生儿会打洞"等口歌来形容后辈人行为不当都是当家人管教不当造成的。因此，过去当家人会特别重视对家庭成员的管教。这包括日常的说教和犯错后的惩戒。其中日常的说教主要是当家人会在日常生活中给家庭成员灌输诸如"不偷不盗，本分做人""见了老人要懂得问好""要孝顺父母""要夫妻和睦"等基本的伦理道德和行为规范。而惩戒则主要是家庭成员做出令家庭丢脸，或是让当家人觉得不当的行为后施予的惩罚，主要的手段包括责骂和关在屋子里悔过，不是很出格的话，当家人很少会动手打。

此外家庭成员的外出也要告知当家人，必须获得当家人的许可后才可以出门。过去家里娶进门的媳妇是不可以随随便便出门的，过门的媳妇在孩子不会自己搬小凳子之前是不允许出门的，出门都是家里的婆婆带着一起出去。媳妇过年过节或是有事情要回娘家都要向家里的婆婆或是内当家的报告，当家人同意后会给媳妇些钱物，并让她的丈夫将其送回娘家，回来的时候要不是媳妇的兄弟送回来，要不是提前和丈夫定好日子去接。

（四）其他家庭内部事务管理

作为一家之主的当家人，不仅要抓生产、管财产、管理家庭成员，还要管理家里其他内部事务，主要可以划分为以下几类：

1. 子女婚嫁

1949年之前，儿子结婚或女儿出嫁都要遵循"父母之命，媒妁之言"的原则来办，子女的婚嫁必须要家里的当家人做出决定，做子女的没有太多的发言权。在席村，儿子娶妻或是姑娘嫁人属于家庭内部事务，是家庭的私事，对于这样的家庭私事外人没有权利干预，要完全听从当家人的安排。据村里老人介绍，过去村里有农户为了拿到男方的彩礼把妮子嫁给傻子的情况。即便如此，出嫁的妮子也不能拒绝嫁人。老人还介绍了一种情况，即席村有一个农户家里有三个女儿，作为当家人的父亲有权决定哪个女儿嫁出去，哪个女儿留下来招女婿上门。除此之外，当家人还有权决定是否让来历不明的儿媳进门。如果儿子常年在外，有一天回来带着一个不了解其家庭背景的女人说是自己的妻子，当家人可以决定是否认可这门婚事，如果当家人不认，所谓的儿媳就不会被允许进门。续弦和纳妾这样的事情，也要征求当家人的意见。比如，一个男子的妻子过门没几年就过世了，没有留下一儿半女，当家人为儿子着想会为其张罗续弦，即便是儿子没有这样的想法也要依着当家人的意思去办。如果是儿子提出要续弦，但当家人并不同意，儿子执意要坚持就只能分家单过以达成自己的目的，否则就不能违抗当家人的决定。

当家人对子女的婚姻的决定权不仅表现在婚姻关系的建立上，婚姻关系的解除同样由当家人来决定。传统时期，丈夫写休书休妻有三种情况，第一种是妻子出轨被发现，第二种是妻子生不出孩子，第三种是妻子和家里的公婆发生了比较激烈的冲突。通常第一种和第三种情况下休妻是不能避免的，当家人和丈夫会有比较一致的意见。但是对于第二种情况，妻子结婚多年不能生育，一旦当家人提出休妻另娶，儿子即便不愿意多数情况下也会遵照当家人的决定去做。

2. 家庭成员矛盾调解

据村里老人介绍，过去家庭人口少的矛盾或许还少些，在家庭人口比较多的扩大家庭，家庭成员之间时常会因为鸡毛蒜皮的小事出现矛盾，集中表现为婆媳矛盾、妯娌矛盾、夫妻矛盾。出现矛盾后，当家人要及时进行调解，以使矛盾冲突不进一步升级，尽量让矛盾双方能够重归旧好，维护家庭的团结。

婆媳矛盾是家庭中比较常见的矛盾之一，家中一旦出现了婆媳矛盾，一般由当家的老公公和儿子共同来化解，当家人要了解产生矛盾的原因，要尽量做到不偏不倚兼顾婆媳双方，而且还要保持当家人治家应有的权威，对于婆媳该斥责的会严厉斥责，家中的儿子则以安抚双方化解矛盾为主。对于妯娌之间的矛盾，当家人通常会命令矛盾双方的儿子各自管好自己的妻子，往往两个儿子会受到当家人的严厉批评。如果妯娌矛盾无法化解，当家人则会考虑通过分家的方式解决。最后一类是夫妻矛盾，夫妻矛盾发生后一般由内当家，也就是家里的女性当家人出面进行调解。男性当家人不会过多的介入，但是会对儿子训斥教育。除非矛盾激化到媳妇回了娘家，惊动了媳妇的娘家人，男性当家人才会出面来解决。

3. 家庭子女教育

子女教育也是家庭公共事务的一项内容，是家户治理的一个必不可少的环节。家庭子女的教育包括当家人在家庭中的教育和将子女送去学堂受教育。对于子女的家庭教育，家长起着最为重要的作用，所谓"言传身教"主要来自家庭中的家长。年幼时当家人要教导子女最基本的礼义廉耻，成年后当家人要传授子女劳作和生存的能力，待到成家后要教育子女如何持家守业。家境相对富足、家庭人口比较多的扩大家庭，会更加重视子女幼年时的学堂教育。这类家庭通常祖上都比较重视读书，一方面有读书的传统，另一方面家境比较好，有条件考虑家庭子女的教育事宜。一般家里的当家人会决定是否送家里的子女去学堂读书，何时去学堂读书。

（五）家庭外部事务处理

上述家庭农业生产、家庭经济管理、家庭成员管理等均属于家户内部事务。相对其内部事务而言，家户还要处理一定的外部性事务，包括参加村民的红白喜事，参与村落的公共性事务以及对国家征粮纳税的处理。

1. 参加村民的红白喜事

家户作为最小的血缘单位，在日常生活中不可避免要和其他家户之间产生联系。其中参加村民的红白喜事就属于家户治理中外部事务的一个方面。在席村，农户红白喜事办酒都需要帮忙的，通常红白喜事的帮忙以巷子为单位。巷子中有红白喜事的时候，通常不需要专门通知，平日里抬头不见低头见的门下人知道后都会主动帮忙。家中谁去帮忙由当家人来定夺。如果与巷子里的门下人关系比较好，当家人会多安排几个人过去帮忙，如果关系一般的话，就派家里的儿子或是家里做家务活的女人去即可。

2. 参与村落的公共性事务

关于村落的公共性事务在上文的村落治理内容中已有论述，事实上家户也是村落公共事务参与的主体。村落中每年举办的两次庙会，家户是否参与，为筹办庙会捐钱还是捐粮食、捐多少，庙会当天是不是要去摆摊买东西等全部要由当家人来定夺。巷子里要掘井，村落中的"热心肠"到家里询问意见，找的也是家里的当家人。任福成老人对其进行了形象描述：村里有人到家里问某个事情，如果当家人不在，家里的妇女会说"当家的不在，等当家的回来让他去找你"，更有甚者因为当家人不在直接说"家里没人，下午再来"。所以，掘井、修路这类事情，家户是否参与，如果参与派谁去出工都由家里的当家人拿主意。

3. 参与政权治理事务

本章第一节介绍了政权治理的一系列内容，总的来说就是征税、纳粮、征兵以及劳役。家户则是国家政权完成这些目标的基本单位。过去每年收秋后开始征税收粮，村里的村长接到上级通知后，将消息告诉各闾的闾长，接到任务的闾长会第一时间将消息告诉每家每户的当家人，叮嘱其按时完成不得拖延。日本人发动全面侵华之前，村民的日子相对太平，可以安心种地，收成有保证，所以很少出现交不上粮的情况。但日本人来以后，时局动荡，村民无心种地，交不齐、交不上粮食成为常有的事情，一旦出现这样的情况，区里负责收粮的编村特派员会命令村武力将没有交粮那户的当家人绑来，绝对不会说将没交上粮食那户家里的妇女绑来。由此也不难看出，在参与国家政权涉及家户的一系列事务中，当家人就是家户的代表，所有的发难都会施加于当家人的身上，而为了保护当家人，家户的其他成员也会尽力去筹办。村里因为交不上粮出了很多避粮户，这些躲避赋税选择出逃的行为也是全家性的，而做出出逃决定的人一定是家户里的当家人。当然也有交不上粮被逼投井自杀的农户，投井的都是家户里的当家人。

三、家户治理方式与原则

传统时期，家户治理遵循一定的治理方式与原则，言传身教是家户治理的主要方式，与此同时当家人还兼顾赏罚的办法进行治理，而采取上述方式的前提则是独立治家的前提下兼顾家庭成员间的公平。

（一）家户治理的方式

1949 年之前，血缘与亲情是维系家庭成员的重要纽带，家户治理不同于其他治理，其治理的对象是与自己关系最为紧密的家人，因此家户治理所采取的方式也有别于其他治理，同时也会秉承一定的治理原则。

1. 说教为主

1949 年之前，当家人在家户治理中，最主要的方式是说教，对家庭成员进行打骂式的惩罚很少出现。家庭成员之间出现了矛盾，由当家人出面调解，如果是家庭成员与当家人之间有了分歧，一般也不敢与之发生冲突，因为，家庭成员在经济上依赖当家人，最多也就是一段时间关系会比较"僵持"。如果当家人没有理，会找机会缓和关系，如果是家人没理，则会通过家里其他人来说好话，这样矛盾会逐渐化解，毕竟大家有着血浓于水的关系，生活在同一屋檐之下。家庭成员犯了错，只要不是影响家户声誉，让家户蒙羞受辱的错误，当家人多数情况下也是通过说教的方式来对犯错的家庭成员进行教育，视其犯错的程度决定对其批评的严厉程度。除了上述的说教之外，当家人还会将基本的人情礼数、治家经验等以说教的方式传授给家庭成员。

2. 赏罚兼顾

说教是当家人治家的重要方式，但治家有方的当家人不会仅用说教的方式，必要的惩罚也会使用。据村里老人介绍，这种惩罚主要是当家人在教育未成年家庭成员时会使用。老人们说，孩子只有挨打才会长记性，很多时候讲道理是没有用的，对于犯了错的未成年家庭成员会采取罚跪、木棍子抽打的方式来惩戒。家庭成员做出让家户荣耀的事情，当家人要给予赞扬，通常会在全家吃饭时提出表扬，会让家里的妇女多做一两个菜，并且当家人会特意给其敬酒。对于家庭成员的赞扬均为口头上的表扬，很少会有物质方面的奖励。通常当家人在饭桌上的表扬和敬酒就是对家庭成员最大的褒奖。

（二）家户治理的原则

1. 注重公平

当家人治理家户最重要的一点就是公平，用村里老人的话讲就是"当家人要一碗水端平"，只有做到这一点才能当好家，才能被家庭成员所信服，不然很难服众。据老人们讲述，过去家里的当家人，特别是父辈当家时，通常都比较偏袒家里最小的儿子，对于这样的情况，家里其他儿子往往因为手足之情不会说什么，但家里的儿媳对此会比较有怨言，常常因为当家人的偏袒或不公而心生怨气，这种不满的情绪会在日常生活中流露，和自己的丈夫抱怨，和家里的婆婆、妯娌产生矛盾，以至于影响家庭和睦与团结。因此，家户治理中公平地对待家庭中的每个成员显得格外重要，当家人只有做到公平才不会使成员对当家人不满以致家庭成员之间产生嫌隙。

2. 独立治家

在席村，村民们普遍认为，家户的治理容不得外人介入，家里既然选定了当家人，就应该由当家人来治家，而且家户是存在于村落中的独立体，即便要参与村落及国家政权的诸多事务，但是家务事终究还是私事，外人不得干涉，即便是村里的村长和农户家族的户长、支长都无权对农户家庭的事情指手画脚，俗话说"清官难断家务事"就是这个道理。当家人在家中具有绝对的权威，治家对当家人的要求也很高，当家人如果能力不行，导致家庭走了下坡路，一种方法是选择更换当家人，一种便是分家。分家之后原来的当家人就不得再干涉各个小家庭的事务，分出的小家庭会有新的当家人。

四、家户治理关系

在传统社会，家户治理包含着多种关系，包括家庭成员相互之间的关系、家户治理与国家治理之间的关系，这些关系对于家户治理或多或少地产生着影响。

（一）家户治理与家户成员关系

传统时期，家内成员相互之间的关系是影响家户治理的重要内容。家内成员的相互关系从大的角度可以分为两类：一是家长和家庭成员之间的关系，二是家庭中的几对主要关系，例如夫妻关系、父子关系、兄弟关系，对于拥有长工的富裕家庭，家户关系中还包括当家人与长工之间的关系。

1. 家长和家庭成员的关系

1949年之前，家长和家庭成员之间的关系直白表述就是一种管理与被管理的关系。家长在传统时期拥有绝对的地位和权威。以在家中吃饭为例，家长不落座，家里的其他人都不能落座，家长不动筷子，其他家庭成员都不能动筷。当然，如果作为家中上一任家长的父辈仍然健在，新任家长的子辈要以敬重父辈为先，家中一切的礼仪性活动都要尊重老一辈。当家人在履行治家职权时，和家庭成员的关系不仅体现着血缘亲情，更体现着一种责任、使命与规制。当家人所做的每个决定可能都关系到整个家庭或是某个家庭成员的利益，要对家庭成员负责，同时也规制着家庭成员的言行。而在家户治理过程中，家庭成员对于当家人的关系也已经不仅仅是血缘关系，更多地体现着一种尊重与服从。换言之，当家人在家户治理中对家庭成员发出的任何指示与安排，做出的任何决定，家庭成员都要服从，这不仅仅是对当家人的权威的服从，更体现着对当家人的信任。

2. 几对主要家庭关系

（1）夫妻关系

夫妻关系可以说是家庭关系中的首要关系。夫妻二人共同组建了家庭，孕育生命将家庭扩大并延续，没有夫妻关系，等于说就没有家庭，家户治理也更是无从谈起。良好稳定的夫妻关系，对家户的发展起着重要的促进作用，是家户治理的前提。传统时期并没有规定一夫一妻制，纳妾对于有钱的富裕农户是很正常的事情。1949年之前，在席村纳妾的很少，都是富裕家庭，将此作为一种显示身份的方式。丈夫纳妾，要看当时的当家人是谁，如果是父母当家，儿子能否纳妾要由当家人决定。如果是纳妾者本人当家，只要当家人做了纳妾的决定，即便是妻子反对，也只能是抱怨几句。正如家户治理中子女的婚姻由父母决定，夫妻双方关系的建立是由当家人来决定，夫妻双方关系的解除也是一样。丈夫如果是当家人，只要理由充分，可以自行做出休妻的决定。如果丈夫不是家里的当家人，想要休妻必须得到当家人的同意。

传统时期，家庭中夫妻之间的地位并不平等，用席毛毛老人的话讲："过去妇女根本没有地位，夫妻俩共同生活，丈夫就是当家人，有啥事都得听丈夫的，如果是一大家子人一起生活，不仅要听丈夫的，还要听家里公婆的。"基于席毛毛老人的介绍不难看出，妻子在家庭中很少有话语权，多数时候都受制于自己的丈夫以及家户中的当家人。

(2) 父子关系

父子关系是家庭关系中比较重要的一对关系。据村里老人介绍，传统时期，父子之间闹矛盾是常有的事情，矛盾产生的根源便是父子意见不统一，儿子不服老子的管教。村里口歌讲"儿子大了不由娘"，意思就是家里的儿子在具备一定生产生活经验之后对于很多事情会有自己的想法和判断，为此会和当家人的想法产生冲突，以致出现儿子不服父母管教的情况。解决这类情通常都是选择分家。如果儿子当家，通常儿子更具有话语权，但在对重大事情做出决策时，儿子一般会听听父亲的意见，如果父亲的话有道理，儿子会采纳父亲的意见。只要父亲交出了当家的权力，儿子是可以管父亲的，但是此"管"非彼"管"，儿子不能像当家人对其他家庭成员那样管，而是以晚辈的方式指出父亲哪里不对。

(3) 兄弟关系

这里只讲兄弟关系。因为家里的姑娘嫁人后并不参与家庭的事务，所以并不算作家庭关系中较为重要的主体。而兄弟关系则不同，是家庭关系中影响家庭格局的一对重要关系。村民都讲"兄弟齐心，其利断金"，兄弟关系是维系家庭的中坚力量，和睦的兄弟关系不仅可以让家庭有序运转，在传统时期，兄弟和睦还不会被外人欺负。一旦出现兄弟不和，不仅家庭难以维系，村里的其他人也都会以看热闹的心态来看待这个家庭。

传统时期，家中的长子可以管所有的弟弟妹妹，长子管教自己的弟弟妹妹不需要父母的授权，这是作为哥哥自然而然所拥有的一种权力。如果家中父母过世，家中的长兄还要承担起抚养弟妹、决定弟妹婚事的职责。如果家里的当家人是弟弟，所有的家务事哥哥都要听从弟弟的安排。但从长幼的辈分上，弟弟也不可以失了基本的礼数，在当家主事的过程中要尊重哥哥。

(4) 当家人与长工的关系

当家人与长工的关系仅存在于村里雇用长工的富户家庭，也就是席村的财主家庭。席村韩景明、张怀茂两位老人家里过去都有扛活的长工，对于当家人和长工的关系比较了解。据韩景明老人介绍，过去家里有一个扛活的长工。长工具体做什么由家里的三叔来安排，当家的是二爷爷，但三叔比较会种地，所以二爷爷完全授权韩景明老人的三叔处理地里的事情，由此家里的长工由三叔来安排干活。而张怀茂老人家则有所不同，据张怀茂老人介绍，过去家里扛活的长工有三个，当家的是老人的爷爷，三个伙计中有一个是家里雇了好多年的老伙计，很会种地，也很能干，老人的爷爷把这个长工定为头把伙计，所有的事情当家人会直接吩咐给头把伙计，具体如何安排由头把伙计吩咐手下的两个长工去做，一旦出了问题，当家人就找头把伙计追责。张、韩两位老人都说，家里的伙计只听当家人的安排，像韩景明老人家的伙计只听其三叔的安排，当家人需要用家里的长工干活也要和其三叔商量。据张怀茂老人讲述，过去家里的女人们要去周边村里的庙上烧香，需要家里的长工赶大车，这件事情也需要请示当家人，伙计在确认当家人同意后才可以去做，否则私自给家里其他人做事情，被当家人知道了是会被打发回家的。

（二）家户治理与国家治理关系

1. 家规与国法

在家国一体的构造之下，家户治理是国家治理的基础和补充。每个家庭都有每个家庭的规矩，但这些所谓的家规都是不成文的。每个家庭并不成文的家规家法都在国法、村规的框架之下。上文概括的家规其目的也是教育家庭成员不做违法的事情，做村落中的优良村民，遵守国法。家庭成员如果有人不遵守家里的规矩，当家人可以运用批评教育，甚至更为严厉的手段给予惩戒。如果有人不遵守村里的规矩，轻者会遭到村里其他村民的指责与背后的议论，重则村长还可以动用村武力给予惩戒。如果家里人犯了大错，触犯了国法，家里人不会把自家人送到官府，如果有机会能跑掉，家里人会让犯了错的人逃走，以避免国法的惩罚。上述出逃的行为仅仅是村落中农户针对这种情况给出的答案，在传统时期席村并没有出现过类似的情况。在席村也没有出现过家长因为家人犯错而将家里人打死的情况，席村农户各家的不成文家规都比较温和，即便是家中成员做出了让当家人极为震怒的事情，也不会去剥夺其生命，最严重的是将其逐出家门，不再认此人为这个家庭的一员。

2. 对国家治理的顺从与反抗

家户对于国家政权的治理多数情况下表现出的是顺从，国家政权的治理主要就是向农户征税收粮，只要农户能交得上，就不会和国家政权对着干。但是在发生严重干旱的灾年，以及日本人发动全面侵华之后的动乱年间，因为交不上粮食，村里出现了少量避粮户。农户全家逃离村庄躲避收粮也属无奈之举，并非是同国家治理的反抗。此外，村里但凡要召开全村的会议，都是上面区一级的指示，每家每户都会接到闾长的通知，家里的当家人都会按时去参加，很少发生未通知到户的情况。对于这样的会，如果哪家不参加，会被村里的武力抓到村公所问个究竟。但是据村里老人回忆，村子里很少举行全村农户参加的会议，认为村里的事情无非就是要粮食，其他的事情与自家没有太大的关系，家户对于国家治理表现出漠不关心的顺从。

第四节　亲族治理与治理关系

1949 年之前，主要由四大姓氏构成的席村在血缘关系的基础上形成以亲人为纽带的亲族社会，而这种基于血缘关系的亲族社会又有亲疏远近之分，身处各血缘层次的村民构成了不同的亲族单元，并由此形成了亲族治理及一系列的关系。

一、亲族治理主体

传统时期，亲族关系由亲戚关系与宗族关系构成，因此亲族治理的主体相应地划分为亲戚治理和宗族治理两个层面。农户口中的"老一辈"是亲戚治理的重要主体，而户长与支长则成为宗族治理的主体。

（一）亲族关系单元

1949 年之前，村落各姓氏的农户在血缘关系的基础上，依据亲疏远近形成了不同的亲族关系。这个亲族关系可以借用费孝通先生的"水波纹"来描述。其中血缘关系最近的属于"核心圈层"，这一圈层为嫡亲，包括父母、亲兄弟姐妹、叔伯兄弟姐妹、同一个爷爷的孙辈的亲堂兄弟。用村里老人的话讲，就是能够生活在一个屋檐下的具有血缘关系的亲属。基于"核心圈层"中母亲的血缘关系进一步扩展是第二圈层，这里简单地称之为"次圈层"，这一圈层主要是姻亲，换言之就是因婚姻关系所产生的亲属，自己妻子的家、儿子的妻子的家、女儿的丈夫的家、姐姐妹妹丈夫的家等都是姻亲。在"次圈层"的基础上继续向外延伸到"第三圈层"，这一圈层主要是本家亲戚，也就是与父亲有血缘关系的亲戚，多指五服以内的本家亲戚，例如本家的堂兄弟就属于这一圈层。在本家亲戚之外还有"第四圈层"，这一圈层主要是同一户或同一支的同宗。

表 6-2　亲族治理主体的圈层结构

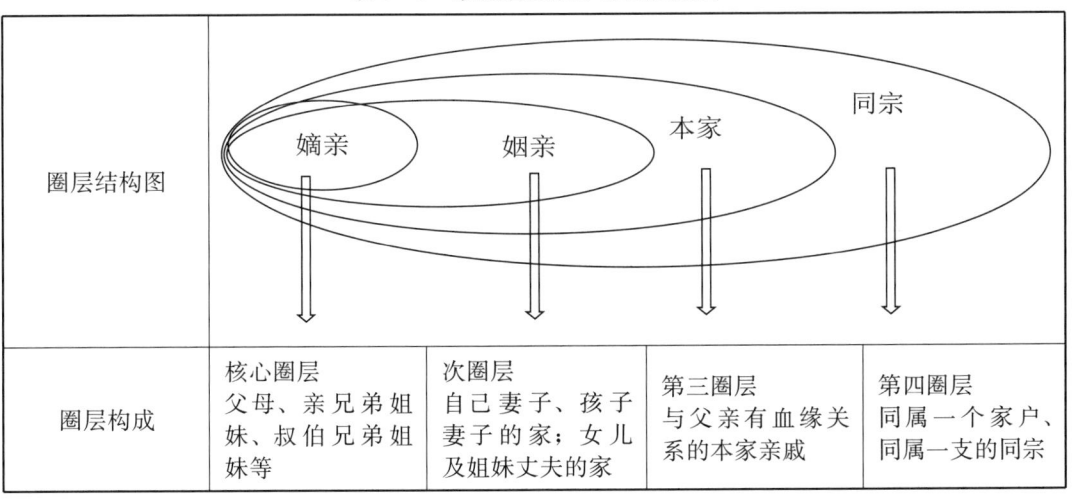

圈层结构				
圈层构成	核心圈层 父母、亲兄弟姐妹、叔伯兄弟姐妹等	次圈层 自己妻子、孩子妻子的家；女儿及姐妹丈夫的家	第三圈层 与父亲有血缘关系的本家亲戚	第四圈层 同属一个家户、同属一支的同宗

1. 亲戚关系单元

基于上述根据血缘关系亲疏远近所划分的圈层，以及席村高龄老人的介绍，在席村，农户观念里的亲戚实质上由具有姻亲关系的次圈层和本家关系的第三圈层构成，并没有将核心圈层囊括在内。席村当地的村民习惯将核心圈层里的亲人称为"家人"，和亲戚关系存在很大的差别，血缘是产生这种差别的首要原因。

亲戚关系这一单元的另一个显著特点是亲戚的分布情况。依据对席村农户的考察发现，农户观念中亲戚通常并不一定居住在同一个村落中，这主要与其配偶有关。例如，席村2间张姓农户张五儿的妻子来自水西，这样张五儿的亲戚多数分布在水西，距席村大约有3—4里路的距离。席村4间任福成老人的妻子来自汾南，对其而言，亲戚关系主要在席村50里之外的汾南。结合访谈粗略统计，在席村有至少134户亲戚关系在村外，有至少214户亲戚关系就在席村本村。而亲戚关系中的第三圈层本家则多分布在席村，也存在因某些原因迁出的情况。

农户同亲戚平日里走动是否频繁很大程度上会受居住距离的影响。如果居住距离较远，如任福成老人的情况，亲戚在50多里外的汾南，一年到头除了春节这样的重大节日和婚丧嫁娶办酒，一般很少来往互动。相反，与居住在一个村里的亲戚的往来较之远处的亲戚会频繁些，除了重大节日互相看节外，农忙时期还会互相帮着做些地里的活。

2. 宗族关系单元

1949年之前，因为席、南、张、韩在席村都修筑有属于本姓氏的家庙，同时各姓氏随着人口的繁衍又分出了不同的支，并建立了所属支的支祠，因此席村是一个存在宗族关系的村落。而这里的宗族关系就是图中所呈现的第四圈层。席村四大姓氏的每个家庙都有户长，户长是宗族关系中的最高领袖，等同于宗族性村落中的族长，只是称呼不同。每个姓氏根据人口发展的情况又分出了若干支，每个支都设置了支长。关于户与支具体可参看报告第一章，这里不做重复阐述。

1949年之前，特别是在日本人发动全面侵华之前，村民们对于户支的认同度相对比较高，那时候除了每年的祭祖外，农户家里有事找到户长或支长，后者也会去协助解决。同一个支里的农户不仅仅是每年祭祖磕头时往来联系，平日里在生产生活方面也会有比较多的互动，不过这些生产生活方面的互动一方面与同属一个户支有关，更重要的是这些互动比较多的同宗村民居住在同一个单元。1937年日本人发动全面侵华，时局动乱，宗族关系单元也受到了极大的影响。每年的祭祖虽然还会举办，但已经不成规模。户长、支长已经不再问事，户里的规矩也没有农户在意，在村民的意识里户与支的观念依然存在，但迫于形势农户更多顾及自己的生存，户支里的交往与互动在这一时期也相对较少。

(二) 亲族治理主体

基于上文对亲族关系单元的认定，亲族治理的主体大致分为两类。一类是亲戚关系治理的主体，这类主体村里老人们称为"老一辈"。另一类是宗族关系治理的主体，就是席村拥有家庙的四大姓氏的户长和支长。

1. 亲戚治理主体

在亲戚关系中，每家每户都会有几位辈分比较高、比较有威望的老人，这些老者在亲戚关系中有话语权，在涉及亲戚之间的事务时，只要是他们出面，说话肯定管用，他们被村里的老人称为"老一辈"。不过，并不是所有上了年纪并且辈分高的老人都算得上"老一辈"，从老人描述看，除了基本的辈分高、年纪大之外起码还要具备以下几个条件：第一，和农户的关系比较近。这个"近"主要是平日里有来往，年节时候都会登门拜年看节的亲戚。第二，在村落中"人气"好，跟谁一提起来都会竖大拇指，有一定的社会地位。第三，会讲话，不讲废话，说出的话能让听者信服。通常来讲，在席村，在当家人治家范围内的事务，能够通过当家人之间协商解决的事务，不会请家里的"老一辈"出面来解决，而且"老一辈"也不会随便地介入亲戚之间的事务中。

此外，亲戚关系的治理主体也不仅限于亲戚中的"老一辈"，村子里的村长、闾长，户支里的户长和支长，街巷中的"热心肠"和门下人只要是平日里关系好都可能参与到亲戚之间的事务中。不过，与"老一辈"一样，只有在当家人主动请时，这些个人才会参与到亲戚事务中来。之所以农户在必要时将"老一辈"请出，最为主要的原因是这个"老一辈"本身也是亲戚，请他们来介入要比请一个并不相干的外人好得多，可能很多事情涉及一些隐私，请"老一辈"来可以更好地保护亲戚之间的隐私。关于"老一辈"参与亲戚之间事务处理的具体事例，在后面具体的治理内容中呈现。

2. 宗族治理主体

1949年之前，在席村，宗族关系中治理单元为户和支，户里有户长，支里有支长，户长等同于族长，支长则等同于房长。在席村有席、南、张、韩四大姓氏，每个姓氏均有一名户长。各姓氏因人口的繁衍又分出了不同的支，其中席姓、南姓各分出了四支，张姓和韩姓各分出了三支。除了这四大姓氏外，席村还有杨家户和柴家户，因其规模比较小，这里不做详细的梳理。

(1) 户长

据四大姓氏后辈的老人介绍，担任户长的条件可以概括为以下几个方面：第一，辈高年长。在村里老人的记忆中，去户里磕头记住的户长都是上了年纪的老人，起码都超过60岁，而且在姓氏中的辈分都很大，过年磕头都要喊户长太爷。第二，有威望，说话有分量。在日本人全面侵华之前，各姓氏的户长都要问事，不仅主持每年清明的祭祖、新丁入户等仪式性的事务，管理着户里的土地，还会参与协助农户处理些难以处理的事务。第三，识文断字，有能力。户长都读过书，能写会算，相比普通的农户能力要强很多，而且还有比较广的交际圈。第四，户长的家庭条件好，虽算不上财主富农，但在村里至少也是上中农。第五，最为重要的一点，必须是本姓氏的男性，而且是已经入了家谱的成员。关于户长的产生，据村里老人介绍，上一个户长因为年龄或身体等原因不再担任户长时，会和各支的支长一起选定新的户长，户里的农户不会参与其中。至于户长候选人如何产生、产生的规则和过程，因年代相对久远已经无从考证。但可以获知的是，户长并非终身制，但也并没有绝对限制户长的任期，据村里老人介绍，户长都是做到自己认为没有精力继续胜任时就不再担任。户长是一个姓氏最高的代表，在任期间没有任何形式的报酬。此外，席村四大姓氏全部居住在一起，所以不存在户长跨村落治理的情况。但是需要说明的是，在席村有两个张姓，一个是有家庙的，一个是外来的，所以张家的户长只能管理入了户的张姓族人，对于外来的张氏没有管理权限。

（2）支长

1949年之前，席村四大姓氏因人丁繁衍分出了若干支，每支都建了供奉着自己这一支祖宗的支祠，每支都设置有一位负责管理的支长。支长担任的条件和户长相类似，主要有以下几个方面：第一，是所在支辈分比较高的上年纪的男性；第二，在支里说话有分量，能够让众人信服；第三，读过书，能写会算，明是非讲道理；第四，家境较好，算不上富农但起码也是自耕农。关于支长如何产生，村里老人并不知晓，有的老人说是分出去时户长定下来的，也有老人说是支里辈分比较高的人推选出的。支长的任期和户长相似，并不是终身制，但也没有严格的限制，通常等到其精力不济时就会主动不当。每个姓氏会分出不同的支，支长只能负责管理本支的事务，包括本支的祭祖事宜、共有土地的管理等。同时支长还要接受户长的领导，对于清明祭祖这样全族的事务，通常由户长确定时间后告知各支长，由支长通知族人按时参加。不过在日本人发动全面侵华之后，席村的支长基本上不再发挥作用。

二、亲族治理的事务

传统时期，由亲戚和宗族两部分构成的亲族治理涵盖多个方面，包括亲戚间的纠纷化解、互相帮助，宗族事务中的共同财产管理、祭祀，以及宗族内部成员的家庭事务。

（一）亲戚治理的事务

上文已就亲戚治理的主体进行了阐述，亲戚关系中的"老一辈"是亲戚治理中最为重要的主体，主要参与解决亲戚间的各类纠纷、矛盾等，亲戚遇到困难时也会求助于"老一辈"来动员其他亲戚给予帮助。具体的治理内容及方式以下文杨竹竹老人提供的自家的案例来呈现。

> 事情发生在杨竹竹老人家里，那时候老人十多岁，她舅舅家的儿子娶媳妇，他们全家都要去舅舅家里上礼吃席。按道理姐姐和姐夫带着全家去理应受到热情的接待，可不曾想那天杨竹竹的舅舅唯独对她的父亲表现得很冷漠，席间敬酒还绕开了杨竹竹的父亲，这让杨竹竹的父亲很是生气，没有散席便带着妻子孩子回了家。杨竹竹的哥哥那天和父母一起也去了，只是没有和父亲在一个桌上，被父亲喊着回家都不知道发生了什么，直到回家以后才清楚是父亲受到了舅舅的冷落和怠慢。杨竹竹的哥哥了解了情况后觉得自己父亲被羞辱，私自一个人就去了舅舅家，当着很多亲戚的面将舅舅一顿数落。当时舅舅也意识到是自己的不对，但被外甥一通数落也很生气。本来相处挺好的两家就此断了联系。杨竹竹的另一个舅舅不能坐视不管，但多番劝和都没有见效，于是将杨竹竹的大舅姥爷请了出来。大舅姥爷可是杨竹竹姥姥的哥哥，是亲戚里辈分最大的人，很受人们的尊重。大舅姥爷在村里都很有威望，就连村里的村长每年都要去给大舅姥爷拜年。大舅姥爷出面将杨竹竹的父母和他的舅舅叫到了一起，问清了事情的原因，原来舅舅冷脸是因为办喜事前几天杨竹竹的父母都没有去帮忙，而杨竹竹父母之所以没有去帮忙是因为那几日杨竹竹的奶奶生病了，家里人都守着老人。但是双方并没有沟通，以致席间舅舅给姐夫甩了冷脸，姐夫带着全家人离席，外甥私下去数落了舅舅。这个事情说明后两方关系也得到了缓和，大舅姥爷让杨竹竹的哥哥给舅舅赔了不是，让杨竹竹的舅舅给他的父母赔了不是，还把她的哥哥好一通教育，更是把杨竹竹的舅舅一通数落。就此这件事情才得以澄清并解决。

从杨竹竹老人讲述的事例来看，大舅姥爷其实就是亲戚治理中的"老一辈"，他凭借其在亲戚中独有的辈分和地位将多次调解矛盾都没有缓和的双方叫到了一起，为双方化解矛盾建立了沟通的环境，让双方把事情说明白，使得紧张的关系得到了缓和。

在这个过程中大舅姥爷并没有采取过多的方式，仅仅是在事件明晰后对做错事的舅舅和哥哥进行了批评教育。由此不难发现"老一辈"在亲戚治理中更多依靠的是自己在亲戚中长久以来树立的权威，以说服教育的方式来缓和矛盾。

关于亲戚治理的内容与方式席村席毛毛老人也讲述了一个事例：

> 事情讲的是席村席姓农户，他的父亲是独子，他本人只有一个弟弟，他的爷爷一共兄弟三人，爷爷是家中的老二，唯一健在的是爷爷的弟弟，他喊作二爷爷，家里人都很敬重二爷爷。他爷爷的哥哥和弟弟家里人丁都不少，唯独他爷爷这一支人丁不怎么兴旺。因为隔了几代人，彼此知道有这么个亲戚，但日常往来并不多，过年过节他和父亲会去二爷爷那里看节。他奶奶也不是本地人，他奶奶有一个弟弟、一个妹妹，因为奶奶过世，基本上也断了来往。他的母亲是父亲年轻时候在兰州跑买卖娶的，娶了他母亲后就在村里置了地过日子，所以母亲那边的亲人他没见过几次。他娶的妻子是席村本村人，他有两个大舅哥，还有小姨子，基于其亲戚构成来看，他家在席村属于比较典型的小门小户。他家种着几亩地，日子也还过得去。偏偏天有不测，家里发生了一次火灾，该烧的都烧没了，自己的弟弟还受了伤，父亲一下子也病倒了。对于这个家来说，这次火灾是毁灭性的打击。妻子那边的亲人第一时间来看望，爷爷那边的一些亲戚或多或少也送来些东西。大舅哥暂时把他全家收留安置在自家闲置的屋子，可是并不是长久之计，还是要想办法盖房，而且他弟弟还要治伤，总不能全家人都依靠大舅哥这边。于是他把这个想法跟两个大舅哥商量了一下，他们尽可能地给提供帮助，都拿出了一些钱，但是那点钱可谓杯水车薪。于是他去找到了二爷爷，跟二爷爷说了当下的困难。二爷爷知道情况以后就把儿孙召集了起来，并且把他爷爷哥哥那边的人也都召集来，目的只有一个，动员他们帮一把遇到灾难的亲戚。二爷爷出面给下了命令，亲戚们都伸出了援手帮他渡过了这一难关。

与杨竹竹老人介绍的事例有所不同的是，席毛毛老人所讲的事例中"老一辈"是凭借其在亲戚中的权威，运用动员的方式来治理亲戚间的一系列事务的。这个事例旨在反映"老一辈"调动亲戚开展帮扶与互助。

（二）宗族治理的事务

与亲戚治理相比，宗族治理的内容更为广泛些，主要包括共同财产的管理、经营与分配,有关尊宗敬祖的一系列祭祀活动,以及宗族成员家户事务等。

1. 共同财产管理

席村四大姓氏在其宗族繁衍和发展的进程中都设置了数量不等的户支土地,户支共有的土地分别由户长、支长进行管理,但户长和支长均无权单独对户支土地的收益做出处置,户里土地收益的分配要由户长同支长及户里辈分比较高的人参与商议决定,支里共有土地的收益同样需要支里辈分比较高的族人共同商议决定。户与支收益的分配情况,户长或支长都会做出详细的记录。户支里土地的收益主要用于家庙和支祠(庙)的修缮、清明祭祀、正月上供等宗族事务。除了共有的土地之外,各姓氏的家庙和祠堂也属于共同财产,家庙和各支所建的祠堂均由户长和支长来进行管理。除了清明祭祖、新丁入户、共有土地粮食进仓外,家庙都是锁着的,钥匙也户长或是支长的手里。

2. 宗族祭祀等仪式

1949年之前,尤其是在日本人发动全面侵华之前,席村的四大姓氏每年清明都会举行祭祀活动,这是宗族治理的一项重要内容。祭祀在每年的清明前举行,具体哪一天由户长和支长以及户里年长辈高的族人共同商议而定。族人中只要是入了户的男性都要参加祭祀,但并非强制参加,由于各种原因未能参加的也不会因此受到惩罚。祭祀活动仅在席村家庙中举行,其他村落同姓氏的村民不得参加席村四大姓氏的祭祀活动。

祭祀由户长主持,整个祭祀环节事先由户长和各支的支长及辈分比较高的长辈商定。祭祀要献供、焚香、诵读祭文、磕头、领祭礼等。焚香只能是户长、支长和辈分高的人参与,磕头是所有参加祭祀的人都要磕头,即便是新入户的婴儿来祠堂也要由其父亲抱着向祖宗磕头。参加祭祀的人磕过头之后都能领到一到两个馍馍,这代表祖先对族人的恩赐。

入户是有关宗族仪式性治理的另一项内容,也是宗族成员比较重视的一项事务。1949年之前,四大姓氏的农户家里娶了媳妇、生了男丁都要去家庙入户。娶了媳妇要由家里的长辈带着一对新人去入户,家里生了男丁要在第三天由孩子的父亲和家里的当家人去给孩子入户。过去过继的孩子和入赘的女婿也要入户,只不过在入户时户长会在谱上做出专门的标记。

3. 宗族成员家庭事务

宗族治理不仅是要管理宗族性的事务,还涉及宗族成员的家庭事务。据村里老人介绍,过去户长问事的时候,家里的分家、红白喜事等事务都要请户长参与和见证。

再比如，某个支的同族农户之间发生纠纷，支长在获知后会第一时间去进行调解，调解未果后会请户长介入。在席村，通常属于一个支的农户居住相对比较集中，同族农户之间关系相对密切，生产生活中互帮互助，对于族内特别贫困的农户会施以援手。本族的农户农耕时相互帮助，家里有了困难也会相互救济。

三、亲族治理规则

亲族治理包括亲戚关系治理和宗族关系治理，其中亲戚关系治理并没有明确的规则，治理主体"老一辈"通常运用其在亲戚中的权威来处理，但在治理中会秉持着维系亲戚和睦、亲戚互帮互助的原则。而宗族治理则会遵循一定的规则，这些规则主要是祖祖辈辈传下来的族规，以及平日里族中长辈的言传身教。据村里老人讲述，过去户长问事的时候，户长有教育族中子孙的责任和权利，如果族中晚辈有人犯错了，户长、支长都可以直接惩罚，以维持族内的秩序。

1949年之前，席村四大姓氏都有族规作为宗族治理的重要规则。户长作为一姓的最高首领，承担着宣传、执行族规的重要使命。过去四大姓氏的族规都记录在族谱上，但由于年代久远以及1949年之后几次政治运动，这些族谱都没能保留下来。调查期间有幸接触到韩姓正在修续族谱的后人，从其整理的族谱中看到了韩姓的族规（详见第五章第六节家族教化部分）。从韩姓的族规中看到，族规偏重说教，教导韩姓的后人要懂得仁义礼智，既要做家户中的孝子贤孙，又要遵守国法。族规还对农户日常生活的多种关系进行了解释，例如"妇贤夫贵"是对夫妻关系的深刻表述、"姑嫂弟侄，如亲待见"是对如何恰当处理亲戚关系给出的指导，"睦邻善处"则是对邻里关系的解读。除此之外，对族人的言行也做出了规范，例如"温恭俭让，与人为善""救人危难""敬事诚信""厚德载物，若水上善"等。族规高度凝练，几乎涉及族人生活的方方面面，主要的目的就是让家族永续发展。

上述韩姓的族规是韩姓后人整理的，据其介绍，族规仅适用于韩姓的族人。过去违反族规并没有太多严厉的惩处，但凡涉及家户、亲戚、邻里关系的事件，首先会通过家户内部、亲戚及邻里之间协调解决，不能妥善解决才会寻求宗族，族规仅仅是户长或支长对宗族成员进行说教的依据。

四、亲族治理过程

据席村四大姓氏的多位老人介绍，1949年之前户里没有召开过全体族人共同商议事项的会议，户里开会通常都是请各支的支长和户里辈分比较高、年纪比较大、有威望的老辈人去参加，一般就是商量祭祖、户里土地的管理、家庙的管理和修缮等。支长会把做出的决定传达给支里的农户。支长并不会挨家挨户地去传达，通常会在巷子里的官井边、石碾子旁等公共空间告诉几个支里的农户，这样消息很快会传到其他人的耳朵里。例如户里开会商定选好了当年清明祭祖磕头的具体日子，支长会第一时间将此消息在所属支的街巷中广为散布，农户获知消息后会相互传递。因为祭祖这件事情族人都比较重视，所以没有获得消息的农户会第一时间主动去向户长、支长及其他族人询问，这样也很快便会知晓。对于需要户里支出钱物的事情，如举行祭祖仪式、修缮家庙等，户长会将每一笔花销记录在专门的账册中。

亲戚之间因血缘关系和平时来往的不同，亲疏关系也不尽相同。在席村，亲戚中当属舅舅最大，分家、调解矛盾这类事情都会请到舅舅，家里婚丧嫁娶更是要请舅舅到场参加。过去家里如果是农户的母亲过世办丧事，舅舅不到场都不能封棺，没能第一时间给舅舅报丧都会被挑理。据村里老人讲述，过去村子里有户人家的女人去世了，请门下人帮忙报丧，按照道理要先通知娘家的舅舅，因为要通知的人比较多，门下人疏忽，第二天才去给娘家的舅舅报丧。娘家舅舅到了以后发现自己并不是最先接到丧报的，认为是瞧不起娘家人，于是向外甥和妹夫发难，一方面要求妹夫说清楚妹妹的死因，另一方面抓着报丧的事情来挑理。即便是门下人解释也没有任何的作用。到三日封棺的时候舅舅不同意封棺，要求给死者买首饰，并且把棺材中铺的被褥全部换成新的。面对舅舅的发难，外甥给舅舅下跪赔不是，报丧的门下人也是解释，最后众人劝说才同意封棺。

亲戚治理中也很少会开会，亲戚间矛盾纠纷的调解需要请"老一辈"的时候由"老一辈"出面来调解，不会因为这些专门召开会议。开会也多是为了商议某件大事，如上文举出的例子，"老一辈"为了帮助受灾落难的亲戚发动亲戚施以援手时会开会来号召。

五、亲族治理关系

亲族治理是涉及成员比较多的一种，因此亲族治理背后的关系也复杂多样，其中包括治理过程中亲族成员间的关系、亲族权威关系以及亲族同国家的关系三个方面。

（一）亲族成员之间的关系

亲族治理关系中亲族成员之间的关系是最为重要的关系。在席村，亲族成员之间的关系大致可以分为亲戚之间的关系、同村同族之间的关系、同村不同族之间的关系三类。

1. 亲戚之间的关系

亲戚之间的关系是亲族关系中相对而言最为复杂的一种关系。亲戚之间只要是有来往，矛盾纠纷在所难免，当亲戚之间发生口角时，主要依靠亲戚中的长辈来调解，当矛盾冲突比较严重时，通常会请出亲戚中辈分高有权威的"老一辈"调解。比如，亲戚之间因为些琐事吵架拌嘴的话，要找共同的亲戚来调解。例如，姐夫和小舅子因为些琐事吵架，通常由岳父出面来调解。据村里老人介绍，亲戚之间即便是发生矛盾产生口角也多因生活琐事或闲言碎语而起，很少会有过多的利益纠葛。还说亲戚之间一般不能合伙做买卖，只要是一起做买卖涉及钱的事情，肯定会产生矛盾。

"朋友好不到头，亲戚恼不到头"这个口歌是村里老人对亲戚关系的最好解释。即便没有直接的血缘关系，也有间接的血缘关系，亲戚之间如果大吵大闹，会成为村里人的谈资，被村里的农户笑话。即便是纠纷矛盾没有化解，亲戚之间不再来往，也并不代表一直不会来往，一段时间后有矛盾的亲戚可能会因为某件事情重新走到一起，这也就是所谓的"亲戚恼不到头"的意思。而且在席村没有出现亲戚之间因为矛盾闹到官府的情况，亲戚之间打官司，那真的会成为村子里的笑柄。

2. 同村同族之间的关系

所谓同村同族之间的关系实质上是进同一个家庙磕头的族人之间的关系。族人之间发生纠纷并不多，当地人讲究"家和万事兴"，一般的小事人们不会太计较，何况族人也并不一定居住在一个巷子里，平日里没有过多的交集，不会有发生冲突矛盾的机会和可能。一旦真是同族农户之间发生了纠纷，多数情况下涉及自身的利益，最常见的是土地房屋边界引发的纠纷。遇到这类纠纷一般涉事双方相互协调，协调不成要找村里的村长去解决，户长和支长解决不了这类问题。村长如果通过丈量土地、查看房契地契解决不了，双方一般会就此问题去区里打官司。如果族人间仅仅是因一些生活琐事发生了矛盾，矛盾双方都熟识的同族人或熟人调解无果的情况下，矛盾双方也可以找支长或户长来断道理辨是非，他们认为户长有威望，户长做出的论断是公正的。

3. 同村不同族之间的关系

1949年之前，在席村，四大姓氏以及其他的小姓之间的关系一直以来都非常融洽，席村四大姓氏并没有出现竞争与冲突，彼此之间没有出现谁一家独大的情形，四大姓氏也没有对其他小的姓氏有任何的欺压和排挤。报告前文对各姓氏的居住情况有过介绍，各姓氏根据支的划分居住相对比较集中，但居住的每个巷子里也并非全部是同族农户，不同姓氏的农户居住在一个巷子的情况在席村很是普遍。这些不同族农户日常也会发生些摩擦，但这类摩擦并不会上升到族与族之间的摩擦，不会因为不同姓氏的两个农户的摩擦而牵扯到两个姓氏的户长或是支长，一般是矛盾产生于巷子里，同样化解在巷子里。

(二)亲族权威关系

1. 治理主体权威体现

治理主体的权威主要体现在日常的称呼、活动礼仪等方面。在亲戚关系中，治理权威在称呼中体现得并不显著，亲戚之间一定会按照相应的关系来称呼，绝不会乱了章法。姻亲关系的亲戚或本家亲戚该如何称呼，通常在年幼时候家里的当家人就会教会，不懂事的孩子叫错了会受到家长的批评。亲戚关系治理主体的权威更多体现在日常生活中的礼仪方面。例如用餐吃饭时座位的安排，作为亲戚治理主体的"老一辈"一定会被安排在上座，其他受人重视且有发言权的主体如娘家的舅舅，也会被安排在上席。亲戚关系治理的主体不仅要被安排在上席，而且还不能怠慢，对于这些人的参与要给予高度的重视，一定要热情地接待。除此之外，逢年过节的时候，出于对亲戚治理主体的尊敬和爱戴，会安排去看节，正月初一还要去磕头拜年，"老一辈"过寿时还要前去祝贺并献上寿礼。这些个具有仪式感的活动都体现着治理主体的权威。

同族人之间治理主体的权威体现得更为明显。在席村，同一姓氏，即便是血缘关系较为疏远，依然要按照辈分来称呼，形成长幼尊卑的基本秩序。平辈人之间要按照年龄的大小来决定如何称呼，年龄小的要喊年龄大的"××哥"，年龄大的则可以直接称呼年龄小的名字，但是一般都不加姓氏，喊姓氏会显得生分。如果不是同辈，辈分低的绝不可以直呼辈高者的姓名，要按照辈分来称呼，该喊叔叔就喊叔叔，该称呼爷爷就称呼爷爷。如果坏了规矩，不仅本人会被人笑话，这个人的当家人都会被人们笑话不会教育孩子。户长和支长都是户里和支里辈分比较高的族人，对于户长和支长通常是按照辈分来称呼，很少直接喊"户长"或是"支长"。此外，在辈分和年龄长幼的选择上，同姓氏的族人以辈分为主，所以村里舅舅和外甥同龄的情况并不少见，就算是这样，也不能差了辈分。

治理主体的权威还体现在祭祀、红白喜事等仪式性的事务中。祭祀祖先时，往往辈分高的人会被安排在最前面，户长和支长一定是站在第一排，后几排的族人也都是按照辈分依次排序。每年春节族人都要去户里给祖宗磕头，户长作为宗族的领袖人物，也要接受同辈人及后辈人的拜年，一般来说同辈人会主动先给户长作揖拜年，而后辈人则要磕头给户长拜年。有户长、支长参加的红白喜事中，户长和支长一定会被安排在上席。因为农户办酒会摆好多桌的酒席，所以在红白喜事的酒席上通常不会出现户长和亲戚治理主体在同一桌的情况。虽然这类情况不会在红白喜事的酒席上出现，但在日常的生活中还是会遇到。例如农户分家时请来了户长，同时还请来了家里的舅舅，分家后要吃分家饭，上席通常会安排给家里的舅舅。而户长会安排在紧邻舅舅的次席。

据老人讲，分家是农户的家务事，家务事中娘舅主持，是最大的，必须要让娘舅坐在上席。

2. 治理认同与背叛

对于亲戚中"老一辈"的治理，不管是批评教育还是号召动员，亲戚通常都会接受并照做。用老人的话讲，即便当时心里有一千一万个不愿意，也不会对"老一辈"等亲戚治理权威做出的决定提出反对意见。对于户长和支长对族人的教育批评，大家也都会接受和认可。户里经过讨论做出的关于祭祀、修谱的决定，族人都会遵照执行。若非过继、宗族惩罚等，宗族成员不会轻易改姓，一般只有给别人做了倒插门的女婿才会改姓，一旦改了姓就等于从户里的谱上除了名，这类情况在席村仅个别地存在。

（三）亲族与国家

亲族治理不同于家户治理的事无巨细，又有别于国家政权治理的宏观与强制，其恰好处于国家治理和家户治理的中间地带，一方面对国家治理的强制性起到了缓冲的作用，另一方面又对家户治理做了充分的补充。

村子里的村长、闾长对待各姓氏的户长、支长比对一般人要尊重和客气一些。据村里老人介绍，之所以要尊重和客气些主要有两方面的原因：第一，村长、闾长都是村子里的人，而且也都是所属姓氏的族人，论资排辈他们都要喊户长、支长爷爷或叔叔，尊重他们是起码的礼节。第二，对于户里或支里的族人，户长和支长要比村长可能更受尊重，一旦户支长牵头反抗，村长和闾长根本没有办法来应对，而且村长很多时候还要依仗着户长的权威来做事，必须要尊敬户长。村长、闾长以及区里的特派员主要负责收税收粮、征兵、维持治安，和户长的交集并不多，往来也不频繁。户里每年开会商讨祭祀、家庙修缮等事务不会请政府人员参加。

政府的一些活动在村庄如果难以推行，村长、闾长可能会找各姓氏的户长、支长以及说话有分量的老人帮忙动员各户里的族人。例如村长接到上面的命令要征调村里的农户去修路，并没有得到村里农户的响应，便会找到各姓氏的户长，请求户长和支长来动员族人参与其中。户长、支长作为族人信赖的人，利用自己的权威来协调户里的农户参与其中以完成上面的任务。户长协助国家政权完成诸如此类事务并不会从中获得任何的报酬。事实上，户长帮着上面来协调农户出工也是为农户做打算，如果上面派下的任务不能完成，上面一定还会找村里的麻烦，最终遭殃的还是农户。1949年之前，村子里的村长、闾长以及区一级的特派员等政府人员对于宗族性的事务不会干涉和限制，即便在日本人发动全面侵华的战乱时局下，政府也没有对户里的事情进行制止。户支里所拥有的土地，政府不会干涉，对于户支土地，政府收税采取的是与农户私有土地同样的标准。1949年之前，没有发生过政府强占、没收户支共有土地的事情。

第五节　信缘治理与治理关系

1949年之前，席村村庄内外共有三官庙、禹王庙、土地庙、玉皇庙、药王庙、奶奶庙等大小庙宇共计15座，这些庙宇构成了席村传统时期的信仰空间，并彰显着丰富的信仰关系。众多寺庙中，当属禹王庙的作用最大，在相当长的一段历史时期中，无论是遭遇旱灾虫灾、举办庙会还是求子治病等一系列家庭事务，村民都会寻求禹王庙"大和尚"的支持，对席村农户的生产生活产生了重大影响。本节以禹王庙为切入点，从禹王庙与治理主体、禹王庙与村庄治理、禹王庙与家庭生活三个方面考察传统时期席村的信缘治理及治理关系。

一、禹王庙与治理主体及关系

相传席村的禹王庙是唐代天宝年间为了纪念大禹治水专门修建的，里面供奉着夏禹的塑像。到后来随着佛教的兴盛，禹王庙里开始供奉菩萨，禹王庙的规模也不断扩大，成为仅次于新绛县城龙兴寺的大型庙宇，香火不断，绵延不绝。每年的农历三月二十二举行一年一度的禹王庙会，庙会为期三天，届时周边的乡亲都会前来拜神、看戏、逛大集。

（一）"大和尚"与庙官

传统时期，"大和尚"是禹王庙的负责人，禹王庙的事务都由"大和尚"来决定，庙里久居的僧人也要听从"大和尚"的指挥，如僧人何时做早晚课、何时劳动等。庙官则是禹王庙会的重要参与者，由村长选出，一般是村里年龄比较大、辈分高、颇有威望的老人来担任，比较懂庙里的事情。村里举办庙会的宣传、接收村民出资、物品管理、请戏班子、场地规划、人员分配等事务均由庙官负责。"大和尚"对于庙会筹备的事情通常不会过问太多，因为这些事宜在"大和尚"那里属于"俗事"，庙会有关的宗教性事务则由"大和尚"负责。"大和尚"和庙官两人是共赢的关系，"大和尚"希望借着庙会来增加庙宇的香火，而庙官办庙会也离不开禹王庙"大和尚"的统筹和寺庙神灵的神圣性。

与此同时，"大和尚"同庙官存在着一定程度上的互相博弈，主要体现在举办庙会的经费筹集方面。如果举办庙会前一年是灾年，村里筹集的经费有限，庙里的"大和尚"要多出一些经费来筹办庙会。如果上一年收成好，村里家家户户粮食富裕，村里就会多出一些，"大和尚"就会少出一些。1937年日本发动全面侵华以后，时局动荡不安，"大和尚"和庙官一般不会办庙会，"大和尚"用庙会的粮食来施粥赈济灾民。庙官是村民信仰的代表，具有很高的威望，会号召村里的村民保护寺院，而"大和尚"则是发善心做善事，帮助村民。

（二）"大和尚"与村长

村里"大和尚"一般和村长没有太多的特殊联系，庙里的庙地是不需要向区里纳粮的，因此村长一般不能去庙里收粮，即便是收不上粮食的时候，也不能去找"大和尚"要粮。庙会的事情村长也不会和"大和尚"直接接触，全部事情由庙官负责，庙会时村长去庙里上香也不会受到任何的特殊待遇，与普通村民一样。

（三）"大和尚"与普通村民

传统时期，普通村民一般很难见到寺庙里的"大和尚"，去寺庙里拜神烧香见到的都是普通的和尚。普通村民如果想见"大和尚"一般要通过庙官和"大和尚"沟通好才能实现，换言之就是"大和尚"见普通的村民完全是基于庙官的面子。

（四）"大和尚"与财主

上文曾提及，传统时期席村办庙会时会将村里农户出资的情况写在纸上张榜公布，村里的财主考虑到自己在村子里的颜面，通常会提供比较多的资金来支持庙会。而且出资较多的财主平日里就经常去庙里上供，可以对寺庙进行很多的帮助。所以过去财主家里一旦有事，"大和尚"一定会出面帮忙。例如过去财主家有老人过世，"大和尚"会主持举行一个超生的道场，为死去的人超度灵魂。

二、禹王庙与村庄治理及关系

传统时期，席村村民的日常生活与禹王庙有着千丝万缕的联系，具体表现为以下几个方面：

（一）求雨祈福

报告第二章已经对传统时期席村的自然灾害进行了详细的阐述，过去席村十年九旱，旱灾虫灾时常发生。村民只能依靠拜神求雨的方式来应对旱情。每逢大旱，除了村里寡妇自发去禹王庙求雨外，村里也会请"大和尚"组织僧人诵经求雨，这都是要由村长或庙官出面，和庙里的"大和尚"共同商议定夺的事情。通常情况下，庙里的"大和尚"在遇到大旱时会主动帮村里求雨祈福。禹王庙僧人求雨属于造福村落民众的义务行为，也是作为信缘主体发挥责任的功德之事。

（二）施粥救灾

传统时期，席村禹王庙有6—7亩的水浇地，据村里老人讲述，庙地是建庙之处辟出的土地，因禹王庙近三庄河，庙地是水浇地，因此庙地的产量有保证。寺庙里的僧人有限，每年都会有不少的余粮。这些余粮村子里不会收，全部存放在寺庙里。因此每逢席村出现严重的旱灾，村里人吃饭出现问题，受灾农户不断增加的时候，"大和尚"会下令施粥救灾。能在此领粥的只有席村农户，周边村落农户没有资格。施粥时"大和尚"会请村里的村长或村副参与其中，目的是辨别是否是席村的农户。但是，禹王庙的力量毕竟有限，一旦发生连年的旱灾，禹王庙的僧人都要外出化缘，村民也只能各自想办法了。

（三）扶贫济弱

传统时期，禹王庙另一个重要的功能便是扶贫济弱，灾年施粥只是一个方面，庙里的土地也会给村里没地的农户种。据席村任福成老人讲述："过去家里没有地，日子过得很可怜，两个哥哥一个在本村的财主家里扛活，一个在外村扛活，父亲靠打短工、卖点东西为生。村里的禹王庙有地，父亲找村里的庙官去帮忙跟'大和尚'说说，看能不能租庙里的地种。庙官带着父亲去见了'大和尚'，毕竟出家人讲慈悲，一听我家三个儿子，日子过得可怜，就同意让我父亲种一点禹王庙的地。种的那块地是禹王庙所拥有的土地里比较差的地，也就八九分，'大和尚'不用我父亲给钱，只需要在忙时帮着庙里的和尚种种地就可以。"

除了将庙里的土地租种给村里的穷人外，禹王庙还会有其他方面的救助。据村里女性讲述："过去偶尔有人把刚出生没过满月的孩子遗弃在庙门前，通常被遗弃的多是女婴，也会有先天残疾的男婴。庙里的僧人看到后会抱到庙里。村里的妇女们上庙烧香的时候，庙里的和尚会让她们帮忙在村里给孩子找人家，也会找外来的香客帮忙。有时候还会在村里给送到庙里的孩子找奶娘，村里正在哺乳期的女性只要是帮忙奶孩子，庙里会给这个妇女一些报酬以表示感谢。"此外，外来乞讨、流浪的可怜人无处落脚也会住在有僧人住的庙里，和尚会施些饭食给讨饭的人吃。这类讨饭的人一般不会长期住在庙里，一两天后便会离开。

三、禹王庙与家庭生活及关系

传统时期，席村农户的家庭生活与禹王庙也有着密切的联系。具体表现在以下几个方面：

其一，寺庙与疾病、丧葬。传统时期席村每每家里有人生病，除了会去村里的药王庙里磕头拜药，更多的农户也会选择去禹王庙里求神灵保佑。一般去了都是拜菩萨，有些农户还会请庙里的僧人在庙里点灯做法事为病人祈福。此外，过去农户家里有人去世了也会去庙里，穷人和富人都会去，穷人会去地藏殿拜地藏菩萨，富人则会请庙里的"大和尚"安排为逝者做超度道场。

其二，寺庙与姻缘、生育。传统时期，席村的娘娘庙是求姻缘的地方。村民也可以去禹王庙拜菩萨求姻缘，村里到了婚嫁年龄的男女没有成婚，家里的母亲通常会去庙里拜观音菩萨，村里结了婚没有孩子的妇女也会去拜观音菩萨求子。村里人说这些都是去向菩萨许愿，去的时候都要带些香烛、黄表，愿望实现了以后还要去还愿。

其三，寺庙与家里其他事情。除了疾病、丧葬、婚嫁、生育，农户还有很多事情也会去寺庙里。据村里老人讲述："过去村里有人家里丢了东西，农户也会去庙里求个签，找庙里的师傅解签，算算东西还能不能找到。还有的人家接二连三地出事，也会去庙里烧香祷告，如果是财主还会请'大和尚'画几道平安符。"总之，传统时期农户生活的各个方面都可能求助于神灵的神力，即便没有效果，农户也会得到些许的宽慰。

第六节 席村治理变迁

1949年中华人民共和国成立之后，席村先后经历了土地改革运动、集体化和包产到户三个时期，传统的治理模式在国家权力的干涉下逐渐发生了根本性的变迁。

一、1949年前的传统治理形态

1949年之前的传统时期，政权治理、村落治理、家户治理、亲族治理、信缘治理等共同构建了席村的村落治理内容。总体而言，1949年前的传统治理形态有以下几个特征：

其一，家户治理为核心。1949年之前，家户是构成村落的基本单元，村民个体的生产、生活、经营等各方面都离不开家户，对于村民个体的管理主要依靠家户。在席村，当家人制度是家户实现治理的重要制度，当家人在家户中拥有绝对的权威，其他家庭成员要绝对地服从和认可。家户的农业生产经营、经济财务管理、家庭成员的管理、家庭其他公共事务及外部事务成为当家人进行家户治理的重要内容。当家人治家秉持着独立治家、注重公平的原则，对于家庭成员多数情况下采取说教的方式进行治理，必要时也会动用家法以示惩戒。据村里老人们讲述，过去家里大大小小的事情都要听当家人的安排，大家庭分出了"内当家"和"外当家"，当家人管理的内容可谓事无巨细，甚至连平日里熬粥放多少米都要由家里的内当家决定。当然在遇到一些家户无法独立完成的事务时，一定是当家人出面寻求外部的协助。

其二，国家政权统而不治。1949年之前，本报告着重考察的时间段内，国家政权对于席村更多体现为"统而不治"。虽然阎锡山以民国六年（1917年）开始在山西省实行村治，以村为单位设置村、闾、邻三级实行治理，设置息讼会处理村落纠纷，设置村范和村禁约等乡规民约来规范村民的行为，并在实施的初期取得了一定的效果，但随着日本人发动全面侵华，时局动乱情况出现，国家政权对于村落更多表现为"统而不治"，所谓村落治安、矛盾调解已成为空谈，征收各类粮食税款、抓兵成为国家政权治理村落的重要内容。用村里老人的话讲："那个时候上面只会派人来收粮要钱，抓兵的人常常夜里进村，家里的男人们天黑吃过饭就躲到地里了，那时候村长都没人愿意当，当了村长的人也不管村里的事情。"

其三，亲族治理成为重要补充。1949年之前，主要由四大姓氏构成的席村在血缘关系的基础上形成亲族社会，亲族治理成为仅次于家户治理的席村村落治理的重要补充。亲戚间的治理与宗族治理成为亲族治理的重要内容。这包括亲戚中的"老一辈"来调解纠纷与矛盾，组织动员亲戚之间进行互助与帮扶，婚丧嫁娶中一定少不了亲戚的帮忙，分家析产等家户决策时也一定少不了诸如舅舅这样的亲戚的见证和主持。而宗族治理则是通过宗族共同的财产经营管理及组织祭祀活动来维系血脉姓氏的存续与发展，以实现宗族成员之间的帮扶与合作。

二、1949年后的传统治理形态变迁

1947年（民国三十六年）4月，新绛县解放，成立新绛县人民政府。伴随着新绛县的解放和1949年中华人民共和国的成立，席村的传统治理形态发生了巨大的变化，具体体现在如下几个方面：

第一，国家政权治理变迁。新绛解放，在中共新绛县委领导下，由县武装委员会、农会联合组成翻身大队，各区分别建立区队、联防区，各土改工作组进驻村庄开始土地改革运动。1947年9月席村作为试点开始土地改革。1948年10月，土地改革运动结束，从此地主阶级的封建土地私有制被废除。伴随土地改革的进行，席村也成立了农会，农会的主要工作是推进土地改革，但同时也参与到了村庄其他事物的处理中，最突出地表现在对农户日常纠纷的调解方面。据村里老人介绍，没有成立农会之前，村里的纠纷找村长基本解决不了，很多矛盾都要靠门下人调解。成立农会以后，村里有了工作队的人，村民有什么纠纷或是问题可以直接找工作队的同志寻求帮助，尤其是村里的贫下中农。

1952年席村开始搞生产合作社。1956年初，新绛县农业合作化向完全社会主义的高级农业生产合作社过渡，高级社实行生产资料公有制，实行按劳分配，取消土地分红。1958年8月，撤乡建社，席村属于战斗人民公社，席村设置了生产大队和生产小队，生产小队延续了传统时期间的设置方式，共计13个生产小队。这一时期生产大队和生产小队是管理村务的政权组织。村民以生产小队为单元开展生产、生活。每个生产小队均设有队长、会计和仓库保管员,在大队中也设置有类似的职务。村民遇到事情时先在小队里解决,解决不了在大队里解决,生产队的队长权力较大,生产队里解决不了可以去公社解决。

十一届三中全会以后,土地承包到户,农户成了土地经营的主体,公社时期的集体经营制度逐步被废除。1984年9月,撤销公社,建立乡镇,出现了行政村的建制,席村作为行政村隶属于三泉镇。村民自治实施后,席村通过选举产生了村民委员会,原有的13个生产小队重新合并改为了10个村民小组,村内设有席村党支部,村委会与村党支部共同承担村落治理的责任。

第二,家户治理变迁。1949年中华人民共和国成立至今,家户治理一直是村落治理的重要组成部分。虽然在人民公社时期,家户不再是农业生产经营的基本单元,但是家户作为生活的基本单元依然存在。人民公社时期,劳动力对于家庭显得格外重要,日子好过的家庭劳动力一定比较多,这一时期代表家庭权威的当家人依然是家庭重大事务的决策者和执行者,家庭成员之间的纠纷与矛盾也是由当家人来调解。20世纪八九十年代,随着市场经济的发展,越来越多的村民走出村落务工做生意,农村的家庭结构也开始发生变化,三口之家越来越多,老一辈的当家人退出舞台,当家人的角色日渐模糊,经济独立的子女已不再依赖于当家人进行分配。小家庭中的当家人在家庭的管理上更加民主与科学,昔日里"专制式"的家长治家已经不复存在。

第三,亲族治理变迁。传统时期,因拥有四大姓氏,且四大姓氏均设置有家庙、户长、支长,席村是一个宗亲关系相对复杂的村落。但随着土地改革运动的推进,封建土地私有制被废除,四大姓氏共有的土地、家庙等族产被重新分配,加之六七十年代的几次政治运动,使得户长、支长、祭祀拜祖等宗族元素在席村已不存在,因此与宗族有关的治理活动也销声匿迹。虽说宗族治理在席村已经不存在,但亲戚治理仍发挥着一定的作用,传统时期亲戚治理中的"老一辈"在1949年之后依然存在。但随着村落的发展,亲戚之间的互动远不及传统时期和解放后至1980年代时候频繁,亲戚之间的互动往来多出现在婚丧嫁娶的仪式方面,日常的互动变得越来越少,凭借年长、辈分高的"老一辈"虽说还在亲戚治理中发挥着作用,但作用已远不及从前。

第四,信缘与业缘治理变迁。1949年之后的几次运动对于信缘治理的影响也很大,村里的庙宇只剩下三官庙被保留,一部分庙宇在土地改革时期被作为房子分给了农户,还有很大一部分在"文革"时期被拆除,村落中的宗教活动一度停滞,信缘治理无从谈起。直到20世纪90年代,村落庙会开始复兴,在村干部的组织带领下,席村也将传统时期的庙会重新办了起来，并于 2016 年开工重建禹王庙。时至今日席村的庙会活动已经成为一张重要的文化名片，在宣传村落文化，反映村落精神面貌方面发挥了重要的作用。业缘治理 1949 年后在村落治理中已没有发挥太多的作用。

第七节 席村治理实态

当前，在席村行政村的治理中，村党支部和村委会发挥着重要的作用。随着城镇化进程的不断加快，村党支部和村委会在村落治理方面有诸多亟待解决的问题需要面对。

一、村落治理现状

截止到 2016 年底，席村是新绛县三泉镇所辖的一个拥有 5000 人的行政村，是新绛县人口规模比较大的村落之一，目前全村共有 10 个村民小组。当前席村的治理架构主要由村党支部和村委会构成。下表 6-3、6-4 为席村党支部及村委会人员构成情况。

表 6-3　新绛县三泉镇席村村党支部人员构成及基本情况

村党支部成员	姓　名	性　别	学　历
支部书记	席双炎	男	初中
委员	南小平	男	初中
委员	张元生	男	高中
委员	柴宝义	男	初中
委员	张淑霞	女	高中

表 6-4　新绛县三泉镇席村村委会人员构成及基本情况

村委会职务	姓　名	性　别	学　历	分管工作
村主任	韩冬元	男	初中	主抓村级全面工作
副主任	南保龙	男	初中	分管水电、民政
副主任	南小平	男	初中	分管土地
会计	张德明	男	初中	财务
会计	韩宝宝	男	初中	财务
妇女主任	张淑霞	女	初中	计划生育
妇女主任	韩小梅	女	初中	妇联
治保主任	南春义	男	初中	治安

上表村党支部成员及村委委员均为 2017 年底村两委换届选举产生，村委会下辖 10 个村民小组，每个村民小组均设置小组长一名，协助村两委开展工作。村委会设置主

任一名,主抓村落治理的全面工作;副主任两名,分管水电、民政、土地等村落各项事务;会计两名,管理村落财务,包括村集体收入、村落项目经费等;妇女主任两名,分管计生和妇联工作;治保主任一名,负责村落治安工作。村两委在村庄治理中发挥着十分重要的作用,村民认为村干部是自己选出的代表,就要给村民做主谋福利,因此有什么事情一般会去找村两委干部。村民找到村干部多数是因为自身利益受损,例如村落逢集时农户因为抢地盘发生冲突,治保主任会在第一时间赶来处理,必要时村长也会参与纠纷事件的处理。村民因不满低保评定等级找到副村长要说法,村干部都会耐心地给予解答。

当前,席村的农户家庭都趋于小型化,以核心家庭和主干家庭为主,村子里几乎没有扩大家庭。当家人已经成为并没有太多权威的一种称呼。以主干家庭为例:家里年轻的夫妻通常在外务工,家庭的主要收入来自年轻夫妻。父母双亲作为当家人通常不会过多干涉家庭事务特别是年轻夫妻的事情,只管照顾好下一代即可,有精力的还会种点地。家庭出现矛盾冲突时,家里很难确定一个绝对的权威来出面调解。家中小辈对于当家人更多的是晚辈对长辈的尊重与孝顺,并不是对权威的敬畏。

二、村落治理困境

随着农村改革的不断推进与城镇化进程的加快,当前席村的治理方面存在诸多的问题,主要表现在以下方面:

其一,村落治理单元过大,治理主体单一。席村在新绛县是典型的大村,7.597平方公里村域面积,人口多达5000人,村两委干部仅有14人,担负村落治理的村委会干部仅有8人,由这8名村干部来管理如此庞大的村落,治理难度比较大。传统时期,村落治理主体丰富,除了国家政权治理之外,家户治理、亲族治理、村落中的绅士、"热心肠"等都会参与村落治理中,而如今村落治理仅仅依靠村两委,治理主体明显单一,在治理过程中自然会暴露诸多的不足。

其二,集体性收入较少,村民自治缺乏经济基础。席村是典型的农业型村庄,村庄集体性收入较少,虽然近两年积极发展集体经济,但集体经济的收益仍显不足。村庄的运作仅靠上级财政转移性支付来维持,推进村庄经济发展缺乏资金保障,仅靠村干部个人的才能已远远不够。

附录一

席村调查小记

2016年10月,开始了本人博士生涯的最后一个驻村深度调查,即黄河流域村庄形态与实态的深度调查。相比前两次调查而言,对于村庄的深度调查有了比较深刻的认识,不再像第一次调查对未知的情况充满了担忧,因为是10月份驻村,所以也不再担心长江流域调查时遇到的灾害性天气。整个人从心理层面对于这次调查是比较缓和轻松的。作为一个北方人,尤其是山西人,这次能够在山西省运城市新绛县席村开展深度调查的确是一件蛮幸运的事情。当完成这份调查报告,回顾这次调查发现还是有不少可以反思和总结的地方。

一、关于选点

这次调查选点相比前两次调查,尤其是长江流域的调查,可以说是最成功的一次。黄河流域的村庄调查在晋南的运城一共要选五个点,因此这次选点我们采取的是团队选点的方式。很荣幸被委以重任成为山西地区调查团队的负责人,先行一步做好了对接工作,也很幸运一路都是绿灯,所以很顺利地五个开始了选点的工作。

对于选点,我们始终紧扣徐勇教授在村庄调查前期会议上提出的"旱""大""稳""聚""合"这五个概括华北村落特点的关键字。干旱缺水是华北村庄的底色;村落普遍比较大;相比长江村落的流动性,华北村落更具稳定性;从村落的分布特点来看,华北村落通常都是集中居住,呈现高度集聚的形态。我们五人牢牢把握村落的特点开始选村,在当地工作人员提供的村落中择优选择,采取进村集中访谈的方式,迅速将村落的特点了解清楚。因此我们五人仅用了一周的时间就完成了选点。相比其他同学独自一人选点半月而言,我们展现了极高的效率。

关于选点还要总结一点,即选点之前一定要把功课做足,盲目的选点只能是浪费时间。所谓做足功课主要有几个方面:其一,要提前查阅方志,了解选点县或市的基本情况,在自己的印象中要有几个大概的备选项。其二,一定要对调查区域的村庄特点有所把握,能够大概地在印象中有一个理想型的村庄的模样。这需要尽量提前看一些文本资料,例如我们院翻译的满铁调查资料,也可以找身边的北方同学大概了解下北方村子是什么样子,还可以看看诸如《白鹿原》这样的小说,我认为这对于选择理想的调查村庄非常有必要。其三,做好对接工作,一定要将选点的大致要求告知对接的工作人员,让他们根据要求提供若干村庄,到时候供我们来进行选择。如果只等见了面才将具体的要求和细节告诉对方,只能是浪费自己的时间。其四,因为我们做村庄的形态调查,更多需要关注1949年之前村庄的经济、社会、文化、治理的情况,所以理想的访谈对象至关重要,这是能够开展有效调查的先决条件。即便是最为典型和理想的村落,没有合适的访谈对象也无济于事,所以在选点时高龄的明白老人显得至关重要。

良好的前期准备、积极的心理暗示、对备选村落基本特点的把握成为选择理想村落的重要法宝,加之这次团队选村所具有的多人协同的优势,让我比较顺利地选择了一个颇有历史、形态较好的村落。

二、关于调查

作为一个完成了两个村庄调查的老调查员,关于村庄调查的心得和方法也在不断地总结和摸索。总体上看,本次驻村调查比前两次都要顺利得多,而且调查推进的速度也快了很多,这主要得益于村庄中明白老人的数量和质量。这次调查的席村有专门的老年协会,进村后几乎调查全程都有老年协会的席来全会长陪同,老人就像传统社会村里的绅士先生一样,村里每个人都非常尊重他,他带着我去见任何一位老人都能够非常快地进入正题,而且也避免了因为不熟悉而难以融入的困境。进村调研初期,并没有急于完成调查任务,深度调查并非一朝一夕之事,融入和了解其实更为重要。首先要融入其中,其次要对村落有一个整体上的认识和了解,了解村里的民情民风,接触村里的男女老幼,熟悉村里的环境,最重要的是将村里的受访对象逐一了解清楚。因此进村初期席来全会长带我走访了席村所有80岁以上的老人,我根据老人与我聊天的情况对其进行分类。一类是优质的访谈对象,如村里曾经在农会干过工作的任福成老人,记忆力比较好且健谈的席立尔老人,过去家境比较好的韩景明老人。这一类访谈对象记忆力比较好,而且对村落 1949 年之前的整体情况把握比较好。第二类是专题访谈对象,如曾经做过阴阳先生了解民俗文化的张熬狗老人,做了近 20 年长工的朱发发老人,对生育、信仰比较了解的杨竹竹和席辛心奶奶等。这类老人对村庄整体情况把握并不一定全面,但是就某个专题可以说得头头是道,因此将他们作为特定专题的受访者。第三类是补充受访者,这个类型是访谈存在一定困难的老人。例如 90 多岁的张怀茂老人,他是财主的后人,但因为岁数太大,耳朵比较背,需要借助书写的方式进行交流,访谈难度非常大,而且老人年岁比较大,还存在一定的风险,只能作为备选人员。再比如席丑儿老人,这是个比较奇怪的老人,脾气比较怪,他乐意和你说的时候会非常热情,他如果不想和你说话会马上翻脸赶你走。还有就是韩姓老人,因为其家里儿媳阻拦,访谈也并不顺利。这些老人划归为第三类。将老人分类完成后,才正式进入深度调查阶段。关于如何调查,这里没有过多需要总结的东西,"关系-行为"的范式就像是头脑风暴,寻找一个主体,尽可能多地寻找与其相关联的关系,这样就能做到深度挖掘了。

虽然是做过两个村的调查员,但这里还是要对本次的调查进行一些反思。借助于报告撰写的过程,有以下几个方面还是需要深刻反思的:其一,调查中注意到了"关系"的考察,但是对于"关系"的认识不够深,太过片面,只重视横向的关系,忽视了纵向关系的深度挖掘和考察。很多时候只是将一个生活于村落中的村民置身于自己的家户中进行考察,而没有将其置于村落乃至国家层面进行考察,所以还有进一步深挖的空间。其二,调查只注重传统形态,忽视了对当下的了解,以致在各章节实态的考察略显不足,而且还需要通过电话回访的方式来获得具体的情况。其三,调查中对于提纲的把握不好,有些时候还是被提纲牵着走,因此有些调查内容还是略显僵硬。其实作为一个参与了三个村庄调查的博士来说,提纲只是一个引子,更多时候要心里有提纲、调查过程无提纲,这样才能将调查做得更加深入细致。

三、关于感动与思考

驻村调查就像一次穿越回民国的旅行,每一次都会收获数不尽的感动。虽然这次调查不像长江流域驻村调查那样惊心动魄,没有那么多的患难之情,但是平淡的调查日子一样有着平凡的感动。

首先说说村里的老人。席村调查给我最大帮助的有三位老人,我把他们三个称为"三剑客"。一位是我在村里的领路人席来全爷爷。老人是席村老年协会的会长,过去在县里当干部,是一位有文化有涵养的老人。所有的受访老人都是席来全爷爷带我去接触认识的,老人给我提供代步的自行车,帮我绘制村落的示意图,总之在村里有困难找席来全爷爷肯定没错。第二位是任福成爷爷。任福成爷爷和蔼可亲，过去在农会工作过，对村里的事情了解得比较多，老人每说出一句话都会经过思考，谨慎是任爷爷做事的风格。很可惜任爷爷因突发疾病已经过世。当时听到这个消息后心里说不出的滋味，此时此刻脑子里都可以想起老爷子给我冲蜂蜜水的情景。第三位是席立尔老人。席立尔爷爷是一位非常热情的老人，热情到让你有些不适应。还记得初次接触老人的时候给我的印象就是热情，80多岁的老人一天天地陪我满村跑，最催泪的是在我走之前，老人拿出了两百块硬要塞给我，说让我进了城买些好吃的。当然，除了这三位老人之外，还有很多可爱的爷爷奶奶要在这里表示感谢，他们不计任何报酬地和我讲述发生在这个村里的过往，动情之处他们会潸然泪下，有争议的地方他们会像孩子一样据理力争。为了弄清过去村落的大小，老人可以推着自行车用车轮的周数去丈量村落的长宽，为了明白过去土地的边界，80岁的老人带我去麦田现场教学。太多的感谢的文字在这里都显得苍白，唯愿他们能够健康长寿。

感动之余也有思考，一方面是对村庄调查的进一步认识，另一方面是对一些研究的思考。黄河流域的深度调查属于核心区域的调查，这对挖掘传统时期治理的底色尤为重要，相比第一次调查的无知、第二次调查的略懂来说，这次调查让我对学院开展如此大规模的深度调查有了更为深刻的认识。广袤的中国大地上孕育和生长着不同的文化，麦作区的平原村和稻作区的平原村的确有着不一样的底色，寻找这些底色的差异或许就是我们要做的事情，而只有发现了这样的差异才能为当下的治理提供可靠的依据。现在看，这是一个宏大的设计，而我们的调查是这个伟大学术工程的重要一环，只有我们将不同区域的底色挖掘出来，才能找寻到其中的差异，也才能更好地来反思现在的治理。

博士生涯的调查已经画上了句号，相信未来还会有很多的调查等着我去参与，但是如此长时段的驻村调查或许很难再有。感谢调研路上给我支持和帮助的每一个人，三次调查都将成为我记忆中挥之不去的一笔。

附录二

席村调查日记（节选）

2016 年 10 月 11 日　晴　星期二

今天是和小伙伴约定一起去运城选点的日子。新一轮的华北村庄调研，今天正式拉开了序幕，作为队长的我要带领我的四位小伙伴一起在运城选择合适的调研地点开始这次调研。因为前期去太原办理相关的调研手续做了一些对接工作，在山西省老龄委对接结束后回到了大同做了短期的休整。在家的日子总是那么快，虽然不舍但调研任务繁重还是在今天启程了。

一早踏上了开往晋南的火车。也不是嫌弃自己的家乡，山西的交通状况的确在全国比较落后，早已规划好的大西高铁迟迟通不到最北边的大同，多数的大同人戏称大西高铁已经成为太西高铁。没有了便捷的交通我只能选择搭乘

图 1　团队成员集结于运城火车站

慢车先到太原，再转乘动车前往运城，虽然兜兜转转，但这远比从大同直接坐慢车去运城要快得多。下午3点钟到达了队伍集结地山西南部的运城。作为一个山西人，还是第一次来到晋南，对这里的一切都是很陌生的。早上从武汉出发的小伙伴在我之前已经到达了运城，由此其实也能看得出山西的交通路况是欠发达的。来到运城后做了简单的收拾就去了运城市老龄委进行相关的对接工作。对接工作异常顺利，运城市老龄委的黄俊科长接待了我们，黄科长是一个充满活力的中年人，她对我们开展的调查工作给予了极大的肯定和支持，第一时间给我们开出了"路条"，并向我们提出选点的市县发出了通知，要求下面全力配合好我们本次的选点和调研工作。这对于急着去选点开始调查的我们来说甚是欣慰。结束了运城老龄委的对接工作后，我们开始寻找当地的美食，作为晋南重要的小麦产区，面食一直都是运城的特色美食，晚饭自然要让几个南方的小伙伴尝尝北方的面食。好在几位小伙伴都在北方读过书，对面食都能够接受，而且也给了了很高的评价。吃过晚饭我们一起走在运城的街头，欣赏这座城市夜的美好，走在运城的南风广场，感受中华文明赋予这座城市的魅力。运城作为山西最南端的城市，古称河东，是中华文明的重要发祥地之一，华夏民族的始祖黄帝、炎帝、蚩尤和尧、舜、禹，都相继活动在这片大地上。或许也正是其悠久的历史和深厚的文化，运城才成为本次华北地区调查的选点区域，希望这片孕育中华文明的土地不会让我们失望，也希望我们能够在这片热土上找寻传统社会治理的基因。

郭瑞敏因为有事情是最后一个到达的队员，四人一起去运城北站接到了瑞敏同学，山西调研小组正式集结完毕。刚刚我们商量了一下，明天先不急着下去，我们决定在运城周边走走看看，去看看运城的盐湖，去解州关帝庙走走，因为关帝是这方土地上百姓最为信奉的神灵，了解下当地的风土人情及悠久的文化，也是为接下来的选点做好准备。

2016年10月12日　阴　星期三

10月后运城的天气还比较舒适，一早一晚有点凉，中午比较暖和，今天和队员们一起来了个运城一日游，让我这个山西人对晋南有了全新的认识。作为一个山西人，还是第一次踏上晋南的土地，印象中只是知道晋南是华夏文明的重要发源地，最南的运城是山西重要的粮食产区，有著名的盐湖，运城话不好懂。通过今天一天的参观，我对运城有了更深的认识。

今天第一站去了运城有名的盐湖。运城的盐湖是世界三大硫酸钠型内陆盐湖之一，因其盐含量类似中东的死海，人在水中可以漂浮不沉，故被誉为"中国死海"。这还是第一次见到盐湖，风吹过来有很重的味道，一眼望去湖面泛着白色的结晶体。参观了盐湖还有一个地方不得不去，那便是解州关帝庙。解州关帝庙位于运城市解州镇西关，为武庙之祖，创建于隋开皇九年（589年），宋、明时曾扩建和重修，清康熙四十一年（1702年）毁于火，经十余年始修复。来到解州西关已经是中午了，几个人先找了个小摊喂饱肚子，肉夹馍、凉皮、饸饹面物美又价廉，吃饱以后共同前往关帝庙开始参观。据景区的讲解员介绍，解州关帝庙总面积22万平方米，共有房舍200多间，分为正庙和结义园两部分，是现存规模最大的宫殿式道教建筑群和武庙，被誉为"关庙之祖""武庙之冠"。庙内悬挂有康熙御笔"义炳乾坤"、乾隆钦定"神勇"、咸丰御书"万世人极"、慈禧太后亲书"威灵震叠"等匾额，代表建筑是"春秋楼"。游览中和当地的百姓聊天了解到，从古到今关老爷一直被运城当地的百姓奉为重要的神灵，过去每个村镇都建有关帝庙。参观中一位老先生介绍，关公之价值在于他的义气干云、坚贞不二。百姓不仅求雨有赖于关帝，祈求生育、消灾、除病、家庭和睦等方面都有求于关公；关公又被人们奉为发财致富、招财进宝的武财神。同行的博阳师弟说我们今天拜关老爷这等于来到运城拜码头，来运城不拜关老爷怎么会顺利呢？

大概下午4点时候我们搭上了回运城的客车，回到运城已经是傍晚时分，回酒店歇了歇脚，瑞敏同学决定带大家去吃有名的运城大盘鸡。此"运城大盘鸡"可不是"新疆大盘鸡"。大盘鸡的主要原料就是土豆和鸡块，那么运城的做法有何独到之处呢？据店主介绍，最大的差别就是配料。新疆大盘鸡的鸡块会用糖炒，然后加入土豆小火慢炖，最后加青椒调味。而运城完全没有那么复杂的步骤，就一个字：炖！而味道更加偏麻、辣。面条也不是裤带面，而是要换成本地的饸饹面，并且汤一定要够多。五个人点了一个中份，味道真是好，土豆绵密软糯，鸡肉又特别地入味，配上沾满了汤汁的饸饹面，对于我这个吃货来说真的是非常满足。

图2 团队成员前往解州关帝庙途中

吃过饭又在街头溜达了一阵，在一起商定明天的行程。我们决定从运城出发，先去李博阳的闻喜县，之后去我的选村点新绛县，第三站我们去瑞敏的家乡永济，第四站我们去唐丹丹的选村点临猗县，最后一站去冯超选点县万荣。这样规划的目的是避免走弯路，少走回头路。

2016年10月13日　多云　星期四

结束了一天闻喜的选点，现在坐下来感觉真是身心疲惫。今早8点，我们一行五人就像一只逃荒的部队，拖着大小行李从运城站搭乘K7808次前往闻喜。这是一趟慢车，全程运行34分钟。出了闻喜站，步行10分钟我们就到了闻喜县老龄委办公室，因为昨天已经和对方取得了联系，加上运城市方面提前打好了招呼，我们五人受到了热情的接待。在闻喜我们五人要为博阳选择合适的村调地点。闻喜县古称桐乡，秦时更名为左邑县，汉武帝刘彻在此欣闻平南越大捷而赐名"闻喜"。著名的宰相村就在闻喜，就是有名的裴氏家族。裴氏家族一门公侯，冠裳不绝，正史立传与载列者600余人，名垂后世者不下千余人，七品以上官员多达3000余人。在上下两千余年间，先后出过宰相59人，大将军59人，中书侍郎14人，尚书55人，侍郎44人，常侍11人，御史11人，刺史211人，太守77人，郡守以下不计其数。还多次与皇室联姻，出过皇后3人，太子妃4人，王妃2人，驸马21人。不用说这个村也将是本次选点的重点考察村落。

图3　东姚村选点拍摄

然而，计划终究是计划，介绍了我们选点的要求以后，宰相村还是被排除在外。原因在于裴村是一个单姓村，宗族力量较强，不符合我们选点的要求。第二，裴村目前在围绕宰相村进行深度的旅游开发，因旅游开发村落各利益方间或多或少会有一些矛盾与问题，不适宜开展深度的驻村调查。在老龄办工作人员的带领下我们去了东姚村和文典村，其中文典村虽然人口比较多，但是80岁以上老人数量比较少，而且多数为女性，对于开展调查很是不利。东姚村则较为理想，村庄规模适中，全村3628人，其中80岁以上的老人有60多人，现仍以种植小麦为主。该村又是一个任、王等五大主要姓氏及其他杂姓构成的主姓村，传统时期村落有庙宇近45座，还有各类会社。最主要的是村里有一位老人，收藏和整理了非常多的村庄档案，这是非常有价值的档案资料。就老人家里几十柜子的档案，着实让我们大家羡慕博阳的好运。综合考虑下博阳决定暂定东姚村作为接下来深入调查的村庄。

今晚我们就住在闻喜县城。刚刚和下一站新绛县老龄办的刘主任取得了联系，告知了明天我们的行程，并将选点的要求提前告诉了刘主任，以方便我们明天能够顺利开展工作。

2016年10月14日　多云　星期五

今天行李大军来到了拥有历史文化名城殊荣的新绛县。应该是我们几人在交通情况的预判方面有些失误，到昨天夜里和新绛县老龄办的刘主任通过电话之后才获知从闻喜没有直达新绛的班车，我们需要从运城的闻喜县先去临汾的侯马，再从临汾的侯马转车到运城的新绛。

或许是历史文化名城的原因，新绛县城看上去真的是充满了历史的气息，县城的格局和建筑远不及上一站的闻喜，县政府大楼像是上世纪七八十年代的建筑。因为昨天已经和新绛老龄办刘主任事先说明了选点的要求，所以见面后直奔主题。刘主任根据我的要求给出了三个备选村庄。一个是周庄村，这个村出了一位名人——《弟子规》作者李毓秀就是周庄村的人。第二个村是光村，是我国的历史文化名村，多家媒体报道过这个村子，有3000多年的历史。第三个村是席村，相传是荀子故里，村庄在新绛县也是有名的大村。根据村庄人口数量、80岁老人数量等多个重要因素一番筛选，将周庄村、光村一一排除，周庄村80岁以上的老人数量明显不够，很难深入开展调研工作，而光村是山脚下的一个村落，传统时期居住于该村的农户数量比较少，直到现在村落人口也不多，这样会加大村落社会关系方面的调查难度。最终决定先去席村看看。

来到席村，接待我们的是村里老年协会的席来全会长，老人家今年有近70岁。我们和席会长介绍了调研的主要内容，老人很是热情地拿出了自己统计的80岁以上老年人的名单，一一斟酌哪个老人善于表达，哪个可以配合我们试调查。席会长将名单列出，和我们吃了午饭后便逐一通知名单里的老人。大概是下午1点多的时候，接到通知的老人陆陆续续赶来。现在想想白天时候的场面可真是壮观，我们五个每人身边都坐着两三个老人，扯着嗓子问老人村庄在1949年之前的事情，老人们也都很配合地给我们讲过去的事情，讲到动情之处有的老人还抹起了眼泪。真的是难为我的四位小伙伴了，这样的群体访谈还真是头一次。亏得有他们几个的帮忙，大家边问边记，大概一个多小时就给村庄做了个粗线条的素描。

席村，荀子故里，相传为西周姬姓封地荀国之都城，曾称荀城，晋武公灭荀，以此地赐大夫原氏。汉代席姓由湖广迁入，遂改为席村。目前全村4595人，耕地面积

8451亩，1949年之前约有人口1300—1400人，分13个间（相当于甲，民国时期阎锡山统治山西特有的一种制度）。全村有四个大姓：席、南、郑（运城话发音，可能为"张"姓）、韩。四大姓氏形成了四大家族，每个家族都有家庙，有家户长，每年清明由家户长带领家族男丁上坟（"烧坟"），家户有共同田产，"烧坟"男丁会获得两个馒头的奖励。土改划地主席村共有五个地主，当地也叫财主，主要分为三类，第一类为"能干地主"（靠勤劳致富），第二类为继承祖业地主，第三类为工商地主。当地租佃关系并不明显，贫下中农过去主要靠给地主做活（打长工、短工）谋求生计，包地的农户数量不大，包地要押金，分成不定，一般是对半分。因为要押金，所以多数无地农户选择做工，长工吃住在地主家，白天做活，夜里喂牲口（一般住在牲口窝棚旁边），一年干下来可以得到三担麦子。也有农户选择农忙时候给财主打零工，打零工按天算，一天也就5—6斤麦子。1949年之前席村水浇地数量不大，这里的水浇地主要是引"古水"（一眼泉水），"古水"并不

图4　团队席村选点

是席村一村所有，所以涉及水的管理（有待进一步挖掘）。另一种水浇地靠水井灌溉，用于灌溉的水井主要集中在村子北坡，多为私人所挖、私人所有（一般多为地主所挖），有少量是几户共有水井。更多的土地属于旱地，靠天吃饭，十年九旱，所以产量并不高，一亩小麦产量也就200斤左右。生活用水同样依靠水井，除了财主家会将水井挖在自家院子里，其他农户所用水井都在院子外，用水一般遵循就近原则，天旱用水也有一定的规矩。村落庙宇众多，信仰丰富。传统时期的治理也包括多个层级。

　　经过这么一个初步的了解，席村还是一个比较理想的选择，新绛选点就暂定席村。和刘主任商定要走完接下来的点之后再返回新绛找他报到，由刘主任送我正式进村。明天是周末，单位都要休息，选点工作只能告一段落。因为下一站的选点是瑞敏的家乡永济，在瑞敏的提议下我们决定明天从新绛出发先去瑞敏家里，考察下瑞敏家所在的村落，另外在瑞敏家里休整一下。

2016 年 10 月 15 日　多云　星期六

今天我们从新绛辗转侯马搭乘动车来到了永济，永济是瑞敏的家乡，在永济我们受到了郭爸爸和郭妈妈最热情的接待。动车刚到永济站就看到了早已在出站口等候我们的郭爸爸。郭爸爸有 50 出头，穿着打扮一点都不像村里人。郭爸爸开车接我们进村，一路上跟我们聊天，聊我们中国农村研究院，聊他对我们华北调查的认识，侃侃而谈，很有深度。瑞敏家主要从事果品种植，因为市场前景比较好，这几年都种植冬枣。一到家郭妈妈便迎了出来，郭妈妈更是热情，给我们早已洗好了自家果园里的枣子，准备好了水果，多日的"逃荒部队"今天总算有了回家的感觉。

郭妈妈为我们准备了一大桌的午饭，饭桌上见到了瑞敏向我们多次提起的爷爷。正如孙女对爷爷的盛赞，老人家果然不一般，饭桌上给我们讲了他的人生经历，对我们开展的村落历史调查表示了极大的兴趣。郭爷爷也算得上一位新时代的乡贤，老人热衷于村落文化的发掘，特别希望瑞敏能够在自家所在的村庄完成村庄调查，未来可以协助他为村子编写一部村志，将来调查报告出版了也可以说为村子做出了一点贡献。

在瑞敏家里和选点时住在宾馆真是不一样，整个人也放松了许多，瑞敏妈妈为我们准备了干净的床单被罩，此刻坐在这里记录这流水账似乎也轻松了很多。明天是周末，郭爸爸晚饭时候说要带我们去普救寺和鹳雀楼，这是永济乃至运城的两大著名景点。就写这么多吧，感谢瑞敏一家热情的款待，期待明天的出行。

2016 年 10 月 16 日　晴　星期日

今天是出游的日子，一早郭妈妈就做好了早饭，吃过早饭我们正式出门，开启了周末的出游模式。第一站我们先去永济的普救寺。普救寺位于永济市蒲州镇西厢村的塬上，是建于唐武则天时期的一座佛教寺院。元代王实甫《崔莺莺待月西厢记》中说的"红娘月下牵红线，张生巧会崔莺莺"的爱情故事就发生在普救寺内。郭爸爸是个地方知识储备蛮多的人，一路上给我们讲了很多关于永济和普救寺的地方性知识。据郭爸爸介绍，我们今天逛的普救寺是 1986 年以来新修复的普救寺，因为《西厢记》的问世，这个"普天下佛寺无过"的普救寺名声大噪，寺内的舍利塔也被更名为"莺莺塔"而闻名遐迩。而美丽动人的爱情故事，千百年来一直撼动着人们的心灵，使它成为著名的游览胜地，来此处的善男信女或许都希望求得一份美好的姻缘吧。

出了普救寺还没到午饭的时候，我们一行又前往鹳雀楼参观。生活在武汉多年也没有登过黄鹤楼，只是每次经过时会远眺一番，今天有幸登临鹳雀楼也是一件幸事。鹳雀楼始建于北周时期，历经隋、唐、五代、宋、金 700 多年后，至元初毁于兵燹，仅存故址。明初时故址尚存,后因黄河水泛滥,河道摆动频繁,其故址难以寻觅。改革开放以来,重修鹳雀楼的呼声日益高涨。1992年9月近百名专家、学者联名倡议"重建鹳雀楼"。永济市于1997年12月在黄河岸畔破土动工,拉开了鹳雀楼复建工程的序幕,是此楼自元初毁灭700余年后的首次重建。2002年9月26日,新鹳雀楼落成开始接待游人。登临鹳雀楼第一感觉就是累,还真没有王之涣诗中所言"欲穷千里目,更上一层楼"的感觉,不过当站在鹳雀楼顶层远眺,看到蜿蜒流淌的母亲河时,才有了"白日依山尽,黄河入海流"的感觉。

下了鹳雀楼,吃过午饭,郭爸爸带我们去看了黄河大铁牛。在我看来,这硕大的铁牛要比鹳雀楼震撼得多,或许是因为如今看到的鹳雀楼已是现代建筑的产物吧,总之铁牛带给我的震撼要更大些。黄河铁牛,又叫开元铁牛。开元铁牛是蒲津渡遗址最突出、保存最完整、最具观赏价值的文物,原位于蒲州古城西门外的黄河东岸,后因黄河河道东移而没入水中,明代地层距地表约七米。四尊铁牛旁各有一铁人,如牧人策牛。铁牛分南北两组,两牛一组,前后摆列,面朝西。铁牛等为唐蒲津桥遗物,排列如故,可借以领略大唐盛世筑桥工程之一斑。巨型铁牛除了固定索桥外,还有多种作用。铸铁牛置于河岸,对肆意泛滥的黄河水是一种震慑,象征着拦挡洪水、征服水患,造福于人民。

玩了一天,收获颇多,看了普救寺,了解了《西厢记》里张生和崔莺莺的爱情,也品味了此地的宗教文化。登了鹳雀楼,远眺母亲河,也算不白做一次黄河流域的村庄调查。看了黄河大铁牛,被我国古代劳动人民的工匠精神和智慧所震撼。明天周一,我们要开始永济的选点工作,愿一切顺利吧!晚安啦!

2016年10月17日　星期一　晴

事情总是和预想的不一样,今天的遭遇可能颠覆了瑞敏之前所有的预设。瑞敏本人还是希望能够去永济市老龄办做一个对接,通过老龄办来协助选择一个比自己家所在村子各方面更有利于调查的村子,可偏偏事与愿违。

今天一早吃过早饭,郭爸爸开车把我们送到永济市老龄办。到达后却迟迟见不到接洽的工作人员,几经询问才来了一个近50岁的男性工作人员,自称是老龄办的主任,把我们带到了一个堆满了杂物的办公室。说明来意,递上公函,对方不知何原因就走了,我们等啊等,等了大概有一刻钟的样子才把那位主任等回来。回来后主任给我们提供了几个村子,并且告诉我们需要自己去,他没时间陪我们下村选点,也不能派人陪我们下去。这让瑞敏一下子变得很是激动,还特意强调她家就是永济的,但是这么说好像也没有一点效果。无奈我们只能离开老龄办。最后是郭爸爸开车带我们去选的村，选了半天也没有发现"品相"比较好的村子，无奈之下瑞敏只能暂定在自家的村子开展调研了。

想想今天的事情也是很无奈，谁都没有料到会在自家门前摔跟头，对比在博阳和我那里，真的是让人不敢相信今天居然被如此"礼遇"。所谓没有对比就没有伤害，这话今天可算是深切地感受了一把，瞬间理解瑞敏为什么从楼里出来会显得气急败坏。如果没有郭爸爸开车带我们下去，真不知该怎么去选点了。很多村子之间都没有班车通达，离市区又比较远，选一个村子起码就得一天的时间，这将直接影响接下来的进度。所以还是要感谢郭爸爸辛苦的陪伴和帮助。

2016年10月20日　星期四　多云

在运城兜兜转转了一大圈，今天在万荣县告别了小伙伴大家开始奔赴各自调研地点开始正式的驻村调查。大概是中午时候，我从万荣来到了新绛县城，吃了午饭在快餐店一直等到下午两点，然后直奔县政府大楼找刘主任报到。因为来之前已经提前联系了刘主任，刘主任通知了席村的村主任韩冬元，韩主任下午3点多来办公室接我。村主任开着一辆奔驰，看着像个"土财主"，接到我以后没有回村，而是带我去了三泉镇副镇长的家里做客。看得出他们工作中是上下级的关系，私下是很好的朋友。兰镇长是个特别健谈的人，听说我是来驻村调查的博士就激发了他好多的话题和论点，他从我要调研的内容和我聊到了农村留守问题、农村上访的问题，一会儿又谈起了国家的大政方针。聊了起码得有两个小时，一直聊到了饭点。聊天也没有过多地谈到韩主任，对于这个皮肤黑黑的村主任我目前了解得并不多，只知道他姓韩，大名韩冬元，是"新绛好人"殊荣的获得者。

晚饭韩主任带我去吃了当地有名的新绛火锅，其实在新绛选点的时候我们几个人就已经吃过了。新绛火锅是铜火锅，是运城很有名气的美食。火锅从下到上一层层地码放着蔬菜、海带丝、粉条、油豆腐、酥肉、肉丸子、五花肉，每一层都有不同的味道，配上白馍，那真叫一个绝了。吃饱了饭我以为村主任会带我进村，不承想他说还没安排好我住在哪里，让我今晚暂时住在他在县城的房子里。所以此刻我正在韩主任县城的房间里记录这一天的流水账。

愁死我了，今晚睡觉好像是个比较闹心的问题，这个家里仅有的被子都没法形容。就先写这么多吧，我得考虑下今晚睡觉的问题了。

2016年10月21日　星期五　雨

今天下雨天，我还是没能顺利进村，10月末的雨已带着丝丝的凉意。已经出来十多天了，到现在都没能进村开始调研，内心着实是有些焦虑。今天给韩主任打了电话，说是还没协调好住宿的问题，无奈只能继续在县城待上一天。昨天睡的沙发，也没有休息好，所以今天住进了县城的一家宾馆，也想在进村之前好好去洗个澡。这一天很快就过去了，也没什么要记录的，早点儿睡觉，明天一定要进村，不能再拖了。

2016年10月22日　星期六　阵雨

图5　席村办会请蒲剧团唱戏

今天再次打通了韩主任的电话，电话里还是让我再等等的意思，于是我果断决定自行前往席村。叫了一辆出租车，没多久就到了村委会。到了以后就给主任打电话，主任听闻我到了，感觉有点儿猝不及防。但是人都进村了，主任也没办法，接到电话以后还是第一时间赶了过来。主任按照我提出的要求把我安排在村子里一家饭店里住，就是选点时候吃午饭的饭店。

韩主任说饭店里不会饿肚子，住的地方也合适，都符合我的要求，这话的确是没毛病。我住的晋韩酒家是一家民居和店铺一体的饭店。饭店既可以给在村里做工的农户提供便饭，也可以操办酒席，饭店的老板同时也是饭店的大厨。老板姓韩，和韩主任是同姓氏的本家亲戚，这可能是我被安排在这里的原因之一吧。

今天进村没有开始正式的调研，安顿住下后独自一人在村子里溜达了一下，先熟悉下村里的环境。向老年协会的席来全爷爷报到，跟爷爷商量了具体的调研计划。老人家拿出了村子里80岁老人的名单，答应我从明天开始就一个个去接触认识。也真是庆幸能够有席爷爷这样一个帮手的协助，这初来乍到人生地不熟，想要尽快融入其中没有席爷爷这样的向导可真就麻烦了。

2016年10月23日　星期日　阵雨

今天村子里办会，是席村1980年代开始办起的会，主要是用来进行商品交易的集会。村里请来了临汾市尧都区蒲剧团唱戏，村里的老人们都聚在村里的戏台子前看戏，村委会门前的空地上也聚集了不少摆摊设点做买卖的人。今天老年协会的席会长带我见了任福成爷爷，任爷爷今年87岁，老伴儿去年因为突发心脏病去世了，老人家现在一个人生活。老爷子是村里的老革命，过去在农会里干过，在村里老年协会的活动中心的展板上还有老爷子的介绍。老人身体那叫硬朗，思维也很清楚，只是头一次和我见面老人还有些拘谨。可能是老爷子在农会干过的原因，说话慢条斯理，讲得每句话都滴水不漏。不管和老爷子聊什么他都会考虑许久，然后慢慢地回答，不确定的事情直接就给我否定的

图6　受访者任福成老人

答案。说出一件事情很多人可能不信，87岁的老爷子还能骑自行车。和老爷子聊到中午时分，老爷子说要去村里的日间照料中心吃午饭了去，我就想着和老爷子一起走，不承想出了院子的老爷子去推自行车。这一举动着实惊到了我，这可是87岁的老人，居然可以轻松地骑自行车，而且居然还骑得那么稳当，这真是让人难以置信的一件事情啊。看老人骑着自行车远去的身影，我拍下一段小视频发了个朋友圈。截止到现在，那段小视频已经引来了无数的点赞和热议，感叹之余多数人都觉得自己老了以后一定没有老人家那么厉害。

中午吃了一碗鸡蛋炒刀削面，休息了一下。下午没有让会长爷爷带我去别的老人那里，我自己去村里戏台前转了转。对于我这个生面孔村里人还是有些戒备，跟老人搭话多数时候没有反馈，得到反馈也都是问我在做什么。即便是选村时见过的老人也把我忘记了。下午唱的是铡美案，其实戏里唱的什么我压根也没有听懂，我是从旁边竖着的电子字幕屏上看到的秦香莲以及戏台上包公扮相的演员推断出的。

调研也才刚刚开始，也不能急，这几日就以认识老人融入环境为主吧。韩大伯是个喜欢打牌的饭店老板，此刻饭店大厅里正响着自动麻将桌哗啦哗啦洗牌的声音。其实昨天韩大伯就跟我打了预防针，说家里总是打麻将，让我不要介意。这么看来以后我要伴着麻将机洗牌的声音入睡了。

2016年10月24日　星期一　多云

进村的第三天。村子里今天还有一天的蒲剧演出,席爷爷的意思是老人们都聚在戏台前看戏,今天就不去走访老人了,去了也找不到人,去戏台前找老人人多又不好聊天,干脆明天再去见老人,我也接受了会长的建议。所以今天我就在戏台冒充听戏跟老人们搭讪。不过这听戏的老人都太认真了,根本没人理我。看来也只能等席会长带着我去见老人了,没有领路人还真不行。

2016年10月25日　星期二　晴

今天要说说这里的早饭。进村第四天,让我觉得吃得最舒服的是这里的早饭。这是第三次驻村调查了,每个地方的早饭都不一样。印象最深的早餐是安徽调研村庄的早餐,吃了两个月的大米粥,每天一到上午10点把我饿得前胸贴后背。钟祥调研早餐在长滩镇街上的早点铺子吃,吃得也还不错,起码能吃饱。现如今住进了晋南席村,这里的早餐真的可以说吃得像"皇帝",尤其是早餐的粥,真是好喝。住家阿姨早上会熬上一大锅的小米粥,这粥不仅仅有小米,还放了花生、薏米、玉米楂、麦仁、糯米,熬得特别烂糊,连我这种从来不爱喝粥的人都能喝上一大碗。而且这个地方最有趣的一点是早饭特别丰盛,早上都要炒两三个菜,有荤有素,配着家里蒸的大馒头,真是过瘾。因为这个还专门问了问阿姨,我以为是因为我住在这里才这么安排的早饭呢,不承想阿姨告诉我,村里家家户户早饭都吃得比较丰盛,只是她家开饭店,相比别家更好些而已。

今天吃了饭席会长带我去见了1949年之前给财主家扛活做长工的朱发发老人。老人家住在大街头,和儿子儿媳一起生活,儿子做废品收购的生意。见到老人的时候正在吃饭,家里一间屋子里堆满了收来的破铜烂铁。老人儿媳妇和儿子一看就是很实在的人,看我们来了赶紧拿出碗筷让我们吃饭。婉言谢绝了老人儿媳的盛情。饭后和朱爷爷开始了

图7　受访者朱发发老人

聊天，老人告诉我过去他家里很穷，兄弟三个都给财主扛活，一直到新绛解放土地改革以后才分到了土地。从朱爷爷的讲述不难发现，这一带过去流行去扛活，和长江流域有所不同，在长江流域调查时发现过去都愿意租地，租"老板"的地自己种，而在这里租种财主土地的人很少。老人跟我讲，穷人租下地以后没有牲口也种不了，过去种地得要牛，这里都是旱地，土又厚又硬，仅凭人力根本不行。另外这个地方经常发生旱灾，不能保证年年丰收，收不下粮食那就是欠下了饥荒。给财主扛活那不一样，干一年就得给一年的粮食，而且还能带出去一张嘴，吃饱饭不说，一年到头还能赚到粮食。听老人这么解释觉得还蛮有道理。现在觉得，过去农民还是比较会盘算的。考虑到老人年纪比较大，而且又是初次见面，也没有聊太久，今天就是和老人熟悉一下，会长爷爷先给我铺好路，以后我自己来也就方便了。

最后还是说下今天的午饭和晚饭，午饭吃的是肉炒刀削面，晚饭吃的馍和土豆丝。现在我要去洗漱一下准备睡觉。差点忘了说，现在大厅里麻将正打得酣畅淋漓。

2016 年 10 月 26 日　星期三　晴

还是老样子，今天继续跟着会长爷爷见村里的寿星们。今天见的这位老人家非常健谈，很爱说话，老人名叫席立尔，是我目前见到的三个老人中最健谈的一位。而且问题还很多，聊天中老人时不时会向我发问，诸如"你家是哪的呀？""武汉那地方是不是很热啊？""你们问这些旧社会的事情干什么呢？"对于老人的提问我自然也要一一地回答。

席立尔爷爷在村里也是个万事通，而且爷爷的父亲在 1949 年之前还做过村里的村长。老人有着不一般的经历，他是同姓过继给村长家里当儿子的。老人说他的养父原来的儿子死掉了，他生父和养父是没出五服的远亲，他家兄弟三个，就把他过继给了他的养父。老人还跟我讲了他养父的一些事情，包括养父在解放后被当作反革命如何被镇压老人都记得。席立尔爷爷的记忆力的确很好，他对村子里 1949 年之前很多事情都很清楚，对于村子里很多家户的情况也都能说上来一些。老人对于我的问

图 8　受访者席立尔老人

题还很感兴趣,每个问题都能说好多,都能联系得特别远。看老人如此好的兴致,下午我还是和席立尔爷爷聊天。这几日的聊天我并没有很深入地展开,更多是和老人相互熟悉,了解些老人的身世及家庭背景,为接下来的深入调查进行筛选和准备。

今天和席立尔爷爷聊天还有一个事情要提一下,就是晋南方言的问题。作为一个山西人,我真的是领教了运城方言的威力,健谈的席立尔爷爷很多时候说话我都听不大懂,好在有会长爷爷在身边来给我做翻译。而且今天最让我好笑的是爷爷说的一个词"么哈数",这着实是让我有点抓狂。我问爷爷过去亲戚结婚上礼上多少,爷爷跟我讲"么哈数",但凡我问到一些需要能够具体量化的内容时,爷爷都会给到我"么哈数"的答案,虽然我明白"么哈数"的意思,可我并不想得到"么哈数"的结果。

总而言之,言而总之,今天跟席立尔爷爷聊天还是蛮愉快的,爷爷聊得也很开心。席立尔爷爷是个很热心的爷爷,我想在未来的驻村调查中,老人家一定会给我很大的帮助。日记结尾照例说下今天的伙食,中午炒饸饹面,晚上是丸子汤配白馍。这里要吐槽下韩大伯的丸子汤,韩大伯跟我讲,这个丸子汤是牛肉丸子,还说每个丸子至少得要一块五毛钱。其实他这么说我觉得还是挺刺耳的,搞不懂他说这些话是什么意思,是觉得我每个月支付的费用有点少吗?还是我玻璃心了呢?其实那个丸子真的不咋样,感觉都没多少肉,面粉和淀粉更多一些。但是,人在屋檐下,我还是违心地频频点头夸奖这丸子甚是好吃。就写这么多吧,要睡觉了,晚安啦!

图9 受访者韩景明老人

2016年10月29日　星期六　晴

此时此刻躺在床上感觉好幸福啊,今天干了一件大事,就是结束了四天没洗头发、八天没洗澡的记录。其实进村调研之前对于洗澡的问题早有预料,我住的饭店有一个太阳能的热水器,但非常尴尬的是那个安装着喷头的洗澡间在饭店大厅的一个角落里,在里面洗澡极为不方便。今天吃过晚饭,麻将桌子的呼啦声开始响起,思来想去今天也要洗个澡,鼓足了十万分的勇气问了下阿姨该如何操作,阿姨很耐心地告诉我如何调冷热水之后就去观战牌局了,我开始了进村后的首次洗澡。10月底的晚上气温还是比较低的,在这个小洗澡间里的确把我冻得够呛,看到了房顶的浴霸也不好意思开，后来还是阿姨喊着告诉我说打开浴霸我才开的。八天没有洗澡、四天没有洗头发的我大概用了十多分钟就结束了洗澡，说实话真的是非常享受。

今天除了洗澡这件大事之外，白天跟着会长爷爷照例去见了村里的老人。今天见的爷爷叫韩景明。韩爷爷今年82岁，老人家过去是村里的财主，家里有20多口人。老人跟我讲述了1949年之前大家庭的管理。但是提到"财主"这个关键词的时候老人还是有些顾忌，能感受到在1949年之后土地改革时，老人的家里还是受到了一定的影响，不过老人提到家里的叔叔过去做过共产党的地下工作，所以土地改革时期家里也还是比较安稳。这几天接触了不少的老人，我发现韩爷爷还是比较有学问的，老人跟我讲，过去他的父亲在村里的学堂是教书先生，老人也读过好多年的书。

澡也洗了，要舒舒服服地睡觉了。晚安外面的麻友们！

2016年10月31日　星期一　阴

今天是农历的十月初一，村里爷爷告诉我今天这个节日在他们这里叫鬼节，还叮嘱我晚上不要出门，说是鬼魂今天天黑了都要回来收过冬的衣服，家家户户都要烧寒衣。既然老人跟我提到了寒衣节，最后索性我就对此多聊了一些。老人跟我讲，人有"三节"，分别是春节、端午、中秋，相应地鬼也有"三节"，那就是清明、七月半和寒衣节。

关于寒衣节，老人说也没有过多的礼俗。这天农户不需要去逝者的坟地里去，也不需要在家中的祖宗堂里烧香磕头，只是晚上在巷口或是自家的院子里烧些代表棉衣、棉鞋的纸衣服，这些纸制的衣服是农户逢集时购置的彩纸自己剪好粘的。烧寒衣要家里的男人去烧，女人烧了花不了，如果家里没有儿子可以由招来的女婿去烧，也可以是家里的侄子去烧。出嫁的女儿也可以在这一天给故去的父亲或是母亲烧寒衣，但是要由其丈夫来烧。

寒衣节不仅要祭奠死去的亲人祖先，还相当于一个节气。进入了农历的十月，天气已经转凉，通常到了这个时候家里的主妇会为老幼增添衣物，给孩子和老人都添上夹袄，衣服破旧的会开始张罗着缝制新的棉衣。缝制棉衣的棉花都是自家种的，布多是自家纺织的粗布。扩大家庭中，一家老小的衣物通常由婆婆带领着媳妇们来缝制，婆婆指导，主要由媳妇们来做。核心家庭则由家中的女人来缝制。其实也真是这样，这几天比刚来时候的确凉了不少，出门找爷爷们的时候我也加了外套，韩大伯说再过几天就准备烧暖气了，不然家里就有些冷了。这里冬季采暖都是农户自己用煤烧土暖气，说实话这个设备一点都不环保。

今天听爷爷的吩咐，天没黑我就回到了屋里。晚上吃过晚饭，看到韩伯伯拿着几个纸包走到门外去烧，应该是去给自己的亲人烧寒衣了。其实胆子小的是我这种，打麻将的可是妖魔鬼怪都不怕，照例 7 点半新闻联播刚结束就来到了大厅。专门留意了一下，发现其中还有一个挺年轻的小媳妇，这的确也是让我有点意外。在我看来这样的娱乐活动和她的年龄完全不匹配，即便是不出去打工赚钱那也不应该在麻将桌上尽显"风采"。其实从这个年轻小媳妇身上我们还是能看到当下农村社会存在的诸多问题。我可能还没有说过，饭店里的麻将摊可不是每天一场，通常从下午两三点就开始了。

今天的麻将又不知要打到几点了，我似乎已经习惯了哗啦哗啦洗牌的声音，也习惯了外面观战牌友的热议。准备睡觉，明天接着找老人，听故事。

2016 年 11 月 1 日　　星期二　　多云

图 10　受访者席辛心老人

今天会长爷爷带我去见了村里两位 80 多岁的奶奶，一位奶奶叫席辛心，另一位奶奶叫席毛毛，都是席姓的后人。我也有针对性地和两位奶奶聊了一些例如传统时期妇女的地位、婚嫁、生育等她们比较熟悉的内容。毕竟在那个传统年代里妇女或多或少还是受到了一些限制，抛头露面的事情主要还是依靠家里的男性来完成。

当我问到女性地位这样的问题时，两位老人给出的答案是一致的：过去妇女没有地位可言，嫁了人就是别人家的人了，生孩子洗衣做饭，动不动还要看婆婆的脸色。第一胎如果生个儿子在家里的地位可能还会提高些，如果第一胎生下个妮子，那更会让家里人瞧不起。其实想想现在重男轻女的现象在农村和一些不发达的城市还是很严重的，不然怎么会出现当下如此严重的性别比例失衡现象呢？两位奶奶都向我介绍了传统时期婚姻方面的一些礼俗和惯习。1949 年之前，民国政府均没有对男女结婚的年龄做出明确的规定，男子十七八岁就可以张罗着娶妻，女子则过了十六七岁家里就会找人帮其物色婆家。女子一旦过了 22 岁就不容易找婆家了。过去也讲究门当户对，一般普通家庭的男子很难娶到财主家的千金，而穷人家的妮子也不会嫁入财主家做媳妇。有妮子的农户认为，自家家里条件一般，把妮子嫁到富人家容易被欺负，而如果自己家里条件不错,则不会乐意自家的妮子嫁给穷小子去受罪,所以会比较在意门当户对。子女婚姻一般由父母做主,本村同姓氏的男女不得通婚。户长一旦知道会出面干涉,双方的父母也不会同意,认为这是乱了章法的事情,老祖宗都不会同意。传统时期结婚的整个流程还比较烦琐,要有媒人介绍、相看、私下里调查、批八字、下聘、备嫁妆、举办婚礼。聊到聘礼的时候席辛心奶奶发出了感叹,奶奶现在跟儿子一起生活,有两个孙子,都到了谈婚论嫁的年龄,可是却遇到了成家的难题。据奶奶介绍,先不提结婚的彩礼,这个地方相亲都设置了门槛,男方如果希望相看女方前提是男的必须要有一辆价值至少10万块的汽车,不然都没有相亲的资格。如果相看合适,女方还会索要高额的彩礼,奶奶说至少要给10万块的彩礼。她家两个孙子光这些就要40万,这对于一个普通的农民家庭根本拿不出来,所以家里两个孙子至今也没有谈女朋友。

现在想想今天跟两位奶奶聊天的内容,真的是挺让人辛酸的,20万娶一个媳妇,对于一个以种地为生的农村家庭的确不是一个小数目。回想硕士时候在山西五台县调研遇到的大叔,40多岁从找中介处花4万块买了一个越南媳妇,结果生了两个孩子后因为不能忍受生活的困苦丢下孩子跑了。50岁的大叔一人带着两个孩子,和我聊起这些的时候不禁潸然泪下。

今天聊的话题可能牵出了太多的现实问题,略微有些沉重。结婚本来是一件挺欢喜的事情,可是当婚姻和高额的彩礼联系在一起时,当相亲被设定了准入门槛之后,婚姻已然成为沉重的包袱。不能再想这个问题了,对于我这样一个单身的人,或许这也将是我要面临的问题。

2016年11月3日　星期四　多云

今天会长爷爷带我又去见了一位老人,老人83岁,名叫韩官仁。选村时候就见过老人,老人也比较健谈,可是今天见面非常不愉快,原因是我和会长爷爷被老人的儿媳下了逐客令。韩爷爷已经没有了老伴,和儿子儿媳住在一个院子里。按道理讲老人应该是享受天伦之乐的时候了,可让我很意外的事情是老人每天都要拄拐颤颤巍巍到日间照料中心吃午饭。见到老人以后,即便会长爷爷讲得很清楚我们具体做些什么,可老人的儿媳妇还是三番五次打断我们的谈话,屡次出来说老人啥都不知道,老人糊涂了,让我别再问老人了。看到这样的情形会长爷爷也很尴尬,于是我们就很尴尬地离开了。离开后会长爷爷跟我讲了大概的情况,说这个家里的媳妇确实比较刁,对家里的老人不怎么孝顺,之所以想赶我们走她是怕老人跟我们讲到她不孝顺的事情。

截止到今天基本上村子里的老人见了一遍,从目前的情况来看,任福成爷爷、席

图 11 受访者韩官仁老人

立尔爷爷都是比较好的访谈对象。任福成爷爷过去在农会做过事情,对于村里的情况很了解,而且 87 岁的年龄也是我们希望寻找的访谈对象。席立尔爷爷是个热心肠,对于访谈特别配合,对村子里的各个方面都很了解。曾经做过阴阳先生的张熬狗老人对传统时期的婚丧嫁娶非常清楚,这方面的内容可以通过老人进行深入细致的了解。朱发发爷爷过去做过长工,对于这方面的内容了解得比较全面。而韩景明爷爷作为财主的后人,可以提供很多财主大家庭治理的素材。两位奶奶也是比较合适的访谈对象,她们可以就婚姻方面的事情给出很多有价值的内容。还有不少将近 80 或是 80 出头的老人也是不错的人选。接下来就开始较为正式的深度访谈了。也希望一切都能够顺利。

2016 年 11 月 4 日　星期五　阵雨

气温是越来越低了,一场秋雨一场寒也得到了印证。今天天气不好,一会儿下一会儿停。韩大伯这两天开始买煤了,看来距离烧锅炉供暖的日子应该是不远了。日子过得也真是快,再有一周我出来都快一个月了。今天一早我去找了席立尔爷爷。跟老人聊了很多次,都是在老年协会的办公室里,一直都没有去爷爷的家里找过他,对席立尔爷爷的生活其实并不是特别了解,今天去了老人家里才略知一二。席立尔爷爷和他的儿子一起居住,但并不在一起生活。简单地说就是老人一人生火做饭,只是住在儿子提供的一间屋子里,儿子儿媳和孙子吃什么也不会给老人。因为老人的地交给了儿子耕种,所以每年儿子会给老人一些粮食。老人跟我说他一般把儿子给的麦子卖了,自己吃得比较少,村里有馍铺和卖面条的地方,自己想吃什么就去买,现在村里又给老年人免费吃一顿午餐,自己也就做两餐饭,一个人很好解决。据爷爷说,他还有一个女儿,会定期来给老人送些吃的用的,每次来都会给老人包上一些饺子,冻在儿子的冰箱里。不过老人特意跟我强调说,儿子的冰箱也不让白冻,每个月他都要给儿子五块钱的电费。其实老人说出这些的时候，我打内心里是鄙视这个儿子的，让进出一个门的老父亲一人生火做饭就已经很过分了，居然还要老人的电费。我今天去的时候爷爷正在吃早饭，老人自己熬的绿豆小米粥，粥里还放了胡萝卜。早上老人还会做一碗菜，我看老人碗里是白菜和土豆条。爷爷跟我说，这菜和粥早上只吃一半，剩下的晚上买五毛钱的面条下在粥里，味道也很好。

爷爷胃口很好，吃过饭就在爷爷的屋子里和爷爷聊了一个上午。爷爷今天跟我讲了讲席村的四大姓氏，因为爷爷姓席，就着重跟我讲了讲席姓的由来。老爷子跟我讲了祖辈关于席村由来的传说，讲了哑婆婆的故事。关于席姓爷爷还跟我讲了席家户和席家各支的具体情况。和席立尔爷爷聊天访谈的一大好处就是，我只需要抛出个问题，老人家就可以讲好多好多，搜集的信息只能由我自己来选择。大概到11点多爷爷要去食堂吃饭的时候我和爷爷的聊天才结束。差点忘记说，席立尔爷爷也是骑自行车去的，骑得也是相当溜。结束聊天走之前老人还不忘安顿我，并让我下午再去。

今天下午没有去席立尔爷爷那里，我去了村里的老年人活动室，去那里找了张、韩、南三个姓氏的老人对这三个主要姓氏的基本情况进行了了解。韩天福是个将近80岁的老人，戴着一副茶色玻璃的眼镜，看着就像老干部，讲话也一套一套的。韩老爷子跟我讲了韩姓的由来，但是老爷子讲述的内容多多少少有那么一点浮夸，即便如此我也将韩爷爷讲述的内容记下，之后再进一步地核实。张、南两个姓氏也都找到了相应的老人，都为我提供了一定的线索。关于村落的由来这部分基本上有了一个轮廓，进一步细致的内容还需要查阅相关的县志资料。

好几天的日记都没有报告伙食情况了，其实不报告的原因也很好理解，因为我的伙食好像没有太大的变化。今天早上是营养丰富的粥和炒菜，配上自家的大馒头，中午吃的是炒面，晚上是白馍配醋熘白菜。

2016年11月5日　星期六　多云

可能是因为昨天下雨水汽比较充足的原因，今天一早起来村里起了浓雾，能见度约莫也就五米到十米的样子，出门都找不着北。大概到上午10点的时候浓雾才逐渐散去，我才背着书包出了门。上午我先去了任福成爷爷家里，到了之后发现爷爷在干活，之前也忘了讲任福成爷爷养蜂的事情。任爷爷从农会回家以后就开始学着养蜂，过去老爷子去全国各地放蜂，现在87岁的任爷爷的院子还养着七八箱的蜜蜂。我去的时候老人正趁着天气放晴忙活着蜜蜂过冬的事情。任爷爷说蜜蜂就快冬眠了，冬眠之前要喂蜜蜂，起码要喂上三次才行。今天趁着太阳出来，他要把蜂箱里的露水除一除，还要喂一次蜜蜂。老爷子还说今天顾不上跟我聊天,让我先去找别人,那我也只能去不远的席立尔爷爷那里去看看了。到了席立尔爷爷那里,没承想老爷子早就在等我了,进门给我好一顿的数落。"你咋才来啊?我早就等你了,你再不来我一会儿去饭店找你了。"昨天走的时候也没跟老爷子说今天不来,可能老爷子认为昨天还没聊完,我会一早再来呢,所以就一直等着我,这的确是让我有些惭愧。

上午也没聊多久老爷子就去大食堂吃饭了,下午跟老爷子聊了聊这里的气候情况。发现这类关于气候的比较抽象的内容席立尔爷爷也说不出多少,就是告诉我这个地方过去比较干旱,下雨不多,三言两语就没啥说的啦。不过还是有不少的收获,例如老爷子跟我讲了村里寡妇求雨的事情,甚至手舞足蹈地给我介绍了寡妇求雨的一些个细节。爷爷还跟我讲了村里如何打井、如何用水的事情,讲得都很细致,就连打井时候上面几个人、井下几个人挖土都能讲出来。临走的时候我跟爷爷说明天一早还过来,明天跟爷爷聊村里庙的事情,聊完这些希望能把过去村里的地图画出来。爷爷也明白了我的意思,还特意叮嘱我明天不能迟到。

2016年11月7日　星期一　多云

今天是画村落地图的日子,这可是一个大的工程,和席立尔爷爷、席来全爷爷一起约好在老年协会办公室见面。差点忘记说了,来全爷爷给我配了一把钥匙,老年协会的办公室我可以自由进出了。一早喝过我的营养粥之后就到了办公室,昨天夜里下了雨,今早的空气特别好,感觉已经有了初冬时节的寒意。在办公室最先等来的是席立尔爷爷,

图12　两位老人在商量画图的事情

让我最吃惊的是老爷子来的时候还给我带来了两张画图的素描纸,还有削好的铅笔,说要我画图用。当时真的是很感动,我真的没有想到老爷子居然如此细心。我提出要给老爷子钱,但老人坚决不要。大概9点多席来全爷爷也到了,我们爷孙三人开始商量画图的具体操作流程。最后一致决定,上午在办公室先根据两位爷爷的描述画一个草图,把村墙、村门这些大致标出来,下午时候再在村子里面走,一点点地将村里的庙

和路标记出来。分不清东南西北的我自然是接受了老人的意见。于是今天上午在办公室里完成了一个轮廓图，下午爷爷们带着我在村里找每个庙宇的实际位置。

老人有时候就像小孩，今天下午我们在村里找庙宇位置的时候，两位爷爷因为玉皇庙的位置争得面红耳赤。席立尔爷爷以自己的年龄作为资本，说自己小时候还在那里玩耍过，记得清清楚楚玉皇庙具体的位置。而席来全爷爷则根据村墙等附近住户的介绍推测玉皇庙并不在席立尔爷爷说的那个位置上。两个老小孩儿你一言我一语，谁都不服气谁，最后还是我的一句话平息了这场争论。我跟两位爷爷说，其实知道大概位置即可，也不需要精确的位置，而两位老人其实对于玉皇庙的大概位置给出的指向是一致的，这样就达到画图的目的了。最后两位老人终于"求同存异"。因为老哥俩的争论下午我们才走了一小半的村子，所以明天还是走村子这个任务。

刚刚韩大伯问我屋里冷不冷，我说还行。他跟我讲这一两天就准备烧暖气了，烧了暖气屋子里就热了。大厅里打麻将的队伍因为温度问题已经转移到我隔壁屋子里了，哗啦哗啦的声音小了很多，突然觉得还有点儿不适应。

2016 年 11 月 12 日　星期六　晴

今天我起了个大早，因为徐老师今天要来村里做现场教学了。长江流域的调查遭遇了洪水，没有接受徐老师现场的指导就很遗憾，今天能来席村指导发自内心地开心和感激。徐老师和郝老师二人大概上午 9 点多进的村，按照老师的要求我已经跟来全爷爷提前打好了招呼，主要安排徐老师和任福成爷爷、席立尔爷爷进行访谈，所以来全爷爷早早就到任爷爷那里等候了。徐老师进村也没有急着去和老人接触，先让我带着在村里转了一圈。我简单地向老师介绍了村里的情况，包括传统时期村落的姓氏、生产、生活、治理等，还带着徐老师去了村里的三官庙。徐老师提出想去看看村外的麦地，于是我们又去看了麦地，看得出徐老师对于村落的选择还是比较认可的。四处看完之后，我们到了任爷爷的屋子里，有心的爷爷看太阳比较好已经在院子里摆好了小桌和凳子，还准备了纸杯和蜂蜜。老人专门给徐老师冲了蜂蜜水，这种周全的考虑真的很暖心。看得出任爷爷今天刚刚见到徐老师还是有些拘谨和不自然，徐老师问一句，老人答一句，就连平日里停不下来的席立尔爷爷今天也有些紧张。大概接近中午的时候，徐老师同我和爷爷们合影留念之后便返回县城，再三挽留也没答应留下吃午饭的请求。老师来的时候还给爷爷们带了水果和牛奶。回想在江村调查时徐老师进村探望也是带了很多的东西，作为驻村调查的学生，有老师来看望，心里感觉都是暖暖的。

图 13　徐勇老师现场教学
（左起：调查员、徐老师、任福成、席立尔、席来全）

和徐老师告别后我也回饭店吃饭，韩大伯还问我老师咋没来，他原本还准备给老师做个新绛的铜火锅吃呢。因为我跟韩大伯说了今天老师要来的事情，所以他很热情地让我邀请老师去店里吃午饭，也真是很感谢韩大伯的盛情。吃过午饭下午我和来全爷爷、席立尔爷爷开始第三天的画图，谁也没有想到，原定一个下午画完的图，已经画到了第三个下午。不过今天下午已经画完了。

今天傍晚回屋里感觉暖和了很多，听阿姨说家里烧了暖气。进村调研已经一个月了，和村里的老人也越来越熟悉，爷爷们跟我聊天也不再拘束。村里逢集的时候我会给老人们买上些零食点心，老人们也把我当成自己的孙子变得无话不说。天虽然越来越冷，但驻村调查的热度却越来越高。

2016 年 11 月 13 日　星期日　晴

每次进村调研都感叹自己像是过上了归隐的生活，进村一个月就没有出过村子，如果没有互联网感觉自己已经与世隔绝了。今天是周末，给自己放了个假，搭村里的顺风车去县城逛了逛。话说还是村里的人朴实，上午才决定进城的事情，村里家家户户都有出行的代步工具，没有能够进城的公交通到村子里，我也不好开口让韩大伯送我，于是就去村子的大街口等着出村的车，想着随手拦车，万万没有想到的是居然有个司机师傅看我站在路边主动停了下来，问我是不是进城，说可以捎我去城里。起初我是有些迟疑的，师傅看出了我的犹豫，主动说自己是村里诊所的大夫，看我是个生人又在路口张望就猜是想搭车。于是我就上了车。路程很短，和司机大哥瞎聊，得知大哥姓南，是村里诊所的大夫，跟他讲了我的身份和在村里做些什么，南大哥主动提出要留个电话。他知道我周末进城里是闲逛就直接把我送到了县城里的一个购物商城，可见这大哥真的很懂我。下车时我提出给大哥一些车费，南大哥婉言拒绝，并且还提出什么时候回村给他打电话，他在城里就捎我回去，他在村里就进城接我。现在躺在床上想想，这样的事情在城市里应该是不会发生的，可见村里人还是要朴实些。

村里待久了，进城都有些不适应，走进商场都觉得和这个环境很不搭调。其实要说买东西还真没什么要买的，只是想着出来走走，村里待了一个月了，就当是过个周末。选村时候在新绛县城住过一晚，但当时住在县城的老城区，今天南大哥送我到了新绛的新城区，新旧城区真是天壤之别。老城区的房屋和街道还停留在上世纪80年代的样子，最高的楼就是那栋县政府的办公楼，总体上看都略显陈旧。而新城区则是高楼林立，还建有专门的购物中心，看起来要现代得多。其实新绛县城的布局并非个案，我国很多县城都是这样，随着城市化进程的加快，老县城纷纷往外扩，有的是向四周扩，有的是选择一个方向扩展。

今天进城唯一开心的事情就是中午没有吃面，中午我在快餐店里吃的汉堡，对我而言这可是久违的美食。然后我还买了一些面包，给韩大伯和阿姨也买了一些食品，4点多时候叫了一辆顺风车回到了村里。韩大伯看我给带了吃的，也是喜上眉梢，晚上亲自掌勺给我炒了鱼香肉丝。这么看来，以后我要多去几次县城了。

2016年11月14日　星期一　晴

新的一周开始了，其实在村里人们对星期几的敏感度远不及对农历几月初几的敏感度高。今天还是跟村里的爷爷们围绕调研提纲进行访谈。今天去了朱发发老人那里，是席立尔爷爷陪我一起去的。主要和朱爷爷聊过去扛活做工的事情，一旁的席立尔爷爷时不时地帮忙说上几句。今天写日记想聊聊韩大伯。进村一个多月了，文章里一直都没有对我的房东进行太多的介绍，今天日记就聊聊我的房东。

日子这么久，没事的时候也会和韩大伯聊上几句，他有时会问我今天去了哪里，有时候问我想吃什么，我出于对房东的尊重每日早起都要向韩大伯和阿姨问早安。就这么一个月，对这位奔60的大伯也有了一些了解。说起来这也是个能人，年轻时候他是水泥厂里的司机，开着车也去过不少的地方。他和我细数不同地方的风土人情，感觉他想告诉我他年轻时候也是走南闯北的人物，而且从他的表情里也能看到那种骄傲和自豪的神色。韩大伯有两个女儿，大女儿是他的骄傲，他自豪地跟我讲大女儿在上海工作，是上海某知名高校的大学生，女婿也是上海人，大女儿特别孝顺，经常会给韩大伯钱。韩大伯的二女儿韩小梅是席村小学的民办教师，席村的妇女主任。小梅姐就和韩大伯一起生活，有一个上初中的女儿，一般周末会回来。来家一个多月，我都没有见到过小梅姐的老公，听说韩大伯的女婿是招上门的，因为一些原因离婚了。韩大伯现在的妻子不是他的原配，阿姨是韩大伯老婆去世多年以后娶进门的，阿姨人很善良，小梅姐也一口一个妈喊着，如果韩大伯不说根本看不出来。韩大伯这个人看上去冷冰冰的，其实还是很喜欢说话的，而且他很喜欢别人听他讲自己的经历，尤其是你给予他积极的回应。每次在他讲述自己的经历时如果我能够给予及时并赞许的回应，大伯眼神都是亮的。

2016年11月15日　星期二　晴

最怕发生的事情还是出现了，原本是不打算让这件说出来尴尬的事情出现在日记里的。可是既然今天凌晨还是发生了这样的情况，还是在日记中记下一笔吧。那就是进村后一直让我比较焦虑的厕所问题。

韩大伯家里是开饭店的，饭店的大厅其实就是有顶棚的院子，三面是房子，所以院子里并没有厕所，家里的厕所在院子外面。而且院子外面的厕所就是半堵墙围起来的一个厕所，很多时候都不能判断厕所里面有没有人，所以极其容易出现尴尬的情况。白天上厕所其实还好说，最恼火的是夜里上厕所。发生在今天凌晨的事情着实让我觉得恼火，凌晨3点半的时候肚子一阵阵疼，我知道这是要上厕所的前兆，可是这大半夜要怎么才能去外面呢？这样的体验好像从来都没有过。于是大半夜穿起了衣服，打开手机的手电，给自己足够的勇气走到了院子的后门，幸好阿姨后门只是用锁挂着没有锁，冲向了角落里的厕所。这真是月黑风高夜，一次难忘的体验。等我上完厕所回来的时候，可能是关门有了比较大的响动，吵醒了熟睡的韩大伯，他以为家里进了贼，拿着手电冲我照，真是差点儿没把我吓晕过去。我赶紧跟韩大伯说是我，肚子不舒服去厕所，韩大伯估计也吓了一跳，没说话回到了屋子里。早上起来阿姨见到我就问是不是坏肚子了，搞得我特别尴尬。

其实早就想记录下厕所的事情了。在南方农村调研厕所问题似乎没那么明显，而北方的旱厕着实是一个让人头疼的问题。我想这主要还是和北方干旱缺水的环境有关，另外农村下水和排水管网也达不到要求，旱厕成为北方农村最普遍的选择。记忆中儿时去村里姥姥家就是这种两块木板搭着的厕所，20多年过去了，木板变成了水泥，但根本的状况一直没有改变。所以新农村建设不仅仅是提高农民的收入水平，改善农村环境，改变厕所面貌也是一个重要的议题。

2016年11月23日　星期三　多云

最近一段时间天都是雾蒙蒙的，今天又是雾霾天，可能和这里冬季用锅炉烧煤取暖有关。今天韩大伯家里换了新买的炉子，说这个炉子虽然贵一些，但是可以节省不少的煤，一个冬天算下来还是比较划算。今天院里村庄纪录片拍摄小组和我取得了联系，我同意了他们的拍摄计划，所以这两天我要开始写拍摄脚本了。去年在长江流域调查时因为大水就没有机会拍摄专题片，宗族村庄自己拍摄了很多素材，也没有用得上，这个村子说什么我都要拍摄一部，好歹也给自己的调研留个纪念。

进村也有 40 多天了，感觉调研即将进入瓶颈期了，村里的爷爷也有些疲惫了，我自己感觉很多要问的东西也都问得差不多了，但事

图 14 席立尔老人在讲述土地边界问题

实上可能还有很多内容并不是很细致。我现在也陷入了一个困境，如何及时调整是一个需要解决的问题。记得宗族村调查时，我是选择去县城的档案馆查阅档案来解决这个问题的，这么看有必要这一两天再去一趟县城，实在不行就去县城待上两天，去档案馆里查查有没有可用的档案。今天为了搞清楚土地的边界，席立尔爷爷专门把我带到了麦地里给我讲解。我各种情况向爷爷一一询问，爷爷也都给我进行了解答。这也真是印证了徐老师的话，我们中国农村研究院的学生都有两个课堂、两位老师，两个课堂一个是学校一个是农村，两位老师一位是书本一位是农民。爷爷们真是认真地回答我提出的问题，不会因为问题的幼稚而嘲笑我，更不会因为我的唠叨而变得厌烦，他们耐心地向我诉说着这片土地上的过往岁月。

我已经很久没有吃过米饭了，现在好想吃一碗白米饭啊，已经连着 10 多天中午吃面了，我现在中午回到饭店，听到要面内心是抓狂的。就连阿姨家的小梅姐都看出了我内心对炒面的厌恶。今天中午回来后，阿姨喊我吃饭，我内心一万个不愿意地去端回了那碗属于我的炒面。恰好小梅姐在我屋里，看到我端着饭碗进了屋，就笑着问我是不是吃腻了。我勉强地笑了笑说了句还好。这两天我不打算出去了，抓紧完成脚本写作，然后去县城的档案馆看看，一来是换换脑子，二来我要去县城休息一下了。

2016 年 11 月 26 日　星期六　晴

拍摄脚本顺利通过审核，联系了摄制组，获得的消息是两位小姑娘要在下个月的 3 号来村里拍摄。算来还有一周的时间，我到时候需要安排好她俩的食宿问题，接下来的一周就做具体的安排。写脚本歇了两天，今天出去继续找爷爷们聊天。今天找了任

福成爷爷,具体聊了聊关于"老阎"治理的事情。"老阎"指的是阎锡山,他可是我们山西的传奇人物。随着清末宪政改革的潮流,地方自治制度作为西方国家政治文明的重要组成部分备受国人关注,在清政府的主持下,各地开展了声势浩大的地方自治运动。清政府灭亡后,中华民族的历史迈入民国时期,然而,国体的改变并未带来社会的实质性转变,全国的地方自治运动也随之转入低谷。在这样的历史背景下,地处北洋军阀势力范围内的山西,却在行政长官阎锡山的领导下,开展了一场颇具规模、内容全面的地方行政改革和乡村建设运动,历史上称为山西村治。由于打着地方自治的旗号,并且取得了一定的社会实效,山西村治在当时引起了社会各界的广泛关注,山西因此被评为"模范省",逐渐成为其他各省学习的范例,村治改革的内容也对南京国民政府前期的地方行政管理体制产生了深远的影响。任福成爷爷今天跟我介绍了"老阎"所实施村治的一些具体内容,如在村里设置调解纠纷的息讼会等。听了爷爷的述说以及回来后网上看了点资料,觉得"老阎"在村治方面做得还真是了不起。

2016年11月28日　星期一　多云

按照原定的计划今天我选择到县城来查阅历史档案,可是档案管里居然没有民国档案,这件事的确出乎我的意料。今天一早吃过早饭,韩大伯知道我要到县城查阅档案就主动提出要送我,我还是很客气地拒绝了一下,看他执意要送我我也就欣然接受了他的好意。他把我送到县政府大楼,还安顿我回来的时候给他打电话。在新绛县档案馆见到了一位应该是刚刚入职没多久的年轻人。不是我以貌取人,办公室这个青年男性的外貌就告诉我他绝对是个外行。事实上和我所判断的完全一致,当我递上介绍信表明来意以后,那位工作人员脸上表情给我的反馈就是三个字——"不明白",嘴上告诉我他不负责这一块,负责的去开会了,让我下午再来,所以我只能离开。离开了那里还真不知道去哪,这个县城也没什么好玩的地方,于是决定去老龄办刘主任那里走走,去看望下刘主任,顺道看看能不能让刘主任给帮忙联系下,为下午的二次登门获得些便利。也可能是我出门没有看皇历,爬楼梯到了五楼,刘主任的办公室锁着门,老龄办一共两间办公室,另外一间也没人,我只能灰溜溜地离开县政府。

这是我入村调查以来第二次进城,对它其实还是很陌生的,甚至连东南西北都搞不清楚。出了县政府大门我也没敢往远走,就近去了一家德克士快餐店,叫了一杯咖啡休息了一阵。等到中午时候去县城里的一家饭馆搞了一荤一素两个菜,吃了两碗米饭,第一次觉得米饭是如此好吃。下午再次去档案馆,办公室多了一位中年男性,上午那位年轻的小伙还在。我再次表明来意并递上介绍信,得到的回复是新绛县馆藏档案中没有民国档案，民国档案全都移交至山西省档案馆了，土改档案也都不在此处保存。这位不知是何职务的工作人员几句话彻底把我的计划打乱，本来想着查查档案调整一下，现在却没有档案可查，所以这个时候的我并不在县城的旅馆，而是在韩大伯的饭店里。接下来的调研工作该如何进行，老人家已经有点疲了，我本人也明显有些不知如何继续推进了。这的确需要我进一步地去反思一下了。

此刻的我略有焦虑……

2016年12月3日　星期六　雾霾

今天摄制组的两位小姑娘正式进村了，一位叫张嘉欢，一位叫田文慧。嘉欢是广东人，文慧是山东人，一南一北性格迥异，嘉欢人如其名比较活泼，而文慧则比较内敛沉稳，两人一动一静可以说是最佳拍档。听闻要派人来村里拍纪录片，韩主任决定亲自开车去接，接她俩之前还专门洗了洗车，绝对的够面子。

两个小姑娘下午两点多到侯马西站，接到以后韩主任直接带着去吃新绛火锅。吃过饭回到村里，安排她俩住在村委会的警务室里，因为拍摄时间短任务重，所以没有采纳韩主任让她俩住在县城的意见。两个小姑娘适应环境的能力很强，对于这样的安排也表示了认可。她们两人的伙食我安排在韩大伯的家里，我吃什么她俩就吃什么，韩大伯也表示同意。明天村庄纪录片拍摄正式开始，我的调查做一个停歇。

2016年12月4日　星期日　重度雾霾

今天华北村庄调查的纪录片正式开机了，这些日子里跟我聊天的爷爷们悉数登台出镜。因为天气不好，原定的取景计划临时改为人物访谈，于是纪录片拍摄的开机仪式在任福成爷爷家里举行。席来全爷爷和席立尔爷爷都来了，这样任爷爷的小院一下子热闹了许多。老爷子面对镜头变得非常的紧张，就连说话都变得有些磕巴了。一个镜头最多的时候拍了近十条，最终考虑到爷爷的心理和身体被我强行通过。

不得不夸一下我们院纪录片的拍摄水平。两位学妹来的时候带了

图15　田文慧在拍摄人物访谈的镜头

无人机，今天下午的时候试飞了一次，可是这散不去的雾霾彻底将无人机的眼迷了，能见度太差，无法实现航空拍摄，所以下午我们只能在村里取景。但是因为雾霾的原因，取景拍摄的效果并不理想，于是在今天下午3点多决定结束今天的工作。

可能是两位小姑娘来的原因，韩大伯晚上的饭也很丰盛，专门炒了两个菜，我也借了两位学妹的光，估计这几天可以吃点好饭了。吃完饭把她俩送回了警务室，安顿好我才回来。希望明天的雾霾能够散去，不然拍摄计划就要被彻底打乱了。

2016年12月5日　星期一　多云转晴

可能是周一的缘故，今天风和太阳都上班了，早晨的雾霾被上午的风没一阵子就吹散了。原本看了天气预报还很担心，亏得天气预报不准，让今天的拍摄很是顺利。

早上吃过早饭，拿着设备开始今天的取景。差点忘记说，两个学妹也非常喜欢韩大伯家里的稀饭。早上出门还有轻微的雾，两位学妹都在担心今天也无法拍摄，大概9点起了风，没一会儿雾和云就被吹散了。虽然12月的席村已经是严寒的冬季，冷风吹在脸上还是很不适应，但是两个小姑娘看到蓝天还是很兴奋，一个劲地说我运气好，之前在河北从开始一直到结束都是雾霾。见天气转好，无人机迅速升空，传回的画面的确是让人震撼。高空俯瞰，席村竟然如此之大，村外泛着绿意的小麦昭示着来年的丰收，人都豁然开朗了许多。

图16　无人机拍摄的席村麦田俯瞰图

虽然学妹来了，但是午饭还是面，这一点并没有发生改变。吃了午饭我们又马不停蹄继续拍摄，今天下午席立尔爷爷配合我们完成了拜神的镜头，韩主任带着我们去了三庄河源头的水库取景。一天下来跑了不少的地方，需要采集的镜头基本完成，两位小姑娘的速度和职业精神很是令人敬佩。有一个镜头没有拍到，就是村里逢集的镜头，因为后天村里才逢集，所以明天两个小姑娘的任务不重，简单地再拍一些镜头，等着后天拍完逢集的场景，纪录片取景的工作就算是结束了。

图 17　无人机拍摄的村域俯瞰图

2016 年 12 月 7 日　星期三　多云

随着最后一个逢集的镜头拍摄完成，四天的拍摄画上了圆满的句号。寒风中两位小师妹踩着自行车走遍了村庄的每一个角落，不忍心错过每一个好的镜头。今天拍摄结束以后两位学妹提出要去和这几天接触的几位爷爷告别，两位小师妹被爷爷们的热情和真诚所感动，专门买了几箱牛奶去给爷爷们送去。

离别的场景总是有些伤感。先去了席来全爷爷那里，老人要留我们吃饭，被我们婉言谢绝了。之后我们去了任福成爷爷那里，任爷爷今天逢集出去摆摊刚刚回到家里，看到小姑娘送来了牛奶老人显得有些不知所措。老人不要她们的牛奶，她们两人硬是将牛奶塞给爷爷，就这么互相推让中我看到嘉欢在偷偷地抹泪。两个小姑娘叮嘱着任爷爷要保重身体，老爷子也是激动得热泪盈眶，其实我的眼角那个时候也是湿润了。我想这或许就是一种情怀吧，一种发自内心的善良和中农学子特有的情怀。和任福成爷爷告别之后我们来到了席立尔爷爷家里，爷爷当时正在吃饭，看到小姑娘送来牛奶，爷爷也有些不知所措，健谈的爷爷叮嘱她俩要注意身体，有时间来村里走走。

现在想想几个小时前发生的一幕幕心里都还特别感慨，仅仅接触了四天，小姑娘们和爷爷都建立了深厚的感情，我都不敢想过些日子我要离开村子时会是怎样的心理感受。不敢去想这些了，睡觉，明天送两位学妹去车站。

图18 告别时学妹和席立尔老人合影留念　　图19 拍摄期间翻看席来全老人家中的影集

2016年12月16日　星期五　晴

日子总是过得很快，驻村调查已经接近了尾声，按照席来全爷爷的意思，今天在席来全爷爷家里和任爷爷、席立尔爷爷一起吃了一餐饭。我想请爷爷去饭店里吃一顿，爷爷说那太浪费了，所以今天就在席来全爷爷家里小聚一下。

奶奶特意给准备了新绛的火锅，中午把任福成爷爷和席立尔爷爷都喊了过来，还喝了一点小酒。几个爷爷感慨我就要离开村子了，他们都觉得相处得有了感情，希望以后我能回来看看。说实话我是个特别害怕分别的人，每到这种分别的时候心里有说不出的感觉。两个多月和这些爷爷们从陌生到熟悉，从只聊调研到无话不说，我已经融入了这个村庄，即将离开真是有太多的不舍。吃过饭，席来

图20 四位老人的合影
（前排左起为席立尔、任福成，后排为席来全夫妇）

全爷爷提出要合影，于是我拿来了自拍杆，记下了这值得回忆的瞬间。合影时席立尔爷爷非要让我单独给他拍一张，还说要让我冲洗出来，在自己过世以后用来做遗照。听了老人的话心里莫名地伤感，但我还是答应了老人的请求。

　　就快离开村子了，说是对村子有了感情，其实不如说是对村里的人有了感情。这些老人都太无私了，今天下午席立尔爷爷非要给我两百块钱，说他知道我就要回去了，要我把这两百块钱拿着，进了城买些自己喜欢吃的东西。老人的这一举动戳到了我的泪点，当时就忍不住了，又不好意思在老人面前抹泪，借故出去上厕所冷静了好一阵才回来。现在写下这些，希望以后翻看能是一份宝贵的财富。

图 21　调查员和老人们的合影

图 22　席立尔老人

徙聚共生：
台塬干旱麦作村庄的衍续之匙
——黄河区域乌苏村调查

冯 超[*]

[*] 冯超，山西省稷山县人，华中师范大学中国农村研究院（政治科学高等研究院）2019级博士研究生。

第一章 村落的由来与演变

山西省万荣县乌苏村在1954年万荣县成立之前位于万泉县境内,是古时通往运城、河津、稷山的必经之地。村落内的农户先祖早在几百年前为了逃避灾荒或谋求更好的发展迁居此地,繁衍生息,进而逐渐发展成为一个村落。在长期的历史中,乌苏村的区划、建制多有变更,随着1984年撤销公社、生产大队,改行乡镇、村委会建制,乌苏村作为一个行政村设立村委会,隶属于皇甫乡并一直延续至今。基于此,本章将从村落的由来与形成、村落的建制沿革、村落当下概况三个方面来展现乌苏行政村的由来与演变。

第一节 村落的由来与形成

乌苏村最初是由外地人迁入并逐渐繁衍、发展而成,迁居此地的农户有多个姓氏并集中居住于村落内部。本节将从落户村之说、姓氏与村落、村民与村落三方面展现乌苏村的由来与形成。

一、落户村之说

对于村落的名字缘何而起,乌苏村的老人没有清晰的相关记忆与确切的说法。但关于村落因何而成、村落内的人从何而来,董维理老人给我们提供了一种"落户村"之说,即在1949年之前,乌苏村也可以叫作落户村,村落内的农户多由外地迁入并落脚此地居住。

由于乌苏村在古时是一个交通要道，通往邑城（今运城）、闻喜、河津等地必经此地。外地人或是因碰上灾荒年景逃难到此，或是为了寻求更好发展抑或其他原因迁居此地。据解仁荣、董维理、陈凤泉等老人讲述，居住于村庄南巷的解氏家族最早是在灾荒年间从陕西省韩城县逃荒到乌苏村，陈氏家族因觉得文村的地理位置不好难以发展，于1847年[1]前后由文村迁居至乌苏村，王氏家族由太原迁居到乌苏村，高氏家族则于民国初年由闻喜县迁居至乌苏村并做皮坊生意起家。随着人口的陆续迁入及繁衍生息，逐渐发展形成了乌苏村，及至1949年，居住于村落内的农户最长的有五六百年的家族历史，最短的则有几十年。

二、姓氏与村落

据董维理、董德顺、解仁荣等多位老人回忆，至清末民初，乌苏村内的人口基本趋于稳定，没有大的流入与流出。基于此，本报告以民国初年至1949年这一时间段内的村内农户和姓氏为主要考察对象。在1949年之前，乌苏村是一个杂姓村，村内共有25个姓氏，其中主要姓氏有董、李、王、解、权5个，董姓有31户，王姓、李姓均为27户，解姓有21户，权姓有15户，其他姓氏有贾、史、薛、杨、南、陈、廉、郭、萧等20个，具体户数详见表1-1。

表1-1 1949年之前乌苏村姓氏与农户情况统计

序号	姓氏	户数
1	董	31
2	王	27
3	李	27
4	解	21
5	权	15
6	贾	13
7	史	7
8	薛	7
9	杨	6
10	陈	6
11	段	6
12	南	5

---

[1] 此处的时间是根据老人的讲述推算而来。

续表

序 号	姓 氏	户 数
13	廉	5
14	黄	3
15	张	2
16	曹	2
17	邓	1
18	赵	1
19	雷	1
20	屈	1
21	萧	1
22	郭	1
23	肖	1
24	周	1
25	高	1

资料来源： 表中数据基于老人口述整理得知。

对于各姓氏的由来，正如上文"落户村之说"所讲到的那样，村庄内的主要姓氏均是由外地迁入。高姓与陈姓虽然户数不多，但由于在1947年（本村解放）之前是村庄内的财主，家族人口多、势力大，也被村民默认为村庄内的大家族，在此，我们一并予以考察。

乌苏村的董姓分为三个支系，其一，居住于西巷和寺后头巷[1]的董姓农户为一个家族，从后小淮（小淮村的北半部）迁来；其二，南巷的董姓农户为另一支系，从前小淮[2]（小淮村的南半部）迁来；其三，东崖巷的董姓农户为另一个独立支系，先是从前小淮迁到稷山县的董家庄，后又从董家庄迁到乌苏村。虽然同为董姓，但三个支系彼此之间按照邻里关系往来，不遵循家族关系来往，拜年、祭祖也是各自独立进行。

1949年之前，村内的他姓村民称呼王姓农户是省籍的，原因即在于王家是从太原迁来的，是省里的。由于不是从太原的同一个地方迁来，村内的王姓农户分为了五个家族：东沟巷姓王的是一个家族；寺后头巷姓王的是另一个家族；西巷姓王的进一步细分为三个家族，其中，王光五和王景全是一个家族，王天才、王建光、王建群是一

---

1 1949年之前，按照村民的居住格局，乌苏村内共划分为5个巷，分别为西巷、寺后头巷、南巷、东崖巷和东沟巷。
2 据董维理老人回忆，小淮村的董氏家族最早是从陕西省蓝田县迁来，之所以分为前小淮和后小淮，是因为其迁到小淮村的先后顺序不一，后小淮董氏家族的始祖先迁至小淮村，其也是后迁入的前小淮董氏家族始祖的叔叔。

个家族，王西柏是一个家族，三个家族之间互相不往来。

据解仁荣老人回忆，乌苏村的解姓分为两个家族，其中一个最早是在灾荒年间从陕西省韩城县迁居到乌苏村，刚到乌苏村时，其居住于村庄的南巷。祖先解迎春弟兄两个，其父亲做生意挣下钱后，在南巷附近的西坡买了一些地，又在东坡也买了一些地。距今230多年前，解迎春弟兄两个分家，其哥哥分到了西坡地，解迎春分到了东坡地，为了耕种方便，解迎春搬到了现今的解家坡居住，其哥哥则一直居住于南巷。村庄东沟巷的解氏则是另一个家族，也是由外地迁入，但具体从何处迁来不得而知。

李姓农户在1949年之前分为三个家族。西巷的李家是一个家族；东沟巷的李家是一个家族；南巷李家自成一个家族，在三个家族中，东沟巷的李氏家族规模最大。村庄内的权姓农户归属于同一个家族，均居住于东沟巷，没有其他的分支。据董维理老人讲述，权姓刚到村时人口并不多，但后来由于权姓家庭人口繁衍快，逐渐发展成为村内的大家族。李氏与权氏具体从何处迁来不可得知。高氏家族是在解放前从闻喜县迁来，做皮坊生意起家，并成为村内的富裕家族之一。在1949之前乌苏村仅有一户陈姓家庭，是从附近的文村迁来，据陈姓后代陈凤泉老人讲述，陈家在1947年当地解放时居住于乌苏村已有一百多年，之所以迁到乌苏村，是因为陈家觉得文村处在一块凹地里面，坡度大，地理位置不好，难以发展。

表1-2 1949年之前乌苏村主要姓氏迁入情况

姓　氏	迁出地	迁入地
董姓	小淮村	乌苏村
王姓	太原	乌苏村
解姓	陕西韩城	乌苏村
权姓	—	乌苏村
李姓	—	乌苏村
高姓	闻喜县	乌苏村
陈姓	文村	乌苏村

三、村民与村落

在1949年之前，乌苏村的村民集中居住于村庄的5个巷内以及解家坡自然村。其中南巷有27户，西巷44户，寺后头巷21户，东沟巷48户，东崖巷38户，解家坡14户，合计192户，912口人。村庄的耕地总面积4560亩，人均耕地5亩多，牲口79头，人均0.1头。在1949年前后开展的土地改革运动中，村庄农户被划分为贫农、下中农、中农、上中农、富农、地主6种成分，其中贫农137户，占比71.35%，下中农17户，占比8.85%，中农19户，占比9.90%，上中农8户，占比4.17%，富农10

户，占比 5.21%，地主 1 户，占比 0.52%。详细统计见表 1-3 与表 1-4。[1]

表 1-3 乌苏村农户土改成分统计

成 分	户 数	占比（%）
贫农	137	71.35
下中农	17	8.85
中农	19	9.90
上中农	8	4.17
富农	10	5.21
地主	1	0.52
合计	192	100

表 1-4 1949 年之前乌苏村居住人口情况统计

序 号	姓 名	成 分	牲口数量	人口数量
南巷（27 户）				
1	董万官	贫农	0	7
2	董玉臣	富农	1	6
3	董相坤	中农	1	3
4	董相寅	中农	0	5
5	董相臣	贫农	0	2
6	董金生	贫农	0	5
7	李全生	贫农	0	3
8	李全奎	贫农	0	3
9	李全朝	贫农	0	3
10	董群生	贫农	0	4
11	董中尧	贫农	0	2
12	董弥娃	下中农	0	5
13	董引来	下中农	0	4
14	廉中理	下中农	1	4
15	张心安	贫农	0	6
16	李景龙	贫农	0	6
17	李水合	贫农	1	7
18	杨万海	贫农	0	3

---

[1] 表 1-3 与表 1-4 的数据基于老人口述整理得知。

续表

序　号	姓　名	成　分	牲口数量	人口数量
19	杨万才	贫农	0	4
20	杨万森	贫农	0	2
21	薛武奎	贫农	0	5
22	董子元	富农	2	4
23	董全狮	贫农	0	1
24	董小狮	贫农	0	2
25	廉石狮	贫农	0	8
26	廉群狮	贫农	0	5
27	王艺	贫农	0	2
西巷（44户）				
28	陈天顺	贫农	0	3
29	陈贤村	下中农	1	7
30	陈顺喜	贫农	0	2
31	陈三喜	贫农	0	3
32	李有富	贫农	0	1
33	李鸿禄	富农	1	4
34	李海秋	上中农	1	6
35	李治才	贫农	0	4
36	李永祥	贫农	0	4
37	李松茂	贫农	1	3
38	李百茂	贫农	0	3
39	王月盛	上中农	1	6
40	董星堂	贫农	0	7
41	董跃龙	贫农	1	3
42	董跃难	下中农	0	5
43	董文化	中农	1	6
44	贾庄录	贫农	0	3
45	王尊亮	贫农	0	3
46	董满斗	下中农	0	4
47	贾天顺	贫农	1	9
48	王天茂	贫农	0	5
49	董永贞	贫农	1	6

续表

序 号	姓 名	成 分	牲口数量	人口数量
50	王天财	贫农	0	3
51	贾老二	下中农	0	5
52	贾德甫	下中农	1	4
53	贾群贤	下中农	0	5
54	屈彩田	贫农	0	4
55	王合同	贫农	0	3
56	王合益	贫农	1	6
57	王光五	贫农	0	6
58	王景全	富农	1	7
59	贾建奎	贫农	0	2
60	贾章善	贫农	0	5
61	王润若	贫农	0	6
62	王天才	贫农	0	3
63	王西伯	富农	2	8
64	高天德	富农	4	9
65	董红生	贫农	0	4
66	贾老四	贫农	0	1
67	贾高生	贫农	0	2
68	董沐娃	贫农	0	2
69	贾养才	贫农	0	4
70	贾齐才	贫农	0	4
71	董绍南	贫农	0	5
	寺后头（21户）			
72	廉吉祥	贫农	0	2
73	廉银狮	贫农	0	3
74	陈梅五	地主	8	31
75	解长生	贫农	1	8
76	解长珍	贫农	0	4
77	王占理	下中农	1	5
78	王占林	贫农	0	5
79	王占奎	贫农	0	10
80	王占江	富农	2	3

续表

序 号	姓 名	成 分	牲口数量	人口数量
81	王占生	贫农	0	5
82	王占海	贫农	0	5
83	王天驹	贫农	0	9
84	董彦五	贫农	0	5
85	董会文	贫农	1	6
86	曹彦中	上中农	3	10
87	陈广居	贫农	0	6
88	萧安宁	贫农	0	2
89	解全录	贫农	0	5
90	王天水	贫农	0	3
91	王天顺	贫农	0	3
92	郭戌续	贫农	0	7
解家坡（14户）				
93	解金锁	贫农	0	7
94	解富海	上中农	1	15
95	解武臣	贫农	0	3
96	解有才	中农	1	4
97	解有林	中农	0	4
98	解江林	贫农	0	3
99	解明林	贫农	0	5
100	解全林	贫农	0	2
101	解应录	贫农	1	6
102	解振海	中农	1	15
103	解振国	上中农	1	6
104	解虎坤	贫农	0	8
105	解善荣	中农	1	11
106	解星海	贫农	1	3
东沟巷（48户）				
107	权顺朝	中农	1	4
108	权根朝	中农	0	4
109	权顺和	中农	2	5
110	权顺才	中农	0	5

续表

序 号	姓 名	成 分	牲口数量	人口数量
111	李安狮	下中农	0	7
112	李耐秋	中农	1	4
113	李守娃	贫农	0	4
114	周勤俭	贫农	1	5
115	李雨峰	贫农	0	5
116	李进宝	贫农	0	6
117	李天变	贫农	0	5
118	王才德	贫农	1	7
119	解引录	贫农	0	4
120	李炎天	富农	2	5
121	李斗喜	中农	2	14
122	李茂春	下中农	0	5
123	解明学	富农	2	6
124	解昇录	贫农	0	1
125	权西斌	上中农	1	8
126	李连登	中农	1	6
127	董衍恒	贫农	0	4
128	黄金凡	贫农	0	7
129	黄润娃	贫农	0	2
130	李兴上	下中农	1	4
131	李润月	下中农	0	4
132	权景狮	贫农	0	5
133	权天栋	贫农	0	2
134	王九成	贫农	0	5
135	贾立升	贫农	0	5
136	董满院	贫农	0	5
137	黄四	贫农	0	3
138	李学林	贫农	0	2
139	李洪发	贫农	0	3
140	张小庄	贫农	0	5
141	解灶群	贫农	0	4
142	曹玉森	中农	2	14

续表

序 号	姓 名	成 分	牲口数量	人口数量
143	王健生	富农	0	5
144	王振高	贫农	0	8
145	王振堂	贫农	0	2
146	肖淮江	贫农	0	5
147	李金珠	贫农	0	6
148	李天功	贫农	0	4
149	权宝珠	上中农	1	11
150	权景庭	上中农	3	12
151	李林年	贫农	0	7
152	权全珠	贫农	0	7
153	权京珠	中农	0	6
154	权生珠	下中农	0	4
东崖巷（38户）				
155	薛奎元	贫农	0	6
156	薛效刚	贫农	0	2
157	董子端	中农	1	5
158	董善堂	贫农	0	3
159	李西山	贫农	0	4
160	杨绳祖	贫农	0	3
161	董润泽	下中农	1	1
162	董振全	贫农	0	1
163	段松生	中农	1	4
164	段艳平	贫农	0	4
165	段克勤	贫农	0	4
166	杨文生	贫农	0	4
167	段千元	贫农	0	2
168	史月奎	下中农	1	5
169	史月发	贫农	0	4
170	贾金奎	贫农	0	2
171	史文茂	贫农	1	5
172	史贯之	贫农	0	5
173	史美兰	贫农	0	2

续表

序　号	姓　名	成　分	牲口数量	人口数量
174	薛春炎	贫农	1	3
175	薛红青	贫农	0	4
176	薛红炎	贫农	0	6
177	薛佰英	贫农	0	8
178	段纪威	贫农	1	2
179	段纪凯	贫农	0	4
180	史泽民	中农	1	4
181	南保同	贫农	1	4
182	雷振声	贫农	0	4
183	王汝州	贫农	0	4
184	杨乃生	贫农	0	4
185	南自祥	贫农	0	3
186	南自朋	贫农	1	5
187	南文炳	贫农	0	4
188	南得华	贫农	1	8
189	赵芝兰	贫农	0	4
190	邓泽堂	贫农	0	4
191	史肉娃	贫农	0	3
192	董群狮	贫农	0	3

第二节　村落的建制沿革

在1949年之前，乌苏村隶属于万泉县，1954年万荣县成立后，乌苏村改属万荣县，之后随着万荣县的多次合并、分立，乌苏村的建制也发生相应的变动。本节将分1949年前、1949年后两个时间段考察乌苏村的建制沿革。

一、1949年前的乌苏村建制沿革

万荣县于1954年8月15日由万泉县与荣河县合并而成，在此之前，乌苏村始终隶属于万泉县。根据村内现存的一块嘉庆七年（1802年）旌表李姓村民的德寿碑，我们可以确定早在清朝嘉庆年间，乌苏村即已存在，但正式出现关于乌苏村建制的成文记载则到了民国六年（1917年）。据《万荣县志》记载，1917年，万泉县全县按照方位分为东、西、南、北4乡共114个村（镇），乌苏村此时隶属于东乡。民国二十九年

图 1-1 乌苏村内的德寿碑

（1940年）春，在区、村之间增设编村，民国三十二年（1943年），编村改称治村，治村辖居村，万泉县共分为4区28治村128居村，乌苏村隶属于第一区，为一个治村，下辖乌苏、胡村、新庄、灵池、前小淮、后小淮6个居村。民国三十六年（1947年）2月，万泉县将28个治村调整为16个，仍辖128个居村，乌苏村仍隶属于第一区，并为一个治村，下辖乌苏、胡村、灵池、前小淮、后小淮、新庄、四望、荆淮、涧薛9个居村。同年4月解放后，沿旧区村制，并将猗氏县的杨庄（杨庄堡、白衣洞、羊道）划归万泉县，全县共设4个区，辖124个行政村，领114个自然村，此时的乌苏村隶属于第一区，是为一行政村，区政府驻乌苏村。

表 1-5 1949 年以前乌苏村建制沿革

时 间	建 制	隶 属
1917 年	村	东乡
1943 年	治村（编村）	第一区
1947 年 2 月	治村（编村）	第一区
1947 年 4 月	行政村	第一区

二、1949 年后的乌苏村建制沿革

中华人民共和国建立后，随着万泉县行政区划的变更以及万荣县建制的频繁调整，乌苏村的行政建制也发生了相应的变动。在1954年8月之前，乌苏村一直沿用1947年解放后的建制，万荣县成立后，原两县共计7个区撤销6个，仅保留孙吉区（原荣河三区），两县原有2镇59乡，合并后为2镇61乡，辖行政村264个，自然村139个，共403个村。1956年4月行政区划调整，撤销孙吉区，并小乡为大乡，改2镇61乡为2镇20乡，仍辖264个行政村，领140个自然村，共404个村。此时乌苏为乡建制，乡政府驻乌苏村，辖11个行政村，领3个自然村，共14个村：乌苏（解家坡）、胡村、新庄、南吴（南吴山）、北吴（沟北桥）、东杜、西杜、皇甫、前小淮、后小淮、灵池。

1958年9月人民公社化后，万荣县撤销乡镇建制，将全县264个行政村140个自然村（原古城乡的黄家峪村改为自然村，黄家峪行政村被林山农业社取代）划为5个政社合一的人民公社，代替了乡镇政府，乌苏村隶属于东风公社。1958年11月，万荣县与稷山、河津合并为稷山县后，稷山县政府将原万荣县的东风公社改名为汉薛公社，乌苏村属汉薛公社。

1959年3月，在公社与农业社之间增设管理区，管理区下辖中心队，为数不等，公社区划未变。1959年4月，稷山县政府调整区划，在原万荣辖区增设裴庄、王显两个公社，将原属河津的集贤、远停（南远停、东远停）、南埝、徐家崖、西范、西卫、南卫（南卫堡）、降坪11个村划入裴庄公社。1959年7月，万荣县与稷山县分治，复立万荣县，7个公社未变。1961年2月，改划7个公社为16个，撤销原管理区，将高级农业社改为管理区，16个公社领管理区272个和自然村142个。1961年3月，管理区改称生产大队。1971年7月，省政府划河津县的里望、通化和稷山县的西村公社归万荣，万荣领公社17个。

1984年10月改公社为乡、镇，改生产大队为村民委员会，全县设4镇13乡，辖281个村委会，领144个自然村。乌苏村作为一个行政村隶属于皇甫乡，并一直延续至今。

表1-6 1949年以后乌苏村建制沿革

时　间	建　制	隶　属
1949年—1954年8月	行政村	万泉县第一区
1954年8月	行政村	万荣县
1956年4月	乡	万荣县
1958年9月	行政村	万荣县东风公社
1958年11月	行政村	稷山县汉薛公社
1959年7月	行政村	万荣县汉薛公社
1984年10月	行政村	皇甫乡

第三节　村落当下概况

乌苏村位于万荣县的东南方向，距离万荣县城约10公里，其隶属于皇甫乡，地处皇甫乡的正北方向，距离皇甫乡政府3.4公里。村庄东枕稷王山，西邻孤峰山，闻合高速、运稷一级路依村而过，交通便利，地理位置优越。本节拟从农业生产、行政区划与运作、社会文化三个方面介绍乌苏村的当下概况。

一、农业生产概况

乌苏村作为一个行政村,村域面积达 5.3 平方公里,为传统的农业生产区。村庄现有人口 400 户,共计 1470 人,其中男性 830 人,女性 640 人,常年外出务工人数有 200 余人。村庄耕地面积 6500 亩,林地面积 2000 亩,人均耕地面积 4.42 亩,人均林地面积 1.36 亩。由于地处水源缺乏区域,村庄的耕地多为旱地,近年来,在上级资助下,村庄打下 5 眼深水井供村民灌溉。在农作物种植上,村民改变以往单一的粮食作物种植结构,着力发展苹果、药材等经济作物种植,人均收入达 4000 元以上。

图 1-2　乌苏村实景

二、行政区划与运作概况

在行政区划上,乌苏村下辖 9 个村民小组,领 1 个自然村,即解家坡。现如今,解家坡自然村的住户大部分搬至村内居住,仅剩一两户居民仍居住于原自然村。在行政村内部,村民多沿袭旧有的居住格局,9 个村民小组非均衡分布于 5 个巷内。乌苏村是万荣县的一个贫困村,2015 年村集体收入总计 111000 元,其中上级补助拨款 100000 元,占比达到 90% 左右,村两委的日常运转也主要依靠上级补助来维持,村庄村两委干部共计 6 人,均为中共党员,其中女性干部 1 人,大学生村官 1 人,村支书与村主任由两个人分别担任。每年,协助上级开展扶贫工作,解决村内贫困户的生存、生活问题是村两委干部的重要工作之一。

三、社会文化概况

在社会文化方面,乌苏村现有小学 1 所,幼儿园 1 所,其中幼儿园在校人数 15 人,在校小学生人数 70 人,在校初中生人数 27 人,在校高中生人数 13 人,在读大学生人数 15 人。师资配置方面,村内幼儿园教师数量为 2 人,小学教师数量为 10 人,基本满足了村庄适龄儿童的上学需求。近年来,村庄在原来池塘的位置修建了文化活动广场,并配备了完善的基础健身设施,供村民娱乐、健身,开展文化活动。在县级老龄委的协助下,村庄在村委会大院内开办了老年人日间照料中心,重点解决村内留守老人、低能村民的吃饭问题,与此同时,村庄开设了棋牌室、农家书屋,丰富老年人的日常生活。

表 1-7 乌苏行政村基本概况

项 目	数 量	人 均
村域面积	5.3平方公里	—
总户数	400户	—
总人口	1470人,男性830人,女性640人	—
居民小组	9个	—
村两委干部	6人	—
幼儿园	1所	—
小学	1所	—
耕地面积	6500亩	4.42亩
林地面积	2000亩	1.36亩

第二章 乌苏村的自然形态与实态

先天的自然环境是村民赖以生存、生活的重要基础。降水偏少以及附近无任何河流使乌苏村村民能够利用的水资源极为有限,农民"靠天吃饭",但适宜的气候、光照、土壤等资源为农民在平坦开阔的地形上种植小麦提供了条件。为了生存与财产安全,农民选择在村落内部集中居住。本章将从村落自然形态、水资源与村落、麦作体系、集居与空间以及村落当下自然形态五个方面分析乌苏村的自然形态与实态。

第一节 自然地理

乌苏村地处峨嵋岭三级台地,属半干旱大陆性季风气候。平坦开阔的地形以及四季分明、雨热同期、光照充足的气候特点为农作物的生长提供了良好的条件,但降水偏少又常常使村民面临旱灾威胁。本节将从地形地貌、气候特征、土壤特征、自然灾害、交通状况等五个方面来考察乌苏村的自然地理形态。

一、地形地貌

特定的地形地貌塑造了乌苏村农户特定的生产、生活方式,而且在此基础上,村民形成了对村庄物理边界的特有认知。

(一)地形地貌与农户的生产生活

乌苏村位于万荣县的东南方向。从整个县境来看,万荣县东西长、南北窄,地势东南高、西北低，整体由东南向西北方向倾斜，成千分之五坡度。境内有南、北峨嵋岭（土岭），其中北岭起自西村乡所下辖的聚善村，向西蜿蜒，直抵黄河，长约40公里，岭的顶端至岭下台塬最低处，相对高差达70米以上；南岭东起稷王山，西至宝井乡并一直延伸至临猗县临晋镇境内，在万荣县境内长约45公里。二岭横贯东西，将县境自北向南切割为三级台地。另外，由于北岭自聚善村经里望、通化二乡至裴庄乡东边折向西南而抵黄河，又将县境自西向东切割为三级台地。同时在县城南与孤山北之间形成了乌苏-贾村断层，地形为一自西向东的陡坎，高度约70—110米，长约25公里。

乌苏-贾村断层将整个台塬区分为两部分，其中北部下降，为峨嵋二级台地，南部上升，为峨嵋三级台地。乌苏村地处峨嵋岭三级台地，地势平坦开阔，但整体上稍向南倾斜，地势高度差在1—2米之间，平均海拔700米左右。

在这种平坦开阔、地势稍有高差的台塬地形下，村落内的农户形成了与之相适应的生产与生活方式：第一，村民的居住区与农作区相分离，农作区位于地势相对较高的地方，在农作区域内，一般没人居住，集中连片的土地便于村民耕作与看护。第二，地势小幅度的高度差，使村庄的土地被划分成了平地、坡地与埝地（又称"洼地""凹地"，即低于路面的土地）三种类型。在村民看来，埝地最好，在当地干旱少雨、靠天吃饭的气候条件下，埝地在下雨时能够汇集雨水，保障庄稼的生长，"种地种洼子（洼地），娶媳妇娶疤子"是村民这一认知的生动写照；平地次之；坡地最差，因其在开展耕作方面不如平地便利，也难以集水，"埝地比坡地的收成好，坡地在土崖边上，太阳一晒干旱得就不长庄稼了，埝地不紧靠土崖，产的粮食也多"。第三，村民居住区平坦的地势有利于雨水充分汇集到村内的两个池塘供村民使用，并且在池塘水满后，可由村庄内天然冲刷形成的出水道将溢出的雨水排至村外地势更低的地方，避免村民遭受水涝灾害，保障村落安全。

（二）地形地貌与村落边界

由于地势相对开阔平坦，乌苏村与周围相邻村落没有形成固定的标志性边界如河流、池塘、水井等，而仅是以耕地作为村与村之间的边界。对于乌苏村村民来说，村落的边界是以村庄的耕地为界线，本村村民的土地种到什么位置，这块土地的边界相应地也成为村庄的边界，这一边界不需要政府或其他人为的认证，为双方村民自然认可。同时，村落的边界随着边界上土地产权的变更而变化，如果乌苏村的农户将之前村庄边界上的土地卖给了邻村的农户，村庄之间的边界相应地也发生调整，而如果农户仅是将土地租给邻村农户耕种，土地的产权不发生变更，村庄之间的边界也不发生变化。村落边界上的树木产权遵循"树随地走"的原则，树生长于哪块土地上，树就为哪块土地的所有者拥有，同时也归土地所有者所属的村庄所有，这些均是村民默认的心理产权。

二、气候特征

乌苏村地处暖温带，属半干旱大陆性季风气候，四季分明，春季干旱多风，夏季炎热少雨，且经常伴有不同程度的伏旱，秋季多连阴雨，冬季寒冷多风。总体来看，乌苏村冬寒期短，无霜期长，春季升温快，光照充足，适宜小麦、高粱、绿豆、棉花等传统农作物的生长。

（一）季节与农业生产

鲜明的季节特征决定了村民的农作物品种选择与耕作习惯。乌苏村的春季以柳树发芽为标志，日期约为3月26日至5月31日，共67天，日平均气温由8℃上升至22℃，增温迅速，气温多变，多风少雨。其中初春一般20天，即3月26日至4月15日，日平均气温由8℃上升至14℃；仲春一般20天，即4月16日至5月10日，日平均气温由14℃上升至18℃；季春一般22天，即5月11日至5月31日，日平均气温由18℃上升至22℃。进入春季后，农民开始下地劳作，一方面要将麦地里的杂草锄掉，当地也叫"锄地柴"，因为是旱地，无法灌溉，为了避免杂草与麦子争夺有限的水分，必须将其锄掉；另一方面，在谷雨时节，人们开始播种高粱、棉花、绿豆、黑豆等农作物，并在此之后正式进入农忙时节，如老人所说："以前的人一年有两季（农活）紧张，春季是下种，夏季是收麦，'春忙夏忙，秀女下床'，到了农忙的时候，再是财主家的女儿她也得下地干活，因为你要在农时嘴里夺食。"

夏季的到来以小麦成熟为标志，日期约为6月1日至8月31日，共92天，日平均气温由22℃上升至28℃再下降至21℃，炎热且多伏旱，农作物生长茂盛。其中初夏约30天，即6月1日至6月30日，日平均气温由22℃上升至24℃，农民收获冬小麦，回茬晚秋粮，棉花开始吐蕾。仲夏约36天，即7月1日至8月5日，日平均气温由24℃上升至28℃，最高气温可达35℃，此时易发生伏旱，也会有短时间的暴雨，农民多在田间管理秋季作物。季夏约26天，即8月6日至8月31日，日平均气温由28℃下降至21℃，酷暑渐消，昼夜温差增大，棉花也开始裂铃吐絮。

秋季的时间约为9月1日至10月25日，共55天，日平均气温由21℃下降至9℃，气温下降迅速，天气晴朗凉爽，同时阴雨天较多。初秋一般30天，即9月1日至9月30日，日均气温由21℃下降至15℃，气温由热转凉，农民开始采摘棉花；季秋一般25天，即10月1日至10月25日，日均气温由15℃下降至9℃，农民播种冬小麦。

冬季时间较长，日期约为10月26日至来年的3月25日，共155天，日平均气温由9℃下降至-4℃，再回升至8℃。冬季寒冷干燥，为农闲季节，农民多是在家里做一些未做完的秋粮活，比如将连秆一起铲回来的棉花上的棉絮摘完，等到来年的3月份，大地回暖解冻，小麦返青，农民开始加强田间管理，将在冬季长的拔了节的麦子用碌轴碾劈，使其生长放缓，保证其在真正拔节的时候能够长高。

表2-1 乌苏村主要农作物生长时令

农作物种类	播种时间	成熟时间	种植制度	用途
小麦	七月底八月初	六月份	一年一熟	食用
高粱	三月份	八月份	一年一熟	食用
	六月份	八月份		
黑豆	三月份	八月份	一年一熟	喂牲口
棉花	三月份	七月十五	一年一熟	织布、做棉被
绿豆	三月份	七月份	一年一熟	食用

说明：表中的月份均指农历。

（二）气温、日照、降水与农业生产

1. 气温与农民劳作习性

万荣县年平均气温为11.8℃，月平均气温最低出现在1月份，为-3.9℃，月平均气温最高出现在7月份，为25.6℃，有记录以来，极端最高温度为41.5℃，极端最低温度为-24.6℃。一般在11月中旬开始降至0℃以下，来年的2月份回升到0℃以上，年平均有霜期59天，初霜最早在9月，终霜最早在4月，无霜期较长。乌苏村距离万荣县城较近，各月平均气温可参照全县情况，详细见表2-2。

表2-2 万荣县逐月平均气温统计

月 份	1月	2月	3月	4月	5月	6月	7月	8月	9月	10月	11月	12月
平均气温（℃）	-3.9	0.5	6.4	13.1	18.9	24.5	25.6	24.6	18.3	12.3	4.4	-2.2

从表2-2可以看出，村庄的气温从3月份开始逐渐回升，到7月份达到最高，8月份开始回落，并在11月份进入寒冷季节。其中6月份至8月份这三个月的平均气温均在24℃以上，是一年中最热的时节，这既有利于农作物的迅速生长，同时也使得村民在此时节之内调整作息：清晨天蒙蒙亮就下地劳作，等到上午10点以后天气逐渐变热，村民回家休息吃午饭，待到下午3点以后，炎热逐渐退去，村民再次下地劳作直到天黑，"两头不见太阳"即是对村民这一劳作习性的真实写照。在寒冷的农闲时节，村民基本不再下地劳作，多在家里完成遗留的农活、修整农具、从事手工业等，由于

昼短夜长，村民也不再午休。

2. 日照与耕作制度

充足的日照是农作物生长的重要保障。万荣县全年日照时数2364.3小时，年平均日照率为53%，6月份日照最多，实照248.8小时，日照率为57%，2月份日照最少，实照160.9小时，日照率为52%。

表2-3　万荣县各月日照资源统计

月 份	1	2	3	4	5	6	7	8	9	10	11	12	全 年
实照时数	177.9	160.9	182.5	193.0	236.0	248.8	229.2	229.7	181.3	185.7	166.6	172.9	2364.5
可照时数	310.9	305.3	370.0	391.9	433.7	433.9	441.2	416.1	370.4	348.4	307.7	302.5	4432.0
日照率	57%	52%	49%	49%	54%	57%	52%	55%	49%	53%	54%	57%	53%

表2-3展示了万荣县各个月份的日照资源。从表2-3中可以得知，乌苏村的实际日照时数在5月份至8月份都达到230个小时左右，日照率均在50%以上。充足的日照保证了乌苏村村民可以在6月份将小麦收割后继续种植高粱、谷子等秋季作物，实现一年两熟，并在秋粮收获后播种冬小麦。

3. 降水与作物生产

据《万荣县志》记载，万荣县年平均降雨量为542毫米，属干旱少雨的地区，但降雨量年际差额较大，其中年降雨量最多为979.9毫米，最少为348.9毫米，日降雨量最多为125.5毫米，连续降雨时间最长为11天，降雨量达245.3毫米。从月份分布来看，降雨主要集中在7—9月，这种高温多雨的季节特征极有利于农作物的生长，但整体上降雨偏少使农作物经常面临干旱的威胁，碰上降雨少甚至不降雨的年景，村民的庄稼必然减产甚至绝收。此外，在雨热同期的条件下，极少的时候也会遭遇极端天气如冰雹，并因此造成农作物减产。"五黄六月（农历），就是财主家的媳妇都得下几天地，割几天麦子，一年四季她不去，这几天她得去，到了（农历）六月，说有冽子（冰雹）就有冽子，冽子要是把麦子一打，这一年就没吃的了。"

（三）自然灾害与农业生产

1. 旱灾概况

在大陆性季风气候的作用下，乌苏村遭受最多的是旱灾，很少遭遇涝灾、虫灾或其他自然灾害。旱灾一般发生于春、夏季节，地处干旱区，依靠雨水来保障收成的现实，使村民对旱灾的记忆最为深刻。据解仁荣老人讲述，村民记忆中严重的大旱灾有两次，一次是光绪三年（1877年），春季发生了旱灾，导致小麦歉收，夏季又大旱，致使秋粮颗粒无收，造成饥荒，《万荣县志》对此次旱灾的描述为"饥民屠牛马而食，人即相食。山童水枯,赤地千里,草根树皮剥掘殆尽。道殣相望,村落为墟,民易子而食。"解仁荣老人由上辈老人口传得知,当时乌苏村,8户人家30多口人饿得只剩下两个人活着。另一次是民国十八年(1929年),大旱,小麦没收成,农民地里种了一些谷子,每家农户就靠吃谷子为生。据县志记载,民国时期发生旱灾的其他年份及旱情可参见下表。

表2-4 民国时期乌苏村旱灾情况

发生时间	旱灾情况
民国元年(1912年)	大旱,麦多干种。翌年,天时亢旱,颗粒无收
民国九年(1920年)	大旱一年,麦无收,秋未种
民国十年(1921年)	旱,麦歉收,每斗售银洋2.5元
民国十二年(1923年)	旱,秋、棉未收
民国十七年(1928年)	旱,秋未收,麦未种
民国二十年(1931年)	旱,岁歉

2. "先己后人"的用水次序

在大旱年间,乌苏村由于没有农田水利设施,不涉及农田灌溉,村民在日常生活用水上遵循"先己后人"的原则。家里有水井的农户在井里的水变少后,会通知周围的邻居不要再来家里挑水,从而优先保障自家人的吃水需求。没有水井的家庭此时会和关系好的邻居合伙去村庄附近的涧沟拉水来供一家人生活之用。村庄有钱的财主家有时会派自家的长工去涧沟拉水,拉回来后在自家门前售卖,而是否拉水售卖以及售卖的价格由财主家的当家人("掌柜的")决定。村庄每个巷内的公共水井,此时会优先供应本巷内的居民吃水,外巷的居民在本巷内的居民打完水之后才能去井里打水。村庄内的妇女或老人此时通常会在自家院子里摆上供桌,进行简单的祭拜,祈求上苍降雨,或相约着一起到村庄附近的孤山上的法云寺或者更远的柏林庙去求雨。

三、土壤特征

依万荣县土壤普查结果,乌苏村的土壤属于褐土。在有机质含量上,每千克0—20厘米层的褐土有机质为10—20克。在化学元素含量上,褐土的供氮能力处于中等水平,一般每千克褐土碱解氮为60—100毫克;磷的有效形态低,一般每千克褐土中水溶性磷为10毫克左右;钾元素含量丰富,每千克褐土中有效钾元素均在100毫克以上。此外,褐土的黏性较大。针对褐土的以上特征,当地村民在长期的农业生产实践中,探索出了一系列土壤耕作技术来促进农作物的生长。

首先是深翻浅耕。乌苏村村民一向重视精耕细作,在农作物收获后和播种前各要浅耕一两次,深翻一次,从而加深和熟化耕作层,改善土壤的物理形态。例如,正茬麦（即冬小麦）的休闲地在三伏天深翻称为伏耕，起灭茬、灭草、蓄水保墒、伏雨春用的作用，村民用老式犁深翻，约6—7寸，一年一次，隔年一次或3年一次不等。浅耕为3—4寸，深者5寸。

第二是耙耱保墒。在立秋后，村民会抓紧时间耙耱保墒，每次降雨后，耙耱一次，做到土壤上虚下实。乌苏村当地因土质黏，需前耙后耱，在小麦播种前，村民施肥浅耕，或耙或耱，然后播种。秋茬地上冻前浅耕或深翻，耙耱封实，休闲过冬。来年开春顶凌耙耱，春耕开始，随耕随耙耱，从而做到地平土绒，上虚下实。

第三是倒茬轮作。乌苏村的农户素有倒茬轮作的传统，"茬口倒顺，胜似上粪"。村民倒茬的方式一般有四种：一是当年小麦收获后，夏播秋粮或豆、瓜、薯等作物，秋收后土地冬休，次年春天种棉花、旱秋或瓜菜；二是旱秋、瓜菜收获后，在当年的秋天种植冬小麦；三是种植棉花，八九月间插播油菜或小麦，次年秋播成正茬麦；四是苜蓿挖掉后种植其他作物，一两年后种植小麦。

这些土壤耕作技术的运用，使村民能够在干旱条件下最大限度地发挥土壤的功效，提升农作物的产量。以当地村民主要种植的高粱、小麦、棉花、绿豆等作物的产量为例，正茬高粱一亩好地能产200多不到300斤，回茬高粱由于生长时间短，颗粒轻，一亩好地能产200斤左右。小麦在当地均为一年一熟制，好的小麦亩产100多斤不到200斤，中等的小麦亩产百十斤左右，差的亩产仅有60—80斤。对于棉花来说，好的棉花一亩地能产二三十斤，不好的棉花则只能产几斤。绿豆也分正茬与回茬，正茬的绿豆颗粒重，产量高，一亩好地能产100多斤，回茬的绿豆产量低，颗粒轻，好的一亩地能产百十斤，差一点的则只能产七八十斤。

四、交通状况

（一）交通概况

就通往村外的道路而言，如图2-1所示，在村庄北面分别有一条东西走向和南北走向的大路，在村庄的南面则有一条东西走向的大路和两条南北走向的大路，这五条大路供村民通往胡村、新庄、小淮村、皇甫村、解店等地。由于大路路面较宽，村民在外出赶集、做生意、走亲戚时，条件好的会赶上牲口车前往。

从村庄内部来看，村内的主干道路呈"一横三纵"式分布。贯穿村庄的东西走向大道只有一条，另有三条南北走向的主干道路与村外道路相通，其中居中的南北走向道路连通村庄的南洞门和北洞门，这四条道路大致将村内划分为四大居住区域，在居住区内，巷与巷之间则有巷道相连。不论是主干道路还是巷道，均可供行人、车马通过。此外，由于乌苏村在古时是通往运城、稷山、河津、闻喜的必经之地，为了满足来往路人的饮食、住宿、交易等需求,乌苏村村民在连通南、北洞门道路的南半部沿路开设了大车店、油坊、皮坊等商铺。

(二)道路产权

就村外的道路何时修建、由谁修建、如何修建,老人无法提供准确的回忆,村内的道路则是人们在建房筑屋时为了生产、生活的需要自主留出来的。对于村民来说,不论是村内的道路还是村外的道路,其都是公共的,任何人都可以行走通过,所不同的是,村内的道路归村庄公有,平时外村人可以通过,但如若外村人在通过时将村内的道路损坏,被村民抓住后,村庄的管理者会出面要求其进行赔偿或修复,如果没被抓住,则不追究责任;

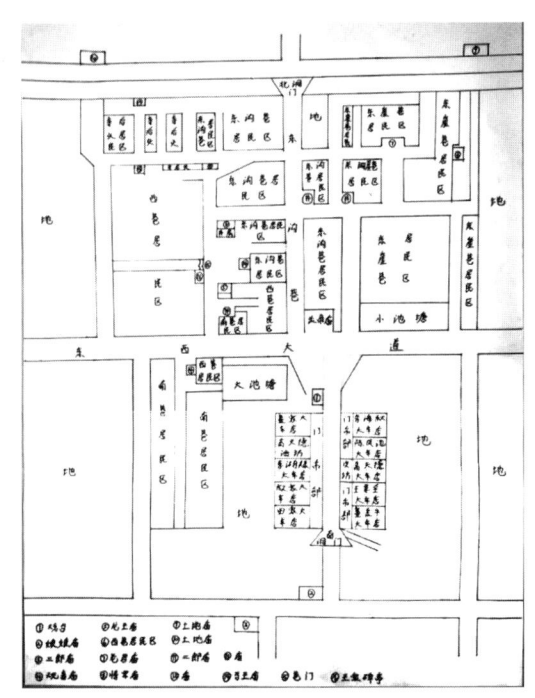

图 2-1 乌苏村村庄平面图

村外的道路不归村庄管,即使有人将其损坏,村庄也不会出面要求其进行赔偿或修复。

村庄内的巷道是村庄公共的,巷里巷外的人都可以行走通过,但不能占用巷道。比如,农户建房子都要建在自家宅基地的界线范围之内,不能侵占巷道,影响其他人的通行。巷里的人也不会允许某个农户私自侵占巷道,如果有人占用,住在巷里的任何一个人都可以出面阻止。

> 乌苏村的地主陈梅五家居住于西巷内的一个小巷子里面,且小巷子内只有陈家一个住户。其院子旁有两条巷道,一条是东西走向,一条是南北走向,其中东西走向的巷道可以直接通往农田。平时村落内的其他村民都可以在陈家院子旁的两条巷道行走通过,但不能占用,否则陈家会出面制止。

(三)道路维护及其关系

1. 谁使用谁维护

对于村内的道路,村民坚持"谁使用谁维护"的原则。这里的使用不是通常意义上的行走,而是农忙时节在道路上通过牲口拉的大车,村民会在农忙开始之前就将道路平整好。

村庄内的道路平时没有人维护。在收割麦子之前，村庄内有钱的财主家会将马车架上，把要经过的路上的深坑（一般是大雨冲刷所致）填平，保证马车能够顺利通过。这是因为在收麦子的时候，财主家的马车上装的麦子很高，在用车往回拉麦子时，如果路面不平，可能会导致翻车。财主家收麦子时不经过的路其不会进行维护。道路的维护每年都要进行，由财主家自愿参与，维护道路所用的土均无偿取自村庄的公共地方。在修整道路时，一般需要三四个劳力、一头牛、一辆车，牛、车均由财主家自己提供，中农、贫农很少参与其中，村庄的村长、闾长等领导者也不会干预。在修路的劳力分配上，财主家主要依靠自家的长工，此时不用给长工额外的工钱，在家种地的财主家的家人有时也会参与其中。乌苏村的地主陈梅五家，其居住的巷子内的道路每年都由陈梅五安排修整，修路所花的钱、用的工也均由陈家负担。

2. 各护门前路

乌苏村村内主干道路的路面由居住于道路两侧的村民负责日常维护，如果沿路开有商铺，则由商铺来负责自己门前道路的维护。这种维护贯穿于平时的日常生活之中，不像上文提到的在特定的时间专门出工、出资进行维护。路面上有了坑，沿路的村民或商铺会将烧的炉灰或扫下的尘土填进坑里，来往的车辆则会将其碾实碾平。此种路面维护均是出于自愿，如果不维护也没有惩罚措施，但村民或商铺为了自己方便，一般都会主动维护。

第二节 水资源与村落

乌苏村水资源较为缺乏，农民在农业生产上无任何水利灌溉设施，"靠天吃饭"。在日常生活中村民通过水井和池塘收集雨水供人畜饮水、用水。基于此，本节主要从水井与池塘两方面展现1949年之前乌苏村的水资源利用。

一、水井

上一节提到乌苏村所属地区年平均降水量仅为542毫米，降水偏少。干旱的气候条件加之村庄附近无任何河流使乌苏村村民能够使用的水资源极为有限，"以前万荣县干旱在全国都有名，干旱到什么程度呢，外地人来了说是要喝一碗水，'没有，不给你喝'，吃一个馒头，'哦，给你一个馒头，吃馒头能行'。有的村民今天洗了脸了，水都舍不得倒，沉淀沉淀，明天把脏的倒了就接着用"。由于没有可供用于灌溉的水利设施，村民仅靠降雨来保障一年的收成。"十年九旱，靠天吃饭"，村民的日常生活用水同样依赖于上天降水，而水井则成为供村民生活用水的主要设施之一。在乌苏村，水井主要分为官井、私井与深水井三种类型。

(一) 水井概况

乌苏村的官井主要出现于其下辖的解家坡自然村，村庄内部没有官井。据解仁荣老人讲述，1949年之前，解家坡有三口官井，均位于巷道里面，归在解家坡居住的村民共同所有，相应地在解家坡居住的村民也都有在官井吃水的权利。而之所以仅在解家坡出现了官井，是因为当时在解家坡居住的大部分农户家庭经济条件都不太好，独自承担不起打井的费用，因此选择共同打井，共同使用。

私井存在于乌苏村的内部。在1949年之前，乌苏村地主、富农、中农等家庭经济条件较好的农户会有私井，其中中农家庭的私井多为土井，地主、富农家庭的私井多为砖井。据解仁荣老人回忆，在整个村庄范围内，能容纳1000担水的大私井有3个，分别归陈梅五、贾立声、高天德三家所有，其他相对较小的私井大致有15个。在水井的规格上，大水井宽丈八（5.6米）以上，深四丈（12米）以上，小水井直径4米，深二丈五（7.5米）以上。私井均为个体农户出资、出力开掘而来，在产权归属上也归农户个体所有。

乌苏村总共有四眼深水井，分别归村庄的四个巷所有。据村内老人回忆，深水井在很久以前就有了。之所以打深水井，一是因为在打深水井的那个年份，村庄附近的涧沟还不让村民拉水，二是当时的村民没有拉水所需的工具。

(二) 水井的使用

由于村民平时主要在官井和私井中吃水，只有到了干旱年份才会打开深水井吃水或去涧沟拉水。因此，村民对水井的使用又可以分为干旱年份的水井使用和非干旱年份的水井使用。

1. 非干旱年份的水井使用

(1) 官井的使用

对处于巷道中的官井，居住在解家坡的村民都可以使用，即使是非解家坡自然村的村民，如果离得近，也可以前去使用，没有人上前阻挠。在村民的认知中，水井是公共的，水井里的水是从天上来的，也是公共的，阻挡他人用水会伤了彼此之间的和气，不值得。

去水井挑水时，一般每家都有专门用来挑水的木桶，没有木桶的家庭在挑水时要向有木桶的农户借，借的对象多为和自家关系好的邻居。在借木桶时，只需跟出借方的家人打招呼即可，不须跟出借方的当家人说，在使用完木桶后，要及时归还给出借方。对于单个的农户来讲，只需保证每天的生活用水够用即可，没有出现囤水的现象，这一则是因为农户家内用来盛水的容器有限,在 1949 年之前,村民家中盛水的水缸最大可容 6 担水;二则没有囤水的必要,家里没水了可随时去挑水。有牲口的农户每天都要去挑水,村民家中供牲口喝水的大盆一般能容纳一担水,铁锅能容纳 3 担水,富农高天德家牲口喝水的水槽能盛放 8 担水。

(2) 私井的使用

在日常生活中,村庄内无水井的农户多去同巷有水井的农户家担水吃,但要经过私井所有者的同意。一般情况下,只要双方之间没有矛盾,都会允许对方吃水,但如果相互之间有矛盾或者关系不好,即使是亲戚,私井的所有者也不会允许对方来家里担水吃,相应地另一方也会主动避免去对方家里吃水。对于上辈老人留下来的水井,弟兄几个分家之后,每个人依然保有在水井吃水的权利,即使是把地皮给卖了,也仍然可以在水井中吃水。

通常情况下,一个私人水井能供应十几到二十家农户吃水。例如:乌苏村西巷总计有 44 个农户居住。在西巷的西边,村民王中意家有一口私人水井,西边的农户大都在王中意家担水吃。在西巷的中间,农户王月盛家有一口水井,附近家里没有水井的住户就在王月盛家担水吃。西巷东边的高天德家有一口水井,东边的住户就在高天德家吃水。

> 在 1949 年之前,乌苏村地主陈梅五家有两口私人水井,其中一口是大水井,一口是小水井,两口水井均为陈家独立开掘。大水井位于陈家的菜园子里。下雨时,陈家所居住的小巷子里的雨水都流进大水井里面,平时只要水井有水,同巷的、外巷离得近的农户都可以过来吃水,挑水时给陈家女当家人口头打声招呼即可。打水用的木桶损坏了,由陈家自己出资修理,不需损坏者赔偿,外人把井绳用断了会给陈家的家人说一声"井绳断了",陈家或是修理或是重新购买,同样也不要外人赔偿。小水井位于陈家的院子里面,主要用来供陈家自家人吃水,下雨时院子里的水都流进小水井里面,农忙的时候家里人就在小水井吃水,不用跑到院子外面的大水井挑水,从而方便生活。周围的邻居也可以去小水井吃水,但一般没人去。

2. 干旱年份的水井使用

(1) 深水井的使用

遇到大旱之年,村民没有水可吃时,会打开深水井打水吃。虽然村庄总共有四眼深水井，但唯有西巷的深水井水多，水质好，村民也主要在西巷的深水井吃水。在吃水顺序上，首先从巷际层面来看，吃水时西巷的人优先，西巷人不用了外巷人才能用。因为掏井[1]的粮食是村里有钱的农户出的，西巷有钱的农户多，出的粮食也多，同时西巷的深水井本身也归西巷所有。其次，从个体层面来看，村民打水按照来的先后顺序，谁来得早谁先打水。打水时由一个人完成，井绳上有两个柳罐，一个柳罐上来的同时另一个柳罐下去。如果家里没劳力或劳力弱，打不了水，村民可以找关系好的邻居帮忙，此时不用给报酬。在排队过程中有"夹个"的，即插队的，如果有特殊原因，如家里有病人、老人或其他情况急等用水，要给排队的村民说明，村民一般会谅解。从深水井打上来的水保证一家人够吃一天即可，由于当时每个农户家的人口相对较少，村民也自觉遵守这一规则。打水用的井绳和柳罐如果不使用了就存放于井房内，归全巷共同所有。

（2）涧沟拉水

如果深水井也没有水可吃或者深水井打上来的水不够自家吃，村民可以去距离村庄15里的涧沟拉水。据解仁荣、董德顺等老人回忆，当时的县政府专门明确规定了"周围村庄缺水以后，可以去涧沟拉水"。拉水时，涧沟限定了外人可以打水的水井，不能乱拉水。

村民去涧沟拉水没有人组织，自家没水喝了自己去即可，有车的用车拉，没车有牲口的用牲口驮，在牲口身上的鞍两边挂木制大桶，桶上有盖子，防止水在路上洒出。没车没牲口的，则由几家农户在一起"佮伙"，即搭伙、合作。拉一个平板车，上面放上木桶，上坡的时候由于涧沟的坡陡，一个人将车拉不上来，多是前面一个人拉，后面几个人推。没有平板车的，村民可以跟与自己关系好的、有平板车的农户借，借的时候不用带礼品也不用给报酬，就是人情。财主家的水由雇的伙计（长工）去拉，自家人不去。由于财主家牲口多、有水车，有时候财主家会用水车将水拉到村里，在巷口卖水。卖不卖水以及一担水多少钱由财主家的当家人说了算，当家人不让拉水卖，长工就不能去。卖水时由长工头去卖，卖水得来的钱要交给当家人，而水则卖给了家里没水喝、没劳力、没办法拉水的农户，买水由各个家庭的当家人去买。

（三）打新井与掏井

1. 打新井

打新井主要是指打官井。当原有的官井满足不了居民的用水需求时，便产生了打新井的需要，居民在打新官井时不用向村长汇报。1949年之前，在解家坡居住的村民

---

[1] 下文会有介绍。

仅有14户（这一点可从第一章的表1-4得知），因此打井时家中有劳力的都要参加，每家至少派一个劳力，家里没有劳力的可以不参加。由于村民深知水对其生活的重要性，同时也考虑到人情、面子等因素，没有村民家里有劳力而不参加的情况出现。

在打新水井时，解家坡的14户家庭会成立临时性的组织，一般有1—3个负责人，多为巷里有威望、有能力的村民。组织没有固定的名称，在新水井打成之后便随即解散。水井打在哪儿、打多大在开始打井之前14户村民都要商量好，商量时由每户家庭的当家人代表本家出面。新水井的选址均是在"官地方"，即公共的地方，多为巷道中间、墙的拐角处。这样一是为了方便村民用水，二是避免妨碍正常通行，同时水井也不能挖到村民的院子底下（墙根处），防止村民的院墙倒塌。水井挖好后，要用胶泥土将水井内壁抹实，并用锤子敲打实在，确保水井不漏水。在季节选择上，打新井一般在冬季进行，因为冬季处于农闲季节，村民都有空闲时间，另一方面冬季的降水相对较少，不会对打井产生不利影响。

2. 掏井

村民在深水井挑水之前要先掏井（即淘井）。掏井由村长牵头，找村里有威望、年纪大、说话管用的人来协助，向村里有钱的、光景好的农户收粮食，收下的粮食作为掏井人的工资，村里经济条件一般或经济条件不好的农户可以不用出钱、出粮食。由于涉及全村人的吃水以及自家在村庄的声望，村庄的财主家一般会主动出资或出粮食。

正如上文提到的，在四眼深水井中唯独西巷的深水井水多且水质好，因此掏井也主要是掏西巷的深水井。每次掏井最少需要两个人，且掏井人多是外地逃荒、逃难过来的，本地人不下去。掏井时，首先是点油灯试空气，看井下面是否有足够的氧气，如果油灯放到井下时熄灭了，则要将井盖打开晾上一两天再下去。接着是抓一只鸡放在篮子里吊下去试验井底有没有怪物，避免掏井人遭遇危险。最后才是由人下去掏井。由于井底空间有限，只能一个人下去挖，另一个人负责在上面将脏东西往上吊。将井里的脏东西和污泥都清理干净后要在井底挖一个坑，坑的大小要能容得下一个水桶，便于村民用木桶打水。掏井人一天只在井下干三四个小时，有七八天就可以把井掏完，掏完后由村长代表村庄向掏井人支付工资。据陈凤泉老人讲述，有一次掏井掏了十来天，村里给了掏井人五石麦子。

二、池塘

池塘，当地方言也叫"池泊（po）"。1949年之前，乌苏村有两个池塘，一大一小，大的占地4—5亩，深一丈五尺[1]（4.6米），小的占地1.5亩，深一丈二尺（3.6米）。

---

[1] 一丈为3米，一米为3尺。

（一）池塘概况

乌苏村的大小池塘均无专门的管理员。大池塘面积大，盛的水多，脏东西或杂质沉淀得快，可供人畜用水，也可以饮用。小池塘靠近路面，下雨时路面的水流进小池塘，由于其面积小，盛的水少，杂质或脏东西沉淀得慢，水相对较脏，可用来洗衣服。夏天天热了村民也可以在小池塘游泳，但不能在大池塘游泳。这在当地是为村民共同默认、遵守的规则，没有明确的公约。因为村庄百分之八九十的村民都要在大池塘里面用水，村落内的农户形成了一种公共保护意识，脏东西都不往大池塘里面扔，碰上搞破坏的人任何村民都可以制止。小孩不懂事，往池塘里面小便或扔脏东西，会由其家长管教，旁人不会责怪。

两个池塘在产权上均归乌苏村村民公有。产权通过户口认定，即户口在乌苏村的人对池塘保有产权，在乌苏村居住但户口不在乌苏村的人仅对池塘拥有使用权，没有产权。据解仁荣老人讲述："以前村里有石碑记载，挖池塘的时候乌苏村有90户人家，这90户人家都出力了，所以这池塘就归全村人共（公）有。但一辈传一辈，当时人的名字都不记得了，有的早就去世了，石碑也在'破四旧'的时候被铺到路面了。"池塘四周没有围墙，周围的空地一般为六尺至一丈宽，且均是公共的，空地有一定的坡度，坡向池塘，便于池塘集水。池塘边上的住户不能侵占池塘周围的空地。1949年之前，只有大池塘的南边有一两家住户的围墙，其他方位都是公共地方。对于农户来讲，围墙的地基要高于池塘且不能离得太近，因为离得近了遇到大雨冲刷，围墙可能会倒塌。

（二）池塘的使用及其中关系

无论是大池塘还是小池塘，其里面的水仅供村民日常生活使用，不用于灌溉，如老人所说："这干旱的地方，还敢用池塘里面的水浇地？那个时候哪有什么灌溉的水呢。"在使用次序上，本村的村民都可以使用池塘里面的水，外村人或者路过的人也可以临时用池塘里的水，如喂牲口喝水、给牲口洗澡，用水时无须征得任何人同意，本村人也没人过问，"外村人来了都是临时用一下，以前在小池塘边上有牛市，外村的人上会来了，牵的羊，牵的牛，人家就随便用小池塘里面的水。羊身上要洗洗，人家就直接把羊提着扔到小池塘里面了"。据老人讲述，外村人可以用水主要有四个原因：一是当时周围差不多的村庄都有池塘，村民都会优先在本村池塘用水，不会跑到远处的外村去用水。二是池塘里面的水是天上下的雨，不是专门拉来的。三是当时也没人管，村民有一种"别人不管吗我管呢？我惹这个人、落这个名声呢？别人不管，我也不管"的思想。四是外村人用水不会说用一下水就没了，天上还会再下雨，"下的雨多了水还用不完呢"。

池塘需要维护，由村长来牵头，全体村民摊钱，每个农户摊钱的数量根据其所耕种的土地亩数来确定。在1949年之前，村庄没有大修过池塘，只挖过池泥，池泥挖上来后，勤快的村民会将其拿回家晒干，当作肥料下到地里。

第三节 麦作体系

传统时期，乌苏村村民在平坦开阔的台塬上以种植冬小麦为主，并形成了完整的麦作体系。在种麦、看坡、收麦、碾麦等环节，农民以个体家户为单位，并辅之以合作和市场的耕作方式。本节将从麦田形态及麦田耕作制度两方面展现乌苏村的麦作体系。

一、麦田形态

从本章的第一、二节我们可以得知，乌苏村属半干旱大陆性季风气候，年平均降雨量仅为542毫米，降水稀少且多集中在7—9月份，夏季的平均气温可达28℃，最高可达35℃，且多伴有不同程度的伏旱。加之村庄附近无任何河流以及其他水源，乌苏村形成了以小麦为主的旱作物种植体系。与之相适应，村民在平坦开阔的台塬上发展出了独特的麦田形态与分布格局，并在麦田耕作中产生了丰富的关系。

（一）田块分布及规模、等级

在1949年之前，乌苏村共计有4560亩土地，人均5亩多地。[1] 由于地处峨嵋岭三级台地，村庄地形平坦开阔，地势高度差在1—2米之间，并整体稍向南倾斜。农户的田地呈包围态势集中分布于村民的居住区周边，形成了田地与村民居住区域相分离的格局。虽然二者整体上分离，彼此之间不交叉，但村庄的田地距离村民居住区并不远，部分耕地甚至就位于居住于村庄边缘的农户的屋后，据陈凤泉老人讲述，最远的土地距离村庄仅为5里。

在平坦地形上，农户所拥有的土地并不必然连接成片，而是分散在不同的方位，单个地块多呈长方形，规模在1—3亩之间。村庄的地主、富农家庭通过购买、置换等方式会形成连片的土地，连片土地规模可达十几亩甚至几十亩。

因地处干旱地区，没有农田水利灌溉设施可用，乌苏村村民根据土地的集水效用以及耕作便利程度将土地分为三个等级：一等地为埝地，即凹地，其下雨时方便集水，利于农作物的生长，小麦的亩产可达一百多至二百斤左右。二等地为平地，虽然其集水不如埝地，但因其地面平整，便于耕作，小麦亩产可达百十斤。三等地为坡地，既

---

[1] 此处数据可从第一章第一节得知。

不利于集水，也不便于耕作，小麦亩产仅有七八十斤。

（二）田块边界

1. 扎灰眼、埋磐石

在1949年之前，乌苏村村民的土地均归农户私人所有，相邻地块之间有着清晰的边界。

如图2-2所示，土地A与土地B相邻，在两块土地边界线所在的两头，首先要埋"灰眼"。假设中线为A、B两块土地的边界，则在中线的两头（如果只埋一头，以后发生纠纷后没法查证）用细铁棒扎两个一米多深的眼，然后将生石灰倒进去（因为白色的石灰能够使黄土地边界清晰）并注入水，这样在所扎的土眼里面形成一个石灰柱。将灰眼埋好后，要在边界两头的灰眼上各埋一块大石头，当地人称其为界石，也叫磐石，取"固若磐石，不能侵犯"之意。

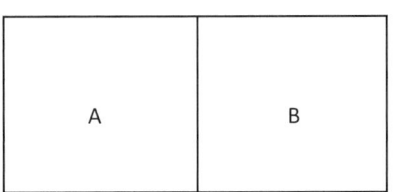

图2-2 相邻土地边界示意

埋灰眼、放磐石时，地块A与地块B的所有者都要在场，也会请1—3个中人。中人多为村庄内公道、有威望、名声好的人，当事人也相信中人能把事情办公道，如果当事人相信村长、闾长，也可以请他们当中人。请中人时，当事双方都可以请，但所请的中人要经过双方同意，其中任意一方不同意都需另请。土地边界确认后，不需要到政府备案，也不需要到村长、闾长处登记或公示，只要当事双方认可即可。因斜地都是单独一块一块的，不是连在一起的大片土地，因此不涉及边界问题。

2. 官背

灰眼与磐石仅为相邻两块土地地头的边界标志物，贯穿地块之中的、地块与地块之间的分界线在当地叫作官背，"官"取"公共、双方均认可"之意。官背以土地两头的磐石为起止点，宽约七八寸[1]，是为平地状[2]，不呈垄形。在穿过土地时，官背要保持笔直，但在实际中稍微弯一点农户也不会细究。

官背为相邻土地双方共同所有，作为土地的分界线，任意一方都不能越过官背耕种土地，也不能在官背上种植农作物。在每年的耕作过程中，因官背较窄，相邻土地的任意一方都会捎带着将官背耕一遍，保证官背上不长杂草。通常情况下，农户以官背的中线为界线，分别清理处于自家一方的官背上的杂草。如果一方农户要在自己的田边、地边栽种树木，不需要得到搭界邻居的许可，但所种树木至官背的距离最少要

---

[1] 官背不能太宽，太宽了会导致农户耕种的土地面积减少。在实际中，只要能标示出双方的土地边界即可，种地时间长了，相邻土地的所有者双方也都知道自己的土地有多宽。
[2] 当地处干旱地区，在农业生产中不涉及灌溉，因此官背的形状没有像其他地区一样呈垄形。

有四尺五,即1.5米左右,同时在树木生长过程中要确保树木的枝梢不越过边界。例如,A农户在地里种树,树木长大后树枝越界,A农户要自觉修剪,否则与其相邻的B农户就可以干涉,如果A农户坚持不修剪,B农户可自行将越界的树枝剪掉。此时,A农户会被村民私下指责,认为其不好共事,在日后的生产、生活中其他农户也会避免与A农户有过多的联系,B农户则不会受到村民的指责。相邻双方的任何一方都不能紧靠官背种树,如果有一方要在官背附近种树,对方会干涉、阻拦,甚至发生纠纷。

3. 边界纠纷及其中关系

相邻土地双方因土地边界产生纠纷,可先由双方私下协商,协商不成则双方各请一个中人当作见证人,将地头的灰眼挖出来,之后在地块的两头以灰眼为起止点用绳子拉一条直线,看到底是谁种的越界了,谁越界了就是谁的错,错的一方退回到界线以内。如果因年代久远,地头的灰眼不见了或不明显了,当事双方可以请确定土地边界时的中人出面做证。如果中人去世或因其他原因找不见,双方要将自己的地契拿出来,[1] 按每家地契上写的土地面积重新丈量土地,重新确定土地边界,丈量土地时也要请中人来丈量。如果是与外村相邻的土地发生边界纠纷,双方各请自己村的人来出面调解,所请的人多为和自己关系好的,能替自己说话的,此时不一定请村长。如果私人解决不了,就请村长出面解决,村长解决不了双方就去打官司。在土地边界重新确认且发生变更后,当事双方要及时到政府相关部门去登记。

二、麦田耕作制度

在麦作体系下,乌苏村村民以种植冬小麦为主,小麦一年一熟。在种麦、看坡、收麦、碾麦环节,当个体家户难以独立完成时,农民通过合作或市场来弥补不足。

(一)种麦

在1949年之前,当地小麦的品种主要分为两类:"四月红"与"山麦"。四月红小麦在农历的四月份成熟,这种小麦产量低,多是一些口粮接不上的农户才选择种植。村民主要种植的山麦在农历的六月份成熟,因其生长周期长,比四月红的产量要高。

在每年农历的七月底八月初,也即白露时节,村民种植小麦,不能过早,也不能过晚。种植得太晚,小麦可能没长大就进入了冬季,容易被冻死。种植得过早,小麦在进入冬季前就会拔节长高,但"麦没二旺",如果在冬季拔了节,到了来年春天小麦就不长了。种麦以个体农户为单位,在种植过程中如果需借用牲口、农具,农户多是向与自家关系好的邻居或同村人借,借用时不用带礼品,也不用给任何报酬。

小麦种上以后,"小燕去,大雁来",即在冬季会有大雁飞来吃地里的麦子。因此,

---

[1] 当事一方的地契丢了,可以去找当时卖给自己地的人查看地契。

在1949年之前，农民在进了农历十月份后就开始看雁，一直看到来年开春。村庄内每个巷都有一个看雁人，看雁人一般是巷子里的穷人，富裕的、财主家的人不受那种罪。看雁人看一冬天能挣二斗麦子，麦子由巷里有麦地的农户均摊，没有麦地的农户可以不负担此部分开销。等到来年开春的二三月份，农民以个体家户为单位进行锄草，避免杂草与麦子争水分。

（二）看坡

看坡，也即看青、看麦子。在每年麦子的成熟时节，为了防止自家麦田里的麦子被盗，农户会进行看坡。

1. 自主看坡

1949年之前，乌苏村普通农户的土地由于数量不大，均由农户自主看坡，村庄也未成立正式的看坡组织。家里土地较多的农户会请专门的看坡人来给自家看护麦子，例如，地主陈梅五家有180多亩土地，陈家每年要请专门的看坡人来给家里照看麦子。

在乌苏村，陈家有两个专门的看坡人，分别为赵四娃和老秦，两人均为男性外来户且生活困难，其中赵四娃居住于村庄附近的介山庙，老秦居住于村庄的将军庙。在每年的麦子成熟后，陈梅五碰见老秦或赵四娃[1]会当面给其说"地里的麦子你招呼着哦"，这样老秦或赵四娃就成为陈家的看坡人。陈家不用给看坡人报酬，也不用管看坡人吃饭，看坡人自己在陈家的麦地里就会将其一年所需的粮食拿够，陈家人知道但也不会阻止。如果看坡人没有把麦子看好，麦子被人偷了，陈家也不会责怪看坡人。据陈凤泉老人回忆，有一年麦子成熟后，家里人去一块远地割麦子，到了之后发现地里的麦子已经被别人偷完，男当家人陈梅五说"算了算了，没了就回去吧"，之后也没再追究。

2. 专人看坡

在距离乌苏村2里的胡村，有另外一种看坡形式，即村庄专门请村内的一个村民来看护本村所有农户土地上的麦子。在1949年之前，胡村村民张敬信的家里有8口人、3间房子、15亩土地，没有牲口，由于一年下来地里收获的粮食养活不了一家人，张敬信的父亲张凤朝当了村里的看坡人。

在每年麦子快要成熟时，张凤朝就开始去地里看护麦子。据张敬信老人讲述，父亲张凤朝看坡时，一般到了下午才去地里，白天就是在地里转悠、巡逻。到了晚上去地里时，张凤朝带一把村里配发的土枪，到了地里后先要放一枪，让人知道看坡的人来了。张凤朝晚上不会在地里过夜，每天晚上回家的时间也不固定。张凤朝看坡只照

---

[1] 每年只请其中的一个。

看本村的麦子，对于和本村相邻的外村的麦子，张凤朝不会照看。看坡的报酬由村长向村民筹集，一亩麦子出一升[1]粮食，收齐后由村长交给张凤朝，报酬一年结算一次。一年下来，张凤朝通过看坡能收入几斗[2]麦子供家人吃。

（三）收麦

"芒种下山，麦收一半"，在农历的四五月份，农民开始收割麦子，"四月芒种收一半，五月芒种不见面"。如果碰上闰月，农历五月份芒种，那会麦子就已基本收割完毕。在收割麦子时，农户多是以个体家户为单位，劳力少、经济条件好的农户可以通过"赶麦场"来雇用劳力给自家收割麦子。

1. 赶麦场

到了每年收割麦子的农忙时节，在村庄中心街道的旁边有一个待雇用劳力所形成的"人市"，农户去人市上雇工叫作"赶麦场"。人市上本村、外村的人都有，如果在中午12点之前没被雇走，人市上的工人会纷纷散去，等到第二天再来，也即"落市"。

雇工时，雇主要了解受雇方的家庭情况、人品、性格等，觉得合适才去开口，其既可以雇同村的人，也可以雇外村的人。如果雇主觉得当天雇的工人活干得好，第二天会继续雇用这几个人，并在第一天下工时跟对方说好；如果雇主觉得第一天雇的工人活干得不好，第二天就在人市上重新雇工。割麦子时，工人自带镰刀，镰刀坏了由工人自己修理，工资一天一结，一般是五升粮食。

2. 受雇工人的食宿

雇主要管工人吃饭。在割麦子的时节，雇主一天要管工人四顿饭，早上先去地里割麦，等到上午的八九点吃一顿"晨馍"，12点左右吃午饭，下午3点左右吃一些干粮，晚上从地里回来后再吃一顿。其中晨馍和下午的干粮都是在地里吃，吃午饭和晚饭时，如果所雇工人在三个以上，工人会自己坐一桌，如果在三个及以下，雇主多与工人同桌吃，此时雇主坐主位，工人坐次席，所吃的饭食没有差别。

在住宿上，所雇工人是同村的或者邻村的，离家近，晚上工人就回自己家住；所雇工人离家远，雇主要安排工人住宿。住宿的标准即只要不露天就好，家里有南房的，工人就住在南房，没有南房的，工人多与牲口住在一起，不与雇主同屋。

（四）晒场与碾麦

农户将麦子收回家里后，碾麦是将小麦转化为粮食的最后一环，且碾麦通常要在晒场里完成。

---

[1] 一升3斤。
[2] 一斗30斤。

1. 晒场概况

传统时期，村落内的晒场均为私人所有，每个晒场既有大门，也有围墙，且大部分农户的晒场与院子相分离。对于村落内的农户来说，晒场的来源主要分为两类，一类是自家祖辈传下来的，一类是农户自己购买的。在购买晒场时，交易双方要确定晒场的边界并立字据。对此，董德顺老人给我们讲述了一份字据的大致内容：

> 今有×××（卖方），因×××（原因），愿把自己的×××（晒场的位置及名字），东西××（多长），南北××（多长），折合面积××，卖与×××（买方名字），经说合，价钱为××，永远为业，空口无凭，立此为证。

在交易完成后，卖方要将晒场大门的全部钥匙交给买方，买方有时为了安全，也会重新换一把锁。村民买卖晒场不用向村长报告，一旦买卖完成，村里的其他村民通过口口相传都会很快知道。

"三分院子四分场。"由于村落内的普通农户土地数量不是很多，因此每年收回来的庄稼也不是特别多，一般情况下四分地就可以做一个晒场。但是村落内地多、人多、家庭经济条件好的财主家，通常都会有独立的晒场来存放庄稼，其晒场的占地也多在1—2亩，如地主陈梅五和富农高天德家的晒场占地均为一亩。另外，有的农户的小晒场会与其所居住的院子相连，院子住人，晒场放庄稼。

晒场的围墙建在晒场的界线之上，而之所以建围墙，主要有三个方面的作用：一是使晒场的边界清晰，墙里面的是自家的，墙外面的是他人的或者村庄公共的。二是防止"鸡刨狗掏"，传统时期村民家中多喂有鸡、狗等，有了围墙可以防止村落内其他农户的鸡、狗在晒场里乱吃乱拉。三是防止发生火灾，避免小孩玩火导致晒场里的庄稼被烧。除了围墙之外，每个晒场均有大门，人在晒场里做活的时候大门开着，一旦人离开大门也随即被锁上。

2. 晒场与场舍的用途

晒场里的房屋不叫房子，而叫场舍。场舍的结构与人居住的房屋不同。通常人住的房屋为"两坡水"，有前后两个屋檐，或者只有"一坡水"，只有前檐，没有后檐；但场舍有"三坡水"，即在朝向晒场内的屋檐一侧，会在正常屋檐的基础上再向前延伸一节，从而使场舍下能够存放更多的东西，不影响人在下雨天做农活。一般的场舍只盖东房、西房和北房，有钱的财主家有时会将晒场东、西、南、北四个方向的场舍全都建起来。

对农户来讲，晒场和场舍主要有四个方面的用途：一是喂养家禽家畜。村民家的猪、羊、牛、驴、骡子、马等都可以喂养在晒场里，如果晒场里有场舍，牲口多住在西边和南边的场舍，因为牲口相对于人没有那么重要，只要有地方住，不淋雨就可以。二是存放庄稼和生产工具。到了农忙的时候，农户将庄稼从地里收获回来后，会先将庄稼堆积在晒场里，之后才是碾、打庄稼，比如积麦子、碾麦子都是在晒场里进行。碰上财主家的大场舍，下雨时可以将庄稼存放在场舍下面，避免庄稼淋雨，也不影响人在场舍下干活。此外，村民有时候会将农业生产中所用的犁、耧、耙、耱等生产工具存放在场舍里。三是供人居住。到了农忙的时候，村民有时会直接住在场舍里面，方便第二天天不亮就起来将牲口喂饱好去地里干活。一般情况下人多居住在晒场内东边和北边的场舍，因为北边是主房，向阳，采暖和光线都好，东边则相对于西边是上方向，同时人与牲口分开居住也可以避免牲口的粪便影响人的生活。四是积肥。家里有牲口的农户，如果还未到往地里栽粪（即上粪）的时间，会将从牲口圈里清理出来的粪便堆积在晒场里，等往地里栽粪的时候再将粪拉走。

3. 碾麦中的晒场借用

（1）独户借用

农户自家没有晒场，可以向村庄内有晒场的且和自家关系好的农户借用，一般先是在同巷范围内借用，同巷内没有合适的再向外巷的借，但不会向外村借用。借用时，由家庭的当家人出面，即家里谁管事谁去借，到了对方家里，同样要给对方的当家人说，给其他家人说了无效。借用晒场不用给钱，也不用给其他报酬，都是村民之间的一种人情。

使用晒场时要先保障主家，主家的庄稼收不完其他农户不能占用，同样，借用方一般要在主家将自己晒场里的庄稼收拾完后才能使用晒场。以碾麦子为例：每年村民在地里将麦子割下后，用几穗麦子将麦子捆成一捆一捆的，然后用牲口和大车将麦子拉回来。拉回来后先积到晒场里，待全部收割完后开始"摊场"，即将麦子在晒场里摊开晾晒。晒干后用牲口拉着碌轴碾麦子，碾完一遍要"翻场"，即将麦子的另一边腾翻过来继续碾，保证所有的麦粒从麦穗上脱落下来。碾完后"腾场"，用杈将麦秆挑出并积起来，然后用刮板、木锹、扫帚、簸箕等工具将晒场上的麦子收到一堆。最后为"踩场"，用扇车将麦子里面夹杂的小土块、麦皮等杂质吹掉。只有主家将这一套工序完成后，借用方才能使用主家的晒场，如果主家没碾完就去借用，同样的庄稼堆在一起可能会引起"嘴舌"，即引发矛盾、纠纷。借用方将自己的麦子碾完后，要把自家的东西全部收拾干净，保证晒场的整洁，否则会引起晒场所有者的反感，导致下次不好再借。借用对方的晒场，日后对方家里有活了，借用方会主动给对方去帮忙，彼此之间不用言传，是一种默认的规矩，帮活的天数与多少没有限制，主要是为了还人情。

(2) 合作碾麦

家里没有晒场的农户也可以和关系好的、有晒场的邻居合伙碾麦子，当地叫"恰伙"。几家农户选择在一起恰伙关键是要关系好，且多为邻居，亲戚、朋友住得不一定靠近，碾麦子时不一定方便，财主家由于其能独立完成全部生产工序，因此不与其他农户恰伙碾麦子。参与恰伙的农户一般最少为三家，最多为五家，且在牲口、劳力、晒场方面可以互相弥补。例如A农户有晒场但是劳力少，B农户有牲口、劳力但是没有晒场，C农户只有劳力没有牲口和晒场，此时，这三个农户之间只要关系好就可以联合在一起。在碾麦子时，先碾晒场所有者家里的麦子，将其麦子碾完后才开始碾家里没有晒场的农户的麦子。参与合作的农户家里有几个劳力就出几个劳力，手头用的小工具比如杈、笤帚、簸箕等均由农户自带，大工具如碌轴、牲口等则由晒场的所有者提供，家里缺少工具的彼此之间可以互相借用。

恰伙碾麦子时，给谁家碾麦子就由谁家来管饭。比如今天给农户A碾麦子，就在A家里吃一天饭，明天给农户B碾麦子，就在B家里吃饭。管饭一般管三顿，早上将堆积的麦子在晒场里摊开后，负责管饭的农户准备一些白馍、绿豆汤，在晒场里就吃喝了，中午、晚上再各吃一顿。所管的饭要比平时吃的好，因为人在碾麦子时出力多，较为劳累，同时农户也会考虑到面子问题。农户在一起搭伙碾麦子就是彼此相互帮忙，不用给任何报酬。

4. 晒场里的工具借用

碌轴是村民碾麦子时必备的工具，传统时期只有有晒场的农户家才有碌轴，没有晒场的农户没有碌轴。根据董德顺老人讲述，村庄内农户家的碌轴均是买来的，没有人会自己做。在每年的冬、春农闲时节，外来卖碌轴的人会来到村里，村民在买碌轴时会提前和卖方说好，让卖方下次过来时带过来。对于和卖方不熟悉或者卖方不信任的村民，买碌轴时要给卖方交定金，卖方将碌轴带过来后，如果买方反悔了，卖方不再返还定金，但如果是卖方临时加价，买方可以不要，且卖方要返还定金。和卖方熟悉的人，买碌轴时可以不用交定金，但卖方之后可以临时加价，此时双方会讨价还价，旁边的人也会帮忙打圆场，双方一般彼此让步成交，如果谈不来，买方最终可以取消交易。

在农闲的时候村民的碌轴都放在晒场里，到了每年碾麦子时，没有晒场的农户不单独借用碌轴，而是在借用晒场的同时使用晒场里的碌轴。由于碌轴是石头做的，一般不会损坏。除了碌轴之外，农户还可以借用有晒场的农户家的刮板、扇车、木锹等工具，使用过程中出现损坏，由借用方来赔偿。在每年过春节时，如果巷子里缚秋千，有时会借用有晒场的农户家的碌轴，借用时由牵头缚秋千的人出面，不用带礼品，也不用给任何报酬，待秋千解掉后再将碌轴送还给其所有者。

第四节 集居与空间

传统时期，乌苏村村民集中居住于村落内部，关帝庙、娘娘庙、二郎庙等神庙建筑以"内嵌外包"的方式分布于村落内外，人与祖共同居住，井房、石碾等公共空间坐落于村民居住区域的中心。本节将从人田分离下的集居、"内嵌外包"的神居、人祖同居以及公共空间与村庄四个方面考察乌苏村的空间形态。

一、村落空间格局概况

传统时期，乌苏村村民集中居住于村落内的五个巷子。其中西巷居民区主要位于村内的西北方向，东沟巷居民区在村中连接南、北洞门的主干道北部两侧分布，东崖巷居民区位于村内的东北方向，南巷居民区位于村内的西南方向，寺后头居民区位于村内的西北角。

在人居区域内，还分布着神居、祖居以及村落的公共空间等。如图2-2所示，土地庙、二郎庙、娘娘庙、关帝庙等主要神居建筑以"内嵌外包"形式分布于民居内外；以王家祠堂为代表的祖居坐落于西巷的巷口；石碾、井房等村落的公共空间则分布于其所在居民区的中心地带。在本节的下文，我们将分别介绍民居、祖居、神居、村落公共空间及其彼此之间的空间关系。

二、人田分离下的集居

在集居过程中，乌苏村村民无论是独户建房，还是相邻建房，都遵循一定的规则并产生了丰富的关系。

（一）村内集居

在1949年之前，乌苏村村民在平坦开阔的地形上集中居住，人居区域和农田区域相分离。在人居区域的外围没有专门的村墙，而是以居住于村庄边缘的农户的院墙作为村墙，即如果村民家院子的围墙正好与村庄的居住区域界线平行或重合，村民家院子的围墙就充当村庄的村墙。作为村庄围墙来使用的院墙要比一般农户的院墙高一些、厚一些。在当时，单个的农户难以独自完成筑墙，一般是同巷的邻居或者亲戚帮忙一起筑，在帮忙过程中邻居不挣钱，就是人情，而换来的则是这户村民对村庄的保护。

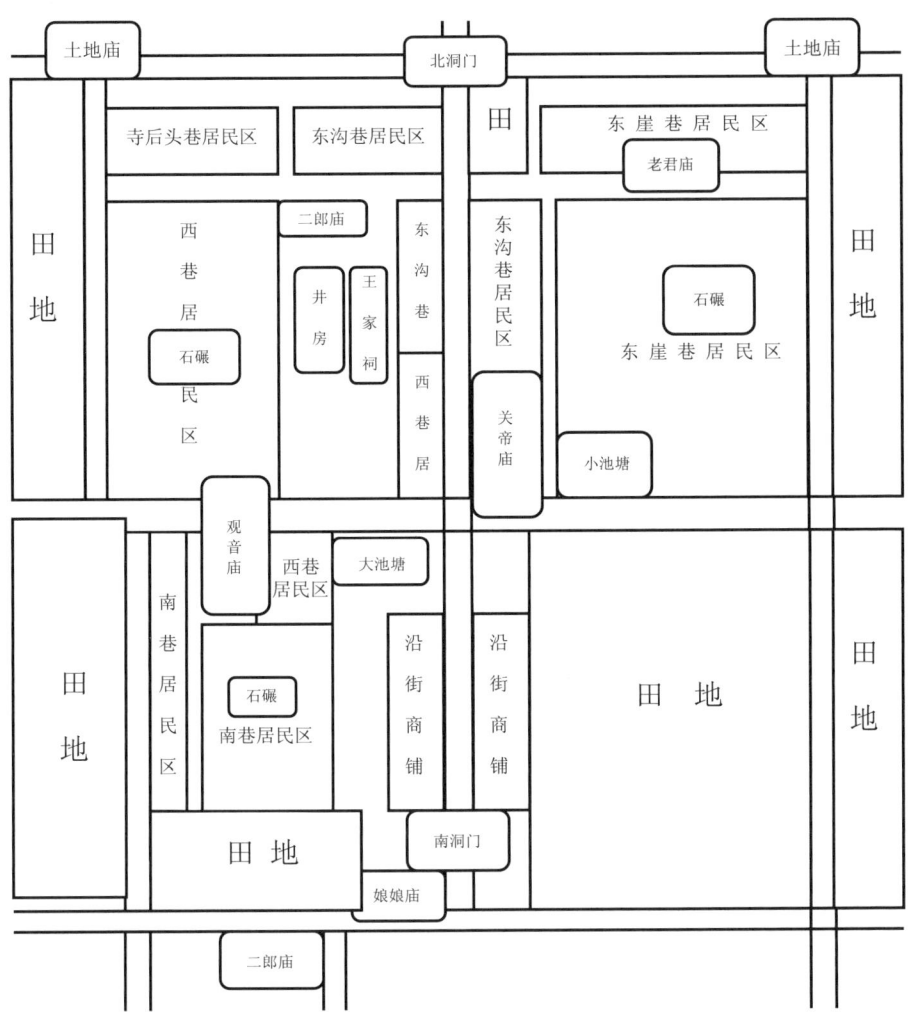

图 2-3 乌苏村空间格局概况

村民在村墙内部集中居住，一是为了降低遭受土匪侵扰的风险，二是为了避免狼或其他野兽的侵袭，从而保障人身与财产安全。

此外，村民将人居区域称为"内业"，农田区域称为"外业"，内业的价格比外业要高出三倍。当地有一种说法：某个农户建房想占用相邻农户的一绺内业，其用银圆把那一绺地方铺满，对方都可能不卖。在置业时，村民能买下内业的都会优先购买内业，如果要将外业变为内业，村民可以先在外业上盖房子，但依然要交外业的农业税，直到政府批下来。据解仁荣老人回忆，将外业用来建房子时，要先上报给村里，村里再上报给政府并登记，政府审批下来需要三年左右的时间，因此即使村民在外业上建起了房子，也要连续交三年的农业税，直到政府审批通过。

在村庄内部，如图2-3所显示的，"一横三纵"式主干道路将村民的居住区划分为四个部分，全村192户家庭集中居住于村庄的南巷、西巷、东沟巷、东崖巷和寺后头巷。以最大的巷——西巷为例，巷内农户相隔最远也不超过200米。此外，同一姓氏、同一家族的农户多居住在一起，如村庄的权氏家族全部居住于东沟巷，两个解氏家族分别居住于南巷和东沟巷，同属一个家族的王天才、王建光、王建群均居住于西巷，其他小姓氏居民则分别居住于各个巷。

(二) 独户建房与居住

1. 宅基地买卖及其中关系

村民建房子时，宅基地的来源主要分为两类，一类是村民的祖辈世代相传下来的，另一类是村民后期购买的。传统时期，房子、土地都是私人所有，村民买宅基地也都是在村庄内部买，没有人单独到农田里建房子居住。在购买宅基地时，卖房子的一方会给门前的邻居说"我不要这块地方了，你知道谁要跟我说着"，这样既可以使卖房子的消息传播开，也能够避免邻居想买却不知道消息而产生纠纷。卖房子的消息传播开后，如果有人要买，买房子的一方要找一个说话人去和卖方商量价格，卖方与买方不直接对话，因为"双方转不过脸"，即都是熟人，不好直接谈价格，怕脸面上过不去。买卖房子大多以粮食作为等价物，不用钱。

在价格谈好之后，买方要把房屋的四邻都叫到场，确认院子里的墙是官墙还是私墙，私墙必须筑在界线里边。确认后，要在房契上将院子的四至当着四邻面写清楚，房契一式三份，并加盖县政府的公章，卖方、买方各持一份，县政府留底一份。在此，张高登老人给我们口述了一份房契的大致内容：

> 东西×丈×尺，南北×丈×尺，内有北房×间，东房×间，门窗俱全，井×孔，门舍×间，同人说合，价值×钱，当面交清，空口无凭，立此为证。
> (落款为卖主、买主、中人的名字。)

房契和房钱都是买方在请四邻吃饭时通过中人当面交接，卖方不请吃饭。在1949年以前，买房子的多是中农以上的家庭，也有一些贫农家庭会买个别的小院子，而卖方则一般多为生活过不下去了或者抽大烟导致家道败落的人，再由卖方请吃饭在情理上说不过去。

2. 建房原则及其中关系

在开始建房子之前，村民都要请风水先生过来给新房子看风水。去请风水先生时，由家庭的当家人去请，并在看好风水后送一些好吃的表示谢意或者请风水先生吃一顿饭。建房子时，农户首先要保证房屋的地基高于路面，相应地房屋后檐的滴水也要比路面高，从而确保院子里的水及后檐的水能及时排出去，避免房屋遭受雨水浸泡。每个农户的每座院子里都有排水道，村民院子里的水排到小巷，小巷的水汇集到大巷，之后再流入村庄的池塘。第二，每座房子或宅基地都有四至及尺寸，建房的农户必须在自家宅基地的尺寸范围内筑墙，即使周围是空地或路也不能多占，占空地村长会阻止，占路面影响交通巷里人会不同意。[1]

在一座院子内，北房为正房，其高度比院子里其他方位的房屋都要高。例如，北房起高一丈零五，南房就只能起高一丈、一丈零二或一丈零三；东房的高度次于北房；西房的高度次于东房，南房的高度最低。因为乌苏村地处北方，一年的大部分时间太阳都位于靠南的方向，北房建得高了采光好。

北房有前檐和后檐，相应地有前坡水和后坡水。一般前檐宽、后檐窄，因为前檐是在自家院子里滴水，后檐的水是滴在院子外。前檐的长度为二尺五至三尺，一般是二尺八，院子大了，前檐的长度就可以留得长一些，后檐的长度为一尺五至二尺五。如果不在官墙方向建房子，后檐的滴水距宅基地边界至少要留四五寸的距离，保证后檐的水滴在界线以内。农户为了明确边界，可以沿着边界筑一堵小私墙，并保证水滴在小私墙内，但这种情况较少，因为修小私墙会导致院子变小。东房、西房都有后坡水，后坡水可以滴到路上，因为路是公共的，没有人说，即使滴到院子里最后还是要流到路上。南房没有后坡水，一般家庭都不盖南房，盖起南房也会不留后檐，只有前檐；如果要盖后檐，后檐的长度最多为一尺五，并且保证后檐的滴水流在自家院子里。

3. 家门

家门，也称院门，即一个农户所居住院落通往院外道路的大门。在1949年之前，农户家的大门在正常情况下均开在东南方向，村民认为东南门为"神路"，门走东南风水好。在战乱时期，居住于大路边上的农户会走"倒扎门"，即按照正常的情况，院门应该朝向南边面向大路，但农户特意在北边开了一道门，南边是高围墙。农户此举主要是为了使土匪、军队来了不容易找见门，家人逃跑更容易、更安全。如果居住于大路两边，但没办法走倒扎门，农户只能将院门朝向大路。若农户居住于村庄的边缘或者巷子的边缘，农户家的一面院墙充当的是巷里的围墙或村墙，则该农户不能将门开在这堵院墙上，因为院墙是大家帮忙修建的，农户有义务保障全巷或全村人的安全，农户也会自觉避免在这堵墙上开门。

---

[1] 1949年之前，村庄大巷、主巷的宽度一般为一丈二到一丈三，小巷的宽度为七八尺，保证住在巷子里面的人用牲口拉的车能通过。

4. 房屋居住原则及其中关系

对于乌苏村村民来说，北房为正房。财主家的北房不盘炕，不住人，用来摆放先人的牌位和存放粮食。逢年过节，如果有客人，会在北房摆放桌子招待客人。人住在东房或西房。东、西房相较北房要窄，最宽为一丈，而北房的宽度至少为一丈二。如果父母和儿子住在一个院子内，父母住东房，儿子、儿媳妇住西房。如果父母去世，兄弟两个住在一个院子里，遵循"哥东弟西"的原则，即哥哥住东房，弟弟住西房。建不起北房的农户可以先建东房，将北房的位置空出来，人先住在东房里。若建不起房子，可以在北边建一孔窑，窑里面可以住人。

（三）相邻建房

乌苏村村民都想把自家的院子修得大一点，这样一方面显得大气，另一方面宽敞方便。在集居模式下，村民在与邻居相邻建房时产生了多样的规则和关系。

1. 官墙修筑及其中关系

官墙即相邻农户共同修筑的院墙。传统时期，村庄内每个农户家都筑有很高的院墙，院墙多是土墙，砖墙十分少见。土墙的墙基宽度一般是二尺四，贫寒的家庭会筑墙基宽度二尺二的土墙，墙基太窄，筑起来的墙不稳，容易倒塌。土墙最高为一丈二，因为当时筑墙所用的钉板最高只能打到一丈二，高度超过一丈二，土墙上面就站不住人了。一般情况下，村民所筑土墙是八尺或一丈高，土墙下宽上窄，越往上墙越窄。

如果官墙的墙基宽度为二尺四，则相邻双方各占一尺二。在一座院子当中，院子四周的围墙都有可能是官墙，是否为官墙取决于院子的四至以及盖房子时农户的想法，若

图 2-4 传统时期的土墙

盖房者在自家宅基地界线范围内修建就是私墙，若盖房者跨出界线外一尺二筑墙，就是官墙。

通常情况下，相邻双方没有大的矛盾，都不会放弃官墙，因为全部筑私墙，双方院子的面积都会相对变小。筑官墙由两家协商，双方关系好了，筑官墙的费用各承担一半；关系一般或关系不好，先筑墙的一方要多出一点钱，三七、四六或二八

开。如果协商不成，先筑墙的一方只能选择在自己房屋界线范围内修筑私墙，双方的关系也会因此变差。用张高登老人的话说，"关系好了什么都好商量，关系不好就不好弄了"。

官墙的界线确认类似于土地边界，如果官墙墙基宽度为二尺四，则在中线即一尺二的地方扎灰线。扎灰线时，除邻居双方外，还必须有中人在场，中人由双方各请一个，所请的中人要能办得了事，可以是亲戚，也可以是邻居、朋友，可以是本村的，也可以是外村的。如果只请一个中人，双方任何一方请都可以，但要经过对方的同意，且所请的中人要对方认可才行，请中人不用带礼品。所有在场的人都要抓一把石灰面放到扎的窟窿里面，表示都赞成灰线的位置，日后若发生纠纷，当事人会说当时都参与扎灰线了。双方当事人和所请中人中的任何一个人不参与扎灰线，其他人都会觉得这个人对灰线的位置有意见。没扎灰线，相邻双方的任何一方不能私自动工筑官墙。但也只有在建官墙时，邻居双方要商量并征得对方的同意，建房屋的其他部分不需要经过邻居的同意。

官墙年久失修，相邻双方的某一方要修官墙，修好的官墙还是官的，如果修墙方不愿意全部修，修自家的一侧即可。因为官墙是双方共有的，每一方都有使用的权利。一方修了官墙，另一方还可以在官墙上搭房子，但不能超过界线。

2. 房屋边界

（1）矮墙为界

村民房屋的后檐墙距房屋边界有五尺，有的村民会在界线内建一堵小矮墙，矮墙的高度低于或等于一人高，矮墙以内是自家的，矮墙以外是他人的或公共的。

（2）滴水为界

如果房屋的后檐墙距房屋边界只有三尺或更短，村民不再建小矮墙，而是以滴水为界。下雨时，要保证房檐上的水不能滴到官墙上，也不能滴到邻居的院子里。如果要在官墙所在的方向盖房子，盖房子的一方要留出滴水巷。滴水巷的宽度一般最少是二尺五，此时檐出二尺，若檐出二尺五，则滴水巷的宽度最少为三尺，即滴水巷的宽度为檐出长度加半尺，因为水不是垂直滴下去，而是飞出去的。滴水巷一般是闲置的，没有人占用，房子的主人需要时可以放一些不怕雨水浸泡的东西，如砖瓦。相邻两家房屋之间不挖设排水沟，都是各家流各家的水，并确保自家的水不流到别人家的地界内。

3. "西压高，压断腰"

北和南，北为上；东和西，东为上。相邻双方，一方建南房，邻居家建北房，邻居的北房要高于南房,一方建东房,邻居家建西房,东房要高于邻居的西房。相邻两家都建北房,北房则要一样高。如果相邻两家中一家有钱,在房子上建楼阁[1],这样房子的高度高于对方,对方不能阻挡或有意见。若穷人家与财主家相邻,财主家建的北房比穷人家高,穷人家不敢出面阻挡,若穷人家建的北房比财主家的高,财主家会出面阻挡。除此之外,东房、西房、南房不一定要建得一样高,建多高是个人自由。

"西压高,压断腰。"两家相邻,在西边的农户修建的北房不能高于东边农户建的北房,因为在村民的概念中,东西之间东为上,西边建得比东边高了,会挡住东边农户的财运。但如果西边的农户是财主,东边的农户是穷人,这时若西边农户将北房建得高于了东边的农户,东边的农户也不敢公开有意见——即使打官司也是双方实力差不多的才去打,实力相差悬殊的,贫穷一方就不去打官司,因为"花不起那个钱"。

北房房顶的两边都有兽头[2],和邻居相邻建房,两家房子的兽头会彼此相对。若相邻两家建的北房不一样高,兽头对不上,建得较高的农户家的兽头会在建的较低的一方的兽头之上,低的一方会觉得对家庭不好。东房、西房、南房不放兽头,且南房一般用来喂牲口。

4. 相邻建房的纠纷调解

对于相邻双方,一方占用的官墙超过界线,会引发纠纷;界线上的小矮墙坍塌,也可能围绕小矮墙的产权归属产生纠纷。邻里之间因为房屋边界发生纠纷后,首先查看契约,确定边界;若没有契约或契约丢失,则找说话人[3]。若是兄弟之间产生房屋边界纠纷,一般先请父亲出面调解,若父亲已经去世或者调解不了,再请外人调解;此时一般不找本家族的人出面解决,本家族人在这种情况下也不愿意参与调解,"公道惹人嫌",调解不好会伤了与一方的和气。

在找说话人时,农户首先找本村和自己关系好的、能说得了话、办得了事的人出面调解,并且所找的人不能和对方有矛盾,如果所找的人和对方有矛盾,对方在一开始就不会接受调解。在调解成功后,当事方要给调解人送一些好吃的或请吃一顿饭表示谢意,但不用给报酬。私人调解不了的可以选择找村长出面调解,村长调解不成功,双方就去打官司。

三、内嵌外包的神居

在1949年之前,乌苏村庙宇建筑众多,有关帝庙、娘娘庙、二郎庙、土地庙、观

---

1 楼阁一般只建一间。
2 多数农户家北房上的兽头是鸡头。
3 即中人。

音庙、老君庙等，村民经常去拜献的有关帝庙、娘娘庙和土地庙。如图2-5所示，在众多庙宇中，关帝庙规模最大，位于村庄中心，二郎庙在村内和村外各有一座，娘娘庙位于村庄南洞门正对面的村外道路拐角处，在村北东边和西边各有一座土地庙，此外在村庄内部每个主巷的巷口均坐落着一座神庙。整体来看，传统时期乌苏村神居人居的空间关系呈现出"内嵌外包"的特征。

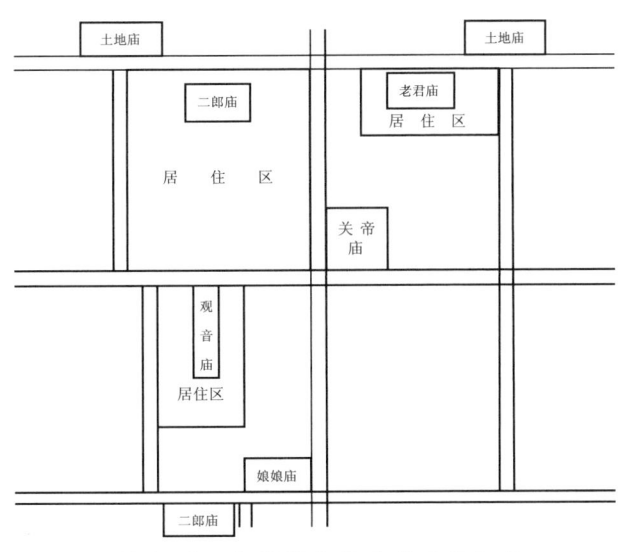

图2-5 乌苏村主要庙宇建筑分布

对于村民来说，神居不仅是一座承载信仰的建筑，而且其空间布局与其在村民日常生活中发挥的多元化作用相适应。首先，神庙是村民祈求神灵保佑的地方。村庄内外的所有庙宇均位于路口或巷口，村民距离神庙最远也不过几百米，并且不同的神灵为村民提供不同的帮助，例如村民遇有生活中的难事可以向关帝庙内的关老爷求助；村民家中的儿媳妇不会生育或者想生一个男孩，媳妇的婆婆可以带着媳妇去村外的娘娘庙"插花"，祈福生子等。

其次，神居是村民开展文化活动的场所。不论是村内还是村外的神庙，均占用公共的地方，相应地神庙门前的空地成为村民的公共活动空间。在每年的正月期间，村民闹社火、打花鼓、敲锣鼓都要在每个庙宇门前表演；举办庙会时，每个巷的表演队伍均是在本巷巷口的神庙前集合，然后统一出发行至村庄关帝庙前的空地上进行表演；在唱大戏或唱家戏时，关帝庙前的戏台也是村民的首选。可以说，在传统时期，神居与村民的生活紧紧融合在一起，是村民生活当中不可或缺的一部分。

四、人祖同居

传统时期，乌苏村内只有大姓家族才建有祠堂。据董德顺老人回忆，在村内西巷井房的东边有一座修建于清朝末年的王家祠堂[1]，祠堂坐东向西，占地八分，有七间北房，三间西房带门舍[2]。在祠堂北房的堂屋挂着写有王家历代祖先的"神楼"[3]。在每年的正月初一，家族成员要到祠堂团拜，即整个家族的男性都来祠堂祭拜祖先，家族内

---

[1] 当地的姓氏有"一王二董三李家"的说法，王家是乌苏村的一个大姓。
[2] 即祠堂的大门开在西房的中间。
[3] 作用类似家谱的，即将历代祖先写在一张布上，挂在祠堂北房的正中间。

娶的新媳妇第一年也要参与祭拜。由于祠堂里供奉着历代先祖，如果有外人侵犯或破坏祠堂，家族的族长会出面解决，如果是族人搞破坏，族长会按照族规处罚。

此外，祠堂有专人看管。王家祠堂平时由同村名叫史文采的人看管，史文采租用祠堂北房的东面两间，在里面卖药。在出租之前，王家族长会跟史文采说明其看管的义务，史文采每天早上起来打扫祠堂院子的卫生，如果史文采不履行看管义务，王家族长可随时要求其搬离祠堂，不再出租房间给他。出租房子获得的租金由王家族长保管并用于日后修缮祠堂。

对于村内的普通农户，有条件的会在自家的堂屋摆上祖先的木制牌位，没条件的则在堂屋摆放一个纸质的神龛[1]。在每年的清明节、春节以及祖先的忌日，农户都会在家中祭拜祖先。祠堂有专人看管，牌位、神龛摆放于农户家中，由此，人居与祖居的空间分布呈现出"人祖同居"的特征。

五、公共空间与村庄

（一）井房

1949年之前，在乌苏村西巷的深水井所在位置有一座井房，井房坐北朝南，有三间房子，没有南墙也没有门。井房占用公共地方，三间房子彼此连通并归西巷所有。井房内有石质板凳，深水井位于井房内，打水用的井绳和柳罐[2]也存放于井房。

作为村庄的公共空间，巷子内年纪大的人闲暇了会在井房里面闲聊，不论天阴下雨井房里面一般有人。去井房闲聊的均为男性，女性由于有家务活不去井房，村庄年轻人也不会去，闾长、村长也不一定去。村民在进井房之前都会看一下或听一下井房里坐的是哪些人，如果有和自己有矛盾或关系不对劲的，就不进去了。因为是村庄内人们闲聊的地方，村民多不选择在井房里开会。碰上干旱年景，村民不论刮风下雨都可以去井房挑水。如果井房年久失修需要进行修缮，所需要的钱由西巷内的住户平摊，此时有钱的财主家为了表示善意会多出一点。

（二）石碾

石碾是村民用来碾谷子[3]的地方。传统时期，乌苏村有三个石碾，分别位于东崖巷、西巷和南巷。每个巷子的石碾四周均建有围墙用来挡风，防止村民在碾谷子时风将谷子吹走，石碾的上方露天，没有屋顶。石碾占用村庄的公共空间，归村民共同所有。在石碾的四周均有村民居住，石碾无专人看管。

不论是本村村民还是外村人，都可以无偿使用村庄的三个石碾。由于谷子不是村

---

[1] 一般摆三代，最多不超过五代。
[2] 因柳枝的耐水性强，当地村民多用柳枝编成桶来打水，村民称之为柳罐。
[3] 即小米。

民的主食，石碾大多数时间处于空闲状态，使用率低，因此在一年的任何时间，村民都可以前去使用。在去碾谷子时，多为家庭的妇女带着孩子前去，男性不去，村民也不彼此结伴，因为结伴涉及使用的先后顺序。村民一次最少碾一斗谷子，一斗为30斤，太少了不值得动用石碾。碰上使用石碾的人较多，则遵循先来后到的原则，谁去得早谁先使用，若本巷的石碾有人占用而外巷的没人使用，村民也可以去外巷碾谷子。使用石碾时村民多用牲口来拉碾，若自家没有牲口，村民一是可以选择向其他农户借牲口，一般是向本巷有牲口的且和自家关系好的农户借，不用给报酬，若和外巷某个有牲口的农户关系好，也可以向其借用；二是可以选择和正在使用石碾的人共用牲口。比如村民 A 没有牲口，但前一个使用石碾的农户有牲口，村民 A 可在征得对方同意的前提下使用对方的牲口，不用给报酬。若前一个使用者的牲口也是借来的，村民 A 和牲口主人的关系好，则其在征得前一个使用者同意的情况下可以不用给牲口主人打招呼而使用牲口，用完后由村民 A 将牲口归还给其主人，不用给报酬，但要向牲口的主人说明情况；若村民 A 和牲口主人的关系一般或不好，则不能直接使用牲口。

当石碾四周的围墙倒塌或有其他损坏时，由石碾所在的间的间长负责组织修缮。修缮所需要的资金采取自愿出资的方式，多是巷里人站着闲聊时谈到石碾受损，会提议进行修缮，在场的人自愿捐一部分钱，若钱不够，则由间长出面上门向本间的人收取，收取时仍采取自愿的原则，家里条件好的会多出一点，条件不好的可以少出甚至不出，村庄层面不出钱。资金筹集好后，由间长请匠人比如泥瓦匠、石匠等进行修缮，并在修缮完成后由间长将报酬支付给工匠。

村庄内的任何农户不能私自占用石碾的公共空间，多数情况下也没有人占用。若有人占用，任何村民看见都可以上前制止，间长如果碰见了也可以出面制止。家庭条件不好的，闲来无事、爱说俏皮话[1]的人多喜欢议论这些事情，大部分情况下也正是这些人上前制止。家庭条件好的富农、地主家的人一般不上前议论、制止，因为家庭条件好，处理不好可能会反遭他人议论，财主家的人多主动避免此类事件发生。

六、空间关系

在人居区域内夹杂分布的神居、祖居以及村落的公共空间彼此之间并没有明显的关系，其主要服务并融入于村民的生产、生活，各自与民居产生联系。

从神居与民居的关系来看，虽然有多座神庙内嵌于村落内部，但村民的住房与神

---

[1] 指爱说闲话，喜欢议论他人。

庙不相连，每座神庙均是独立建筑。在村民的概念中，神庙起着保护村庄以及村庄内居民的作用，村民对神庙以及庙内的神像也多保持着一种敬畏之感，如董廷尧老人所述："村外的两座土地庙以及二郎庙、娘娘庙内的神像都是朝向村内，护佑村民。村中心的关帝庙坐北朝南，庙内的神像是面向村外的，抵御一切外来邪恶、邪气或不好的东西。"

就祖居与民居的关系而言，王家祠堂位于西巷居民区的中心且在西巷的巷口，这一方面是距离居住于西巷的王氏家族成员较近，另一方面祠堂门前是一片空地，宽敞便行，便于王氏族人到祠堂祭拜并管护祠堂。此外，虽然王家祠堂坐落于西巷井房的东边，但二者之间并没有明显的关系。

关于公共空间与民居的关系，如在上文中提到的，石碾、井房等公共空间多位于其所处居民区的中心地带，这一布局主要是便于村民到达和使用公共空间，例如三个石碾分别分布于西巷、东崖巷和南巷的中间，人口最多的西巷的居民距离本巷的石碾最远仅有七八十米。另一方面公共空间所承载的功能也与村民的生活息息相关。例如，井房内的深水井在干旱年间是村民打水的地方，平时井房是村民闲聊、交流信息的场所。

第五节 乌苏村自然变迁与实态

从农业合作化运动再到土地承包到户，尤其是20世纪80年代改革开放以来，乌苏村村民的物质生活发生了质的变化，在这一过程中，乌苏村村民对当地的自然条件也进行了改造与适应。本节将从农作变迁、交通状况、居住格局三方面展现乌苏村当下的自然实态。

一、农作变迁

伴随着改革开放以来国家社会经济的发展以及村民物质生活水平的提高，乌苏村村民逐渐摆脱了传统的以小麦、高粱、谷子、绿豆等粮食作物为主的糊口农业，转而发展以苹果、药材、玉米等经济作物为主的致富农业。近年来，随着"万荣苹果"品牌的确立与推广，村民所种植的苹果远销至美国、澳大利亚等国家。现在乌苏村村民基本上家家户户均种植苹果，村庄也在上级政府的支持下打了三面深井来满足村民的灌溉需求，使村庄的农民摆脱了靠天吃饭的困境，每年单是苹果这一项可给村民带来5万元左右的收入。除苹果外，药材成为村民的第二项主要务农收入。在村庄内部，村民自己建起了两个药材加工厂，到了每年的秋季，村委会大院内随处可见村民晾晒的药材。发展药材种植同时也从侧面帮助解决了村庄部分老年人的经济来源问题。在每年药材收获的时节，待村民将药材收回家里后，村庄一些身体健朗的老年人会到地里拾农户收获时遗留下来的药材，据陈凤泉老人讲，他每年光是拾来的药材就可以卖上千元。

农作物种植结构的变迁并没有改变乌苏村村民的饮食习惯，以小麦为原料的面条、馒头仍然是村民日常生活中的主食。为了保障基本的粮食需求，一些村民会选择在地里种一两亩小麦供自家食用，当然，也有一部分村民选择全部种植经济作物，然后用钱来购买小麦或者面粉。对于当下的大多数乌苏村村民来说，务农仍然是其赖以生存之道，但市场经济的深入、村民教育水平的提高、交通状况的改善以及信息科技的进村入户等等，这些因素促使越来越多的年轻村民走出村庄，到大城市打工或者深造。由此，农户家庭的收入结构也不再单纯地依赖农业而变得更加多元化。

二、交通状况

进入21世纪以来，乌苏村的交通状况发生了极大的改善。首先，就村庄内部来看，当前的乌苏村所有村民小组均实现了组组通、户户通，硬化的水泥路面为村民的日常通行提供了极大的便利，昔日的泥泞小路在村庄再也找不见踪迹。其次，从村庄的对外交通来看，由于紧邻运稷一级路，村庄虽然没有定班的公共汽车，但村民可在村庄的运稷一级路口坐上通往运城、万荣、稷山方向的大巴，从乌苏村至运城大约需一个小时，到稷山大约40分钟，而到万荣县城则仅需半个小时。

从私人交通方面来看，电瓶车、摩托车成为乌苏村每个家庭的基本交通配置，特别是在近一两年，电动三轮车成为人们所钟爱的交通工具之一，无论是下地干活还是外出赶集，村民都选择开电动三轮车。同时，由于农户家庭经济发展的需要或者单纯的经济条件的改善，越来越多的村民拥有了自己的私家小汽车，个别家庭甚至有两辆或三辆小汽车，而这也进一步便利了村民的出行。据乌苏村村委副主任李伟佳介绍，现在的乌苏村，私家小汽车拥有率至少达到了50%以上。

三、居住格局

从居住的空间形态看，乌苏村村民延续了传统的"人田分离，集中居住"模式。但随着村庄人口的增长，村民逐渐打破了原来的村庄集居范围，并不断向村外扩展，部分村民的房屋甚至直接与农田相邻，村庄的规模也相应地扩大。另外，一些村民为了发展个体经营，在运稷一级路、乡村公路的两旁建起了平房，或是开设饭店、超市，或是经营其他小吃，同时在村庄内部也建有自己的住房。

从房屋结构上来讲，传统的土墙渐渐成为村落历史的见证，新时期的二层砖瓦房成为村民的首选，建不起二层楼房的村民在建房时也选择修建砖瓦平房。同时，村庄的部分贫困户或者是与儿子分家的老人依然居住在传统的土房之内。随着农户家庭收入水平的提高，一些村民在皇甫乡、万荣县城或运城购置了房产，村民的日常居住选择也更加多样化。

第三章 乌苏村的经济形态与实态

传统时期,乌苏村的大部分土地归农户私人所有,土地户占不均,人地关系较为紧张。村民以家庭为单位开展土地的生产经营,并通过请工、帮工、雇工等合作或市场的方式满足家庭劳力需求。在农产品收获后,村民以家庭为单位进行分配和消费,并在村落内外的集市和古会上进行交易。平均是村民在分家和继承时遵照的主要原则。本章将从人与土地及其生产能力、产权及产权关系、经营及经营关系、交换与交换关系、分配与分配关系、消费与消费关系、继承与继承关系七个方面展现传统时期乌苏村的村落经济形态,在此基础上总结村落的经济变迁并考察村落当下的经济实态。

第一节 人与土地及其生产能力

传统时期,乌苏村的土地全部为旱地。土地总量不低,但户均占有差距大,人地关系较为紧张。在麦作体系下,农户的生产能力受到劳动力和劳动工具的双重制约,大型农具仅有部分农户能够置办齐全,村民在生产中产生了较多的工具借用。本节将从人与土地的关系、人口与生产能力的关系两方面展现传统时期乌苏村的人与土地及其生产能力。

一、人与土地的关系

(一)人口概况

以土地改革运动时期乌苏村的人口情况为基准,从表1-4中我们可以得知,在

1949年之前，乌苏村总计有192户，912口人，户均人口规模为4.75人。进一步而言，如表3-1所示，家庭人口规模在4人以下的有57户，占比29.68%，家庭人口规模在4—6人的有103户，占比53.65%，家庭人口规模在7人及以上的有32户，占比16.67%，其中家庭人口最少的为1人，最多的为31人。从农户成分来看，据表1-3可知，土地改革运动时期，乌苏村贫农有137户，占比71.35%，下中农17户，占比8.85%，中农19户，占比9.90%，上中农8户，占比4.17%，富农10户，占比5.21%，地主1户，占比0.52%。因此，在1949年之前，乌苏村农户的家庭人口规模多在4—6人之间，且2/3以上的农户为贫农。

表3-1 乌苏村人口与农户家庭规模情况

家庭人口规模	户数	占比（%）	备注
<4	57	29.68	最小家庭为1人
4—6	103	53.65	
≥7	32	16.67	最大家庭为31人
总计	192	100	

（二）土地类型

位于台塬地形上的乌苏村，土地全部为旱地且无法灌溉。由于单纯地"靠雨收获，靠天吃饭"，乌苏村的农民在农业生产中依据土地的集雨能力将土地划分为坡地、平地与埝地三种类型。坡地即地处地势落差面上的较为细碎的土地，降雨时集水能力最差，且不便耕作，被村民视为差地。平地是地处峨嵋岭台面的地势平坦的土地，集水能力优于坡地，耕作方便。埝地是相较四周地势较低的土地，地面平坦，在降雨能够充分汇集雨水，被村民视为三类土地之中最好的土地。据董德顺老人回忆，在1949年之前，村庄的土地大多数为平地，埝地和坡地都相对较少，其中平地大约占总土地面积的60%，坡地大约占20%，埝地大约占20%。

（三）人地关系

在1949年之前，乌苏村有192户，912口人，土地总面积为4560亩，户均占有土地23.75亩，人均占有土地5亩。但实际上，村庄的人地关系呈现出"户占不均"的特征。

据董德顺老人讲述，在土地改革运动前后的乌苏村，贫农家庭的土地规模大多在20亩以下，部分农户甚至只有几亩土地；中农家庭的土地规模大致在30—40亩之间；富农家庭的土地规模多在70—100亩之间；唯一的地主陈梅五家的土地规模约为180

亩。我们以每类成分农户大致拥有的最低土地数量进行计算,则村庄内28.65%(非贫农户数占比)的农户占有了村庄土地总面积的48%,另外的52%土地由村庄那71.35%的农户占有。由此,乌苏村不同成分的农户土地占有呈现出较大差距,其中贫农与中农之间的差距大致在10—20亩之间,中农与富农、地主之间的差距在30亩以上,贫农与地主、富农的差距则达到40亩以上。

表3-2 乌苏村农户土地占有情况

成　分	户均人口	户均土地亩数
贫农	4.23	20以下
中农	6.47	30—40
富农	5.70	70—100
地主	31*	180

＊只有1户。

由于家庭所拥有的土地总数及人口数量不同,不同成分农户的人均土地占有量也存在差异。如表3-3所示,地主陈梅五、富农高天德、中农董文化家的人均土地占有量均在5亩以上,超出村庄的平均水平;中农贾亢宗、贫农薛佰英家的人均土地占有量均在5亩以下,低于村庄平均水平。

表3-3 乌苏村部分农户土地占有情况

姓　名	成　分	家庭人口	家庭土地亩数	人均占地亩数
陈梅五	地主	31	180	5.80
高天德	富农	9	80	8.89
董文化	中农	6	40	6.67
贾亢宗	中农	7	30	4.29
薛佰英	贫农	8	28	3.50

传统时期,除却外来逃荒以及在村庄暂住的居民,乌苏村村民的家里或多或少都有一些土地,不存在家里一点土地都没有的情况。在土地来源上,村庄农户的土地分为两类,一类是祖辈世代相传下来的,另一类是农户自主购买的。特别是对于中农及其以上的家庭来说,都有一部分土地是购买得来。当然,贫农在有能力时也会购买土地。

中农贾亢宗,刚开始家里仅有20亩左右的土地,家庭条件改善之后,贾亢宗家在距离村庄较远的地方购买了一些半荒地[1]，土地数量增加到30亩。地主陈梅五家最初从文村搬迁到乌苏村落户时，用随身带的钱购置了一些烂地，后因家里人肯吃苦，在路上拾粪往地里下，地里的粮食产量提高，家庭逐渐有了一些积蓄，遂买田置地，最终拥有大约180亩土地。贫农薛佰英家里刚开始只有8亩土地，后由于家庭人口增多，8亩土地难以满足家人生活需求，薛佰英用自己当老师挣的工资向同村的陈家购买了20亩烂地，总共花了7石麦子。

在村庄内部，只有中农及其以上家庭可以单纯依靠种地来满足一家人的生活需求，部分有手艺的贫农会在种地之余做一些小买卖来补贴家用，没有手艺的贫农则发展出了两种谋生方式：其一是给地主、富农家当长工，长年吃住在地主、富农家里，在挣取一份长工工资的同时用地主、富农家的牲口、农具顺带地将自家的土地也耕种了。其二是农忙的时候在自家的土地上耕作，在完成自家小规模的土地耕作之后去打短工，补贴家用。此外，部分贫农会直接放弃种地去给地主、富农打工。

表3-4　乌苏村部分农户谋生方式

户　主	成　分	谋生手段
解金旺	中农	种地
贾亢宗	中农	种地
李水合	贫农	种地，打短工
解丙魁	贫农	种地，卖凉粉、油糕
李斗喜	贫农	油坊榨油工人

二、人与生产能力的关系

在先天的自然环境之下，劳动力与劳动工具是决定生产能力的两个关键因素。本部分将从劳动力与劳动工具两个方面揭示传统时期乌苏村人与生产能力的关系。

（一）劳动力

1. 劳动力界定与分工

在乌苏村，对于大多数农户来说，家中的男孩如果不上学，在十五六岁时就开始承担地里的农活，除却生病、抽大烟或者其他意外导致的无法继续劳作，男性一般会

---

[1] 距离村庄远，地块小，没人要。

劳动至再也没有足够体力的年龄。一些个家庭条件差的农户，小孩从小不上学，并在七八岁就开始到地里割草，做一些力所能及的家务活或农活。有些农户甚至因为难以维持家庭生计，让小孩到地主、富农家帮忙放羊混口饭吃，从而减轻家庭负担，但此种情况下的小孩不被认为是劳动力。劳力少的农户家中60岁以上的老人在身体允许的情况下会一直参加劳动并算作一个劳力。对于家庭条件较好的农户，小孩在七八岁时开始上学，不算作劳力，家里的老人不想劳作也可以赋闲在家。

另外，是否是劳力并不考虑男女之间的性别差异，每个家庭的成年妇女在身体健朗的情况下也都是家中的劳力，只是男女分工不同。男性主要负责农田里的劳动，而女性则主要负责家里的家务活，如照看孩子、打扫卫生、喂养家禽、洗锅刷碗、洗衣做饭等，同时成年女性多会在晚上纺棉织布，一来用于给家人做衣服、棉被，二来卖棉布所得的钱可以补贴家用。在农忙的时候女性同样要去地里劳动，尤其在每年割麦、碾麦之时，女性除却顾及家务活之外都要下地劳动。对于劳力少的农户来说，家中的女性基本上要全程参与田间劳作。

> 乌苏村地主陈梅五的家人，不论是在外做生意的，还是在本村开店的，到了每年收割麦子的时节都要回家下地收麦。家中的一部分女性在家做饭，另一部分女性则由女当家人带领着去地里割麦。

2. 劳动力概况

劳动力的数量与农户的家庭人口规模以及家庭成员的年龄直接相关。从表3－1中可以得知，乌苏村有57户家庭人口规模在4人以下，103户家庭人口规模在4—6人，32户家庭人口规模在7人及以上。在此，我们采用保守估算的方法，假设人口规模在4人以下的家庭最少有1个劳动力，4—6人的家庭最少有2个劳动力，7人及以上的家庭最少有3个劳力，那么乌苏村的劳动力数量总计为359人，占总人口的39.41％。因此处是保守估计，村庄实际的劳动力数量要高于这个数值。

3. 劳动力与生产的关系

劳动力与生产能力并不正相关。大农具主导的麦作农业生产中，劳动力多并不意味着生产能力一定高，人力还必须与耕牛、犁、耙等大型农具相搭配才能完成全部生产环节。据董德顺老人讲述，在通常情况下，一个成年劳力使用一个正当壮年的耕牛，一天可以犁2—3亩土地，但如果是使用一个老耕牛或者小耕牛，一天只能犁一亩多土地，最多2亩。没有耕牛的农户在农业生产中要向和自己关系好的有耕牛的农户去借。

在将麦子收割回家里后的碾麦环节，家庭劳力多但没晒场的农户会主动寻求同村内有晒场的亲戚或关系好的农户合作。在农忙时节，家里劳动力多而土地少的农户在干完自家的农活之后还会给村中的中农家庭打短工[1]，来挣取一些粮食供家人食用。

4. 劳动时间与生产安排

在1949年之前，农民的劳动时间与农作物的生长、收获时节基本重合。每年农历的十月至次年的二月是农民的农闲时节。进入农历三月，土地解冻，农民开始犁地、耙地、耱地，迎接春雨，为播种做准备。在二十四节气中的谷雨时节，农民播种高粱、棉花、谷子等农作物，并在此后开展这些农作物的田间管理。"清明前后，种瓜点豆"，农民在农历的四月份种植绿豆、黑豆等农作物。在农历的五月份，农民开始收割小麦，此时也进入一年中最忙的时节。在将麦子收割回家里后，农民要及时将麦子脱粒并保存起来，防止下雨引起小麦霉变。连续的小麦收获劳动大约需要一个月才能结束。麦子收获后，如果回茬种高粱，农民在农历六月份种植高粱，如果不回茬，就可以给地里栽粪来增加土壤肥力。"七月十五见花朵"，在农历的七月份农民开始摘棉花并一直持续到农历的十月份。农历八月初，农民播种冬小麦，并在白露时节收获高粱。在农历的九月份和十月份，农民陆陆续续将地里未来得及收获的农作物全部收回家里并给农田栽粪，由此结束一年的忙碌进入农闲季节。

表3-5 乌苏村农民田间生产劳作安排

月份（农历）	生产安排
三月	犁地、耙地，播种高粱、谷子、棉花
四月	种植绿豆、黑豆等农作物，田间管理
五月	收割小麦，给地栽粪
六月	种植回茬高粱，田间管理
七月	摘棉花
八月	种植冬小麦，收获高粱
九月	收获黑豆，清理田地，给地栽粪
十月至来年二月	农闲时节

具体到一天的时间安排上，在夏季农忙时节，农民在天蒙蒙亮的时候就出发到地里干活，由于多是步行，农民到达地里后天刚好放亮。在中午12点左右，农民陆续回家吃午饭并午休至下午3点以后，待天气逐渐转凉开始下地并一直劳作到天黑。如果

---

[1] 地主、富农家庭多雇用长工。

碰上阴天或者天气比较凉爽，部分村民会带上干粮到地里直接干到晚上天黑才回家。晚上回到家后，有牲口的农户在晚饭过后要及时铡草喂牲口，并计划第二天的农活，没牲口的农户在劳累一天之后多早早休息。

在农闲时节，妇女除了日常的家务劳动之外，还要纺棉织布、纳底做鞋，给家人缝补衣物。男性一方面要检查生产工具，需要修理的及时修理，需要重新置办的或是购买或是请木匠、铁匠上门打造；另一方面担盐是村民农闲时的一项重要副业，中青年农民每次从运城的盐池担回七八十斤盐后，通过将盐倒卖给来村庄买盐的河津人在其中赚取差价。有手艺的男性还会做一些其他副业，比如做笤帚，然后拿到集市上售卖，作为家里的一项收入。当然，除了忙碌之外，较之农忙时节，农民会有相对充足的空闲时间来开展一些文化活动如打牌、唱戏、敲锣鼓、打花鼓等，村庄娶媳妇、嫁女等喜事也多在农闲季节举行。

（二）劳动工具

1. 生产工具概况

传统时期，村民的生产工具从类型上可以划分为大型生产工具与小型生产工具，其中小型生产工具包括镰刀、锄头、斧子、刮板、铁锹、木锹、簸箕、扫帚、叉等，大型生产工具包括犁、耧、耙、耱、车、铡刀以及耕牛等。从生物生理角度看，大型生产工具可以进一步细分为犁、耧、耙、耱等非生物性工具和耕牛这一生物性工具。对于村民来说，家中的生产工具来源主要分为两类：一类是祖辈世代流传下来的，此类工具多为大型生产工具如犁、耧、耙、铁脚车[1]，因其相对较为坚固耐用、价值高，村民一般不变卖；另一类是从集市上购买而来的，此类多为小工具如镰刀、锄头、簸箕等，因其使用寿命较短、价值较小，大多数村民选择直接购买。

村庄内每个农户都拥有手头用的小型生产工具。但犁、耧、耙、耱以及牲口等大型生产工具，只有中农及中农以上的家庭才能置办齐全，家庭条件较差或给财主家当长工的农户没有此类工具，因此乌苏村的农户在大型工具上占有不均且差距较大（表3-6展示了乌苏村不同成分农户的牲口占有情况）。在此，我们以乌苏村地主陈梅五家的生产工具为例，展现一个富裕农户的生产工具类型与数量：

> 在土地改革运动之前，陈梅五家有3头牛、3头骡子、2头驴，2个铡刀，2辆铁脚车，2个耧、3个耙、4个耱、6张犁。不论是大农具还是小农具，陈家家里都有备用的，从而保证一个农具坏了马上有替换的，不耽误农业生产。

---

[1] 牲口拉的车，因木制车轮用铁皮包裹起来，也称铁脚车。

表 3-6　乌苏村不同成分农户牲口占有情况

成　分	户　数	牲口头数	占比（％）	户均占有头数
贫农	137	17	22	0.12
下中农、中农与上中农	44	36	45	0.82
富农	10	18	23	1.8
地主	1	8	10	8

2. 生产工具借用及其中关系

在乌苏村，各种类型的生产工具均归农户个体私有，不存在共有、共用的现象。农户在借用生产工具时以犁、耧、耙、石磨等大型工具为主，小型工具为辅。

（1）农具借用及其中关系

在借用大型农具时，村民遵循"关系主导"原则。在借用次序上，村民首先向本巷内和自家关系好的、家里有所需农具的农户借。如果碰上对方正好也在使用，村民即使到了对方家里也不能开口，否则会被认为"不识趣""没眼里见儿"。此时村民可以向本巷的其他农户或者外巷甚至外村的人借，不局限于亲戚，但最关键的是双方之间关系要好。在向对方借用时，由本家的当家人跟出借方的当家人说，其他家人无权决定是否外借。借用的工具在使用完后要及时归还给出借方，如果长期不还，一来会引起出借方的反感下次不好再借，二来出借方将此事说出去后会影响借用方在村庄的名声，导致其以后难以再借到工具。借用农具不用给钱，也不用给其他形式的报酬。日后出借方家里的农活比较紧张或有其他事情需要帮忙，借用方多会主动前去帮忙，帮忙的天数没有要求，只要人情上过得去即可。

对于小型生产农具，如果农户自家的坏了或丢了还没来得及买，导致没有马上可用的或者一时需要的较多而家中的不够，村民会向关系好的邻居借用。如果亲戚离得近，也可以向亲戚借用。借用时，本家的当家人只需跟出借方的家人说即可，不须跟出借方的当家人说。借用小型工具不用给任何报酬，也不算人情，仅为相互之间的帮小忙。

借用的工具在使用过程中发生损坏，如果损坏程度较小，或是个人修理，或是请匠人修理，修理费用由借用方承担[1]，在修理好后归还给出借方时要向对方说明情况。如果损坏的程度较大，无法再修理，借用方要给出借方赔偿一件质量相当、价值相当的工具。如果借用方家庭条件差，无力赔偿，出借方也再三表明不用赔偿，此时借用方可以不赔偿，但欠出借方一个人情，在日后要通过帮工的方式还回去。

---

[1] 当时主要用麻钱和铜圆，费用由匠人说了算，匠人一般也不胡要，有一个市场价或者说官价。

2. 耕牛借用及其中关系

在乌苏村，村民没有合伙买耕牛的情况，有能力的家庭会单独购买。农户家里的耕牛被偷，村长不会主动出面管理，村民也不会找政府帮忙，而是由耕牛的所有者自己寻找。若丢失耕牛的农户发现耕牛是被同村的人所偷，村民要找偷牛者家庭的当家人解决，当家人多是将偷牛者训斥一顿并做出赔偿，此类偷牛者也往往被村民视为家庭的"败家子"。由于整个村庄的耕牛数量不多，是谁家的牛村民一眼就可以认出来，正常的村民是不会选择偷牛的。若耕牛是被外村的人偷了，那基本上就找不到了，因为偷牛贼会迅速将耕牛倒卖至其他地方。

(1) 耕牛借用

自家没有耕牛的农户在农业生产当中要使用耕牛时，一般是跟巷内和自家关系好的农户借，如果在本巷借不到，村民可以去同村外巷去借，同样是双方之间关系要好；如果亲戚在邻近的村庄，村民也会向邻村的亲戚借用耕牛。在借用耕牛时，借用方要当天借当天还，即使是亲戚的耕牛也是如此，因为借用方家里没有喂牛的牛槽与草料，归还回去后出借方要及时喂牲口并检查牲口有无毛病。如果借用方第一天没有将农活干完，第二天还需继续使用，则当天晚上归还时要向出借方说明情况，在征得出借方同意的情况下第二天再来牵牛。归还耕牛时，借用方不用给报酬，也不用给耕牛准备草料。有些村民心里过意不去，会主动给耕牛割一筐草在归还时一并给出借方送去，若是使用耕牛拉磨磨面，磨面的麦麸多数情况下给耕牛吃。此外，在牛工和人工之间没有固定的兑换比例，如果对方农活紧张或者家里有其他的活比如建房子，借用方会主动给对方帮忙，帮忙的时数与天数没有固定的标准，但一般情况下一两天就可以了。在乌苏村，村民与村民之间没有租用耕牛的情况，都是凭借人情相互借用、互相帮忙。

(2) 佮伙用牛

"佮伙"即搭伙、合作的意思。在乌苏村，佮伙用牛仅发生于下中农或者日子能过得去的贫农之间，难以维持生计的贫农多是给地主、富农当长工去了，因此不存在佮伙用牛的情况。搭伙用牛主要分为两种方式：一是一个家庭有耕牛但是劳力相对缺乏，另一个家庭劳力富足但是没有耕牛，此时在这两个家庭之间可以搭伙使用耕牛，一方出牛、一方出力；二是两个家庭都有耕牛，但耕牛都是小牛或者老牛，单凭一个小牛或老牛拉不起犁、耧、耙、车或者耕作效率低下，这类家庭也会彼此合作，用两个牲口合拉一张犁。在此，不论是第一种方式还是第二种方式，两个家庭之间关系要好，且都是互相帮忙、合作生产，不产生报酬或者其他费用。家庭经济条件差距大的农户之间不会佮伙用牛，如地主和贫农不会佮伙用牛。中农通常拥有全套的生产工具，也不会与其他农户伙用牛。

3. 石磨借用及其中关系

石磨是村民用来磨面的工具。传统时期，乌苏村的石磨均为私人所有，因为石磨使用时间长了转速会变慢并不再好用，此时就要请"瓷磨人"来对磨子进行清理、维修，如果是公共的，容易出现石磨年久失修的情况。在村庄内，石磨不是富农、地主等有钱人家的专属工具，部分贫农家庭也有祖辈传下来的石磨。据董顺理老人介绍，1949年之前，乌苏村的西巷大概有十三四个石磨。

需要磨面时，如果农户自家没有石磨，一般向本巷内有石磨且和自家关系好的农户借用，借用时由本家的当家人出面向对方的当家人说明。借用石磨通常不用出钱，因此对于村民来说，不一定优先借用亲戚家的石磨（亲戚家的不用出钱），哪儿的方便就使用哪儿的。如果是借用穷人家的石磨，村民一般会将磨底不到二斤的麦麸留给石磨的主人。

若石磨由于使用时间长了转速变慢，由石磨的所有者请瓷磨人来清理磨子，借用方不用负责。传统时期，瓷磨人多为外村或外地的，乌苏村本村没有人会瓷磨，请瓷磨人的花费看石磨的大小，工钱根据当时的行情来定，可以使用粮食来支付。据陈凤泉老人讲述，大磨子瓷一次一般需要一天的时间，工钱是30斤粮食，小磨子瓷一次用不了一天但也会给瓷磨人一天的工资，工钱是20斤粮食。瓷磨人来家里瓷磨主家要管一顿饭，中午之前请来的就管午饭，中午以后请来的则管晚饭。

民国时期，乌苏村的陈梅五家有一个石磨。巷里的人来陈家磨面，要经过陈家女当家人的同意，如果同时有几个邻居都过来了，则按照来的先后顺序由女当家人来安排。对于陈家来说，村民来借用石磨一般会让使用，关系不好的就不会过来。使用陈家石磨的村民也可以使用陈家的牲口，磨完面后不用给报酬，磨面剩下的麦麸由磨面人自己带走，陈家不会要，因为陈家自己磨面的麦麸就够自家的牲口吃了，"咱家的麦麸牲口都吃不了，还用他的啊"。据陈凤泉老人回忆：陈家的石磨一天可以磨400斤粮食。使用时间长了，磨子不好用了，由女当家的跟男当家人陈梅五说明情况，之后陈梅五去请瓷磨人，因为瓷磨涉及给瓷磨人出工钱。请来瓷磨人后，要管瓷磨人吃好饭，因为怕其捣鬼，如果磨子瓷不好，要么会导致磨出来的面不好吃，要么磨子没过多长时间就又不好用了。

第二节 产权与产权关系

1949年以前,乌苏村的大部分土地归农户个体私有,仅有少量官地归村庄共同所有。家庭劳力多、土地少的农户为了耕种土地进行土地租佃,在遭遇天灾人祸或生活穷困急需用钱时,农户会将土地交易或典当出去,同时部分农户为了耕作方便会与其他农户进行土地置换。本节将从产权类型与边界关系、土地买卖关系、土地租佃关系、土地典当关系以及土地置换关系等五个方面考察传统时期乌苏村的产权与产权关系。

一、产权类型与边界关系

传统时期,乌苏村的大部分土地归农户私有,但也存在坟地、庙地、官地等公共性质的土地,各类土地以官背为界或以路为界,村民对土地的产权或是心里默认,或是通过契约认定。

(一)土地产权类型

1. 产权归属与使用

乌苏村村落范围内的房屋、池塘、水井、土地等实物均具有明确的产权归属,根据产权性质村庄内的土地可以划分为私有和公有两大类。

(1)私田与黑地

私田,即归农户个体私有的土地。民国时期,农户所耕种的土地均归农户私人所有,私田的来源也主要为购买或者祖辈遗传。除私田外,村庄内有一种"见不得人的"土地同样归农户私人所有,人们称之为黑地。

据董德顺老人讲述,在1949年之前,乌苏村内的黑地总量不多且不是每个农户都拥有,占有黑地的农户最多只有二三亩[1]。黑地的来源则主要有以下两类:一是靠近田间路的土地所有者会私下侵占部分路面,但侵占的数量很少,一般不会被人发现;二是靠近土崖的土地所有者会紧靠土崖开垦出一溜土地,因其不与其他村民的土地相邻,多数情况下也不会被发现。村民在开垦黑地时,多是在自家不同的地块分别进行,因为集中在一块土地上开垦,一是容易被他人发现,二是土地的位置多有限制。村民在知道其他农户有黑地后,只要数量不是很多,一般不会主动揭发,一是因为所开垦或侵占的黑地不是自家的,与自己无关;二是揭发后会影响彼此之间的人际关系,导致两家关系恶化。

开垦出来的黑地由农户个体经营,黑地上所获得的收入也归农户个体私有。一方

---

[1] 多了村民会"咬出来",即其他村民或因嫉妒,或觉得不公平将其说出来。

面由于黑地是"见不得人的",只要村民之间不相互揭发,不被政府知晓,农户耕种的黑地便不用向国家缴纳赋税。另一方面农户在耕种黑地时,均是与自家原有的农田一起耕种,涉及土地买卖、产权变更,黑地也是随同农户原有的土地发生相应的变更并遵循相应的规则,不做单独处理。

(2) 坟地

在乌苏村,部分大家族拥有成规模的家族坟地。家族坟地以及坟地上的附属物归整个家族共同所有,族长负责家族坟地的日常维护与管理,且需向国家缴纳赋税。如果在家族坟地上开展农业生产,相应的收益也归整个家族共有并作为家族公共性开支的来源。家族坟地不能典当也不能变卖,相应地产权归属不发生变更。

> 乌苏村的董氏家族最初从小淮村迁来。在小淮村,董氏家族有二三百亩坟地用来埋葬家族的祖先,坟地归整个董氏家族所有。在平时族长雇用五六个长工来耕作坟地,每年坟地上的收入一是用来支付长工的工资,二是用作家族会餐的费用、购买祭祀用品以及维护坟地。

> 在乌苏村的邻村——胡村,张氏家族是村内的一个大家族,家族有公共的坟地,但由于坟地规模不大,张氏族人在坟地上仅种植了一些柏树。有一年,家族成员张立顺因为抽大烟把家败光后,在家族坟地里锯了两棵柏树偷着卖了,族长张成顺知道后找见张立顺,问道:"你怎么把两个柏树给卖了呢?"张立顺说:"我没有办法啊,我把树卖了。"张成顺之后批评了张立顺几句:"不敢卖那个嘛,那是咱祖坟里的东西,你就把那卖了?"张立顺后来再也不敢偷卖家族坟地里的柏树了。

村内的普通农户多没有专门的坟地,家中去世的祖辈埋葬在自家农田。由于坟墓数量少且散落分布在各个田块,农户会照常在农田上从事劳作并正常向国家缴纳赋税,只是在具体的耕种过程中会绕开农田里祖辈的坟冢。如果祖辈坟墓所在的田地产权归属发生变更,农户依然可以去祖辈的坟前进行祭祀,田地的现时所有者在耕作过程中也会主动避免对坟墓造成破坏。当祖辈的配偶或晚辈去世需要与祖辈葬在一起,但农田已不属于自家时,农户在向农田现时所有者说明的情况下仍然可以将逝者与祖辈葬在一起,农田的现时所有者不会故意阻挠。"死者为大"是为村民共同默守的一个规则。

(3) 官地

官地是归村庄共同所有的土地。据陈凤泉老人回忆,传统时期,乌苏村总共有四五亩官地，位于村庄北边的土崖上。土崖的上面用来耕种，侧面用来供村民取土。官地多为烂地，所生长的农作物产量不高。

乌苏村本村的村民都可以在作为官地的土崖上取土，外村村民不能取。当村民盖房子、筑土墙或清理牲口圈棚需要用土时，村民会去取土。在取土过程中，村民不能在靠近土崖上边的位置取土，以防土块掉下来砸到人。这一般由官地的耕种者负责管理，如果超出安全范围，耕种者会制止。

（4）庙地

据解仁荣、董维理、董顺理等老人讲述，在民国时期，乌苏村附近的介山庙有三四十亩庙地。因介山庙归乌苏村、胡村、小淮村、南牛池村四个村子共管，每个村子轮流掌管一年，因此介山庙的庙地也归这四个村子共有。

庙地平时由看庙人赵四娃耕种。赵四娃是外来户，一家人都居住在介山庙，看庙没有额外的报酬。耕种庙地一年下来的收入一是作为赵四娃一家人的口粮，二是在每年农历的三月三举办庙会、九月九举办古会时，庙地收入的一部分要作为这两项活动的开支。耕种庙地不用给政府交粮。在抗日战争时期，介山庙被日军的炮弹所炸毁，因庙地距离村庄较远，耕作起来不方便，也再无村民过问庙地，庙地随之荒废。

2. 产权认定

在1949年之前，村民对土地产权的认定主要有两种方式：一种是约定俗成的心理上的默认，另一种是以正式的纸质契约来认定。

（1）心里默认

对于乌苏村村民来说，不论是公有性质的还是私有性质的，一些情况下土地的产权在村民中间是约定俗成的，没有人会去质疑其归属，村民心理上的认同即是对其产权的认定。

首先，就私有土地来说，祖辈去世后遗传下来的土地自然归逝者的后代所拥有，土地私有产权不随着逝者的去世而消失，这是为村民所公认的；第二，不在村庄的村民，其所拥有的土地产权不随其住所的变更而发生变化，即使其土地处于抛荒状态或者被其他村民所租种，土地仍归该村民所有，其他村民不能无理、非法侵占。其次，村庄的公共土地或者庙地，这些多是存在多年的，历代村民在心理上也均认可其产权归属，村中的晚辈从小便会被家人告知其产权归属，外来者则由当地村民告知；至于家族共有的坟地或者其他土地，其产权为整个家族成员所认可并世代传承，不需要任何形式的证明。

（2）契约认定

土地买卖必然涉及土地产权归属的变更。在传统时期，土地是政府收取赋税的重要来源，土地产权归属的变更意味着政府收取赋税对象的变更，因此，政府对土地产权有着较为严格的登记管理。

在土地买卖过程中，买卖双方要签订正式的土地契约。在地契上要写明土地的面积、四至、地块位置、中人姓名、买卖时间、土地价格等信息，在中人和买卖双方都在场的情况下签订契约并按手印。地契一式三份，在签订后先要拿到政府部门盖章获得政府的认可，之后一份契约留底在政府部门，其他两份由买卖双方各持一份。

（二）土地边界关系

土地的产权边界分为两类，一类是因土地相邻产生的边界，此部分内容在第二章第三节有过详细记述，在此不再重复；另一类是自然产生的边界，即以路为界。

在地形平坦的乌苏村，村民为了耕作方便，在田块与田块之间开辟了田间小路来方便行走，此类小路的宽度一般至少要保证一辆耕牛所拉的车能够通过，为公共所有。由于每块土地都有其四至，在地的两头至少会有一条田间道路，这条道路就是这块土地的天然边界。土地耕种者不能私自侵占田间道路，妨碍道路上的正常通行。但这仅靠村民的自觉来保障，部分村民会私下侵占一点路面来扩大自己的农田面积，此类农户的黑地也大多由此而来，但只要不影响正常通行一般没有人会在意。

因土地相邻产生的边界纠纷调解在第二章第三节已有详细记述，此外，村民之间有时会因土地上的附属物如柿子树上结的柿子产生纠纷。在纠纷解决中，除了自主协商、请人出面调解等常规纠纷解决方式之外，村民之间有时会通过武力来解决，谁的势力大，谁能打得过谁，谁就是最后的获胜者，自然也成为最终的受益者。在1949年之前，乌苏村的部分村民也是"势利眼"。村民的个人能力影响其在村庄的地位，如果一个人能干、能力强，村民都会看得起这个人，自然也不会有人欺负他，但如果一个人懦弱，没有能力，其在村里的地位就低下，村民就敢欺负他。此外，一个家庭如果男孩子比较多，村里没人敢随意欺负，"几个孩子里面，总有一个能干的"，并且在传统时期正常男性的劳动能力要远高于女性，多男孩的家庭自然也保有发展壮大的希望；而如果一个家庭没有男孩，这个家庭在村庄就会显得没"势力"，相应地也容易遭人欺负。

二、土地买卖关系

传统时期，乌苏村村民在急需用钱时会卖出土地，土地买卖也是村庄内最为常见的土地产权变更途径。

（一）土地买卖概况

传统时期，土地作为人们赖以生存的基础性资源，不到万不得已村民不会选择卖地。在乌苏村,卖地主要出现于以下几种境况:一是家庭生活困难,家里的生计难以继续维持下去,家人面临饥饿威胁时村民会选择卖地。这种情境多发生于过年前后,因为此时正好处于青黄不接的时候,贫穷农户可能没粮食可吃。二是做生意需要本钱,而家里现有的资金不够时,村民会选择卖地。三是家里的儿子结婚需要用钱时村民会选择卖地。这一般发生于贫穷家庭,村民也不会议论、嘲笑这种情况下的卖地行为,而大多抱以同情、怜悯甚至赞赏、羡慕的态度。四是急需还债时村民会选择卖地。例如,乌苏村的董狮娃在1949年之前,家里有40亩土地,其三弟董满斗抽大烟在外面欠下了债,要债人来到家里后,董狮娃由于是个"软人",不会和人乱说话、说胡话,也觉得惹不起对方,就把家里的土地卖掉一部分将三弟所欠的债务还上,打发要债人离开。五是家里出现紧急情况,如家人被绑架、遭遇重大伤病等急需用钱时,村民会选择卖地。

村民进行土地买卖交易的客体主要为农户的私有土地,家族性坟地、庙地、官地以及其他类型的公共土地不参与到交易之中。土地买卖属于农户的私人行为,村民可自由买卖土地,并自主决定土地的价格、交易对象、交易方式等等,没有强买强卖的情况。土地买卖时不用交定金,村民认为这是"一句话"的事,双方口头约定即可。对于农户来说,在进行土地买卖时,好地容易卖出去,而烂地则较为困难甚至卖不出去。

农户的私人土地买卖由家庭的当家人说了算。如果一个家庭是老人当家,则由老人说了算,即使儿子已成年并结婚,其仍然无权决定;如果丈夫在外急需用钱,丈夫当家,妻子在得到丈夫许可的前提下可以经手变卖土地;如果丈夫去世,儿子尚未成年,家庭由妻子来操持,则妻子有权决定是否买卖土地;如果是儿子当家,但儿子不务正业或者身体不好,儿子的父亲还健在,则父亲有权决定家庭土地的买卖。村民在进行土地买卖时,村庄的村长、间长不会过问、干涉,即使是跨村落的土地买卖,也是如此。

(二)买卖次序与地价

1. 亲戚、邻居宣传

在售卖土地之前,村民首先会将自家卖地的消息告诉亲戚、邻居,然后由亲戚、邻居一传十传百,将消息扩散出去。村民之所以这样做,一是因为亲戚、邻居如果有买地的意愿,可以成为潜在的交易对象;二是亲戚、邻居可以发挥宣传作用,帮助介绍交易对象;三是避免亲戚、邻居想买地却不知道这一消息,从而引起双方之间的误会,导致双方之间的关系受影响。

2. 出高价者为先

在卖出土地时,村民遵循"出高价者为先"的原则。虽然通过亲戚、邻居将卖地的消息扩散出去,但村民最终的出卖对象以出价最高者为先,因为凡是走到卖地这一步的村民多是急需用钱。如果是同样的价钱,村民会优先将土地卖给亲戚,此时邻居不会有什么怨言,但这类亲戚会被村民指责趁火打劫,因为亲戚理应主动出手相助;如果亲戚不买,同等价钱下,村民选择交易对象的次序遵循"邻居——同巷人——本村人——外村人"这一逻辑。若村民的土地与外村的土地相邻,考虑到耕作方便,村民会将土地卖给外村人;但如果土地是在村庄的内部,村民则会将土地卖给本村人,此时外村人也不会前来争着买地,因为耕作不便。

3. 依产量定地价

在土地买卖中,买方多为中农或中农以上的家庭,个别有积蓄的贫农有时也会参与买地。土地的地价根据土地上小麦产量的高低来决定,[1] 以一亩为计量单位,地价一般是土地常年小麦亩产的3倍。在1949年之前,村庄内一亩埝地的小麦产量大致为160—170斤;一亩平地的小麦产量大致为110—120斤;一亩坡地的小麦产量则大致为70—80斤。如果土地过烂,土壤肥力过低,田主家再没牲口,此块土地就会荒着,也没人会购买此类土地,田主会选择给村庄的财主家扛活(当长工)去。在具体交易时,买方既可以给钱,也可以给粮食,若是给钱,则以当时的粮食市场价为标准进行折算。

表3-7 乌苏村三类土地交易价格(以小麦为例)

土地类型	亩产(斤)	大致地价(斤)
埝地	160—170	480—510
平地	110—120	330—360
坡地	70—80	210—240

(三)土地买卖中的产权认定

1. 无产权纠纷才可卖

卖方所要卖出的土地必须具有明晰的产权,若土地存在产权纠纷,在纠纷解决以前田主不能售卖土地,为了避免以后纠纷不断,此时也没人敢买。对于祖上所传下来的土地,兄弟在分家之前不能变卖,待兄弟分家之后田主可自由处置,但不卖给和自家祖上有矛盾的人。

2. 请中人

土地买卖中至少要请两个中人,一般由买卖双方各请一个,所请的中人多是为双

---

[1] 实际上就是根据土地的好坏。

方所信任并在村庄内有威信的人，可以请村长、闾长，也可以请其他人。不论是卖方还是买方，所请的中人必须经过对方的同意，若对方不同意，则必须另请他人。在交易中，中人一是充当说话人的角色，在买卖双方之间进行沟通、协调；二是充当土地买卖的见证者，防止日后买卖双方产生纠纷。请中人时不用带礼品，事后也不用给报酬，在签订契约时买方要请中人吃一顿饭表示感谢。在交易完成后，部分当事人会拿一些好吃的再次去登门拜谢中人。

3. 丈量土地

在契约签订之前，要用丈弓丈量土地，核实土地的亩数。在丈量土地时，首先查看现有地契上关于土地四至、亩数的记载，并当着土地四邻的面将土地的灰眼挖开，确保土地不越界，避免以后产生边界纠纷。在丈量过程中，买卖双方要请一个会根据丈量结果计算土地亩数的人来专门进行计算，此人只负责计算，不负责丈量。丈量土地的人选由买卖双方商量决定，一个人即可，若中人能够担任就由中人丈量。在量地时，买卖双方、土地的四邻以及中人都要在场。

（四）签订地契

买卖双方签订契约在饭桌上进行。在谈好价格，土地面积、边界确定之后，由买方请卖方、中人、土地四邻、土地丈量人、地亩计算人以及村长在一起吃顿饭。契约的执笔者为村庄内"会写的人"，如若买卖双方有一方会写，可在众人的见证下当场写契约，如若买卖双方都不会写，则请中人抑或村庄内其他会写的人来代写契约，土地的四邻不参与契约的撰写。契约的内容主要包括土地面积、土地四至、买卖双方的名字、中人的名字、土地价格以及日期等。契约写好后一式三份，由村长在交易参与者的见证下在三份契约上盖村庄的公章，之后买卖双方到县政府的财粮处备案。三份契约盖上县政府的方印后契约生效，买卖双方各持一份，第三份留政府备案，同时卖方要将田地的老契约交由买方保管，老契约不能销毁。至此交易完成，买卖双方不再单独向村长报告。

土地买卖要交过割税，过割税由买方缴纳。在交易完成之后，所交易土地的赋税日后也由买方来承担。如果卖方十分急需用钱，急于将土地售卖出去，地价会较正常情况下偏低，此时会出现在交易完成后依然由原田主承担土地赋税的情况，不然土地卖不出去。此种情况多发生于村民与外村人或陌生人之间，若是同村人，买方会被村民认为是"趁人之危""趁火打劫"，买方的名声会受到影响，买卖双方之间的关系在日后也可能破裂。

（五）土地买卖的频率

在乌苏村，但凡生活能过得去，村民不会变卖土地。在买进土地后，只要家里不发生意外或其他重大变故，村民会一直耕种土地。但如果家里在买进土地的第二年因各种原因急需用钱，村民也会被迫出卖土地。另一种情况是耕种一段时间后，村民觉得另一块土地更好，便会将家中不好的土地卖掉来筹资购买相对更好的土地，但这之中有一个家庭积累的过程，时间长短因每个家庭的情况不同而相异。这里我们展示一个村民买卖土地的实例，从中可以看到村民买卖土地的一个时间差。

> 土地改革运动之前，村民董文化家里有40亩土地，一头牛，土改时被划为中农成分。在1942年左右，董文化家从村民王财德家购买了7亩埝地。村民王财德家的经济条件在村中同样处于中等水平。王财德最初是从同村富农高天德手里买的这7亩埝地，并耕种了一二十年，但"中农也经不住天灾人祸"，王财德的老婆得病去世后，由于看病花光了家里的积蓄，一时没钱为妻子举行丧葬事宜，王财德只能将这7亩埝地卖掉，用卖来的钱发落死者。董文化家购买土地所需的钱，一是来源于家里种地的积蓄；二是董文化的叔叔在曲沃开皮坊做熟皮生意，通过售卖牲口的套绳等手工业品积累了一部分资金。

三、土地租佃关系

在乌苏村"户占不均"的人地关系之下，土地租佃为劳力多、土地少的农户提供了耕种土地的途径。

（一）土地租佃概况

在土地改革运动之前，乌苏村的地主、富农等有财力的家庭多雇用长工、短工，既不出租土地，也不承租土地，如果需要，地主、富农会直接购买土地。租佃关系多发生于中农及其以下的家庭，出租方为土地多、没劳力又雇不起长工的家庭，承租方为无地、少地，但劳动力多的家庭。从村庄内部来看，出租方与承租方多为同巷、同间、同村的人，且相互之间多为邻居、朋友或者一般的关系，少有亲戚之间产生租佃关系的，因为对村民来说亲戚之间不好开口谈租金，即"没法说话"。从村内外的租佃优先次序来看，农户出租土地时会优先租给同村的村民，很少有租给外村的，除非土地与外村相邻，否则外村人也不会主动过来承租。

承租方租种出租方的土地，租期为1—3年，在大多数情况下以3年为期。这样既避免承租方刚把土地涵养得有肥力了出租方就把土地收回去，也避免出租方在短期内急需用地却拿不到土地，或者租佃双方关系破裂而租佃关系却还要继续维持。在3年租期到期后，如果承租方想继续租种土地，双方可以续约。租佃双方的任意一方都可以提出解除租佃关系，但在3年租佃期内，出租方不能随意收回土地，承租方也不能单方面解除约定。

确定租佃关系一般在冬季的农闲季节至来年的惊蛰时节之间，最晚在惊蛰时节必须确定租佃与否，因为惊蛰之后农民就要开始一年的田间劳作。租佃关系确定后，出租方与承租方各自独立开展农业生产，承租方不用给出租方帮忙干活，过年过节承租方也不用给出租方送礼，"一切都在租金里了"，承租方只需按时把租金交给出租方即可。

此外，租佃不改变土地的产权归属，只是改变土地的使用权。在承租期内，国家对这块土地的摊派或征收的赋税，遵循"谁种地谁纳粮"的原则，即由土地的实际耕作者——承租方来纳粮。

(二) 租金形式与交租

1. 租金形式——分成租金为主

传统时期，土地租佃双方的租金形式分为固定租金和分成租金两类，并以分成租金为主。分成租金多为三七开或四六开，二八开、五五开的很少见，在三七开与四六开中又以四六开为主，出租方拿四，承租方拿六。租金在每年农历的七月份上交，一年一清，因为在农历的七月份农户的麦子就收割完毕了。固定租金的租额大致为每年每亩地3—4斗麦子，一斗麦子为30斤，因此每年每亩地的固定租金大致在90—120斤小麦之间，租金交付没有固定的时间，由租佃双方协商决定。当地一亩好地每年的小麦产量才为160—170斤，一亩平地每年的小麦产量为110—120斤，结合乌苏村土地的粮食产量来看，固定租金相较于分成租金承租方需要支付的粮食更多且承担的风险也更大，因此当地农户多采用分成租金。

2. 交租

在交付租金时，承租方每年要在双方约定的时间将租金送至出租方家里，如果在送交租金的路上遇到土匪或强盗，租金被抢，由承租方承担责任，出租方依然收取约定的租金。承租方逾期仍未将租金交给出租方的，出租方会到承租方家里上门去要。在具体交付租金时，租佃双方会用斗量或者用秤来称麦子，秤与斗均需是经过官方认可的，避免租金因称量的器具问题而出现偏差。如果租佃双方都没有秤或斗，可以向邻居借用，借用时不用带礼品，也不用给任何报酬。如果承租方在一年到期后，没有能力给出租方交付租金，承租方可找一个担保人并承诺在多长时间内将租金补齐。所请的担保人要有一定的财力，最起码能保证付得起租金并要得到出租方的认可，若到期后承租方依然交不起,则要由担保人来为承租方支付租金。

除却请担保人外,交不起租金的承租方也可以延期交租,具体的延期时间要由在确定租佃关系时双方所请的中人在二者之间协调。延期不超过2年的,出租方不会在原定的租金基础上增加利息,到期后若承租方依然还不上,就要找自家的亲戚[1]借粮交租,此时村民不会借给承租方粮食,因为知道其还不上。延期超过2年的,出租方要在原定的租金基础上增加利息,具体的利息数额由中人在双方之间协调,多为欠一斗还一斗一升或一斗二升,如果双方之间关系好,即使延期超过2年,出租方也可能不附加任何利息。

(三)签订契约与违约

在确定租佃关系时,租佃双方之间要签订契约,契约的内容一般包括租佃双方姓名、土地位置及面积、租金金额、租金形式、租地年限以及交租时间等。契约的执笔者为村庄内会"写字"[2]的人,如果租佃双方的任意一方或者中人会写,则由会写的那个人执笔。在签订契约时,租佃双方以及中人都要在场,所写契约的内容要经过三方的一致认可。在契约写成后,租佃双方以及中人都要在契约上按手印,有个人印章的也可以印章代替,以示对契约的认可。所签订的契约不需要经过政府的批准,也不需要上报给村长,契约一式两份,由租佃双方各持一份。

契约签订之后,租佃双方的任意一方都不能随意违约。出租方不能随意收回土地,但如果出租方的家族势力大、人强势,而承租方家族势力小、人软弱,出租方也能强行收回土地,但要赔偿承租方的损失,赔偿的金额以当年田地里所种农作物的产值为准,由中人来估产,作物的价格"随行就市",按当年的市场价来计算。出租方同样不能改变租金,此时不论出租方的家族势力大小,承租方都不会认可出租方单方面改定的租金。

(四)请中人

确定租佃关系时必须请中人。租佃双方的任意一方请都可以请中人,但所请的中人要经过对方的同意,若对方不同意,或者另请中人,或者由不同意的一方再请一个中人,此时所请的两个中人要互相认识,避免难说话而办不成事。当事双方所请的中人多为同村人。请中人不看中人的家庭条件,中人可以由村长、闾长担任,也可以由普通的穷人担任,关键是租佃双方都信任并熟悉。如若租佃双方是亲戚,可以请双方共同的一个亲戚来担任中人,所请的亲戚必须有财力、有能力、有威信,并且双方都

---

[1] 一般为儿女亲家等近亲。
[2] 此处的"写字"是指懂得契约内容并能写得出来,不是单纯意义上的书写文字。

认可,"没财力、没能力的亲戚,自己的事都管不了,没法当中人"。

在租佃期内,承租方与出租方发生纠纷,首先请中人出面调解。若双方不服从中人的调解意见,可再请村长出面调解。村长调解不成功并且双方依然互不相让,就可以去打官司。

四、土地典当关系

传统时期,乌苏村村民在需要用钱或暂时不耕种土地但又不想把土地卖掉时会进行土地典当。相较于土地买卖和土地租佃,土地典当现象较少。

(一)土地典当概况

在1949年之前,乌苏村村民进行土地典当多出于以下几种原因:一是家境穷困,无法继续耕种土地但又不想把土地卖掉。二是家中有人遭遇重大疾病或者其他天灾人祸,需要用钱但不到卖地的程度。三是家人抽大烟把家败了,为了还债或者买大烟而典当土地。四是家里做生意需要用钱。五是去外面做生意暂时不耕种土地了,但又不想把土地卖掉,以备从外面回来有地可种。

典当土地时,"谁当家谁典当",即由家庭的当家人决定是否典当土地以及典当的交易对象。承典方可以是贫农、中农,也可以是富农,还可以是自家亲戚,只要承典方给得起钱、双方之间没有矛盾即可。典当的土地,典期最少为3年,一般为5年,上不封顶,因为承典方要给地里栽粪并进行相应的田间管理来提高土地肥力,不能承典方刚把土地的肥力提高了出典方就把土地收回去,最少要让承典方受益3—4年。典期未满,出典方不能中途收回土地。承典方在得到土地之后,一般不再将土地转手出租给他人,因为承典方就是为了多耕种土地才承典土地的。

(二)典当关系确定

在确定典当关系时,典当双方至少要请两个中人,一般由双方各请一个,所请的中人要经过双方的认可。中人多是村庄内能说会道、会办事、有文化、写得了契约的人。例如乌苏村村民董星堂,念过书,教过学,为人热情,在村里常充当中人给人说合事情。请中人不用带礼品,事成之后,典当双方给各自所请的中人送一些好吃的如点心、烟、酒等表示谢意。

请好中人后,典当关系的确定以签订契约为标志。契约由中人来写,内容包括典当双方的名字、典期、价格、中人的名字以及时间等。典当双方在契约上签字、按手印或盖手章后契约生效,一式两份,典当双方各持一份。典当土地是农户的个人行为,不需要得到国家的许可,也不需要向村长报告。

五、土地置换关系

在乌苏村,农户之间为了相互耕作方便会进行土地置换。例如,农户A的土地与农户 B 的相邻，A 可以用同等质量和数量的土地与 B 进行置换，从而使土地相邻，耕作更为便利。另外，有些农户由于家庭生活困难，但又不到卖地、典地的程度，为了挣一点钱，会用自家的好地去跟其他农户的差地置换，此时拥有差地的农户会给拥有好地的农户找补一些差价。第三种则是有些农户家里劳动力多，为了多耕种土地，会用少量的好地置换数量多一些的差地。

土地置换一般发生于双方地里的庄稼收获以后，多在种麦之前或者冬季农闲季节，如果地里长有庄稼，会涉及产量评估，为了避免各自觉得吃亏，双方都不选择在这个时候进行土地置换。土地置换遵循公平合理的原则，如果双方土地的质量、数量相当，则平等置换；如果用好地置换差地，差地田主要给好地田主找补一些钱或多给好地田主一些差地。双方之间进行土地置换不用给土地的四邻打招呼，也不用征得土地四邻的同意，由于是双方之间的私下行为，亦不用向村庄报告，也不须请村长参与。

置换土地不改变土地的产权归属，日后双方如果想换回来还可以再换回。农户家中的土地置换与否由家庭当家人说了算。在具体置换时，双方之间要有一个说话人，此处的说话人不是严格意义上的中人，只需在置换双方之间传达消息、进行协调即可。事成之后，也不须请说话人吃饭，只需买一些好吃的送去表示谢意即可。土地置换为双方的口头约定，不用写纸质契约，因为双方是为了耕作方便、出于自愿才进行土地置换的，只要双方商量好，不存在毁约的可能；若要写契约，则由说话人来写，契约一式两份，双方各持一份。

第三节 经营与经营关系

1949 年以前，核心小家庭是乌苏村农民开展生产经营的基本单位，家庭内部进行简单分工。受劳力和劳动工具的限制，农民又通过换工、帮工、请工、雇工等方式来开展合作经营和雇佣经营。本节将从经营单位、经营分工、合作经营及其关系、雇佣经营及其关系四个方面考察传统时期乌苏村的土地经营及经营中产生的关系。

一、经营单位

传统时期，家庭是乌苏村村民开展土地经营的基本单位，农户拥有独立自主的经营权，在经营过程中家长集中负责。

（一）"一家一户"式经营

1. 家户经营

在 1949 年之前，乌苏村的总户数为 192，总人口数为 912。从家庭规模来看，4—6

人之间的最多，有103户，占比达到53.65%；4人以下的次之，有57户，所占比例为29.68%；7人及以上的最少，有32户，占比16.67%。其中，家庭人数最少的为1人，最多的有31人。据董德顺老人讲述，传统时期村庄内普通农户多为3代，家庭结构为"爷爷—父亲—儿子"，部分家庭的代际分布仅有两代，家庭结构为"父亲—儿子"，"四世同堂，五世其昌"的家庭很少，家庭人口数最多的陈家是村庄内唯一7代未分家的家庭。家中有多个儿子的农户在儿子成婚后，在已婚儿子的要求下或父母的主动提议下，会进一步裂变为一个个小家庭。由此，村庄内农户的家庭类型以核心家庭和主干家庭为主，相应地土地经营也以"一家一户"的小家庭为基本单位。

就劳动力来看，普通农户每家至少都有一个劳动力，家庭人口数较多的农户的劳动力数量可以达到3—4个。在大农具主导的麦作农业生产过程中，一个劳动力可以独自完成犁地、耙地、播种、收割、锄草、栽粪等农作环节，但在将麦子收割回家里后，一个劳力难以独立完成碾麦这一环节，由此产生了农户之间的合作。在碾麦过程中，普通农户之间的合作规模在2—5户之间，家户之间的合作对象主要是和自家关系好的邻居或同巷人。

2. 独立经营权

在"一家一户"的经营体制之下，农户有独立自主的经营权。对于村落内的农户来说，无论耕种的土地是自家的、典当的抑或是租佃的，每年地里种植什么、每种作物的种植数量、具体什么时候播种、收获之后是否休耕都由农户自主决定，其他人无权干涉。对于刚独立出去且没有生产经验的儿子，其父亲或长兄在生产经营中会给其适当的建议，但具体耕作好坏、收成多少则由其自己负责。在一个大家族内，族长无权干涉族内成员家庭的土地经营。只要不损害村庄的公共利益，村长、闾长同样不会干涉村中农户的生产经营。

家庭土地经营由一个家庭的当家人说了算。村庄内，普通农户的当家人多为男性，家庭中三代人，爷爷健在就由爷爷当家，爷爷主动将当家人的位置让给父亲则由父亲当家；如果一个家庭的男性都在外做生意，只有女性在家，则由当家人的妻子当家，新媳妇或者年老的妇女不当家。在核心家庭中，当家人对于每年地里的耕作安排一般也会跟自己的妻子商量，如果妻子的意见在理就采纳，如果双方产生分歧，最终要听当家人的。在雇用长工的地主、富农等财主家，如果只雇用一个长工，地里的农作生产由当家人说了算，如果雇用了两三个长工，当家人会与长工头商量并听取长工头的意见。

在经营过程中，家庭财务同样由当家人负责管理。儿子、女儿需要用钱时要跟当家人申请，如果当家人觉得儿女要钱是用在歪门邪道上，会拒绝其用钱请求，此时儿女要么不再用钱，要么自己通过其他办法筹钱。儿媳妇的钱由儿媳妇自己管理，当家人无权过问。

> 地主陈梅五家的家人平时没有零花钱，当家人也不会给。家庭内在学校念书的小孩需要买笔、买墨汁时会向男当家人陈梅五要钱，孩子们有时会多要一点作为自己额外的零花钱。每年不论家里的收成好坏，陈梅五都不会克扣念书孩子的零花钱，不念书的孩子则没有零花钱。家中成年妇女织下的布如果自己用不了，可以拿到集市上卖了换一点零花钱，陈梅五知道后也不会过问。
> 陈梅五不会给家庭成员分发私房钱，但家里的媳妇多少都会有一点私房钱，这些私房钱多用于购买生活用品。至于私房钱的来源，在1949年之前，翼城那边居住在山区里的人会来乌苏村一带买旧衣物，陈家的媳妇通过卖旧衣服、卖自己织的布来存一点私房钱。私房钱不用给家里上报，由媳妇个人保管并自由支配，当家人即使知道了也不会过问。未出嫁的女儿由其母亲照顾，没有私房钱。

（二）公共土地经营及其关系

传统时期，乌苏村的公共土地主要为本章第二节中所提到的官地。官地的耕种者通过"投地"的方式产生。在每年的麦子收割完以后，由村长决定具体的时间、地点，并组织参加者进行投地，在正式投地的前两三天，村庄的通讯员负责通知参加者投地的时间与地点，一般情况下，投地在村庄的村公所举行。参与投地的村民多为村庄内缺吃少穿的贫农，地主、富农、中农有自己的土地，不会争着种这些烂地，如果其参加，会被村民指责。在投地时，参与投地的农户通过抓阄的方式来决定由谁来耕种官地，所有阄里面只有一个写有"耕种"二字，谁抽中了官地就由谁耕种。投中的农户种植期限为三年，三年到期后重新组织投地，如果期限有变动，村长要在开始投地之前告知参与者。耕种官地不用给国家缴纳赋税。由于官地是烂地，农户在购买土地时不会选择购买官地，村庄也不会主动将官地变卖给农户。

由此，官地虽为一种公共产权性质的土地，但其经营最终落脚于村落内的个体农户。在经营过程中，农户对于官地拥有独立经营权，村长、闾长等村庄管理者不会进行干涉，但农户不能破坏官地，如有破坏行为，村长会出面制止或者终止农户对官地的经营权。

二、经营分工

传统时期，在家庭内部除了基础的男女分工，儿媳妇之间、老人与孩子之间也会有分工。

（一）男女分工

在家庭土地经营中，男性是田间的主要劳动力。所有的农业生产环节如犁地、播种、收麦、碾麦、栽粪、收秋等都主要由男性来完成。在农闲季节，村落内有经济基础的男性会从事担盐这一副业，有生意头脑的会临时倒卖一些小物件，会手艺的从事自己的手艺活。如王印是村里有名的油匠，给村民油漆家具、做纸扎品；解虎魁是蒸馍的把式，农闲时靠给他人蒸馍来挣钱；贾德富是村里的盐经纪，给村民和来买盐的河津人圆活生意。空有一身力气的村民则会给其他农户打短工。

女性的小脚致使其田间劳动能力受到严重影响，"走路都走不稳，下地劳动就更不能指望了"。因此，女性多在家中做一些家务活如洗衣做饭、缝补衣物、打扫卫生、喂养家禽、照顾孩子等。除此之外，纺棉织布是女性一个常年性的工作，如果织下的棉布质量好、数量多，还可以拿到集市上出售来贴补家用，尤其是在农闲季节，一个熟练的成年妇女，半个月可以织出一百尺棉布。在每年收割麦子的农忙时节，劳力少的农户家中的女性除做家务活外，还要适当地承担一些田间劳动如割麦、装麦、拉麦等。

（二）妯娌分工

在一个扩大家庭内，几个已经结婚的儿子尚没有分家，在几个儿媳妇——妯娌之间也会有分工。妯娌之间的分工多由婆婆来安排，如果家中有女当家人，则由女当家人来安排，如陈梅五家的妯娌之间的分工就由女当家的来安排。

首先在做饭方面，由于扩大家庭内家庭成员数量较多，全家人每顿的饭食要由妯娌们分工合作完成。对于每顿饭吃什么，男当家人可以提出要求，儿媳妇也会按照男当家人的盼咐来做饭，如果男当家的没有要求，则由婆婆来安排。在做饭时，哪个媳妇负责烧火、哪个媳妇负责洗菜切菜由婆婆来安排，儿媳妇要听从婆婆的指挥，为了避免矛盾纠纷，婆婆会让儿媳妇之间轮流做不同的工作以保证公平。

在每年收割麦子时，儿媳妇们除了在家做饭，还要到地里帮家中的男性割麦子。哪个儿媳妇留在家里做饭，哪个儿媳妇去地里割麦子也由婆婆来安排。除此之外，到了每年的冬季，婆婆会给每个儿媳妇分配棉花，儿媳妇用分来的棉花或是翻新自己小家庭的棉被，或是给孩子做新衣服，若是婆婆有额外的盼咐，儿媳妇要遵照完成。

（三）老少分工

在乌苏村，地主、富农等富裕农户家的老人在60岁以后便不再去地里劳动，在家里从事照看小孩、喂鸡喂狗、看晒场里晾晒的麦子等工作，或者做自己喜欢的事情如读书、练字。普通农户家的老人如果身体健朗，尚能劳动，会一直到地里做一些力所能及的农活，直到不能再下地。

富裕农户家的小孩从小开始念书，基本不参与田间劳动。而普通农户家上不起学的孩子在六七岁时就开始到地里割草，有的到地主、富农家帮东家放羊来混口饭吃，家中的女孩在家里帮母亲做一些简单的家务。如董顺理老人在六七岁时，由于父亲眼睛失明且常年在外村给富农家当长工，家中只有母亲，便顶替父亲到日本人的工地上做工，从工地上回来后还要到地里锄草或给家里的家禽割草吃。

三、合作经营及其关系

传统时期，乌苏村的农户在独立开展农业生产经营活动的过程中，除家庭内部分工之外，还通过换工、帮工等方式进行简单的生产合作。

（一）换工及其关系

1. 家庭条件相当才换工

换工多出现于家庭条件相当、关系好的农户之间。如贫农与贫农换工，中农与中农换工，或者贫农与中农换工。但贫农不会与地主、富农换工，因为双方之间家庭经济条件差距大，地主、富农会直接雇用长工或短工，用不着换工，且贫农与地主、富农走得近了，会被其他村民"说闲话"[1]，认为是贫农在巴结地主、富农。在换工时，农户多选择与自家居住较近的邻居换工，很少与亲戚换工，因为亲戚居住得不一定近，干活也不方便。当然，如果亲戚居住得较近，如分家后哥哥与弟弟居住在同一个巷子且关系好，哥哥与弟弟之间也会换工。

2. 女性不参与换工

换工多是一个农户的男性劳力与另一个农户的男性劳力进行换工，女性不参与到换工之中，这与女性在家庭当中的分工有关。正如上文所述，传统时期女性多是在家做饭、织布、纺线等，很少下地干活，只有在每年割麦子的时节，女性才可能会下地帮男性干农活，但女性也仅仅只是去自家地里割麦子，不会去别人家帮忙割麦子。

农忙时节如收秋、种麦之时，家户之间换工的频率较高。今天A农户帮忙给B农户干活了，明天B农户就可能会主动帮忙给A农户干活。在请对方帮忙干活时，都要提前一天打好招呼，便于对方安排自己的劳作计划。在平常的生产、生活中，换工没有时间限制，今天A农户给B农户帮忙，之后B农户家什么时候农活紧张了或有其他大活需要帮忙，A农户就什么时候去给B农户帮忙，可能是次日或半个月之内，也可

---

[1] 指被其他村民在背后议论。

能是一个月之后，B农户家一直没有活，就不用再帮忙。

3. 牛工换人工

对于村落内的普通农户来说，牛工和人工之间没有固定的换工标准，就是相互之间彼此帮忙。A农户使用了B农户的牛，在归还牛时，不须给牛带草料或其他饲料，有时有些农户心里过意不去也会主动割一些青草给B农户送去。此后，B农户家里有事，A农户要主动去帮忙，帮忙的天数没有固定的标准，如果牲口出的力气较大，就多帮忙干几天。如果是用B农户的牛拉磨磨面，磨面剩下的麦麸要送给B农户家的牛吃，此时不再需要给B农户帮忙干活，"这些就是小事，没那么计较"。

在地主、富农家当长工的村民，如果家里土地比较少，可以使用地主、富农家的牲口、农具来耕作自家的土地，此时东家不会扣长工的工资，也不会额外给长工加活，但这在雇佣关系确定之前双方之间要说好，如果地主、富农不同意就不能使用。若长工家的土地数量较多，使用东家的耕牛、农具不再是免费的，东家会扣长工的工资。以种麦子为例，种一亩麦子算三个短工工时，一个工时的工资根据当年的市场行情来定，相应地三个工时的工资之和就是所要扣的长工工资数额。长工中的领班即长工头，不会受土地亩数的限制，也不会被扣工资，因为长工领班一年下来要帮忙给地主、富农家安排农业生产，出的力气较大，部分地主、富农家的劳作安排甚至全权交给长工头来决定。长工使用雇主家的耕牛、农具耕作自家的土地，要在雇主家的土地耕作了一半以后，这样既不耽误雇主家的农作安排，也不让长工家的农作错过农时。

4. 管饭与农具

换工没有报酬，但要管饭。换一整天的工就要管一天的饭，换一响的工只需管一顿饭。A农户帮B农户干活，B农户所管的饭要比平时的好一些，一来在心理上是将A农户当作客人看待，好饭以示对A农户的尊敬与感激；二是换工多是干紧张、繁重的活，在此过程中人比较劳累，要用好饭保证人充足的体力；三是如果所管的饭比较差，传出去后会被村里人嘲笑。饭的好坏没有绝对的标准，大致根据一个农户的家庭条件来定，大体上看得过去即可。换工过程中农户不带小孩，但如果两家离得近，在吃饭时小孩正好过来了，农户会招呼小孩一起坐下来吃饭。

换工使用的工具分小工具和大工具，如果是使用小农具如镰刀、锄头，则各自拿各自的，工具坏了也由各自修理，此时主家会主动提出帮忙修理，但对方一般会拒绝。大农具如犁、耙、车等由主家自己准备，农户不用自带，但如果主家的工具不够，明确表示要对方带工具过来，不论是大农具还是小农具，工具在使用过程中发生损坏，主家就要负责修理，不能修理的要赔偿。

(二)帮工及其关系

帮工既可以存在于农业生产之中,也存在于农户的日常生活之中,分为邻居帮工与亲戚帮工两类。

1. 邻居帮工

不论是在农田耕作还是日常生活中,当家里需要帮工时,农户会优先请和自己关系好的邻居,因为"远亲不如近邻",邻居在空间距离上离得近,便于打招呼。请邻居帮工要由家庭的当家人去请,到了邻居家里后,如果邻居家的当家人不在,可以给邻居的家人说,并让邻居的家人转告其当家人,如果邻居家的当家人正好在家,则直接告知其当家人。

帮工过程中,前来帮忙的邻居在事主家吃饭。活全部干完后,事主要请帮忙的人吃一顿好饭。在入座时,如果人数较多,则事主家的老人坐上座,上菜时,会把适宜老人吃的菜放在老人跟前,取"敬老"之意。例如,老人牙口不好,则把好吃易嚼的菜放在老人面前。若只请了一个邻居前来帮忙,且事主家没有老人或老人不入座,则由前来帮忙的邻居坐上座,以示事主的尊敬、感激之意。

在邻居回去后,如果事主家要对邻居表示谢意,由事主家当家人的老婆[1]去给邻居送一些鸡蛋、包子、糕点、麻花等,并给邻居说一些恭敬、感谢的话。帮工对于农户来说就是互相帮忙,今天A农户帮了B农户,改天B农户可以帮A农户,但不须在短时间内帮回去,双方之间保持这种情谊,等到下次A农户家里有事了,B农户会主动去帮忙。帮忙不一定对等,如果帮出去的忙比别人来帮的忙多,农户不会感觉到吃亏,关键在于通过帮忙来保持双方之间的情谊。

2. 亲戚帮工

亲戚帮工多发生于日常生活之中。农户家里建房子,当地也叫"动工",亲戚要主动过来帮工,亲戚帮工不帮钱。来了之后亲戚可以干活,也可以不干活,关键是人要到,这是亲戚之间的一种义务,传达一种喜悦、恭喜、祝贺之情。在帮工结束后,临走时农户会给亲戚带一些好吃的表示谢意,但不会直接说是给亲戚的,而是说"家里还有老人孩子,把这些吃的给老人孩子带上"。

在动工过程中,如果正好碰上亲戚家里有事,亲戚不能来帮工,动工的一方不能去亲戚家里请,避免尴尬。若知道亲戚没事,一种是可以通过顺路的熟人捎话或捎信,告知亲戚是什么事情、什么时间,让亲戚前来帮忙,此种方式给亲戚以回旋的余地;第二种是由当家人直接去请,若亲戚故意不来,双方之前的关系会破裂,亲戚关系也

---

[1] 因为不算是大事,不须由当家人去送。

难再继续维持。

动工时，不来帮工的亲戚会招致村民的议论，议论涉及亲戚的人品、性格、为人处世等等。若亲戚确实是因为有事没办法来帮忙，在下次来时亲戚要给农户说明原因，表示歉意，农户也不会追究或者记恨于心。另一种方式是亲戚买一些好吃的例如肉、糕点、鸡蛋等，委托顺路的熟人给动工的一方送过去，并带话"实在来不了了，将这些好吃的给工人做了吃了"，从而表达歉意。

四、雇佣经营及其关系

当换工、帮工等简单的生产合作难以满足农户在长时段经营活动中的劳力需求或在现实中无法达成时，乌苏村村民会通过请工、雇工等市场方式来弥补劳力不足。

（一）请工及其关系

1. 农业生产中的请工

农业生产中的请工多发生于农忙时节，比如在每年割麦子时家庭劳力不足的中农会请工。家庭条件好的财主家由于雇用了长工，不会请工。在请工时，可以请本家族的人，也可以请旁系亲戚或邻居。

请工是否给工钱，主要看两个方面：一是双方关系要好程度及干活的时间长短。双方关系好，请工干一两天活都不用给工钱，但如果超出三天，不论关系多好都要给工钱；关系一般的，干一两天活也要给工钱。在农忙的时候，所请的工是本家族的人，也要按照上述规则来确定是否给工钱，这里有一种"机会成本"，即如果不给你干，对方可以给其他农户干，可以从其他农户那里挣得工钱。二是对方的家庭条件。如果所请的工家庭条件不好，即使双方关系好且只干一天活，也要给工钱，工钱的数额按照当时的市场行情确定，"不能让人家白干"，如果所请的是亲戚，即使家庭条件不好，亲戚也不会收下工钱。

在农忙的时候请工，请工的一方要管饭，没有不管饭的。特别是在割麦子的时候，一天管四顿饭：一顿凉的，三顿热的。早上起来先不吃饭，到上午八九点的时候，吃"晨馍"，即吃一些馒头、喝一些水，这是凉饭。干到中午11点左右吃一顿热饭。之后在下午3点钟左右吃下午饭。第四顿饭就直到天黑之后回到家里吃。除了晚饭之外，前三顿饭都在地里吃，由请工一方家里的妇女将做好的饭送到地里。据解仁荣老人讲述，有一年陈梅五家的一个年轻媳妇负责给地里的工人送饭，在将饭送到地里后，由于要先保证地里干活的家人和工人的吃喝，年轻媳妇由于长时间没吃没喝而中暑，回到家里后没过几天便去世了。

2. 生活中的请工

在日常生活中，某个农户家里要筑土墙、建房子或打窑洞时，这个家庭的当家人要前去请工，因为此类事情是家里的大事，靠单个的家庭难以完成，且需要花费的时间较长，不是两三天能结束的。生活中的请工，本村、外村的都可以请，具体请谁来做工，主要看三个方面：首先是能把活做好，农户家里需要请工时，农户在平常就会留意同村的家庭在做类似的活时工人做得怎么样，如果觉得工人做得好，就会提前和工人打好招呼。其次是所请的工人不和人"打口舌"，即好说话，处得来，不胡搅蛮缠。最后，同等条件下，农户请工时会优先请价格便宜的。

多数情况下，贫农、中农等家庭条件一般或者家庭条件不好的人才会去当工人，家庭条件好的人不会去做此类活。如果一个农户一年的收入不够养活一家人，会让家里十三四岁的儿童也去给请工的一方干一些力所能及的活，不为了挣钱，只要请工一方管孩子吃饭就可以，当地称此类情况为"混饭吃"。

在请工的顺序上，同村人有能干得了的，就用同村的，如果请工方正好和其关系不好，则请工方不会用本村的；本村没人能干得了，村民可以请外村的。在请外村人做活时，请工方要先把对方的家庭情况和性格特点估摸、打听清楚，在确定对方能干好、有时间干且好共事后才去开口，如果觉得对方活干得不好或没时间干，就不去开口请对方，避免做无用功。请工方如果没有合适的人选，会委托和自己关系好的人来帮自己介绍，此时不用给报酬，就是个人情。在请好工人开始做工后，请工方会根据活的多少灵活调整工人的人数，如果今天活多请的工人就多，如果今天活少请的工人就少，在人数发生变动时，请工方会在前一天下工时提前说明。

请工时，如果活小，所请的工人是门前的邻居，是"情干"，即邻居都是奔着人情来的，不挣钱，如老人所说："旧社会时村里的人情好得太太[1]的，帮点小活哪要什么钱呢？"做活所用的工具由请工方准备，家里没有的工具可以去租也可以去借，租金按天算。如果是大活，"包活了"，即请专门的人来干，且支付工钱，做活所用的工具则由工人自己带，工具坏了也由工人自己修理，请工方一天要管工人三顿饭。

3. 请工与雇工的区别

雇工在第二章第三节中已有论述，需要补充的是：在不同的时节雇工，管饭的顿数不一样。在夏季非割麦时节雇工，雇主要管三顿饭，早上11点左右吃一顿，下午3点左右吃一顿，天黑回到家里后再吃一顿。在冬季雇工，雇主只需管两顿饭，上午9点半以后吃一顿，下午两点半以后吃一顿，晚上下工后吃一点干粮，工人回自己家去吃饭。

在乌苏村，请工与雇工的区别主要在于关系和工钱两方面。首先，请工不一定给

---

[1] 太，"很"的意思。——编者注

工钱,但雇工一定要给工钱。有时候在请工时,活干的时间长了,请工一方会按照市场行情把工钱主动送到所请的亲戚、朋友、邻居家里,即使是远亲也同样要送到。其次,请工较为看重相互之间关系的好坏,如果是请外村的,一般请亲戚、朋友,如果是请本村的,则请与自家关系好的,雇工不特别注重关系远近,关键是要活干得好,可以请外村的,也可以请本村的。

(二)短工及其关系

在每年收秋、种麦、割麦的时节,家里劳动力少、土地多,劳动力满足不了耕作需求的中农家庭会雇用一两个月时间的短工,地主、富农家庭多雇用长工,不雇短工,贫农家庭雇用不起短工,而是多给中农家庭当短工。在传统时期,由于妇女多是裹足后的小脚,不适合干地里的农活,因此雇用的短工均为男性。在雇用短工时,由家庭的当家人出面,不用带礼品,也不用写契约,双方之间就是一个口头约定。

1. 短工的工钱

短工的工钱以小麦为等价物,不说钱,也不能用高粱、谷子等其他农作物产品来替代。一般情况下,短工的工钱要高于长工,因为短工大部分是在农忙的时候干活,而长工则是长年性的,包含了农闲以及天阴下雨等时间,二者的体力付出不同。短工的工资低于"赶麦场"时的临时雇工,平均下来,短工一天的工资低于三升小麦。

另外,在种植小麦的农忙时节,短工可以选择不挣工资,而是用雇主家的牲口、农具将自己家的土地耕种了,此种形式在雇佣关系确立之前就要谈好,并经双方同意。

2. 雇熟悉的人当短工

农户在雇用短工时,雇用对象以本村的人居多。在1949年之前,由于整个村庄较小,村庄内部每个家庭的人口、土地、职业等情况,村民彼此之间都相互了解,雇主估摸对方有时间,就会提前跟受雇对象说好,双方也可以在平时碰面的闲聊中口头约定,不用请中人,也不用签契约。在考虑人选时,对方的人品、性格是雇主考虑的重要因素,如若对方人品不好,即使其有时间,活干得好,雇主也不会雇用其当短工。

同村内没有合适的人选,雇主可以雇用附近村子的人来当短工,前提也是要熟悉所雇对象的家庭情况、人品、性格等。例如,乌苏村下辖的解家坡自然村与庙西村距离较近,虽然不是同一个村的,但解家坡的村民在雇用短工时也会雇用庙西村的村民,因为双方彼此熟悉。在雇用外村的短工时,村民多通过亲戚、朋友介绍,且不用给报酬,如果村民自己有认识的合适人选,也可以自主雇用而不用请亲戚、朋友帮忙。

3. 短工的食宿

由于雇用的短工以同村人居多,短工在干完活吃完晚饭后,就回自己家休息,不在雇主家留宿。但如果雇用的是外村的短工且距离较远，短工要在雇主家留宿，雇主一般将其安排在家里的牛圈内，与牲口一起居住。

在吃饭上，雇用短工一天要管三顿正式的饭，早上天不亮起来后先去地里，等到上午11点左右吃早上的饭，下午干到3点左右吃第二顿饭，之后一直干到天黑，晚上回家后在家里吃第三顿饭。在正式的三顿饭之间，如果短工饿了，可以吃一些干粮，多是馍、花卷等，干粮由雇主提供。在上桌吃饭时，雇主与短工坐在同一张桌子上吃饭，饭菜没有差异，但短工不能坐在主位上。

（三）长工及其关系

传统时期，乌苏村内的地主、富农等家庭富裕的农户会雇用长工，因为此类农户家的孩子从小上学，年轻的或者当老师或者做生意，家里从事农作的劳力不足。中农可以自力更生，一般不会雇用长工，而只在农忙的时候雇用一两个月的短工；但如果中农家的儿子还小，当家人又年纪大了或者因生病没有劳动能力了，家里缺乏劳动力，此时这类中农家庭也会雇用长工。贫农地少、经济条件差，多给地主、富农当长工。

1. 头班

头班，也称"全把式"，即长工内能做了全活[1]的人，是雇主家所雇长工的头儿。在乌苏村，人们称呼年纪大[2]的头班为"老＋姓氏"，如老王、老李，称呼年纪小的头班时直接叫其名字。

在雇主家，头班主要负责以下工作：一是安排雇主家的农业生产。每块土地上种植什么作物、每种作物种植的数量，头班要提前规划好，并与雇主商量，最终安排以雇主家当家人的意见为准。二是喂养牲口。由于牲口病了或者营养不良会影响正常的农业生产，而雇主又通常对年轻的长工不放心，因此雇主家的牲口要由头班亲自喂养，在给牲口铡草时，头班负责往铡刀里入草，其他长工负责压铡刀。三是准备来年的建筑材料。雇主家次年要盖房子或者筑墙或者建其他新的建筑，头班在头年的后半年就要把所需要的材料全部准备好。四是拉煤拉炭。传统时期，村庄内的农户在冬季多用煤炭取暖，头班在冬季要赶上牲口车去河津、乡宁将煤炭拉回来，出发前头班要与雇主家的当家人商量好所拉煤炭的数量以及在支付时是使用钱还是小麦。

雇主家的普通长工在一年之中主要负责以下事项：一是出圈。长工要定期清理牲口棚里的粪便，在将牲口的粪便清理出去之后，到村庄的土崖上拉土回来，在牲口的圈里撒上一层新土，以便于再次清理。二是农田劳作。头班做出的农业生产安排在与

---

1 全活的标准：除了通常的犁地、耙地之外，还要会摇耧、会铡草、会赶大车，能做了所有的农活。
2 年纪大小以40岁为界线，40岁以上算年纪大的，40岁以下算年纪小的，但头班的年纪一般最少在30岁以上。

雇主家的当家人商量通过之后，长工就要投入到具体的农活之中，头班也要与普通长工一起劳动。例如，在种小麦之前，土地要犁四遍，下一场雨犁一遍。第一遍犁得较为粗糙，有的地方没有犁到，在犁第二遍时，要在第一遍的空隙上犁，保证所有的土地都能被犁到，直到第四遍犁完后才下种。即使不下雨，长工也要把土地犁四遍，防止地里长杂草。

2. 请长工的标准

农户所请的长工均为男性。头班的年龄要在30岁至50岁之间，且要有生产经验，普通长工的年龄至少要在15岁以上，其中15岁至20岁之间的长工挣的工资相对少一些，因为其劳动能力多不如20岁至30岁之间的长工。

在品行上，首先长工要诚实、认真，踏实肯干，不能偷东西；其次，长工要遵守雇主家的家规；再者长工不能乱搞男女关系。一般在雇佣关系确定之前，雇主会提前了解长工的家庭情况及其品行、性格等。

3. 长工的来源

在乌苏村，长工的来源主要分为三类：一是同村家庭困难的人。此类人多是主动要求去给富裕农户家当长工，其要请同村一个和双方都熟悉且自己信得过的人当中人来在二者之间传话、协调，请中人不用给报酬。二是周围邻村的人。请邻村的人来家里做长工，或者请认识对方的亲戚当中人，或者请一个经纪人当中人，在事成之后，雇主要给中人两包烟或一包点心，不用给钱。三是外地人，多为河南、山东逃荒逃难过来的人。外地人又分为三种类型，其一是外地逃荒过来刚在村庄落户的人，因其没有土地，一切从零开始，所以要给他人当长工；其二是没钱回家的外地人，通过当长工来挣取回家的路费；其三是专门出来做长工的外地人。在请外地人做长工时，雇主不用请中人，而是由外地人主动找中人给其介绍雇主，所请的中人只要双方都认识且信任即可，此时外地人不用给中人报酬，但要给一些好吃的表示谢意。外地人与中人之间多通过抽烟、闲聊认识。在雇主家里，外地人第一年不能当头班，即使其体力好且有生产经验，也要在一两年之后雇主对其有所了解，并认可其品行之后才能当上头班。

请长工不用签合同，双方之间只是一个口头约定。"那会的人讲情义，说什么就是什么，不会乱说话。"长工的工作时间、工作内容、工资报酬及开始做工的时间由中人与雇主协商确定，在每年农历的八月十五左右，长工要与雇主商量好明年是否继续在雇主家做工。

4. 长工的食宿

在与雇主确立雇佣关系后，长工的食宿由雇主来提供。首先就住宿来讲，雇主家的院落大，且有专门的牛院来喂养牲口，则长工与牲口一起住在牛院的房子里，一般情况下牛院与雇主家人住的房间相隔有一段距离且相对简陋。如若雇主家只有一个院落，雇主的家人住北房、东房或西房，长工与牲口住南房，有条件的雇主会将南房与院落用一堵墙隔开，在晚上睡觉之前将相通的门锁住，一是防止长工与家人乱搞男女关系，二是防止长工偷盗家中财产。在长工与牲口所住的房子内，长工睡的土炕与牲口之间用一堵矮墙隔开，保证长工能看得见、听得见牲口吃料，以便及时给牲口加料；若不用矮墙相隔，在冬天长工睡的土炕与牲口之间使用炕帘相隔，一是保障长工的取暖，二是保证长工听得见牲口吃料。

在吃饭时，如果雇主家的人口少，在一张饭桌上能坐得下，长工与雇主的家人同桌吃饭，饭菜没有差异，但长工不能坐在桌子的主位[1]，雇主家的当家人坐主位，在雇主家的当家人说开始动筷之后桌上的人才能动筷子。如果雇主家的人口较多，一张饭桌上坐不下，在吃饭时雇主的家人不会与长工刻意分开坐，而是坐在一起吃同样的饭，长工仍然不能坐在主位，主位由雇主的家人坐，雇主的家人说动筷之后长工才能开始吃饭。如果是长工们自己坐一桌，桌上没有雇主的家人，则随意。

在吃饭过程中，长工可以吃桌子上所有的菜，但只能夹自己所在的那个方向的菜，不能越到对面方位去夹菜，这些都是约定俗成的规矩，由长工在家里从小习得，如果有长工违反了这一规矩，会被雇主认为其没家教。在饭桌上吃饭的均为男性，雇主家的女性不会上桌吃饭，仅站在做饭时用的案板边吃。

5. 长工的薪资

民国时期，村落内普通长工的薪资为一年4—5石麦子。年龄在15岁以下的、什么都不会干的小孩，雇主平时只要保障其吃喝就可以，这类长工多给雇主家放羊。头班的薪资为一年6—8石麦子。在所有长工之中，薪资最高为8石麦子，一石为300斤。

6. 长工请假

普通长工请三天以下的假不用给雇主说，只需告知头班并经头班同意即可离开，头班在事后会转告雇主，此时也不会扣请假长工的工资。如果是请三天以上的假期，长工要给雇主的当家人说，在经过雇主的当家人同意后方可离开，同时告知头班，好让头班及时调整农作安排。此时要扣请假长工的工资，所扣工资的数额以长工每天的平均工资为标准，农忙的时候要比平时扣得多一些。

头班请三五天的假要告知雇主的当家人，并给其说明原因，建议当家人由哪位长工来暂时代领自己的工作，此时不会扣头班的工资。如果是请一两个月的长假，头班

---

1 当地以正对门的方位为主位。

要提前告知雇主的当家人,并由雇主家的当家人安排之后的农业生产,此时扣工资的方式与普通长工相同,即以头班每天的平均工资为准,农忙的时候扣得多一些。

7. 长工看病与生日

长工在雇主家生病后,雇主不用给长工看病,因为雇主已经支付了长工工资。如果长工所生的病较为严重,需要长时间来调养,长工会主动向雇主提出辞职,不会等到雇主来辞退自己。如果是小病只需几天即可调养好,长工可以请假看病,三天以内雇主不会扣工资,超出三天每天要按照长工的日平均工资来扣。

长工过生日时雇主不会有特别的表示。如若长工在雇主家干的年景较长,比如三五年甚至更多且一向表现很好,年龄在40岁以上,雇主会为其炒一个菜,并在吃饭时告知长工,让长工多吃一点,但放在桌子上的菜不是由过生日的长工一个人吃,而是大伙一起吃。

8. 长工的社交

到了每年的春节,长工都各回各家,不在雇主家里过年。在正月初一的早上,长工不用给雇主拜年,雇主也不用管长工吃饭。

雇主家里有红白喜事,雇主与长工是同一个村的且双方关系较好,长工要以同村人的身份上礼,上礼没有固定的标准,可以是实物,也可是钱。传统时期,村民上礼以实物居多,有送鸡蛋的,也有送点心的,此为正常的人情往来。若长工是外村的或者外地的,当雇主家有红白喜事时长工不用送礼。雇主家"请合村",即请全村人吃饭,村庄的每个家庭只派家庭的当家人前去,当家人不在家,可以由当家人指派一个家人参加,长工是本家的当家人则可以参加,不是本家的当家人则不参加。雇主家的亲戚在有红白喜事时不会请长工参加,但如果长工要帮雇主抬食盒或其他礼品,可随雇主一起参加,此时长工不用上礼。雇主家的亲戚需要帮忙,雇主也可以派长工前去且不用给额外的报酬。

长工家里有红白喜事,如果长工和雇主的关系好会请雇主参加。对于长工来说,雇主能来就很给面子了,雇主也不用送礼,但多数情况下雇主多少会带一些礼品,不然会被其他村民笑话。如果和雇主的关系一般,长工不会请雇主参加。至于在村落里做工的其他人,长工不会请其参加自家的红白喜事。如果长工是外地人或者外村人,村落里其他农户的红白喜事不会请其参加,但如果长工正好是举办红白喜事农户的亲戚,长工会以亲戚的身份参加。

在乌苏村,做不做长工是个人的私事,在村庄做长工的外地人或外村人不用给村长或闾长打招呼,也不用请其吃饭。在外村做长工的乌苏村村民,如若本村落的拔兵轮到自己,就要回本村去当兵。碰上抓兵,长工有可能在做工的村落被抓去。

在土地改革运动之前,地主陈梅五弟兄八个,除三个早年去世外,剩下的五个均为家中的劳动力,其中有两个在外做生意。由于家里有将近180亩土地,自家的劳力不够用,陈家每年雇用三个长工。

每年家里雇用长工的数量由当家人陈梅五决定。在每年的农历二月份到十月份,陈家雇用三个长工,农历十月份之后地里农活减少,陈家只留三个长工中的头班在家里负责喂养牲口、拉炭。陈家所雇用的三个长工既有外村的也有本村的,通常情况下由于外村人肯吃苦,陈家会雇用外村人整整一年。

在每年农历的二月份开始雇用长工的时候,陈梅五会和长工谈好雇用的时间以及工资,在经双方都同意后长工即可开始做工,陈梅五也不用给长工交定金。长工在陈家干满一年是4石麦子,只在农历二月份到十月份工作的两个长工每人每年挣3石麦子。雇用到期长工临走时,陈梅五给长工结算工资,结算的时候由长工自己去库房挖粮食,陈梅五不会亲自去,长工多拿一些陈梅五也不会追究。在一年之中,如果长工家里遇上突发事件或者生活难以维持,比如家里当下没吃的了,长工可以预支工资。在预支时长工要跟陈梅五讲清楚原因并经过陈梅五的同意。即使是在灾荒年间,陈家也会按照约定足额支付长工工资,不会拖欠或少给长工工资。

长工到陈家开始做活后,陈梅五会给每个长工准备一条毛巾和一个草帽,并置办好铺盖,但不会给长工准备衣服,衣服均由长工自己带,清洗的时候也由长工个人清洗。陈家所雇用的三个长工均住在陈家马房里面的土炕上,雇用的本村长工在天阴下雨或者刮大风不能去地里干活时可以回自己家,陈家通常也不会安排长工在这样的天气继续干活。对此,陈凤泉老人讲道:"都是因为没有办法才给你干活哩,有办法谁给你干活呢?不能亏待了做活的。"天气转好放晴后,回家的长工会主动返回陈家。如果家里有事,长工在家待三五天,陈梅五也不会扣长工的工资。

农忙的时候,陈家一天管长工四顿饭,早上去地里之前先吃馍,然后在中午、下午、晚上各吃一顿;农闲的时候一天管三顿饭,只在上午的11点左右、下午的3点以及晚上天黑之后各吃一顿。在每次吃饭时,长工与陈家的家人均坐在同一张桌子上，动筷没有特殊的先后顺序。在地里割麦子时，陈家的妇女往地里送饭，长工吃的饭与陈家家人吃的饭也一样。

家里的长工生了小病，陈梅五会给生病的长工请医生看病抓药，看病的费用由陈梅五支付。生了大病的长工会回自己家里养病，陈梅五不用给长工看病，但会在长工养病期间拿一些鸡蛋、糕点、粮食等去长工家里看望。长工养病时间在一个月以内的均不会扣工资，超出一个月长工会主动跟陈梅五协商并辞职不干，此时陈梅五会给长工结算工资，麦子称好后由家里的其他长工驾上车将麦子送到生病的长工家里。

在每年农历的二月份，长工开始去地里做锄草、耱麦、耙地等农活，农忙的时候陈家家人会与长工一起下地干活，陈家家人具体的工作由陈梅五来分配。除了在田间劳动之外，长工要在家里给牲口铡草、出圈、打扫牲口棚及马房的卫生等，农闲的时候长工不会帮陈家做家务，而是修理农具、拉煤拉炭等。在每年开始上工时，陈家的长工不吃上工席。

长工家里有事可以请假。请假时长工跟陈梅五说明请假的原因和时间，陈梅五同意后长工即可离开，但家里的三个长工不能同时请假，要保证陈家的农活不被耽搁。假期没有固定的限制，三五天都可以，待家里的事情处理完长工要及时返回陈家。如果是长工家里建房子，长工请一个月的假也不会扣工资。在农忙的时候长工不能请假，除非有特别紧急的事情，"长工他自己也有眼里见儿，东家家里那么忙他就能回家？"在做农活的时候，长工先做陈家的，等陈家的农活做完了或者做得差不多了，长工可以请一两天的假去给自己家里种地，也可以借用陈家的牲口和农具且不会扣工资。

在每年过年的时候，下半年留下来的头班在陈家家里过年。过年时，头班不用给陈梅五拜年，陈家会准备一些好吃的来给头班吃。在平时陈家不给长工过生日，长工也不会将自己的生日告诉陈梅五，用陈凤泉老人的话说："老年人才过生日，长工都是出来下苦的，还不到过生日的年龄。"在每年农历的八月十五中秋节，陈家要给长工吃一天好饭，其他节日不一定吃好饭。

陈家家里有红白喜事，长工要负责帮忙招呼客人，客人来了长工要帮助客人将所驾的马车卸了、牲口喂上。如果是长工家里有红白喜事，长工会请陈梅五参加，在去之前陈梅五要准备好礼品，如果是长工的儿子结婚或者女儿出嫁等红事，会准备一个被面或者一些衣服，如果是白事则准备一些纸扎品。到了长工家里后，陈梅五不用干重活，但会帮忙干一些轻活。在坐席时，陈梅五坐在桌子的上位。陈梅五对待家里雇用的本村长工和外村长工是一样的。长工家里有红白喜事急需用钱，也可以向陈梅五申请预支自己的工资，但预支的数量不能超过长工工资的总量，到了结算工资的时候，陈梅五会将长工预支的工资数额扣除。一年之中，长工的家人不用给陈家干活。

第四节 交换与交换关系

1949年之前，乌苏村村民主要在村内集市上进行交易，并在货郎担跟前购买一些小物件。当村内交换难以满足村民需求时，村民会去村外集市以及古会上进行交易。此外，村民在急需用钱时会向他人借钱。本节将从村内交换及其关系、村外交换及其关系、村落借贷三个方面展现传统时期乌苏村的交换与交换关系。

一、村内交换及其关系

传统时期，乌苏村村民每逢集期在本村集市上进行交易。日常生活中，村民在村内、村外的货郎担跟前购买针线、火柴之类的小物件。到了农闲季节，有条件的村民会从事担盐，与外来的河津人进行交易，从中赚取差价。

（一）乌苏集市

1. 集市概况

在1949年之前，乌苏村"逢四有集"，即在农历每月的初四、十四、二十四村庄逢集。每逢集期，乌苏村的集市沿村中的关帝庙至小池塘一带分布。其中买卖牲口的骡马市、猪羊市位于村庄小池塘的边上，方便牲口饮水。售卖油、盐、酱、醋、蔬菜、布匹、棉花等生活日用品的摊贩位于关帝庙前的空地上，此处空间较大，能容纳大量摊贩，且村庄东西走向的大路横贯其中便于人们通行，同时远离牲口市也避免了日用品遭受牲口自身以及其粪便气味的熏染。

在集市上，本村、外村的村民都可以摆摊，摊贩所出售的东西囊括了蔬菜、调料、衣服、布料、种子、农具等各类生产和生活用品。但粮食不在集市上的常规售卖品之列，因为在传统时期的乌苏村，农业生产基本上是一种"糊口农业"，农户地里一年产的粮食多用于自家食用，即使是地主、富农等富裕农户，为了生存安全起见，也会将多余的粮食储存起来。

在村庄南面的街道上，乌苏村村民沿街开设了商铺，包括油坊、皮坊、骡马大店、日用品店等。在逢集当天，日用品店会将店铺里的东西摆到店铺门口来吸引顾客。骡马大店主要供过往客商中途休息及喂养牲口，本村的村民不会前去消费，开设骡马大店的也多为村落内经济条件好的富裕农户。

陈凤泉老人的四哥陈凤池沿街开设了一家骡马大店。据陈凤泉老人讲述，陈凤池开骡马大店主要是为了收集骡马粪，将其当作肥料下到地里促进庄稼生长，而不是为了挣钱。住店的主要是来回赶路、去河津拉炭的，即使住店的客人来的次数多了，与陈凤池成了熟人，也一样要掏钱，不能赊账，"出门的人他多少都带一点钱"。当时店里一碗面一毛钱左右。本村没人去店里住。住店人所赶的牲口的草料由住店人自己准备，牲口喝的水由店里提供，但如果是熟人，牲口的草料吃完了店里会免费提供一些。

表 3-8 乌苏村南面沿街商铺及其归属

序 号	商铺名称	所属农户
1	大车店*	董家
2	大车店	李海秋
3	油坊	高天德
4	大车店	陈凤池
5	大车店	李鸿禄
6	皮坊	高天德
7	大车店	权家
8	大车店	王景全
9	大车店	田家
10	大车店	董金牛

＊大车店即骡马大店。

2. 赶集及其关系

赶集，当地人也称"赶会"。集市当天，在上午的 10 点至 11 点"会圆"，售卖货品的摊贩基本来全，买货的人陆陆续续上会，在下午的 4 点到 5 点之间"下会"，集市上摆摊的、赶集的人慢慢散去。对于村庄内的农户来说，家里有需要时会去集市上买东西，日常生活用品如蔬菜、土布等多在集市上购买，有时候一次买不全所需的物品会往集市上跑两次、三次甚至更多，一些空闲的、爱赶集的即使不买东西也会去集市上闲逛。

在家庭内部，前去赶集的多为家庭的男性当家人，掌管家庭财务的当家人在集市上可以出钱购买所需物品。当家人的妻子以及家中其他成年女性也可以上会且不用跟当家人申请，新娶的年轻媳妇要在婆婆的带领下上会，不能独自一个人前去。此外，据董德顺老人讲述，村庄内每个巷内都有2—3个生活困难的家庭，这些家庭的女性会在集市上出售自己织的土布或棉花等物品。

> 在陈凤泉老人家，每逢村庄集市，男当家人陈梅五负责在集上购买大家庭所需的公共物品如蔬菜、肉、甜食、农具等，其他家人的私人物品陈梅五不管。家里其他男性都可以去赶集且不用跟陈梅五请示，多数情况下家人也不会与陈梅五一起赶集。在集市上，男性家人负责购买自己小家庭所需的物品如衣服、小零食、布匹等，不用负责整个大家庭的公共物品，家人赶集用的钱多是自己的私房钱。女当家人和其他年龄较大的妇女[1]可以去集上闲逛，年轻的新媳妇在去赶集之前要向女当家人申请，通常由女当家人带着新媳妇一起前往。

村民在集市上购买货品时，不一定倾向于买同村人的，即使是同一个姓的甚至同一个家族的也是如此，因为"脸太熟"，抹不下脸面讨价还价，和陌生摊贩则可以讨价还价，但不能赊账。村民在同村人或者邻村认识的熟人那买东西，双方之间彼此熟悉且知道对方家住哪里，可以赊账。在交易方式上，村民既可以选择用钱购买，也可以选择以物易物。以物易物时，村民多用鸡蛋来换取蔬菜，或者用对方指定的其他物品来换取自己所需的物品。

对于集市上各类物品的价格，村民在集市上转的同时就会打听，如果需要村民还会去村庄周围的集市了解自己所关注物品的价格[2]，并最终选择物美价廉的商品。在交易过程中，买卖双方处于平等的地位。以买蔬菜为例，村民在集市上将菜买回家里后，多数情况下不会怀疑缺斤少两，但如果明显感觉到比通常情况下的分量要少，村民会用自己家的秤重新称量。若真的缺斤少两，村民会返回集市上要求卖主重新称量并将缺少的补齐，或者直接退货不要。如果是在同村人那购买的，二者之间的关系会因此受到影响。

3. 包秤人

在乌苏村的集市上有一个包秤[3]人，包秤人的杆秤属于村庄所有，是村庄的公共物

---

[1] 30岁以上。
[2] 此种情况多发生于村民购买大件农业生产工具或其他价值较高的物品时。
[3] 秤指杆秤。

品,最高能称200斤。包秤人必须是本村的村民,一般是村庄内懒惰、没有劳动力或劳动能力弱但思维清晰、有知识的人,外村人不可以包秤。如村民董向堂,有三个儿子、一个女儿,在乌苏村小学教过书,由于其抽大烟,劳动能力弱,家里经济条件不好,村长就让其做了包秤人。包秤人包秤时要经过村长的同意并给村长交钱,但一年具体交多少钱不得而知。

在集市上,包秤人没有固定的办公场所,一般负责介绍生意、圆活买卖、评判公道。由于包秤人主要负责称一百斤以上的蔬菜,当地人也叫其"菜经纪"。包秤人称菜时会收取手续费,费用的形式既可以是钱,也可以是菜[1]。手续费的形式及数量由包秤人个人决定,如果是给本村人称菜,包秤人不收费。

此外,包秤人会向集市上的摊贩收取地皮费,或者称之为卫生费。地皮费的收取没有固定的标准,由包秤人根据关系好坏来决定。如果摊贩和包秤人关系好,可以少交甚至不交。如果互相不认识,包秤人会要求摊贩交地皮费,费用多少由包秤人根据集市上商贩所摆的摊占地面积大小来决定,摊越大收取的费用越多。对于本村的摊贩,包秤人多不会收取地皮费,但如果本村摊贩和包秤人的关系不好,包秤人会向其收地皮费。在下会后,包秤人要负责打扫集市范围内的卫生。

(二)货郎担

民国时期,在固定的集期之外,乌苏村经常有流动商贩来村里售卖货品,村民称之为货郎担或者挑货郎。据董德顺老人讲述,来乌苏村的货郎担多为外地人且不止一个。在进村时,货郎担手拿拨浪鼓,通过摇拨浪鼓的方式告知村民其来了。货郎担进村既不用向村长报告,也不用给村长交钱。村民听见拨浪鼓声音后,如果需要买东西就会出来找货郎担购买。

货郎担所售卖的东西多为丝线、梭子、袜子、颜料、手巾等日用物品。在交易方式上,货郎担多要求用钱购买,采取物物交换的方式会使货郎担极不方便,但如果货郎担自身特别需要某种农产品或者其他物品,村民也可以用货郎担指定的物品来与其交易。除此之外,有一类特殊的货郎担专门售卖"洋火",即火柴,村民可以用烂铁、烂麻绳等物品来与这类货郎担交换,交换没有固定的标准,由双方商量决定。

村民在货郎担跟前购买物品时,多由家庭的当家人出面,如果当家人不在家,当家人的妻子也可以前去购买。在购买时,村民会与货郎担讲价钱,正好在场的村民会帮着还价,路过的村民有时也会停下来凑个热闹。如果价钱合适,在场的村民即使当

---

[1] 如果是菜,包秤人一般会转手再将其卖掉。

下家里不需要，有时也会购买一些。如果在货郎担跟前买的东西发生了质量问题，下次能碰上村民会跟货郎担说，碰不上也不会追究。

货郎担来去没有固定的周期，由于有多个货郎担，这个今天走了明天另一个可能就会过来。货郎担进村后，除了售卖货品外不再做其他事情，也不在村民家里吃饭，而由其自带干粮。货郎担渴了没水喝可在村民家里喝水，村民也会免费提供。

除了外来的货郎担，乌苏村本村也有两个挑货郎。当村民马上需要一些小物件而又没到集期时，会到本村的挑货郎家里购买，物品的价格和平时没有差别。如果村民和挑货郎关系好，可以少出一些钱。

> 乌苏村的一位挑货郎叫王才德，祖籍山东，家里有9口人，分别为其5个女儿、2个儿子以及其夫妻两个，另外还有30多亩土地，土地改革时被划为中农成分。由于家里人口多，且多为小孩，王才德除了种地之外，还挑着货物转村售卖，从而获取另一份收入补贴家用。王才德多在周围的邻村卖东西，若赶上饭点且所到村庄正好有亲戚，王才德有时在亲戚家吃饭，如果不在亲戚家吃饭，就吃自己带的馍。在交易时，即使交易对象是外村人，只要王才德认识且熟悉，就可以赊账，若关系一般或者是"生脸"（陌生人），则必须为现款交易，不赊账。

（三）担盐

在1949年之前，担盐是乌苏村村民的一项重要副业。到了每年的农闲季节，村民会去运城的盐池担盐，每次担七八十斤。将盐担回来后，河津人会不定期地来村庄买盐，多是用骡子驮或者用骡子车拉，村民通过倒卖从中赚取差价，河津人将盐拉回去后又会将盐倒卖给吕梁山附近的居民。由于担盐需要本钱，且担回来的盐不能保证马上就能卖掉，村庄内十分贫穷的村民不会去担盐，普通农户以及富裕农户的家人都会去担盐。

村民倒卖盐要通过村庄内的盐经纪来完成交易。外来人到村内买盐首先会向村民打听盐经纪是谁，如果正好碰上村长，村长也会充当介绍人的角色，告知其本村的盐经纪是谁。买主来到家里后，由盐经纪安排买主的食宿并给买主介绍交易对象。盐经纪的亲属家里有盐，其会优先将买主介绍给亲属，其次为关系好的，最后为关系一般的。

村民贾德富，1947年村庄解放之前有两头牛和三四十亩地，曾担任村庄内的盐经纪。河津人来买盐时均前往贾德富家,由贾德富给其介绍卖主,河津人及其骡子吃住均在贾德富家,且不收取费用,贾德富则在卖主与买主的交易中抽取利润。据董顺理老人回忆,最多的时候有七八头骡子在贾德富家。

村庄内的盐经纪每年固定为一个人,且必须是本村村民,外村人不可担任。盐经纪每年要定期向村长交钱,一年一次,交钱的具体数额不得而知,其所交的钱主要用作村庄的公共开支。由于不是固定的人选,每年在确定盐经纪时,村长根据村民报名的先后顺序来确定人选。一般情况下,盐经纪都是村落内能写会算的人,如果报名的人是村长的亲戚,村长可能会优先让自家的亲戚来担任盐经纪。

> 乌苏村的邻村——胡村,村民张敬信的父亲张凤朝是村内的经纪人。河津人来村里卖炭、买盐时,张凤朝就帮忙招呼。当时河津人拉炭都是在吕梁山里拉,由于山里没有大路可供车通过,河津人多用毛驴将炭驮过来,一头毛驴能驮二百斤,有时来得多了一批能来十几二十个毛驴。张凤朝在交易中抽成没有固定的标准,客人来的次数多了,相互之间熟悉了,张凤朝就会少要一点。
>
> 张凤朝的家里有一头小牛,儿子张敬信用这头小牛来种庄稼,同村人张德成家里有一头小牛、一辆小车,但他的小牛不能独自拉车跑长途。到了每年的后半年农闲的时候,张敬信和张德成搭伙跑运输,在河津拉炭到运城换盐,一车能拉七八百斤炭,到了运城能换三四百斤盐。张德成因为年纪大了,体力有限,张敬信只有一头牛但其人下得了苦,将盐拉回家里后两人平分,各自去卖。当时一斤盐三四毛钱,拉一次两个人总共能卖百八十块,如果张敬信的盐卖完了,张德成的盐还没卖完,有客人要买盐时,张敬信会优先带客人去张德成家。第一次拉的盐还没卖完张敬信和张德成就会去拉第二次,来给家里囤一些盐。

二、村外交换及其关系

在村内交换之外,乌苏村村民的部分交换还在村外完成。村外集市和古会是乌苏村村民进行村外交换的主要场所。

(一)村外集市

传统时期,在乌苏村的周边村落,同样发展出了有固定集期的集市,各集市的集期分别为:一文村,二张户,三薛村,四乌苏,五城里,六七庄,七皇甫,八解店,九四望。其中，解店的集市规模最大。

表 3-9　乌苏村周边村落集期

村庄名称	集期（农历）
文村	初一、十一、二十一
张户村	初二、十二、二十二
薛村	初三、十三、二十三
乌苏村	初四、十四、二十四
县城	初五、十五、二十五
七庄村	初六、十六、二十六
皇甫村	初七、十七、二十七
解店	初八、十八、二十八
四望村	初九、十九、二十九

对于乌苏村村民来说，在一个月的 30 天内，有 27 天有集可赶。由于本村逢集时村民无论是否购买东西，都会去集市上转一圈，因此乌苏村村民的赶集频率至少为 10 天一次。据陈凤泉老人讲述，在村外集市中，村民去的较多的是距离乌苏村 5 里的皇甫村的集市，其次为距离乌苏村 15 里的解店的集市，去的最远的是距离乌苏村 30 里的贾村庙的集市。因此，乌苏村的集市圈在方圆 30 里范围以内。

表 3-10　乌苏村集市圈

村落	集期（农历）	集期规模	村庄距离（里）
乌苏村	初四、十四、二十四	较小	0
皇甫村	初七、十七、二十七	较大	5
解店	初八、十八、二十八	大	15
贾村庙	未知	更大	30

村民在本村的集市上没买到钟意的物品或者家里有红白喜事需要置办的货物较多时，会去外村较大的集市赶集。平时去外村赶集由家庭的当家人前去，女性不去。若是孩子结婚，当家人会与妻子一同前往，在集市上妻子负责挑选货品，当家人负责付钱。去外村集市时，村民会根据集市距离村庄的距离灵活调整时间，吃过早饭后前往。如果知道邻居也要去同一个集市且彼此之间没有矛盾，村民会提前打好招呼并在当天一同前往，在前去的路上碰见外村熟人或本村人也会与之结伴。村民外出赶集自带馍袋子，里面装干粮备着饥饿时吃。

在集市上，村民买东西主要看物品的质量和价格，不看关系。同等质量的物品，村民会优先在价格低的摊贩处购买，碰上同村的人在售卖物品，村民会询问价格，但不一定在同村人处购买，因为同村人卖的不一定便宜。村民在村外集市上多为现款交易，不赊账，即使在同村人处购买也是如此。在此，我们以陈梅五家为例，来具体展示村民的外村赶集：

> 同普通村民一样，陈梅五去外村赶集去得较多的为皇甫村的集市，步行需一个小时，其次为解店的集市，步行需三个小时。陈梅五每隔一两个月会去一次贾村庙集市，骑驴或骑骡子需两个小时左右，步行需四五个小时。早上太阳出来吃过早饭就出发。到了集市上，陈梅五会在牛羊市转转看看，如果有合适的牲口且家中正好需要，会直接买下来。此外，陈梅五也会去粮食集上打听粮食的价格，了解粮食行情，并在晚上天黑之前返回家里。

（二）古会

1. 古会概况

传统时期，乌苏村附近的介山庙古会是村民在村外开展交易活动的重要场所。介山庙位于乌苏村的正东方向，距离乌苏村5里。在每年农历的九月初九，介山庙前举行一年一度的古会。如果唱戏，会期为三天，如果不唱戏，会期仅为一天。唱戏与否由每年的"执政村"[1]决定。除了执政村外，在介山庙求神拜药的人病好后前来还愿时，若家庭富裕也会组织唱戏，如果有几个农户一起还愿，则由这几个农户自主商量共同出资唱戏。唱戏与否、组织者是谁在古会开始的前一个月就决定了，消息也会由附近村庄的村民扩散出去，执政村与还愿者不会重复组织唱戏。

除介山庙古会外，乌苏村村民还可以参加附近其他的三个古会。一是柏林庙古会，位于乌苏村的西南方向，距离乌苏村十四五里，在每年的清明节举办。二是西景村古会，位于乌苏村南偏东方向，距离乌苏村15里，在每年农历的十一月二十举办，会期10天。三是解店古会，位于乌苏村北偏西方向，距离乌苏村18里，在每年农历的十月十八举办，会期一天。在三个古会之中，乌苏村村民去解店古会的最多，因为解店的古会规模最大、货品最全，村民想要的东西都可以买到。其次为西景村的古会，因为去西景村古会的道路均为平路，村民步行前去较为方便。去柏林庙古会的最少，因为

---

[1] 介山庙在传统时期归乌苏村、胡村、南牛池村、小淮村四个村共同所有、共同管理，每年由四个村子轮流管理，当年负责管理介山庙的村庄成为"执政村"，不仅负责古会的举办，还负责介山庙庙会的举办。

柏林庙位于孤峰山[1]的山脚下，去柏林庙多为山路，不便行走，清明节时，有闲暇的人会在祭祖完毕后游孤峰山、赶古会。

表 3-11　乌苏村附近古会分布

古会名称	方　位	距离（里）	古会时间	会期（天）
介山庙古会	正东方向	5	九月初九	1或3
柏林庙古会	西南方向	14—15	清明节	—
解店古会	北偏西方向	18	十月十八	1
西景村古会	南偏东方向	15	十一月二十	10

2. 古会中的关系

古会的规模大于一般的村庄集市，所售卖的东西也比村庄集市更为丰富，包括吃食、农具、家具、布匹、绸缎等等，村民平时在集市上买不到的精货在古会上都可以买到。介山庙古会上的商贩除本地人之外，还有来自运城以及周边县城的，距离太远的不会过来参加，也没有外省的。在古会开始之前，距离较远的商贩会提前将自己所要出售的货品运送到介山庙附近村庄的熟人家里，并在古会当天将货品转运到介山庙前。商贩在熟人家里寄存货品不用给任何费用，但熟人在商贩处买东西时会便宜一些，一些小物件如针线之类的商贩会不要钱。

在古会的当天，吃过早饭之后，村民会与要去赶古会的关系好的邻居一同前往，至于同村内其他关系一般的人，村民不一定与之同行。村民去赶古会要比平时去集市的时间早一些，这一是因为古会相较集市距离村庄较远，二是因为村民前去赶古会买平时在集市上买不到的物品，去得晚了物品可能会被买完或者只剩下不好的。村民家里的孩子准备结婚，如果正好有古会，村民会在古会上将孩子结婚所需的物品如布匹、绸缎等置办齐全，但古会上的物品不一定比平时集市上的便宜。

对于一个家庭来说，前去赶古会的多为家中的男性，如果古会附近的村庄有家里的亲戚，年长的女性也可以独自前去，但刚结婚的新媳妇不能去。在去买大件物品或者买的东西比较多时，男性多会与自己的妻子一同前往，一来在买东西时相互商量，二来共同将买好的物件带回家里。在古会上，村民不一定在本村人处购买东西，因为本村的人不好讲价，彼此脸面上过不去，"说多少钱就是多少钱"，跟外村摊贩则可以讨价还价，觉得不合适可以离开且不会伤了和气。如果是同样的物品，同样的价格，

---

[1] 孤峰山，也即孤山。孤山因拔地而起，不与其他山相连而得名。孤山也叫方山，因其山体四面都是方的得此名。孤山上的庙宇有：头天门、二天门、老姥洞、龙凤庵、金顶祠、法云寺、槛泉寺、药王洞、桃花洞、董家洞、柏林庙、香花洞、青扬洞。

村民会优先在本村人处购买，彼此脸面上也好看。对于卖方来说，其所售卖物品会与古会上同类物品的价格保持一致，如果买方和自己关系好，价格会稍低一些或者在结账时省掉总价的零头。村民在古会上均为现款交易，不赊账。在赶完古会后，如果附近村庄有亲戚，村民也会去亲戚家串门，或是闲聊加深感情，或是通知、协商一些事情。

赶古会时，如果交易双方发生矛盾，由摊位旁的其他商贩或者与矛盾当事方认识的人来调解，村长、闾长不会出面调解，大规模的古会有时也会有专门的治安人员来维持秩序。古会上不会收取摊位费或者地皮费，在古会结束后，看庙人赵四娃将会场打扫干净，此为赵四娃的义务之一。

三、村落借贷

传统时期，村民在急需用钱时会向他人借钱。借钱分为两种形式，一是有利息的借贷，二是没有利息的借贷。

（一）村落借贷概况

传统时期，乌苏村村民借钱多出于以下几种原因：一是家里购买牲口需要用钱；二是购买犁、耧、耙、耩、车等大型生产工具需要用钱；三是家庭突然遭遇天灾人祸急需用钱；四是家里要举办红白喜事，钱不够用时需要借钱；五是给家里的病人看病需要用钱；六是家里买房子买地，钱不够用，需要借钱。在借钱时，如果借的数量少，村民多向自己的亲戚、邻居、朋友借，此时是人情，没有利息。但如果借的数量较多，亲戚、朋友、邻居拿不出来，就要找村庄内有钱的主如地主、富农来借，并且有利息。

有利息的借贷，利率一般为1%，较高一点的为1.5%，最高不超过3%。但如果在别的地方都借不到钱，在唯一能够借到钱的地方，出借方又不想将钱借给借款方，此时出借方会将利率故意提高到5%，借款方愿意借则借，不愿意借就算了。

当利率超过1%时，村民即认为是高利贷。在借高利贷时，出借方有时不直接说自己有钱，而是说自己没钱或钱不够，若是借款方想用，自己可以想办法帮忙借，这样既避免了伤害双方之间的人情脸面，又可以名正言顺地要利息。在村落内，放高利贷者一般是做生意的或者地主、富农等有钱有势的家庭。据董德顺老人回忆，传统时期乌苏村主要有两家放高利贷，且两家均开药铺[1]。其中一个叫权景庭，开私人药铺，家里有50多亩土地，土地改革时被划为富农。权景庭有五个儿子，工、农、兵、学、商，一个行业一个，大儿子权保财在工业行业，二儿子权保身在家雇长工种庄稼，三儿子权保帝在夏县的一个国民党组织当主任，四儿子权保国在四川给国民党当官，五

---

[1] 当地有两句俗语"开过药铺打过铁，什么生意都不热""黄金有价，药无价"，来形容开药铺卖药很赚钱。

儿子权保民在外经商做生意。另一个叫解魁元，家里有四五十亩土地，同样开药铺且为富农成分。解魁元弟兄三个，二弟解景元是阎锡山手下的官员，三弟解凤元有时也放高利贷，叔叔解振国是村里的恶霸。

村落内借高利贷均是不公开的私下行为。这一是因为"恨人有，笑人没"，不公开可以避免借贷双方遭村落内其他村民的议论；二是放高利贷在乌苏村被认为是一件没有人情的事情；三是放高利贷者怕露富，避免引起土匪的注意。

（二）借期

村民在借钱时，借期分为定期与不定期两种形式。定期有固定的还款期限，借钱时由借款方提出，出借方不会干涉，但到期后若借款方未将所借的钱及时还上，要向出借方缴纳滞纳金。滞纳金的数额少于利息，具体数额由双方协商决定，此时主要看出借方的意愿，心狠了会多要一些，反之则会少要一些。不定期即没有固定的还款期限，借款方在有了钱后就要及时还上。通常情况下，在关系好的人或熟人跟前借钱，多采用不定期这种方式，而在关系一般或者专门放高利贷的人跟前借钱，多采用定期还款方式。

（三）借条与字据

作为借款的凭证，不论是向亲戚、朋友借钱，还是向地主、富农或放高利贷者借钱，双方都要保留一份借条或字据，但二者的形式、内容、签订情况又有所区别。立字据与借条是农户之间的个人行为，不需要经过村庄的公证。

村民在向亲戚、朋友借钱时，多是写借条。借条的大致内容为：今借到某某多少元整，落款为借款人的名字和日期。如果有还款期限，也要一并写上。为了防止他人日后在后面乱添字，借条上的"整"字必须写上。借条写好后，由借款方按手印或盖手章，之后借条生效，一式一份，由出借方保存。写借条不用请保人，在村民看来，借条只是借款的一个凭证，为的是避免借款方日后不承认，双方之间更相信的是一份人情。

如果是向村庄的地主、富农等借钱，且有利息，借款方首先要请保人。在请保人时，不一定请自己的亲戚，邻居、朋友均可以，所请的保人一般是和自己关系好的、有钱的、有能力偿还借款方所借金钱数额的人，没有一定财力的人不能当保人，且借款方所请的保人要经过出借方的认可与同意。在请好保人之后，借款方在借款过程中要给出借方写字据，字据可由保人来写，也可由借款方另请他人来写，字据的执笔人一般是村庄内有文化、识字的人，如村里的会计或者教书先生。另请执笔人时，不用给执笔人报酬，在事成之后，可以给一些好吃的如点心、烟、酒等表示谢意，也可以不给,给或不给全看借款方的心意。字据具体内容一般包括借款日期、借款期限、利率、还款方式、还款日期以及保人、字据执笔人、借钱双方的名字。写字据要当着保人、借贷双方的面在出借方或者保人家里写,然后借款双方在字据上按手印或盖手章使字据生效。字据一式三份,由借款双方、保人各持一份。

(四)偿还方式

在偿还借款时,请了保人的,保人会在还款期限之前提醒借款者,如果农户有钱能够还上,还款多分为半年还一次、一年还一次或者到期后一次性还清三种方式,具体的偿还方式由借款双方来协商决定。但如果到期后借款方没有足够的钱用来偿还,其可以通过以下几种方式来偿还借款:

1. 用业抵债

借款方到期后还不了钱,可以用自家的房子、牲口、土地或农具来抵偿债务,农户所用于抵债的物品价值与所欠债款的数额要相等,既不能高于债款,也不能低于债款。土地、牲口、农具的价钱"随行就市",根据当时的市场价来折算。

2. 以工抵债

借款方家里没有足够值钱的东西,可以选择给出借方打工来偿还欠款,但要经过出借方的同意。借款方干一天活的工资按照短工一天的工资来算,折算后,欠多少钱打多少工,并且要将利息一并计入。选择此种方式多发生于农忙时期,农闲的时候借款方也无工可打。

3. 用粮抵债

借款方家里有足够的粮食,可以用粮食来抵偿债务。粮价以还款时的市场价为准,折算后,欠多少债还多少粮。

4. 指地借钱

出借方觉得借款方可能到期还不上钱,有时会在借钱时与借款方协商并经借款方同意后,在还款期限之前耕种借款方几亩土地作为收益,且不用支付任何费用。待到还款期限后,如果土地收益正好与借款方所欠债务、利息之和相等,则借款方不用再偿还债务,出借方将土地归还给借款方;若土地收益低于借款方所应偿还的债额,要由借款方补齐差额,土地归还借款方。

在借款全部还清之后,如果有保人,要当着保人和借款双方的面,将所立的字据或借条全部销毁,防止日后某一方乱说话。

(五)亲人借钱

分家之后,弟弟结婚时兄长借钱给弟弟,日后依然要偿还,借条写不写由双方协商决定，但此时一般没有利息；如果兄弟之间未分家，则不用偿还。分家之后，儿子向父母借钱，父母要求儿子偿还，儿子就要还钱，父母不要求儿子还钱，儿子则不用还，儿子在有钱后有时也会主动给父母一些钱。儿子在向父母借钱时，父母会问儿子借钱的用途，若是用于建房子、买地等正当途径，父母会借给儿子，若是用于歪门邪道如抽大烟、赌博，则不会借钱给儿子。如若父母生活宽裕，到了孙子结婚或儿子家里有其他大的事情需要用钱时，父母会主动给儿子资助一部分钱且不用偿还。父母向儿子借钱，若儿子要求父母偿还，父母就要还钱，若儿子不问父母要，就不用还，父母与儿子之间借钱一般不写借条。

如果借钱的双方之间是亲戚关系，多数情况下不用请中人或担保人，而是由双方直接对话，且不用写借条，这是双方彼此之间的信任。如果到期后还不上，就等借款方什么时候有了什么时候再还。但如果借款方故意不还，数额小了双方之间的关系会受影响，数额大了双方之间的关系会破裂。

第五节 分配与分配关系

家庭是乌苏村村民开展分配的基本单元，在家庭单元内当家人握有绝对的分配权。小麦与现金构成农户的主要分配对象，村民将有限的产品用于赋税、口粮、人情、储蓄等方面，并产生不同的分配结果。本节将从分配单元、分配权、分配内容、分配关系四个方面探索传统时期乌苏村村民的产品分配及分配关系。

一、分配单元

传统时期，乌苏村村民在参加介山庙庙会时，拜献所需的献品以村庄为单位进行分配。村内的大家族有家族公共开支或举行家族祭祀时，以家族为单位进行分配。村民的农产品及现金则主要以家庭为分配单位。

（一）以村庄为分配单元

在每年农历的三月初三举办介山庙庙会时，参与庙会的乌苏村、小淮村、胡村、南牛池村以村庄为单位准备献品。乌苏村每年的献品由村庄内经济条件好的、能负担得起的农户来准备，村庄不会为这些农户支付报酬，这些农户也不会提出此类要求。对此，解仁荣老人解释道："那个时候村民都信奉神，这些献品都是给神准备的，他们不会有怨言反而还会很高兴，献品准备得好了，在庙会当天给村里'走脸'[1]了，准备献品的人在村里的地位和威望也能提高。"村里的普通农户在庙会当天不准备献品也可

---

[1] 意为给村庄挣了面子。

以参加庙会，且不会被他人笑话。

此外，村庄的公共土地——官地同样是以村庄为单位进行分配。正如在本章第三节中所提到的，官地的耕种者在村庄内通过"投地"的方式产生，村民在耕种官地过程中，每年麦子收割以后，一亩地要给村里交 50 斤粮食，碰上年景不好，地里歉收，农户交不起这 50 斤粮食，村长也不会强制收取。但陈凤泉老人说："耕种官地的都是村里的穷人，官地也不是好地，就是地里有收成了，他们也不会交那 50 斤粮食，他们只要保证官地不长杂草、不荒废就行了。"由此，官地在村庄内分配，官地上的农产品则由耕种者在个体家户内部进行分配，官地实际上在村庄内起到一种救济穷人的作用。

（二）以家族为分配单元

在乌苏村，对于建有祠堂的大姓家族，族内在进行一些家族性的公共建设如修缮祠堂、祖坟时，会以家族为单位要求家族内的成员共同出资或出粮，此时分配单位大于生产经营单位。

此外，大姓家族在每年的清明节举行集体墓祭时，待墓祭完毕，部分家族会用族田里的收入举行会餐，参与墓祭的所有家族成员都可以参加，此时分配单位与生产经营单位相一致。在人数众多的家族会餐中，外姓人混进去吃饭有时不会被发现，发现后也不会追究。

> 在每年的清明节，董维理老人所归属的董氏家族要前去小淮村参加在祖先坟前举行的集体墓祭。墓祭当天，凡是从小淮村迁出去的，周围二十几个村子的董姓家庭都要派人参加，每年大致有一两千人。在墓祭结束后，家族在坟地举行会餐，凡是参加祭祖的人都可以参加。家族成员在地里支几口大锅，烧一些热菜，准备一些麻花、饼子，众人一起吃吃喝喝之后各自返回家中。

（三）以家庭为分配单元

家庭是乌苏村村民进行产品分配的基础单元，其进一步细分为核心家庭单元、主干家庭单元和扩大家庭单元。

1. 以核心家庭为分配单元

核心家庭即父母与未婚子女组成的家庭，或者仅由夫妻二人组成的家庭。在核心家庭内，子女由自己的父母来抚养，农户的生产以满足自家的基本生产、生活需求为主要目标，农产品的分配也以整个家庭为单元，农户的生产经营单元与分配单元相一致。

2. 以主干家庭为分配单元

在由父母和一对已婚子女构成的主干家庭中，父母与子女未分家，则主干家庭为农户的分配单元，此时分配单元与生产单元相一致。父母因年事已高或者疾病等其他原因失去劳动能力且与子女已经分家，已婚的子女要承担赡养父母的责任，父母虽然不参与到子女家庭的生产经营当中，但参与其生产的产品的分配，此时分配单元大于经营单元。分家后父母尚有劳动能力，不需要子女赡养，两个家庭各自独立生产、生活，此时家庭的分配单元与经营单元一致，此种情况在乌苏村也较为常见。

3. 以扩大家庭为分配单元

扩大家庭是指由父母和多对已婚子女组成的家庭。在与结婚成家的儿子分家之后，已婚的儿子要承担赡养父母的责任，几个儿子或是轮流将父母接到家中赡养，或是每月给父母一定数量的粮食、现金，保障父母基本的生活需求。在这两种情况下，父母虽然不参与儿子家庭的生产，但参与儿子家庭生产的产品的分配，分配单元大于经营单元。若父母与其中的一个儿子一起居住，父母在有能力的条件下要力所能及地帮助这个儿子从事一些生产或生活劳动，父母的日常生活也主要由这个儿子来负担，但如果遇到生大病或其他问题，需要其他儿子一起负担时，其他儿子必须支付相应的粮食或现金，此时分配单元仍然大于经营单元。

在未分家的扩大家庭中，家庭每年所生产的产品和现金以整个家庭为单位进行分配，分配单元与经营单元相一致。例如乌苏村的陈梅五家七代未分家，每年家里将近180亩土地上所收获的农产品供整个大家庭开支，在外面做生意的家人每年回来割麦子时，要将一年的收入上交给陈梅五，并由陈梅五来支配。

二、分配权

在以村庄为单位进行的分配中，村长拥有分配权，在以家族为单位进行的分配中，族长或族内年纪大、辈分高的长者拥有分配权，但不论是村庄分配还是家族分配，最终都要由家庭这一层面来执行。在家庭内，当家人对于家庭生产的农产品及其他收入拥有绝对的分配权，但在村庄分配、家族分配中，家庭当家人要听从村长、族长的安排。由于家庭类型、家庭情况的不同，乌苏村农户的当家人存在以下三种类型。

（一）男性当家

通常情况下，一个家庭的当家人多由男性来担任。在长辈健在且有劳动能力或者虽然不再下地劳动但头脑思维清晰的情况下，家庭的当家人多由长辈担任，家庭所生产产品的分配也由当家的长辈说了算。长辈因为身体原因不再适合当家，家中只有一个儿子，则由儿子继任当家人，家中有多个儿子，通常由长子来当家，但如果长辈觉得长子不适合当家，会在其他儿子当中挑选一个能够当家的来担任当家人。在父辈将当家人的位置传递给儿子后，若儿子突然去世或患重病不再能够当家，但孙子又还小也不能够担任当家人，父辈在身体条件允许的情况下会再次出任当家人。在上述情况中，男性当家人拥有对家庭产品的支配权。

（二）女性当家

在传统时期的乌苏村，同样存在女性当家的情况。首先，父辈在将当家人的位子传递给家里的独子后，儿子由于懦弱或其他原因不适合当家，但儿媳妇有本事，能处理好各类事情把整个家庭料理好，就会由儿媳妇来当家。第二，夫妻两个，丈夫什么都做不了，妻子强势且有能力，表面上是丈夫当家，实际上是妻子当家。第三，家庭中的所有男性都不在家，比如都外出做生意去了，家中只有一个妇女，这个妇女可以暂领当家人的角色，家庭土地上的收入以及在村庄内的对外交往也由在家的妇女说了算。在上述情况下，妇女作为家庭的当家人，对于家庭生产的产品拥有支配权。

（三）男当家与女当家共存

在一个未分家的大家庭中，出于需要有时会产生两个当家人，即男当家与女当家。其中，女当家负责管理家庭内的女性，操持家务，男当家负责家庭生产以及对外交往，家庭产品的分配权主要由男当家掌握，但女当家可以分享部分权限。例如，地主陈梅五家，女当家人有权决定儿媳妇回娘家时带哪些礼品，男当家人在参加亲戚、朋友、邻居家的红白喜事时需要带的各类礼品也由女当家人来准备，在日常生活中，家人每日的饭食如果男当家人没提出要求，也由女当家人来安排等。但如果涉及产品的买卖，女当家人不再拥有话语权，而是由男当家人决定。

三、分配内容

在1949年之前，小麦主要用于赋税、口粮、种子、教育等方面，有限的现金用于生产工具购置、生活消费、赶人情以及储蓄等。

（一）农产品分配

在农产品中，小麦是乌苏村村民的主要分配对象，此外棉花籽、菜籽、芝麻油用于自家食用。

1. 小麦的分配

传统时期，乌苏村村民一年可以支配的最主要农产品是自家土地上所生产的小麦。农民将小麦用于赋税、口粮、种子、教育等方面。

（1）赋税

据解仁荣老人回忆，在民国时期，村民需要缴纳多种赋税，包括摊购、采购、纳购等。各种类型的赋税每隔一段时间征收一次，村民每年最少要交两次税。在麦子收获后和秋粮收获后，政府就来征收赋税。

在征收赋税时由村长牵头，闾长具体负责，村会计按照每个农户所耕种的土地亩数来计算出每户应缴纳的粮食数量，农户种的地越多，纳的粮越多，反之纳的粮就少，不种地或没有土地的农户不需要纳粮。对于村长、闾长等村庄干部，其家里种地，同样需要纳粮，标准与普通农户一致。据解仁荣老人讲述，在村庄解放之前，阎锡山政府将每个家庭耕种的土地所应缴纳的赋税折算成银子账，一两银子账要交三石四斗一升的粮食。这一点在《万荣县志》中也有相关记载：民国二十八年（1939年），阎锡山推行"田赋征实"，改收货币为粮食和其他实物，民国三十三年（1944年），每两粮银[1]实征小麦三石三斗。民国三十五年（1946年），抗日战争胜利后，每两粮银征收粮食、棉花、土布等实物，折合粮食630公斤。民国三十六年（1947年）夏，蒋介石中央嫡系胡宗南部队进驻晋南，为满足军需，在每两粮银额上又加征赊购粮1.9担，名为赊购，实则强征。乌苏村村民在多重赋税之下，实际所交的粮食数量可能远大于政府表面上所规定的数量。

对于交不起赋税的农户，村庄不会出面帮其解决，"村长不会垫，村长家里也没多少粮食"，农户可以向和自家关系好的、有来往的、家里有余粮的农户借，亲戚、朋友、邻居都可以。传统时期，乌苏村没有农户因为交不起赋税搬离村庄。

（2）口粮

在上缴完国家赋税之后，农户家中剩余的粮食主要用于满足一家人的口粮需求，农民很少有多余的粮食用于出售。在1947年土地改革运动之前，乌苏村村民户均占地将近24亩，我们以平地上的小麦亩产均值为标准，一个拥有24亩土地的农户每年大致能收获小麦2600斤。据董德顺老人讲述，拥有20亩以上土地的农户每年要缴纳赋税至少600斤左右，这样缴纳完赋税后农户仅剩2000斤左右的粮食。由本章的第一节可知，乌苏村农户的家庭规模多在4—6人，因此每个家人的口粮每年不超过500斤小麦，而这远远不能满足一个成年人的正常需求。

村庄内三分之二以上的农户为贫农，其粮食产量甚至达不到上述标准，"不饿肚子"成为普通农户的主要追求，正如董维理老人所说："那会的年景，不饿肚子的就是好光景，村里吃不饱的人多着哩。"在有限的粮食产量下，普通农户在日常的生活中并不敢单一地只吃小麦，而是将小麦面与高粱面混起来吃，只有在过年、过节的时候，农户才舍得吃纯由面粉做的白馍。对于地主、富农等家庭经济条件好的农户，家人的

---

[1] 此处的粮银即老人所说的银子账。

口粮即以小麦为主，每日的主食为白馍、面条等。

（3）种子

在每年麦子收获后，农户还需要按照来年的种植计划留够所需的种子。有时候农户为了改善自家种子的品种，会与其他农户交换一部分，双方不一定要关系特别好，但至少是同村的且相互之间没有矛盾，外村的亲戚有好的种子也可以与之交换。交换种子不论好坏均为等量交换。因为交换的数量较少，若换回来的种子不好，农户会将其磨面吃掉，不用于自家的农业生产。

（4）教育

传统时期，村落内稍微有一点经济能力的农户都会将孩子送到村办小学读书。孩子在小学上学时，学费以小麦计，老师的工资也以小麦支付。对于有孩子上学的农户来说，孩子教育方面的开支也是家庭农产品的分配方向之一。据陈凤泉老人讲述，村庄内地主陈梅五家的孩子在县城上完小时，一个月的学费是30斤白面[1]，普通农户家的孩子根本上不起这样的学校。

（5）其他分配

除了上述分配方向之外，农户家的小麦也会用于其他方面的开支。家庭负有债务的农户要用粮食来还债。去参加亲戚家的红白喜事准备礼品时，农户有时需要用面粉来蒸一些花馍。家里的老人过寿，农户可以用小麦置换其他产品或者用面粉来为老人蒸寿桃。农户自家有红白喜事，小麦会成为举办红白喜事的重要物质资源。农户家里需要购置土地、房屋，也会用小麦作为等价物。家族有公共性的开支，农户也要给家族出粮。凡此种种，在此不一一列举。

2. 食用油

民国时期，村民用芝麻、油菜籽、棉花籽等农产品榨油供自家食用。由于此类农产品种植数量少且产量低，村民所榨的油很少用于出售。

在乌苏村的街面上，有一个油坊是高天德所开。在每年的下半年芝麻、棉花、油籽等农产品收获后，村民开始榨油。油坊榨的第一槽油是高天德自己家的，因为榨油的工具刚开始是干的，渗油率很高，榨完自家的油再给村民榨油，油槽渗的油就少了。在高天德看来，榨油不能让村民吃亏，因为村民觉得吃亏后会去附近村庄比如小淮村的油坊榨油，不在自家的油坊榨油了。村民每次需要榨油时，先去油坊询问，由油坊的负责人告知村民哪天的什么时间可以来榨油。

---

[1] 用小麦磨的面粉。

榨油时，第一步是炒籽，将油籽在一个大海锅[1]里炒熟。第二步是碾籽，将炒熟的油籽放在石磨上，用牲口拉着碾子将油籽碾碎，牲口由油坊提供，即"谁家开的油坊谁提供牲口"。第三步是蒸锅，油籽碾碎后，将其装在木桶里面，把木桶放在锅里面蒸。第四步是裹垛，蒸好后先用耐用的树皮做的"帘子"将蒸好的油籽裹好，之后将垛放进铁环里，以防止榨油的过程中帘子开散。一个垛至少需要三四个铁环，六七个垛构成一扎，够一扎后将其放在木制的榨油槽，在榨油槽前后加上挡板，然后往垛里面打楔子，开始是小楔子，榨出一部分后，加大楔子，楔子越加越厚，直到将油全部榨出来。加楔子时，用榔头来敲打楔子，小榔头有十六七斤，大榔头有六七十斤。由于油槽是一个斜坡，榨出来的油会顺着油槽直接流到油瓮里。据解仁荣老人讲述，120斤油籽才能装满一槽，一槽棉花籽能榨26—27斤油，芝麻、油菜籽一斤能出六两油，一槽能出六七十斤油。

村民榨油的费用用油来抵扣。榨完油后，油坊根据村民榨油的数量扣几斤油作为榨油所需支付的费用，一般榨一槽油扣五六斤油。除了本村村民之外，外村的人也会来乌苏村榨油，费用的收取标准与本村村民一致。一个农户的不够一槽，可以和关系好的其他农户合起来榨一槽油，费用由两个农户按比例摊付。农户带的盛油的器具容纳不了榨出来的油，油坊会免费提供油桶，农户用完后再将油桶还回去。

在油坊内，高天德自家人不做工，而是雇用同村村民李斗喜弟兄三个。李斗喜的父亲早年去世后，由于家里经济条件紧张，弟兄三个在20多岁时开始给油坊做工。老大叫李斗喜，在油坊里是看碾的，即碾籽；老二叫李双喜，在油坊里是打楔子的；老三叫李全喜，在油坊里是裹垛的。榨油工人的工钱按槽来计算，即榨一槽油多少钱，一般是给油，不给粮食或钱，李斗喜弟兄三个榨一槽油合计能挣四五斤油，之后再用挣来的油换粮食、钱或其他物品。

（二）现金收入分配

乌苏村村民的现金收入主要来源于以下几个方面：一是家庭妇女纺棉织布，将织好的棉布出售所获得的现金；二是家庭妇女将家中的旧衣物出售给翼城地区的山里人所获得的现金；三是村民发展家庭副业如做笤帚、担盐等所获得的现金；四是家人在村庄的街道上开有店铺，或在外做生意挣得的现金。对于大部分普通农户来说，现金收入在家庭收入中所占的比例极小，农户在生活中也很少使用现金来消费，有限的现金主要用于生产工具购置、生活用品购买、赶人情、储蓄等。

1　大海锅是指比常见的锅大很多的锅。

1. 生产工具购置

生产工具购置主要是指小型的生产工具如镰刀、锄头、铁锹等的购置，此类生产工具由于使用寿命短，价值较低，不值得请匠人来家里打造，在原有的工具坏掉后，农户会选择在村庄的集市上直接购买，购买时也多用现金支付。大型生产工具犁、耧、耙、耱等的使用寿命相对较长，一般不容易坏掉，即使坏了，农户多会选择请匠人来家里重新打造，由于其价值较大，支付时多选择用小麦来作为等价物。

2. 生活用品购买

日常生活中的油、盐、酱、醋、丝线、袜子等小物件，农户多用现金来购买，尤其是在转村的挑货郎跟前购买物品时，挑货郎多数情况下会主动要求农户用现金支付。这类物品由于价格相对较低，普通农户多数能满足此类现金支付需求，在有限的现金收入内，农户会优先保障基本生活所需要的现金开支。

3. 人情消费

人情消费是农户现金开支的一个重要方面。根据主体的不同，可以分为两类，一类是农户自家有红白喜事，另一类是农户要去参加亲朋好友家的红白喜事。

在农户自家有红白喜事时，粮食和现金均是农户的重要物质资源。如农户的儿子要结婚或者女儿要出嫁，农户要为结婚的子女置办结婚所需的布匹、绸缎等精货，此时需要大量的现金支出，如果是举办丧事，农户则要为逝者购买棺材。同时，红白喜事中的宴席开支包括厨子的工资、宴席的菜品等等也均需用现金来支付。

对于邻居、朋友家的红白喜事，农户可以用鸡蛋、糕点、布匹、被面等实物上礼。但在参加亲戚家的红白喜事时，除了实物，农户还必须用现金上礼，双方之间的关系越近、越好，上的礼金数量就越多。同时，一些实物性质的礼品，如果农户家里没有，也需要用现金来购买。

4. 储蓄

一年的现金收入，农户并不会全部用来消费，而是尽量节余一些储蓄起来。家中有未结婚的子女时，农户会储蓄一部分资金为子女的结婚做准备。家中的子女均已结婚，父母会储蓄一部分资金作为自己养老之用，同时为应对一些突发事件如绑架、重大疾病、自然灾害等做准备。最后，即使没有上述之类事件，农户也会将一年下来富余的现金储蓄起来，以备其他不时之需，而这些储蓄在所有者去世后会作为家业的一部分由逝者的晚辈所继承。

四、分配关系

将有限的产品在家户内部分配后，村落内的贫农、中农和地主、富农面临着不同的分配结果。

(一)家户内部分配次序

在家户内部,有限的粮食首先要用于缴纳赋税,当口粮不够时,村民还需向其他农户借粮。

1."家里再困难也得把公家的交了"

对于家庭生产的农产品,在赋税、口粮、种子、教育以及其他各项分配中,不论农户是否愿意,其首先要保障的是国家赋税的缴纳。在农户看来,赋税是躲不过的、迟早要上交的,如解仁荣老人所说:"种地纳粮,那就是天经地义,自古以来都纳粮,那个时候,你家里再困难,再没有粮食吃,你也得把公家的粮交了,你躲也不是办法,着急了人家胡来呢,最后还是得交。"每年国家征收赋税时,有条件的农户会主动上交,家里实在没有粮食的农户有时也会选择逃避或抗拒,但此时国家会用强制性或替代性的方式来征收赋税。"对那些不交粮的农户,村长就要给他施加压力,就会让闾长去催,再不交编村就来了,就到他家麦囤子里挖粮食。你跑了当家的没跑,当家的跑了家里还有不当家的家人在,让这些人去找当家的,限你十天或八天找到,找不到,编村的人就拿他家里的其他东西顶了。"据董德顺老人讲述,在1947年解放之前,有一年村民贾起家没有上交公粮,也一直拒绝上交,村长劝说无效之后,直接上报给了当时的区政府,区政府来人后,在贾起家牵了一匹马就走了,用马顶替了公粮。

2."没吃的了借"

在交完国家赋税后,若农户家中剩余的粮食不够满足一家人的基本生存需求,则需要借粮。例如,有一年解仁荣老人的父亲因为交不起公粮被编村的人软禁在了村公所,家人求情失败后,通过多方筹措,将公粮交齐后才将父亲从编村手里赎了回来,此后全家人只能依靠借粮来度日。

在借粮时,农户多向与自家关系好的、家里有余粮的邻居、亲戚借,同等条件下亲戚优先。由于村落内的农民以小麦为主要粮食作物,农户借粮也主要是借小麦,一次最少为二斗,因为二斗小麦才够磨一次面。如果借的小麦到期后还不起,农户可以用秋粮来偿还,但用于偿还的秋粮的数量一般要多于需还小麦的数量,借一斗小麦,还一斗一升或一斗二升的秋粮。当然,极少数农户也会借秋粮,如高粱、大豆等,但此种情况在村庄内很少出现。

若农户在满足口粮、留足种子后尚有富余的粮食,家庭负有债务的,农户会将粮食用于偿还债务;家族有公共性的开支,农户也要根据家庭的实际情况向家族缴纳粮食,剩余的部分则储蓄起来。

3. 现金分配

在有限的现金收入分配中，农户会优先保障油、盐、酱、醋之类生活必需品的消费。其次为人情消费，在重人情、讲情义的家户性格之下，不论家中经济条件好坏，农户都会根据自身的实际情况在需要时拿出一定的现金来准备礼品，如果是自家办红白喜事，农户更是会拿出全部积蓄来保障事情顺利操办。对于生产工具或生活中其他小物件的购置，在有条件的情况下农户会使用现金支付，但如果家中无现金可用，农户也可以选择用粮食等实物来换取。如果有家族公共性的开支，农户有条件则出资，没条件则可以在征得家族其他成员同意的情况下少出资或不出资。最后，在以上几项内容之外，如果家中尚有富余的资金，农户会选择将其储蓄起来以备他用。

（二）家户外部分配结果

1. 贫农粮食不够吃

在乌苏村，贫农占到总户数的70%以上，且大部分贫农的家庭土地规模在20亩以下。在干旱的自然条件下，土地的粮食产量有限，贫农经常面临着吃不饱饭的威胁。当家中的口粮不够一家人吃时，贫农家的成年劳力会去地主、富农家当长工，这样既少一张吃饭的嘴，还能挣一份粮食。孩子多的家庭会将孩子送出去"熬相公"或者去给财主家放羊混饭吃。极端的会将孩子卖掉或过继给他人，例如张高登老人的父亲在18岁时开始抽大烟，将家败了后把张高登老人的三姐和弟弟都卖了。

> 在土地改革运动之前，董顺理老人家有3口人，13亩土地，其中7亩平地、6亩坡地。一年下来家里的粮食能产1200斤左右，交完赋税后，口粮不足1000斤。在每年麦子收获后，地里会种一些高粱。董顺理老人的父亲在外村的一户富农家当长工，每年可以挣得3石麦子。即使如此，董顺理老人家每年可供支配的小麦仍不足2000斤。

2. 中农过日子不求人

村庄内，下中农的条件仅比贫农稍好一些，中农及上中农占总户数的14.07%，这类农户的家庭土地规模多在30亩以上。一年下来，土地上所产的粮食基本够一家人吃，经营得好了还可以有一些结余。此外，这类农户多不单一地只靠种地，还会经营一些生意，过日子不求人。

> 董德顺老人的家庭在土改之前有40亩土地，10口人。董德顺的爷爷董狮

娃在家种地，三爷爷董满斗在曲沃做熟皮生意。在 40 亩土地中有 10 亩埝地，20 亩平地，10 亩坡地，纳完税后，家里一年可供支配的小麦有 4000 斤左右，此外还会种一些秋粮。家人一年吃喝不求人，有时还会用积蓄购置一些土地。

3. 地主富农有吃有喝

乌苏村富农家庭的土地规模在 70 亩以上，仅有的一个地主家庭土地规模为 180 亩。除种地外，地主、富农做的生意相较中农更大。由此，除了较多的粮食可供支配外，地主、富农家一年可供支配的现金也较多，家人平时以白面馍为主食。

> 富农高天德家里有 80 亩土地，9 口人，此外还有两群羊，每群羊有三五十只。高天德雇用了两个伙计（长工）种地，一个伙计放羊，高天德自己经营在村庄街道上开设的皮坊和油坊。此外，高天德还是牛经纪，在牛市上帮人圆活生意。高天德的家人每天就吃白馍，没了就蒸，家中一年的现金支出将近 200 铜圆。

第六节 消费与消费关系

独立的家户是乌苏村村民开展消费的主导单元，在消费单元内部，当家人握有绝对的消费决策权，家庭成员分享部分消费权。生产消费、文化消费、人情消费、婚嫁消费等构成了村民的主要消费活动，村民在消费中产生丰富的关系。本节将从消费决策、消费活动、消费关系三方面来展现传统时期乌苏村农户的消费与消费关系。

一、消费决策

传统时期，一家一户的独立家户是乌苏村村民的主导消费单元。在家户之上，村庄、家族作为消费主体会有一些公共性的消费，但其消费多数最终落脚于家户。因此，家户消费是本节考察的重点。

（一）村庄、家族消费及决策

在每年举办三月三庙会、唱大戏等公共性活动时，村庄作为一个消费主体，要承担此类公共活动的开支。开支一方面来源于村落内的包秤人、盐经纪每年给村庄上交的粮食或现金，另一方面来源于村落内富裕农户的自愿捐助。村庄的公共土地——官地上的收入因在实际中由耕种者在家户内部自主消费，不构成村庄的一项公共收入来源。在消费决策上，每当开展庙会、唱戏等公共活动时，村长会与闾长、会计等其他村庄管理者以及捐助出资的农户的当家人商量，对于捐助出资的农户当家人所提出的意见或要求，村长多会采纳，但最终的消费决策由村长做出。

家族消费主要是家族祠堂修缮的开销、集体祭祀时购买祭品的开支、家族会餐花费等。坟地作为家族公共性的土地，若家族在坟地从事农作，坟地里的收入构成家族公共消费的来源，例如在本章第二节中提到的乌苏村董氏家族在小淮村有二三百亩坟地，坟地里的收入用于家族祭祀、会餐以及支付长工工资。若家族坟地规模小，不开展农作，家族公共消费支出来源于家族成员的捐助，例如张高登老人所属的张氏家族仅在坟地种植柏树，家族需要修缮祠堂时由家族成员共同出资。在消费决策上，家族会餐费用、集体祭祀的开销由家族的族长决定，对于修缮祠堂，族长会召集族内成员进行商议，并在修缮完成后向族内成员公布消费账目。

(二) 家户消费及决策

在家户内部，当家人掌握绝对的消费权，在当家人之外，家庭成员可以自由支配私房钱、零花钱等。

1. 当家人的消费权

在家户消费单元内，村民在具体消费方式上以实物消费为主，现金消费为辅。无论是在核心家庭、主干家庭还是扩大家庭，当家人握有绝对的消费权，家里的一切公共开支由当家人负责，每年家里置办哪些农具、请谁来修理打造农具、孩子是否上学以及如何交学费、过年过节购买哪些吃食、走亲戚带哪些礼品、给老人多少养老费等都由当家人说了算。家庭成员需要用钱要向当家人申请，当家人不同意则无法使用。

在扩大家庭内，除男当家人外，若有女当家人，女当家人也拥有一定的消费权。例如，在地主陈梅五家，家人过年走亲戚时所带礼品种类和数量由女当家人来定，儿媳妇八月十五回娘家所带的礼品如柿饼、麻花、点心等也由女当家人来安排。此外，对于家庭内的公共用品，特别是日常生活用品如针线、笤帚、火柴等，女当家人也可以出面购买。

2. 家庭成员的消费权

在核心家庭和主干家庭内，家中只有男性当家时，当家人的妻子虽不握有消费权，但可以在消费活动中向当家人提出建议，当家人有时也会主动与妻子商量。

在扩大家庭内，除当家人外，部分家庭成员也拥有消费权。首先，儿媳妇的嫁妆归儿媳妇私人所有，相应的消费权也掌握在儿媳妇手中。其次，家人的私房钱由其自主消费，当家人不会干涉，例如陈梅五家中的成年妇女通过卖棉布、旧衣物所得来的私房钱即归其自主支配。最后，当家人所给的零花钱由家人自主消费，例如一年之中，陈梅五在每个季度第三个月的月底会给家中念书孩子一次零花钱，零花钱由孩子自由支配。

二、消费活动

乌苏村村民的消费活动分为家户内部消费活动和家户外部消费活动。家户内部消费活动包括看病消费、养老消费、生产消费、婚嫁消费以及丧葬消费，而人情消费、文化消费以及村庄的公共消费构成了村民的家户外部消费。

（一）家户内部消费活动

1. 看病消费

在日常生活中，农户家里的公共开支如油、盐、酱、醋、糖等调料以及蔬菜、肉类的购买均由家庭的当家人负责。家庭成员生病后，看病的医药花费同样要由当家人来支付，当家人或是到医生家里给家人抓药或是将医生请到家里给家人看病。家里雇有长工的地主、富农家，若长工生了小病，长工看病的花销一般也由地主、富农家的当家人来负担。在1949年之前，乌苏村村民看病抓药都是给粮食，不给现金，一服药是多少斤麦子由医生说了算。据陈凤泉老人讲述，其家里请一次医生到家里给家人看病，前前后后大致需要花费20斤小麦。

2. 养老消费

和儿子分家后，老人的养老由结了婚的儿子负责。家中有多个儿子的，未结婚的儿子不参与平摊老人的养老费用。由于出嫁的女儿不参与分家，相应地女儿也不负有赡养老人的义务，但女儿可以出于孝心将父母接到自己家里照顾十天半个月，时间没有固定的限制，可以更长也可以更短。

（1）养老方式

其一，独养。老人只有一个儿子，养老花费就由这个儿子来承担。一种方式是老人与儿子共同居住生活，平时的吃、穿、住、用均由儿子照料。另一种方式是老人与儿子分开居住，单独生活，儿子每年给老人出油、出棉花、出粮食、出看病钱等等，保障老人的基本生活需求。一般在每年麦子收获以后，儿子要把粮食给老人送去，老人生活中干不了的体力活，例如挑水，也要由儿子来干。

其二，分养。分养类似于"包干"。老人有两个儿子，可以由两个儿子分别包管一个老人，每个儿子所包管的老人去世后也由相应的儿子来负责下葬，另一个儿子不用出任何费用。例如，大儿子负责赡养母亲，小儿子负责赡养父亲，父母平时的生活费用分别由两个儿子来支付，父母生病了也由包管的儿子来承担医药费。在父亲去世后，由小儿子主持料理丧葬事宜并承担全部的下葬费用，大儿子不用出任何费用；同理，母亲去世后由大儿子来负责下葬，下葬的费用相应地全部由大儿子来承担。

其三，轮养。老人有两个及两个以上的儿子，可由几个儿子轮流照顾老人，每个儿子负责赡养几个月，在赡养期间，老人的吃穿用度由当值的儿子来承担。一般在老人独自吃不了饭、生活不了时，就开始轮养，没有具体的年龄标准。轮养的时间先由几个儿子商量决定，若商量不出结果，一般由儿子的舅舅出面调解。传统时期，农户家里的儿子多了，大部分是选择轮养的方式，因为儿媳妇有好有坏，好儿媳妇可以将老人照顾得很好，坏儿媳妇甚至可能将老人饿着，轮养则可以避免让老人一直遭受坏儿媳妇的虐待。轮养时，老人不能每年在同一个儿子家过年，要按照从大到小的顺序轮流，因为过年吃的饭食比平时要好。今年在大儿子家过年，到了明年，即使按轮养的时间算老人依然应该在大儿子家，过年时老人也要去二儿子家过年，等到过了正月初五，老人该去谁家就去谁家。在轮到下一个儿子照顾老人时，儿子主动过来接比将老人送过去好，这样显得儿子孝顺，老人也高兴。

"老怕跌，少怕吓"，在轮养过程中，老人如不小心跌倒生了小病，而看小病所需要的费用由当值的儿子承担，其他儿子不需要均摊。老人生了大病，需要花的钱较多，要由几个儿子均摊。同时，女儿也可以来照顾老人，但不是必须的，照顾多少出于女儿自己的心意。老人去世后，丧葬的费用由几个儿子平摊，老人在哪个儿子家去世就由哪个儿子牵头操办老人的丧葬事宜。

在父母养老中，若某一个儿子负担不起应该承担的养老费用，一种是这个儿子自己想办法，可以去借；另一种是其他几个儿子多摊一点，由出不起费用的儿子向兄弟打借条。另外，如果老人的女儿家庭条件较好，可以由老人的女儿来承担一些费用，且不用还，此时，出不起费用的儿子要承自己姐姐或妹妹的人情。

其四，妾的养老。父亲娶了小妾，当妾老了时，如果妾生下了儿子，则由其儿子负责她的养老，正房生下的儿子不管。如果妾没生下儿子，则正房生下的儿子也要负责给妾养老送终。

（2）养老纠纷的处理

兄弟之间因为养老问题产生纠纷，多是请自家的长辈出面解决，舅舅、叔叔、伯父、姑父、姨父都可以。一般优先请舅舅，因为有了事情，孩子的母亲都先回娘家找父母去了，娘家的父母去世后，就轮着孩子的舅舅来出面了；其次是本家的叔叔、伯父，再下来是姑父、姨父。自家长辈或亲戚解决不了，可以找村长或闾长出面调解，村长、间长解决不了，当事人可以选择去打官司，但此种情况极少出现，一般某个儿子为了脸面，会主动将父母接到家中赡养，相应地兄弟之间的关系也会破裂。

3. 生产消费

村落内农户在生产方面的消费主要包括农具修理与添置、牲口看病、工人工资等。对于镰刀、锄头、铁锹等手头用的小工具，村民能自己修理的会自行修理，修理不了时或请铁匠、木匠修理，或由当家人在集市上重新购买一个。在农闲时节，村民会对家里的犁、耧、耙、车等大型农具进行检修，在需要重新置办时由当家人出面请木匠或铁匠来家里打造，如犁坏了请木匠来家里重新掏一张犁，铡刀坏了请铁匠来家里重新打一个铡刀，费用由当家人来支付。

家里有牲口的农户在牲口生病后要及时给牲口看病，看病的费用由当家人来支付，若需要重新购买，则由当家人到村内外的集市上购买。例如，陈凤泉老人家在土地改革运动之前有8头牲口，分别为3头牛、3头骡子、2头驴，牲口平时由陈家所雇用的3个长工里面的头班亲自喂养，出了状况头班向当家人陈梅五报告，需要重新购买牲口的话由陈梅五前去购买。

农忙时，劳力少、土地多的中农家庭若雇有短工，每天要给短工支付工资，一般一个短工每天5升小麦；雇有长工的地主、富农家庭要在每年约定的日子给长工支付工资。例如地主陈梅五家在农忙时雇用3个长工，全年雇用一个长工，一年下来陈家要向3个长工支付约10石麦子。

4. 婚嫁消费

民国时期，农户家子女的婚嫁花费分现金和实物两种形式并以实物消费为主。儿子娶媳妇的花费主要包括彩礼、宴席、厨子工资等几项，女儿出嫁的花费主要包括宴席和嫁妆两项。

（1）彩礼与宴席花费

农户家的儿子娶媳妇时，男方给女方的彩礼以小麦计量，一般情况下彩礼多为4石小麦。在规格上，传统时期村落内的宴席多是4个碟子8个碗，具体的菜单由当事方跟厨子一起商量决定，因为厨子参加的多了，做的菜多了，知道的也多。宴席的规模根据农户的家庭经济条件来确定，经济条件好的农户会设二三十席，经济条件差的农户仅做一锅烩菜也可以。村民对当事方的评价也以其家庭经济条件为根据，经济条件好的农户摆的宴席不好，村民会觉得其小气；经济条件不好的农户吃的宴席一般，村民也会认为在情理之中。据解仁荣老人讲述，1949年之前，村庄内设宴二三十席的嫁娶就算是大事了，有一年村民高天德家"请合村"，即请全村人吃饭，村庄每个家庭派一个人前去参加,最后坐了四五十桌,是当时村庄内最大规模的宴请。解仁荣老人在结婚时,家中买了25斤猪肉,设了二十四五席。

农户要请专门的厨子来做宴席,厨子一般第一天准备菜品,第二天正式做菜。如果农户所请的厨子是同村的,且双方之间关系极好,那么不用给报酬,在事情结束之后,由当事方的当家人带一些好吃的如白馍、肉(一斤半到二斤之间)等去厨子家里表示谢意。如果请的是外村的厨子,则要给报酬,厨子要钱,不要麦子,大厨一天挣4个铜圆,帮厨一天挣3个铜圆,如果在第二天下午之前家里的事情就结束了,在结算工资时会少给厨子一个铜圆。农户所请的厨子是同村的,但关系一般,同样要参照给外村厨子的工资标准给付报酬。

(2)嫁妆花费

女儿出嫁时,娘家人多少都要陪一些嫁妆,每个结婚的新娘,嫁妆的多少根据农户的经济条件来决定。经济条件好的农户会陪"全嫁妆",即生活上所有要用的都有,包括箱子、立柜、桌子、衣架、茶碗、碗柜、脸盆架、单桌(没有抽屉的桌子)等。经济条件不好的农户陪的嫁妆会少一些,一般是一对板箱、脸盆架、一张桌子等,家里有旧板箱的,翻新一下也可以给女儿陪过去。家庭特别困难的农户,家里既没旧板箱也买不起板箱,就借用别人家的板箱将嫁妆送过去,事后再将板箱还给物主,归还时借用方要在板箱里放一些好吃的表示谢意,除此之外不用给其他报酬。

(3)"一头掏钱,两头好看"

在一桩婚事中,男方的开销要大于女方。男方掏的钱多了,将婚事办得光彩了,女方和男方两家在村庄都有面子,村民称之为"一头掏钱,两头好看"。

家中有多个儿子的农户,每个儿子因其结婚时间不同,在婚姻花费上也不绝对平等。一是因为随着时间的推移,整个村庄内婚姻花费的内容及标准会有所变化,农户必须跟上整体的花费变化。二是农户的家庭经济条件在不同的时间段有着不同的水平,家庭经济条件变好了,后结婚的儿子的婚姻花费就会多一些,此时先结婚的儿子不会有怨言,还会以此为荣;若家庭经济条件变差,后结婚的儿子的婚姻花费就会相对少一些,甚至结不起婚。

5. 丧葬消费

农户家中的老人去世,丧葬花费主要包括购买棺材、油画棺材、排摆宴席、准备纸扎品等方面,其中宴席的开销所占比例最大。据董德顺老人讲述,在民国时期,村落内有钱的财主家办丧事时规模会大一些,设宴数量最多为四五十席,普通农户家的丧事规模会小一些,设宴数量在一二十席。当地村民将吃席又称为"吃摊子",丧宴上的菜品一般是7个碗，分别为红烧肉、白里肉、丸子、马莲、烩菜、豆腐、杂粮等。在下葬的前几天，做菜的大厨要与死者家庭的当家人商量好菜单，列好菜单后由当家人委托主事的去买，费用由死者家庭的当家人支付。一个厨子一天的工钱与农忙时打一天短工的工钱相同，即5升小麦，若是给现金，标准与婚嫁时一样。

购买棺材时，村落内的地主、富农会花费1—2石麦子购买好棺材如柏木棺材；普通农户一般购买桐木棺材，花费多为3—4斗麦子；穷困得买不起棺材的农户有时仅用一张草席将死者下葬。在合棺之后，农户要请油漆匠来油画棺材，分为大五彩、中五彩和小五彩，不论哪种都要在棺材的前方画一个楼，村民称之为"解店楼"，并在棺材的尾部画一朵莲花。村落内有钱的财主家会请油画得好的油漆匠来油棺材，所请的油漆匠可以是本村的，也可以是外村的，关键是要油画得漂亮，价格也相对高一些；普通农户或者贫穷的农户多请本村的油漆匠来油画，价格相对低一些。此外，大五彩的线条较粗，画得比较漂亮，价格最贵；中五彩的线条较细，价格次之；小五彩较为简单，价格也最便宜。油漆匠的工钱由死者家庭的当家人与油漆匠协商，没有固定的标准，多根据当时的行情来确定，如果双方之间关系好，也可以少给一些但不会不给，关系一般则按正常标准给付。除了工钱之外，农户不再给油漆匠其他任何形式的报酬。

村落内的亲朋好友前来帮忙，均不需要给报酬。农户家中的老人去世，如果是同一个巷子内的且双方之间没有矛盾，其他农户会主动前去帮忙，不等当事方来请；不在一个巷子内的关系好的农户也会主动过去帮忙，但如果关系一般，则不会主动前去。死者生前的好友，即使死者的后代没有通知其前去参加，也会在死者下葬的当天，自己拿着铁锹跟着队伍去墓前给死者的坟上添几锹土，以示对死者的追忆，从地里回来后也不会去死者家里吃饭，而是径直回自己家。

（二）家户外部消费活动

1. 赶人情

赶人情，当地村民也称之为"添礼"，在赶人情过程中，村民所带的礼品以实物为主。农户家中的女儿出嫁，村民要送"喜头"，一般为鸡蛋、麻花、点心等，除此之外不再随其他礼品；农户家中的儿子娶媳妇，村民所随的礼品以衣服、绸缎、被面等实物为主，礼品的轻重[1]视双方之间的关系好坏来确定，关系好了，送的礼品就重一些，关系一般，送的礼品就轻一些；农户家有白事，村民多准备一些纸扎品作为礼品。在用现金上礼时，农户之间一般上一毛或两毛，最多不超过五毛。

此外，村民在逢年过节走亲戚时，不能空手去，必须带礼品。礼品通常包括麻花、

---

[1] 此处的轻重是指礼品的数量多少以及价值大小。

白馍、油饼、柿饼、点心等，麻花一般带 10 个，油饼一般带 5 个，去的时候用小提盒提上。血缘关系越近，关系越好，带的礼品越重[1]。女婿去丈母娘家时带的礼品要多一些，带得少了会被对方小看，说女婿小气。丈母娘家没有老人，带麻花、白馍、柿饼就可以；丈母娘家有老人，还需要带点心。去其他亲戚家一般带一两种礼品就足够了。在一年的节日当中，除了八月十五中秋节媳妇必须回娘家以及春节须走亲戚之外，其他的节日由农户自主决定是否走亲戚。相比于普通的节日，过年走亲戚时带的礼品要多一些。在节日之外的平常生活中，去亲戚家不用带礼品。

媳妇八月十五回娘家时要经过婆婆的同意，婆婆不同意，媳妇就不能回娘家。在扩大家庭内，女儿出嫁后，母亲要去女婿家看望女儿时，同样要经过婆婆（或女当家人）的同意，要让婆婆知道自己干什么去了，婆婆不同意，母亲同样不能去看望女儿。

2. 文化消费

传统时期，村落内有条件的农户都会将家内的适龄男孩送去村办小学读书，家庭条件好的农户还会将孩子送到私塾读书。据陈凤泉老人讲述，在私塾上学的每个学生每个月给老师 30 斤小麦作为学费。不论是在村办小学读书，还是上私塾，在交过学费之后，村民不用再给老师送礼，也不用请老师吃饭。村庄的富裕农户有时会主动捐助一些现金来资助村庄孩子上学，例如，陈凤泉老人家有一年给村庄的小学捐助了 200 块银圆。

在每年过年时，村里会举办打花鼓、敲锣鼓等文化活动。花鼓打到农户家里后，当家人要送一些好吃的如柿饼、麻花等给打花鼓的人，不用给钱。此时，农户家所有的家庭成员都可以观看，不需要跟当家人申请。如果要跑到门外的远处去看，新媳妇不能独自一个人前去，而要由婆婆带着去，未出嫁的女儿要由母亲带着去。此外，村庄每逢唱大戏，会请村里的富裕农户资助一些粮食或现金，这也构成此类农户的一项支出。据陈凤泉老人回忆，有一年，村里准备唱大戏，村长来到陈家想让陈梅五捐助一些钱或麦子，与陈梅五一起商量，最后陈梅五资助了两石麦子。

3. 共同消费

在 1949 年之前，村落内的共同消费多发生于村庄所举办的文化娱乐活动之中。据解仁荣老人讲述，在土地改革运动之前，乌苏村每个间都有一套花鼓和锣鼓，归整个间共同所有。在购买花鼓和锣鼓的器具时以间为单位，由同一个间的农户集体出资购买，且由农户自愿参与，有钱的农户可以多出一点，没钱的农户可以少出一点，但一分钱都不出的农户不能参与到花鼓、锣鼓的组织当中。在购置完器具后，如果农户所

---

[1] 即带的礼品数量越多、价值越大。

捐助的钱有剩余，牵头的人要将具体的开销列一个清单公布给参与捐助的人，剩余的钱也由牵头人来保管，待以后需要重新购置或维修器具时再用。

三、消费关系

在赶人情以及婚嫁宴请中，乌苏村村民产生了较为丰富的关系。

（一）赶人情中的关系

1. 关系主导，来往对等

对于村民来讲，给普通邻居上礼和给村长、闾长上礼的标准是一样的。若某村民特意给村长、闾长多上，会被其他村民议论，认为其是在巴结村长、闾长。上礼的多少根据双方之间的关系好坏而定，关系好了例如双方之间是生意伙伴或者交情十分好，就上礼多一些，关系一般，则参照村落内普通的标准就可以。亲戚家有红白喜事，上的礼要比给邻居、朋友上的礼多一些；在亲戚内部，当事家庭成婚的儿女上礼最多，其次是当事方本家的堂叔、堂弟等，之后是舅舅、姑姑、姨姨等。上礼的时候也会看亲戚的家庭情况，经济条件不好的亲戚，即使上的礼少一些也不会被其他村民或亲戚议论。

每次人情往来，村民都会记账，并在每次去随礼之前查看账本，根据对方给自家随礼的数额来决定给对方随多少礼。一般情况下二者之间是对等的，即对方之前给自家随多少礼就给对方上多少礼。但如果相隔时间较长，村庄内整体礼金标准上升，去给对方随礼时，增不增加礼金数额看农户的个人意愿，增加可以，不想增加也可以。在给邻居上礼时，同巷的人之间有时也会相互商量，保证彼此大体一致。在给亲戚上礼时，属于同一层次的亲戚也会彼此商量，如几个姨姨之间、几个姑姑之间都会商量好，保证大家随礼的数额一样。在人情往来中，村民遵循"大致平等"的原则，一来一往，彼此之间的上礼标准与数额会大致持平。

2. "总能还得上"

在人情往来中，农户会尽量避免欠他人人情。如果欠了他人的人情，农户会找机会还上，多数情况下也"总有机会能还上"。

农户自己家里有红白喜事，首先要请同巷的人以及本闾的闾长，外巷关系好的村民也要请，但不请同巷内和自家有矛盾、有过节的农户前来。如果和村长有矛盾，就不请村长参加，没有矛盾则要请村长参加；和村长的关系一般，请了之后村长有时候会不来或者只是来转一圈，但对于农户来说，村长不来也行，来了则会招呼村长抽好烟。请人由家庭的当家人去请，对于村落内和自家关系好的，要告知对方提前一天过来帮忙，关系一般的，告知对方当天来就可以。

邻居家里发生了白事，不等邻居来请，农户知道后就会主动过去帮忙；如果是红事，彼此之间关系好的农户知道后会主动过去帮忙，关系一般的则要等对方请了才去，不请则不去。在去赶人情时，每个农户只派家庭的当家人去，其他家人不参加，去了之后以帮忙为主。家庭的当家人在外做生意赶不回来，可以指派某个家人代为参加或者由某个家人将礼金或礼品送到，若人不到礼也不到，双方之间的关系就会僵化，之后的人情往来也会中断。村长、闾长家里有红事，当事方不发出邀请，农户一般不会主动去参加，有些农户为了巴结村长、闾长，不等对方来请就会主动前去。

亲戚家有红白喜事，如果是三代以外的亲戚，对方没请就不去参加，同时这门亲戚也基本"不走了"，因为晚辈可能都不认得三代以外的亲戚了，等到农户自己家里有事，也不会请对方来参加；若是三代以内的亲戚，在对方发出邀请后，农户要参加并随礼。亲兄弟姐妹家里有红白喜事，不等对方来请，农户的全家人都要去，去了之后要帮大忙并在事情的当天准备厚礼。

(二) 婚嫁宴请中的关系

在举办婚嫁事宜时，农户的设宴地点多在自家院子里。如果自家院子里摆不下，可以借用邻居家的院子，借用时，要由当家人向邻居的当家人打招呼并经过对方的同意。另一种方式是摆到自家门口的巷道，此时不需要经过任何人的同意，但农户要在宴席结束后将占用的巷道打扫干净，不能影响巷子里住户的正常通行。做宴席用的锅、碗、瓢、盆等工具均由农户个人准备，农户家里没有的或者不够用的，由当家人去向和自家关系好的、家里有的农户借，但如果用坏了或弄丢了，要给对方照价赔偿。

农户摆席设宴时，亲戚、邻居、朋友所吃的饭菜都一样。在吃宴席的过程中，宾客所喝的酒多为农户自己所酿，坐在同一张桌子上的宾客多是彼此之间认识、关系一般或更好的，彼此之间有矛盾的不会坐在同一张桌子上，喝酒时同桌的人也会相互干杯。村长来了，村长是主客，坐在宴席桌的上位，农户不用找人陪村长。村长和农户的关系一般，则多只是坐在那里吃，不喝酒，吃完后就离开了；村长和农户的关系好，会多喝两杯，还会帮助农户处理一些事宜。在吃的过程中，当事家庭的当家人会一桌一桌地敬酒，并招呼大家吃好，表示对大家的感谢；到了媒人所坐的一桌，当家人要给媒人敬"硬菜"，即好菜、肉菜，表示对媒人的感谢。

吃宴席时，同桌上年纪最大的人动了筷子就可以开吃，年纪大的人不动筷子，其他人不会先吃。一般情况下，动筷子要等到桌上的菜上够六个，如果刚上来一个菜就开始吃，会显得宾客像"饿死鬼"一样。同桌上年纪大的人不吃了其他在座宾客依然可以继续吃，但如果整个院子里的其他宾客都起身陆续离开，即使没有吃饱或者没有吃好，宾客也不会继续再吃，而是选择与众人一起离开，此时宴席也自动结束。

第七节 继承与继承关系

传统时期，乌苏村农户依照血缘关系远近选择财产继承人，通过分家产生一个个核心小家庭。不论是继承父母生前身后的财产还是分家，村民都整体遵循"平均"原则。本节将从财产继承权、继承物及其关系、分家及其关系、遗产继承及其关系四个方面展现传统时期乌苏村农户的家庭财产继承与继承关系。

一、财产继承权

在乌苏村，农户的家庭财产优先由儿子继承，没有儿子的农户会整体上按照血缘关系的远近在家户内部和外部选择继承人。

（一）家户内部继承人

1. 亲生儿子

在农户的家庭内部，亲生儿子是第一继承人。如果农户只有一个亲生儿子，农户的所有家产都由其唯一的儿子来继承。比如，董德顺老人是"四无独子"，即家里没有兄弟姐妹，就只有董德顺一个，其父亲的财产就由他一个人全部继承。

农户有多个亲生儿子，所有儿子都拥有平等的财产继承权。在继承财产时，几个儿子之间按照均等的原则继承家产，如果其中的某个儿子生活贫困，在其他几个兄弟同意的前提下，可以稍微多分给这个儿子一些家产比如一张桌子、一张犁等，但整体上仍要遵循均等原则，保证兄弟之间"心里能过得去"。如果多个儿子死得只剩下一个，则由活着的儿子继承全部家产。例如董维理老人的爷爷有三个儿子，董维理的父亲董星堂排行老三，但其大哥、二哥去世得早，董星堂继承了家里的五六十亩土地等全部财产。

在部分情况下亲生儿子也会丧失财产继承权。多个儿子中，如果某个儿子明确表示对父母"活不养，死不葬"，这个儿子无权继承父母的家产。父母在去世前担心家里的其他儿子败家，守不住家产，可以"择爱子"，即选择一个自己信得过的儿子，将所有家产指定给这个儿子继承，并亲口告知其他儿子，此时除"爱子"外，其他儿子丧失财产继承权，但这种情况只是极个别的。

2. 非亲生儿子

非亲生儿子主要是指农户家的儿子是抱养或过继而来。传统时期，如果农户膝下无子，通常会想办法过继或抱养一个，这类过继、抱养来的儿子拥有完整的继承权。

过继的儿子能够继承全部家产。选择过继儿子的农户通常都有一些家产，生活能过得下去，且只过继一个。父母在将亲生儿子过继出去时也会考虑对方的家庭条件，如果儿子过继出去是受苦去了，父母不会将儿子过继。例如，薛岐老人的三哥薛峻在13岁时被过继给了同巷村民董永泽的姑姑家，在董永泽的姑姑、姑父去世后，薛峻继承了其全部家产。此外，如果亲生父母在去世时给过继出去的儿子留有一部分家产，过继的儿子有权继承此份家产，否则，其无权继承原来家庭的财产。

3. 女儿

若农户没有儿子，只有女儿。未出嫁的女儿拥有财产继承权；女儿招的倒插门的女婿同儿子一样也拥有财产继承权，"人凑人高，人灭人低，你当家的把上门女婿当儿子看，村里人都跟着尊敬，你当家的不把上门女婿当人看，村里人就跟着小看"。"嫁出去的女儿，泼出去的水"，若农户的女儿全部出嫁，但农户有亲侄子，此时财产由农户的亲侄子来继承，即财产要留在男方本家之内；若农户没有亲侄子，出嫁的女儿则拥有财产继承权。

农户既有儿子，又有女儿。若在父母去世时女儿尚未出嫁，则女儿可以参与财产继承，所继承来的财产当作其出嫁时的嫁妆。如果由几个儿子均分家产，女儿在出嫁时，由兄长牵头，弟兄几个共同为姐姐或妹妹置办嫁妆。

（二）家户外部继承人

既没有儿子、女儿，也没有亲侄子的农户，可以在家户外部依据血缘关系的远近选择亲戚来继承家产。亲戚之间的继承顺序为堂兄堂弟、舅舅、姑姑、姨姨，并由继承财产的人负责安葬死者，亲戚不会将财产交由村庄处理。农户家儿媳妇的娘家人没有财产继承权，但可以参与到继承活动之中提一些建议，且提出的建议不一定被采纳。

没有任何后代和亲戚的人去世后，村庄的村长会出面处理其家庭财产。一种是将其家产全部变卖折现，得来的钱用作村庄的公共开支；一种是将其房屋充公，作为村庄的公共场所，财产变卖作为村庄的公共收入。普通村民不会私下抢着分、占其家产。

二、继承物及其关系

在继承财产时，上辈人所留下的、归家庭公共所有的现金、家具、房屋、土地、牲口、农具等都可以继承。继承人在继承这类家产时遵照"平均"原则，具体的继承方式因与分家时类似，待在下文详细展开。除此类家产外，祖先牌位、母亲嫁妆、家庭债务有着特殊的继承原则和继承方式。

（一）家庭债务

父亲去世之后，出借方有借条或者字据能够证明父亲所欠债务，那么父亲的债务要由儿子来偿还。农户家中有多个儿子，债务由结了婚的儿子平均分担，未结婚的儿子不参与还债，在乌苏村，村民认为如果父亲没给儿子娶下媳妇，父亲平生的任务就算没有完成。在结了婚的儿子当中，如若一个儿子不愿意偿还，其他儿子将自己分内的还清即可，剩下的由出借方跟对方要；如果一个儿子确实因为家庭困难一时偿还不起，可由这个儿子跟其兄弟商量，先由能偿还得起的兄弟将债务还上，之后再在兄弟之间还清。

若去世者的后代均没有能力偿还，债主可拿走去世者的家业来抵偿债务，所拿物件的价值要与债务等值，不能多，在此之前双方要协商好，协商不通过可由保人出面调解。去世者没有后代，可由死者的兄弟、叔叔等近亲做主，用死者的家业来抵偿债务；若死者没有亲戚或者亲戚不愿出面，则由保人做主。若死者没家产，债务由保人来偿还。

对于没有借条或字据的债务，去世者的后代不承认时可以选择不还。此时，出借方可以找保人出面调解，保人调解不成功则找村长调解，若仍然调解不成，双方就去打官司。

若借款方欠了多人债务，债主都来要债，借款方还款时一般遵循以下原则：一是看还款的期限，应该先还谁的就先还谁的。二是看要债的轻重缓急，谁要得急就先还谁。三是看关系的远近，一般先还关系远的，后还关系近的。四是看有无利息，先还有利息的，后还没利息的。

弟兄分家之后，若一个去世，他所欠债务其他兄弟没有偿还的义务。兄弟未分家，其中一人所欠的债务由整个家庭共同来偿还。

（二）祖先牌位

祖先牌位的继承遵循"长门长子"原则。父母在世时，若父母有单独的住所，祖先的牌位摆放在父母屋中；父母在世时无固定住所或者父母去世，祖先的牌位摆放在长子家中。其他儿子家里有红白喜事，需要将牌位搬过去使用，可以去长兄家里"请牌位""请老人"，并在事情结束后将牌位送回长兄家中。

（三）母亲嫁妆

母亲的嫁妆如单桌、板箱、柜子等，如果是成双的，即使女儿已经出嫁，也会分给女儿一个；如果是单个的，则不能分给女儿，而必须由儿子来继承，但如果儿子同意，女儿也可以将其拿走。如果农户家中的两个儿子同父不同母，母亲的嫁妆不能由两个儿子平均继承，而是各自继承自己母亲的。

父母去世时，如果有儿子尚未结婚，父母会提前将其未来结婚时所需的房子、现金以及其他物品预留出来，此部分家产不参与到财产继承当中。待儿子结婚时，"长兄比父，老嫂比母"，儿子的大哥和老嫂要牵头为弟弟操办婚事。

在家庭财产继承之后，农户只有一个儿子的，由儿子继续经营其全部家产。农户有多个儿子的，财产继承常伴随着儿子之间的分家，此时，原有的大家庭裂变为一个个独立的核心小家庭，由小家庭独自进行生产经营，"各过各的生活，各吃各的饭"。若多个儿子没有分家，原有的大家庭会产生新的当家人并继续作为一个单位开展生产、生活，例如陈凤泉老人的家庭在土地改革运动之前七代未分家，家中人口多达31人。若农户的家产由女儿或家户外部的亲戚继承，原来的农户通常不再存在。

三、分家及其关系

在乌苏村，农户进行分家时在时间选择上讲究"三、六、九"，即决定分家后，农户多选择在农历的初三、初六、初九、十三、十六、十九、二十三、二十六、二十九这9个日子中的某个日子分家，认为三、六、九是一个月中的好日子。

（一）分家原因

传统时期，乌苏村村民选择分家多出于以下几种原因：一是儿子结婚后，挣的钱不交给家里而是私自留用，家庭经济矛盾增多且难以调和，此时会分家。二是父母与儿媳妇"恰不着"，即相处不来，经常闹矛盾、吵架，此时可以由任意一方提出分家。三是家中有多个儿子且均已成婚，儿子之间、儿媳妇之间经常闹矛盾，无法继续在一起生活，此时要分家。四是儿子结婚后，有人给儿子做饭了，儿子能够独自生活了，父母有时会主动提出分家。村民在分家时不用请村长、间长参加，也不用请周围的邻居吃饭，因为分家在当地被认为是一件不光彩的事情。

家中尚有未成年儿子的农户也可以分家，分家后父母与未成年的儿子一起生活，成家的儿子独立出去。家中多个儿子中的一个成年但未成家，同样可以分家，分家后父母与未成家的儿子生活在一起，由父母照顾未成家的儿子并给未成家的儿子娶媳妇。如果有多个儿子成年但未结婚，分家后父母一般会与最小的儿子一起生活，但此种情况下分家的极少。

家中有多个儿子的农户在分家时，其中一个儿子不同意，家就分不了，这时一般由主动提出分家的儿子让步并少分一些东西，如果对方坚持不分，家就暂时不分了。另一种是儿子提出分家后父母不同意，家也分不了，但一段时间以后还是会分家，因为但凡提出分家，多是家庭内有矛盾了，时间长了矛盾还是会暴露出来并更加尖锐，家最后还是得分。

（二）分家参与者

分家时，亲生儿子，过继、抱养的儿子以及入赘的女婿、未出嫁的女儿都可以参与分家。出嫁的女儿不能再参与分家。如果有在外做生意的儿子，这个儿子也要参与分家。某个儿子去世了，可以由儿子的后代参与分家；去世的儿子没有后代但有媳妇，则由儿媳妇来参与分家；如果既没有媳妇也没有后代，自然也就谈不上参与分家。

未出嫁的女儿在分家时只参与分土地，不参与分家产。因为女儿迟早会嫁出去，待女儿出嫁后，"谁来往女儿谁得地"，即在出嫁之前谁负责照顾女儿，在女儿出嫁后分家时所分给女儿的地就由谁来耕种。例如，出嫁之前女儿的大哥照管女儿，出嫁后就由大哥来耕种小妹在分家时分得的土地。

父母与儿媳妇不和，并明确表示分家后自己独立生活，不与任何儿子一起居住的，在分家时父母要单独算一股，与儿子平等参与分家。

（三）分家程序

在分家时，首先农户家庭内部要统一思想，所有家庭成员协商一致，决定分家。其次，由家庭的当家人去请"分事人"，也即主持分家的人。传统时期，村落内的分事人多为家庭条件好、有本事、有能力、说话有威信的人。若是请自家的亲戚当分事人，首先是请舅舅，因为舅舅可以批评外甥，接下来是姑父和姨父，当然也可以请同姓家族的人来当分事人，此时多为叔叔或伯父；若是请邻居、朋友当分事人，所请的分事人得是能管得了这个家庭的事的人。当家人去请分事人不用带任何礼品，也不用给报酬或请分事人吃饭，待家分好后，当家人一般会给分事人送一些好吃的如点心、烟、酒等表示谢意。一般情况下先请一个分事人，如果这个分事人调解不成功，再请第二个，第二个仍然调解不成功，可以请第三个。如果三个分事人都无法调解成功则不再继续请第四个分事人，此时要么去打官司，要么终止分家，村落内的其他村民也不敢再做这个农户的分事人。

在请好分事人后，参与分家的儿子、未出嫁的女儿一起在当家人的屋里商量，因为当家人能把家里的情况说透，商量的内容包括父母的养老、看病、丧葬以及参与分家的家产、具体分家方式等。在商量时所有的儿媳妇不能参与，因为儿媳妇在场可能就吵得商量不成了。每次商量结束后，每个儿子回去也会跟自己的媳妇商量并听取媳妇的意见。商量不限次数，一次可以商量好就一次，一次不行就多次，直到参与分家的人都同意、通过分家方案。最后请分事人写分家契约，正式分家，分家之后各过各的生活，各吃各的饭。

（四）分家的原则

分家时，农户家中的土地、房屋、牲口、农具、家具等按照"平均"原则分给分家参与者，但平均不是绝对意义上的平均，"大体上能说得过去就行了"。

1. "产平地不平"与"好烂搭配"

在分土地时，一种是按照"产平地不平"的原则进行均分。此即分土地时按照每块土地的产量来分，每个参与分家的人最后分得的土地数量不一定一样，但土地总产量是相同的。具体来说，首先参照每块土地所应缴纳的公粮数量来估算每块土地的小麦产量，之后将所有的土地产量加总，计算全家人平均每人应分得多少产量，此时所有的家人都要计算在内，包括儿媳妇、孙子、未出嫁的孙女等等。然后根据每个小家庭的人口数计算每个家庭应分得多少土地，如果分到的是低产的地块，那么分到的地块数量相对就多，如果是高产的地块，分到的地块数量就少。

分土地的另一种方式是"好烂搭配"均分。家中儿子数量和土地数量都不多的农户多采用这种方式。例如，A农户家中总共有6亩土地，其中2亩是埝地，其余4亩是平地，家里只有2个儿子，父母不参与分家，则每个儿子分1亩埝地和2亩平地。在地块选择上，由分事人将两个儿子叫到一起协商，协商通过就按照协商的结果分，若协商不成，则抓阄决定哪个儿子种哪块地。确定好地块后，由父亲带着儿子在每个地块上盘一下尺寸，确定好土地面积与边界；若父亲已经去世，弟兄之间关系好了可自主一起去地里丈量土地面积，确定土地边界，若弟兄之间关系不好，则要请分事人出面。分地不留长子田，也不用请其他公证人。

2. 房屋与家财——均分

在分房子时，首先将家里所有的房子作价[1]，然后按照平均原则将房子分给几个儿子，保证每个儿子分到的房产价值相等。例如，B农户有两个儿子，院子里的房屋数量是偶数，则由两个弟兄平分，并遵循"哥东弟西"原则，哥哥住在院子的东边，弟弟住在院子的西边；院子里的房屋数量是奇数，两个儿子在现实中不好均分，此时遵循"长子不离祖"原则，哥哥可以将弟弟理应分得的房子用钱或粮食从弟弟手中买来，弟弟另找或另盖房子。如若父母表示在分家之后选择单独居住，分房子时父母作为一股与儿子平等分房。分家之后父母由几个儿子轮养，则父母有权利在任何一个儿子家居住。

分家之后，一个院子不住两家人。若兄弟两个同住一个院子，要在院子中间筑起

---

[1] 传统时期，作价一般是说粮食，即这间房子值多少粮食，院子里的树木也是作价均分，不会砍掉，也没有人拆房子，村民认为"那是搞破坏"，"不能搞破坏"。

界墙，界墙一种是弟兄两个共同出钱筑一道官墙，另一种是哥哥或弟弟单独出钱筑一道私墙。界墙怎么筑，在分家时就要商量好。筑官墙的情况较多，在官墙需要修缮时，双方可以选择共同出钱进行维护，某一方不想出资或者没力量出资，只能由另一方单独出钱修缮，如若双方都不想出钱，官墙就放着不管了。正如张高登老人所说，"弟兄之间关系好了怎么都好说，关系不好了就不好解决"。

先婚多负担。若分家时农户家中有两个儿子，其中大儿子已结婚，二儿子尚未结婚，则分房子时大儿子分到的房子要少一些，如果均分，大儿子在二儿子结婚时要资助一部分钱或粮食。

对于现金等其他家财，公共部分同样要在参与分家的几个儿子间平均分配；如若父母分家之后单独生活，则父母在分家中也作为单独的一股参与平分家财。此外，要给未结婚的儿子留出一部分家财做结婚之用，留出的这部分家财不参与分配，且多由父母保管。儿媳妇的嫁妆、嫁妆钱由儿媳妇自己保管和支配，不参与到分家之中。

3. 牲口与农具——作价均分

分牲口的方式类似于"产平地不平"。首先将牲口作价，如牛作几石麦子、驴作几石麦子，将各个牲口作价的粮食数量加总计算后，按照参与分家的人数进行均分。牲口的作价以分家时的市场价为准。若牲口的数量少于参与分家的儿子的数量，获得牲口的儿子要给未获得牲口的儿子找补相应的现金或小麦；如果牲口的数量与参与分家的儿子的数量同等，则每个儿子分得一个牲口，分得的牲口价值高的儿子要给分得的牲口价值低的找补相应的小麦或现金。

对于家里的生产工具如犁、耙、耧、车等，同样以分家时的市场价为标准折价计算，之后按照参与分家的儿子的数量将生产工具作价的总价值平均分为几份，每个儿子获得一份，获得农具的儿子要给未获得农具的儿子找补相应的差价。

4. 家具——商量着分

对于家里的家具，不要求绝对均分。多由几个儿子商量着来分，大体上平均即可。如果儿子之间实在吵得不行，则参照牲口、农具的分配方式进行均分。

（五）分家契约

分家契约由分事人在家庭当家人的屋里写。分事人写不了可以由当家人另请有文化的"写字人"执笔。契约的内容要包括每个儿子具体分得的东西与数量，如土地数量及位置、生产工具的种类及数量、房屋数量及位置、财产数量以及分家日期等等。"财产分几股写几份契约"，即几个儿子参与分家，则写几份契约，每份契约的内容相同。写契约时要横着写，写成后参与分家的儿子按手印并加盖"合缝印"，印章为村庄的公章，不需盖政府的印章。盖印后，将契约横向撕开，所盖的印章相应地也会分开，从而避免其中某个儿子私自篡改契约的内容。此后，契约由参与分家的儿子各保留一份。事后，若写字人是另请的，当家人要拿一些好吃的如点心、烟、酒给写字人送过去表示谢意。

（六）分家的标志——"掏火"

"人字下面写刀字，分了家了各管各。"在乌苏村，另立户头、另立灶台是村民分家的标志，当地人称这一行为为"掏火"。分了家之后，一家人不再在一起吃饭，每个小家庭各起各的灶，各烧各的火，各吃各的饭，各种各的地，各添置各的农具，各过各的光景。但在掏火的前一天，一家人要坐在一起吃一顿饭，既不请分事人，也不请村长、间长以及其他亲朋好友，这也是一家人在一起吃的最后一顿饭。

分家之后，若兄弟之间关系好，依然会互相来往，"不管怎么样，弟兄之间就是不一样，一个家里有事了弟兄干活肯定跟别人不一样"，若其中一个生活困难，其他弟兄也会帮助。如若兄弟之间关系不好，则相互之间来往变少甚至不再来往。分家后，若住进了新院子，村民多在院子里栽一棵葡萄树和一棵石榴树，"结子石榴凤子莲，絮絮葡萄加香园"，石榴子多，葡萄是一串，寓意家中后继有人，家庭兴旺。

（七）死不责怨

死不责怨，即兄弟之间、儿子与父母之间即使有再大的怨恨，在人去世后也会不再追究。这是传统时期当地村民信奉的一个规则。在乌苏村的邻村胡村，有一户姓田的人家，有三个儿子，其中大儿子和父亲的关系臭了，一气之下，大儿子找人写字，写的内容是"活不养，死不葬，断绝父子关系"，之后大儿子净身出户，在分家时也没有分得任何东西，并不再与父母来往，平时也不照顾父母。但父亲去世后，大儿子却照常给父亲披麻戴孝，并出钱给父亲下葬，将父亲的灵柩一直送到地里的墓前。事后村民问起这个大儿子时，大儿子说道："当时写字时在气头上，时间长了气消了，也就没有仇了，毕竟是一个血统的，有血缘关系。"当时的写字人事后成为全村人议论的对象，村民认为其不会办事，不应该写那样的字。

> 1950年的正月十七，董德顺老人的爷爷董狮娃与三爷爷董满斗分家。董满斗有一个儿子，名叫董文有。董狮娃有三个儿子，老大董文化，老二董文周，老三董文祥，董文祥在1950年之前已经去世。董满斗分家前在曲沃开皮坊，做生意，但董满斗的婆娘在家生活，董狮娃在家种地。时年董家有两座院子，一座院子占地五分，有三面窑；另一座院子占地二分九厘八。此外，

家里还有一个占地四分的晒场,晒场里种有三棵柿子树,另有一头驴和一头牛,十二亩坡地,七亩平地。

分家时所请的分事人为李海秋。李海秋的爹李三禄早年在新绛县开家杂货铺,很挣钱,但很早就去世了,李海秋的叔叔李鸿禄当家,将新绛县的杂货铺卖掉后,李鸿禄将70%的钱占为己有,只分给李海秋的母亲和李海秋30%的家产。李海秋能写会算,家庭经济条件较好,在土地改革运动时被划为上中农。

分家时,占地五分的院子连带三面窑分给了董满斗。由于董文有当时尚未结婚,将占地二分九厘八的院子也分给了董满斗一家,作为董文有娶媳妇的资产。董狮娃则分到了晒场,因为董文周和董文化都结婚了。两个牲口,牛分给了董满斗,驴分给了董狮娃。十九亩地,董狮娃分到西坡地(坡地)五亩、北池地(平地)七亩,董满斗分到西坡地七亩。晒场里的三棵柿子树,根据其各自产量,两棵分给了董狮娃,一棵分给了董满斗。

分家之后,董满斗把分到的土地、牛、占地五分的院子都卖了,将占地二分九厘八的院子以2200块钱的价格卖给了董狮娃(当时结婚,一份彩礼240块钱)。由于当时没有钱,董狮娃给董满斗打了借条,打借条时没有请中人,也没有利息。后来董德顺参加工作开始教学后,每年到了年底都要去曲沃一次,将一年挣的工资给三爷爷董满斗送去给家里还钱。去的时候董德顺会顺便带上柿饼,柿饼是董狮娃家做的。

到后来董文化和董文周分家时,每个人分到半头驴。当时一头驴值四石麦子,董文化便给了董文周两石麦子,将驴买了过来。

四、遗产继承及其关系

在乌苏村,当父母失去劳动能力或去世后,奉祀田与房屋要按照平均的原则由继承人继承,出嫁的女儿在家财继承中可以分得一些物品。

(一)奉祀田的继承

奉祀田,即养老田。分家之后,若父母独自生活,在分家时父母与儿子平等参与分家,父母所分得的田地即为养老田。在父母尚有劳动能力的时候,奉祀田由父母自己耕种,等到父母失去劳动能力无法继续耕种,若家中只有一个儿子,则由儿子继承奉祀田并负责赡养父母。家中有多个儿子的,一种是几个儿子均分奉祀田,父母的养老费用由几个儿子均摊,每个儿子一年给父母的粮食数量依所分得的奉祀田的粮食产量而定且要保证父母能生活下去；未结婚的儿子可以参与分田但不用承担父母的养老费用，待其结婚后再与其他兄弟一起均摊。另一种是"谁种田谁养老"，即奉祀田全部由某个儿子单独耕种，相应地这个儿子单独承担父母的所有养老费用，其他儿子不参与父母的养老，在父母去世后，下葬费用由种田的儿子来承担，奉祀田也永远归这个儿子耕种。若家中没有儿子，则由出嫁的女儿或家户之外的继承人继承奉祀田，相应地由继承人负责给老人养老送终。

父母去世后，家中有多个儿子的，几个儿子可以继续按照平均的原则耕种奉祀田，也可以由其中的某一个儿子将奉祀田从其他兄弟手中全部买下来独自耕种，且一般不会卖给外人。

（二）房屋的继承

在分家时，如果父母选择单独居住，会给父母留有养老房。在父母一方去世后，另一方仍然可以在房子里继续居住。如果父母都去世了，且所居住的房子是独立的，不与任何一个儿子的在同一个院子内，一种方式是将房子卖掉，卖来的钱作为老人下葬的费用，若不够则所欠缺的部分由几个儿子平摊，有多余的由几个儿子均分；另一种方式是将老人的房子作价出售，卖来的钱由几个儿子均分。但如果某个儿子想单独占用老人的房子，这个儿子可以采取"找价"的方法用钱或粮食给其他兄弟补齐其所应分得的房屋作价的钱。老人居住的房屋与某个儿子的在同一个院子内，这个儿子可以获得老人所居住的房屋，但同时要独自负责安葬老人。

（三）家财的继承

父母去世后，其留下的现金、手镯、银圆等贵重物品由拥有继承权的人平均分配，对于这些贵重物品，父母在生前如果想将其给某个儿子或女儿会私下给，不让其他儿女知道，此种情况下出嫁的女儿有时也会从父母手里继承一些家财。父母家里的锅、碗、盆、柜子、桌子、衣服等物品由继承人商量着均分，出嫁的女儿也可以继承一些小物件。对于镰刀、锄头、铁锹等生产工具，或是直接均分，或是作价均分，但出嫁的女儿不能参与继承。

（四）继承纠纷的处理

在家庭财产继承过程中发生纠纷，父母健在，由父亲出面调解；父母已经去世，当事人可以找族内的长辈或分家时的分事人出面调解，调解不成功，双方可以找村长出面解决，如果村长也无法解决，双方就去打官司。打官司时，双方一般在县城里面打，由不同意的一方提起诉讼，如果觉得分事人有问题，也可以起诉分事人。在官司被受理之后，县里的工作人员会来村里了解实际情况，诉讼费由输掉官司的一方承担。

第八节 乌苏村经济变迁

传统时期的小农经济在经历了土地改革运动之后,生产资料在村落内的原各阶层农民之间重新进行了分配。集体化时期,村民失去了土地所有权,经营、分配、消费不再以家户为基本单位。土地承包到户之后,农民又再次以家庭为单位开展生产经营,并逐步呈现出新的经济形态。

一、1949年之前的传统经济形态

（一）土地改革运动之前的传统经济形态

在1947年以前,以一家一户为单位的小农经济是乌苏村经济形态的主要表现形式。在这一基础形式之下,个体农户在所有制上保持着生产资料私有制,村落内绝大部分的土地归农户个体私有,农户对自家的土地等生产资料拥有自由买卖的权利,村庄内有限的公共土地如官地,则通过投地的方式在村落内发挥着潜在的救济与帮扶作用。

从土地生产经营方面来看,单个的劳力可以独立完成麦作农业中的绝大部分生产环节,但在碾麦环节,没有晒场的农户和关系好的、有晒场的农户之间发展出了必要的生产合作,同时,在大农具主导的麦作农业生产中,由于家庭经济条件、劳动力等方面的差异,农民以换工、帮工、请工、雇工等合作或市场雇佣的方式来保证自家的农业生产顺利进行。在农闲季节,农户家中的男性会从事担盐、做笤帚、做小生意等副业,有手艺的村民从事自己的手艺活,妇女则在家纺棉织布,从而通过副业获取收入补贴家用。

在交换上,十天一次的村内集市成为村民买卖家庭生产、生活用品的交易场所,货郎担为村民平时购买小物件提供了便利,周围村落的定期集市以及村庄附近每年定期举行的四大古会为农民了解产品价格信息、购置稀缺货品、开展人际交往提供了场所。在急需用钱时,村民会向亲戚或村落内的地主、富农等借钱,并发展出普通借贷和高利贷两种形式。

就分配与消费而言,当家人握有家庭农产品以及现金的绝对支配权,家庭成员能够分享部分消费权。在交过赋税之后,农民依据自身家庭的实际条件,遵循量入为出、适度消费的原则进行实物消费和现金消费,保证家庭在人情消费、生产消费、婚嫁消费、丧葬消费、文化消费等多样的消费活动中得以延续并不致破产。而当生活难以为继时,村民通过必要的借粮来使家庭渡过难关。

在分家与继承方面,村落内的农户依据血缘关系远近来选择财产继承人,通过分家来缓解扩大家庭内的经济矛盾、人际矛盾,并再生出一个个核心小家庭,这些小家庭作为新的生产、经营、消费单位独立运作,村庄内的家庭类型也因此以 4—6 人的小家庭为主要存在形式。另一方面,新产生的小家户在独立经营的同时进行必要的经济交往并发展出必要的经济关系,随着时间的推移和人口的世代繁衍,小家户又逐步发展成大家户,并进一步走上分家析产的道路,如此循环往复,生生不息。

(二)土地改革运动中的小农经济状况

在 1947 年 4 月获得解放后,同年 10 月,在中国共产党和人民政府的领导下,万泉县进行了土地改革运动。在土地改革运动当中,乌苏村 192 户家庭被划分为贫农、下中农、中农、上中农、地主、富农 6 种成分。从第一章的表 1-3 中我们可以得知,乌苏村的贫农占比最高,达到 71.35%,下中农、中农、上中农占比依次为 8.85%、9.90%、4.17%,富农占比 5.21%,地主仅有一户,占比 0.52%。

在工作队以及农会的领导之下,地主、富农富余的土地、生产工具等生产资料以及其他家财被再分配给了村落内的贫农,中农的家庭条件基本维持不变,村落内的人均土地数量达到 6 亩。村庄的官地、祠堂等公共性质的土地与空间重新进行分配,农民的生产资料私有制得到进一步巩固,一家一户的农民继续在自己原有的以及分得的土地上进行农事耕作。伴随着人民政府的建立,农民不用再承受多个政府的多重赋税压榨,在向人民政府上缴一定数量的公粮后,可自由支配剩余的产品。

村落内唯一的地主陈梅五家,由于平时为人和善、乐善好施,在土地改革运动之中,虽然家庭的生产资料以及财产被斗争分配,但家人并没有受到村民的打骂与刁难。在土地改革运动过去之后,陈家的大家庭也不复存在,原来大家庭内部的一个个小家庭各自去独立谋生。

二、1949 年后的传统经济形态变迁

(一)集体化时期的村落经济状况

在土地改革运动结束之后,当地开展了农业合作化运动,万荣县于 1954 年 8 月合并成立后,至 1954 年年底,万荣县互助组发展到 3357 个,参加农户 23401 户,占到农户总数的 55.7%,其中常年互助组占比达 60% 以上。由于互助合作在农业生产中的增加,县内的小麦亩产由 1949 年的平均 56 公斤提高到 68 公斤,棉花亩产由 1949 年的平均 4.5 公斤提高到 22.5 公斤。1955 年底,全县初级社发展到 464 个,入社农户 35437 户,占到全县总农户的 85.2%。在初级社时期,土地仍然归农户所有,但除少量的自留地外其余全部入社,由农业社统一经营。1957 年,全县高级社调整为 137 个,入社农户46519户，占总农户的94%。高级社时期，土地归集体所有，农民不再拥有土地所有权。1958年，全县进入了人民公社阶段。

集体化时期，乌苏村先后隶属于东风公社、汉薛公社。村落内，村民以生产小队为生产、经营、分配单位，粮食与工分的直接挂钩使得挣工分成为农民的主要目标之一，每天生产小队队长按照农活的轻重、种类将工分定好并分配给每个劳动力之后，农民开始到田间劳作，由于未能调动起农民的生产积极性，农民的生产效率并不高。除此之外，生产、生活的组织化、军事化，也使得农民只能生活于村落内部，原有的做笤帚、担盐、卖棉布等手工业被限制。整体来看，集体化时期的农民生活并没有得到明显改善，吃饱依然是乌苏村村民奋斗的目标。

对于集体化的评价，董德顺老人讲道："虽然集体化时期农民依然吃不饱，但土地上的产量确实是提高了，因为有了肥料，有了机械，土地生产能力提高了。农民吃不饱是因为农民并不能得到多数生产的农产品，而是大部分上交给了国家。"由此我们可以看出，农民对于集体化对农业生产的帮助依然持肯定态度。

（二）土地承包到户之后的小农经济状况

万荣县于1981年底在全县推行家庭联产承包责任制后，农民的生产积极性得以彻底释放。在有限的土地上，获得土地自主经营权的农民竭尽所能，粮食产量也因此得以迅速提高。据万荣县志记载，1984年，全县粮食产量达1.34亿公斤，平均亩产211.5公斤，全县农村人均400公斤，较公社化时期最高的1965年平均亩产翻了一番。农村的经济开始从公社化时期的沉寂中复苏。

在进入21世纪之前，乌苏村的农民大多仍然从事农业生产，虽然产量提高了，但农民所承担的赋税却较重，农民的生活没有质的飞跃，只是能够吃饱了。进入21世纪之后，随着税费改革的进行，农民交了几千年的农业税得以免除，农民的负担也因此得以减轻。近年来，随着国家扶持力度的增加，村庄在上级政府的资助下打了三眼水井来供村民灌溉，农民的作物种植结构也变成了以苹果、药材、玉米为主的经济作物种植为主。另外，随着市场经济的发展以及互联网的进村入户，农民越来越多地参与到市场经济当中并享受信息时代带来的便利。在发展农业生产之外，农民的生存、发展选择也更加多样化，村庄内，有些农户开起了个体经营的商店，有些农户则自主发展药材加工，村庄的年轻人也大多走出农村，进入大城市寻找自己的未来发展之路。

第九节　乌苏村经济实态

现今，随着时代的发展，乌苏村的经济在延续传统家户底色的同时，在产权、经营、消费、分配、市场交换等方面发展出了新的形态，农民在新的经济形态之下也发展出了更加多元化的关系。

一、村落经济概况

相较传统时期，乌苏村的整体经济情况有了极大改善，村民现今的生活也发生了翻天覆地的变化，用解仁荣老人的话说，"现在农民吃的东西，就是当时的地主、富农也没有吃得这么好"。

首先，就村庄的产业结构来看，乌苏村仍然以农业为主要产业，服务业次之，工业所占比重最小。村集体没有统一经营收入，村委会的日常运作依赖于上级的补助拨款，在2015年，村庄的集体收入共计111000元，其中上级补助拨款为100000元，其余的11000元为发包租赁收入。乌苏村总计1470人，其中常年外出务工人数占到总人口的30%，且多为青年，留守村庄发展农业生产的则多是中老年群体，整体来看，村庄内的人均可支配收入达7000元左右。

其次，就农户家庭收入来看，农户家庭的人口结构、受教育情况等是重要的影响因素。以笔者调研时所入住的A农户家为例：该家庭共有四口人，其中一个儿子，一个女儿，再有就是夫妻二人。当前，女儿在河南郑州务工，儿子则在中专毕业后在运城一家公司上班，夫妻两个在家里务农。一年下来，家庭务农收入可以达到50000元左右，儿子刚好能养活自己，女儿一年上交给家里的收入大致20000元左右。以小见大，放大到整个村庄来说，村内农户的家庭收入主要来源于以下几个方面：一是家庭务农收入；二是家人的外出务工收入；三是家庭若开设个体经营店，则有个体经商所获得的收入；四是部分家庭从事私人生意所获得的收入。

另外，当下的乌苏村内依然存在着不少贫困户，每年村委会工作人员的主要工作之一就是协助上级开展扶贫工作。2016年下半年，在上级政府的扶持与帮助下，村委会副主任李伟佳牵头为村内的一个贫困户免费进行了危房改造，并对其他贫困户进行了现金与物资上的资助，保证贫困户安心过年。

二、村落经济实态

（一）产权

就当下乌苏村的产权归属实态来看，村庄内的所有土地归乌苏行政村集体所有，除现存的50亩机动地外，村庄内的所有土地均已承包到户，由乌苏村的村民来耕种，村民享有土地经营权，但没有所有权。村庄在传统时期的官地、庙田也均归村庄集体所有，并承包给个体农户。1949年之前归村庄公共所有的两个池塘均已被填平，其中小池塘的所在地，村庄已将其当作宅基地批给农户，农户在上面建起了自家的二层楼房。在原来大池塘的地界，村庄修建了文化广场，供村民开展文化娱乐活动并进行健身锻炼，但依然归村庄公共所有。

传统时期，归每个巷共同所有的深水井现存的只剩一个，坐落在村庄的公共地界，归村庄公共所有，但已被弃用；农户家中的私人水井也大多被填平，保留下来的依然位于农户的院子里，归农户个体私有。村庄内外的大多数庙宇在"文化大革命"时期已遭毁坏，仅存的关帝庙在原来的基础上修建后，位于村委会大院之内，并与当今的棋牌室、农家书屋、日间照料室等相邻，归村庄公共所有。介山庙因其在日寇入侵期间被毁坏，庙田也被遗弃，仅成为村民口中的一段历史与记忆。就房屋产权来说，除却村委会大院内的建筑均归村庄共同所有之外，由农户个体修建的房屋均归农户个体所有。

表3-12 乌苏村产权实态

项　　目		传统时期产权归属	当下产权归属	当前经营主体
土地	田地	个人私有	集体所有	农户
	官地	村庄公有	集体所有	村集体
	族田	家族共有	集体所有	农户
池塘	小池塘	村庄公有	农户私有	农户
	大池塘	村庄公有	集体所有	村集体
水井	深水井	每个巷所有	集体所有	＊
	私人水井	私人所有	农户私有	＊
房屋	民房	私人所有	私人所有	农户
	村委会大院	村庄公有	集体所有	村集体
庙宇	关帝庙	村庄公有	集体所有	村集体

＊深水井与私人水井均已废弃。

（二）经营

对于当前的乌苏村农民来说，土地生产经营依然是家庭经营的重要组成部分，但在此基础上，农户又进一步发展出多种副业。

首先就土地经营来看，村内的大部分农户或多或少都种有一部分土地。一些走出农村进入县城生活的村民将自家的土地经营权流转给村内其他农户，但村内并没有形成规模化、集约化的经营形态，而仍然以一家一户的小规模经营为主。在耕作方式上，机械化使得人力得以解放，农业生产因此变得更加便利。举例来说，每年秋天收玉米的时候，所有环节都可以通过机械作业来完成，甚至可以实现玉米不进家就将玉米销售出去。传统的换工、请工在村落内不再多见，更多地代之以雇工，董德顺老人对此讲道："现在的人人情味淡了，什么都是钱，但社会就到了这一步了，你也没办法，你得跟上社会的步伐。"

从副业经营来说，传统的纺棉织布、做笤帚等副业早已经成为历史，村落内的农户或是开设个体经营的商店，如便利店、超市、饭店、快递服务代理店等，或是代理某些化妆品、跑保险销售、搞长途运输等，还有些农户自己兴办起了农产品加工企业。

（三）分配与消费

1. 分配实态

进入新世纪以来，随着农业税的免除，农民不再承担传统的皇粮国税。从其他农户手里流转进土地的农户，要按照双方协商的价格每年定期或者一次性给完流转期限内的租金。农户的家庭收入更多用于家庭的发展，例如孩子教育、农民学习培训、家庭的日常消费、人情往来以及家户积累等方面。

2. 消费实态

从消费实态来讲，单家独户的个体家庭是村落内农民的主要消费单元，家户之间很少出现联合消费，而村庄的共同消费、公共开支多由村委会自行完成，农民一般不参与出资。

在家庭内部消费方面，对于家庭的公共开支或者大额消费，仍然由当家人说了算，但家庭内的成员，特别是已成年但尚未结婚的孩子，对自己所挣得的钱有一定的支配权，当家人一般也不会过问。例如，在笔者所入住的农户家里，对于孩子的收入，家长持一种"他自己能把自己养活了就好"的态度，不会要求孩子上交收入，但也不再给孩子零花钱。家庭的日常消费因每个家庭的经济条件与人口状况不同而相异，家人生了大病的农户，家庭消费除了满足生活之需外，主要就用于给家人看病。另外，随着近些年来人情消费的增长，村庄内农户的人情支出也日益增加，一个普通的红白喜事，农民随礼至少为 50 元，多则 100 元至 500 元。村落内的彩礼也不断上涨，最低的也在 6 万元以上。

（四）市场交换

在市场交换上，村庄保留了一些传统时期的底色。集市依然是农历每个月逢四开设，但规模与内容发生了变化。如今的集市上早已不存在骡马市、猪羊市等牲口市场，所售商品更多地围绕着人的日常生活，一般包括蔬菜、零食、肉类、衣服、小生产工具、水果等等。除却集市之外，解店的古会也得以延续下来，在每年农历的十月十八，农民依然会结伴前往解店古会。在古会上，售卖的商品种类更加丰富，但农民购买的多是一些自己认为便宜的或者在本村集市上难以买到的物品。

现今的乌苏村主街道两旁，传统的油坊、皮坊、大车店等店铺被超市、农资店所取代。村庄内现有一个便利店、一个超市、一个麻花店、一个农资店、一个快递代理店，均由本村村民开设。在村庄的正中心，有一个外来户开设的蔬菜店。伴随着对生活品质的追求，农民更多选择吃一些新鲜的时令性蔬菜，因此在非集期，农民每天需要的时候会去村庄的这些个体店购买自己所需的商品。对于衣服、鞋子、家电等，农民或是去集市上、乡上、县城等的实体摊店购买，或是在网上购买。总体而言，农民的市场交换场所更加多样化，市场交换方式更加便利化。

在固定的市场交易之外，村庄仍然有不定期前来的流动商贩。这些流动商贩一类是回收旧家电，与村民换取一些日常生活用品，如锅、碗、瓢、盆；一类是售卖一些时令性的或者即食的食品，如西瓜、凉粉、麻花等等。流动商贩进村的标志也不再是传统的摇拨浪鼓，而代之以电子喇叭播放自己所出售的物品种类，村民在家里听到后，如有需要，会及时到巷里找寻流动商贩进行交易。

（五）继承

在家户财产继承上，儿子依然是家庭内的第一继承人，女儿次之。在子女结婚后，父母并不马上与其分家，有条件的家庭会给新婚的儿子建起新房或者在县城购买婚房，由儿子与儿媳妇单独居住，但家庭条件较差的农户，结婚的儿子与父母仍然居住在一个院内。无论是否分开居住，父母与儿子都是在一个桌子上吃饭。在经济上，虽然名义上父母与儿子相互独立，但需要时父母仍会力所能及地帮助儿子。待到儿子30岁以后，真正拥有一定的经济能力之后，父母才会与儿子正式分家。在分家时，双方之间也不一定写分家契约，只是经济上不再共产共有。在分家之后，有劳动能力的父母会继续劳动，老了则由儿子照料，在父母去世后，所有财产由儿子继承。

第四章　乌苏村的社会形态与实态

传统时期，基于血缘关系形成的远亲、近亲、姻亲以及基于地缘关系形成的邻居、熟人、乡亲等构成了乌苏村村民的社会关系主体，业缘关系、信缘关系对村民的影响较弱。在社会交往中，村民依据关系好坏选择交往对象，因土地或职业需求，村民以家户为单位进行社会流动。在村落内部，存在着职业分化、血缘分化以及权力分化，当村民因产权归属、土地买卖、财产继承等产生冲突时，会通过调解、武力或通官加以解决，家人、亲人以及村落则会为村民提供保护。本章将从血缘与血缘关系、地缘与地缘关系、业缘与业缘关系、信缘与信缘关系、交往与交往关系、流动与流动关系、分化与群体关系、冲突与冲突关系、保护与保护关系九个方面考察传统时期乌苏村的社会形态，并在此基础上总结村落的社会变迁以及当下的村落社会实态。

第一节　血缘与血缘关系

家庭是血缘关系的基本单元，乌苏村村民依据血缘关系划分出了远亲、近亲、姻亲等亲属关系，并通过走亲戚、红白喜事请亲等维系彼此之间的血缘关系。本节将从血缘主体与血缘关系两方面考察传统时期乌苏村的血缘及血缘关系。

一、血缘主体

血缘主体因血缘关系而形成，传统时期，乌苏村村民根据血缘关系远近形成了家庭、家族、亲属三大血缘主体。

(一) 家庭与家族

1. 家族——同姓氏，多家族

从第一章第一节的记述中可以得知，在1949年之前，乌苏村有董、王、李、解、权五大主姓，除权姓外，其余四大主姓内部又分为多个不同的家族。董姓共分为三个家族，分别居住于西巷、寺后头巷、南巷和东崖巷，每个家族的成员家庭相对集中居住在同一个巷内。王姓分为五个家族，有两个家族分别居住于东沟巷和寺后头巷，其余三个家族都居住于西巷。解姓分为了两个家族，一个居住于乌苏村下辖的解家坡自然村，另一个居住于东沟巷内。李氏家庭分为三个家族，分别居住于西巷、东沟巷和南巷，其中东沟巷的李氏家族规模最大。

这种"同姓氏、多家族"式的家族存续现象的出现，一是因为每个家族从不同的地方搬迁而来，不是同一个祖先。二则是因为每个家族在村落内的落户时间不同，并且随着后代的繁衍，同一个家族在延续多代之后会分化为不同的家族。例如，村落内最初从陕西韩城迁来的解姓家族在兄弟分家之后，经过一两百年的发展分化成了现今的两个家族。

表4-1 乌苏村姓氏与家族情况

姓 氏	家族数量	居住区域
董姓	3	西巷、寺后头巷、南巷和东崖巷
王姓	5	东沟巷、寺后头巷和西巷
解姓	2	东沟巷与解家坡
李姓	3	西巷、东沟巷和南巷

2. 家庭

(1) 大家庭——代际与人口

在乌苏村，村民评判一个家庭是否是大家庭，一是看家庭的人口数量。对于村民来说，人口数量在4人以下的算是小家庭，4—6人的是普通家庭，6人以上的就算是大家庭了。从表3-1中我们可以得知在土地改革运动之前，乌苏村内的大家庭有32户，占比16.67%。二是看家庭内的代际分布。一般情况下，普通家庭的代际分布多是在3代或3代以内，家庭结构为"父亲—儿子"或"父亲—儿子—孙子"，一旦超出3代，村民会认为其是一个大家庭。"四世同堂，五世其昌"，家庭内4代人同在的已经是比较少见了，4代以上的则少之又少。例如陈梅五家，虽然村落内姓陈的只有其一户，但陈梅五家庭7代未分家，家庭人口总数多达31人，被村民认为是村落内最大的家庭。

(2)"自家人"与"本家人"

传统时期,村民将属于自己家庭内的家庭成员称为"自家人""自家屋里的人"。对于家庭成员的界定,首先就儿子来说,即使儿子长期在外做生意不回家,依然是家庭成员,抱养来的儿子也是家庭成员,但过继出去的、断绝父子关系的、被罚出家族的儿子不再是家庭成员。对于女儿来说,未出嫁的女儿是家庭成员,出嫁后的女儿不再是家庭成员,"嫁出去的女儿泼出去的水",女儿回娘家时要"高接远送"并被当作家里的客人招待,来的时候父母有时候会提前在门外等候,进了家里招待吃好的、喝好的,在离开的时候要由父母或者家里的儿子将其送出家门;相应地出嫁的女儿也没有赡养父母的义务,因为其不参与分家。女婿、外甥、外甥女以及侄子等均不算作家庭成员。娶回来的媳妇、入赘的女婿、娶进门的妾以及妾生的孩子都是家庭成员,未娶进门的妾不算作家庭成员。家庭新生的后代如孙子、孙女是家庭成员。此外,家里的佣人、长工均不是家庭成员,而是被当作外人。

父母与儿子分家之后,两代人在严格意义上不再是同一个家庭的成员,即使在同一屋檐下居住,但只要各立灶台,分开吃饭,彼此经济独立,就不再是一个家庭。有多个儿子的农户在儿子都结婚并分家后,兄弟之间彼此称呼为"本家人",即一个家族的,但不是一个家庭的,其他的村民也会称呼这些兄弟为"一家子",即其同属于一个家族。此外,父系这边"五服以内"的直系亲属都可以算作本家人,五服之外的不再是本家人。在红白喜事上,对本家人与普通人的默认要求就不一样,例如在女儿出嫁时,邻居送些"喜头"如鸡蛋、点心、糖果等吃食即可,本家人除了送喜头,还要送鞋袜、衣帽等贵重一些的礼品;在干活的时候,本家人也是农户依赖的主要力量。

上述为家庭成员的客观界定标准,在心理界定上,即使在分家之后,父母也会将儿子视作家庭成员,"还是一家人",在儿子遇到困难需要帮助时,父母依然会竭尽所能;对于嫁出去的女儿,虽然在经济上已经与原有的家庭分离,但父母在心中,相较于儿媳妇,会更认可女儿为"自家人",父母对女儿的疼爱有时会超过儿媳妇。在家庭内新增加家庭成员后,例如儿子娶回了媳妇、孙子孙女出生、女儿招了上门女婿等均不需要在村落登记,也不需要得到村长的认可,一个家庭新增成员的事情会在短时间内传遍村落的每一个角落,村民在心理上默认新增成员为这个家庭的一员。

(二)亲属

在乌苏村,不论是父系还是母系,三代以内的为近亲,三代以外的为远亲,不到万不得已,村民不会认干亲。

1. 姻亲

姻亲因婚姻而形成，村民对于姻亲的界定为：结婚双方核心家庭内的成员是姻亲，核心家庭以外的亲戚不算是彼此的姻亲。如儿媳妇的娘家人算是姻亲，包括儿媳妇的哥哥、嫂嫂、弟弟、父母、爷爷、奶奶等，但儿媳妇的姨姨、姑姑、舅舅、堂叔则不算作姻亲；对于女方家庭，女婿家的姻亲范围也是同理。另外，上门女婿的核心家庭成员算作姻亲，妾的娘家的核心家庭成员也算姻亲。

在结为姻亲时，同姓可以结为姻亲，但双方不能有血缘关系，村民认为有血缘关系的双方结为姻亲，生下的孩子可能会出问题。董廷尧老人对此讲道："血缘远了能行，你姓陈，我姓陈，祖上分开几百年了，那就没事，血缘近了生下的娃不全胎。"同一村落内的村民可以结为姻亲，传统时期，乌苏村同村结婚的事例还相对较多，但结为姻亲的双方不能有亲属关系，即使有，亲属关系也必须在五代以外。结为姻亲要经过双方家长的同意，但不需要经过村落管理者如村长、闾长的批准。

结为姻亲之后，正常情况下姻亲关系会一直保持。妻子早逝但生下了孩子，姻亲关系会继续维持，如果没有生下孩子，随着时间的推移，姻亲关系会慢慢解除，这不需要双方任意一方明确提出，而是双方默认的，"走着走着就不走了，就没意思了"。姻亲关系在下述几种情况中会被强行解除：一是家长对娶回来的媳妇不满，可以强制儿子与其媳妇解除婚姻关系，即使儿子坚持与媳妇在一起生活，对于家长来说，这门姻亲已经解除；二是家长或丈夫虐待媳妇，或者由男方主动提出解除，或者是女方在逃跑之后不再回到丈夫家，从而导致姻亲关系在事实上的解除；三是妻子出轨，男方会主动提出解除婚姻关系。在传统时期，男方能够主动提出解除婚姻关系，但女方没有这一权利，在多数情况下，女方选择逃跑这一方式作为对婚姻的反抗。

2. 近亲与远亲

（1）三代以内为近亲

对于乌苏村的村民来说，不论是父亲一方，还是母亲一方，三代以内的亲戚都算作近亲。在父亲一方，孩子的爷爷、奶奶、堂叔、婶婶、姑姑、姑父、堂哥、堂弟都是近亲；对于母亲一方，孩子的外祖父、外祖母、舅舅、舅妈、表弟、表兄、姨姨、姨父都是近亲，但母系一方三代以内的亲戚的亲戚不算是近亲，如姨父的哥哥不算是家庭的近亲，舅妈的弟弟同样不算是近亲。村落内每个家庭的近亲不一定都居住于同一个村落，近亲的界定也不以相互之间居住距离的远近为标准，例如即使孩子的舅舅居住在相隔较远的别村，也仍然是这个家庭的近亲。家庭成员结拜的兄弟、姐妹不算作家庭的近亲。

在近亲内部，村民将三代以内有直系血缘关系的称为嫡亲，包括爷爷、奶奶、父亲、母亲以及兄弟，如果是入赘来的女婿，也视为嫡亲。此外，虽然女儿已经出嫁，但女儿与女婿仍然是很亲近的人，村民在心理上也将其认归于嫡亲的范围。另一方面，对于女婿来说，岳父与岳母虽然与自己无血缘关系，但同样在心理上属于嫡亲范围，岳父、岳母提出的求助或要求，女婿常常没办法拒绝并遵照执行。

（2）三代以外为远亲

父母双方三代以外的亲戚都算作远亲。在三代至五代之间，关系好的亲戚之间还会彼此来往，来往得多了，晚辈还可能认识三代至五代内的远亲，但如果关系不好，双方之间不再来往，晚辈可能根本不认识三代以外的远亲。出了五代就算作老亲戚了，大多数情况下，村民与五代以外的亲戚之间不再有人情往来，除非双方之间关系特别好，晚辈一般也不认识五代以外的亲戚。但如果村民有事需要请五代以外的老亲戚帮忙，村民会说一个对方认识的亲戚来与对方攀亲戚，老亲戚多数情况下也会尽力帮忙，"老亲托老亲，办事顺得多"。远亲同近亲一样，不因居住距离的远近而发生性质上的改变，同村居住的远亲依然是远亲。

3."认个干子，死个亲子"

在1949年之前村民多通过收义子或认干儿子的方式来建立拟血缘关系。当地有一个讲究为"认个干子，死个亲子"，村民认为认干儿子对家庭不好，不到万不得已，村民一般不认干儿子。

在乌苏村，村民认干儿子多发生在以下情况：一方家庭只有一个儿子，另一方家庭有多个儿子，有一个儿子的一方担心自家的儿子养不活或者出现意外，为了避免家庭后继无人，会认一个干儿子。一方家庭没有儿子，对方家庭有多个儿子，双方之间关系好且有多个儿子的家庭中的某个儿子从小经常在没有儿子的家庭玩，时间长了没有儿子的家庭会认经常来玩的这个孩子为干儿子。

在建立拟血缘关系时，农户与同村的人可以建立，与外村人也可以建立，且多发生在关系要好的朋友之间。在一方提出之后，作为朋友的另一方一般没办法拒绝，如果拒绝，双方会在脸面上过不去，双方之间的关系也可能会因此受到实际上的影响。在多数情况下，穷人家的孩子会给别人认作干儿子，家里有钱的或者当官的，孩子不会给别人当干儿子。"都是村里的惜活（可怜）人才给别人认干儿子哩，人做官的娃吃能吃着，喝能喝着，人给谁认干娃呢？"

建立拟血缘关系要经过双方父母的同意，父母任意一方不同意，都不能建立起拟血缘关系。

> 董廷尧老人与董德顺老人关系要好，董廷尧跟前没有儿子，董德顺有三个儿子。当时董德顺主动提出将自己的一个儿子给董廷尧认为干娃，董廷尧怕以后双方家庭出意外，便没有认干娃。

此外，建立拟血缘关系不需要经过孩子及孩子兄弟的同意，也不需要经过家里其他亲戚以及村落管理者的同意。村落内也有认干女儿的，认干儿子与认干女儿对村民来说没有区别，也不需要举行特殊的仪式，只需双方父母及孩子一起吃顿饭即可。吃饭过程中，干爹、干妈会送给干儿子一套新衣服或一顶新礼帽。

认了干亲后，干爹家里有红白喜事，干儿子及其亲爹要去帮忙，干活要"闯在前头"，门前人看见了会相互告知"这是人认的干娃"。干儿子家里有红白喜事了，干爹、干娘也会主动过去帮忙。平时干儿子去干爹家里帮忙不需要带任何礼品，干爹会管干儿子吃饭。过年过节，干儿子要去干爹家里走动，去的时候要带贵重一些的礼品，不能空手去。过年拜年时，如果干儿子尚未成年，干爹会给干儿子压岁钱，干儿子成年了的则不给。

二、血缘关系

血缘关系是村落的基础社会关系，在生产生活中，血缘主体通过走亲戚、红白喜事请亲、帮忙、借钱等维系彼此之间的血亲关系，血缘主体之间发生纠纷后也多在亲属内部解决。

（一）走亲戚

在1949年之前，乌苏村村民每逢春节和中秋节走亲戚，其他的节日可去可不去。过春节时，由于正月初二在当地是一个鬼节气，村民从正月初三开始走亲戚，正月初五又为"破五"，也不走亲戚，正月初五以后一直到正月十五之前都可以走亲戚。在农忙时节，由于各家都忙于自家的农业生产，除非亲戚之间需要互相帮忙，否则彼此基本不联系。到了冬季农闲时节，村民有事了或者只是想去亲戚家转一圈会走亲戚，去的时候多会带一些简单的礼品如拿几个包子或几个白馍，有一点心意即可，也可以不带任何礼品。在过年过节走亲戚时，村民吃过早饭早上八九点钟就出发了。

1. 走三代以内的亲戚

逢年过节走亲戚，村民多是去三代以内的亲戚家，三代之外，除非关系特别好，否则不会去。亲家、舅舅、姑姑、姨姨、叔伯等是主要亲戚，在走亲戚的顺序上，首先要去的是亲家，由儿子和儿媳妇带着自己的孩子前去，其他人不去，其次是舅舅家，接下来是姑姑家，最后是去姨姨家，这些亲戚是每年必须要去的，"一年了要见见面"。

至于其他的亲戚，可去可不去，看村民个人的安排与关系远近。

女儿带着孩子与丈夫回娘家时，村民碰见了会问"走娘家去了啊"，当被问去做什么时，女儿会回答道"去我娘家去"。在走父系一方的亲戚如堂叔家、姑姑家时，家中的老人和长辈都可以去，老人不想去或行动不便，就由孩子的父母带着孩子去。走母系一方的亲戚如姨姨家，家中的老人不会去，仅由父母带着孩子去。此外，村民走亲戚很少去入赘到外村的叔叔家，如果去则由父母带着孩子去，老人不去。

在走完亲戚回家时，亲戚送出家门即可，不用送出村门。小孩不愿意回家想在亲戚家留宿，可以住到第二天第三天甚至更长，但一般不会超过十天，到了十天左右，父母就会主动将孩子接回去。长辈或平辈不会在亲戚家留宿，除非碰上恶劣天气实在无法返回。女儿回娘家，可以在娘家留宿，只要婆家没事，住十天半个月都可以。

2. 有来有往

过年过节走亲戚，离得远的家里有车就赶车去，没车只能步行前去，离得近的则多是步行。在去之前，村民不会跟亲戚提前打招呼，因为在这些节日亲戚就知道家里会来客人。村民到了亲戚家就是亲戚家的客人，且要在亲戚家吃饭，饭菜比平时的要好一些。对于村民来说，走亲戚都是相互的，亲戚来了自己家，自己也会去亲戚家，有来有往，亲戚来的时候拿了礼品，自己在去亲戚家时也会带礼品。如果双方的家庭经济条件差不多，所带礼品的价值也会相当，但如果有一方的家庭经济条件较好，其所带的礼品要匹配其家庭条件，此时礼品的价值不一定相当。例如，A 的家庭条件好，其在去亲戚 B 家里时就要带相对好一些的礼品，礼品太普通会被认为小气，亲戚 B 的家庭条件一般，在去 A 家里时带配得上自己家庭条件的礼品即可，礼品的价值可以低于 A 带过来的礼品的价值。

在礼品的选择上，传统时期，村民在中秋节去亲戚家里时会带上月饼和其他糕点，关系好的会再带一些饼干。过年去亲戚家里时，带的礼品一般包括麻花、油饼、圆馍、糕点等。女儿回娘家带的礼品要比去其他亲戚家带的礼品贵重一些，数量也多一些。去姑姑、姨姨、舅舅家带的礼品基本一致，在价值上不会相差太大。

（二）红白喜事中的亲戚往来

1. 红喜事中的请亲

家里有孩子结婚时，三代以内的近亲都要邀请。家庭的嫡亲如女儿出嫁，叔伯等知道后会主动来家里帮忙，不会等邀请了才去，舅舅、姑姑、姨姨等则要由当家人前去邀请。在邀请时，当家人要拿上用红布包裹住的装有请帖的铁匣子，以防不懂事的亲戚真的留帖。到了对方家里后，亲戚一般不会留帖，而会说道："放心吧，到时候就去了。"在送礼方面，凡是前来参加喜事的亲戚都要上礼，上礼的多少因血缘关系的远近而不同，关系越远，送的礼越轻，关系越近，送的礼越重，一般来说出嫁的女儿送的礼最重。农户在回礼时多是回一些喜糖、麻花，亲戚上的礼重，回的礼就多，上的礼轻，回的礼就少。

家里的孙子做满月，首先要请的亲戚是儿媳妇的娘家人，此外还包括儿媳妇的姑姑、姨姨、舅舅等。在邀请时，由当事方的当家人邀请儿媳妇的娘家人，再由儿媳妇的娘家人通知其近亲，多是儿媳妇的姑姑、姨姨、舅舅等，当事方的当家人不再亲自通知。在礼品上，儿媳妇的娘家人带的礼品最多、最贵重，其次是儿媳妇的舅舅，最后是儿媳妇的姑姑、姨姨等。在回礼时，婆家回的主要是麻花，对方带的礼品价值越高，回礼回的麻花数量就越多，反之则越少。在将麻花交给儿媳妇的娘家人后，一种是娘家人回去自己给其他亲戚分，另一种是娘家人嫌麻烦在儿媳妇的婆家当场分。在坐席时，儿媳妇的娘家人要坐在上位。

2. 白事中的请亲

农户家中有人去世，父系一方的亲戚如堂兄、堂弟、叔叔、伯伯等在知道后会主动过来帮忙，不会等当事方前去请，母系一方的亲戚则要等当事方安排人到家里报丧后才会去，否则不会前去。报丧人多是当事方的邻居，如果死者为男性，必须给死者的舅舅家报丧，如果死者是女性，则必须给死者的娘家人报丧，除此之外还要给死者的姑姑、姨姨、姐姐、妹妹、哥哥、弟弟等三代以内的近亲报丧。报丧时，亲戚之间没有先后顺序，前去报丧的人会按照预先的路线安排来报丧，并在报丧的同时告诉亲戚死者合棺的日期。在下葬的当天，如果死者为男性，葬礼必须等到死者的舅舅家到了才能开始，如果死者为女性，则必须等到死者的娘家人到了才能开始。

在送礼方面，前来参加葬礼的亲戚都要送礼，同红喜事一样，送礼的多少、薄厚与双方之间的关系远近相关，关系越近，送的礼越重，反之送的礼越轻。在回礼上，当亲戚带着礼品在祭桌前祭拜时，孝子要出来给亲戚磕头，以示谢意，除此之外不再回其他实物性的礼品。

（三）帮忙

村落中的农户在生产或生活方面需要帮忙，多是请孩子的姑姑、姨姨、舅舅等亲戚前来帮忙，出嫁的女儿以及女婿也在首选之列。在邀请这些亲戚前来帮忙时，如果离得近，由当家人去对方家里邀请，去时不用带礼品，如果离得远，可以找一个顺路的熟人捎信给对方。亲戚来家里帮忙，不需要给报酬，但要管亲戚吃饭，吃的饭要比平时的好。

(四)亲戚间的纠纷调解——母系与父系不交叉

亲戚之间发生纠纷后,首先会找亲戚内和当事双方关系都不错、有威信、有能力的人来调解,调解人在父系与母系上不交叉。母系一方的亲戚发生纠纷,找母系一方的亲戚来调解,例如自家与姨姨家发生纠纷,可以找另一个姨姨或者舅舅来调解,但不会找姑姑来调解。父系一方的亲戚发生纠纷,找父系一方的亲戚来调解,不会找母系亲属调解,例如自家与姑姑家发生纠纷,可以找另一个姑姑或者叔伯来调解,但不会找姨姨或舅舅来调解。调解成功后,一般由调解人带着错了的一方去另一方家里认错,另一方要请调解人和前来认错的亲戚吃顿饭。亲戚出面调解不成功,双方之间的纠纷多会就此搁置,外人不会参与调解,双方之间的亲戚关系也可能会中断。

(五)"借是借,还是还,送是送,敬是敬"

村民家里急需用钱,多会找三代以内的近亲来借。首先会找出嫁的女儿,其次是叔叔、姑姑、姨姨、舅舅等。亲戚之间借钱一般没有利息,也不用打借条,但仍然需要还钱。当地有一种说法为"借是借,还是还,送是送,敬是敬",意即借、送、还、敬彼此之间要分清。亲戚间还钱没有固定的期限,只要借钱方家里有了及时给出借方送还过去即可,有时出借方家里有了急事,急需用钱,也会主动给借钱的亲戚打招呼,让其及时还钱。碰上借钱不还的亲戚,以后双方之间"银钱不共事",即不再会有银钱上的往来,双方的关系也会在实质上受到影响,但只要没有公开的决裂,在表面上双方之间仍然可以来往。

第二节 地缘与地缘关系

在"人田分离、集中居住"的格局之下,邻居、熟人、乡亲作为村民的主要地缘主体,在相互帮忙以及串门中产生了丰富的社会关系。本节将从地缘主体、地缘关系两方面来展现传统时期乌苏村的地缘及地缘关系。

一、地缘主体

在村内集中居住格局之下,乌苏村村民基于地缘关系产生了邻居、熟人与乡亲三大地缘主体,每个村民的熟人数量因其交往范围不同而相异。

(一)邻居

1. 邻居概况

传统时期,乌苏村村民称邻居为门前人。对村民来说,在一个大巷里面住的挨着的是邻居，不挨着的不是邻居，例如，在村庄的西巷内，A 农户四周住的都算是邻居，但如果 A 农户住在巷子的东头，B 农户住在巷子的西头，A 农户与 B 农户不是邻居，而互相称对方为巷里人。在一个小巷子里面，如果只居住着五六个农户，这五六户村民即使不挨着，也是邻居。此外，相互之间隔一条马路的农户是邻居；不是同一个间的也不是同一个巷的，且彼此之间关系不好，但只要挨着也是邻居；挨着的"本家的"[1] 是邻居，但在称呼时不叫邻居而叫本家的。农户从一个巷搬到另一个巷居住，土地依然和原来巷的人的土地相邻，双方不再是邻居，会称呼彼此为原巷人；不是同一个巷的且住得不挨着，村民互相称呼对方为村里人。

邻居有近处的，也有远处的；有同姓的，也有外姓的；有本家的，也有非本家的。例如王光五和王景全同属一个家族且在西巷内紧挨着居住，两家既是邻居也是本家人。在平时称呼邻居时，村民按照辈分的大小，该称呼叔叔、奶奶、爷爷、哥哥的就称呼叔叔、奶奶、爷爷、哥哥，如果是平辈之间，可以直接叫彼此的名字。

传统时期，村落内每个巷子的入口处都有一座神庙，归这个巷子内的所有住户共有，巷内的人谁都可以去拜。巷子里的道路是公共的，巷内的人都可以行走通过。每个巷子的深水井归巷里人共有，到了干旱年巷内人都可以使用。

2. 邻居距离

（1）空间距离

据董维理老人讲述，在一个小巷子内，邻居之间最远的距离大概就是 200 多米，因为小巷子的长度最长也就是 200 多米，最近的彼此之间仅一墙之隔。兄弟分家之后，有的兄弟之间会紧挨着居住，例如，两个兄弟共同分了一座院子，在原来的院子中间筑起了一道官墙，双方各住一半。如果兄弟之间不挨着居住，那么想住哪儿就住哪儿，农户不一定与亲戚或者兄弟居住得更近。

（2）心理距离

农户家里没有人，农户在离开时会给家门上锁。如果邻居是亲戚或者自家兄弟，门上依然要上锁，因为没有经过主家的同意，任何人不能在主人不在家的时候进入农户的家里，此外上锁也是为了防贼。邻居不是亲戚而是一般的村民，农户家里的门上同样也会上锁。

3. 邻居职业与家庭情况

在民国时期，村落内的农户大多数是种地的，部分村民会一些手艺如打铁、干木活、做笤帚等，还有的村民会到外地去做生意。因此，农户邻居的职业也各种各样，

---

[1] 即本家人，指父系这边五代以内的直系亲属。

没有固定或绝对的说法。下面我们以解仁荣老人为例，简介其在传统时期的邻居职业与邻居家庭情况。

>在1949年之前，解仁荣居住在解家坡。解家坡没有很长的巷道，在此居住的14个农户均姓解，但相互之间也有关系不好的。在14户人家中，有3户是解仁荣本家的。解仁荣的邻居有五六户，邻居的职业则有种地、卖吃食、做生意、到外面务工、教学等等，其中种地为最主要的，解仁荣的父亲、哥哥都教过学。
>
>邻居解虎魁，贫农成分，家里弟兄两个且均已结婚并有自己的孩子，其中解虎魁有两个孩子，解丙魁有一个孩子，父母也健在，家里总共有十八九亩土地。解虎魁家与解仁荣家仅有一墙之隔。弟弟解丙魁在农闲时卖凉粉、油糕，一般在前一天晚上在家里就把油糕包好，第二天早上起来直接拿出去卖，农忙时在家里种地。解虎魁在外面帮别人蒸馒头、卖馒头，回家后，如果邻居有红白喜事，都会请解虎魁到家里蒸馍，解虎魁也成了解家坡蒸馍的"把式"[1]。父母去世后，弟兄两个就分家了。
>
>与解仁荣家住得隔一条路的邻居解金旺，中农成分，家里有30多亩将近40亩地，家庭成员有父母、媳妇和解金旺自己。由于解金旺的父母年纪大了，解金旺就自己在家种地，不做其他的副业。
>
>解仁荣的邻居解金旺、解虎魁、解丙魁在村里的人缘都很好，不与人胡说、胡来，特别是解虎魁和解丙魁，"人家做事靠得住"，人们都特别相信这弟兄两个。解虎魁的家庭条件相比解仁荣家差一些，解金旺的家庭条件与解仁荣家差不多，两家都是中农，只是解仁荣家的人口多一些。

4. 邻居界线

邻居间的房屋会有明确的界线，双方多是以墙为界，院子彼此不连通。农户自家的土地与邻居的土地可能有挨着的，也有不挨着的，土地不会因为双方居住的房屋离得近而同样相互紧邻，如果双方之间有紧邻的土地，土地之间也会有明确的界线。邻居是本家亲戚或者兄弟，不论双方占不占用官墙，都要将官墙筑起来，双方之间不能没有界墙，筑官墙的费用多是由两家均摊，如果双方有土地紧邻，也会跟其他人一样，土地之间会有明确的界线。

---

[1] 即能手、高手。

5. 邻居社交

农户家有婚丧嫁娶等大事时，邻居之间会有正式的人情往来，比如农户家中的女儿出嫁村里人送亲时，除了抬嫁妆的人，多是年纪大的邻居、自家亲戚、同姓关系好的去送亲，到了男方家里后，女方家里去的人都是客人，不需要在男方家里干活，男方则要将来人招待好。在日常生活中，邻居之间的交往贯穿于琐事当中。

（1）请技术工

在生产中农户家里需要请技术工时，如果是小活，邻居和村落外的亲戚同样都是技术工且做工的工钱与质量同等，农户会优先请邻居。因为若是请亲戚，做的活出了问题，双方之间不好说话，脸面上过不去，但如果是邻居做的活出了问题，则可以要求邻居重新做，双方脸面上能过得去，此外请邻居也更为方便。如果是大活，农户会优先请村外的亲戚，因为大活需要耗费的时间较长，此时请亲戚来做在最后结算工钱时亲戚都会少要一些，不请亲戚还会伤了彼此之间的脸面，并在其他亲戚嘴里落下"口舌"。邻居和村落内的亲戚都是技术工，谁的技术更好就优先请谁，技术一样则不论活大小都优先请亲戚，"亲戚给亲戚干，会更上心一些，跟旁人到底还是不一样"。

（2）与富裕邻居交往

邻居当中有做官的或者家庭富裕的，对方家里有事后，农户会主动前去帮忙，关系一般的不一定会主动去帮忙，但这只是个别的。前去帮忙的农户有的会抱着这样一种心态：以后自家若是有事了，可以找富裕的邻居或者当官的邻居来帮忙，普通的邻居"他能干得了的我也能干了"。邻居中有结伴一起外出务工或经商的，一般情况下双方多是亲戚或者关系特别好。

农户与本家族的人互为邻居，且对方是当官的或家庭富裕的，农户家里有事后，对方一般不会主动提出帮忙，这个农户有时也不会主动去找对方寻求帮助，因为关系近了反而不好开口。对此，解仁荣老人解释道："你找人家办事，不给人家钱吧，人家说事情不好办，给人家钱吧，显得难看，给得少了，人家不愿意干，给得多了，自己又觉得没必要，有那钱就找别人去了。"

在非亲戚关系的邻居之间，如果有一方富裕，是否先富带后富，看富裕邻居的为人，富裕邻居为人好，会先富带后富，富裕邻居为人一般，则不会。农户家遇到经济困难，关系一般的邻居如果觉得该农户能还得起，会帮忙，如果觉得该农户还不起，则不一定帮忙，关系特别好了，不论能否还得起，邻居都会帮忙。对于农户来说，传统时期的有钱的邻居不好估量，因为正是在人困难的时候，这些有钱的家庭才会出手买地，即使双方是本家的，也是一样的。例如，在1947年解放之前，解仁荣的父亲被日本人掳走后，在家里人饿得吃不上饭的境遇下，解仁荣家向既是本家人又是邻居的富农解昌元家借粮，解昌元说自己家也没有多余的粮食，便没有借粮给解仁荣家。

(二) 熟人

1. 熟人概况

在乌苏村的村民看来，熟人是相互之间基本了解情况，但不是特别了解而又相互信任的人。村民认为以下几种情况中的人都算是熟人：第一，经常交往的算是熟人。第二，在一块共事的是熟人。例如一起做过生意或者结伴外出务工，这样的熟人感情还较深。第三，打过一次交道的也可以算是熟人。例如一个卖凉粉的进到农户家里问询是否要凉粉，双方达成交易后，这个卖凉粉的人第二次再来时就算是熟人了。但如果见过一次面，没打过交道，不能算是熟人，比如和卖凉粉的只是在巷子里碰到了但没有交易，下次碰见了还是陌生人。熟人之间关系一般，农户家里有红白喜事时不会请熟人前来；熟人之间关系特别好，农户会请对方前来参加。例如张高登老人有四五个熟人，都是在一起共过事的，当家里有红白喜事时，张高登会请这几个熟人来参加。

传统时期，由于村庄的地域范围有限，一个村落内的人大都是经常见面，甚至是一起共事、一起干活、一起说话，从小一起长大的人，彼此之间也相互了解，因此，同村的人都可以算作熟人。当然村民在外村也会有熟人，外村熟人的数量根据村民个人人际交往的范围来决定。平时生活中，村民会去村落内的熟人家串门，至于外村的熟人家，一般不去。有时候村民路过或者家里有事，才会去找外村的熟人。熟人之间的空间距离没有绝对的数值标准。

在1949年之前，村庄内大部分农户是种地的，因此村民的熟人大多也是种地的，当然也有其他类型的职业。以张高登老人为例，张高登认识的熟人有打铁的、卖凉粉的、种地的，其中种地的熟人最多。

2. 熟人界线

由于村落范围内的人都可以算作熟人，村民家中的土地多数情况下与同村人的土地相邻，土地与土地之间会以官背为明显的分界线。"熟人再熟，土地还各是各的，光景不会在一块过。"农户家里有人时，熟人可以随意进门，不过吃饭的时候熟人多不串门，如果进门正好碰上吃饭，主家会马上招呼熟人坐下来吃饭，但熟人不会真的坐下来吃，这是双方之间的一种客套。

3. 熟人关系

家里有红白喜事，农户一般不会请外村的熟人前来参加，但如果双方关系特别好，农户会请外村的熟人过来。去请熟人时，由当事家庭的当家人去请，不用带任何东西，如果不去请，对方不会主动过来。儿子结婚，由儿子、父亲各自去请自己的熟人，不一定全部由当家人去请。如果是外村的熟人家里办红白喜事，同样是看相互之间的关系，关系好且对方发出了邀请，农户就前去参加，去的时候要带上礼品，礼品的数量和种类没有固定的标准，但如果关系一般，就不去了。

熟人中有做官或者富裕者，农户家里有红白喜事，会请这些熟人过来吃饭，但不会要求其干活，因为"以前小家都是设十四五席，门前里后的人就把活干了，用不了那么多人"。请这些做官的或者富裕的熟人过来主要是为了助威。外巷的熟人过来，也只是吃饭，不干活。熟人之间是否会介绍一起出去务工或经商，主要看双方的关系，关系好了就会，关系不好则不会。

熟人之间借钱，关系再好也要还。如果是跟关系特别好的熟人借钱，短时间内（十天八天）能还上，就没有利息，如果短时间内还不上，时间在一个月以上，就会产生利息，但不是高利。熟人之间借钱要写借条，不需要担保，借条的内容一般是"今借到×××多少钱，利息×××，于×年×月×日连本带利一起还清，借款人×××"。借条写好后，借款人按手印，借条由出借方保存。关系一般的熟人就不会借钱给对方，当地有一种说法为"若要朋友好，银钱别胡搅"，意思是如果要保持朋友之间良好的关系，就不要在经济上有过多的来往，时间长了，双方免不了会因为银钱产生争执，进而影响双方的关系。如果熟人之间产生了纠纷，就请另一个熟人来调解，调解人要和双方都能说得上话，调解不成功可以请村长调解，再不行，双方就去打官司。

（三）乡亲

乡亲是村民以自己当下所在的行政区划层级为参照，对低一层级的行政区划的本土人的称呼。具体来说，即如果A农户现在在县城做生意或者别的工作，碰上了同属一个乡的农户B，那么B就是A的乡亲；如果A农户在省城工作，那么属于省级以下的同一个行政区划的农户都可以算是A的乡亲，即本市或本县以内的农户；如果A在外省做生意，那么属于同一个省的农户都算作A的乡亲。同时，随着行政区划层级的提高，乡亲彼此之间的认同感和亲近感逐渐降低。

二、地缘关系

邻居、熟人等地缘主体在生产、生活的互相帮忙中发展出丰富的社会关系，在农闲时还会相互串门。

（一）帮忙

1. 自己去帮助他人

传统时期，若村落内的农户之间关系好，一方家里有事或者有人生了大病，另一方会主动去帮忙,张高登老人对此解释道:"这是个人际关系,是人之常情的事情,谁都有困难的时候,自己家有事了,别人也会来帮忙。"如果关系一般或关系不好,则不会主动去帮忙。

(1) 主动去帮忙

一般来讲,村民不等主家来请就主动去帮忙的主要是以下几种情况:一是某个农户遇到突发事故,比如房子着火、家人去世,不用主家请,同巷关系好的、关系一般的都会主动过去帮忙,关系不好的、相互之间有矛盾的有时也会过去帮忙;外巷关系好的会主动去帮忙,外巷关系一般的则不会主动帮忙。二是不是突发事故,不论红白喜事,都要当事方先打招呼。比如白事,当事方出了一个讣告"于×月×日×时下葬,葬在×××,生前友好前来助仗",关系好的知道后就会主动过去,有的是到地里帮忙添一添墓就回自己家,不去当事方家吃饭,有的关系好了就回当事方家吃饭。三是亲戚家有事了,农户会主动去亲戚家帮忙。一般情况下亲戚有事了,亲戚之间都会知道。四是居住得彼此挨着,相互之间也没有矛盾,听说对方家里有事了,农户会主动过去帮忙。例如邻居家有孩子出生了,农户就会主动过去帮忙。

村长、间长等村庄管理者家里有事,除了关系好的会主动去帮忙之外,有个别想巴结村长、间长的也会主动去帮忙。去了之后村长、间长会欢迎,即使其心里不欢迎,也要在表面上装出来欢迎的样子,因为是对方来恭敬、恭维他了,村长、间长也会在家里管饭。如果关系好,但正好自己家里当天也有事,村民可以不去帮忙,此时有两种解决方式,一是村民事前主动到对方家里打招呼,解释那天不能过来了;二是事情过后碰上对方后,主动给对方解释那天没来的原因,对方一般也不会怪罪。

(2) 请了才去

除了上述主动去帮忙的情况外,有些情况下必须等对方过来请了农户才会去帮忙。首先,一方家里有红白喜事或者其他非突发性的事情,双方之间关系一般,则要等到当事家庭的当家人过来请了之后才去,如果对方不请则不去。其次,对于彼此之间有矛盾的农户,有事情的一方就不会去请对方,即使请了,对方也不会来。再者,传统时期,村民家里有红喜事,有时候会请同村的老者(多为70岁以上)来家里吃饭,给家里添喜,这时要由乐人吹着乐器将老者请到家里,不请则对方不会来。最后,村长、间长等村庄领导者的家里有事,关系一般的农户不会主动去帮忙,对方过来请了就去,不请则不去。

对于农户来说,请与不请是个相互体贴的事情,自家与对方家来往得少,自家有事没请对方,对方家有事也不会请自家,自家有事请过对方,对方家有事就得请自家。

用张高登老人的话讲,"这是一个礼尚往来,关系问题"。

(3)帮忙的顺序

对于亲戚、邻居以及村长、闾长等村庄的管理者,在需要主动去帮忙时,农户首先会选择主动帮助亲戚,其次是邻居,最后是村长、闾长。因为亲戚关系最亲;邻居离的最近,消息最灵通,家里有什么事第一时间就能知道,且经常交往;至于村长、闾长,关系不一定好,关系一般去帮忙,村长、闾长"不一定念咱的好"。在帮忙干活过程中,农户给亲戚干活最认真,和村长的关系一般,去干活就是做个样子,但如果和村长关系好,也会认真干活。

亲戚家和关系好的邻居家里同时有事,农户会优先去亲戚家。在给亲戚、邻居帮忙时,农户不会记账本,而是记在脑子里。对于双方来说,帮忙不是等价交换,不一定自己给对方帮了三次忙,对方就一定要给自己帮三次忙,有时候,农户 A 给农户 B 帮了三次忙,A 家里没事,B 可能一次忙都不用帮。如果 A 总是主动帮助 B,B 不会不主动帮助 A,"人不能这样做事情"。如果 A 以前主动帮助过 B,后来双方有矛盾了,关系不好了,B 不会再主动帮助 A 以将 A 以前帮的忙还回去。

2. 他人帮助自己

(1)主动来帮忙

农户家里发生了红白喜事或者遭遇失火、屋塌、偷盗等突发事件,邻居、亲戚以及和自家关系好的人都会主动过来帮忙。在红白喜事中,对主动来家里帮忙的人,农户要管饭。在亲戚之间,如果知道哪个亲戚家里需要帮忙,不等有事的亲戚来请,亲戚们就会主动前去帮忙,例如自家与他人打架闹事了,亲戚知道后就会主动过来询问情况,看怎么解决问题。

"宁为近邻,不为远亲"。对于村落内的农户来说,平时生活中,家里遭遇突发事件,邻居离得近,在知道后会第一时间主动过来帮忙。但如果是正常的红白喜事或其他非突发事件,要先跟邻居说一声,邻居才会来帮忙,此时,邻居即使手头有活,一般也会放下手中的事过来帮忙。

(2)寻求帮忙

在平时的生产、生活中,关系好的邻居之间会经常寻求彼此帮忙。比如:自己家里只有一个人能够劳动,在天黑之前仅剩的一点麦子割不完了,而第二天又要下雨,这时去邻居家里寻求帮忙,邻居一般会过来。邻居家里有车,自己有急事要出远门,请求邻居送一趟,邻居也会去送。自己家里盖房子,请邻居帮一两天的忙,邻居也会过来。这些帮忙都没有报酬。邻居来家里帮忙时,农户会主动管邻居吃饭,对于邻居来说，钱可以不挣，但饭还是可以吃一顿的。邻居之间帮忙的数量也是看双方之间的关系，关系特别好了，可以帮两三天都没问题，但关系一般，一般只帮一天就完了。

在请邻居、亲戚、朋友过来帮忙时，要由家庭的当家人去请，去请时不用带东西，说一声就可以。亲戚、朋友、邻居来家里帮忙，主家不需要给报酬，也不需要给其他任何形式的礼品，把饭管好就可以。

农忙的时候，比如割麦子，农户多通过市场请工的方式解决劳力不足的问题，不会请邻居、亲戚、朋友过来帮忙，因为对方也要割麦子。虽然与请亲戚、邻居、朋友相比，市场请工的成本更高一些，但这是农户之间习以为常的一个原则。等亲戚麦子割完了，亲戚如果有空，就会主动过来给自己帮两天的忙。

(3) 寻求帮忙的顺序

平时家里遇到小的事情，农户多会优先请亲戚、邻居帮忙。家里有了大事，急需大量的钱时，农户会首先找亲戚帮忙，在亲戚当中能借够就不会再找其他人借，但如果在亲戚中间借不到或者借不够，农户会找和自己关系特别好的邻居、朋友来帮忙。农户家里有红白喜事，去请村长，如果这个农户有能力，家庭条件也不差，请了之后村长会来，但如果这个农户家人不能干，即使请了村长，村长也不一定来。

(二)"到你家坐坐，到我家坐坐"

在平时的空闲时间，村民串门去得最多的当属关系好的四邻家，如果亲戚之间离得近，且是三代以内的近亲，村民也会隔一段时间去亲戚家串门。相比之下，去朋友、乡亲家，多是有事的时候才去，平时没事村民不会跑老远去串门。

在农忙时节，村民多数情况下不会去串门，因为从地里劳动一天回来后，人都累了。在盛夏时节，一个巷子里的农户家的成年男性会端着碗蹲在门口或巷口吃饭，彼此之间相互闲聊。到了冬季的农闲时节，一个家庭的男性、年长的女性都可以随意去串门，"到你家坐坐，到我家坐坐"，新娶进门的媳妇不能随意串门。在去串门之前，村民多会先在自己家里吃过饭，且多是午饭以后到晚饭之前这段时间，在吃过晚饭后，村民仍然可以继续串门。

在吃饭时邻居过来串门，若串门的邻居是中年的或者平辈的，农户会主动招呼邻居坐下来吃饭，这是日常的一种客套话。邻居一般不会真的坐下来吃饭，而是将事情说完后就借口有事先回去了，如果邻居没有事情，会坐在边上闲聊，"坐下坐下我给你舀一点""不吃不吃，我吃了"。若邻居带了小孩，农户家里做的饭正好是方便吃的如蒸的包子，农户会拿一个包子给小孩吃，小孩子不懂事的话会吃掉包子，这时也没有人责怪小孩，拿给邻居，邻居不一定吃，有时也会吃了。如果过来串门的邻居是长辈，农户这时会诚心诚意地邀请长辈邻居坐下来吃饭，不再是客套话，但长辈多不会真的坐下来吃饭。邻居之间吵架，找一个和双方都能说上话的人来调解，可以是亲戚，可以是朋友，也可以是其他邻居，只要说话人能调解得了就行。

如果和邻居的关系十分要好或者有小事需要请邻居帮忙，村民家里有了好吃的，且在满足家人需求的基础上仍然有剩余，或者村民自己做了大量的日常手工品，村民会在串门时给邻居带一部分过去，如果关系一般，则不会带东西过去。对于亲戚同样如此，村民去亲戚家里串门不一定每次都会带东西，有时候村民空手去，在回来的时候还会从亲戚家带东西回来；但这都是相互的，下次去的时候村民也会将自己家里的好吃的或者好用的给亲戚带一部分过去。

第三节 业缘与业缘关系

传统时期，乌苏村村民在村庄的牛市上进行牲口交易，牛经纪圆活生意并充当牛市上的管理者。在日常生活中，村民出于互助需求，成立了会子与老人会两类社会组织。本节将从牛市组织及其关系、会子及其关系、老人会及其关系三个方面展现传统时期乌苏村的业缘与业缘关系。

一、牛市组织及其关系

在第三章第四节提到，在乌苏村小池塘的边上，有一个随乌苏集市开设而开市的牛市。牛市是村民专门进行牲口交易的场所。本部分主要介绍牛市组织概况及牛市上的关系。

（一）牛市组织概况

牛市，乌苏村村民也称之为牲口市。在牛市上，村民可以买卖各类常用牲口如牛、骡子、驴、马等。牛市逢集开市，即在农历每个月的初四、十四、二十四开市，以10天为一个周期。牛市之所以位于村庄小池塘边上，在前文中已有相关解释，在此不再赘述。

牛市上有专门的牛经纪给买卖双方圆活生意。牛经纪一般是村庄内肯给人办事、能说会道、会看牲口的人。据董德顺老人介绍，传统时期乌苏村有四个牛经纪，分别是李炎天、高天德、董文周、王广茂，其中李炎天和高天德看牲口看得好，在村落内是出了名的。"李炎天和高天德这两个人会看牛有病没病，走得快慢。牲口四个蹄子，前面两个，后面两个，后面两个蹄子能踩到前面蹄子踩的脚印上，这就走得快，步子大；踩不到脚印上，这牛走得就慢。另一个就是看牛嘴里有几个牙，两边的牙齐了，就像人到了30岁一样，正当年，有四个牙或六个牙，这就还是牛娃子哩。"

牛市上一头嫩牛的价格为1—2石麦子，一头普通牛的价格为2—3石麦子，一头上等牛的价格为4—5石麦子。牛经纪在买卖双方之间进行协调，并在交易过程中根据交易价格按一定比例抽成，一般是按2%，3%的有，5%的也有。"也看你的牲口好不好哩。牲口好了，价钱大，比如100元吧，牛经纪会收5元，要的钱不少哩。牲口不好了，按1%抽的也有。那是活的。"村民在牛市上交易多为现金交易，如果没有现金折算成粮食也可以。

牛市上本村、外村的人都有，外县的大户买的牲口多，有时也会过来乌苏集市上看牛，附近山里的人下来卖牛一次就下来好几头。除牛经纪外，牛市没有专门的管理员，也未形成规范的规章制度，村庄内没有人向牛市上的商贩收取租金或地皮费，由于当时缺少肥料，勤快的村民会在散会后主动将牲口的粪便收集起来下到自家地里。

（二）牛市组织中的关系

1. 上牛市中的关系

牲口市上常年有牲口，村民觉得家里的牲口不好了就可以将牲口牵到牛市上卖掉，"早上饭一吃，把牲口喂饱，馍馍布袋一背，牵上牛就走了"。当然村民在需要买牛时也会去牛市上。去牛市上买卖牲口由家庭的当家人去，大部分为男性，如果女性当家，就由女性去。当家人去牛市多会和有共同需要的人一同前去，在路上碰见外村人也会结伴而行。"你是胡村的，我是乌苏的，他是新庄的，半路拾赶（结伴）的多哩。"

2. 买卖双方与牛经纪的关系

在牛市开市的当天，需要售卖牲口的农户会早早来到市场上选择一块自己觉得有利的地方。地皮占用遵循"先到先得"原则，每个交易者没有固定的位置，这次在这个地方，下次就可能在牛市的另一个位置。本村的农户由于离得近，去得早一点通常能占到好位置。两个商贩之间因为占位置产生纠纷，牛经纪会充当牛市管理人的角色出面调解，等当事双方吵得没劲了，牛经纪会上去说几句，"牲口市上的纠纷，经纪就调解了，不会找村长"。若二者不听牛经纪的话，随着牛市的散会二者也会各自离去，并在下次上牛市时选一个离对方远的位置。

村民去了牛市后，不会马上着手交易，而是在牛市上闲逛并相互问询，借此获取价格信息。在交易的淡季，需要买牛的村民不会主动找牛经纪，牛经纪在牛市上看到想买牛的人时会主动上去搭话并介绍牲口。在交易的旺季，"这个牛个儿大，步子也大，对我的脾气，我较干（利索），我就要快的牛"，村民看中一头牛后会主动找牛经纪说话。在交易过程中，买方与卖方不直接对话，牛经纪把价格谈好后，买方将钱给牛经纪，牛经纪将钱抽了后才会给卖方。"买方和卖方也知道牛经纪使唤钱了，但双方都默认牛经纪这一行为，好像这就是合理的、应该的。"

牛市上的买卖均为现款交易，很少赊账。如果买卖双方是同一个村的或者不是同一个村但和牛经纪都认识，也可以赊账，比如初四会上交易时钱或粮食不够，等到下一个会即十四的时候，在集上把钱给了。牛市上的交易均为村民的私下交易，不需要上税。

3. 牛市上的定价关系

在每年的农忙时节，牛市上的牲口不多，买牛、卖牛的村民较少，此时出手买牛的农户多为急需用牛的，牛的价钱也相对高一些。等到农历十月份村民把小麦种上后，想换牛的农户会将牛拉到牛市上出售，在十月至来年三月这段农闲时间，牛市上的牲口数量增多，但价格不一定便宜。此外，如果本村牛市上牲口成交数量多，本村牛市上牲口的价格相较周围其他村庄的牛市要高一些，但不会高出市场价太多。

二、会子及其关系

在1949年之前，乌苏村村民没有形成正式的与农业生产相关的组织或者其他行业组织，但在社会事务方面，为了解决生活中遇到的经济困难村民成立了"会子"这一组织。

（一）会子概况

会子是村民在日常生活中为了彼此互助，解决生活上遇到的经济困难而自发成立的一种社会组织。据董德顺老人讲述，"村民成立会子主要是为了当家里有红白喜事时，能从会子得到一些帮助，保证家里的红白喜事不因家庭经济条件差而被搁置。比如组织成员家里的儿子娶媳妇粮食不够，成员即可向会子提出借钱或借粮食。"

村民在成立会子时最少以五六家为一个单位，通常情况下，一个会子的成员规模在8—10家，成员较多的有十几家，但最多不超过20家。根据会子的地域范围，可以将其分为三种类型：一是家族型会子，即由同属于一个家族的人组织成立的会子，成员不包括家族之外的人；二是同巷会子，即成员同属于一个巷子，没有外巷的成员；三是同村会子，即成员分布在全村，不局限于某个巷子，成员之间多是同学、亲戚、朋友等关系，彼此之间关系较好。在三种类型的会子中，同村会子和家族型会子较多，同巷的会子相对较少。

在成立会子时，发起人一般得是上中农家庭，家庭经济条件在村庄内处于中等或中等以上的水平，家庭可以自力更生，其本人说话也有威信，因为只有具备了这些条件，成员才不怕发起人私下动用会子的财产。对于普通成员来说，其家庭经济条件在村庄内多处于中等水平，保证自家能交得起会费。村庄内的富裕农户自己有钱，不需要加入会子。家庭经济条件差的农户由于交不起会费也没办法参加。当然，如果贫穷农户交得起会费，也可以申请加入会子。

  张全榜，土改时家里有六口人，分别为自己、妻子、两个儿子和儿媳妇。张全榜会木匠手艺，在农忙时种地，农闲时做木活，家庭经济条件在村庄处于中等水平，土地改革运动时被划为中农成分。起初张全榜一家居住于荆淮沟，但家里的十亩地均在沟上面，由于耕作不方便，张全榜与沟里其他七八家同姓农户搬到沟上面的荆淮村居住，和其一起搬上来的农户也都会一些木匠手艺。搬上来后，荆淮村也仅有张全榜与这几户人家姓张。后来张全榜发起成立了一个会子，会子的成员即为与其一起搬上来居住的张姓农户，除此之外没有吸收其他成员入会。张全榜成立会子一方面是为了成员之间相互帮助，另一方面也为了团结本家，保证成员免受荆淮村人的欺负。

(二) 会子中的关系

1. 会子成立与成员入退中的关系

  成立会子时，由发起人主动询问和自己关系好的农户是否愿意加入，只要有三五家农户愿意加入，会子就可以成立。会子成立后，没有固定的活动场所，组织内部只设一名负责人，一般由会子的发起人也称管事的、牵头的来担任，负责人下面不设任何职位。由于会子规模不大，成员之间彼此熟悉，会子有多少财产成员也都知道，会子内部没有监督员。

  会子的负责人没有固定的任期，无特殊情况负责人可以一直担任。若负责人由于外出做生意、遭遇疾病或有其他的事情要做不能再继续担任，由成员集体商量决定下一任负责人人选。如果一段时间后，过半数的成员对会子的当前负责人有意见，则由有意见的某个成员召集其他成员开会，指出当前的负责人存在什么问题，之后大家一起商量是否更换负责人以及下一任负责人人选。开会没有固定的地点，可以在某个成员的家里，也可以在村庄的公共空间，例如井房、神庙等。负责人被更换后，被更换的负责人碍于面子一般会主动退出会子，其与牵头要求更换他的会子成员之间的关系也会僵化。

  成员加入与退出会子采取自由、自愿的方式。当某个成员申请加入会子时，由申请者向会子的负责人提出，经负责人同意并缴纳会费（粮食或钱）之后，其便成为会子的一员，不再需要征得其他成员的同意，因为凡是提出加入会子的，一般是和会子所有成员都关系好的农户，如果和其中某个成员关系不好，农户就不会申请加入该会子。新成员加入后，会子的负责人会转告其他成员。在退出时，如果成员有借用会子的财产，要将所借用的财产还清之后才能退出，若没有借用会子的财产，只需向会子的负责人提出，不需要经过其他成员的同意，退出的同时撤出自己的会费。

2. 会子运作中的关系

会子成立之初，由成员集体商议决定会费的种类与数量，或者是小麦，或者是现金。会子内所有的成员所交的会费类型与数量同等，相互之间没有差别，交齐后统一由组织的负责人保管，且会费只交一次。会子的负责人有一个专门的账本，到了每年的正月，负责人要对本组织的账务情况进行公示，一般贴在村庄内人多的地方，例如井房、巷口、神庙前等，每年公布一次。当然，如若成员均知道这一年的账务情况，也可以不公布。

当成员家里有红白喜事或者家人遭遇重大疾病急需用钱时，成员可以申请借用会子的会费。申请时，由成员家庭的当家人向会子的负责人提出，并给组织打借条，借用会费没有利息，没有还款期限，也不用请中人，借条由会子的负责人保存，待成员将所借财务还清后双方当面将借条撕毁。如果一个成员借用会子的财产尚没有还清，另一个成员又提出要借用，而所剩的会费不够了，会子的负责人要通知未还清的成员自己想办法借钱或借粮食，先将会子的财产归还以保证另一个申请借用的成员手上的事情能顺利完成。

据董德顺老人回忆，在会子的运行模式方面，还存在另一种情况，即哪个成员家里有事情需要使用会子的财产，就由这个成员将会子的全部财产拿走，这个成员也随即成为会子的新的负责人，待下一个成员需要使用会费时，由其向当时的会子负责人申请。由于这种模式运行的风险较高，难以保障会子持久运行，因此在现实中很少采用。

对于村民来说，成立会子是个人的事情，不需要向村长、闾长等村庄管理者请示，也不需要到相关的政府单位进行备案，村庄的管理者以及政府官员也不会主动干涉会子的成立与运行。

三、老人会及其关系

在会子之外，乌苏村村民还成立了老人会这一社会组织。

（一）老人会概况

老人会是乌苏村村民专门针对家中老人去世成立的一种互助组织，"你家有老人，我家有老人，咱们几家关系好就成立他一个老人会"。在家中的老人去世后，老人会的成员或者捐钱，或者出力，帮助组织成员安葬去世的老人。老人会的成员之间不一定是亲戚关系，只要相互之间关系好即可。

老人会的成立完全出于农户的自发、自愿，组织没有成文的规章制度，也不会定期举行聚会，一般限于本村落范围之内，不一定是同一个巷的，但也不会跨村。据董维理老人回忆，传统时期，村落内没有家族型的老人会，"一个家族的人在家族成员家的老人去世后就主动过去帮忙了，人家不需要老人会这类组织"。老人会的规模多在4—10家，但最多不超过15家，"规模太小了力量不够，规模大了免不了里面有偷奸耍滑的"。

(二) 老人会中的关系

老人会没有固定的"头儿"，也即组织负责人。某个成员家里的老人去世并下葬后，这个成员自动成为老人会的"头儿"，待下一个成员家里的老人去世后，即找当下的"头儿"牵头组织会员。某个农户想加入老人会，可以向组织的任意一个成员提出，然后由这个成员向其他成员转达，若其他成员都同意，则可以加入。申请加入的多为和所有的成员都关系好的农户，和其中的任何一个成员有矛盾，农户都不会提出加入。

组织成员家的老人平时看病的花费其他成员不用分担，只有在老人去世后，组织成员捐资帮助当事成员下葬老人。捐钱的多少没有固定的标准，家庭经济条件好的可以多捐一些，家庭经济条件差的可以少捐一些。如果实在拿不出，也可以不捐，但要帮助当事成员家干活，因为传统时期下葬老人时需要干的活很多，例如担水、倒泔水、烧火、打墓等等。如果某个成员不帮忙也不出钱，以后其他成员家里有事就不会再叫此人，这个人也没脸去参加。同样，这个成员家中的老人去世后，其他成员也不会前去帮忙，此时相当于自动取消了这个人的老人会成员资格。此外，成员所捐助的钱不用还，因为有的成员压根就还不起。

与会子相类似，成立老人会同样是村民的私事，既不用向村庄的管理者请示，也不用向政府备案，村庄管理者和政府官员也不会干涉村民成立老人会。

第四节 信缘与信缘关系

传统时期，乌苏村有村民信仰一贯道并加入正式的一贯道组织，在每年的农历二月二举行庙会时，村民基于信缘形成了非正式的信缘组织——庙会组织。本节将从一贯道及其关系、庙会组织及其关系两方面展现传统时期乌苏村村民的信缘及信缘关系。

一、一贯道及其关系

一贯道为传统时期存在于万泉县境内的一个会道门，解放之后被人民政府列为反动组织。据董德顺老人讲述，在1947年当地解放之前，乌苏村内有将近三分之一的村民都加入了一贯道组织，"一贯道人家打的也是行善的牌子"，且多为女性。

（一）一贯道组织架构及会费

一贯道的组织架构分为四级，分别为道徒、坛主、点传师、天人。道徒即普通的信徒。在道徒之上，是一贯道最小的道首坛主，负责一个村子内的道徒发展与管理。坛主之上是点传师，是附近十里八村的坛主的上司。点传师之上是天人，天人一般不露面，道徒也难以见到其真人。

村民在加入一贯道时，由坛主给加入者作法。在作法仪式开始之前，新加入者首先要磕一两百个头，之后坛主开始作法。"当神上来后"，坛主浑身出汗，口中念道"你屋里最近要出事，你要好好把神敬一敬，补贴补贴神，掏上××钱吧"，坛主口中所说的钱数即为新加入者要缴纳的会费。坛主在说会费钱数时会根据新加入者的家庭情况来说，新加入者家庭经济条件好，坛主说的钱数就多，新加入者家庭经济条件差，坛主说的钱数就少。在会费缴纳之后，新加入者正式成为一贯道的成员。

在村庄内，加入一贯道的多为女性。原因如董德顺老人所说，"过去的女人，十个里面有八个都不识字，她们就由人家骗，把家里的元宝啥的拿上就给一贯道送过去了，说是'敬了神了'"。

（二）一贯道的信缘关系

村民在加入一贯道后，有的十分虔诚，会给一贯道做事；有的只是表面信仰，虽然加进去了，但个人该做什么还是做什么，不会为一贯道做事。同为一贯道忠实信徒的村民，彼此之间的关系会更进一步，忠实信徒和表面信仰者之间的关系则不会因为二者有共同的信仰而更加亲密，但在一贯道组织活动时，村落内的信徒多会一起去参加。一贯道的信徒身份在一个家庭内部不可以传承，每个信徒彼此独立。家庭内的某一个成员加入一贯道，并不意味着整个家庭都加入了一贯道。

在1947年解放之前，由于一贯道不仅仅存在于万泉县内，在附近其他几个县都有一贯道的组织，因此村民在加入一贯道后也确实会享受到一些便利。"好比去万泉县城吧，人家一贯道在万泉县城就有开的商店，成员去店里面休息可以少掏钱。"村民去西安要经过黄河，在过河时需要手续，如果是一贯道的成员，有一贯道发的证件，就可以较普通人更为方便地通行。

薛岐，贫农成分。土地改革运动之前，薛岐老人家里姊妹七个，薛岐排行老六，上有五个哥哥，下有一个妹妹。父亲薛佰英最开始在本村小学教书，教了十来年后又在荆村小学教了十来年书。由于父亲是教书的，薛岐弟兄几个都稍微有点文化，但薛岐的母亲没有文化。

在1947年之前，薛岐的大哥因为劳累过度后喝了一盆凉米汤得了风寒去世，其母亲心理上受到打击并因此加入了一贯道组织。原本治家很严的薛佰英因为这个原因也默许了。薛岐的母亲是一贯道较为忠实的信徒，1947年解放后人民政府取缔一贯道时，在家里包庇过一贯道的一名点传师。薛岐的三哥因为母亲是一贯道成员，解放后在自己的单位一直没能升职。

二、庙会组织及其关系

在1949年之前，虽然在乌苏村的村落内外坐落着多座庙宇，但乌苏村村民并没有因为信奉庙宇内的神灵而形成专门的、正式的信缘组织。在每年农历的二月初二"龙抬头"，村民要在村庄内的关帝庙前举行庙会，并在组织庙会过程中形成了非正式的信缘组织——庙会组织。

每年是否举行庙会由村长说了算。当年举行庙会，村长会提前半个月放出话让村民们知道，村庄内则会成立一个由村长牵头、间长协助的临时性庙会组织。举办庙会所需的花费如唱戏花费，由本村村民根据自身的家庭条件以及对关老爷的信仰程度自愿捐助。村里有钱的财主家会多捐助一些，没钱的穷人家少出一些，实在太穷的也不可以不捐。但一般情况下村民多少都会捐助一些，因为村民觉得"一点都不捐是对关老爷的不敬，以后求关老爷保佑可能会不灵验"。举行庙会全部由本村人参与表演，在庙会的前十来天，各间的间长就会组织本间的村民排练节目。庙会当天上午为各间的准备时间，中午12点各间的节目在关帝庙前的空地上进行表演，除了本村人之外，外村的人也可以过来观看。

举行庙会的同时一般也会唱戏，唱戏唱三天，从二月初一唱到二月初三，所请的戏班子多为邻村或本县的。本村、外村的村民都可以过来看戏。看戏时戏台下面靠前的座位会用栏杆隔开，财主家的晚辈会出钱给自家的长辈买这些位置，买座位的钱交给村长，用来支付请戏班子的花费。栏杆之后为站着的男性，相互之间没有先后顺序，谁来得早谁站得靠前，妇女则在男性的后面坐着，有的坐凳子，有的坐桌子。女性不能跑去前面与男性站在一起，此举主要是为了防止女性受到骚扰或乱搞男女关系。庙会期间，在周围的空地上多有卖吃食的商贩，本村、外村的都有，商贩占用地皮不用出钱，外村的观众在看完庙会后，有时会在卖吃食的小摊上吃了再回家。

庙会结束后，村长会将庙会的各项花费在关帝庙前向村民公布，剩余的现金和粮食留作次年举行庙会时的开销，之后庙会组织自动解散。此外，举办庙会不用向官府报告。

第五节 交往与交往关系

社会交往是村落内的个体农户赖以存续的必要活动。在1949年之前，乌苏村村民主要在家庭、家族、村落、村外四个单元开展交往活动，家人、亲戚、邻居、熟人等构成村民的主要交往对象，在交往中村民多遵循"礼尚往来"原则。本节将从家庭内部交往及其关系、家族内部交往及其关系、村内交往及其关系、村外交往及其关系四方面展现传统时期村落内人们的交往行为与交往关系。

一、家庭内部交往及其关系

传统时期，家庭是村民最为基础的交往单元，在家庭内部，父母与子女之间的交往、婆媳之间的交往构成了家庭内部交往的主要内容。

（一）父母与子女之间的交往

父母与子女之间的交往更多的是指子女成年或者成家立业之后，父母与子女之间产生的交往行为。在子女年幼的时候，子女的日常生活以及教育等方面的开销均由父母负担，但在子女成年之后，子女会逐渐发展出自己个人的交往对象及交往行为，此时父母不再全面地干预子女的交往行为。但如果子女不务正业，与一些不三不四的地痞、流氓等交往密切，父母会出面劝说或者制止子女的交往行为，如果沟通不顺，二者之间可能会因此产生矛盾，甚至断绝父子关系，不过这种情况较为少见。

首先，对于结婚的儿子来说，有了自己的小家庭，其交往重心相应地也会转移到自己的小家庭上。如果与父母分家，则儿子的交往行为基本不再受父母的干预，生活中的人情往来也由儿子自己做主，当然，如果儿子拿不定主意，依然可以向自己的父母请教。儿子与父母之间在正常情况下也会维持较为亲密的交往关系，父母在生产或者生活中需要帮忙时，儿子通常也会主动帮助父母。若儿子婚后尚未与父母分家，则儿子在人情往来方面会一定程度上受制于父母，因为儿子人情往来的支出要由父亲当家的大家庭来负担。儿子与儿媳组成的小家庭与大家庭之间时间长了难免会产生小纠纷、小矛盾，这常常也成为分家的原因之一。儿子成家后，一般维持不了几年就会与父母分家。

其次，对于婚后的女儿来说，"嫁出去的女儿，泼出去的水"，在习俗当中女儿不再是家庭的一员，而成为家庭的客人，但在父母的心里，依然会把女儿当作除却儿子之外最亲近的人之一。女儿来到家里后，父母会招待女儿吃好的、喝好的。如果在家里过夜，女儿通常与自己的母亲睡在一起。在父母年老之后，为了表达孝意，女儿有时会将父母接到自己的家里照顾十天半个月。

（二）婆媳之间的交往

儿子成家之后，婆媳关系成为家庭内部的一对重要关系，处理不好，经常会导致家庭纠纷的产生。据解仁荣老人讲述，刚进门的新媳妇在家里是要懂礼节、守规矩的，如果新媳妇整天咋咋呼呼的，会引起家里婆婆、公公的不满，传出去后还会引起同村人的笑话。

> 儿子结婚后，新媳妇在十天之内不去厨房做饭，十天之后，新媳妇开始跟着婆婆去厨房做饭，由婆婆手把手地教，在学成之后，婆婆不再做饭，而是由儿媳妇自己来做。每天早上起来，儿媳妇要先把热水烧好，等公公、婆婆、爷爷、奶奶起来之后，先问候昨晚睡得好不好，然后给长辈准备洗脸水。到了晚上睡觉的时候，媳妇不能早早地睡下，而要等公公、婆婆等长辈睡下之后才能去睡觉，睡觉前，儿媳妇要先问候公公、婆婆还有没有其他需要做的，长辈说"你也睡去吧"，儿媳妇就可以去睡觉。如果公公、婆婆年龄不大，儿媳妇则不用早晚问候，早晚问候是晚辈对长辈表达孝敬之意的方式。

对于新婚的儿媳妇来说，没有经过婆婆的允许不能随意出门。儿媳妇回娘家要经过婆婆的同意，回娘家所带的礼品通常也由婆婆准备好。如果婆婆不同意，儿媳妇的丈夫通常会给儿媳妇打圆场、说好话，争取婆婆的同意，但如果婆婆坚持不同意，儿媳妇就不能回娘家。如若是去赶集、看庙会、看戏等，多数情况下由婆婆带着儿媳妇去，儿媳妇不能单独一个人前去，如果是与门前的其他媳妇一同前往，也要征得婆婆的同意。

在儿子与父母分家之后，儿媳妇成为其家庭的主妇，交往行为不再受婆婆的限制。如果是与公公、婆婆分开居住，儿媳妇不用承担日常照料长辈的任务，但在公公、婆婆生病或行动不便需要照顾时，儿媳妇必须出面照顾。如果是与公公、婆婆一起居住，一起吃饭，儿媳妇通常要为公公、婆婆准备好饭菜，一起居住但分开吃饭，则不用承担上述任务。

二、家族内部交往及其关系

在家户单元之上是家族这一交往单元。家族内部的交往是指同宗同祖的兄弟分家之后，其家庭与家庭之间的交往。相较于家族外部的交往，兄弟家庭之间的交往对每个家庭来说所扮演的更多是"家庭后盾"的角色，平时家族内部的交往不一定频繁，但一旦某个成员家庭遭遇重大变故或者急需帮忙时，家族内的其他成员多是冲在最前面的。

首先，在人情往来方面，某个成员家庭有红白喜事时，家族内凡是与之无矛盾、关系未破裂的家庭都会主动去当事方的家里帮忙，且不用当事方来请。在礼品或礼金方面，家族成员的随礼也要高于邻居、朋友等其他家族外部成员。如果家族内的某两个家庭之间发生矛盾或纠纷，多由这个家族的长辈或者兄长前去调解，调解不成，可再由其他兄弟出面调解。如果家族内部没人能够调解成功，这两个家庭之间的关系就此破裂，双方不再有人情方面的往来，之前送过的礼品或礼金，一方也不用给另一方退还回去或者找机会补上。

其次，在每年的清明节、春节，要举行家族性的祭祀。在祭祀时，每个家庭各自准备自己的祭品，由家族的长辈主持祭祀仪式，在祭祀完成之后，有时会餐，不会餐则各回各家。除了祭祀之外，在正月初一早上吃过饺子后，各个家庭要前去给家族内的成员拜年。在拜年的次序上，首先去家族内年纪最长的长辈家里，从长辈家里出来之后，则按照空间距离的远近以及是否顺路，一家一家地前去拜年，此时不再有辈分或年纪上的次序。

最后，在生产、生活当中，如果家族内的某个成员家庭需要借钱或借粮，家族的其他成员是其重要的求助对象之一。在借钱、借粮时，家族内的成员之间不需要写字据，多数情况下也不需要写借条，能否归还靠的是彼此之间的信任。如果借用方有能力偿还但一直不归还或者不想再归还，数量多了出借方会到借用方家里索要，数量少了则不会再追回。无论追回与否，双方之间的关系均会因此受到影响，心理上产生隔膜，此后双方基本不会再发生银钱方面的往来，即使借用方后期主动偿还，出借方在下次也不会再借给其任何东西。如果借用方名声不好，被村落中的人认为只借不还，在关系不是特别好的情况下，家族内的成员多会找个理由避免与之产生银钱往来，实在要借，则要写借条。

当然，分家后的兄弟之间也会因为分家时的不公平、老人养老等原因心生嫌隙，调解不好的，兄弟之间的关系会就此破裂，不再有任何往来。解仁荣老人讲述了这样一个故事：

在乌苏村，段姓农户家里有两个儿子，由于母亲去世得早，两个儿子成婚分家时商量的是共同赡养父亲，父亲去世后的下葬费用也由两个儿子对半分摊。起初父亲居住在大儿子家里，并由大儿子负责日常照料。居住半年后，二儿子提出他给父亲出粮食或钱，父亲就不要到他家居住了。大儿子起初也同意了，但后来二儿子给的粮食根本不够父亲半年的口粮，大儿子要求再给一些，二儿子就说家里没有了，两兄弟之间因此闹下了矛盾。大儿子为了不让父亲作难，也没有赶父亲去二儿子家里。大儿子事后找外人以及村长调解，都没调解成功，其他村民也不敢再插手两兄弟之间的事情，怨恨越积越深，后来大儿子家的孩子在结婚时二儿子都没过来，村里的其他人去叫了也没叫动。两兄弟之间的关系就此破裂，晚辈见了都当作陌生人，不打招呼。

三、村落交往及其关系

邻居以及村长、闾长等村落内的其他人是村民村落交往的主要对象，在交往过程中，村民依据关系选择具体交往对象，并在交往中遵循"礼尚往来"原则。

（一）村落日常交往

传统时期，村落是村民最为主要的社会交往单元之一。村落内的邻居、同村人是村民的主要交往对象。平时村民在巷子里或者路上碰见，看对方的行动，村民会问候对方"吃饭了吗""去哪儿呀呢""干什么去呀"等，被问的一方不用做正式的回答，双方关系好了会停下来交流几句，关系一般的被问的一方可以随意回答（回答的可能不是真的）。如果是问候长辈，先要按辈分称呼长辈，然后说问候语，大年初一村民在路上碰见，只要双方之间没有矛盾，都会互相问候"新年好"，以示拜年。

"远亲不如近邻"，在农业生产当中，必要的联合、合作多发生在邻居之间，因为居住的空间距离近，彼此之间对对方的家庭情况和人品性格较为理解，能够相互信任。如果家里需要帮忙，例如往回拉麦子缺个人手、借用生产农具、借用耕牛等等，农户求助的首选对象也是邻居。在日常生活中，除了彼此的帮忙之外，邻居之间也会通过一起去赶集、一起去看庙会等来深化彼此之间的关系。在人情往来方面，邻居家里有红白喜事农户会主动过去帮忙，但在红白喜事的当天，如果邻居事前没有过来邀请，农户则不会前去，当然，如果双方之间关系特别好，不用请也会去。

到了农闲季节，在文化娱乐方面，邻居之间闲暇时会经常串门，有时候也会打牌，邻居打牌多数是为了娱乐，不为赌钱。一起打牌的人都是相互之间关系好的人，关系不好的不会在一起打牌。如果是在某个邻居的家里打牌，除了提供场地之外，这个邻居还会提供一些小吃食以及水,这些均是待客之道。邻居之间打牌,多是男性与男性之间打,男女不一起打,当然女性也可以打牌,但女性多是与自家的女性家庭成员打,不与外人打牌。

在与村长、闾长等村庄领导者的交往上,在路上遇见或者在其他地方碰到,村民会主动问候村长、闾长,以示对其的敬意。村民家里有红白喜事,也会由家庭的当家人出面去请村长、闾长前来参加,对方多数情况下也会应邀前来,但如果当事方的家庭条件差,没有势力,被对方看不起,村长、闾长也可能不来参加,双方之间的关系也会由此僵化。如果村民与村长、闾长之间有矛盾,除了征收国家赋税或者其他村庄公共开支之外,双方之间不会有私人往来,当然,有些村民为了讨好、巴结村庄的领导者,也会主动献殷勤,如主动给村长送礼品、主动给村长帮忙等。

(二)交往选择——关系至上

在与邻居、同村人的交往中,村民的出发点以及目标都在于双方之间关系的维持或深化,只有关系好了才会交往,"你和人家臭着哩,你就不去人家那儿去",而交往也是为了让关系变得更好。

在交往对象的选择上,村民多选择与自己家庭条件差不多、人品没有问题、不胡来的"正经人"交往,因为在现实以及心理上双方之间能够保持大致平衡,彼此之间的来往会相对频繁。村民与自己家庭条件相差较大的农户的交往相对较少。一是因为在人情往来上,家庭条件差的农户抵不住家庭条件好的农户,富裕的一方上的礼品或礼金重,而轮到贫穷的一方时,则可能拿不出这么多的礼品。二是家庭条件差的农户在心理上可能产生一种自卑感,觉得与富裕的农户不是一个层级的人,相互之间说不上话,由此避免与之频繁交往。三是家庭条件差的农户怕村庄的其他村民说闲话,认为是自己在巴结对方。当然,双方之间如果碰面也会彼此打招呼,不会装作陌生人。有些农户为了巴结富裕的农户,还会想办法与之产生往来。

在交往过程中,如果双方之间产生误会或发生纠纷,先是由双方私下协商解决,此时多由理亏的一方主动到另一方家里说明情况。如果协商不成,双方可以找一个说话人进行调解,说话人可以是其他朋友也可以是村庄的领导者,只要双方都认识且信任即可。调解成功后,双方之间的关系不会马上回到纠纷发生之前的状态,"他总要先缓过劲了,慢慢才能恢复",待几周、一两个月或者甚至一两年之后,随着双方之间正常往来的增加,彼此心理上的隔阂才会逐渐消除。说话人调解不成功,双方要么就此断绝关系,要么去打官司,打官司之后双方之间的关系也会破裂,交往不再维系。

(三)交往原则——礼尚往来

村民与邻居、同村人之间的交往要靠人情来维持,双方之间的人情往来遍布生产、生活的细节之中,并遵循着"礼尚往来"的原则,有来有往。

在农业生产当中,农户与邻居通过换工、帮工、请工等方式彼此相互帮忙,这种人力或生产工具上的交换使用在数量上不一定必须对等。例如,A农户借用了B农户的耕牛,不一定A农户就必须要给B农户帮几天的忙,只是在B农户家里有事的时候A农户会主动过去帮忙;A农户家里出了两个劳力给B农户帮忙,B农户家里下次不一定就必须要出两个劳力给A农户家里帮忙。在互相帮忙的过程中,双方维系的是信任以及情谊,且要有来有往,如果A农户在农业生产之中经常给B农户帮忙,而B农户却从来不给A农户帮忙,或者A农户家里有事时B农户经常借口有事不去帮忙,时间长了,双方之间的关系会变得难以维系,人情上的往来也不会再继续。

日常生活当中,如果农户家里有红白喜事,相较于农业生产,交往双方在人情方面的礼尚往来要较为严格一些,彼此上的礼金或礼品的价值要基本相等,礼品的种类可以不一样。在上礼之前,农户会查看自家的账本记录,参照对方之前给自家上的礼金数量来给对方随礼。如果随着时间的推移,整体礼金水平上涨,彼此关系好的农户,即使当时对方给自家上的礼金少,现在也会跟上整体的水平,给对方多上一些礼金,但如果关系一般,就可能严格按照对等的原则给对方上同样多的礼金。除却红白喜事中的人情往来之外,农户与邻居在平时也会相互赠送一些自己做的吃食或者其他物品,这种情况下的人情往来不一定严格对等,一方有了可以给对方送,对方暂时没有可以不送,等到家里有了的时候再送,送的吃食或物品的种类和数量不需要严格对等。

整体来看,农户与同村人之间的交往通过生产以及生活中的人情往来维持,其相互之间大体遵循着"礼尚往来,有来有往"的原则,如果有一方破坏了这一原则,二者之间或者减少往来,或者就此断绝交往。如果是误会,引起误会的一方多会主动上门道歉,征得对方的谅解。在前去道歉时,农户多带一些自家产的农产品或做的好吃的,不会专门去买礼品,当然也可以不带任何礼品,双方解释清楚后,会恢复往日的交往,保持往日的关系。由于是误会,交往双方多不请外人来说和,只有在发生大的、难以调和的矛盾纠纷时,农户才会找外人来调解。

四、村外交往及其关系

村外交往主要是指村民与村落外部的熟人、朋友之间的交往。

首先,每个村民因家庭条件、职业、社会关系等方面的不同,拥有的朋友也不同。朋友多是在有事的时候相互之间才会联系,如老人所说,"只有永远的利益,没有永远的朋友,朋友建立在利益的基础上,看着我和你是朋友,时间长了不共事,关系就淡了"。在人情方面,朋友之间的关系越好,上的礼品、礼金越多,如果是同一个村的朋友，村民也会在没事的时候相互串门，加深感情。

熟人是次于朋友的一个交往主体。因为对熟人的家庭情况了解不多，多数时候双方之间仅是一个"交人交面不交心"的关系，交往相对较少。只有关系特别好的熟人，彼此相互了解，在某一方有红白喜事时，双方才会有往来，如张高登老人所说："没有特殊关系的不会在人情上有往来，要特别信任、特别熟。我有一个熟人比我年纪小，在一块共过事，人家儿子结婚的时候叫我了，我老婆子去世的时候我也把人家请来了。"如果是在路上、集市或者其他公共地方碰见了熟人，村民会与之闲聊几句或者仅打个招呼。

第六节 流动与流动关系

在1949年之前，乌苏村村民以家户为基本单元，因土地、外出做生意等原因产生社会流动。流动决策由家庭的当家人做出，在外出后，村民通过写信、捎口信与家人联系。本节将从社会流动概况、土地流动及其关系、职业流动及其关系、做生意流动及其关系四个方面展现传统时期乌苏村的流动与流动关系。

一、社会流动概况

民国时期，乌苏村村落范围内没有农户因为自然灾害而彻底搬离村庄，村民的社会流动主要包括因土地产生的流动、因职业产生的流动以及做生意产生的流动，并且村民以暂时性流动为主，很少有永久性的流动。村落内的流动人群涵盖了贫农、中农以及富裕农户等各个阶层。

（一）流动单元

村落内居民的流动多以家户内部的个体流动为主，很少整个家户迁离村落，"离土不离宗"，对于村民来说，家里总要有人在村落内看家。在核心家庭内，多是家庭内的某个成员发生流动。在尚未分家的扩大家庭，可以是某个个体，也可以是某个成员小家庭整体流动。

家户的流动单元因家庭规模、流动者所从事或将要从事的职业以及家庭条件等因素不同而相异。例如流动者所从事的职业是教师，则以家户内个体的流动为主；若流动者是外出做生意，在核心家庭里可能是个体，在扩大家庭内就可能是某个小家庭。有时候，家庭生计难以维持也迫使家庭成员独自外出谋生。

（二）流动决策

当家人拥有家庭成员流动的决策权。在核心小家庭中父亲当家，儿子想要外出做工或做生意时要征得父亲的同意，去哪儿和怎么去儿子可以提议，但最终的决定权在父亲手里，父亲不同意儿子不能外出。同理，如果是爷爷当家，父亲及儿子想外出时也要征得爷爷的同意，爷爷不同意同样不能外出。扩大家庭内的小家庭成员在外出时，也要征得家庭当家人的同意。不论是扩大家庭还是核心小家庭，如果家庭成员未征得当家人的同意而私自外出，可能会失去参与分家的资格。至于因职业产生的流动，此类人多为自主决策，因为职业即是其谋生之道，决策不受他人的干预。

在外出做生意或务工之后，因为是暂时性的流动，且多有家人尚在村落中生活，村民的土地、房屋等财产依然归农户所有。如果在分家之后村民暂时不再回到村里生活，村民可将其分得的土地、房屋等财产自主处理，或是卖给自己的弟兄，或是继续留着以备老了之后再回到村里生活。此外，村民流动外出，不需要征求家族其他成员的同意，也不需要向村长、闾长等村庄管理者以及政府报备，由于传统时期户籍管理不是特别严格，村民外出后短期内户籍不会被注销。

二、土地流动及其关系

因土地所产生的社会流动包括人口流入和流出两方面。人口流入主要是指外来的无地人口在村庄生活时间长了定居在了村庄，人口流出主要是指村民外出务工或熬相公。

（一）土地与人口流出

在1949年以前，乌苏村不存在一点土地都没有的农户，村庄也没有出现村民因没有土地而永久性搬离村庄的现象。但是，村落内部分土地较少的贫穷农户为了减轻家里的生活负担，同时也为了让儿子学到一些本事，保证其以后能够独立生活，会将十三四岁的儿子送去熬相公。

1. 熬相公及其关系

熬相公即在开店做生意的店铺里当学徒，给掌柜的记账、站柜台、干杂活等。由于熬相公多是在外地，且常年不回家，由此产生了社会流动。据薛岐老人讲述，其二哥薛辉在13岁的时候就出去给别人当店员。在给掌柜的记账的时候，薛辉觉得自己的文化不够用，想回家继续念书，父亲不让念，因为家里负担不起。后来薛辉给同村的王贵珍（富农）家里挺了一年活[1]，之后觉得挺活不如当店员，就又去了甘肃平凉当店员，之后又去了兰州。

在去熬相公时，村民或者通过熟人、亲戚、门前人介绍，或者去同村在外面做生意的人的店里。富裕人家的孩子因家庭条件好多不去熬相公，穷人家的女儿也不会去

---

[1] 挺活，即当长工。

熬相公。

(1) 学徒的工作内容

男孩子在店铺里熬相公时，主要工作包括以下内容：一是早上起来先打扫院子，帮忙招呼客人。二是在柜台上点钱，会记账的要帮掌柜的记账。三是晚上学用算盘，学习记账，这是学徒的重点学习内容。四是在店铺的厨房里帮灶，帮忙挑水、烧火、做饭等。

熬相公熬的时间长了，在学会本事之后，做得好的学徒可以成为店铺里的负责人之一，但不可能成为掌柜的；不继续在原来的店铺里干，学徒可以自己出来做生意或开店铺，自己单干。

(2) 学徒的权利

据解仁荣、张敬信、董德顺等老人讲述，在熬相公期间，一种情况是学徒有工资，如果离家近，学徒的工资以小麦计算，如果离家远，由于麦子不好带回家，学徒的工资以现金计算。另一种情况是学徒没有工资，只是在东家的店铺里帮忙干活，东家负责其日常生活。

熬相公一般熬三年，在三年之内，家里如果没有特别重大的事情，学徒不能回家。过年时，在大年初一的早上，学徒要集体给掌柜的拜年，掌柜的年纪在五十岁以上，学徒要给掌柜的磕头，掌柜的年纪在五十岁以下，作个揖即可。拜年时学徒不用给掌柜的带礼品，掌柜的也不会给学徒压岁钱。如果学徒在三年期间因为家里有事要回家或者三年期满学成后回家，由东家报销学徒往返的路费。

> 张敬信，1929年出生，在1949年之前，家里有8口人，3间房子。张敬信弟兄4个，有一个哥哥两个弟弟，张敬信排行老二，除此之外，还有父母和两个姐姐。在土地改革运动中，张敬信家被划为贫农成分，当时家里有15亩地，没有牲口，地里一年产的粮食养活不了一家人。张敬信7岁上小学，10岁时不念书后到吉县的一家医院当学徒。在医院待了一年多，张敬信觉得不挣钱，在其十三四岁时经同村的一个人介绍到陕西的一个商行熬相公（介绍人在吉县开药铺，和陕西的商行有生意上的往来，彼此熟悉），和张敬信一起在商行熬相公的还有邻村薛朝村的一个人。
>
> 在熬相公期间，客人进店后，将拿来的钱放到柜台上，张敬信等学徒要帮客人点钱，多出来的是客人的，如果钱不够，学徒要给客人说少多少，由掌柜的跟客人沟通，学徒不收钱。商行里有大财董、大柜、二柜等负责人，

大财董相当于商行的董事长，大柜相当于商行的经理，二柜的工作是客人来了要什么货或销什么货，由二柜出去给客人找货源或客户。客人住店、吃饭均需掏钱。

张敬信熬相公时不挣工资，商行管吃管住，不论是平时还是过年都不能回家。家里有大事了可以回家，回家时由商行报销往返路费。在大年初一的早上，张敬信要与其他学徒一起给大柜、二柜拜年，大柜、二柜年纪大了，拜年时要磕头，年纪小的作个揖就可以。拜年时学徒不用给大柜、二柜带礼品，大柜、二柜也不会给压岁钱。

在三年学成之后，如果继续留在店里，学徒可以给店里顶（招呼）生意，店里会给他股份，并在年底分红。张敬信在学了三年之后，返回家里种地去了。

2. 流动者与亲朋好友的关系

正如在上文中提到的，在 1949 年之前，村民外出务工或熬相公，要么是通过亲戚、邻居、朋友的介绍前去，要么是与亲戚、朋友、邻居一起前去，抑或是去投靠亲戚、邻居、朋友、熟人等。如果是与亲朋好友一起出去务工，二者之间的家庭条件、社会地位等基本处在同一水平上；但如果是去投靠亲戚、朋友或邻居，投靠者的家庭条件会相对差一点，但并不绝对。

在与亲戚、朋友、邻居一起出去后，双方彼此之间会相互关照，因为到了外地二者就是乡亲，关系和感情自然要好于其他人。如果是在本村人的店里做工或熬相公，店主也多会照顾同村的人。当然，如果双方之间发生矛盾，能成功调解双方还会继续在一起做生意或做工，不能调和则二者的关系可能会就此破裂，以后也不会再一起出门。

（二）土地与人口流入

传统时期，因土地所产生的人口流入主要是外来的无地人口在村庄内做工或做活时间长了，积攒下一些钱财，在村庄购买土地并落户村庄。例如乌苏村的钉掌人魏前泰以及铁匠正新的父亲，其刚到乌苏村时都没有土地，后通过从事手艺活逐渐在村庄置地并落户。外来人口在村庄落户要向村长报告并登记，由村长上报给上级政府。在正式落户后，落户者成为村庄的一员，并按照规定向国家缴纳赋税。

三、职业流动及其关系

出于自身职业性质的需要，乌苏村村民会产生短暂性的社会流动，这主要表现在老师、铁匠、木匠、流动商贩等几类职业上。

(一)当老师产生的流动

传统时期,村落内有文化且当得了老师的人并不多,如果一个人文化水平较高,会经常被外村甚至外县请去当老师,由此产生个体流动。在前去任教时,由于老师均是男性,其或者独自一个人前去,或者为了儿子的教育带着儿子一起前去,家里的父母、媳妇以及女儿不会随同前往,而是在家继续种地。在每年的寒暑假,当老师的男性会返回家里与家人共同收割麦子,并在冬季一起过年,当老师得来的工资也归整个家庭所有。如果对方不再继续聘用或者其主动要求离职,老师会返回家里继续在村落内居住。

> 薛岐老人的父亲薛佰英是一名老师。薛佰英最初在本村的小学教学,在教了十来年之后,由于邻村荆村前来聘请,薛佰英又去了荆村的小学教书,前前后后大致教了十来年。据薛岐老人讲述,在荆村教书期间,有一年考试,荆村的学生在全县考了第一名、第二名和第四名,父亲薛佰英因此在荆村名声很好,荆村村民为了感谢薛佰英,多给了薛佰英一些工资[1],比如一个学生本该给二斗麦子,都给了三斗。薛佰英的同事因此把薛佰英告到了县长那儿,县长询问薛佰英,说薛佰英丙等教员挣的是甲等教员的工资,不合理。薛佰英说:"不合理,那是群众要给的,我挣的还是我丙等教员的钱,没有多要,是群众心里过意不去要给。要是县长觉得不合理,可以给我写个字,我拿回去给荆村学董和村长,让村民不要给粮食。"但县长又不写字据。薛佰英要求给个说法,县长说自己以后口头传达,后来群众还是将麦子给了薛佰英。在教书时,薛佰英一般在学校住着,没有周末,只有家里有事了才会回来一下。不再教学后,薛佰英返回家里种庄稼。

(二)匠人产生的流动

村庄内的铁匠与木匠等手艺人的经营方式,一种是自己打造好一些小家具或者小农具,例如镰刀、锄头、单镢、方镢、小板凳等,在自己的店铺或者集市上出售;另一种则是同村或外村的农户在有需求时,会请铁匠或木匠到家里做工。匠人在去外村做工时便产生了社会流动。请铁匠或木匠来家里做工,由一个家庭的当家人去请,不用带任何礼品。匠人到了农户家里之后,食宿由农户提供,如果离家远了,匠人在做

---

[1] 当时一个老师一年的工资是10石麦子。

工期间不会回家,直到将农户所需要的物件全部打造好。待农户将工资结算之后,匠人返回自己的家中。

本村匠人外出做工均是临时性的流动,在活做完之后即会返回家里,同时去做工时多是一个人独自前往,不会带着自己的家人一起前去。传统时期,村落内还有一类外来迁入的匠人,其在村落内做工时间长了后会在村落中落户,由此产生永久性的流动。

> 在1949年之前,乌苏村有一个铁匠,是从山东来的,刚到村里时没土地,也没有房子,以打铁为生,儿子叫正新。在刚来时,铁匠进村打铁不需要向村长报告,因为不一定能落住脚,在这个村子没活做就得去另一个村子。后来时间长了,铁匠与其儿子正新就在乌苏村落了户。

(三) 流动商贩

流动商贩,其名称本身即显示了流动的性质。正如在第三章第四节中所提到的,传统时期乌苏村既有本村的流动商贩,也时不时有外村的进村售卖物品。以本村的流动商贩为例,其流动多为暂时性的流动,且是当天离开当天回来。为了售卖东西,流动商贩要到附近的村庄转村去卖,去时只是其一个人去,家人不与之前往。

> 村民窦广建,河南商丘人,1940年左右从河南逃荒至乌苏村并在村庄落户,时年20多岁。窦广建家里就是其夫妻两个人,没有土地,也没有亲生的孩子,后将自己的侄子过继过来作为自己的儿子。窦广建是一个挑货郎,夫妻二人的生活来源即以窦广建转村卖货为主。如果附近村庄有集市,窦广建会到外村的集市上摆摊卖货,地皮费为2—3块钱,如果没有集市,窦广建就会挑着货物去附近的村庄转村卖货。外出时窦广建多与胡村的张武臣、新庄的李文生结伴,彼此之间有个照应。

三、做生意流动及其关系

民国时期,乌苏村以及附近村子的村民多去曲沃、甘肃平凉、陕西西安等地做生意。原因如老人所说:"这三个地方,曲沃是个富足的地方,比如他一个老祖宗在那经商、扎住脚、生意扩大后,他的后代就去继承他的产业了。再一个是门前里后的人听说哪个人在哪儿呢,到了那儿后也在那儿做生意了,引得引得人就多了。在甘肃这边呢，甘肃平凉是个苦觉（下苦、受苦的意思）的地方，咱这儿的人聪明，到了平凉钱好挣，出去的人扎住脚后，你引他，他引他，（人）就越来越多了。"

（一）做生意流动概况

村民外出做生意时，主要是一个家庭内的男性前去。对于核心小家庭来说，通常是男当家人前去，留下妻子与未成年的孩子在家，或者等儿子长到十三四岁后，带着儿子一起前往。对于扩大家庭来说，则是扩大家庭内的某一个小家庭中的男性前去，但这个小家庭同样会留一个妇女在家，一来看守家庭的财产，二来便于在外做生意的家人及时了解家里的情况。村民在外做生意，常年居住在做生意的地方，一年只回来两次，一次是家里割麦子的时候，一次是过年的时候。当然，如果家里的劳力充足，在割麦子的时候也可以不回来。

在外出做生意的人群中，既有贫穷农户的家人，也有中农、地主、富农等富裕农户的家人。二者的区别在于贫穷农户的家人多是给别人打工，由于缺少资金，能够在外自立门户做生意的穷人很少；中农或富裕农户的家人则多是在外有自己的门店，而不投靠于他人。

> 董德顺老人的三爷爷董满斗在1947年解放之前带着自己的儿子董文有在曲沃开皮坊，做生意。董满斗的婆娘依然在家里生活。到了每年过年的时候，董满斗会返回家中，一来与自己的婆娘团聚，二来看看家里的情况，并与家人闲聊下一年的打算。同村贫农薛佰英的四儿子在13岁左右就去了曲沃投靠董满斗，在董满斗的皮坊店里熬相公。

（二）流动者与家人的关系

传统时期，村民外出做生意后，多通过写信或捎口信的方式与家人联系。

1. 写纸信

民国时期，由于村落内部没有电报、电话等通信工具，村民外出做生意去的地方较远，其与家人之间的联系多通过写信的方式完成。张高登老人说："以前交通不方便，信息不方便，全拿信来往哩，再没有其他。"

（1）信的种类

据张高登老人讲述，在1949年之前，村民写信分为平号信和挂号信两种，信封上要贴邮票，邮票一般是八分钱的，也有四分钱的。平信上贴八分钱的邮票，挂号信上贴的邮票较平信上要多，一般是一毛六或价值更大的邮票，信封上贴的邮票价值越高，证明信越重要。通常情况下挂号信就是很重要的信，一般丢失不了，邮递员也绝对不能把信丢失了，但如果邮递员真把信丢失了，也不会承担责任，村民长时间未收到信只能重写一封。写信的信封是牛皮纸的，可以在村庄内买到，一个信封两分钱。

从寄信速度上来讲，一般情况下，村民写信从乌苏村寄到甘肃平凉或者曲沃，平信需要七天，挂号信有五天的，也有三天的。

（2）何时联系

对于居住在村庄的家人来说，只有家里有了大事或者村庄内发生大事时，才会给在外做生意的家人写信，例如家里老人去世或者儿子结婚，抑或日本人进村。平时的小事情村民不会写信通知在外的家人。对于外出的人来说，要在到达目的地后写信给家里人报平安。

> 1945年之前，乌苏村的邻村胡村有一个名叫陈保的村民在甘肃平凉做生意，家里就是其老婆在家。日本人进村后把村里扰乱得不行，在家的老婆就找门前有文化的人代笔给自己的丈夫写了一封信，内容是"七月二日开大火，人马匆匆无处躲，你不在村中不知情，炮打死子仁和福生"。日本人进村属于村里的大事，而子仁和福生这两个人都是陈保家的门前人，老婆便给自己的丈夫写了一封信说明村里的情况。

（3）写信

在写信时，家里有文化水平高、能够写信的人，就由家里的人来写；家里没有人写得了信，要请村庄内和自家关系好的、有文化的人代笔，通常情况下村民不会找不认识的人代笔，当时的村庄内也没有专门替人写信的人。在找人代写时，如果当家人在，就由当家人前去，如果当家人不在家，家里只有一个妇女，则由这个妇女前去。去时由个人自带信纸和毛笔，这两样都可以在村庄的店铺或者集市上买到。找人写信不用带任何礼物，也不用给任何报酬，如果想表达谢意，可以送一些好吃的。

（4）寄信

村民寄信在村庄内就可以实现。信写好后，村民将信送到村公所，放在村公所的桌子上，一般有专门的人员（多为村庄的通讯员）来整理这些信，每隔一两天有专门的邮递员来村庄拿信、送信。寄到村里的信，邮递员不会将其直接送到收信人的手里，而是放在村公所的桌子上，村里人如果觉得自己最近有信要到，就每隔一两天去村公所看一下有没有自己的信。

除了寄信之外，村民也可以找顺路的人捎信，捎信人多为和自己关系好的、能信得过的人。如果捎信人和自己关系不是特别好，村民要给捎信人报酬，如果捎信人和自己关系特别好，则不用给报酬。在信捎到后，收信人要管捎信人吃一顿饭。捎信相对于寄信来说不保险，有可能捎不到。

(5) 取信

在外做生意的家人给家里写的信寄到村里后，要由家人亲自去取。门前人在去村公所取信时，如果看到村公所的桌子上有邻居家的信，有时会顺带给邻居捎回来或是给邻居说一声村公所有他的信。多数情况下，村民相互之间都不会管他人的信。取信要由家庭的当家人去取，如果当家人不在家，可由在家的其他家人前去。将信取回来之后，不论谁是取信人，都只能由信封上所写的收信人来拆信，"写你的名字必须你拆信，其他人轻易不拆人家的信"。如果收信人不识字，可以找和自己关系好的、有文化的人来代读。

2. 捎口信

若村民外出做生意的地方离家不远，家里有事后，家人会选择捎口信。在找捎口信的人时，村民多是我门前的邻居、亲戚或熟人，不会找陌生人来捎，同时，捎口信的人所去的地方必须和自己的家人住的地方是顺路且离得近，口信的内容也多是不要紧、不瞒人、私密性不强的话。捎口信不用给报酬，口信捎到后也不用请捎信人吃饭。

第七节 分化与群体关系

乌苏村村民在农民这一身份之外身兼铁匠、木匠、银匠等多种职业，各类职业在村庄内的社会地位有所不同。血缘分化产生的家族未对村民的日常交往产生大的影响，村民在生活中会尊敬村长、闾长等有权力的村落管理者。本节将从职业分化及其关系、血缘分化及其关系、权力分化及其关系三个方面论述传统时期乌苏村的分化与群体关系。

一、职业分化及其关系

传统时期，乌苏村内有铁匠、木匠、油匠、银匠等多种职业，但各类职业仅在社会地位上产生了分化，并未分化为不同的职业群体。

(一) 职业分化概况

"要想发，种庄稼"，意即要想发财，就种庄稼。传统时期乌苏村村民对种地极为重视和认可，村民的主要职业即是农民。在农民这一身份之外，部分村民还兼有其他职业身份。据解仁荣、张高登、董德顺等老人讲述，在民国时期，村落内农户的其他职业主要有石匠、银匠、铁匠、木匠、油匠、钉掌人等，其中银匠有1人，木匠有七八人，油匠有1人，钉掌人也仅有1人，村落内部没有石匠，多为外来的，此外还有2个医生。

表4-2 传统时期乌苏村职业分化概况

职 业	人 数	来 源	社会地位
石匠	不定	河津、乡宁等外地人	一般
银匠	1	本地人	高
铁匠	1	外地人	较高
木匠	7—8	本地人与外地人均有	较高
油匠	1	本地人	高
钉掌人	1	外地人	一般
医生	2	本地人	较高

1. 石匠及其关系

(1) 石匠概况

在1949年之前，乌苏村村民没有人从事石匠这一职业，也没有外来的石匠在乌苏村落户。河津、乡宁等靠山的地方的石匠每隔一段时间会来村里给农户瓷磨[1]，来去没有固定的时间。来村里的石匠以四五十岁的中年人为主，没有年轻的。多数情况下石匠一个人过来，不拖家带口。

(2) 石匠与农户的关系

石匠一般在农历的十月份以后至来年农历的二三月份之间来村里，因为农忙的时候村落内的农户没有时间，石匠本人也没有时间。石匠进村时不用给村长、闾长等村庄领导者报告，在离开时也不用打招呼，来去自由。

石匠给农户家瓷磨，工钱根据磨子的大小以及活的难易程度来决定，具体是多少钱或多少粮食，在开始瓷磨前双方就会商量好，并在活干完后当面支付费用。若双方因为工钱难以达成一致，农户可以等下次别的石匠来村里时再瓷磨。

在瓷磨过程中，如果活一天干不完，石匠需要在村里过夜，则由雇用石匠的农户提供住宿。农户家里雇有长工，石匠就与长工住在一起。农户家里没有地方可供石匠居住，可由农户的当家人去给门前家里有地方住的家庭的当家人讲，在征得对方同意后让石匠暂住一晚，多数情况下，碍于邻里之间的面子、人情，对方都会同意。石匠

---

[1] 即修理磨坊中的磨石。

的吃饭同样由雇用石匠干活的农户负责，干一晌活管一顿饭，干一天活则需要管两顿饭。

2. 银匠及其关系

（1）银匠概况

银匠一般至少是中农家庭，家里有一定的资产，资金能够周转开。贫穷农户家里很少有银子，有时候即使有银子，为了顾嘴、讨生活，农户也有可能将银子变卖掉。在传统时期，乌苏村村落内有一个银匠，但具体的名字及家庭情况已不得而知，我们在乌苏村的邻村胡村访谈了解到了一位银匠的家庭情况。

> 银匠张尚志，乌苏村邻村胡村人，土地改革运动时，家里被划为中农成分。当时张尚志家里有二三十亩土地，三口人，分别是其老婆、女儿以及张尚志本人，女儿后来嫁给了同村一户人家。在张尚志夫妻及其女儿均去世后，张尚志的家产由其外甥继承了。

在经营方式上，银匠只在自己家里做银活，不会上门去其他农户家做活，村落内外一般也没有农户请银匠到家里来做银饰品。据村落内的老人讲述，"银匠都是在个人屋里做活，人家里有银子这些，做的时候掺一些假，做好了再卖能多赚钱"。村落内以及附近村庄的个别富裕农户（至少中农家庭以上）需要定做银饰品时，由家庭的当家人带上银子到银匠家里，此时农户只需要出工钱，不需要出原料钱，工钱数额由银匠说了算。双方之间关系好，银匠会少要一些工钱，关系一般或者根本不认识，银匠会按正常标准收取工钱甚至多要一些。没有原料的农户需要时可以到银匠家里买成品，或者用银匠的原料打造银饰品。

（2）银匠的社会交往

传统时期，村民对银匠的尊称为"姓＋师"，例如外村请银匠做活的农户或者本村内尊敬银匠的农户会称呼张尚志为"张师"。跟银匠同辈的门前人可以直接叫银匠的名字，晚辈会称呼其叔叔、伯伯等。银匠碰见比自己辈分高的，也要按照辈分来尊称对方。村落内外富裕农户的家人如果有求于银匠，也会尊敬银匠，因为富裕农户有钱，银匠也有钱，为了让银匠把活做好，就要尊敬银匠。

银匠在村庄内的社会地位较普通人要高，一是因为村落内银匠的数量少，附近三五个村子可能才有一两个银匠；二是银匠是手艺人，做的是细致活，一般人干不了；三是银匠的家庭条件一般都不差；四是银匠识货，能辨别出银子、金子的真假，村民有时会单请银匠来辨别金银的真伪。在有事情需要找村长、闾长等村庄管理者帮忙时，银匠有时候也会巴结村长、闾长，因为银匠只是会特殊的手艺，有钱但没有权，在村庄内的社会地位低于村庄管理者。过年的时候，银匠不一定会给村长、闾长拜年送礼品，双方只是在有求于对方的时候相互利用，若银匠与村长、闾长的私人关系好，在过年过节的时候双方也会相互问候并送礼。

3. 铁匠及其关系

（1）铁匠概况

在1949年之前，村民根据自己的经验将铁匠分为两类：好的铁匠会淬钢，一般的铁匠则只会打铁环、钉子、镰刀等常用的生产工具。在经营方式上，一是铁匠在家打造好小物件拿到集市上卖，一般卖的物品有锄头、镰刀、铡刀、钉子、单镢、方镢等；二是村落内外有农户请铁匠到家里做活，铁匠就上门到农户家做活。

> 乌苏村有一个铁匠即上文提到的正新的父亲。在乌苏村的邻村胡村，有一个有名的铁匠叫乔文章，于1947年之前从河南洛阳一个人逃荒过来。刚到胡村时，乔文章没有土地，租住在他人的房子里，后来在土地改革运动中分到了土地和房子，并在胡村落户。

对于铁匠的尊称类似于银匠，也是"姓氏+师"。尊敬乔文章的人会称呼其"乔师"。能否得到村民的尊敬，看铁匠的为人，如果为人不好，村民会直接称呼其名字。在村落内部，贫农等家庭条件差的农户大多会尊敬铁匠，而财主、富农等家庭条件好的农户就会直接叫其名字。

（2）铁匠与农户的关系

在民国时期，请铁匠到家里做活的农户都是家庭条件好的、有牲口的、出得起钱的，一般至少是中农家庭。条件不好的农户请不起铁匠，这类农户家里缺什么物件会直接在集市上购买。对于中农及以上家庭来说，当家里需要打造的工具件数多或者有大活例如打造铡草用的铡刀，就会请铁匠来家里做活，做活时原料和炭火都由农户提供，铁匠只需带做活用的工具。

请铁匠要由家庭的当家人去请，其他家人说了不算。去请时不用带礼品，当家人套上自家的牲口车，帮铁匠把做活的工具、炉子等拉到家里来。在活做完后，如果铁匠回家，农户要帮忙将打铁的工具送回铁匠家里；如果铁匠去另一家做活，农户则帮忙将东西送至铁匠要去的下一个农户，有时下一个雇主也会主动过来将铁匠的工具拉到自己家里去。铁匠在农户家里做活，雇主要管铁匠吃饭，一天两顿正餐，中间饿了可以吃干粮。"在你家做活就要在你家吃饭。主家总是想让铁匠吃得好一些，这样铁匠就有了心劲，会把活做得好一些。不过铁匠他自己也怕把活做得不成样子影响自己的名誉。"附近村子的铁匠在天黑时就回自己家了，不会在农户家留宿，村民请铁匠也不会请距离太远的村子的铁匠，"距离太远了，你摸不着他手艺到底好不好"。据解仁荣老人讲述，在1949年之前，村民请的最远的铁匠距离村庄七八里。

村民请铁匠依据的是铁匠的手艺高低，哪个铁匠手艺好就请哪个，不一定优先请本村的铁匠。村民不知道哪个铁匠手艺好会询问村落内年纪大的人。土地改革运动之前，乌苏村村民多请胡村的铁匠乔文章，因为本村铁匠做的活不好，打造出来的工具使用寿命短，而乔文章则是附近出了名的好手艺。铁匠的工钱一般要高于木匠，请铁匠的工资按照天数来计算，工钱在活做完后一次性给付。如果雇主马上给不了钱隔几天给也可以，因为都是临近村子的，彼此都熟悉，不怕赖账，一般请得起铁匠的都给得起工钱。

(3) 铁匠与徒弟的关系

铁匠有时也会收徒弟，因为一个人单独干不了全套铁匠活。据张高登老人讲述，胡村的铁匠乔文章一次只收一个徒弟，有时候其会从河南老家带一个过来，但也收过胡村本地的人当徒弟。多是乔文章主动找人当徒弟，由徒弟来掌大锤。收徒弟时，徒弟不需要拜师，也没有特殊的拜师仪式。学徒期一般为三年，三间期间没有工资，吃住由师傅负责，有些徒弟受不了苦，干一两年可能就逃跑回家了。

徒弟每年只有在过年时才可以回家，平时不能回家。每逢过年，徒弟不须给师傅拜年。不过是否拜年也是看双方之间的关系，关系好了，徒弟会主动给师傅拜年，关系不好则不拜，甚至干一两年就不干了。过完年从家里返回师傅那儿时，徒弟多会带些好吃的，一部分给师傅，一部分留给自己。

(4) 铁匠的社会地位

铁匠在村庄的社会地位不如银匠高。首先，铁匠相较于普通农民是有手艺的人，有些农户也会尊敬铁匠，穷人为了在找铁匠帮忙做小活时少掏点钱，有时还会巴结铁匠。其次，财主、富农等村落内有钱的农户不会巴结铁匠，而是铁匠去巴结财主、富农。比如财主、富农家的炭锹坏了找铁匠接，这种小活铁匠就不收钱。如果是和铁匠关系好的其他农户找铁匠做这类小活，铁匠也不收钱，但关系一般的人去了就会要三毛或五毛钱。再者，对于村庄的管理者，铁匠在给村长、间长做活时会少收一些钱，比如做完活该要100元只要80元。"人舔有钱的，狗咬穿烂的，铁匠他也巴结人哩。

特别是外来的想在村里落户,平时就会拿些礼品去村长家坐坐,坐一会临走的时候还会说'你有什么活拿给我做'。"外来的铁匠临时在村里打铁器,不需要送东西给村长、闾长。最后,一个巷子的农户家里有红白喜事,会叫铁匠参加,不叫脸面上过不去;如果和铁匠不在同一个巷子居住且关系一般,农户不会叫其参加。

(5) 纠纷调解

雇主与铁匠一般不发生纠纷,因为双方都怕影响自己的名声。发生纠纷后,一般是找一个熟人来调解,所找的熟人不一定和双方都熟悉,只要与其中的一方熟悉即可。如果调解不成功,就另请一个能办了事的人,此时所请的人一是要有能力,二是要有时间,三是愿意办,有这个人情,因为通常情况下不熟悉的人不愿意操这些心,"多一事不如少一事"。小纠纷在本村能解决的就解决了,如果解决不了就请调解得好的人来调解,这时就可以请外村的人。调解成功后,不需要给调解人报酬,可以由请人的一方送些好吃的表示谢意。如果一个人调解得好,有了名声,附近村子的人都会请他。

> 乌苏村的铁匠——正新的父亲,做的亏心事不少,村里人对他的印象不好。一次,正新的父亲在同村一个农户家买废铁作为原料来做一些小农具,双方当时就把钱算好了,是什么铁多少钱。但这个农户还有一件工具要修理,不值得请铁匠到家里来修,就让正新的父亲将要修的工具拿回去修,修理工具的工钱在卖铁的钱里扣。正新的父亲将扣除修理工钱后的买铁钱付清后,将农户坏了的工具拿回去修理,但后来又说没法修理,对方坏了的工具也不知道丢哪儿了。双方纠缠不清,之后不了了之。

4. 木匠及其关系

(1) 木匠概况

在1949年之前,乌苏村有七八个木匠,其中以本村的木匠为主,时不时也会有外来的木匠来村里找活做。

据解仁荣老人讲述,村落内的木匠可以分为六类:一是细木匠,这类木匠细活做得好,会在桌子、椅子、牌位上进行雕刻。二是专门做棺材的木匠。三是专门做铁脚子车的木匠。四是专门盖房子的木匠,由于彼时多是建木制的土房,房屋上的梁条、屋架以及横梁都要由此类木匠来做。五是普通木匠,做生产工具犁、耧、耙、耱以及一些简单的家具。在普通木匠中,有个别的又以一技之长出名,比如某个木匠掏犁掏得好,某个木匠做耙做得好。六是学徒工,小桌子、小凳子等这类小物件多由学徒工来做。

传统时期,财主家没有人当木匠,因为财主家的孩子多上学,不学手艺,学校出来后则去当老师或者出去做生意。中农和贫农家庭都有人当木匠。中农成分的木匠在麦子种上以后的冬季农闲时节做木活,夏季农忙时种地,即使有人在夏季找其做木活也不会做。贫农成分的木匠,如果是去给地主、富农家扛长工,会带着自己做木活的工具,平时地主、富农家有木活或者农具需要简单修理时就捎带着做了,且不用给额外的工资,这在给地主、富农扛长工时会有一点优势,地主、富农也愿意要这类长工。

(2) 本村木匠与农户的关系

村落内的农户一般遇到以下情况才会请木匠到家里做活:一是家里人去世了或者尚未去世但即将去世,家人要准备棺材,这时需要请木匠来。因为棺材一天两天做不好,普通的木匠还做不了。二是家里要做盛粮食用的木仓时请木匠来家里做。如果是小活,像掏犁做耙这些,农户会拿着木料送到本村的木匠家里让其来做,本村的木匠多数情况下也是在自己的家里做活,很少上门。在请木匠来家里做活时,要由家庭的当家人去请,不用带任何礼品,其他家人说了不顶用。如果是其他家人去请,木匠或者不来,或者跟这个家庭的当家人核实后才来,因为贸然来了,可能会活做完了但却没有工钱。

木匠做活的工钱一般以粮食为核算标准,因为粮食的价格相对较为稳定。在活做完后,看木匠的要求,农户可以给粮食,也可以给现金。如果是让木匠在自己的家里打造,在东西做好后由当家人去取,一手交钱一手交货。若本村的农户马上拿不出钱或者拿的钱不够,可以先赊账并约定好给钱的日期。如果用的是木匠的材料,不仅要给工钱,还要给材料钱。

村落内把式高、手艺好的木匠会自己开一个木匠铺,木匠铺既是木匠做工的地方,也是售卖成品的地方。由于木匠手艺好,学徒工愿意跟着其学本事,村落内的农户也相信这类木匠,并到木匠铺购买物件。

(3) 外来木匠与农户的关系

外来的木匠一般不带家人,只是自己一个人出来找活做。进村后,碰见村里的人,外来木匠会主动说明自己是做什么的,求村民给其介绍木活。由于是外来的,在村里没有居住的地方,也没有认识的人,且来了就要找活干,其工钱要的会低一些。如果外来木匠在某个农户家做活,其他过来串门的村民看了觉得其手艺好,在自家有木活需要做时,会主动请这个外来木匠来家里做木活。

外来的木匠长期在村里做活,若其觉得村庄内某一个雇用过自己的农户人情好,不占人便宜，还不会害人，会将挣来的钱和粮食寄存在这个农户家里，且不用给保管费。这个农户可以临时使用木匠挣来的钱和粮食，但木匠若要，农户要能及时拿出来。如果帮外来木匠存放粮食和现金的农户给不了外来木匠的东西，或者村庄某个农户请了外来木匠做工却给不起工钱，外来木匠可以"应人"，即找一个中间人，来与雇主或农户沟通，周围的村民也会议论，这时农户或雇主会想办法将钱给了木匠，因为对农户来说其在村庄内的名声很重要。

请外来的木匠来家里做工，雇主要为其提供住宿，木匠一般住在雇主家空闲的房间，不能与雇主的家人住在一起。如果雇主家没有空闲房间可住，家庭的当家人会找邻居家的空闲房间让木匠来住，此时必须由当家人出面跟邻居的当家人说，不用出钱，也不用给报酬。若邻居家的当家人不在，邻居的家人会说"人不在"，即指当家人不在，此时农户只能等邻居的当家人回来后再商量或者另找其他的住处。外来的木匠如果没有找到活做，就住在村内外的庙里或者干草堆里过夜。本村的木匠都是在自己家里居住，即使是上门给某个农户做活，在天黑后也不会在该农户家里留宿。

外来的木匠进村做工时，不用向村长报告，也不用给村长送东西，来去自由。村庄内也没有其他人干涉木匠，因为木匠进村是为了服务村民，对村里的农户有好处。

（4）木匠与徒弟的关系

收徒弟的木匠一般都是把式好、手艺高的木匠，收徒弟没有固定的数量。在收徒弟之前，木匠会让想拜师的人参加做一次木活，在这个过程中，木匠会看出可以收谁，不可以收谁，谁能学成，谁教不会，之后便会决定收谁当徒弟，并在下次做活时继续叫徒弟来参加。收徒弟没有拜师仪式，一般由当家人将自己的孩子送到木匠跟前学手艺。

在师傅跟前学手艺，徒弟三年内没工钱，师傅管吃住。当没有木活做比较空闲或季节更替需要到家里换取衣服时，徒弟可以回家，逢一年中的小节气徒弟不回家，平时也不可以回家。在大年初一，徒弟要带些吃的去师傅家拜年，一般给师傅磕一个头，即使是同村的也一样要给师傅拜年。

（5）木匠的社会地位

木匠在村落内的社会地位较高，因为除了农活木匠还有技术，村里的人也都看得起。村里人称呼外来的木匠或者同村内关系一般的木匠，会在木匠的姓氏后面加一个"士"字，比如木匠姓王，则不叫王木匠而叫"王士"，因为"士"字在当地人眼里代表一种较高的地位。若和木匠的关系较好，也可以直接叫木匠的名字。

5. 油匠及其关系

油匠，即油漆门窗、桌椅、板凳以及其他家具的匠人，有的油匠会油棺材、给神庙里的神像上色。传统时期乌苏村的油匠多是和纸扎匠合一的，能当油匠的一般也会做纸扎。村民在给出嫁的女儿准备嫁妆时，有新做好的柜子、单桌、板箱等，会将油匠叫到家里，在女儿出嫁之前把嫁妆油好。

> 乌苏村有一个有名的油匠叫王印，中农成分，是本地人。王印的手艺高，普通油匠干不了的活王印能做，请王印做工的工钱因此也比普通油匠贵一半。王印油出来的箱子、桌子等成品落款有王印自己的名字，为了维护自己的名声也会尽力把活做好。

农户请王印来家里做工，由当家人去请，并保证来了就能开始做活，不能耽误王印的时间。请王印做活的农户一般也是出得起钱的家庭，家庭条件不好的、出不起工钱的农户不会请王印到家里做活。农户当下出不起工钱，可以和王印说好多长时间后给，然后在约定的时间将工钱付清。

王印除了当油匠外，也做纸扎。村民需要用纸扎时，要提前给王印说好要什么样的，要多少，什么时候要，到时间去王印家里取就可以。

平时人们称呼油匠为"油匠的姓氏+士"，比如叫王印"王士"。更尊敬的一种称呼为师傅，比如叫王印"王师傅"。比油匠年纪大的人可以直接叫油匠的名字。王印由于品德好、做活认真，做出来的成品质量高，在村里的社会地位较高，名声也好，没有人小看，即便是财主家的人也会尊敬王印。

6. 钉掌人及其关系

钉掌人，又称掌匠，即专门给骡子、马、驴等牲口钉掌的人。钉掌是给牲口的脚掌上钉一块铁皮，一般是在牲口脚掌的表皮上嵌入钉子并锚住。

> 在1949年之前，乌苏村有一个钉掌人名叫魏前泰，从山西长治迁过来的。刚来村里时，魏前泰与同从长治来的一两个人租住在乌苏村的富农王景全家位于村庄街面上的一间房子里，没有土地，也没有家属，以给牲口钉掌为生，后在土地改革运动中分到了十来亩土地，并落户在乌苏村，娶妻生子。

魏前泰钉掌用的铁皮都是从村落内村民手中收来的废铁所做。由于乌苏村处于交通要道，来往的车辆、牲口较多，魏前泰的主要工作就是给过往赶车的人的牲口钉掌，一般不去集市上做活。不过在空闲的时候魏前泰会去集市上闲逛、赶集。乌苏村内需要给牲口钉掌的农户，一般将牲口拉到魏前泰的钉掌铺进行钉掌，如果牲口跛了牵不到魏前泰的钉掌铺，要由家庭的当家人去请魏前泰，不用带礼品，但魏前泰收费会比平时多一点。王景全家的牲口需要钉掌时，同样也由魏前泰来钉，不用给钱。与魏前泰关系特别好的人过来给牲口钉掌，魏前泰也不收钱，因为钉掌的费用很低，其会将之视为人情来处理。

过年时，魏前泰不回老家山西长治，在乌苏村过年。在大年初一，魏前泰会前去给王景全家拜年，先是在王景全家的牌位前磕头，接着给王景全家的长辈拜年，有时候王景全也会扶住魏前泰，不让其真的跪下来磕头，这是相互间的一种礼节。除此之外，魏前泰不用给村长、闾长拜年，也不用给村长、闾长送礼品。如果是别的外来的钉掌人来乌苏村找活做，同样也不用向村长报告，不用给村长送礼。

7. 医生及其关系

据董德顺老人回忆，传统时期，乌苏村内有两个医生，一个叫权景庭，土地改革运动时被划为富裕中农，另一个叫解魁元，土地改革运动时被划为中农成分。医生开药多开的是中药，很少有西药，一服药是多少钱就是多少钱，穷人和财主家都是一样的标准。抓药后，暂时给不起医药费的农户可以先不给，到了每年的年底，医生权景庭会派自己的儿子或孙子去每个欠医药费的农户家里收账，年底还给不起的就继续拖着。当时给医药费都以粮食为标准，即一服药是多少小麦，药价由医生说了算。附近村子的人来权景庭家看病时，给得起的当下就给，给不起的也可以先赊账，之后有了钱或粮食的时候，有的人会主动给权景庭送过来，不送的到了年底权景庭家人也会去收账。如果一个人有欠的账没还，下次来看病时权景庭还是会给这个人看病，因为救人比要钱更重要。

由于邻近的村子再没有其他的医生，村民在生病后都要请本村的医生看病，对于村民来说，医疗资源是一种相对稀缺的资源，因此医生在村庄的社会地位也比较高，村民都尊敬医生。平时碰面或者去看病时，村民对医生的称呼按照辈分大小，例如晚辈见了权景庭多称呼其叔叔伯伯，权景庭有文化，说话也很礼貌，通常会回礼；如果是平辈，则都称呼权景庭为权医生。对于村里的公共事务，比如派粮、派兵，医生可以提意见，村长也会尊敬医生，如果意见正确村长就会采纳。

（二）职业分化关系

村庄内的各类职业在社会地位上产生了一定的分化。正如在上文中所展现的，银匠、油匠因其家庭条件和手艺在村落内享有高的社会地位；手艺好的木匠、铁匠社会地位次之；石匠因其来去不定且为外地人，在村落内的社会地位一般；钉掌人则因其职业，社会地位同样一般。这一社会地位分化最为明显地体现在红白喜事中的宴席座次安排上。在吃酒席时，银匠不会坐到下位，医生多坐上位，油匠王印由于人品好多主动坐在偏位而不会坐上位，铁匠在入席时同样不能坐上位，上位多留给社会地位更高、受人尊敬或者年纪大的长辈来坐。木匠虽与铁匠社会地位相当，但在"立木"即给新房子放横梁时，农户在家里摆席要请做工的木匠坐在上位，端菜、端饭都要先给木匠端，一来犒劳木匠，二来表达对木匠的谢意与尊重。据张高登老人讲述，"村子里社会地位最低下的是吹唢呐的和给牲口配种的，这些人'下倒门'，吃酒席时别人坐在北边，他们坐在南边，别人吃着，吹唢呐的得吹着"。

在各类职业中，虽然部分职业的从业者甚至多达十个左右，但对于村民来说仅是一项兼业，相较于种地，其他职业都是次要的，村民没有因为职业不同分化为几个不同的群体，每种职业内部也没有形成正式或非正式的组织。另一方面，部分职业的从业者只有一个，自然谈不上形成并分化为某个群体或者成立某种组织。对于同一职业的人来说，其内部之间的交往并不一定相对较多，其与村民或者村长等村庄管理者的交往也因其职业需求而定。

对于一个家庭来说，如果这个家庭没有土地，仅仅依靠当家人的职业谋生，那么这个家庭的职业即由当家人的职业来确定。如果家里有土地且一直耕种，家人的主要生活来源依赖于土地，那么即使当家人有其他职业，例如是木匠、油匠，这个家庭的职业还是农民，因为当家人的其他职业只是一种附带的身份，当家人从事其他职业也多是在农闲的时节，不会耽误家里的农业生产。

二、血缘分化及其关系

传统时期，乌苏村内的大姓农户依据血缘分化为不同的家族群体，但家族对农户的日常交往影响不大，村民多选择与自己家庭条件差不多的农户进行交往。

（一）家族分化

从本章的第一节以及表4-1中我们知道，在民国时期，乌苏村内的五大主姓董、王、李、解、权，除权姓外，都未形成一个统一的家族，其中董姓分为三个家族，王姓分为五个家族，解姓分为两个家族，李姓分为三个家族。对于每一个家族来说，家族内成员家庭的户数、人口数以及经济条件是家族势力的决定因素，据董德顺老人讲述："在那个时候，王家是村里的一个大家族，家族人口数量多，经济条件也好，家族的势力相对较大。"在平时的日常生活中，家族对农户的社会交往影响不大，只有在家族成员家庭有红白喜事或者遭遇其他重大变故、意外事件时，家族势力的影响才会真正显现出来。

对于村落内的居民来说，陈家在土地改革运动之前也算是村落内的一个大家庭。虽然村庄内姓陈的只有一户，但这唯一的一户陈姓家庭七代未分家，人口多达31人，且经济条件在村庄内处于上等水平，因此，陈家在村落内也是一个有势力的家庭，其社会地位甚至高于五大主姓的家族。

（二）家族分化与交往

乌苏村是一个杂姓村，各姓氏总计多达25个。对于农户来说，在社会交往中，不一定与同姓的村民交往多，而与异姓的村民交往少。在一个家族内部，成员家庭彼此之间没有发生矛盾，二者会维持一种相对密切的关系，但如果某两个成员家庭发生矛盾且难以调和，双方之间的关系也会就此破裂，不再往来。农户在选择社会交往对象时，多是选择与自己家庭经济条件大致处于同等水平、彼此能合得来的农户进行交往，因为一来二者可以在心理上保持平衡，某一方不会因为经济条件差而产生自卑感或者嫉妒、怨恨；二来双方在生产、生活中有内在的合作需求，彼此可以相互帮忙。如村落内的老人所说："人打交道都是和自己家庭水平差不多的打交道。你贫农和人家地主、富农就搭不上话，人家车、骡子、马的啥都有，你穷得啥都没有，你和人家说啥呢？人家有时候也就看不起你。"

在家族内部纵向关系方面，家族成员平时见了族长要主动打招呼并表示尊敬，在家族公共事务上族员要听从族长的安排，族长召集族员商议事情族员要按时参加，对于族员提出的意见，族长觉得合理也会采纳。此外，族员与族外人产生纠纷，也可以请族长出面解决，族员家里有红白喜事或其他大事，要请族长参加、提建议并让族长坐上位陪贵客。

至于村落内的家族与家族之间，在日常生活中，彼此并不以家族的名义进行往来，而是各个家族内的农户相互交往。在村庄的公共事务上，家族之间也是与跟自己实力相当的家族进行商量，实力相差较大的家族之间，接触、来往相对较少。

三、权力分化及其关系

在1949年之前，乌苏村的村落管理者村长、闾长、会计等都是村庄内有权力的人，在这个群体中，村长的权力最大，闾长次之，会计最后。村长的社会地位较普通农户要高，是村里的头面人物。据解仁荣老人讲述，村长通常是集财富与权力于一身，因为但凡是能当上村长的人，家庭经济条件都比较好，此外村长在村庄内还有自己的靠山，这些靠山多是村落内有钱的财主，村长有没有权威，在一定程度上也是看其依靠的势力大不大。为了维持自己的地位，村长在过年时会给自己觉得重要的财主家的长辈拜年并送一些礼品，如果遇上难以解决的村庄公共事务，村长也会与村庄内有势力的家庭进行商量,听取其意见。

村落内的普通农户则是无权力的群体,"人穷势短,马瘦毛长",农户的家庭经济条件越差,在村落内的话语权就越小。对于社会地位较高的村长,农户不害怕他但是会尊敬他,如董德顺老人所说:"平时村民也不怕村长,都敢和村长吵,但一般都尊敬村长,见了村长问候一下,说说笑笑,'吃了吗''喝了吗''好着呢''没啥事吧'。"在农户家里有红白喜事时,如果与村长没有矛盾,农户也会请村长过来参加,村长过来后就是家里的上客,坐席时也多坐于上位。

在村长与普通农户之间,夹着的是村落内有钱但没有权力的农户,这些农户的社会地位要高于普通农户,但又低于村长。因为没有权力,在需要的时候这些农户在过年时会给村长拜年,与村长保持必要的联系,从而保证家庭在村落内不受村长的为难。

第八节 冲突与冲突关系

传统时期,在乌苏村的农户家庭内部,婆媳之间、妯娌之间、兄弟之间会产生冲突,在村庄内部,村民会因土地买卖、宅基地买卖等产生纠纷。在纠纷发生后,村民多通过调解、打官司、诉诸武力等方式进行解决。相较于家内冲突和村内冲突,村外冲突较为少见。本节将从家内冲突及其关系、村内冲突及其关系、村外冲突及其关系三个方面来展现传统时期村落中的冲突及冲突关系。

一、家内冲突及其关系

传统时期,乌苏村的农户家庭内部经常会产生冲突,婆媳冲突、妯娌冲突、兄弟冲突是最为常见的冲突类型。

(一)婆媳冲突

传统时期,无论是在主干家庭还是在扩大家庭,儿子结婚后尚未与父母分家时,婆媳之间经常会产生冲突,"以前,父母和儿子之间都好说,大部分都是婆婆和媳妇搁不着(闹矛盾),公公一般又不跟媳妇打交道"。媳妇刚嫁进门一般得听婆婆的安排,并跟着婆婆做饭。在此过程中,若媳妇觉得婆婆故意欺负自己,会同婆婆顶嘴或对着干,婆婆在日常生活中指挥不动儿媳妇,则会给儿媳妇脸色或直接跟儿媳妇吵架。儿子与父母分家后,婆媳冲突多由赡养问题产生,如儿媳妇不给公婆吃喝,有时候婆婆还会跟外人说媳妇的不是。

在分家之前,婆婆与媳妇产生矛盾后,当家人一般不会出面解决,多由儿子在中间协调。婆婆与媳妇有矛盾但没公开吵架,婆婆会跟儿子说儿媳妇的不好,儿媳妇也会跟丈夫说婆婆的不对，由儿子给二者评判公道，是婆婆的不对，儿子会说自己母亲几句，是媳妇的不对，儿子会训斥媳妇。婆婆与媳妇在家里吵起来后，不论对错，儿子会当面斥责媳妇，让媳妇回自己屋里去，媳妇闹得厉害，儿子会打媳妇并将媳妇拽回屋里，若婆婆依然不依不饶，儿子劝说不下，此时当家人多会说一句"都宁宁（安静）着"，婆婆此时也不会再闹。婆媳之间经常爆发冲突，时间长了这个家庭多会走向分家，父母与儿子各自生活。分家之后，婆媳之间因为赡养产生矛盾，同样由儿子出面解决，媳妇做得不对，儿子会批评媳妇，若媳妇不想给公婆做饭或送饭，儿子多会亲自给自己的父母送饭，不会让父母饿着。

（二）妯娌冲突

在未分家的扩大家庭内，儿媳妇与儿媳妇之间的冲突也是家庭内部的常见冲突之一。家中有多个儿媳妇，婆婆会给每个儿媳妇安排家务，比如哪个儿媳妇烧水，哪个儿媳妇蒸馍，哪个儿媳妇择菜，安排不公，儿媳妇之间就会产生矛盾，"婆婆安排得不公道了，媳妇就有怨言了，厉害的媳妇就在家里闹呢"。每年分棉花，婆婆偏心给某个儿媳妇多分了一点，其他儿媳妇知道后也会心里不爽，心生嫉妒。小家庭之间，一个过得好，一个过得差，过得差点的儿媳妇有时会故意在过得好的儿媳妇跟前说风凉话。小孩玩耍打架，儿媳妇之间同样会因此产生矛盾。

妯娌产生矛盾后，由婆婆出面解决。只要妯娌之间不公开吵架，婆婆不会主动插手，一方私下跟婆婆抱怨，婆婆多不会理会。妯娌之间公开吵架，婆婆会出来训斥吵架的双方，不论谁对谁错，婆婆当时不会听其解释，会让媳妇各自回自家屋里，儿子回来后婆婆也会跟儿子说明情况。妯娌之间打起架来，婆婆训斥不住，此时婆婆会叫来儿子让其各自把自己的媳妇拉回去，媳妇闹得厉害，儿子会打媳妇，此时冲突的另一方多不会再闹。此外，家庭的当家人不会参与调解妯娌之间的冲突。

（三）兄弟冲突

在未分家的扩大家庭内，兄弟之间会因经济问题产生冲突。如某个儿子挣下钱不上交给家长或者上交得少，"小股松了，大股紧了，光景一直往下掉"，兄弟之间不公平，便会产生冲突，"你挣下钱不给屋里交，让我们来负担你婆娘呢？"在分家之后，兄弟之间有时会因为财产继承产生纠纷，对此，张高登老人给我们讲述了这样一个事例：

> 张高登的爷爷张春田在世时在襄汾开磨坊做生意，家庭经济条件较好，财产也较多。在张春田突发疾病去世后，张高登的父亲当时只有三岁，张高

登的大爷爷张春生和三爷爷张春发都看上了张春田的这份光景，两个人争着要照管张高登的父亲，并因此产生纠纷，打架打得头破血流。在家族内部调解不成功后找来了村长，村长想了一个办法，做了两个纸丸，两个纸丸上面分别写张春生和张春发的名字，然后将纸丸叠成同样的形状放在张春田的牌位前，让张高登的父亲来抓阄，抓到哪个就由哪个来照管，而张高登的父亲事前并不知道纸丸里写的是什么内容。结果张高登的父亲抓到了写着张春发名字的纸丸，张高登的父亲最后也就由张春发来照管。但张春发与张春生之间的矛盾、隔阂并未消除，直到去世，两人之间都互不来往。

兄弟之间发生矛盾后，先由父亲出面解决，此时父亲会将两个儿子叫到自己屋里，让两个儿子各自说出自己的意见，之后由父亲协调；父亲解决不了或者父亲已经去世，农户可以请"自家屋里"的长辈出面解决，比如"娃的叔叔或伯伯"，此时也可以请舅舅出面调解，"舅舅能够评公道，能批评外甥"。若在家庭内部调解不成功，农户才会请外人来调解，一般是请村长。"找自家屋里的长辈说话，这个矛盾就还属于内部矛盾，如果告到村里，这就成了官司了，本来这家没有气，你告到村里了，这家就有了气了，'咱这事情咱找个人说说就行了嘛，你还把我告到村里'，这个矛盾就不好调解了，本来没多大事，一下告出事了。"所请的调解人如果和纠纷双方的任意一方关系不好，其不会参与调解，因为对方就不认可这个调解人，只有在和两方关系都好或者与任意一方都没有矛盾时，调解人才可能参与调解。调解人出面调解多是出于办好事的心意，不参与调解是怕得罪人，如果请的调解人不愿来调解就另请一个。

二、村内冲突及其关系

在乌苏村，村民除因土地边界产生纠纷外，还会因土地买卖、宅基地买卖产生纠纷。

（一）土地买卖纠纷

同一块土地，当一个农户想要购买而另一个农户也想要时，双方之间便可能因此产生纠纷。通常情况下，双方争执的结果是哪个农户出的钱多最终哪个农户买到这块土地，因为对于卖出土地的农户来说，主要是为了得到钱。

民国时期，张高登老人的父亲因为抽大烟，要卖掉家里的4亩土地，消息传出去后，同村的财主张文贤想要买这4亩土地，而张高登的三爷爷张春发为了将土地留在本家，不外流给他人，表示也要买这4亩地。张春发与张文贤之间因此产生了纠纷。由于张文贤的家庭经济条件好，家庭势力大，最终张文贤将这4亩土地买走。张春发与张文贤因此结下世仇，相互之间不再来往。张春发嫌张高登的父亲将土地卖给了外人，与张高登的父亲也产生了矛盾，"我三爷爷最后和我家闹得也不美气，心里总归是不顺，但最后也没有上告，没有打官司，他惹不了张文贤那一家子"。张高登的父亲当时主要是为了卖钱，谁出的钱多就卖给谁。

（二）宅基地买卖纠纷

类似于土地买卖，当某块待售的宅基地同时出现几个买主时，买主与买主之间也可能产生纠纷。

> 在乌苏村的邻村胡村，一个名叫张仁义的村民因抽大烟将家败了后，要将自家3分地大的院子卖出去，并表示"哪个给的钱多我就把院子卖给哪个"。张仁义的邻居张富有听说后想要买下这个院子，因为买下之后张富有家的院子就可以大一些、宽敞一些。同巷的财主张根全也想要买这块院子，但与张仁义不是邻居，二者居住的距离较远。张富有认为张根全是在故意破坏自己的好事，这块院子自己买了更合适，因此张富有与张根全闹下了矛盾。最后院子由张根全买了去。张根全将买来的院子作为自家的牛圈来喂养牲口，并在院子旁给张富有留了一条小路供张富有进出小巷。张富有和张根全两家也没有因为闹矛盾而去打官司，"过去的财主家厉害得太太的，张富有他惹不了人家张根全"。

（三）村内纠纷调解

传统时期，乌苏村内没有专门的调解员。当村民之间产生冲突后，轻易不通官，即不打官司，而是先找和自己关系好的村庄内"有眉眼的"即能干、有威信、能说会道的人来调解。"你不会说话的到了那儿，人家两句三句把你搁那儿了，那能行？那（调解人）都得是有眉眼的，光景好的人。"此外，农户不能请自己家的亲戚当调解人，因为此举会让对方觉得调解人在调解过程中难免有偏袒。请调解人要由本家庭的当家人去请，去时不用带任何礼品。

当在村庄内部难以调解成功，或者纠纷双方认为他人没法调解时，会直接选择告官。"比方，农户A家的钱丢了，只有村民B来过A家里，再没有其他人来，A怀疑人B把他家的钱偷去了。但抓贼要拿脏,两家人纠缠不清又都拿不出合适的证据,此时外人也不好调解,双方就去打官司。"在打官司时,县政府的相关部门可以使用国家机器对纠纷双方的任意一方采取强制措施,但在村庄内没有人可以对纠纷双方使用强制措施,即使是村长也没有这样的权力。无论是什么类型的纠纷,冲突双方一旦选择了打官司,在官司打完之后,双方之间的关系会就此破裂,日后也难以再和解。

纠纷调解没有固定的场所。如果是请了说话人,由说话人将纠纷双方叫到自己的家里进行调解。另一种情况是一开始纠纷双方彼此不碰面,由说话人在双方之间来回传话调解,待双方都同意调解意见后,由说话人将纠纷双方叫到自己的家里握手言和,并当面表示同意说话人的意见。当然,如果双方选择了去打官司,调解的场所自然也是打官司的地方。

(四)纠纷调解结果

在调解成功后,涉及土地边界、房屋边界的纠纷要写字据,由说话人在字据上写明双方的具体边界并按手印确认,字据一式三份,当事双方及说话人各持一份。这时双方都要同意,有任何一方不同意调解就不算成功。至于打架、吵嘴等其他小纠纷,在调解成功后不用写字据。

调解成功后,如果调解场所是在说话人的家里,当事方的当家人回去后会给自己的家人转告并解释调解结果。纠纷双方不会马上消气,双方之间的关系在短时间内也不会马上恢复,而是要经过一段时间慢慢恢复,之前双方的矛盾越大,恢复关系所需要的时间就越长。反之,矛盾越小,恢复关系所需要的时间就越短,关系完全复原的可能性也越大。

要感谢说话人时,若请说话人的一方家庭经济条件较好,其会在调解成功后请说话人吃一顿饭,吃饭时说话人要坐在上位,以示对说话人的尊敬与感谢。此时纠纷的另一方一般不会来参加,除非双方的关系调解好了,"脸面上过不去嘛"。如果请说话人的一方家庭经济条件不好,其可以给说话人送一些好吃的如点心、鸡蛋、麻花等以示谢意。当所请的调解人是自家亲戚或本家族的人时,既不用请吃饭也不用送东西。

三、村外冲突及其关系

在1949年之前,乌苏村村民很少与村外的人产生冲突。但在土地买卖过程中,若卖方与买方分别归属于不同的村落,买卖双方因土地买卖价格或土地上附属物的产权归属产生纠纷,二者之间的纠纷常常会发展成为村际纠纷。当村落内的农户与外村农户发生纠纷后,其可以请与双方都认识且说得上话的人出面调解,如果没有合适的人选,农户多会选择请村长出面解决。如果发生纠纷的两个农户家族势力都大,二者也可能会直接通过武力来解决。

在 1949 年之前,乌苏村的邻村胡村有一个名叫张玉森的村民,在土地改革运动中其家庭被划为中农,他所归属的张氏家族在胡村的势力较大。有一年,胡村的邻村灵池村的一个农户将与胡村相邻的自家土地卖给了张玉森家,在这块土地上有一棵柿子树。买下土地后张玉森家人在柿子成熟的时节前去地里摘柿子,同时土地的原主人——灵池村的这户人家也来地里摘柿子并阻拦张玉森家人继续摘。土地的原主人给出的理由是:虽然把土地卖了,但没有卖柿子树,因此柿子[1]不能由张玉森的家人来摘。张玉森到了地里后反驳道:"土木相连,把地卖了,同时就把柿子树也卖了,柿子树自然也归我所有,柿子应该由我家来摘。"争吵无果后,因为两家的家族势力都大,谁也不让谁,就在地里打了起来,打得衣服破了,头也破了,但没闹出人命,最终也没有分出胜负,两家也没有找人来调解。后来,土地的原主人怕惹出更大的事,主动服软,最终柿子由张玉森家来摘。

第九节 保护与保护关系

民国时期,村落内家人之间的保护贯穿于日常生活当中,当遭遇自然灾害或绑架等天灾人祸时,农户单凭自身的力量难以自我保全,此时村民会寻求亲人或村落的保护。本节将从家庭保护及其关系、亲人保护及其关系、村落保护及其关系三个方面来展现传统时期村庄内的保护与保护关系。

一、家庭保护及其关系

家庭作为村民生产、生活的基本单元,家庭内的成员是村民最为亲近的人。在日常生活、生产当中,家人之间有着天然的保护欲望与保护行为。

家人之间的保护首先表现为父母对未成年子女的保护。在家庭内部,父母担负着保护未成年子女的义务。据解仁荣老人讲述:"在每年农历的三月初三介山庙举办庙会时,走在人群最前面的是旗手,后面跟着手拿黄油棍的人防止有人打架,再后面就是村民组织的热闹、节目,在每个节目的两旁都跟着保护的人,如果是儿子在表演,父亲就会跟着儿子,防止儿子受伤。"在子女成年、成家甚至与父母分家之后,只要双方

---

[1] 传统时期,柿饼是一种较为值钱的食品,村民将柿子摘回家做成柿饼后拿出去售卖,此项收入是有柿子树的农户的一项重要收入。

之间的关系没有破裂，父母仍会主动保护子女，例如，当子女被绑架、子女家中失火或子女与他人发生纠纷被打后，父母会第一时间伸出援手并不计代价地保护子女。当然，子女在父母老了后也会主动承担起赡养父母的义务，在父母受到外人欺负时，子女会站出来保护父母。

其二为家人生病中的保护。在一个家庭内，平时家人生了小病，多由家人自己去医生家里看病拿药。家人生了大病或者病重导致行动不便，当家人要去请医生来家里给病人看病，在扩大家庭内，如果有女当家人，则由女当家人去请医生。请医生不用带礼品，到了医生家里告诉医生后，医生一般自己就走过来了，不需要用车接。医生进门后，农户会先招呼医生喝水，如果医生没有吃饭，条件好的家庭会给医生冲个鸡蛋泡点馍让医生吃，以表示对医生的尊敬，但如果医生已经吃过饭了就不用招待其吃饭。看完病后，医生开好药方，由当家人去抓药并付钱，当家人要把医生送出家门，但不需要用车将医生送回其家里。如果是去外村请医生来家里看病，路途远了，不是让医生骑牲口就是让医生坐牲口拉的车。

在生病后的照顾方面，老人病了由其儿子来照顾，出嫁的女儿知道后也会过来探望，如果病得严重，女儿还会留下来照顾一段时间。孩子生病了由其父母照顾。家里雇有长工的，在长工得了小病时，当家人还要给长工治病抓药。

二、亲人保护及其关系

当家庭成员与外人发生纠纷、受人欺负或者遭遇其他突发事件时，个体农户单凭自身的力量难以解决，其会寻求亲人保护。在寻求亲人保护时，村民首选的均是与自家有直接血缘关系的人。就父系一方的亲戚而言，农户首先会请求家族的保护，即"本家人"的保护，其次会寻求姑姑家的保护，因为姑姑是父亲的姐姐或妹妹，有直接的血缘关系，不怕得罪。就母系一方亲戚来说，农户会先找舅舅家帮忙，如果姥爷在就先找姥爷，姥爷管不了事或年纪大了再找舅舅，舅舅不行就找姨姨家，因为舅舅是母亲的哥哥或弟弟，姨姨是母亲的姐姐或妹妹，都有着直接的血缘关系。张高登老人给我们讲述了以下两个亲人保护的实例：

案例一

> 张高登有一个大姐，在1945年之前，村里有人陷害他大姐，说他大姐勾结日本人。张高登的父亲去世得早，家里只有张高登母亲一人料理家事，因害怕难以解释清楚反而再次受欺负，张高登的母亲便去找了本家族的一个成员即张高登的哥哥张福生。张福生当时在外面做生意，听闻此事后返回家中出面解决了这个问题，使张高登的大姐得以免受陷害。

案例二

在土地改革运动时，张高登家被划为了贫农，当时分到了一座院子，院子里有一间南房。1955年，邻居曹玉兰将分到的富农的房子卖给了李茂顺（当时在村里是支部书记）。在写买卖契约时，李茂顺请房子的四邻以及说话人吃饭，就将张高登的母亲叫了过去。在念契约内容时，张高登的母亲发现那一间南房在契约里成了李茂顺的，但在座的人都不说话。张高登的母亲提出那间南房是她家的，是她分到的，不是李茂顺的，李茂顺说："我买的时候就说是我的。"张高登的母亲生气出来后就去找本家三叔张立信。张立信看了张高登家的房窑证，上面写着"北房三间，房屋四间"，让张高登的母亲拿着房窑证去李茂顺家让在座的人找三间北房之外的那一间房子在哪儿，在座的人都不说话了。那间南房最终归张高登家所有。

此外，虽然"出嫁的女儿是为客"，但正如在上文中讲到的，女儿的父母在心里还是将女儿当作"自家人"，娘家人依然是出嫁女儿最坚强的后盾。当女儿在婆家受了欺负跑回娘将后，娘家人不会赶女儿回婆家，相反会替女儿主持公道。如果是女儿的错，娘家母会说女儿几句，若是婆家的错，娘家人则会让女儿一直住在家里，等婆家上门叫女儿回去时，娘家人会与婆家把事情搞清楚，并要求以后不能再欺负女儿，但不会撕破脸。女儿与女婿闹别扭跑回娘家，是女儿的错，娘家母会训斥女儿，因为老回娘家的女儿时间长了会被村里人笑话；是女婿的错，娘家母也会责备女婿，并要求女婿以后多让着女儿。除此之外，当女儿与女婿这个小家庭遇到经济困难或其他变故如孩子重病，娘家人多会不等女儿开口就主动与女儿联系，并提供力所能及的帮助。

三、村庄保护及其关系

当遭遇大的自然灾害或家人、亲人难以提供有效的保护时，村落内的农户会寻求村长抑或村落内其他有权有势、说得上话的人来出面保护。

（一）自然灾害中的保护及关系

村落内的农民种地"靠天吃饭"，最容易遭受旱灾。据解仁荣老人讲述，在传统时期，村落内很少发生涝灾、蝗灾等其他类型灾害，但在旱灾发生后，村民多是"自求多福"，村落内既没有家族性的救济，也没有村落救济和社会组织救济。在乌苏村的邻村胡村，我们访谈到了旱灾发生后一个家族对村庄居民的救济。

胡村村民田吉仁，富农成分，家里有百十亩土地，雇用一个长工，长工名叫张合运，是从河南逃荒到胡村的，并最后入赘胡村的一户人家。田吉仁在家种地，当过村庄小学的学董，其二弟田吉辰在外面做生意，家里既有钱也有地。

有一年发生旱灾后，田吉仁在家主动设饭救济村庄内的穷人。在设饭前，田吉仁不需要跟村长商量，用张高登老人的话讲："村长只是在村里有权威，但在外界的关系不如田家，并且村长和田家也都是一伙的，即使知道田吉仁设饭，村长也不会有什么意见。"在听闻田家设饭后，村庄内凡是家里能过得去，自己能吃得上饭的农户不会去田吉仁家吃饭，因为一方面村民觉得去吃他人设的饭名声不好，面子上过不去，跟要饭似的；另一方面，家里能吃得上饭而再去吃设的饭，会遭到其他村民的议论，被其他村民看不起。家里生活难以维持，自己吃不上饭的村民则会去田家吃饭。

设饭时，田家熬的粥比平时稠一些，因为就是给村民喝粥，再没有其他的吃的。同村家里吃不上饭的村民都可以去田家吃饭，外地来的在胡村居住的人也可以去吃，周围村子的人后来知道后也会去。吃设的饭时管吃饱但不能拿走。接受救济渡过灾荒后，吃过设的饭的人不需要向田家归还救济，但田家家里有事，村里人会主动去帮忙。

(二)"扯肉票"及其中的保护关系

"年年防旱，夜夜防贼"，在民国时期，乌苏村的村民经常遭受土匪的侵扰。据董德顺老人讲述，乌苏村的土匪主要分为两类，一类是"明火贼"，每次来村里时，人数不多，一般为两三个或四五个人；一类是大土匪，每次进村的人数相较明火贼会多很多。"当时社会兵荒马乱，村民晚上脱下的鞋第二天早上还不知道能不能穿上，因为晚上就有可能被土匪掳走了。"

在遭遇土匪后，村民没人去报官，"在动乱的社会，没人管这事"，村庄也没有组织防卫土匪，"当时没有防卫组织，一盘散沙嘛"。多数情况下，村民是寻求村庄内与土匪能搭得上话的人来出面保护，用钱赎人。

1. 明火贼

明火贼的来源主要有两类，一类是地方上有枪的人，另一类是与部队走散的散兵。明火贼多是在晚上来，去得最多的是村庄内的富裕农户家。其一次来两三个人，蒙着面，拿着枪，进入农户家里后，多是要钱而不要粮食，因为粮食不好背走。明火贼抢劫的方式有两种：一种是"扯肉票"，即将富裕农户的家人[1]绑去，要求富裕农户用钱赎人，不出钱就威胁将绑走的人杀害。另一种是直接到富裕农户家要钱，如果富裕农户不给钱，明火贼会把农户家里烧的柴火和家里的棉花堆在下面，把人绑到房梁上吊起来，然后把食用油泼到户主身上，将其点着烧了。

2. 大土匪

在1947年之前，乌苏村附近有一个土匪组织，头目叫雷文清，有一个团的兵力，因雷文清说话时鼻音"哼哼"，村民也叫其雷哼哼。雷文清的队伍为军队建制，下面分营、连、排等单位。土匪身穿草绿色军装，驻扎在黄河滩上，搭草房居住，总数有一千多人。这伙人抢劫的方式多为扯肉票，早上太阳有一杆多高，土匪就敢来村里了。

雷文清所领导的土匪人员主要来源于以下几种人：一是逃兵，即从部队逃跑出来的散兵。战乱年代，总有多股部队在乌苏村附近行动或者经过乌苏村外的大路，因此这类逃兵也不少。二是附近村庄不务正业的人。这类人既不种地，也不做生意，没有正式的职业，类似于"二流子"；三是部队上的兵。据董德顺老人讲述，阎锡山部队里的一些兵，白天在部队上，到了晚上穿上长袍就变成土匪了。

乌苏村每个月逢四有集市，在赶集的这一天，土匪穿上便装在集市上闲逛，就会知道村落内谁家婆娘今天卖了布匹，谁家卖了牲口等。看见这些卖东西的人，土匪会上前询问"你是哪儿的人"，村民没有防备会直接回答土匪的问题，如"我是乌苏村西巷的"。通过这种方式，土匪发掘潜在的抢劫对象。通常情况下，土匪去得最多的是村庄内的财主家，所绑架的人一是财主家的当家人，二是财主家的独生子，三是从外面做生意回家的人。

在将人绑走后，土匪会派组织内一个胆大的人过来跟被绑者的家人联系，告知赎人的钱数、地点、时间以及接头人。比如"准备十万块钱，明天一天时间准备，后天去关老爷庙那儿，有一个人身高不高，带一副黑边眼镜，把钱交给那个人"。在没收到钱之前，土匪会拿一种用树枝搣[2]的筐，将所绑的人放到筐里面，然后用绳子吊着装着人的筐将其放到附近的一个深枯井里面，每天给几个窝窝头，再用茶壶吊下去一些水，保证人不会饿死。在收到钱后，土匪会把所绑的人放了，但如果到了约定的时间农户拿不出钱，土匪会真的撕票，即将绑走的人杀害。

---

[1] 多是富裕农户家的当家人或者男孩等重要的人，一般不绑妇女。
[2] 方言，有"做""拧"等义。——编者注

村民一旦被土匪绑走，其家人便开始着急，多数情况下会按照土匪所要的钱数四处筹钱，并在土匪规定的时间内把钱筹齐。在筹钱时，农户借钱的对象多是近亲，例如舅舅、姑姑、姨姨、叔伯等，此时借钱要打借条，但没有利息，等以后有了再还给这些亲戚，如果借不到足够的钱，农户会选择变卖土地、房产等家产。在筹钱的同时，农户会找村落内能和土匪搭上话的人帮忙去谈判，一是保障被绑的家人的安全，二是看能不能少要一点钱。在钱筹好并在约定的时间、地点将钱交给土匪的接头人后，接头人会告知被绑者的家人去找被绑架者的时间和地点，例如"明天早上到土崖地领你的人"。一般情况下，土匪确认能收到钱后，会在前一天晚上将所绑的人从井里吊上来，扔到约定的地里，但不会给被绑的人松绑，还要保证其不会在土匪收到钱之前自己跑回家里。等到第二天家里人来后，将其带回家。

董德顺老人的父亲董文化弟兄三个，老二董文周在家里种地，董文化在曲沃做私人生意，开的是精货铺，卖布匹。董文周结婚的时候，董文化从曲沃带回来八面"帐子"[1]。

有一天上午，太阳有一杆多高的时候，[2] 雷文清所领导的土匪就进村了。刚进村时，土匪碰上董德顺家的邻居贾高登的母亲，问她董文周家在哪，贾高登的母亲回答道"在东边呢，往前走，再拐弯就到了"，实则指的是相反方向的路。给土匪指完路后，贾高登的母亲径直来到董德顺家，告诉其家人土匪来了要找他家，让他家人赶紧逃跑。

当董德顺的家人还没来得及全部逃跑时，土匪就进到了董德顺家里，先是把董文化带回来的八面"帐子"给搜了出来，接着又向家人要结婚时收的礼钱。当时，董德顺的父亲董文化和叔叔董文周逃走了，董德顺的母亲和婶婶（董文周的媳妇）顶了一个大筛子藏了起来没被发现，董德顺和他的奶奶被土匪抓走了。董德顺在当时有十二三岁，其父亲董文化也只有董德顺一个儿子。

董德顺和奶奶被土匪抓到村子的东门外后，土匪在地上挖了一个坑，往坑里面扔了一张席子，说是要活埋董德顺的奶奶。董德顺赶紧跪下来给土匪说好话，表示自己可以回去让父亲筹钱来赎回奶奶。土匪同意了董德顺的请

---

[1] 结婚时用的绸缎、布匹，上面多写"花好月圆""百年好合"等字样。
[2] 大概上午9点至10点。

求，之后就把董德顺的奶奶绑走了。在回到家里后，董德顺去找了村里给阎锡山做事的人，托其跟土匪说话，同时要父亲董文化无论如何把奶奶救下来。最后说话人与土匪说定，用 24000 块钱来赎人，并约定在逢集的那天，关老爷庙前的铁旗杆下站着一个戴礼帽的人，中等个头，把钱交给那个人就可以。这时离逢集还有四五天，董德顺家拿出自家的全部积蓄，并向近亲四处借钱，最后将董德顺的奶奶赎了回来。

第十节　村落社会变迁

在 1947 年解放之后，乌苏村先后经历了土地改革、人民公社、包产到户等阶段。相较于传统时期，乌苏村的社会形态在不同阶段发生了不同的变化，农户之间的社会关系也呈现出新的特征。

一、1949 年之前的传统社会形态概况

（一）土地改革运动之前的传统社会形态

在对本章前九节的内容进行提炼、概括的基础上，我们可以得知，在土地改革运动之前，乌苏村的传统社会形态特征主要表现为以下几个方面：

首先，家户是传统时期乌苏村的基本社会单元。在日常的社会生活当中，村民以家户为单位，与其他村民形成血缘、地缘、业缘、交往、流动、分化等各个方面的社会联系，同时，在社会关系的发展与维系之中，村民也以家户利益为其主要追求。另外，在家户之上，一些村民又生活于家族之下，家族的人口、财力、物力等是家族势力的标志，家族势力对村民在村庄的社会地位有着重要影响，虽然在平时家族对村民的生活影响不凸显，但一旦个体家户遭遇自身难以处理的问题，家族往往成为帮助成员家庭的"排头兵"。

第二，关系至上是村民社会活动的主导原则。无论是在农业生产当中，还是在日常的交往之中，对于个体家户以及家户中的个人来说，关系好坏是其选择交往对象的最为重要的参考因素。关系好了，村民可以与之在生产中相互合作，在生活中相互帮忙，但如果关系一般或者关系不好，双方之间来往、合作的频率会少之又少，甚至彼此之间没有人情往来。为了维持、发展与关系好的农户之间的关系，双方又遵循着"礼尚往来"的原则，虽然人情不一定甚至不可能绝对对等，但双方更看重的是通过人情往来所获得的彼此的认可、尊重与信任。

第三，村庄内部纵向的社会阶层分化明显。不同的农户在村庄有着不同的社会地

位。村长、闾长、会计等村庄管理者,因其手中握有一定的权力,在村庄内的社会地位较高,也受到大多数村民的尊敬。有钱有势的富裕农户凭借其家庭人口多、家庭财力厚,且常常与村庄管理者保持着密切的联系,在村庄也拥有较高的社会地位。个别的农户则因其独特的手艺或技能,例如银匠、医生,在村庄也受到村民的尊敬。没钱没势的贫穷小家庭则处于村庄社会的底层。在纵向的阶层分化之下,村民多选择与跟其处于同一个阶层的农户往来,而不同阶层农户之间的往来则会相对较少,比如贫农与财主、富农在日常生活中很少往来,可能仅保持着雇佣关系。

第四,农民与国家之间的联系较弱。传统时期,除了给国家上交赋税之外,个体农民很少与国家产生直接的交往,唯一的方式可能就是农民因为交不起赋税而被地方政府扣押起来。相较于和国家的纵向联系,农民更多的是在村庄内外发展横向的联系,比如去外村赶牛市、与邻居合作生产、请中人调解纠纷等等。

(二) 土地改革运动中的社会形态

在1947年4月当地解放后,同年10月,乌苏村开展了土地改革运动。随着土地改革运动的进行,村落内的农户之间重新分配土地、财产、牲口、农具等生产、生活资料,原有的纵向社会阶层分化被打破,不同阶层农民的社会地位发生了翻天覆地的变化,由此产生了异于传统时期的新的社会形态。

在土地改革运动当中,随着贫协、农会等组织的成立,原来的财主、富农等富裕农户的社会地位一落千丈,跌落为打压的对象,而贫穷阶层成为村庄内的掌权者,社会地位在村庄内处于上层,正如董德顺老人所描述的"农会权力高于一切""贫农坐天下,富农挨镶把,说啥就是啥"。但是,在斗争地主、富农的过程中,原来的人情因素并没有完全消失,在对待地主、富农个人时,村民依然顾及着人情面子、考虑着乡亲关系。例如,村落内的地主陈梅五,由于其平时为人好,没有欺压村民,在斗争时,陈梅五一家人并没有挨打。最后,土地改革也打破了村庄内原有的一些社会关系,随着土地的平分,土地租佃关系、典当关系不再存在,原来的村庄管理者与富裕农户之间的社会联系也宣告终止。

另外,随着国家政权对村落社会的渗透,农民与国家之间的联系越来越紧密,在原来的横向联系基础之上,农民与国家之间的纵向联系得以加强。国家在土地改革过程中所主导的阶级话语成为村落内的主导性话语,农民在新的话语体系之下,寻找、发展并适应着自己的话语权及与之相对应的社会地位。

二、1949年之后的社会形态变迁

在1949年之后,随着互助组、合作化的依次推行,村落内的农民最终在1958年步入农业集体化时代。在此之后，随着1981年家庭联产承包责任制在全县的推行，农民又进入了包产到户的新时期。

（一）农业集体化时代的社会形态

在人民公社时期，传统的一家一户不再是人们开展农业生产与分配、核算的基本单位，由生产队取而代之。随着土地、农具等生产资料产权归属的变更以及人民公社化体制的最终确立，国家对农民的控制达到了前所未有的程度。

首先，在生产、生活当中，农民与同属于一个生产队的农户之间的交往相对较多。因为同在一个单位进行集体劳动，田间地头、前去劳动的路上以及其他集体劳动的场所成为人们开展社会交往的主要场域。在对外交往上，由于受到国家的严格管理，农民不能再随意外出，人们的交往范围受到进一步限制。另外，相较于传统时期，人们的人情往来也变得相对较少，并且随着后期农业生产效率的降低、自然灾害的侵袭等，"吃饱穿暖"再次成为人们的基本生活追求，这一点与传统时期的社会有所类似。

其次，在社会地位上，由于村庄权力拥有者的变更，大队书记、会计、生产队长、保管员等因其各自掌握着一定的权力，在村庄内成为社会地位较高的群体，普通的群众也自然要听其安排。地主、富农等在土地改革运动中被打倒的社会阶层在村落中的社会地位依然处于最底层，他们的孩子小时候可能上不了学，长大后可能娶不下媳妇或者嫁不出去，在田间地头劳动，地主、富农也不能乱说乱动，而要绝对听从安排，对于这一群体来说，"成分"成为压在其心头的一块巨石。对于贫农、中农等普通农户来说，由于所有的生产资料已经归公，二者之间唯一的差别即是家庭人口结构与人口数量，劳力少、孩子多的家庭一年到头常常是欠款户，而劳力多、孩子少的家庭一年到头分到的粮食可能多一些，二者在社会地位上没有明显的差别。

最后，随着国家对农业生产的强调以及对农民人身自由的限制，农民更多地被集中到田间开展农业劳动，而原有的一些职业以及活动，例如流动商贩，则成为限制的对象，农民私下发展副业并进行交易会被视为"投机倒把"。村落社会中由市场交易产生的社会关系由此进一步萎缩。

（二）土地包产到户后的社会形态

1981年家庭联产承包责任制在全县推行之后，农民回归一家一户的生产劳作模式，生产积极性以及土地的生产潜力得到释放。同时，随着市场经济的发展，农民在包产到户后的新时期也发展出了新的社会关系。

第一，家户主导，家族式微。土地的下放，使得农户再次拥有了土地的自主经营权，家户再次成为人们基本的生产、生活单元，农民以家户为单位开展社会交往。同时，由于祠堂、族田等家族公共性财产的消失以及家庭的不断分化，家族在农民的社会交往当中的作用越来越弱。

第二，社会流动得以加强。在土地包产到户的一段时期内，耕种土地依然是乌苏村村民的主要职业，也是个体家户的主要生活来源。随着市场经济的深入发展，市场因素逐渐渗入农村社会生活，村民在职业选择上更加趋于多样化，越来越多的村民走出农村，选择到城市打工或者个体经商。在进入21世纪之前，乌苏村村民主要流向省内城市以及相邻的外省城市，例如运城、太原、西安等。

第三，贫富分化开始显现。包产到户之后，农户的自主性得以真正释放，同时市场经济的深入也使得农户的家庭经营更加多元，家庭之间经济条件的差异开始显现，有些农户推倒以前的土坯房建起了砖瓦楼房，有些农户则在县城购置了房产。另外，人们的出行工具也更加便捷化，除了常见的公共交通之外，个体农户家庭的交通工具先后经历了自行车、摩托车、小汽车的变更。同时，电视机、洗衣机、冰箱、空调等新式家用电器也走进了普通村民家。但是，一些农户由于家庭人口、教育水平、疾病等方面的原因，仍然处于贫困状态，其所居住的房子的历史甚至超过家人的年龄，在生活上有时依靠低保度日。

第十一节 村落社会实态

近年来，随着市场经济的深入发展以及互联网的日渐普及，乌苏村村民的生活条件得以进一步改善，村庄的社会形态在新时期呈现出新的特征。本节将从血缘关系、地缘关系、业缘关系、信缘关系、社会交往、社会流动、社会分化、社会冲突以及社会保障九个方面来展现乌苏村的社会实态。

一、血缘关系

在当前的乌苏村内，个体家户依然是人们开展生活的基本单元。由于彼此的职业以及家庭情况不同，兄弟分家之后多分开居住，但常年在外做生意或工作的兄弟回家后首先会去看望父母，并在父母家里与其他兄弟一起吃团圆饭。另一方面，"三代以内"依然是亲戚来往的主要范围，在生产生活中需要帮忙时，人们首先找的是同村本家的兄弟，舅舅、姨姨等则是农户与母系一方亲戚来往的主要对象。同时，对于农户来说，究竟是与本家兄弟更为亲近还是和娘家亲戚更为密切，也看本家兄弟与娘家亲戚的家庭条件以及其对农户的帮助大小，哪一方对农户的帮助大，双方之间的来往自然也更多。

现代通信工具的发展以及互联网的普及也改变了人们与亲戚之间的具体联络方式。除了红白喜事有时需要农户当家人亲自去亲戚家邀请之外，在日常的生活中，如果需要亲戚帮忙或者逢年过节去亲戚家走动，人们多通过电话、微信等方式进行联系，而不再必须由家庭的当家人上门联络。

二、地缘关系

"人田分离，集中居住"的居住特征在进入 21 世纪以后并没有发生改变，所不同的是随着村庄人口的增加，村民的居住范围进一步扩大，在传统时期为田地的地方，现在已建起了一栋栋二层楼房。在当下的村落集居范围内，邻居依然在人们的生产、生活中扮演着不可或缺的角色，区别之处在于传统时期以人情为重的来往方式到现在变为了以利益为主。当农业生产中需要帮忙时，即使是与自家紧挨着居住的邻居，也需要支付正常的请工工资。例如，笔者调研期间所居住的农户家的苹果成熟并摘回家里后，农户请来了对门的邻居帮忙给苹果装袋，除了一天管一顿饭之外，还向邻居支付了一天 100 元左右的报酬。

在农闲时节，关系好的邻居之间会相互串门，一方面通过交流获取一些生产、生活信息，另一方面也会相约开展一些文化活动例如赶集、看戏、打牌、跳广场舞等。当家中有红白喜事时，农户多是请同巷或同一居民组的村民来帮忙，关系好的邻居知道后不用请就会主动去帮忙，关系一般的邻居则要等当事农户请了才会去。去请时，出面者既可以是农户的当家人，也可以是当家人的配偶。邻居来家里帮忙不需要给报酬，但一天至少要管两顿饭，上午 10 点左右一顿，下午 4 点左右一顿。

三、业缘关系

在当前的乌苏村，村民家中发生白事后，村庄内形成了一种人员相对固定的组织来专门负责祭桌。基本在每个居民组内都有这样一个组织，组织成员多为本居民组内年纪大、懂礼节的老人，成员数量大致在 2—4 个。在去世者下葬的当天，负责祭桌的组织成员会主动在祭桌旁管理前来拜献死者的亲戚所带的礼品，并按照礼节指挥亲戚跪拜。当然，如果当事家庭与其中的某个组织成员有过节，则不会请其来参加。在邀请时，当事家庭并非只向负责祭桌的组织成员发出邀请，而是邀请其全家人。除了跟其他人一样随礼、吃饭之外，负责祭桌的人员在葬礼结束后会将祭桌上的猪蹄、糕点、糖果等分掉，作为一份额外的收获。有的当事家庭会再给每个组织成员一包烟表示谢意，但也可以不给，除此之外不用另给其他任何形式的报酬。

另外，随着近年来外出务工人数的增多，在外出务工人员当中发展出了一种非正式的组织，即相互之间关系好的外出务工者会通过微信、电话等方式分享一些务工信息，并商量一起去某个地方打工。

四、信缘关系

在经历了"文化大革命"之后，村庄内的大部分庙宇建筑已不复存在，坐落于村庄中心的规模最大的关帝庙也被毁坏。近年来，在部分老年人号召下，村民自发捐钱修复了破损的关帝庙。如今的关帝庙坐落于村委会大院内，庙内并没有关羽的神像，取而代之的是村庄的戏台，但其依然承载着人们的信仰。在每年农历的正月初一和二月初二，村民会自发在关帝庙前举行拜献。去时村民以家户为单位，村落内也没有形成正式的信缘组织，如果其他村庄的村民前来拜献，没有人会上前阻拦，而是会彼此打招呼表示欢迎。

由于介山庙在日本人侵华期间就被损毁，村落附近再没有其他大型的庙宇供村民拜献。相较于传统时期，人们的神灵信仰逐渐弱化，更多的是忙于自家的生活。信奉神灵的群体也以村庄的老年人为主，部分中年人次之，青年人几乎没人信神。

五、社会交往

随着时代的变迁，乌苏村村民的社会交往在新时期呈现出新的特征。

首先，交往范围扩大化。随着人们外出次数的增多以及通信工具的发展，村民的交往范围不再局限于村落内部以及附近村庄。外出务工的村民会在务工的地方发展出新的社会交往对象，开厂做生意的村民会因生意的需要与外乡、外县、外市甚至外省的人员保持必要的联络，即使是普通村民，也因为接触人员的增多而延伸了自己的交往范围。

第二，关系与利益并重。在当下的村落内，关系好坏依然是影响人们的交往的重要因素之一，不论是生产中的合作、帮忙，还是平时生活中的串门闲聊，人们依然是与自己关系好的农户来往更多。在关系之外，村民也开始注重利益，相较于普通农户，人们会与能给自己带来更多物质利益的村民保持更为密切的联系。

第三，人情往来水涨船高。在人情往来中，农户因其家庭条件、交往范围等方面的差异而有不同表现。以红白喜事为例，如果农户家中有人做官或有人在外做生意，该农户家的红白喜事的规模会大于普通农户，同时来祝贺道喜的人也是来自四面八方，而这也常常成为村庄内的一件大事。在礼金方面，当前的乌苏村，村民上礼最低标准为50元，上至800元、1000元的都有，但在总体原则上，依然是"礼尚往来，有来有往",村民会尽力保证不欠其他农户的人情账。

六、社会流动

随着市场经济的深入以及互联网的普及,人们获取信息的方式更加便捷,同时也有越来越多的年轻村民走向城市寻求发展。据乌苏村村委会副主任李伟佳介绍,2016年,村庄常年外出务工人数最少在100人以上,而近三年来的常年外出务工人数多达四五百人。在人口流动增加的同时,一些在外发展得好的村民选择在大城市或者万荣县城购置房产作为自己新的住所之一,但其在村庄内的房屋并未出售。据统计,2016年乌苏村搬到城镇定居的农户有15户计45人,近三年来迁到城镇定居的农户则多达45户计140人。

七、社会分化

近年来,由于村民职业选择的多样化以及村民自身能力的差异,农户与农户之间仍然存在着一定的社会分化。在常规的农业生产之外,村民在职业选择上各显神通,有些村民进行个体经营,例如开超市、开麻花铺、开菜铺,有些村民选择做私人生意,另一些村民则在当地政府部门考取了岗位。职业上的分化也导致了村民财富上的分化,经商、做官的村民其家庭条件往往比较好。例如,乌苏村的村委会主任做私人药材生意,其不仅在万荣县城买下了房产,还购置了一辆价值20万元左右的小轿车。但是,职业分化与财富分化并没有对人们的社会交往产生阻碍。村庄内有钱的农户碰见普通村民多会主动打招呼,而那些自认为高高在上,谁也看不起的富裕农户,其他村民也多不屑于与之交往,这类农户在村庄的口碑多半也不好。

八、社会冲突

新时期,村民受教育水平的提高推动了村庄内各类纠纷数量大大减少。当前村庄内最为常见的纠纷是村民之间因为土地边界产生的纠纷,而在纠纷发生之后,村民多是找村委会干部来调解。例如,在笔者调研期间,一农户觉得相邻农户种地越过了双方之间的土地边界而要求重新丈量土地。在纠纷发生后,该农户找到了村委会副主任来调解,村委会副主任则亲自带着纠纷双方到地里重新确定边界,二者的纠纷因此得以化解。另据村委会副主任介绍,2016年,村委会调解纠纷事件8件,村庄内没有爆发群体性事件。

九、社会保障

在社会保障方面,首先就政府层面的社会保障来说,村庄内的居民享受着农村养老保险、新型农村合作医疗保险、低保、五保以及专项扶贫,村庄内的老年人每人每月可获得80元的养老保险金，村民看病可以通过合作医疗进行报销。

就村庄内部来说，近两年，在县老龄办的支持下，村庄投资5万元建起了老年人日间照料中心。中心坐落于村委会大院内，有两间居室供老年人休息。另有一个老年食堂，雇有一个管账师傅，一个厨师大娘，每个入灶的老年人只需花费5元，就可以在日间照料中心吃上一天三顿。由此在一定程度上解决了村庄留守老人的吃饭、住宿问题。

另外，为了丰富老年人的生活，村庄还设立了农家书屋、棋牌室等，每天在棋牌室娱乐的老年人至少在10人以上。同时，村庄层面成立了老年协会，专门负责棋牌室秩序的维护以及日间照料中心的日常运营。

第五章 乌苏村的文化形态与实态

在麦作农业体系之下,乌苏村形成了与之相适应的村落文化。祠堂、神龛是村民崇拜祖先的重要载体,神庙中的神灵与家神构成村民的主要信仰对象。在生活中,村民重视生产生活经验,并持有多子多福的生育态度、勤俭持家的生活态度以及努力向上的人生态度。除婚丧习俗外,村民在春节、中秋节、端午节等重要节日以及日常生活中形成了多样的惯习并开展丰富的文化娱乐活动。本章将从崇拜、信仰、思维、态度、习俗、规训、文娱七个方面展现传统时期乌苏村的村落文化形态,并在此基础上总结村落文化在不同时期的变迁以及当下的村落文化实态。

第一节 崇拜与崇拜关系

民国时期,祠堂、神龛、祖坟承载着乌苏村村民对祖先的崇拜,在春节、清明节以及正月初二等其他节日,村民会在祠堂、坟前或家中举行祭祀活动。此外,村民对孝道也极为重视。本节将从祠堂祭祖及其关系、家祭及其关系、墓祭及其关系、孝道及其关系四个方面展现传统时期乌苏村村民的崇拜与崇拜关系。

一、祠堂祭祖及其关系

祠堂是村落内的大姓家族供奉历代先祖的地方,在每年的正月初一,大姓家族要在祠堂举行集体祭祖。

（一）祠堂概况

传统时期，乌苏村的大姓家族均修建有自己的祠堂，小姓氏农户没有祠堂。在第二章第四节，我们简要介绍了王家祠堂的概况，在此不再赘述。据董德顺老人回忆，除王家祠堂外，村落内的李家、董家也修筑有自己的祠堂，但由于知情的老人均已去世，具体的祠堂情况我们不得而知。祠堂对于家族成员来说主要有两个作用：一是举行祭祀，在大年初一的早上每个家族都要到本家族的祠堂进行集体祭祀；二是祠堂有时候会成为家族开集体会议的场所。下面我们以王家祠堂为例说明祠堂的管护与修缮。

在王家祠堂北房的堂屋，挂着王家历代祖先的"神娄"[1]。同村村民史文采租占了王家祠堂的两间北房在里面卖药，祠堂平时就由史文采来看护。在每天早上起来后，史文采要将祠堂院子里的卫生打扫一遍，祠堂内部不用打扫，史文采也进不去，等到过年之前，王家会来一个妇女将祠堂里面彻底清扫一遍，以备族人在大年初一前来祠堂祭祀。由于史文采日常就在祠堂里面生活，其多会主动打扫卫生，而不将之视为一种负担。另一方面，祠堂院子里不干净了，前来买药的村民也会嫌弃、说闲话，闲话传到王家族长耳朵，王家族长便会前来与史文采沟通，协商不成，王家可以选择不再将祠堂租给史文采。

史文采每年所交的租金平时由王家族长保管，如果需要修缮祠堂，就用这部分租金来开支，不用家族成员摊钱，租金不够用，就先修重要的、损坏严重的地方，其他的地方待收下租金后再行修缮。因为修建祠堂时用的多是好砖、好瓦、好木料，建好后的祠堂也较为结实，每隔二三十年才会进行一次大的修理。修祠堂由家族的族长牵头，待祠堂修缮完成后，族长必须出一个开销清单对资金的使用情况进行公示，清单一般贴在祠堂。多数情况下族长不会有贪污行为，一是因为族长多是家族内年纪长、辈分高的人，如果贪污会影响其在家族甚至村落里的名声；二是对于族人来说，修祠堂是给祖先修，祖先保佑族人，族人对祖先要满怀敬畏，族长因此不敢贪污，多是诚心诚意地操办修祠堂事宜。

（二）农户先祖观念

对于村落内的农户来说，自家的祖先是谁，从哪里来，如何过来，农户均知道。因为在每个家庭内均供奉有祖先的神龛，大家族还有供奉祖先的祠堂，家族内新娶进门的媳妇在第一年的大年初一都要到祠堂参加祭祀，由家族的长辈来为其讲解历代祖先事迹，加深其对家族的了解。

1　即将王家的历代先祖按照辈分写在一张布上，挂于祠堂堂屋的正上方。

先祖对于农户来说，意味着先祖的后代都是一家人，对待同宗同祖的人就跟对待自家人一样，有一种天然的亲切感，与对待外人肯定不一样。例如，当农户家里有红白喜事时，三服以内的家族亲戚，不用农户请就会主动过去帮忙且不要报酬，三服以外的亲戚或者相互之间没有血缘关系的其他农户则不会主动过去帮忙，五服以外的亲戚可能双方彼此都不认识了。如果先祖有做官的或者有做大生意的，把家族发展得很显赫，后代农户会以此类先祖为荣。

在农户的认知里，家比祠堂更重要，但由于祠堂里面供奉着历代祖先，其同样是神圣不可侵犯的。如果是自己家族内的成员冒犯或破坏祠堂，家族的族长会按照族规对破坏者进行惩罚。如果是外人冒犯祠堂，族长会出面与其进行沟通，需要赔偿时，会要求其进行赔偿。

（三）祠堂祭祖

对于建有祠堂的大姓家族，在每年的正月初一，族内不论男女都要参加在祠堂举行的集体祭祖。祭祖开始的具体时间由族长决定，一般在下午的3点，因为上午家族的成员要前去拜年。在祭祖之前，家族的成员家庭各自准备供品，一般包括麻花、点心、蒸馍、肉、猪头、柿饼、枣等，每个家庭所带供品的种类与数量依据其家庭条件而定，没有固定的要求。祭祖仪式由族长主持，祭祀时，家族的男性成员按照辈大小分跪在祖先的牌位前，女性成员统一跪在男性成员的后面，并同样按照辈分大小来决定先后次序。

在烧香、磕头、"交表"（即烧纸）之后，家族成员各自将自家的供品带回家里。此时，如果族内有比较困难的家庭，其他家庭会将自家的供品赠送给这个困难家庭，从而起到帮扶、救济的作用。例如，传统时期，张高登老人因其父亲去世早，家庭比较困难，其他家族成员在祭祖完毕后会将一部分麻花、蒸馍等送给张高登的母亲。族长家的供品则不会带回去，而是留在祠堂供奉祖先。

除了每年正月初一这次集体性的祠堂祭祖之外，家族不再举行其他大规模的集体性祭祖，家族内的成员家庭通常也不会单独去祠堂祭祖。但如果是成员家庭中的儿子娶媳妇，在娶媳妇的当天新郎要由家中的长辈带着去祠堂祭拜，此时只是简单地摆放一些供品并烧香、磕头，不用烧纸。

二、家祭及其关系

除祠堂外，村落内的每个农户家中都摆有三代以内祖先的神龛，在祖先的忌日、清明节、春节以及正月初二，农户要在家中祭祖。

（一）家中祖先崇拜

乌苏村内，每个农户家中都供奉有祖先的神龛。神龛一种是形状类似于墓碑的长方形木制牌位，另一种是外面有一个长方的类似于房屋的木制外壳，外壳下面罩着一块长条状木制牌位。在神龛上面写有祖先的具体名字及其生前关系、辈分，如果死者是女性，会写明是谁的孺人。

神龛一般摆放于农户正房正中间的屋子里。农户住的是北房，神龛就摆放在北房的正中间；农户住的是东房或西房，则摆放在东房或西房的正中间，总体上遵循一个原则，即农户进了居住的房屋后，第一眼看见的要是祖先的神龛，以示对祖先的敬重。在兄弟分家之后，神龛遵循"长子不离祖"原则，即祖先的神龛要供奉于长子的家中，如果其他兄弟家里有红白喜事或者其他的事情需要用祖先的神龛，要到兄长家里将祖先的神龛请过去，并在用完之后再送回到兄长家中。

农户家中一般只摆放三代以内祖先的神龛，最多不超过五代。出了五代之后，家中的晚辈或者不记得这个祖先，或者在生前二者感情已经淡薄，或者对农户没用了。对于超出五代的神龛，农户会将其拿到祖坟地里埋掉或烧掉。

（二）家祭

在每年的清明节、春节、正月初二以及先祖的忌日这四个时间，农户会在家里祭拜祖先。

首先，就祖先的忌日来说，在忌日当天，农户家中年长的妇女[1]一般要在中午和晚上准备两顿相较平时好一些的饭菜，并分中午、晚上两次祭祀祖先。祭祀者可以是家中的年长妇女，也可以是家中的男性，人选没有固定、明确的要求，且不需要全部家人参加，只需一个人即可。在祭祀时，中午只烧香，烧香一般烧两根，下午祭祀要烧纸钱，意为送祖宗回其在阴间的住处。死者出嫁的女儿如果身体健朗，会在死者忌日当天的中午来死者的牌位前进行祭祀。祭祀时，死者的女儿会准备一些简单的供品例如糕点、麻花并烧香、磕头，其所携带的纸钱同样不能在中午烧，而是留到下午祭祀时一起烧，但女儿不再参与下午的祭祀，所携带的供品通常也会留在死者的牌位桌上不带走。如果死者的女儿年纪已大不便行走或者死者的女儿已经去世，那么女儿本人、女婿及女儿的后代均不用再来祭祀。

其次，清明节农户从坟前墓祭回来后，也要在家中祭祀祖先，祭祀的规则类似于祖先忌日当天的祭祀。家人有在外做生意的没回来，可以不参加祭祀。

到了春节，农户的家人大都返回家中。在除夕当天，农户要准备好饭、好菜，由

---

[1] 如果婆婆在，就由婆婆祭祀，如果婆婆已经去世，则由儿媳妇祭祀。

家庭的当家人带着全家祭祀祖宗，此时要求全部家人参加，小孩跪在大人的后边，女性跪在男性的后边。祭祀也分中午和晚上两次，且只烧香、磕头，不烧纸。到了正月初五这一天，在下午祭祀时，除了烧香、磕头之外还要烧纸钱，因为出了正月初五就意味着年过完了，祖宗也要回自己在阴间的住处了。

正月初二是当地的一个鬼节，在这一天，如果家里有人去世，死者三代以内的直系后代都要到死者牌位所在的家庭进行祭祀。多是死者的女儿以及其他儿子带着纸钱、供品等过来参加，并在下午祭祀时将死者后代所带的纸钱烧掉，磕头、烧香的规则与春节期间的祭祀一样。

三、墓祭及其关系

祖坟是乌苏村村民表达对祖先崇拜的另一种形式。在每年的清明节，村民要在祖先坟前举行墓祭，大姓家族还会举行家族性墓祭。

（一）祖坟

民国时期，每个农户家都有自家的祖坟，在下葬祖先时也是各埋各的，互不侵犯。在乌苏村，村民有一个讲究为"不成人不能进坟地"，即如果家中有小孩夭折，这个夭折的小孩不能埋进祖坟，因为小孩尚未成人，此时家长会给小孩另找一个地方埋起来，但是娶回来的媳妇过早去世后可以进祖坟。在埋葬祖先时，辈分高的祖先埋在左边，等到后辈有人去世，依次埋在祖先的右边。家庭条件好的农户会在祖先去世后给祖先立碑，时间多选在清明节，花费则由整个家庭承担。在碑文的落款处，可以写去世者的儿子、孙子、孙女、未出嫁女儿的名字，出嫁女儿的名字不能写，儿媳妇的名字也不写。同时，村民信奉这样一个原则——"卖业不卖坟地"，即使家庭困难要卖地，也要把祖坟留下，不能把祖坟所在的土地卖出去，卖出去即意味着对先祖的不尊敬，对整个家庭的后代不好。

村落内村民家的祖坟都在本村，很少有在外村的。农户所能记住的祖坟位置多限于三代以内，最多五代，出了五代，农户基本就不记得祖先的坟地位置了，因为二者生前可能就没见过面，彼此互不认识，村民记坟地也是记与自己关系亲密、有印象的祖先的坟地。我们以乌苏村陈梅五家的祖坟为例：陈家的坟地都在本村，占地一亩多，里面的坟呈"一"字形排开，辈分高的在左，辈分低的在右。除了坟之外，陈家的坟地里还种有柏树，这也是当地村民的一个习惯，即多在坟地种柏树，寓意长青。但陈家的坟地不种植农作物，坟地也要交赋税。

祖坟在农户看来是神圣不可侵犯的，如果有人侵犯，坟地的主人就要与侵犯者沟通、交涉，协商调解不成二者甚至会去打官司。在每年的清明节，农户去坟地里祭祖时，都会看看自家的坟地有没有需要修整的地方，例如下雨把祖坟冲了一个洞。如果有需要修整的地方，农户最晚要在来年的清明节前将祖坟修好。修祖坟由死者的直系后代负责，所需要的资金亦由死者的直系后代出，如果是一个未分家的扩大家庭，则由整个家庭来负担。农户修祖坟只修五代以内的，出了五代的祖坟，农户不再修整。

（二）墓祭

1. 家户墓祭

一年之中除了清明节，农户都不再举行墓祭。清明节举行墓祭时，农户或是选择清明节前两三天中的一个好天气，或是在清明节当天，但不能推迟到清明节之后。在清明节墓祭时，村民以家户为单位，即使兄弟之间已经分了家，也要在清明节一起前往祖先坟前祭祀。家中不论是大人、小孩，还是男性、女性，都要参加，死者的旁系近亲例如媳妇的娘家人以及死者的远亲不会参加。

到了坟地，村民先在祖坟的前面刨一堆土，然后将所带的香点着插入土中并将盛祭品的食盒打开摆于地上，祭品多是一些好吃的例如白馍、点心、麻花等，之后烧白纸，并在纸烧完后点三次酒，参加墓祭的人一起磕四个头。磕头时，长辈跪在晚辈的前边，男性跪在女性的前边，大人跪在小孩的前边。

农户墓祭只祭祀五代以内的祖先，如果祖先的坟不在同一个地块，先祭祀辈分上与生者离得近的祖先，然后再去祭祀辈分上离得远的祖先。如果五代以外的祖先的坟刚好也在附近，通常会一起祭祀，但如果离得远则不会单独再去。此外，不论是祭祀哪代祖先，农户所用的祭品都一样。

2. 家族墓祭

据董维理老人讲述，传统时期，在每年的清明节，乌苏村西巷的董氏家族会前往乌王庙村[1]参加祖先墓祭。在乌王庙村的乌王庙前就是董氏家族的奉祀地。奉祀地，也即养老地，在董氏家族的祖先去世后，其生前的奉祀地变为归整个家族所有，同时奉祀地也是祖先坟墓的所在地。在乌王庙村的董氏家族奉祀地里，有十几通墓碑，底座是狮子、龟、老虎等形状，碑上记载着死者的生平，上款是死者出生的日期，下款是死者去世的日期，落款是"不孝男×××敬礼"（死者去世时晚辈有几代，就把几代男孩的名字写上，比如死者去世时晚辈有两代，就将死者的儿子辈与孙子辈的名字写上）。如果之后有晚辈去世，就葬在长辈的南边，"上北下南"，当地以北边为尊。

清明节墓祭时，早上起来，乌苏村西巷的董氏家族先上村里的祖坟。祭罢，吃过早饭，董氏家族便以家户为单位，由长辈带着家中晚辈，一起去乌王庙村祭祖。这其

---

[1] 乌王庙村是小淮村下辖的一个自然村，因为村庄内有一个坐北朝南的乌王庙，因此得名乌王庙村。

中，家中的男性以及年纪小的未出嫁的女孩要去，小的不会走路的和老的走不动的可以不去，娶进门的新媳妇第一年要去，之后不再去，家中的其他成年女性不去，即使去了也不会管女性的饭。如果是派一个代表去，家里任意一个成年男性都可以，不一定必须是当家人。让晚辈去主要是为了让晚辈知道自己的祖先都是谁，在哪儿。在出发之前，长辈会检点自家的人是否到齐，并在人齐之后一起步行过去。到了族坟地里，人齐后开始祭祖，祭祖仪式由家族内年纪最长的长辈主持，在摆放好祭品、烧完纸钱后，参加祭祀者听主持人号令一起磕四个头。祭祀用的祭品一方面来自奉祀地里的收入，一方面由参加者以户为单位各自准备。在祭祖完毕后，有时还会举行家族性的会餐。

四、孝道及其关系

"孝字当先。"传统时期，乌苏村村民非常重视孝道，并从小就开始培养晚辈的孝道观念，比如村民家中的小孩在小学学习《三字经》时即会学到关于孝道的内容，"孝顺是孔子传下来的，那是孔孟之道，以前上了学校《三字经》里面就教你孝顺哩"。在村民看来，对活着的老人的孝和对祖先的孝是合一的，孝敬老人就是孝敬祖先，反过来，不孝敬家中的老人就是不孝敬祖先，因为老人去世后就成为祖先了。村落中很少有晚辈不孝敬老人，但也有个别例外。如老人所讲："儿子有粮了，妈跟着吃好点，儿子没钱了，妈跟着吃差点，没有说不让他妈吃、不让他妈喝的。那个时候不孝顺的少，但也有，家里有上两三个儿子不管他妈，你怎么弄呢？有一个张姓农户家的儿子把他妈去茅子的门都用泥糊上了，不让他妈去茅子了。"

对于村民来说，家中的老人年纪大了独自难以生活时，晚辈不照管老人、不给老人吃、不给老人挑水就是不孝。对于不孝子孙、不孝行为，老人多会请求村长出面调解，村长会口头批评不孝的晚辈，批评后如果不孝的晚辈继续不照管老人，村长也会没有办法，因为村长在此种情况下没有惩罚的权力，"村公所里面的人也管呢，口头教育，你说上他，他'哼'呢，承诺得满碟子满碗，过了那会回到家他还是那两下，谁能老跟在他屁股后面呢"。村落内的其他村民多不会插手调解不孝行为，因为村民认为其是当事方的家事，调解不好还会恶了彼此之间的关系；若是有家族，族长会出面解决，此时族长的权力要大于村长，可以按照族规惩罚不孝之人，"那个时候家族厉害，你不听了，人家就能打你，就能说你"。若没有家族但家内有其他长辈，老人也可以请其他长辈出面调解，长辈一般也是以劝说为主。在村庄内部，对于不孝之人，村民会在背地里称之为"忤逆不孝"，不孝之人会被村民看不起，另一方面，村民会将不孝之人当作反面教材来教育家中的孩子。

第二节 信仰与信仰关系

关老爷、土地神、阴阳先生等庙宇神灵、家神以及鬼怪构成传统时期乌苏村村民的主要信仰对象，村民对这些神灵"有求则拜，无求不拜"，当遭遇旱灾时，村民会祈求神灵降雨。本节主要从信仰对象、信仰关系两个方面展现传统时期乌苏村村民的信仰与信仰关系。

一、信仰对象

在第二章第四节我们提到过乌苏村的神庙建筑，庙宇内的神灵是村民的主要信仰对象之一。除此之外，农户家中的土地神、灶神、财神等也构成村民的信仰对象，部分村民还信仰鬼怪。

（一）庙宇神灵信仰

民国时期，乌苏村内有大小庙宇将近20座，分别为关帝庙、二郎庙、娘娘庙、土地庙、马王庙、财神庙、将军庙、观音庙等，村民最经常去的是关帝庙、娘娘庙和土地庙。在村落外部有一座介山庙，归乌苏村、胡村、新庄、小淮村四个村子共同管理，其也是乌苏村村民经常去的庙宇之一。

1. 关帝庙

（1）关帝庙概况

关帝庙位于乌苏村的正中心，庙宇坐南朝北，占用村庄的公共土地，归全村公有。关帝庙内单独供奉关羽一神，神像所在的房屋有一个屋门。传统时期，关帝庙与乌苏村的小学、村公所连在一起，并有一座戏台，在庙前有一片空地，每逢唱戏，空地多是人们看戏的场所。关帝庙没有大门将庙宇与村庄的道路隔开，为开放式的，村民去关帝庙拜献时不用掏门票。

（2）拜献时间

在每年农历的正月初一和二月初二"龙抬头"，乌苏村村民要在关帝庙前举行庙会，这两个时间也是村民固定拜关羽的日子。除此之外，平时村民家中遇有不顺的事情、家人生病长期未愈或者家人要出远门等，村民也会到关老爷庙内进行拜献，祈求神灵保佑。具体到一天来说，每逢村民去关帝庙拜献的日子，上午10点左右为拜献的高峰期，最晚到中午12点，之后村民不再拜献。董廷尧老人解释道："早上是迎神，到了下午就是送神的时间了，神要回他家里去的。"

（3）拜献中的关系

在村庄内部，关老爷庙有2—4个虔诚的信徒，且多为年长女性。这类人由于长期从事拜献，懂得拜献的具体礼节，被村民默认为庙宇的潜在管理者，也即管庙人。

在去关帝庙拜献时，村民以家户为基本单元，家中不论男女老少都可以前去。年轻的媳妇在去拜献之前通常会与婆婆商量，并向婆婆咨询拜献的礼节以及要准备的供品类别及数量。有时候婆婆在去拜献时也会带着媳妇、孙子等一同前往，并主动教给晚辈一些拜献礼节。在每年的农历二月初二和正月初一，关帝庙的管庙人会早早到庙里将卫生打扫干净并招呼前来拜献的村民。村民不论什么时候前去关帝庙拜献，均不需向村庄的管理者请示。平时去拜献时，村民可以请一个庙宇的潜在管理者一同前往，也可以不请，请或不请全看村民个人意愿及需要。

村民带着小孩去庙里拜献，进庙后会要求小孩跟着一起给神灵磕头，并告诫小孩不要在庙宇内做亵渎神灵的事情，也不要随意带走庙宇内用来供奉神灵的供品，同时对庙宇也不能有任何破坏性行为。如果小孩做了冒犯神灵的事情，长辈会批评教育小孩，有时为了避免神灵的惩罚，村民会准备比平时好一些的供品并主动带着小孩到神灵前拜献、请罪，祈求神灵原谅。因为在村民看来神灵是不可侵犯的，对神灵多有一种敬畏之情。

拜献所用的献品由村民各自在家准备。家庭条件好的农户会拿用红布包裹的食盒，并在庙前放几挂鞭炮。普通的农户多是拿些吃食，一般为麻花、水果、点心、元宝馍[1]等，不带鞭炮。麻花一般带6根，在摆放时要按"3＋2＋1"的顺序摞起来，元宝馍一般带3个，按照"2＋1"的顺序摞起来。在拜献完后，如果管庙人在场，村民会将献品留下一部分或者全部留下来，不再带回家里，留多少看个人的心意，没有固定的要求；管庙人不在场，村民会将拜献的物品再带回家中。

拜献用的香、纸钱均由拜献者自己携带。烧香要烧三根或五根。[2] 纸钱要烧天堂票子，不能烧鬼票子（即冥币），所烧纸钱的数量同样看拜献者个人的心意。磕头遵循"神三鬼四"的原则，即给神磕头要磕三个，男性在拜献时，要先作一个揖，之后磕三个头，起来后再作一个揖；女性在给关老爷磕头前要拜三拜，之后磕三个头，起来后再拜三拜。

传统时期，由于乌苏村附近的村庄都有其各自的关帝庙，外村人很少来乌苏村的关帝庙拜献。如若外村村民来村庄拜献关帝庙，其不能私自前往。通常情况下，外村拜献者进了村后会向村民打听庙宇的位置以及庙宇潜在的管理者，并说明自己的来意，此时，村民会告知其谁是庙宇的潜在管理者，并建议其具体找哪一个。沿路上，村民

---

[1] 一种面食，外有一层皮，里面包有小面疙瘩。
[2] 当地风俗，给鬼烧烧两根，给人、神烧烧三根或五根，五根香在当地叫"满炉香"。

看见庙宇管理者带着外人,有的会上前询问,有的则会自动知晓其中缘由。外村人前来拜献不用向村长、闾长请示,也不用向村落内其他有威望的人打招呼。

(4) 庙宇管护中的关系

关帝庙虽然有看庙人,但看庙人不会每天都去庙内管护。平时村民去庙里拜献时会将庙内简单地打扫一下,若一次前去拜献的人较多,除了清扫庙宇之外还会将庙前的杂草拔掉,如果有雨水冲下的水坑,也会将水坑填平。庙宇的房屋坍塌了一部分或者庙内的神像损坏,抑或是庙内的献台破损,庙宇内神灵的虔诚信仰者会自行组织捐款并对损坏的部分进行修缮,但村庄不会将其作为一项公共事务统一组织。

庙宇作为村庄的公共财产,归整个村庄的居民所有,任何居民都不能为了个人利益而损坏庙宇。如果村落内的某个村民有损坏庙宇的行为,被发现后,村落的其他人会对其进行议论,并要求其将损坏的部分修复,若其坚持不修,村长会出面解决,同时其他村民也会看不起这个人,并有可能减少与之来往。对于属于村庄所有的村落外的庙宇,如果村民发现路人或者外村人破坏庙宇,会将其拦住并要求其进行修复,双方之间若因此发生冲突,必要时村长也会出面进行调解;如果没有逮住破坏的人,村民发现庙宇破损后会告知其他村民,此时,多由庙宇内神灵的信徒来自行筹资、筹物修缮。

2. 土地庙

(1) 土地庙概况

据董廷尧老人介绍,乌苏村北洞门外的东边和西边的土地庙均坐落于"人"字路口上,取"土地管人"之意。两座土地庙均高于路面,在土地庙与路面之间有十来个用砖铺设的台阶。由于占用的是村庄外的公共路面,村庄不用出钱买占用的地皮。在村民看来,人要给神让位,没有村民去土地庙周围的空地上挖土。

(2) 拜献的时间

土地庙没有专人看管,村民一年四季都可以去土地庙拜献,去拜献不用掏门票。在每年农历正月十五的晚上,乌苏村每个巷的花鼓、锣鼓都要在土地庙前进行表演,以表达村民对土地爷的敬意。

(3) 拜献中的关系

在乌苏村,同关帝庙一样,村中的男女老少都可以前去土地庙拜献,外村人或过路人也可以拜。一般在外出做生意时,村民会前去拜土地爷,祈求生意顺利、一路平安,并许愿。在做生意回来后村民要前去土地庙还愿,还愿时,村民可以自带麻花、水果、点心等吃食,带的献品的数量没有固定的讲究,也有村民带烟并在还愿时直接将烟点着插在香炉内，当地村民认为土地爷爱抽烟。

3. 娘娘庙

(1) 娘娘庙概况

娘娘庙位于乌苏村南洞门出口的正对面，坐南朝北，在村外道路的拐角处。传统时期，娘娘庙主要是村民求子的地方，有3—4个潜在的管庙人，管庙人多是村庄内信奉娘娘庙的年长女性。

(2) 拜献时间

娘娘庙没有固定的拜献日期，村民想要求子时即可前去。在每年农历正月十五的晚上，同土地庙一样，乌苏村每个巷的花鼓、锣鼓也都要在娘娘庙前进行表演，以示对娘娘的敬意。

(3) 拜献中的关系

在前去娘娘庙求子时，村民首先要找一个村落内娘娘庙的潜在管理者，与其约好前去拜献的具体时间。在家户内部，除媳妇本人外，媳妇的丈夫以及公公、婆婆等家中的长辈都可以去为媳妇或儿媳妇求子，通常情况下由媳妇的婆婆前去。村民前去拜献是村民家庭内部的事务，不用向村长、闾长等村落管理者请示，也不用告知其他农户。

在求子时，村民自带香、水果、糕点、麻花等拜献用品。到了庙内，将香点着拜献完成后，由管庙人为求子者选一支"会动的花"（花为看庙人按自己的意愿所选，此举也被村民称为"拔花"），之后求子者拿上这支"会动的花"和一根点着的香径直往家走，中途不能回头，也不能与任何路人说话，到家后将花插在媳妇所睡的炕的角落。村民在路上碰见求子的人，即使彼此之间关系再好，也不会主动上前去打招呼。在孩子生下后，求子者要在十日之内去娘娘庙还愿，还愿时必须带一束花[1]，并自带麻花、糕点、水果等献品，在娘娘庙内兑现自己许愿时的承诺。

4. 介山庙

(1) 介山庙概况

介山庙位于乌苏村外。据解仁荣老人讲述，介山庙的庙院四周有围墙，大门朝南，在南大门外有一片空地，是举办庙会时商贩们摆摊卖东西以及周围村庄进行节目表演的地方。进入南大门后，在南大门的东边有一个戏台，周围是空地。正北边地势稍高

---

[1] 菊花、莲花或其他花均可，这些花均是由纸扎店加工的假花，求子者在求子时往家拿的"会动的花"也是此类。

的地方有一个献台，献台前后有门，上有屋顶，东西长 20 米左右，南北宽 10 米左右。地势稍高于献台的正北方向有一座药王庙，坐北朝南。药王庙的正后方为药王后宫，供奉着药王的父母，药王庙和药王后宫两侧均配有厢房和廊房，药王后宫东侧有介子推祠。药王庙后的西北方向有一座庙，叫八爪牙庙，里面供奉着八爪牙，八爪牙塑有八条胳膊、八条腿。药王庙背后的东边有一所高小（学校），高小的招生对象为附近村庄的孩子，只要有钱就可以上。高小据说是附近村庄有钱的农户自愿出资建起来的，这些农户彼此在生意上都有往来。学校的负责人由四个村子商量决定，人选不局限于四个村子，如果其他村子的人有能力、威望高、能胜任，也可以聘请。在当时来讲，学校想请一个有文化的人也不容易，比如介山庙上的高小聘请过四望村一个复姓的人当学校的负责人，此人做过官。

（2）拜献时间

在每年农历的三月初三，介山庙会举行庙会，这天也是附近村庄村民集中拜献的日子。此外，在农历的九月初九介山庙举行古会时，前来参加古会的村民也会去介山庙拜献。平时家里有人生病，村民也会自主去介山庙内的药王庙求神拜药。

（3）拜献中的关系

介山庙有专门的看庙人，名叫赵四娃，是从山东逃荒过来的。赵四娃刚来村里时，由于其一无所有，村落内的老者向他介绍了介山庙的情况，他表示愿意看庙，因此成了介山庙的看庙人。

在每年的三月初三，前去参加庙会的人都可以进庙里拜献，此时村民不需自己携带献品，因为其所属的村庄已经将献品准备好。在举办庙会的当天，当年的"执政村"准备的献品要摆在献桌的正中间，以让参加庙会的人能够看到并给出评价，同时其他三个村庄也会借鉴并在轮到自己时想办法超越；其他三个村庄的献品则摆在献桌的两旁。献品的种类一般有吃食（比如花馍、麻花、水果）、艺术品和牌匾。负责摆献品的人得是懂礼节、有威望的人，在庙会结束后，对于艺术品，四个村子各自把自己村庄的带回去并返回给艺术品的所有者，牌匾挂在庙里，吃食多留给看庙人。

在这种大规模的集体拜献之外，村民平时去庙里求神拜药，赵四娃要将庙门打开，由拜献者自主进行拜献，赵四娃不会陪同，献品也由村民个人准备。附近村庄的村长或者财主来庙里拜献，赵四娃在得知后会提前将庙宇打扫干净并在拜献的当天在庙门前迎接村长或者财主，在拜献完成后，其也会招呼村长或财主喝水并向其问好，从而表达对村长或财主的敬意。在家人病好之后，村民要找个时间来介山庙还愿，家庭条件好的有时会在还愿时给庙里唱一出戏，以表达自己的感谢之意。此外，介山庙是开放的，拜献时不用掏钱买门票，四个"执政村"之外的其他村的村民也都可以前去拜献。

（4）庙宇管护中的关系

看庙人赵四娃平时就居住在介山庙，每隔一段时间，赵四娃要将塑有神像的庙宇清扫一遍，保证庙里献台、地面的干净。在没有人前来拜献时，庙门上的钥匙由看庙人来保管。

在每年的三月三庙会和九月九古会，看庙人要提前一两天将庙宇彻底清扫一遍以迎接远近的香客。由于相较于平时这两个时间前来拜献的人较多，且在庙会的当天附近村庄会以村为单位进行拜献，看庙人在拜献过程中会获得一定的供品收入。此外，介山庙的四五十亩庙地也由赵四娃耕种。介山庙内的大小庙宇在平时有小部分的破损，赵四娃要负责进行修缮，所需的资金来源于庙地的收入，一般赵四娃也会主动承担这个责任。庙宇破损严重，赵四娃会向附近四个村庄也即乌苏村、胡村、小淮村、南牛池村的村长反映，由这四个村庄集体筹资修复。

除了在庙宇管护方面与附近村庄的村民发生联系之外，看庙人在日常生活中很少与村民发生人情方面的往来，村民家里有了红白喜事，不会请看庙人前来参加，看庙人也不会参与到村庄内外的纠纷调解之中。

表 5-1　乌苏村村民常去庙宇拜献时间

庙宇名称	庙宇位置	固定拜献时间	是否开放
关帝庙	村中心	正月初一和二月初二	是
土地庙	村庄北洞门外	无（有需要就去）	是
娘娘庙	村庄南洞门外	无（有需要就去）	是
介山庙	村外	三月初三和九月初九	是

（二）家神信仰

传统时期，乌苏村村民信仰的家神主要包括土地神、财神、灶神以及门神。

1. 土地神

在1949年之前，乌苏村每个农户家都供奉有土地神。村民家中的土地神一般设在家门后面正对着院子的那面墙上，且多是在这面墙紧靠着大门的位置掏出一个空间，然后将代表土地神的神表挂于其中并放上香炉。

村民拜土地神没有固定的时间，拜献时不用烧香、烧纸，可以磕头，也可以不磕头。家庭的所有成员只要想拜都可以拜。家人在出门之前可以在土地神面前"作念"，告诉土地神自己要去干什么，祈求土地神保佑。例如，在传统时期，由于村庄外的狼多,村民在早上去地里之前,会给家里的土地神磕个头,祈求保佑自己不要遇到狼,安安全全回来。有时村民觉得土地神爱抽烟,会给土地神点根烟插在香炉里。

2. 灶神

"土地庙管村民,灶王爷管家庭。"跟土地神一样,乌苏村内的每户家庭均供奉有灶神,村民认为灶神管着家户内的一家人。村民家中的灶神多设于灶台正前方的墙上,灶神的标识为表(黄表)上贴红纸,纸上写相应的供奉字样。

在每年农历的腊月二十三,据说灶神要"上天言好事,回宫降吉祥",因此,每个家庭要给灶神"报户口",即确保家人在腊月二十三之前都回到家中。村民不论是在外做生意的、熬相公的还是外出务工的都要赶回家里。传统时期,财主家的儿媳妇如果在腊月二十三之前没返回到婆家,有可能会因此被休掉。

在拜灶神时,家户内的全家人都要参加,村民将"枣山",即一种用枣装饰的面食摆在灶台上,烧满炉香(五根香,取全家团圆之意),不烧纸钱。在拜献规则上,男性在给灶神磕头前要先作一个揖,之后磕三个头,起来后再作一个揖,女性在磕头前要拜三拜,之后磕三个头,起来后再拜三拜。拜献时,男性跪在女性的前面,年长的跪在年幼的前面。

除了腊月二十三之外,在每年的正月初一和正月十五村民也都要拜灶神,拜献的规则与腊月二十三拜献时一样。

3. 财神

村民家中的财神多设于盛水用的水缸紧挨着的墙面上,因此,水也被当地村民认为是财富的象征。在除夕和正月初五的晚上,村民要拜财神,除此之外,在正月十五的晚上,村民也会拜财神。村民拜财神的规则以及其中的次序关系与拜灶神一样。

4. 门神

在每年的"月尽",即除夕当天的下午,村民在贴春联的同时也要贴门神,贴门神由家中的男性长辈带着男性晚辈贴。传统时期,村民所贴的门神多为关羽和张飞,都是武将,取保护家人之意。门神贴上后,不用进行任何形式的拜献。

表 5-2 乌苏村村民家神拜献时间

家 神	家神位置	固定拜献时间
土地神	家门后的墙上	无(任意时间都可拜)
灶神	灶台正前方	腊月二十三
财神	水缸旁	除夕、正月初一和正月十五
门神	家门上	不拜献

（三）鬼怪信仰

乌苏村村民对鬼怪的信仰主要表现为对神婆和阴阳先生的信仰。

1. 神婆

民国时期，乌苏村内没有神婆，村民请神婆多是请附近村庄的。神婆，即能通鬼神、能掐会算、精通鬼邪之事的人，多是一些年老的妇女，年轻的妇女村民会认为其道行不够，不可能干得了问神之事。

在平时生活中，乌苏村村民与神婆没有太多的交集，如果在路上碰见了且相互认识，彼此会打招呼。但当村民家里出现以下几种情况时会请神婆来家里问神：一是村民觉得家里住的房子不安稳，晚上睡下后在房子的某个角落总有异响，例如，厨房里的锅碗会莫名其妙地哗哗作响；二是家里短时间内接连死人；三是家人久病不好，医生也不知道病因；四是家人总是梦见已经去世的祖先说自己过得不好；五是家里的婴儿一到晚上就不睡觉，一直哭等等。出现这些情况后，村民会认为是家里有鬼神在作怪，必须请神婆来家里看看。

在去请神婆时，多是由家庭当家人的妻子前去，如果路途遥远，男当家人会跟着一起去。请神婆不需要带任何礼品，将神婆请来后，神婆会在家里作法，然后告诉村民应该怎么办，例如在什么时间、什么方位烧什么样的纸，烧完之后应该怎么做等等。在神婆看完神后，村民多数不会请神婆吃饭，而是直接给一些报酬，例如二升麦子。报酬的数量没有具体的规定，一方面，神婆会根据村民家里的情况要，家庭条件好的会多要一些，条件差的会少要一些；另一方面，报酬的数量也取决于二者之间的关系，如果相互认识且关系好，可以少给甚至不给，但如果互不认识，那么二者之间就是一个生意关系，要按照神婆提出的要求给。村民大都会满足神婆的要求，因为怕神婆再从中作梗。

村落的管理者村长、闾长请神婆与普通村民是一样的，没有特殊的待遇。村民对神婆的信仰态度也看神婆作法的成效，如果按照神婆的指示做完家中的异常情况确实没有了，村民会觉得这个神婆真的有法力，并在下次家里需要时继续请这个神婆。但如果神婆给出的方子没效果，村民下次便不会再请这个神婆，而是去请更有效、更有名气的神婆。

2. 阴阳先生

阴阳先生与神婆有一点类似，即二者都声称有通鬼神的能力。传统时期，多是年长的男性才可以当阴阳先生，年轻的男性当阴阳先生会被村民笑话，认为其不可能有通神的能力。乌苏村内没有阴阳先生，需要时村民会去附近的村庄请。

一般来讲，村民家里遇到以下事情时会请阴阳先生过来：一是家里有人去世，给逝者选坟地时要请阴阳先生过来看风水。二是家里建新房子，要请阴阳先生过来看家门开在哪个方位对家人好以及动工的日期。三是家人去世后，要请阴阳先生过来看具体下葬的日期。四是迁坟、修坟的时候请阴阳先生看好日子。

相较于神婆，阴阳先生在村庄的社会地位更高一些。在请阴阳先生时，要由家庭的男当家人去请，不用带任何礼物。男当家人要把阴阳先生接到家里，在看好风水、日子后要请阴阳先生在家里吃一顿饭并支付报酬。报酬的数量没有具体的规定，如果双方之间关系好，也可以不给。报酬多是现金或粮食，有些有钱的农户有时会附带给一些烟、点心、酒等。村长、闾长请阴阳先生时与普通村民没有差异。

二、信仰关系

传统时期，乌苏村村民形成了特定的信仰次序和关系。

（一）信仰次序

董廷尧老人讲了村民的一般信仰态度："不管什么神，你信了就有，你不信就没有，神鬼不能全信，也不可不信。"各类神灵中，乌苏村的村民最为信奉关老爷。

在乌苏村内，至今仍矗立着一对铁旗杆，而这对铁旗杆的来历也与关老爷有关。据传在民国元年（1912年）以前，乌苏村内杨家的一支迁到河津庄头做生意。家人闻知尚在村内的老母亲生病后步行回家，行至途中感觉乏困无力，想要睡觉。在睡梦中，一红脸大汉骑匹骏马，让这个人拽住马尾，当其醒来发现自己已经躺在乌苏村内的关帝庙前。此人起身进到庙内，看见关公脸上有汗，认为是关老爷将他带回到了村里，为了感恩神灵，遂铸造铁旗杆一对以示纪念。

姑且不论这个传说是真是假，但其流传至今的确强化了村民对关老爷的信仰。传统时期，村民去拜关老爷时都是专程去拜，没有人顺路去。除了土地庙外，对于村庄其他庙宇内的神灵，村民也多是专程去拜。村民对神灵的信奉程度取决于神灵的灵验程度，例如，村民去娘娘庙求子或者去药王庙求神拜药，如果在拜献之后仍未获得子孙或者所生的病仍没有好转，村民对其的信仰便会打折扣。

（二）"有求则拜，无求不拜"

虽然村庄内庙宇众多，但乌苏村村民并没有形成绝对固定的信仰对象。村民对这些庙宇也只是在有求于庙宇内的神灵时才会去拜献，否则便不会去。具体去哪个庙宇，村民一是根据村庄内默认的规矩或习惯，如娘娘庙就是求子的地方，村民不会去其他庙宇求子；二是根据自己先前的经验，哪个庙宇灵验就去哪个庙宇。在固定的时间拜献如二月初二拜关帝，村民会与关系好的邻居一起前去，去的路上碰见同巷人了也会结伴前往。平时村民家里有事需要拜献，则多独自前往，不会与他人结伴，因为村民有时候不想让他人知道自家的事情，他人也不一定有共同的拜献需求。

对于村落外的庙宇，除介山庙外，村民一般不会跑太远去拜献，因为村落内的庙宇神灵已经可以满足村民的信仰需求。村民去介山庙拜献，多会将拜献与看庙会结合起来，并与同巷或同村关系好的人相约一起前去。

村民信奉哪个神灵，去哪个庙宇拜献，均是私人的事情，与他人无关。村民之间也不会因为信奉不同的神灵而影响彼此之间的人际关系，因为村民对神灵抱着实用主义的态度，有用则拜，无用则不拜。当然，如果信奉的是同一神灵，且经常一起前去拜献，村民之间的关系也可能会因此变得更好。据董廷尧老人回忆，在1949年之前，村庄内没有村民因为信奉的神灵不同而发生过冲突。

（三）灾害与信仰的合作关系

传统时期，乌苏村最容易遭受的自然灾害即是旱灾。每逢天气特别干旱或者连续大旱的时候，村民会向神灵求助，祈求降雨。乌苏村村民的求雨分个人求雨与集体求雨两种。

1. 个人求雨

村民个人求雨多在自家的院子内举行，分为两种形式，一是摸水碗，二是祭祀求雨。

（1）摸水碗

遇到连续数天干旱，村民会在自家院子的四个角各摆一个碗，分别为干碗、炭碗、水碗和盐碗。干碗里面是空的，意为不下雨；炭碗里面放炭，意为光有黑云（乌云）不下雨；水碗里面放水，意为三天内下雨；盐碗里面放盐，意为天阴不下雨。

摸水碗既没有固定的时间也没有固定的仪式。在摸水碗时，只能由家里7岁左右的小女孩来摸，男孩不能摸，如果家里没有适龄的小女孩，年龄大一点的也可以，但最多不超过15岁。对此，老人们给出如下解释：传统时期，女孩多在家里不出门，不读书也不去地里，比较容易集中起来，而男孩七八岁的时候就开始上学，到了十二三岁又开始去地里干活，难以集中到一块，因此选择女孩来摸水碗。

在放置水碗之前，家里的大人会先将女孩的眼睛用毛巾蒙住，避免女孩看到碗里的东西及碗摆放的位置，然后将女孩抱起来在院子里原地转两圈，女孩头晕后（这样女孩不知道碗都放在哪儿了）将其放下来让其去摸，最先摸到哪个碗就代表什么意思。由于是私人求雨，农户既不用向村庄的管理者如村长、闾长报告，也不用跟其他农户打招呼，甚至不用经过家庭当家人的同意。

（2）祭祀求雨

乌苏村的农户在家求雨的另一种方式即为祭祀天地。家里年纪大[1]的男性或女性在院子里摆一个献桌，献桌上摆放香炉和供品。供品的种类和数量看农户个人心意，一般是一些吃的比如花馍、麻花、点心等，花馍比平时吃的要大一些。烧纸时烧三张表，"表"是一种正方形的黄纸。烧香烧单数，一根、三根、五根、七根，不烧双数，多数情况下村民最多烧五根，五根也被称为"满炉香"，烧香取通天地之意。

村民个人在家祭祀求雨没有固定的日期限制，但村民多会选择在农历的三、六、九，例如初三、初六、初九来进行。祭祀的仪式也必须在中午12点之前结束，因为当地村民认为中午12点以后就是鬼的时间，不能敬神。

2. 集体求雨

集体祈雨时村民多去孤山脚下的柏林庙。乌苏村的村民认为柏林庙[2]里的神管雨水，在每年柏林庙举行庙会时，村民参加庙会的同时都会去庙里拜献，祈求风调雨顺。如果连续遭遇干旱，村民也会专门前往柏林庙集体求雨。

求雨时，村庄内的男性、女性都可以参加。求雨者头戴柳条编的草帽，赤脚不穿鞋，手里拿着柳条，在水里蘸一下，向周围洒，意为下雨。求雨者一路上不与他人说话，如果在路上碰到挡拦的人或物，会用柳条抽打，一般也没人阻挡求雨者。沿路的村民听到求雨者过来后，会主动走出家门接雨，出不了家门的会在大门前摆个小桌，小桌上放一盆水，意为接雨。求雨者所用的东西与开销都由参加者个人准备。村民集体求雨多是自发组织起来的，既不用向村长、闾长报告，也不用向政府报备，有时候村长、闾长本人及其家人也会加入到求雨行列。

第三节　思维与思维关系

在日复一日、年复一年的生活劳作之中，乌苏村村民形成了经验思维、务实思维、循环思维等思维方式，长辈的言传身教和个人的学习领悟是村民习得这些思维的主要方式。本节将从经验思维、务实思维、中庸思维、循环思维、平均思维五个方面展现乌苏村居民的思维与思维关系。

一、经验思维与思维关系

1949年以前，乌苏村村民根据习俗规制、生活阅历以及个人领悟，形成了一系列

---

[1] 没有固定的标准，有五六十岁的，也有六七十岁的，主要是要懂得烧香、磕头。
[2] 柏林庙本为风伯雨师庙，位于孤山的东边山脚下，因庙周围柏树茂密，故称柏林庙。柏林庙有山门，有正殿和摆献桌的房子各五间，还有一个戏台。在柏林庙的东北方向建有一座娘娘庙。

生活和生产经验,并通过谚语的方式表达出来。

(一)生活经验

1. 生活经验概况

民国时期,村民在生活态度、职业选择、人际交往等方面都有着一套经验,主要有以下内容:

(1)关于生活态度的经验。"人挪活,树挪死",即人换个地方可以继续生活,甚至兴旺发达,树挪一个地方可能就死了。这句谚语意在告诉人们在生活中要灵活一些,需要的时候要懂得变通。"干到腊月二十九,吃完饺子就动手"表达了村民在忙碌生活中的干劲。

(2)关于职业选择的经验。"开过药铺,打过铁,什么生意都不热",意思是打铁和卖药是最为赚钱的两种职业,这两种职业都是卖方说多少钱就是多少钱,从来不讨价还价。"七十二行,庄稼为王""要想发,种庄稼"则表达了村民对种地的重视,传统时期,种地是大多数村民赖以谋生的手段。

(3)关于人际交往的经验。"将心比心,是一理,若要知道,打个颠倒",意为在交往过程中,甚至在双方发生纠纷之后,要学会换位思考,多从对方的角度考虑,这样就能相互理解。

(4)关于结婚的经验。"种地种洼子,娶媳妇娶疤子",意思是告诉后代,种地的时候要种洼地,也即好地,娶媳妇的时候不要太在意外貌,看得过去就行,太漂亮的娶回家容易出事。

(5)关于生活合作的经验。日常生活中,村落内的农户较为看重一个人是否能与他人合得来,是否好共事,如果难以与他人共事,名声传出去之后,最少要传三代才能慢慢消除这种坏名声,因此农户多教育后代要和善近人。

2. 生活经验的习得

生活经验贯穿于村民生活的方方面面,村民主要通过长辈的言传身教和个人的自我习得两种方式获得生活经验。

(1)长辈的言传身教。在生活中长辈有时会特意教给孩子一些生活经验,例如,家里来客人了,家长会要求孩子主动按照辈分称呼客人叔叔、爷爷、伯伯等,让孩子主动给客人倒水;有时,孩子会主动向长辈询问一些自己不理解的事务,长辈则会耐心地给孩子解释。

(2)晚辈的自我习得。晚辈自我习得通常有两种方式,一是晚辈在亲身经历一些事情或在某些方面吃了亏后,会自己悟出其中的道理,进而积累为自己的经验;二是晚辈在听大人聊天或观察大人的一些举动时，会顺带地习得一些经验，例如"吃饭不能吧唧嘴""筷子不能竖直插在碗里"等，这些多是孩子在平时的生活中偶然习得的。

3. 生活经验与生活

生活经验意在指导人们更好地生活。生活经验丰富的孩子因其表现得体，在村落社会中更容易受到大人们的喜爱，且常常能够与他人建立起密切的人际关系，这对于其个人来说会生活得更容易，也更有希望经营好一个家庭。一个缺乏生活经验的孩子，除了可能处处碰壁之外，还容易遭受他人的轻视。例如，一个孩子如果不懂得日常的礼仪，见了面不主动称呼长辈而是没大没小地做出一些让人反感的动作，人们会称这个孩子为"憨憨""不够数"等，意为比平常人要差一些，自然这个孩子在村庄的社会地位也较常人要低，且家长通常也会受到牵连，因为村民会认为其缺乏家教。

（二）生产经验

传统时期，由于缺乏科学技术的帮助，生产经验是人们开展农业生产的重要依据。生产经验丰富与否直接决定着一个家庭的生活质量，也会对个人在村庄的社会地位产生影响。

1. 生产经验概况

在长期的农业生产劳作之中，人们根据二十四节气以及自身的经验积累，在农田管理、耕作技术等方面形成了一系列经验，且多以谚语的形式表达出来。具体来说，大致有以下内容：

（1）农田耕作经验。"头伏一碗油，中伏半碗油，末伏没有油"，强调在三伏天耕地越早越好。"立秋不带耙，误了来年夏""处暑不带耱，不如家里坐"形容在合适时节耙地的重要性。"茬口倒顺，胜似上粪""麦种十年没好颗，棉种十年没好朵""一年两料，回茬倒灶""秋倒麦，麦倒秋，两料不如一料收"，强调倒茬轮作与适度回茬的重要性。

（2）农田管理经验。农田管理经验主要是针对不同农作物的生长习性所总结出的具体管理技术。例如"谷锄深，麦锄浅，黍子只需划破脸""谷锄三遍尽是米，黍锄三遍尽是秕""三分种，七分管，十分收成才保险""麦在种，秋在管"等等。"麦吃腊月土"是指在每年的冬至过后，大地封冻以后要开始碾压小麦，使表层土壤由松变实，之后再耱一遍，从而防冻抗旱。"七月十五见花朵"意即在农历的七月十五，棉花就慢慢开始成熟了，摘棉花断断续续一直持续到农历的十月初一，十月初一之前摘不完的，农户会将棉花连根带秆一起拔回家，放在家里晒着慢慢摘。

2. 生产经验的习得

根据解仁荣、董维理、董德顺、陈凤泉等多位老人的讲述，村民习得生产经验主要通过四种方式。

一是"种庄稼不用学,人家怎么咱怎么"。不会种庄稼的村民在刚开始种庄稼时,多模仿其他的村民来种庄稼并在这一过程之中积累经验。对此,董德顺老人讲道:"种庄稼不用学,人家怎么咱怎么。你开始种上了,我也种上,他也随上了,种庄稼还用学呢?别人犁地你也犁地,别人耙地你也耙地,就是个这。"

二是向家中长辈请教。在1949年之前,普通农户家不念书的孩子在六七岁就开始跟着父辈下地干活,到了十五六岁以后就会成长为家里的主要劳力,在劳作过程中有不懂的地方会及时向父辈请教,父辈也会有意地交给孩子一些经验与技能。

三是向好把式请教。当村民在生产劳作之中遇到难以解决的问题或不懂的问题时,如果自家长辈也解决不了,会选择向村庄内生产经验丰富的好把式请教。

四是自我摸索并形成新的经验。在生产当中,面对已有生产经验没有涉及或者难以解决的问题,村民会自我摸索,并在此基础上形成新的经验再传给下一代。

3. 生产经验与个人

在村落内部,一个拥有丰富生产经验的人会受到村民的尊敬,特别是掌握生产当中一些特殊技能的人,此类人常常被村民称为"把式""好把式"。如果自家在某方面感觉做不好,而要做的事情又对家庭特别重要,村民会请村中的把式来家里帮忙,而这些把式受到的礼遇也自然稍高于常人。

另一方面,不论一个人在村落中的职业是什么,在农作社会中,其多多少少都要掌握一些生产经验,因为这可能涉及个人的生存问题。对此,陈凤泉老人这样说道:"'会写会算,腰筋饿转',你会写会算,你能算下粮食?你再会写,你能写出粮食?"在村民看来,即使一个人会写会算,如果不种地也可能面临饿了没吃的,因为传统时期虽然读书的人相对少,但如果人品不好,也不会有人聘请其当老师,同样也会在村里闲着无所事事,如果再不会种地,就只能饿肚子了。"请你教书也是看你的材料(人品)好坏呢,你材料不好,人家也不聘请你,你再不会种地不就饿着了?'不会写不会算,吃的羊肉包子醮辣蒜',我什么都不会,我就会种庄稼,我就是有粮食,我吃的就好,这也是庄稼户个人给个人宽心哩。"

4. 生产经验与家庭

农民个人生产经验丰富与否对家庭的影响主要是两个方面:一方面,生产经验丰富的个人一般情况下能把地里的活干好,粮食因之也打得多,有助于家庭的积累以及家人生活水平的提高。另一方面,生产经验丰富的个人,在拥有较高社会地位的同时往往也会给家庭在村庄带来较高的社会地位,其家人往往也会受到村民的尊重。

(三)经验思维关系

在乌苏村内,村民将祖辈一辈辈传下来的生产和生活经验作为开展生活的重要依据,很少去改变或质疑。在村民看来,循着祖先的路子,至少不会饿肚子,由此村民的守旧性也较强。解仁荣老人讲道:"那会有什么新想法呢?就没新想法,睁开眼睛就是那两下。刚入社的时候出现了肥料,但那肥料就是卖不出去,老百姓就接受不了那个,不相信这肥料能下地,不相信这肥料能增了产。他就相信他那灰土,接受不了新事物嘛,'我下这灰土年年都能收了粮食,你那一点白面面能长庄稼?'"

对于村庄内的老人或者族长、家长说的话,晚辈多会听从,特别是在公共场合,村民可以不相信,但也不会当面质疑。"财富家的老头坐那放个屁,咱也不敢吭气。人家要钱有钱,要粮有粮,你有什么资格质疑人家呢?"

二、务实思维与思维关系

传统时期,村民的务实思维体现在生产、生活的方方面面,具体有以下内容:

(一)"人勤地不懒"

在1949年之前,对于村庄内的大多数农户来说,种地是其赖以谋生的主要途径,在农业生产之中,农民流传着这样一句话,即"人勤地不懒"。在村民看来,土地是死的,是什么样子就在那明摆着,但土地上能产出多少粮食则是由人决定的,在耕作过程中,人必须勤快才能把土地管理好。对此,董德顺老人说道:"一个人要是勤快了,总能及时把地里的杂草锄掉,保证庄稼吸收仅有的养分。一个人要是懒了,地里的杂草长得比庄稼高,那怎么指望地里能产下粮食。"

勤快的人在村庄内往往也受到村民的褒扬,在生产合作之中,村民也愿意与勤快的人搭伙。但如果一个人出了名的懒,一般情况下,没有农户愿意与之合作,"他自己的都不干,还能指望他帮别人干?"

类似于此类表达农民生产中的务实思维的谚语还有:"种地不栽粪,净是瞎胡混",意思就是种地不给地里栽粪,那就是把地糟蹋了,一年又瞎混过去了。"春忙夏忙,秀女下床",春忙是指播种,夏忙是指收麦,意思为再是有钱,再是财主家的女儿,在春忙夏忙的时候也要下地帮忙,为农作物争取时令。

(二)"火烧眉毛顾眼前,今天不说明天的"

在和平年代,村民在处理事情时,不一定只看重眼前的利益,相反,会从长远的角度去思考。正如我们在上文生活经验中所举例的那样,"娶媳妇娶疤子",这并不是说娶媳妇的时候真要娶一个疤子脸的媳妇,而是反映出农民的务实思维,即媳妇娶回来是一起过日子的,要娶媳妇就要娶那种稳当、踏实、安心过生活的,而不是光表面上漂亮,娶回来把家里闹得鸡飞狗跳的。

但是在战乱时期,当生命安全面临威胁时,农民更注重眼前利益。日本侵华战争爆发后,日本人一度来到了乌苏村附近,乌苏村所隶属的万泉县也被日本人占领过,在这样的背景下,人们则只顾着眼前生活,能活一天是一天。"今天日本人没来,一家人可以坐着吃饭,明天日本人来了开火了,人还不知道是死是活。那个时候人都是顾眼前,装干粮的馍布袋老在腰里挎着,或者在门上挂着。日本人一来,村民把家里的牛的缰绳一解,拿上馍布袋就跑了,人跑到哪儿牛也跟着跑到哪儿,家里的其他东西什么都不要了,等日本人走了再返回家里。"

(三)"见了有钱的把腚舔,见了没钱的就转脸"

在日常的社会交往当中,同样贯穿着人们的务实思维,对于交往对象的选择,每个人有其不同的特点。

在村落范围内,有一类人"见了有钱的把腚舔,见了没钱的就转脸"。意思即是这类人在社会交往当中,对于村庄内有钱的财主家,其会主动巴结,例如,财主家有红白喜事了,这类人会献殷勤,忙前忙后,虽然财主家可能实则看不起这些人;但对于村庄内的穷苦人家,这类人则不屑与之交往,凡事躲得远远的。此类人的家庭条件一般在中农水平之下,但又比贫农稍微好点。他们的处事原则在根本上也是务实思维转化为了实际行为,因为这类人巴结有钱的财主家,事实上也是为了从财主家能够获得一些好处。村落内的其他居民对这类人的态度则是嗤之以鼻,在日常的交往之中会尽量避免与这类人打交道。

三、循环思维与思维关系

在以农耕为主的传统社会中,农民的生产、生活循着四季的变化有规律地开展,周而复始,年复一年,呈现出循环的特征。

(一)季节循环与农业生产

从第二章第一节我们可以得知,乌苏村地处暖温带,属半干旱大陆性季风气候,四季分明。一年之中,柳树的发芽标志着进入春季,小麦的成熟则意味着夏季的到来,而秋季则以树叶飘落为特征,等到地里的农作物全部收获回家,村民又进入了冬季农闲季节。在鲜明的季节变换当中,人们根据古人流传下来的二十四节气开展农业生产,在每个时令应该做什么,农民有着严格的安排,例如"芒种下山,麦收一半""四月芒种收一半,五月芒种不见面"等等,错过时令则会影响到农民一年的收成。据陈凤泉老人讲述:在每年的麦收时节,农民要跟天气抢时令,最多在一个月内农户就要把麦子收回家里,之后就要准备种秋粮或者给地里栽粪,否则便会影响来年的生产。因此在收麦时，陈梅五全家人都要参与其中，即使是在外做生意的，家里劳力不够用了，当家人陈梅五也会要求其回来收麦。

一年一轮回，农忙与农闲周而复始，村民在这一循环之中也掌握并适应了农作社会的生活节奏。

（二）循环思维与生活

1. 季节循环与生活

季节循环规制着人们的生产，同样，在生活当中无论是穿衣还是饮食，人们也遵循着季节变更的规律，并呈现出季节性的特征。比如"二八月，乱穿衣""秋后一伏，赛过老虎""三九四九，冻破石头""七月十五吃面人，八月十五吃月饼"，等等。对此，解仁荣老人说道："每个时节该吃什么，该做什么，这都是有讲究的。人们也会根据时节的变化调整自己的饮食、作息，如果不按照时节来，人的身体就可能会出毛病。"

2. 循环思维与分家

传统时期，村落内很少出现"四世同堂""五世其昌"的家庭，原因即在于不停地分家。当家庭内的孩子长大成人并结婚之后，大多数农户不可避免地要走上分家的道路，由此原来的大家庭裂变为一个个小家庭，而随着时间的推移，分化出来的小家庭又逐渐会成长为大家庭，等到下一代长大成人后，又再次面临着分家，如此循环往复。也正是在这样的循环当中，家庭得以延续，村落得以长久。

四、中庸思维与思维关系

（一）"财不外露"

在1949年之前，乌苏村村落内的农户均奉行"财不外露"的原则，人们只是知道村落内哪个农户有钱，哪个农户没钱，但有钱的农户具体有什么、有多少，村民并不知道。对于有钱的农户来说，"财不外露"，一方面是为了在村庄保持一种低调、谦虚的形象；另一方面，如果显露家财，村民会认为其"长光的"，即得意忘形，会招致其他村民的议论、嫉妒。更为重要的是，如果让外人知道自己家里很有钱，传出去之后可能会给家里招来灾祸，因为传统时期乌苏村附近土匪多，而财主正是土匪抢劫的重要对象。对于生活穷困的农户来说，家里穷得叮当响，没有什么可供外露的家财，更谈不上"财不外露"。

不只是对于家庭，对于家庭内的个人来说，也要守口如瓶，不能随意向外人谈起自家的家财，如果家庭内有人随意乱说，此人常常会被当家人批评、责骂。对于"财不外露"这一原则在生活之中最为明显的体现，董德顺老人讲道："土改的时候，村里的农户不管是贫农还是中农,都不知道人家地主、富农家里到底都有些什么,那会就是能要出多少是多少。"

(二)"吃粮不管闲事"

对于村庄内的村长、间长、会计等村庄管理者的职位,村民并不会抢着当,反而是多不愿意当。在解仁荣、董德顺、董顺理等老人的记忆当中,战乱时期村长要照顾、协调多方的势力,国民党来了要粮要人,日本人来了也是要粮要人,任何一方招呼不好都可能挨打。因此,村民多选择"吃粮不管闲事",即个人种个人的地,不去管村庄的那些事情。

另一方面,"管闲事,落不是"。在处理村庄公共事务过程之中,不可能让所有的人满意,而这其中避免不了会得罪一些人,由此,处于重人情的村落社会中的村民"宁维一个人,不恶一个人",即宁能处好一个人,都不会去得罪一个人。在村民看来,得罪人就是给自己放绊脚石,"看人家厉害,咱也不惹他,咱离他远点,人家说点厉害话咱转脸走了,你要是和人家顶牛,人家有钱你没钱,你就挨打,你有啥办法呢"。同时,"清官不压地头蛇","老百姓就是地头蛇,他今天惹不了你还有明天,他总会凑个时间给你报复回去",村民多少也有这方面的顾虑。

(三)中庸与日常行为

首先,不论是在红白喜事当中,还是在平时的节日宴请当中,村民会根据自己的辈分、地位主动寻求适合自己的座次,而不会抢着坐上位。以红白喜事中的村长为例:村长在到了当事方的家里之后,不会主动去坐上位,而是挑一个相对偏一些但又不是特别低下的位置坐下。如果有人邀请村长坐上位,村长对于第一次邀请也多会拒绝,如果对方再三坚持,而村长又百般推脱不过,这时村长才会依照对方的邀请坐到上位。但如果同桌还有年纪更长的,村长则会让年长者坐到上位或者与年长者坐在一起。如果一个人去了就坐到自己不该坐的位置上,旁边的人会笑其不懂规矩。

其次,在生活当中,人们多通过委婉的话语及表达方式来传达自己的意见。当村民们坐在一起闲聊时,如果有冒尖的人说一些比较尖酸的话语,即使在座的其他人有意见,也多半会表面上奉承一下,让彼此脸面上过得去,而不会当面跟对方争执。特别是对于村里年纪大的老人说的话,村民一般没人质疑,即使质疑也不会当面驳斥老人。

最后,对于村民平时的夸奖,不论是针对家庭内小孩的还是针对大人的,人们都不会从正面接对方的话,或者报之以微笑,或者说"哪里哪里"。村民可以在心里接受夸奖,但不能直接表现出来,否则日后可能被其他人笑话。

五、平均思维与思维关系

（一）生产中的平均

在农业生产当中，人们贯彻着大体平均的原则。首先，在换工上，农户与农户之间不会是绝对上的平均，只要双方都觉得过得去就可以。A 农户给 B 农户帮忙干了一天活，B 农户不一定就必须给 A 农户干一天活，可以是半天，还可以是两天三天甚至更多。其次，在耕牛使用上，如果一方借用了另一方的耕牛，归还时可以给耕牛送一筐草，但不一定要在短时期内以人工的方式还给对方。日后如果有耕牛的一方需要帮忙，借用耕牛的一方会主动过去，同时也会审度帮忙的时间，只要对得起、还得上对方的人情即可。最后，在生产合作当中，每个农户所出的劳力大体与其他合作的农户持平，如果出的劳力少，农户可以多出工具或牲口来代替。同时，在管饭上，每个农户根据自己的家庭条件会让帮忙的人吃得差不多。

（二）生活中的平均

第一，在家庭的消费方面，每个家庭成员在相同年龄段内所享受的消费权利大致是平等的。例如，过年时，农户会给家中的每一个孩子都置办新衣服，不会给这个置办了而不给另一个置办；上学时，要给零花钱就都给，不会给这个零花钱而不给另一个。

第二，在家庭养老方面，兄弟之间不论是轮养，还是包干，在整体上都是平等的。轮养时，每个兄弟平摊父母的生活费、医药费；包干时，兄弟之间各自负责一个老人的养老送终，彼此无怨言。

第三，在分家上，不可能是绝对上的平均，只要大体上看得过去就可以。对于家庭内有形的财产，例如房子、土地、浮财等，大多可以绝对平均分配，但如果是家具这类难以估值的物件，兄弟之间多会商量着分。"分家大体上能过得去就行了，你要说是裁得齐齐的，那不可能，不能说是绝对平均。有的娃孝顺，好说话，家长给下什么就是什么。"

（三）村庄公共事务上的平均

在赋税收缴、摊派、服劳役等村庄公共事务方面，村庄管理者会按照既定的原则平等对待村落内的农户。例如，在深水井绞水时用的柳罐和井绳，其购置费用都是按照人口均摊，平均下来每个人需要出多少粮食，一个家庭有几口人，即能算出这个家庭应该出的总费用，因为每个家庭的每个人都要吃水，人口多了吃的水也多。对于村庄内外有利可图的事情，村民也会要求在机会或者数量上平均享有。比如，介山庙在传统时期由四个村子轮流"执政"，每个"执政村"在当年的庙会中都会获得一部分利益。但是，对于村庄内非义务性的捐助来说，通常是条件好的家庭多捐一些，条件差的家庭少捐一些甚至不捐，与此相对应的是多捐者享有好名声，能捐得起却不捐的会被村民们议论、嘲讽。

第四节　态度与态度关系

在1949年之前，乌苏村村民在生育、生产、生活、政治等方面形成了特有的态度，这些态度指导着人们的日常行为，并在行为过程中产生关系。本节将从生育态度、生产态度、生活态度、社会态度、政治态度、人生态度六个方面考察乌苏村村民的态度和态度关系。

一、生育态度

传统时期，子女生育是家庭延续的保障，"五男二女，七子团圆"，在孩子出生后，家里要给孩子做满月。同时，在儿子多的农户和没儿子的农户之间产生了过继、买卖、抱养等行为。

（一）生育观念

1. 生育概况

子女生育对于个体农户来说意味着家庭后继有人，香火不断。传统时期，村民娶媳妇的重要目的之一就在于生育孩子，有了子女一是可以给家庭提供再生劳动力，二是儿子可以给家庭顶门立户。一个家庭没有孩子，后辈无人，在村庄内会被人看不起，也容易遭受他人欺负，"你后辈没有力量，我就看不起你，我有娃（儿子），你没娃"。农户只有女儿而没有儿子同样会被人看不起，此时农户多会选择为女儿入赘一个女婿。

家中有多个儿子的农户，因为后辈人多、有力量，村庄内就没人敢欺负。对此，董德顺老人解释道："家里儿子多了，几个儿子里面总有一个有出息的、能干的，村里其他人就不敢小看这家农户，如果现在欺负人家，日后还怕人家有出息的儿子会来报复。"另一方面，村落内儿子多的农户也多是一些家庭条件好的，家庭条件差的就养不起多个儿子。

2. "五男二女，七子团圆"

在子女生育方面，村落里的农户倾向于多生，直到家庭再也养活不了。例如，一个农户家里养一个儿子没负担，养3个儿子就到了缺吃少穿的状态，那么这个农户最多会生3个儿子，之后就自动不再生育了，即使生下也会选择送人或卖掉。一般来讲，农户家里平均生育有2—4个孩子，2个男孩、2个女孩是村民最为满意的状态，子多女多、儿女满堂，显得有福气，生再多了普通农户可能养活不起，生少了又会显得家庭力量不足。一般农户最多生 7 个孩子就不生了,当地有"五男二女,七子团圆"之说。

在男孩与女孩的性别选择上,农户更倾向于生男孩,因为男孩可以给家庭顶门立户,一直是自家人,长大了就是家中的主要劳动力,生女孩,女孩长大后就出嫁了,成了别人家的媳妇,不再是自家人了。相较于女孩,男孩子在家里和村里的社会地位都要高一些,因为男孩长大后往往成为一个家庭的当家人或者掌权的,在外面做生意或做官的可能性也大,女孩一般都是在家纺棉织布,结婚后照顾孩子、做家务,且从小都不念书,懂的东西也少。女孩子小时候不上学,村落里的其他人不会有意见,但如果男孩子不上学,门前人或者家长会觉得过意不去,"你怎么不让孩子上两天学呢"。一般来讲,稍微有一点经济条件的家庭,都会选择让家里的男孩子读几年小学。如果家里生的女孩多了,父母会选择将其送人,但不会溺婴,因为父母舍不得。

3. 休妻

当娶下的媳妇不会生孩子,无法给家庭提供顶门立户之人,男方会提出休妻。休妻时,媳妇的娘家人会来男方家里了解为什么要休妻,男方则要写一封休妻书,或是将媳妇送回娘家,或是由媳妇自己回娘家。女方被休掉之后就可以随意改嫁。如果媳妇只生了女儿,没生下儿子,男方不会休妻,而是等到女儿长大成人后给女儿入赘一个女婿。

被休掉的女方没有改嫁去世后,既不能埋在娘家的墓地,也不能埋在婆家的墓地,"离了婚就不是人家家里的人了"。暂时没人要可以临时埋在一个地方或在坡上掏一孔窑将其放在里面,等有人要了将其卖掉与他人结为阴婚。

(二)生育关系

1. 接生

在家庭生育中,妇女怀孕后,为了避免影响婴儿发育,家人不会再让其干重活,但可以干一些力所能及的家务活。孕妇生产时多在自己家中生产,没有跑到医生那儿去的,当时也没有这个条件。传统时期,村庄内部的每个巷内都有接产婆,在生产的当天,由孕妇的公公或婆婆去请接产婆,丈夫不去。请接产婆优先请本巷的,如果和本巷的关系不好或者有矛盾,也可以请外巷的。去请的时候不用带任何礼物,在孕妇安全生产之后农户要给接产婆一个套袖[1],除此之外不用给别的礼品或报酬。

2. 过继

民国时期,乌苏村村落内部存在过继现象。当一个家庭有多个儿子,另一个家庭一个孩子都没有,没有孩子的家庭就会选择过继一个儿子。过继时,多由没有孩子的

---

[1] 类似现在的手套,用于冬天给手腕和手掌取暖,为筒状。

家庭主动提出，儿子多的家庭不会主动要求将儿子过继给别人。如果是外甥过继给舅舅当儿子，当地叫这个外甥为"磨镰水"。

(1) "户下择爱子"

过继时，农户会优先在家族内部选择过继对象，村民称之为"户下择爱子"。家族内没有合适的，就选择同姓的，同姓的也没有，也可以选择外姓的。具体选择哪个过继子由没有孩子的家庭提出，如果这个家庭是核心小家庭，当家人说了算；如果这个家庭是扩大家庭中的小家庭且尚未分家，则还要征得大家庭当家人的同意，家庭上面有家族的也要征得家族族长的同意。当家人或族长不同意，过继来的儿子就不能进家门，即使进了，也会在家庭内受欺负，因为不是亲生的，什么脏活、累活都是过继来的儿子干。另一方面，过继儿子要取得孩子亲生父母的同意，亲生父母有任何一方不同意都不能完成过继。多数情况下，村落内的过继发生在家族内部，如果过继的是家族之外的孩子，也多是相互之间关系好的。

(2) 过继仪式

农户过继孩子要请本家族的人、亲戚以及四邻吃饭，四邻多为同巷的人。如果和村长关系好、有来往，可以请村长，如果和村长关系一般、没有来往，则不用请。在过继的当天，过继双方的家长以及说话人要在一起吃饭，在吃饭的过程中双方写字据，字据一式两份，由过继双方各持一份，说话人多为关系好的邻居、朋友或者亲戚。在过继完成后，不用给说话人报酬，请说话人的一方会带一些烟、酒、点心、煮饼等给说话人送过去表示谢意，说话人多数情况下会收下这些东西。另外，过继时没孩子的一方不用给现金而多是给一些麦子，给的数量没有具体的标准，由双方协商决定。

(3) 过继后的交往

农户将过继出去的孩子当作亲戚来往，不会断绝关系。过继之后，孩子的亲生父母还是爹娘，但孩子不能再经常回原来的家庭。原来的家庭有事了比如办红白喜事、父母生病，孩子可以回去，原来的家里没事，孩子也不会回去。逢年过节的时候，孩子可以带些礼品回去看望亲生父母。过继后的孩子不再对原来的父母负有养老送终的义务，原来的父母生病了，孩子出于个人心意，出钱也行不出钱也行，如果出钱，孩子也是根据自己现在的家庭条件，条件好了多出一些，条件差了就少出一些，出多出少没有固定的标准。在分家时，亲生父母有时会给过继出去的孩子留一两间房子，这样孩子在过继的家庭生活不下去了还可以回来，至少可以保证孩子回来后有住的地方，但不能给孩子留财产。父母给过继出去的孩子留房子，其他几个弟兄不会干涉也不会不同意，"风俗就到了这儿了"。但如果养父母不允许孩子再与亲生父母来往，则双方不能再来往。

过继后的孩子不能再参与到亲生家庭的分家之中,也不再享有继承原来家庭财产的资格。如果亲生父母特意留了一份财产给过继出去的儿子,其也不一定能拿到,因为其他的兄弟姐妹会反对,当然这不包括父母给孩子留的一两间房子。过继之后,孩子要改名换姓,姓氏为其所去的家庭当家人的姓氏。

> 在1949年之前,薛岐老人姊妹7个,其中6个男孩,1个女孩,薛岐排行老六,上有5个哥哥,下有1个妹妹。同巷的董永泽的姑姑家位于乌苏村的邻村七庄村,家中没有儿子。薛岐家由于家庭条件不好,养活不了这么多孩子,在董永泽父亲的介绍下,薛岐的父母将薛岐的三哥薛峻过继给了董永泽的姑姑家,当时薛峻13岁,董永泽的姑姑家给了薛岐家13石麦子。过继之后,薛峻的名字改成了杜诚。过继时孩子不当家,没有发表意见的权利,主要是家里的当家人拿事[1]。事成之后,董永泽的姑姑家请介绍人董永泽的父亲吃了顿饭,没有给报酬。

3. 买卖孩子

在1949年之前,乌苏村内买卖孩子的现象较多,男孩、女孩都有。村落内家里没有孩子的农户就会买孩子。

村民卖孩子多出现于以下几种情况:一是抽大烟或者赌博欠下外债。此类人多是将家业卖光了才会卖孩子,不到万不得已不选择卖孩子。如张高登老人在谈到父亲卖自己的姐姐和弟弟时说道:"他为什么要卖呢?(生活)过不来了,养活不起娃了嘛。没有吃的还要把娃饿死哩,他不走这条路能行?人不到绝路他不卖孩子,卖孩子是最伤心的事情。"二是家里生活困难,生计难以维持,农户养活不了孩子会将孩子卖掉。三是外来逃荒到乌苏村的人为了不让孩子饿死,会将孩子卖到乌苏村。

正常情况下,卖孩子要由夫妻商量好,并经过当家人的同意,如果当家人不同意,就不能卖孩子。有时,抽大烟、赌博欠下外债的人会偷偷将孩子卖掉而不让家人知道,此时其多将孩子卖到外地,家人找也找不见。如果这个人是家庭的当家人,没有人可以惩罚他,但如果其不是当家人,家庭的当家人会将这个人训斥一顿或者打一顿。

村民买孩子时多是买尚未记事的婴儿,如果买的时候孩子已经记事了,买回来后会不好照管,孩子长大后还可能跑回原来的家庭。买一个孩子一般需要给卖方两三石

---

[1] 管事,说了算。

麦子。买卖孩子时,买卖双方之间要有介绍人,介绍人只需请一个,可由任意一方来请,并经过对方的同意。事成之后,不用给介绍人钱,也不用给其他任何形式的报酬,但买方要请介绍人、卖方一起吃一顿饭。

买回来的孩子可以进祠堂拜祖先,可以上家谱,还可以继承家业,去世之后可以进祖坟,也能上牌位。

> 张高登,贫雇农。1947年之前,张高登与母亲住在地里的两面小窑洞里,家里的土地和房子被父亲卖光。张高登有3个姐姐,1个弟弟。大姐比张高登大12岁,给姑姑做了女儿。二姐比张高登大9岁,10岁左右时被卖给他人做了童养媳。三姐比张高登大7岁,3岁时被父亲卖给了薛朝村(距胡村20里)的一户人家。弟弟被卖到了东杜村的马家(财主),在12岁时得病去世。
>
> 张高登的爷爷张春田在张高登父亲3岁时去世,后张高登的父亲由张高登的三爷爷抚养成人。张高登的父亲18岁时结婚,三爷爷分给他3间北房和20亩土地,张高登的父亲成了自家的当家人。张高登的三爷爷被门前人给杀害后,张高登的父亲去邻居家串门,染上烟瘾之后就抽起了洋烟。将家里的3间北房和20亩地卖完后,张高登的父亲没有与自己的妻子商量,私下决定把自己的三女儿卖掉,并与买孩子的人谈好条件。当张高登的母亲抱着三女儿在古城赶集时,一个人走到张高登母亲跟前说"让我瞅瞅你这个娃",然后把张高登的三姐抱着就走了。母亲没有追上抱走女儿的人,哭着回到家后,家里40天没有动烟火(没有做饭),一家人饿得在地里吃枣核。三女儿被卖到薛朝村后改名换姓,在张高登家里叫三女,到了那边姓氏改为了淮姓。二姐被卖给他人做童养媳后,要给婆家做扫院子、擦桌子等家务活,卖过去就不能回来了,后来婆家的儿子死了,张高登的二姐返回家中之后又改嫁。

4. 抱养

传统时期,当家里没有孩子或者只有女儿没有儿子时,村民会选择抱养孩子。抱养对于农户来说是私人的事情,不用请见证人,也不用签契约。

(1)抱养的次序

农户在抱养孩子时,首先选择抱养亲兄弟的孩子,接下来是本家族内的孩子,"抱养的时候当然是抱养血缘关系近的最好"。如果是独生子没有兄弟或者本家族内也没有孩子可以抱养，这时农户可以抱养外姓孩子、邻村的孩子，也可以去养寄院[1]抱养。农户抱养的孩子多是一岁多的，因为这样的孩子能养活且还没记事，"那个时候又没有奶粉，抱养回来就是喂些米（汤）汁、红枣汁、鸡蛋汁，总是要能养活，太小了抱回来养不活，到两三岁了，人家就会记事了"。

(2) 抱养仪式

在前去抱养孩子时，农户要带上一根没点着的香，抱上孩子之后再将香点着，一路上保证香不能灭，直到将孩子抱回家里。除此之外，没有其他的仪式。

(3) 是否出钱

农户若是去养寄院抱养孩子，要出钱，因为小孩被送到养寄院后不会马上有人抱养，养寄院照顾了小孩一段时间，这个费用要由抱养孩子的农户承担一部分。如果是抱养亲戚、兄弟或者其他人的孩子则不用出钱，因为双方都是自愿的，若抱养方想给钱，小孩的亲生父母也不会拒绝，"总是养了一段时间了嘛，花成本了"。

(4) 改名换姓

农户抱养本家族内的孩子，不用给孩子改名换姓，但如果抱养的是外姓孩子，则要给孩子改名换姓，"他本来不是这家的人嘛"。抱养过来后，农户不会让孩子再回原来的家庭，因为怕其变心。

抱养来的孩子给抱养方顶门立户，不会归还给孩子的出生家庭。孩子在抱养方成家立业，享有继承抱养方家庭财产的权利。对于以前的父母，孩子不再有养老送终的义务，若孩子生活得好，也可以帮助亲生父母，比如亲生父母生病，孩子可以承担部分医药费，出多出少全看孩子个人心意。孩子也没有权利继承亲生父母的遗产，"他改名换姓了，就没有他的份了"，若亲生父母想给孩子留部分遗产，一般会私下给一些银钱，不会公开留一份财产，以避免纠纷。

(5) 被动抱养

民国时期，父母生下孩子后不想要了或者家里养活不起了，又没人来家里抱养，父母也不知道养寄院在哪抑或去不了养寄院，父母会将孩子穿得整整齐齐，写一个纸条，纸条上面写上孩子的生日，之后将孩子裹好放到马路旁边，自己藏在远处看有没有人将孩子抱走。若有人抱走，孩子的亲生父母就走了，若没人抱走，亲生父母会将孩子再抱回家，不会让孩子饿死或冻死。另一种是"邻里邻村的，谁家想要孩子，大家都知道"，父母估摸着谁家想要孩子，会在晚上把孩子放到那家人的门口并将那家人

---

[1] 传统时期，距乌苏村四五十里远的河津县有一个养寄院，养寄院类似一种慈善组织，如果生下的孩子多了养不了可以送到养寄院。将孩子送到养寄院，养寄院不会给孩子父母钱。养寄院的孩子如果多了，照顾不过来，会将孩子挑出来卖，卖孩子不是为了赚钱，主要是为了使养寄院能持续运转。

的门敲一敲,确保那个家庭有人出来。在人出来之前,孩子的亲生父母就会离开,这家人通常也会将孩子抱回家里。

5. 扔孩子

传统时期,在乌苏村的西边,有一个叫作"猪墙道"的地方,是一片小块荒地,没人耕种,也很少有人去,这块荒地成为村民扔夭折了的小孩的地方。另外,在村庄北边北洞门外的小块荒地上,以及村庄东北角偏僻道路边的小块荒地上,都可以扔死娃子,村民称这些能够扔死娃子的地方为"小篓"。在村庄的南边,由于店铺多,来往的车辆也多,没有村民扔死娃子。村民将死娃子扔在偏僻的小块荒地后,其多是被狼吃狗啃了,村长知道后也不会干涉。

6. 庆生

在1949年之前,村落内的农户家里生了孩子之后要贺喜。生的是男孩,叫作"弄璋之喜";生的是女孩,叫作"弄瓦之喜"。弄璋之喜做满月酒的规模要比弄瓦之喜大一些。

(1) 戳草

在孩子出生的当天,农户家里要戳草。如果孩子是在晚上出生的,则在第二天戳草,最多不超过三天。所用的草为谷秆,当地人也叫干草。

在戳草时,如果是男孩,草戳在家门的左边,如果是女孩,草戳在家门的右边。除此之外,不论男孩女孩,都要在家门的正上方戳草。如果生了二胎,戳草时只根据二胎的性别在家门的左边或右边戳,家门的正上

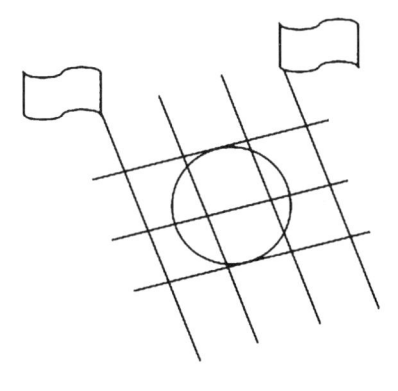

图 5-1 戳草的形状

方不再戳草。戳草总共要用七把谷秆,横着三把、竖着四把,编成菱形状,在菱形上方的两头挂两个红布做的旗,旗杆是竹子做的,绑在干草上,然后拿一个吃饭的碗,在碗底的正中间扎一个眼,用红绳子缠着蒜、姜、葱和一把红筷子,通过碗底的眼绑在干草上。戳草不能用钉子钉,要用稀泥将干草粘上去,用钉子钉当地人认为不吉利。

戳草要由门前的"全人"来戳,"全人"即儿女双全的人,当事方的家人不戳,戳好后不用给戳草的人送礼,都是门前人相互帮忙。在戳草的当天,当事方要请门前的邻居参加,不必须请亲戚,同村三代以内的近亲知道了不用请也会主动过来。门前邻居家的妇女会给生了孩子的孕妇送鸡蛋,七个、八个、十个、二十个不等,多少看个

人心意，相互之间关系好就多一些，关系一般就少一些，关系不好的不会来参加。草蹩好后，生孩子的家庭要请前来贺喜、蹩草的人在家里吃饭，饭比平时要吃得好一些，座次没有特别的讲究。

（2）吃展腰面

在孩子出生后的第三天要吃展腰面。除了自家人外，农户一般会请同巷里和自家关系好的人来吃，不用请全巷的。此时要由孕妇的丈夫去请，因为是孕妇丈夫的事，当然，如果儿子尚未与父母分家，也可以由家庭的当家人去请。

（3）做满月

在孩子出生半个月之后一个月内，农户要给孩子做满月并点鞭放炮，请全巷里的人以及亲戚吃席喝喜酒。

是否办满月酒以及满月酒的规模与孩子的性别及胎数有关。第一胎不论是男孩或女孩，都要做满月。如果第一胎是男孩，第二胎是女孩，农户称之为"换胎"，生的女孩也做满月。第一胎是男孩，第二胎也是男孩，二胎生的男孩不再做满月。第一胎生的是女孩，第二胎是男孩，也叫"换胎"，二胎生的男孩同样要做满月。第一胎是女孩，第二胎还是女孩，二胎生的女孩不做满月。超过两胎比如第三胎、第四胎，不论是男孩还是女孩，都不做满月。

关于满月酒的规模，首先是看农户家里的经济情况，经济条件好规模就大一些，经济条件差规模就小一些。一般第一胎的满月酒规模大一些，第二胎规模小一些。如果第一胎是女孩，第二胎是男孩，两次满月酒的规模一样大。如果第一胎是男孩，第二胎是女孩，办二胎满月酒的规模就小一些。

做满月时，孕妇的娘家人要给孕妇带厚暄（音近词，一种面食）、干干（也是面食）、小米、枣、花馍；给小孩带鞋、帽子、袜子、衣服、被子，夏天穿的冬天穿的都要有；给女儿的公公、婆婆带些衣服表示感谢。娘家的亲戚来了一是看望小孩，二是给小孩带钱。孩子做满月，姑姑、姨姨要给小孩带些小衣服；舅舅要带一把婴儿脖子上戴的小银锁，再带一些衣服，其带的东西比孕妇的姑姑、姨姨多，但比娘家母亲少。在回礼上，婆家人主要是回麻花，东西值钱回的麻花就多，东西不值钱回的麻花就少，回给娘家人，然后由娘家人给女儿的姑姑、姨姨等亲戚分，可以回去分，也可以当场分。

孩子做满月，孕妇的丈夫要去请媳妇娘家人、其他亲戚、巷里人、关系好的朋友来参加，可以请村长，也可以不请，请不请取决于私人关系。去请时不用带任何东西，只需告知一下时间、地点即可，关系好的不请也会去。在做满月的当天，娘家人是贵客，必须到场，娘家人不来宴席不能开。

二、生产态度

传统时期，村民在农业生产中以个体生产为主，并拥有生产自主性，一年生产的产品主要用于满足一家人的生活需求。此外，村民信奉"人勤地不懒"，村民对勤劳的认知围绕着农业生产展开。

（一）个体性与自主性

"七十二行，庄稼为王。"正如在第四章中所提到的，民国时期，乌苏村村民主要从事的职业即是种庄稼。在村民看来，种地才是一个农民最根本的事情，虽然除了种地之外村民会有其他的一些职业，例如做生意、当匠人、外出务工等，但对于大多数农户来说，这些职业多是种地之外的一种副业，从这些职业上获取的收入也主要是为了补贴家用。

农户在农业生产当中以个体作业为主，大都有各自的土地，村落内很少有一点土地都没有的家庭。在个体生产过程中，农民在一些生产环节进行必要的合作，但群体作业没有成为农民的主要生产方式。在一家一户的小农经济模式之下，个体生产更有助于划清界限，收支分明，避免产生不必要的群体分配纠纷。

在单家独户的个体生产之下，农民有着较高的生产自主性，每年地里种植哪些作物，每种作物种植的数量，哪些地块要轮休，哪些地块可以回茬等等均由个体农户的当家人决定，其他家人没有做出决定的权利但可以提意见，最终抉择在当家人。即使是关系很近的亲戚或者村庄的管理者例如村长、会计，也不能干涉农户的农业生产。在扩大家庭分家之后，每个儿子成为其小家庭的当家人并担负起安排农业生产的责任，此时儿子的父母也不能干涉儿子种植什么、怎么种植，但可以指导、提意见，相应地每年地里收成如何也不再与父母有关。

（二）自给自足

在生产中，如果农户耕种的是自家的土地，每年地里的收成在交完国家的赋税之后，剩下的均由农户自由支配，如果欠他人粮食或金钱，一般情况下农户先要归还所欠债务。如果农户是租种的他人的土地，则在收获之后先按照双方的约定，以固定租金或者分成租金的形式将租金交给土地的所有者，剩下的农产品由农户自由支配。传统时期，由于每块土地的产量有限，对于大多数普通农户来说地里一年的收成能够养活一家人已属不易，如果有富余，农户也多储藏起来以备他用，很少有将多余的粮食变卖的，因为在农民看来粮食要比货币稳定。

（三）勤劳的认知与评判

对于村落内的农民来说，勤劳是庄稼人必备的基本品质之一，"人勤地不懒"，只有人勤快了，才能把地种好，地里农作物的产量才能提升。在村民看来，一个勤劳的人主要表现在以下方面：一是早上天不亮就下地干活，等天亮了别人去地里的时候他已经干了一会要回家吃早饭了，"午饭吃到半晌午，晚饭吃到牛睡着"。二是耕种的每一块土地里都没有杂草，除了庄稼之外地里总是干干净净的。三是地里有活就整天在地里劳动，地里没活就在家里摸索着干其他活，手里老有事做。四是不仅把地里管理得好，把家里也打理得井井有条。五是同样的活，总是比其他人先完成。六是在农闲的时候，要么做小买卖，要么修理家里的农具，一年四季没有闲下来的时候。

一个勤劳的人，多半是其本性使然且成为一种习惯。在村落内，人们都相互知道谁勤劳、谁懒惰，勤劳的人往往成为人们夸赞的对象，由于其能兼顾生产与生活，其家庭条件一般也不会太差。对于懒惰的人，人们多称之为"懒汉"，不论是在农业生产当中，还是在生活当中，人们都尽量避免与懒汉合作，因为指望不上懒汉能干活，人们也自然不会帮助懒汉，因为村民认为其不值得帮助，事实上也不需要帮助。

三、生活态度

乌苏村村民在生活消费中遵循"量入为出"原则，认为勤俭才能持家，对于浪费之人，村民多称之为"败家子"。此外，村民在生活中非常看重面子。

（一）量入为出

在日常的家庭消费之中，普通农户遵循"量入为出"的消费原则。家里有什么就吃什么，有多少就吃多少，总体上要保证一家人在一年之中不断了口粮。

对于普通家庭来说，由于每年地里的粮食产量有限，村民只有在逢年过节的时候才会吃白面馍。平时生活中，村民多将小麦面与高粱面混起来吃，花卷对于农民来说都是好食物，条件再差点的家庭只能以秋粮如高粱、谷子为主食，而不是小麦，正如老人所说："你有了你就多吃点，好比人家财主家每天吃白馍和花卷，你一般的家户每天吃糕糕就不错，再穷的还有整天吃地菜窝窝的呢。"在红白喜事中，农民所摆宴席的规模也以家庭的经济条件为依据，家庭条件好了宴席的规模大一些，吃的好一些，经济条件差了，宴席的规模则小一些，吃的也差一些。

在生产生活用品的更新上，只有当原来的物件不能用了或者用完了，农民才会购买新的。例如家里的油、盐、酱、醋吃完了，农民会买得够家用即可，不会大吃大喝。

（二）勤俭与浪费

勤俭才能持家。传统时期，农民的勤俭体现在生活的方方面面。首先，在吃喝方面，即使是有钱的财主家，也不舍得天天吃白面馍，而是吃用白面与高粱面混着蒸出来的花卷。在逢年过节的时候，农户会买一点肉，平时的生活中农户很少舍得买肉吃，更谈不上每天大鱼大肉。每顿饭吃剩的饭菜，农民不会马上倒掉，而是留着下顿吃，直到饭菜吃完了或者变馊了才会将其扔掉。其次，在穿衣方面，"补丁摞补丁"常常是农户的真实穿衣状态。在衣服破了之后，农民并不舍得马上换新的或者扔了不穿，而是选择将破了的地方打个补丁，补丁破了就在补丁上面打补丁，直到衣服实在不能穿了才换新的，一件衣服穿十年在村庄内并不少见。由于传统时期农户的衣服多是由家庭的妇女所做，在过年的时候农户只是给小孩子准备一些新衣服，大人并不一定要穿新衣服。最后，在其他方面，某个物件破了或者暂时不能用了，农户不会马上将其扔掉，而是储存起来看以后有没有其他的用途。例如，家里小孩的衣服由于小孩长个不能再穿了，农民或是将其留着等到下一个小孩出生的时候穿，或者将其拿到集上卖掉换钱来花。

如果家庭中的某个家人不根据家庭实际条件挥霍或过度消费，村民常常称之为"败家子"，其行为也被村民认为是"糟蹋光景"。对于败家子，农民不会主动帮助，更不会借钱给他，因为农民知道钱借给他肯定是要不回来的。在平时的生活之中，人们往往很反感浪费的行为，例如，家中的小孩将没吃完的馍扔在地上不吃了，家长会马上捡起来并批评小孩。"吃多少拿多少"是村民所认可的行为。

（三）"人活脸，树活皮，蛤蟆活的青青泥"

在乌苏村，"面子"是村民非常看重的一个东西，村民之间常常流传着"人活脸，树活皮，蛤蟆活的青青泥"的说法，意思就是人活一辈子，就是活个脸面。在生活之中，人们的要面子多体现在以下方面：一是赶人情随礼，要能跟上整个村庄的平均水平。二是家中宴请宾客，所摆的宴席规模与饭菜的质量要和家庭经济条件相适应，如果家庭条件好，吃的却不好，常常会被村民笑话，如果所摆的宴席规模大，吃的也好，主家会认为这是一个有面子的事情。三是不论家中条件怎么样，在出门的时候都要穿得干干净净。四是在外人面前，不能揭自家的短或者说自家不好的事情，即"家丑不可外扬"。五是与他人谈论农作物产量，自家的不能比别人家的低了，即使真的低，也要说得比实际的高一些，不能在他人面前丢了面子。

四、社会态度

个体利益服从家庭利益。在家户制的生产生活当中，家庭内个人的利益要服从于家庭的利益，当家人考虑事情要从整个家庭出发，例如今年地里打的麦子全家人够不够吃，牲口老了要不要换新的，这都是当家人要考虑的事情。为了家庭利益，个人该让步的要让步，比如农忙的时候媳妇就不能回娘家而要在家里帮忙，除非娘家有急事要赶回去，"家里那么忙，她就能回去？媳妇们也要有些眼色呢"。但是在家庭利益之中，个体多少会有一些自己的私利，如陈凤泉老人讲到自家的一个例子：每年收麦子的时候，在外面做生意的家人回来除了帮忙割麦子，还要将一年的收入上交给当家人，上交的时候家人多少会多留一点，方便自己在外面生活。

在村庄共同组织的活动之中，村民多参与和自己有关的活动，涉及自身利益或者自家利益的，村民会格外关注，例如，巷里买锣鼓需要摊多少钱，干旱年间掏井的时候自家需要出多少粮食等等。对于与自身或自家无关的活动村民则不会参与，甚至会离得远远的，"事不关己，高高挂起"，村民也怕在管闲事的过程中得罪人，但村落中的妇女有时候会打听一些与自身无关的事情作为茶余饭后的谈资。

五、政治态度

民国时期，普通村民很少与区、县政府的官员发生联系，在村民看来，这些官员是高高在上的。如果村民家中有人在政府做事，整个家庭甚至整个家族都会以这个做官的家人为荣，为官者的家庭以及家族在村庄内自然也不会受到欺负，即使是村长、闾长这些村庄管理者，也要对其敬畏三分。对于村民来说，其更希望自己的后代去政府做官而不愿意在村庄当村长、闾长。

在村庄内部，村长、闾长等村庄管理者都属于"有头有脸"的人，是村庄的头面人物。正如在第四章"分化与群体关系"中所提到的，村民见了村长不会害怕他但是会尊敬他，村长在村庄的社会地位要高于普通的村民。村民家里有红白喜事了，村长能来，这对村民来说是一件有面子的事情，村民也会招呼村长在主位上就席，村民家中有矛盾纠纷调解不了也可以找村长出面解决。

六、人生态度

对于村民来说，"吃不熬煎，穿不愁"，有地种，有粮食吃，有穿的，有住的，中农家庭就是理想的人生，"钱就没样子了，有了花，没有也可以不花"。"肉酒朋友，米面夫妻"，夫妻之间只要有吃有穿就满足了，不像朋友，没有酒肉可能就不再是朋友了。同时，每个村民都想过得富裕，都想把日子过得更好，如董德顺老人所说："人心没止尽，有了还嫌少，人都想往上爬，想光景过得好，都是这想法，就没有说满足了再不努力的，贫农想当中农，中农想当富农、财主。"有钱了或者有粮了村民多数就是买田置地盖房子。"要想发，买卖加庄稼"，村民农忙时种庄稼，农闲时会做一些小买卖如卖凉粉、卖油糕等。

第五节 习俗与习俗关系

婚丧习俗、节庆习俗、日常习俗构成了乌苏村村民的主要惯习,在这些习俗的规制下,村民表现出特定的行为并产生丰富的关系。本节将从婚丧习俗及关系、节庆习俗及关系、日常习俗及关系三个方面考察民国时期乌苏村的习俗与习俗关系。

一、婚丧习俗及关系

婚丧习俗是乌苏村村落文化的重要组成部分,在常规的婚姻形式之外,还有续弦、纳妾、入赘、童养媳等其他婚姻形式。

(一)婚姻习俗与关系

1. 婚姻概况

据解仁荣老人讲述,传统时期,乌苏村村民的婚姻圈范围南到汉薛村,距乌苏村15里;北到解店,即当今的县城所在地,距乌苏村18里;东到文村,最远至文村的柳林庄,距乌苏村22里;西到古城,即原来的万泉县城所在地,距乌苏村16里。

表 5-3 乌苏村婚姻圈

方 向	村 庄	距离(里)
南	汉薛村	15
北	解店	18
东	文村(柳林庄)	22
西	古城	16

对于乌苏村的村民来说,男性可以娶同村的女性,并且这种现象在民国时期相对较多。如老人所说:"两个孩子从小一起在一个村庄长大,孩子的父母也都了解彼此孩子的性格、人品、家庭情况等,如果觉得合适,父母就会同意孩子们的婚事。"同村人结婚没有固定的原因,关键在于两个孩子能合得来,能把婚后的日子过好,两个家庭彼此可以相互帮忙都是次要的。但是,血缘关系较近的同姓村民不能结婚,如果是同姓结婚,要么二者没有血缘关系,要么血缘关系至少在五服以外,通常情况下在七服以外。

在乌苏村,村民就近结婚的占多数,娶远处的媳妇或嫁到远处的较少。从表5-3中我们可以看出,村民的婚姻圈最远不超过22里。通婚的村庄一方面是距离不太远,两个村庄内的人可能本就有相互认识的,另一方面,通婚后双方之间走亲戚走得多了,村庄与村庄的关系也会相对好一些,遇上事情不会太为难。

婚姻登记方面，农户家不论是娶媳妇还是入赘，都不需要到政府登记，在举办仪式后，只要经过村民的认可即可。对此，解仁荣老人讲道："那个时候一拜了天地就成了人家的老婆了，与村庄、国家不发生关系。"在村民看来，结婚都是"媒妁之言，父母之命"，一些大家族的子弟结婚，除了父母之外，还要征得家族的同意。

2. 结婚条件

（1）年龄——结婚越晚，花钱越多

民国时期，村落内的女性一般在十五六岁时结婚，男性一般在十七八岁时结婚，最小的有十二三岁就结婚的。部分家庭经济条件不好的农户家里的儿子结婚会相对晚一些，年龄在22岁到25岁之间，最晚的到二十七八岁乃至30岁才结婚。对于男性来说，结婚越晚花费的钱就越多，因为同龄的人都结婚后大龄男性结婚时只能娶比自己年龄小的女性，按照女性正常的结婚年龄，男性会比女性大十岁到十几岁，女性如果不太愿意这门婚事就会要求多出点钱。通常情况下，年龄很大但却结不了婚的，一种是家庭经济条件不好结不起婚，另一种是自身有其他毛病或缺陷，比如肢体残疾。此时男性可以选择娶二婚的，花的钱也会比头婚的少一些。

（2）家庭——门当户对

乌苏村村民认为结婚要讲究门当户对，即双方的家庭经济条件彼此要差不多。门不当户不对，条件差的一方就不敢去提亲，因为在婚姻中光是条件好的家庭拿的礼品、给的东西条件不好的家庭就陪衬不起，同时也会被对方看不起。例如，在村民看来，中农和富农就不适宜做亲家，因为在人情往来中中农能拿出的礼品或礼金与富农不在一个水平，中农家有事了富农随的礼多，但等到富农家有事了中农可能拿不出与对方同等的礼。在村落内，中等家庭有娶穷人家女儿的，但地主、富农人家很少会娶穷人的女儿，除非是纳小妾或者强娶。

（3）长相条件

不同条件的家庭，对长相的要求也不一样。财主家的儿子娶媳妇会挑长相好的、聪明的女孩，生出的后代一般也不会差。普通和贫穷家庭娶媳妇，大部分不要求长相太过好看，"种地种洼子，娶媳妇娶疤子"，在村民看来，娶不是特别好看的媳妇放在家里安全，会省去很多麻烦。

（4）婚姻做主——当家人说了算

子女结婚时，如果是独立的核心小家庭，子女的父亲当家，那么子女的婚姻就由父亲说了算，但父亲会与母亲商量。如果是在一个扩大家庭内，子女的父母不是当家人，那么子女的婚姻不再由父母说了算，而是由当家人来决定。比如，家中是子女的爷爷当家,那么对于子女的婚姻,奶奶会过来与子女的父母商量,直到双方意见一致,具体的操办则由当家人出面。如果子女的父母不同意,一般情况下婚难结成;反之,如果子女的父母同意而当家人不同意,婚也同样难结成。

3. 婚前仪式

(1) 唬面——"女的怕瞅,男的不怕瞅"

唬面,即见面。婚前的第一步即是男女双方先见面,此时的见面不是公开的。"女的怕瞅,男的不怕瞅",在见面时,先由女方的邻居或者同伴将女方叫到自己家里,等男方在介绍人的带领下来到后,介绍人会问家里的家长在不在家,而不问女方或者女方的同伴在不在家。在这一过程中,介绍人会给男方指认要见面的对象,男女双方也都会彼此看一眼但不会交流,如果男方觉得女方可以,回去后就提亲。唬面不需要经过女方家长的同意。

(2) 应媒人

在提亲前,男女双方首先要请媒人,一般由男女双方各请一个或者男方请两个。所请的两个媒人要能和男女双方说得上话、办得了事,可以是自家亲戚,也可以是村落内和自家关系好的人。男方所请的媒人和女方不熟悉,媒人会主动提出让女方或者男方另请一个与女方熟悉的媒人。通常情况下,没有女方请两个媒人的现象,因为这样会让他人觉得女方可能有什么毛病急着要嫁出去。

因为结婚会银钱过手,请两个媒人一则可以相互监督,防止某个媒人从中作梗,二则媒人可以相互证明,避免日后结婚双方出现银钱纠纷怪罪到媒人头上。

(3) "定话之后三节礼"

男女双方都同意并请好媒人后,第一节礼即是定话,也相当于定亲。定话的日子由男方请一个会看日子的人[1]来定,看好日子后,不用给看日子的人报酬,可以送些好吃的表示谢意,但在结婚的当天,要请看日子的人前来参加。在礼品方面,男女双方都要给对方一个花馍,花馍上别两枝花,除此之外,男方给女方送的东西还包括给女方买的穿的、用的、吃的等,女方给男方的回礼则少一些,就是一点意思,不能让男方空手回去。

在定话的当天,男方的家长不会去女方家里,而是要找一个"担礼人",担礼人实际上不一定担男方所送给女方的礼品,如果有车,可以用车将礼品送过去。在请担礼人时,优先请男方的男性亲戚,姑父、姨父、舅舅都可以,亲戚中没有合适的,也可以请关系好的邻居、朋友。除了担礼人和媒人之外,还要去一个年龄不超过七八岁的

---

[1] 懂得五行与天干地支,知道结婚双方的属相是什么,与什么合、与什么不合等。

小孩,取长久、喜气之意,此时亲戚家有合适的小孩优先找亲戚家的,亲戚家没有可以找门前邻居家的。到了女方家里后,男方来的都是客人,吃饭时要坐在主位、主方向。

不论是定娃娃亲还是成年婚,定话后,男女双方见了面也不说话,直到结婚后才开始说话。据解仁荣老人讲:"有的夫妻婚后两三个月一起去看戏,在戏台子下有时都相互不说话。"

第二节礼为下帖。只有定的是娃娃亲时才会有这节礼,如果不是娃娃亲,则不用下帖。下帖一般在孩子十二三岁的时候,男女双方各给对方买一些合身的衣服用于出门、走亲戚、看戏等,由媒人带着去给对方送过去,除此之外,不用再准备其他的礼物。

第三节礼为纳礼。纳礼就是下聘礼,相较于定话和下帖更为重要。纳礼时,男方要给女方把结婚穿的衣服都买好,棉的、单的各几身,聘礼也要在当天给女方送过去。传统时期,村民说聘礼都说多少粮食,不说钱,一般是2—4石粮食,条件好的家庭送得多一些,条件不好的送得相对少一些。除了聘礼和衣服外,男方需要准备的礼物还有项圈、耳环、镯子、大银锁(也叫裹爱锁)等。

在纳礼的当天,男方的家长不能去女方家里,将要带的礼物准备好后,由媒人带着准新郎以及准新郎的亲朋好友去女方家里。到了女方家里后,男方所请的媒人要与女方所请的媒人清点礼品的种类及数量,确保没有缺失。吃饭时,两个媒人坐在一起是为贵客,男方来的人也是女方的上客,要坐在主方向。在男方回去之前,女方要给男方回礼,条件好的女方会给男方回大衣、袍子料、棉衣、毛衣等,条件不好的最少要买一个结婚时戴的礼帽。

> 解仁荣老人当年结婚时,媳妇的家庭条件不好,没有给他买礼帽。结婚当天,解仁荣在磕头时故意耽误了一下。女方的执客说"磕头",解仁荣没磕,指了一下帽子,女方年纪大的一个老人说:"对啦,磕头吧。"之后解仁荣继续行礼了。

4. 婚庆仪式

(1) 写帖与请宾客

纳礼之后,男女双方开始准备结婚事宜。此时,首先是写帖,写帖要写三张。第一张称为"全帖",用于请女方的家长参加婚礼,在帖的正上方写"全帖"两个字,帖的内容是"兹定于×年×月×日给小儿完婚（也有写'成婚'的），亲戚朋友都来，宴席设在××（家或其他地方）"，落款是男方父亲的名字，"新亲×××，鞠躬"。第二张帖是"请帖"，用于请结婚时给女方打扮的人，相当于现在的化妆师。第三张帖也是"请帖"，专门用于请女方的亲戚、朋友在结婚时来送亲，如果不写这张帖，懂得礼节的人会说不能去送亲，因为男方没有写这张帖，没有发出邀请。三张帖均由男方来写，写好后装在一个铁匣子里面，将铁匣子用红包袱包着放在食箩里给女方送去。

在将给女方的三张帖送过去之后，男方还要再写一张"全帖"，放在铁匣子里面，将铁匣子用红包袱包着用于请自家的亲戚。一般情况下，儿子结婚要请邻居、亲戚、朋友、本村外巷以及外村和自家关系好的人来参加。如果和村长关系好，农户会请村长来参加，若和村长关系不好或一般，也可以不用请村长。有时候请了村长也不一定来，村长不来不一定会导致双方关系破裂，因为村长事情多，有时候会顾不过来，再次见面村长解释清楚就可以。村长来了之后，如果村长年轻，其会和自己年龄差不多的坐在一起闲聊，相互之间有话说；如果村长年龄大，当事方会主动让村长坐上位，村长则与同桌的人闲谈。

请亲戚、朋友、邻居时，由男方的当家人去请，如果男当家人不在或者家里没有男当家人，可以由新郎去请。在去亲戚家时，男当家人必须带着用红布包裹着的装着帖的铁匣子，到了亲戚家里后其会让亲戚留一张帖，多数情况下亲戚都不会留，而是回话道"到了时间就去了"，如果是请出嫁了的女儿，也要拿着铁匣子，因为出嫁后的女儿是客人而不是家人了，如果新郎堂叔家的女儿已经出嫁，可以让新郎的堂叔转告出嫁的女儿，不用新郎一方亲自去请。请邻居、朋友时不用带装着帖的铁匣子，只需当家人到了对方家里告知一声即可。

（2）迎亲与婚礼

在结婚的当天，乐队吹着唢呐引领迎亲的队伍去女方家里迎亲。迎亲时，男方的家人、亲戚均不去，只有新郎一个人过去。在乌苏村，新娘子结婚要坐轿，在结婚之前男方就要把轿子租好并请好抬轿人，抬轿人多为门前的年轻小伙子。抬轿人一班有4个人，如果两个村子离得远，就要请两班（8个人）或一班半（6个人）。除了抬轿人还要有一个帮轿人，帮轿人多是新郎的哥哥或弟弟，路远了在半路休息或路过一个村庄乐队被拦住要求表演时，帮轿人要拿一个手绢（不能是白色的，多是红色的）垫在轿子下，取意轿子没落地。在出发之前，男方会给抬轿人每人一个小红包，回来之后男方根据当时的行情支付给轿子的主人使用费，费用多是以粮食为计算标准。

在将新娘迎娶回来后，在新郎家的大门前，要在新娘下轿之前于轿子的四周放鞭炮,之后点一把干草火,由门前的全人(儿女双全的人)拿着点着的干草围着轿子转一圈取辟邪之意。一般情况下,新娘身旁有两个"搀女的"[1],为新娘的同龄同伴或者新娘亲戚家与新娘同龄的女孩,新郎身旁则有两个添胭粉的人,手拿放着五谷杂粮的盘,在新娘下轿前给新娘身上洒一些五谷杂粮。新娘下轿后,从进新郎家的大门到入洞房新娘脚不能挨地,即先在地上铺上红布,没有红布有草席的要将席子拿出来铺在地上,一般用两张席替换着铺,新娘穿龙袍戴凤冠,走在席子上进家门。

在进新郎家的大门之前,新娘先要"过彩门"。彩门由两个竹竿搣成,上面缠着干草、绸子。过彩门时,新娘身旁两个搀女的不能过,只能新娘过。进家门后,新娘先换一身衣服,不再穿龙袍凤冠,换好衣服后结婚典礼开始。

举行典礼时,新娘家的主要亲戚包括新娘的父亲、堂叔、舅舅、姑父、姨父等坐在左边(新娘的女性家长不去送亲),新郎家的亲戚包括新郎的父亲、堂叔、舅舅、姑父、姨父坐在右边,因为左为上,新娘家的亲戚坐在左边是为贵客。媒人则坐在正上方。待各方都坐好后,典礼开始,由执客主持。执客吆喝"一拜天地",并念"阔濯"(音近词,相当于现在的结婚证),祈求天地保佑;二拜爹娘;三是夫妻对拜,拜完之后入洞房。在拜天地和父母时,新郎和新娘要磕头,一般只磕一个,夫妻对拜双方鞠躬即可,在拜堂时不拜祖先。典礼过程中,执客会请媒人"说两句",多数情况下媒人都是笑着回道"不说了",但有些媒人也会讲两句祝福新人的话。

(3)请执客与送礼

请执客请的一定是懂礼节的人,对执客的家庭条件没有要求,穷人也可以当执客,只要能当好,财主家请执客也是一样。农户请执客一般先请本村的,如果和本村的执客关系不好或者觉得外村有更好的执客,也可以请外村的。请执客要由当家人去请,请时如果双方之前没见过面,互相都不认识,当家人见了执客要先行个礼,然后告诉执客是什么事情、什么日期。请执客不用带礼品,待婚礼结束后当事方要拿一些好吃的送给执客表示谢意。

在结婚送礼方面,有直接血缘关系的亲戚送得多一些,同时亲戚之间也会相互商量,确保和自己处于同等位置的拿的礼品价值基本相等。例如,姨姨会与姨姨商量,姑姑会与姑姑商量,舅舅会与舅舅商量。血缘关系远的亲戚,带的礼品则会相对少一些。亲戚送礼均是送实物不送钱。在亲戚之间,舅舅的礼品最重,其他亲戚不能与舅舅比,外祖母有时会给自己的外甥准备一套衬衣、一套毛衣等。结婚的新人一方是二婚,另一个方是头婚,随礼跟头婚是一样的标准,但如果双方都是二婚,上礼的标准

---

[1] 新娘顶着盖头,怕新娘看不着路。

会降低。

对于村民来说，同巷农户的子女结婚，要等该农户的当家人请了才能去，关系不好、双方之间没有往来的，子女结婚时就不会去；去的时候由家里的当家人一个人去，其他家人不去。一般在结婚前要给当事方"送喜头"，多是一些糖果、萝卜、鸡蛋（鸡蛋很少）等吃的。结婚当天邻居要上礼，可以是钱也可以是实物，如果是钱，最少要上两毛。邻居上礼时会相互参照彼此的，保证大家都差不多，某个邻居上得多了别的邻居还会议论；但如果某个邻居和当事方关系特别好，上的礼会相对多一些。

帮忙多是当事方的门前人来帮忙，对于帮忙的人，当事方不用给报酬，因为彼此之间都是相互的，等到帮忙的人家里有红白喜事了，新郎或者新娘的家人也会去给对方帮忙。如果门前人有在外做生意赶不回来参加婚礼的，要托家人将礼品送到，但如果礼品和人都未到或者是故意不来参加婚礼，双方之后不会再有人情上的往来，等到对方家里有事，新郎或新娘的家人同样也不会去参加或帮忙，双方之间的关系因此会闹僵。另外，在当事方邀请后，非亲戚群体具体去不去参加婚礼主要看两个方面，一是该不该去，二是能不能去。比如年纪大了，身体条件不允许了，就不应该也不能去了，如果去了，在吃席时其他人会嫌弃，还会说闲话。

（4）记账与礼房先生

在结婚的当天，新郎家会设专门的礼房，礼房内有2—3个先生负责记录新郎家的亲朋好友送的礼品的种类与数量；等到日后亲戚家或者朋友家有红白喜事了，新郎家会以新郎结婚时的礼账为参照。但这不是绝对的标准，如果时间相隔不长，可以给对方付上同等种类与数量的礼品，如果时间长了，送礼的标准整体提升，则不能严格参照当时的记录，而要跟上整体的水平。

礼房先生多为新郎家门前识字的人。请礼房先生不用给报酬，当事方一般会在礼房里给礼房先生准备一些好烟、好茶，事后也不再单独去谢礼房先生。

5. 婚后仪式

（1）回门

在结婚后的第二天，新娘与新郎要一起回娘家，当地也叫"回门"。在男方家里吃过便饭后，早上9点左右，新郎和新娘带着肉、菜等礼品去女方家里。在出发之前，新郎要带着新娘在牌位桌前祭祀祖先，磕头、烧香即可，不用烧纸钱。

回门时，新郎要戴上礼帽，礼帽上插着银花[1]。新郎回门有男伴郎，男伴郎和新郎得是同辈且结了婚的，因为只有结了婚才经历过回门并懂得回门的礼仪。一般情况下，

---

[1] 家庭经济条件一般的插银花，有钱的财主家插的是金花，金花、银花均是新郎的舅舅家给准备。

男伴郎多是新郎的亲戚，亲戚中间实在没有适合的也可以是新郎的同学、朋友。对此，解仁荣老人解释道："有亲戚尽量还是让亲戚当伴郎。"

到了新娘家里之后，新娘的弟弟、妹妹等小辈要给姐夫行大礼，即磕头，意为承认这门亲戚，以后见了就跟外人不一样了，即使新娘的弟弟、妹妹比新郎的年纪大，依然要行大礼。给姐夫行大礼后，由男伴郎将新郎准备的小面值纸币放在木盘里分给新娘的弟弟、妹妹等，保证每个人都能分到。在吃饭时，新郎坐上位，除了新娘的父母、爷爷、奶奶之外，新娘家里其他年纪大的或者辈分高的都不能坐上位。

吃过饭后，新郎先在新娘家的牌位桌前烧香、磕头，敬完祖宗后新郎要给女方的长辈，一般为姑姑、姨姨、父母、爷爷、奶奶等行大礼，也即磕头，磕头只磕一个，均是在牌位桌前磕，不对着长辈本人磕。新郎行礼时，新娘一方的长辈都站在牌位桌的附近，行完礼后新娘家的长辈要给女婿回礼，一般回衬衫、背心等物件。新郎给新娘的平辈如哥哥、姐夫等行小礼，但不用给新娘的弟弟、妹妹等年纪小的行礼，小礼是作揖，平辈回的礼则是袜子、毛巾等小物件。

在行礼过程中，新郎会记着自己行了多少礼，收到多少回礼，如果行的礼多，收到的回礼少，回到自己家里后新郎会给媳妇说。回门时，新娘家的邻居不去新娘家里，去的都是新娘家的亲戚。新郎回到家里后，有时候会给爷爷、奶奶行个礼，不用磕头，意思是今天自己在丈母娘家吃了好的，爷爷、奶奶没吃到，有失偏颇，但不用给父母行礼。

（2）谢媒

在婚礼结束后，媒人的事情就算完成了，"成就一对子，多活半辈子"，媒人做了好事，新郎家要谢媒。在新郎回门后，由当家人带着新郎拿上礼品去媒人家谢媒，礼品一般包括一个绣着马的枕头，一个大圆馍，还有一吊一斤以上的猪肉。新郎还要穿上新衣服，戴上新礼帽。到了媒人家里后，如果媒人的年龄、辈分比新郎大，新郎要给媒人行大礼，即磕头，如果媒人不在家，则把礼品放下不用行礼，并让其家人转告媒人本人。在乌苏村，年龄小的村民一般当不了媒人，此外只要是未结婚的，不论男女，都不能当媒人。

（3）拜巷

结婚后，村里的人有的还不认识新媳妇，因此，新媳妇在婚后十天之内要拜巷，由新郎的嫂嫂或新郎本家其他结了婚的女性带着新媳妇去。在全村的每个巷口、人聚集的地方，爱热闹的人会吆喝一声"新媳妇拜巷哩"，巷里的人就都出来了，然后新媳妇行小礼，即鞠躬。拜巷不用去每个农户家里拜。拜完巷后，村里人都承认新媳妇，也认识新媳妇了，新媳妇便成了新郎所在村庄的人。

（4）悔婚与休妻

在传统时期，农户家的子女在订婚后也存在悔婚的现象，一种是婚前男方拖着不结婚，女方可以悔婚；另一种是婚前一方生病或去世，另一方可以悔婚。如果男方将纳礼已经送给女方，男方主动悔婚后，好说话了，女方会将纳礼退回一部分，不好说话，女方就不退纳礼。

> 乌苏村南巷董浩义的姐姐和同村叫宝娃的人定了亲，之后宝娃出去避难，在半路上碰上部队就入了伍。宝娃家养了一头猪，喂的牲口，准备宝娃结婚时用。后来董浩义家要求结婚，其当家人说："女儿这么大了，再不结婚我们就退亲了。"宝娃父亲回道："再等一年，宝娃回来就结婚。"一年过去后宝娃还没回来，女方19岁了，表示不能再等了，便悔婚了。

结婚之后，如果媳妇对父母不孝敬，或者媳妇在家里懒得不过日子、不下苦，夫妻双方经常吵架闹不和，男方不要老婆了会写一封休书将妻子休掉。

（5）出嫁女儿的地位与称呼

对于娘家人来说，"女儿出嫁是客人"，女儿出嫁后就成了客人了，不再是家人。女儿回娘家看望时，娘家人要"高接远送"，即女儿来的时候要在门口迎接，女儿回去的时候要将女儿送出家门。进了家里后，娘家人会说"你来了啊"，而不会说"你回来了啊"。

同时，出嫁的女儿在出嫁前有一个名字，嫁到婆家后，婆家的门前人不会叫其名字，而是以其出嫁前所在村庄的名字来称呼她。比如乌苏村的女性嫁到胡村，胡村的人会称呼这个女性为"乌苏的"。

6. 其他婚姻形式

（1）续弦

在传统时期，村落内农户的儿子娶的第一个媳妇去世后，如果儿子还年轻，特别是去世的媳妇没给家里生育后代，农户会选择给儿子续弦以传宗接代。但这建立在农户的家庭经济条件允许的前提下，如果家里太穷，农户也没办法续弦。续弦要经过家庭当家人的同意，当家人不同意则不能续弦，即使结婚了当家人也不会让续弦的媳妇进家门；如果是当家人的老婆去世了，当家人想娶哪个娶哪个，不需要经过其他人同意。

续弦时，家庭经济条件好的农户会给儿子操办得跟结婚时一样，家里没钱的农户只是用车把媳妇接回来，进门时在门前点一把艾草让媳妇过个门就可以了。如果女方坐轿，轿门的门帘得是揭开的，不同于头婚时新娘轿门的门帘是垂下的。若续弦时娶的媳妇是外村的，则不能等到轿子抬到男方家门前女方才下轿，而是在进了男方所在村的村门后女方就得下轿走到男方家里。

在丈夫去世后，续弦所娶的老婆即使没有生下孩子也能分到一份家业；如果生的是女儿，女儿不能参与分家，如果生的是儿子，儿子可以分到一份家业。续弦的老婆所生的孩子与前妻所生的孩子在家里的地位是一样的，均能平等地参与分家和财产继承，如果续弦的老婆生的孩子有能力，也可以当家。续弦的老婆去世后可以进祖坟，下葬时前妻在左边（上位），丈夫在中间，续弦的老婆埋在右边。

（2）纳妾

村落内的居民称纳妾为"娶小老婆""娶小婆子"。民国时期，村落内有钱的财主家会纳妾，所纳的妾多是年轻貌美的女性；家里没钱的农户可能连自己的家人都养活不了，因此其不会纳妾。纳妾要经过当家人的同意，当家人不同意，所纳的妾进不了家门，如果是当家人自己要纳妾，则没人挡得住，也不需要经过其他家人的同意。乌苏村的富农高天德、李炎天都纳过妾，在纳妾时，二者均是自己家庭的当家人，家里人没有敢阻挡，即使是高天德、李炎天的大老婆也挡不住，有意见也不能说出来。

纳妾时，讲究的人会要求双方的属相不能冲突，例如属鸡的与属狗的不合，属牛的与属虎的不合等。纳妾不举行仪式，由男方将聘礼给女方送过去，再请女方的娘家人吃顿饭就算完成。

丈夫去世后，分家时妾不能参与分家，其只可以拿走自己娘家给的东西和丈夫专门买给自己的东西，不参与公共家产的分配，因为村民认为妾"没理"，主持分家的分事人也会觉得妾来了是破坏家庭。在妾死后，其可以进祖坟，当地有一种说法叫作"一个男人跟前可以埋几个女人，但一个女人跟前不能埋几个男人"。

妾生了儿子，其所生的儿子可以参与分家，男孩在世是家里的人，去世是家里的鬼，可以顶门立户。正房没有生下儿子，妾生下了儿子，丈夫的家产则由妾的儿子继承，妾在家庭中的地位也会大大提高，分家时正房可以拿走自己的嫁妆，由妾的儿子赡养正房。若妾的儿子拒不赡养正房，由本家的长辈出面调解，调解不成功可以找村长出面调解，村长调解不成双方可以去打官司。妾生的是女儿，女儿不能参与分家，因为女儿长大嫁人后成了别人家的人，不再是丈夫家的一员。

（3）换亲

村落内的两户家庭，其中一户生的男孩多，另一户生的女孩多，这两个农户可以互相交换一个孩子，女孩直接给对方的男孩当媳妇，男孩直接给对方农户当儿子，且不用出彩礼。一般情况下，换亲多出现于关系好的朋友之间，因为亲戚之间换亲在血缘上不允许。换亲要经过双方父母同意，任意一方的父母不同意换亲都无法进行。

（4）入赘

据董德顺老人讲述，在1949年之前，如果农户家里只有女儿，没有儿子，农户会选择给女儿入赘一个女婿。如果家里有两个女儿，一方面家长会根据家庭的情况决定给哪个女儿招婿。父母年纪大了，一般情况下会给大女儿招婿，因为招来的女婿马上可以填补家里劳动力的欠缺；若父母年纪尚轻，会给小女儿招婿，大女儿可以正常出嫁。另一方面，家长也要看女儿的意见，即哪儿女儿愿意出嫁，哪个女儿愿意招婿，家长的意愿与女儿的意愿要结合起来，如果双方意见不统一，最终要听家长的。

农户招婿的对象多为家里有多个儿子，但又承担不起给每个儿子都娶媳妇的家庭，如果农户家中只有一个儿子，则不会将唯一的儿子入赘给他人。在入赘时，双方家庭之间不能有血缘关系。

入赘后，女婿可以不改名，但要换姓，日后所生的孩子也要随女方的姓氏。当女方的父母年纪大了后，入赘的女婿可以成为当家人，在家中的地位大多数情况下也比较好，因为女方家庭原本没有儿子，会有一种稀罕的情分在里面。入赘来的女婿可以进祠堂拜祖先，在去世后也可以进祖坟、上牌位并写进族谱或家谱，但在族谱或家谱上，一般称呼其为义子，不称其为爱子。

在养老方面，入赘给他人的儿子不再负有对亲生父母养老送终的义务，但有尽孝的义务，即可以帮助亲生父母吃得好一些、穿得好一些。亲生父母生病了，入赘给他人的儿子如果家庭经济条件好可以出一些医药费，出多少看其个人的心意，如果家庭条件不好也可以不出。同时，其不能参与原家庭的分家与财产继承，若亲生父母特意留了一份财产给入赘出去的儿子，这个儿子的其他兄弟同意，其可以得到这份财产，但如果其他兄弟不同意则得不到，发生纠纷后一般先找本家的亲戚如舅舅、堂叔来调解，不找外人。另一方面，入赘来的女婿不孝顺，不给女方的家长养老送终，女方可以找舅舅出面调解，家人、亲戚调解不成功，则可以找村长或闾长，但若村长、闾长也调解不成，女方有时会选择给女婿一些钱，让其出户，所生的孩子由女方家庭来抚养，双方之间不再有姻亲关系。

（5）童养媳

在解放（1947年）以前，乌苏村内有童养媳。据董德顺老人介绍，土地改革时村庄农会主席冯震的老婆就是童养媳。但是村落内的村民没有将自己的女儿给别户人家做童养媳的，村落内的童养媳多是山东、河南遭了灾后逃难过来的人家的女儿。

就村落内部来说，一般是家庭经济条件不好，家里的孩子娶不下媳妇的家庭会找童养媳。相应地，童养媳的丈夫年龄不是很大就是很小，因为婆家的经济条件不行。一种是儿子大了讨不下媳妇，找个童养媳，等其长大了给儿子当媳妇。另一种是儿子还小，但父母担心以后给儿子找不下媳妇，又看中一个讨饭的小女孩，小女孩也没啥毛病，愿意掏一些粮食把小女孩买下，在家里养着，等养到15—17岁和自家儿子结婚。

童养媳在其四五岁的时候就被婆家买回来，通常情况下一个童养媳只需花二三斗麦子，一斗是30斤。因为凡是卖女儿给他人当童养媳的，一般是马上就吃不上喝不上的穷苦人，相应地价钱相对就低一点。

将童养媳买回来后，童养媳在婆婆家里给婆婆跑腿，跟着婆婆烧火学做饭、学蒸馍、学做针线活、纺棉织布等等，收麦子的时候还要去地里帮忙割麦子，"婆婆就跟娘家母一样，要把童养媳当作自己的亲生女儿一样来教，让孩子成人，什么活都会做"。童养媳所有的吃穿用度都由婆婆家负责，婆婆平时也会给童养媳零花钱用于买些针线，如果家庭经济条件紧张了，就不再给零花钱。家里的事务由公公、婆婆商量决定，有时候会给童养媳说，有时候就不说，比如家里盖房子、买牲口、添置农具等，童养媳都可以知道，也可以参与，公公、婆婆不说的事情童养媳自然就不能参与。

婆家把童养媳养到14岁以上就可以和自家的儿子结婚了。结婚时，婆家请村里会看日子的人挑一个好日子，然后在结婚的前一天下午将童养媳送到男方的姑姑家或舅舅家，结婚当天轿子从男方家里出发去迎亲，把新娘子接回家即可。男方家庭要通知亲戚、朋友、同巷人，并在家里摆上酒席宴请大伙，以让大家知道自家的儿子结了婚。吃席时，新郎和新娘要"拜席"，即让新娘认姑姑、姨姨、舅舅等亲戚，亲戚所带的礼物也跟正常结婚时一样。婚后童养媳就算是正房妻子。在结婚的第二天，新娘和新郎要带着礼品去新娘上轿的家庭，算是"回门"。和正常结婚相比，娶童养媳一是不用定亲，二是不用转嫁妆，三是不用请童养媳的娘家人，因为童养媳大多是买的外地的，婆家就不知道童养媳的娘家在哪儿，也联系不上。

公公、婆婆对童养媳不好，虐待童养媳，娘家人知道了会找过来，"这有人管呢嘛，这是我的女儿，你还能随便打骂呀？"是公公、婆婆的问题娘家人就跟公公、婆婆讲道理，是自己女儿的问题，娘家人就给公公、婆婆说女儿怎么不对，错在哪里，但要求不能打女儿。有时候为了不"扯破脸",将关系闹僵,娘家人会找婆家的长辈如姑父、姨父等亲戚来调解,这时哪个亲戚都可以找,只要和童养媳的婆家关系对劲,能说得上话就可以。一般不找村长、闾长来调解,因为这是家事,内部解决就可以,找村长、闾长,越吵越大,知道的人越多越丢人。如果童养媳没有娘家人或者不知道自己娘家在哪儿,"那挨打就挨打了,受骂就受骂了"。边上的巷里人看不顺眼了,觉得不合理了,有时候也会来劝解:"怎么能让娃这么惜活(可怜)呢?娃和咱儿子把女儿、儿子都生下了,怎么对娃就能这么不好呢?舍不得让娃吃,舍不得让娃喝,你把娃给轧(虐待)得这么厉害是要怎么呢?将心比,是一理,若要知道,打个颠倒,要是你当了童养媳你想怎么被对待呢?"多数情况下劝解都有效果,若劝解不成功,可以找亲戚来调解。

如果童养媳的娘家有事情需要帮忙或父母生病,童养媳可以回娘家,回娘家后待的天数没有具体限制,只要把事情忙完或者照顾生病的父母一段时间就得回婆家。回娘家之前,童养媳一般先是跟自己的丈夫商量,然后再去跟婆婆请示,如果跟婆婆请示有困难,丈夫也会在边上帮忙添话,只要婆婆通过了就可以回娘家了,不用再给公公说,因为婆婆会转告公公。娘家家里有事了,娘家人有时会主动过来接自己的女儿,如果娘家人没过来接,就由媳妇的丈夫去送,婆婆、公公不去送。通常情况下,若是媳妇的娘家真有事,婆婆会让媳妇回去,如果婆家坚决不允许媳妇回娘家,媳妇就回不了。要是媳妇偷偷跑回去了,容易导致自己和丈夫吵架或与公公、婆婆吵架,但不会有体罚,因为村落内的普通家庭都没有家法。不知道自己娘家的童养媳,自然也谈不上回娘家。

(二)丧葬习俗与关系

1. 去世

在农户家中快要去世的人咽气之前,门前的人(邻居)知道了会主动来农户家里等待死者咽气。如果邻居不知道,就由家庭的当家人去请,一般是请相互之间没有矛盾、关系好的邻居,如果有矛盾,则不会请。去请邻居时,当家人不用带任何礼品,也不用给任何报酬,邻居知道后都会放下手中的活马上到将要去世的人的家里。等到咽气之后,过来帮忙的邻居要给死者穿"老事衣",也即寿衣。穿老事衣按照从头到脚的顺序,先戴帽子,之后穿上衣,最后穿裤子和鞋子。在给死者穿好老事衣后,要给死者剃头、洗脚,这些均由邻居中年纪大的、经历过此类事情的人来操办,因为其相对有经验。

在给死者收拾好后,在死者家房屋主房的正中间要摆放两个长凳子,用一块木门板将死者从床上或炕上抬下来，然后放到两个长凳子之上，在死者头部的正前方放一个木制的衣架[1]。衣架上面糊三张白纸，下面糊四张白纸，且下面的纸要吊得长一些，保证站在衣架前的人看不到衣架后面的死者，之后在衣架前的献桌上摆上香炉、蜡台。在用门板抬死者下炕时，死者的家属要提前跪在长凳子的两旁，由前来帮忙的邻居抬死者，等门板放好，点蜡、烧香、烧纸。下葬之前，死者灵前的香和蜡不能灭，烧完就要接续上，并在每天的天黑之前由死者的直系亲属烧纸。

2. 报丧

报丧由死者家庭的当家人来安排，如果去世的是家庭的当家人，由死者的儿子来安排，死者的儿子还小，则由死者家中或家族中其他年纪大的人来安排。负责安排报丧的人要知道死者每个亲戚的姓名及住处，确定好人选后，按照路线来安排报丧的人，并由死者的家庭发给报丧人每人一顶白帽子。

前去报丧的都是同巷内的门前人，一般为2—3个，如果死者亲戚少，一个就可以。报丧的人家里有车子的骑车子去，没车子就步行，在进到死者的亲戚家里之前，报丧的人要戴上白帽子或者将白帽子拿在手里，保证进门之后死者的亲戚能看得到白帽子，一般死者的亲戚看到白帽子就知道是报丧的人来了。

男性死了，要给死者的舅舅家报丧；女性死了，要给女性的娘家报丧。此外，不论是男性还是女性去世，都要给死者的姑姑、姨姨、姐姐、妹妹、哥哥、弟弟等三代以内的近亲报丧。报丧时，亲戚之间没有先后顺序，前去报丧的人会按照预先安排的路线来报丧，并在报丧的同时告诉亲戚死者合棺的日期。

死者去世后，不用给村长报告，但在下葬的当天一般要请村长前来参加，由死者家庭的当家人提前去请。抬丧人（即抬棺材的人）都是门前年轻的、关系好的邻居，如果邻居在外做生意，家里人也会捎信让其在死者下葬的当天赶回来抬丧，这些邻居一般也都会赶回来，因为村民有一种信念，即"我死了也要靠别人给我抬"。抬丧都是人情，不用给任何礼物和报酬。

3. 吊纸

死者去世的当天，要在死者家的大门上挂讣告布，讣告布上左边写死者去世的日期，中间写"公故＋死者名字＋享年××岁正寝（若死者为女性，则写内寝）"。挂讣告布遵循"男左女右"的原则，死者为男性，讣告布挂在大门的左边，死者为女性，讣告布则挂在大门的右边。在讣告布之下，要挂上"岁数纸"，岁数纸多为白色或米黄色的纸张，且数量要比死者去世时的年龄多一张。村落内的居民看到挂的讣告布和岁

---

[1] 专门用于丧事的衣架，不是现代意义上晾衣服的衣架。

数纸后，就知道这个农户家有人去世了。

4. 吊丧

在给亲戚报丧之后，近处的亲戚要在知道消息的当天来死者家里吊丧，在外做生意的亲戚最晚要在死者下葬的当天赶回来。离得远的亲戚如果在收到报丧的当天赶不到，则要在三日合棺之前来吊丧，多数情况下，外村的、离得远的亲戚都会在第二天赶来吊丧。死者出嫁的女儿前来吊丧时，进村后一进巷门就开始哭，当地称之为"哭巷"，听到哭声邻居就知道是死者的女儿来了，死者的女婿一般不哭。到了死者灵前，如果和死者是同辈，不用磕头，只用烧两根香、作一个揖即可；但若是死者的晚辈，则要先烧两根香，之后作一个揖、磕四个头。除了死者家的亲戚之外，死者门前的邻居、关系好的外巷人会主动来死者家里吊丧。邻居吊丧时不用行礼，哭几声就可以，关系特别好的邻居也可以磕四个头，烧两根香。

亲戚和邻居来吊丧时孝子要回礼。回礼由献桌旁的理事来主持，理事一般是同巷的、同间的或者同村的，不会请外村的，且不一定是村长或间长，关键是要懂得礼节。回礼时，理事会吆喝跪在棺材尾部的孝子出来，每次只出来一个孝子，不论吊丧者是谁，孝子都是磕两个头，相互之间没有差别。

5. 合棺与打墓

在乌苏村，村民多奉行"三日合棺"，即在死者去世的第三天中午12点左右，要将死者的棺材盖用铆钉钉死。负责钉棺材的合棺人多为村落里的木匠。在合棺的当天，死者的家人要给合棺人一顶白帽子和几尺红洋布，合棺人用的钉子、斧头要缠上红洋布，取辟邪之意，对此，董德顺老人解释道："缠红洋布对合棺人和死者的家人都好。"合棺人多为前来帮忙的邻居，不用专门去请，但死者家庭的当家人要提前给合棺人打招呼，事后不用给合棺人任何报酬。

合棺后死者的家属开始安排打墓，即给死者挖墓穴。死者的坟地由阴阳先生来选址，多选在死者自家地里。即使坟墓所在的土地正好被卖掉了，农户依然可以将死者葬到卖掉的地里，此时"死者为大"，买地的一方也不能有意见。若坟墓占用的是死者某个儿子的土地，这个儿子不会有意见，之后还要负责照看坟墓，保证其不被盗挖，不被水冲，并在坟墓破损后及时修复。

打墓的人均为死者家的邻居，不用给报酬，但要给打墓人准备一些点心、烟、酒等，饭也要准备好饭。"天下棺，七尺三"，墓穴一般深九尺五（该深度为受污老人说法，存疑），长七尺三，墓穴下开窑的方向由阴阳先生决定。"棺材多大，窑开多大"，所开的窑口要保证人和棺材能进去，但也不能太宽，否则墓穴里面容易进水。如果死者的配偶之前已经去世，打墓时不再另挖新墓穴，将死者配偶的原有墓穴挖开即可。

6. 待客

（1）跑堂的与执客

在合棺之后、下葬之前，死者家庭的当家人要去邻居、朋友、亲戚家告知对方具体的下葬日期并邀请对方前来参加，去邀请时不用带任何礼品。在下葬的当天，本巷和死者家庭没有矛盾的邻居以及外巷关系好的人都会早早来死者家里帮忙，若邀请了村长，村长也会来参加，死者家的亲戚来了之后不干活，主要是邻居、朋友帮忙。帮忙的人分为跑堂的和普通的帮忙人。跑堂的有专门负责的事项，比如吃席时的端盘、倒茶、拾馍等，一般有6—8个，且在一天之中都要到位。外村来的死者的朋友不能当跑堂的人，否则会被外村的人认为死者在村里的为人不好以及死者村落里的人不好客。普通的帮忙人则有活就干，没活就歇着。

执客，也称治事人，负责总筹死者的丧葬事宜。执客的具体人选由死者的当家人来确定，多为本闾的闾长。当然，除了闾长之外，也可以是本村内和死者的家人关系好、懂得礼节、能办得了事的人。执客只有一个。丧事方案由执客与死者家庭的当家人商量。

（2）丧宴与谢人

在1949年之前，村落内的农户举办丧事的规模以其所开宴席的桌数来衡量。有钱的财主家的丧事规模会大一些，一般开四五十桌席，普通农户家的丧事规模相对小一些，一般开二三十桌席。当地村民又称"吃席"为"吃摊子"。传统时期，丧事宴席上的菜品多为七个碗，分别为红烧肉、白里肉、丸子、马莲、烩菜、豆腐和杂粮。做菜的"大师傅"要与死者家庭的当家人在合棺之后商量吃什么菜，经后者同意后由后者安排其他家人去买菜品。厨师准备菜肴，一般五桌席一个厨子，一个厨子的工钱为打一天短工的工钱，也即三升麦子。

丧事办完后，死者家庭的当家人要谢执客，一般是拿点心、烟、酒等去谢，不用给钱。前来帮忙的邻居不用谢，因为以后邻居家里有事了死者的家人也会去给邻居家帮忙，打墓人、抬棺材的人也都不用谢，均为彼此之间的相互帮忙。另外，当地村民办丧事一般不请道士。

7. 戴孝

在死者去世之后、下葬之前，死者的儿子要头缠白手巾，且白手巾的一头要吊到儿子的腰部，腰里缠粗麻绳，穿白衣、白裤、白鞋，长子与次子之间没有区别，因为都是死者的儿子。死者的女儿要戴用麻做的眼罩，腰缠细麻绳，头上披的也是白手巾，白手巾的一头要吊到背部，在下葬回来后，要等门口散馄饨的人把她的白手巾的头绑上来女儿才能进家门。死者的外甥、侄子、女婿等晚辈要将头上顶的白手巾缠起来，不能有吊的部分，全身穿白，即白鞋、白裤、白上衣。死者的同辈则只需头顶白手巾，穿不穿白衣服都可以。总体上来讲，与死者的血缘关系越近，孝子戴孝越重。

死者的家人戴孝要戴三年，其他旁系亲戚则在下葬之后不再戴孝。三年期间，孝子或穿一双白鞋，或在胳膊上绑一个写"孝"字的白条或黑条，不用每天都穿着孝服，除此之外可以喝酒、理发、结婚等等，平时也可以去邻居家里串门。过年期间，除正月初二（正月初二在当地为鬼节）之外都可以去邻居家，也可以走亲戚。在第三年的农历七月十五，死者的家人到死者坟前把孝服脱掉穿回便衣，之后用红布将孝服包裹起来，到了家门前将红布包裹的孝服隔着墙扔进家，而不能拿着进家门。

8. 出殡

三日合棺，七日出殡，死者要在家里过头七，并在去世的第七天下葬。下葬的当天，如果死者为男性，必须等死者的舅舅家到了才能开始葬礼，如若死者为女性，则必须等死者的娘家人到了才能开始办葬礼。

（1）祭献

在下葬的当天，死者的亲戚要在死者的灵前祭献。死者的女婿以及舅舅家均要准备食盒，也称食箩，里面一般装有花馍、猪头、麻花等吃食。此外，家庭条件好的其他亲戚也会抬食盒，家庭条件差的则只挑个条盒，里面装的东西少且价值也相对较低。将献品摆上献桌后，祭献时和死者是平辈的不用下跪，作揖后在献桌旁摆放的椅子上入座，死者的晚辈如外甥、女婿、侄子等要在献桌前下跪，先作一个揖，之后磕四个头，起身之后再作一个揖，然后跪在献桌前。此时，富裕农户会点一出戏或者让乐队吹一段唢呐，贫穷的农户则不点戏也不吹唢呐。亲戚祭献后，孝子要出来回礼，即磕头，不论是什么亲戚，都只需回礼磕两个头，回礼时，先是死者的儿子辈出来，儿子辈轮完后孙子辈出来，女性不能出来回礼。出来时，孝子从棺材的右边出来左边回去。

（2）点主

村落内有钱的财主家的老人去世后，间隔两三代会给去世的老人点主，点主即是点死者牌位上"×××父君之神主"的"主"字上那一点。点主时，死者必须是手上的事情都完结了，即儿女都结婚了，死者的父母也都下葬了，但凡有一样未完结都不行。在下葬的当天，吃过早饭以后由有官职的人如县长、举人之类为死者点主，点主的时候祭桌旁的理事要念祭文，祭文主要讲述死者的生平。点主者由死者的儿子去请，去请时要带酒、烟、点心之类的物品，双方之间关系好也可以不带。点主所用的材料可以是朱砂，也可以是死者长子的血，如果是用血点，长子只需将其手咬破或者用针扎一下出一点血即可。点主完成后，死者的儿子要谢点主的人，去时依然是带些好吃的，不用给钱。

（3）抬棺

在将死者往地里送时，负责抬棺的人均为死者同巷的邻居，孝子不抬棺，如果去地里的路途较远，中间要有人换着抬。抬棺的人均是相互帮忙，不用给任何报酬，但从地里回来后要管抬棺的人吃一顿饭。另外，在家里起灵时，死者所属的间里面的锣鼓要敲着。在此，董德顺老人给我们讲述了这样一个故事：

> 乌苏村的邻村解槐村有一个叫曹古根的人，弟兄三个都在外面做事。同巷、同村的人去世后，弟兄三个从未赶回来给死者抬过棺，也没有给村里做过什么贡献。等到曹古根的父亲去世了，村里没人给其父亲抬棺。最后，曹古根家的亲戚将孝服脱了，和孝子一起将棺材抬着送到地里。

（4）出殡队伍

在邻居将棺材往抬棺材用的架子上放的时候，孝子要提前跪在家门外候着。棺材在家里一起灵，死者的长子要摔碎死者灵前烧纸的灰盆，如果死者的大儿子去世了就由大儿子的长子摔，如果大儿子没有儿子，则由死者的次子摔。死者的牌位也由死者的长子拿。凡是死者的直系亲属都要拿孝棍，旁系的亲属不拿孝棍。

在出殡队伍中，走在最前面的为死者的长子，后面依次为死者的次子、三儿子，儿子辈后为孙子辈，孙子辈后为重孙辈，且女性全部走在男性的后面。死者的同辈可以走在队伍的后面，将死者送出村后即可返回家里，若身体好也可以送到地里，死者的晚辈则全部要将死者送到地里。等到邻居、朋友将墓穴填好后，孝子要跪在坟前，将拿到地里的纸扎品在坟前全部烧掉。

9. 葬后仪式

（1）出墓

下葬后的次日为出墓的时间。出墓时，死者的直系亲属都要去地里，穿着孝服，拿着孝棍，并且要将下葬当天留的纸扎拿到坟前烧掉，其中男性拿圆筒状的财幡，女性拿元宝状的阔幡，下葬当天献桌上的"靠山"（也是一种纸扎）也要一并烧掉。在将纸钱、纸扎烧完后，男性按照顺时针的方向围着死者的墓转三圈，女性按照逆时针方向围着死者的墓转三圈，之后依照"男左女右"的原则将孝棍插到死者的坟上。

（2）送饭与牌位

死者下葬后，算上下葬的当天，死者的儿子要给死者送三天的饭。下葬当天，从坟地回来后，由死者的长子拿着提盒，里面放上面条，和死者其他儿子以及孙子赶在天黑之前到坟前磕头、作揖，并在死者的坟尾竖着摆四个土砖、横着摆两个土砖充当饭桌。在此过程中，孝子从家里出发时不哭，但送完饭进到村里后要哭直到进了家门。送饭第二天送面汤，送到半路，由孝子朝着坟地的方向将面汤倒掉。第三天下午送茶水，出了村，朝着坟地的方向将茶水倒掉即可。三天送饭期间，每次送饭前要在死者的牌位前烧香，送饭回来后也要烧香，烧香烧两根。

出丧完之后，有带抽屉的牌位桌子的家庭会将死者的牌位按照辈分放到牌位桌上，没有牌位桌的则将牌位放在一张只有四条腿的单桌上。牌位桌一般置于主房的正中间，桌子上的牌位多数情况下只保存三代，第四代人去世后，晚辈就将三代之外的祖先的牌位在清明节时埋到死者的坟上或在死者的坟前将其烧掉。有条件的家庭最多会保存五代祖先的牌位。

（3）三七

三七时，死者的女儿要做一个名为斗篓的纸扎品，并在斗篓里面放上用纸做的金条、银条、银圆、冥币等。在三七的前一天死者的女儿要赶到死者家里，如果前一天来不了，要在三七当天的天明之前赶到，然后穿上孝服，在死者牌位前烧香、磕头，并在天明之前到死者坟前将斗篓烧掉。从坟地回来后，女儿在死者家里吃一顿饭。如果死者没有女儿，斗篓由死者的儿媳妇准备，如果有多个儿子，则由死者长子的媳妇准备。

（4）五七

五七是死者去世后的最后一个仪式，等到五七的时候，死者的女儿要准备一种形状为柜子的纸扎品，柜子的两边写"外挂黄金锁""内藏白玉珠"，上写"取之不尽"。柜子要有四个抬柜人和一个押柜人，抬柜人在世时都得是厉害、没人敢惹的人，村民认为这些人抬上保险，押柜人在世时则得是当官的。除此之外，还要准备一篇写给阎王爷的祭文，祭文谁写都可以，家人不会写的可以请本村有文化的人来写。同样，柜子也要在五七当天的天明之前在死者的坟前烧掉。如果死者没有女儿，由死者的儿媳妇准备柜子，如果有多个儿子，由死者长子的媳妇准备。

另外，不论是三七还是五七，均是死者的直系后代例如儿子、女儿、孙子参加，死者的旁系亲属不再参加。在死者去世的第一年过年时，死者家里的大门上不能贴红对联，但可以贴灰色、蓝色、米黄色的对联或者选择不贴。

二、节庆习俗及关系

传统时期，春节是乌苏村村民过得最为隆重的节日。除此之外，村民主要过的节日还包括端午节、中秋节、寒衣节、元宵节等。清明节由于在前文的相关内容中已有叙述，在此不再重复。

（一）春节

在每年农历的腊月二十三以后，村落内的农户就正式进入准备春节的状态。对乌苏村村民来说，春节从正月初一一直延续到正月初五，初五以后，村民可以继续走亲戚，春节的节日活动也会继续举行。

1. 过小年

腊月二十三过小年，灶王爷"上天言好事，回宫降吉祥"，家里要"齐人"。在腊月二十三这一天，不论是新娶的媳妇还是新出嫁的女儿，都要回到婆家，在外做生意的家人也要在腊月二十三之前赶回家里，在这天不祭祀祖先，只拜献灶王爷。"腊月二十三之后，村民的力量、思想就集中在过年上了，给家里大扫除、蒸馍馍、写对联、置办年货等。"在腊月二十三之前，村民会置办一些短时间内不怕变质的年货，即食性的年货置办得早了，村民担心其还没到过年就坏掉了。

2. 熬寿与吃年夜饭

在"月尽"，也即除夕的当天，吃过中午饭以后村民就开始着手贴春联，春联一般为红纸黑字，村庄内没有不贴春联的农户。如果农户家中有人去世，贴的春联的纸张颜色为米黄色或者灰色。

在除夕的晚上吃年夜饭时，如果是未分家的大家庭，全家人一起吃，如果已经分家，则每个小家庭各自吃。农户吃年夜饭不请家人之外的其他亲戚，即使与其他人住在同一个院子里面，也不会邀请对方来家里吃，"年夜饭都是各吃各的，就是分家后的兄弟也不会在一块吃"。年夜饭上，一般先吃几个凉菜、热菜，喝点小酒，等到饺子煮出来后，家里的女性或男性长辈先用两碗带汤的饺子在牌位前祭献祖先，祭献完毕后再给家人盛。年夜饭由婆婆和媳妇一起做，男性不参与，如果婆婆年纪大了，就由家中的媳妇独自来做。

吃完年夜饭后，村民并不急于去睡觉，而会"熬寿"。熬寿时全家人都要参加，彼此坐在一起聊天，并最早要等到12点以后才能睡觉，熬得晚的会熬通宵，当然，婴儿不参与熬寿。除此之外，"初一十五，点鞭放炮"，在正月初一的凌晨12点村民都要在家中放鞭炮，凌晨没放的则在初一早上起床后放，正月十五的晚上一些村民也会在家中放鞭炮。

3. 祭祖与敬神

过年祭祖从除夕晚上开始一直持续到正月初五，在此期间，每天吃午饭和晚饭的时候农户都要在家里祭祖，不去地里。在除夕当天晚上，家庭的当家人会将牌位桌上清理抹洗干净，摆上"献供"，献供一般为麻花、馍、糕点、枣山等，等到饺子煮熟后用饺子与献供一起祭拜祖先。在除夕晚上第一次祭祖时，要"交表"，"表"是一种方形的灰黑色纸张，长宽各为20厘米左右。交表烧三张表，除此之外，还要烧一些灰色、蓝色、黑色的纸张以及鬼票子（也即冥币）。在正月初一至初五中午祭献时都不烧纸，只需由一个家人用饭食祭献并烧香、磕头即可。在正月初五的晚上，祭祖的仪式与除夕晚上一样。

正月初一凌晨四五点的时候，村民就起来煮好饺子准备敬神。敬神时，先敬天地，接下来敬灶王爷、土地爷与财神爷，这三者没有固定的先后顺序，先敬谁都可以，敬神多是家中的女性长辈来敬，不需要全家人参加。敬天地时，村民在院子里摆一个供桌，上面摆上供品，一般是麻花、馍。敬完神后在院子里点上干草（干草由谷秆和柏树枝组成），全家人都出来烤火，祈求消灾免难。有时长辈在敬天地，晚辈就在边上把干草点上，待长辈敬完神后一起烤火。

4. 拜年

正月初一吃过早饭（一般是饺子和大白馍）后村民开始拜年，拜年不用带礼品，空手去即可，在路上碰见人彼此会相互说"过年好，恭喜恭喜"。在空间范围上，村民拜年都是在村落内拜年，不会跑到村落外去给外村人拜年。

拜年时，初一早上全家人先在祖先的牌位前磕头，之后家中的晚辈在牌位前给家中的长辈拜年，比如小孩给父母、爷爷、奶奶拜年，给长辈拜年只需给每个长辈磕一个头，且不对着长辈本人磕。给家中的长辈拜完年后，当家人会领着晚辈到本家族的其他成员家拜年。到了对方家里后，先敬祖先，给牌位磕头，此时不用带任何烧纸、香等祭品，敬完祖先后按照辈分，依次给长辈在牌位桌前磕头，同样不对着长辈本人磕，平辈之间只作揖就可以，不用磕头。磕头只需磕一个，长辈在小孩起身后会给小孩压岁钱以及一些好吃的，平辈之间相互问候。如果和本家族内的某个家庭关系不和，就不去对方家里拜年。村民拜年一般拜五服以内的亲戚，出了五服的亲戚就不来往了。本家族的拜完后去给本姓的拜，给本姓的拜完后去同村和自家关系好的街坊邻居家拜年，进门先说"在家呢啊，给你拜年哩"，就算是拜年了，不用鞠躬也不用磕头。据董德顺老人讲述："以前初一早上巷子里满是人，你到他家里拜年，他到你家里拜年，热闹得就跟赶集上会似的。"

不论是给家族亲戚还是给街坊邻居拜年，村民都是谁离得近就先去谁家。对于村民来说，拜年都是去关系好的家里拜，亲戚之间只要彼此没有矛盾也要互相去拜年，两家之间不对劲，关系不好，则互相不去拜年。村庄内巴结村长、闾长的人会给村长、闾长拜年，不巴结的就不去给他们拜年。

从一个家庭内部来说，前去拜年时，家中的晚辈都要去，且主要是儿子辈、孙子辈，这也是晚辈认识亲戚的一个机会。没结婚的15岁以下的小女孩可以去，新媳妇第一年要去，第二年不再去，除此之外，爷爷奶奶不去，家里其他成年的女性也不去。小孩外出拜年由自己的父亲带着，老人没有固定的年龄限定，儿子到了三四十岁，父亲就可以不出去拜年了。家中有祠堂的，老人会去祠堂祭拜祖先但不给其他人拜年，有时老人也会去本家族内和自己关系好的家庭拜个年，然后和平辈人坐一坐、聊一聊。

5. 破五

正月初五，村民也称之为"破五"，这一天村民不出门走亲戚。从正月初一到正月初四，村民不打扫院子，也不把生活中的废水泼到院子里或院子外，村民认为水是"财"和"福"，过年期间把水倒出去就是把财泼走了，对一个家庭来年的运气不好。在正月初五吃过午饭后，村民要将初一到初四积存下来的脏水一起倒出去，并将院子里清扫一遍，寓意年过完了，之后农户就可以正常泼水、扫院子。在吃食方面，村民在正月初五这一天要吃破五饺子。

6. 过年走亲戚

在乌苏村，村民正月初一不走亲戚。初二在当地是一个鬼节，"出白事的门"，即家里当年有人去世或三代以内的亲戚有去世的，可以走亲戚，比如媳妇的娘家爹去世了，媳妇在这天就可以回娘家祭祀。家里没白事的不走亲戚。

从初三开始，村民进入到走亲戚的时间。在正月初三这一天，一般是媳妇回娘家，由媳妇和自己的丈夫带着孩子一起去，并带一些好吃的比如煮饼、点心、麻花等作为礼品。媳妇过年回娘家都带礼物，没有不带礼物的，当地习惯认为过年看望长辈不能空着手去。到了初四，村民就可以随便走亲戚了，比如姑姑家、姨姨家、舅舅家等，走这些亲戚没有固定的顺序，但要把时间错开，比如今天去姨姨家，明天去姑姑家。初五是"破五"，村民不出门。在正月十五以前，村民要把亲戚走完。

一般情况下，在过年期间，村民都要互相到亲戚家转转，自己去了亲戚家，亲戚也会来自己家，走亲戚是为了增进彼此之间的感情，防止把亲戚忘掉，因为一年当中亲戚家如果没有大事，比如盖房子、红白喜事等，彼此一年可能都不去一次。走亲戚多是家中的晚辈去，行动不便的老人不去，走亲戚所带的礼品也不一定对等，而是根据各自的家庭条件,家里有钱的带的礼品会多一些、好一些,没钱的农户带的礼品相对少一些,价值也小一些。

7. 节日活动

到了正月十三晚上,村庄内各社[1]的花鼓、锣鼓开始出来表演并一直持续到正月十六晚上。在正月十三、十四、十五、十六这四天晚上,各社的花鼓出来后先在村庄的马王庙前打,然后去娘娘庙前,之后再去寺后头打一场,寺后头打完后就去每个巷的巷口的神庙前打,在巷口的神庙前打时,巷子里的村民会出来观看。在这四天的白天,村落内哪个农户当年新盖了房子或家中新娶了媳妇,花鼓队会去这个农户家给这家踩院子、打花鼓,打完后,家庭当家人会拿出点心、麻花等好吃的招待打花鼓的人。

打花鼓、锣鼓均是以社为单位,组织者一种是闾长,一种是社里面哪家新娶了媳妇或新盖了房子,这家的当家人心劲大,会组织并领着花鼓、锣鼓,打完后在这个农户家里吃吃喝喝。打花鼓所需要的资金由参与者主动捐助,捐款多少出于自觉,一般家里经济条件好的农户会多捐一些,新盖了房子、娶了媳妇或生了孩子的农户也会捐得多一些,家里经济条件一般的农户可以少捐一些。在活动结束后,组织者会公布账目,让参与者知道钱都用在何处,还有多少结余。另外,打花鼓、锣鼓均是自愿参加,参与者不分姓氏,但都是同一个社里的人。

8. 节日宴请

除了招待亲戚之外,过年时农户会请和自己关系好的朋友来家里吃饭,请谁不请谁由主家决定,不一定请村长、闾长。宴请时,主家会提前告知要请的人并说明吃饭的时间、地点,来的宾客不用带礼品,主家去这些宾客家里吃饭时也不用带礼品。

(二)端午节

每年农历的五月初五为端午节。在端午节这一天,乌苏村的村民多要佩戴"香布袋",即香囊,香囊是村民用彩色花布装上香草缝制而成,形状一般是十二生肖中的鸡、虎、兔、羊、狗、猪以及其他家禽家畜。在村民看来,戴上香囊一方面是为了驱邪,另一方面也可以使人身上有香气。家庭内部,小孩的香囊由小孩的外祖母准备,若外祖母没有准备或外祖母已经去世,则由小孩的奶奶或母亲准备;丈夫的香囊由自己的媳妇准备;老人在给晚辈准备香囊的时候也会给自己做一个。在饮食上,村民在端午节这一天吃包子、粽子或用米做成的甜品,最为简单、常见的是村民蒸一盆大米拌上白糖来吃。

此外,在端午节当天,出嫁的女儿若有时间多会回娘家看望娘家父母。回娘家时,

---

1 传统时期,村民也称闾为"社"。

女儿与女婿吃过早饭后会带着孩子一起前往。去的时候不能空着手，家里做了粽子就带上几个粽子，家里没做粽子则要带一些糕点，到了娘家后，女儿会给娘家母说："我们那边没做粽子，我给你带了点其他的。"女儿与女婿不会在娘家留宿，一般在吃过午饭后稍坐一会便起身回家，并在天黑之前赶回家里。女儿回婆家时，娘家母也不会让女儿空手回去，多会给女儿带几个粽子，并说"让你婆家人尝尝"。若做了香布袋，娘家母会当面送给女儿、女婿，并亲手给外孙、外孙女戴上。

（三）中秋节

八月十五献月亮。中秋节是乌苏村村民每年要过的一个节日，在这一天，村民吃的饭菜要比平时的好一些，家里雇有长工的农户要给长工准备一顿好饭，但长工不会回自家过节。

中秋节也是媳妇回娘家的节日，特别是在端午节没去娘家的，中秋节必须得去，否则，娘家母会念叨："那×××（出嫁的女儿）今年也不过来了。"在中秋节这一天，媳妇要带上月饼与丈夫、孩子一起回娘家，不能空手去。在去之前，媳妇要征得婆婆的同意，如果婆婆不同意则不能去，但多数情况下婆婆不会为难媳妇。到了娘家，媳妇与丈夫不会在娘家吃饭，也不会在娘家留宿，仅是在娘家坐一会、闲聊一会便返回家中。

到了晚上，待全家人聚全后，村民会在院子里放好献桌，摆上水果、麻花、月饼、蒸馍等献品，由当家人的妻子来拜献月亮，其他家人不用参加。拜献完毕后，全家人坐在一起吃食、赏月、闲聊。在外做生意的家人在中秋节当天不用返回家里。

（四）送寒衣

在每年农历的十月初一，村民要给家里去世的人烧纸送寒衣，意在让去世者过好冬季。在这一天，家里有新去世的人，即在同年十月初一之前去世的，家人要给去世者烧纸钱、烧纸衣服，若死者不是新去世的，则只用烧纸钱即可。烧纸钱时，由家庭当家人的妻子在祖先的牌位前或者家门口烧，其他家人可参加也可不参加，旁系亲戚不用参加，嫁出去的女儿也不用回娘家参与烧纸钱。在十月初一的晚上，村民多不出门，也不相互串门，据董德顺老人讲"不出门是为了避免人与鬼魂冲突或遭遇"。

（五）元宵节

过元宵节时，村民在节前就开始准备。在正月十二或者正月十四，村民要用小麦磨的白面蒸一些羊头、猪头、兔子等形状的面食。平时舍不得吃白面的农户，在过年、过十五时都会用白面蒸这些面食，蒸出来的面食用来敬神、祭祀祖先，祈求保佑家庭来年一切顺利。在元宵节敬神、祭祖时，同样由家庭当家人的妻子来操持，家中的小孩要参与给神灵、祖先磕头，其他成年的家人可以不参加。在正月十三这一天，村民不出远门，如果亲戚离得远，也不在这一天走亲戚，但邻居之间可相互串门。

此外，元宵节前后，乌苏村的居民会组织办社火、闹热闹。如上文提到的，每个社的锣鼓、花鼓在正月十三就出来开始打，一直到正月十七以后结束。除闹热闹外，乌苏村每个巷的村民要在自己的巷子里缚秋千，供巷里人玩乐，在正月十六或正月十七解秋千的这一天的晚上，巷里的人不论男女老少都要打一打秋千，村民认为其"去百病"。

（六）正月初二

正月初二是乌苏村的一个鬼节。据董维理、解仁荣、董顺理等多位老人讲述，在古代，同县西杨李村令狐氏，家族旺盛，人丁兴旺，一天，令狐氏家族准备造反，结果被人告密，皇帝在正月初二抄了令狐氏家族的家，令狐氏家族的大部分人被杀害，少数人逃亡到了高家庄，改姓张氏。因此，当地人将正月初二这一天视为鬼节，家里有人去世的，死者直系三代以内的亲戚都要去死者牌位所在的家庭祭祀死者，祭品多为纸钱、纸衣服等纸扎品以及糕点，关系越近的亲戚带的祭品越丰厚，死者的女儿准备的祭品一般较其他亲戚要多一些。祭祀完毕后，亲戚会在一起吃一顿饭，祭品则留在死者的牌位前，不会再带回家里。死者的直系亲戚去世后，隔代亲不会再去祭祀。家里没人去世的，村民在这一天不走亲戚。

三、日常习俗及关系

在日常生活中，乌苏村的居民依靠代代相传，形成了一些特定的习俗。由于从小在家庭内对这些习俗耳濡目染，村民在其一生之中多怀着敬畏的情怀自觉遵守这些习俗，很少有人故意破坏。

（一）过寿

在乌苏村，村民于60岁开始过寿，不论是否大办，60岁以上老人的生日年年都要过，特别是活到80岁时，晚辈要给老人大办80岁寿宴。原因如老人所说："以前能活到80岁就是大寿星了，那个时候的人到了六十岁就老得跟什么似的了。"

对于普通农户来说，家中的老人过寿分为两种方式：一种是老人的几个儿子轮流主办，谁主办就在谁家吃饭，家庭条件好的吃得好一些，家庭条件差的吃得差一些，但再差也要比平时吃的好。另一种是几个儿子平摊老人过寿的费用，老人在谁家居住就由谁牵头，届时，老人的子女以及子女的后代都要参加，包括儿子、儿媳妇、女儿、女婿、外甥、孙子等，侄子来不来都可以。如果几个儿子家庭经济条件都不好，没有力量给老人过寿，到了老人生日的当天，老人在谁家，就由谁给老人捏一顿饺子，吃点好饭，出嫁的女儿有时会过来给老人送一些好吃的或者新衣服。

村落内的财主家有时会给家中的老人大办寿宴，宴请亲戚、巷里人、朋友等。寿宴由执客来安排，请执客由老人的长子去请，不用给报酬，在寿宴结束后要送些好吃的感谢执客。在举办寿宴的当天要举行行献仪式，过寿的老人坐于上位，面前摆一张桌子，晚辈将带的礼品摆到献桌上，在献桌前给老人作一个揖、磕三个头，与老人平辈的不用磕头。晚辈所带的礼品没有固定的标准，条件好了带一套新衣服、给点钱，条件不好的带一个袄或其他小礼品表示心意即可，但不能不带礼品，邻居、朋友不用送礼。在宴席座次方面，上午吃一顿宴席，下午吃便饭。吃宴席时，"以北为上，斜木为上"，即桌子上木材斜纹的垂直方向为上，老人不能坐在木材斜纹正对的方向，而多坐于北边，且座位与桌子上的斜纹垂直，与老人坐在同一桌的是老人的平辈，晚辈坐于南边，东西两边坐其他亲戚朋友。据董德顺老人回忆，办寿宴如果唱戏，一般唱三天，所唱的戏目多是《全家福》《忠保国》等比较喜庆、吉祥的戏。办寿宴的花费由几个儿子均摊。

(二) 立木

立木，即给新盖的房子上房梁，其也标志着新房子的落成。传统时期，立木是村民家里的一件大事，在立木当天，村民要进行庆祝。

立木时，村民一是请门前几个和自家关系好的人，若和同村外巷的人关系好，村民也会发出邀请，但一般不会请外村的熟人。二是请和自家有来往的三代以内的近亲，其中孩子的姑姑、姑父、姨姨、姨父以及舅舅等必须到场。此外，也会请孩子的叔叔、伯伯、外公、外婆等。去请时，由家庭的当家人前去，不用带任何礼品。门前关系好的人过来不用带礼品，到了后多会主动在家里帮忙；亲戚过来时，一般会带几瓶苹果罐头以示庆贺，到了家里后，亲戚中的年轻人会主动帮忙，甚至干一些重活、累活，年纪大的亲戚如孩子的外公、外婆则不用干活。若请了村长、闾长等村落管理者，村长、闾长过来不用带礼品，到了后也不用干活，由家中的长辈陪着。

立木当天的中午，村民要请到场的人在家吃好饭。吃饭时，盖房子的匠人的头儿要坐上位、上方向，当事家庭的当家人要陪匠人吃饭并给匠人敬酒，表示对匠人的感谢。门前人和亲戚入座没有特别的讲究，多是年轻的坐一桌、年老的坐一桌，爱喝酒的人会主动坐一桌。村长、闾长不会和匠人坐同一桌，由家中的其他长辈陪着。

第六节 规训与规训关系

家庭、学校与私塾是乌苏村的孩童接受教化与规训的基本场所。在家庭内，长辈通过言传身教的方式对孩子进行教育；在村办小学，老师对学生的教育是一种打骂教育；在私塾，老师多通过讲道理的方式教育学生。本节拟从家庭规训及其关系、学校规训及其关系、私塾规训及其关系三个方面考察传统时期乌苏村的规训与规训关系。

一、家庭规训及其关系

家庭是村落内的孩童接受教化的基本单元。据解仁荣、董德顺、陈凤泉等多位老人回忆，传统时期乌苏村的农户均没有成文的家规或家训，家长多依照孔孟之道，通过言传身教的方式来教育家中的孩童。

在日常生活中，父母对于孩子的教育贯穿于生活的方方面面，包括生活技能、礼仪礼节、与人相处之道等。比如，在吃饭时夹菜不能越到他人的方位，只能在自己坐的一侧夹；路上碰见长辈要主动依照辈分称呼叔叔、阿姨、爷爷、奶奶；家里来了客人要主动给客人搬椅子招呼客人入座；在家要听长辈的话，在学校要听老师的话；不能往村庄的大池塘里面扔脏东西；不能到危险的地方，等等。这些生活中的基本道理由父母从小教给小孩，小孩学习、践行得好，会被其他村民称赞有家教。除父母之外，孩子的爷爷、奶奶也可以对家中的孩子进行教育。由于村落内农户家中的女孩从小不念书，母亲或者奶奶在女孩懂事以后便开始带着女孩做家务，如董德顺老人所说："以前女娃娃要学的多着呢，烧火、蒸馍、做饭、针线活、纺棉花、织布、裁剪这些都要跟着她妈学会，有时候奶奶也会教一点，因为女娃娃一出嫁，她一小家子的吃穿就全靠她来做了。"此外，母亲还会教育女孩要孝敬老人、恪守妇道、相夫教子等。

当小孩的行为违反了基本的规矩或者小孩不服从管教时，孩子的父母轻则口头批评教育，重则打骂一顿，从而让小孩意识到自己的错误所在。孩子的爷爷、奶奶一般只对孩子进行口头批评并将孩子所犯的错误告知其父母，不会打骂孩子，从而防止引起婆媳之间的矛盾。除了家中的长辈之外，家里的亲戚例如姑姑、姨姨、舅舅等也可以在适当的时候指出孩子做得不对的地方并告知孩子什么是正确的行为，但这些亲戚也只是点到为止，不会严厉地批评小孩，以防引起孩子爷爷、奶奶、父亲、母亲等人的反感与误会。村落内非亲戚关系的长辈不会对孩子进行任何形式的教育，其更多关注的是孩子的具体行为表现，如果孩子的行为对其家庭利益造成了损害，其会与孩子的父母或其他家人进行沟通，必要的时候还需赔偿。

二、学校规训及其关系

在家庭之外,学校是乌苏村的儿童接受教育的重要场所。民国时期,乌苏村内有一所村办小学。

(一)村办小学概况

在1949年以前,乌苏村的村办小学位于村庄的关帝庙,其中关帝庙的东房与西房是老师的宿舍,在关帝庙的正后方以及正东方向分别有一排北房,是学生上课的地方。学校有一位学董、两位老师及二三十个学生,学生8岁开始上学且均为本村的男孩。据董廷尧老人回忆,传统时期,村庄内有三分之一的适龄儿童因家庭经济条件差无法上学。在村办小学内上学的儿童多是家庭经济条件较好、能念得起书的,家庭条件不好的儿童在六七岁时就开始去地里参加劳动或给他人干活挣钱,还有部分学生只是在冬季农闲的时候上学,等到了夏季农忙的时候便辍学回家给家里帮忙或者去财主家当童工,以谋求自己的口粮。

在上学目的上,穷人家的孩子上学多是为了识字、记账,保证其以后能照理得了家庭。小学四年级毕业后,大部分学生去了外地熬相公、学做生意,如果一点文化也没有,当学徒都会没人要。财主家的孩子上学则多是为了做官、当老师等。

学生在村办小学上学所用的桌椅由学生自己准备,如果两个人关系好,可以选择"伙伴",即一个人准备桌子,另一个人准备椅子,两人合伙用一套桌椅。上学所用的书包由家长为学生缝制。传统时期,学生书写不用纸张,而是在自带的小石板上写字,穷人家的孩子用石头砚,自己磨墨,财主家的孩子会用墨汁盒,书写所用的毛笔由父母为孩子购买。

(二)学习内容

村办小学在每年的正月开学,家长可以赶在正式开学之前给孩子报名,也可以在一年的其他时间给孩子报名上学。报名时,家长要给学董和老师说,不用给村长说。孩子上学的第一天多由家长去送,之后家门口高年级(三、四年级)的学生会带着低年级(一般为一年级)学生一起上学。

在学制上,小学一年分两个学期,有寒暑假,校内总共设立四个年级,一个老师负责教一、三年级,另一个老师负责教二、四年级,如果给其中的一个年级上课,则会安排另一个年级的学生做作业。老师教授学生词图、基本数字等内容,读的书有《三字经》《百家姓》《治家格言》《易经》《历史指南》《小学》《大学》《中庸》《论语》等,数学多教一些基本的运算。日本人侵华后,有时日本人来到村庄,老师会教日本人的书,日本人一走则继续教授中国书。

（三）师生礼仪

在学校内，老师平等对待所有的学生，村长、闾长、财主家的孩子与普通农户家的孩子一样要交学费，"村长、闾长家的娃和咱都一样，表现不好了老师也打他，村长、闾长他们就让老师打哩，不教育娃不乖嘛"。学生见了老师后不用行礼，多会说一句"老师好"。在学校外，学生碰见老师后要向老师敬礼，一般是点头并向老师问好。逢年过节，学生不须去老师家里行礼，家长也不用请老师吃饭或者给老师送礼。村办小学的老师除了教学之外，不再参与村庄的其他公共事务。

（四）学董与老师的关系

村办小学的学董多由家庭经济条件好的人来担任，穷人不会担任。在每年的冬至日，学董举行换届，由村民选举产生新的学董，上一任学董可连选连任。选举产生的学董受村长领导，如果小学需要重新聘请老师或者更换老师，由学董负责寻找合适的人选，并向村长报告，在村长同意后，新的老师即可上任。

村办小学的两个老师既有本村的，也有外村的。老师的工资为每人一年10石麦子，由村庄给付，粮食的来源是每个学生每学期所缴纳的学费。老师日常的饭食由在校学生的家庭轮流管，每个学生家庭管三天。村办小学有一个大铁盒，在饭时之前，老师会安排高年级的学生轮流去管饭的学生家里抬饭，因是用大铁盒盛饭，老师吃的饭也叫"铁盒饭"，饭抬回来后，两个老师不分开吃饭，而是在一起吃大锅饭。到了冬季，老师所住的宿舍有一个铁炉子，烧炭火取暖，所需的炭由在校学生均摊，家里没有炭的学生可以给学董交钱，由学董为老师购买炭。

每年的冬至日为"说定话"日。在这一天，村长、学董与老师要一起吃一顿好饭，饭菜里面多有肉。在饭桌上，一方面学董与村长要给老师结算一年的工资，另一方面也要根据老师一年的教学质量决定是否继续聘用老师。若老师教得好，则继续聘用，若教得不好，则另请老师，最终的决定权在村长手中。与老师说定后，一旦继续聘用，在一年的其他时间老师不得中途提出离职。

（五）师生关系

据董廷尧老人讲述，村办小学内老师对学生的教育为"打骂教育"。学生淘气、捣蛋、不好好学习、不服从管教，老师会对其进行惩罚，用教鞭棍或戒尺在手上、头上打。"曾经那老师拿着大板子、教鞭棍打得狠哩，我小的时候，村里一个笨蛋娃学不会，教我们的薛老师拿着教鞭棍在他头上打了一下，马上就起了一个疙瘩。曾经那就是打骂教育，有时候老师把手打疼了，学生就在砖上磨，这样疼得慢点。"家长知道老师惩罚自家孩子后，如果孩子确实犯了错误，老师惩罚得得体，家长不仅不会找老师麻烦还会觉得老师教育得对，如果惩罚过于严重，家长会找老师了解情况，双方之间还可能因此产生矛盾，矛盾发生后多由学董出面调解。在奖励方面，老师不会给学生发奖品，如果学生文章写得好，老师会将其文章贴在墙上供其他学生学习并进行口头表扬，家长知道后也会以自家的孩子为荣。

  有一次中午放学后，适逢外面正在下雨，村内道路上的水有一尺多深。小学生回家多靠着墙根走，有几个淘气的高年级学生故意在水里走，由于道路都是泥路，两个学生在路过村庄的小池塘时，不小心滑倒并掉到小池塘里面差点淹死。下午去了学校老师得知此事后，对在水里走的高年级学生进行了严厉惩罚，将其手打得肿了起来，学生手疼得几天都不能端饭碗，从而警诫其他学生不可再有类似行为。

三、私塾规训及其关系

在村办小学之外，私塾同样是乌苏村内的孩童接受规训的重要场所。

（一）私塾概况

私塾，乌苏村村民又称之为"私学"。在1947年解放之前，乌苏村内有一所私塾，为村民高天德的儿子高星善所开办。高星善毕业于民国时期的一所大学，毕业回村后，于1945年至1947年在村庄开设私塾。解放后，因国家统一成立学校，不再开设。

高星善开办的私学位于东崖社闲置的三面窑洞内，相应地三面窑洞也是学生上课学习的地方。村庄内能上得起私学的多为中农及其以上的家庭的孩子，私学学生的数量总计有十来个，这些学生多是为了进一步考取高中、大学等，其在私学里面所学的内容包括四书五经等。

（二）私塾教育关系

私学的学制为三年，学生在村办小学学满四年毕业后，条件好的家庭的孩子可继续在私学上学，相当于上初中。在私学毕业后，学生可直接考入当时的古城中学就读，因为"高星善人家毕业于大学，文化水平高，教出的学生水平也不低"。私塾每学年分为两个学期，在每年暑假开学的时候招生，学费可由家长在开学送孩子时交给私塾先生，也可由孩子自己带给私塾先生。若交不起学费，学生会主动退学，不等教书先生不让其读书，学费的数额由教书先生说了算。

私塾对村落内外均开放，去私塾读书时，如果学生家庭的当家人与高星善相识且熟悉，可以直接找高星善给孩子报名，若与高星善不认识或者不熟悉，则需要"应人"，即请一个能和高星善说得上话的人来给孩子报名。应人不需要带礼品，如果农户和所应的人关系好，在事后也不需要给任何形式的报酬，如果和所应的人关系一般，农户要送一些点心、煮饼、烟酒表示谢意。

对于在私塾就读的学生，高星善一律平等对待，即使是村长、闾长的孩子，高星善也同样按标准收取学费。在教育方式上，高星善不会体罚学生，学生犯错后，其多通过讲道理的方式进行教育，由此家长多敬重高星善，与高星善之间很少产生矛盾，"高星善教的学生都是好样的，人家一般不打，挨打的都是那些笨蛋娃"。逢年过节，学生不用给高星善行礼，学生的家长也不用请高星善吃饭、不用送礼，高星善不会巴结村长、闾长。

（三）私塾先生的社会地位

高星善在村庄内的社会地位较高，原因如老人所讲："高星善和运城地区的吴专员是同学，吴专员杀人不眨眼，碰上明火人、偷了人的，马上就枪毙了。另一个就是高星善是个好人，性善，村子里文化水平像人家那么高的没几个。"除了平时的教书之外，村民之间发生纠纷，有时也会请高星善出面"断道理"，一般情况下村民也"拾人家的脸"，听高星善的话，遵从高星善的调解。

第七节 文娱与文娱关系

在每年的农闲季节，乌苏村村民会开展打花鼓、敲锣鼓、缚秋千、唱家戏、赶庙会、抹牌等娱乐活动，并在这些活动中产生了丰富的关系。本节将从节庆娱乐及文娱关系、日常娱乐及文娱关系两方面展现1949年之前乌苏村村民的文娱与文娱关系。

一、节庆娱乐及文娱关系

在本章第五节中我们提到，春节是乌苏村村民过得最为隆重的一个节日。在春节期间，村民主要开展打花鼓、敲锣鼓、缚秋千等娱乐活动。

（一）打花鼓及其关系

在1949年之前，乌苏村每个巷都有一套自己的花鼓，归巷里人共同所有。据解仁荣老人回忆，一套花鼓包括2个小鼓、1面锣、2个镲、3个小手锣[1]。置办一套花鼓所需要的资金由巷子里的所有农户均摊，不参与出资的农户在花鼓买回来后不能参与打花鼓，巷里的花鼓过年时也不会去该农户家里打。买花鼓由巷里爱好热闹的热心人来牵头，不一定是闾长。

---

[1] 也叫滴锣，最少三个，多了四五个。

买回来的花鼓由巷内参与出资的农户轮流保管,"大伙都摊钱了,大伙都有份,今年在他家,明年在你家",每个农户负责保管一年。如果某个农户家里没有空闲的空间可供保管花鼓,可由这个农户的当家人跟下一个负责保管的农户说明情况,直接轮流到下一家来保管。保管花鼓的农户要保证花鼓器具不被损坏或丢失,如果是非人为原因造成损坏例如被老鼠咬了,负责保管的农户不用赔偿,由巷里人再集体筹资购买。如果是农户个人原因导致器具被损坏,则要由该农户赔偿,对于拒不赔偿的农户,待器具购置齐全后巷里人不会再让其负责保管,也不会再让其参与到打花鼓的队伍中。

在一个花鼓队伍中,巷子内机灵、活跃的小孩负责敲小鼓,锣和镲由成年人敲,因为成年人懂得曲调、节奏,小孩子也拿不动这两样器具,小手锣则由化装成女孩的小男孩敲。队伍中所有的参与者均为男性,而之所以让小男孩化装成小女孩是为了让花鼓看上去更生动、精彩。

到了每年的正月十三,巷里的人就开始组织打花鼓,最晚到正月十七不再打。之所以要到了正月十三以后,是因为在正月初十以前人们走亲戚走不完,人员难以聚齐。除了过年期间外,如果有庙会,在举办庙会前的十天半个月,每个巷的村民也会在巷口的神庙前组织练习打花鼓,每天晚上练习两三个小时,巷子内的其他人则会围观。

打花鼓以巷为单位,每个巷里的人用自己巷内的花鼓器具,巷与巷之间很少发生借用。到了正月十三的晚上,巷里的花鼓先在巷口的神庙前打,之后去巷里的每一个农户家里打,不论农户的家庭条件如何都要去打,以为农户祈求来年的顺利与喜庆。在去农户家打时,每个巷的花鼓队都由本巷内一个年纪大的、有威望的人带领。在农户家里打完后,该家庭的当家人都会拿出柿饼、麻花、糕点等好吃的招待打花鼓的人,家里新盖了房子、生了孩子或娶了媳妇的农户给的好吃的还会多一些。对于家庭条件好的农户所给的好吃的,领队的人会全部收下;对于家庭条件一般或者家庭条件比较差的农户所给的吃食,领队的人只收一部分,不会全部收下。在一天结束后,打花鼓的人全部到领队的家里吃吃喝喝,所剩余的吃食按照大致平均的原则分给花鼓队伍中的每个人。

(二)敲锣鼓及其关系

传统时期,村落内的每个社(也即间)都有一套自己的锣鼓,包括2个大鼓、2个大镲、8面锣。购买锣鼓的资金由社里的每个农户自愿捐助。在购买之前,社里爱好热闹的人会牵头找社里几个有威望的人商量,当然,如果和间长关系好,也会与间长商量,然后根据购买一套锣鼓所需的费用制定出预算,牵头人会挨家挨户询问社里的农户是否参加购买锣鼓。农户一方面根据自己的家庭条件,一方面出于个人的意愿,决定是否参加以及捐助多少资金。多数情况下，社里有钱的农户捐的多一些，贫穷的农户捐的会少一些，但一个社里所捐的钱大都够买一套锣鼓，不参与出资的农户不能参与敲锣鼓。购买锣鼓剩余的资金较多，由牵头人公布账目并保管剩余的资金，待以后需要补充锣鼓器具时用这部分钱来开支；剩余的资金很少，锣鼓队的人在练习锣鼓时，牵头人会给队伍成员买一些好吃的并在钱用完后告知大家，此时社里的农户也多不会有意见。

有一套锣鼓相应地就有一个锣鼓队。据解仁荣老人回忆，一个锣鼓队最少有12个人，且均为成年男性，因为小孩提不动锣鼓器具。在敲锣鼓时，锣鼓队列为三列，左边和右边一列均为锣，中间一列站两排，前排是镲、后排是大鼓。每个大鼓均有一个铁支架，敲大鼓时将大鼓平放于支架之上，并在每个支架上插一面红旗，当在路上行进时，一个人负责背铁支架，一个人负责背大鼓。同样，每面锣也有一个铁支架，敲锣时，人用脚踩住铁支架，防止挂在支架上的锣滑落。

"半年忙活半年闲"，进入农历的腊月之后，每个社的锣鼓队的成员就开始组织练习敲锣鼓。到了正月初一，队伍成员在吃过早饭、拜完年后，开始在村庄的关帝庙前或者巷口等公共的地方进行表演，在整个正月期间，成员只要有时间都可以敲。除此之外，每年农历三月初三介山庙举行庙会时，村庄内每个社的锣鼓都要参加表演。在庙会的当天，每个社的锣鼓在巷口的神庙前集合，人员齐备后从神庙出发，走一段路停下来给沿路的村民表演一次，最终每个社的锣鼓在关帝庙前集合并一同前往介山庙。敲锣鼓的曲谱最原始的是村庄的祖辈历代所传，在之后的时间中，村民在去外村看热闹时如果觉得对方的曲谱好、曲调好听，会将对方的曲谱记下来，回到村庄后结合外村的曲谱对本村的曲谱进行修改、完善。

社里的锣鼓由每个参与出资的农户轮流保管，每个农户负责保管一年，从牵头人家开始挨着门过。如果轮到A农户保管，但A农户家里没有地方，A农户的当家人可以出面协商，或者继续由上一家农户保管，或者直接跳到下一家农户进行保管，如果对方不同意，则由A农户想办法找地方保管，不会出现锣鼓没人保管的情况。在保管过程中，如果锣鼓器具损坏或者被外村、外社的人借走后丢失，社里不会要求当值的保管农户赔偿，但这个农户的名声会受到影响，社里人会产生"他家保管不好，就不让他家保管了"的想法。重新购买锣鼓器具所需的钱可以来自第一次购买锣鼓时所剩余的钱，如果没有剩余的，则由社里的农户重新筹资购买。

（三）打秋千及其关系

在每年的春节期间，乌苏村的村民会以巷为单位缚秋千。据解仁荣老人回忆，民国时期，村落内的秋千主要分为单秋、轮秋和转秋三种类型。

单秋的两边分别立有一根木橡，中间正上方横有一根木橡，吊绳绑在横着的木橡的正中间，吊绳靠地的一头固定有一个座位，一次只能坐一个人。两边立的木橡则用绳子分别固定在两个摞起来的碾麦子用的碌轴上，从而增加秋千的高度，防止吊绳上的座位擦到地上。因为单秋比较简单，村民缚的最多的也是单秋。缚一个单秋至少需要十根大粗绳、三根木橡（三根长的，一根短的）、两个碌轴，普通农户单独缚不起。转秋的顶部是一个木制的大车轮子，车轮子用一根大木橡支撑，木橡底部埋到地里，车轮四周用粗绳吊有四个座位，可同时坐四个人。轮秋是将木制车轮子垂直固定在立起来的木橡上，木橡底部埋到地里，所用的木制车轮有一个轴心使其能够转动，然后在车轮上固定一个用小木橡做成的十字架，在十字架的每端固定有一个座位，同时，用来吊每个座位的绳子要短，保证座位之间在轮子转动过程中不缠绕在一起。打轮秋时，要有大人在旁边看守，防止发生安全事故。

每年农历的正月初一，村民吃完饺子、拜完年后，巷里人就开始组织缚秋千，牵头人多为会缚秋千、会绑绳子、爱好热闹、热心的人，不一定是闾长，其要保证所缚起来的秋千不出问题，不发生安全事故。缚秋千所需的绳子、木橡、碌轴均由巷里的农户自愿捐助，参与缚秋千的人也均是自愿参加，"家里有东西的就拿些东西，家里没东西的加个手，出把力"。待过完年秋千解了之后，再将木橡、绳子、碌轴等归还给其所有者。秋千缚得好，绳子不会磨损，秋千缚得不好，绳子在打秋千过程中被磨断，也不用打秋千者赔偿，其所有者多会将磨断的绳子自行接起来继续使用。

缚秋千以巷为单位，村落内每个巷的秋千一般缚在巷口，因为巷口较为宽敞便于村民打秋千。当然，如果巷子内有宽敞的地方，也可以缚在巷子内，但要保证来往走亲戚的车辆能过得去，不影响巷子里正常的交通。如果是缚轮秋和转秋，则要缚在巷里农户碾麦子所用的晒场里，因为巷口与巷道里面一般容纳不下，冬季农户的晒场都空闲着，农户也都会让用。缚秋千用的木橡、绳子、碌轴都是本巷人的，本巷没有的物件可以由本巷人去外巷向关系好的农户借，但不会去外村借，因为会被外村人笑话。每个巷的秋千缚好后，巷与巷之间会相互比试看谁的更好，本村人去外村走亲戚，见了外村的秋千和本村的不一样，也会上去试试并学习外村的秋千是如何缚的。

打秋千不分男女、贫富、本巷外巷。人少时，谁先去了谁先打，人多时，则优先让长辈打。刚结婚的新媳妇不能独自一个人去打，而要和门口熟悉的三五个女性结伴出来，家中年龄大的妇女可以独自一个人出来打。如果是尚未懂事的孩子打秋千，则要由家长带着防止发生意外事故。碰上外村来本村走亲戚的客人，本村人要优先让外

图 5-2 碌轴

村人打，解仁荣老人对此解释道："人家客人就今天来了，往后还不知道啥时候再来，村里的人除了今天你其他时间还可以再打，秋千一时半会也不会解。"如果本巷的人和外巷的某个人关系不好，外巷的这个人来本巷打秋千时双方正好碰见，且旁边没有其他人，本巷的人有时会说风凉话，"你们那个巷没有缚秋千啊，还跑到我们巷打"，但这种个别的事情不影响整个打秋千的秩序。

过了正月十五，巷里的人就开始吵闹、吆喝、准备解秋千，最晚到正月十八，秋千都要解掉。一吆喝，巷里的人都会知道解秋千的时间，在解秋千的前一天晚上，巷里的男女老少都要出来打秋千，年纪大的、独自打不了的，由其子女招呼或者由秋千旁边的人帮其坐在秋千上悠一悠，村民认为在这一天晚上打秋千能够"丢病，接下来的一年都不生病"。此时，即使是外巷、外村的人来了，也会让本巷的人先打。打完秋千后，解秋千的工作由本巷的男性负责，解下来的木椽、绳子、碌轴、车轮等全部归还给其所有者，碌轴从哪儿搬的要给物主放回原来的位置，如果归还时放得不好或者解下来后没人管，物主下次不会再让继续使用。

在1947年之前，乌苏村的财主陈梅五家有绳子，也有木椽，到了每年的正月十三，陈家出绳子、木椽就把自家所居住的西巷的秋千缚起来了。秋千一般缚在西巷的中间，缚的时候陈家叫巷里的人帮忙一起缚，缚好后供巷里的大人、小孩玩乐。在每年的正月十六，陈家会将秋千解掉，如果缚秋千所用的绳子磨断了，也不要求任何人赔偿。对此，陈凤泉老人讲道："家里有钱，就不说那。"

二、日常娱乐及文娱关系

除节日期间的娱乐活动外，村民的日常娱乐活动主要有赶庙会、唱家戏、抹牌等。

（一）赶庙会及其关系

在每年农历的三月初三，乌苏村、小淮村、胡村、南牛池村会联合举办介山庙庙会。据解仁荣老人回忆，举办介山庙庙会的原因是："民国时期，万泉县的三大标志性建筑是孤山的法云寺、解店的飞云楼以及一个张王庙，这三个地方每年定期都会举行庙会。相比之下，介山庙附近四个村子的村民觉得不举行庙会会让人感觉此处的人死气沉沉，没有生气与活力。因此，四个村庄决定联合举办庙会，以让村民放松、消遣、娱乐自己，消解一年的苦愁。"

1. 庙会组织者

介山庙庙会由乌苏村、小淮村、胡村、南牛池村四个村子轮流主办。当年负责主办的村子要提前十来天或一个月牵头商议庙会的规模并互相交流每个村子的想法，届时每个村子派个管事的去参与商量，可以是村长也可以是村长指派的人。商议时，四个村子的群众都可以自由旁听，但不发表意见，知道商量的结果后，群众会将结果扩散出去，这样村子内的村民会知道庙会的具体情况。

在庙会的举办规模上，乌苏村的村民总结出了四句俗语，"轮上小淮插破天，轮上牛池龙子叫，轮上乌苏冒股烟，轮上胡村空一年"。意思是当庙会由小淮村主办时，庙会的规模与声势都大，小淮村村子也大，素有"小淮十八坡"之称；轮上南牛池村举办庙会时，庙会的声势会让龙的儿子都感动得叫起来，但其规模次于小淮村主办时的规模；等到乌苏村主办庙会的时候，庙会的规模较小，次于南牛池村；而轮到胡村主办时，庙会的规模小得跟没举办差不多。对此，解仁荣老人解释道："四个村子举办的庙会规模有差异是因为除了村子本身的大小之外，小淮村有一个人在清朝做官时做到山东省布政使，而南牛池村也有一个人在明朝做大官。村子内有一个大官，大官的亲戚、朋友就有势力，村庄的势力也会随之变大，庙会的规模也因村子势力的增强而变大。"

2. 赶庙会

在每年举办庙会的时候，四个村子的村民均可以自愿参加。村庄内，每个间的间长负责本间的节目表演及人员安排，村民能干了细致活的就干细致活，干不了的可以打花鼓、敲锣鼓，什么都干不了的也可以帮忙抬东西。

对于不参加庙会表演的群众来说，观看庙会不用买门票，均可自由观看。群众赶庙会主要出于三个目的，一是缓解、释放一年的劳累，游乐的同时在摆摊者所搭的棚下吃好吃的；二是如果附近村子有亲戚，在赶庙会的同时村民会到亲戚家转一圈，联络相互之间的感情；三是家里需要置办货物时，村民会提前计划好要买的东西，并在逛庙会的时候购置齐全。村民在去赶庙会时，多会与同巷内关系好的邻居相约着一同前往，在路上碰见同村人或外村熟人，村民也会彼此结伴，家里有年轻媳妇的，婆婆会带着媳妇去。

3. 庙会唱戏

举办庙会时，当年负责主办的村庄要请好的戏班子来介山庙唱三天的大戏，以吸引周围的村民来看，如果只唱一天，离得远的村民会觉得不值得过去看。看戏时不分高低贵贱，男性全部站在前面，没有坐着的，谁来得早谁站得靠前，戏台与人颈同高，女性则坐在后面，因为女性是小脚，不能一直站着，赶大车来看戏的会坐在自家的大车上，附近村子的村民则从自家搬桌子或凳子。如果农户家中有新媳妇，要让新媳妇去看戏，接受"高台教化"，从而通过看戏起到教化新媳妇的作用。新媳妇去看戏时不能自己一个人去，也不与丈夫一起去，而是由嫂嫂或婆婆带着去，若没有嫂嫂，婆婆也没有时间，一般由婆婆托付一个邻居或亲戚家年龄大的女性带着新媳妇去。

（二）唱家戏及其关系

在1949年之前，每年春节过完，正月十五以后，乌苏村爱好戏曲的村民会自发组织起来在村庄关帝庙前的戏台子上唱家戏，即不请戏班子，由本村村民来唱。对此，董德顺老人说道："农闲的时候，冰雪在地，不能干活，巷里面就有爱唱戏的人合起来排家戏，《三娘教子》啦，《二进宫》啦，排上几出戏。"唱家戏以整个村庄为单位，村庄内懂乐器的、爱好戏曲的都可以参与其中，没有贫富贵贱的限制。据解仁荣老人介绍，"戏班子不一定年年都请，但家戏年年都会唱"，村庄内家戏唱得好的有权景庭、高星善、王印等人。

表 5-4 乌苏村部分唱家戏人员情况简介

姓 名	角 色	土地改革时的成分
曹玉森	拉二胡	中农
解金锁	弹三弦	贫农
史肉娃	旦角	贫农
廉引狮	正旦	贫农
高星善	花脸	富农
王印	胡子生	贫农

此外，乌苏村周围的村庄也多有唱家戏的传统，比如，皇甫村在每年的正月十七唱家戏，南牛池村在每年的正月十六唱家戏。周围村庄唱家戏时，本村参与唱家戏的人也会去看，一来学习对方好的东西，回来后改进自身，二则满足自己的兴趣爱好，焕发精神。村落内的其他村民在去看家戏时，或者与自己的家人一同前去，或者与门前关系好的或者顺路的人一起结伴前去。

表 5-5　乌苏村及附近村庄唱家戏时间

村庄名称	唱家戏时间
皇甫村	正月十七
南牛池村	正月十六
乌苏村	正月十五以后

唱家戏时，成员所穿的衣服较为简单，均为自己所做。本村没有某件衣服或者某个乐器，可以向邻村借，因为附近村庄都唱家戏，彼此有什么衣服、乐器相互之间都了解。去借时由村落内与对方熟悉的人前去，不用带任何礼品，用完归还时也不用给任何报酬，但有时会送一些好吃的表示谢意。同样，如果本村唱家戏缺少某个角色，可以由本村唱家戏的成员去临近村子请爱好唱家戏的人来参加，前去时也不用带任何礼品，因为有共同的兴趣爱好，对方在有时间的情况下均会欣然接受邀请，唱家戏结束后不用给报酬，但会留对方吃一顿饭或者给对方带一些好吃的。

在唱家戏的过程中，戏台下觉得唱得好的村民会给台上的演员送"火锅带菜"，即一个火锅、四个菜，再放一盘麻花。送吃食的人不一定是村庄内的富裕农户，如果贫穷农户觉得唱得好也会送一些东西，数量没有限制，表达心意即可。一般情况下没有人送馍，多是送麻花，因为村民平时很少吃麻花，对村民来说麻花就是一种相对贵重的物品，也有村民会送自家酿的柿子酒，但不会送用钱买来的酒。台下的人送东西时，台上接东西的人会吆喝出谁送了什么，以表达谢意，同时也起到宣传对方的作用。由于戏台有一人多高，如果送东西的人将东西递不上去，旁边个子高的人会主动帮忙。唱家戏结束后，能吃的东西，成员会坐下来一起吃一部分，剩下的则在成员之间大体均分。

村民唱家戏所用的衣服、道具和乐器存放在村庄的公共场所，不存放在某个成员家里。据董维理老人回忆，乌苏村的家戏道具存放在村庄的关帝庙，村里有一个通讯员，姓董，小名叫老权，本地人，光棍一个，土地改革运动时被划为贫农成分，年轻时给财主家当长工，到了 50 多岁的时候开始给村里当通讯员，在关帝庙的门房住着，起看护的作用。如果时间久了，唱家戏所用的戏箱、道具、乐器需要重新购买，由家庭条件好的、有钱的成员自愿筹资购买，不用村民摊钱。

（三）抹牌及其关系

打牌，乌苏村村民也称之为"抹牌"。进入到每年的农闲时节，农民在中午吃完饭到下午吃饭之前这段时间没事做会一起抹牌，每次抹牌最少需要四个人。据解仁荣老人回忆，传统时期，村民抹牌主要是为了休闲娱乐，以此赌博的很少。

村民抹牌一般是在某个村民的家里，彼此之间关系好便到其中一个人的家里，提供抹牌场所的村民不会向参与抹牌的村民收费,还会拿出一些好吃的、准备一些茶水供抹牌的人吃喝。此外,有的村民家里会"开场活",即专门提供地方供人抹牌,除了场所之外,开场活的农户还要提供烟、茶水等服务,抹牌结束后赢了的人要给开场活的农户交几毛钱的费用。如果几个人第二天要继续打,会在前一天结束的时候约好第二天抹牌的时间和地点。

在抹牌时,村民一般是和自己关系好的、喜欢抹牌的人一起抹牌,至少相互之间没有矛盾,如果去了之后发现与自己有矛盾的人也在场,村民会主动离开。除了男性之外,女性也可以抹牌,但其主要是和本家庭内的女性抹牌,不和外人玩,男女之间也不会一起抹牌。附近村庄喜欢抹牌的熟人过来后也可以与本村的村民一起抹牌,村长、闾长一般不参与抹牌。

第八节 村落文化变迁

在1947年解放之后,乌苏村先后经历了土地改革、集体化、土地承包到户等阶段,并在不同的阶段表现出不同的文化形态。本节在总结传统时期乌苏村文化形态的基础上,分土地改革运动时期、集体化时期、土地承包到户之后三个阶段来考察乌苏村的文化形态变迁。

一、1949年之前的传统文化形态

(一)1947年之前的村落文化形态

在本章的第一节至第七节中,我们从崇拜、信仰、思维、习俗、态度、规训与文娱等七个方面详细展现了传统时期乌苏村的村落文化形态。从整体上看来,传统时期乌苏村的村落文化以麦作农业生产为底色、以家户为基本单元,并主要体现出以下几方面特征:

首先,从崇拜与信仰方面来看,相较于家族,农户更注重对家庭内祖先的崇拜,在代际分布上,三代以内的祖先是农户的主要崇拜对象,三代以外,随着生前感情的淡薄,农户对祖先的崇拜也随之淡化。在神灵信仰方面,无论是对村落内外神庙内的神灵,还是对个体家户内部的家神抑或其他鬼怪,村民均以"利益和需求"为指导,有需求、有效果则信,无需求、难获利则不信。

第二,在思维与态度方面,农户所有的思维活动与态度均服务于个体家户利益,经验思维、务实思维、中庸思维是村民日常生活中的主要思维活动。由于男性是麦作农业生产中的主要劳力,且是个体家户得以世代延续的重要保障,农民的生育态度呈现出"重男轻女"的特征。此外，农民自主独立的生产态度、勤俭持家的生活态度、追求向上的人生态度等也都以家庭为出发点和落脚点。

第三，乌苏村的村民在日常的生产与生活中发展出了丰富的文化习俗与文化娱乐活动，包括节庆习俗、婚丧习俗、节庆娱乐、日常娱乐等多个方面，但这些习俗和娱乐以小农经济为基础，活动的开展与生产时令相结合，活动中的个体在互助中保留私性。在文化教育方面，家庭与学校成为村民教化小孩的基本场所，家庭中的长辈、家庭亲戚中的长辈、学校的教书先生是教化孩童的重要主体，而村落内多数孩童上学也只是为了识字、记账，保证其以后能够持家，体现出实用主义特性。

（二）土地改革时期的村落文化状况

在1947年解放之后，乌苏村于同年开展了土地改革运动。在土地改革运动中，随着国家政权对村庄的渗透以及房屋、土地、财产在村民之间的重新分配，村落的文化形态在延续底色的基础上也相应地发生了一些变化，具体来讲主要包括以下方面：

第一，在先人崇拜方面，村庄的祠堂在土地改革运动中或是被收归公用，或是分给村庄内的贫穷农户，每一正月初一在祠堂举行的家族祭祀不再开展，族长也不再作为家族权力的代表处理家族内部事务，在家族内部的往来之中，村民加入了阶级成分这一考虑因素。西巷的董氏家族在每年的清明节也不再去乌王庙村参加集体性的祭祖。

第二，在学校教育方面，解放之后，国家统一开办公立小学，村庄内原有的小学得以保留，但受到国家的管理，传统时期的学董一职不再设立。同时随着阶级成分的划定，贫农、中农的孩子大多能够上得起学并走进教室，而地主、富农的子女在上学时不再拥有优势，反而面临着难上学的境遇。村庄内仅有的一所私塾也不再开办。

第三，在婚姻习俗方面，国家在推行"一夫一妻"制的同时，取缔了传统社会的纳妾、童养媳、抱养、换亲等其他婚姻形式。丧葬习俗方面没有发生明显的变化，村落内的婚丧嫁娶朝着文明、现代的方向迈进了一步。

第四，农户原来的一些日常生活习惯发生变化，主要表现为妇女社会地位的提高。比如妇女可以参与到村庄的管理之中、儿媳妇不再严格受婆婆的控制、妇女可以上桌吃饭、男方不能随意休妻、女性不用再裹小脚，等等。同时，随着脚的解放，妇女的劳动能力也进一步释放，女性可以同男性一样下地劳动并成为家中的主要劳动力之一。

第五，国家政权对村庄社会的下沉与渗透使得村落内的农民和国家之间的联系得以加强。除了赋税之外，农民在日常生活中也频繁地接触到中国共产党的宣传与教育，阶级成分成为人们思维活动中的一个重要概念并在一定程度上指导着人们的行为。

二、1949年之后的传统文化形态变迁

（一）集体化时期的村落文化状况

进入到集体化时期后，随着生产资料所有权的变更以及国家对农民思想教育的加强，集体主义成为人们生产、生活中的主导文化，村落的文化形态也在土地改革运动时期的基础上进一步发生变化，并主要体现为以下几个方面：

第一，在神灵信仰方面，进入到集体化时期以后，特别是在"破四旧"中，村落内的土地庙、马王庙、二郎庙、唐僧庙等多处庙宇悉数被拆毁，村庄内最大的关帝庙也在"文化大革命"时期遭到破坏，村民家庭内部对家神的信仰同样遭到禁止。整体来看，村民的神灵信仰遭到弱化。

第二，在婚姻习俗方面，新人结婚不再像传统时期得到村民的认可即可，而必须到国家的政府部门进行登记婚姻才得以真正生效。在结婚对象的选择上，地主、富农的子女由于成分不好，只能相互之间成婚，面临着结婚难的困境，贫农、中农的子女在结婚时则多选择与同一阶级的家庭结为姻亲，而避免与地主、富农的子女成婚。

第三，在集体主义文化主导之下，农民的个体私性并没有完全消失。相较于集体土地里的生产，农民更注重个体家庭仅有的一点自留地的耕种，"集体地里磨洋工，自留地里打冲锋"成为农民生产状态的真实写照。董德顺老人对此说道："人他都有一点私性，当时在社里，集体分给的粮食基本都不够吃，为了填饱肚子，人就在自留地里下死功夫。"

第四，在生育态度方面，农民重男轻女的思想得到弱化。同时，随着统购统销制度的实行以及粮食分配机制的日渐成形，缺乏劳力的农户倾向于多生多育，从而通过家庭人口数量的增加来解决劳力不足所导致的家庭口粮不足的问题。

（二）土地承包到户之后的村落文化形态

在1981年全县推行土地包产到户之后，随着农民生产积极性的提高以及市场经济的逐步深入，乌苏村的居民在文化信仰、文化教育、思维态度、婚丧习俗、文化娱乐等方面都产生了新的变化。

首先，在文化信仰方面，村落内的庙宇建筑得到一定程度的重建，虽然不如传统时期那样多元，但农民对关老爷的信仰始终延续，同时在家户内部，农民重新供奉起了财神、灶王爷、土地爷、观音等神灵。在先人崇拜上，农民恢复了对祖先的家祭以及每年清明节的墓祭，但村落内的祠堂未再重建，其仅仅成为老年人记忆中的历史。

第二，在文化教育方面，女孩与男孩取得了同样的入学资格，但农民重男轻女的思想在文化教育中依然存在，在家庭经济条件有限的情况下，农民依然会优先选择让

家中的男孩上学，并且只要孩子想念书，个体农户多会举全家之力来供孩子读书。当然，近年来，随着农民家庭收入的增加以及生活水平的提高，女孩所能够接受到的学校教育与男孩完全平等，甚至在部分家庭中，女孩的学历要高于男孩。

第三，在思维态度方面，农民从集体主义重新回归到家庭本位，不论是日常的生产、生活，还是市场活动中的交易、分配、消费，农民均以个体家庭利益为重。同时随着科技下乡以及自身受教育程度的提高，农民在农业生产中越来越多地应用科学技术，而不单单依赖于传统的经验。

第四，在婚丧习俗方面，阶级成分不再影响人们对结婚对象的选择，到了适婚年龄后，农户的亲戚、朋友会给子女提亲，只要双方父母觉得还可以，子女也都愿意即可。双方同样会找媒人进行说亲。但如果女儿要远嫁到外省，父母多会强行阻止，不会遵从子女的要求。在丧葬方面，村落内重新购置了一套锣鼓，归村庄公有，当村落内的人去世后，锣鼓队在死者下葬的当天要敲着送死者一程。

第五，在文化娱乐方面，每逢过年，村落内的居民依然会敲起锣鼓、打起花鼓，村庄每隔几年也会不定期地组织村民闹社火，如果附近村庄有热闹，村民也多会前去观看。在日常生活中，打牌、看电视、串门闲聊、跳广场舞等成为村民的主要娱乐方式。

第九节　村落文化实态

进入 21 世纪，社会经济的进一步发展、国家一系列惠农政策的推行、互联网的普及等共同推动了乌苏村文化形态的发展与变更。新时期，村落的文化形态也呈现出一定的时代特征。本节将从祖先崇拜、神灵信仰、文化习俗、生育观念、教育、文化娱乐六个方面展现乌苏村当下的文化实态。

一、祖先崇拜

在当前的乌苏村，已找不到祠堂的任何遗迹，农民或是在原来的祠堂位置上建起了新房，或是修筑起村庄的公共水泥路。部分个体农户虽然保存着进入新世纪以来家族所修的族谱，但其也仅仅是一个文本性的事物，农民并没有围绕着族谱开展续谱、修谱等大型活动。进入农民家的堂屋，牌位桌上多摆放着三代以内的祖先牌位，但牌位的样式已发生变化，祖先去世没有留下遗像的，农民仍然以木制的牌位代表祖先，如果有遗像，农民则以黑白色的遗像代替木制的牌位。

在祖先祭祀方面，农民在每年的春节、清明节、正月初二以及祖先的忌日祭拜祖先。春节期间，在除夕的晚上，农民用饺子祭祀祖先，意在接祖先回家过年。之后在正月初一至初五，每天的中午和晚上吃饭之前，农民都要先用做好的饭菜祭拜祖先，祭拜时可以是家庭内的任意一个家人，但在正月初五的晚上，要由家庭当家人的配偶来给祖先烧纸、烧香，意为年过完了送祖先回去。

在每年的清明节，农户会挑选清明节前的一个日子，与家族内的其他成员到祖先的坟前进行祭祀，此时，不一定所有的家族成员都要参加，只需在家的、能跑得动的人参加即可，如果是核心家庭，则由农户独立祭祀。在墓祭时，农民多选择开车或者骑三轮车前往，并祭祀三代以内的祖先，三代以外的不再祭祀。

适逢祖先的忌日，农民会在祖先忌日的前一天晚上做些好饭来祭拜祖先，接祖先回家。在忌日的当天中午，去世者的女儿会来去世者牌位所在的家庭祭祀死者，并给死者带一些纸钱。在忌日当天晚上，由家庭当家人的配偶端上做好的饭菜祭拜祖先并将纸钱一并烧掉，送去世者回阴间。

二、神灵信仰

从村庄的庙宇建筑来看，乌苏村现存的庙宇仅有一座关帝庙，位于村委会大院之内，庙内未塑有关羽的神像，而是与村庄的戏台合二为一。在平时，村落内的居民没有人前去关帝庙拜献，只是到了春节、农历二月初二，村庄内的一些村民会在关帝庙前点鞭放炮、烧香磕头，进行简单的拜献。

就农户家庭内的家神来看，基本上乌苏村每个农户的家里都供奉有财神爷、灶王爷、土地爷三个神灵。其中财神爷设于家庭盛水所用水缸紧靠的墙上，灶王爷设于灶台边上，土地爷则设于家门背后正对院子的那面墙上。每年的腊月二十三农民祭拜灶王爷，春节期间祭拜财神爷，其他时间不再祭拜。对于土地爷，农民没有专门的祭拜，只是在过年的时候会在土地爷前的香炉内烧三根香。

就信仰群体来看，无论是对庙宇神灵的信仰，还是对家神的信仰，以老年妇女居多，当然也会有一些老年的男性群体，青年与中年群体信仰神灵的少之又少。一些外出跑运输或者外出做生意的村民有时在出发之前，会简单祭拜家里的神灵祈求保佑平安归来。

三、文化习俗

进入新世纪以来，随着社会经济的发展、农民生活水平的提高以及农民思想的转变，乌苏村的村民在文化习俗方面也表现出与时俱进的特征，其中又主要表现在婚姻习俗和节庆习俗上。

首先在婚姻习俗上，父母不再为子女的婚姻做主，而是多遵从子女个人的意愿，并鼓励子女自由恋爱。在结婚年龄上，等到子女二十一二岁的时候，父母便开始托人给子女找对象，为子女张罗婚事，不再念书的青年大多在23岁左右完婚，念书的学生则可以延长到二十五六岁，甚至更晚。同时，由于整体经济水平的提高以及农户之间存在的攀比之风，婚姻里彩礼的数额也水涨船高，维持在6万元左右。在人情往来方面，农户家里有红白喜事，多通知本居民组内的农户前来帮忙，居住得特别近的、关系好的邻居，不等对方邀请就会主动前去帮忙，上礼也以现金为主，并遵从有来有往、数额相等的原则。

其次，在节庆习俗上，春节是一年当中村民最为重视的节日。在每年的除夕之前，家庭内的成员大多会返回家中与家人共度春节，等过了正月初五，在外做生意、务工的村民则纷纷离开村庄前往工作的地方。在正月初十以后，村庄内的居民依然会开展敲锣鼓活动，有时候还会邀请一些歌舞团来村庄表演，增加节日的气氛。除春节之外，农民较为重视的节日还有元宵节、中秋节、端午节等，过节所需的食品与物品村民也多在集市或超市购买。

四、生育观念

对于村民来说，生育依然是家庭世代延续的重要保障。随着计划生育政策的推行，农民的生育观念在新时期也发生了新的变化。

就生育子女数量来看，随着养育子女成本的提高，乌苏村的夫妻生育子女多在三个以内，很少有超出三个的，一男一女是村民认为最理想的子女状态，有些夫妻则在生育一个子女后不再生育。在男女观念上，随着女性社会地位的提高，特别是近年来彩礼数额的增长，多数年轻夫妻更倾向于生育女儿，而中老年群体重男轻女的思想还相对残留较多，更倾向于让晚辈育有一个儿子。

在生育仪式方面，无论第一胎是男孩还是女孩，村民都会为新生儿做满月，请同一居民组内以及村庄内关系好的人来家里吃喜酒，做满月的规模在男孩与女孩之间没有差异。但到了第二胎，无论是男孩还是女孩，村民均不会像第一胎一样再大摆宴席，而只是将自家的亲戚与儿媳妇的娘家人叫来一起吃一顿饭。

五、教育

当下的乌苏村内有1所小学和1所幼儿园，据村委会副主任李伟佳介绍，在2016年，小学在职教师数量为10人，幼儿园在职教师数量为2人。村庄内，在小学就读的学生有70人，在幼儿园就读的学生有15人。在外就读的初中生27人，高中生13人，大学生15人。

对于居住在村庄内的普通农户，家庭里的孩子上小学和幼儿园时，村民多选择在村庄内就读。但家庭条件好的或者在乡上、县城居住的村民,则会选择让孩子到乡上或者县城的学校就读,多数村民也认为其能给孩子带来更好的教育。

在教育观念上,村民倾向于让孩子接受更高水平的学校教育,不论是男孩还是女孩,只要考上理想的初中、高中或者大学,村民都会继续供孩子读书。在村民看来,读书是孩子离开土地、不再从事农业的重要途径,同时也是孩子改变个人命运甚至家庭命运的有效途径。

六、文化娱乐

文化娱乐方面,乌苏村的村民在保留一些传统活动项目的同时也体现出时代特征。

首先,在村委会大院内,村庄为村民开设了农家书屋与棋牌室。据村庄老年协会会长段百川介绍,农家书屋的藏书多达三四百册,涵盖了人文、风俗、地理、历史、农业等多个方面,但前来看书的村民很少,每个月有一两个人来就不错了。在棋牌室内,提供有麻将、象棋、扑克等,前来娱乐的也多为老年群体,中青年很少来。

第二,在村落原来的大池塘的位置,村庄将大池塘填平后修筑了一个活动广场,并配备了基本的健身设施,村民会在晚饭后自备音响在广场上跳广场舞。到了农闲季节,村民会自发组织在广场上练习敲锣鼓,有时还会请一两个专门的老师过来教村民新的曲谱。例如在笔者调研期间,董维理老人牵头请来了一个专门的师傅于每天上午9点至12点教村庄内的锣鼓队敲锣鼓。

第三,在日常生活中,除了串门闲聊、看电视之外,互联网成为村民开展娱乐活动的重要途径,有些村民会选择在互联网上追剧或者看其他一些娱乐消息。到了冬季,关系好的村民会聚在某一个农户的家里打麻将或者打扑克,男性和女性都可以参加,也可以一起打,有时甚至打到晚上一两点才散去。

第六章 乌苏村的治理形态与实态

传统时期，在乌苏村，村长、闾长既是政权治理的主体，也是村落治理的主体。在家户这一基础政治责任单元内，当家人是家户治理的主体，在家户之上，族长、"有本事的人"成为亲族治理的主体。各治理主体围绕各自的治理内容采取不同的治理方式，在治理过程中进行互动并发展出关系。本章将从政权治理、村落治理、家户治理、亲族治理四个方面展现传统时期乌苏村的村落治理形态，并在此基础上考察村落治理变迁及村落治理实态。

第一节 政权治理与治理关系

乌苏村的政权治理可较为清晰地追溯至民国末期。在阎锡山治下，村庄是国家政权治理的基础单元，政权治理主体与村落治理主体二合一，除税赋外，拔兵、抓民夫成为重要治理内容，政权治理主体与村民之间产生了丰富的关系。本节将从政权治理单元、政权治理主体、政权治理内容、政权治理关系四个方面考察传统时期乌苏村的政权治理与治理关系。

一、政权治理单元

民国时期，在阎锡山政府治下，村庄是政权治理的基础单元，村庄之上有编村，村庄之下有闾，巷作为地缘性单元，扮演着非正式的治理单元角色。

（一）编村

据解仁荣、董德顺、董维理、陈凤泉等老人回忆，在民国二十九年（1940年）之前，阎锡山政府在政权与村落之间设立区、村两级治理架构，乌苏村隶属于第一区，到了民国二十九年春，政府在区、村之间增设了编村，民国三十二年（1943年）编村又改称为治村。在第一章第二节我们提到，编村改称治村后，乌苏村依然隶属于第一区，且为一个治村，下辖乌苏、胡村、新庄、灵池、前小淮、后小淮6个居村。但在老人记忆中，民国末期，乌苏村与胡村、新庄隶属于同一个编村，编村设在新庄，其派到某个村庄的工作队员被村民称为"特派员"。在实际生活中，除了称编村为治村外，村民也称其为"油坊"，意为压榨老百姓的油脂油膏。此外，在老人的记忆中，乌苏村没有保甲治理架构。

（二）村——村公所

在编村之下为村一级政权治理单元，村公所是国家政权在村庄的标志。民国时期，乌苏村内有一个村公所，下辖的村庄也只有乌苏村一个。村庄内的村公所位于关帝庙北边，有两间房子，占用村庄的公共土地，归村庄共同所有。村公所没有房契，在村公所的边上也没有水井或其他公共设施，修建村公所所需要的钱由村落内的居民筹资。

村公所是村长办公的地方，每当有公务的时候，比如县政府或区政府下来公文、上级派下任务、收缴公粮、过年闹社火等，村长会将村庄内各闾的闾长叫到村公所开会商量并安排工作。开会时，普通村民不参加，"老百姓不管人家那些事情"，家庭条件好的、在村里地位高的人有时会过去看看。村公所里面很少开秘密会议，普通村民在村公所不开会的时候有时会去村公所转转。村长、闾长不用每天到村公所上班，没有公务时其多在各自的家中，村民有事情找村长解决会直接去村长家里而不会到村公所。

村公所门上有锁，钥匙由村长和通讯员各保管一把，在没人的时候，村公所的门会被锁住。据董德顺老人回忆，村公所修建起来后就没有修缮过。如果村公所需要修缮，由村长牵头组织，若村公所年久失修或者需要重建，村庄会将原来的房屋拆掉，所拆除下来的木椽等原料也会使用到新的建筑中去，除此之外没有人可以随意拆除村公所。

（三）闾（社）

在村庄内部，闾是村一级之下的治理单元，村民又称闾为社。乌苏村下辖四个闾，每个闾均有一名闾长。在平时生活中，村民多用社、巷来确定一个人的归属，与四个闾相对应，乌苏村有四个社，分别为中社、东崖社、南社和西社。中社位于村中心，下辖东沟巷；东崖社位于村东，下辖东崖巷；南社位于村南，下辖南巷；西社位于村西，下辖村西北的寺后头巷和村西南的西巷。

在每年举行庙会、闹热闹时，村民多以社为单位，而不会说以间或者以巷为单位，社里的石碾、深水井等公共设施也归全社人共有。

（四）巷

严格来讲，巷不是国家治理层面的一级治理单元，作为村民居住所形成的地缘性单元，巷在村庄的实际治理过程中扮演着非正式的治理单元角色。

从第一章的表1-4中我们可以得知，在1949年之前，乌苏村下辖有5个巷，分别为东沟巷、东崖巷、南巷、西巷、寺后头巷，除却这5个巷外，还有一个解家坡自然村。其中南巷有27户，西巷有44户，寺后头巷有21户，解家坡有14户，东沟巷有48户，东崖巷有38户，从户数分布来看，西巷与东沟巷为村庄内的两个大巷。

在巷内农户的关系方面，传统时期，同属于一个家族的农户多居住于同一个巷内，巷内农户在生产、生活中的联系也较为紧密。例如到同巷内的财主家挑水吃，与同巷人合作碾麦子，向同巷人借用生产工具等等。

二、政权治理主体

在区、编村、村、间四级治理架构之下，乌苏村没有保长、甲长等治理主体，村长与间长是村庄内代表国家的政权治理主体，与村落治理主体相重合。关于村长与间长的内容，我们将在本章第二节"村落治理与治理关系"中详细展现。

正如上文提到的，村庄之上为编村，编村的工作人员是老人记忆中除村长、间长之外经常与村民打交道的政权治理主体。据解仁荣老人回忆，一个编村机构有三四个工作人员，其中编村长的权力最大，由区政府任命。在村民看来，要想当编村长，必须要和上级区政府有关系，村里在编村干事的都是胆子大的人，家里的经济条件有好的也有差的。在工作中，编村长的权力大于村长的权力，编村的工作人员遵循"本村人不管本村"的原则，例如乌苏村在编村工作的人不能与乌苏村的村长对接工作，"本村人都认识，有什么话也不好说，他们也怕在村里惹下人"。在工作内容上，编村工作人员主要负责所辖村庄的催粮、催款等事项，对于下辖村庄内不交公粮的农户，村长管理不了的话会将其上报给编村长，由编村工作人员向农户收取。

三、政权治理内容

除第三章分配一节中提到的赋税摊派之外，传统时期政权治理的内容还包括拔兵、买卖壮丁、抓民夫等。

（一）拔兵

拔兵是村长、间长在治理过程中承担的重要政治任务之一。据解仁荣、董顺理等老人回忆,在日本人来了以后,向村里要兵的单位变为三个:一是日本皇协队,也即日伪军,穿米黄色衣服,为日本人效力,所拔的兵都编入日本皇协队。二是日本警备队,穿黑色衣服,所拔的兵均为临时的,不编入警备队,但有的村民为了避免日后再次被拔兵,在日本警备队将其要走后会主动加入日本警备队。三是国民党军队,也即阎锡山的部队,乌苏村村民又称其为二战区的部队。每年,这三个单位向乌苏村要兵的数额都在2—4个。

每年拔兵的名额分配下来以后,由村长负责村庄内具体的拔兵事务。一般情况下,村长会与闾长、会计根据村庄内每个农户家庭的人口情况、土地情况、牲口情况、经济情况等商量决定谁去充兵,充兵者的年龄多在16—30岁之间。

在被告知要有家人去充兵后,家里经济条件好的农户会在交兵之前想办法打点,以让家人免去服兵役,打点的对象则为要兵方的管事人,比如,日本皇协队要兵就打点日本皇协队的管事人。在打点管事人时,由于和管事人没有直接的联系或者不认识管事人,农户必须请中人,所请的中人得是能说上话、认识要兵方的管事人、与要兵方有关系的人。去请中人时,农户一般不带钱,因为没有固定的数额标准,带少了会引起中人的反感,带多了又存在风险,因此其多是带一些好吃的如点心以及烟酒等去"搭话",事成之后请中人吃一顿好饭。

村落里将兵准备好后,在交兵时由要兵方过来领兵,村落只需确保人数够即可。新兵入伍不进行体检,村庄对服兵役的家庭没有优待。据解仁荣老人讲述:"阎锡山政府当年还实行过兵农合一制,村里的青壮年三人编一组,轮流去入伍。一组中的其中一个人去当兵,一次当三年,其他两个人要帮前去当兵的这个人的家庭种地,三个人依次轮流。"

(二)买卖壮丁

传统时期,不论是要被派去充兵,还是轮到本人去当兵,乌苏村内的农户有时会选择通过买壮丁的方式来找人替自己去当兵。在村落内部,买壮丁的主要有两类人:一是中农成分以上,家庭经济条件好,当家人要被派去充兵时会买壮丁。二是村落内小学的教师,如果轮到其去充兵,教师一般会买壮丁,若教师教得好,有时还会由村庄出粮食换取教师不去充兵。买壮丁可以买本村的,也可以买外村的。

据解仁荣老人讲述,民国时期,村落内买一个壮丁需花费四石麦子,一般在交兵之后给付。卖壮丁的则多是家庭经济条件差、靠土地难以生活或者游手好闲、不务正业的人,有时村落内刚来的外地人也会卖壮丁。乌苏村的村民解全林与母亲一起生活,由于家里土地少,单纯依靠种地难以维持生计,而解全林自身又十分懒惰,不事劳动,整天游手好闲，曾多次将自己卖为壮丁。

买卖壮丁时，村落内没有专门的经纪人，但有潜在的"说话人"，即经常充当中人的村民。在开展交易时，买卖双方要请一个中人，可以由任何一方请，但所请的说话人要经过对方的同意，为双方都信任的人，任何一方不同意都要另请中人。请中人不用带礼品，事成之后多是给中人送一些好吃的或者请中人吃一顿饭，请吃饭由买方来请。

买卖壮丁不需要经过村长、闾长的同意，但在买卖完成后要给村长报告，让村长知道实际要去充兵的人是谁。送兵时不会捆绑，交兵后如果所交的兵逃跑，与买方无关，会追究实际前去充兵的人的责任，一般是去其家里找人，如果找不到则不了了之，日后逃兵回村后村长也不会追究。

（三）抓民夫

在1945年之前，日本人侵入中国并在当地接管了万泉县政府后，会在万泉县下属的村庄抓民夫，给日本军队服劳役，乌苏村村民也称之为给日本人熬工。据董顺理老人回忆，村民被抓去当民夫后没有工资，一般三天换一批人，一个村庄一次去五六个，如果正好被日本人带上出差，比如被日本人带上赶车去运城，时间就会延长，即不止三天。在被派去熬工时，同村的村民多会结伴一起前往。

乌苏村派民夫以每个农户所耕种的土地面积为根据，只要家庭还在种地，都要轮流去当民夫，耕种的土地数量越多所要服的劳役就越多。日本人在需要民夫时会向村里派任务，接到任务后由村长通知会计，会计根据所统计的每个农户土地亩数确定好人选，之后由通讯员去通知每个要去服劳役的农户。在村庄内，即使是村长、闾长，也同样要服劳役，地主、富农家雇有长工，会派长工替家人服劳役且不用给长工支付额外的工资。对于普通农户家庭，在收到服劳役的通知后，只需派一个家中的成年男性前去即可，如果家中的成年男性残疾或者是其他原因导致家里没有合适的人选，可以派一个男性小孩，也顶一个工。如果村民赶着牲口和车去服劳役，牲口、车也可以顶工，但具体顶几个工没有固定的标准，由日本人说了算。如董顺理老人所说："人家有牛有车的地主、富农家派长工赶着车和牛去了，顶的工就多，牛有时候都顶不止一个工。"村民在去给日本人服劳役时均是自带干粮和铺盖，并要带上做工的工具，一般是铁锹，日本人不管吃住。

当时乌苏村隶属一区，前去服劳役的村民要先去区政府报到，之后再由区政府分配，民夫前往被分配的地点做工。在服劳役的过程中，如果老人、小孩逃跑了，日本人不会追究，但如果是青壮年逃跑了，日本人会找村长并要求村长安排补工。对此，村长一般有两种处理方式：一种是让逃跑者的家人去顶工。另一种是若逃跑者没有家人或者其家人也躲着找不到，也找不到逃跑者本人，村长会将逃跑者此次所欠的工记到下次，在下次服劳役时要求逃跑者一并补齐，然后派本村的其他农户去补这次的工。

四、政权治理关系

传统时期，村民与国家很少发生直接联系，二者之间保持着"不告不理"的关系，编村作为村庄之上的国家政权代表，在治理中多采取强硬的方式，其与村民之间的关系也较为紧张。由于在村落内政权治理主体与村落治理主体是二合一的，因此村落中的政权治理主体与上级政权治理主体间的关系留待本章第二节展开论述。

（一）国家与村民之间的关系

据董德顺老人讲述，传统时期，村落内的村民知道国家有法律和政策，但不知道其具体的内容。在日常生活中，村民更多是通过不成文的家规、族规以及村落内约定俗成的规矩来规范自己的行为。出现问题或发生纠纷后，村民主要在村落内部解决，很少直接与国家产生联系。对于村民来说，不到万不得已不去打官司，因为打官司在当地被看作一件丢人的事情，一旦选择打官司，意味着村落内外都知道了自己所遭遇的事情，且双方的关系会就此彻底破裂。但是，如果问题在村落内部得不到解决，双方争执不下，必要时村民也会选择打官司。

在打官司时，村民自己能写了诉状的自己写诉状，写不了诉状的则需要请村落内有文化的人来代写。据张高登老人回忆，在1947年之前，乌苏村的邻村胡村有一个专门帮人写诉状的人，名叫张子明，在胡村教学，有文化且家里雇有一个长工，在土地改革运动时被划为了地主成分。村民打官司有时会请张子明来写呈子，也即诉状。去请张子明写呈子时不用带礼品，由当事方到张子明家里将事情说清楚，然后张子明在自家家里写，其不会到当事人家里写。官司结束后，不论官司输赢，当事村民都会带些好吃的到张子明家里表示感谢。

（二）编村与村民之间的关系

编村作为村庄的上一级政权治理单位，其工作人员在实际工作中多采取强制性的方式。当村长将村庄内未上交公粮的农户上报给编村后，编村的工作人员会将这个农户的当家人或者孩子扣押起来，直到该农户将公粮交齐，或者到了农户家里直接拿东西来顶替公粮，比如牵走一个牲口、拿走一件家具等等。对此，解仁荣老人回忆道："有一年，我的父亲解林元因为交不起公粮，被编村关在了村庄的村公所内，人家不让我父亲回来了。村长、闾长整天就和我父亲都坐在村公所，村里也不管我父亲吃饭，家里人送了两三天饭后，我父亲答应人家想办法把粮交齐，这才把我父亲放了回来。"

由于编村的工作人员来村里与村民打交道就是催粮要款，经常站在村民的对立面，因此其也会得罪村民，与村民之间的关系较为紧张。据解仁荣老人讲述："在1947年解放之前，乌苏村一个名叫史万荣的人在编村做事，家里有两个妹妹及其父母，还有30多亩土地，其父母是开药铺的。史万荣因在编村工作中得罪了人，在回家的途中被人背后开枪打死了。解放之后，村子里曾经在编村做过事的都不在了。"

第二节 村落治理与治理关系

传统时期，村长和闾长是乌苏村的村落治理主体，村庄防卫和传染病防治是村落治理的重要内容。在治理过程中，村长向上与上级政权治理产生互动，向下与村民发展出丰富的关系。本节将从村落治理主体、村落治理内容、村落治理方式、村落治理关系四个方面考察传统时期乌苏村的村落治理与治理关系。

一、村落治理主体

乌苏村的村落治理主体主要为村长和闾长。村长、闾长的产生有其各自特定的资格与规则，在工作中，闾长受村长领导。

（一）村长及其关系

民国时期，乌苏村只有一个村长，村长办公的地方是村公所。村民认为"村长不是个好差事"，村庄内没有人抢着当村长。据董德顺老人回忆，村庄内当过村长的有高天德、李炎天和董文周三人。

1. 村长的任职条件

村落内能当上村长的大多是有钱的、家庭条件好的人，在此基础上，村长要能说会道、能应付得了场面、能担得起责任、处理得了突发事件、与各种势力说得上话。特别是在战乱时期，村长的以上能力显得更加重要，对此，董德顺老人讲道："那个时候村长没有点应付的本事就不行。好比今天日本人到了村西头的土地庙了，八路军还在村中心的关帝庙没走，那你村长肯定不能让这两伙人碰面，一碰面就打起来了，遭罪的是村民。人家日本人要柴火，就派人把马王庙拆了，把柴火给日本人送去；八路军要鞋，就先派下去，给八路军纳十双、二十双鞋，找人送过去。"

穷人不能当村长有以下原因：一是穷人自己的家庭都快顾不过来了，整天忙于生计，更顾不上管村庄的事情。二是穷人大多没有文化，要当村长则不能没有文化。三是穷人的社会关系相对于有钱的人来说要窄很多。

2. 村长的产生

村长名义上选举产生，实际上是由编村来确定人选，而编村多听从村落内财主的建议，几户财主商量让谁干，将人选推荐给编村，编村内定，选举只是走一个形式。在选村长的当天，村落内的通讯员在村里敲锣通知群众开大会，群众到齐之后，编村的人会给群众说明更换村长的原因以及下一任村长的推荐人选，问大家同意不同意。通常情况下没有人反对，即使有不同意的也不会说出来，群众参会就是为了知道新一任村长换成了谁。此外，村长没有固定的任期，只要编村让干就可以一直干，十年八年、五年三年都可以，但编村要是不让干了，马上就不能干了。

3. 村长的工作内容

根据董德顺、解仁荣老人的回忆，民国时期，村庄内的村长主要负责以下几方面的工作：一是应付国民党、日本人、土匪的派粮要款。多数情况下，派粮任务下来后，村长让会计根据每个家庭耕种的土地亩数以及土地的产量决定每家要交的粮食数量，不耕种土地的则不需要承担派粮任务。要款有时按照人口派，有时按照土地派，因要款的主体及要款的方式、多少不同而不同。催粮要款不交的，村长会让其跟编村去说，实在要不下，村长会将其上报给编村，编村来了之后会打人，有时还会直接拿走不交粮农户家里的财产。二是应付国民党、日本人的拔兵派兵。每次兵役任务下来，由村长负责给要兵的一方提供兵员。三是调解纠纷。村民遇到私下解决不了的纠纷，如边界纠纷、借贷纠纷、婚姻纠纷等，在找中人调解不成功的情况下，会找村长出面调解。四是处理突发事件。对此，解仁荣老人给我们讲述了两个相关事例：

案例一

在1945年之前，乌苏村南社的解尧元，家里弟兄三个，父母均健在。有一天，解尧元在回家时遇到了日本人，日本人怀疑解尧元是中国兵，便在村庄的小学附近把解尧元抓走了，并放话要活埋解尧元。解尧元的父亲赶到后，确认是自己的儿子，便找村长出面去跟对方谈条件，日本人提出要用2000块大洋来赎人，解尧元的父亲说回家跟家人商量一下。到了第二天，解尧元的弟弟来跟日本来商量条件时，日本人改为了用4000块大洋来赎人，限期三天。此时，村长建议解尧元的家人赶紧答应，不能再往后拖。解尧元的弟弟答应后，回到家里，其家人把家中能卖的都卖了，并四处筹钱，最终筹齐了4000块大洋将解尧元赎了回来，日本人开出的证明是"此人为乌苏村×××的儿子，不是中国兵"。

案例二

> 另一个是有一次一个日本兵来到了村庄,说自己的脚崴了,不能走路了,要求村长想办法将其送到附近的一个村庄。当时,村民高天德是村长,高天德怕日本人将自己的毛驴骑走后不送还,就说:"我的毛驴怪,碰见陌生人不走。"因此,高天德亲自牵着自己的毛驴将日本兵送了过去。

村长的第五项工作内容是派活,比如八路军来了要鞋,就由村长来派。正常情况下,村长根据村庄内每家的土地数量来派,没地的不派活,但没地的人做好鞋后可以将鞋子卖给有地的人。村长在给财主家派活的时候有时会减量,财主家应该派十双鞋,实际派的时候可能只派五双,因为财主多是村长的后台;给中农派活则不会出现这种情况,应该派给中农一双半鞋,有时则会要求中农做两双鞋。此外,村庄内的小学盖房子、请老师,学董都要与村长商量,并经过村长的同意,村长与学董之间一般没有亲戚、血缘关系;县政府、区政府的人下来后,首先找的也是村长,村长要负责招待上面的来人。

表 6-1 乌苏村几任村长情况

姓 名	文化水平	职 业	当村长的原因	任 期	土改成分	土地数量
高天德	小学毕业	牛经纪、开骡马店、做生意、种地	亲戚有势力,家里有钱,个人能力强,没人敢惹	十年左右	富农	八十亩
李炎天	小学毕业	牛经纪、种地	和区政府、编村的人来往密切	五六年	富农	六七十亩
董文周	小学未毕业	开皮坊、种地	脑子够用,个人有本事	二三年	中农	三四十亩

资料来源: 表中信息来源于董德顺老人口述。

(二)闾长及其关系

1. 闾长的任职资格

民国时期,乌苏村内部共分为四个闾,每个闾均有一名闾长。据解仁荣老人回忆,当闾长需要具备以下条件:一是品德好,为人处事公平、公正。二是有一定的文化水平,能写会算,文笔好。三是有能力,能满足工作需求。四是常年在家,不在家的不可能当闾长。五是家庭经济条件不差,温饱有保障,因为只有家里安顿好了,其才有心思管理闾里的公共事务。

2. 闾长的产生

产生新的闾长不选举、不投票,而是由村长提名,群众通过。在村民看来,同村长一样,间长也不是什么好差事,一个间内一般不会出现多人抢着当间长的现象。

当间长名义上没有报酬,在一年之中,村庄也不会给间长支付固定数额的现金或粮食。但在每次催粮要款时,称粮食所用的秤高一下低一下就会导致群众所交的粮食多少有一些盈余,事后间长可以参与分这些盈余。

3. 间长的工作内容

对于间长来说,其首要工作就是配合村长,完成村长交代的事情。例如,在催粮要款的时候,间长要负责督促本间内的村民及时将粮款交齐;需要统计家庭情况的时候,间长要负责统计本间内农户的牲口情况、人口情况、土地情况、经济条件等并报给村长。(但是在赋税、摊派、拔兵等方面,间长与普通村民一样,没有优待。)其次,在拔兵、派兵的时候,如果村长在本间内所选的农户不合适,农户会找间长出面与村长沟通,间长充当村长与村民之间的说话人。最后,如果是部队来了村里,在要求村庄内的人带路、送信时,间长有时候会选择某个村民前去或者自己亲自去。据解仁荣老人讲述:"解放(1947年)前,有一次村庄内来了一个国民党的兵要求给他带路去附近的一个村庄,这个兵没有他本人是军人的证明。后来间长就派我给这个兵带路。在把这个兵带到他要去的村庄的村口后,我就赶紧回来了。当时也害怕,他要是半路把你害了你也没办法。"

另外,村庄内除了村长、间长与会计之外,还有一个村警,也即通讯员,通讯员一般得是忠诚老实、尽职尽责、听村长话的人,村长有公务需要传话、通知、叫人,多由通讯员来跑腿。

表6-2 乌苏村西巷两任间长家庭情况

姓 名	教育水平	土改成分	任 期	土地数量	家庭关系
王景全	上过小学	上中农	六七年	四十多亩	两个儿子,一个儿子念书,另一个在国民党第一区区政府任职
王月盛	上过小学	上中农	十来年	三四十亩	两个儿子,一个念书,一个做生意

资料来源:表中信息来源于董德顺老人口述。

二、村落治理内容

除了田赋、兵役、摊派等事务之外,村庄的防卫以及传染病的防治也是重要的村落治理内容。

(一)村庄防卫

1. 自卫团

据解仁荣老人回忆,在1947年解放以前,乌苏村有以村落为单位成立的自卫团。在平时,自卫团成员受自卫团团长的领导,自卫团团长受村长的领导,同时村庄的自卫团也受村一级之上的编村管理，自卫团成员实际上相当于预备兵。

乌苏村的自卫团成员数量为30个人左右，以青年男性为主，年龄大多在20—25岁之间。村庄内20—25岁的男性自动成为自卫团的成员，适龄的男性青年都要参加，如果某个人拒不参加，村长会与其沟通，必要的时候村长会批评这个人，但没有实质性的惩罚措施。超出年龄范围的男性青年不需要参加自卫团。自卫团的团长多由村庄内退伍的军人担任，如果没有合适的退伍军人，团长人选由村长来指定。

自卫团成员在农闲的时候都要参加训练，训练的场地为农户碾麦子时所用的晒场，自卫团某个成员家里有晒场就用其家的晒场，不用出场地占用费。自卫团成员不配枪，所使用的武器为村庄统一配备的长矛。

2. 打更

根据陈凤泉、董德顺、董顺理等老人的讲述，在1949年之前，乌苏村内每天晚上都有人打更，打更采取全村挨家挨户轮流的方式，轮到哪个闾就由哪个闾的闾长来安排本闾内的打更人。

通常情况下，打更由村落内的男性来打，每天晚上一个人。轮流的标识为一个四寸宽、一尺长的竹签，竹签在谁家，就由谁家出人来打更。比如，今天晚上该A农户打更，等到明天晚上轮到B农户了，A农户就会将竹签传给B农户，如此依次轮流。打更所用的锣和槌子均为村庄的公共物品，一般情况下坏不了，如果某个农户在打更的过程中将其丢失或者损坏不能用了，该农户要负责赔偿。

具体到一个闾来说，闾长在安排本闾的农户打更时，即使是有钱的财主家也要给其安排打更。通常情况下，若财主家雇有长工，会让长工去打更。如果是一个年纪大的女性独自在家，可以不安排其打更，但如果是一个年轻的妇女在家，则要安排其家庭来打更。这种情况下，年轻的妇女多会请本家族的男性来帮其打更，但每次不能请同一个人，因为请的次数多了对方会烦。闾长家不参与打更，因为当闾长没有报酬，其平时为闾里办事就把公共的义务尽了，同理，村长家也不用打更。村庄内的农户在选择家人去打更时，多让家庭内年纪大的男性去打，因为老年人没什么事情，而年轻人在白天要干活，打一晚上更会影响第二天正常的劳动，如老人所说："年轻人打不了更，他们白天干活，晚上打更他们就睡着了，老汉们一天没事干，瞌睡少。"

村落内每个巷都有一个打更房，一般位于巷门的边上，没有巷门的则位于巷口。打更房只有一间房子，里面有炕和炉子，炕上有席子，但没有铺盖，到了冬天天冷的时候，打更人可以在打更房内生炉子取暖。打更房为每个巷的农户集体筹资所建，每户出钱多少按照其种地的数量来算，不种地的则不用出钱。若打更房坍塌或者损坏，由巷子内的住户来修缮，一般是闾长牵头。据陈凤泉老人讲述，在村内的几个巷子中，西巷的打更房最好，因此打更人晚上多喜欢在西巷的打更房坐着。

打更是村落内每个农户的义务，没有报酬，"以前农民品行好，吃亏不言传，多一点少一点都不说"。到了晚上，打更人提一个锣转巷地敲，一天晚上要敲四次，"解放前，没有表，打更人看月亮来约莫时间，觉得时间差不多了就提上锣出去转一圈"。其中一更的时候打一次，二更的时候打一次，三更最重要，大概是凌晨12点到两点，要打一次，四更再打一次，五更天就亮了。对于村民来说，打更是为了防毛贼和土匪，主要起提醒人的作用，每次打更是为了让人在睡梦中清醒一下，看院子里有没有人，家里有没有小偷。由于打更人在明处、小偷在暗处，一般情况下打更人发现不了小偷，一旦发现，打更人会喝吓小偷。如果某个农户发现自家有小偷，打更人也会配合该农户，一边敲锣一边吆喝某某家有贼，惊动的人多了，小偷自然就跑了。如果打更人碰见土匪，其不敢敲锣也不敢乱叫，因为土匪会打人，有时甚至将打更人掳走。

打更时打更人会自带干粮，一般是两个馍馍，晚上饿了就在炉子上烤着吃。有时村落内家庭条件差的、穷苦的或者年纪大的光棍汉，为了挣到两个馍馍，会替当晚打更的人来打更，当值的打更人也会按照习惯将两个馍馍给替自己打更的人，没有不给的。

在乌苏村的邻村胡村，打更人是固定的。据张高登老人讲述，胡村的打更人名叫张富红，其婆娘死了，家里就是父子两个，住两孔土窑，有十来亩地，在土地改革时被划为贫农成分。张富红开始打更时有50多岁，穿白土布裤子，一天没什么事，与村长也不是同一个家族的，相互之间没有亲戚、血缘关系。村长看其可怜，但在办事上还比较诚实认真，便任命其为打更人，每年给其一定的报酬，但具体是多少不得而知。

3. 村门与巷门

（1）村门

村门，乌苏村村民也称之为车门或官门。在1949年之前，乌苏村没有常规意义上的村门，在村庄寺后头巷的北边有一个村门，即村庄的北洞门，下面可供人、车、牲口通过，没有实质形式上的木门或铁门，晚上也不会上锁，在村庄的南边有一个南洞门。两个洞门均类似城墙门，下面是洞门，上面是阁楼，老年人夏天会在阁楼上乘凉，懂天象的老人还会在阁楼上看天气。

在乌苏村的邻村胡村，村庄有东、西、南、北四个木制的大门，每个村门上都有一把大锁，钥匙由本村的村民张凤朝保管，张凤朝也自然是村门的看守人。到了每天晚上9点左右，张凤朝会将四个村门全部锁上，第二天早上天亮的时候再开门，如果村民晚上有事要出去，可以找张凤朝开门。张凤朝看村门是村长任命的，在每年的年底，村里会支付给张凤朝一石麦子作为报酬，粮食的来源则是向村民筹集。

(2) 巷门

传统时期，乌苏村的西巷、南巷、东崖巷都有巷门。巷门上没有锁，到了晚上，当值的打更人会在里面用巷门上的木闩将巷门闩住，防止外人进来，而打更人可以通过没有巷门的巷子的道路在村庄内转着打更。第二天早上，有巷子里起得早的农户将巷门打开。在农忙的时候，有的农户距离自家的土地远，天不亮就打开巷门出发去地里，等到了地里天刚好放亮能干活。

巷门由每个巷子内的农户共同出资打造，在打造巷门时，本间的间长为牵头人，巷子内有钱的农户会多出一点钱，没钱的农户可以少出一点，实在太穷的也可以不出。对于打造巷门这类公共事务，财主家都会主动多出一些钱和力，以获得群众的认可和好名声，如果财主家不出或者出得少，会遭到巷子内居民的议论，并因此坏了名声。在村民看来，巷门主要是为了防止外村人、外地人、土匪或者明火贼等在晚上随意进出巷子，从而对巷子内的居民起到一定的保护作用。

(二) 疾病防治

在1935—1937年期间，乌苏村暴发过一次饦佬病。饦佬病是种皮肤病，在秋季和冬季发作，村民染上该病后，先是手上发痒，发痒的地方被挠破后即开始化脓腐烂，并传染至身体的其他部位，饦佬病在人与人之间也会传染。据董德顺老人回忆，饦佬病是阎锡山的第三十四军带到村里的。三十四军当时驻扎在靠近乡宁的山里，其一个老兵得饦佬病死在乌苏村外的娘娘庙前。被人发现后，村长安排人将死了的老兵卷一张席子埋了。此后，乌苏村内便开始有了饦佬病，并在村民之间传染。

饦佬病暴发后，村长、间长等村庄管理者没有组织集体性的防治，也没有人专门来村里给村民打疫苗，而是由村民自己想办法治疗。在当时的条件下，村民一方面去权景庭的药铺买中药内服，起排毒的作用，另一方面在外村的一个古墓里面挖棺材板，将棺材板点着后，用所冒的蓝色的火焰烤身体腐烂的地方，烤热后将葱段、姜、蒜与猪油包在纱布里在腐烂化脓的地方擦。村民在找棺材板时不找自家祖先的。当时村庄内也没有人因为得饦佬病而去世，治好后原来化脓的部位会留有疤痕。

除了用药物治疗之外，村庄内的很多老年女性选择求神治病，但没有组织集体性的祭祀活动，多为个人去村庄的关老爷庙里烧香、磕头，给关老爷披红、捐钱，祈求关老爷显灵。

在农户家庭内部，如果一个家人得了疟佬病，其他家人会将其隔离，在平时的生活中村民也会主动避开得了疟佬病的人。得疟佬病没有贫富贵贱之分，地主、富农的家人也会得疟佬病。若是雇用的长工得了疟佬病，地主、富农不会为长工医治，而是长工自己治疗，治好后再回雇主家里干活。如果治疗的时间较长，雇主会扣除其相应的工资，时间过长雇主会将得病的长工辞退。

（三）其他公共事务

传统时期，除了村庄防卫、疾病防治等公共事务之外，如果村落内的池塘需要清理，村长会组织村民挖池泥，即在池塘内水少的时候将池塘内沉淀的淤泥挖出来。参与挖池泥的村民没有报酬，但其可以将挖上来的池泥当作肥料下到自家的地里。此外，村民与外村的人发生纠纷后，如果私人调解不成，村长有时会应村民的邀请出面调解。在调解时，村长会尽量向着本村人，最起码保证本村人不吃亏。

三、村落治理方式

在村落治理中，村长主要与上级政权治理主体进行互动，不成文的村规民约仅起到辅助作用。

（一）村规民约

传统时期，乌苏村村民多奉行孔孟之道，村落内没有成文的村规民约，但有一些约定俗成的规定、规矩，这些规定、规矩由村民从小习得，且多是教育性的。例如：村庄要求村民尊重老人，但如果有人不尊重也没人去惩罚这个村民。村庄内各个巷的巷门到了晚上10点以后就关了，外人不能再进去，这是村规。每年的正月初一，讨饭的到了家里，农户必须给讨饭的一个完整的馍，不能给家人吃剩下的块状馍，这也是约定俗成的一个村规。

在这些约定俗成的规矩面前人人平等，不论个人的性别、家庭条件、年龄、辈分、身份是否有差异，村民都应该自觉遵守，但即使是村长、闾长等村庄的管理者也没有权力惩罚违反村规民约的村民。如果有本村的村民做出不符合规矩的行为，村落内的其他农民会议论，对其形成舆论压力，从而督促其改正或下次不再出现类似的行为。如果是外村人违反了村庄的规矩，其行为对村庄利益造成了损害，村庄内的任何村民都可以上前制止，必要的时候要请村长出面解决并要求对方赔偿；若未对村庄利益造成损害，村民可以指出其错误的地方，也可以视而不见。

（二）与上级政权互动

在开展村落治理的过程中，村长要执行上级官府的命令，与上级政权治理主体产生互动。民国时期，官府的命令多是依照县、区、编村、村的层级顺序一级一级往下传,传到村里后,如果是涉及派钱派物的命令,要由村长在村公所前进行公布,从而避免引起村民的质疑。村长不执行官府的命令就会被换掉。在平时的工作中,村长不用定期向官府汇报,但在派粮收款时,村长要向官府汇报收缴的情况,村长汇报给编村,编村汇报给区政府,区政府再上报给县里。在工作上,村长不能直接找县长,一般情况下其也见不到县长,但如果两人私下关系好,村长则可以找县长。

四、村落治理关系

在治理过程中,村长、闾长等村落治理主体之间,其与上级政权治理主体之间、与村民之间都产生了丰富的关系。

(一)村长与村民之间的关系

村长作为国家政权与村落治理的双重主体,开展治理过程中力争在国家与村落内的农户之间谋求一个平衡,双方都不得罪。在催粮要款过程中,如果村民不交,村长不会自己垫付,而是想办法给村民施加压力,让村民自己去交,村民坚持不交,村长就将其上报给编村。对于兵役,如果村民出逃了,村长会让其家人寻找出逃的人,但如果是全家出逃了,一般情况下不再追究。每逢村庄开大会时,村民有时候也会发言,对于村长的决策,主要看决策的内容。如果对村民有利,村民也会拥护,比如村长提议给村庄的学校翻新房子,村民多数会同意;对村民不利或者与村民没有太大的关系,村民则选择不理睬或者反对。

村长在村里算个官,是村庄内的头面人物,在村庄的社会地位要高于普通村民。村长有没有权威,一方面看其个人的能力与为人,一方面也看其后台硬不硬。平时在路上碰见了,村民会问候村长。每逢过年的时候,如果村民和村长的关系密切,会去村长家里给村长拜年。据董德顺老人讲述:"在高天德当村长的时候,我的叔叔董文周在每年大年初一的早上都会带上我去高天德家里拜年,去的时候会带一些麻花、点心、核桃、枣等吃食。到了高天德家里,我要在牌位前给高天德磕一个头,我叔叔董文周给高天德行个礼或鞠个躬。在临走的时候,高天德会给我叔叔董文周带一些好吃的回去,但不会和我们带过去的重样,有时候高天德还会给我一点压岁钱。"

(二)闾长与村民之间的关系

闾长在村里的社会地位高于普通村民,但低于村长。普通村民要服从闾长的管理,听闾长的话。除在村庄公共事务上与闾长产生联系外,平时村民家里产生纠纷需要找人调解时也会请闾长先来调解,如果闾长调解不了,再去请村长。去请闾长调解时,要由家庭的当家人去请,不用带礼品,调解成功后多会带一些好吃的到闾长家里表示感谢。村民家里有红白喜事,多数情况下也会邀请本闾的闾长过来参加,被邀请后,闾长也会领村民的情，在事情的当天主动去村民家里帮忙。

（三）村长与闾长之间的关系

在村庄内，村长与闾长之间没有亲戚联系，二者也不会定期举行聚会，闾长与闾长之间也不会定期聚会。对于村庄的公共事务，如派粮、抓壮丁、要款等，村长多会与村庄的闾长、会计商量，普通农户没有参与的权利，村长也不会找普通农户商量。

除了村庄的公共事务外，村长与闾长之间以及闾长彼此之间平时见了面也会交流，但闾长和闾长之间的关系不一定比其与普通村民的关系好。到了过年的时候，和村长关系密切的闾长会带一些礼品去村长家里给村长拜年。如果闾长与闾长之间关系好，二者也会以村民的身份相互拜年，但不会以公职身份拜年。

（四）村长与上级政权治理主体之间的关系

村长与上级政府官员的日常交往不多，打交道多是因上面派下来任务，但如果村长任职的时间长了，与编村或者更上一级的政府官员熟悉了，在日常交往中，政府官员也会对村长客气。村长家里有红白喜事有时也会请政府官员来参加，但如果双方不熟悉，则仅保持工作上的交往，该怎么办就怎么办。对此，董德顺老人讲道："上面的人对村长有些客气，有些不客气，客气是因为打交道多了，相互之间熟了，有什么事你照顾我、我照顾你。那些刚认识的，就是该怎么办就怎么办，也不客气。村长和上面的人除了工作上，再有联系就是私人关系了，好比你在编村工作，我在村里当村长，当好几年村长了，相互之间都认识，'后天娃娶媳妇哩，你过来哦'，喝上一回酒，吃上一回摊子，这慢慢就熟了，后面有什么事这就能挂上关系了。他（高天德）就是和编村、区长有些勾挂，人家下乡来了，在他家吃点饭，他一年给人家进个贡，把领导就舔肥了，领导来了有什么事情就找人家。"

村落内在外做官的家里有红白喜事，其会回到村里请村民参加。村里如果有集体活动，比如春节期间闹社火、介山庙办庙会，政府官员有时候会自己过来看，村长知道后要主动招呼官员吃饭，"庙会的时候，县长、区长、编村村长来了，村长要在神庙里面招呼人家吃点东西，庙会上总有一些吃的呢嘛"。村庄内有人违法，村长不用承担连带责任。此外，由于闾长受村长领导，其很少直接与上级政府官员发生联系。

第三节　家户治理与家户关系

传统时期，当家人依规、依威开展家户治理。家庭的生产、分配、婚嫁以及日常秩序的维护构成家户内部主要治理内容，村庄的公共事务则是家户主要的对外治理内容。在治理过程中，当家人与村落治理主体之间、家庭成员之间产生了丰富的关系。本节将从家户治理主体、家户治理内容、家户治理方式三个方面展现传统时期村落内的家户治理与家户关系。

一、家户治理主体

在乌苏村，当家人是家户治理的主体，在家户内部拥有最高地位，论资排辈则是产生当家人的基本方式。

（一）当家人概况

乌苏村村民称呼当家人为"家长""管事的""当家的""拿事的""主事人""户主"等。在核心家庭与扩大家庭，当家人存在不同的情况。

1. 核心家庭的当家人

核心家庭内一般只有一个当家人，几个儿子都还小或者都不在家，父亲能干且在家，就是父亲当家。但除了父亲当家之外，还存在以下几种情况：

（1）长子当家

正常情况下，父亲不再当家后，核心家庭当家人的选择依照论资排辈的原则，长子与其他儿子都适合当家的情况下，会优先选择长子来当家。但在特殊情况下，也会出现次子或老小当家的情况：一种是家里有三个儿子，大儿子出去做生意了，只有二儿子和三儿子在家，那么二儿子此时就是当家的；大儿子、二儿子都出去了，三儿子一个人在家，那么三儿子就是家庭的当家人。另一种是父亲年纪大了之后，觉得大儿子当不了家，其会在其他儿子中进行挑选，看哪个儿子能够撑住门势，顶起门户，脑子够用，使家庭吃不了亏，就会让哪个儿子当家。

（2）爷爷当家

家庭内，儿子的父亲去世，爷爷还健在，但几个儿子都不在家或者年龄太小无法当家，儿子的爷爷就得继续当家。

（3）妇女当家

在乌苏村，个别农户家存在妇女当家的情况。一个家庭内只有母亲在家，其他人都去世了或者外出了，母亲就是这个家庭的当家人。例如在董德顺老人所属的家族内，一个成员家庭中的男人去外面做生意了，三个儿子一个在外面教书，另外两个在外面上学，家中只有母亲一人，母亲在村里就是家庭的当家人。本该儿子当家，但儿媳妇比儿子有本事，能把家庭撑起来，儿媳妇就是当家的。对此，董德顺老人讲道："儿媳妇在家里是'一把旺'，什么事都能干了，什么事都能管了，有本事，人家就是当家的。我们门口有一个叫槐子的人，他爹弟兄几个，但在家里就是媳妇当家，人家媳妇能把这一家子理料了,他们都还听人家的话,不管老的还是小的,都觉得这个媳妇能干,都拥护人家。巷里人也都知道人家那个媳妇能干,去人家家里说话都得考虑考虑,说不好那媳妇就能把你给问住了。"夫妻两个,正常情况下是丈夫当家,但如果丈夫没本事,妻子的能力大于丈夫,则表面上是丈夫当家,实际上是妻子当家。当妇女成为一个家庭的当家人后,如果妇女足够能干,把家庭管理得很好,其他邻居就不敢小看这个妇女,也不会说这个家庭的闲话。

2. 扩大家庭的当家人

在一个未分家的扩大家庭内部,当家人可以具体细分为外当家与内当家。外当家多由男性担任,角色等同于核心家庭的当家人。内当家由家庭内的女性担任,负责管理家庭内的女性以及安排家务。

(1) 外当家

据陈凤泉老人讲述,扩大家庭内的外当家由家里辈分最大的老人决定。选择外当家时,一是看辈分、年龄,二是看个人的能力,年纪小但个人能力强也可以当家。年龄特别小的不能当家,因为其经历的事情以及自身的社会阅历不足。一般来讲,当家人的年龄最小都要在30岁以上。例如,在乌苏村的陈梅五家,陈梅五虽然排行老五,但因其个人能力强,被父亲指定为家庭的外当家。

(2) 内当家

内当家的人选通常依照辈分与年纪来确定,家庭内哪个女性的年纪最大,辈分最高,通常就由哪个女性来担任内当家,当然,其身体条件与个人能力要匹配得上内当家的要求。上一任内当家卸任,下一任的人选依据辈分自动轮到辈分仅次于上一任内当家的女性,如果其不合适,则继续往下轮,直到选出一个合适的内当家。

1947年之前,乌苏村的陈梅五家(也即陈凤泉老人的家庭)七代未分家,总共有31口人,其中有一名老人。陈家家里年纪最大的是陈命新,毕业于师范大学,是教书的,由于当时村庄内毕业于师范大学的人很少,陈命新在村里算是高文化水平。1947年解放的时候,陈命新有七十四五岁。陈命新的弟弟叫陈命朝,同样是大学毕业,职业是教书,但陈命朝抽大烟,在45岁(彼时陈凤泉11岁)的时候便去世了。此外,陈命新还有一个哥哥,但在早年去世,名字不可得知。

陈命新有3个儿子,大儿子叫陈凤澡,字梅五,在家种地。村民出于对陈凤澡的尊重,不直接叫其名字,而称呼其为陈梅五。除却陈命新与其妻子之外，陈梅五的小家庭总共有5口人。二儿子叫陈凤鸣，当时在学校念书，十几岁时去世。三儿子叫陈凤刚，在童年时去世。

陈命朝只有一个儿子，叫陈凤泉，还有两个女儿，均比陈凤泉大，加上自己的妻子，家里总共有5口人。陈凤泉的母亲在陈凤泉2岁时去世，父亲在陈凤泉11岁时去世，陈凤泉由自己的姐姐照管大。上完小学后，陈凤泉早早出去做生意，15岁开始卖学习用具。

陈命新的哥哥有4个儿子。大儿子叫陈凤楼，家里5口人，有2个儿子、1个女儿，1947年之前陈凤楼在曲沃开布匹店做布匹生意。二儿子叫陈凤义，在童年时去世。三儿子叫陈凤魁，家里有7口人，3个儿子、2个女儿。土地改革运动之前陈凤魁在家种地，平时不干活，只有在农忙时下地干活。四儿子叫陈凤池，由于其抽大烟，抽得自己没钱了，家里人给其在乌苏村的街面上开了一家骡马店，挣下的钱由陈凤池自己花。陈凤池家里总共有7口人，有3个儿子、2个女儿，还有自己的妻子。

陈凤泉弟兄几个都读过书。在陈凤楼、陈凤义、陈凤魁、陈凤池、陈凤澡、陈凤鸣、陈凤刚、陈凤泉弟兄八个中，陈凤楼排行老大，陈凤义排行老二，陈凤魁排行老三，陈凤池排行老四，陈凤澡排行老五，陈凤鸣排行老六，陈凤泉排行老七，陈凤刚排行老八。

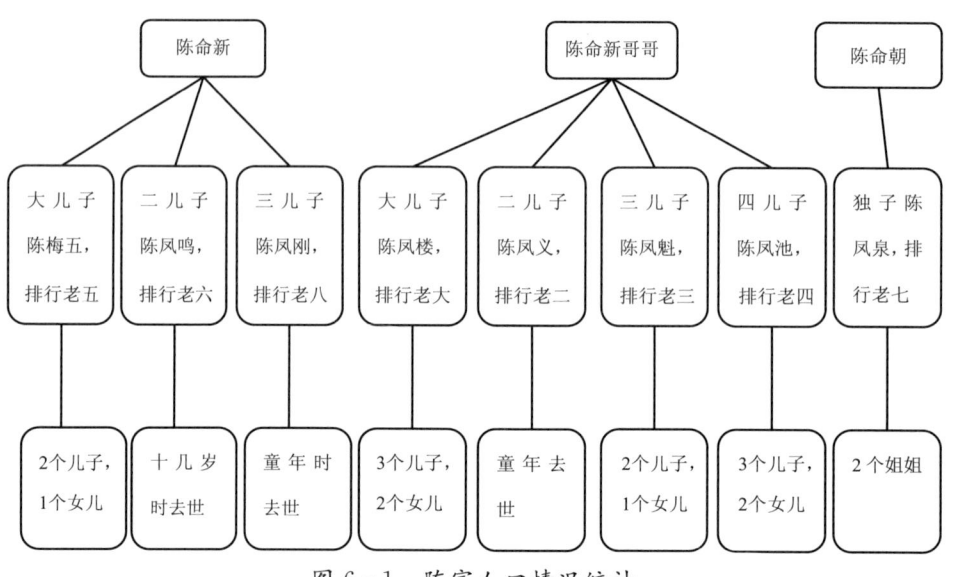

图6-1 陈家人口情况统计

在陈家这个大家庭中，外当家人是陈梅五，内当家一开始是陈命新的老婆，陈命新的老婆去世后由陈命朝的老婆担任，陈命朝的老婆去世后由陈凤楼的老婆王爱爱接任并一直当到1947年解放。后陈家在土地改革运动中被斗争，大家庭也因此散了。

（二）当家人的产生与更替

1. 当家人的产生

家庭内的当家人一般是默认的。在分家之前多是长辈当家，如果长辈不再当家，在选择下一任当家人时，正常情况下是论资排辈，长子优先。但如果长辈觉得长子当不了家，会根据能力选择其他能干、有本事的儿子来当家，这时其他儿子即使有意见也不说出来，真说出来了则由长辈出面调解，一般情况下是听长辈的话。新的当家人产生之后，不用告知四邻，随后家庭的对外交往就直接由新的当家人来出面。分家之后，几个儿子各当各的家，如果其中的某个儿子较弱，长辈不会替其当家，但会在平时的生活中多帮助这个儿子，如果某个儿子还没结婚，要与父母一起生活，父亲继续当这个儿子的家。

当家人产生之后，没有具体的任期限制，只要身体条件允许就可以一直当。如果当家人因年龄大、生病等原因导致身体条件变差，客观上不允许其再继续当家，或者当家人突然去世，此时就要产生新的当家人。当然，当家人觉得后代能当得了家时也会自动让出位置让后代来当家。

据董德顺老人回忆，在一些特殊情况下，农户也会更换掉当家人。传统时期，不论是大家庭还是小家庭，家庭的当家人都不能抽大烟，如果已经上任的当家人开始抽大烟、赌博，就要将其更换掉以防止其将家败了。更换当家人时，由家里年纪最长的人出面宣布决定，虽然老人不当家了，但在必要的时候依然可以做主，其不让谁当家谁就不能当家。

（三）当家人的地位

当家人掌握着一家的经济大权，在家里的地位最高，"光景好过不好过，当家人是关键"。作为家庭内的主事人，家里的生产生活如对外交往、请工等都要由当家人出面，外人来家里办事也是直接找当家人而不找其他家人。在需要请中间人、请执笔人、请客吃饭、请村长、请闾长时，均要由当家人出面，需要签字也要由当家人来签，家里其他人签字无效，家人可以处理自己的私事，但不能处理家庭的公事。邻居、朋友、亲戚来借钱借粮食等都要跟家庭的当家人说，当家人同意后方可借出。在还钱还粮食时，借方可以将粮钱还到其他家人手里，但要让其他家人转告当家人，保证当家人知道具体的情况。

村里的邻居、朋友家里有红白喜事，农户在被邀请后，一般情况下由当家人前往，其他家人不参加。但如果当家人不在家或是没时间，当家人可以选择潜在的继任者代其出面，这也是对这个潜在的当家人的锻炼。

二、家户治理内容

家户治理的内容随着农户家庭规模的扩大而增加，家庭规模越大，家户治理的内容也越丰富。具体来说，主要包括以下几个方面：

（一）家户内部事务治理及其关系

1. 家庭财产的经营、分配与消费

（1）土地的生产经营

土地作为家庭的公共财产，每年地里种植什么、种植多少，耕作过程中的请工、雇工、帮工以及家人间的具体分工，牲口的购买、喂养、更换，生产工具的维护、修缮，土地、房屋的买卖等等，都由家庭的当家人说了算，如果雇有长工，在农业生产中当家人会与长工商量，有时也会听取长工的意见。每年地里收回来的粮食归整个家庭所有，粮食的保存也由当家人统一安排，在扩大家庭内，当家人不会将粮食分给每个成员小家庭。

在粮食、生产工具的借用方面，如果是自家向外人借，要由家庭的当家人出面，外人来家里借用牲口、车也要经过当家人的同意。在有内当家的扩大家庭内，到了每年农忙的时候比如割麦子，要由内当家的来安排家庭内妇女的分工，其中一部分留在家里做饭，另一部分要跟着内当家去地里参与劳动。

（2）家财的管理

家里的地契、房契、现金等贵重财物，全部由当家人来保管。据陈凤泉老人讲述，在当家人住的屋子里，一般有一个柜子专门用来存放这些物品，柜子上锁，钥匙由当家人一个人拥有，其他家人不能拿柜子的钥匙。家庭内有在外做生意的家人，每年年底回到家后，要将一年的收入情况向当家人汇报，并将一年的收益交由当家人管理，其不能私自处理。

媳妇的嫁妆是媳妇私人所有的物品，比如娘家陪的柜子、桌子、箱子等，这些都归媳妇个人保管，柜子、箱子上的钥匙也由媳妇个人保存，当家人不能支配、保管。在分家的时候，媳妇的嫁妆不参与分家。

（3）分配与消费

在核心小家庭内，家庭的经济权由当家人掌握，对于家庭土地、副业的收益以及做生意的收入，当家人拥有最高的支配权。当家人的妻子或者成年的儿子可以向当家

人提意见，比如在古会上给家里置办一些贵重的绸缎、布匹时，当家人有时会与妻子一同前往，在挑选货品时当家人会征求妻子的意见，付钱的时候由当家人来付。日常生活中的油、盐、酱、醋以及逢年过节时的肉、麻花、酒、点心等物品，在需要购买时由当家人自己去购买。

在扩大家庭内，当家人平时不给家庭成员分配零花钱，在学校读书的孩子需要买毛笔、墨汁等学习用品时，可以向当家人要零花钱，当家人也会满足孩子的需求。当然，每个成员小家庭通过各自的纺棉织布、买卖旧衣物等，多少都会存有一些私房钱，对于私房钱的使用，当家人不会干涉。在每年过年家人添置新衣服时，做新衣服所用的棉花由内当家给家里的妇女分配，男当家不会过问。在分配时，只算成年女性，未成年的女孩不分给棉花。在陈梅五家，每个妇女一年下来能分到三四斤棉花，最多不超过五斤。

2. 子女婚配与分家析产

（1）子女婚配

"父母之命，媒妁之言。"传统时期，在一个核心家庭内部，儿子可以娶谁、不可以娶谁，女儿可以嫁给谁、不可以嫁给谁，都由当家人说了算，特别是在儿子娶媳妇方面，如果所娶的媳妇未经过当家人的同意，其常常进不了家门。在子女婚配对象选择上，当家人也会听取子女母亲的意见，一般是要二者都同意。另一方面，在乌苏村，子女婚配也作为父母的一项任务而存在，在世时，如果家庭中所有的子女均已完婚，父母的任务就算完成了，但如果父母去世时尚有子女未结婚，在村民看来，子女父母手上的任务就没有完成。在扩大家庭内，家庭子女的婚配由男当家和女当家与子女的父母商量，一方面要征得子女父母的同意，另一方面也要经过男当家人的同意，因为婚姻中的具体花费要由男当家人来支付。

（2）分家析产

家庭中的儿子成家后，当家人可以主动提出分家，但要征得儿子的同意，同样，家庭中的某个儿子也可以提出分家，在征得当家人同意的情况下还要征求其他儿子的意见。在具体分家时，由当家人主持分家事宜，诸子一般情况下也是在当家人的家里签订分家契约，对于家庭内哪些东西可以分、哪些东西不能分、分家采取什么样的原则，均由当家人说了算。当然，为了避免日后的纠纷，农户分家时多遵循诸子均分的原则。如果在分家的时候家中尚有未成婚的儿子，则要给这个儿子预留出成婚用的财产，此时其他的儿子也不能有意见。

3. 家庭日常秩序的维护

在日常生活中，核心小家庭的家务多由丈夫的妻子来负责。但在扩大家庭内，相较于核心小家庭，平时生活中的饮食、卫生、制衣等方面有着更为丰富的关系与内容。

（1）制衣分配及其关系

A. 衣服的添置

每年过年的时候，乌苏村的村民都要添置新衣服。在一个扩大家庭内，添置新衣由家庭成员个人安排，当家人不会统一置办。添置衣服时，"宁给孩子添，不给大人添"，在布料有限的情况下优先给孩子添置，大人过年没有新衣服就不穿了。

每个家庭成员的衣服都由其家人缝制，在当时的条件下，没有人购买衣服穿。缝制衣物时，丈夫的衣服由媳妇来做，孩子的衣服由母亲来做，老人的衣服由自己的儿媳妇做。老人没有儿媳妇或者儿媳妇已没有能力再做衣服，则由老人的孙辈或其他晚辈来做；老人没有后代，则由内当家的安排其他家人来做；老人有多个儿媳妇，则由几个儿媳妇轮流做，按照从大到小的原则，每人负责一年。

B. 衣服的清洗与保管

在衣服清洗方面，夏天的衣服每隔两三天就要洗一次。冬天穿的棉衣不洗，因为家人自己织的棉布不结实，洗多了容易破。里面穿的衬衣则每个月洗一次。

洗衣服时，由每个小家庭各自负责自己家庭成员衣服的清洗。丈夫的衣服由媳妇来洗，在夏天农忙的时候，丈夫回来有时也会自己清洗单薄的衣物。孩子的衣服由母亲来洗。家中老人的衣服则由自己的儿媳妇来洗，如果有多个儿子，不会安排每个儿媳妇轮流洗，好儿媳妇一年四季都会主动去洗，不好的儿媳妇一年也不会给老人洗一次。内当家人的衣服由其自己来洗，如果自己洗不了，则同样由其儿媳妇来洗。家里雇有长工时，长工的衣服由其自己清洗，家人不会给长工洗衣服。

平时洗衣服没有肥皂，也不用皂角，就是在家里用清水漂洗，只有在清洗被面时才会用皂角，并用棒子捶打着洗，皂角用完了由男当家的出钱去集市上买。一般农户的院子里都有晾衣绳，谁洗完自行把衣服晾在上面就可以，收衣服的时候也是各收各的。如果晚辈把长辈的衣服洗破了，长辈不会责骂、怪罪晚辈，能缝补的缝补，不能缝补的就扔了重新置办。

到了换季的时候，在衣物保管上，孩子的衣物由母亲保管，丈夫的衣物由媳妇保管，老人的衣物则由其自己保管。如果衣服破了，丈夫、孩子的衣物缝补与清洗时一样，但老人的衣物由儿媳妇来补。如果老人有多个儿子，一般情况下由大儿媳妇来缝补，当然，大儿媳妇顾不上，也可以由其他儿媳妇来负责。

（2）卫生清扫及其中关系

在扩大家庭中，男性不扫地，均是家中的女性来清扫。据陈凤泉老人讲述，其家中的院子每隔三四天打扫一次，扫院子不用内当家安排，年轻的媳妇看见院子里不干净会主动去扫。家里供奉祖先的堂屋平时不清扫，到了过年的时候由内当家的前去打扫，其他的媳妇不用参加。厨房的卫生由媳妇们负责打扫，有时内当家的会去厨房看看，看见哪儿不干净会自行清理。

每个小家庭都有其各自的笤帚和簸箕，由男当家人统一购买。平时小家庭内的卫生由每个小家庭自己负责，过年的时候也是各小家庭打扫各自的屋子，家庭中公共的地方则由内当家来打扫。在晚上，每个小家庭都有一个尿盆，尿盆多是媳妇的陪嫁品，第二天早上起来，每个小家庭的媳妇负责倒自家的尿盆。至于家中老人的尿盆，儿媳妇好了会给老人倒，儿媳妇不倒则由老人自己去倒。

（3）日常洗漱及其中关系

A. 脸盆概况

根据解仁荣老人的讲述，传统时期，村民家中的脸盆分为两种，一种是铜盆，用熟铜打造，底窄口宽，有宽边沿；一种是铁盆，用生铁铸造，底部有碗口大小，上部较宽一些。相比较而言，铜盆比铁盆要大，用铜盆洗完脸还可以用洗脸水在铜盆里面洗衣服，但是用铁盆洗完脸不能在铁盆里面洗衣服，因为铁盆太小，放一件衣服就占满了。在日常生活中，村民使用铜盆的居多，没有木盆，铜盆的来源一是村民在集市上购买，二是媳妇的嫁妆里面都有一个铜盆。

通常情况下，村民洗脸用铜盆，洗脚用铁盆，二者是分开的。家里生了小孩，小孩的尿布也是在铁盆里面洗，不在铜盆里洗。村民洗脚多在晚上洗，特别是女性，由于裹小脚，一个月或40天才洗一次，等晚上其他家人都睡觉了才坐在一个角落洗，不让他人看见。

对于一个核心小家庭来说，家里有五六口人，用一个铜脸盆就够了。儿子结婚时，家长要给儿子单独准备一个脸盆。铜盆或铁盆的边沿上破了一点不影响正常使用农户就会一直用，但如果盆子漏了或者碎了，不能再继续使用，则重新购买一个。

B. 洗脸的顺序

在核心家庭，儿子没有结婚时家里的脸盆放在一家人做饭、吃饭的地方，随手就能洗，全家人共用一个脸盆。儿子结婚了，儿媳妇的娘家陪嫁妆会陪一个脸盆，所陪的脸盆放在儿子自己的婚房由儿子与儿媳妇使用，不供家庭公共使用，公公婆婆也不使用儿媳妇的脸盆，以避免不必要的纠纷。

在扩大家庭内，每个小家庭都有两个盆子，一个用来洗脸，一个用来洗脚洗衣服。家人平时均是各用各的脸盆，用完后放在各自的屋子里，没有公共的脸盆。洗完脸后，家人使用方块的棉布擦脸，没有毛巾，也是各用各的，家中的老人也有其自己的。碰上缺水的时候，一个小家庭只用一盆水洗脸，水多的时候，一个人也可以用一盆水。当然，儿媳妇之间在洗衣服或被褥时，如果自家的脸盆不够用，也可以在征得对方同意的前提下借用对方的盆子。

村民夏天的时候会在院子里用盆子晾晒一些水，洗脸时直接用晾晒的水或者凉水，可以在屋内，也可以在屋外。到了冬天，村民洗脸要使用热水且多在屋内洗。农户家中的灶台有前后两个锅，前锅大，用来做饭，后锅小，用来烧水。冬天早上起来后，村民先不洗脸，等到做饭烧下热水了才洗。如果家里只有一个儿子，娶下媳妇的第一年由婆婆带着儿媳妇烧水做饭，一年以后则由儿媳妇自己来烧水做饭，做饭时要征求婆婆的意见看做什么饭。如果是在扩大家庭，有多个儿媳妇，到了做饭的时候儿媳妇都来到厨房由内当家人给安排活，比如大媳妇和面、二媳妇烧火、三媳妇择菜等等，等到热水烧好后，每个小家庭各用各的脸盆，各舀各的水。

在洗脸的次序上，大人先洗、小孩后洗，男的先洗、女的后洗，长辈先洗、晚辈后洗。家中老人的洗脸水要由儿媳妇将水打好端到老人的房间。如果长辈还没有起来，晚辈不用等长辈，可以自行先洗，待长辈起来后另打水洗脸。在一天之中，村民就是早上起来洗一次脸。家里刚出生的小孩不用热水洗脸，由小孩的母亲挤一点奶水将小孩的脸擦一擦，在小孩生下一个月后才正式给小孩洗脸、剃头。洗脸由小孩的母亲洗，剃头则由小孩的父亲去请村里的会剃头的人来家里给小孩剃。

（4）饮食安排及其中关系

据陈凤泉老人回忆，在扩大家庭内，由于人口多，需要做的饭也多，因此，家中的年轻媳妇都要到厨房参与做饭。做饭时，每顿做什么饭，每个媳妇负责做什么，都由内当家人来安排，男当家人可以向内当家人提议今天吃什么饭，内当家人也会听从男当家人意见，如果是家里的其他人提议，内当家人不会听从。做饭所用的菜，如果家里有则不用买，家里没有的，内当家人会跟男当家的说，由男当家人去买。农忙的时候一次要买好五六天的菜，所吃的饭菜比农闲的时候也要好一些，菜里会多放一点油，菜的数量也会比平时多一两个，因为农忙的时候人要耗费很大的体力。

割麦子的时候，如果家里雇有长工，家里的女性不用去地里送饭，长工在饭时会回来取，一个扁担一头担馍和菜，一头担水和汤。如果家里不雇长工，则由内当家的安排两个年轻媳妇去送饭，一个年轻媳妇独自不能去。

对于家庭成员来说，每个人所吃的饭菜都一样，都是在一个锅里面舀，下地劳动的和不下地劳动的所吃的饭也一样，如果家里雇有长工，长工与家人吃一样的饭。在盛饭的时候，每个人的第一碗饭由做饭的媳妇来舀。舀饭先给长工舀（长工用的都是大碗，吃完饭要去干活），长工把碗给了舀饭的媳妇在边上等着，舀好后直接端走。给长工舀完后给家里其他人舀，给家人舀的时候先给长辈舀，后给晚辈舀，年纪大的老人吃的饭软一些，要多煮一会，会在后面舀。每个人舀完第一碗饭后，再加饭就是自己给自己舀。

夏天农忙的时候农户多在院子里吃饭，冬天则在厨房里面吃。平时家里吃饭，年纪大的女性（有儿子有媳妇）可以上桌，年轻的媳妇不能上桌，而是站在做饭的案板旁吃。家里的男性和长工在桌子上吃，男当家的和家里年纪大的老人冬天在炕上吃（因为炕上暖和），由任意一个做饭的年轻媳妇将饭给男当家和老人送过去。吃完饭后，家人、长工把碗筷放在厨房由做饭的年轻媳妇统一来洗。

家里来了客人，请客人在桌子上吃饭时，如果客人年纪大了，客人坐上位，如果客人比男当家的年纪小，客人不坐上位，男当家的坐上位，如果来的是重要的客人，客人和男当家的在炕上吃，客人坐上位。

（5）交友及其关系

在交朋友方面，当家人交朋友不会与其他家人商量。家中的男性晚辈交朋友时，可以和当家人商量，也可以不商量，如果不商量，则多是交了之后当家人才知道。如果晚辈交的朋友不是正经人，当家人会建议晚辈离其所交的朋友远一点，但不会强制要求双方断绝关系，除非晚辈所交的朋友对家庭利益造成了损害。家人的朋友需要在家留宿时，要向当家人申请，一般由当家人来安排其住宿。

（6）家庭纠纷的调解

在未分家的扩大家庭内，儿子之间、叔侄之间发生纠纷时，由男当家的出面调解。调解时，男当家人将双方叫到自己的房间，该批评的批评，双方一般也都会听男当家人的话。如果是家庭成员与家庭之外的人发生纠纷，同样由男当家的出面解决。

婆媳之间、儿媳妇与儿媳妇之间产生矛盾后，由内当家的出面调解，男当家的不会干涉。但如果是儿媳妇与儿子之间产生纠纷，男当家的和内当家的都会出面调和，如果两者闹得不可调和，则由内当家的去请儿媳妇的娘家人，男当家的不去，因为嫌丢人。去请时，可以带礼品，也可以不带礼品。儿媳妇的娘家人来了后，一般会批评自家的女儿，然后再适当地批评女婿，如果完全是女婿的错，娘家人则会护着自己的女儿。

（二）家户对外事务治理及其关系

家户对外事务治理主要是指家户参与村庄的公共事务，在此过程中，当家人与村落治理主体产生了丰富的关系。首先就家户内部来看，当村庄内修路、修桥需要家户参与时，要由当家人出面，其他家人出面无效，当然，当家人指定的人除外。在扩大家庭内，村里因为公共事务要求家庭参加开会时，由男当家的前去，如果男当家的不在家，可以由家里的其他男性参加，但要在男当家人回来后转告男当家人。男当家人有时也会向其他家人传达开会的内容，比如需要给军队做鞋，就要由男当家人给内当家人说，然后由内当家人给家里年长的媳妇安排任务，每个人做几双，因为年轻的媳妇不一定会做。村里选村长由男当家人去参加，对于选谁，男当家的不会和家里人商量。

其次，就村长、闾长等村落治理主体一方来看，当需要家户完成交税、完课、摊派等任务时，闾长一般只通知到每个家庭的当家人。当家人不在家，可以让其家人代为转告，但必须要确保当家人知道，回头碰见未见到的某个家庭的当家人，村长、闾长或者通讯员会当面再告知其一遍，"通知不到当家人，家里就拿不出东西"。当村落里的其他公共事务如举办庙会、修护池塘、唱戏等需要找人商议时，村长会找村落内有势力的家庭的当家人，尤其是村长的靠山提出的意见，村长多会采纳。对于村落内的普通农户，村长不会找其当家人商议村庄公共事务。

三、家户治理方式

在家户治理过程中，当家人依规、依威开展治理，在需要时当家人也会与其他家庭成员进行内部协商，这其中贯穿着当家人与家庭成员之间以及家庭成员彼此之间的权力关系。

（一）依规治理

依规治理体现着当家人与家庭成员间的权力关系。传统时期，乌苏村的农户虽然没有成文的家规家训，但在长期的生活中家人之间会默认并遵循一定的规矩。在子女小的时候，当家人就会教育子女遵守这些规矩，若子女不听话或做得不对，当家人会批评子女，甚至打骂。当子女长大成人或家中的其他成员违反了潜在的家规，当家人同样会对其进行批评或不允许其做出相应的行为。例如家庭成员不能做有损于家庭利益的事情，如果某个成员抽大烟、赌博或结交一些不务正业的人，并因此给家庭造成了财产损失或名声上的损害，当家人就会批评、训斥这个家庭成员，严重的时候甚至会将其逐出家门，与之断绝关系。在当家人治理家户内部事务时，外人不能随意插手，即使是村长、闾长等村庄管理者也不能主动介入，除非当事方主动提出请求，因为"这是人家的家事，是私人的事情，你其他人就不能过问"。

（二）依威治理

当家人是一家之主，掌握着全家人的生活，全家人都要听当家人的话，服从当家人的安排。在一个核心小家庭内部，父亲作为当家人对儿子拥有权威，在儿子未成家时，儿子的行为、财产要受到父亲的约束，父亲指派儿子去做事，儿子也会听父亲的话；此外，母亲对儿子同样拥有权威（女儿同理），儿子不听话，母亲可以教育儿子，若管教不下，母亲可以转告父亲由父亲来管教。在儿子成家后，父母对儿子的约束力变小，父母过问儿子事情的范围也随之缩小，等儿子一到30岁，父母基本不再干涉儿子的行为。在义务上，父母要对儿子尽抚养、教育、婚配的义务，儿子则要对父母尽养老、送终、祭祀的义务。

对于当家人的称呼，平时晚辈见了当家人都不多说话，如果要称呼则按照辈分大小来称呼。对退位的当家人，不论是本家人还是外人，都是按照辈分来称呼，该称呼叔叔的称呼叔叔，该称呼爷爷的称呼爷爷，该称呼哥哥的称呼老哥。

（三）内部协商

家中的老人卸任当家人后便不再管理家庭的公共事务，新上任的当家人要敬重上一任当家人，生产生活中有不明白的或者决定不了的事情，可以跟上一任当家人商量。上一任当家人说的话在家里多少还有点分量，但如果上一任当家人说的不对，建议不合理，现任当家人可以不听。家中的其他成员在生活中遇到不好解决的私事，也可以向上一任当家人或家中的其他老人私下请教，但前提是不能违背现任当家人的安排。

另外，在子女婚配方面，核心小家庭内父亲当家，父亲会与妻子商量并充分考虑妻子的意见，之后才给子女提亲或定亲，在置办子女的结婚用品时，父亲多会与妻子一同前往并采纳妻子的合理建议。在扩大家庭内，如果子女的父母不当家，当家人会派妻子与子女的父母进行商量，或者其本人亲自出面与子女父母商量，并充分尊重子女父母的意见，通常情况下只有当家人与子女的父母都同意了才会给家中的子女提亲或定亲。

第四节 亲族治理与治理关系

传统时期，族长是宗族治理的主体，"有本事的人"是亲戚治理的主体，在纠纷调解、家族祭祀、共同财产管理等治理内容中，亲族治理主体与亲族成员、政权治理主体、村落治理主体产生了多样的关系。本节拟从亲族治理主体、亲族治理内容、亲族治理方式、亲族治理关系四个方面展现传统时期村落内的亲族治理与治理关系。

一、亲族治理主体

传统时期，在乌苏村，族长是宗族治理的主体，亲戚中"有本事的人"是亲戚治理的主体，二者共同构成亲族治理主体。

（一）宗族治理主体——族长

据董维理老人回忆，在1947年解放之前，村落内凡是建立了祠堂的大家族，基本上拥有各自的族长。作为一个家族的管理者，族长一般要具备以下条件：一是年龄大、辈分高，二是有威信，三是有能力，四是家庭经济条件好。

每个家族只有一个族长，在上一任因生病无法继续担任族长或者去世后，在次年正月初一的早上，家族内每个成员家庭要派一名成年男性代表——一般是家庭的当家人——去祠堂商议，决定由谁来接任族长。族长的产生不经过投票，由家族内每个成员家庭的代表共同商议推选，"咱这个家族让谁来管呢呀""哎呀，让那个谁来管吧"。在推选时遵循"少数服从多数"的原则，新产生的族长要得到半数以上成员的认可，如果大多数成员不同意，则重新推举人选，直到新的族长产生。

族长没有固定的任期限制，只要身体条件允许就可以一直担任，且族长均由本家族内的男性来担任，女性不能成为族长。当族长没有报酬。传统时期，族长多是在同一个村落范围内产生，家族成员也仅限于同一个村落范围，没有跨村的家族。

在1947年解放之前，张高登老人的二叔张天顺弟兄三个，老大叫张雨顺，老二即张天顺，老三叫张成顺。弟兄三个分家后，张雨顺在外面做生意，张天顺在50多岁时当上了本家族的族长，其本人也是自己家庭的当家人。张天顺去世后，家族另一个男性成员张立顺，作为与张成顺、张天顺、张雨顺同辈的人，虽然文化水平较高，但由于家庭条件不好当不了族长，张成顺继任当了一年族长。之后开始土地改革运动，家族的祠堂被分给了村落内的其他农户，族长一职也不再存在。

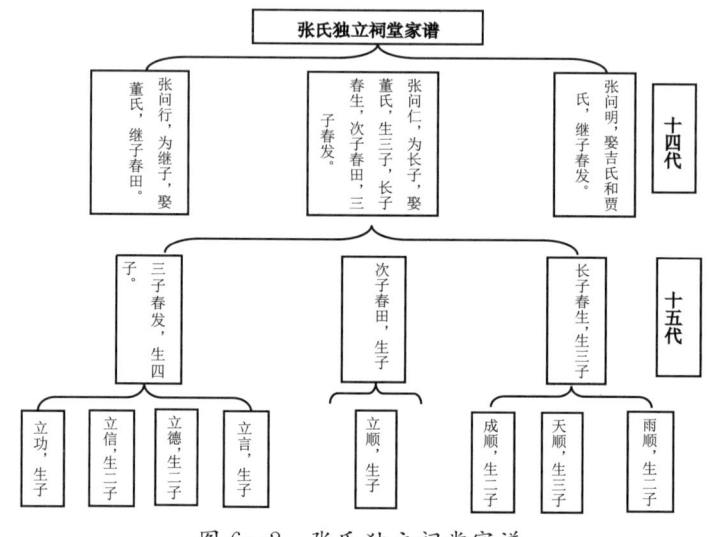

图6-2 张氏独立祠堂家谱

（二）亲戚治理主体——"有本事的人"

当家里遇到事情需要帮忙时，在亲戚之间，农户首先选择的是"有本事的人"，即哪个亲戚有本事，能解决得了问题，就找哪个亲戚帮忙。至于"有本事的"标准，主要有以下几方面：一是家里经济条件好，有钱；二是有地位、有权力、有权威；三是人脉关系广，能和各种人说得上话。平辈比长辈有本事，就找平辈帮忙，一般情况下，在平辈与长辈之间，农户更倾向于选择在外边做事的平辈亲戚来帮助自己。

> 张高登老人的父亲张立顺去世时，张高登只有八岁。由于张立顺抽大烟，家里的光景基本被败光，张立顺的下葬事宜如买棺材、找人打墓、设宴席等都由张天顺的儿子张福升来张罗。张福升是张高登的堂哥，在同辈里虽排行不是老大，但是其个人有本事、有能力。

亲戚之间发生纠纷后，"各人屋里能解决的就先找各人屋里的人"，也即先找其他亲戚来出面调解。妻子与丈夫发生矛盾后，一般先由公公、婆婆进行调解，在婆家内部调解不成后，可以请妻子的娘家父母或者孩子的舅舅来出面调解。同家族内的兄弟之间发生纠纷，找同家族的其他兄弟或者长辈来调解，此时一般不会找母系亲戚出面调解，比如，同家族内的两个兄弟之间产生矛盾，不会找孩子的姨父出面调解。在请调解人时，所请的调解人不能和任意一方有矛盾，否则不能担任调解人。亲戚内部解决不了时也可以找外人来调解，所请的外人多为村庄内能干的、和自己关系好的人，不一定非得是村长。如果外人调解不了，可以找村长，村长也无法调解成功，二者就去打官司，但在官司之后二者的亲戚关系也宣告破裂。

二、亲族治理内容

亲族治理主体的治理内容主要涉及共同财产的管理、族内纠纷调解、家族祭祀等内部事务，以及族外纠纷调解、村庄公共事务等外部事务。

（一）内部事务治理

1. 共同财产的管理

祠堂、坟地、坟地里的柏树等作为家族的共同财产，由族长来负责管理。祠堂的钥匙由族长保管。家族的祖坟不能典当也不能买卖，即使是祖坟地里的柏树，任何家族成员也不能私自处理。家族祖坟被他人破坏，族长会主动出面找破坏者解决，但官府不会干预，除非二者去打官司。

对于族长管理范围内的事情，特别是族内公共财产的处置和维护，族长不能一个人独自决策。比如，在打算将祠堂的门房租给外人时，族长一个人说了不算，其需要召集族内成员集体商量，在商量时，族内的每个成员家庭都要出一个代表，代表多为成员家庭的当家人。祠堂需要翻新，族长也要召集族内成员进行商量，但具体修缮工作则由族长牵头。筹集来的资金由族长管理，待祠堂修缮完成后，族长必须出一个清单对资金的使用情况进行公示，清单一般贴在祠堂，"修祠堂的时候族长不敢乱贪污，这是给先人盖呢，族长都是诚心地办这事，他不敢胡来"。

2. 成员家庭事务管理

家族内的成员家庭分家不需要经过族长的同意，但如果请族长当分事人，族长会出面参加。在婚姻、土地买卖、抱养孩子等涉及对外交往的事务上，成员家庭不能同与家族有世仇的人产生往来，否则族长会出面阻止，多数情况下成员家庭也会主动避免此类情况的发生，除此之外族长不会再做其他方面的干预。

家族成员家里有红白喜事，本家族的人一般会主动过去帮忙，不需要对方来请，但当事人通常会再去每个家族成员家里邀请一下。如果和某个家族成员之间有矛盾，二者之间没有人情往来，在有红白喜事时农户不会邀请对方过来参加。在红白喜事的当天，族长可以给当事家庭出谋划策，提一些建议，作为家族中有威信、有资历的人，当贵客比如村长、闾长抑或其他官员来了之后，多由族长出面作陪。

3. 纠纷调解

（1）当事人为亲戚关系

亲戚之间发生口角纠纷，首先找其他亲戚来调解，不一定请族长。比如，家中有两个女儿，大女儿和二女儿产生了纠纷，先是由两个女儿的父母来调解，父母调解不成，可以请女儿的姑姑、姨姨、舅舅等其他亲戚来调解。请亲戚的时候没有先后顺序，当事人觉得谁能调解得了就请谁。亲戚内部调解不了，可以请村庄内能说会道、有威望、和自家关系好、有能力的人来出面调解，调解成功后，要给调解人送一些好吃的如糕点、酒、麻花等表示谢意。私人调解不了，纠纷双方去打了官司，官司打完后通常双方之间的亲戚关系也会破裂，在人情上不再来往。同样的事情，亲戚之间比与外人之间好解决，因为都是亲戚，要照顾到彼此的脸面。

（2）当事人为同村同族

村落内，同一个家族的成员之间发生纠纷，首先找家族内部的人来调解，多数情况下是由当事家庭的当家人去请族长出面解决，去的时候不用带任何礼品。族长来了之后，首先要搞清是非，看到底是谁的错。比如，兄弟两个筑墙，一方将墙筑得过了界线，两家因此发生纠纷，族长会首先查看双方的房契或者分家契约，然后再组织双方当面丈量尺寸，看到底是谁越界。搞清是非后，族长会批评有错的一方，为二者主持公道。"公道惹人嫌"，当调解人难免会得罪当事双方的某一方，被批评的一方会不高兴，但不高兴也不行，族长作为族里能干、厉害、有威信的人，成员都要听他的话。纠纷调解成功后，不需要给族长送礼品，也不需要请族长吃饭。

若当事人不请族长，族长不会主动出面。但是当族内成员间的纠纷闹得满村皆知时，即使当事方不请族长出面，族长也会主动出面，在解决纠纷的同时批评当事双方，因为当事双方给家族在村落内丢了脸面。在家族内部解决不了的纠纷，双方可以请家族外的人出面调解，此时多是请村长，同样由家庭的当家人去请。去的时候不用带礼品，但在纠纷解决后，或是送点好吃的给调解人，或是请调解人吃一顿好饭，从而表达谢意。如果村长也调解不成，二者可以去打官司。

同样的事情，同族人不如亲戚之间好解决。因为同族人纠纷的解决一是看具体的事情，二是看当事方的家庭情况。一般情况下每个家庭都是由男性当家人说了算，弟兄两个好说话了怎么都行，但如果其中的一个弟兄在家庭内比较弱而其媳妇比较强势，此时就可能不好解决，因为"媳妇之间总是难说话"。

4. 家族祭祀

一年之中，家族集体性的祭祀主要有两次，一是清明节的集体墓祭，二是每年正月初一的祠堂祭祖，两次祭祀均由族长来组织并主持祭祀仪式。祭祖也仅限于同一村落范围内的家族，不跨村。

在每年的清明节，族长确定好祭祀的日子后会提前一天通知本家族成员出发的时间和集合的地点，例如"明天早上几点在哪儿集合，大家一起去上坟"。到了第二天，家族内的成员各自带着自家准备的祭品在集合地点等待，等到家族内的人全部来齐，由族长领着一起去祖坟祭祀。

到了大年正月初一，按照惯例，家族内的全部男性成员要在祠堂参加祭祖，除非不在家。在家的男性成员"他就不敢不去，也没有说不来的"。祭品由每个成员家庭自行准备，一般包括麻花、点心、蒸馍、肉、猪头、柿饼、枣等。除了男性成员之外，家族成员当年新娶的媳妇要参加祭祖，家族内未结婚的小女孩也可以参加，但成年或其他结婚的女性不参加祭祀。祭祀开始的具体时间由族长决定，一般在下午3点，家族成员在祖先牌位前烧香、磕头、烧纸，事毕，家族成员各自把自己的献品拿回去。

此外，在平时生活中，家族成员家庭里有事情也可以找族长商量，族长平时对家族成员的管教也不是特别严厉。

（二）外部事务的治理

1. 族外纠纷调解

（1）当事人为不同村同族

传统时期，不同村但同族的情况较为少见。如果是不同村的同族人发生纠纷，首先找族内的族长来解决；族长解决不了，双方或者请各自村庄内的说话人，或者请各自村的村长出面解决；村庄解决不了，双方可以去打官司，但打了官司双方之间的关系也会破裂，以后不再会有人情方面的往来。

（2）当事人为本族与他族

本家族的人与其他家族的人发生矛盾，通常情况下双方各自请本家族的族长来出面调解，在调解过程中族长多少都会向着本家族的人，因为"一家子总是向着一家子"。族长调解不成功，双方可以找村长来调解，只有在私下解决不了时，二者才会去打官司，与国家发生联系。相较于亲戚、同村同族、不同村同族，本族与他族的矛盾不好解决，因为不论是亲戚之间还是家族内部，都要顾及彼此的亲情关系与脸面，正如张高登老人所讲："不看这面也要看另一面，不是叔叔就是爷爷的"；但本族与外族之间则没有血缘关系，双方都会为自己的利益据理力争。

> 在1945年之前，张立顺的叔叔张春发在自家的地里被同村的两个人杀害，但杀人者将杀人所用的镰刀落在了地里。张立顺认出了镰刀的主人，就拿着镰刀去找村长，说是"谁谁谁把我的叔叔杀了"。村长听了后发现杀人者和自己是同一个家族的，搪塞了张立顺几句之后，马上通知杀人者："你们俩还不逃跑等什么呢，人家现在拿着镰刀认出是你们两个了。"之后杀人者逃跑至了甘肃兰州一带，到死都没有再返回村里。

2. 公共事务治理

对于族长管理范围之内的族内公共事务，例如外族人将家族坟地里的柏树砍了或者将家族的祖坟破坏了，族长会主动出面解决。涉及村庄的公共事务时，例如赋税的收缴、兵役的安排，族长不会主动出面管理。族内的某个农户交不起赋税，由村长或闾长负责督促，如果村长找族长帮忙，族长会劝说家族内不交赋税的农户交齐赋税，但不会帮助该农户交赋税。

三、亲族治理方式

在治理过程中，亲族治理主体多通过召开宗族会议、家庭会议的方式进行治理。

（一）宗族会议

据张高登老人讲述，当家族成员遇到个体家庭解决不了的事情时，这件事情会上升为家族里的大事，要通过召开宗族会议来商量解决的办法。比如家族内某个成员家庭的孩子被土匪绑架，这类事件就已经超出了个体家庭的常规解决范围，上升为整个家族的事情，此时也会通知孩子母亲的娘家人。

族长召集家族成员商议事情的场所多是在族长自己家，而不在祠堂，"祠堂里面没有坐的地方，如果是冬天，冷得谁在里面坐呢"。商量时，每个成员家庭最少要出一个男性代表，女性不能参加宗族会议。会议由族长来主持，商量的结果以多数人的意见为准，少数服从多数，最终的决策由族长做出。对此，张高登老人说道："好比修祠堂的时候，有钱的族人说现在修，没钱的族人说再撑上两年，这谁说了算呢？少数服从多数。要是争执不下，就是人家族长说了算。族长是家族内能干的人，一般人家说下什么就能行"。对于最后的决策，每个成员家庭的代表回去后会转告自己的家人，族内不再另行通知。此外，族内做出的决策不需要告知村长或政府，因为这是家族的私事，如果家族决策不对村庄的公共利益造成损害，村长也不会主动干预。

（二）家庭会议

对于个体家庭来说，婚嫁、丧葬、盖房子、分家、买卖土地等，这些可以算作家庭的大事，此时要召开家庭会议来商量。家庭会议由当家人召集，所有的成年男性成员都要参加，年长的女性可以旁听，年轻的媳妇不能参加。在商议时，参加会议的人员均可以提出自己的意见，当家人觉得哪个意见合适就采纳哪个意见，如果彼此之间的意见不同，最终以当家人的意见为准。家庭会议的结果不用告知族长，到了事情的当天，如果需要族长，把族长请过来即可。

另外，据张高登老人回忆，传统时期，亲戚之间很少召开会议，宗族与亲戚之间也很少召开共同会议。

四、亲族治理关系

作为亲族治理主体，族长在族内拥有权威，族人要听族长的话。同时，在日常交往和公共事务上，族长与政府官员、村长等其他治理主体会产生联系。

（一）族长与族人之间的关系

1. 族人间的称呼

族长作为家族内有威信的人，族人平时见了族长依照辈分来称呼，晚辈该称叔叔的就称呼叔叔，该称呼爷爷的就称呼爷爷。如果和族长是平辈，比族长年纪大的人可以直接叫族长的名字，比族长年纪小的则称呼族长为哥哥或老哥。如果比族长的年纪小,但辈分比族长大,可以称呼族长的名字,但通常情况下都会按照年纪称呼族长一句哥哥。除此之外,对族长没有特殊的称呼。"这是自家屋里的规矩,都称呼的,他就不敢不称呼",如果晚辈见了族长不称呼,晚辈的家长会对其进行批评教育,并要求其在下一次见到族长时主动称呼。

2. 家族活动中的关系

据张高登老人回忆,传统时期很少举行同一个家族的所有成员共同参加的集体性的聚餐,家族内部的聚餐多是家族内关系好的几个人在一起吃饭。请了族长,族长就坐在主桌主位,如果家里还有比族长年纪大的或者辈分高的,族长与这类人并列就座,其他的晚辈依次坐在别的方位;但如果和族长关系不好,族人则不会请族长来参加聚餐。

家族成员举办婚嫁事宜时,在同一个桌子上,族长和舅舅并列坐主位,如果主位只能坐一个人,则由舅舅来坐,因为族长是本家族内的人,舅舅相对来说是客人,要尊重客人。婚宴酒席中,如果新人或者主人来敬酒,一般先敬族长和舅舅,再敬其他人。

族长是家族内地位最高的人,在每年的正月初一祠堂祭祀以及清明节墓祭,族长均站在队伍的最前面,并主持祭祀仪式。到了过年的时候,族内与族长没有矛盾纠纷的成员都会去族长家里给族长拜年。到了族长家里后,晚辈在族长家的牌位前磕头,并说"谁谁谁我给你拜年哩",磕头只需磕一个,和族长是平辈的则不用磕头,作揖即可。去族长家拜年不用带礼品,拜完年后族长家的长辈会给晚辈一些好吃的,比如核桃、枣等。但如果是过年去族长家走亲戚,则必须带礼品,因为过年不能空手去亲戚家。

3. 治理认同与背叛

族长对族人进行批评教育,一般情况下族人都会听族长的话。据张高登老人回忆,民国时期,村落内的族长很少惩罚族人,在批评教育之后,如果族人还不听话,族长就不会再管。比如,某个族人偷别人的东西,族长知道后会对其进行批评教育,但不会惩罚,批评后这个族人不再偷东西就好,如果还继续偷,族长会告诉村长由村长来管理这个族人。在修祠堂、族谱需要筹钱时,由族内成员在宗族会议上进行商量。如果某个家族成员家庭经济困难想少出一点钱,要经过其他家族成员的同意,且不能一分钱不出。当然,也没有族人不交钱的现象,因为在族人看来,此时不交钱就是忘祖,是对祖先的不敬。

不是过继、宗族惩罚等原因,没有族人会将自己的姓氏改掉。当本家族与外族发生冲突纠纷时，同一个家族的人总是向着本家族，不会向着外人，即使是亲戚与外人之间发生纠纷，也是向着亲戚，而不会向着外人。族长在解决纠纷时，一般会主持公道，不会偏东向西[1]。

（三）族长与村长之间的关系

1. 日常交往

族长除了在本家族内是地位最高的人外，通常情况下，在村庄内也是"人前人""有头有脸的人"，村长对待族长比对待一般的村民要客气，村长也能看得起族长。村长和族长关系好了，双方来往得会多一些，但如果关系一般或者关系不好，二者不会经常来往。在日常交往中，相较而言，族长给村长送礼的情况多一些，因为"村长是一村之主，人家和外界的联系也多，族长有时候要利用人家村长，族长他只是在家庭内部算是一个能干的人，在村里他不一定比村长能干"。但是在家族内部，族长的权力要大于村长，如老人所说："村长和族长比，族长厉害，族长人家有孔孟之道的家规，你说你男人没了（去世了），你是寡妇，你要改嫁，族长不同意你就嫁不了。"

族内举办集体活动比如婚嫁事宜，一般会请村长前来参加，被邀请后村长也会到场。村长来后多与族长坐在一起，上位能坐两个人，就由村长和族长坐，如果只能坐一个人，族长会谦让村长，让村长坐上位。

2. 事务上的联系

村长、族长一般是有文化的人，村长有事情有时会找族长帮忙或者请族长出谋划策。比如上级政府给村庄派下了收粮的任务、村庄要翻盖学校等等诸如此类的村庄公共事务，村长就会找族长商量。在商量时，族长有时候会去，但如果族长与村长的关系一般或者族长不想参与这些事情，则会婉拒村长。有人不交公粮，村长不会直接找该人所属家族的族长，而是找闾长，让闾长去找族长，请族长劝说其交齐公粮，但族长不会替本家族的成员交公粮。

（三）族长与政权治理主体之间的关系

如在本章第二节中提到的，编村在确定每届村长的人选时，会听从村落内财主的建议，由此，村落内大家族的族长会在这方面与编村长产生联系，二者不论是在工作中还是在日常生活中，都会相互尊敬，并保持一种相对密切的关系。但如若族长不参与此类事务，族长与编村工作人员之间就很少产生联系。

在族长组织家族成员举行祭祀、聚餐或宗族族谱编修等活动时，只要不影响正常的村庄秩序或者发生其他一些意外事件，政府官员不会阻拦，村庄也不会干涉。因为

---

[1] 意为向着这个或那个。

在传统时期，类似祭祀、修谱等活动，在群众看来都有一定的迷信色彩，对其也保持着一种敬畏之感。村落内的家族也可以自由修建祠堂，政府官员不会强加干涉，宗族在购买公田时政府也不会阻拦。据张高登老人回忆，在其家族内部，只有坟地是公共的，除此之外没有其他的公田。家族的坟地也要交税，交税的多少按照土地的好坏以及产量来定，坡地产量低，交的税就少，平地产量高，交的税就多。

家族内有人做官，族内成员家中有红白喜事或其他重大活动时，会请做官的族人回来参加。但如果族内没人做官，族人通常和政府官员基本没有往来，正如张高登老人所说："和政府官员离得太远了，攀不上人家。"

第五节　村落治理变迁

在1947年当地解放以后，乌苏村先后经历了土地改革运动、农业集体化运动以及包产到户三个主要时期。在不同时期，伴随着国家对基层社会控制的加强以及治理方式的变革，乌苏村的村落治理也发生了相应的变化。

一、1949年之前的村落治理形态

在本章的前四节中，我们分别从政权治理、村落治理、亲族治理、家户治理四个方面展现了1947年之前的乌苏村村落治理形态，在1947年的下半年，随着当地土地改革运动的进行，传统时期村落治理形态也发生了相应的变化。

（一）1947年之前的村落治理形态

1947年之前，国家政权采用了县、区、编村、村四级治理架构，在这一架构之下，县、区政府很少与村庄发生直接的联系，而编村也仅在涉及国家的公共事务如催粮要款、劳役摊派时才会与村庄发生直接联系。由于在治理过程中编村通常采用强硬的方式，农民因此对编村抱有既恨又怕的态度。对于村庄的公共事务，如各类纠纷的调解、学校教师的聘请、村庄道路的修缮、公共安全的保障等则由村庄自行负责，国家政权很少提供支持。

在村落治理过程中，一方面，村长作为国家政权治理的最末梢单元的负责人，是国家政权在村庄的代表，另一方面，作为一村之主，村长又是村落社会治理的最重要主体。在开展治理过程中，村长往往要在国家与村民之间寻求一种平衡状态，并适时地吸纳村落内有权威、有威信的个体例如族长、财主、教师等参与到村落治理过程当中，闾长、通讯员、会计等其他村落管理者辅助村长开展村落治理。

最后，家户治理是一切治理的根基所在。不论是政权治理还是村落治理，最终都要落实到村落内的每一个家户单元。在家庭内部，当家人是一家之主，其通过依规、依威、内部协商三种方式，一方面处理家庭的内部事务如安排子女婚嫁、调解家庭纠纷、开展农业生产等，另一方面，又代表整个家庭开展对外交往，并参与到村庄的公共事务当中。此外，在家户之上，族长负责一个家族公共财产的管理、族人纠纷的解决以及家族祭祀等，亲戚当中"有本事的人"则主要负责亲戚之间的纠纷调解以及救助帮扶。

（二）土地改革运动中的村落治理形态

1947年4月，万泉县城解放，国家政权治理沿用区、村治理架构，不再设置编村。同年10月，在中国共产党的领导下，当地农民开展了土地改革运动。在土地改革运动中，乌苏村入驻了由县里派来的工作队，并在工作队的协助下成立农会，由此土改工作队与农会成为村庄的两大治理主体。"农会权力高于一切"，在农会的主导下，村庄内的贫下中农对地主、富农展开了斗争，共批斗地主1户，富农10户，村庄内人均分得4亩左右的土地。

"贫农坐天下，富农挨镢把，说啥就是啥。"在村落治理过程中，传统时期的不同治理主体的社会地位发生了巨大的变化，其中族长不复存在，原有的村长、财主或者被打倒，或者不再继续担任原职，村落内的贫穷农户因其阶级成分好而拥有了更多的话语权，特别是农会主席，其在一定程度上发挥着原来村长的作用。此外，人情、关系等传统社会因素在村落内并没有完全消失，贫农在批斗地主、富农时也会顾及地主以前的为人及其对村落的贡献。例如，乌苏村内唯一的地主陈梅五，虽然家产被分掉，大家庭被解散，但其家人并没有在土地改革运动中遭罪，原因即是其家人平时为人和善，不得罪人，并为村民提供力所能及的服务。

当然，也有村民利用土地改革运动来公报私仇、排除异己。比如，在乌苏村的邻村胡村，地主张子明，外号恶霸，其本人有文化，在村庄内教书，还会看病，为村民把脉开药。解放之前，张子明与同村村民田东元产生了纠纷，二者通过县政府打官司，由于张子明写的诉状好，田东元写的诉状不如张子明，最终败诉。在土地改革运动期间，村里开批斗大会批斗张子明，有的人主张枪毙张子明，有的人则主张将张子明留下，其还能给村里人看病。此时，田东元说了一句"放虎归山必伤人"，其他人都不再说话，第二天张子明就被枪毙掉了。

二、1949年之后的村落治理形态变迁

在1949年之后，乌苏村先后经历了农业集体化和包产到户两个主要时期，在不同的时期，村落的治理形态呈现出不同的特征。

（一）集体化时期的村落治理形态

1958年9月人民公社化后，万荣县将全县划分为5个政社合一的人民公社，乌苏村隶属东风公社。1958年11月，随着万荣县与稷山县、河津县合并为稷山县，稷山县政府将原万荣县的东风公社改为汉薛公社，乌苏村也因此改属汉薛公社，并一直延续至人民公社解体。

作为独立的行政村，乌苏村在村庄层面成立了生产大队，生产大队下面又划分为具体的生产小队，随着"三级所有，队为基础"体制的确立，生产队成为独立的核算与分配单位。在生产大队一级，有大队书记、会计、保管员、民兵连长等领导干部，在生产队一级则设有生产队长、小队会计、记工员、保管等职务。不论是生产大队的干部，还是生产小队的干部，大多由村庄内的贫农担任，也有部分中农，但地主、富农不能担任干部。

在村庄治理过程中，大队书记是村庄内权力最大的人，负责与上级对接工作并给各个生产小队下达生产任务与指标，生产队长作为生产队的干部统筹本生产队的农作安排、生产成果分配、劳力调用等。普通村民听命于村庄干部的领导与指挥。

（二）包产到户后的村落治理形态

1984年10月，随着全县改公社为乡镇、改生产大队为村民委员会，乌苏村在村庄层面也成立了村民委员会，并隶属于皇甫乡。

乌苏村总共下辖9个村民小组，在每个村民小组层面设村民小组长一名，在村委会则设立村党支部书记及副书记、村委会主任及副主任、妇女主任、治安主任、通讯员等职位。其中，村支委书记权力最大，是村庄的一把手，其他村庄干部受村支委书记领导并相互协作，共同开展村庄治理。

在村委之外，乌苏村近年来还成立了老年协会负责管理、服务村落内的老年人。老年协会受村委领导，协会内部设会长、副会长、顾问、理事等职务并全部由村庄的老年人担任，会长段百川除与县级、乡级老龄部门对接有关老年人的工作外，还带领协会主要骨干成员协助、支持村两委开展相关的治理工作。

第六节　村落治理实态

20世纪80年代以后，随着村民委员会组织法的颁布推行，乌苏村的村民自治在实践中逐步走向成熟。特别是近年来，随着国家各项惠农政策的推行、村民物质生活水平的提高以及现代化生活方式的进村入户，村落的治理内容与治理方式也更加多样化。

基于此，本节将从村两委与村治、村民小组与村治、村庄社会组织与村治三个方面展现当前乌苏村的村落治理实态。

一、村两委与村治

据乌苏村村委会副主任李伟佳介绍，当前的乌苏村村两委干部共计6人，均为中共党员，其中女性干部1人，另有大学生村官1名。村干部平均年龄43岁，村党支部书记贾孟宗50岁，村委会主任史可正41岁，村干部受教育年限最长11年，最短5年，受教育水平整体偏低。

在村两委选举方面，采取先选支委，后选村委会的方式。村党支部换届选举方式为"党内直选"，在2014年进行的选举中，具有投票资格的45人，实际参加投票的28人，且没有人委托投票。村委会换届选举采取"推荐候选人，再选举"的方式，由全体村民进行投票选举，在2014年进行的村委会换届选举中，全村设有一个固定投票点，无流动投票箱，村庄具有投票资格者1000人，实际参加投票的有800人，无人委托投票。在选举的当天，由村庄成立的选举委员会工作人员现场唱票并公布选举结果，选举结束后建立村庄选举档案。

最后，村民代表是当前条件下村民向村委会表达意见的重要途径与载体。乌苏村共计28名村民代表，2015年召开村民代表会议12次。除此之外，村庄召开村两委联席会议40次，全体党员大会3次，民主评议村两委1次，村务每月公开1次，2015年共计公开12次。

表6-3 当前乌苏村村两委班子成员

姓　名	性　别	职　务	政治面貌
贾孟宗	男	村党支部书记	中共党员
权建峰	男	村党支部副书记	中共党员
史可正	男	村委主任	中共党员
李伟佳	男	村委副主任	中共党员
吴东亮	女	妇女主任	中共党员
范珣	男	支部委员	中共党员

二、村民小组与村治

当下的乌苏村下辖9个村民小组，村民小组的空间划分整体上遵循了传统时期村民的居住格局，每个村民小组设小组长一名。村民小组是当前村庄开展村庄治理的基本单元，村民小组组长在村庄治理过程中发挥着重要的桥梁作用。村两委干部在下达工作任务时会首先找各村民小组的组长，而对于本小组所面临的问题或者困难，村民小组长也会及时向村两委干部反映。此外，村民小组组长在组内农户纠纷调解方面扮演着重要角色,组内成员家庭之间有矛盾后,当事村民首先会找小组组长来解决,如果小组组长难以调解或者村民觉得小组组长有失偏颇,则会找村两委干部出面调解。

三、村庄社会组织与村治

老年协会是乌苏村在县老龄办的指导下成立的较为正式的村庄社会组织,有着明确的规章制度,并设立有完整的组织架构,其中协会的负责人主要有会长、副会长以及顾问等,具体人选则由村庄内有威望而且热心的老人担任。一方面,老年协会负责村庄内老年人的管理,包括老年人的基本情况统计、老年活动中心正常秩序的维护、村庄日间照料室日常运转的监管等,并在每年农历的九月初九重阳节与村两委共同开展老年人慰问活动。另一方面,老年协会在村内纠纷调解方面发挥着重要作用,特别是涉及农户家庭养老纠纷、老年人与老年人之间的日常纠纷时,老年协会的会长在知晓后会主动介入进行调解。此外,老年协会中有文化、懂文艺的成员还会积极参与到村庄建设当中,例如,董德顺老人负责自己所居住巷内的每一期黑板报的制作。

附录一

乌苏村调查小记

在华中师范大学中国农村研究院这一优秀的平台,我有幸参与到新版中国农村调查之黄河区域村庄调查,并于2016年10月至2016年12月在山西省万荣县皇甫乡乌苏村开展实地调查,对传统时期乌苏村的政治、经济、社会、文化形态进行深入挖掘与了解,以探寻村落的传续之匙。在报告即将完成之际,谨以此小记来记录自己的些许感悟。

一开始,我是抱着挑战自己的态度来报名参与此次调查的。因为在此之前,自己只是做过口述史调查,与之相较,村庄调查更为系统、内容更丰富、难度更大,自然挑战也更大。当我向此前参与过村庄调查的师兄师姐请教时,他们有一个共同的观点就是"选一个形态丰富的好村落,调查就成功了一半"。因此,选村就成了调查的重中之重。

在2016年10月份开始下村调查时,自己十分荣幸与博阳师兄、杨涛师兄、丹丹师姐、瑞敏师姐组成了山西调查小分队。在几位师兄师姐的带领下,我们先后在闻喜、新绛、永济、临猗选定了调查村落,万荣作为自己所选的调研县,也是我们选点的最后一站。2016年10月18日,在万荣县老龄办工作人员的协助下,我们先后试调查了三个村庄,但结果都不太理想,自己此时也开始担心最后真选不下一个形态丰富的好村落。晚上我们接到了万荣县老龄办那位姐姐的电话,说是一个村的老年协会会长在得知调查事情后,主动提出让我们去村里看看,看是否符合要求,我们也抱着试一试的态度欣然答应。10月19日一大早，在乌苏村老协会段百川会长的带领下，我们与老龄办的姐姐第一次来到乌苏村。犹记得刚进入村庄老年协会办公室时的场景：桌子上摆放了几盘香蕉与苹果，七八位老人坐满了屋子。事不宜迟，一番"密集轰炸式"的调查发问之后，我们对传统时期乌苏村的形态有了一个大致的了解，虽然不是十分丰富，但比昨天的几个村庄要好很多，村庄内的老人数量多、思维清晰，并且很热情。离开乌苏村后，为了寻找更符合要求的村庄，我们又先后去了万荣县以及稷山县的其他四五个村庄，但无奈都不太理想。10月21日，在万荣县老龄办的协调下，段会长将我接回乌苏村，我也正式驻点在乌苏村开展调研，也许这就是与乌苏村的缘分吧。

正式开始调查后，解仁荣老人是接受我深度访谈的第一个明白老人。一连七天，老人给我讲述了传统时期长工的条件、工作以及社交等内容，老人清晰的记忆、满满的热情使得我对后续的调研充满了信心与希望。10月25日，在县、乡老龄部门的协调下，我成功入住了李伟佳叔叔家。此后自己开始逐一拜访村落内的明白老人，不认识去老人家的路，段百川会长就带着我去，自己每天也都有一些收获。但是好景不长，渐渐地调查陷入了困境，一天下来问不到任何东西，自己想知道的好像老人都不知道，自己也变得有点灰心和丧气。后在小分队群里与几位师兄师姐交流，他们建议我改变调查方法。此后我尝试着从老人最感兴趣的问题入手，然后慢慢引导开来，调查也终于有了突破。在村庄待了十来天后，我成功认清了去往董德顺、董顺理、陈凤泉、董维理、董廷尧、李洪发、贾亢宗等老人家的路，每天早上9点出门寻找老人，晚上6点之前回来。在村庄逢集的当天，老人是一个也找不到的，自己索性在这天也暂停调查，去集市上转转，感受当地的风土人情。

在乌苏村调查一个多月后，自己发觉村庄内的老人对一些调查内容都讲不出个所以然，此时李伟佳叔叔提出带我去邻村胡村找张高登老人，看能否有所收获。第一次去张高登老人家里时，老人正好在家，得知来意后，老人欣然接受我的访谈。在访谈过程中，自己也庆幸能够顺利完成此次调查了，因为老人知道的很多，还能讲出很多相关的小故事。在访谈结束临走时，老人提出要骑电车送我回乌苏村，令人十分感动。出于安全考虑，最后我骑电车带着老人回到乌苏村，老人再骑回自己家，看着老人远去的背影，自己内心十分温暖。在经过将近两个月的调查后，我渐渐对传统时期村落的文化习俗、社会交往、家族治理、家户治理、农产品分配与消费等政治、经济、社会、文化方面有了深入的了解。12月15日，在调查即将结束时，我去跟每一位接受过访谈的老人告别。当被解仁荣老人问道"以后还回来吗"时，自己顿时也心生一种不舍之情，并深感写好调查报告是对老人们最好的尊敬与感恩。

回首此次村庄调查的经历，我觉得最有效的调查方法就是先与老人做朋友，取得老人及其家人的信任，从老人最擅长、最感兴趣的话题入手，然后慢慢引导开去，并通过老人介绍寻访更多的老人，挖掘更多的细节，最终获得丰富、鲜活的调查资料。2017年9月份，村调报告的初稿成形，此后又陆陆续续进行了三四次修改。在修改过程中，自己也曾抱怨过、吐槽过，但每一次静下心来修改时，都会发现前期写作中的不足，每一次修改都能够在原有的基础上更进一步，自己对村调报告的认知也经历了从"自己都不知道写了些什么"到基本掌握写作方法、把握写作具体框架的转变。自己的大材料应用能力以及写作能力也有了全面提升。

写作村调报告的过程是痛苦的，但每当有人问我"后不后悔"时，我内心都会出现一个坚定的答案：不后悔。因为这段调查与写作经历充满了温暖与感动，充满了挑战与磨炼，它将成为我人生中最为宝贵的一笔财富。这一切离不开徐老师、邓老师的殷切指导，离不开华胤师兄、博阳师兄、杨涛师兄等师兄师姐的指正与帮助，离不开乌苏村解仁荣、董德顺、董顺理、董维理、段百川以及胡村张高登等老人给予我的配合，离不开李伟佳叔叔和其夫人对我调研期间生活上的关照，离不开家人、同学、万荣县老龄办以及乌苏村其他父老乡亲对我的鼓励与协助。在报告即将成稿之际，在此一并致以感谢！感恩！致敬！

附录二

乌苏村调查日记（节选）

2016年10月至2016年12月，我在山西省万荣县乌苏村开展了华中师范大学中国农村研究院黄河区域村庄形态与实态调查，在调查过程中，我撰写了乌苏村调查日记，记录了自身的选村、入村经过以及调查发现、调查体会，现节选其中的一部分与读者交流。

2016年10月11日　星期二　晴

将学院的事情交接、安排完毕后，今天终于迎来了黄河区域村庄调查下村的日子，作为一个新手，内心既有一分激动，又有一分忐忑。上午9点，我与博阳师兄、丹丹师姐在学院会合，一起打车前往武汉站，因为瑞敏师姐在永济出发，杨涛师兄在大同出发，所以我们约好在运城碰面，这也是我们此次自主成立的山西调查小分队。

正值秋天，武汉的气温还不是很低，一件短袖T恤足矣。上午10点半左右，高铁列车缓缓驶出武汉站，在车上尚感觉有点热，但等到中午1点多到达三门峡南站后，我们不得不穿起了外套，北方和南方的气温毕竟还是有一些差距的。从三门峡南站出来，我们坐中巴车前往运城，全程将近两个小时，在途中得知，杨涛师兄已经先行到达运城。下午4点我们一行四人在运城中心汽车站会合，随后入住在一家快捷酒店。

安顿完毕，马不停蹄，杨涛师兄联系好运城市老龄办的黄俊科长，我们便前往市老龄办开此次调查的"路条"——到县、乡（镇）、村的公函。进入黄科长的办公室，

图1 笔者四人与黄科长合影
（左起：李博阳、杨涛、黄俊科长、唐丹丹、笔者）

黄科长非常热情地招待了我们，先是给我们泡茶喝。在杨涛师兄给黄科长介绍了我们此次调查的性质、目的等内容后，黄科长表示非常支持，并希望我们能真正深入地调查了解运城这一华夏文明发源地的悠久传统。接着我们一一向黄科长进行了简单的个人介绍，在听到我是稷山人的时候，黄科长表示他也是稷山的，那种老乡的亲切感一下子将我们感情上的距离拉近。随后，黄科长亲自给我们开好了前往每个县的公函，离开之际，我们四人与黄科长合影留念。

从运城市老龄办出来，已经是下午6点多，天色也渐渐暗了下来，我们决定先吃饭，然后去运城的高铁站接瑞敏师姐。在同学的介绍下，晚饭我们吃了当地特色水汽羊肉泡。晚上8点半左右，接到瑞敏师姐，此次调查的山西小分队成员也全部集合完毕。晚上在酒店我们讨论了选村的方式以及路线，作为小分队里面的唯一一名新手，自己也希望在接下来的几天里能够跟随师兄师姐深入学习田野课堂的精髓，为后面自己独立开展调查做充分的准备。

2016年10月12日 星期三 阴

早上8点半左右接到黄科长的电话，得知下面的各县要迎接检查，今天可能无法协助我们下村。我们也只好临时更改计划，决定先在运城市继续停留一天，同时也顺带感受一下当地的民风民情，为后期的下村做一些准备。

从酒店出来，外面灰蒙蒙的，毫无意外，我们遇到了北方的雾霾天，气温也比昨天下降几度，稍有点冷了。早饭我们每个人简单吃了一个馍夹菜，喝了豆浆、油茶，因为是在自己的家乡，饮食不成问题，但对于博阳师兄和丹丹师姐两个从南方过来的，气候是一个挑战，饮食也是一个挑战，钟爱米饭的他们在山西这个面食之乡还是需要适应一下。

既然是感受民风民情，我们并没有漫无目的地在大街上闲逛，首先我们坐车来到了运城的盐湖。盐湖是一个典型的内陆咸水湖，以产盐著称，其所产的食盐既是古代附近地区人民的主要食盐来源,同时其盐税收入在古时也是政府的一项重要财政收入。由于是旅游淡季,盐湖景区的游人寥寥无几,除却我们五人之外,仅有三四个。从盐湖出来后,我们坐公交前往解州的关帝庙,据说这是全国规模最大的关帝庙。在公交车上,我们看见邻座的奶奶年纪挺大,便试着与奶奶闲聊,得知奶奶已经83岁。据老奶奶讲,在1949年以前,运城各区、县下面的村庄基本都有关帝庙,关公也是人们最为信奉的一个神灵,这也应了运城的标签之一——"关公故里"。在与老奶奶的交流中,我们也切身感受到了运城人民的热情,没多久老奶奶下车。在表示感谢后,望向窗外,田里的冬小麦已经吐绿,这又是我们此次调查的重点内容之一——"麦作农业"。到达关帝庙已将近中午1点,我们简单吃了午饭之后,在参观关帝庙的过程中,进一步了解了关公的生平及其在运城人民心目中的崇高地位。

晚上回到酒店商定好明天的出行计划后,由于一天奔波下来已感劳累,大家便各自休息。

2016年10月13日 星期四 晴

早上7点起来吃过早饭后,我们搭乘火车前往此次选点的第一站山西省闻喜县。上午9点半到达闻喜县后,因为相距不远,我们从火车站一路步行在10点左右到达闻喜县老龄委办公室。在说明来意并送上学院编撰的一套关于全国老年人现状的书籍后,闻喜县老龄办工作人员当即拿出全县各村的各年龄段老年人情况统计表,结合我们选择村庄的基本要求,选定了两个备选村庄并表示下午带我们下去进行实地试调查。之后,老龄办工作人员为我们安排了住宿。在放好行李后,我们一起前去吃午饭。

吃过午饭,老龄办工作人员开车带我们下村。我们来到的第一个村是学院一位师姐的老家。到村委会后,映入眼帘的首先是满地金黄色的玉米棒子,而村支书则早早在村委会前的广场等候,由于事先已有通知,村支书找来了村里三位80岁以上的男性老人与我们聊。由于自己是一个新手,这个村也是我们此次调查选点的第一站,在试调查过程中自己更多的是充当一个学习者的身份,具体的试调查则主要由师兄师姐进行。在试调查一个多小时后,从师兄师姐的反应中可以看出,这个村并不是特别理想,于是我们继续前往下一个村。

汽车行驶在乡间公路上,虽然大部分道路已经硬化,但由于正处于北方的晚秋时节,降雨很少,车轮滚过,依然会扬起尘土,有些路段扬起的尘土甚至有点像灾难片里面的场景,而这是否也是北方粗犷性格的一个自然体现?到达第二个村,没有太多寒暄,我们直接进入正题,开始试调查。在了解了村庄老年人的数量、结构以及村庄

1949年前的基本情况后,师兄师姐同意将这个村庄暂定为第一个调研点。在老龄办工作人员的建议下,我们又前往第三个村进行了简单访谈,但效果不如第二个村。此时已将近下午6点,我们决定返回县城。

自行吃过晚饭后,在宾馆我们重点将今天试调查的第二村的情况进行了整理,并由博阳师兄向邓老师汇报,杨涛师兄联系了

图2 笔者一行在闻喜县开展试调查

选点第二站山西省新绛县的老龄办,并说好明天前往。一下午跟随师兄师姐的试调查,也使得我对此次村庄调查稍微有了一点认知。虽然是在外调研,学院平台的工作依然要兼顾,晚上10点,自己在线开会,指导了平台的新鲜力量如何具体开展下一阶段的工作。结束时已过了晚上11点,洗漱后自己也赶紧睡去。

2016年10月14日 星期五 晴

早上7点起床。吃过早饭后,我们一行五人从闻喜乘坐县际班车到侯马转车,然后由侯马到新绛,将近10点,我们到达新绛县政府大门口。与新绛县老龄办主任联系后,得知办公室在四楼,我们将行李寄放在保卫室,上楼与老龄办主任碰面。在杨涛师兄说明来意以及选村的基本要求后,老龄办主任提议我们去席村做试调查,一来席村距离县城不远,且是荀子的故里,二来席村80岁以上的老人数量较多。决定后,老龄办工作人员当即开车带我们下去,由于只有一辆车,我们只好再叫一辆车前往。

到达席村后,席村的老年协会会长席爷爷接待了我们,并向我们简要介绍了席村的基本情况,由于已是中午12点,席爷爷招待我们在他儿子自家开的饭店吃午饭。午饭过后,在席爷爷的带领下,我们来到席村的村委会。席村的村委会类似于一个农家院落,上下二层,大门前的广场上晾晒着农民的玉米、药材。由于是中午饭点,老年协会棋牌室的老人也都回家吃饭了,席爷爷说他前去通知,我们便在村委会的院子里看散落的碑刻。中午将近两点钟的时候,席爷爷通知的老人陆续都来了,我们也事不宜迟,随即开始访谈。由于自己在新绛读过四年书,当地的方言不成问题,加上昨天的试调查,自己也加入了访谈的行列。到后来,老人越来越多,我们五个甚至有点招架

不住了。经过三个多小时的访谈，我们一致认为席村是个合适的调查点，选点第二站也顺利结束。回到县城已是下午5点多，天气由晴转阴，刮起了大风，由于家里有事，新绛县离家不远，且接下来是周末双休，政府部门人员不上班，自己便决定回家，几位师兄师姐留在新绛并在第二天到瑞敏师姐家，下周一在永济继续选点。以下是所访谈的席村的基本情况：

解放前席村有400多户，1000多口人，村内有韩、张、南、席四大姓氏，还有郭、李、王等其他小姓，是一个杂姓村，部分小姓氏是山东、河南等其他地方逃荒、逃难过来，由于在当地居住时间长了落户形成的。土改时，村中地主、富农、中农、贫农均有（具体数字暂没有核实），一个农会成员尚健在。

行政架构：村中有间（组）长和村长，村长有正村长、副村长，间（组）长是最低一级，多负责收公粮，由各间选举产生。抗日战争时期，由于白天是日本人，晚上是二战区的人（阎锡山的部队），社会动乱，一般没人愿意当间长，但一旦选出来后依然要上任。

水井：受访者柴丹老人所在的间有三眼吃水井。水井一般在门外，不挖在院子里，吃水坚持"就近"原则，其他间的如果离水井近，也可以过来打水吃。若井在私人院子里，吃水时需要征求院子主人的同意后方可打水，但不要报酬。村子的北坡上有八眼灌溉井，其中既有私人的，也有合伙的。合伙也坚持"就近"原则，比如四个人家的地相互挨着，这四个人家就可以合伙打一眼井，共同使用，一个井可供四个人同时绞水。若其他人想用水，需征求私井主人同意之后方可使用，合伙打的井需征求谁的同意暂未访谈到。

庙：解放前，席村东门外有玉皇庙、奶奶庙、三观庙、魁星阁，魁星阁位于东南方向，村民子孙考学一般前去烧香，并在考中后还愿。玉皇庙里面供奉着子孙娘娘，村民若求子多拜子孙娘娘，玉皇庙的周围还有地，由看庙的人来种，并有一眼吃水井，供看庙人吃水。在村子里有一座娘娘庙，稍靠前有一个八卦亭，八卦亭前面还有一个戏台子。

图3 笔者在席村对一位老奶奶进行访谈

集市：解放前，席村当地没有集市，村民多前去泉掌、三泉、新绛县城三个集市赶集，其中三泉离席村最近，约5里，县城集市次之，约15里，泉掌集市最远，约20里。泉掌集市靠近北山，山里的穷人会下来买二手衣服，席村的村民也多去泉掌集市上卖棉布。

会：1. 古会。解放前，席村在每年的农历三月二十二举办古会。办古会时，白天类似集市，晚上会唱大戏，一般唱五夜或七夜。古会当天，白天也会唱戏，村民的亲戚朋友一般会前来观看，其他时间白天不唱戏，唱戏由村里出钱。2. "闹热闹"。正月二十"闹热闹"，类似庙会，有踩高跷、打花鼓等节目。

池塘：池塘在当地又叫"池泊（po）"或"泊池"，每个池泊均有进水口和出水口，出水口一般通向村外。池泊一般用来收集雨水，供村民生产生活使用，如洗衣服、供牲口饮水、泡麻子等。"池泊"没有专人看管，村民均可以使用，但一旦池泊被破坏，则由村子出面责令破坏者修缮。

2016年10月18日　星期二　晴

处理完家中的事情后，今天上午在万荣县政府大门口，我与杨涛师兄以及其他小分队成员再次会合。在交流中得知他们已将永济和临猗的两个村庄调查点选好，万荣是选点的最后一站。

9点半左右到达万荣县老龄办后，潘主任接待了我们。杨涛师兄向潘主任简要介绍了我们的此次调查以及对村庄的基本要求，潘主任据此初步选定了三个村庄，并建议我们先去离县城最近的一个村庄去试调查一下，看是否符合要求。决定后，在潘主任的陪同下，我们一行来到潘主任所说的村庄，在向村庄的老年协会会长简单了解情况后，由于80岁以上老人数量太少，且能够接受访谈的都在85岁以下，我们决定放弃这个村庄。此时已将近中午12点，我们便在路边的小饭店简单吃了午饭。

午饭过后，来不及休息，潘主任安排她办公室的一个姐姐带我们前往另外两个村，由于有其他工作安排，潘主任不再陪同。一下午的时间，我们走访完两个村庄，但或是由于村庄的品相不好，或是老人数量、质量的原因，都未能成功定点。回到县城已经天黑，老龄办的姐姐在给潘主任请示汇报后，带我们前去吃晚饭，并安抚我们不要焦虑，有一个村庄的老协会会长听说有这个调查后，希望我们能过去看看。由于是自己在万荣县驻点调查，内心又重新燃起了希望。

吃过晚饭，与老龄办的姐姐告别后，我们回到酒店，为明天的再次下村试调查做准备。

2016年10月19日　星期三　晴

早上8点左右，接到老龄办姐姐的电话，说是今天要去的那个村的老协会会长已在我们所住的宾馆楼下等候。匆匆收拾下楼后，老龄办的那位姐姐在宾馆一楼大厅与我们碰面，并向我们介绍了那位老协会会长，随后上车下村。

我坐在老协会会长的车的副驾驶位置，在交谈过程中得知老协会会长姓段，以前当兵的，虽然已经70岁出头的高龄，但身体依然健朗敏捷，像个50多岁的人。一路上望向窗外，雾蒙蒙的，路边的田地在雾气中若隐若现，不一会儿，一个急转弯，蹚过一摊泥水，我们来到了段会长所在村乌苏村的村委会大院。

一下车，段会长径直带我们进了村里老年协会的活动室，屋子里的桌子上摆放着苹果、梨、葡萄等水果，椅子上、沙发上坐着几位老人。随后段会长向我们逐一介绍了每位老人，我们也当即开始试访谈，由于空间有限，人又多，室内稍显得有些嘈杂。一个多小时下来，我们大致了解了村庄的概况，几位师兄师姐觉得村庄基本符合要求，但建议再看看其他村庄。得知我们并没有决定就留在这个村庄，段会长显得有点失落，在离开时，他坚持把桌子上摆放的水果都放在了我们的车里让我们带走，并表示随时欢迎我们再回来，我们也被段会长的热情所感动。

回到县城后，我们将这两天的选村试调查情况向老龄办的潘主任做了汇报，并表示把调查点暂定为乌苏村，潘主任介绍到乌苏村的老协会工作做得非常出色，相信对我们后期调查的开展也能够提供很大的便利。与潘主任道别回到宾馆后，师兄师姐建议我再去紧邻的稷山县看看，但他们要各自回自己的村庄开展调查。此时博阳师兄表示他与我一起再看看，自己的内心既充满感动，又增加了一份信心。以下是我们今天访谈到的乌苏村的概况：

万荣县皇甫乡乌苏村，现辖9个居民组，500多户，1800多人。村庄现有30多个姓氏，王、李、董为主姓，解、权次之，杨、段、陈等其他姓氏为小姓，是一个杂姓村。经试访谈得知，解放前村庄有200多户，900多人，其中地主2户，富农7户，适合访谈的80岁以上男性老人有7人左右，有一个92岁的富农后代尚健在。

解放前的行政规划：解放前，村庄为闾（村民叫"社"）和村两级架构，有4个闾，闾长轮流当选，无报酬。基本上是一个巷一个闾，每个巷都有巷门，村庄有南、北两个大门。除村长、闾长外，还有一个"敲锣的"，即现在所说的通讯员。

水井、水窖：解放前村庄有4个深水井，一般用石头盖住，逢大旱之年村民吃不上水时才开井。平时村民吃水都吃自家水窖中的水，水窖的水来自雨水，经沉淀后供村民饮用。财主家的水窖较大，最大的骡马车可在里面打转。无灌溉井，"靠天吃饭"。

庙：解放前村庄有 20 个庙，为关帝庙（规模最大，现在的戏台即在原来关帝庙的基础上兴建）、娘娘庙、二郎庙（村中、村南各一个）、土地庙（村东、村西各一个）、药王庙、马王庙、祖师庙、财神庙、唐僧庙、将军庙、东岳庙等。介山庙有 200 多亩庙田，由几个村共同管理，有看庙人，在每年的农历三月三举行庙会，附近村子都会参加。董家有 200 多亩坟田，雇四五个长工来耕种，清明节祭祖的时候要一起吃饭。

池塘：解放前村庄有两个池塘，一大一小，供村民生产生活使用。两个池塘均有进水口和出水口，出水口通向村外。池塘也发挥着消除水患、扑救火灾的作用。

集市：清朝初期时乌苏村是驿道，到清末，驿道改到了闻喜县，但乌苏村依然是一个交通要道，逢四赶集，集市规模较大，甚至兰州、西安的外地人都会过来赶集。当地集市顺序为一文村，二张户，三薛村，四乌苏，五城里，六七庄，七皇甫，八解店，九四望。

职业：解放前，村庄有铁匠、木匠、钉掌人（给牲口蹄子钉掌）、剃头匠、缚笤帚的等。

店铺：解放前，村庄有五个骡马大店（又叫大车店），分别是高家（高天德）、陈家（陈老师）、李家（李海秋）、李家（另一户人家）、贾家（贾立升）所开。除此之外，还有皮革坊（高天德开的）、油坊（高天德开的）、缫丝坊、染坊、银楼（打做金银首饰）、书店、粮店、弹花店（弹棉花、贩卖棉花）、火烧店（做饼子的店）等。

2016 年 10 月 20 日　星期四　晴转多云

上午与其他师兄师姐道别后，我与博阳师兄一起乘坐万荣到稷山的班车前往稷山继续选村。在途中，接到稷山老龄办应主任的电话，电话中，应主任询问是我们自主选村，还是他们帮忙决定，自己果断选择了前者。由于到稷山已将近中午 11 点，便与应主任约好下午 3 点在他办公室见。

中午 11 点到稷山后，本打算与博阳师兄一起入住三号公馆（稷山一个比较好的宾馆），但当我们打车到达三号公馆门口后，却发现早已人去楼空，破败不堪，无奈我们继续向前，入住携程宾馆。安顿好后，我与博阳师兄两人在宾馆楼下吃了个午饭，其间聊了近几天选村的感受、调研需要注意的事项以及自己以后的规划等等，博阳师兄鼓励我不要灰心。饭后我们回宾馆休息。

下午 3 点，我们来到了稷山老龄办，被告知应主任还没来，我们遂继续等待。将近 3 点半的样子，应主任来到办公室，说是已经为我们选好了村庄，直接下去即可。

惊讶之余，我们坚持要先查看一下全县各村80岁以上老年人的数量及年龄结构，再决定去哪个村，应主任却不想让我们看统计表。僵持了一会儿后，博阳师兄坚持我们的要求，应主任勉强让我们看了统计表，我们发现应主任选定的村子老年人数量及年龄结构这一条便不符合。于是我们按照自己的需求，选定了西位村、董家庄两个村庄，应主任坚持让我们去看一下他选定的村庄，我们也同意了。

选定村庄时已经过了下午4点，应主任派一名工作人员开车带我们下去。一路上，车开得飞快，工作人员在驾驶位上一直打电话且时不时向窗外吐痰，唾沫星子有的又从窗外飞到我和博阳师兄的后排位置，担心安全之余我们赶紧把车窗摇上。由于老龄办事先没有给乡镇和村里打招呼，我们无法通过正常的渠道下村，只能在村里的路边跟老大爷们聊，开车的工作人员也就仅仅是个司机，什么都不管。两个村子跑下来，都不太符合要求，倒是发现了统计表中的数据与村庄实际老年人的数量相差较大，对此我们也只好无奈摇头。从应主任指定的村子回来已经天黑，司机直接把我们送到了宾馆楼下，我们给应主任打电话简要汇报情况后去吃晚饭。

晚点9点左右，我和博阳师兄在宾馆讨论下一步的安排，他建议我回万荣的乌苏村，整体看来乌苏村是目前遇到的比较符合要求的村子，他则要回闻喜县他那个村子再深入调查。其间还遇到了民警来查房，惊吓之余多了一分安全感。自己内心由衷感谢博阳师兄在选村过程中的全程陪伴。

2016年10月21日　星期五　小雨

早上从宾馆出来，天空下着淅淅沥沥的小雨。与博阳师兄道别后，自己联系了万荣县老龄办的那位姐姐，表示想再去乌苏村。姐姐直接把乌苏村老协会段会长的电话发给我，让我与段会长联系。联系后，段会长让在108国道边上等他，他来接我。

依旧是段会长的那辆小车。到了村里后，段会长将我安排在村委会大院的日间照料室，里面一张桌子、一张单人床，床上的被褥已经铺好。在与段会长交流时，解仁荣老爷爷进到屋里来，段会长便安排解仁荣老爷爷每天叫我去老年食堂吃饭，解仁荣爷爷欣然应允。之后自己又去村里的超市买了一些日用品，晚饭在村委会的老年食堂解决。

从11号离校到今天已经正好十天了，所幸在师兄师姐的指导、帮助、把关下，自己成功定了村，感恩，感谢！

2016年10月22日　星期六　小雨

图4　下雨之后泥泞的乌苏村

早上7点起床,外面依旧下着小雨。7点半刚洗漱完毕,解仁荣老爷爷便来叫我前去吃饭。老年食堂的饭菜非常简单,每人一个小馒头、一小碗面汤、一小碟咸菜,负责做饭的阿姨告知我如果需要加鸡蛋,以后单独给她说,但需要另外加钱。

简单吃过早饭后,段会长过来询问是否有问题需要解决以及今天的安排,我表示还是想尽快找到老人开展访谈。段会长让我等一会,他去通知。9点左右,除了解仁荣老爷爷外,陆陆续续有老人来到我的住处,自己也抓住机会,试着问了访谈提纲里面关于换工的一些内容。其间,解仁荣老爷爷和董廷尧老爷爷对1949年以前的情况的介绍比较详细,其他的老人则多是打岔,虽然上一任村支书已是85岁高龄,且从皇甫乡的养老院赶来,但全程不知所问,只是一副笑脸。自己随之决定将今后这几天的主要访谈对象确定为解仁荣、董廷尧两位老人。

中午11点过后,因为到了饭点,老人们陆续散去。在与段会长闲聊时,村委主任、村支书贾书记先后进来看了一下,段会长介绍我们相互认识。午饭同样是在老年食堂解决。短暂午休后,下午与解仁荣老爷爷接着上午的内容继续聊了一会,之后在解仁荣爷爷的引领下,自己也成功认识了前往解仁荣爷爷家的路,爷爷表示他就一个人在家,什么时候去找他都可以。晚上整理了一会今天的访谈内容后便睡去。

2016年10月23—25日　星期日至星期二　小雨转阴

10月23日早上起来,考虑到北方的冬天逐渐变冷,长期在日间照料室住下去取暖无法解决,安全难以保证(晚上村委会大院内就我和一个村里的医生,医生的房间有防盗门,自己房间的门则用力在外面推一下就可以推开),且各种生活不便,我联系了村里的贾书记,看能否将我安排至某个农户家中,这也符合我们此次调查的一个基本要求——"进村入户,与农户同吃同住"。但贾书记的回应是:我是村里的老年协会从县里接回来的,不是村委会接的,要安排除非让县里再下通知,否则不给解决。由于是周末,只能等到 24 号再给县老龄办反映。

24 号上午 10 点左右,我联系了县老龄办潘主任,潘主任表示会通知乡里安排村书记解决。晚上乡里的书记来村里开展扶贫工作,顺带进我房间看了一下。等到 25 号下午,我在解仁荣爷爷家访谈时贾书记打来电话,要我去村委会一趟。到了村委会,贾书记告知我将我安排在了村委副主任家,收拾一下,由村里的通讯员将我送过去。

收拾好行李,村里的通讯员开着三轮电瓶车将我送到村委副主任家门口。进了家里后,阿姨还在收拾,为我腾屋子,自己也没闲着,帮阿姨一道打扫收拾,安顿完毕后晚饭就在阿姨家吃。晚上与村委副主任李叔聊了聊此次调查,李叔表示他的腿部做了手术没多久,基本不外出活动,多在家,以后有什么需要帮忙解决的,尽管开口。到今天,此次调查的后顾之忧算是基本解决。

2016 年 10 月 31 日　星期一　晴

从 26 号到今天,一连六天,每天早上吃过早饭后便径直来到解仁荣爷爷家。爷爷家距自己居住的地方不远,步行七八分钟就可以到达。每次去了后,爷爷都是坐在家里的沙发上接受访谈,讲到兴致起了,爷爷怕我不懂,还会站起来用手比画。自己有时候问得急了感觉像是跟爷爷争辩,但随后相视一笑,又接着开始聊下一个话题。从入村至今,解仁荣爷爷带给我太多的感动,从刚开始的每天叫自己吃饭到后来每次接受访谈且从不厌烦,有时候还会主动询问我生活上是否有不方便或困难的地方,而自己仅是在刚开始去爷爷家的时候带了一箱牛奶作为小礼品,还是在百般劝说下爷爷才收下。虽人在异乡,但心里是暖的。

在这六天的访谈中,爷爷主要给我讲述了"生产专题"里面的内容,涉及生产工具借用、请工、帮工、长工、短工等等。虽然是 1949 年以前的情况,但一些惯行在现在的生活中依然可见且发挥着重要作用,有时候自己也会想这也许就是这一区域社会的底色所在。以下是关于生产工具借用的部分内容,虽然是小事件,但却包含着大关系:

在 1949 年以前,农户之间借用生产工具主要是借犁、耧、耙、铁脚子车等大型工具。在借用时,多是向与自己关系好的农户借,不局限于亲戚,在空间距离上一般是优先向同巷的农户借,因为彼此熟悉,且借用起来也方便,当然也可向外巷甚至外村的借。借的时候要经过出借方当家人的同意方可借走,如果正好人家也在使用,则另找其他人借。借用生产工具不用给报酬,只需在使用完后及时归还,若日后出借方家里有活需要帮忙,借用方要主动前去帮忙。借用过程中,如果农具损坏程度较大,就要给出借方赔偿新的,如果损坏程度较小,个人能自己修理了就自己修理,自己修理不了就找匠人来修,费用由自己承担,在修理好后归还出借方并向出借方说明情况。村里一些有钱的大户人家,即使邻居把借的自家的农具用坏了,也不要求赔偿。

2016年11月6日　星期日　阴

早上起来明显感觉天更冷了。在吃过早饭后,自己裹紧大衣外出寻找老人,但一圈下来一个老人也没有找见,无奈再次返回叔叔家。进门后,阿姨问我今天咋回来得这么早,我笑着说"老人都找不见了"。此时阿姨正和对门的邻居一起在给家里的苹果装袋,自己也没闲着,就帮忙给阿姨搬运,下午也没出去,就在家给阿姨帮忙。

从11月1号到今天,老协会的段会长带着我走访完了村里其他80岁以上的老人。但一圈访谈下来,效果并不是很理想,自己也感觉调研进入了瓶颈期,什么都问不到。在线上与小分队的师兄师姐交流,他们建议从每个老人自身的特点切入,也许会有更大的发现。不过一个更好的消息是徐老师要来村里现场指导教学了,相信经过徐老师点拨,自己能更进一步地深入调研。

2016年1月11日　星期五　晴

图5　徐老师对董德顺老人进行访谈

昨天收到郝老师的消息,说是徐老师今天要来我这个村现场指导教学,自己便提前与董德顺老人约好,以便徐老师来了后可以有效开展访谈。下午1点钟左右,郝老师和徐老师一行来到村里。自己先带着两位老师在村里转了一圈,大致介绍了一下村里的空间布局。随后我们来到董德顺老人家,在院子里,冬日的暖阳下,徐老师和董德顺老人聊了村庄防卫等话题,自己一边负责翻译,一边学习徐老师的发问方式及逻辑等。董德顺老人结合自身的经历,讲到动情处甚至哭了起来,这让自己有点措手不及,因为在之前的访谈中董德顺老人一直很乐观、很健谈,赶紧给爷爷递上了纸巾。

在访谈了一个多小时后，董德顺老人带着徐老师参观了村庄清朝年间的一个举人的故居以及民国时期村民吃水的水井。参观结束与董德顺老人道别后，由于已是下午4点半，徐老师一行要及时赶往下一个村庄指导，自己也与徐老师道别。临别时，徐老师将事先准备的水果送给我，鼓励我继续努力，扎实调查。一天下来，感动之余，收获的更是徐老师对自己调查方式、调查方向等方面的指导。

图 6　董德顺老人带徐老师参观传统时期的水井

以下是根据徐老师今天的访谈内容做的简要整理：

解放前，乌苏村的土匪有两类，一类是"明火贼"，即强盗，一般为两三个人或四五个人，人数较少。另一类为大土匪，人数较多。当地村民有一句俗语为"年年防旱，夜夜防贼"，"当时社会兵荒马乱，群众晚上脱下的鞋第二天早上不知道还能不能穿上，因为晚上就有可能被土匪掳走了"。遭遇土匪后，村民没人去报官，"在动乱的社会，没人管这事"，村庄也没有组织防卫土匪，"当时没有防卫组织，一盘散沙嘛"。解放后就没土匪了。

1. 明火贼

明火贼的来源一是地方上有枪的，二是与部队失去联系的散兵。明火贼一般是晚上来，一次来两三个，蒙面，有枪，多去富裕农户家要钱，不要粮食，抢劫方式有两种，一种是"扯肉票"，即将富裕农户的家人绑去，要求用钱赎人；另一种是直接到富裕农户家要钱，要是不给钱，会把烧的柴和农户家里的棉花堆在下面，把人绑到房梁上吊起来，把吃的油泼到户主身上，将其点着烧了。

2. 大土匪

解放前，乌苏村附近有一个土匪组织，组织的头目叫雷文清，有一个团的兵力，为军队建制，下面分营、连、排，穿草绿色军装，驻扎在黄河滩上，搭草房居住，总共有一千多人。这伙人抢劫的方式多为"扯肉票"，早上太阳有一杆多高就敢来村里了。

土匪的来源：一是逃兵。二是不务正业的人，这种人不种地，也不做生意，类似"二流子"，没有正式的职业。三是部队，二战区阎锡山的部队白天是部队，晚上穿上长袍就变成土匪了。

扯肉票的对象：土匪一般去财主家，绑的人一是财主家的当家人，二是财主家的独生子，三是回家后的在外做生意者，一般绑掌柜的。

如何发现扯肉票的对象：乌苏村逢四赶集，土匪白天穿便装在集上转，就知道谁家婆娘今天卖了布匹，谁家卖了牲口。看见这些卖东西的人，土匪会问"你是哪儿的人"，"我是乌苏西巷的"，通过在集市上询问，土匪会知道具体的名字。

扯肉票的方式：将人绑走后，土匪会派一个胆大的人过来说话，告知赎人的钱数、地点、时间以及接头人。比如"准备十万块钱，明天一天时间准备，后天去关老爷庙那儿，有一个人身高不高，带一副黑边眼镜，把钱交给那个人"。在收到钱之前，土匪拿一个用树枝搣的筐，把人放到筐里面，然后用绳子吊着装人的筐将其放到深枯井里面，每天给几个窝窝头，再用茶壶吊下去一些水，保证人不会饿死。土匪收到钱后就把绑走的人放了。如果到了约定的时间拿不出钱，土匪就撕票了。

图7　董德顺老人带徐老师参观清故居途中

筹钱：人被绑走后，家里面的人就着急了，到处借钱，会赶在土匪说的时间之前把钱凑齐。借钱的对象一般是近亲，比如向姑姑、姨姨、舅舅等亲戚家借，要打借条，以后有了钱再还给人家，也有人卖地。

赎人：钱筹好在约定的时间、地点把钱交给土匪的接头人后，接头人会告诉家人去找被绑人的时间和地点，比如"明天早上到××地领你的人"。土匪一般在前一天晚上把人从井里吊上来，扔到约定的地里就走了，不给被绑人松绑，第二天家里人来后把被绑人接回去。

3. 实例

董德顺，中农成分。解放前家里有一头牛，27亩地，其中祖业20亩，后从同村人王财德手中买了7亩地。父亲弟兄3个，老二在家里种地，董德顺的父亲在曲沃经商，做私人生意，开的是京货铺，卖布匹。老二结婚的时候，董德顺的父亲回家，带回来八面"帐子"（结婚时用的东西，上面多写花好月圆、百年好合等字样）。

太阳有一杆高的时候，土匪（雷文清的人）就进村了。刚进村，土匪碰上董德顺的邻居贾高登的母亲，问其"董文周（董德顺的叔叔，董德顺的父亲叫董文化）家在哪"，贾高登的母亲说："在东边呢，往前走，再拐弯就到了。"说完贾高登的母亲来到董德顺家，告诉其家人土匪来了，要找他家，让他家人赶紧逃。

图 8　笔者与董德顺、徐勇老师合影

土匪进来后，先把八面帐子拿走了，接着要娶媳妇收的礼钱。董德顺的父亲董文化和叔叔董文周逃走了，董德顺的母亲和婶婶（董文周的媳妇）顶了一个大筛子藏了起来没被发现，董德顺和奶奶被抓走了，董德顺当时有十二三岁。抓到村子东门外后，土匪在东门外挖了一个二尺深的坑，里面扔了半张席子，要活埋董德顺的奶奶，董德顺跪着给土匪说好话，说是去村里找人筹钱。之后土匪绑走了董德顺的奶奶，董德顺去村里找了给阎锡山做事的人，托此人给土匪说话，同时给父亲董文化说："爸爸，不管怎么，你把我奶奶救下来。"最后土匪说定要24000块钱赎人，约定在逢集那天，关老爷庙前面的铁旗杆下站着一个戴黑边眼镜的人，中等个头，把钱交给那个人就可以。这时离逢集还有四五天，董德顺家四处筹钱，最后将奶奶赎了回来。

2016年11月17日　星期四　多云

早上吃过早饭，自己来到108国道旁搭乘前往县里的班车，准备在县志办和档案馆查询一些有用的资料。到达县老龄办后，由于事先已有联系，老龄办的姐姐带我去县志办，自己查阅县志的同时将有用的内容拍照保存。在查阅完县志后，自己向潘主任表示下午想去档案馆看看，看是否可以帮忙联系。潘主任联系了档案馆的主任，对方表示下午可以过去。

从县老龄办出来，自己在县城简单解决了午饭。由于档案馆下午两点半才上班，自己便在县城里随处转了转，熟悉了一下县城环境。下午3点左右，在档案馆见到了档案馆的主任，说明来意后主任让我下去找值班室的工作人员。但下去后工作人员很不配合，并表示馆内没有我想看的资料，在听到我说上去再找主任解决时吼我道："找什么主任,别动不动就找主任。"之后不情愿地去找了一些资料出来,但均是一些用处不大的,眼看档案馆不会有太大收获,自己就离开并坐车返回阿姨家。晚上再次仔细看了看县志里面的相关内容。

2016 年 11 月 24 日　星期四　晴

早上刚起床,接到了董德顺爷爷的电话,说自己要去县城开会(爷爷当过 30 多年的公社书记),不能配合访谈了(昨天已访谈了一天)。没过一会,爷爷又来到了我所在的李叔家,当面跟我说了一下,说是怕在电话里说不清,我去了他家找不见人。回想今天正好是西方的感恩节,自己在感动之余更多的是感恩。

送走董德顺爷爷,吃过早饭,走在村庄的巷子里,雾气逐渐散去。到了解仁荣爷爷家,爷爷正在收拾大米。待收拾完毕,像往常一样,爷爷打开空调,我们两人聊到将近 11 点。访谈结束爷爷送我出门时,发现自家的水管冻裂了。我遂与爷爷把水管周围的土刨开,我跳进小土窑将下面的阀门关上,一切修理好后我返回李叔家。

中午短暂地休息过后,我再次去解仁荣爷爷家。等到了爷爷家门口,发现爷爷家的大门锁了,于是去了董顺理爷爷家,与爷爷聊了打更人、钉掌人等内容。聊到将近 5 点钟,看爷爷家要准备做饭了,自己便与爷爷道别。由于董顺理爷爷家没有生炉子,也没有生暖气,还是有一些冷,回来的路上也感受到了北方冬天的温度。晚上整理了今天的访谈内容。

2016 年 11 月 25 日　星期五　晴转阴

得知董德顺爷爷昨天开完会已回到家里,早上起来吃过早饭后便直接去董德顺爷爷家。刚进了巷口就碰见爷爷在打扫门前的路段,自己索性没有急着进门,帮爷爷打扫完后与爷爷进到院子里,发现奶奶在院子里打扫落叶,奶奶热情地跟我打招呼,自己与爷爷奶奶一起打扫完院子才进屋。上午访谈过程中,与爷爷聊到了会子,因为爷爷的外祖父组织成立过会子,爷爷因此对会子比较了解。聊到将近 11 点,考虑到爷爷要做饭,遂与爷爷奶奶道别并约好下午再去拜访。下午两点多,去了爷爷家后得知爷爷家串门的人刚走,自己正好可以对爷爷进行访谈。其间主要聊了传统的生育,爷爷很细致地跟我讲了生男孩与生女孩的区别,我们两人一直聊到下午将近 5 点。

2016年11月27日　星期日　晴

昨天从村民口中得知村里老年协会的段会长对自己产生了误会，早上起来索性没有安排访谈，先去商店买了一包烟去村委会给段会长做解释。跟段会长解释清楚后来到了董维理爷爷家，与爷爷探讨土地改革时村里每家农户的成分。爷爷列出来一些，但由于记忆有限，爷爷建议改天把村里上了年纪的人叫到一起相互提醒、商量着列。此时也已将近中午12点，就与爷爷道别，约好明天早上一起到老年协会的值班室列成分表。

由于提纲里面的一些内容在村庄内问不到，吃过午饭稍事休息后，李叔骑着电瓶车带着我去了胡村。在胡村，经过问路，我们找见了张高登爷爷的家，张高登爷爷以前也是胡村老年协会的会长。进到家里说明来意后，张高登爷爷热情地配合访谈。从访谈过程中，我得知了爷爷从小苦难的生活，此外我们聊到了银匠、铁匠等内容，爷爷的记忆非常清晰，甚至知道当时银匠、铁匠的名字及其家里的情况。聊到下午4点半，考虑到爷爷的身体状况，我们结束了下午的访谈。在得知我准备走回去时（两个村庄相隔不过两公里），爷爷坚持要送我回去，并说要引荐另一位爷爷让我认识。于是我骑着爷爷的电瓶车带着爷爷，一起去找了爷爷推荐的人，但无奈没找见人，爷爷只好将我先送回了乌苏村。

虽然是第一次相见，但爷爷的热情令自己十分感动。

2016年11月28日　星期一　晴

昨天晚上阿姨家的儿子回来了。早上起床后看到阿姨在包饺子，才得知阿姨的儿子又要走了，阿姨说今天的早饭可能要迟一会。等到吃过早饭，已是9点半，其间老年协会的段会长给自己打了一个电话，要我去村委会，自己也猜到了是什么事情。等我带着电脑到了村委会大院内的老年协会值班室时，几个爷爷已经开始列成分表了。自己先去给爷爷们买了一包烟抽，随后爷爷们说，我在电脑上记录，上午将近12点结束，并约好下午1点继续。下午1点自己准时来到早上的地点，爷爷们还没来，等了一

图9　乌苏村的爷爷们在一起列农户成分表

会，陆续来了五个爷爷。爷爷们分工合作，一下午将村庄土地改革运动时期每个农户的成分列了出来，自己在电脑上也完成了整理，虽然没有档案可供参考，但爷爷们着实给力。

2016年11月30日　星期三　晴

早上抱着试一试的态度来到了解仁荣爷爷家。进门后，看见爷爷正背对着太阳看书，像往常一样，自己习惯性地叫了一声爷爷，爷爷转过头热情地跟我打招呼，并招呼我坐下。按照访谈计划，上午与爷爷聊了庙会、古会等内容。访谈结束时已是11点多，爷爷正好也要去村委会的老年食堂吃饭，自己遂与爷爷一起，一直走到村委会大门口才与爷爷道别。

下午按照约好的时间，自己步行来到了胡村的张高登爷爷家。到爷爷家门口后，发现爷爷家的门是锁着的，于是自己打电话联系了爷爷，爷爷说他在地里，马上回来。在爷爷家门口等候期间，自己随处转了转，还看到了以前碾麦子用的碌轴。不一会儿，爷爷进到胡同，还没下车子就叫我，问我有没有等着急了，自己忙跟爷爷说自己刚到。进家后爷爷收拾了一下，开始访谈时已将近下午3点，其间主要与爷爷聊了家族治理的相关内容，虽然爷爷当时只有八岁，但还记了一些东西。访谈结束后，爷爷坚持要送我回来，与上次一样，自己先骑着爷爷的电瓶车带着爷爷到了乌苏村，我下来后爷爷又自己骑着电瓶车回家。

2016年12月1日　星期四　晴

早上因为没有可以去找的其他老人，从阿姨家里出来后，自己先来到村里的商店给解仁荣爷爷买了一箱牛奶作为小礼品，以感谢爷爷近段时间以来对自己的诸多帮助。到了爷爷家里后，爷爷刚吃过早饭，像往常一样，自己与爷爷坐在屋檐下的太阳地里聊。今天的太阳格外暖和，像秋天一样，自己热得甚至脱掉了外套。其间与爷爷聊到了短工、唱家戏等内容，有些内容爷爷不是特别清楚，但爷爷不直接说自己不知道，而是一直打擦边球，一上午访谈下来自己也比较累。聊到11点，考虑到爷爷要做午饭，便与爷爷道别。下午两点从阿姨家里出来，本打算让段会长帮忙带路找一个老奶奶进行访谈，但没找见段会长，遂去了董顺理爷爷家，可爷爷家门锁了，无奈自己又厚着脸皮来到了解仁荣爷爷家。爷爷给我讲了油匠、油坊等内容。聊到下午4点，可能爷爷也比较累了，爷爷说今天就到这，自己只好回到住处。进家后，发现李叔家正在卖玉米，因为李叔腿部做了手术一直没好利索，自己就帮忙将玉米抬完。

2016年12月11日　星期日　阴

昨晚睡觉时就听见外面呼呼刮起了大风，果然今天早上起来变天了，天空灰蒙蒙的，比前两天也冷了很多。吃过早饭，擦干净自行车座上的尘土，自己骑车再次前往胡村的张高登爷爷家，一路上冷风灌进自己的衣服，有点北方冬天的味道了。到爷爷家时自己的手冻得有点僵了，正好爷爷也吃了早饭，就与爷爷聊了熟人、帮忙等主题，虽然有些问题很难用语言表达得那么透彻明白，但爷爷依然耐心地回答自己提出的每一个问题并不时地笑笑来化解尴尬。之前素未谋面，只是一次简单的介绍，爷爷配合自己多次访谈，并且每次访谈都是那么有精神，也正是在爷爷的帮助下，自己的调查得以顺利开展，调查内容也得以充实、完善。很感激有这样的经历，也衷心希望爷爷身体健健康康。

2016年12月16日　星期五　晴

从10月11日离校到今天，出来调研已两月有余，调查提纲上的内容也基本访谈完毕。由于身兼学院"百村"平台的工作，而每年常规的寒假调查培训也即将开展，自己遂打算明日离村返校。

这两天听说我要准备回学校了，阿姨坚持要把我所带的衣服全部洗一遍，说是干干净净来，干干净净回去。于是昨天晚上晚饭过后，自己与阿姨一起在院子里把衣服洗了洗。洗完后又与阿姨围着家里的锅炉聊了好一会，阿姨说："两个月说快也真快，没感觉就到了，你真要走，我还真有点舍不得。"自己也感叹时间飞逝，并表示日后一定会回来看阿姨和叔叔。今天上午，阿姨既没有去地里，也没有干其他的活，而是带着我在家里挑苹果，说是带回去给同学们尝尝。我们一共挑了48个又大又圆的苹果，装了四箱，在村里的快递点寄送出去。我坚持要给钱，阿姨却一分不要，我想这四箱苹果承载的更多的是一份胜似亲情的东西。

因为做好了回去的计划，自己这一两天在访谈的同时就与村里每位访谈过的老人道别。被问及最多的也是"以后还来不来？"自己表示有时间一定再回来看各位爷爷。临出门时，我给每位爷爷都拍了一张照片，爷爷们笑得是那么开心，那么纯粹。

虽然进入学院以来参加了各类调查，但说实话，自己从没想到能够参加这样一个调查项目，能够在一个陌生的村里驻村两个月，向老人请教1949年以前的社会全貌以及蕴含其中的关系、惯行，并在临别时与村里的村民成为熟人。这既是对自己的挑战，也饱含挑战成功后的收获与喜悦。

明天早上吃过早饭就该与叔叔阿姨真正告别了，早饭过后，叔叔又会骑着电瓶车送我到国道边上坐班车，而此去也许会再回来，也许此去经年不知何时再来。但在我的心里，我会深深地记得：在这里我曾经待过两个月，这里有一群那么可爱的人。感恩，感谢！

乌苏村调查日记（节选）

本卷后记

经过精细的筹划、调查、写作与编排，《中国农村调查》（总第55卷·村庄类第24卷·黄河区域第5卷），终于与读者见面了。2015年初，在徐勇教授、邓大才教授的统筹规划之下，华中师范大学中国农村研究院正式启动了村庄调查、家户调查和口述史调查三大"世纪工程"。在徐勇教授和邓大才教授的亲自主持下，三大工程同时启动，而村庄调查是三大调查中最复杂、最庞大、最深入的调查。新版中国村庄调查以"村"为调查单位，主要围绕"村庄形态与实态"展开，以1949年之前的村庄形态为调查起点和主要内容，同时调查1949年之后到当下60多年的村庄变迁与实态，涵盖村庄由来、自然、经济、社会、文化、治理等六个方面。通过2—3个月的驻村调查，与农民同吃同住同劳动，在田野调查中搜集了大量翔实的、第一手文献资料、访谈资料、视频资料、录音资料与图片资料，并在此基础上撰写了村庄形态与实态调查报告。本卷就是在众多调查报告中，选录了两本质量较高的调查报告，合体编辑而成。

2016年9月正式启动"黄河区域村庄调查"项目，中国农村研究院有70多位老师、博士生走进陕西、山西、河南、河北、山东、安徽、江苏等省的多个地级市的村庄，访谈村庄明白人，与老人们聊天交谈，走进乡镇与县政府档案部门查询资料,撰写调查日志,然后进一步撰写调查报告。正是调查员们深入扎实的调查,中期不厌其烦的整理,后期认真仔细的写作,使得本卷能收录到较为完美的调查报告。在后期,调查员们已经返校,就通过电话与村民们反复核实,这使得本卷的文本表述更加准确。在此,感谢各位调查员认真负责的态度以及为学术执着求索的品质。

本卷的问世,首先要感谢为调查员们提供调研支持与帮助的新绛县、万荣县等县政府及其所属职能部门的各位领导。同时,更要感谢接受调查员们访谈并为之提供支持的农民朋友:你们耐心地为调查员们详细讲解1949年之前的小农形态,你们热心地为调查员们翻箱倒柜找资料,你们将调研员们视为自己的家人,使其在调研中感受到了家的温暖。有的调查员成为你们的干儿子、干女儿,有的调查员成为村民们的知心人,有的调查员则与村庄融为一体,成为村庄一分子……正是你们的热心、好客、慷慨、无私,鼓舞了我们的调查员,使他们每每在调查低谷中有所发现、有所收获,最终完成驻村调查与报告写作。如果说田园是我们调查员的第二课堂,那么村庄的农民朋友则是我们调查员的老师。以农为师,方能深入田间地头,深耕、深挖与扎根,而这离不开你们的帮助与关怀。

调查员杨涛在新绛县的调查。首先,要感谢山西省老龄委办公室张茜,运城市老龄委黄俊科长,新绛县老龄办刘主任,新绛县席村村委会韩冬元主任、南保龙副主任、南小平副主任等对调研工作的支持与帮助,感谢席村村委会提供宝贵的文字资料与数据资料。其次,要感谢席村的席来全、席立尔、任福成、朱发发、南炎炎、张獒狗、席丑儿、韩景明、韩天福、席辛心、席毛毛等老人热情地接受访谈并提供丰富而宝贵的文献资料。最后,要感谢席村村民韩军平夫妇及其女儿韩红梅等在调研期间于生活上给予的无微不至的关怀与照顾。

调查员冯超在万荣县的调查。首先,要感谢运城市老龄办黄俊科长、万荣县老龄办潘主任、万荣县老龄办张茜(与上文张茜重名)同志、皇甫乡乌苏村贾孟宗书记、乌苏村老年协会会长段百川等对调查工作的支持与帮助,感谢乌苏村村委会提供宝贵的文字资料、图片资料以及数据资料。其次,要感谢乌苏村的解仁荣、董德顺、陈凤泉、董维理、董文理、董廷尧、李洪发、薛琪以及胡村张高登、张敬信等老人热情地接受访谈并提供丰富而宝贵的文献资料。最后,要感谢乌苏村的村委主任李伟佳及其爱人在生活上给予了调研员以无微不至的关心与照顾。

要特别指出的是，徐勇教授和邓大才教授为本卷的写作、审稿、编排等倾注了极大的心血。从调查的筹划布局到提纲的设计修改，从调查培训到调查开展，从调查指导到调查汇报，从材料使用到报告写作，两位老师都全程参与，并悉心指导调查员们写作、修订、完善报告。酷暑当头，两位老师深入村庄，开展"现场教学"，指导调查员们调查；在百忙之中认真阅读各位调查员的调查汇报，及时予以指导；在报告写作阶段认真审阅报告并及时纠正错误，有时在车上微信指导调查员，有时直到凌晨还在审阅……正是两位老师的辛勤付出与孜孜不倦的教诲，本卷才得以迅速地、高质量地完成。

本卷收录了两份村庄调查报告。一是杨涛的《户族聚理：晋南平原麦作村的流与变——黄河区域席村调查》，共计34万字。二是冯超的《徙聚共生：台塬干旱麦作村庄的衍续之匙——黄河区域乌苏村调查》，共计26万字。

最后，非常感谢江苏人民出版社的徐海社长、杨建平副总编对黄河区域卷书稿出版工作的支持，感谢汪意云编审、鲁从阳副编审、陈俊阳编辑在文稿的校对、编辑、排版、印制等方面所付出的细心工作。本卷的审稿、统稿、编辑与校对等工作由李华胤负责，内容核实与修改等工作由各位调查员负责，在此一并表示感谢。

由于编者的水平有限，错漏之处难以避免，敬请专家、学者及读者批评指正，我们将在今后的编辑中不断改进和完善。

编者谨记